国家出版基金项目
NATIONAL PUBLICATION FOUNDATION

爱因斯坦全集

The Collected Papers of Albert Einstein

第十一卷：第一卷—第十卷总索引

Volume 11: Cumulative Index, Bibliography, List of Correspondence, Chronology, and Errata to Volumes 1-10

[美] 阿耳伯特·爱因斯坦——著
A.J.Kox, Tilman Sauer, Diana Kormos Buchwald, Rudy Hirschmann, Osik Moses, Benjamin Aronin, Jennifer Stolper ——主编
王文浩 等——译　湖南科学技术出版社

THE COLLECTED PAPERS OF

Albert Einstein

VOLUME 11

CUMULATIVE INDEX, BIBLIOGRAPHY,
LIST OF CORRESPONDENCE,
CHRONOLOGY, and ERRATA
TO
VOLUMES 1–10

COMPILED BY
A. J. Kox, Tilman Sauer, Diana Kormos Buchwald,
Rudy Hirschmann, Osik Moses, Benjamin Aronin,
and Jennifer Stolper

WITH THE ASSISTANCE OF
József Illy, Jennifer Nollar, and Carol Chaplin

Princeton University Press
2009

主办者

耶路撒冷希伯来大学
加州理工学院
普林斯顿大学出版社

执行委员会

Yemima Ben Menahem

Daniel J. Kevles   Martin J. Klein

John D. Norton   Barbara Oberg

Fritz Stern   Joseph H. Taylor

Kip S. Thorne

捐赠者

Harold W. McGraw, Jr

Virgle L. Hedgcoth & Susan Alexander 基金会

加州理工学院

资助者

《爱因斯坦全集》之得以付梓,端赖下列资助者对编辑工作的慷慨支持,现耶路撒冷希伯来大学和美国普林斯顿大学出版社谨对他们表示感谢。

加州理工学院,帕萨迪纳,美国
国家人文基金,华盛顿,美国
阿卡迪亚基金,美国
彼得·塞曼基金会,荷兰

THE COLLECTED PAPERS OF ALBERT EINSTEIN

Volumes Published to Date

VOLUME 1
The Early Years, 1879–1902
edited by John Stachel, David C. Cassidy, and Robert Schulmann (1987)

VOLUME 2
The Swiss Years: Writings, 1900–1909
edited by John Stachel, David C. Cassidy, Jürgen Renn, and Robert Schulmann (1989)

VOLUME 3
The Swiss Years: Writings, 1909–1911
edited by Martin J. Klein, A. J. Kox, Jürgen Renn, and Robert Schulmann (1993)

VOLUME 4
The Swiss Years: Writings, 1912–1914
edited by Martin J. Klein, A. J. Kox, Jürgen Renn, and Robert Schulmann (1995)

VOLUME 5
The Swiss Years: Correspondence, 1902–1914
edited by Martin J. Klein, A. J. Kox, and Robert Schulmann (1993)

VOLUME 6
The Berlin Years: Writings, 1914–1917
edited by A. J. Kox, Martin J. Klein, and Robert Schulmann (1996)

VOLUME 7
The Berlin Years: Writings, 1918–1921
edited by Michel Janssen, Robert Schulmann, József Illy, Christoph Lehner,
and Diana Kormos Buchwald (2002)

VOLUME 8
The Berlin Years: Correspondence, 1914–1918
edited by Robert Schulmann, A. J. Kox, Michel Janssen, and József Illy (1998)

VOLUME 9
The Berlin Years: Correspondence, January 1919–April 1920
edited by Diana Kormos Buchwald, Robert Schulmann, József Illy,
Daniel J. Kennefick, and Tilman Sauer (2004)

VOLUME 10
The Berlin Years: Correspondence, May–December 1920
and
Supplementary Correspondence, 1909–1919
edited by Diana Kormos Buchwald, Tilman Sauer, Ze'ev Rosenkranz,
József Illy, and Virginia Iris Holmes (2006)

VOLUME 11
Cumulative Index, Bibliography, List of Correspondence, Chronology, and Errata
to
Volumes 1–10
compiled by A. J. Kox, Tilman Sauer, Diana Kormos Buchwald, Rudy Hirschmann,
Osik Moses, Benjamin Aronin, and Jennifer Stolper (2009)

VOLUME 12
The Berlin Years: Correspondence, January–December 1921
edited by Diana Kormos Buchwald, Ze'ev Rosenkranz, Tilman Sauer,
József Illy, and Virginia Iris Holmes (2009)

中文版出版说明

阿耳伯特·爱因斯坦不仅是20世纪最杰出的物理学家,而且是一位富有哲学探索精神的思想家,同时又是一位具有高度社会责任感的真正意义上的知识分子。对他的科学成就,科学思想,政治言论及生平的深入研究,势必成为科学史界普遍关注的话题。美国普林斯顿大学出版社自1987年出版《爱因斯坦全集》(The Collected Papers of Albert Einstein)第一卷以来,已陆续出版多卷,随着资料不断的收集,全集出齐将超过25卷。

全集不仅包括爱因斯坦的全部学术论文,还涉及有关和平、宗教、犹太人问题等社会政治言论,还有他与家人及朋友的往来书信,各种听课、备课笔记以及其他有关他个人的全部材料。这些材料是目前研究爱因斯坦最权威,最全面的资料。其中许多材料是首次公开发表。《爱因斯坦全集》的编辑出版,是国际科学史界的一项大工程,它不仅可以填补科学史上的一些空白,而且可以澄清一些广为流传的讹误,其学术价值和文化积累意义是不言而喻的。我社聘请国内科学史界和物理学界资深专家教授及年轻学者翻译出版《爱因斯坦全集》,这对我国学术界来说无疑是一件幸事。读者将最大限度地追踪爱因斯坦的思想、生活及科学活动,从中领略到科学和文化在现代社会中的深远影响。

《爱因斯坦全集》中文版是根据普林斯顿大学出版社出版的 The Collected Papers of Albert Einstein 德文版精装本翻译的,翻译过程中还参阅了此书的英文版平装本。为了便于前后各卷的统一,全集中除爱因斯坦外的人名均未译。地名及专有名词在正文中第一次出现时附注了原文。各卷的边码均指示德文原版书的页码,以利读者核对原文。中文版将原版索引拆分为二,一是名词索引,包括社会政治经济和文化机构名称,地名和地址以及科学技术词汇。以人名命名的科技术语也在其中。二是人名索引。此外尚有引文索引。名词索引按汉语拼音顺序排,人名索引及引文索引按拉丁文字母顺序排。索引中的页码均指示边码。

《爱因斯坦全集》的翻译出版工作浩大而繁杂,这使得我们的工作难免留下某些遗憾。恳请海内外读书界、著译界和出版界的朋友、同仁提出宝贵的意见和建议,以利改进工作,促使此项翻译出版工程圆满完成。

湖南科学技术出版社

2017 年 12 月

目　录

引　言	1
致　谢	5
爱因斯坦作品列表,1891—1921	7
爱因斯坦文献,1901—1921	49
按字母顺序的信件目录,1895—1920	99
按时间顺序的信件目录,1895—1920	143
年表和日程表,1879—1920	181
总索引(第一卷—第十卷)	219
总引用文献和总引文索引(第一卷—第十卷)	451
总勘误表(第一卷—第十卷)	609

引 言

本卷给出《爱因斯坦全集》（以下简称《全集》）前十卷文献的总索引和总的编辑工具。

1987年出版的第一卷《早年时期》囊括了爱因斯坦一生的前23年里的各种文稿、文章和信件。《全集》的后续各卷则将其之后的文献按三个主要时间段来划分时期：瑞士时期、柏林时期和普林斯顿时期。

阿耳伯特·爱因斯坦（1879—1955）在德国南部度过了他的童年和青春期。1896年，他移居瑞士，就读于瑞士联邦工学院。在瑞士的这段岁月里，他取得了博士学位，开始工作养家。他曾于1911年至1912年前往布拉格担任德国大学的教授。1914年，他成为普鲁士科学院的终生院士和柏林大学的教授后移居柏林，开始了他的柏林岁月。1933年，爱因斯坦移民美国，执教于新泽西州的普林斯顿大学高等研究院，并在此度过了他生命中的最后22年。

迄今已出版的另外九卷（时间跨度从1903年至1921年），既有用原文出版的"文献版"，也有用英文出版的"翻译版"。

这些后续的各卷被分为单独的"著作"和"通信"卷。即，第二、三、四、六和七卷包含爱因斯坦在1921年之前（含1921年）的著作，而第五、八、九和十卷则包含爱因斯坦在1920年之前（含1920年）的信件。在前十卷总共7500多页中，正文中出现的"著作"类条目共有256项，在正文或摘要中出现的"通信"类条目达2837项。

*

《全集》的这十卷在时间跨度上涵盖了爱因斯坦的前半生，其中有20多年是爱因斯坦做出非凡科学成就的时间段。这十卷，以爱因斯坦的出生证明开始，包含了他所有已发表的科学的和非科学的文章。其中不仅包括他1895年的第一篇论文，1901年发表的第一篇研究论文，1905年发表的所有重要论文（这一年被命名为爱因斯坦奇迹年），以及导致他在1915年底和1916年初创立广义相对论的那些论文，还包括了他在1917年出版的有关相对论的科普著作和1921年4月举办普林斯顿讲座的文稿。除了这些已发表的文献外，这十卷里还提供了一些未出版的手稿、讲稿和计算，这些都记录了爱因斯坦的工作和思想。

第一次世界大战标志着爱因斯坦在政治、社会和人道主义问题上,在和平主义和犹太复国主义事业中公开阐明自己的观点的开始。他在1918年后发表的越来越多的非科学著作以及与他人的通信都记录了这一点。爱因斯坦的书信还记载了他的学术成长过程。最初是早期的家庭通信和他写给同学和未来的妻子Mileva Marić的信件,随后通信的主题逐渐发展为与物理学家、数学家、天文学家、工程师和科学管理者之间的更为专业和科学的交流。这些交流以及他发表的许多文章、讲座、荣誉和奖品见证了他的学术成长轨迹:从瑞士专利局职员发端,1905年获得博士学位,1908年获得教授资格,在苏黎世、布拉格、柏林和莱顿等地大学任教。1919年5月日食期间对星光光线的引力弯曲的观测,证实了爱因斯坦的预言,使其开始获得国际声誉。

*

在整个前十卷中,最初所确立的编辑方法基本得到了坚持,有些地方鉴于20多年前无法预见或无法获得的新材料和信息的出现而作了修订或补充。对于那些其所属的卷已出版的新发现的文献,一旦引起编辑的注意,就会被安排在随后一卷的起始处出版。特别是在第十卷中编发了211封补充信件,它们都是在第五、八和九各卷出版时尚未发现的信件。这些文献大多来自Margot Einstein(1899—1986)的遗物,她规定这些物品得在她去世20年后才能启封。

爱因斯坦所有已发表和未发表的文献,只要能确定年代,都包括在《全集》中。然而,鉴于现存的爱因斯坦晚年的大量信件中,有关日常财务和行政的信件越来越多,因此第八卷的编辑提出了"审慎选择原则"。第九卷和第十卷的编辑则规定了越来越细的录用标准,使得这些卷只收录那些被认为对于正确理解爱因斯坦的生活和工作具有重要意义的信件。

未以全文呈现的信件以摘要形式编入这些卷的"年表和日程表"中。在这一时期由爱因斯坦发出和收到的全部2837封信件中,有695封是被编入年表和日程表的摘要。第一卷里的爱因斯坦生平"年表",时间段为1879年3月至1902年6月。第五卷给出的是"年表和日程表",时间段是从1902年6月至1914年4月。随后的第八、九和十等通信卷给出的是"日程表",其中包括未见于正文的已知信件的引用和摘要。

*

为了方便读者能够快速查阅过去20年出版的材料,我们决定汇编一卷,给出迄今出版的这十卷的总索引和编辑工具。

本卷的核心是"总索引(第一卷—第十卷)"。虽然这个索引是以文献版的10篇单独的一般索引的总汇为基础,但最终的总索引是通过一整套人工操作来编制,由此解决了各索引的主题词表之间的不一致性,并提供了执行诸如检测子条目、排序、合并和向页码添加卷号等任务的自动化例程。

文献版的10篇单独的一般索引中,每篇都包含一个详细介绍"阿耳伯特·爱因斯坦(1879—1955)"的条目,其中包含许多指向各种信息(主要是科学信息)的子条目。索引中的其他地方也引用了这些子条目。因此,在编制本总索引的过程中,我们在这个特定的词头下只保留了那些具体提到爱因斯坦的工作、家庭、旅行、观点、个人生活、政治观点等的参考资料。

这个总索引还编入了以前未编制索引的卷一、卷五和卷八里的年表和日程表中所列出的文献。个别索引中的事实错误或印刷错误已在总索引中得到更正,并在本卷末尾的"总勘误表(第一卷—第十卷)"中列出。

*

本卷有3个参考文献目录。"爱因斯坦作品列表,1891—1921年"和"爱因斯坦文献,1901—1921年"分别提供了爱因斯坦所著的文章和著作的年表,它们是根据《全集》前十卷中的文献汇编而成的。

在很大程度上,这两个列表是有重叠的。然而,"爱因斯坦作品列表,1891—1921"还包括了爱因斯坦在1921年之前未出版的所有手稿,而"爱因斯坦书目,1901—1921"则包括了在此期间再版的文献。

由于《全集》的编辑目标是爱因斯坦所著文献的完整性,因此这两部分构成了所涉时间段内迄今为止最完整的爱因斯坦文献目录。此外,"爱因斯坦文献,1901—1921"还将文献目录信息和引文索引结合在一起。对于每个词条,它列出了该词条在被引用或讨论的相应卷中的页码。

我们没有对1921年以后的爱因斯坦的出版物和文章做类似的参考文献编目。尽管如此,爱因斯坦1921年后的一些出版物可以在"总引用文献和总引文索引(第一卷—第十卷)"中找到。这部分列出了《全集》前十卷中至少有一卷中引用过的署名作者所写的所有文献。它将被引用的总文献与被引用的总索引结合起来。

我们强调,《全集》的编辑方法规定,"被引文献列表并不构成所有关于爱因斯坦的重要著作的参考书目"。总引用文献和引文索引的编纂也是如此。此外,我们已经从总引用文献中剔除了所有由匿名作者发表的文献或由署名人员或小组编辑的参考文献,例如,由讲座名单、地址簿、章程、谈判备忘录、年度报告、报纸和期刊等中所列出的文献。

我们希望,结合其总引文索引,这一引用文献能够提供另一个有用的文献版信息,特别是有关主要文献的信息。前十卷的参考文献中的某些印刷错误和打印错误已引起编辑的注意。这些错误已在总引用文献中得到直接更正而未列入总勘误表。

为了便于查阅《全集》中所收集的信件，本卷给出了爱因斯坦1920年以前（包括1920年）的信件的两份完整列表。

第一个列表是按时间顺序来呈现这些信件，第二个列表是按通信者姓名的首字母顺序来显示这些信件。

这两个列表的主要目的是将某一通信卷中所发表的信件与后面各卷中所发表的信件，以及日程表中的通信摘要整合起来。尽管文献版的注释中提到了后来的信件或第三方信件，但并没有努力将信件列表扩展到1920年以后，或扩展到不是直接由爱因斯坦发出或收取的那些信件。

*

我们还提供了一个记录爱因斯坦1879—1921年这一段生平的综合年表。由于在各个日程表中以摘要呈现的信件可以通过信件列表在各卷中找到，因此对这些信件的引用不包括在这个总年表中。同样地，总年表中所列的有关原始引文、书目和档案参考资料等信息都可以在单独的日程表中而不是在总年表中找到。

*

本卷列出了引起我们注意的所有重要的勘误列表。但不同卷之间的不一致（例如个人的出生或死亡年份）以及所引用的索引和文献中的错误已在总索引和总引用文献中得到纠正，但并未在勘误表中列出。

*

我们强调，本卷中的信息主要是为了引导读者了解文献版各卷中的相关权威信息。我们希望，《全集》的读者会发现，第十一卷有助于阅读《全集》前十卷中的文献。

致　　谢

本卷的编辑出版得到了许多机构和个人的大力支持。我们向希伯来大学和执行委员会成员表示衷心感谢,尤其赞赏 Harold McGraw 先生持续的帮助以及加州理工学院 Provost 办公室以及 Virgle L. Hedgooth 和 Susan Alexander 基金会提供的慷慨帮助。我们也感谢 Lisbeth Rausing 博士、Peter Baldwin 博士和伦敦 Arcadia 基金会的慷慨帮助。我们向国家人文基金会、阿姆斯特丹的 Pieter Zeeman 基金会表示感谢。

我们的编辑工作得到了加州理工学院的同仁的大力支持和帮助,我们向 Susan Davis, Jonathan Katz, Paul Jennings, Gail Nash, Ed Stolper 等同仁表示感谢!

普林斯顿大学出版社的编辑团队还想感谢 Alice Calaprice, Linny Schenck, Terri O'Prey, Leslie Flis, Brigitta van Rheinberg, Neil Litt, Adam Fortgang, Martha Camp 以及 Peter Dougherty。

爱因斯坦作品列表，1891—1921

以下是1922年以前阿耳伯特·爱因斯坦发表和未发表的科学方面的和非科学方面的著作的年表，不包括通信。这份列表是根据《爱因斯坦全集》前十卷的论文汇编而成的，在这些论文中，以下每篇文献都作为一份文件提交。因此，该列表还包括第七卷文件71（1921年5月举行的四次相对论讲座），该文献于1921年1月4日前完成，1922年出版。

爱因斯坦所写但未发表的文章由方括号中的档案号标识。已出版的文章由主要引用文献和引用文献短标题（其下的文献版中提及该文）标识。

有关某篇文章的不同草稿、版本或重印本（如果有的话）的讨论，请查阅该文献版本的相关卷。有关已出版文章的更多信息，参见"爱因斯坦文献，1901—1921"。

在这个列表中，不带引号的标题、不是专著的标题，是由各卷的编辑提供的。同样，如果一个标题既有英译文，也有原文，则前者也是由编辑提供。

文章的日期以完成日期为准（如果知道的话）；否则，以提交、接收或出版日期中已知的最早日期为准。如果只能确定一个时间范围，则该篇文章将以尽可能早的日期列出。

关于爱因斯坦信件的列表，见"按字母顺序排列的信件目录，1895—1920"，以及"按时间顺序排列的信件目录，1895—1920"。

第一卷

1891—1895 对一定理的批注
Comment on the Proof of a Theorem
Vol. 1, Doc. 3, 3 [86-017].

1891—1895 哲学短评二则
Two Philosophical Comments
Vol. 1, Doc. 4, 4 [86-018].

夏？1895 "磁场中以太状态之考查"
"On the Investigation of the State of the Ether in a Magnetic Field"
"Über die Untersuchung des Aetherzustandes im magnetischen Felde"
Vol. 1, Doc. 5, 6-9 [2-144.1].

18 Sep 1896 毕业考试（A）德语   内容提要
Matura Examination (A) German: "Synopsis of Goethe's G. tz von Berlichingen"

	Vol. 1, Doc. 21, 25 – 27 [29 – 220].
	毕业考试(B)法语 "我的未来计划"
	Matura Examination (B) French:"My Future Plans"
	Vol. 1, Doc. 22, 28 [29 – 223].
19 Sep 1896	毕业考试(C)几何
	Matura Examination (C) Geometry
	Vol. 1, Doc. 23, 29 – 32 [29 – 222.1].
	毕业考试(D)物理:"正切电流计和电流计"
	Matura Examination (D) Physics:"Tangent Galvanometer and Galvanometer"
	Vol. 1, Doc. 24, 32 – 35 [29 – 222].
21 Sep 1896	毕业考试(E)自然史:"我国古代冰川作用的证据"
	Matura Examination (E) Natural History:"Evidence of the Earlier Glaciation of Our Country"
	Vol. 1, Doc. 25, 35 – 38 [29 – 224].
	毕业考试(F)代数
	Matura Examination (F) Algebra
	Vol. 1, Doc. 26, 39 – 41 [29 – 222.223].
	毕业考试(G)化学
	Matura Examination (G) Chemistry
	Vol. 1, Doc. 27, 41 – 42 [29 – 223].
ca. Dec 1897-ca. Jun 1898	"H. F. Weber 的物理学课程笔记"
	"H. F. Weber's Lectures on Physics"
	"Vorlesungen Über Physik von Weber"
	Vol. 1, Doc. 37, 63 – 210 [3 – 002].
Aug 1899	写在 Anna Schmid 的签名纪念册中的诗句
	Verse in the Album of Anna Schmid
	Vol. 1, Doc. 49, 220 [31 – 002].

第二卷

13 Dec 1900	"从毛细现象得出的结论"
	"Conclusions Drawn from the Phenomena of Capillarity"
	"Folgerungen aus den Capillaritätserscheinungen"
	Annalen der Physik 4 (1901): 513 – 523
	Vol. 2, Doc. 1, 9 – 21 (*Einstein* 1901).
Apr 1902	"关于金属及其盐的全离解溶液的势差的热力学理论和研究分子力的一种电学方法"

	"On the Thermodynamic Theory of the Difference in Potentials between Metals and Fully Dissociated Solutions of Their Salts and on an Electrical Method for Investigating Molecular Forces" "Ueber die thermodynamische Theorie der Potentialdifferenz zwischen Metallen und vollständig dissociirten Lösungen ihrer Salze und Über eine elektrische Methode zur Erforschung der Molekularkräfte" *Annalen der Physik* 8 (1902): 798–814 Vol. 2, Doc. 2, 22–40 (*Einstein 1902a*).
Jun 1902	"关于热平衡和热力学第二定律的分子运动论" "Kinetic Theory of Thermal Equilibrium and of the Second Law of Thermodynamics" "Kinetische Theorie des Wärmegleichgewichtes und des zweiten Hauptsatzes der Thermodynamik" *Annalen der Physik* 9 (1902): 417–433 Vol. 2, Doc. 3, 56–75 (*Einstein 1902b*).
Jan 1903	"热力学基础理论" "A Theory of the Foundations of Thermodynamics" "Eine Theorie der Grundlagen der Thermodynamik" *Annalen der Physik* 11 (1903): 170–187 Vol. 2, Doc. 4, 76–97 (*Einstein 1903*).
27 Mar 1904	"关于热的一般分子理论" "On the General Molecular Theory of Heat" "Zur allgemeinen molekularen Theorie der Wärme" *Annalen der Physik* 14 (1904): 354–362 Vol. 2, Doc. 5, 98–108 (*Einstein 1904*).
first half of Mar 1905	评 Giuseppe Belluzzo 的"图解热力学原理" Review of Giuseppe Belluzzo, "Principles of Graphic Thermodynamics" "Principi di termodinamica grafica" *Beiblätter zu den Annalen der Physik* 29 (1905): 235–236 Vol. 2, Doc. 6, 112–114 (*Einstein 1905a*). 评 Albert Fliegner 的"论 Clausius 的熵定律" Review of Albert Fliegner, "On Clausius's Law of Entropy" "Über den Clausiusschen Entropiesatz" *Beiblätter zu den Annalen der Physik* 29 (1905): 236–237 Vol. 2, Doc. 7, 115–117 (*Einstein 1905b*). 评 William McFadden Orr 的"论 Clausius 的不可逆循环定理并论熵的增加"

Review of William McFadden Orr, "On Clausius' Theorem for Irreversible Cycles, and on the Increase of Entropy"
Beiblätter zu den Annalen der Physik 29（1905）：237
Vol. 2, Doc. 8, 118 – 119（*Einstein 1905c*）.

评 George Hartley Bryan 的"作为热力学基础原理的能的退降定律"
Review of George Hartley Bryan, "The Law of Degradation of Energy as the Fundamental Principle of Thermodynamics"
Beiblätter zu den Annalen der Physik 29（1905）：237
Vol. 2, Doc. 9, 120 – 121（*Einstein 1905d*）.

评 Nikolay Nikolayevich Schiller 的"关于起始压强相等的气体扩散时熵增理论的若干思考"
Review of Nikolay Nikolayevich Schiller, "Some Concerns Regarding the Theory of Entropy Increase Due to the Diffusion of Gases Where the Initial Pressures of the Latter Are Equal"
"Einige Bedenken betreffend die Theorie der Entropievermehrung durch Diffusion der Gase bei einander gleichen
Anfangsspannungen der letzteren"
Beiblätter zu den Annalen der Physik 29（1905）：237 – 238
Vol. 2, Doc. 10, 122 – 124（*Einstein 1905e*）.

评 Jakob Johann Weyrauch 的"论过热水蒸气的比热容"
Review of Jakob Johann Weyrauch, "On the Specific Heats of Superheated Water Vapor"
"Ueber die spezifischen Wärmen des überhitzten Wasserdampfes"
Beiblätter zu den Annalen der Physik 29（1905）：240
Vol. 2, Doc. 11, 125 – 126（*Einstein 1905f*）.

评 Jacobus Henricus Van't Hoff 的"比热变化时变换功的影响"
Review of Jacobus Henricus Van't Hoff, "The Influence of the Change in Specific Heat on the Work of Conversion"
"Einfluß der Änderung der spezifischen Wärme auf die Umwandlungsarbeit"
Beiblätter zu den Annalen der Physik 29（1905）：240 – 242
Vol. 2, Doc. 12, 127 – 130（*Einstein 1905g*）.

评 Arturo Giammarco 的"热力学中对应态的一个例子"
Review of Arturo Giammarco, "A Case of Corresponding States in Thermodynamics"
"Un caso di corrispondenza in termodinamica"
Beiblätter zu den Annalen der Physik 29（1905）：246 – 247

	Vol. 2, Doc. 13, 131 – 133 (*Einstein 1905h*).
17 Mar 1905	"关于光的产生和转化的一个试探性的观点"
	"On a Heuristic Point of View Concerning the Production and Transformation of Light"
	"Über einen die Erzeugung und Verwandlung des Lichtes betreffenden heuristischen Gesichtspunkt"
	Annalen der Physik 17 (1905): 132 – 148
	Vol. 2, Doc. 14, 149 – 169 (*Einstein 1905i*).
30 Apr 1905	分子大小的新测定法
	A New Determination of Molecular Dimensions
	Eine neue Bestimmung der Moleküldimensionen
	Bern: Buchdruckerei K. J. Wyss, 1905
	Vol. 2, Doc. 15, 183 – 202 (*Einstein 1905j*).
May 1905	"热的分子运动论所要求的静液体中悬浮粒子的运动"
	"On the Movement of Small Particles Suspended in Stationary Liquids Required by the Molecular-Kinetic Theory of Heat"
	"Über die von der Molekularkinetischen Theorie der Wärme Geforderte Bewegung von in Ruhenden Flüssigkeiten Suspendierten Teilchen"
	Annalen der Physik 17 (1905): 549 – 560
	Vol. 2, Doc. 16, 223 – 236 (*Einstein 1905k*).
second half of Jun 1905	评 Karl Fredrik Slotte 的"论熔解热"
	Review of Karl Fredrik Slotte, "On the Heat of Fusion" "Über die Schmelzwärme"
	Beiblätter zu der Annalen den Physik 29 (1905): 623 – 624
	Vol. 2, Doc. 17, 237 – 239 (*Einstein 1905l*).
	评 Karl Fredrik Slotte 的"从一个热力学方程得出的结论"
	Review of Karl Fredrik Slotte, "Conclusions Drawn from a Thermodynamic Equation"
	"Folgerungen aus einer thermodynamischen Gleichung"
	Beibl. tter zu den Annalen der Physik 29 (1905): 629
	Vol. 2, Doc. 18, 240 – 241 (*Einstein 1905m*).
	评 Emile Mathias 的"直线等分线常数 a 和对应状态定律"
	Review of Emile Mathias, "The Constant a of Rectilinear Diameters and the Laws of Corresponding States"
	"La constante a des diamètres rectilignes et les lois des états correspondants [2e mémoire]"
	Beiblätter zu den Annalen der Physik 29 (1905): 634 – 635

	Vol. 2, Doc. 19, 242-244 (*Einstein 1905n*).
	评 Max Planck 的"论 Clausius 的不可逆循环定理并论熵的增加"
	Review of Max Planck, "On Clausius' Theorem for Irreversible Cycles, and on the Increase of Entropy"
	Beiblätter zu den Annalen der Physik 29 (1905): 635
	Vol. 2, Doc. 20, 245-246 (*Einstein 1905o*).
	评 Edgar Buckingham 的"论热力学研究中面临的某些困难"
	Review of Edgar Buckingham, "On Certain Difficulties Which Are Encountered in the Study of Thermodynamics"
	Beiblätter zu den Annalen der Physik 29 (1905): 635-636
	Vol. 2, Doc. 21, 247-249 (*Einstein 1905p*).
	评 Paul Langevin 的"关于运动论的一个基础性公式"
	Review of Paul Langevin, "On a Fundamental Formula of the Kinetic Theory"
	"Sur une formule fondamentale de la théorie cinétique"
	Beiblätter zu den Annalen der Physik 29 (1905): 640-641
	Vol. 2, Doc. 22, 250-252 (*Einstein 1905q*).
Jun 1905	"论动体的电动力学"
	"On the Electrodynamics of Moving Bodies"
	"Zur Elektrodynamik bewegter Körper"
	Annalen der Physik 17 (1905): 891-921
	Vol. 2, Doc. 23, 275-310 (*Einstein 1905r*).
Sep 1905	"物体的惯性同它所含的能量有关吗"
	"Does the Inertia of a Body Depend upon its Energy Content?"
	"Ist die Trägheit eines Körpers von seinem Energieinhalt abhängig?"
	Annalen der Physik 18 (1905): 639-641
	Vol. 2, Doc. 24, 311-315 (*Einstein 1905s*).
second half of Sep 1905	评 Heinrich Birven 的"热的动力说的基础"
	Review of Heinrich Birven, *Fundamentals of the Mechanical Theory of Heat*
	Grundzüge der mechanischen Wärmetheorie Beiblätter zu den Annalen der Physik 29 (1905): 950
	Vol. 2, Doc. 25, 316-317 (*Einstein 1905t*).
	评 Auguste Ponsot 的"毛细系统的平衡位移中的热"
	Review of Auguste Ponsot, "Heat in the Displacement of the Equilibrium of a Capillary System"
	"Chaleur dans le déplacement de l'équilibre d'un système capillaire"

	Beiblätter zu den Annalen der Physik 29（1905）：952
	Vol. 2, Doc. 26, 318–319（*Einstein 1905u*）.
	评 Karl Bohlin 的"论作为气体压强的运动理论和万有引力（理论）的基础的碰撞"
	Review of Karl Bohlin, "On Impact Considered as the Basis of Kinetic Theories of Gas Pressure and of Universal Gravitation"
	"Sur le choc, considéré comme fondement des théories cinétiques de la pression des gaz et de la gravitation universelle"
	Beiblätter zu den Annalen der Physik 29（1905）：952–953
	Vol. 2, Doc. 27, 320–322（*Einstein 1905v*）.
first half of Nov 1905	评 Georges Meslin 的"论 Mariotte 和 Gay-Lussac 定律中的常数"
	Review of Georges Meslin, "On the Constant in Mariotte and Gay-Lussac's Law"
	"Sur la constante de la loi de Mariotte et Gay-Lussac"
	Beiblätter zu den Annalen der Physik 29（1905）：1114
	Vol. 2, Doc. 28, 323–324（*Einstein 1905w*）.
	评 Albert Fliegner 的"从容器孔流出的热水射流"
	Review of Albert Fliegner, "The Efflux of Hot Water from Container Orifices"
	"Das Ausströmen heissen Wassers aus Gefässmündungen"
	Beiblätter zu den Annalen der Physik 29（1905）：1115
	Vol. 2, Doc. 29, 325–326（*Einstein 1905x*）.
second half of Nov 1905	评 Jakob Johann Weyrauch 的《热学纲要,附有许多例题和应用》第一部分
	Review of Jakob Johann Weyrauch, *An Outline of the Theory of Heat. With Numerous Examples and Applications.* Part 1 *Grundriss der Wärmetheorie. Mit zahlreichen Beispielen und Anwendungen.* Part 1. Stuttgart: Wittwer, 1905.
	Beiblätter zu den annalen der Physik 29（1905）：1152–1153
	Vol. 2, Doc. 30, 327–330（*Einstein 1905y*）.
	评 Albert Fliegner 的"论化学过程的热值"
	Review of Albert Fliegner, "On the Thermal Value of Chemical Processes"
	"Über den Wärmewert chemischer Vorgänge"
	Beiblätter zu den Annalen der Physik 29（1905）：1158
	Vol. 2, Doc. 31, 331–332（*Einstein 1905z*）.
Dec 1905	"关于 Brown 运动的理论"

	"On the Theory of Brownian Motion"
	"Zur Theorie der Brownschen Bewegung"
	Annalen der Physik 19 (1906): 371–381
	Vol. 2, Doc. 32, 333–345 (*Einstein* 1906b).
Jan 1906	对"分子大小的新测定法"的补遗
	"Supplement" to "A New Determination of Molecular Dimensions"
	"Nachtrag" to "Eine neue Bestimmung der Moleküldimensionen"
	Annalen der Physik 19 (1906): 305-306
	Vol. 2, Doc. 33, 346–348 (*Einstein* 1906c).
Mar 1906	"关于光产生和光吸收的理论"
	"On the Theory of Light Production and Light Absorption"
	"Zur Theorie der Lichterzeugung und Lichtabsorption"
	Annalen der Physik 20 (1906): 199–206
	Vol. 2, Doc. 34, 349–358 (*Einstein* 1906d).
May 1906	"重心运动的守恒原理及能量的惯性"
	"The Principle of Conservation of Motion of the Center of Gravity and the Inertia of Energy"
	"Das Prinzip von der Erhaltung der Schwerpunktsbewegung und die Trägheit der Energie"
	Annalen der Physik 20 (1906): 627–633
	Vol. 2, Doc. 35, 359–366 (*Einstein* 1906e).
Aug 1906	"论确定电子的横向和纵向质量比的方法"
	"On a Method for the Determination of the Ratio of the Transverse and the Longitudinal Mass of the Electron"
	"Über eine Methode zur Bestimmung des Verhältnisses der transversalen und longitudinalen Masse des Elektrons"
	Annalen der Physik 21 (1906): 583–586
	Vol. 2, Doc. 36, 367–372 (*Einstein* 1906g).
first half of Aug 1906	评 Max planck 的"关于热辐射理论的讲演"
	Review of Max Planck, *Lectures on the Theory of Thermal Radiation*
	Vorlesungen über die Theorie der Wärmestrahlung. Leipzig: Barth, 1906
	Beiblätter zu den Annalen der Physik 30 (1906): 764–766
	Vol. 2, Doc. 37, 373–377 (*Einstein* 1906f).
Nov 1906	"Planck 的辐射理论和比热容理论"
	"Planck's Theory of Radiation and the Theory of Specific Heat"
	"Die Plancksche Theorie der Strahlung und die Theorie der spezifischen Wärme"

	Annalen der Physik 22 (1907): 180 – 190
	Vol. 2, Doc. 38, 378 – 391 (*Einstein 1907a*).
Dec 1906	"论热力学平衡定律有效性的界限并论基本量的新测定(方法)的可能性"
	"On the Limit of Validity of the Law of Thermodynamic Equilibrium and on the Possibility of a New Determination of the Elementary Quanta"
	"Über die Gültigkeitsgrenze des Satzes vom thermodynamischen Gleichgewicht und Über die Möglichkeit einer neuen Bestimmung der Elementarquanta"
	Annalen der Physik 22 (1907): 569 – 572
	Vol. 2, Doc. 39, 392 – 397 (*Einstein 1907b*).
Jan 1907	"关于 Brown 运动的理论性评论"
	"Theoretical Remarks on Brownian Motion"
	"Theoretische Bemerkungen Über die Brownsche Bewegung"
	Zeitschrift für Elektrochemie und angewandte physikalische Chemie 13 (1907): 41 – 42
	Vol. 2, Doc. 40, 398 – 400 (*Einstein 1907c*).
Mar 1907	"论相对性原理的一种新的检验的可能性"
	"On the Possibility of a New Test of the Relativity Principle"
	"Über die Möglichkeit einer neuen Prüfung des Relativitätsprinzips"
	Annalen der Physik 23 (1907): 197 – 198
	Vol. 2, Doc. 41, 401 – 403 (*Einstein 1907e*).
3 Mar 1907	"对我的论文'Planck 的辐射理论……'的更正"
	"Correction to My Paper: 'Planck's Theory of Radiation, etc.'"
	"Berichtigung zu meiner Arbeit: 'Die Plancksche Theorie der Strahlung, etc.'"
	Annalen der Physik 22 (1907): 800
	Vol. 2, Doc. 42, 404 – 406 (*Einstein 1907d*).
23 Mar 1907	作者为讲演"论悬浮于液体中的微观小粒子的运动的本性"所作的摘要
	Author's abstract of lecture: "On the Nature of the Movements of Microscopically Small Particles Suspended in Liquids"
	"Ueber die Natur der Bewegungen mikroskopisch kleiner, in Flüssigkeiten suspendierter Teilchen"
	Naturforschende Gesellschaft Bern. Mitteilungen (1907): VII
	Vol. 2, Doc. 43, 407 – 408 (*Einstein 1907f*).

14 Apr 1907	"对 Paul Ehrenfest 先生的短文'可变形电子的平动和面积定律'的评论"
	"Comments on the Note of Mr. Paul Ehrenfest: 'Translatory Motion of Deformable Electrons and the Area Law'"
	"Bemerkungen zu der Notiz von Hrn. Paul Ehrenfest: 'Translation deformierbarer Elektronen und der Flächensatz'"
	Annalen der Physik 23 (1907): 206–208
	Vol. 2, Doc. 44, 409–412 (*Einstein 1907g*).
May 1907	"论相对性原理所要求的能量的惯性"
	"On the Inertia of Energy Required by the Relativity Principle"
	"Über die vom Relativitätsprinzip geforderte Trägheit der Energie"
	Annalen der Physik 23 (1907): 371–384
	Vol. 2, Doc. 45, 413–428 (*Einstein 1907h*).
second half of Aug 1907	评 Jakob Johann Weyrauch 的《热学纲要,附有许多例题和应用》第二部分
	Review of Jakob Johann Weyrauch. *An Outline of the Theory of Heat. With Numerous Examples and Applications.* Part 2 *Grundriss der Wärmetheorie. Mit zahlreichen Beispielen und Anwendungen.* Part 2. Stuttgart: Witwer, 1907
	Beiblätter zu den Annalen der Physik 31 (1907): 777–778
	Vol. 2, Doc. 46, 429–431 (*Einstein 1907i*).
4 Dec 1907	"关于相对性原理和由此得出的结论"
	"On the Relativity Principle and the Conclusions Drawn from It"
	"Über das Relativitätsprinzip und die aus demselben gezogenen Folgerungen"
	Jahrbuch der Radioaktivität und Elektronik 4 (1907): 411–462
	Vol. 2, Doc. 47, 432–488 (*Einstein 1907j*).
13 Feb 1908	"测量小电量的一个新的静电方法"
	"A New Electrostatic Method for the Measurement of Small Quantities of Electricity"
	"Eine neue elektrostatische Methode zur Messung kleiner Elektrizitätsmengen"
	Physikalische Zeitschrift 9 (1908): 216–217
	Vol. 2, Doc. 48, 489–492 (*Einstein 1908a*).
29 Feb 1908	"对论文:'关于相对性原理和由此得出的结论'的更正"
	"Corrections to the Paper: 'On the Relativity Principle and the Conclusions Drawn from It'"

	"Berichtigungen zu der Arbeit: 'Über das Relativitätsprinzip und die aus demselben gezogenen Folgerungen.'"
Jahrbuch der Radioaktivität und Elektronik 5 (1908): 98–99
Vol. 2, Doc. 49, 493–495 (*Einstein 1908b*).
1 Apr 1908	"Brown 运动的基本理论"
"Elementary Theory of Brownian Motion"
"Elementare Theorie der Brownschen Bewegung"
Zeitschrift für Elektrochemie und angewandte physikalische Chemie 14 (1908): 235–239
Vol. 2, Doc. 50, 496–502 (*Einstein 1908c*).
29 Apr 1908	"关于动体的基本电磁方程"
"On the Fundamental Electromagnetic Equations for Moving Bodies" (with Jakob Laub)
"Über die elektromagnetischen Grundgleichungen für bewegte Körper"
Annalen der Physik 26 (1908): 532–540
Vol. 2, Doc. 51, 508–517 (*Einstein and Laub 1908a*).
7 May 1908	"关于施加于静止在电磁场中的物体上的有质动力"
"On the Ponderomotive Forces Exerted on Bodies at Rest in the Electromagnetic Field" (with Jakob Laub)
"Über die im elektromagnetischen Felde auf ruhende Körper ausgeübten ponderomotorischen Kräfte"
Annalen der Physik 26 (1908): 541–550
Vol. 2, Doc. 52, 518–528 (*Einstein and Laub* 1908b).
24 Aug 1908	"对论文:'关于动体的基本电磁方程'的更正"
"Correction to the Paper: 'On the Fundamental Electromagnetic Equations for Moving Bodies'" (with Jakob Laub)
"Berichtigung zur Abhandlung: 'Über die elektromagnetischen Grundgleichungen fur bewegte Korper'"
Annalen der Physik 27 (1908): 232
Vol. 2, Doc. 53, 529–530 (*Einstein and Laub 1908c*).
Nov 1908	"对我们的论文'关于动体的基本电磁方程'的评述和补充"
"Remarks on Our Paper: 'On the Fundamental Electromagnetic Equations for Moving Bodies'" (with Jakob Laub)
"Bemerkungen zu unserer Arbeit: 'Über die elektromagnetischen Grundgleichungen für bewegte Körper'"
Annalen der Physik 28 (1909): 445–447
Vol. 2, Doc. 54, 531–535 (*Einstein and Laub 1909*).

Jan 1909	"对 D. Mirimanoff 的论文'关于基本方程……'的评论" "Comment on the Paper of D. Mirimanoff: 'On the Fundamental Equations …'" "Bemerkung zu der Arbeit von D. Mirimanoff 'Über die Grundgleichungen …'" *Annalen der Physik* 28 (1909): 885 – 888 Vol. 2, Doc. 55, 536 – 540 (*Einstein 1909a*). "论辐射问题的现状" "On the Present Status of the Radiation Problem" "Zum gegenwärtigen Stand des Strahlungsproblems" *Physikalische Zeitschrift* 10 (1909): 185 – 193 Vol. 2, Doc. 56, 541 – 553 (*Einstein 1909b*).
Apr 1909	"论辐射问题的现状" "On the Present Status of the Radiation Problem" (with Walter Ritz) "Zum gegenwärtigen Stand des Strahlungsproblems" *Physikalische Zeitschrift* 10 (1909): 323 – 324 Vol. 2, Doc. 57, 554 – 555 (*Ritz and Einstein 1909*).
20 Sep 1909	Henry Siedentoph 的讲演稿"关于超微观的像"后的讨论 Extract from "Discussion" following lecture version of Henry Siedentopf, "On Ultramicroscopic Images" *Physikalische Zeitschrift* 10 (1909): 779 – 780 Vol. 2, Doc. 58, 556 – 559 (*Einstein et al. 1909a*).
21 Sep 1909	Authur Szarvassi 的讲演稿"动体中的电磁现象理论和能量原理"后的讨论 Extract from "Discussion" following lecture version of Arthur Szarvassi, "The Theory of Electromagnetic Phenomena in Moving Bodies and the Energy Principle" *Physikalische Zeitschrift* 10 (1909): 813 Vol. 2, Doc. 59, 560 – 562 (*Einstein et al. 1909b*). "论我们关于辐射的本性和组成的观点的发展" "On the Development of Our Views Concerning the Nature and Constitution of Radiation" "Über die Entwickelung unserer Anschauungen Über das Wesen und die Konstitution der Strahlung" *Deutsche Physikalische Gesellschaft. Verhandlungen* 7 (1909): 482 – 500 Vol. 2, Doc. 60, 563 – 583 (*Einstein 1909c*).

在讲演稿"论我们关于辐射的本性和组成的观点的发展"后的讨论
"Discussion" following lecture version of "On the Development of Our Views Concerning the Nature and Constitution of Radiation" "Diskussion"
Physikalische Zeitschrift 10 (1909): 825 – 826
Vol. 2, Doc. 61, 584 – 587 (*Einstein et al. 1909c*).

在 Fritz Hasenöhrl 的讲演稿"论动能转化为辐射"后的讨论
"Discussion" following lecture version of Fritz Hasenöhrl
"On the Transformation of Kinetic Energy into Radiation" "Diskussion"
Physikalische Zeitschrift 10 (1909): 830
Vol. 2, Doc. 62, 588 – 590 (*Einstein et al. 1909d*).

第三卷

18 Oct 1909—5 Mar 1910	初等力学讲稿,1909—1910 年冬季学期于苏黎世大学
	Lecture Notes for Introductory Course on Mechanics at the University of Zurich, Winter Semester 1909/1910
	Vol. 3, Doc. 1, 11 – 129 [3 – 004, 3 – 005].
15 Jan and 15 Feb 1910	"相对性原理及其在近代物理学中的影响"
	"The Principle of Relativity and Its Consequences in Modern Physics"
	"Le principe de relativité et ses conséquences dans la physique moderne"
	Archives des sciences physiques et naturelles 29 (1910): 5 – 28, 125 – 144
	Vol. 3, Doc. 2, 130 – 176 (*Einstein 1910a*).
before 18 Jan 1910	"对 Planck 1910a 一稿的答复"
	"Response to Planck's Manuscript"
	"Antwort auf Plancks Manuscript"
	Vol. 3, Doc. 3, 177 – 178 [19 – 241].
19 Apr—5 Aug 1910	热的分子运动论讲稿,1910 年夏季学期于苏黎世大学
	Lecture Notes for Course on the Kinetic Theory of Heat at the University of Zurich, Summer Semester 1910
	Vol. 3, Doc. 4, 179 – 247 [3 – 003].
7 May 1910	"论光量子理论和电磁能的定域化问题"
	"On the Theory of Light Quanta and the Question of the Localization of Electromagnetic Energy"
	"Sur la théorie des quantités lumineuses et la question de la localisation de l'énergie électromagnétique"

	Archives des sciences physiques et naturelles 29 (1910): 525 – 528
	Vol. 3, Doc. 5, 248 – 253 (*Einstein 1910b*).
15 Jul 1910	"论作用在磁场中铁磁性载流导体上的有质动力"
	"On the Ponderomotive Forces Acting on Ferromagnetic Conductors Carrying a Current in a Magnetic Field"
	"Sur les forces pondéromotrices qui agissent sur des conducteurs ferromagnétiques disposés dans un champ magnétique et parcourus par un courant"
	Archives des sciences physiques et naturelles 30 (1910): 323 – 324
	Vol. 3, Doc. 6, 254 – 257 (*Einstein 1910c*).
Aug 1910	"关于辐射场中一个振子的运动的统计考查"
	"Statistical Investigation of a Resonator's Motion in a Radiation Field" (with Ludwig Hopf)
	"Statistische Untersuchung der Bewegung eines Resonators in einem Strahlungsfeld"
	Annalen der Physik 33 (1910): 1105 – 1115
	Vol. 3, Doc. 8, 269 – 285 (*Einstein and Hopf 1910b*).
29 Aug 1910	"论一条概率计算定理及其在辐射理论中的应用"
	"On a Theorem of the Probability Calculus and Its Application in the Theory of Radiation" (with Ludwig Hopf)
	"Über einen Satz der Wahrscheinlichkeitsrechnung und seine Anwendung in der Strahlungstheorie"
	Annalen der Physik 33 (1910): 1096 – 1104
	Vol. 3, Doc. 7, 258 – 268 (*Einstein and Hopf 1910a*).
Oct 1910	"关于均匀流体及混合液体在临界状态附近的乳光现象的理论"
	"The Theory of the Opalescence of Homogeneous Fluids and Liquid Mixtures near the Critical State"
	"Theorie der Opaleszenz von homogenen Flüssigkeiten und Flüssigkeitsgemischen in der Nähe des kritischen Zustandes"
	Annalen der Physik 33 (1910): 1275 – 1298
	Vol. 3, Doc. 9, 286 – 312 (*Einstein 1910d*).
	"对 P. Hertz 所撰'论热力学的力学基础'一文的评述"
	"Comments on P. Hertz's Papers: 'On the Mechanical Foundations of Thermodynamics'"
	"Bemerkungen zu den P. Hertzschen Arbeiten: 'Über die mechanischen Grundlagen der Thermodynamik'"
	Annalen der Physik 34 (1911): 175 – 176

	Vol. 3, Doc. 10, 313 – 315 (*Einstein 1911c*).
17 Oct 1910—4 Mar 1911	电磁学讲稿,1910—1911 年冬季学期于苏黎世大学
	Lecture Notes for Course on Electricity and Magnetism at the University of Zurich, Winter Semester 1910/1911
	Vol. 3, Doc. 11, 316 – 400 [3 – 007].
30 Nov 1910	"对 Eötvös 定律的评述"
	"Comment on Eötvös's Law"
	"Bemerkung zu dem Gesetz von Eötvös"
	Annalen der Physik 34 (1911): 165 – 169
	Vol. 3, Doc. 12, 401 – 407 (*Einstein 1911a*).
	"单原子分子固体的弹性性能和比热容之间的一种关系"
	"A Relationship between Elastic Behavior and Specific Heat in Solids with a Monatomic Molecule"
	"Eine Beziehung zwischen dem elastischen Verhalten und der spezifischen Wärme bei festen Körpern mit einatomigem Molekül"
	Annalen der Physik 34 (1911): 170 – 174
	Vol. 3, Doc. 13, 408 – 414 (*Einstein 1911b*).
Jan 1911	"对拙作'分子线度的一种新测定'一文的更正"
	"Correction to My Paper: 'A New Determination of Molecular Dimensions'"
	"Berichtigung zu meiner Arbeit: 'Eine neue Bestimmung der Moleküldimensionen'"
	Annalen der Physik 34 (1911): 591 – 592
	Vol. 3, Doc. 14, 415 – 418 (*Einstein 1911e*).
	"对拙作'单原子分子固体的……关系'一文的评述"
	"Comment on My Paper: 'A Relationship between Elastic Behavior …'"
	"Bemerkung zu meiner Arbeit: 'Eine Beziehung zwischen dem elastischem Verhalten …'"
	Annalen der Physik 34 (1911): 590
	Vol. 3, Doc. 15, 419 – 421 (*Einstein 1911d*).
2 Jan 1911	"关于理论物理学中一个根本困难的评述"
	"Comment on a Fundamental Difficulty in Theoretical Physics"
	"Bemerkung Über eine fundamentale Schwierigkeit in der theoretischen Physik"
	Vol. 3, Doc. 16, 422 – 423 [2 – 138].
16 Jan 1911	"相对论"

	"The Theory of Relativity"
	"Die Relativitäts-Theorie"
	Naturforschende Gesellschaft in Zürich. Vierteljahrsschrift 56（1911）：1 – 14
	Vol. 3, Doc. 17, 424 – 439（*Einstein 1911i*）.
	发表"相对论"演讲以后的"讨论"
	"Discussion" following lecture version of "The Theory of Relativity"
	"Diskussion"
	Naturforschende Gesellschaft in Zürich. Vierteljahrsschrift 56. Part 2, *Sitzungsberichte*（1911）：II-IX
	Vol. 3, Doc. 18, 440 – 449（*Einstein et al. 1911b*）.
10 Feb 1911	关于起伏现象的演讲稿
	Notes for a Lecture on Fluctuations
	Vol. 3, Doc. 19, 450 – 455 [2 – 081].
21 Feb 1911	关于光量子假说的叙述
	Statement on the Light Quantum Hypothesis
	Naturforschende Gesellschaft in Zürich. Vierteljahrsschrift 56. Part 2, *Sitzungsberichte*（1911）：XVI
	Vol. 3, Doc. 20, 456 – 458（*Einstein 1911j*）.
May 1911	"关于固体中分子热运动的初等观察"和"加在校样上的小注"
	"Elementary Observations on Thermal Molecular Motion in Solids" and "Note Added in Proof"
	"Elementare Betrachtungen Über die thermische Molekularbewegung in festen Körpern" and "Nachtrag zur Korrektur"
	Annalen der Physik 35（1911）：679 – 694
	Vol. 3, Doc. 21, 459 – 480（*Einstein 1911g*）.
	"论 Ehrenfest 佯谬。对 V. Varičak 的论文的评论"
	"On the Ehrenfest Paradox. Comment on V. Varičak's Paper"
	"Zum Ehrenfestschen Paradoxon. Bemerkung zu V. Varičaks Aufsatz"
	Physikalische Zeitschrift 12（1911）：509 – 510
	Vol. 3, Doc. 22, 481 – 484（*Einstein 1911f*）.
Jun 1911	"论引力对光的传播的影响"
	"On the Influence of Gravitation on the Propagation of Light"
	"Über den Einfluß der Schwerkraft auf die Ausbreitung des Lichtes"
	Annalen der Physik 35（1911）：898 – 908
	Vol. 3, Doc. 23, 485 – 497（*Einstein 1911h*）.
25 and 27 Sep 1911	德国自然研究者及医生协会第 83 届会议上所作演讲后的讨论摘要

	Excerpts of discussions following lectures delivered at 83d meeting of the Gesellschaft Deutscher Naturforscher und Ärzte, 25 and 27 September 1911
	Physikalische Zeitschrift 12 (1911): 1068 – 1069, 978 – 979, 1084
	Vol. 3, Doc. 24, 498 – 504 (*Einstein et al. 1911a*).
30 Oct – 3 Nov 1911	第一届 Solvay 会议上所作各演讲后的讨论发言
	Discussion remarks following lectures delivered at first Solvay Congress
	Vol. 3, Doc. 25, 505 – 519 [72 – 206].
3 Nov 1911	"论比热容问题的现状"
	"On the Present State of the Problem of Specific Heats"
	"Zum gegenwärtigen Stande des Problems der spezifischen Wärme"
	Die Theorie der Strahlung und der Quanten. Verhandlungen auf einer von E. Solvay einberufenen Zusammenkunft (30. Oktober bis 3. Nov 1911). Mit einem Anhange Über die Entwicklung der Quantentheorie vom Herbst 1911 bis Sommer 1913, pp. 330 – 352. Eucken, Arnold, ed. Halle a. S.: Knapp, 1914. (*Abhandlungen der Deutschen Bunsen Gesellschaft für angewandte physikalische Chemie* 3, No. 7.)
	Vol. 3, Doc. 26, 520 – 548 (*Einstein 1914a*).
	发表演讲"论比热容问题的现状"后的讨论
	"Discussion" following lecture version of "On the Present State of the Problem of Specific Heats"
	"Diskussion"
	Die Theorie der Strahlung und der Quanten. Verhandlungen auf einer von E. Solvay einberufenen Zusammenkunft (30. Oktober bis 3. Nov 1911). Mit einem Anhange Über die Entwicklung der Quantentheorie vom Herbst 1911 bis Sommer 1913, pp. 353 – 364. Halle a. S.: Knapp, 1914. (*Abhandlungen der Deutschen Bunsen Gesellschaft für angewandte physikalische Chemie* 3, No. 7.)
	Vol. 3, Doc. 27, 549 – 562 (*Einstein et al. 1914a*).
1909—1914?	爱因斯坦的草稿本
	Scratch Notebook
	Vol. 3, Appendix A, 563 – 597 [3 – 013].

第四卷

1912—1914	关于狭义相对论的文稿
	Manuscript on the Special Theory of Relativity
	Vol. 4, Doc. 1, 9 – 108 [81 – 600].
Jan 1912	"光化当量定律的热力学论证"

	"Thermodynamic Proof of the Law of Photochemical Equivalence"
	"Thermodynamische Begründung des photochemischen Äquivalentgesetzes"
	Annalen der Physik 37（1912）：832-838
	Vol. 4, Doc. 2, 114-128（*Einstein 1912b*）.
Feb 1912	"光速和引力场的静力学"
	"The Speed of Light and the Statics of the Gravitational Field"
	"Lichtgeschwindigkeit und Statik des Gravitationsfeldes"
	Annalen der Physik 38（1912）：355-369
	Vol. 4, Doc. 3, 129-145（*Einstein 1912c*）.
23 Mar 1912	"静引力场理论"附一则"投稿后追记"
	"On the Theory of the Static Gravitational Field" and "Note Added in Proof"
	"Zur Theorie des statischen Gravitationsfeldes" and "Nachtrag zur Korrektur"
	Annalen der Physik 38（1912）：443-458
	Vol. 4, Doc. 4, 146-164（*Einstein 1912d*）.
May 1912	"对我所写'光化当量定律的热力学证明'一文的补充"
	"Supplement to My Paper：'Thermodynamic Proof of the Law of Photochemical Equivalence'"
	"Nachtrag zu meiner Arbeit：'Thermodynamische Begründung des Photochemischen Äquivalentgesetzes'"
	Annalen der Physik 38（1912）：881-884
	Vol. 4, Doc. 5, 165-170（*Einstein 1912f*）.
30 May 1912	"对 J. Stark 的一篇评注'关于 Planck 基本定律'的一个应用……的答复"
	"Response to a Comment by J. Stark：'On an Application of Planck's Fundamental Law …'"
	"Antwort auf eine Bemerkung von J. Stark：'Über eine Anwendung des Planckschen Elementargesetzes …'"
	Annalen der Physik 38（1912）：888
	Vol. 4, Doc. 6, 171-173（*Einstein 1912g*）.
Jul 1912	"存在一个与电磁感应相类似的引力效应吗"
	"Is There a Gravitational Effect Which Is Analogous to Electrodynamic Induction?"
	"Gibt es eine Gravitationswirkung, die der elektrodynamischen Induktionswirkung analog ist?"

	Vierteljahrsschrift für gerichtliche Medizin und öffentliches Sanitätswesen 44（1912）：37-40
	Vol. 4, Doc. 7, 174-179（*Einstein 1912e*）.
4 Jul 1912	"相对论和引力,对 M. Abraham 评注的回答"
	"Relativity and Gravitation. Reply to a Comment by M. Abraham"
	"Relativität und Gravitation. Erwiderung auf eine Bemerkung von M. Abraham"
	Annalen der Physik 38（1912）：1059-1064
	Vol. 4, Doc. 8, 180-188（*Einstein 1912h*）.
Aug 1912	"对 Abraham 前述讨论的评论'再论相对论和引力'"
	"Comment on Abraham's Preceding Discussion 'Once Again, Relativity and Gravitation'"
	"Bemerkung zu Abrahams vorangehender Auseinandersetzung 'Nochmals Relativität und Gravitation'"
	Annalen der Physik 39（1912）：704
	Vol. 4, Doc. 9, 189-191（*Einstein 1912i*）.
ca. Aug 1912	广义相对论研究笔记
	Research Notes on a Generalized Theory of Relativity
	Vol. 4, Doc. 10, 201-269 [3-006].

第五卷

3 Aug 1912	"关于离开布拉格的理由的声明"
	"Statement of Reasons for Leaving Prague"
	"Professor Einsteins Abgang von Prag"
	Neue Freie Presse, 5 Aug 1912
	Vol. 5, Doc. 414, 499-500（*Einstein 1912j*）
Dec 1912	"对于分子在绝对零度下的扰动假设的某些经过"以及"在校样中添加的评论"
	"Some Arguments for the Assumption of Molecular Agitation at Absolute Zero" and "Remark added in Proof"（with Otto Stern）
	"Einige Argumente für die Annahme einer molekularen Agitation beim absoluten Nullpunkt" and "Anmerkung bei der Korrektur"
	Annalen der Physik 40（1913）：551-560
	Vol. 4, Doc. 11, 274-284（*Einstein and Stern 1913*）.
27 Mar 1913	"光化当量定律的热力学推导"
	"Thermodynamic Deduction of the Law of Photochemical Equivalence"
	"Déduction thermodynamique de la loi de l'équivalence photochimique"
	Journal de physique 3（1913）：277-282

	Vol. 4, Doc. 12, 286 – 293 (*Einstein 1913a*).
before 28 May 1913	广义相对论和引力理论纲要
	Outline of a Generalized Theory of Relativity and of a Theory of Gravitation (with Marcel Grossmann)
	Entwurf einer verallgemeinerten Relativitätstheorie und einer Theorie der Gravitation
	Leipzig: Teubner, 1913
	Vol. 4, Doc. 13, 302 – 343 (*Einstein and Grossmann 1913*).
Jun 1913	爱因斯坦和 Besso：关于水星近日点运动的手稿
	Einstein and Besso: Manuscript on the Motion of the Perihelion of Mercury
	Vol. 4, Doc. 14, 360 – 473 [79 – 896].
9 Sep 1913	"引力论"
	"Theory of Gravitation"
	"Gravitationstheorie"
	Schweizerische Naturforschende Gesellschaft. Verhandlungen 96, part 2 (1913): 137 – 140
	Vol. 4, Doc. 15, 474 – 476 (*Einstein 1913d*).
	"引力论的物理基础"
	"Physical Foundations of a Theory of Gravitation"
	"Physikalische Grundlagen einer Gravitationstheorie"
	Naturforschende Gesellschaft in Zürich. Vierteljahrsschrift 58 (1914): 284 – 290
	Vol. 4, Doc. 16, 477 – 485 (*Einstein 1914g*).
23 Sep 1913	"关于引力问题的现状"
	"On the Present State of the Problem of Gravitation"
	"Zum gegenwärtigen Stande des Gravitationsproblems"
	Physikalische Zeitschrift 14 (1913): 1249 – 1262
	Vol. 4, Doc. 17, 486 – 503 (*Einstein 1913c*).
	对"关于引力问题的现状"演讲稿的"讨论"
	"Discussion" following lecture version of "On the Present State of the Problem of Gravitation"
	"Diskussion"
	Physikalische Zeitschrift 14 (1913): 1262 – 1266
	Vol. 4, Doc. 18, 504 – 511 (*Einstein et al. 1913*).
2 Oct 1913—21 Mar 1914	1913/1914 冬季学期在 ETH 电磁学课程的讲授笔记
	Lecture Notes for Course on Electricity and Magnetism at the ETH,

	Winter Semester 1913/1914
	Vol. 4, Doc. 19, 512 – 519 [3 – 007].
before 21 Oct 1913	"理论原子论"
	"Theoretical Atomism"
	"Theoretische Atomistik"
	Die Kultur der Gegenwart. Ihre Entwicklung und ihre Ziele.
	Hinneberg, Paul, ed. Part 3, sec. 3, vol. 1, *Physik*, pp. 251 – 263.
	Warburg, Emil, ed. Leipzig: Teubner, 1915
	Vol. 4, Doc. 20, 520 – 534 (*Einstein 1915a*).
	"相对论"
	"Theory of Relativity"
	"Die Relativitätstheorie"
	Die Kultur der Gegenwart. Ihre Entwicklung und ihre Ziele.
	Hinneberg, Paul, ed. Part 3, sec. 3, vol. 1, *Physik*, pp. 703 – 713.
	Warburg, Emil, ed. Leipzig: Teubner, 1915
	Vol. 4, Doc. 21, 535 – 546 (*Einstein 1915b*).
27—31 Oct 1913	在第二届Solvay会议上演讲发表后的评议
	Discussion remarks following lectures delivered at second Solvay Congress
	Vol. 4, Doc. 22, 552 – 559 [74 – 636].
7 Nov 1913	"科学家Max Planck"
	"Max Planck as Scientist"
	"Max Planck als Forscher"
	Die Naturwissenschaften 1 (1913): 1077 – 1079
	Vol. 4, Doc. 23, 560 – 565 (*Einstein 1913b*).
11 Dec 1913	"对Reißner先生一问题的补充答复"
	"Supplementary Response to a Question by Mr. Reißner"
	"Nachträgliche Antwort auf eine Frage von Herrn Reißner"
	Physikalische Zeitschrift 15 (1914): 108 – 110
	Vol. 4, Doc. 24, 566 – 570 (*Einstein 1914c*).
Jan 1914	"广义相对论和引力论的基础"
	"On the Foundations of the Generalized Theory of Relativity and the Theory of Gravitation"
	"Prinzipielles zur verallgemeinerten Relativitätstheorie und Gravitationstheorie"
	Physikalische Zeitschrift 15 (1914): 176 – 180
	Vol. 4, Doc. 25, 571 – 578 (*Einstein 1914e*).

30 Jan 1914	"对广义相对论和引力论纲要的评注" "Comments" on "Outline of a Generalized Theory of Relativity and of a Theory of Gravitation" (the version of Vol. 2, Doc. 13 published as an article in *Zeitschrift für Mathematik und Physik*) "Bemerkungen" *Zeitschrift für Mathematik und Physik* 62 (1914): 260–261 Vol. 4, Doc. 26, 579–582 (*Einstein 1914d*).
9 Feb 1914	"关于引力论" "On the Theory of Gravitation" "Zur Theorie der Gravitation" *Naturforschende Gesellschaft in Zürich. Vierteljahrsschrift* 59. Part 2, Sitzungsberichte (1914): Ⅳ-Ⅵ Vol. 4, Doc. 27, 583–587 (*Einstein 1914r*).
19 Feb 1914	"从绝对微分学的观点看 Nordström 的引力理论" "Nordström's Theory of Gravitation from the Point of View of the Absolute Differential Calculus" (with Adriaan D. Fokker) "Die Nordströmsche Gravitationstheorie vom Standpunkt des absoluten Differentialkalküls" *Annalen der Physik* 44 (1914): 321–328 Vol. 4, Doc. 28, 588–597 (*Einstein and Fokker 1914*).
28 Feb 1914	"用来确定有关隶属于无规涨落的量的观测统计值的方法" "Method for the Determination of Statistical Values of Observations Regarding Quantities Subject to Irregular Fluctuations" "Méthode pour la détermination de valeurs statistiques d'observations concernant des grandeurs soumises à des fluctuations irrégulières" *Archives des sciences physiques et naturelles* 37 (1914): 254–256 Vol. 4, Doc. 29, 598–602 (*Einstein 1914f*).
after 28 Feb 1914	"一种对于表观无规的准周期过程之观测值的统计利用的方法" "A Method for the Statistical Use of Observations of Apparently Irregular, Quasiperiodic Processes" "Eine Methode zur statistischen Verwertung von Beobachtungen scheinbar unregelmässig quasiperiodisch verlaufender Vorgänge" Vol. 4, Doc. 30, 603–607 [2-079].
Mar 1914	"论相对论问题" "On the Relativity Problem" "Zum Relativitäts-Problem" *Scientia* 15 (1914): 337–348

	Vol. 4, Doc. 31, 608 – 622 (*Einstein 1914i*).
第六卷	
26 Apr 1914	"论相对性原理"
	"On the Principle of Relativity"
	"Vom Relativitäts-Prinzip"
	Vossische Zeitung, 26 April 1914, Morning Edition
	Vol. 6, Doc. 1, 3 – 5 (*Einstein 1914h*).
29 May 1914	"引力理论的场方程在广义相对论基础上的协变性"
	"Covariance Properties of the Field Equations of the Theory of Gravitation Based on the Generalized Theory of Relativity" (with Marcel Grossmann)
	"Kovarianzeigenschaften der Feldgleichungen der auf die verallgemeinerte Relativitätstheorie gegründeten Gravitationstheorie"
	Zeitschrift für Mathematik und Physik 63 (1914): 215 – 225
	Vol. 6, Doc. 2, 6 – 18 (*Einstein and Grossmann 1914b*).
2 Jul 1914	"就职演讲及回答"
	"Inaugural Lecture"
	"Antrittsrede"
	Königlich Preußische Akademie der Wissenschaften (Berlin). *Sitzungsberichte* (1914): 739 – 742
	Vol. 6, Doc. 3, 19 – 24 (*Einstein 1914k*).
18 Jul 1914	"对 P. Harzer 论文《光在玻璃中的拖曳与光行差》的评论"
	"Remarks on P. Harzer's Paper: 'On the Dragging of Light in Glass and on Aberration'"
	"Bemerkungen zu P. Harzers Abhandlung 'Über die Mitführung des Lichtes in Glas und die Aberration.'"
	Astronomische Nachrichten 199 (1914): cols. 7 – 10
	Vol. 6, Doc. 4, 25 – 28 (*Einstein 1914l*).
24 Jul 1914	"对量子理论的贡献"
	"Contributions to Quantum Theory"
	"Beiträge zur Quantentheorie"
	Deutsche Physikalische Gesellschaft. Verhandlungen 16 (1914): 820 – 828
	Vol. 6, Doc. 5, 29 – 40 (*Einstein 1914n*).
18 Aug 1914	"对 P. Harzer 答复的答复"
	"Response to Paul Harzer's Reply"
	"Antwort auf eine Replik Paul Harzers"

Astronomische Nachrichten 199（1914）: cols. 47－48

Vol. 6, Doc. 6, 41－43（*Einstein 1914m*）.

16 Oct 1914—15 Mar 1915 在柏林大学 1914—1915 年冬季学期的相对论课程教案

Lecture Notes for Course on Relativity at the University of Berlin, Winter Semester 1914/1915

Vol. 6, Doc. 7, 44－68［3－008］.

mid-Oct 1914 "告欧洲人书"

"Manifesto to the Europeans"

"Aufruf an die Europäer"（with G. F. Nicolai and F. W. Förster）

Nicolai, Georg Friedrich. *Die Biologie des Krieges. Betrachtungen eines deutschen Naturforschers*, pp. 9－11. Zurich: Füssli, 1917,

Vol. 6, Doc. 8, 69－71.

29 Oct 1914 "广义相对论的形式基础"

"The Formal Foundations of the General Theory of Relativity"

"Die formale Grundlage der allgemeinen Relativitätstheorie"

Königlich Preußische Akademie der Wissenschaften（Berlin）. *Sitzungsberichte*（1914）: 1030－1085

Vol. 6, Doc. 9, 72－130（*Einstein 1914o*）.

27 Nov 1914 对 Alexander Brill《相对性原理:导论……》的评论

Review of Alexander von Brill, *The Principle of Relativity: An Introduction to the Theory*

Das Relativitätsprinzip. Eine Einführung in die Theorie. 2d ed. Leipzig: Teubner, 1916

Die Naturwissenschaften 2（1914）: 1018

Vol. 6, Doc. 10, 131－133（*Einstein 1914p*）.

对 H. A. Lorentz《相对性原理:三个讲演……》的评论

Review of H. A. Lorentz, *The Principle of Relativity: Three Lectures …*

Das Relativitätsprinzip. Drei Vorlesungen gehalten in Teylers Stiftung zu Haarlem. Keesom, W. H., ed. Leipzig: Teubner, 1914

Die Naturwissenschaften 2（1914）: 1018

Vol. 6, Doc. 11, 134－136（*Einstein 1914q*）.

6 Feb 1915 "关于 Anschütz 公司与 Sperry Gyroscope 公司之间诉讼案的专家意见"

"Expert Opinion on Legal Dispute between Anschütz & Co. and Sperry Gyroscope Company"

"Gutachten zum Rechtsstreit Anschütz & Co. gegen Sperry-Gyroscope Company"

	Vol. 6, Doc. 12, 137 – 144 [79 – 224].
19 Feb 1915	"Ampère 分子电流的实验证明"
	"Experimental Proof of Ampère's Molecular Currents" (with Wander J. de Haas)
	"Experimenteller Nachweis der Ampèreschen Molekularströme"
	Deutsche Physikalische Gesellschaft. Verhandlungen 17 (1915): 152 – 170
	Vol. 6, Doc. 13, 150 – 171 (*Einstein and De Haas 1915a*).
23 Apr 1915	"Ampère 分子电流存在的实验证明"
	"Experimental Proof of the Existence of Ampère's Molecular Currents" (with Wander J. de Haas)
	Koninklijke Akademie van Wetenschappen te Amsterdam. Section of Sciences. Proceedings 18 (1915): 696 – 711
	Vol. 6, Doc. 14, 172 – 189 (*Einstein and De Haas 1915c*).
7 May 1915	"Ampère 分子电流的实验证明"
	"Experimental Proof of Ampère's Molecular Currents"
	"Experimenteller Nachweis der Ampèreschen Molekularströme"
	Die Naturwissenschaften 3 (1915): 237 – 238
	Vol. 6, Doc. 15, 190 – 193 (*Einstein 1915c*).
10 May 1915	"对我与 J. W. de Haas 合作的题为《Ampère 分子电流的实验证明》论文的勘误"
	"Correction of My Joint Paper with J. W. de Haas: *Experimental Proof of Ampère's Molecular Currents*"
	"Berichtigung zu meiner gemeinsam mit Herrn J. W. De Haas veröffentlichten Arbeit 'Experimenteller Nachweis der Ampèreschen Molekularströme'"
	Deutsche Physikalische Gesellschaft. Verhandlungen 7 (1915): 203
	Vol. 6, Doc. 16, 194 – 196 (*Einstein 1915d*).
15 Jun 1915	"对 Knapp 所投寄论文《光以太的剪切……》的评论"
	"Comment on the Essay Submitted by Knapp: 'The Shearing of the Light-Ether …'"
	"Ausserung zu dem von Herrn Knapp eingereichten Aufsatze 'Die Scherung des Lichtöthers …'"
	Vol. 6, Doc. 17, 197 [82 – 032].
24 Jun 1915	"对 M. von Laue 的文章《概率计算中的一个定理与其对辐射理论的应用》的回答"
	"Response to a Paper by M. von Laue: *A Theorem in Probability Calcu-*

	lus and Its Application to Radiation Theory"
	"Antwort auf eine Abhandlung M. v. Laues *Ein Satz der Wahrscheinlichkeitsrechnung und seine Anwendung auf die Strahlungstheorie*"
	Annalen der Physik 47 (1915): 879-885
	Vol. 6, Doc. 18, 198-206 (*Einstein 1915e*).
7 Aug 1915	"补充的专家意见"
	"Supplementary Expert Opinion"
	"Nachtragsgutachten"
	Vol. 6, Doc. 19, 207-210 [79-231].
23 Oct-11 Nov 1915	"我对战争的看法"
	"My Opinion on the War"
	"Meine Meinung Über den Krieg"
	Vol. 6, Doc. 20, 211-213 [70-457].
4 Nov 1915	"关于广义相对论"
	"On the General Theory of Relativity"
	"Zur allgemeinen Relativitätstheorie"
	Königlich Preußische Akademie der Wissenschaften (Berlin). Sitzungsberichte (1915): 778-786
	Vol. 6, Doc. 21, 214-224 (*Einstein 1915f*).
11 Nov 1915	"关于广义相对论(附录)"
	"On the General Theory of Relativity (Addendum)"
	"Zur allgemeinen Relativitätstheorie (Nachtrag)"
	Königlich Preußische Akademie der Wissenschaften (Berlin). Sitzungsberichte (1915): 799-801
	Vol. 6, Doc. 22, 225-229 (*Einstein 1915g*).
15 Nov 1915	"对我们的文章《Ampère 分子电流的实验证明》的评论"
	"Comment on Our Paper: *Experimental Proof of Ampère's Molecular Currents*" (with Wander J. de Haas)
	"Notiz zu unserer Arbeit *Experimenteller Nachweis der Ampèreschen Molekularströme*"
	Deutsche Physikalische Gesellschaft. Verhandlungen 7 (1915): 420
	Vol. 6, Doc. 23, 230-232 (*Einstein and De Haas 1915d*).
18 Nov 1915	"以广义相对论解释水星近日点运动"
	"Explanation of the Perihelion Motion of Mercury from the General Theory of Relativity"
	"Erklörung der Perihelbewegung des Merkur aus der allgemeinen Relativitätstheorie"

	Königlich Preußische Akademie der Wissenschaften（Berlin）．*Sitzungsberichte*（1915）：831–839 Vol. 6，Doc. 24，233–243（*Einstein 1915h*）．
25 Nov 1915	"引力场方程" "The Field Equations of Gravitation" "Die Feldgleichungen der Gravitation" *Königlich Preußische Akademie der Wissenschaften*（Berlin）．*Sitzungsberichte*（1915）：844–847 Vol. 6，Doc. 25，244–249（*Einstein 1915i*）．
ca. 14 Jan 1916	"关于 Tetrode 和 Sackur 的熵常数的理论" "On the Theory of Tetrode and Sackur for the Entropy Constant" "Zur Tetrode-Sakkur'schen Theorie der Entropie-Konstante" Vol. 6，Doc. 26，250–262 [2–075]．
3 Feb 1916	"电动力学的 Maxwell 场方程的一种新的形式阐明" "A New Formal Interpretation of Maxwell's Field Equations of Electrodynamics" "Eine neue formale Deutung der Maxwellschen Feldgleichungen der Elektrodynamik" *Königlich Preußische Akademie der Wissenschaften*（Berlin）*Sitzungsberichte*（1916）：184–187 Vol. 6，Doc. 27，263–269（*Einstein 1916b*）．
25 Feb 1916	"演示 Ampère 分子电流的一个简单实验" "A Simple Experiment to Demonstrate Ampère's Molecular Currents" "Ein einfaches Experiment zum Nachweis der Ampèreschen Molekularströme" *Deutsche Physikalische Gesellschaft. Verhandlungen* 18（1916）：173–177 Vol. 6，Doc. 28，270–276（*Einstein 1916d*）．
14 Mar 1916	"Ernst Mach" "Ernst Mach" *Physikalische Zeitschrift* 17（1916）：101–104 Vol. 6，Doc. 29，277–282（*Einstein 1916c*）．
20 Mar 1916	"广义相对论基础" "The Foundation of the General Theory of Relativity" "Die Grundlage der allgemeinen Relativitätstheorie" *Annalen der Physik* 49（1916）：769–822 Vol. 6，Doc. 30，283–339（*Einstein 1916e*）．

before 20 Mar 1916	"附录:基于变分原理的理论表述" "Appendix. Formulation of the Theory on the Basis of a Variational Principle" "Anhang. Darstellung der Theorie ausgehend von einem Variationsprinzip" Vol. 6, Doc. 31, 340 – 346 [2 – 077].
22 Jun 1916	"引力场方程的近似积分" "Approximate Integration of the Field Equations of Gravitation" "Näherungsweise Integration der Feldgleichungen der Gravitation" *Königlich Preußische Akademie der Wissenschaften* (Berlin). *Sitzungsberichte* (1916): 688 – 696 Vol. 6, Doc. 32, 347 – 357 (*Einstein 1916g*).
29 Jun 1916	"爱因斯坦对 Karl Schwarzschild 的纪念讲演" "Einstein's Memorial Lecture on Karl Schwarzschild" "Gedächtnisrede des Hrn. Einstein auf Karl Schwarzschild" *Königlich Preußische Akademie der Wissenschaften* (Berlin). *Sitzungsberichte* (1916): 768 – 770 Vol. 6, Doc. 33, 358 – 362 (*Einstein 1916h*).
17 Jul 1916	"量子论中辐射的发射和吸收" "Emission and Absorption of Radiation in Quantum Theory" "Strahlungs-Emission und-Absorption nach der Quantentheorie" *Deutsche Physikalische Gesellschaft. Verhandlungen* 18 (1916): 318 – 323 Vol. 6, Doc. 34, 363 – 370 (*Einstein 1916j*).
ca. Aug 1916	"为 Erwin Freundlich 所著《爱因斯坦引力理论基础》一书所作的序" "Preface" to Erwin Freundlich, *The Foundations of Einstein's Theory of Gravitation* "Vorwort" Freundlich, Erwin. *Die Grundlagen der Einsteinschen Gravitationstheorie*. Berlin: Springer, 1916 Vol. 6, Doc. 35, 371 – 373 (*Einstein 1916i*).
11 Aug 1916	对 H. A. Lorentz "热力学中的统计理论:五次演讲"的评论 Review of H. A. Lorentz, *Statistical Theories in Thermodynamics: Five Lectures …* *Les théories statistiques en thermodynamique. Conférences faites au Collège de France en novembre 1912.* Dunoyer, L., ed. Leipzig: Teubner, 1916

	Die Naturwissenschaften 4 (1916): 480-481
	Vol. 6, Doc. 36, 374-377 (*Einstein 1916k*).
	"《广义相对论基础》的作者总结"
	Author's Summary of *The Foundation of the General Theory of Relativity*
	"Selbstanzeige"
	Die Naturwissenschaften 4 (1916): 481
	Vol. 6, Doc. 37, 378-380 (*Einstein 1916l*).
after 24 Aug 1916	"关于辐射的量子理论"
	"On the Quantum Theory of Radiation"
	"Zur Quantentheorie der Strahlung"
	Physikalische Gesellschaft Zürich. Mitteilungen 16 (1916): 47-62
	Vol. 6, Doc. 38, 381-398 (*Einstein 1916n*).
25 Aug 1916	"水波和飞行的初级理论"
	"Elementary Theory of Water Waves and of Flight"
	"Elementare Theorie der Wasserwellen und des Fluges"
	Die Naturwissenschaften 4 (1916): 509-510
	Vol. 6, Doc. 39, 399-402 (*Einstein 1916m*).
Oct 1916	"评 Friedrich Kottler 的文章:论爱因斯坦的等效假说和引力"
	"On Friedrich Kottler's Paper: 'On Einstein's Equivalence Hypothesis and Gravitation'"
	"Über Friedrich Kottlers Abhandlung 'Über Einsteins Äquivalenzhypothese und die Gravitation'"
	Annalen der Physik 51 (1916): 639-642
	Vol. 6, Doc. 40, 403-408 (*Einstein 1916p*).
26 Oct 1916	"Hamilton 原理和广义相对论"
	"Hamilton's Principle and the General Theory of Relativity"
	"Hamiltonsches Prinzip und allgemeine Relativitätstheorie"
	Königlich Preußische Akademie der Wissenschaften (Berlin). Sitzungsberichte (1916): 1111-1116
	Vol. 6, Doc. 41, 409-416 (*Einstein 1916o*).
Dec 1916	"狭义相对论和广义相对论(普及本)"
	On the Special and the General Theory of Relativity (A Popular Account)
	Über die spezielle und die allgemeine Relativitätstheorie (Gemeinverständlich). Braunschweig: Vieweg, 1917
	Vol. 6, Doc. 42, 420-539 (*Einstein 1917a*).
after Dec 1916	"相对论的主要思想" "The Principal Ideas of the Theory of Relativity"
	"Die hauptsächlichen Gedanken der Relativitätstheorie"

	Vol. 6, Doc. 44a, in Vol. 7, 3-7 [2-069].
8 Feb 1917	"广义相对论中的宇宙学研究"
	"Cosmological Considerations in the General Theory of Relativity"
	"Kosmologische Betrachtungen zur allgemeinen Relativitätstheorie"
	Königlich Preußische Akademie der Wissenschaften (Berlin). *Sitzungsberichte* (1917): 142-152
	Vol. 6, Doc. 43, 540-552 (*Einstein 1917b*).
17 Feb 1917	"对原告 1916 年 12 月 27 日的书面陈述的答复"
	"Reply to the Plaintiff's Written Statement of 27 Dec 1916"
	"Antwort auf die Schrift der Kl. gerin vom 27. Dezember 1916"
	Vol. 6, Doc. 44, 553-554 [35-330].
11 May 1917	"论 Sommerfeld 和 Epstein 的量子定理"
	"On the Quantum Theorem of Sommerfeld and Epstein"
	"Zum Quantensatz von Sommerfeld und Epstein"
	Deutsche Physikalische Gesellschaft. Verhandlungen 19 (1917): 82-92
	Vol. 6, Doc. 45, 555-567 (*Einstein 1917d*).
Jul 1917 – before 10 Mar 1918	"关于民族自决权的调查表"
	"On the Questionnaire Concerning the Right of National Self-Determination"
	"Zum Fragebogen Über das Selbstbestimmungsrecht der Völker"
	Vol. 6, Doc. 45a, in Vol. 7, 8-10 [28-095].
2 Nov 1917	对 Hermann von Helmholtz 论 Goethe 的两篇演讲的评论
	Review of H. v. Helmholtz, *Two Lectures on Goethe Zwei Vortrage Über Goethe*. Braunschweig: Vieweg, 1917 *Die Naturwissenschaften* 5 (1917): 675
	Vol. 6, Doc. 46, 568-570 (*Einstein 1917e*).
22 Nov 1917	"Jacobi 定理的推导"
	"A Derivation of Jacobi's Theorem"
	"Eine Ableitung des Theorems von Jacobi"
	Königlich Preußische Akademie der Wissenschaften (Berlin). *Sitzungsberichte* (1917): 606-608
	Vol. 6, Doc. 47, 571-575 (*Einstein 1917f*).
14 Dec 1917	"Marian von Smoluchowski"
	"Marian von Smoluchowski" *Die Naturwissenschafen* 5 (1917): 737-738
	Vol. 6, Doc. 48, 576-579 (*Einstein 1917g*).
25 Dec 1917	"噩梦"

	"The Nightmare"
	"Der Angst-Traum"
	Berliner Tageblatt, 25 December 1917
	Vol. 6, Doc. 49, 580 – 582 (*Einstein 1917h*).
第七卷	
31 Jan 1918	"论引力波"
	"On Gravitational Waves"
	"Über Gravitationswellen"
	Königlich Preußische Akademie der Wissenschaften (Berlin). *Sitzungsberichte* (1918): 154 – 167
	Vol. 7, Doc. 1, 11 – 28 (*Einstein 1918a*).
5 Feb 1918	"关于 E. Schrödinger '引力场的能量分量' 一文的注记"
	"Note on E. Schrödinger's Paper: 'The Energy Components of the Gravitational Field'"
	"Notiz zu E. Schrödingers Arbeit 'Die Energiekomponenten des Gravitationsfeldes'"
	Physikalische Zeitschrift 19 (1918): 115 – 116
	Vol. 7, Doc. 2, 29 – 32 (*Einstein 1918b*).
3 Mar 1918	"对 Schrödinger 的注记 '关于广义协变引力场方程的一组解' 的评论"
	"Comment on Schrödinger's Note 'On a System of Solutions for the Generally Covariant Gravitational Field Equations'"
	"Bemerkung zu Herrn Schrödingers Notiz 'Über ein Lösungssystem der allgemein kovarianten Gravitationsgleichungen'"
	Physikalische Zeitschrift 19 (1918): 165 – 166
	Vol. 7, Doc. 3, 33 – 36 (*Einstein 1918d*).
6 Mar 1918	"关于广义相对论的原理"
	"On the Foundations of the General Theory of Relativity"
	"Prinzipielles zur allgemeinen Relativitätstheorie"
	Annalen der Physik 55 (1918): 241 – 244
	Vol. 7, Doc. 4, 37 – 44 (*Einstein 1918e*).
7 Mar 1918	"对 De Sitter 先生给出的引力场方程一个解的评论"
	"Critical Comments on a Solution of the Gravitational Field Equations Given by Mr. De Sitter"
	"Kritisches zu einer von Hrn. De Sitter gegebenen Lösung der Gravitationsgleichungen"
	Königlich Preußische Akademie der Wissenschaften (Berlin). *Sitzungs-*

	berichte (1918): 270-272
	Vol. 7, Doc. 5, 45-49 (*Einstein 1918c*).
21 Mar 1918	"有可能从实验上测定固体的 X 射线折射率吗?"
	"Is It Possible to Determine Experimentally the X-Ray Refractive Indices of Solids?"
	"Lassen sich Brechungsexponenten der Körper für Röntgenstrahlen experimentell ermitteln?"
	Deutsche Physikalische Gesellschaft. Copyright 2009 *Verhandlungen* 20 (1918): 86-87
	Vol. 7, Doc. 6, 50-53 (*Einstein 1918i*).
26 Apr 1918	"探索的动机"
	"Motives for Research"
	"Motive des Forschens"
	Zu Max Plancks sechzigstem Geburtstag. Ansprachen, gehalten am 26. April 1918 *in der Deutschen Physikalischen*
	Gesellschaft von E. Warburg, M. v. Laue, A. Sommerfeld und A. Einstein, pp. 29-32. Karlsruhe: C. F. Müllersche Hofbuchhandlung, 1918
	Vol. 7, Doc. 7, 54-59 (*Einstein 1918j*).
2 May 1918	对 Hermann Weyl "引力与电" 一文的 "附注"
	"Supplement" to Hermann Weyl, "Gravitation and Electricity"
	"Nachtrag"
	Königlich Preußische Akademie der Wissenschaften (Berlin). *Sitzungsberichte* (1918): 478
	Vol. 7, Doc. 8, 60-62 (*Einstein 1918g*).
16 May 1918	"广义相对论中的能量守恒定律" 和 "校样上的附注"
	"The Law of Energy Conservation in the General Theory of Relativity" and "Note Added in Proof"
	"Der Energiesatz in der allgemeinen Relativitätstheorie" and "Nachtrag zur Korrektur"
	Königlich Preußische Akademie der Wissenschaften (Berlin). *Sitzungsberichte* (1918): 448-459
	Vol. 7, Doc. 9, 63-77 (*Einstein 1918f*).
21 Jun 1918	对 Hermann Weyl 的著作《空间-时间-物质:广义相对论讲义》的书评
	Review of Hermann Weyl, *Space-Time-Matter: Lectures on General Relativity*

	Raum-Zeit-Materie. Vorlesungen Über allgemeine Relativi-tätstheorie. Berlin: Springer, 1918 Die *Naturwissenschaften* 6 (1918): 373 Vol. 7, Doc. 10, 78–80 (*Einstein 1918h*).
16 Jul 1918	"根据241637号专利驳回导航仪器公司的G43359号专利申请的非官方专家意见" "Private Expert Opinion on the Objection to Patent Application G 43359 of the Society of Nautical Instruments on the Basis of Patent 241637" "Privatgutachten zu dem Einspruch gegen die Patentanmeldung G 43359 der Gesellschaft für nautische Instrumente auf Grund des Patentes 241637" Vol. 7, Doc. 11, 81–85 [85–063].
11 Oct-second half of Feb 1919	1918—1919年冬季学期在柏林大学和苏黎世大学的狭义相对论课程讲稿 Lecture Notes for Courses on Special Relativity at the University of Berlin and the University of Zurich, Winter Semester 1918/1919 Vol. 7, Doc. 12, 86–100 [3–009].
before 20 Oct 1918	"关于反对相对论的对话" "Dialogue about Objections to the Theory of Relativity" "Dialog Über Einwände gegen die Relativitätstheorie" Die *Naturwissenschaften* 6 (1918): 697–702 Vol. 7, Doc. 13, 114–122 (*Einstein 1918k*).
13 Nov 1918	论对于国民议会的需要 On the Need for a National Assembly Vol. 7, Doc. 14, 123–125 [28–001].
29 Nov 1918	"对E. Gehrcke《论以太》注记的评论" "Comment on E. Gehrcke's Note 'On the Ether'" "Bemerkung zu E. Gehrckes Notiz 'Über den Äther.'" *Deutsche Physikalische Gesellschaft. Verhandlungen* 20 (1918): 261 Vol. 7, Doc. 15, 126–128 (*Einstein 1918l*).
12 Dec 1918	"致'保障人人最低生活水平'协会" "To the Society 'A Guaranteed Subsistence for All'" "An den 'Verein Allgemeine Nährpflicht'" Vol. 7, Doc. 16, 129 [32–754].
10 Apr 1919	"引力场在物质的基本粒子结构中起重要作用吗?" "Do Gravitational Fields Play an Essential Role in the Structure of the Elementary Particles of Matter?"

"Spielen Gravitationsfelder im Aufbau der materiellen Elementarteilchen eine wesentliche Rolle?"

Preußische Akademie der Wissenschaften (Berlin). *Sitzungsberichte* (1919): 349–356

Vol. 7, Doc. 17, 130–140 (*Einstein 1919a*).

24 Apr 1919　"关于至今似乎无法用 Newton 力学解释的月球经度周期性起伏的意见"

"Comment about Periodical Fluctuations of Lunar Longitude, Which So Far Appeared to Be Inexplicable in Newtonian Mechanics"

"Bemerkung Über periodische Schwankungen der Mondlänge, welche bisher nach der Newtonschen Mechanik nicht erklärbar schienen"

Preußische Akademie der Wissenschaften (Berlin). *Sitzungsberichte* (1919): 433–436

Vol. 7, Doc. 18, 141–146 (*Einstein 1919b*).

May–Jun 1919　1919 年夏季学期在柏林大学讲授广义相对论课程的讲课笔记

Lecture Notes for Course on General Relativity at the University of Berlin, Summer Semester 1919

Vol. 7, Doc. 19, 147–184 [3-009.1].

after 3 Jul 1919　1919 年夏季学期在苏黎世大学讲授广义相对论课程笔记摘要

Excerpts from Lecture Notes for Course on General Relativity at the University of Zurich, Summer Semester 1919

Vol. 7, Doc. 20, 185–189 [85-169].

23 Jul 1919　"Anschütz 公司对陀螺仪制造公司诉讼的法庭专家意见"

"Court Expert Opinion in the Matter of Anschütz & Co. vs. Kreiselbau Co."

"Gerichts-Gutachten in Sachen Anschütz & Co. contra Kreiselbau-Gesellschaft m. b. H."

Vol. 7, Doc. 21, 190–195 [85-062].

24 Jul 1919　评 Albert von Brunn 前面的注记:"关于爱因斯坦对月球经度随月轨交点旋转近似周期不规则起伏的评论"

Comment on the Preceding Note of Albert von Brunn, "On Mr. Einstein's Remark about the Irregular Fluctuations of Lunar Longitude with an Approximate Period of the Rotation of the Lunar Nodes"

"Bemerkung zur vorstehenden Notiz"

Preußische Akademie der Wissenschaften (Berlin). *Sitzungsberichte* (1919): 711

Vol. 7, Doc. 22, 196–198 (*Einstein 1919c*).

9 Oct 1919	"广义相对的一个检验"
	"A Test of the General Theory of Relativity"
	"Prüfung der allgemeinen Relativitätstheorie"
	Die Naturwissenschaften 7 (1919): 776
	Vol. 7, Doc. 23, 199 – 201 (*Einstein 1919d*).
17 Nov 1919	"物理学家 Leo Arons"
	"Leo Arons as Physicist"
	"Leo Arons als Physiker"
	Sozialistische Monatshefte 53 (1919): 1055 – 1056
	Vol. 7, Doc. 24, 202 – 205 (*Einstein 1919e*).
before 28 Nov 1919	"什么是相对论?"
	"What Is the Theory of Relativity?"
	"Was ist die Relativitäts-Theorie?"
	Vol. 7, Doc. 25, 206 – 211 [1 – 002].
28 Nov 1919	"时间、空间和引力"
	"Time, Space, and Gravitation"
	The Times (London), 28 November 1919
	Vol. 7, Doc. 26, 212 – 215 (*Einstein 1919f*).
16 Dec 1919	"致 Paul Colin 先生的欢迎词"
	"Welcoming Address to Paul Colin"
	"Begrüssung an Herrn Colin, gesprochen im Bund Neues Vaterland am 16. XII. 19"
	Vol. 7, Doc. 27, 216 – 217 [28 – 005].
25 Dec 1919	"物理学中的归纳和演绎"
	"Induction and Deduction in Physics"
	"Induktion und Deduktion in der Physik"
	Berliner Tageblatt, 25 December 1919, Morning Edition
	Vol. 7, Doc. 28, 218 – 220 (*Einstein 1919g*).
30 Dec 1919	"东方来的移民"
	"Immigration from the East"
	"Die Zuwanderung aus dem Osten"
	Berliner Tageblatt, 30 *December* 1919, Morning Edition
	Vol. 7, Doc. 29, 237 – 241 (*Einstein 1919h*).
10 Jan 1920	"对柏林电力总公司(A.E.G.)关于'白炽灯灯丝用钨丝生产方法'的 269498 号德国专利的专家意见"
	"Expert Opinion on German Patent 269 498 of the A.E.G., Berlin, on a 'Method for the Production of Tungsten Wires for Filaments

	in Incandescent Lamps'"
	"Gutachten betreffend D. R. P. 269 498 der A. E. G., Berlin, auf ein "Verfahren zur Herstellung von Wolframdrähten für Glühkörper elektrischer Glühlampen"
	Vol. 7, Doc. 30, 242 – 244 [35 – 374].
after 22 Jan 1920	"相对论的基本思想和方法,按其发展的陈述"
	"Fundamental Ideas and Methods of the Theory of Relativity, Presented in Their Development"
	"Grundgedanken und Methoden der Relativitätstheorie in ihrer Entwicklung dargestellt"
	Vol. 7, Doc. 31, 245 – 281 [2 – 070].
26 Jan 1920	声援 Georg Nicolai
	In Support of Georg Nicolai
	Vol. 7, Doc. 32, 282 – 283 [78 – 124].
13 Feb 1920	讲堂里的鼓噪
	Uproar in the Lecture Hall
	8 – Uhr Abendblatt, 13 February 1920
	Vol. 7, Doc. 33, 284 – 288 (*Einstein 1920a*).
3 Apr 1920	"同化与反犹主义"
	"Assimilation and Anti-Semitism"
	"Assimilation und Anti-Semitismus"
	Vol. 7, Doc. 34, 289 – 293 [36 – 625].
after 3 Apr 1920	"反犹主义,以知识求防御"
	"Anti-Semitism. Defense through Knowledge"
	"Antisemitismus. Abwehr durch Erkenntnis"
	Vol. 7, Doc. 35, 294 – 297 [36 – 626].
4 Apr 1920	科学文献的交换
	An Exchange of Scientific Literature
	Neue Zürcher Zeitung, 4 April 1920, 1st Sunday Edition
	Vol. 7, Doc. 36, 298 – 301 (*Einstein 1920b*).
5 Apr 1920	信仰声明
	A Confession
	Israelitisches Wochenblatt für die Schweiz, 24 September 1920, p. 10
	Vol. 7, Doc. 37, 302 – 304 (*Einstein 1920h*).
before 7 Apr 1920	以太和相对论
	Ether and the Theory of Relativity.
	Äther und Relativitätstheorie. Rede gehalten am 5. Mai 1920 an der

	Reichs-Universität zu Leiden. Berlin: Springer, 1920 Vol. 7, Doc. 38, 305–323 (*Einstein 1920j*).
8 Apr 1920	"部分离解气体中的声波的传播" "Propagation of Sound in Partly Dissociated Gases" "Schallausbreitung in teilweise dissoziierten Gasen" *Preußische Akademie der Wissenschaften* (Berlin) *Sitzungsberichte* (1920): 380–385 Vol. 7, Doc. 39, 324–331 (*Einstein 1920c*).
11 Jul 1920	致德国争取外国救济中央委员会 To the German Central Committee for Foreign Relief Vol. 7, Doc. 40, 332–333 [44–695].
after 11 Jul 1920	关于公谊会教徒的救济工作 On the Quaker Relief Effort Vol. 7, Doc. 41, 334 [40–006].
16 Jul 1920	致"大众技术教育总协会" To the "General Association for Popular Technical Education" *Neue Freie Presse*, 24 July 1920, Morning Edition Vol. 7, Doc. 42, 335–337 (*Einstein 1920d*).
25 Jul 1920	关于新能源 On New Sources of Energy *Berliner Tageblatt*, 25 July 1920, Morgen-Ausgabe Vol. 7, Doc. 43, 338–340 (*Einstein 1920e*).
3 Aug 1920	"对 W. R. Heß《对非均匀系统黏滞性理论的贡献》一文的批评" "Comment on the Paper by W. R. Heß, 'Contribution to the Theory of Viscosity of Heterogeneous Systems'" "Bemerkung zu der Abhandlung von W. R. Heß, 'Beitrag zur Theorie der Viskostität heterogener Systeme'" *Kolloid Zeitschrift* 27 (1920): 137 Vol. 7, Doc. 44, 341–343 (*Einstein 1920g*).
27 Aug 1920	"我对反相对论公司的答复" "My Response. On the Anti-Relativity Company" "Meine Antwort. Ueber die anti-relativitätstheoretische G. m. b. H." *Berliner Tageblatt*, 27 August 1920, Morgen-Ausgabe Vol. 7, Doc. 45, 344–349 (*Einstein 1920f*).
23—24 Sep 1920	在巴特瑙海姆演讲会后的讨论 Discussions of Lectures in Bad Nauheim *Physikalische Zeitschrift* 21 (1920): 650–651, 662, 666–668

	Vol. 7, Doc. 46, 350 – 359 (*Einstein et al. 1920*).
after 29 Sep 1920	关于知识分子对国际和解的贡献
	On the Contribution of Intellectuals to International Reconciliation
	Thoughts on Reconciliation, pp 10 – 11. New York: Deutscher Gesellig-Wissenschaftlicher Verein von New York, 1920
	Vol. 7, Doc. 47, 360 – 364 (*Einstein 1920i*).
after 1 Nov 1920	"关于 Meissner 和 Kühn 的专利为 Telefunken 公司提出的非官方专家意见"
	"Private Expert Opinion for Telefunken on the Patents of Meissner and Kühn"
	"Privat-Gutachten für Telefunken Über die Patente von Meissner und Kühn"
	Vol. 7, Doc. 48, 365 – 367 [35 – 382].
20 Nov 1920	对 Ernst Reichenbächer 的答复:"若没有相对论,能在何种程度上建立现代引力理论?"
	Response to Ernst Reichenbächer, "To What Extent Can Modern Gravitational Theory Be Established without Relativity?"
	"Antwort auf vorstehende Betrachtung"
	Die Naturwissenschaften 8 (1920): 1010 – 1011
	Vol. 7, Doc. 49, 368 – 371 (*Einstein 1920k*).
after 8 Dec 1920	"相对论发展简述"
	"Brief Outline of the Development of the Theory of Relativity"
	"Kurze Skizze zur Entwicklung der Relativitätstheorie"
	Vol. 7, Doc. 50, 372 – 378 [1 – 007].

第十卷

12 Dec 1920?	对发现超导体中霍尔效应的祝贺
	Calculations on Hall-Effect in Superconductors
	Vol. 10, Appendix, 615 – 616 [70 – 381].

第七卷续

27 Jan 1921	"艺术经验和科学经验中的共同要素"
	"The Common Element in Artistic and Scientific Experience"
	"Das Gemeinsame am künstlerischen und wissenschaftlichen Leben"
	Menschen. Zeitschrift neuer Kunst 4 (1921): 19
	Vol. 7, Doc. 51, 379 – 381 (*Einstein 1921a*).
	《几何学和经验》
	Geometry and Experience

	Geometrie und Erfahrung. Erweiterte Fassung des Festvortrages gehalten an der Preußisschen Akademie der Wissenschaften zu Berlin am 27. Januar 1921. Berlin: Springer, 1921
	Vol. 7, Doc. 52, 382–405 (*Einstein 1921c*).
17 Feb 1921	"相对论发展简述"
	"A Brief Outline of the Development of the Theory of Relativity"
	Nature 106 (1921): 782–784
	Vol. 7, Doc. 53, 406–410 (*Einstein 1921d*).
3 Mar 1921	"关于对广义相对论基础的一个自然补充"
	"On a Natural Addition to the Foundation of the General Theory of Relativity"
	"Über eine naheliegende Ergänzung des Fundamentes der allgemeinen Relativitätstheorie"
	Preußische Akademie der Wissenschaften (Berlin). *Sitzungsberichte* (1921): 261–264
	Vol. 7, Doc. 54, 411–416 (*Einstein 1921e*).
16 Mar 1921	"我的抗议"
	"In My Defense"
	"Zur Abwehr"
	Die Naturwissenschaften 9 (1921): 219
	Vol. 7, Doc. 55, 417–419 (*Einstein 1921g*).
ca. 18 Mar 1921	"Newton引力定律对球状星团的简单应用"
	"A Simple Application of the Newtonian Law of Gravitation to Globular Star Clusters"
	"Eine einfache Anwendung des Newtonschen Gravitationsgesetzes auf die kugelförmigen Sternhaufen"
	Festschrift der Kaiser Wilhelm Gesellschaft zur Förderung der Wissenschaften zu ihrem zehnjährigen Jubiläum dargebracht von ihren Instituten, pp. 50–52. Berlin: Springer, 1921
	Vol. 7, Doc. 56, 420–425 (*Einstein 1921f*).
before 30 May 1921	"我怎样成为犹太复国主义者"
	"How I Became a Zionist"
	"Wie ich Zionist wurde"
	Jüdische Rundschau, 21 June 1921
	Vol. 7, Doc. 57, 426–430 (*Einstein 1921h*).
before 13 Jun 1921	国王学院演讲
	King's College Lecture

	Vol. 7, Doc. 58, 431-433 [4-014].
before 27 Jun 1921	关于犹太人的巴勒斯坦　初稿
	On a Jewish Palestine. First Version
	Vol. 7, Doc. 59, 434-437 [28-008].
27 Jun 1921	关于犹太人的巴勒斯坦　终稿
	On a Jewish Palestine. Final Version
	Jüdische Rundschau, 1 July 1921, p. 371
	Vol. 7, Doc. 60, 438-441 (*Einstein 1921i*).
10 Aug 1921	关于采访记者
	On Reporters
	"Einstein und die Interviewer"
	Vol. 7, Doc. 61, 442-444 [28-011].
26 Aug 1921	"关于创办耶路撒冷希伯来大学"
	"On the Founding of the Hebrew University in Jerusalem"
	"Zur Errichtung der hebräischen Universität in Jerusalem. Interview der 'JPZ' mit Prof. Albert Einstein"
	Jüdische Pressezentrale Zürich, 26 August 1921, p. 1
	Vol. 7, Doc. 62, 445-448 (*Einstein 1921j*).
after 1 Sep 1921	"关于狭义和广义相对论"
	"On the Special and General Theory of Relativity"
	"Über die spezielle und allgemeine Relativitätstheorie"
	Vol. 7, Doc. 63, 449-457 [2-085].
	关于狭义相对论的演讲
	Lecture on the Special Theory of Relativity
	"Spezielle Relativitätstheorie"
	Vol. 7, Doc. 64, 458-469 [2-084].
7 Oct 1921	关于儿童的悲惨境遇
	On the Misery of Children
	Vol. 7, Doc. 65, 470-471 [43-440].
ca. 3 Dec 1921	关于信号公司与图集制作公司诉讼的法庭专家意见
	Court Expert Opinion in the Matter Signal Co. vs. Atlas Works
	Vol. 7, Doc. 66, 472-479 [35-335].
3 Dec 1921	"关于图集制作公司与信号公司诉讼的法庭专家意见"
	"Court Expert Opinion in the Matter of Atlas Works vs. Signal Co."
	"Gerichtsgutachten in Sachen Atlaswerke gegen Signal G. m. b. H."
	Vol. 7, Doc. 67, 480-482 [35-333].
8 Dec 1921	"论光发射基本过程的实验"

	"On an Experiment Concerning the Elementary Process of Light Emission" "Über ein den Elementarprozeß der Lichtemission betreffendes Experiment" *Preußische Akademie der Wissenschaften* (Berlin). *Sitzungsberichte* (1921): 882–883 Vol. 7, Doc. 68, 483–487 (*Einstein 1922a*).
before 9 Dec 1921	科学对和平主义发展的影响 Impact of Science on the Development of Pacifism *Die Friedensbewegung. Ein Handbuch der Weltfriedensströmungen der Gegenwart*, pp. 78–79. Lenz, Kurt and Fabian, Walter, eds. Berlin: Schwetschke, 1922 Vol. 7, Doc. 69, 488–491 (*Einstein 1922b*).
21 Dec 1921	"德国科学的困境 国家的危险" "The Plight of German Science. A Danger for the Nation" "Die Not der deutschen Wissenschaft. Eine Gefahr für die Nation" *Neue Freie Presse*, 25 Dec 1921, Morgen-Ausgabe Vol. 7, Doc. 70, 492–495 (*Einstein 1921k*).
before 4 Jan 1922	《1921年5月在普林斯顿大学所作的关于相对论的四次演讲》 *Four Lectures on the Theory of Relativity, Held at Princeton University in May 1921* *Vier Vorlesungen Über Relativitätstheorie gehalten im Mai 1921 an der Universität Princeton* Braunschweig: Vieweg, 1922 Vol. 7, Doc. 71, 496–577 (*Einstein 1922c*).

爱因斯坦文献,1901—1921

以下是 1922 年以前发表的阿耳伯特·爱因斯坦文章的年表。

这些文章是通过"作者年份"表的文献短标题来确定的。这些年份均表示出版年份。同一年内的多篇文章以后面的小写字母区分。对于 1921 年以后发表的文章,合著文章按字母顺序列出。

每个条目都列出了该文献的标题及其参考书目,然后是它在《爱因斯坦全集》德文文献版和英文翻译版中的卷、文件号和页码。

如果一篇文章由于该文章与其他文章相同或非常相似而未在文献版中呈现,则提供呈现版的交叉引用。同样,对翻译版和再版也作了交叉引用,但前提是这些文章也是在 1922 年之前出版。这些条目还包含关于每篇文章的日期信息。

文献的引用是按《爱因斯坦全集》的卷和页码给出的。后面的"n"表示引用出现在尾注中,"c"表示引用出现在日程表中。

任何一卷爱因斯坦出版物的文献短标题都保留在所有后续卷中。相反,后期的爱因斯坦著作可能在早期的各卷中以不同的短标题被引用。如果是这样的话,各卷中采用的短标题将在引文中注明。

爱因斯坦未发表的著作,见"爱因斯坦作品列表,1891—1921"。1921 年以后出版的文献,见"总引用文献和总引文索引(第一卷—第十卷)"。

爱因斯坦的信件的列表,见"按字母顺序排列的信件目录,1895—1920",以及"按时间顺序排列的信件目录,1895—1920"。

Einstein 1901　　　　"从毛细现象得出的结论"
"Folgerungen aus den Capillarit. tserscheinungen"
Annalen der Physik 4 (1901): 513 – 523 [Vol. 2, Doc. 1, 9 – 21; trans. 1 – 11)
发表时间: 13 December 1900 (recd. 1900/12/16; publ. 1901/03/01)
引用: 1: 62, 85n, 264, 265, 267n, 271, 273n, 276n, 277n, 278n, 285n, 287n, 289n, 290n, 292n, 293n, 300n, 308n, 313n, 324n, 375 2: 3, 4, 5, 6, 9 – 21, 30, 40n, 43, 109, 208. Copyright 2009 406n, 407n 5: 4n, 12n, 16n, 36n, 80n 10: 482n

Einstein 1902a　　　"关于金属及其盐的全离解溶液的势差的热力学理论和研究分子力

的一种电学方法"
"Ueber die thermodynamische Theorie der Potentialdifferenz zwischen Metallen und vollständig dissociirten Lösungen ihrer Salze und Über eine elektrische Methode zur Erforschung der Molecularkräfte"
Annalen der Physik 8（1902）：798 – 814［Vol. 2, Doc. 2, 22 – 40；trans. 12 – 29］
发表时间：April 1902（recd. 1902/04/30；publ. 1902/07/10）
引用：1：62, 265, 292n, 337, 377 2：3, 6, 7, 8, 22 – 40, 46, 48, 75n, 109, 124n, 175, 177, 178, 208, 212, 235n, 501n 5：12n, 16n, 36n, 80n 8：137n 10：482n

Einstein 1902b　　"关于热平衡和热力学第二定律的分子运动论"
"Kinetische Theorie des Wärmegleichgewichtes und des zweiten Hauptsatzes der Thermodynamik"
Annalen der Physik 9（1902）：417 – 433［Vol. 2, Doc. 3, 56 – 75；trans. 30 – 47］
发表时间：June 1902（recd. 1902/06/26；publ. 1902/11/18）
引用：1：266, 316n, 318n, 337 2：8, 40n, 41, 44, 45, 46, 48, 49, 50, 51, 52, 53, 57 – 75, 95n, 96n, 108n, 109, 137, 138, 228, 235n, 344n, 352, 357n, 380, 390n, 551n 3：8, 128n, 244n, 245n, 314, 315n 5：12n, 18n, 36n, 79n, 250n 6：261n 9：276n

Einstein 1903　　"热力学基础理论"
"Eine Theorie der Grundlagen der Thermodynamik"
Annalen der Physik 11（1903）：170 – 187［Vol. 2, Doc. 4, 76 – 97；trans. 48 – 67］
发表时间：January 1903（recd. 1903/01/26；publ. 1903/04/16）
引用 2：41, 44, 47, 51, 52, 53, 74n, 75n, 76 – 97, 99, 107n, 108n, 109, 37, 138, 228, 235n, 344n, 352, 357n, 380, 390n, 551n 3：8, 243n, 244n, 246n, 314, 315n 5：11n, 12n, 18n, 21n, 26n, 36n, 79n, 204n, 250n 6：261n, 398n

Einstein 1904　　"关于热的一般分子理论"
"Zur allgemeinen molekularen Theorie der Wärme"
Annalen der Physik 14（1904）：354 – 362［Vol. 2, Doc. 5, 98 – 108；trans. 68 – 77］
发表时间：27 March 1904（recd. 1904/03/29；publ. 1904/06/02）
引用：2：xx, 41, 50, 53, 96n, 98 – 108, 109, 134, 135, 137, 138, 139, 141, 168n, 213, 235n, 551n 3：8, 315n, 5：26n, 27n, 36n, 218n, 540n 6：261n, 398n

Einstein 1905a	评 Giuseppe Belluzzo 的"图解热力学原理"
	Review of Giuseppe Belluzzo, "Principi di termodinamica grafica." *Il Nuovo Cimento* 8 (1904): 196–222, 241–263
	Beiblätter zu den Annalen der Physik 29 (1905): 235–236 [Vol. 2, Doc. 6, 112–114; trans. 78]
	发表时间: first half of March 1905
	引用 2: 112–114, 126n
Einstein 1905b	评 Albert Fliegner 的"论 Clausius 的熵定律"
	Review of Albert Fliegner, "Über den Clausius'schen Entropiesatz." *Naturforschende Gesellschaft in Zürich. Vierteljahrsschrift* 48 (1903): 1–48 *Beiblätter zu den Annalen der Physik* 29 (1905): 236–237 [Vol. 2, Doc. 7, 115–117; trans. 79]
	发表时间: first half of March 1905
	引用: 2: 115–117
Einstein 1905c	评 William McFadden Orr 的"论 Clausius 的不可逆循环定理论并论熵的增加"
	Review of William McFadden Orr, "On Clausius' Theorem for Irreversible Cycles, and on the Increase of Entropy." *Philosophical Magazine and Journal of Science* 8 (1904): 509–527
	Beiblätter zu den Annalen der Physik 29 (1905): 237 [Vol. 2, Doc. 8, 118–119; trans. 79–80]
	发表时间: first half of March 1905
	引用: 2: 118–119, 246n, 249n
Einstein 1905d	评 George Hartley Bryan 的"作为热力学基础原理的能的退降定律"
	Review of George Hartley Bryan, "The Law of Degradation of Energy as the Fundamental Principle of Thermodynamics." In *Festschrift Ludwig Boltzmann gewidmet zum sechzigsten Geburtstage 20. Februar 1904.*
	Beiblätter zu den Annalen der Physik 29 (1905): 237 [Vol. 2, Doc. 9, 120–121; trans. 80]
	发表时间: first half of March 1905
	引用: 2: 120–121
Einstein 1905e	评 Nikolay Nikolayevich Schiller 的"关于起始压强相等的气体扩散时熵增理论"的若干思考
	Review of Nikolay Nikolayevich Schiller, "Einige Bedenken betreffend die Theorie der Entropievermehrung durch Diffusion der Gase bei einander gleichen Anfangsspannungen der letzteren." In *Festschrift Ludwig Boltzmann gewidmet zum sechzigsten Geburtstage 20. Februar 1904*, pp.

350-366. Meyer, Stefan, ed. Leipzig: Barth, 1904

Beiblätter zu den Annalen der Physik 29 (1905): 237-238 [Vol. 2, Doc. 10, 122-124; trans. 81]

发表时间: first half of March 1905

引用: 2: 122-124

Einstein 1905f

评 Jakob Johann Weyrauch 的"论过热水蒸气的比热容"

Review of Jakob Johann Weyrauch, "Ueber die spezifischen Wärmen des Überhitzten Wasserdampfes." *Zeitschrift des Vereines deutscher Ingenieure* 48 (1904): 24-28, 50-54

Beiblätter zu den Annalen der Physik 29 (1905): 240 [Vol. 2, Doc. 11, 125-126; trans. 82]

发表时间: first half of March 1905

引用: 2: 114n, 125-126

Einstein 1905g

评 Jacobus Henricus Van 't Hoff 的"比热容变化对变换功的影响"

Review of Jacobus Henricus Van't Hoff, "Einfluß der Änderung der spezifischen Wärme auf die Umwandlungsarbeit." In *Festschrift Ludwig Boltzmann gewidmet zum sechzigsten Geburtstage* 20. Februar 1904, pp. 233-241.

Meyer, Stefan, ed. Leipzig: Barth, 1904.

Beiblätter zu den Annalen der Physik 29 (1905): 240-242 [Vol. 2, Doc. 12, 127-130; trans. 82-84]

发表时间: first half of March 1905

引用: 2: 110, 127-130

Einstein 1905h

评 Arturo Giammarco 的"热力学中对应态的一个例子"

Review of Arturo Giammarco, "Un caso di corrispondenza in termodinamica." *Il Nuovo Cimento* 5 (1903): 377-391

Beiblätter zu den Annalen der Physik 29 (1905): 246-247 [Vol. 2, Doc. 13, 131-133; trans. 84-85]

发表时间: first half of March 1905

引用: 2: 131-133

Einstein 1905i

"关于光的产生和转化的一个试探性的观点"

"Über einen die Erzeugung und Verwandlung des Lichtes betreffenden heuristischen Gesichtspunkt"

Annalen der Physik 17 (1905): 132-148 [Vol. 2, Doc. 14, 149-169; trans. 86-103]

发表时间: 17 March 1905 (recd. 1905/03/18; publ. 1905/06/09)

引用: 1: *Einstein 1905a* 236 2: xvii, xx, xxviii, xxix, 52, 107n,

134, 137, 138, 139, 140, 141, 149 – 169, 171, 173, 180, 205n, 214, 235n, 257, 265, 309n, 345n, 350, 357n, 377n, 379, 390n, 396n, 415, 427n, 543, 545, 548, 551n, 552n, 582n, 583n 3: xxvii, 157, 175n, 275, 281n, 454, 490, 497n 4: 109, 110, 115, 121n, 172, 173n, 293n, 534n, 564n, 565n 5: 32n, 36n, 42n, 84n, 98n, 107n, 197n, 211n 6: 261n 9: 374n, 524n

Einstein 1905j 分子大小的新测定法
Eine neue Bestimmung der Moleküldimensionen
Bern: Wyss, 1905 [Vol. 2, Doc. 15, 183 – 202; trans. 104 – 122]
发表时间: 30 April 1905
Slightly revised version published as *Einstein 1906a*. See also *Einstein 1911e*.
引用: 1: *Einstein 1905b* 329n, 383 2: 134, 170, 171, 172, 176, 177, 180, 181, 183 – 205, 206, 211, 212, 235n, 236n, 345n, 348n, 501n, 502n 3: 418n 5: 16n, 18n, 32n, 34n, 36n, 48n, 93n, 218n, 267n, 269n, 271n, 529n 7: 343n 8: 930n 10: 12n

Einstein 1905k "热的分子运动论所要求的静液体中悬浮粒子的运动"
"Über die von der molekularkinetischen Theorie der Wärme geforderte Bewegung von in ruhenden Flüssigkeiten suspendierten Teilchen"
Annalen der Physik 17 (1905): 549 – 560 [Vol. 2, Doc. 16, 223 – 236; trans. 123 – 134]
发表时间: May 1905 (recd. 1905/05/11; publ. 1905/07/18)
引用: 2: xvii, 42, 50, 54, 75n, 134, 173, 177, 179, 201, 205n, 206, 209, 210, 211, 212, 218, 219, 223 – 236, 334, 335, 338, 344n, 345n, 400n, 408n, 501n, 502n 3: 268n, 454n 5: 32n, 36n, 44n, 79n, 204n 6: 370n, 398n, 579n 8: 802n, 863n 9: 524n

Einstein 1905l 评 Karl Fredrik Slotte 的"论熔解热"
Review of Karl Fredrik Slotte, "Über die Schmelzwärme." *Finska Vetenskaps-Societeten. Öfversigt af Förhandlingar* 47, no. 7 (1904): 1 – 8.
Beiblätter zu den Annalen der Physik 29 (1905): 623 – 624 [Vol. 2, Doc. 17, 237 – 239; trans. 135]
发表时间: second half of June 1905
引用: 2: 237 – 239

Einstein 1905m 评 Karl Fredrik Slotte 的"从一个热力学方程得出的结论"
Review of Karl Fredrik Slotte, "Folgerungen aus einer thermodynamischen Gleichung." *Finska Vetenskaps-Societeten. Öfversigt af Förhandlingar* 47, no. 8 (1904): 1 – 3

	Beiblätter zu den Annalen der Physik 29（1905）：629 ［Vol. 2, Doc. 18, 240 - 241; trans. 135 - 136］
	发表时间：second half of June 1905
	引用：2：110, 240 - 241
Einstein 1905n	评 Emile Mathias 的"直线等分线常数 a 和对应状态定律"
	Review of Emile Mathias, "La constante a des diamètres rectilignes et les lois des états correspondants ［2e mémoire］." *Journal de physique théorique et appliquée* 4（1905）：77 - 91
	Beiblätter zu den Annalen der Physik 29（1905）：634 - 635 ［Vol. 2, Doc. 19, 242 - 244; trans. 136］
	发表时间：second half of June 1905
	引用：2：110, 242 - 243
Einstein 1905o	评 Max Planck 的"论 Clausius"的"不可逆循环定理并论熵的增加"
	Review of Max Planck, "On Clausius' Theorem for Irreversible Cycles, and on the Increase of Entropy." *Philosophical Magazine and Journal of Science* 9（1905）：167 - 168
	Beiblätter zu den Annalen der Physik 29（1905）：635 ［Vol. 2, Doc. 20, 245 - 246; trans. 137］
	发表时间：second half of June 1905
	引用：2：119n, 245 - 246, 249
Einstein 1905p	评 Edgar Buckingham 的"论热力学研究中面临的某些困难"
	Review of Edgar Buckingham, "On Certain Difficulties Which Are Encountered in the Study of Thermodynamics." *Philosophical Magazine and Journal of Science* 9（1905）：208 - 214
	Beiblätter zu den Annalen der Physik 29（1905）：635 - 636 ［Vol. 2, Doc. 21, 247 - 249; trans. 137］
	发表时间：second half of June 1905
	引用：2：110, 247 - 249
Einstein 1905q	评 Paul Langevin 的"关于运动论的一个基础性公式"
	Review of Paul Langevin, "Sur une formule fondamentale de la théorie cinétique." *Académie des sciences*（Paris）. *Comptes rendus* 140（1905）：35 - 38.
	Beiblätter zu den Annalen der Physik 29（1905）：640 - 641 ［Vol. 2, Doc. 22, 250 - 252; trans. 138 - 139］
	发表时间：second half of June 1905
	引用：2：168n, 250 - 252
Einstein 1905r	"论动体的电动力学"

"Zur Elektrodynamik bewegter Körper"

Annalen der Physik 17 (1905): 891 – 921 [Vol. 2, Doc. 23, 275 – 310; trans. 140 – 171]

发表时间: June 1905 (recd. 1905/06/30; publ. 1905/09/26)

Republished in *Das Relativitätsprinzip. Eine Sammlung von Abhandlungen*, pp. 27 – 52. Blumenthal, Otto, ed. Leipzig: Teubner, 1913, 27 – 52

引用: 1: *Einstein 1905c* 223, 225, 330n 2: xvi, xxiii, 134, 253, 254, 255, 257, 258, 259, 261, 264, 268, 270, 275 – 310, 315n, 372n, 402, 403n, 412n, 416, 417, 427n, 428n, 435, 436, 485n, 486n, 504, 510, 517n, 582n 3: xxxii, 157, 175n, 275, 281n, 454n, 490, 497n 4: 144n, 294 5: 32n, 33n, 42n, 44n, 57, 77n, 93n, 197n, 452n, 529n 6: 67n, 418, 536n 7: 121n, 280n 8: 84n, 883n, 901n, 909n, 914n 9: 471n, 524n 10: 6n, 273n, 384n

Einstein 1905s	"物体的惯性同它所含的能量有关吗"

"Ist die Trägheit eines Körpers von seinem Energieinhalt abhängig?"

Annalen der Physik 18 (1905): 639 – 641 [Vol. 2, Doc. 24, 311 – 315; trans. 172 – 174]

发表时间: September 1905 (recd. 1905/09/27; publ. 1905/11/21)

引用: 2: 253, 254, 311 – 315, 360, 366n, 436, 485n, 582n 3: 127n, 176n 4: 106n, 179n, 340n, 551n 5: 33n, 44n, 93n, 104n 7: 280n 9: 524n

Einstein 1905t	评 Heinrich Birven 的"热的动力说的基础"

Review of Heinrich Birven, *Grundzüge der mechanischen Wärmetheorie*. Stuttgart: Grub, 1905

Beiblätter zu den Annalen der Physik 29 (1905): 950 [Vol. 2, Doc. 25, 316 – 317; trans. 175]

发表时间: second half of September 1905

引用: 2: 316 – 317

Einstein 1905u	评 Auguste Ponsot 的"毛细系统的平衡位移中的热"

Review of Auguste Ponsot, "Chaleur dans le déplacement de l'équilibre d'un système capillaire." *Académie des sciences* (Paris). *Comptes rendus* 140 (1905): 1176 – 1179

Beiblätter zu den Annalen der Physik 29 (1905): 952 [Vol. 2, Doc. 26, 318 – 319; trans. 175]

发表时间: second half of September 1905

引用: 2: 318 – 319

Einstein 1905v	评 Karl Bohlin 的"论作为气体压强的运动理论和万有引力(理论)的基础的碰撞" Review of Karl Bohlin, "Sur le choc, considéré comme fondement des théories cinétiques de la pression des gaz et de la gravitation universelle." *Arkiv för Matematik, Astronomi och Fysik* 1 (1904): 529 – 540 *Beiblätter zu den Annalen der Physik* 29 (1905): 952 – 953 [Vol. 2, Doc. 27, 320 – 322; trans. 176] 发表时间: second half of September 1905 引用: 2: 320 – 322
Einstein 1905w	评 Georges Meslin 的"论 Mariotte 和 Gay-Lussac 定律中的常数" Review of Georges Meslin, "Sur la constante de la loi de Mariotte et Gay-Lussac." *Journal de physique théorique et appliquée* 4 (1905): 252 – 256 *Beiblätter zu den Annalen der Physik* 29 (1905): 1114 [Vol. 2, Doc. 28, 323 – 324; trans. 177] 发表时间: first half of November *1905* 引用: 2: 323 – 324
Einstein 1905x	评 Albert Fliegner 的"从容器孔流出的热水射流" Review of Albert Fliegner, "Das Ausstr. men heissen Wassers aus Gefässmündungen." *Schweizerische Bauzeitung* 45 (1905): 282 – 285, 306 – 308 *Beiblätter zu den Annalen der Physik* 29 (1905): 1115 [Vol. 2, Doc. 29, 325 – 326; trans. 177] 发表时间: first half of November 1905 引用: 2: 325 – 326
Einstein 1905y	评 Jakob Johann Weyrauch 的《热学纲要,随有许多例题和应用》第一部分 Review of Jakob Johann Weyrauch, *Grundriss der Wärmetheorie. Mit zahlreichen Beispielen und Anwendungen.* Part 1. Stuttgart: Wittwer, *1905* *Beiblätter zu den Annalen der Physik* 29 (1905): 1152 – 1153 [Vol. 2, Doc. 30, 327 – 330; trans. 178 – 179] Dated: second half of November *1905* Cited: 2: 110, 327 – 330, 431n
Einstein 1905z	评 Albert Fliegner 的"论化学过程的热值" Review of Albert Fliegner, "Über den Wärmewert chemischer Vorgänge." *Naturforschende Gesellschaft in Zürich. Vierteljahrsschrift* 50 (1905):

201-212

Beiblätter zu den Annalen der Physik 29（1905）：1158 ［Vol. 2, Doc. 31, 331-332; trans. 179］

发表时间：second half of November 1905

引用：2：110, 331-332

Einstein 1906a "分子大小的新测定法"

"Eine neue Bestimmung der Moleküldimensionen"

Annalen der Physik 19（1906）：289-305（recd. 1905/08/19; publ. 1906/02/08）

Slightly revised version of *Einstein 1905j*. See also Einstein 1906c and *Einstein 1911e*

引用：2：170, 172, 181, 203n, 204n, 205n, 206 3：416, 418n . Copyright 2009 93n, 269n 7：342-343n 9：460n

Einstein 1906b "关于 Brown 运动的理论"

"Zur Theorie der Brownschen Bewegung"

Annalen der Physik 19（1906）：371-381 ［Vol. 2, Doc. 32, 333-345; trans. 180-190］

发表时间：December 1905（recd. 1905/12/19; publ. 1906/02/08）

引用：2：54, 140, 206, 211, 213, 215, 219, 235n, 333-345, 400n, 408n, 502n, 551n, 552n, 559n 3：246n, 562n 5：44n, 204n, 218n 8：802n

Einstein 1906c 对"分子大小的新测定法"的补遗

"Nachtrag" to *Einstein 1906a*

Annalen der Physik 19（1906）：305-306 ［Vol. 2, Doc. 33, 346-348; trans. 191］

发表时间：January 1906（publ. 1906/02/08）

This supplement is appended to *Einstein 1906a*

引用：2：170, 179, 205n, 206, 235n, 345n, 346-348, 400n, 408n, 502n 3：418n

Einstein 1906d "关于光产生和光吸收的理论"

"Zur Theorie der Lichterzeugung und Lichtabsorption"

Annalen der Physik 20（1906）：199-206 ［Vol. 2, Doc. 34, 349-358; trans. 192-199］

发表时间：March 1906（recd. 1906/03/13; publ. 1906/05/11）

引用：2：xxviii, 42, 50, 110, 134, 138, 139, 140, 141, 167n, 168n, 349-358, 377n, 379, 390n, 415, 427n, 545, 551n, 583n 4：565n 5：42n

Einstein 1906e	"重心运动的守恒原理及能量的惯性"
	"Das Prinzip von der Erhaltung der Schwerpunktsbewegung und die Trägheit der Energie"
	Annalen der Physik 20（1906）：627 - 633［Vol. 2, Doc. 35, 359 - 366; trans. 200 - 206］
	发表时间：May 1906（recd. 1906/05/17; publ. 1906/06/26）
	引用：2：253, 260, 270, 294, 308n, 359 - 366, 414, 427n, 428n, 485n, 486n 3：127n, 439n 4：340n, 551n 5：44n, 149n
Einstein 1906f	评 Max Planck 的"关于热辐射理论的讲演"
	Review of Max Planck, *Vorlesungen Über die Theorie der Wärmestrahlung.* Leipzig：Barth, 1906.
	Beiblätter zu den Annalen der Physik 30（1906）：764 - 766［Vol. 2, Doc. 37, 373 - 377; trans. 211 - 213］
	发表时间：first half of August 1906
	引用：2：110, 134, 140, 373 - 377, 390n 3：268n 4：565n 5：50n
Einstein 1906g	"论确定电子的横向和纵向质量比的方法"
	"Über eine Methode zur Bestimmung des Verhältnisses der transversalen und longitudinalen Masse des Elektrons"
	Annalen der Physik 21（1906）：583 - 586［Vol. 2, Doc. 36, 367 - 372; trans. 207 - 210］
	发表时间：August 1906（recd. 1906/08/04; publ. 1906/11/20）
	引用：2：243, 254, 270, 367 - 372, 486n 5：115n
Einstein 1907a	"Planck 的辐射理论和比热容理论"
	"Die Plancksche Theorie der Strahlung und die Theorie der spezifischen Wärme"
	Annalen der Physik 22（1907）：180 - 190［Vol. 2, Doc. 38, 378 - 391; trans. 214 - 224］
	发表时间：November 1906（recd. 1906/11/09; publ. 1906/12/28 for January 1907）
	See also Einstein 1907d
	引用：1：*Einstein 1907* 236, 237 2：50, 54, 96n, 134, 137, 138, 141, 142, 143, 167n, 239n, 378 - 391, 404 - 405, 406n, 415, 427n, 545, 549, 551n, 552n, 582n, 583n 3：xxii, 245n, 410, 414n, 423n, 460, 475n, 476n, 544n, 545n 4：270, 285n, 534n, 565n 5：180n, 233n, 246n, 260n, 303n, 378n 6：39n, 370n 8：22n, 27n, 39n 9：418n
Einstein 1907b	"论热力学平衡定律有效性的界限并论基本量的新测定（方法）的

可能性"
"Über die Gültigkeitsgrenze des Satzes vom thermodynamischen Gleich-
gewicht und über die Möglichkeit einer neuen Bestimmung der Elemen-
tarquanta"
Annalen der Physik 22 (1907): 569 – 572 [Vol. 2, Doc. 39, 392 –
397; trans. 225 – 228]
发表时间: December 1906 (recd. 1906/12/12; publ. 1907/03/05)
引用: 2: 54, 139, 206, 214, 221, 345n, 372n, 392 – 397, 491,
492n, 551n 3: xxvii, 310n, 311n, 508n 5: 55n

Einstein 1907c "关于 Brown 运动的理论性评论"
"Theoretische Bemerkungen über die Brownsche Bewegung"
Zeitschrift für Elektrochemie und angewandte physikalische Chemie 13
(1907): 41 – 42 [Vol. 2, Doc. 40, 398 – 400; trans. 229 – 231]
发表时间: January 1907 (recd. 1907/01/22; publ. 1907/02/08)
引用: 2: 179, 206, 210, 218, 219, 345n, 398. Copyright 2009400,
500, 501n, 502n, 559n 5: 80n, 124n, 204n, 218n 8: 802n 9: 286n

Einstein 1907d "对我的论文 'Planck 的辐射理论……' 的更正"
"Berichtigung zu meiner Arbeit: 'Die Plancksche Theorie der Strahlung
etc.'"
Annalen der Physik 22 (1907): 800 [Vol. 2, Doc. 42, 404 – 406;
trans. 233 – 234]
发表时间: 3 March 1907 (recd. 1907/03/03; publ. 1907/04/04)
Refers to *Einstein 1907a*
引用: 2: 134, 143, 390n, 391n, 404 – 406, 549, 552n 3: xxiii,
414n

Einstein 1907e "论相对性原理的一种新的检验的可能性"
"Über die Möglichkeit einer neuen Prüfung des Relativitätsprinzips"
Annalen der Physik 23 (1907): 197 198 [Vol. 2, Doc. 41, 401 –
403; trans. 232 – 233]
发表时间: March 1907 (recd. 1907/03/17; publ. 1907/05/28)
引用: 2: 253, 254, 401 – 403, 485n 3: 175n, 439n 4: 105n 5: 47n
9: 357n

Einstein 1907f 作者为讲演 "论悬浮于液体中的微观小粒子的运动的本性" 所作的
摘要
"Ueber die Natur der Bewegungen mikroskopisch kleiner, in
Flüssigkeiten suspendierter Teilchen"
Naturforschende Gesellschaft Bern. Mitteilungen (1907): VII [Vol. 2,

>
> Doc. 43, 407 – 408; trans. 235]
>
> 发表时间: 23 March 1907 (pres. 1907/03/23; publ. 1907)
>
> 引用: 2: 206, 218, 407 – 408

Einstein 1907g
"对 Paul Ehrenfest 先生的短文'可变形电子的平动和面积定律'的评论"

"Bemerkungen zu der Notiz von Hrn. Paul Ehrenfest: 'Die Translation deformierbarer Elektronen und der Flächensatz'"

Annalen der Physik 23 (1907): 206 – 208 [Vol. 2, Doc. 44, 409 – 412; trans. 236 – 237]

发表时间: 14 April 1907 (recd. 1907/04/16; publ. 1907/05/28)

引用: 2: xxii, 253, 254, 256, 267, 268, 409 – 412, 427n 5: 80n

Einstein 1907h
"论相对性原理所要求的能量的惯性"

"Über die vom Relativitätsprinzip geforderte Trägheit der Energie"

Annalen der Physik 23 (1907): 371 – 384 [Vol. 2, Doc. 45, 413 – 428; trans. 238 – 250]

发表时间: May 1907 (recd. 1907/05/14; publ. 1907/06/13)

引用: 2: xxv, xxviii, xxix, 140, 253, 254, 265, 270, 308n, 310n, 358n, 390n, 412n, 413 – 428, 436, 468, 473, 485n, 486n, 487n, 551n, 562n 3: 127n, 175n, 449n, 478 5: 50n, 57, 59n, 89n, 107n

Einstein 1907i
评 Jakob Johann Weyrauch 的《热学纲要,附有许多例题和应用》第二部分

Review of Jakob Johann Weyrauch, *Grundriss der Wärmetheorie. Mit zahlreichen Beispielen und Anwendungen.* Part 2. Stuttgart: Wittwer, 1907 *Beiblätter zu den Annalen der Physik* 31 (1907): 777 – 778 [Vol. 2, Doc. 46, 429 – 431; trans. 251 – 252]

发表时间: second half of August 1907

引用: 2: 110, 114n, 126n, 330n, 429 – 431

Einstein 1907j
"关于相对性原理和由此得出的结论"

"Über das Relativitätsprinzip und die aus demselben gezogenen Folgerungen"

Jahrbuch der Radioaktivität und Elektronik 4 (1907): 411 – 462 [Vol. 2, Doc. 47, 432 – 488; trans. 252 – 311]

发表时间: 4 December 1907 (recd. 1907/12/04; publ. 1908/01/22)

See also Einstein 1908b

引用: 2: 253, 254, 255, 256, 257, 260, 267, 271, 272, 273, 274, 308n, 309n, 310n, 315n, 372n, 432 – 488, 493 – 495, 495n, 505 3: xxviii, 127n, 157, 175n, 434, 439n, 486, 497n 4: xv, 4, 102n,

106n, 122, 123, 145n, 163n, 193, 340n, 485n, 511n, 551n 5: 33n, 59n, 74n, 76n, 78n, 82n, 84n, 86n, 95n, 98n, 104n, 106n, 118n, 145n, 153n, 191n, 205n, 211n, 313n 6: 129n, 338n, 537n 7: 43n, 265, 279–281n 8: 883n 9: lii, 209n, 524n 10: 10n

Einstein *1908a*	"测量小电量的一个新的静电方法"

"Eine neue elektrostatische Methode zur Messung kleiner Elektrizitätsmengen"

Physikalische Zeitschrift 9 (1908): 216–217 [Vol. 2, Doc. 48, 489–492; trans. 312–315]

发表时间: 13 February 1908 (recd. 1908/02/15; publ. 1908/04/01)

引用: 2: 41, 206, 222, 345n, 397n, 489–492 3: 9, 175n, 397n 5: 55n, 89n, 98n, 103n, 112n, 152n 9: 69n

Einstein *1908b*	"对论文:'关于相对性原理和由此得出的结论'的更正"

"Berichtigungen zu der Arbeit: 'Über das Relativitätsprinzip und die aus demselben gezogenen Folgerungen'"

Jahrbuch der Radioaktivität und Elektronik 5 (1908): 98–99 [Vol. 2, Doc. 49, 493–495; trans. 316–317]

发表时间: 29 February 1908 (subm. 1908/02/29; recd. 1908/03/03)

Refers to Einstein *1907j*

引用: 2: 253, 486n, 487n, 488n, 493–495, 4: 122, 144n 5: 106n

Einstein *1908c*	"Brown 运动的基本理论"

"Elementare Theorie der Brownschen Bewegung"

Zeitschrift für Elektrochemie und angewandte physikalische Chemie 14 (1908): 235–239 [Vol. 2, Doc. 50, 496–502; trans. 318–328]

发表时间: 1 April 1908 (recd. 1908/04/01; publ. 1908/04/24)

引用: 2: 179, 206, 218, 408n, 496–502 3: 454n 5: 118n, 124n, 204n 8: 802n

Einstein *1909a*	"对 D. Mirimanoff 的论文'关于基本方程……'的评论"

"Bemerkung zu der Arbeit von D. Mirimanoff 'Über die Grundgleichungen …'"

Annalen der Physik 28 (1909): 885–888 [Vol. 2, Doc. 55, 536–540; trans. 353–356]

发表时间: January 1909 (recd. 1909/01/22; publ. 1909/03/16)

引用: 2: 503, 507, 517n, 536–540 5: 156n, 157n 8: 5n, 6n, 7n

Einstein *1909b*	"论辐射问题的现状"

"Zum gegenwärtigen Stand des Strahlungsproblems"
Physikalische Zeitschrift 10（1909）：185 – 193 ［Vol. 2, Doc. 56, 541 – 553; trans. 357 – 375］
发表时间：January 1909（recd. 1909/01/23; publ. 1909/03/15）
引用：2：xxvi, xxviii, xxvi, 42, 44, 49, 52, 54, 134, 137, 138, 138, 140, 141, 145, 146, 148, 168n, 214, 541 – 550, 552n, 555, 555n, 582n, 583n, 590n 3：xix, xxvii, 8, 178n, 280, 281n, 454n, 455n, 476n, 505n, 506n, 546n, 562n 4：564n 5：84n, 89n, 165n, 166n, 167n, 168n, 180n, 188n, 197n, 218n, 261n, 283n, 322n 6：xxiv, 39n, 261n, 370n, 377n, 398n 7：469n 8：236n, 333n, 424n 10：6n

Einstein 1909c　"论我们关于辐射的本性和组成的观点的发展"
"Über die Entwickelung unserer Anschauungen Über das Wesen und die Konstitution der Strahlung"
Deutsche Physikalische Gesellschaft. Verhandlungen 11（1909）：482 – 500 ［Vol. 2, Doc. 60, 563 – 583; trans. 379 – 394］
发表时间：21 September 1909（pres. 1909/09/21; publ. 1909/10/30）Reprinted in *Physikalische Zeitschrift* 10（1909）：817 – 825
引用：2：xvi, xviii, xxvi, 134, 139, 140, 141, 142, 145, 147, 148, 254, 255, 260, 262, 270, 273, 309n, 315n, 553n, 563 – 583, 584 – 586, 587n, 590n 3：xviii, xix, xxvii, 174n, 176n, 178n, 253n, 311n, 423n, 545n 4：110, 564n 5：81n, 190n, 197n, 209n, 218n, 227n, 233n 6：xxiv, 39n, 261n, 370n 7：279n – 280n 9：338n, 374n 10：6n

Einstein 1910a　"相对性原理及其在近代物理学中的影响"
"Le principe de relativité et ses conséquences dans la physique moderne"
Archives des sciences physiques et naturelles 29（1910）：5 – 28; 125 – 144 ［Vol. 3, Doc. 2, 130 – 176; trans. 117 – 142］
发表时间：15 January and 15 February 1910（publ. 1910/01/15 and 1910/02/15）Translated by Edouard Guillaume
引用：2：262, 273, 307n 3：130 – 174, 439n 4：104n, 550n, 551n 5：255n 6：417 7：279n – 280n, 571n 10：10n, 273n

Einstein 1910b　"论光量子理论和电磁能的定域化问题"
"Sur la théorie des quantités lumineuses et la question de la localisation de l'énergie électromagnétique"
Archives des sciences physiques et naturelles 29（1910）：525 – 528 ［Vol.

	3, Doc. 5, 248 – 253; trans. 207 – 208]
	发表时间: 7 May 1910 (pres. 1910/05/07; publ. 1910/05/15)
	引用: 3: xix, 248 – 252, 562n 5: 230n, 237n
Einstein 1910c	"论作用在磁场中铁磁性载流导体上的有质动力"
	"Sur les forces pondéromotrices qui agissent sur des conducteurs ferromagnétiques disposés dans un champ magnétique et parcourus par un courant"
	Archives des sciences physiques et naturelles 30 (1910): 323 – 324 [Vol. 3, Doc. 6, 254 – 257; trans. 209 – 210]
	发表时间: 15 July 1910 (pres. 1910/09/06; publ. 1910/07/15)
	A German abstract of this paper was published in *Schweizerische Naturforschende Gesellschaft. Verhandlungen* (1910): 336
	引用: 2: Einstein 1910b 507 3: 254 – 257, 399n 5: 120n, 132n, 252n, 255n, 262n
Einstein 1910d	"关于均匀流体及混合液体在临界状态附近的乳光现象的理论"
	"Theorie der Opaleszenz von homogenen Flüssigkeiten und Flüssigkeitsgemischen in der Nähe des kritischen Zustandes"
	Annalen der Physik 33 (1910): 1275 – 1298 [Vol. 3, Doc. 9, 286 – 312; trans. 231 – 249]
	发表时间: October 1910 (recd. 1910/10/08; publ. 1910/12/20)
	引用: 2: Einstein 1910c 41, 52, 54, 215, 396n, 551n 3: xxvii, 246n, 283. Copyright 2009 285, 286 – 310, 562n 4: 564n 5: 255n, 257n, 258n, 270n, 311n, 362n, 363n 6: 579n 8: 802n, 837n 9: 276n, 291n
Einstein 1911a	"对 Eötvös 定律的评述"
	"Bemerkung zu dem Gesetz von Eötvös"
	Annalen der Physik 34 (1911): 165 – 169 [Vol. 3, Doc. 12, 401 – 407; trans. 328 – 331]
	发表时间: 30 November 1910 (recd. 1910/11/30; publ. 1910/12/30)
	引用: 2: 5, 8, 20n, 21n 3: 401 – 406, 414n 5: 258n, 296n, 401n 10: 19n, 482n
Einstein 1911b	"单原子分子固体的弹性性能和比热容之间的一种关系"
	"Eine Beziehung zwischen dem elastischen Verhalten und der spezifischen Wärme bei festen Körpern mit einatomigem Molekül"
	Annalen der Physik 34 (1911): 170 – 174 [Vol. 3, Doc. 13, 408 – 414; trans. 332 – 335]

发表时间：30 November 1910（recd. 1910/11/30；publ. 1910/12/30）

引用：2：390n 3：xxiii, xxiv, 407n, 408 - 413, 420, 421n, 461, 475n, 476n, 526, 544n 5：269n, 279n, 296n

Einstein 1911c "对 P. Hertz 所撰'论热力学的力学基础'一文的评述"

"Bemerkungen zu den P. Hertzschen Arbeiten：'Über die mechanischen Grundlagen der Thermodynamik'"

Annalen der Physik 34（1911）：175 - 176 [Vol. 3, Doc. 10, 313 - 315；trans. 250]

发表时间：October 1910（recd. 1910/11/30；publ. 1910/12/30）

引用：2：41, 44, 53, 97n, 176, 217 - 218 3：8, 313 - 315 5：250n, 261n

Einstein 1911d "对拙作'单原子分子固体的……关系'一文的评述"

"Bemerkung zu meiner Arbeit：'Eine Beziehung zwischen dem elastischen Verhalten …'"

Annalen der Physik 34（1911）：590 [Vol. 3, Doc. 15, 419 - 421；trans. 338]

发表时间：January 1911（recd. 1911/01/03；publ. 1911/03/09）

引用：3：xxiv, 414n, 419 - 423, 544n

Einstein 1911e "对拙作'分子线度的一种新测定'一文的更正"

"Berichtigung zu meiner Arbeit：'Eine neue Bestimmung der Moleküldimensionen'"

Annalen der Physik 34（1911）：591 - 592 [Vol. 3, Doc. 14, 415 - 418；trans. 336 - 337]

发表时间：January 1911（recd. 1911/01/21；publ. 1911/03/09）

Refers to *Einstein 1906a* and *Einstein 1905j*

引用：2：*Einstein 1911d* 170, 181, 204, 348n 3：268n, 415 - 417 5：271n 7：342 - 343n 8：930n

Einstein 1911f "论 Ehrenfests 佯谬。对 V. Varičak 的论文的评论"

"Zum Ehrenfestschen Paradoxon. Bemerkung zu V. Varičaks Aufsatz"

Physikalische Zeitschrift 12（1911）：509 - 510 [Vol. 3, Doc. 22, 481 - 484；trans. 378]

发表时间：May 1911（recd. 1911/05/18；publ. 1911/06/15）

引用：3：478, 481 - 483 4：193 5：251n, 292n 10：15n

Einstein 1911g "关于固体中分子热运动的初等观察"和"加在校样上的小注"

"Elementare Betrachtungen Über die thermische Molekularbewegung in festen Körpern"

Annalen der Physik 35（1911）：679 – 694 ［Vol. 3, Doc. 21, 459 – 480; trans. 365 – 377］

发表时间：May 1911（recd. 1911/05/04; publ. 1911/07/25）

引用：2：Einstein 1911f 391n 3：xxiv, xxv, 459 – 475, 510n, 514n, 544n, 545n, 546n 5：294n, 296n, 303n, 304n, 378n

Einstein 1911h "论引力对光的传播的影响"

"Über den Einfluß der Schwerkraft auf die Ausbreitung des Lichtes"

Annalen der Physik 35（1911）：898 – 908 ［Vol. 3, Doc. 23, 485 – 497; trans. 379 – 387］

发表时间：June 1911（recd. 1911/06/21; publ. 1911/09/01）

引用：2：*Einstein 1911g* 274, 487n 3：xxix, 485 – 496 4：123, 125, 130, 141, 145n, 163n, 179n, 295, 304, 309, 340n, 485n, 492, 501n, 502n, 510n, 511n 5：313n, 316n, 317n, 318n, 323n, 327n, 331n, 356n, 385n, 388n, 394n, 427n, 445n, 496n, 551n, 560n 6：130n, 243n, 339n 7：112, 177n – 178n, 281n 8：14n, 147n, 206n, 257n 9：lii, 33n, 187n, 304n, 403n, 578c

Einstein 1911i "相对论"

"Die Relativitäts-Theorie"

Naturforschende Gesellschaft in Zürich. Vierteljahrsschrift 56（1911）：1 – 14 ［Vol. 3, Doc. 17, 424 – 439; trans. 340 – 350］

发表时间：16 January 1911（pres. 1911/01/16; publ. 1911/11/27）

See also *Einstein 1911j*

引用：2：*Einstein 1911* 254, 262, 273 3：xxviii, 175n, 424 – 438 4：103n, 104n, 550n 5：265n, 275n, 305n 6：417 7：279n – 280n 9：484n 10：273n

Einstein 1911j 关于光量子假说的叙述

Statement on the light quantum hypothesis

Naturforschende Gesellschaft in Zürich. Vierteljahrsschrift 56. Part 2, *Sitzungsberichte*（1911）：XVI ［Vol. 3, Doc. 20, 456 – 458; trans. 364］

发表时间：21 February 1911（pres. 1911/02/21; publ. 1911/04/12）

The statement was made at the conclusion of further discussion of *Einstein 1911i*

引用：3：456 – 457

Einstein 1912a

"L'état actuel du problème des chaleurs spécifiques"

La théorie du rayonnement et les quanta. Rapports et discussions de la

réunion tenue à Bruxelles, du *30 octobre au 3 novembre 1911*, *sous les auspices de M. E. Solvay*, pp. 407 – 435. Langevin, Paul, and de Broglie, Maurice, eds.

Paris: Gauthier-Villars, 1912

Original French publication of *Einstein 1914a* (pres. 1911/11/03; publ. 1912)

引用：2：Einstein 1911h 41 3：544n, 545n, 546n, 548n, 562n 8：286n

Einstein 1912b　"光化当量定律的热力学论证"

"Thermodynamische Begründung des photochemischen Äquivalentgesetzes"

Annalen der Physik 37 （1912）：832 – 838 ［Vol. 4, Doc. 2, 114 – 128; trans. 89 – 94］

发表时间：January 1912 （recd. 1912/01/18; publ. 1912/03/26）

See also *Einstein 1912f*

引用：2：*Einstein 1912a* xxvi, 169n 3：546n 4：109, 110, 111, 112, 114 – 121, 166, 170n, 172, 173n, 293n, 624, 626 5：353n, 391n, 395n, 406n, 413n, 419n, 422n, 427n, 438n, 445n, 452n, 454n, 484n, 530n 6：370n 8：288n 10：18n

Einstein 1912c　"光速和引力场的静力学"

"Lichtgeschwindigkeit und Statik des Gravitationsfeldes"

Annalen der Physik 38 （1912）：355 – 369 ［Vol. 4, Doc. 3, 129 – 145; trans. 95 – 106］

发表时间：February 1912 （recd. 1912/02/26; publ. 1912/05/23）

引用：2：*Einstein 1912b* 487n 4：104n, 122, 123, 124, 125, 126, 129 – 144, 155, 158, 159, 163n, 176, 179n, 187n, 193, 202n, 216n, 227n, 304, 340n, 341n, 502n 5：309n, 394n, 413n, 419n, 420n, 421n, 429n, 430n, 438n, 452n, 466n, 468n, 479n, 481n, 484n, 486n, 496n, 497n 7：178n, 280n – 281n 8：707n, 829n

Einstein 1912d　"静引力场理论"附一则"投稿后追记"

"Zur Theorie des statischen Gravitationsfeldes"

Annalen der Physik 38 （1912）：443 – 458 ［Vol. 4, Doc. 4, 146 – 164; trans. 107 – 120］

发表时间：23 March 1912 （recd. 1912/03/23; publ. 1912/05/23）

引用：4：122, 124, 128, 142, 145n, 146 – 162, 187n, 188n, 193, 194, 202n, 209n, 216n, 304, 340n, 342n, 502n 5：429n, 430n, 433n, 434n, 438n, 452n, 455n, 466n, 468n, 479n, 481n, 484n,

486n, 496n, 497n 7: 178n 8: 255n

Einstein 1912e "存在一个与电磁感应相类似的引力效应吗"
"Gibt es eine Gravitationswirkung, die der elektrodynamischen Induktionswirkung analog ist?"
Vierteljahrsschrift für gerichtliche Medizin und ffentliches Sanit. tswesen 44 (1912): 37–40 [Vol. 4, Doc. 7, 174–179; trans. 126–129]
发表时间: July 1912 (publ. 1912/07)
引用: 4: 122, 127, 174–178, 194, 340n, 437n 6: xviii 7: 121n, 576n 8: 440n

Einstein 1912f "对我所写'光化当量定律的热力学证明'一文的补充"
"Nachtrag zu meiner Arbeit: 'Thermodynamische Begründung des photochemischen Äquivalentgesetzes'"
Annalen der Physik 38 (1912): 881–884 [Vol. 4, Doc. 5, 165–170; trans. 121–124]
发表时间: May 1912 (recd. 1912/05/12; publ. 1912/07/12)
Refers to *Einstein 1912b*
引用: 4: 109, 112, 121n, 165–169, 293n 5: 429n, 454n, 460n, 466n 6: 370n

Einstein 1912g "对 J. Stark 的一篇评注'关于 Planck 基本定律的一个应用……'的答复"
"Antwort auf eine Bemerkung von J. Stark: 'Über eine Anwendung des Planckschen Elementargesetzes …'"
Annalen der Physik 38 (1912): 888 [Vol. 4, Doc. 6, 171–173; trans. 125]
发表时间: 30 May 1912 (recd. 1912/05/30; publ. 1912/07/12)
引用: 4: 109, 110, 171–172, 293n 5: 474n

Einstein 1912h "相对论和引力,对 M. Abraham 评注的回答"
"Relativität und Gravitation. Erwiderung auf eine Bemerkung von M. Abraham"
Annalen der Physik 38 (1912): 1059–1064 [Vol. 4, Doc. 8, 180–188; trans. 130–134]
发表时间: 4 July 1912 (recd. 1912/07/04; publ. 1912/08/13)
See also *Einstein 1912i*
引用: 4: 104n, 106n, 122, 124, 126, 180–186, 191n, 195, 299, 340n, 621n 5: 394n, 498n

Einstein 1912i "对 Abrahams 前述讨论的评注'再论相对论和引力'"
"Bemerkung zu Abrahams vorangehender Auseinandersetzung 'Noch-

mals Relativität und Gravitation'"
Annalen der Physik 39 (1912): 704 [Vol. 4, Doc. 9, 189 – 191; trans. 135]
发表时间: August 1912 (recd. 1912/09/02; publ. 1912/10/15)
Refers to *Einstein 1912h*
引用: 4: 122, 126, 189 – 190 5: 394n

Einstein 1912j "关于离开布拉格的理由的声明"
"Professor Einsteins Abgang von Prag"
Neue Freie Presse, 5 August 1912 [Vol. 5, Doc. 414, 499 – 500; trans. 320 – 321]
发表时间: 3 August 1912 (publ. 1912/08/05)
An excerpted version appeared the same day in Prager Tageblatt 37, No. 214
引用: 5: 499 – 500

Einstein 1913a "光化当量定律的热力学推导"
"Déduction thermodynamique de la loi de l'équivalence photochimique"
Journal de physique 3 (1913): 277 – 282 [Vol. 4, Doc. 12, 286 – 293; trans. 146 – 150]
发表时间: 27 March 1913 (pres. 1927/03/13; publ. 1913/04)
引用: 4: 109, 112, 121n, 286 – 292 5: 519n 6: 370n

Einstein 1913b "科学家 Max Planck"
"Max Planck als Forscher"
Die Naturwissenschaften 1 (1913): 1077 – 1079 [Vol. 4, Doc. 23, 560 – 565; trans. 271 – 275]
发表时间: 7 November 1913 (publ. 1913/11/07)
引用: 2: *Einstein 1913* xxviii, 44, 207, 267 4: 560 – 563 5: 40n, 561n 7: 62n

Einstein 1913c "关于引力问题的现状"
"Zum gegenwärtigen Stande des Gravitationsproblems"
Physikalische Zeitschrift 14 (1913): 1249 – 1262 [Vol. 4, Doc. 17, 486 – 503; trans. 198 – 222]
发表时间: 23 September 1913 (pres. 1913/09/23; publ. 1913/12/15)
The same version was also published as *Einstein* 1914b. See also *Einstein et al. 1913* and *Einstein 1914c*
引用: 4: 126, 145n, 179n, 194, 295, 297, 299, 341n, 342n, 353, 358, 401n, 413n, 433n, 435n, 437n, 471n, 485n, 486 – 500, 510n,

570n, 577n, 578n, 581, 582n, 587n, 589, 591, 597n, 621n, 622n, 628 5: 523n, 532n, 544n, 550n, 551n, 556n, 571n, 594n, 597n 6: 18n, 129n, 408n 7: xxix, 121n–122n 8: 101n, 165n, 301n, 305n, 361n, 440n, 463n, 694n 9: 257n, 445n

Einstein 1913d "引力论"
"Gravitationstheorie"
Schweizerische Naturforschende Gesellschaft. Verhandlungen 96, part 2 (1913): 137–138 [Vol. 4, Doc. 15, 474–476; trans. 190–191]
发表时间: 9 September 1913 (pres. 1913/09/09; publ. 1913)
For a more detailed version of the lecture, see *Einstein 1914g*
引用: 4: 295, 297, 474–476, 477n, 484n 5: 553n, 555n, 560n, 564n, 571n

Einstein 1914a "论比热容问题的现状"
"Zum gegenwärtigen Stande des Problems der spezifischen Wärme"
Die Theorie der Strahlung und der Quanten. Verhandlungen auf einer von E. Solvay einberufenen Zusammenkunft (30. Oktober bis 3. Nov 1911). Mit einem Anhange Über die Entwicklung der Quantentheorie vom Herbst 1911 bis Sommer 1913, pp. 330–352. Eucken, Arnold, ed. Halle a. S.: Knapp, 1914.
(*Abhandlungen der Deutschen Bunsen Gesellschaft für angewandte physikalische Chemie* 3, no. 7.) [Vol. 3, Doc. 26, 520–548; trans. 402–425]
发表时间: 3 November 1911 (pres. 1911/11/03)
German version of *Einstein 1912a*; see also *Einstein et al. 1914a*
引用: 3: Einstein 1914 xxi, xxvi, 242n, 253n, 421n, 455n, 458n, 476n, 477n, 507n, 513n, 514n, 515n, 520–543, 544n, 562n 4: 111, 271, 285n, 565n, 625 5: 129n, 261n, 283n, 322n, 339n, 360n, 382n, 580n 6: 261n, 370n 8: 286n 10: 304n

Einstein 1914b "关于引力问题的现状"
"Zum gegenwärtigen Stande des Gravitationsproblems"
Verhandlungen der Gesellschaft deutscher Naturforscher und Ärzte. 85. Versammlung zu Wien vom 21. bis 28. September 1913. Part 2, sec. 1. Alexander Witting, ed. Leipzig: Vogel, 1914, 3–24
Republication of *Einstein 1913c*; see also *Einstein et al. 1914b*
引用: 4: 486n 5, 6

Einstein 1914c "对 Reißner 先生一问题的补充答复"
"Nachträgliche Antwort auf eine Frage von Herrn Reißner"

	Physikalische Zeitschrift 15（1914）：108 – 110 ［Vol. 4, Doc. 24, 566 – 570; trans. 276 – 281］
	发表时间：11 December 1913（recd. 1913/12/11; publ. 1914/01/15）
	Refers to *Einstein 1913c* and *Einstein et al. 1913*
	引用：4：298, 341n, 502n, 510n, 511n, 566 – 569, 575, 578n, 627 5：589n, 604n 6, 8：141n
Einstein 1914d	"对广义相对论和引力论纲要的评注"
	"Bemerkungen"
	Zeitschrift für Mathematik und Physik 62（1914）：260 – 261 ［Vol. 4, Doc. 26, 579 – 582; trans. 289 – 290］
	发表时间：30 January 1914（publ. 1914/01/30）
	Refers to *Einstein and Grossmann 1914a*
	引用：4：297, 342n, 485n, 502n, 503n, 577n, 579 – 581, 622n 5：564n, 604n 6：8, 10, 18n, 130n 8：682n
Einstein 1914e	"广义相对论和引力论的基础"
	"Prinzipielles zur verallgemeinerten Relativitätstheorie und Gravitationstheorie"
	Physikalische Zeitschrift 15（1914）：176 – 180 ［Vol. 4, Doc. 25, 571 – 578; trans. 282 – 288］
	发表时间：January 1914（recd. 1914/01/24; publ. 1914/02/15）
	引用：4：298, 485n, 503n, 510n, 571 – 576, 582n, 621n 5：551n, 564n, 584n, 586n, 589n, 594n, 597n, 604n 6：18n, 129n, 130n
Einstein 1914f	"用来确定有关隶属于无规涨落的量的观测统计值的方法"
	"Méthode pour la détermination de valeurs statistiques d'observations concernant des grandeurs soumises à des fluctuations irrégulières"
	Archives des sciences physiques et naturelles 37（1914）：254 – 256 ［Vol. 4, Doc. 29, 598 – 602; trans. 300 – 301］
	发表时间：28 February 1914（pres. 1914/02/28; publ. 1914/03/15）
	引用：2：*Einstein 1914a* 215 4：598 – 601 5：599n, 603n 6
Einstein 1914g	"引力论的物理基础"
	"Physikalische Grundlagen einer Gravitationstheorie"
	Naturforschende Gesellschaft in Zürich. Vierteljahrsschrift 58（1914）：284 – 290 ［Vol. 4, Doc. 16, 477 – 485; trans. 192 – 197］
	发表时间：9 September 1913（pres. 1913/09/09; publ. 1913/03/16）
	For a summary of the lecture, see *Einstein 1913d*. Reprinted in French

translation in *Archives des sciences physiques et naturelles* 37 (1914): 5 - 12; and in *Bulletin de la Societé astronomique de France* 31 (1917): 407 - 411

引用: 4: 297, 474n, 476n, 477 - 484, 503n, 582n, 622n 5: 553n, 555n, 560n, 564n, 571n, 584n 6

Einstein 1914h
"论相对论原理"
"Vom Relativitäts-Prinzip"
Vossische Zeitung, 26 April 1914, Morning Edition [Vol. 6, Doc. 1, 3 - 5; trans. 306 - 314]
发表时间: 26 April 1914 (publ. 1914/05/01)
引用: 6: 3 - 4, 5n, 417 8: 17n, 31n 9: 15n

Einstein 1914i
"论相对性问题"
"Zum Relativitäts-Problem"
Scientia 15 (1914): 337 - 348 [Vol. 4, Doc. 31, 608 - 622; trans. 306 - 314]
发表时间: March 1914 (publ. 1914/04/26)
A French translation appeared in a supplement to the same volume, *Scientia*
15 (1914): 139 - 150 (*Einstein 1914j*)
引用: 4: *Einstein 1914h* xviii, 127, 298, 300, 502n, 608 - 620 5: 584n, 596n 6: *Einstein 1914i* 282 8: *Einstein 1914i* 84n 10: 120n

Einstein 1914j
"相对论的问题"
"Sur le problème de la relativité"
Scientia 15 (1914) (Supplément): 139 - 150
French version of *Einstein 1914i*
引用: 4: *Einstein 1914i* 608n 5: *Einstein 1914i* 6: *Einstein 1914j*

Einstein 1914k
"就职演讲及回答"
"Antrittsrede"
Königlich Preußische Akademie der Wissenschaften (Berlin). *Sitzungsberichte* (1914): 739 - 742 [Vol. 6, Doc. 3, 19 - 24; trans. 16 - 18]
发表时间: 2 July 1914 (pres. 1914/07/02; publ. 1914/07/09)
引用: 2: *Einstein 1914b* xxviii e 6: 19 - 23, 130n 7: xxxiv, 62n, 220n 8: 41n, 76n

Einstein 1914l
"对 P. Harzer 论文《光在玻璃中的拖曳与光行差》的评论"
"Bemerkungen zu P. Harzers Abhandlung: 'Über die Mitführung des Lichtes in Glas und die Aberration'"
Astronomische Nachrichten 199 (1914): cols. 7 - 10 [Vol. 6, Doc. 4,

25-28]

发表时间: 9 February 1914 (pres. 1914/02/09; publ. 1914/12/31)

引用: 6: 25-27, 43n 9: 209n

Einstein 1914m "对 P. Harzer 答复的答复"

"Antwort auf eine Replik Paul Harzers"

Astronomische Nachrichten 199 (1914): cols. 47-48 [Vol. 6, Doc. 6, 41-43]

发表时间: 18 August 1914 (publ. 1914/08/29)

引用: 6: 28n, 41-42 9: 209n

Einstein 1914n "对量子理论的贡献"

"Beiträge zur Quantentheorie"

Deutsche Physikalische Gesellschaft. Verhandlungen 16 (1914): 820-828 [Vol. 6, Doc. 5, 29-40; trans. 20-26]

发表时间: 24 July 1914 (pres. 1914/07/24; publ. 1914/08/30)

引用: 4: *Einstein 1914j* 113 5: *Einstein 1914j* 419n 6: xxiii, 29-38, 261n, 262n 8: 42n, 55n, 66n, 263n, 555n, 865n, 866n 9: 418n 10: 24n, 485n, 549n

Einstein 1914o "广义相对论的形式基础"

"Die formale Grundlage der allgemeinen Relativitätstheorie"

Königlich Preußische Akademie der Wissenschaften (Berlin). Sitzungsberichte (1914): 1030-1085 [Vol. 6, Doc. 9, 72-130; trans. 30-84]

发表时间: 29 October 1914 (subm. 1914/10/29; publ. 1914/11/26)

引用: 4: *Einstein 1914k* 357 6: xvii, xviii, 18n, 72-128, 215, 218, 224n, 243n, 264, 269n, 282n, 338n, 357n, 416n 7: 42n, 177n, 180n, 574n 8: 41n, 55n, 64n, 74n, 75n, 78n, 84n, 97n, 100n, 102n, 109n, 113n, 120n, 122n, 125n, 142n, 147n, 161n, 164n, 177n, 184n, 186n, 191n, 192n, 195n, 196n, 208n, 229n, 244n, 278n, 309n, 335n, 361n, 384n, 483n, 567n, 624n, 689n 9: 362n 10: 25n, 27n, 29n

Einstein 1914p 对"Alexander Brill《相对性原理:导论》的评论"

Review of Alexander von Brill, *Das Relativitätsprinzip. Eine Einführung in die Theorie*. 2d ed. Leipzig: Teubner, 1914

Die Naturwissenschaften 2 (1914): 1018 [Vol. 6, Doc. 10, 131-133]

发表时间: 27 November 1914 (publ. 1914/11/27)

引用: 6: 131-132, 417

Einstein 1914q	对 H. A. Lorentz《相对性原理：三个讲演……》的评论 Review of H. A. Lorentz, *Das Relativitätsprinzip. Drei Vorlesungen, gehalten in Teylers Stiftung zu Haarlem*. Keesom, W. H., ed. Leipzig: Teubner, 1914 *Die Naturwissenschaften* 2（1914）：1018 [Vol. 6, Doc. 11, 134 – 136] 发表时间：27 November 1914（publ. 1914/11/27） 引用：6：134 – 135, 417
Einstein 1914r	"关于引力论" "Zur Theorie der Gravitation" *Naturforschende Gesellschaft in Zürich. Vierteljahrsschrift* 59. Part 2, *Sit-zungsberichte*（1914）：Ⅳ-Ⅵ [Vol. 4, Doc. 27, 583 – 587; trans. 291 – 292] 发表时间：9 February 1914（publ. 1914/12/31） 引用：4：*Einstein 1914l* 295, 583 – 586, 621n 5：*Einstein 1914l* 584n, 599n 6：*Einstein 1914r*
Einstein 1915a	"理论原子论" "Theoretische Atomistik" *Die Kultur der Gegenwart. Ihre Entwicklung und ihre Ziele*. Hinneberg, Paul, ed. Part 3, sec. 3, vol. 1, Physik, pp. 251 – 263. Warburg, Emil, ed. Leipzig: Teubner, 1915 [Vol. 4, Doc. 20, 520 – 534; trans. 232 – 245] 发表时间：before 21 October 1913（recd. before 1913/10/21; publ. 1915） 引用：2：41, 47, 53, 97n, 176, 217 – 218 3：7, 242n 4：520 – 533, 550n 5：597n 8：84n 9：276n
Einstein 1915b	"相对论" "Die Relativit. tstheorie" *Die Kultur der Gegenwart. Ihre Entwicklung und ihre Ziele*. Hinneberg, Paul, ed. Part 3, sec. 3, vol. 1, Physik, pp. 703 – 713. Warburg, Emil, ed. Leipzig: Teubner, 1915 [Vol. 4, Doc. 21, 535 – 551; trans. 246 – 263] 发表时间：before 21 October 1913（recd. before 1913/10/21 and after 24 October 1924; publ. 1915 and 1925） 引用：4：535 – 550, 550n 5：597n 6：5n, 67n, 417 7：279n 8：74n, 84n, 868n 10：273n
Einstein 1915c	"Ampère 分子电流的实验证明" "Experimenteller Nachweis der Ampèreschen Molekularstr. me"

	Die Naturwissenschaften 3 (1915): 237-238 [Vol. 6, Doc. 15, 190-193]
	发表时间: 7 May 1915 (publ. 1915/05/07)
	引用: 6: 145, 146, 190-192, 232n 8: 63n, 92n, 128n, 201n, 209n 10: 304n
Einstein 1915d	"对我与 J. W. de Haas 合作的题为《Ampère 分子电流的实验证明》论文的勘误"
	"Berichtigung zu meiner gemeinsam mit Herrn J. W. de Haas veröffentlichten Arbeit 'Experimenteller Nachweis der Ampèreschen Molekularströme'"
	Deutsche Physikalische Gesellschaft. Verhandlungen 17 (1915): 203 [Vol. 6, Doc. 16, 194-196]
	发表时间: 10 May 1915 (recd. 1915/05/10; publ. 1915/05/30)
	Refers to *Einstein and De Haas 1915a*
	引用: 6: 145, 170n, 189n, 194-195 8: 124n, 128n
Einstein 1915e	"对 M. v. Laue 的文章《概率计算中的一个定理与其对辐射理论的应用》的回答"
	"Antwort auf eine Abhandlung M. v. Laues Ein Satz der Wahrscheinlichkeitsrechnung und seine Anwendung auf die Strahlungstheorie"
	Annalen der Physik 47 (1915): 879-885 [Vol. 6, Doc. 18, 198-206; trans. 88-94]
	发表时间: 24 June 1915 (recd. 1915/06/24; publ. 1915/09/03)
	引用: 3: *Einstein 1915b* 268n 6: 198-205, 206n 8: 133n
Einstein 1915f	"关于广义相对论"
	"Zur allgemeinen Relativitätstheorie"
	Königlich Preußische Akademie der Wissenschaften (Berlin). *Sitzungsberichte* (1915): 778-786 [Vol. 6, Doc. 21, 214-224; trans. 98-107]
	发表时间: 4 November 1915 (pres. 1915/04/11; publ. 1915/11/11)
	See also *Einstein 1915g*
	引用: 2: *Einstein 1915b* 254 4: *Einstein 1915c* 198, 254n 6: xv, xvii, xviii, xix, 130n, 214-223, 226, 229n, 243n, 245, 247, 249n, 338n 7: 103, 574n 8: 164n, 186n, 190n, 191n, 195n, 197n, 201n, 202n, 206n, 208n, 209n, 211n, 217n, 218n, 231n, 236n, 237n, 244n, 254n, 266n, 313n, 315n, 624n, 699n 9: 67n, 268n 10: 34n, 38n, 63n
Einstein 1915g	"关于广义相对论(附录)"

"Zur allgemeinen Relativitätstheorie (Nachtrag)"

Königlich Preußische Akademie der Wissenschaften (Berlin). *Sitzungsberichte* (1915): 799 – 801 [Vol. 6, Doc. 22, 225 – 229; trans. 108 – 110]

发表时间: 11 November 1915 (pres. 1915/11/11; publ. 1915/11/18)

Refers to *Einstein 1915f*

引用: 6: xv, xviii, 224n, 225 – 228, 243n, 245, 249n, 338n 7: 103, 139n 8: 195n, 201n, 202n, 206n, 208n, 211n, 217n, 218n, 221n, 229n, 231n, 236n, 624n 9: 268n 10: 34n, 35n, 38n, 482n

Einstein 1915h

"以广义相对论解释水星近日点运动"

"Erklärung der Perihelbewegung des Merkur aus der allgemeinen Relativitätstheorie"

Königlich Preußische Akademie der Wissenschaften (Berlin). *Sitzungsberichte* (1915): 831 – 839 [Vol. 6, Doc. 24, 233 – 243; trans. 112 – 116]

发表时间: 18 November 1915 (subm. 1915/11/18; publ. 1915/11/25)

引用: 3: *Einstein 1915c* 497n 4: *Einstein 1915d* 344, 346, 350, 351, 393n, 473n, 485n 5: *Einstein 1915c* 551n 6: xv, xix, 234 – 242, 249n, 337, 338n, 339n, 348, 357n, 538n, 552n 7: 103, 121n, 181n, 189n, 281n, 349n, 575n 8: 178n, 201n, 206n, 209n, 211n, 212n, 216n, 217n, 218n, 221n, 225n, 231n, 232n, 266n, 289n, 302n, 304n, 314n, 437n 9: lii, 187n, 229n, 245n, 268n, 304n, 524n 10: 35n, 38n, 57

Einstein 1915i

"引力场方程"

"Die Feldgleichungen der Gravitation"

Königlich Preußische Akademie der Wissenschaften (Berlin). *Sitzungsberichte* (1915): 844 – 847 [Vol. 6, Doc. 25, 244 – 249; trans. 117 – 120]

发表时间: 25 November 1915 (subm. 1915/11/25; publ. 1915/12/02)

引用: 4: *Einstein 1915* 294, 341n, 344 6: xv, xviii, 224n, 234, 244 – 248, 357n, 338n, 398n 7: 43n, 103, 139n 8: 206n, 209n, 211n, 217n, 218n, 229n, 231n, 236n, 237n, 244n, 247n, 249n, 254n, 289n, 304n, 306n, 309n, 311n, 313n, 624n, 694n, 698n, 753n 9: 268n, 524n 10: 35n, 38n

Einstein 1916a	"我对战争的看法"
	"Meine Meinung Über den Krieg"
	Das Land Goethes 1914—1916. Ein vaterländisches Gedenkbuch. Herausgegeben vom Berliner Goethebund, p. 30. Stuttgart, Berlin: Deutsche Verlags-Anstalt, 1916 [Vol. 6, Doc. 20, 211 – 213; trans. 96 – 97]
	发表时间: 23 October—11 November 1915 (subm. between 23 October and 11 November 1915)
	引用: 6: 213n 8: 188n, 194n
Einstein 1916b	"电动力学的 Maxwell 场方程的一种新的形式阐明"
	"Eine neue formale Deutung der Maxwellschen Feldgleichungen der Elektrodynamik"
	Königlich Preußische Akademie der Wissenschaften (Berlin). *Sitzungsberichte* (1916): 184 – 188 [Vol. 6, Doc. 27, 263 – 269; trans. 132 – 137]
	发表时间: 3 February 1916 (subm. 1916/02/03; publ. 1916/02/10)
	引用: 6: 130n, 263 – 268, 339n 7: 100n, 139n, 179n, 572n 8: 177n, 186n
Einstein 1916c	"Ernst Mach"
	"Ernst Mach"
	Physikalische Zeitschrift 17 (1916): 101 – 104 [Vol. 6, Doc. 29, 277 – 282; trans. 141 – 145]
	发表时间: 14 March 1916 (recd. 1916/03/14; publ. 1916/04/01)
	引用: 2: 46 6: xviii, 129n, 277 – 281, 338n, 417, 537n, 552n 7: 103, 279n – 280n 8: 17n, 221n, 299n, 395n, 404n, 432n
Einstein 1916d	"演示 Ampère 分子电流的一个简单实验"
	"Ein einfaches Experiment zum Nachweis der Ampèreschen Molekularströme"
	Deutsche Physikalische Gesellschaft. Verhandlungen 18 (1916): 173 – 177 [Vol. 6, Doc. 28, 270 – 276; trans. 138 – 140]
	发表时间: 25 February 1916 (pres. 1916/02/25; publ. 1916/04/15)
	引用: 6: 145, 270 – 275 8: 163n, 176n, 186n, 198n, 261n, 270n, 1010 10: 40n, 304n
Einstein 1916e	"广义相对论基础"
	"Die Grundlage der allgemeinen Relativitätstheorie"
	Annalen der Physik 49 (1916): 769 – 822 [Vol. 6, Doc. 30, 283 – 339; trans. 146 – 200]

发表时间: 20 March 1916 (recd. 1916/03/20; publ. 1916/05/11)
Published in book form as *Einstein 1916f*
引用: 4: *Einstein 1916a* 144n 6: xvi, xix, xx, 243n, 282n, 283 - 337, 345n, 346n, 357n, 380n, 416n, 535n, 536n, 538n, 552n 7: xxiv, 14, 26n, 36n, 42n - 43n, 76n, 100n, 103, 139n, 177n - 181n, 281n, 322n, 378n, 571n, 573n - 574n 8: 229n, 249n, 254n, 255n, 267n, 275n, 286n, 288n, 289n, 299n, 302n, 305n, 306n, 320n, 326n, 359n, 362n, 366n, 404n, 418n, 421n, 437n, 495n, 500n, 522n, 536n, 557n, 579n, 587n, 588n, 624n, 628n, 634n, 641n, 647n, 689n 9: lii, 116n, 258n, 291n, 381n, 403n, 407n, 412n, 433n 10: 40n, 50n, 57n, 301n, 392n, 484n

Einstein 1916f *Die Grundlage der allgemeinen Relativitätstheorie*
Leipzig: Barth, 1916
Book version of *Einstein 1916e*
引用: 6: 338n, 380n, 535n 8: 275n, 289n, 557n, 588n, 641n 9: li - ii, 116n, 291n, 310n, 381n, 403n, 407n, 412n, 433n, 516n, 554c, 588c, 589c, 591c, 608c, 610c 10: 118n, 327n, 573c, 596c

Einstein 1916g "引力场方程的近似积分"
"Näherungsweise Integration der Feldgleichungen der Gravitation"
Königlich Preußische Akademie der Wissenschaften (Berlin). *Sitzungsberichte* (1916): 688 - 696 [Vol. 6, Doc. 32, 347 - 357; trans. 201 - 210]
发表时间: 22 June 1916 (subm. 1916/06/22; publ. 1916/06/29)
引用: 6: xix, 347 - 356, 552n 7: xxiii - xxv, xxvii, 12, 15, 22, 26n - 27n, 574n 8: 266n, 301n, 302n, 314n, 331n, 366n, 375n, 483n, 523n, 536n, 554n, 560n, 588n, 753n 9: 258n 10: 45n, 48n, 64n

Einstein 1916h "爱因斯坦对 Karl Schwarzschild 的纪念讲演"
"Gedächtnisrede des Hrn. Einstein auf Karl Schwarzschild"
Königlich Preußische Akademie der Wissenschaften (Berlin). *Sitzungsberichte* (1916): 768 - 770 [Vol. 6, Doc. 33, 358 - 362]
发表时间: 29 June 1916 (pres. 1916/06/29; publ. 1916/07/06)
引用: 6: 358 - 361, 567n 8: 288n

Einstein 1916i "为 Erwin Freundlich 所著《爱因斯坦引力理论基础》一书所作的序"
"Vorwort"
Freundlich, Erwin. *Die Grundlagen der Einsteinschen Gravitationstheorie*.
Berlin: Springer, 1916 [Vol. 6, Doc. 35, 371 - 373]
发表时间: ca. August 1916 (publ. ca. 1916/08)

引用：6：39n, 371 - 372, 380n, 417 9：159n

Einstein 1916j   "量子论中辐射的发射和吸收"
"Strahlungs-Emission und-Absorption nach der Quantentheorie"
Deutsche Physikalische Gesellschaft. Verhandlungen 18（1916）：318 - 323 [Vol. 6, Doc. 34, 363 - 370; trans. 212 - 216]
发表时间：17 July 1916（recd. 1916/07/17; publ. 1916/07/30）
引用：2：*Einstein 1916a* 41, 54 4：*Einstein 1916b* 113 6：xvi, xxiii, 363 - 369, 382, 398n 7：xxviii 8：331n, 333n 9：390n, 467n 10：45n, 50n, 349n, 352n

Einstein 1916k   对 H. A. Lorentz "热力学中的统计理论：五次演讲" 的评论
Review of H. A. Lorentz, *Les théories statistiques en thermodynamique. Conférences faites au Collège de France en novembre 1912.* Dunoyer, L., ed. Leipzig：Teubner, 1916
Die Naturwissenschaften 4（1916）：480 - 481 [Vol. 6, Doc. 36, 374 - 377; trans. 218]
发表时间：11 August 1916（publ. 1916/08/11）
引用：6：374 - 376 8：286n 10：352n

Einstein 1916l   《广义相对论基础》的作者总结
"Selbstanzeige"
Die Naturwissenschaften 4（1916）：481 [Vol. 6, Doc. 37, 378 - 380]
发表时间：11 August 1916（publ. 1916/08/11）
Refers to *Einstein 1916f*
引用：6：378 - 379

Einstein 1916m   "水波和飞行的初级理论"
"Elementare Theorie der Wasserwellen und des Fluges"
Die Naturwissenschaften 4（1916）：509 - 510 [Vol. 6, Doc. 39, 399 - 402; trans. 234 - 236]
发表时间：25 August 1916（publ. 1916/08/25）
引用：6：399 - 401 8：288n 10：45n, 48n, 106n

Einstein 1916n   "关于辐射的量子理论"
"Zur Quantentheorie der Strahlung"
Physikalische Gesellschaft Zürich. Mitteilungen 18（1916）：47 - 62 [Vol. 6, Doc. 38, 381 - 398; trans. 220 - 233]
发表时间：after 24 August 1916（publ. after 1916/08/24）
引用：2：*Einstein 1916b* 41, 54, 583n 4：*Einstein 1916c* 113 6：*Einstein 1916n* xvi, xxiii, xxiv, 39n, 370n, 381 - 397 7：*Einstein 1916n* xxviii 8：*Einstein 1916n* 330n, 331n, 333n, 392n, 402n, 462n, 588n

9: *Einstein 1916n* 374n 10: *Einstein 1916n* .

Einstein 1916o "Hamilton 原理和广义相对论"
"Hamiltonsches Prinzip und allgemeine Relativitätstheorie"
Königlich Preußische Akademie der Wissenschaften (Berlin). *Sitzungsberichte* (1916): 1111 – 1116 [Vol. 6, Doc. 41, 409 – 416; trans. 240 – 246]
发表时间: 26 October 1916 (subm. 1911/10/26; publ. 1916/11/02)
引用: 6: xix, 130n, 346n, 409 – 415 7: 26n, 30, 32n, 64, 76n, 139n, 177n, 180n – 181n 8: 184n, 249n, 319n, 320n, 347n, 350n, 361n, 362n, 364n, 366n, 370n, 374n, 380n, 500n, 522n, 523n, 554n, 579n, 588n, 675n, 689n, 699n, 716n, 835n 9: 403n 10: 56n, 64n

Einstein 1916p "评 Friedrich Kottle 的文章:'论爱因斯坦的等效假说和引力'"
"Über Friedrich Kottlers Abhandlung 'Über Einsteins Äquivalenzhypothese und die Gravitation'"
Annalen der Physik 51 (1916): 639 – 642 [Vol. 6, Doc. 40, 403 – 408; trans. 237 – 239]
发表时间: October 1916 (recd. 1916/10/19; publ. 1916/12/21)
引用: 6: 129n, 338n, 403 – 407, 537n 7: 42n, 371n 8: 345n, 347n, 708n

Einstein 1917a "狭义相对论和广义相对论(普及本)"
Über die spezielle und die allgemeine Relativitätstheorie (*Gemeinverständlich*)
Braunschweig: Vieweg, 1917 [Vol. 6, Doc. 42, 420 – 539; trans. 247 – 420]
发表时间: December 1916 (publ. 1917)
引用: 2: 273 6: xvi, xix, 67n, 417, 418, 420 – 534, 552n 7: xxii, xxxiv, xxxvi, 7n, 104, 140n, 178n, 220n, 279n, 281n, 337n, 363n, 403n, 405n, 574n 8: 147n, 236n, 402n, 450n, 456n, 495n, 548n, 557n, 658n, 871n, 892n, 898n, 908n, 914n, 1024, 1028 9: 15n, 36n, 70n, 105n, 116n, 137n, 229n, 257n, 262n, 295n, 311n, 320n, 324n, 328n, 346n, 407n, 412n, 432n, 462n, 471n, 516n, 524n, 527n, 528n, 530n, 532n, 535n, 537n, 577c, 582c, 589c, 592c, 593c, 594c, 595c, 597c, 599c, 600c, 602c, 603c, 604c, 605c, 606c, 607c, 608c, 609c, 611c, 612c, 613c, 614c, 615c, 616c 10: 64n, 88n, 90n, 163n, 225n, 230n, 273n, 329n, 333n, 380n, 385n, 438n, 446n, 509n, 543n, 567c, 568c, 569c, 572c,

574c, 575c, 576c, 577c, 578c, 579c, 584c, 587c, 589c, 590c, 591c, 592c, 593c, 596c, 599c, 600c, 602c, 603c, 605c, 607c, 608c, 610c, 611c, 612c, 613c

Einstein 1917b "广义相对论中的宇宙学研究"
"Kosmologische Betrachtungen zur allgemeinen Relativitätstheorie"
Königlich Preußische Akademie der Wissenschaften (Berlin). *Sitzungsberichte* (1917): 142 – 152 [Vol. 6, Doc. 43, 540 – 552; trans. 421 – 432]

发表时间: 8 February 1917 (subm. 1917/02/08; publ. 1917/02/15)
引用: 6: xix, xx, 539n, 540 – 551 7: xxiv, xxviii, 12, 26n, 36n, 40, 42n – 44n, 49n, 73, 76n – 77n, 121n, 139n – 140n, 142, 146n, 177n, 181n – 183n, 189n, 371n, 404n – 405n, 424n, 457n, 576n 8: 288n, 352, 357n, 360n, 386n, 387n, 391n, 392n, 393n, 402n, 407n, 413n, 414n, 416n, 417n, 418n, 426n, 430n, 431n, 433n, 440n, 467n, 474n, 479n, 484n, 485n, 495n, 498n, 500n, 522n, 554n, 557n, 574n, 576n, 578n, 607n, 613n, 628n, 633n, 634n, 641n, 647n, 652n, 653n, 662n, 689n, 693n, 694n, 725n, 734n, 753n, 754n, 757n, 780n, 783n, 788n, 808n, 829n, 1017 9: 101n, 102n, 112n, 113n, 119n, 268n, 279n, 403n 10: 64n, 69n, 71n, 479n

Einstein 1917c "Zur Quantentheorie der Strahlung"
Physikalische Zeitschrift 18 (1917): 121 – 128 (recd. 1917/03/03; publ. 1917/03/15)
Republication of *Einstein 1916n*
引用: 6: xxiii, 398n 8: 330n, 462n, 464n, 588n

Einstein 1917d "论 Sommerfeld 和 Epstein 的量子定理"
"Zum Quantensatz von Sommerfeld und Epstein"
Deutsche Physikalische Gesellschaft. Verhandlungen 19 (1917): 82 – 92 [Vol. 6, Doc. 45, 555 – 567; trans. 434 – 443]
发表时间: 11 May 1917 (pres. 1917/05/11; publ. 1917/05/30)
引用: 6: xxv, 555 – 566, 575n 8: 379n, 387n, 388n, 442n, 454n, 458n, 466n, 478n, 529n, 757n 9: liii, 406n 10: 83n, 86n, 245n

Einstein 1917e 对 Hermann von Helmholtz 论 Goethe 的两篇演讲的评论
Review of H. v. Helmholtz, *Zwei Vorträge über Goethe*. Braunschweig: Vieweg, 1917
Die Naturwissenschaften 5 (1917): 82 – 92 [Vol. 6, Doc. 46, 568 – 570]

	发表时间: 2 November 1917 (publ. 1917/11/02)
	引用: 6: 568 – 569
Einstein 1917f	"Jacobi 定理的推导"
	"Eine Ableitung des Theorems von Jacobi"
	Königlich Preußische Akademie der Wissenschaften (Berlin). *Sitzungsberichte* (1917): 606 – 608 [Vol. 6, Doc. 47, 571 – 575; trans. 445 – 447]
	发表时间: 22 November 1917 (pres. 1917/11/22; publ. 1917/11/29)
	引用: 6: 567n, 571 – 574 8: 442n, 531n 9: 592c 10: 83n
Einstein 1917g	"Marian v. Smoluchowski"
	"Marian v. Smoluchowski"
	Die Naturwissenschaften 5 (1917): 737 – 738 [Vol. 6, Doc. 48, 576 – 579]
	发表时间: 14 December 1917 (publ. 1917/12/14)
	引用: 2: *Einstein 1917b* 216 3: *Einstein 1917* 7, 284 6: 576 – 578 8: 514n, 551n 10: 135n
Einstein 1917h	"噩梦"
	"Der Angst-Traum"
	Berliner Tageblatt, 25 December 1917 [Vol. 6, Doc. 49, 580 – 582; trans. 449]
	发表时间: 25 December 1917 (publ. 1917/12/25)
	引用: 6: xv, 580 – 581 7: 337n 9: 324n 10: 373n
Einstein 1918a	"论引力波"
	"Über Gravitationswellen"
	Königlich Preußische Akademie der Wissenschaften (Berlin). *Sitzungsberichte* (1918): 154 – 167 [Vol. 7, Doc. 1, 11 – 28; trans. 9 – 27]
	发表时间: 31 January 1918 (subm. 1918/01/31; publ. 1918/02/21)
	引用: 6: *Einstein 1918* 66n, 357n 7: xxiii – xxv, xxvii, 11 – 25, 32n, 43n, 76n, 139n, 177n, 181n, 574n 8: 442n, 500n, 523n, 524n, 536n, 588n, 612n, 682n, 689n, 699n, 707n, 708n, 716n, 753n
Einstein 1918b	"关于 E. Schrödinger '引力场的能量分量' 一文的注记"
	"Notiz zu E. Schrödingers Arbeit 'Die Energiekomponenten des Gravitationsfeldes'"
	Physikalische Zeitschrift 19 (1918): 115 – 116 [Vol. 7, Doc. 2, 29 – 32; trans. 28 – 30]
	发表时间: 5 February 1918 (recd. 1918/02/05; publ. 1918/03/15)

Einstein 1918c	引用: 7: xxiv-xxv, 26n, 29-31, 76n 8: 536n, 716n, 747n 10: 64n
	"对 De Sitter 先生给出的引力场方程一个解的评论"
	"Kritisches zu einer von Hrn. de Sitter gegebenen Lösung der Gravitationsgleichungen"
	Königlich Preußische Akademie der Wissenschaften (Berlin). Sitzungsberichte (1918): 270-272 [Vol. 7, Doc. 5, 45-49; trans. 36-38]
	发表时间: 7 March 1918 (subm. 1918/03/07; publ. 1918/03/21)
	引用: 7: xxiv, 42n, 45-48, 80n 8: 354, 357n, 486n, 497n, 502n, 613n, 641n, 713n, 720n, 747n, 762n, 765n, 768n, 778n, 781n, 788n, 806n, 807n, 810n, 962n 9: 112n
Einstein 1918d	"对 Schrödinger 的注记'关于广义协变引力场方程的一组解'的评论"
	"Bemerkung zu Herrn Schrödingers Notiz 'Über ein Lösungssystem der allgemein kovarianten Gravitationsgleichungen'"
	Physikalische Zeitschrift 19 (1918): 165-166 [Vol. 7, Doc. 3, 33-36; trans. 31-32]
	发表时间: 3 March 1918 (recd. 1918/03/03; publ. 1918/04/15)
	引用: 7: xxiv, xxviii, 33-35, 140n, 405n, 424n, 457n 8: 747n, 808n 9: 279n
Einstein 1918e	"关于广义相对论的原理"
	"Prinzipielles zur allgemeinen Relativitätstheorie"
	Annalen der Physik 55 (1918): 241-244 [Vol. 7, Doc. 4, 37-44; trans. 33-35]
	发表时间: 6 March 1918 (recd. 1918/03/06; publ. 1918/05/24)
	引用: 7: xxiii, xxvii, xxxii, 37-41, 49n, 77n, 121n, 139n, 178n, 181n, 281n, 322n, 358n, 378n, 404n, 573n-574n, 576n 8: *Einstein 1918f* 354, 357n, 423n, 578n, 613n, 641n, 652n, 662n, 670n, 700n, 713n, 765n, 810n 9: 112n, 404n 10: 325n
Einstein 1918f	"广义相对论中的能量守恒定律"和"校样上的附注"
	"Der Energiesatz in der allgemeinen Relativitätstheorie"
	Königlich Preußische Akademie der Wissenschaften (Berlin). Sitzungsberichte (1918): 448-459 [Vol. 7, Doc. 9, 63-77; trans. 47-61]
	发表时间: 16 May 1918 (subm. 1918/05/16; publ. 1918/05/30)
	引用: 7: xxiv-xxvi, 26n, 28n, 32n, 63-75, 574n, 576n 8: *Einstein 1918g* 716n, 765n, 775n, 783n, 787n, 788n, 793n, 806n, 827n,

	837n, 860n, 917n, 949n 9: 101n, 102n 10: 64n
Einstein 1918g	对 Hermann Weyl"引力与电"一文的"附注"
	"Nachtrag"
	Königlich Preußische Akademie der Wissenschaften (Berlin). *Sitzungsberichte* (1918): 478 [Vol. 7, Doc. 8, 60-62]
	发表时间: 2 May 1918 (subm. 1918/05/02; publ. 1918/06/06)
	Supplement to Weyl, Hermann, "Gravitation und Elektrizität." *Königlich Preußische Akademie der Wissenschaften* (Berlin). *Sitzungsberichte* (1918): 465-478
	引用: 7: xxiv, xxvii, 54-55, 80n, 139n, 280n, 323n, 404n, 416n, 574n 8: *Einstein 1918h* 727n, 743n, 802n, 804n, 839n 9: 81n, 113n, 119n, 269n, 404n 10: 294n, 349n
Einstein 1918h	对 Hermann Weyl 的著作《空间-时间-物质:广义相对论讲义》的书评
	Review of: Hermann Weyl, *Raum-Zeit-Materie. Vorlesungen über allgemeine Relativitätstheorie*. Berlin: Springer, 1918
	Die Naturwissenschaften 6 (1918): 373 [Vol. 7, Doc. 10, 78-80; trans. 62-63]
	发表时间: 21 June 1918 (publ. 1918/06/21)
	引用: 7: xxxii, 78-79, 179n 8: *Einstein 1918i* 670n 9: 113n, 119n, 404n
Einstein 1918i	"有可能从实验上测定固体的 X 射线折射率吗?"
	"Lassen sich Brechungsexponenten der Körper für Röntgenstrahlen experimentell ermitteln?"
	Deutsche Physikalische Gesellschaft. Verhandlungen 20 (1918): 86-87 [Vol. 7, Doc. 6, 50-53; trans. 39-40]
	发表时间: 21 March 1918 (subm. 1918/03/21; publ. 1918/06/30)
	引用: 7: *Einstein 1918i* xxix, 50-52 8: 730n, 839n, 873n, 874n, 950n 10: 417n
Einstein 1918j	"探索的动机"
	"Motive des Forschens"
	Zu Max Plancks sechzigstem Geburtstag. Ansprachen, gehalten am 26. April 1918 in der Deutschen Physikalischen Gesellschaft von E. Warburg, M. v. Laue, A. Sommerfeld und A. Einstein, pp. 29-32. Karlsruhe: C. F. Müllersche Hofbuchhandlung, 1918 [Vol. 7, Doc. 7, 54-59; trans. 42-44]
	发表时间: 26 April 1918 (held 1918/04/26; publ. ca. 1918/07)

	引用：7：*Einstein 1918j* xxxiv, xxxvi, 57 - 61, 220n, 381n, 570n 8：629n, 713n, 735n, 743n, 784n, 855n, 858n
Einstein 1918k	"关于反对相对论的对话" "Dialog Über Einwände gegen die Relativitätstheorie" *Die Naturwissenschaften* 6 (1918)：697 - 702 [Vol. 7, Doc. 13, 114 - 122; trans. 66 - 75] 发表时间：before 20 October 1918 (publ. 1918/11/29) 引用：7：xxxi, xxxiii, xxxv, 101 - 102, 105, 114 - 120, 348n, 358n 8：902n, 914n, 950n 10：189n, 190n, 308n, 383n, 428n, 439n, 570c, 572c, 573c
Einstein 1918l	"对 E. Gehrcke《论以太》注记的评论" "Bemerkung zu E. Gehrckes Notiz 'Über den Äther' " *Deutsche Physikalische Gesellschaft. Verhandlungen* 20 (1918)：261 [Vol. 7, Doc. 15, 126 - 128; trans. 78] 发表时间：29 November 1918 (recd. 1918/11/29; publ. 1918/12/30) 引用：2：*Einstein 1918* 262 7：101, 126 - 127, 279n
Einstein 1919a	"引力场在物质的基本粒子结构中起重要作用吗？" "Spielen Gravitationsfelder im Aufbau der materiellen Elementarteilchen eine wesentliche Rolle?" *Preußische Akademie der Wissenschaften* (Berlin). *Sitzungsberichte* (1919)：349 - 356 [Vol. 7, Doc. 17, 130 - 140; trans. 80 - 88] 发表时间：10 April 1919 (subm. 1919/04/10; publ. 1919/04/24) 引用：6：*Einstein 1919* 536n 7：xxiv, xxvii, 36n, 104, 130 - 139n, 177n, 181n - 183n, 189n, 323n, 357n, 378n, 404n - 405n, 457n, 572, 576n 8：554n, 837n, 861n 9：17n, 29n, 35n, 37n, 41n, 65n, 77n, 81n, 85n, 88n, 89n, 119n, 155n, 239n, 265n, 403n, 499n 10：363n, 364n, 371n, 378n, 380n, 482n, 550n, 590c
Einstein 1919b	"关于至今似乎无法用 Newton 力学解释的月球经度周期性起伏的意见" "Bemerkung Über periodische Schwankungen der Mondlänge, welche bisher nach der Newtonschen Mechanik nicht erklärbar schienen" *Preußische Akademie der Wissenschaften* (Berlin). *Sitzungsberichte* (1919)：433 - 436 [Vol. 7, Doc. 18, 141 - 146; trans. 89 - 92] 发表时间：24 April 1919 (subm. 1919/04/24; publ. 1919/05/08) 引用：7：xxviii, 141 - 145, 189n, 198n 8：557n 10：590c
Einstein 1919c	评 Albert von Brunn 前面的注记："关于爱因斯坦对月球经度随月轨

交点旋转近似周期不规则起伏的评论"
"Bemerkung zur vorstehenden Notiz"
Preußische Akademie der Wissenschaften (Berlin). *Sitzungsberichte* (1919): 711 [Vol. 7, Doc. 22, 196–198; trans. 96]
发表时间: 24 July 1919 (subm. 1919/07/24; publ. 1919/07/31)
引用: 7: xxviii, 146n, 196–197

Einstein 1919d "广义相对论的一个检验"
"Prüfung der allgemeinen Relativitätstheorie"
Die Naturwissenschaften 7 (1919): 776 [Vol. 7, Doc. 23, 199–201; trans. 97]
发表时间: 9 October 1919 (publ. 1919/10/17)
引用: 7: xxx, 199–200, 210n, 349n 9: 167n, 192n, 211n, 229n

Einstein 1919e "物理学家 Leo Arons"
"Leo Arons als Physiker"
Sozialistische Monatshefte 25 (1919): 1055–1056 [Vol. 7, Doc. 24, 202–205; trans. 98–99]
发表时间: 17 November 1919 (publ. 1919/11/17)
引用: 7: xxxviii, 202–204, 283n 8: *Einstein 1919f* 946n 9: 475n

Einstein 1919f "时间,空间和引力"
"Time, Space, and Gravitation"
The Times (London), 28 November 1919 [Vol. 7, Doc. 26, 212–215]
发表时间: 28 November 1919 (publ. 1919/11/28)
引用: 2: *Einstein 1919* xxi, 45, 257 5: *Einstein 1919* 89n 7: xxxi, xxxiv–xxxv, 210n, 212–214, 371n, 378n, 430n, 433n 9: 245n, 257n, 265n, 268n, 273n, 288n, 303n, 584c, 586c 10: 120n

Einstein 1919g "物理学中的归纳和演绎"
"Induktion und Deduktion in der Physik"
Berliner Tageblatt, 25 December 1919, Morning Edition [Vol. 7, Doc. 28, 218–220; trans. 108–109]
发表时间: 25 December 1919 (publ. 1919/12/25)
引用: 7: xxxiv–xxxvi, 62n, 218–219, 404n, 570n

Einstein 1919h "东方来的移民"
"Die Zuwanderung aus dem Osten"
Berliner Tageblatt, 30 December 1919, Morning Edition [Vol. 7, Doc. 29, 237–241; trans. 110–111]
发表时间: 30 December 1919 (publ. 1919/12/30)

引用：7：xxxviii, 221, 224 - 225, 237 - 239, 293n, 296n - 297n, 430n, 441n

Einstein 1920a　讲堂里的鼓噪
［Uproar in the Lecture Hall］
8-Uhr-Abendblatt, 13 February 1920 ［Vol. 7, Doc. 33, 284 - 288; trans. 152］
发表时间：13 February 1920（publ. 1920/02/13）
引用：7：xl, 226, 284 - 286, 430n, 448n 10：406n, 534n

Einstein 1920b　科学文献的交换
［An Exchange of Scientific Literature］
Neue Zürcher Zeitung, 4 April 1920, 1st Sunday Edition ［Vol. 7, Doc. 36, 298 - 301; trans. 158］
发表时间：4 April 1920（publ. 1920/04/04）
引用：7：xli, 241n, 298 - 299, 333n, 363n, 436n, 470n, 494n - 495n 9：74n, 485n, 515n, 534n 10：272n, 350n, 420n, 451n, 546n

Einstein 1920c　"部分离解气体中声波的传播"
"Schallausbreitung in teilweise dissoziierten Gasen"
Preußische Akademie der Wissenschaften (Berlin). *Sitzungsberichte* (1920): 380 - 385 ［Vol. 7, Doc. 39, 324 - 331; trans. 183 - 190］
发表时间：8 April 1920（subm. 1920/04/08; publ. 1920/04/29）
引用：7：xxix, 324 - 330 9：513n

Einstein 1920d　致"大众技术教育总协会"
［To the "General Association for Popular Technical Education"］
Neue Freie Presse, 16 July 1920, Morning Edition ［Vol. 7, Doc. 42, 335 - 337; trans. 193 - 194］
发表时间：16 July 1920（subm. 1920/07/16; publ. 1920/07/24）
引用：7：335 - 336, 381n

Einstein 1920e　关于新能源
［On New Sources of Energy］
Berliner Tageblatt, 25 July 1920, Morning Edition ［Vol. 7, Doc. 43, 338 - 340; trans. 195］
发表时间：25 July 1920（publ. 1920/07/25）
引用：7：338 - 339

Einstein 1920f　"我对反相对论公司的答复"
"Meine Antwort. Ueber die anti-relativit. tstheoretische G. m. b. H."
Berliner Tageblatt, 27 August 1920, Morning Edition ［Vol. 7, Doc. 45, 344 - 349; trans. 197 - 199］

	发表时间: 27 August 1920 (publ. 1920/08/27)
	引用: 7: xxxii, xli, 101 – 103, 106 – 107, 344 – 347, 357n 10: 383n, 386n, 387n, 389n, 390n, 394n, 400n, 402n, 405n, 406n, 408n, 410n, 413n, 417n, 419n, 425n, 426n, 427n, 468n, 470n
Einstein 1920g	"对 W. R. Heß《对非均匀系统黏滞性理论的贡献》一文的批评"
	"Bemerkung zu der Abhandlung von W. R. Heß 'Beitrag zur Theorie der Viskosität heterogener Systeme'"
	Kolloid-Zeitschrift 27 (1920): 137 [Vol. 7, Doc. 44, 341 – 343; trans. 196]
	发表时间: 3 August 1920 (recd. 1920/08/03; publ. 1920/09)
	引用: 2: *Einstein 1920* 170 5: *Einstein 1920* 271n 7: 341 – 342
Einstein 1920h	信仰声明
	[A Confession]
	Israelitisches Wochenblatt für die Schweiz, 24 September 1920, p. 10 [Vol. 7, Doc. 37, 302 – 304; trans. 159]
	发表时间: 5 April 1920 (publ. 1920/09/24)
	引用: 7: xxxix, 221, 226, 228, 292n – 293n, 302 – 303, 430n
Einstein 1920i	关于知识分子对国际和解的贡献
	[On the Contribution of Intellectuals to International Reconciliation]
	Thoughts on Reconciliation, pp. 10 – 11. New York: Deutscher Gesellig-Wissenschaftlicher Verein von New York, 1920 [Vol. 7, Doc. 47, 360 – 364; trans. 201]
	发表时间: after 29 September 1920 (publ. 1920)
	引用: 7: xli, 62n, 241n, 360 – 362, 381n, 430n, 494n 10: 334n
Einstein 1920j	以太和相对论
	Äther und Relativitätstheorie. Rede gehalten am 5. Mai 1920 an der Reichs-Universität zu Leiden.
	Berlin: Springer, 1920 [Vol. 7, Doc. 38, 305 – 323; trans. 160 – 182]
	发表时间: before 7 April 1920 (held 1920/10/27; publ. 1920)
	引用: 3: *Einstein 1920* 174n 439n 7: xxvii, xxxiii, 105, 122n, 281n, 305 – 320, 378n, 468n 9: 513n, 615c 10: li, 246n, 276, 325n, 425n, 470n, 479n, 541n, 572c, 578c, 589c, 593c, 603c, 605c, 613c, 614c
Einstein 1920k	对 Ernst Reichenbächer 的答复;"若没有相对论,能在何种程度上建立现代引力理论?"
	"Antwort auf vorstehende Betrachtung"

	Die Naturwissenschaften 8（1920）：1010 – 1011［Vol. 7, Doc. 49, 368 – 371；trans. 203 – 205］
	发表时间：20 November 1920（publ. 1920/12/17）
	引用：7：121n, 357n, 368 – 370 10：120n, 505n
Einstein 1920l	相对论：狭义和广义理论
	Relativity：*The Special and the General Theory.*
	London：Methuen, 1920
	Translation of *Einstein 1917a*
	引用：6：538n
Einstein 1921a	"艺术经验和科学经验中的共同要素"
	"Das Gemeinsame am künstlerischen und wissenschaftlichen Erleben"
	Menschen. Zeitschrift neuer Kunst 4（1921）：19［Vol. 7, Doc. 51, 379 – 381；trans. 207］
	发表时间：27 January 1921（publ. 1921/02）
	引用：7：xxxvi, 379 – 380
Einstein 1921a	*La théorie de la relativité restreinte et généralisée.*（*Mise à la portée de tout le monde.*）
	Paris：Gauthier-Villars, 1921
	Translation of *Einstein 1917a*
	引用：6：417
Einstein 1921b	"Geometrie und Erfahrung"
	Preußische Akademie der Wissenschaften（Berlin）. *Sitzungsberichte*（1921）：123 – 130］（held 1921/01/27；publ. 1921/02/03）
	An expanded version was published as *Einstein 1921c*
	引用：4：Einstein 1921 104n 7：382n, 481n
Einstein 1921c	《几何学和经验》
	Geometrie und Erfahrung. Erweiterte Fassung des Festvortrages gehalten an der Preußischen Akademie der Wissenschaften zu Berlin am 27. Januar 1921.
	Berlin：Springer, 1921［Vol. 7, Doc. 52, 382 – 405；trans. 208 – 222］
	发表时间：27 January 1921（held 1921/01/27；publ. 1921）
	Expanded version of *Einstein 1921b*
	引用：7：xxviii, xxxiv – xxxvi, 220n, 280n – 281n, 323n, 337n, 371n, 382 – 402, 416n, 424n, 433n, 456n, 481n, 570n 9：72n, 279n 10：604c
Einstein 1921d	"相对论发展简述"

"A Brief Outline of the Development of the Theory of Relativity"
Nature 106（1921）：782–784 [Vol. 7, Doc. 53, 406–410]

发表时间：17 February 1921（publ. 1921/02/17）

引用：2：*Einstein 1921a* 307n 7：xxxi, 279n, 322n, 378n, 406–409 9：300n 10：120n

Einstein 1921e　"关于对广义相对论基础的一个自然补充"
"Über eine naheliegende Ergänzung des Fundamentes der allgemeinen Relativitätstheorie"
Preußische Akademie der Wissenschaften（Berlin）. *Sitzungsberichte*（1921）：
261–264 [Vol. 7, Doc. 54, 411–416; trans. 224–228]

发表时间：3 March 1921（subm. 1921/03/03; publ. 1921/03/17）

引用：7：xxvii, 411–415 9：liii

Einstein 1921f　"Newton 引力定律对球状星团的简单应用"
"Eine einfache Anwendung des Newtonschen Gravitationsgesetzes auf die kugelförmigen Sternhaufen"
Festschrift der Kaiser-Wilhelm Gesellschaft zur Förderung der Wissenschaften zu ihrem zehnjährigen Jubiläum dargebracht von ihren Instituten, pp. 50–52. Berlin: Springer, 1921 [Vol. 7, Doc. 56, 420–425; trans. 230–233]

发表时间：ca. 18 March 1921（publ. ca. 1921/03/18）

See Vol. 7, Appendix A, for calculations for this item.

引用：7：xxviii, 378n, 405n, 420–423, 433n, 579n 9：liii, 233n, 336n 10：501n, 527n, 528n

Einstein 1921g　"我的抗议"
"Zur Abwehr"
Die Naturwissenschaften 9（1921）：219 [Vol. 7, Doc. 55, 417–419]

发表时间：16 March 1921（publ. 1921/04/01）

引用：7：417–418 10：264n

Einstein 1921h　"我怎样成为犹太复国主义者"
"Wie ich Zionist wurde"
Jüdische Rundschau, 21 June 1921, pp. 351–352 [Vol. 7, Doc. 57, 426–430; trans. 234–237]

发表时间：before 30 May 1921（publ. 1921/06/21）

引用：7：xxxix, 221, 223, 227, 232, 236, 426–428, 433n

Einstein 1921i　关于犹太人的巴勒斯坦　终稿
[On a Jewish Palestine. Final Version]

	Jüdische Rundschau, 1 July 1921, p. 371 [Vol. 7, Doc. 60, 438 - 441; trans. 243 - 245]
	发表时间: 27 June 1921 (pres. 1921/06/27; publ. 1921/07/01)
	引用: 7: xxxix, 221 - 222, 227, 236, 438 - 439
Einstein 1921j	"关于创办耶路撒冷希伯来大学"
	"Zur Errichtung der hebräischen Universität in Jerusalem. Interview der 'JPZ' mit Prof. Albert Einstein"
	Jüdische Pressezentrale Zürich, 26 August 1921, p. 1 [Vol. 7, Doc. 62, 445 - 448; trans. 248 - 249]
	发表时间: 26 August 1921 (publ. 1921/08/26)
	引用: 7: xxxix, 221, 236, 436n, 445 - 446
Einstein 1921k	"德国科学的困境 国家的危险"
	"Die Not der deutschen Wissenschaft. Eine Gefahr für die Nation"
	Neue Freie Presse, 21 December 1921, Morning Edition [Vol. 7, Doc. 70, 492 - 495; trans. 259 - 260]
	发表时间: 21 December 1921 (publ. 1921/12/25)
	引用: 7: xli, 364n, 492 - 493
Einstein 1921l	*Teoriya otnositel'nosti. Obshchedostupnoe izlozhenie*
	Berlin: Slovo, 1921
	Translation of *Einstein 1917a*
	引用: 6: 417, 535n
Einstein 1922a	"论光发射基本过程的实验"
	"Über ein den Elementarprozeß der Lichtemission betreffendes Experiment"
	Preußische Akademie der Wissenschaften (Berlin). Sitzungsberichte (1921): 882 - 883 [Vol. 7, Doc. 68, 483 - 487; trans. 255 - 256]
	发表时间: 8 December 1921 (subm. 1921/12/08; publ. 1922/01/05)
	引用: 7: xxviii, 483 - 485
Einstein 1922b	科学对和平主义发展的影响
	[Impact of Science on the Development of Pacifism]
	Die Friedensbewegung. Ein Handbuch der Weltfriedensströmungen der Gegenwart, pp. 78 - 79. Lenz, Kurt, and Fabian, Walter, eds. Berlin: Schwetschke, 1922 [Vol. 7, Doc. 69, 488 - 491; trans. 257 - 258]
	发表时间: before 9 December 1921 (publ. 1922)
	引用: 7: 217n, 488 - 490
Einstein 1922c	《1921 年 5 月在普林斯顿大学所作的关于相对论的四次演讲》

Vier Vorlesungen Über Relativitätstheorie gehalten im Mai 1921 an der Universität Princeton. Braunschweig: Vieweg, 1922 [Vol. 7, Doc. 71, 496–577; trans. 261–368] 发表时间: January 1922 (publ. 1922)

引用: 7: *Einstein 1922c* xxvii–xxviii, xxxiii, 42n, 121n, 181n, 183n, 280n, 323n, 456n–457n, 468n, 496–569, 590n 8: 670n, 825n

Co-Authored Publications(合作发表)

Einstein and De Haas 1915a
"Ampère 分子电流的实验证明"
(with Wander J. de Haas)
"Experimenteller Nachweis der Ampèreschen Molekularströme"
Deutsche Physikalische Gesellschaft. Verhandlungen 17 (1915): 152–170 [Vol. 6, Doc. 13, 150–171]
发表时间: 19 February 1915 (pres. 1915/02/19; subm. 1915/04/10; publ. 1915/04/30)
See also *Einstein 1915d*
引用: 3: *Einstein and de Haas 1915* 6: 39n, 145, 146, 148, 150–169, 189n, 192, 193n, 195, 196n, 231, 232n, 271, 276n 7: xxix, 585n 8: 63n, 92n, 116n, 119n, 121n, 124n, 130n, 137n, 147n 9: 155n, 358n, 418n 10: 91n, 304n, 405n, 503n, 504n, 574c

Einstein and De Haas 1915b
(with Wander J. de Haas)
"Proefondervindelijk bewijs voor het bestaan der moleculaire stroomen van Ampère"
Koninklijke Akademie van Wetenschappen te Amsterdam. Wisen Natuurkundige Afdeeling. Verslagen van de Gewone Vergaderingen 23 (1914–1915):
1449–1464 (subm. 1915/04/23; publ. 1915)
Reprinted in translation as *Einstein and de Haas 1915c*
引用: 6: 145, 189n 8: 63n, 116n

Einstein and De Haas 1915c
"Ampère 分子电流存在的实验证明"
(with Wander J. de Haas)
"Experimental Proof of the Existence of Ampère's Molecular Currents"
Koninklijke Akademie van Wetenschappen te Amsterdam. Section of Sciences.
Proceedings 18 (1915—1916): 696–711 [Vol. 6, Doc. 14, 172–189]
Dated 23 April 1915 (subm. 1915/04/23; publ. 1915/05/14)
English translation of *Einstein and de Haas 1915b*

	引用：6：145, 170n, 172-188, 193n 9：155n, 358n 10：405n
Einstein and De Haas 1915d	"对我们的文章《Ampère 分子电流的实验证明》的评论"
	(with Wander J. de Haas)
	"Notiz zu unserer Arbeit *Experimenteller Nachweis der Ampèreschen Molekularströme*"
	Deutsche Physikalische Gesellschaft. Verhandlungen 17（1915）：420 [Vol. 6, Doc. 23, 230-232; trans. 111]
	发表时间：15 November 1915（recd. 1915/11/15; publ. 1915/11/30）
	引用：6：145, 149, 230-231, 276n 8：198n 10：503n, 504n
Einstein and Fokker 1914	"从绝对微分学的观点看 Nordström 的引力理论"
	(with Adriaan D. Fokker)
	"Die Nordströmsche Gravitationstheorie vom Standpunkt des absoluten Differentialkalküls"
	Annalen der Physik 44（1914）：321-328 [Vol. 4, Doc. 28, 588-597; trans. 293-299]
	发表时间：19 February 1914（recd. 1914/02/19; publ. 1914/05/12）
	引用：4：xvii, 106n, 502n, 588-596, 622n, 628 5：551n, 564n, 594n 6
Einstein and Grossmann 1913	广义相对论和引力理论纲要
	(with Marcel Grossmann)
	Entwurf einer verallgemeinerten Relativitätstheorie und einer Theorie der Gravitation. Leipzig：Teubner, 1913 [Vol. 4, Doc. 13, 302-343; trans. 151-188]
	发表时间：before 28 May 1913（publ. 1913）
	Reprinted with Einstein 1914d as Einstein and Grossmann 1914a
	引用：4：3, 106n, 107n, 164n, 192, 194, 195, 196, 197, 198, 199, 209n, 214n, 232n, 234n, 245n, 247n, 249n, 250n, 252n, 254n, 258n, 260n, 261n, 263n, 265n, 269n, 294, 295, 296, 297, 299, 300, 302-339, 302n, 344, 346, 349, 361n, 373n, 375n, 393n, 437n, 443n, 445n, 447n, 451n, 484n, 485n, 493, 501n, 502n, 503n, 565n, 569, 570n, 577n, 578n, 582n, 587n, 596, 597n, 622n 5：516n, 518n, 523n, 532n, 538n, 549n, 551n, 553n, 563n, 571n, 584n, 598n, 604n 6：xvi, 7, 9, 17, 18n, 129n, 130n, 243n, 338n, 408n 7：26n, 42n, 121n, 180n, 456n, 576n 8：180n, 184n, 208n, 255n, 361n, 436n, 624n, 682n, 1033 9：462n 10：21n,

	38n
Einstein and Grossmann 1914a	(with Marcel Grossmann)
	"Entwurf einer verallgemeinerten *Relativitätstheorie* und einer Theorie der Gravitation"
	Zeitschrift für Mathematik und Physik 62 (1914): 225 – 259
	Reprint with *Einstein 1914d* of *Einstein and Grossmann 1913*
	引用: 4: 302, 582n, 590, 597n, 619, 622n 5: 6: 7, 18n 8: 33n, 309n
Einstein and Grossmann 1914b	"引力理论的场方程在广义相对论基础上的协变性"
	(with Marcel Grossmann)
	"Kovarianzeigenschaften der Feldgleichungen der auf die verallgemeinerte Relativitätstheorie gegründeten Gravitationstheorie"
	Zeitschrift für Mathematik und Physik 63 (1914): 215 – 225 [Vol. 6, Doc. 2, 6 – 18; trans. 6 – 15]
	发表时间: 29 May 1914 (publ. 1914)
	引用: 4: 103n, 294, 297, 300, 301, 341n, 503n 5: 604n 6: xvi, xvii, 6 – 17, 18n, 24n, 129n, 130n 7: Einstein and Grossman 1914b 8: 14n, 17n, 31n, 41n, 64n, 436n
Einstein and Hopf 1910a	"论一条概率计算定理及其在辐射理论中的应用"
	(with Ludwig Hopf)
	"Über einen Satz der Wahrscheinlichkeitsrechnung und seine Anwendung in der Strahlungstheorie"
	Annalen der Physik 33 (1910): 1096 – 1104 [Vol. 3, Doc. 7, 258 – 268; trans. 211 – 219]
	发表时间: 29 August 1910 (recd. 1910/08/29; publ. 1910/12/20)
	引用: 2: 41, 146, 180, 215, 551n 3: 178n, 258 – 267, 274, 277, 281n 4: 202n 5: 255n, 336n 6: 206n 8: 133n
Einstein and Hopf 1910b	"关于辐射场中一个振子的运动的统计考查"
	(with Ludwig Hopf)
	"Statistische Untersuchung der Bewegung eines Resonators in einem Strahlungsfeld"
	Annalen der Physik 33 (1910): 1105 – 1115 [Vol. 3, Doc. 8, 269 – 285; trans. 220 – 230]
	发表时间: August 1910 (recd. 1910/08/29; publ. 1910/12/20)
	引用: 2: 41, 49, 146, 180, 215, 551n, 552n 3: xix, xxvi, 178n, 268n, 269 – 280, 505n, 507n, 530, 545n 4: 202n, 272, 280, 285n, 602n 5: 255n, 283n, 336n 6: xxiv, 398n

Einstein and Laub 1908a "关于动体的基本电磁方程"
(with Jakob Laub)
"Über die elektromagnetischen Grundgleichungen für bewegte Körper"
Annalen der Physik 26 (1908): 532 – 540 [Vol. 2, Doc. 51, 508 – 517; trans. 329 – 338]
发表时间: 29 April 1908 (recd. 1908/05/13; publ. 1908/07/07)
引用: 2: 253, 503, 505, 506, 508 – 517, 528n, 529 – 530, 530n, 531 – 535, 535n, 540n 4: 105n, 107n 5: 93n, 121n, 122n, 144n, 254n 9: 528n

Einstein and Laub 1908b "关于施加于静止在电磁场中的物体上的有质动力"
(with Jakob Laub)
"Über die im elektromagnetischen Felde auf ruhende Körper ausgeübten ponderomotorischen Kräfte"
Annalen der Physik 26 (1908): 541 – 550 [Vol. 2, Doc. 52, 518 – 528; trans. 339 – 348]
发表时间: 7 May 1908 (recd. 1908/05/13; publ. 1908/07/07)
引用: 2: 253, 503, 506, 517n, 518 – 528 3: 257n 4: 107n 5: 93n, 114n, 120n, 121n, 132n, 254n, 255n 8: 802n 9: 528n

Einstein and Laub 1908c "对论文'关于动体的基本电磁方程'的更正"
(with Jakob Laub)
"Berichtigung zur Abhandlung: 'Über die elektromagnetischen Grundgleichungen für bewegte Körper'"
Annalen der Physik 27 (1908): 232 [Vol. 2, Doc. 53, 529 – 530; trans. 349]
发表时间: 24 August 1908 (recd. 1908/08/24; publ. 1908/09/25)
引用: 2: 253, 503, 505, 517n, 529 – 530

Einstein and Laub 1909 "对我们的论义'关于动体的基本电磁方程'的评述和补充"
(with Jakob Laub)
"Bemerkungen zu unserer Arbeit: 'Über die elektromagnetischen Grundgleichungen für bewegte Körper'"
Annalen der Physik 28 (1909): 445 – 447 [Vol. 2, Doc. 54, 531 – 535; trans. 350 – 353]
发表时间: November 1908 (recd. 1908/12/06 and 1909/01/19; publ. 1909/02/04)
引用: 2: 253, 503, 506, 517n, 531 – 535 5: 144n, 254n

Einstein and Stern 1913 "对于分子在绝对零度下的扰动假设的某些论证"以及"在校样中添加的评论"

(with Otto Stern)

"Einige Argumente für die Annahme einer molekularen Agitation beim absoluten Nullpunkt"

Annalen der Physik 40 (1913): 551–560 [Vol. 4, Doc. 11, 274–284; trans. 137–145]

发表时间: December 1912 (recd. 1913/01/05; publ. 1913/03/20)

引用: 3: 281n, 545n, 548n 4: 270, 271, 272, 274–284, 552n, 553n 5: 360n, 395n, 468n, 509n, 536n, 539n, 541n, 563n, 580n 6: 146, 261n, 398n 8: 20n, 42n 10: 18n, 305n

Einstein et al. 1909a	Henry Siedentopf 的讲演稿"关于超微观的像"后的讨论

"Diskussion" [following Siedentopf, Henry. "Über ultramikroskopische Abbildungen (Vorläufige Mitteilung)." *Physikalische Zeitschrift* 10 (1909): 778–779]

Physikalische Zeitschrift 10 (1909): 779–780 [Vol. 2, Doc. 58, 556–559; trans. 377]

发表时间: 20 September 1909 (publ. 1909/11/10)

引用: 2: 206, 219, 220, 556–559

Einstein et al. 1909b	Arthur Szarvassi 的讲演稿"动体中的电磁现象理论和能量原理"后的讨论

"Diskussion" [following Szarvassi, Arthur. "Die Theorie der elektromagnetischen Erscheinungen in bewegten Körpern und das Energieprinzip." *Physikalische Zeitschrift* 10 (1909): 811–813]

Physikalische Zeitschrift 10 (1909): 813 [Vol. 2, Doc. 59, 560–562; trans. 378]

发表时间: 21 September 1909 (publ. 1909/11/10)

引用: 2: 253, 560–562

Einstein et al. 1909c	在讲演稿"论我们关于辐射的本性和组成的观点的发展"后的讨论

"Diskussion" (following *Einstein 1909c*)

Physikalische Zeitschrift 10 (1909): 825–826 [Vol. 2, Doc. 61, 584–587; trans. 395–398]

发表时间: 21 September 1909 (publ. 1909/11/10)

引用: 2: xvii, 145, 148, 552n, 583n, 584–587 3: 547n 5: 197n

Einstein et al. 1909d	在 Fritz Hasenöhrl 的讲演稿"论动能转化为辐射"后的讨论

"Diskussion" (following Hasenöhrl, Fritz. "Über die Umwandlung kinetischer Energie in Strahlung." *Physikalische Zeitschrift* 10 (1909): 829–830)

Physikalische Zeitschrift 10 (1909): 830 [Vol. 2, Doc. 62, 588–

	590；trans. 399］
	发表时间：21 September 1909（publ. 1909/11/10）
	引用：2：588-590
Einstein et al. 1911a	德国自然研究者及医生协会第 83 届会议上所作演讲后的讨论摘要
	［Discussions of Lectures delivered at the 83d meeting of the GDNÄ］
	Physikalische Zeitschrift 12（1911）：1068-1069，978-979，1084
	［Vol. 3，Doc. 24，498-504；trans. 388-390］
	引用：3：498-504
Einstein et al. 1911b	发表"相对论"演讲以后的"讨论"
	"Diskussion"（following *Einstein 1911i*)
	Naturforschende Gesellschaft in Zürich. Vierteljahrsschrift 56. Part 2, *Sitzungsberichte*（1911）：Ⅱ-Ⅸ［Vol. 3，Doc. 18，440-449；trans. 351-358］
	引用：3：440-448，479 4：621n 9：484n 10：120n
Einstein et al. 1912	"讨论"
	"Discussion"（following *Einstein 1912a*)
	La théorie du rayonnement et les quanta. Rapports et discussions de la réunion tenue à Bruxelles，*du 30 octobre au 3 novembre 1911*，*sous les auspices de M. E. Solvay*，pp. 436-450. Langevin，Paul，and de Broglie，Maurice，eds. Paris：Gauthier-Villars，1912（pres. 1911/10/30—1911/11/03；publ. 1912）
	Original French publication of *Einstein et al. 1914a*
	引用：3：549-562
Einstein et al. 1913	对"关于引力问题的现状"演讲稿的"讨论"
	"Diskussion"（following *Einstein 1913c*)
	Physikalische Zeitschrift 14（1913）：1262-1266［Vol. 4，Doc. 18，504-511；trans. 223-230］
	发表时间：23 September 1913（pres. 1913/09/23；publ. 1913/12/15）
	Refers to *Einstein 1913c*. See also *Einstein 1914b*
	引用：4：187n，298，501n，502n，504-509，567，570n，621n 5：551n 7：122n 8：141n，460n，463n，694n 9：445n
Einstein et al. 1914a	发表演讲"论比热容问题的现状"后的"讨论"
	"Diskussion"（following *Einstein 1914a*)
	Die Theorie der Strahlung und der Quanten. Verhandlungen auf einer von E. Solvay einberufenen Zusammenkunft（30. Oktober bis 3. November 1911）. Mit einem Anhange Über die Entwicklung der Quantentheorie

vom Herbst *1911 bis Sommer 1913*, pp. 353 – 364. Eucken, Arnold, ed. Halle a. S.: Knapp, 1914 (*Abhandlungen der Deutschen Bunsen Gesellschaft für angewandte physikalische Chemie* 3, No. 7) [Vol. 3, Doc. 27, 549 – 562; trans. 426 – 437]

发表时间: 3 November 1911 (pres. 1911/11/03; publ. 1914)

引用: 3: *Einstein et al. 1914* xxvi, 246n, 253n, 311n, 454n, 546n, 548n, 549 – 561 4: *Einstein et al. 1914a* 272, 564n 5: 311n, 420n 6: 585

Einstein et al. 1914b	"讨论"

"Diskussion" (following *Einstein 1914b*)

Verhandlungen der Gesellschaft deutscher Naturforscher und Ärzte. 85. Versammlung zu Wien vom 21. bis 28. September 1913. Part 2, sec. 1, pp. 24 – 26. Witting, Alexander, ed. Leipzig: Vogel, 1914, 24 – 26

Abbreviated reprint of *Einstein et al. 1913*

引用: 4: 504n

Einstein et al. 1920	"讨论"

[Discussions of Lectures in Bad Nauheim]

Physikalische Zeitschrift 21 (1920): 650 – 651, 662, 666 – 668 [Vol. 7, Doc. 46, 350 – 359]

发表时间: 23 – 24 September 1920 (publ. 1920/11/01 and 1920/11/15)

引用: 7: xxxii, xli, 101 – 102, 109 – 110, 122n, 349n – 356 10: 435n, 436n, 445n

Ritz and Einstein 1909	"论辐射问题的现状"

(with Walter Ritz)

"Zum gegenwärtigen Stand des Strahlungsproblems"

Physikalische Zeitschrift 10 (1909): 323 – 324 [Vol. 2, Doc. 57, 554 – 555; trans. 376]

发表时间: April 1909 (recd. 1909/04/13; publ. 1909/05/01)

引用: 2: 134, 146, 551n, 554 – 555 7: 469n

按字母顺序的信件目录，1895—1920

在这个信件目录中，日期后的数字表示各卷卷次以及文件顺序。爱因斯坦写的信表示为"E"，年表中节选的信件表示为"C"。

Adler, Friedrich
12 Jun 1909	**5**, 167 E
9 Feb 1911	**5**, 252 E
9 Mar 1917	**8**, 307
23 Mar 1917	**8**, 316
13 Apr 1917	**8**, 324 E
25 Apr 1917	**8**, 329
7 May 1917	**8**, 336
4 Jul 1917	**8**, 360
6 Jul 1918	**8**, 582
4 Aug 1918	**8**, 594 E
9 Aug 1918	**8**, 596
20 Sep 1918	**8**, 620
29 Sep 1918	**8**, 628 E
30 Sep 1918	**8**, 629 E
12 Oct 1918	**8**, 632
20 Oct 1918	**8**, 636 E
22 Sep 1920	**10**, C
9 Nov 1920	**10**, 196

Adler, Kathia
20 Feb 1917	**8**, 301 E

Adler, Victor
1917	**8**, C

Akademisk Revy
30 Aug 1920	**10**, C

Allen, Ethel
13 Dec 1919	**9**, C
5 Jan 1920	**9**, C E

Allgemeine Gesellschaft für chemische Industrie
19 Jun 1919	**9**, C

Allgemeine Studenten-Vertretung
3 Aug 1920	**10**, C
15 Aug 1920	**10**, C E
24 Nov 1920	**10**, C
20 Dec 1920	**10**, C E
24 Dec 1920	**10**, C
26 Dec 1920	**10**, C E

Anschütz and Company
6 Jun 1918	**8**, 559
21 Jun 1918	**8**, 568
12 Jul 1918	**8**, 587

Anschütz-Kaempfe, Hermann
9 Aug 1918	**8**, 603
22 Aug 1918	**8**, 606 E
10 Oct 1920	**10**, 172
19 Dec 1920	**10**, 237
28 Dec 1920	**10**, 247

Arco, Georg Count von
12 Apr 1919	**9**, 21
9 Jan 1920	**9**, 250
14 Jan 1920	**9**, 260 E
12 Mar 1920	**9**, 350
11 Nov 1920	**10**, 199

Arkad'ev, Vladimir K.
22 Jun 1920	**10**, 62

Arons, Leo
12 Nov 1918 or later	**8**, 653 E

Arrhenius, Svante
14 Nov 1918	**8**, 654 E

Association for Combating Anti-Semitism
    8 Sep 1920   **10**, C
    14 Sep 1920   **10**, 150 E

Bachem, [Franz Xaver?]
    6 Apr 1920   **9**, C

Baeyer, Otto von
    30 Jun 1920   **10**, C
    30 Jul 1920   **10**, C E
    15 Nov 1920   **10**, C

Bahn, Otto
    22 Mar 1920   **9**, 358 E

Bandi-Winteler, Rosa
    Aug 1899   **5**: Vol. 1, 48a E
    7 Dec 1913   **5**, 491 E
    7 Jan 1914   **5**, 500 E
    8 Jan 1914   **5**, 502 E
    after 9 Jan 1914   **5**, 504 E

Barth publishing house
    26 Feb 1919   **9**, C
    12 Dec 1919   **9**, C
    24 Mar 1920   **9**, C
    8 Apr 1920   **9**, C
    22 May 1920   **10**, C
    7 Sep 1920   **10**, C

Bartscht, Artur
    29 Aug 1920   **10**, C

Batavian Society for Experimental Philosophy
    18 Jul 1919   **9**, C

Bauer, Otto, and Kunfy, Sigmund
    9 Nov 1920   **10**, C

Beck, Carl
    28 Dec 1920   **10**, 248

Beck, Emil
    30 Apr 1917   **8**, 332 E

Beck, Günther
    16 Feb 1911   **5**, 255

Becker, Carl Heinrich
    25 Nov 1918   **8**, 660 E

    15 Oct 1919   **9**, 133 E
    4 Mar 1920   **9**, C
    9 Mar 1920   **9**, C E

Bennett, P. R.
    22 Sep 1920   **10**, C

Bergmann, Hugo
    22 Oct 1919   **9**, 147
    5 Nov 1919   **9**, 155 E
    10 Nov 1919   **9**, C
    21 Nov 1919   **9**, 171
    19 Jan 1920   **9**, 266

Berlin-Schöneberg, Office of Taxation
    10 Feb 1920   **9**, 306 E

Berliner, Arnold
    2 Jan 1915   **8**, C
    17 Oct 1918   **8**, C
    before 19 Nov 1918 **8**, 658 E
    9 Apr 1919   **9**, 19
    29 Nov 1919   **9**, 182
    19 Aug 1920   **10**, 108
    1 Dec 1920   **10**, 217

Bern Municipal Gas and Water Works
    23 Apr 1905   **5**, 35 E
    6 Jun 1906   **5**, 38 E

Bernays, Paul
    2 Nov 1918   **8**, 643
    22 Nov 1918   **8**, 659
    13 Oct 1916   **10**: Vol. 8, 263a E

Berufsamt für Akademiker E. V.
    5 Apr 1920   **9**, C E
    13 Apr 1920   **9**, C

Besso, Michele
    22 Jan 1903   **5**, 5 E
    7-11 Feb 1903   **5**, 6 E
    17 Mar 1903   **5**, 7 E
    17 Nov 1909   **5**, 187 E
    31 Dec 1909   **5**, 195 E
    13 May 1911   **5**, 267 E
    2d half of Aug 1911 **5**, 276 E
    before 11 Sep 1911 **5**, 282
    11 Sep 1911   **5**, 283 E
    21 Oct 1911   **5**, 296 E

23 Oct 1911	**5**, 299	27 Dec 1917	**8**, 419
26 Dec 1911	**5**, 331 E	5 Jan 1918	**8**, 428 E
4 Feb 1912	**5**, 354 E	before 28 Jun 1918	**8**, 572 E
26 Mar 1912	**5**, 377 E	9 Jul 1918	**8**, 586 E
after Jan 1914	**5**, 499 E	29 Jul 1918	**8**, 591 E
ca. 10 Mar 1914	**5**, 514 E	20 Aug 1918	**8**, 604 E
20 Mar 1914	**5**, 516	28 Aug 1918	**8**, 607 E
12 Feb 1915	**8**, 56 E	28 Aug 1918	**10**: Vol. 8, 607a
ca. 30 Sep 1915	**8**, C	8 Sep 1918	**8**, 612 E
ca. 30 Oct 1915	**8**, 133	10 Nov 1918	**8**, 649
17 Nov 1915	**8**, 147 E	4 Dec 1918	**8**, 663 E
29 Nov 1915	**8**, 154	12 Dec 1919	**9**, 207 E
30 Nov 1915	**8**, 155 E	6 Jan 1920	**9**, 245 E
after 30 Nov 1915	**8**, 158	26 Jul 1920	**10**, 85 E
10 Dec 1915	**8**, 162 E	29 Jul 1920	**10**, 90
11 Dec 1915	**8**, 164	24–27 Dec 1920	**10**, 244
21 Dec 1915	**8**, 168 E		
3 Jan 1916	**8**, 178 E	Besso, Michele, and Besso-Winteler, Anna	
6 Apr 1916	**8**, 209 E	1 Aug 1917	**8**, 367 E
21 Apr 1916	**8**, 215 E		
22 Apr 1916	**8**, 217 E	Besso, Vero	
14 May 1916	**8**, 219 E	28 Mar 1918	**10**: Vol. 8, 494a
28 Jun 1916	**8**, 229	after 28 Mar 1918	**10**: Vol. 8, 494b E
14 Jul 1916	**8**, 233 E		
17 Jul 1916	**8**, 237	Besso-Winteler, Anna	
21 Jul 1916	**8**, 238 E	after 4 Mar 1918	**8**, 474 E
21 Jul 1916	**8**, 239 E	after 4 Mar 1918	**8**, 475
31 Jul 1916	**8**, 245 E		
11 Aug 1916	**8**, 250 E	Bie, Oscar, et al.	
24 Aug 1916	**8**, 251 E	31 Aug 1920	**10**, 117
6 Sep 1916	**8**, 254 E		
26 Sep 1916	**8**, 260 E	Bjerknes, Vilhelm	
31 Oct 1916	**8**, 270 E	18 Oct 1920	**10**, 177
5 Dec 1916	**8**, 283	12 Nov 1920	**10**, 201 E
after 6 Dec 1916	**10**: Vol. 8, 283a E		
9 Mar 1917	**8**, 306 E	Blaschke, Wilhelm	
after 9 Mar 1917	**8**, 308 E	23 Dec 1920	**10**, C
29 Apr 1917	**8**, 331 E	29 Dec 1920	**10**, 249 E
4 May 1917	**8**, 333		
5 May 1917	**8**, 334	Blau	
7 May 1917	**8**, 335 E	5 Mar 1920	**9**, 339
13 May 1917	**8**, 339 E	6 Mar 1920	**9**, 342 E
15 May 1917	**8**, 340 E		
24 Jun 1917	**8**, 357 E	Bloch, Helmut	
15 Aug 1917	**8**, 371 E	30 Aug 1920	**10**, 118
3 Sep 1917	**8**, 377 E		
22 Sep 1917	**8**, 381 E	Bloch, Werner	
6 Oct 1917	**10**: Vol. 8, 385a E	4 Nov 1915	**10**: Vol. 8, C E
15 Oct 1917	**10**: Vol. 8, 390a E	27 Jun 1917	**10**: Vol. 8, 358a E

3 Jan 1918	**10**: Vol. 8, 424a E	31 Jul 1920	**10**, 95
		9 Sep 1920	**10**, 140 E
Blochmann, R.		2 Oct 1920	**10**, 161
31 Jul 1918	**8**, C		
		Bose, Emil	
Bohr, Niels		12 Feb 1908	**5**, 83
2 May 1920	**10**, 4 E		
24 Jun 1920	**10**, 64	Bosshart, Jakob	
		16 Jan 1908	**5**, 75
Bontraeger Bros.			
19 Dec 1917	**8**, C	Brandt, H. Ed.	
		17 Mar 1918	**8**, C
Born, Hedwig and Max		23 Mar 1918	**8**, C
15 Jan 1919	**9**, 2 E		
19 Jan 1919	**9**, 3 E	Braumüller, A.	
27 Jan 1920	**9**, 284 E	8 Mar 1916	**8**, C
Born, Hedwig		Bredig, Georg	
8 Sep 1916	**8**, 257 E	30 Jan 1913	**5**, 429 E
8 Feb 1918	**8**, 459 E		
21 Jul 1918	**8**, C E	Bucherer, Alfred	
31 Aug 1919	**9**, 97 E	7 Sep 1908	**5**, 117
18 Oct 1919	**9**, 144	9 Sep 1908	**5**, 119
8 Sep 1920	**10**, 138	10 Sep 1908	**5**, 120
1 Oct 1920	**10**, 159 E	26 Nov 1908	**5**, 128
7 Oct 1920	**10**, 166		
		Bucky, Gustav	
Born, Max		11 May 1918	**8**, C
27 Feb 1916	**8**, 195 E	18 May 1918	**8**, C
24 Jun 1918	**8**, 570 E		
after 29 Jun 1918	**8**, 575 E	Burghold, Julius	
after 3 Jul 1918	**8**, 580 E	19 Apr 1920	**9**, 381
4 Jun 1919	**9**, 56 E	25 Apr 1920	**9**, 396 E
1 Jul 1919	**9**, C		
16 Oct 1919	**9**, 138 E	Burkhardt, Heinrich	
before 9 Nov 1919	**9**, 162 E	17 May 1908	**5**, 98
8 Dec 1919	**9**, 198 E		
3 Mar 1920	**9**, 337 E	Büsching, Carl E.	
20 Apr 1920	**9**, 382 E	23 Oct 1919	**9**, C
18 Jun 1920	**10**, 59 E		
16 Jul 1920	**10**, 75	Cajal, S. R.	
11 Oct 1920	**10**, 174 E	6 Jul 1920	**10**, C
13 Oct 1920	**10**, 175	21 Jul 1920	**10**, C E
26 Oct 1920	**10**, 182 E		
28 Oct 1920	**10**, 185	Calisse, G. L.	
8 Dec 1920	**10**, 224	2 Sep 1920	**10**, C
Born, Max and Hedwig		Cambridge University Press	
28 Jul 1918	**8**, 590	23 Jan 1920	**9**, C E
2 Aug 1918	**8**, 593 E	27 Jan 1920	**9**, 285 E

Canton of Bern, Department of Education
   17 Jun 1907   **5**, 46 E
   3 Aug 1909   **5**, 173 E

Canton of Zurich, Council of Education
   20 Jan 1908   **5**, 76 E

Carling, Viggo
   27 Nov 1919   **9**, C
   4 Dec 1919   **9**, C E

Carathéodory, Constantin
   6 Sep 1916   **8**, 255 E
   10 Dec 1916   **8**, 284 E
   16 Dec 1916   **8**, 285

Cassirer, Ernst
   10 May 1920   **10**, 11
   5 Jun 1920   **10**, 44 E
   16 Jun 1920   **10**, 58
   15 Jul 1920   **10**, C
   28 Aug 1920   **10**, 112

Cauer, Minna
   19 Sep 1920   **10**, 151
   19 Nov 1920   **10**, 205 E

Central Association of German Citizens
  of the Jewish Faith
   29 Mar 1920   **9**, 363
   5 Apr 1920   **9**, 368 E

Central Organization for a Durable Peace
  (CODP)
   Jul-Oct 1917   **8**, C

Chavan, Lucien
   23 Jun 1908   **5**, 107
   3 Mar 1909   **5**, 141 E
   28 May 1909   **5**, 164
   19 Oct 1909   **5**, 180 E
   19 Dec 1909   **5**, 193 E
   24 Mar 1910   **5**, 200 E
   24 Mar 1910   **5**, 201 E
   15 Apr 1910   **5**, 203 E
   6 May 1910   **5**, 205 E
   14 May 1910   **5**, 207 E
   17 May 1910   **5**, 208E
   2 Jul 1910   **5**, 213 E
   17 Jan 1911   **5**, 246 E
   28 Mar 1911   **5**, 260 E
   5 Apr 1911   **5**, 262 E
   5-6 Jul 1911   **5**, 271 E
   28 Jan 1912   **5**, 345 E
   Dec 1912   **5**, 423 E

Chavan, Lucien, and Chavan-Perrin, Jeanne
   13 Aug 1908   **5**, 114 E
   9 Jul 1909   **5**, 170 E
   30 Jul 1910   **5**, 215 E
   10 Mar 1911   **5**, 258 E
   Jan 1912   **5**, 335 E
   5 Aug 1913   **5**, 460 E
   15 Oct 1920   **10**, 176 E

Chisholm, Hugh
   7 Nov 1920   **10**, C

City Council of Greater Berlin
   7 Jun 1920   **10**, C

Civil Registry Record
   2 Jun 1919   **9**, 55

Coenen, Hermann
   21 Feb 1918   **8**, 468
   8 Nov 1919   **9**, 161
   25 Apr 1920   **9**, 397

Cohn, Hans T.
   12 Feb 1920   **9**, 309

Columbia University
   6 Jun 1920   **10**, C E
   15 Aug 1920   **10**, C E

Curie, Marie
   23 Nov 1911   **8**: Vol. 5, 312a E
   3 Apr 1913   **5**, 435 E

Czapek, Friedrich
   6–15 Jun 1920   **10**, C E
   17 Jun 1920   **10**, C

Czinner, H.
   18 Oct 1917   **8**, C

Dällenbach, Walter
   31 May 1915   **8**, 87 E
   after 15 Feb 1917   **8**, 299 E

15 Jun 1918	**8**, 564	9 Jan 1919	**9**, C
after 15 Jun 1918	**8**, 565 E	9 Dec 1919	**9**, C
8 Aug 1918	**8**, 595 E		
ca. 29 Jun 1919	**9**, 66 E	Department of Internal Affairs, Canton of Bern	
19 Sep 1919	**9**, 107	16 Jul 1901	**1**, 118
27 Sep 1919	**9**, 112 E		
9 Oct 1919	**9**, 129	Des Coudres, Theodor	
16 Aug 1920	**10**, C	9 Jan 1920	**9**, 251
		16 Jan 1920	**9**, 262 E
Darmstaedter, Ludwig			
2 Jan 1911	**5**, 435 E	Dessau, Bernardo	
8 Dec 1919	**9**, 200	15 Aug 1920	**10**, C
8 Dec 1919	**9**, 201		
29 Dec 1919	**9**, 236 E	Deutsche Gesellschaft für Auslandsbuchhandel	
		8 Mar 1920	**9**, 343 E
Däubler, Theodor		9 Jul 1920	**10**, C
9 Apr 1920	**9**, C	after 9 Jul 1920	**10**, C E
after 10 Apr 1920	**9**, C E		
		Deutscher Gesellig-wissenschaftlicher Verein in New York	
Debye, Peter		29 Sep 1920	**10**, C
2 Jul 1918	**8**, 577		
16 Jul 1918	**8**, C	Deutsches Museum, Munich	
4 Sep 1918	**8**, 609	21 Feb 1920	**9**, C
27 Sep 1918	**8**, C		
22 May 1919	**9**, C E	Dickmann, Ina	
24 Jun 1919	**9**, C	28 Aug 1920	**10**, 113
19 Dec 1919	**9**, 221		
5 Mar 1920	**9**, 340	Diels, Hermann	
7 Jun 1920	**10**, C	after 20 Feb 1915	**8**, C E
10 Jul 1920	**10**, C E		
10 Dec 1920	**10**, C E	Dinos	
Debye, Peter *(cont.)*		25 Jun 1920	**10**, C
12 Dec 1920	**10**, C E		
20 Dec 1920	**10**, C	Director's Office Technikum Burgdorf	
28 Dec 1920	**10**, C E	2 Juli 1901	**1**, 113 E
Delbrück, Hans		Divorce Decree	
26 Jan 1920	**9**, 282 E	14 Feb 1919	**9**, 6
"Demokratischer Klub"		Donder, Théophile de	
12 Sep 1919	**9**, C E	27 Jun 1916	**8**, 228
		30 Jun 1916	**8**, 230 E
Department of Education, Canton of Aargau		4 Jul 1916	**8**, 231
7 Sep 1896	**1**, 20 E	8 Jul 1916	**8**, 232 E
		14 Jul 1916	**8**, 234
Department of Education, Canton of Bern		17 Jul 1916	**8**, 236 E
13 Jul 1901	**1**, 117 E	23 Jul 1916	**8**, 240 E
		6 Aug 1916	**8**, 248
Department of Education, Canton of Zurich		8 Aug 1916	**8**, 249
23 Dec 1918	**10**: Vol. 9, C		

3 Aug 1920	**10**, 97	2d half of Nov 1913	**5**, 484 E
11 Aug 1920	**10**, 100 E	before 10 Mar 1914	**5**, 512 E
18 Aug 1920	**10**, 105	19 Mar 1914	**5**, 515 E
		22 Mar 1914	**5**, 517 E
Drechsler, R. W.		before 10 Apr 1914	**8**, 2 E
11 May 1920	**10**, C	10 Apr 1914 or later	**8**, 4
after 11 May 1920	**10**, C E	18 May 1914	**8**, 8 E
		20 May 1914	**8**, 9
Eddington, Arthur S.		21 May 1914	**8**, 10
1 Dec 1919	**9**, 186	25 May 1914	**8**, 11 E
15 Dec 1919	**9**, 216 E	8 Jul 1914	**8**, 19 E
21 Jan 1920	**9**, 271	19 Aug 1914	**8**, 34 E
2 Feb 1920	**9**, 293 E	beginning Dec 1914	**8**, 39 E
15 Mar 1920	**9**, 353	23 Aug 1915	**8**, 112 E
11 Jun 1920	**10**, 52 E	26 Dec 1915	**8**, 173 E
		29 Dec 1915	**8**, 174 E
Ehrat, Jakob		3 Jan 1916	**8**, 179 E
last week of Mar 1903	**5**, 11 E	5 Jan 1916	**8**, 180 E
16 May 1909	**5**, 158 E	17 Jan 1916	**8**, 182 E
7 Jan 1914	**5**, 501	24 Jan 1916 or later	**8**, 185 E
7 Jan 1914	**8**: Vol. 5, 500a E	29 Apr 1916	**8**, 218 E
		24 May 1916	**8**, 220 E
Ehrat, Jacob, and Ehrat-Ühlinger, Emma		25 Aug 1916	**8**, 253 E
15 Feb 1909	**5**, 139 E	6 Sep 1916	**8**, 256 E
		14 Sep 1916	**8**, 259 E
Ehrat-Ühlinger, Emma		24 Oct 1916	**8**, 269 E
22 Mar 1903	**5**, 9	7 Nov 1916	**8**, 275 E
last week of Mar 1903	**5**, 10 E	17 Nov 1916	**8**, 277 E
		4 Dec 1916	**8**, 282 E
Ehrenberg, Viktor G.		4 Feb 1917	**8**, 294 E
23 Nov 1919	**9**, 173	14 Feb 1917	**8**, 298 E
		25 May 1917	**8**, 344 E
Ehrenfest, Paul		3 Jun 1917	**8**, 350 E
12 Apr 1911	**5**, 264 E	14 Jun 1917	**8**, 352
26 Jan 1912	**5**, 342 E	22 Jul 1917	**8**, 362 E
12 Feb 1912	**5**, 357 E	12 Nov 1917	**8**, 399 E
29 Feb 1912	**5**, 369 E	27 Mar 1918	**8**, 494
10 Mar 1912	**5**, 369 E	1 May 1918	**8**, 528 E
before 3 Apr 1912	**5**, 380	8 May 1918	**8**, 534
25 Apr 1912	**5**, 384 E	5 Jun 1918	**8**, 558 E
26 Apr 1912	**5**, 387 E	4 Sep 1918	**8**, 608 E
2 May 1912	**5**, 390 E	27 Sep 1918	**8**, 625 E
14 May 1912	**5**, 393	6 Dec 1918	**8**, 664 E
after 16 May 1912	**5**, 394	22 Mar 1919	**9**, 10 E
3 Jun 1912	**5**, 404 E	2 Sep 1919	**9**, 98
before 20 Jun 1912	**5**, 409 E	8 Sep 1919	**9**, 101
29 Jun 1912	**5**, 411	12 Sep 1919	**9**, 103 E
20-24 Dec 1912	**5**, 425 E	21 Sep 1919	**9**, 109
28 May 1913	**5**, 441 E	28 Sep 1919	**9**, 115 E
before 7 Nov 1913	**5**, 481 E	5 Oct 1919	**9**, 123

5 Oct 1919	**9**, 124	10 Sep 1920	**10**, 143
11 Oct 1919	**9**, C E	24 Nov 1920	**10**, C
15 Oct 1919	**9**, 134 E	29 Nov 1920	**10**, C E
3 Nov 1919	**9**, 154	8 Dec 1920	**10**, C
8 Nov 1919	**9**, 160 E		
24 Nov 1919	**9**, 175	Einstein, Edith	
4 Dec 1919	**9**, 189 E	29 Apr 1919	**9**, 31
9 Dec 1919	**9**, 203		
10 Dec 1919	**9**, 204 E	Einstein, Eduard	
20 Dec 1919	**9**, 224	after 4 Jun 1918	**10**: Vol. 8, 557c
30 Dec 1919	**9**, 239	before 28 Jun 1918	**8**, 573 E
12 Jan 1920	**9**, 254 E	ca. 17 Jul 1918	**10**: Vol. 8, 588c
21 Jan 1920	**9**, 272	ca. 25 Nov 1918	**10**: Vol. 8, 659c
23 Jan 9, 1920	**9**, 277 E	before 13 Jun 1919	**10**: Vol. 9, 59b
2 Feb 1920	**9**, 294 E	30 Nov 1919	**10**: Vol. 9, 183a
8 Feb 1920	**9**, 303	25 Feb 1920	**10**: Vol. 9, 328a
1 Mar 1920	**9**, 335 E	14 Mar 1920	**10**: Vol. 9, 351b
10–12 Mar 1920	**9**, 347	25 Jul 1920	**10**, 84 E
7 Apr 1920	**9**, 371 E	1 Aug 1920	**10**, 96 E
13 Apr 1920	**9**, 373		
16 Apr 1920	**9**, 375	Einstein [Löwenthal], Elsa	
1 May 1920	**10**, 2	30 Apr 1912	**5**, 389 E
4 May 1920	**10**, 6 E	7 May 1912	**5**, 391 E
6 Jun 1920	**10**, 46 E	21 May 1912	**5**, 399 E
19 Jul 1920	**10**, 76 E	ca. 14 Mar 1913	**5**, 432 E
24 Jul 1920	**10**, 83	23 Mar 1913	**5**, 434 E
30 Jul 1920	**10**, 92 E	3 Apr 1913	**5**, 436 E
6 Aug 1920	**10**, 99	14? Jul 1913	**5**, 451 E
13 Aug 1920	**10**, 102 E	19 Jul 1913	**5**, 453 E
16 Aug 1920	**10**, 104	after 19–before	
27 Aug 1920	**10**, 110	24 Jul 1913	**5**, 454 E
28 Aug 1920	**10**, 114	11 Aug 1913	**5**, 465 E
2 Sep 1920	**10**, 127	after 11 Aug 1913	**5**, 466 E
before 9 Sep 1920	**10**, 139 E	10 Oct 1913	**5**, 476 E
11 Sep 1920	**10**, 146	16 Oct 1913	**5**, 478 E
7 Oct 1920	**10**, 163 E	7 Nov 1913	**5**, 482 E
7 Nov 1920	**10**, 191	after 22 Nov 1913	**5**, 486 E
26 Nov 1920	**10**, 209 E	before 2 Dec 1913	**5**, 488 E
8 Dec 1920	**10**, 225	after 2 Dec 1913	**5**, 489 E
ca. 9 Dec 1920	**10**, 227 E	after 21 Dec 1913	**5**, 497 E
		27 Dec 1913–	
Ehrenfest, Paul and Tatiana		4 Jan 1914	**5**, 498 E
18 Oct 1916	**8**, 268 E	mid-Jan 1914	**5**, 505 E
		28 Jan 1914	**5**, 508 E
Ehrenhaft, Felix		Feb 1914	**5**, 509 E
20 Aug 1918	**8**, 605 E	after 11 Feb 1914	**5**, 510 E
3 Oct 1918	**8**, 630	5 Mar 1914	**5**, 511 E
28 May 1919	**9**, 46	26 Jul 1914	**8**, 26 E
6 Dec 1919	**9**, 196	after 26 Jul 1914	**8**, 27 E
14 Dec 1919	**9**, 211 E	before 30 Jul 1914	**8**, 28 E

30 Jul 1914	**8**, 29 E	1 Jul 1919	**10**: Vol. 8, 68a E
30 Jul 1914	**8**, 30 E	2 Jul 1919	**10**: Vol. 9, 69a E
3 Aug 1914	**8**, 31 E	3 Jul 1919	**10**: Vol. 9, 70a E
after 3 Aug 1914	**8**, 32 E	4 Jul 1919	**10**: Vol. 9, 70b E
30 Aug 1915	**8**, 114 E	6 Jul 1919	**10**: Vol. 9, 70c E
3 Sep 1915	**8**, 115 E	8 Jul 1919	**10**: Vol. 9, 70d E
11 Sep 1915	**8**, 116 E	9 Jul 1919	**10**: Vol. 9, 70e E
13 Sep 1915	**8**, 117 E	12 Jul 1919	**10**: Vol. 9, 72a E
12 Apr 1916	**8**, 212 E	ca. 12 Jul 1919	**9**, 72
15 Apr 1916	**8**, 213 E	14 Jul 1919	**10**: Vol. 9, 72b E
21 Apr 1916	**8**, 216 E	15 Jul 1919	**10**: Vol. 9, 72c E
6 Apr 1916	**10**: Vol. 8, 209a E	17 Jul 1919	**10**: Vol. 9, 72d E
8 Apr 1916	**10**: Vol. 8, 210a E	19 Jul 1919	**10**: Vol. 9, 72e E
10 Apr 1916	**10**: Vol. 8, 211a E	21 Jul 1919	**10**: Vol. 9, 74a E
28 Sep 1916	**10**: Vol. 8, 261b E	22 Jul 1919	**10**: Vol. 9, 74b E
30 Sep 1916	**10**: Vol. 8, 261c E	23 Jul 1919	**10**: Vol. 9, 74c E
5 Oct 1916	**10**: Vol. 8, 262a E	25 Jul 1919	**10**: Vol. 9, 74d E
7 Oct 1916	**10**: Vol. 8, 262b E	26 Jul 1919	**10**: Vol. 9, 74e E
30 Jun 1917	**10**: Vol. 8, 359a E	28 Jul 1919	**10**: Vol. 9, 77a E
1 Jul 1917	**10**: Vol. 8, 359b E	29 Jul 1919	**10**: Vol. 9, 78a E
3 Jul 1917	**10**: Vol. 8, 359c E	31 Jul 1919	**10**: Vol. 9, 79a E
4 Jul 1917	**10**: Vol. 8, 359d E	4 Aug 1919	**10**: Vol. 9, 84a E
9 Jul 1917	**10**: Vol. 8, 360a E	9 Aug 1919	**10**: Vol. 9, 86a E
10 Jul 1917	**10**: Vol. 8, 360b E	19 Oct 1919	**10**: Vol. 9, 145a E
12 Jul 1917	**10**: Vol. 8, 361a E	20 Oct 1919	**10**: Vol. 9, 145b E
13 Jul 1917	**10**: Vol. 8, 361b E	21 Oct 1919	**10**: Vol. 9, 145c E
16 Jul 1917	**10**: Vol. 8, 361c E	23 Oct 1919	**10**: Vol. 9, 148b E
17 Jul 1917	**10**: Vol. 8, 361d E	24 Oct 1919	**10**: Vol. 9, 149a E
19 Jul 1917	**10**: Vol. 8, 361f E	26 Oct 1919	**10**: Vol. 9, 151a E
24 Jul 1917	**10**: Vol. 8, 364a E	28 Oct 1919	**10**: Vol. 9, 152a E
25 Jul 1917	**10**: Vol. 8, 364b E	7 May 1920	**10**, 7 E
26 Jul 1917	**10**: Vol. 8, 364c E	9 May 1920	**10**, 9 E
28 Jul 1917	**10**: Vol. 8, 364d E	after 9 May 1920	**10**, 10
30 Jul 1927	**10**: Vol. 8, 365a E	11 May 1920	**10**, 13 E
1 Aug 1917	**10**: Vol. 8, 367a E	17 May 1920	**10**, 17
6 Aug 1917	**10**: Vol. 8, 369a E	19 May 1920	**10**, 19 E
7 Aug 1917	**10**: Vol. 8, 369b E	before 20 May 1920	**10**, 20
9 Aug 1917	**10**: Vol. 8, 370b E	20 May 1920	**10**, 22 E
11 Aug 1917	**10**: Vol. 8, 370c E	22 May 1920	**10**, 25 E
13 Aug 1917	**10**: Vol. 8, 370e E	24 May 1920	**10**, 30 E
15 Aug 1917	**10**: Vol. 8, 371a E	27 May 1920	**10**, 32 E
17 Aug 1917	**10**: Vol. 8, 371b E	14 Sep 1920	**10**, 149 E
22 Aug 191	**10**: Vol. 8, 373a E	7 Oct 1920	**10**, 164 E
23 Aug 1917	**10**: Vol. 8, 374a E	9 Oct 1920	**10**, 170 E
28 Aug 1917	**10**: Vol. 8, 376b E	19 Oct 1920	**10**, 179 E
31 Aug 1917	**10**: Vol. 8, 376c E	22 Oct 1920	**10**, 179a E
3 Sep 1917	**10**: Vol. 8, 377a E	26 Oct 1920	**10**, 183 E
6 Sep 1917	**10**: Vol. 8, 378a E	28 Oct 1920	**10**, 184 E
30 Jun 1919	**10**: Vol. 9, 66a E	31 Oct 1920	**10**, 188 E

Einstein, Hans Albert
   10 Sep 1914   **8**, 35 E
   25 Jan 1915   **8**, 48 E
   before 4 Apr 1915   **8**, 70 E
   4 Nov 1915   **8**, 134 E
   15 Nov 1915   **8**, 142 E
   23 Nov 1915   **8**, 150 E
   30 Nov 1915   **8**, 156 E
   18 Dec 1915   **8**, 166 E
   23 Dec 1915   **8**, 170 E
   25 Dec 1915   **8**, 172 E
   3 Mar 1916   **8**, 197 E
   11 Mar 1916   **8**, 199 E
   16 Mar 1916   **8**, 202 E
   30 Mar 1916   **8**, 206 E
   15 Apr 1916   **8**, 214 E
   25 Jul 1916   **8**, 241 E
   26 Sep 1916   **8**, 261 E
   13 Oct 1916   **8**, 263 E
   after 31 Oct 1916   **8**, 271 E
   26 Nov 1916   **8**, 279 E
   8 Jan 1917   **8**, 287 E
   15 Oct 1917   **8**, 390 E
   9 Dec 1917   **8**, 406 E
   24 Dec 1917   **8**, 417 E
   25 Jan 1918   **8**, 442 E
   after 26 Apr 1918   **8**, 520 E
   after 29 Jun 1918   **8**, 576 E
   17 Oct 1918   **8**, 634 E
   before 4 Apr 1915   **10**: Vol. 8, 69a
   before 4 Apr 1915   **10**: Vol. 8, 69b
   28 Jun 1915   **10**: Vol. 8, 91a
   before 30 Nov 1915   **10**: Vol. 8, 154a
   before 26 Nov 1916   **10**: Vol. 8, 278a
   after 26 Nov 1916   **10**: Vol. 8, 279a
   12–22 Apr 1917   **10**: Vol. 8, 319a
   28 Apr 1917   **10**: Vol. 8, 330a
   26 May 1917   **10**: Vol. 8, 344a E
   1 Jun 1917   **10**: Vol. 8, 346a
   after 14 Jan 1918   **10**: Vol. 8, 435a
   after 25 Jan 1918   **10**: Vol. 8, 442a
   before 22 Apr 1918   **10**: Vol. 8, 513a
   after 4 Jun 1918   **10**: Vol. 8, 557b
   ca. 17 Jun 1918   **10**: Vol. 8, 588b
   ca. 25 Nov 1918   **10**: Vol. 8, 659b
   ca. 20 Apr 1919   **10**: Vol. 9, 25a
   before 13 Jun 1919   **10**: Vol. 9, 59a
   after 15 Aug 1919   **10**: Vol. 9, 87a
   30 Nov 1919   **10**: Vol. 9, 183b
   after 1 Jan 1920   **10**: Vol. 9, 240a
   28 Jan 1920   **10**: Vol. 9, 288a
   27 Feb 1920   **9**, 333 E
   14 Mar 1920   **10**: Vol. 9, 351a
   5 Apr 1920   **9**, 369 E
   14 May 1920   **10**, 15
   28 Nov 1920   **10**, 212

Einstein, Hans Albert and Eduard
   6 Apr 1916   **8**, 210 E
   10 Dec 1918   **8**, 667 E
   13 Jun 1919   **9**, 60 E
   5 Dec 1919   **9**, 191 E
   26 Mar 1920   **9**, 360 E
   4 Jul 1920   **10**, 70 E
   15 Dec 1920   **10**, 232 E

Einstein, Ida
   3 Aug 1913   **5**, 459

Einstein, Ilse
   12 May 1918   **8**, 536 E
   27 May 1920   **10**, 33 E
   ca. 23 Sep 1920   **10**, 153 E
   7 Oct 1920   **10**, 165 E
   10 Oct 1920   **10**, 173

Einstein, Ilse, to the Protestant Synod of Berlin
   9 Mar 1920   **9**, 346

Einstein, Ilse, to Wasielewski, Theodor von
   24 Oct 1919   **9**, C

Einstein, Ilse and Margot
   17 Aug 1919   **9**, 90 E
   24 Sep 1920   **10**, 154 E

Einstein, Maja
   1898   **1**, 38 E
   13 Jan 1898   **8**: Vol. 5, C E
   after Feb 1899   **1**, 44 E

Einstein, Pauline
   27 Jul 1901   **8**: Vol. 5, C E
   28 Apr 1910   **5**, 204 E
   18 Sep 1911   **5**, 285
   22 Oct 1911   **5**, 298
   2 Jul 1912   **5**, 412
   21 Dec 1913   **5**, 496
   8 Oct 1918   **8**, 631 E
   11 Nov 1918   **8**, 651 E

16 Jun 1919	**9**, 61 E	9 May 1901	**1**, 106 E
3 Jul 1919	**9**, 70 E	2d half of May? 1901	**1**, 107 E
7 Aug 1919	**9**, 86 E	2d half of May? 1901	**1**, 108
9 Aug 1919	**9**, 87 E	2d half of May? 1901	**1**, 110 E
16 Aug 1919	**9**, 88 E	28? May 1901	**1**, 111 E
5 Sep 1919	**9**, 99 E	4? Jun 1901	**1**, 112 E
27 Sep 1919	**9**, 113 E	7? Jul 1901	**1**, 114 E
28 Sep 1919	**9**, 116	ca. 8 Jul 1901	**1**, 116
17 Oct 1919	**9**, 140 E	31? Jul 1901	**1**, 121
26 Oct 1919	**9**, 151 E	early Nov 1901	**1**, 123
		13 Nov 1901	**1**, 124

Einstein, Pauline, and Winteler-Einstein, Maja

4 Apr 1919	**9**, 17 E	28 Nov 1901	**1**, 126 E
		12 Dec 1901	**1**, 127 E
		17 Dec 1901	**1**, 128 E

Einstein, Pauline, et al.

		19 Dec 1901	**1**, 130 E
14 May 1919	**9**, 39 E	28 Dec 1901	**1**, 131 E
		4 Feb 1902	**1**, 134 E

Einstein-Marić [Marić], Mileva

		8? Feb 1902	**1**, 136 E
20 Oct 1897	**1**, 36	17? Feb 1902	**1**, 137 E
2 Jan 1898	**1**, 38 E	after 7 Jul 1901	**8**: Vol. 1, 116
16 Feb 1898	**1**, 39 E	28 Jun 1902 or after	**5**, 1 E
16 Apr-8 Nov 1898	**1**, 40 E	27 Aug 1903	**5**, 12
after 16 Apr 1898	**1**, 41 E	19 Sep 1903	**5**, 13 E
after 28 Nov 1898	**1**, 43 E	25 Jul 1904	**5**, 20 E
13 or 20 Mar 1899	**1**, 45 E	17 Apr 1908	**5**, 96 E
early Aug 1899	**1**, 50 E	4 Oct 1911	**5**, 290
10? Aug 1899	**1**, 52 E	28 Oct 1911	**5**, 300 E
after 10 Aug–		29 Oct 1911	**5**, 301 E
before 10 Sep 1899	**1**, 53	2 Apr 1914	**8**, 1 E
10 Sep 1899	**1**, 54 E	ca. 18 Jul 1914	**8**, 23 E
28? Sep 1899	**1**, 57 E	ca. 18 Jul 1914	**8**, 24 E
10 Oct 1899	**1**, 58 E	18 Aug 1914	**8**, 33 E
1900?	**1**, 61	15 Sep 1914	**8**, 36 E
29? Jul 1900	**1**, 68 E	12 Dec 1914	**8**, 40 E
1 Aug 1900	**1**, 69 E	12 Jan 1915	**8**, 46 E
6 Aug 1900	**1**, 70 E	27 Jan 1915	**8**, 49 E
9? Aug 1900	**1**, 71 E	1 Mar 1915	**8**, 58 E
14? Aug 1900	**1**, 72 E	15 May 1915	**8**, 83 E
20 Aug 1900	**1**, 73 E	5 Nov 1915	**8**, 135
30 Aug or 6 Sep 1900	**1**, 74 E	15 Nov 1915	**8**, 143 E
13? Sep 1900	**1**, 75 E	1 Dec 1915	**8**, 159 E
19 Sep 1900	**1**, 76 E	10 Dec 1915	**8**, 163 E
3 Oct 1900	**1**, 79 E	6 Feb 1916	**8**, 187 E
23 Mar 1901	**1**, 93 E	12 Mar 1916	**8**, 200 E
27 Mar 1901	**1**, 94 E	1 Apr 1916	**8**, 208 E
4 Apr 1901	**1**, 96 E	8 Apr 1916	**8**, 211 E
10 Apr 1901	**1**, 97 E	31 Jan 1918	**8**, 449 E
20 Apr 1901	**1**, 102 E	after 6 Feb 1918	**8**, 457
2 May 1901	**1**, 103	17 Mar 1918	**8**, 483 E
3 May 1901	**1**, 105	after 17 Mar 1918	**8**, 484 E

before 15 Apr 1918	**8**, 505 E	Eisfelder, Otto	
23 Apr 1918	**8**, 515 E	25 Mar 1920	**9**, C
26 Apr 1918	**8**, 519 E		
before 8 May 1918	**8**, 533 E	Eliasberg, Alexander	
23 May 1918	**8**, 546 E	27 Jan 1920	**9**, 286
4 Jun 1918	**8**, 557 E	30 Jan 1920	**9**, 289 E
before 9 Jul 1918	**8**, 585 E		
ca. 9 Nov 1918	**8**, 647 E	Encyclopaedia Britannica	
mid-Dec 1918	**8**, 672	19 Nov 1920	**10**, C
9 Feb 1918	**10**: Vol. 8, 461a	30 Nov 1920	**10**, C E
5 Mar 1918	**10**: Vol. 8, 475a		
before 17 Mar 1918	**10**: Vol. 8, 482a	Enriques, Federigo	
before 17 Mar 1918	**10**: Vol. 8, 482b	20 Apr 1920	**9**, 384
3 Apr 1918	**10**: Vol. 8, 496a E		
4 Apr 1918	**10**: Vol. 8, 496b	Eötvös, Roland von	
22 Apr 1918	**10**: Vol. 8, 514a	5 Jan 1918	**8**, 429 E
before 8 May 1918	**10**: Vol. 8, 532a	27 Jan 1918	**8**, 443
before 23 May 1918	**10**: Vol. 8, 545a	31 Jan 1918	**8**, 450 E
after 4 Jun 1918	**10**: Vol. 8, 557a		
ca. 24 Oct 1918	**10**: Vol. 8, 588a	Epstein, Paul	
after 24 Oct 1918	**10**: Vol. 8, 639a	May 1919	**9**, 32
before 9 Nov 1918	**10**: Vol. 8, 646a	11 Sep 1919	**9**, 102
10 Sep 1919	**10**: Vol. 9, 101a E	5 Oct 1919	**9**, 122 E
15 Oct 1919	**9**, 135 E	15 Oct 1919	**9**, 136
22 Oct 1919	**10**: Vol. 9, 148a	31 Jan 1920	**9**, 290
16 Nov 1919	**9**, 166 E	30 May 1920	**10**, 38
30 Nov 1919	**10**: Vol. 9, 183	4 Jun 1920	**10**, 42 E
5 Dec 1919	**9**, 190 E		
14 May 1920	**10**, 14	Eucken, Arnold	
23 Jul 1920	**10**, 81 E	23 Jan 1912	**5**, 340 E

Einstein-Marić [Marić], Mileva (Memorandum)
   ca. 18 Jul 1914   **8**, 22 E

Exner
   3 Jul 1920   **10**, C

Einstein-Marić [Marić], Mileva, and Einstein, Hans Albert
   10 Jan 1919   **9**, 1 E

Fabre, Lucien
   17 May 1920   **10**, 18
   5 Jul 1920   **10**, C
   17 Jul 1920   **10**, C

Einstein-Marić [Marić], Mileva, and Einstein, Hans Albert and Eduard
   23 Mar 1914   **5**, 518 E
   10 Apr 1914   **8**, 3 E

Fackenthal, Frank D.
   13 May 1920   **10**, C

Einstein-Marić [Marić], Mileva, to Savić [Kaufler], Helene
   20 Dec 1900   **1**, 85

Farrow, E. Pickworth
   17 Dec 1920   **10**, C
   28 Dec 1920   **10**, 245 E

Eisenhart, Luther P.
   1 Oct 1920   **10**, 160

Fichter-Bernoulli, Fritz
   17 Jan 1912   **5**, 338 E

Fiedler, Wilhelm
  13 May 1909   **5**, 156

Fischer, Emil
  1 Nov 1910   **5**, 230
  5 Nov 1910   **5**, 232 E

Fischer, Herbert
  28 Nov 1920   **10**, C
  after 28 Nov 1920   **10**, C E

Fleck, Albert
  27 Feb 1920   **9**, 334

Fleischer, Richard
  21 Dec 1919   **9**, 227
  29 Dec 1919   **9**, 238
  27 Jul 1920   **10**, C
  29 Jul 1920   **10**, 87 E
  before 1 Sep 1920   **10**, C E

Flesch, Max
  17 Oct 1920   **10**, C
  after 17 Oct 1920   **10**, C E

Foerster, Wilhelm
  25 Mar 1916   **8**, 204
  Sep 1919   **9**, C

Fokker, Adriaan D.
  26 Jul 1919   **9**, 75
  30 Jul 1919   **9**, 78 E
  18 Nov 1919   **9**, 168
  after 1 Dec 1919   **9**, 187 E
  2 Jun 1920   **10**, 40
  2 Nov 1920   **10**, 189

Forrer, Ludwig
  2 Feb 1912   **5**, 351 E

Forsch, Robert
  8 Oct 1919   **9**, 128

Förster, Rudolf
  11 Nov 1917   **8**, 398
  16 Nov 1917   **8**, 400 E
  28 Dec 1917   **8**, 420
  17 Jan 1918   **8**, 439 E
  16 Feb 1918   **8**, 463
  19 Feb 1918   **8**, 467 E
  19 Mar 1918   **8**, 485

Försterling, Karl
  8 Apr 1919   **9**, C
  2 May 1919   **9**, C E
  11 Jun 1919   **9**, C

Franck, James
  4 Nov 1920   **10**, C

Frank, K.
  23 Apr 1920   **9**, C

Frank, Philipp
  30 May 1919   **9**, 49
  17 Apr 1920   **9**, C

Frankfurter Zeitung
  21 Dec 1917   **8**, C

Franz, Josef
  between mid-Feb and
    29 Apr 1917   **10**: Vol. 8, 300a E

Freie Akademische Vereinigung an der
Technischen Hochschule Dresden
  20 Sep 1920   **10**, C
  27 Sep 1920   **10**, C

Freie Vereinigung für Technische Volksbildung
  16 Jul 1920   **10**, C E

Freundlich, Erwin
  1 Sep 1911   **5**, 281 E
  21 Sep 1911   **5**, 287 E
  8 Jan 1912   **5**, 336 E
  27 Oct 1912   **5**, 420 E
  mid-Aug 1913   **5**, 468 E
  before 26 Aug 1913   **5**, 472 E
  7 Dec 1913   **5**, 492 E
  ca. 20 Jan 1914   **5**, 506 E
  ca. 3 Feb 1915   **8**, 53 E
  5 Feb 1915   **8**, 54 E
  between 1 and
    25 Mar 1915   **8**, 59 E
  19 Mar 1915   **8**, 63 E
  30 Sep 1915   **8**, 123 E
  24 Nov 1915   **8**, 151 E

30 Nov 1915	**8**, 157 E	Genewein, Fritz	
18 Feb 1917 or later	**8**, 300 E	18 May 1917	**8**, C
17 Jun 1917	**8**, 353		
3 Sep 1917	**8**, 378 E	Gerhards, Karl	
4 Dec 1917	**8**, 402	8 Jun 1920	**10**, C
6 Dec 1917	**8**, 404	24 Aug 1920	**10**, C
before 17 Jan 1918	**8**, 438 E		
20 Jan 1919	**9**, C	Gerlach, Hellmut von	
1 Mar 1919	**9**, 8 E	6 Jan 1920	**9**, 246 E
27 Mar 1919	**9**, 14		
29 Mar 1919	**9**, 15 E	German Central Committee for Foreign Relief	
15 Sep 1919	**9**, 105	9 Jul 1920	**10**, 74
19 Sep 1919	**9**, 106 E		
3 Oct 1919	**9**, 119	German League for the League of Nations	
6 Dec 1919	**9**, 197	8 Jul 1920	**10**, 73
21 Feb 1920	**9**, 324	23 Jul 1920	**10**, 82 E
24 Feb 1920	**9**, 328		
after 15 Dec. 1919	**10**: Vol. 9, 217a E	German News Agency for Foreign University and Student Affairs	
12 Aug 1920	**10**, 101	before 27 Jul 1920	**10**, C
14 Dec 1920	**10**, 231	27 Jul 1920	**10**, 86 E

Freundlich, Erwin (Bericht)
   31 Oct 1918   **8**, C
   Jan 1920   **9**, 240

German University: Report to the Philosophical Faculty on a Successor to the Chair of Theoretical Physics
   before 23 May 1912   **5**, 400

Fricke, Hermann
   18 Feb 1918   **8**, C
   15 Mar 1918   **8**, C
   10 Feb 1919   **9**, C

Gesellschaft Deutscher Naturforscher und Ärzte
   30 Sep 1920   **10**, 158
   8 Oct 1920   **10**, C E

Fricke, Robert
   26 May 1920   **10**, 31
   9 Jun 1920   **10**, 48 E

Gilbert, Leo
   20 Aug 1920   **10**, C

Frischeisen-Köhler, Max
   5 Sep 1918   **8**, 610

Glüer, ?
   17 Apr 1919   **9**, C

Füchtbauer, Christian
   before 2 Nov 1920   **10**, C

Glum, Friedrich
   11 Apr 1918   **8**, C
   5 Aug 1920   **10**, C
   16 Aug 1920   **10**, C

Fürth, Reinhold
   19 Oct 1920   **10**, C
   10 Dec 1920   **10**, C E
   18 Dec 1920   **10**, C

Gnehm, Robert
   8 Dec 1911   **5**, 317
   13 Dec 1911   **5**, 324 E
   16 Dec 1911   **5**, 326
   19 Dec 1911   **5**, 328 E
   23 Jan 1912   **5**, 341
   7 Feb 1912   **5**, 355

Gasser, Adolf
   mid-Jan 1908   **5**, 74
   9 Mar 1908   **5**, 92
   Oct 1908, second half   **5**, 123

12 Feb 1912	**5**, 358 E	Grebe, Leonhard, and Bachem, Albert	
19 Oct 1913	**5**, 479 E	23 Dec 1919	**9**, 232
30 Nov 1913	**5**, 487 E	26 Jan 1920	**9**, 283
15 Dec 1913	**5**, 494	18 Jun 1920	**10**, 60

Gobat, Albert
28 Feb 1908   **5**, 89

Grommer, Jakob
1 Jul 1919   **9**, 67

Gockel, Albert
3 Dec 1908   **5**, 130
25? Mar 1909   **5**, 144 E

Grossmann, Marcel
14 Apr 1901   **1**, 100 E
6? Sep 1901   **1**, 122 E
6 Apr 1904   **5**, 17 E
3 Jan 1908   **5**, 71 E

Goethebund, Berliner
after 23 Oct 1915 **8**, 132 E
11 Nov 1915   **8**, 138 E
16 Nov 1915   **8**, 146 E

27 Apr 1911   **5**, 266 E
18 Nov 1911   **5**, 307 E
10 Dec 1911   **5**, 319 E
12 Dec 1911   **5**, 321
5 Feb 1920   **9**, 300

Goldscheid, Rudolf
13 Dec 1920   **10**, 228

27 Feb 1920   **9**, 330 E
18 Mar 1920   **9**, 357
9 Sep 1920   **10**, 142
12 Sep 1920   **10**, 148 E
20 Nov 1920   **10**, 206

Goldschmidt, Amelie
19 Jun 1920   **10**, C

Goldstein, Eugen
11 Sep 1920   **10**, C

Großmann, Will
11 May 1920   **10**, C

Gottesman, Jacob
20 Sep 1920   **10**, C

Gruner, Paul
11 Feb 1908   **5**, 81 E
9 Nov 1908   **5**, 127

Graetz, Leo
22 Nov 1910   **5**, 235 E

Guillaume, Edouard
24 Sep 1917   **8**, 383 E

Grau, Kurt J.
29 Aug 1920   **10**, 115

3 Oct 1917   **8**, 385
9 Oct 1917   **8**, 387 E
17 Oct 1917   **8**, 392

Great Lodge of Germany VIII of the Independent Order of B'nai B'rith in Berlin
6 Apr 1920   **9**, C

24 Oct 1917   **8**, 394 E
25 Jan 1920   **9**, 280
9 Feb 1920   **9**, 305 E
15 Feb 1920   **9**, 316

Grebe, Leonhard
17 Apr 1919   **9**, 25
26 Apr 1919   **9**, C E
5 May 1919   **9**, C
6 Jun 1919   **9**, 57
29 Jun 1919   **9**, C
9 Jul 1920   **10**, C E
12 Jul 1920   **10**, C

30 Jun 1920   **10**, 68
4 Jul 1920   **10**, 71 E
14 Jul 1920   **10**, C
19 Jul 1920   **10**, 77 E
28 Jul 1920   **10**, C
31 Jul 1920   **10**, 94 E
20 Aug 1920   **10**, C
22 Aug 1920   **10**, 109 E
1 Sep 1920   **10**, C

4 Sep 1920	**10**, 132 E	Haberlandt, Gottlieb	
16 Dec 1920	**10**, 233 E	1 May 1920 May 1	**10**, 3
23 Dec 1920	**10**, 241		
29 Dec 1920	**10**, 250 E	Habicht, Conrad	
		4 Feb 1902	**1**, 133 E
Guye, Charles Eugène		Apr? 1902	**1**, 139 E
31 May 1913	**5**, 443	3 Oct 1913	**5**, 14 E
3 Jan 1920	**9**, 243	30 Nov 1903	**5**, 15 E
12 Jan 1920	**9**, 255 E	20 Feb 1904	**5**, 16 E
21 Jan 1920	**9**, 273	15 Apr 1904	**5**, 18 E
		1 Aug 1904	**5**, 21 E
Haas, Wander de		6 Aug 1904	**5**, 22 E
17 Mar 1915	**8**, 61 E	6 Aug 1904	**5**, 23 E
7 Aug 1915	**8**, 104 E	6 Mar 1905	**5**, 25 E
9 May 1919	**9**, 36 E	6 Mar 1905	**5**, 26 E
Dec 1920	**10**, 215	18 or 25 May 1905	**5**, 27 E
		30 Jun–22 Sep 1905	**5**, 28 E
Haas, Wander and Geertruida de		20 Jul 1905–	
ca. 10 May 1915	**8**, 82 E	summer 1915	**5**, 30 E
6 Jul 1915	**8**, 92 E	27 Jul 1906	**5**, 39 E
9 Jul 1915	**8**, 95 E	24 Dec 1907	**5**, 69 E
24 Jul 1915	**8**, 99 E	14 Feb 1908	**5**, 84 E
2 Aug 1915	**8**, 102 E	15 Apr 1909	**5**, 150 E
10 Aug 1915	**8**, 106 E	28 Apr 1909	**5**, 151 E
14 Aug 1915	**8**, 107 E	Sep 1909	**5**, 177 E
16 Aug 1915	**8**, 110 E	5 Nov 1909	**5**, 185 E
before 15 Nov 1915	**8**, 141 E	14 Dec 1909	**5**, 190 E
3 Oct 1916	**8**, 262 E	14 Dec 1909	**5**, 191 E
		17 Dec 1909	**5**, 192 E
Haas-Lorentz, Geertruida de		4 Mar 1910	**5**, 198 E
before 10 Apr 1915	**8**, 72 E	31 Mar 1910	**5**, 202 E
7 Oct 1920	**10**, C	27 Jul 1910	**5**, 214 E
		11 Aug 1910	**5**, 219 E
Haber, Fritz		2 Apr 1911	**5**, 261 E
19 Dec 1911	**5**, 329	2 Jun 1912	**5**, 403 E
8 Mar 1912	**5**, 368	14 Aug 1912	**5**, 415 E
22 Jul 1913	**5**, 456	3 May 1913 or after	**5**, 439 E
before 29 Jan 1918	**8**, 445	7 Jul 1913	**5**, 450 E
29 Jan 1918	**8**, 446 E	7 Sep 1913	**5**, 473 E
before 20 Dec 1918	**8**, 675 E		
ca. 20 Jul 1919	**9**, 74	Habicht, Conrad Sr.	
1 Aug 1919	**9**, 81	6 Aug 1919	**9**, C E
2 Aug 1919	**9**, 82 E		
after 3 Aug 1919	**9**, 84	Habicht, Conrad and Paul	
30 Aug 1920	**10**, 120	15 Jul 1907	**5**, 48 E
6 Oct 1920	**10**, 162 E	16 Aug 1907	**5**, 54 E
7 Oct 1920	**10**, 167	2 Sep 1907	**5**, 56 E
19 Nov 1920	**10**, C	9 Feb 1912	**5**, 356 E

Habicht, Conrad, and Habicht-Kehlstadt, Anna		Hammer, Wilhelm	
Oct-Dec 1913	**5**, 475 E	27 Mar 1919	**9**, C
		22 May 1919	**9**, C E
Habicht, Paul		16 Jun 1919	**9**, C
19 Feb 1908	**5**, 86		
17 Mar 1908	**5**, 93	Hansen, Klaus	
4 Apr 1908	**5**, 95	4 Jun 1920	**10**, 43 E
17 May 1908	**5**, 99		
Jun 1908	**5**, 104	Harms, Bernhard	
4 Jul 1908	**5**, 108	21 Apr 1920	**9**, C
12 Oct 1908	**5**, 122	after Apr 21 1920	**9**, C E
22 Oct 1908	**5**, 124	6 May 1920	**10**, C
18 Jan 1909	**5**, 134		
27 Dec 1911	**5**, 332	Harnack, Adolf von	
1 Jun 1912	**5**, 402	12 Sep 1917	**8**, 379
2 Dec 1914	**8**, C E	24 Sep 1917	**8**, C
Jul 1915	**8**, C E	6 Oct 1917	**8**, 386 E
		10 Oct 1917	**8**, 389
Haenisch, Konrad		20 Nov 1917	**8**, C
6 Dec 1919	**9**, 194 E	12 Dec 1917	**8**, C
19 Feb 1920	**9**, 317 E	5 Dec 1918	**8**, C
10–12 Mar 1920	**9**, 349 E	20 Jun 1919	**9**, C
12 Mar 1920	**9**, 350	14 Oct 1919	**9**, C E
28 May 1920	**10**, 36	10 Nov 1919	**9**, C E
30 Jul 1920	**10**, 93 E	22 Nov 1919	**9**, C
6 Sep 1920	**10**, 135	1 Dec 1919	**9**, C E
8 Sep 1920	**10**, 137 E	14 Jan 1920	**9**, C
		19 Jan 1920	**9**, C E
Hagenbach, August		31 Mar 1920	**9**, C
6 Jul 1908	**5**, 109 E	5 Apr 1920	**9**, C E
9 Jul 1908	**5**, 110	7 May 1920	**10**, C
14 Jul 1908	**5**, 111 E	24 Jun 1920	**10**, C
5 Nov 1912	**5**, 422 E		
		Hartmann, Eduard	
Haider, Carl		27 Apr 1917	**8**, 330 E
16 Dec 1918	**8**, C	3 Sep 1919	**9**, C E
		26 Sep 1920	**10**, 156
Hale, George			
14 Oct 1913	**5**, 477 E	Hartmann, Ludo Moritz	
8 Nov 1913	**5**, 483	2 Apr 1920	**9**, 365 E
Hallwachs, Wilhelm		Hasenclever, Walter	
2 May 1919	**9**, C	4 Apr 1920	**9**, C
16 May 1919	**9**, C		
13 Jul 1920	**10**, C	Hasse, Max	
19 Jul 1920	**10**, C E	1920	**9**, C E
Hamburger, Margarete		Hauck, ?	
16 Apr 1918	**8**, 510	27 Mar 1919	**9**, C

Havel, P.		12 Nov 1915	**8**, 139 E
28 Aug 1920	**10**, C	13 Nov 1915	**8**, 140
		15 Nov 1915	**8**, 144 E
Heller, Ester		18 Nov 1915	**8**, 148 E
12 Apr 1920	**9**, C E	19 Nov 1915	**8**, 149
		20 Dec 1915	**8**, 167 E
Heller, Robert		18 Feb 1916	**8**, 193 E
1 Feb 1912	**10**: Vol. 5, 349b E	30 Mar 1916	**8**, 207 E
19 Feb 1912	**5**, 361	25 May 1916	**8**, 221 E
20 Jul 1914	**8**, 25 E	27 May 1916	**8**, 222
		30 May 1916	**8**, 223 E
Helm, Georg		2 Jun 1916	**8**, 224 E
22 Mar 1918	**8**, 490	19 May 1917	**8**, 341 E
		12 Apr 1918	**8**, 503 E
Henkell, F. M.		before 27 Apr 1918	**8**, 521 E
1 Jun 1920	**10**, C	before 27 Apr 1918	**8**, 522 E
		27 Apr 1918	**8**, 524
Hennig, F.		1 May 1918	**8**, 530
28 Aug 1920	**10**, C	24 May 1918	**8**, 548 E
		9 Jun 1919	**9**, 58
Hertz, Paul		11 Jun 1919	**9**, 59 E
14 Aug 1910	**5**, 220 E	20 Dec 1919	**9**, 225
26 Aug 1910	**5**, 222 E	19 Feb 1920	**9**, 318
27 Jul 1913	**5**, 458 E	21 Feb 1920	**9**, 322 E
between 14 Aug and		5 Mar 1920	**9**, 341
4 Nov 1915	**8**, 108 E		
22 Aug 1915	**8**, 111 E	Hiller, Kurt	
before 8 Oct 1915	**8**, 125 E	7 Sep 1918	**8**, 611
before 8 Oct 1915	**8**, 126 E	9 Sep 1918	**8**, 613 E
8 Oct 1915	**8**, 127		
9 Oct 1915	**8**, 128 E	Himstedt, Franz	
28 Oct 1920	**10**, 186	27 Mar 1919	**9**, C
11 Nov 1920	**10**, 200	26 Apr 1919	**9**, C E
Hertzsprung, Ejnar		Hirzel Publishing House	
5 Dec 1916	**10**: Vol. 8, 282a E	2 Nov 1908	**5**, 126
16 Nov 1919	**10**: Vol. 9, 166a		
		Hochberger, Auguste	
Hettner, Gerhardt		before 24 Apr 1918	**8**, 516 E
20 Jul 1920	**10**, C	before 24 Apr 1918	**8**, 517 E
		30 Jul 1919	**9**, 79 E
Hibben, John G.		20 Aug 1919	**9**, 94 E
14 Nov 1920	**10**, 203 E	21 Feb 1920	**9**, 325
24 Dec 1920	**10**, 243		
		Hoefft, Franz von	
Hilbert, David		11 Feb 1918	**8**, C
30 Mar 1912	**5**, 378		
4 Oct 1912	**5**, 417 E	Hofsäss, Max	
24 Jun 1915	**8**, 91 E	24 Jun 1919	**9**, C
7 Nov 1915	**8**, 136 E	17 Aug 1919	**9**, C E

Holder, Roland
   18 May 1919   **9**, 42 E
   30 May 1919   **9**, 50

Hollweg, Chancellor Bethmann
   27 Jul 1915   **8**, C E
   16 Jan 1917   **8**, C

Holtzmann, Robert
   10 Jul 1919   **9**, 71
   17 Aug 1919   **9**, 91 E

Hopf, Ludwig
   21 Jun 1910   **5**, 209 E
   2 Aug 1910   **5**, 218 E
   19 Aug 1910   **5**, 221 E
   27 Dec 1910   **5**, 239 E
   13 Oct 1911   **5**, 294
   20 Feb 1912   **5**, 363
   after 20 Feb 1912   **5**, 364 E
   12 Jun 1912   **5**, 408 E
   16 Aug 1912   **5**, 416 E
   2 Nov 1913   **5**, 480 E
   2 Feb 1920   **9**, 295 E
   2 Sep 1920   **10**, 128

Horst, Helge
   6 Nov 1920   **10**, C

Hort, Wilhelm
   25 Nov 1919   **9**, 176
   29 Nov 1919   **9**, 181 E

Hulse, Edward P.
   8 Dec 1919   **9**, C

Humm, Rudolf
   15 Jan 1918   **8**, 436
   18 Jan 1918   **8**, 440 E

Hurwitz, Adolf
   23 Sep 1900   **1**, 77 E
   26 Sep 1900   **1**, 78 E
   after 22 Oct 1909   **5**, 181 E
   6 Aug 1913   **5**, 461 E

Hurwitz, Adolf and family
   4 May 1914   **8**, 6 E

Hurwitz, Ida
   before 18 Jul 1919 **9**, C E
   22 Nov 1919   **9**, 172 E

Hussarek von Heinlein, Max
   17 Sep 1910   **5**, 225

Imperial Academy of Sciences in Vienna
   4 Jun 1917   **8**, C
   14 Jun 1917   **8**, C E

Isensee, Hermann
   25 May 1918   **8**, C

Jaberg, Karl
   12 May 1908   **5**, 97

Jaeger, Frans M.
   1 Jun 1920   **10**, C

Jakob, Max
   17 May 1918   **10**: Vol. 8, 539a E
   3 Dec 1918   **10**: Vol. 8, 661c
   5 Dec 1918   **10**: Vol. 8, 663a E

Jeffery, George B.
   14 Oct 1920   **10**, C
   14 Dec 1920   **10**, 230 E

Jensen, Christian
   14 May 1919   **9**, C
   16 May 1919   **9**, C E
   10 Jun 1919   **9**, C
   7 May 1920   **10**, C E

Jewish Community of Berlin
   15 Dec 1920   **10**, C
   22 Dec 1920   **10**, 238 E
   30 Dec 1920   **10**, 253

Johnsen, Arrien
   28 May 1919   **9**, 47

Jong van Beek en Donk, Benjamin de
   9 Nov 1919   **9**, 163 E

Julius, Willem H.
   20 Aug 1911   **5**, 277
   24 Aug 1911   **5**, 278 E

26 Aug 1911	**5**, 280	3 Feb 1920	**9**, C E
22 Sep 1911	**5**, 288 E	30 Apr 1920	**9**, C E
27 Sep 1911	**5**, 289	3 May 1920	**10**, C E
11 Oct 1911	**5**, 292	27 Jul 1920	**10**, C E
18 Oct 1911	**5**, 295 E	13 Sep 1920	**10**, C E
1 Nov 1911	**5**, 302 E	14 Sep 1920	**10**, C E
15 Nov 1911	**5**, 304 E	7 Dec 1920	**10**, C E
16 Nov 1911	**5**, 306 E		
20 Nov 1911	**5**, 310	Kaluza, Theodor	
22 Nov 1911	**5**, 311 E	21 Apr 1919	**9**, 26 E
25 Nov 1911	**5**, 314	28 Apr 1919	**9**, 30 E
12 Dec 1911	**5**, 322	5 May 1919	**9**, 35 E
18 Dec 1911	**5**, 327 E	14 May 1919	**9**, 40 E
29 Dec 1911	**5**, 334	29 May 1919	**9**, 48 E
5 Dec 1919	**9**, 192 E		
8 May 1920	**10**, 8	Kamerlingh Onnes, Harm H.	
13 Jun 1920	**10**, 54	8 Dec 1920	**10**, 226
2 Sep 1920	**10**, 129		
		Kamerlingh Onnes, Heike	
Julius, Willem H. and Betsy		12 Apr 1901	**1**, 98 E
11 Sep 1920	**10**, 145 E	31 Dec 1910	**5**, 242 E
		16 Aug 1913	**5**, 469 E
Julius-Einthoven, Betsy		18 Aug 1913	**5**, 471 E
before 11 Sep 1920	**10**, C	15 Nov 1919	**9**, C
		8 Feb 1920	**9**, 304
Junghans, ?		23 Nov 1920	**10**, 208
21 Dec 1918	**8**, C		
		Kammerer, Paul	
Kaiser-Wilhelm-Gesellschaft		15 Apr 1920	**9**, 374
9 Sep 1919	**9**, C E		
		Karr, Albert	
Kaiser-Wilhelm-Institute of Physics, board of trustees		9 Mar 1919	**9**, C
1 Feb 1918	**8**, C E	Karr, Hans	
22 May 1918	**8**, C E	9 Mar 1919	**9**, C
27 Aug 1918	**8**, C E		
18 Sep 1918	**8**, C E	Katz, Helene	
7 Oct 1918	**8**, C E	11 Jun 1915	**8**, 88
23 Nov 1918	**8**, C E		
1 Mar 1919	**9**, C	Kaufler, Helene, *see* Savić, Helene	
3 Mar 1919	**9**, C E		
2 May 1919	**9**, C E	Kaufmann, Walter	
2–9 May 1919	**9**, C E	8 Apr 1919	**9**, C
7 May 1919	**9**, C E	28 Apr 1919	**9**, C E
16 Sep 1919	**9**, C E	5 May 1919	**9**, C
11 Oct 1919	**9**, C E		
8 Dec 1919	**9**, C E	Kelen-Fried, Jolán	
20 Dec 1919	**9**, C E	8 Nov 1920	**10**, 194 E
28 Jan 1920	**9**, C E	12 Nov 1920	**10**, 202

Klein, Felix
    26 Mar 1917   **8**, 319 E
    4 Apr 1917   **8**, 323 E
    21 Apr 1917   **8**, 328 E
    15 Dec 1917   **8**, 408 E
    13 Mar 1918   **8**, 480 E
    20 Mar 1918   **8**, 487
    24 Mar 1918   **8**, 492 E
    10 Apr 1918   **8**, 500 E
    25 Apr 1918   **8**, 518
    27 Apr 1918   **8**, 523 E
    18 May 1918   **8**, 540
    19 May 1918   **8**, 543 E
    28 May 1918   **8**, 549 E
    31 May 1918   **8**, 552
    1 Jun 1918   **8**, 554
    before 3 Jun 1918   **8**, 556 E
    9 Jun 1918   **8**, 561 E
    16 Jun 1918   **8**, 566
    20 Jun 1918   **8**, 567 E
    5 Jul 1918   **8**, 581
    15 Jul 1918   **8**, 588
    22 Jul 1918   **8**, 589 E
    22 Oct 1918   **8**, 638 E
    28 Oct 1918   **8**, 641 E
    5 Nov 1918   **8**, 645
    8 Nov 1918   **8**, 646 E
    10 Nov 1918   **8**, 650
    27 Dec 1918   **8**, 677 E
    14 Apr 1919   **9**, 22 E
    16 Apr 1919   **9**, 24 E
    22 Apr 1919   **9**, 27
    28 Apr 1920   **9**, 398

Kleiner, Alfred
    28 Jan 1908   **5**, 78
    8 Feb 1908   **5**, 80
    3 Apr 1912   **5**, 382 E
    10 Apr 1912   **5**, 382 E
    10 Apr 1912   **5**, 383 E

Kleiner, Alfred, and Heinrich Burkhardt, Expert Opinion on Einstein's Dissertation
    22–23 Jul 1905   **5**, 31

Klemperer, Georg
    28 Apr 1918   **8**, C

Klötzel, C. Z.
    12 Sep 1920   **10**, C

Kneser, Adolf
    7 Jun 1918   **8**, 560 E
    7 Jul 1918   **8**, 583

Knudsen, Martin
    10 Apr 1920   **9**, C
    6 Nov 1920   **10**, C

Koch, Ceasar
    Summer 1895   **1**, 6 E

Koch, Peter P.
    8 Jun 1919   **9**, C
    24 May 1920   **10**, C
    5 Jun 1920   **10**, C E

Kohn, Hedwig
    2 Aug 1919   **9**, 83
    23 Aug 1919   **9**, C E
    2 Jan 1920   **9**, 241
    2 Jun 1920   **10**, C
    3 Jul 1920   **10**, C E
    11 Jul 1920   **10**, C
    28 Dec 1920   **10**, C

Könemann, Heinrich
    23 Mar 1918   **8**, C
    28 Mar 1918   **8**, C

König, Walter
    11 Mar 1912   **5**, 372
    after 11 Mar 1912   **5**, 373 E

Konrad Sannig & Co.
    14 Jan 1920   **9**, C
    18 Nov 1920   **10**, C

Kopp, Victor
    25 Oct 1920   **10**, C

Kormann, Carl
    15 Oct 1916   **8**, 265 E
    16 Oct 1916   **8**, 266

Korn, Arthur
    28 Jan 1920   **9**, 288 E

Korrodi, Eduard		Kuwaki, Ayao	
23 Mar 1920	**9**, 359	2 May 1909	**5**, 152
		28 Dec 1920	**10**, 246 E
Kost, Hans			
3 Jan 1919	**9**, C	Laer Kronig, Ralph de	
		26 Sep 1920	**10**, C
Kottler, Friedrich			
30 Mar 1918	**8**, 495	Ladenburg, Rudolf	
21 Jan 1920	**9**, 274	20 Dec 1907	**5**, 68 E
19 Feb 1920	**9**, 319		
29 Jul 1920	**10**, 88 E	Lampa, Anton	
23 Aug 1920	**10**, C	19 Jan 1920	**9**, 267
		21 Jan 1920	**9**, 270 E
Kowalski, Joseph		27 Jan 1920	**9**, 287
30 Mar 1908	**5**, 94	1 Feb 1920	**9**, 291
		3 Mar 1920	**9**, 338
Krakow, Georg		20 Apr–30 May 1920	**9**, 387 E
after 15 Mar 1919	**9**, C	30 May 1920	**10**, 39
1 May 1919	**9**, C		
6 May 1919	**9**, C E	Lampa, Anton?	
14 May 1919	**9**, 41	29 Jun 1912	**5**, 410 E
Kraus, Friedrich		Landau, Leo	
Jun 1916	**8**, C	20 Aug 1920	**10**, C E
Kronthal, Paul		Landgericht I, Berlin	
13 Nov 1920	**10**, C	18 May 1915	**8**, C E
		21 Jul 1920	**10**, C E
Krüger, Friedrich			
31 Mar 1919	**9**, C	Lange, Ludwig	
25 May 1919	**9**, C	7 Aug 1920	**10**, C
25 May 1919	**9**, C E		
2 Jun 1919	**9**, C	Langevin, Paul	
18 Aug 1919	**9**, C	before 9 Aug 1913	**5**, 463 E
		18 Sep 1915	**8**, C E
Krüss, Hugo A.			
6 Jan 1918	**8**, 431	Laub, Jakob	
9 Jan 1918	**8**, 433	27 Jan 1908	**5**, 77
10 Jan 1918	**8**, 435 E	2 Feb 1908	**5**, 79
31 Jan 1918	**8**, 451 E	1 Mar 1908	**5**, 91
before 11 Apr 1918	**8**, 502 E	18 May 1908	**5**, 101
15 Apr 1918	**8**, 508	19 May 1908	**5**, 102
13 Jun 1918	**8**, 563	30 May 1908	**5**, 103
13 Jun 1918	**10**: Vol. 8, 563a E	30 Jul 1908	**5**, 113 E
1 May 1919	**9**, C	after 1 Nov 1908	**5**, 125 E
		20 Mar 1909	**5**, 143 E
Krüss, Hugo, from Haber, Fritz		16 May 1909	**5**, 159
4 Jan 1913	**5**, 428	17 May 1909	**5**, 160 E
		19 May 1909	**5**, 161 E

31 Dec 1909	**5**, 196 E	15 May 1920	**10**, C
16 Mar 1910	**5**, 199 E	15 Jun 1920	**10**, C
27 Aug 1910	**5**, 224 E	29 Jul 1920	**10**, C
11 Oct 1910	**5**, 227 E	16 Aug 1920	**10**, C
4 Nov 1910	**5**, 231 E	26 Aug 1920	**10**, C
11 Nov 1910	**5**, 233 E	8 Dec 1920	**10**, C
15 Nov 1910	**5**, 234 E		
28 Dec 1910	**5**, 241 E	Lazarev, Pëtr Petrovich	
10 Aug 1911	**5**, 275 E	16 May 1914	**8**, 7 E
22 Jul 1913	**5**, 455 E		
		League of German Scholars and Artists	
Laue, Max [von]		10 Jan 1920	**9**, 252
2 Jun 1906	**5**, 37	13 Jan 1920	**9**, 258 E
4 Sep 1907	**5**, 57		
27 Dec 1907	**5**, 70	Lehmann, Otto	
27 Dec 1911	**5**, 333	1 Dec 1910	**10**: Vol. 5, 235a E
10 Jun 1912	**5**, 407 E	26 Mar 1919	**9**, C
27 May 1915	**8**, 85	13 Apr 1919	**9**, C
24 Mar 1917	**8**, 318	16 Apr 1919	**9**, C
18 Jun 1917	**8**, 354	28 Apr 1919	**9**, C E
25 Jun 1917	**8**, 358		
19 Dec 1917	**8**, 414	Lehmann-Russbüldt, Otto	
30 Jan 1918	**8**, 447	17 Oct 1919	**9**, 141 E
18 Feb 1918	**8**, 466		
29 May 1918	**8**, 550	Lemmert, Otto	
7 Apr 1919	**9**, 18	4 Sep 1920	**10**, C
18 Oct 1919	**9**, 145		
27 Oct 1919	**9**, 152	Lenard, Philipp	
27 Mar 1920	**9**, 362	16 Nov 1905	**5**, 32 E
22 May 1920	**10**, 27	5 Jun 1909	**5**, 165
29 Jul 1920	**10**, 91		
2 Dec 1920	**10**, C	Lenz, Wilhelm	
		1 Jan 1917	**8**, C
Lawson, Robert W.		25 Mar 1919	**9**, 11
26 Nov 1919	**9**, 177	26 Apr 1919	**9**, C E
28 Nov 1919	**9**, 180		
18 Dec 1919	**9**, 220	Levi-Civita, Tullio	
21 Dec 1919	**9**, 228	5 Mar 1915	**8**, 60 E
26 Dec 1919	**9**, 234 E	17 Mar 1915	**8**, 62 E
8 Jan 1920	**9**, 249	20 Mar 1915	**8**, 64 E
22 Jan 1920	**9**, 275 E	26 Mar 1915	**8**, 66 E
25 Jan 1920	**9**, C	28 Mar 1915	**8**, 67
2 Feb 1920	**9**, 297	2 Apr 1915	**8**, 69 E
4 Feb 1920	**9**, C E	8 Apr 1915	**8**, 71 E
7 Feb 1920	**9**, 301 E	11 Apr 1915	**8**, 74 E
22 Feb 1920	**9**, 326	14 Apr 1915	**8**, 75 E
31 Mar 1920	**9**, C	20 Apr 1915	**8**, 77 E
22 Apr 1920	**9**, 389 E	21 Apr 1915	**8**, 78 E
22 Apr 1920	**9**, 390	5 May 1915	**8**, 80 E

2 Aug 1917	**8**, 368 E	6 Dec 1911	**5**, 316
23 Aug 1917	**8**, 375	8 Dec 1911	**5**, 318
4 Aug 1920	**10**, C	12 Dec 1911	**5**, 320 E
18 Aug 1920	**10**, 106	13 Feb 1912	**5**, 359
		18 Feb 1912	**5**, 360 E
Levin, Shmarya		14 Aug 1913	**5**, 467 E
27 Nov 1919	**9**, 178	16 Aug 1913	**5**, 470 E
		between 1 and	
Lewald, Theodor		23 Jan 1915	**8**, 43
24 Oct 1916	**8**, C	23 Jan 1915	**8**, 47 E
		3 Feb 1915	**8**, 52 E
Lieber, Hugo		28 Apr 1915	**8**, 79 E
14 Nov 1920	**10**, 204 E	21 Jul 1915	**8**, 98 E
		2 Aug 1915	**8**, 103 E
Lindemann, Adolf Friedrich		23 Sep 1915	**8**, 122 E
23 Nov 1919	**9**, 174	12 Oct 1915	**8**, 129 E
18 Aug 1920	**10**, 107	1 Jan 1916	**8**, 177 E
		17 Jan 1916	**8**, 183 E
Lindemann, Frederick A.		19 Jan 1916	**8**, 184 E
23 Mar 1920	**9**, C	6 Jun 1916	**8**, 225
30 Apr 1920	**9**, C E	17 Jun 1916	**8**, 226 E
22 Dec 1920	**10**, 240	13 Nov 1916	**8**, 276 E
		22 Mar 1917	**8**, 315
Lindemann, Rudolf		3 Apr 1917	**8**, 322 E
4 Oct 1919	**9**, 120	18 Dec 1917	**8**, 413 E
7 Oct 1919	**9**, 125 E	26 Apr 1919	**9**, 28 E
		4 May 1919	**9**, 34
Linz, Karl		26 Jul 1919	**9**, 76
8 Feb 1920	**9**, C	1 Aug 1919	**9**, 80 E
		21 Sep 1919	**9**, 108 E
Lipka, Joseph		22 Sep 1919	**9**, 110
5 Jan 1920	**9**, C	22 Sep 1919 or later	**9**, C E
after 5 Jan 1920	**9**, C E	7 Oct 1919	**9**, 127
		30 Oct 1919	**9**, 153
Loeffler, Jean		14 Nov 1919	**9**, 164
31 Mar 1918	**8**, C	15 Nov 1919	**9**, 165 E
		21 Dec 1919	**9**, 229
Loewy (-Lánczos), Kornél		12 Jan 1920	**9**, 256 E
3 Dec 1919	**9**, 188	16 Jan 1920	**9**, 264
22 Jan 1920	**9**, 276 E	19 Jan 1920	**9**, 265 E
		11 Feb 1920	**9**, 308
Lorentz, Hendrik A.		17 Mar 1920	**9**, 355
30 Mar 1909	**5**, 146 E	18 Mar 1920	**9**, 356 E
13 Apr 1909	**5**, 149 E	18 May 1920	**10**, C
6 May 1909	**5**, 153	22 May 1920	**10**, 26 E
23 May 1909	**5**, 163 E	27 May 1920	**10**, 35
27 Jan 1911	**5**, 250 E	9 Jun 1920	**10**, 49
15 Feb 1911	**5**, 254 E	15 Jun 1920	**10**, 56 E
23 Nov 1911	**5**, 313 E	23 Jun 1920	**10**, 63

4 Aug 1920	**10**, 98 E	Mamroth, Paul	
3 Sep 1920	**10**, 130	11 May 1917	**8**, 338 E
10 Sep 1920	**10**, 144		
after 25 Sep 1920	**10**, 155 E	Mandelshtam, Leonid	
		23 Jul 1913	**5**, 457 E

Lorenz, Richard
15 Nov 1907   **5**, 65
12 Jan 1918   **8**, C

Mannoury, Gerrit
7 Nov 1920   **10**, C

Löwenthal, Elsa, *see* Einstein, Elsa

Marić, Mileva, *see* Einstein-Marić, Mileva

Lüdeke, Oskar
Sep 1919   **9**, C E

Marić, Milos
28 Dec 1909   **5**, 194

Ludlam, Ernest B.
23 Jan 1920   **9**, 279
4 Feb 1920   **9**, 298 E
29 Feb 1920   **9**, C

Marić, Rózsika (Zorka)
after Aug 29 1917   **8**, C

Marthe, J. J.
14 Feb 1920   **9**, C

Ludwig, Emil
11 Sep or 11 Nov 1920   **10**, C E

Martin, Rudolf
20 Jul 1905   **5**, 29 E

Ludwig, Ernst
25 Jan 1918   **8**, C

Marx, Erich
11 May 1920 May 11   **10**, C
after 1 Jun 1920   **10**, C E

Lummer, Otto
4 Aug 1919   **9**, 85
23 Aug 1919   **9**, C E
2 Jan 1920   **9**, C

Marx, H. C.
25 Jul 1918   **8**, C
30 Jul 1918   **8**, C

Mach, Ernst
9 Aug 1909   **5**, 174 E
17 Aug 1909   **5**, 175 E
25 Jun 1913   **5**, 448 E
2d half of Dec 1913   **5**, 495 E

Marx, Otto
22 Dec 1912   **5**, 426 E
22 Dec 1917   **8**, 415 E

Matthies, Wilhelm
6 Oct 1920   **10**, C
15 Nov 1920   **10**, C E

Magnus, Alfred
7 Apr 1919   **9**, C
25 May 1919   **9**, C E
1 Jun 1919   **9**, C
11 Jul 1920   **10**, C
19 Jul 1920   **10**, C E
25 Jul 1920   **10**, C

Mayer, Edmund
2 Jul 1919   **9**, 69

Mayer, Johann
21 Apr 1918   **8**, C

Maier, Gustav
5 Jul 1920   **10**, C

Meinhardt, Wilhelm
12 Sep 1919   **9**, C

Malkin, Israel
27 Aug 1920   **10**, 111

Meißner, Walther		2 Jan 1915	**8**, 44 E
30 Aug 1920	**10**, 119	30 Oct 1917	**8**, 396 E
		11 Aug 1918	**8**, 599
Meitner, Lise		18 Aug 1918	**8**, 602 E
before 14 Sep 1918	**8**, 615 E	12 Sep 1918	**8**, 614
14 Sep 1918	**8**, 616 E	after 12 Oct 1918	**8**, 633 E
29 Oct 1918	**8**, 642 E	20 Oct 1918	**8**, 637
		4 Nov 1918	**8**, 644 E
Mendelssohn & Co.		14 Dec 1919	**9**, 214
2 Feb 1918	**8**, C	after 28 Dec 1919	**9**, 235 E
11 Sep 1918	**8**, C	6 Jan 1920	**9**, 247 E
22 Apr 1919	**9**, C E	25 Jan 1920	**9**, 281
22 Jun 1919	**9**, C E	2 Feb 1920	**9**, 296 E
23 Aug 1919	**9**, C E	30 Aug 1920	**10**, C
25 Aug 1919	**9**, C	7 Nov 1920	**10**, 192
6 Sep 1919	**9**, C E	28 Nov 1920	**10**, 211 E
9 Dec 1919	**9**, C		
17 Dec 1919	**9**, C	Meyer, Eduard	
29 Apr 1920	**9**, C E	12 Feb 1920	**9**, 311
		13 Feb 1920	**9**, 312
Mercur Aircraft Company		14 Feb 1920	**9**, 315 E
29 Dec 1917	**8**, 422		
		Meyer, Georg	
Mereschowsky, Constantin von		7 Jun 1909	**5**, 166 E
7 Mar 1919	**9**, C		
		Meyer, Isaak	
Methuen publishing house		7 Sep 1920	**10**, 136
23 Nov 1920	**10**, C		
8 Dec 1920	**10**, C	Meyer-Schmid, Anna	
22 Dec 1920	**10**, C E	12 May 1909	**5**, 154 E
30 Dec 1920	**10**, C		
after 30 Dec. 1920	**10**, C E	Mie, Gustav	
		30 May 1917	**8**, 346
Mettler, Gino		2 Jun 1917	**8**, 348 E
2 Sep 1918	**8**, C	14 Dec 1917	**8**, 407 E
3 Sep 19181	**8**, C E	17 Dec 1917	**8**, 410
		22 Dec 1917	**8**, 416 E
Mewes Rudolf		29 Dec 1917	**8**, 421 E
9 Jul 1920	**10**, C E	5 Feb 1918	**8**, 456
		8 Feb 1918	**8**, 460 E
Meyer, Edgar		17–19 Feb 1918	**8**, 465
28 Aug 1909	**5**, 176 E	22 Feb 1918	**8**, 470 E
28 Sep 1909	**5**, 178 E	21 Mar 1918	**8**, 488
29 Oct 1909	**5**, 182 E	24 Mar 1918	**8**, 493 E
18 Nov 1909	**5**, 188 E	6 May 1918	**8**, 532
11 May 1910	**5**, 206 E	29 Jun 1919	**9**, 65
27 Dec 1910	**5**, 240 E		
26 Feb 1911	**5**, 256 E	Minkowski, Hermann	
after Apr 1914	**8**, C E	9 Oct 1907	**5**, 62

Mirimanoff, Dmitry
 12 Feb 1909 **5**, 137
 5 Feb 1909 **8**: Vol. 5, 136a
 9 Feb 1909 **8**: Vol. 5, 136b E

Mises, Richard von
 29 Nov 1919 **9**, 183
 6 Dec 1919 **9**, 195 E
 10 Dec 1919 **9**, 205
 21 Dec 1919 **9**, 226 E
 10 Feb 1920 **9**, 307 E
 after 19 Feb 1920 **9**, C

Mittag-Leffler, Gösta
 16 Dec 1919 **9**, 218
 12 Apr 1920 **9**, C E
 3 May 1920 **10**, C
 21 Jul 1920 **10**, 79 E
 16 Aug 1920 **10**, C

Moch, Gaston
 24 Apr 1920 **9**, C
 30 Apr 1920 **9**, C E
 3 May 1920 **10**, C
 3 Jul 1920 **10**, 69
 19 Jul 1920 **10**, 78 E

Moeller-Grevé, Maria
 6 Sep 1920 **10**, C

Möller, Hans Georg
 28 May 1920 **10**, C

Moos, Adolf and Friedricke
 Nov 1920 **10**, C E

Morf, Heinrich
 after Feb 20 1915 **8**, C E

Moser, Greti
 28 May 1920 **10**, 37

Mosse, Rudolf
 24 Aug 1920 **10**, C E

Mousson, Heinrich
 20 Dec 1919 **9**, C E

Moszkowski, Bertha
 22 Oct 1920 **10**, 180
 28 Oct 1920 **10**, 187

Moszkowski, Alexander
 18 Jan 1917 **8**, 288
 1 Feb 1917 **8**, 292

Mousson, Heinrich
 19 Jul 1915 **8**, 97
 24 Jul 1915 **8**, 100 E
 17 Sep 1915 **8**, 119 E
 12 Dec 1918 **8**, 670
 17 Dec 1918 **8**, 674 E

Mueller, Bernhard
 19 Apr 1919 **9**, C

Mühsam, Hans
 1 Dec 1920 **10**, 216 E

Mühsam, Paul
 24 Oct 1918 **8**, 639
 7 Dec 1920 **10**, 221

Müller, Géza
 1 Jul 1910 **5**, 212

Müller, Gustav
 9 Jan 1918 **8**, 434

Müller, Richard
 18 Dec 1917 **8**, C

Münchener Zeitung
 21 Dec 1917 **8**, C

Munich Military Tribunal
 19 May 1919 **9**, 44 E

Natanson, Władysław
 27 Jan 1915 **8**, 50 E
 24 Aug 1915 **8**, 113 E
 29 Dec 1915 **8**, 175 E
 28 Jan 1917 **8**, 291 E
 14 Sep 1917 **8**, 380 E

[Nathan, Paul]
 3 Apr 1920 **9**, 366 E

Natorp, Paul
    11 May 1919   **9**, 37 E
    26 Jun 1919   **9**, 64

Naturwissenschaften publishing house
    1 Mar 1920   **9**, C

Naumann, Otto
    after 1 Oct 1915   **8**, 124 E
    7 Dec 1915   **8**, 160 E

Nernst, Walther
    20 Jun 1911   **5**, 270 E
    23 Mar 1912   **8**: Vol. 5, 375a
    2 Jul 1914   **8**, 17
    25 Dec 1917   **8**, 418
    28 Nov 1920   **10**, 213

Neue Freie Presse (Vienna)
    6 Dec 1919   **9**, 193 E

Neue Zürcher Zeitung
    24 Mar 1920   **9**, C

Neurath, Otto
    15 Apr 1917   **8**, 326

Ney, Elisabeth
    30 Sep 1920   **10**, 157 E

Nicolai, Georg F.
    20 Feb 1915   **8**, 57 E
    2 Apr 1915   **8**, C E
    ca. 22 Jan 1917   **8**, 289 E
    26 Feb 1917   **8**, 302
    28 Feb 1917   **8**, 303 E
    after 28 Feb 1917   **8**, 304 E
    12 May 1918   **8**, 537 E
    18 May 1918   **8**, 541

Niggli, Julia
    28 Jul 1899   **1**, 48 E
    6? Aug 1899   **1**, 51 E
    11 Sep 1899   **1**, 55 E

Nissen, Knud A.
    9 Aug 1915   **8**, 105

Nixdorf, Wilhelm
    9 May 1918   **8**, C

Nobel Committee for Physics of the Royal Swedish Academy of Sciences
    before 18 Oct 1918   **8**, 635 E
    before 1 Oct 1918   **8**, C

Nomination of Arnold Sommerfeld and Peter Debye as Corresponding Members of the Prussian Academy of Sciences
    before 5 Feb 1920   **9**, 299 E

Norda, Hansjoachim H.
    10 May 1918   **8**, C
    2 Jun 1918   **8**, C
    18 Jun 1918   **8**, C

Nordström, Cornelia and Gunnar
    31 Jan 1918   **8**, 452

Nordström, Gunnar
    3 Aug 1916   **8**, 247
    30 Nov 1916   **8**, 281
    22–28 Sep 1917   **8**, 382
    23 Oct 1917   **8**, 393

Norwegian Students' Association
    9 Sep 1920   **10**, 141 E

Nowak, Josef
    27 Aug 1920   **10**, C

Nowak, Konstantin
    28 Dec 1918   **8**, C

Oettingen, Arthur von
    16 Nov 1919   **9**, 167 E
    11 Dec 1919   **9**, C

Olympia Academy: Dedication to Einstein as Member
    1903   **5**, 3

Oppenheim, Paul
    25 Sep 1919   **9**, 111
    1 Oct 1919   **9**, 117
    27 Nov 1919   **9**, 179
    14 Jan 1920   **9**, 261
    24 Apr 1920   **9**, 394
    29 Apr 1920   **9**, 399 E

按字母顺序的信件目录, 1895—1920

Ostwald, Wilhelm		Pfeiffer, Heinrich	
19 Mar 1901	**1**, 92 E	12 Feb 1920	**9**, 310
3 Apr 1901	**1**, 95 E	16 Mar 1920	**9**, 354
6 Nov 1916	**8**, 274 E		
		Pflüger, Alexander W.	
Ostwald, Wolfgang		26 Nov 1919	**9**, C
22 Nov 1920	**10**, C	5 Sep 1920	**10**, 133
after 22 Nov 1920	**10**, C E		
20 Dec 1920	**10**, C	Planck, Marga	
		30 Apr 1918	**8**, 527
Paalzow, Carl			
12 Apr 1901	**5**: Vol. 1, 98a E	Planck, Max	
		6 Jul 1907	**5**, 47
Palatini, Attilio		9 Nov 1907	**5**, 64
16 Jan 1920	**9**, 263 E	8 Sep 1908	**5**, 118
		7 Jul 1914	**8**, 18 E
Paschen, Friedrich		12 Jul 1914	**8**, 20
13 Jan 1920	**9**, 259	7 Nov 1915	**8**, 137
19 Jan 1920	**9**, 268	15 Nov 1915	**8**, 145
23 Jan 1920	**9**, 278 E	4 Feb 1917	**8**, 295
		26 May 1917	**8**, 345
Pechel, R.		29 Dec 1917	**8**, 423
13 Mar 1919	**9**, C E	23 Jan 1918	**8**, C E
		after 30 Jan 1918	**8**, 448 E
Pegram, George		13 Feb 1918	**8**, 462
9 Janaury 1912	**5**, 337	12 Mar 1918	**8**, 479
29 Jan 1912	**5**, 346 E	19 Mar 1918	**8**, 486
		after 2 Jul 1918	**8**, 578 E
Perrin, Jean		8 Jul 1918	**8**, 584
11 Nov 1909	**5**, 186 E	19 Jul 1918	**8**, C E
12 Jan 1911	**5**, 244 E	26 Oct 1918	**8**, 640
4 Apr 1913	**5**, 437 E	20 Jul 1919	**9**, 73
28 Aug 1919	**9**, 96	29 Jul 1919	**9**, C
27 Sep 1919	**9**, 114 E	12 Sep 1919	**9**, C
5 Nov 1919	**9**, 156 E	23 Sep 1919	**9**, C
after 5 Nov 1919	**9**, 157	4 Oct 1919	**9**, 121
		23 Oct 1919	**9**, 149 E
Peters, Rudolf		18 Nov 1919	**9**, 169
after 20 Apr 1920	**9**, 388 E	18 Nov 1919	**9**, C
		5 Dec 1919	**9**, C
Petzoldt, Joseph		24 Dec 1919	**9**, C
14 Apr 1914	**8**, 5 E	9 Jan 1920	**9**, C
11 Jun 1914	**8**, 13 E	9 Mar 1920	**9**, C
26 Jul 1919	**9**, 77		
19 Aug 1919	**9**, 93 E	Pohl, Robert W.	
23 Aug 1919	**9**, 95 E	16 Apr 1919	**9**, C
6 Jul 1920	**10**, 72	25 May 1919	**9**, C E
21 Jul 1920	**10**, 80 E	3 Jun 1919	**9**, C
		3 Jul 1920	**10**, C
		10 Jul 1920	**10**, C E

14 Jul 1920	**10**, C	Rabel, Gabriele	
		3 Nov 1919	**9**, C
Polányi, Michael		20 Nov 1919	**9**, C
13 Dec 1914	**8**, 41 E		
30 Dec 1914	**8**, 42 E	Radtke, Otto	
10 Feb 1915	**8**, 55 E	6 Nov 1918	**8**, C
8 May 1915	**8**, 81 E	17 Apr 1919	**9**, C
18 Jun 1915	**8**, 89 E	29 Apr 1919	**9**, C
6 Jul 1915	**8**, 93 E		
20 Feb 1920	**9**, 321	Rahm, Hans	
1 Mar 1920	**9**, 336 E	13 Oct 1920	**10**, C
		16 Nov 1920	**10**, C E
Polish Physicians and Natural Scientists, Eleventh Congress		Rassow, B.	
before 21 Jul 1911	**5**, 273 E	30 Sep 1920	**10**, C
Polizeipräsidium		Rathenau, Walther	
14 Nov 1919	**9**, C E	8 Mar 1917	**8**, 305 E
		10–11 May 1917	**8**, 337
Preuss, J. H. Albrecht			
11 Feb 1918	**8**, C	Rebholz, Ludwig G.	
		28 Mar 1920	**9**, C
Prinz, Heinrich		after 28 Mar 1920,	**9**, C E
23 Mar 1920	**9**, C		
		Regener, Erich	
Protestant Synod of Berlin		14 April 1919	**9**, C
26 Feb 1920	**9**, 329	27 May 1919	**9**, C E
		12 Jun 1919	**9**, C
Prussian Academy of Sciences		21 May 1920	**10**, 24
22 Nov 1913	**5**, 485		
7 Dec 1913	**5**, 493 E	Reiche, Fritz	
23 Oct 1919	**9**, C E	12 May 1909	**5**, 155 E
4 Dec 1919	**9**, C E	18 Jul 1914	**8**, 21 E
4 Dec 1919	**9**, C E		
11 May 1920	**10**, C E	Reichenbach, Hans	
18 Nov 1920	**10**, C E	16 Aug 1919	**9**, 89 E
		15 Jun 1920	**10**, 57
Prussian Minister of Education		30 Jun 1920	**10**, 66 E
13 Apr 1917	**8**, C		
7 Nov 1918	**8**, C	Reichinstein, David	
		27 Mar 1914	**5**, 519 E
Prussian Ministry of Education		14 Jun 1920	**10**, 55
27 Dec 1915	**8**, C E	27 Jul 1920	**10**, C
23 Aug 1919	**9**, C E	31 Jul 1920	**10**, C
		16 Dec 1920	**10**, C
Quidde, Ludwig			
15 Nov 1918	**8**, 655 E	Reichsbank, Board of Directors	
16 Nov 1918	**8**, 656	before 8 May 1918	**10**: Vol 9, C, E
		8 May 1918	**10**: Vol.9, C

Reingold, A. J.
   22 Dec 1920   **10**, 239 E

Reis, Erna and Karl
   24 Feb 1920   **9**, C

Reissner, Hans
   22 Jun 1915   **8**, 90
   19 Dec 1917   **8**, C

Relief and Works Agency for Palestine
   13 Oct 1919   **9**, 132

Rey Pastor, Julio
   22 Apr 1920   **9**, 391
   28 Apr 1920   **9**, C
   11 May 1920   **10**, C
   3 Jun 1920   **10**, C E
   14 Jul 1920   **10**, C E
   5 Aug 1920   **10**, C
   13 Aug 1920   **10**, C E

Riesenfeld, Ernst
   5 Dec 1917   **8**, C E
   12 Dec 1917   **8**, C

Rödiger, Georg
   26 Dec 1917   **8**, C

Röhm, Stefan
   3 May 1918   **8**, C

Roethe, Gustav
   15 Nov 1920   **10**, C
   29 Dec 1920   **10**, C

Rolland, Romain
   22 Mar 1915   **8**, 65 E
   28 Mar 1915   **8**, 68
   15 Sep 1915   **8**, 118 E
   21 Aug 1917   **8**, 373
   22 Aug 1917   **8**, 374 E
   23 Aug 1917   **8**, 376

Röntgen, Wilhelm
   18 Sep 1906   **5**, 40
   29 Nov 1916   **8**, 280 E

Rosen, Friedrich
   after 11 May 1920   **10**, C E

Rosenberg, H.
   11 Apr 1919   **9**, C
   26 Apr 1919   **9**, C E

Rosenberg, I
   24 May 1919   **9**, C
   25 May 1919   **9**, C E

Rosenheim, Theodor
   11 Aug 1918   **8**, 600

Rotten, Elisabeth
   7 Oct 1919   **9**, 126 E

Rouvière, Jeanne
   23 Feb 1920   **9**, C
   8 Mar 1920   **9**, C E
   15 May 1920   **10**, C
   30 Nov 1920   **10**, C

Royal Academy of Sciences in Amsterdam
   24 May 1920   **10**, 29 E

Royal Danish Academy of Sciences and Letters
   16 Apr 1920   **9**, C

Royal Society of Sciences in Göttingen
   23 Dec 1915   **8**, 171 E

Rubner, Max
   17 Dec 1919   **9**, C

Ruff, ?
   17 Dec 1917   **8**, C

Runge, Carl
   8 Nov 1920   **10**, 195 E

Ruprecht, ?
   27 Jul 1908   **5**, 112

Rusch, Franz
   26 Aug 1910   **5**, 223 E

Rütschke
   31 Aug 1920   **10**, 124

Savić [Kaufler], Helene
   11 Oct 1900   **1**, 81 E
   20 Dec 1900   **1**, 86 E

ca. 20 Mar 1903	**5**, 8 E	29 Aug 1920	**10**, 116
Nov 1909–Feb 1910	**5**, 183 E	10 Oct 1920	**10**, 171
after 17 Dec 1912	**5**, 424 E		
8 Sep 1916	**8**, 258 E	Schneider, Ilse	
		15 Sep 1919	**9**, 104 E
Savić [Kaufler], Helene and Milivoj		5 Jan 1920	**9**, 244 E
15 May 1904	**5**, 19 E		
Dec 1906?	**5**, 42 E	Schmedeman, Albert G.	
before 1 Aug 1910	**5**, 217 E	30 Oct 1920	**10**, C
		13 Dec 1920	**10**, 229
Sazyma, W.		16 Dec 1920	**10**, 234 E
18 Feb 1920	**9**, C	23 Dec 1920	**10**, 242
Scheel, Karl		Schmidt, Adolf	
5 Jan 1918	**8**, 430	30 Oct 1914	**8**, 37 E
9 Mar 1918	**8**, 478	31 Oct 1914	**8**, 38
29 Jun 1918	**8**, 574 E	1 Jul 1919	**9**, 68
17 Mar 1919	**9**, 9 E	17 Aug 1919	**9**, 92 E
8 Jul 1919	**9**, C E		
		Schmidt, Erhard	
Schjerning, Otto von		3 Sep 1920	**10**, C
20 Jan 1916	**8**, C E		
		Schmidt, Harry	
Schlick, Moritz		11 Sep 1920	**10**, C
14 Dec 1915	**8**, 165 E	24 Nov 1920	**10**, C
4 Feb 1917	**8**, 296	28 Nov 1920	**10**, C
6 Feb 1917	**8**, 297 E	2 Dec 1920	**10**, 219 E
21 Mar 1917	**8**, 314 E	3 Dec 1920	**10**, C
1 Apr 1917	**8**, 320 E		
21 May 1917	**8**, 343 E	Schmidt-Ott, Friedrich	
10 Dec 1918	**8**, 668 E	11 Dec 1917	**8**, C
15 Oct 1919	**9**, 137	22 Feb 1920	**9**, C
17 Oct 1919	**9**, 142 E	28 Feb 1920	**9**, C
21 Nov 1919	**9**, 170 E	26 Mar 1920	**9**, C
1 Dec 1919	**9**, 184 E	18 May 1920	**10**, C
8 Dec 1919	**9**, 199 E	1 Jun 1920	**10**, C
19 Dec 1919	**9**, 222	before 10 Jun 1920	**10**, C E
22 Feb 1920	**9**, 327	10 Jun 1920	**10**, C
27 Feb 1920	**9**, 331 E	11 Jun 1920	**10**, C E
13 Mar 1920	**9**, 352	16 Jun 1920	**10**, C
19 Apr 1920	**9**, 378 E	23 Jun 1920	**10**, C
22 Apr 1920	**9**, 392	1 Jul 1920	**10**, C E
10 May 1920	**10**, 12	12 Jul 1920	**10**, C E
5 Jun 1920	**10**, C	13 Sep 1920	**10**, C E
7 Jun 1920	**10**, 47 E	9 Oct 1920	**10**, C
10 Jun 1920	**10**, 51	10 Nov 1920	**10**, C
12 Jun 1920	**10**, 53		
29 Jun 1920	**10**, C	Schmitt, ?	
30 Jun 1920	**10**, 67 E	11 Mar 1920	**9**, C

Schnauder, Alfred
   5 Jan–11 May 1907   **5**, 43 E

Schneider, Karl Camillo
   24 Feb 1918   **8**, 471 E
   16 Mar 1918   **8**, 481
   after 16 Mar 1918   **8**, 482

Schoenflies, Arthur
   15 Jan 1909   **5**, 133
   9 Jun–28 Jul 1920   **10**, 50
   29 Jul 1920   **10**, 89 E

Schottky, Walter
   25 Jun 1914   **8**, 16
   26 Sep 1917   **8**, 384 E
   10 Oct 1917   **8**, 388 E
   23 Jun 1918   **8**, 569 E
   9 Mar 1920   **9**, 344

Schrodt, Toni
   30 Aug 1920   **10**, 121

Schröter, Carl
   11 Dec 1910   **5**, 237 E
   20 Jan 1911   **5**, 248 E
   21 Jan 1911   **5**, 249 E
   1 Feb 1912   **5**, 349 E

Schubert, K.
   3 Sep 1920   **10**, C

Schubert-Soldern, Richard von
   20 Apr 1920   **9**, 385
   12 May 1920   **10**, C

Schuchard, Ernst
   17 Aug 1920   **10**, C E

Schücking, Walther
   22 Oct 1915   **8**, 131 E

Schüepp, Hermann: Expert Opinion on his Dissertation
   30 Nov 1909   **5**, 189 E

Schuh, Friedrich
   17 Oct 1919   **9**, C
   23 Oct 1919   **9**, C E
   6 Nov 1919   **9**, C E
   7 May 1920   **10**, C E

Schüller, H.
   14 Dec 1919   **9**, 212 E

Schwäbischer Bund
   19 May 1919   **9**, 43 E

Schwamberger, Emil
   22 Mar 1920   **9**, C
   1 Apr 1920   **9**, 364 E

Schwarzschild, Karl
   22 Dec 1915   **8**, 169
   29 Dec 1915   **8**, 176 E
   9 Jan 1916   **8**, 181 E
   6 Feb 1916   **8**, 188
   19 Feb 1916   **8**, 194 E

Schweinitz und Krain, Elsa, Countess of
   30 Aug 1920   **10**, 122

Schweitzer, Alfred
   19 Jan 1909   **5**, 135

Schweydar, Wilhelm
   4 Jan 1918   **8**, 426
   4 Jan 1918   **8**, 427
   14 Apr 1918   **8**, 504
   10 Oct 1919   **9**, 130

Searle, George
   20 May 1909   **5**, 162

Seelig, Carl
   21 Dec 1919   **9**, 230
   29 Dec 1919   **9**, 237 E

Seeliger, Rudolf
   31 Mar 1919   **9**, C
   29 Apr 1919   **9**, C
   11 Jun 1919   **9**, C
   middle of Dec 1919   **9**, C
   30 Apr 1920   **9**, C E
   before 2 May 1920   **10**, C

Seemann, Hugo
   26 Mar 1919   **9**, 13

28 Apr 1919	**9**, C E	Simonson, Emil	
2 May 1919	**9**, C	21 Nov 1918	**8**, C
6 May 1919	**9**, C E		
11 May 1919	**9**, 38	Sitter, Willem de	
12 Jul 1920	**10**, C	22 Jun 1916	**8**, 227 E
16 Nov 1920	**10**, C E	15 Jul 1916	**8**, 235 E
28 Nov 1920	**10**, C	27 Jul 1916	**8**, 243
10 Dec 1920	**10**, C E	27 Jul 1916	**8**, 244
		1 Nov 1916	**8**, 272
Seippel, Paul		4 Nov 1916	**8**, 273 E
19 Aug 1917	**8**, 372 E	23 Jan 1917	**8**, 290 E
		2 Feb 1917	**8**, 293 E
Schenk, Heinrich		before 12 Mar 1917	**8**, 311 E
31 Jan 1912	**5**, 348	15 Mar 1917	**8**, 312
		20 Mar 1917	**8**, 313
Schidlof, Arthur		24 Mar 1917	**8**, 317 E
17 Jun 1913	**5**, 446 E	1 Apr 1917	**8**, 321
5 Jul 1913	**5**, 449 E	14 Apr 1917	**8**, 325 E
		18 Apr 1917	**8**, 327
Schinz, Hans		14 Jun 1917	**8**, 351 E
10 Mar 1911	**5**, 259 E	20 Jun 1917	**8**, 355
		22 Jun 1917	**8**, 356 E
Selety, Franz		28 Jun 1917	**8**, 359 E
23 Jul 1917	**8**, 364	22 Jul 1917	**8**, 363 E
29 Oct 1917	**8**, 395	31 Jul 1917	**8**, 366 E
		8 Aug 1917	**8**, 370 E
Siemens, Wilhelm von		10 Apr 1918	**8**, 501
11 Dec 1917	**8**, C	15 Apr 1918	**8**, 506 E
before 16 Dec 1917	**8**, 409 E	1 Dec 1919	**9**, 185
24 Dec 1917	**8**, C	12 Dec 1919	**9**, 208 E
4 Jan 1918	**8**, 425 E	4 Nov 1920	**10**, 190
21 Jan 1918	**8**, 441	29 Nov 1920	**10**, 214
5 Feb 1918	**8**, C		
1 May 1918	**8**, C	Slowo Publishing House	
29 May 1918	**8**, C	6 Nov 1920	**10**, C
14 Sep 1918	**8**, C		
10 Oct 1918	**8**, C	Smekal, Adolf	
1 Nov 1918	**8**, C	5 Jun 1920	**10**, 45
19 Feb 1919	**9**, C		
25 Apr 1919	**9**, C	Smoluchowska-Baraniecka, Zofija	
26 Apr 1919	**9**, C	8 Nov 1917	**8**, 397
16 Jun 1919	**9**, C		
27 Jun 1919	**9**, C	Smoluchowski, Marian von	
		11 Jun 1908	**5**, 105 E
Silberstein, Ludwik		27 Nov 1911	**5**, 315 E
15 Jan 1918	**8**, C	12 Dec 1911	**5**, 323
10 Mar 1920	**9**, 348	10 Mar 1912	**5**, 370 E
1 May 1920	**10**, 1 E	24 Mar 1912	**5**, 376 E

20 May 1912	**5**, 396 E	5 Feb 1919	**9**, 5 E
20 May 1912	**5**, 397 E	25 Mar 1919	**9**, 12
		25 Mar 1919	**9**, C
Solovine, Maurice		24 Oct 1919	**9**, 150
27 Apr 1906	**5**, 36 E	13 Dec 1919	**9**, 210
15 Aug 1908	**5**, 115 E	18 Dec 1919	**9**, 219 E
18 Aug 1908	**5**, 116	18 Dec 1919	**9**, C E
3 Dec 1908	**5**, 131 E	3 Sep 1920	**10**, 131
18 Mar 1909	**5**, 142 E	6 Sep 1920	**10**, 134 E
16-22 Mar 1913	**5**, 433 E	11 Sep 1920	**10**, 147
7 Apr 1920	**9**, 372	7 Oct 1920	**10**, 168
24 Apr 1920	**9**, 393 E	18 Dec 1920	**10**, 235
4 May 1920	**10**, C	18–28 Dec. 1920	**10**, 236 E
24 May 1920	**10**, C	29 Dec 1920	**10**, 252
2 Jun 1920	**10**, C E		
14 Jun 1920	**10**, C	Springer publishing house	
16 Jun 1920	**10**, C	25 Oct 1910	**5**, 228
		23 Apr 1920	**9**, C
Solvay, Ernest		29 Apr 1920	**9**, C
9 Jun 1911	**5**, 269	4 Nov 1920	**10**, C E
22 Nov 1911	**5**, 312 E	24 Dec 1920	**10**, C
		31 Dec 1920	**10**, C
Solvay International Institute of Physics			
Scientific Committee		Stark, Johannes	
29 Apr 1913	**5**, 438 E	13 Apr 1907	**5**, 45 E
		5 Sep 1907	**5**, 58 E
Sommerfeld, Arnold		4 Oct 1907	**5**, 60
5 Jan 1908	**5**, 72 E	7 Oct 1907	**5**, 61 E
14 Jan 1908	**5**, 73 E	1 Nov 1907	**5**, 63 E
29 Sep 1909	**5**, 179 E	7 Dec 1907	**5**, 66 E
19 Jan 1910	**5**, 197 E	11 Feb 1908	**5**, 82
Jul 1910	**5**, 211 E	17 Feb 1908	**5**, 85 E
29 Oct 1912	**5**, 421 E	19 Feb 1908	**5**, 87
15 Jul 1915	**8**, 96 E	22 Feb 1908	**5**, 88 E
28 Nov 1915	**8**, 153 E	29 Feb 1908	**5**, 90 E
9 Dec 1915	**8**, 161 E	2 Dec 1908	**5**, 129 E
2 Feb 1916	**8**, 186 E	14 Dec 1908	**5**, 132 E
8 Feb 1916	**8**, 189 E	6 Apr 1909	**5**, 147 E
3 Aug 1916	**8**, 246 E	8 Apr 1909	**5**, 148
1 Feb 1918	**8**, 453 E	31 Jul 1909	**5**, 172 E
after 1 Feb 1918	**8**, 454 E		
16 Feb 1918	**8**, 464	Starke, H.	
8 Mar 1918	**8**, 477	8 Apr 1919	**9**, C
1 Jun 1918	**8**, 553 E	26 Apr 1919	**9**, C E
after 1 Jun 1918	**8**, 555		
between 1 Aug and		Steinel, Oskar	
1 Nov 1918	**8**, 592	24 Jun 1920	**10**, C
3 Dec 1918	**8**, 662	after 24 Jun 1920	**10**, C E
6 Dec 1918	**8**, 665 E		

Steinhardt, Alice
   19 Aug 1917   **8**, C E

Steinhardt, S. Ogden
   17 Apr 1918   **8**, C

Steinman, D. B.
   24 Mar 1920   **9**, C
   15 Apr 1920   **9**, C E
   5 Jun 1920   **10**, C E

Stern, Alfred
   3 May 1901   **1**, 104 E
   14 May 1909   **5**, 157 E
   30 Jul 1910   **5**, 216 E
   6 Dec 1910   **5**, 236 E
   5 Jun 1912   **5**, 405

Stern, Alfred and Clara
   2 Aug 1911   **5**, 274
   2 Feb 1912   **5**, 352 E
   17 Mar 1912   **5**, 374 E
   6 Aug 1913   **5**, 662 E

Stern, Clara
   14 Mar 1913   **5**, 431 E

Stern, Heinrich
   3 Aug 1920   **10**, C

Stern, Minna
   29 Dec 1915   **8**, C E
   26 Apr 1918   **8**, C E
   before 11 Nov 1918   **8**, C E

Stern, Otto
   after 4 Jun 1914   **8**, 12 E
   15 Feb 1916   **8**, 191 E
   after 15 Feb 1916   **8**, 192 E
   10 Mar 1916   **8**, 198 E
   13 Mar 1916   **8**, 201
   27 Mar 1916   **8**, 205 E

Stern, Otto: Expert Opinion on his Habilitation Petition
   15 Jul 1913   **5**, 452

Steubing, Walter
   6 Apr 1919   **9**, C
   28 Jun 1919   **9**, C
   9 Sep 1919   **9**, C E
   19 Sep 1919   **9**, C
   11 Oct 1919   **9**, C E
   30 Jan 1920   **9**, C

Steubing, Walter and Kirschbaum, Heinz
   29 Mar 1920   **9**, C

Steubing, Walter and Wendt, Georg
   27 May 1919   **9**, C E

Sthamer, Eduard
   23 Jun 1920   **10**, C

Stöcker, Helene
   9 Apr 1919   **9**, 20

Stodola, Aurel
   17 May 1908   **5**, 100
   13 Jun 1908   **5**, 106
   12 Feb 1909   **5**, 138
   25 Feb 1909   **5**, 140 E
   31 Mar 1919   **9**, 16 E

Straneo, Paolo
   7 Jan 1915   **8**, 45 E

Strömgren, Elis
   before 24 Jun 1920   **10**, C E

Struck, Hermann
   9 Jul–15 Aug 1919   **9**, C

Struve, Hermann
   13 Feb 1916   **8**, 190 E

Students of the University of Berlin, Declaration,
   19 Feb 1920   **9**, 320

Study, Eduard
   17 Sep 1918   **8**, 618 E
   23 Sep 1918   **8**, 622
   25 Sep 1918   **8**, 624 E
   27 Sep 1918   **8**, 627
   24 May 1919   **9**, 45
   5 Sep 1919   **9**, 100 E

Stumpf, Carl
   22 Oct 1919   **9**, C
   3 Nov 1919   **9**, C E

Stürgkh, Count Karl von
   15 Dec 1910   **5**, 238
   13 Jan 1911   **5**, 245

Svedberg, The
   8 Dec 1919   **9**, 202
   14 Dec 1919   **9**, 213 E

Swarzenski, Georg
   14 Apr 1920   **9**, C
   after 14 Apr 1920 **9**, C E

Swinne, Richard
   12 Feb 1911   **5**, 253
   26 Feb 1911   **5**, 257 E
   1 Feb 1912   **5**, 350

Swiss Department of Foreign Affairs
   28 Feb 1900   **1**, 62 E

Swiss Department of Justice
   19 Jun 1902   **1**, 141
   6 Jul 1909   **5**, 169 E

Swiss Department of Justice to Swiss Federal Council
   2 Jun 1902   **1**, 140

Swiss Federal Council
   19 Oct 1899   **1**, 60 E

Swiss Patent Office
   18 Dec 1901   **1**, 129 E
   20 Sep 1904   **5**, 24
   13 Mar 1906   **5**, 34

Swiss Patent Office: Letter on the AEG Alternating Current Machine
   11 Dec 1907   **5**, 67 E

Tanner, Hans
   24 Apr 1911   **5**, 265 E
   13 Oct 1911   **5**, 293 E
   26 Apr 1912   **5**, 388 E
   23 Feb 1915   **8**, C E
   24 Aug 1915   **8**, C E
   29 Aug 1915   **8**, C E
   14 Dec 1917   **8**, C E
   7 Apr 1918   **8**, C E

   19 Sep 1918   **8**, C E

Technikum Winterthur, Director's Office
   29 May 1913   **5**, 442 E

Teubner Publishing House
   3 Oct 1907   **5**, 59
   9 Dec 1918   **8**, C
   23 Sep 1919   **9**, C
   28 Sep 1919   **9**, C E
   28 Sep 1919   **9**, C
   3 Oct 1919   **9**, C
   17 Dec 1919   **9**, C E
   20 Dec 1919   **9**, C
   21 Dec 1919   **9**, C E

Teweles, Heinrich
   23 Dec 1919   **9**, 231 E

Thirring, Hans
   20 Oct 1919   **9**, 146

Thirring, Hans, Smekal, Adolf, and Flamm, Ludwig
   11–17 Jul 1917   **8**, 361
   2 Aug 1917   **8**, 369 E
   3 Dec 1917   **8**, 401
   7 Dec 1917   **8**, 405 E
   20 Jun 1920   **10**, C
   25 Jun 1920   **10**, 65 E

Thoms, Hermann
   30 Jul 1920   **10**, C
   15 Sep 1920   **10**, C E

Ting, W. S.
   11 Oct 1920   **10**, C

Tinguely, Paul
   17 Jul 1909   **5**, 171

Traubenberg, Heinrich Rausch von
   10 Dec 1919   **9**, 206
   12 Jan 1920   **9**, 257 E

Trendelenburg, Ernst
   9 Jan 1918, **8**, C
   16 Sep 1918   **8**, 617 E
   23 Dec 1918   **8**, C

Treumann, Anna		13 Jul 1920	**10**, C
17 Mar 1920	**9**, C		
		Valentiner, Siegfried	
Troeltsch, Ernst		16 May 1919	**9**, C
4 Feb 1918	**8**, 455	20 May 1919	**9**, C E
7 Feb 1918	**8**, 458		
1 May 1918	**8**, 531	Varićak, Vladimir	
		10 Feb 1910	**10**: Vol. 5, 197a E
Trowbridge, Augustus		28 Feb 1910	**10**: Vol. 5, 197b E
27 Nov 1920	**10**, 210 E	3 Apr 1910	**10**: Vol. 5, 202a E
21 Dec 1920	**10**, C	3 Apr 1910	**10**: Vol. 5, C
22 Nov 1920	**10**, 207	5 Apr 1910	**10**: Vol. 5, 202b E
		8 Apr 1910	**10**: Vol. 5, C
Tschuppik, Walter		10 Apr 1910	**10**: Vol. 5, C
22 Jan 1920	**9**, C	11 Apr 1910	**10**: Vol. 5, 202c E
		14 Apr 1910	**10**: Vol. 5, C
Ulinski, Franz		23 Apr 1910	**10**: Vol. 5, 203a E
20 Apr 1920	**9**, 383 E	24 Feb 1911	**10**: Vol. 5, 255a E
		3 Mar 1911	**10**: Vol. 5, 257a E
Umschau		6 Mar 1911	**10**: Vol. 5, C
6 Dec 1919	**9**, C E	14 May 1913	**10**: Vol. 5, 439a E
University of Amsterdam, Association of		Vetter, Theodor	
Students of the Natural Sciences		14 Oct 1912	**5**, 419
28 Jan 1911	**5**, 250a E	4 Jan 1912	**5**, 427
		28 Jan 1919	**9**, 4
University of Geneva, Faculty of Sciences			
after 31 May–		Vieweg, Friedrich	
before 5 Jun 1913	**5**, 444 E	15 May 1918	**8**, C
		22 May 1918	**8**, C
University of Zurich, Bursar's Office		29 Aug 1918	**8**, C
26 Oct 1910	**5**, 229 E		
		Vieweg publishing house	
Unknown Addressee		15 Sep 1919	**9**, C
2 Mar 1913	**5**, 430 E	18 Sep 1919	**9**, C E
2 Mar 1913	**8**: Vol. 5, 430 E	23 Sep 1919	**9**, C E
		3 Nov 1919	**9**, C
Unthan, Carl Herrmann		11 Nov 1919	**9**, C E
5 Apr 1920	**9**, 370 E	29 Dec 1919	**9**, C
23 May 1920	**10**, 28	30 Dec 1919	**9**, C E
		2 Jan 1920	**9**, C
Vaihinger, Hans		3 Jan 1920	**9**, C E
23 Sep 1918	**8**, 623	19 Jan 1920	**9**, C
27 Apr 1919	**9**, 29	21 Jan 1920	**9**, C E
3 May 1919	**9**, 33 E	4 Feb 1920	**9**, C E
4 Apr 1920	**9**, 367	5 Feb 1920	**9**, C
14 Apr 1920	**9**, C E	19 Feb 1920	**9**, C E
24 Apr 1920	**9**, 395	21 Feb 1920	**9**, C
23 May 1920	**10**, C	24 Feb 1920	**9**, C
3 Jun 1920	**10**, 41 E	3 Mar 1920	**9**, C E

10 Mar 1920	**9**, C	Wagner, Mário Basto	
12 Mar 1920	**9**, C	9 Nov 1920	**10**, 197
16 Mar 1920	**9**, C E	29 Dec 1920	**10**, 251 E
14 Apr 1920	**9**, C		
27 Apr 1920	**9**, C E	Waldeyer, Wilhelm	
28 Apr 1920	**9**, C	16 May 1914	**8**, C
1 May 1920	**10**, C E	27 Jan 1915	**8**, 51 E
4 May 1920	**10**, C		
26 May 1920	**10**, C	Wankmüller, Romeo	
1 Jun 1920	**10**, C E	30 Mar 1918	**8**, 496
2 Jun 1920	**10**, C		
2 Jun 1920	**10**, C E	Warburg, Elisabeth	
7 Jun 1920	**10**, C	21 Mar 1918	**8**, 489
10 Jul 1920	**10**, C E		
21 Jul 1920	**10**, C	Warburg, Emil	
29 Jul 1920	**10**, C	19 Feb 1912	**5**, 419
31 Jul 1920	**10**, C E	25 Apr 1912	**5**, 385 E
21 Aug 1920	**10**, C	after 25 Apr–before	
8 Sep 1920	**10**, C E	11 May 1912	**5**, 386 E
13 Sep 1920	**10**, C	17 Jan 1918	**8**, C
15 Sep 1920	**10**, C	8 Feb 1918	**8**, 461
21 Sep 1920	**10**, C		
28 Sep 1920	**10**, C	Warburg, Max M.	
6 Oct 1920	**10**, C	8 Dec 1920	**10**, 223 E
29 Oct 1920	**10**, C		
8 Nov 1920	**10**, C E	Warburg, Otto H.	
18 Nov 1920	**10**, C	23 Mar 1918	**8**, 491 E
10 Dec 1920	**10**, C E		
		Wasielewski, Theodor K. von	
Vogelpohl, Georg		6 Nov 1919	**9**, 158 E
16 Apr 1920	**9**, 376	4 Dec 1919	**9**, C
after 16 Apr 1920	**9**, 377 E	26 Dec 1919	**9**, C E
Vollenhoven, Cornelis van		Wegscheider, Rudolf	
12 Jul 1920	**10**, C	20 Jan 1920	**9**, 269 E
20 Jul 1920	**10**, C E	1 Feb 1920	**9**, 292
20 Jul 1920	**10**, C E	7 Feb 1920	**9**, 302 E
26 Jul 1920	**10**, C		
		Weiß, Josef	
Voltz, Friedrich		25 Mar 1909	**5**, 145
19 Dec 1918	**8**, C		
		Weigert, Charlotte	
Wagner, Ernst		15 May 1918	**8**, 539
5 Apr 1919	**9**, C	10 Jan 1920	**9**, 253
25 May 1919	**9**, C E	3 Mar 1920	**9**, C
2 Jun 1919	**9**, C		
18 Jun 1920	**10**, C	Weigert, Fritz	
1 Jul 1920	**10**, C E	15 Feb 1920	**9**, C
14 Aug 1920	**10**, C	24 May 1920	**10**, C

Weinberg, Jehiel J.		1 May 1918	**8**, 529 E
19 Dec 1919	**9**, C	10 May 1918	**8**, 535 E
		19 May 1918	**8**, 544
Weisbach, Werner		31 May 1918	**8**, 551 E
14 Oct 1916	**8**, 264 E	3 Jul 1918	**8**, 579 E
15 Oct 1917	**8**, 391 E	18 Sep 1918	**8**, 619
		27 Sep 1918	**8**, 626 E
Weishut, Fritz		16 Nov 1918	**8**, 657
18 Apr 1915	**8**, 76 E	29 Nov 1918	**8**, 661 E
		10 Dec 1918	**8**, 669
Wende, Erich		16 Dec 1918	**8**, 673 E
8 Oct 1920	**10**, 169		
		Wiedemann, Eilhard	
Wendt, Georg		14 Jun 1909	**5**, 168 E
14 Apr 1919	**9**, C		
2 Oct 1919	**9**, C	Wien, Max	
		12 May 1918	**8**, 538
Wermuth, Adolf		18 May 1918	**8**, 542
8 May 1920	**10**, C		
2 Jul 1920	**10**, C E	Wien, Wilhelm	
		23 Jul 1907	**5**, 49 E
Wertheimer, Max		25 Jul 1907	**5**, 50 E
15 May 1920	**10**, 16	29 Jul 1907	**5**, 51 E
21 May 1920	**10**, 23 E	7 Aug 1907	**5**, 52 E
		11 Aug 1907	**5**, 53 E
Westphal, Wilhelm		26 Aug 1907	**5**, 55 E
16 Apr 1919	**9**, C	19 Jan 1909	**5**, 136
27 May 1919	**9**, C E	7 Oct 1910	**5**, 226 E
29 May 1919	**9**, C	17 Jan 1912	**5**, 339 E
2 Oct 1919	**9**, 118	27 Jan 1912	**5**, 343 E
		24 Feb 1912	**5**, 365 E
Wettstein, Richard		11 Mar 1912	**5**, 371 E
13 Feb 1920	**9**, 313	20 Mar 1912	**5**, 375 E
21 Feb 1920	**9**, 323 E	11 May 1912	**5**, 392 E
		17 May 1912	**5**, 395 E
Weyl, Hermann		30 May 1912	**5**, 401 E
23 Nov 1916	**8**, 278 E	10 Jul 1912	**5**, 413 E
3 Jan 1917	**8**, 286 E	15 Jun 1914	**8**, 14 E
1 Mar 1918	**8**, 472	19 Jun 1914	**8**, 15
8 Mar 1918	**8**, 476 E	28 Feb 1916	**8**, 196 E
5 Apr 1918	**8**, 497	18 Mar 1916	**8**, 203 E
6 Apr 1918	**8**, 498 E	17 Oct 1916	**8**, 267 E
8 Apr 1918	**8**, 499 E	1 Jun 1917	**8**, 347
15 Apr 1918	**8**, 507 E	2 Jun 1917	**8**, 349 E
15 Apr 1918	**8**, 509		
18 Apr 1918	**8**, 511 E	Wiener, Otto	
19 Apr 1918	**8**, 512 E	9 Mar 1900 [1901]	**1**, 90 E
19 Apr 1918	**8**, 513 E		
27 Apr 1918	**8**, 525	Wiener Bank-Verein Filiale Prag	
28 Apr 1918	**8**, 526	16 Feb 1917	**8**, C

26 Mar 1919	**9**, C		
after 26 Mar 1919	**9**, C E		

Wiener Freiheitliche Studentenschaft,
Akademischer Monistenbund and
Akademisch-Pädagogischer Verein at the
University of Vienna
    8 Sep 1920   **10**, C

Wiener Urania
    3 Dec 1920   **10**, C E
    11 Dec 1920   **10**, C

Wilamowitz-Moellendorff, Ulrich von
    19 Apr 1920   **9**, 379 E
    20 Apr 1920   **9**, C

Wilouner, ?
    6 Nov 1919   **9**, 159 E

Winchester, George
    1 Sep 1920   **10**, C

Winteler, Jost
    8 Jul 1901   **1**, 115 E
    3 Nov 1906   **5**, 41 E
    7 Feb 1907   **5**, 44 E
    23 Jun 1913   **5**, 447 E
    9 Jan 1914   **5**, 503 E

Winteler, Marie
    21 Apr 1896   **1**, 18 E
    4–25 Nov 1896   **1**, 29
    30 Nov 1896   **1**, 30

Winteler, Paul
    10 Jun 1918   **10**: Vol. 8, 561b
    22 Nov 1918   **10**: Vol. 8, 659a
    29 Nov 1918   **10**: Vol. 8, 661b
    20 Jan 1919   **9**, C E
    5 Nov 1919   **10**:Vol. 9, C
    5 Nov 1919   **10**:Vol. 9, C
    10 Dec 1919   **10**: Vol. 9, 206b
    31 Dec 1919   **10**: Vol. 9, 239a
    before 20 May 1920   **10**, 21
    31 Aug 1920   **10**, 125
    1 Dec 1920   **10**, 218

Winteler, Paul, Winteler-Einstein, Maja, and
Einstein, Pauline
    23 Sep 1918   **8**, 621 E

Winteler, Pauline
    May? 1897   **1**, 34 E
    21 May 1897   **5**: Vol. 1, 34a E
    7 Jun 1897   **1**, 35 E
    11 Sep 1899   **1**, 56 E

Winteler, Rosa
    29 Apr 1899   **1**, 46 E

Winteler-Einstein, Maja
    6 Mar 1918   **10**: Vol. 8, 475b
    10 Jun 1918   **10**: Vol. 8, 561a
    29 Nov 1918   **10**: Vol. 8, 661a
    9 Oct 1919   **10**: Vol. 9, 128a
    10 Dec 1919   **10**: Vol. 9, 206a
    1 Sep 1920   **10**, 126
    6 Dec 1920   **10**, 220

Winteler-Einstein, Maja, and Winteler, Paul
    1 Mar 1917   **8**, C E
    11 Nov 1918   **8**, 652 E
    29 Aug 1919   **10**: Vol. 9, 96a
    10 Nov 1919   **10**: Vol. 9, C E

Wirtinger, Wilhelm
    26 Jan 1916   **10**: Vol. 8, 185a E

Wirtschaftshilfe der deutschen Studentenschaft
E. V.
    30 Aug 1920   **10**, C

Wittig, Hans
    20 Apr 1920   **9**, 386
    3 May 1920   **10**, 5 E

Witting, Alexander
    24 May 1913   **5**, 440 E
    11 Aug1913   **5**, 464 E

Wöhlisch, Edgar
    15 Oct 1920   **10**, 181
    after 7 Nov 1920   **10**, 193 E

Wohlwend, Hans
    mid Aug–beginning
      of Oct 1902   **5**, 2 E

Wolf, Max		11 Jan 1915	**10**: Vol. 8, 45a E
30 Aug 1920	**10**, 123	ca. 10 Apr 1915	**8**, 73 E
		17 May 1915	**8**, 84 E
Wolfer, Alfred		28 May 1915	**8**, 86 E
14 Dec 1919	**9**, C	7 Jul 1915	**8**, 94 E
20 Dec 1919	**9**, 223 E	16 Jul 1915	**10**: Vol. 8, 96a E
		between 24 Jul and	
Wollermann, E.		7 Aug 1915	**8**, 101 E
3 Jun 1918	**8**, C	19 Sep 1915	**8**, 120 E
		21 Sep 1915	**8**, 121 E
Wostok publishing house		24 Sep 1915	**10**: Vol. 8, 122a E
15 May 1920	**10**, C E	4 Oct 1915	**10**: Vol. 8, 124a E
20 May 1920	**10**, C	15 Oct 1915	**8**, 130 E
		15 Nov 1915	**10**: Vol. 8, 144a E
Wyss, Rudolf, Furniture Store		26 Nov 1915	**8**, 152 E
24 Sep 1908	**5**, 121	before 4 Dec 1915	**10**: Vol. 8, 159a E
		9 Dec 1915	**10**: Vol. 8, 161a E
Zametzer, Josef		1 Mar 1916	**10**: Vol. 8, 196a E
7 Jan 1906	**5**, 33	11 Jul 1916	**10**: Vol. 8, 232a E
		19 Jul 1916	**10**: Vol. 8, 237a E
Zangger, Heinrich		25 Jul 1916	**8**, 242 E
1 Jan 1911	**10**: Vol. 5, 242a E	3 Aug 1916	**10**: Vol. 8, 247a E
7 Apr 1911	**5**, 263 E	18 Aug 1916	**10**: Vol. 8, 250a E
before 1 Jun 1911	**10**: Vol. 5, 267a E	24 Aug 1916	**8**, 252 E
7 Jun 1911	**5**, 268 E	26 Sep 1916	**10**: Vol. 8, 261a
24 Aug 1911	**5**, 279 E	13 Oct 916	**10**: Vol. 8, 263b E
20 Sep 1911	**5**, 286 E	25 Oct 1916	**10**: Vol. 8, 269a
22 Oct 1911	**5**, 297 E	31 Oct–13 Dec 1916	**10**: Vol. 8, 270a
7 Nov 1911	**5**, 303 E	16 Nov 1916	**10**: Vol. 8, 276a E
15 Nov 1911	**5**, 305 E	8 Jan 1917	**10**: Vol. 8, 287a E
20 Nov 1911	**5**, 308 E	16 Jan 1917	**10**: Vol. 8, 287b E
20 Nov 1911	**5**, 309 E	1 Feb 1917	**10**: Vol. 8, 291a E
13-16 Dec 1911	**5**, 325 E	13 Feb 1917	**10**: Vol. 8, 297a E
25 Dec 1911	**5**, 330 E	16 Feb 1917	**10**: Vol. 8, 299a E
27 Jan 1912	**5**, 344 E (incomplete)	before 10 Mar 1917	**10**: Vol. 8, 308a E
27 Jan 1912	**10**: Vol. 5, 344 E	10 Mar 1917	**8**, 309 E
30 Jan 1912	**5**, 347	after 10 Mar 1917	**8**, 310 E
before 1 Feb 1912	**10**: Vol. 5, 349a E	16 Apr 1917	**10**: Vol. 8, 326a E
before 29 Feb 1912	**5**, 366 E	before 29 Apr 1917	**10**: Vol. 8, 330b E
17 Mar 1912	**10**: Vol. 5, 374a E	4 May 1917	**10**: Vol. 8, 332a E
30 Mar 1912	**5**, 379	5 May 1917	**10**: Vol. 8, 333a E
14 Apr–1 Jul 1914	**10**: Vol. 8, 5a	20 May 1917	**8**, 342
20 May 1912	**5**, 398 E	23 or 30 May 1917	**10**: Vol. 8, 343a E
after 5 Jun 1912	**5**, 406 E	2 Jun 1917	**10**: Vol. 8, 349a E
20 Sep 1913	**5**, 474 E	12 Jun 1917	**10**: Vol. 8, 350a E
ca. 20 Jan 1914	**5**, 507 E	17 Jun 1917	**10**: Vol. 8, 352a E
10 Mar 1914	**5**, 513 E	24 Jun 1917	**10**: Vol. 8, 357a E
27 Jun 1914	**10**: Vol. 8, 16a E	17 Jul 1917	**10**: Vol. 8, 361e E
24 Aug 1914	**10**: Vol. 8, 34a E	20 Jul 1917	**10**: Vol. 8, 361g E
after 27 Dec 1914	**10**: Vol. 8, 41a E	29 Jul 1917	**8**, 365 E

1 Aug 1917	**10**: Vol. 8, 367b E	Zeeman, Pieter	
8 Aug 1917	**10**: Vol. 8, 370a E	15 Aug 1915	**8**, 109 E
11 Aug 1917	**10**: Vol. 8, 370d E	8 Jan 1918	**8**, 432
21 Aug 1917	**10**: Vol. 8, 372a E	16 Jan 1918	**8**, 437 E
26 Aug 1917	**10**: Vol. 8, 376a E	13 Dec 1919	**9**, 209 E
15 Sep 1917	**10**: Vol. 8, 380a E	21 May 1920	**10**, C
15 Oct 1917	**10**: Vol. 8, 391a E	15 Aug 1920	**10**, 103 E
6 Dec 1917	**8**, 403 E		
17 Dec 1917	**8**, 411	Zeitler's Studienhaus-Zusatz-Stiftung, board of trustees	
17 Dec 1917	**8**, 412		
31 Dec 1917	**8**, 424	before 18 Oct 1920	**10**, C
28 Jan 1918	**8**, 444	28 Oct 1920	**10**, C
21 Feb 1918	**8**, 469		
27 Feb 1918	**10**: Vol. 8, 471a E	Zentralkomitee für das ärztliche Fortbildungswesen in Preußen	
after 27 Feb 1918	**10**: Vol. 8, 471b E		
4 Mar 1918	**8**, 473	18 Sep 1920	**10**, C
22 Apr 1918	**8**, 514 E		
before 8 May 1918	**10**: Vol. 8, 533a E	Zermelo, Ernst	
24 Jun 1918	**8**, 571 E	4 Oct 1912	**5**, 418 E
before 11 Aug 1918	**8**, 597 E		
before 11 Aug 1918	**8**, 598	Zionist Association of Germany	
16 Aug 1918	**8**, 601 E	23 May 1918	**8**, 547
21 Sep 1918	**10**: Vol. 8, 620a E	9 Dec 1918	**8**, 666
5 Oct 1918	**10**: Vol. 8, 630a E	12 Dec 1918	**8**, 671
ca. 10 Nov 1918	**8**, 648		
101 28 Jan 1919	**9**, 7 E	Zionist Student Association of Eastern Galicia	
end of Feb 1919	**10**: Vol. 9, 7a	18 Oct 1920	**10**, 178
before 1 Jun 1919	**9**, 51		
1 Jun 1919	**9**, 52 E	Zürcher, Emil	
after 1 Jun 1919	**9**, 53	29 Jan 1911	**5**, 251 E
before 18 Jun 1919	**9**, 62	14 Oct 1918	**8**, C E
18 Jun 1919	**9**, 63 E	15 Apr 1919	**9**, 23 E
after 17 Oct 1919	**9**, 143	6 Jan 1920	**9**, 248 E
22 Oct 1919	**9**, 148		
before 15 Dec 1919	**9**, 215	Zürcher, Emil and Johanna	
15 or 22 Dec 1919	**9**, 217 E	25 Jul 1916	**10**: Vol. 8, 242a E
24 Dec 1919	**9**, 233 E		
3 Jan 1920	**9**, 242 E	Zürcher and Furrer & Co.	
after 13 Feb 1920	**9**, 314 E	11 Jul 1911	**5**, 272 E
27 Feb 1920	**9**, 332 E		
26 Mar 1920	**9**, 361 E	Zurich City Council	
19 Apr 1920	**9**, 380 E	26 Jun 1900	**1**, 65 E
27 May 1920	**10**, 34 E		
19 Jun 1920	**10**, 61	Zurich Physics Colloquium	
before 8 Dec. 1920	**10**, 222	11 Oct 1919	**9**, 131
		16 Oct 1919	**9**, 139 E
Zangger, Heinrich, to Forrer, Ludwig			
9 Oct 1911	**5**, 291	Zweig, Stefan	
		22 Sep 1920	**10**, 152
		10 Nov 1920	**10**, 198 E

按时间顺序的信件目录,1895—1920

在此信件目录中,人名后紧跟的是各卷的卷次以及文件顺序。

1895

Summer	To Caesar Koch, **1**, 6

1896

21 Apr	To Marie Winteler, with a postscript by Pauline Einstein, **1**, 18
7 Sep	To the Department of Education, Canton of Aargau, **1**, 20
4–25 Nov	From Marie Winteler, **1**, 29
30 Nov	From Marie Winteler, **1**, 30

1897

May?	To Pauline Winteler, **1**, 34
21 May	To Pauline Winteler, **5**: Vol. 1, 34a
7 Jun	To Pauline Winteler, **1**, 35
after 20 Oct	From Mileva Marić, **1**, 36

1898

?	To Maja Einstein, **1**, 38
2 Jan	To Mileva Marić [envelope only], **1**
13 Jan	To Maja Einstein, **8**: Vol. 5, C
16 Feb	To Mileva Marić, **1**, 39
16 Apr–8 Nov	To Mileva Marić, **1**, 40
after 16 Apr	To Mileva Marić, **1**, 41
after 28 Nov	To Mileva Marić, **1**, 43

1899

after Feb	To Maja Einstein, **1**, 44
13 or 20 Mar	To Mileva Marić, **1**, 45
29 Apr	To Rosa Winteler, **1**, 46
18 May	To Rosa Winteler, **1**, 47
28 Jul	To Julia Niggli, **1**, 48
Aug	To Rosa Winteler, **5**: Vol. 1, 48a
early Aug	To Mileva Marić, **1**, 50
6? Aug	To Julia Niggli, **1**, 51
10? Aug	To Mileva Marić, **1**, 52
after 10 Aug–before 10 Sep	From Mileva Marić, **1**, 53
10 Sep	To Mileva Marić, **1**, 54
11 Sep	To Julia Niggli, **1**, 55
11 Sep	To Pauline Winteler, **1**, 56
28? Sep	To Mileva Marić, **1**, 57
10 Oct	To Mileva Marić, **1**, 58
19 Oct	To the Swiss Federal Council, **1**, 60

1900

?	From Mileva Marić, **1**, 61
28 Feb	To the Swiss Department of Foreign Affairs, **1**, 62
26 Jun	To the Zurich City Council, **1**, 65
29? Jul	To Mileva Marić, **1**, 68
1 Aug	To Mileva Marić, **1**, 69
6 Aug	To Mileva Marić, **1**, 70
9? Aug	To Mileva Marić, **1**, 71
14? Aug	To Mileva Marić, **1**, 72
20 Aug	To Mileva Marić, **1**, 73
30 Aug or 6 Sep	To Mileva Marić, **1**, 74
13? Sep	To Mileva Marić, **1**, 75
19 Sep	To Mileva Marić, **1**, 76
23 Sep	To Adolf Hurwitz, **1**, 77
26 Sep	To Adolf Hurwitz, **1**, 78
3 Oct	To Mileva Marić, **1**, 79
11 Oct	To Helene Savić [Kaufler], **1**, 81

11 Dec	Mileva Marić to Helene Savić, with postscript by Einstein, **1**, 83	13 Nov	From Mileva Marić, **1**, 124
20 Dec	To Helene Savić, **1**, 86	28 Nov	To Mileva Marić, **1**, 126
		12 Dec	To Mileva Marić, **1**, 127
		17 Dec	To Mileva Marić, **1**, 128
		18 Dec	To the Swiss Patent Office, **1**, 129
		19 Dec	To Mileva Marić, **1**, 130
		28 Dec	To Mileva Marić, **1**, 131

1901

8 Jan–19 Mar	Mileva Marić to Helene Savić with a postscript by Einstein, **1**, 87		

1902

9 Mar	To Otto Weiner, **1**, 90		
19 Mar	To Wilhelm Ostwald, **1**, 92	4 Feb	To Conrad Habicht, **1**, 133
23 Mar	To Mileva Marić, **1**, 93	4 Feb	To Mileva Marić, **1**, 134
27 Mar	To Mileva Marić, **1**, 94	8? Feb	To Mileva Marić, **1**, 136
3 Apr	To Wilhelm Ostwald, **1**, 95	17? Feb	To Mileva Marić, **1**, 137
4 Apr	To Mileva Marić, **1**, 96	Apr?	To Conrad Habicht, **1**, 139
10 Apr	To Mileva Marić, **1**, 97	19 Jun	From the Swiss Department of Justice, **1**, 141
12 Apr	To Heike Kamerlingh Onnes, **1**, 98		
12 Apr	To Carl Paalzow, **5**: Vol. 1, 98a	19 Jun	From the Swiss Patent Office, **1**, 142
14 Apr	To Marcel Grossmann, **1**, 100		
15 Apr	To Mileva Marić, **1**, 101	28 Jun or later	
30 Apr	To Mileva Marić, **1**, 102		To Mileva Marić, **5**, 1
2 May	From Mileva Marić **1**, 103	15 Aug–3 Oct	
3 May	To Alfred Stern, **1**, 104		To Hans Wohlwend, **5**, 2
3 May	From Mileva Marić, **1**, 105		
9 May	To Mileva Marić, **1**, 106		

1903

2d half of May?	To Mileva Marić, **1**, 107		
		22? Jan	To Michele Besso, **5**, 5
2d half of May?	From Mileva Marić, **1**, 108	7–11 Feb	From Michele Besso, **5**, 6
		17 Mar	To Michele Besso, **5**, 7
2d half of May?	To Mileva Marić, **1**, 110	ca. 20 Mar	To Helene Savić, **5**, 8
28? May	To Mileva Marić, **1**, 111	22 Mar	From Emma Ehrat-Ühlinger, **5**, 9
4? Jun	To Mileva Marić, **1**, 112	last week of Mar	
3 Jul	To the Director's Office, Technikum Burgdorf, **1**, 113		To Emma Ehrat-Ühlinger, **5**, 10
		last week of Mar	
7? Jul	To Mileva Marić, **1**, 114		To Jakob Ehrat, **5**, 11
8 Jul	To Jost Winteler, **1**, 115	27 Aug	From Mileva Einstein-Marić, **5**, 12
ca. 8 Jul	From Mileva Marić, **1**, 116	19? Sep	To Mileva Einstein-Marić, **5**, 13
13 Jul	To the Department of Education, Canton of Bern, **1**, 117	3 Oct	To Conrad Habicht, **5**, 14
		30 Nov	To Conrad Habicht, **5**, 15
16 Jul	From the Department of Internal Affairs, Canton of Bern, **1**, 118		

1904

22? Jul	To Mileva Marić, **1**, 119		
27 Jul	To Pauline Einstein, **8**: Vol. 5, C	20 Feb	To Conrad Habicht, **5**, 16
31 Jul	From the Department of Internal Affairs, Canton of Bern, **1**, 120	6? Apr	To Marcel Grossmann, **5**, 17
		15 Apr	To Conrad Habicht, **5**, 18
31? Jul	From Mileva Marić, **1**, 121	15 May	To Helene and Milivoj Savić, **5**, 19
6? Sep	To Marcel Grossmann, **1**, 122	25 Jul	To Mileva Einstein-Marić, **5**, 20
early Nov	From Mileva Marić, **1**, 123	1 Aug	To Conrad Habicht, **5**, 21

6 Aug	To Conrad Habicht, **5**, 22	26 Aug	To Wilhelm Wien, **5**, 55
6 Aug	To Conrad Habicht, **5**, 23	2 Sep	To Conrad and Paul Habicht, **5**, 56
20 Sep	From the Swiss Patent Office, **5**, 24	4 Sep	From Max Laue, **5**, 57
		25 Sep	To Johannes Stark, **5**, 58
		3 Oct	From Teubner publishing house, **5**, 59

1905

6 Mar	To Conrad Habicht, **5**, 25	4 Oct	From Johannes Stark, **5**, 60
6 Mar	To Conrad Habicht, **5**, 26	7 Oct	To Johannes Stark, **5**, 61
18 or 25 May	To Conrad Habicht, **5**, 27	9 Oct	From Hermann Minkowski, **5**, 62
30 Jun–22 Sep	To Conrad Habicht, **5**, 28	1 Nov	To Johannes Stark, **5**, 63
20 Jul	To Rudolf Martin, **5**, 29	9 Nov	From Max Planck, **5**, 64
20 Jul–summer 1915	To Conrad Habicht, **5**, 30	15 Nov	From Richard Lorenz, **5**, 65
16 Nov	To Philipp Lenard, **5**, 32	7 Dec	To Johannes Stark, **5**, 66
		20 Dec	To Rudolf Ladenburg, **5**, 68
		24 Dec	To Conrad Habicht, **5**, 69
		27 Dec	From Max Laue, **5**, 70

1906

1908

7 Jan	From Josef Zametzer, **5**, 33	3 Jan	To Marcel Grossmann, **5**, 71
13 Mar	From the Swiss Patent Office, **5**, 34	5 Jan	To Arnold Sommerfeld, **5**, 72
23 Apr	To the Bern Municipal Gas and Water Works, **5**, 35	14 Jan	To Arnold Sommerfeld, **5**, 73
27 Apr	To Maurice Solovine, **5**, 36	mid-Jan	From Adolf Gasser, **5**, 74
2 Jun	From Max Laue, **5**, 37	16 Jan	From Jakob Bosshart, **5**, 75
6 Jun	To the Bern Municipal Gas and Water Works, **5**, 38	20 Jan	To the Council of Education, Canton of Zurich, **5**, 76
27 Jul	To Conrad Habicht, **5**, 39	27 Jan	From Jakob Laub, **5**, 77
18 Sep	From Wilhelm Röntgen, **5**, 40	28 Jan	From Alfred Kleiner, **5**, 78
3 Nov	To Jost Winteler, **5**, 41	2 Feb	From Jakob Laub, **5**, 79
Dec?	To Helene and Milivoj Savić, **5**, 42	8 Feb	From Alfred Kleiner, **5**, 80
		11 Feb	To Paul Gruner, **5**, 81
		11 Feb	From Johannes Stark, **5**, 82
		12 Feb	From Emil Bose, **5**, 83

1907

5 Jan–11 May	To Alfred Schnauder, **5**, 43	14 Feb	To Conrad Habicht, **5**, 84
7 Feb	To Jost Winteler, **5**, 44	17 Feb	To Johannes Stark, **5**, 85
13 Apr	To Johannes Stark, **5**, 45	19 Feb	From Paul Habicht, **5**, 86
17 Jun	To the Department of Education, Canton of Bern, **5**, 46	19 Feb	From Johannes Stark, **5**, 87
6 Jul	From Max Planck, **5**, 47	22 Feb	To Johannes Stark, **5**, 88
15 Jul	To Conrad and Paul Habicht, **5**, 48	28 Feb	From Albert Gobat, **5**, 89
23 Jul	To Wilhelm Wien, **5**, 49	29 Feb	To Johannes Stark, **5**, 90
25 Jul	To Wilhelm Wien, **5**, 50	1 Mar	From Jakob Laub, **5**, 91
29 Jul	To Wilhelm Wien, **5**, 51	9 Mar	From Adolf Gasser, **5**, 92
7 Aug	To Wilhelm Wien, **5**, 52	17 Mar	From Paul Habicht, **5**, 93
11 Aug	To Wilhelm Wien, **5**, 53	30 Mar	From Joseph Kowalski, **5**, 94
16 Aug	To Paul and Conrad Habicht, **5**, 54	4 Apr	From Paul Habicht, **5**, 95
		17 Apr	To Mileva Einstein-Marić, **5**, 96
		12 May	From Karl Jaberg, **5**, 97
		17 May	From Heinrich Burkhardt, **5**, 98
		17 May	From Paul Habicht, **5**, 99

17 May	From Aurel Stodola, **5**, 100		5, 136a
18 May	From Jakob Laub, **5**, 101	9	To Dmitry Mirimanoff, **8**: Vol. 5, 136b
19 May	From Jakob Laub, **5**, 102		
30 May	From Jakob Laub, **5**, 103	12	From Dmitry Mirimanoff, **5**, 137
Jun	From Paul Habicht, **5**, 104	12	From Aurel Stodola, **5**, 138
11 Jun	To Marian von Smoluchowski, **5**, 105	15	To Jakob Ehrat and Emma Ehrat-Ühlinger, **5**, 139
13 Jun	From Aurel Stodola, **5**, 106	25	To Otto Stoll, **5**, 140
23 Jun	From Lucien Chavan, **5**, 107	*March*	
4 Jul	From Paul Habicht, **5**, 108		
6 Jul	To August Hagenbach, **5**, 109	3	To Lucien Chavan, **5**, 141
9 Jul	From August Hagenbach, **5**, 110	18	To Maurice Solovine, **5**, 142
14 Jul	To August Hagenbach, **5**, 111	20	To Jakob Laub, **5**, 143
27 Jul	From Frau Ruprecht, **5**, 112	25?	To Albert Gockel, **5**, 144
30 Jul	To Jakob Laub, **5**, 113	25	From Josef Weiß, **5**, 145
13 Aug	To Lucien and Jeanne Chavan, **5**, 114	30	To Hendrik A. Lorentz, **5**, 146
15 Aug	To Maurice Solovine, **5**, 115	*April*	
18 Aug	From Maurice Solovine, **5**, 116	6	To Johannes Stark, **5**, 147
7 Sep	From Alfred Bucherer, **5**, 117	8	From Johannes Stark, **5**, 148
8 Sep	From Max Planck, **5**, 118	13	To Hendrik A. Lorentz, **5**, 149
9 Sep	From Alfred Bucherer, **5**, 119	15	To Conrad Habicht, **5**, 150
10 Sep	From Alfred Bucherer, **5**, 120	28	To Conrad Habicht, **5**, 151
24 Sep	From the Rudolf Wyss Furniture Store, **5**, 121	*May*	
12 Oct	From Paul Habicht, **5**, 122	2	From Ayao Kuwaki, **5**, 152
2d half of Oct		6	From Hendrik A. Lorentz, **5**, 153
	From Adolf Gasser, **5**, 123	12	To Anna Meyer-Schmid, **5**, 154
22 Oct	From Paul Habicht, **5**, 124	12	To Fritz Reiche, **5**, 155
after 1 Nov	To Jakob Laub, **5**, 125	13	From Wilhelm Fiedler, **5**, 156
2 Nov	From Hirzel publishing house, **5**, 126	14	To Alfred Stern, **5**, 157
		16	To Jakob Ehrat, **5**, 158
9 Nov	From Paul Gruner, **5**, 127	16	From Jakob Laub, **5**, 159
26 Nov	From Alfred Bucherer, **5**, 128	17	To Jakob Laub, **5**, 160
2 Dec	To Johannes Stark, **5**, 129	19	To Jakob Laub, **5**, 161
3 Dec	To Albert Gockel, **5**, 130	19	To Vladimir Varićak, **10**: Vol. 5, 161a
3 Dec	To Maurice Solovine, **5**, 131		
14 Dec	To Johannes Stark, **5**, 132	20	From George Searle, **5**, 162
		23	To Hendrik A. Lorentz, **5**, 163
1909		28	From Lucien Chavan, **5**, 164
		June	
January			
		5	From Philipp Lenard, **5**, 165
15	From Arthur Schoenflies, **5**, 133	7	To Georg Meyer, **5**, 166
18	From Paul Habicht, **5**, 134	12	To Friedrich Adler, **5**, 167
19	From Alfred Schweitzer, **5**, 135	14	To Eilhard Wiedemann, **5**, 168
19	From Wilhelm Wien, **5**, 136	*July*	
February			
5	From Dmitry Mirimanoff, **8**: Vol.	6	To the Swiss Department of Justice, **5**, 169

9	To Lucien and Jeanne Chavan-Perrin, **5**, 170	28	To Vladimir Varićak, **10**: Vol. 5, 197b

March

17	From Paul Tinguely, **5**, 171
31	To Johannes Stark, **5**, 172

August

		4	To Conrad Habicht, **5**, 198
3	To the Department of Education, Canton of Bern, **5**, 173	16	To Jakob Laub, **5**, 199
		24	To Lucien Chavan, **5**, 200
9	To Ernst Mach, **5**, 174	24	To Lucien Chavan, **5**, 201
17	To Ernst Mach, **5**, 175	31	To Conrad Habicht, **5**, 202
28	To Edgar Meyer, **5**, 176		

April

September

		3	From Vladimir Varićak, **10**: Vol. 5, C
3	To Conrad Habicht, **5**, 177	5	To Vladimir Varićak, **10**: Vol. 5, 202a
28	To Edgar Meyer, **5**, 178		
29	To Arnold Sommerfeld, **5**, 179	8	From Vladimir Varićak, **10**: Vol. 5, C

October

		10	From Vladimir Varićak, **10**: Vol. 5, C
19	To Lucien Chavan, **5**, 180		
after 22	To Adolf Hurwitz, **5**, 181	11	To Vladimir Varićak, **10**: Vol. 5, 202b
29	To Edgar Meyer, **5**, 182		
		14	From Vladimir Varićak, **10**: Vol. 5, C

November

Nov–Feb 1910		15	To Lucien Chavan, **5**, 203
	To Helene Savić, **5**, 183	23	To Vladimir Varićak, **10**: Vol. 5, 203a
1	To the Department of Education, Canton of Zurich, **5**, 184		
		28	To Pauline Einstein, **5**, 204
5	To Conrad Habicht, **5**, 185		

May

11	To Jean Perrin, **5**, 186		
17	To Michele Besso, **5**, 187	6	To Lucien Chavan, **5**, 205
18	To Edgar Meyer, **5**, 188	11	To Edgar Meyer, **5**, 206
		14	To Lucien Chavan, **5**, 207
		17	To Lucien Chavan, **5**, 208

December

June

14	To Conrad Habicht, **5**, 190		
14	To Conrad Habicht, **5**, 191	21	To Ludwig Hopf, **5**, 209

July

17	To Conrad Habicht, **5**, 192		
19	To Lucien Chavan, **5**, 193	?	To Arnold Sommerfeld, **5**, 211
28	From Miloš Marić, **5**, 194	1	From Géza Müller, **5**, 212
31	To Michele Besso, **5**, 195	2	To Lucien Chavan, **5**, 213
31	To Jakob Laub, **5**, 196	27	To Conrad Habicht, **5**, 214
		30	To Lucien and Jeanne Chavan-Perrin, **5**, 215

1910

30	To Alfred Stern, **5**, 216

August

January

		before 1	To Helene and Milivoj Savić, **5**, 217
19	To Arnold Sommerfeld, **5**, 197		
		2	To Ludwig Hopf, **5**, 218

February

15	To Vladimir Varićak, **10**: Vol. 5, 197a

11	To Conrad Habicht, **5**, 219	20	To the Department of Education, Canton of Zurich, **5**, 247
14	To Paul Hertz, **5**, 220		
19	To Ludwig Hopf, **5**, 221	20	To Carl Schröter, **5**, 248
26	To Paul Hertz, **5**, 222	21	To Carl Schröter, **5**, 249
26	To Franz Rusch, **5**, 223	27	To Hendrik A. Lorentz, **5**, 250
27	To Jakob Laub, **5**, 224	28	To the Association of Students of the Natural Sciences, University of Amsterdam, **5**, 250a

September

17	From Max Hussarek von Heinlein, **5**, 225	29	To Emil Zürcher, **5**, 251

February

October

		9	To Friedrich Adler, **5**, 252
7	To Wilhelm Wien, **5**, 226	12	From Richard Swinne, **5**, 253
11	To Jakob Laub, **5**, 227	15	To Hendrik A. Lorentz, **5**, 254
25	From Springer publishing house, **5**, 228	16	From Günther Beck, **5**, 255
		24	To Vladimir Varićak, **10**: Vol. 5, 255a
26	To the Bursar's Office, University of Zurich, **5**, 229	26	To Edgar Meyer, **5**, 256
		26	To Richard Swinne, **5**, 257

November

March

1	From Emil Fischer, **5**, 230		
4	To Jakob Laub, **5**, 231	3	To Vladimir Varićak, **10**: Vol. 5, 257a
5	To Emil Fischer, **5**, 232		
11	To Jakob Laub, **5**, 233	6	From Vladimir Varićak, **10**: Vol. 5, C
15	To Jakob Laub, **5**, 234		
22	To Leo Graetz, **5**, 235	10	To Lucien and Jeanne Chavan-Perrin, **5**, 258

December

		10	To Hans Schinz, **5**, 259
1	To Otto Lehmann, **10**: Vol. 5, 235a	28	To Lucien Chavan, **5**, 260
6	To Alfred Stern, **5**, 236		
11	To Carl Schröter, **5**, 237	*April*	
15	From Count Karl von Stürgkh, **5**, 238	2	To Conrad Habicht, **5**, 261
		5	To Lucien Chavan, **5**, 262
27	To Ludwig Hopf, **5**, 239	7	To Heinrich Zangger, **5**, 263
27	To Edgar Meyer, **5**, 240	12	To Paul Ehrenfest, **5**, 264
28	To Jakob Laub, **5**, 241	24	To Hans Tanner, **5**, 265
31	To Heike Kamerlingh Onnes, **5**, 242	27	To Marcel Grossmann, **5**, 266

May

1911

		13	To Michele Besso, **5**, 267

June

January

		before 1	To Heinrich Zangger, **10**: Vol. 5, 267a
1	To Heinrich Zangger, **10**: Vol. 5, 242a		
		7	To Heinrich Zangger, **5**, 268
2	To Ludwig Darmstaedter, **5**, 243	9	From Ernest Solvay, with an invitation to the Solvay Congress, **5**, 269
12	To Jean Perrin, **5**, 244		
13	From Count Karl von Stürgkh, **5**, 245		
		20	To Walther Nernst, **5**, 270
17	To Lucien Chavan, **5**, 246		

July

5–6	To Lucien Chavan, **5**, 271
11	To Zürcher and Furrer & Co., **5**, 272
before 21	To the Eleventh Congress of Polish Physicians and Natural Scientists, **5**, 273

August

2	From Alfred and Clara Stern, **5**, 274
10	To Jakob Laub, **5**, 275
2d half	To Michele Besso, **5**, 276
20	From Willem Julius, **5**, 277
24	To Willem Julius, **5**, 278
24	To Heinrich Zangger, **5**, 279
26	From Willem Julius, **5**, 280

September

1	To Erwin Freundlich, **5**, 281
before 11	From Michele Besso, **5**, 282
11	To Michele Besso, **5**, 283
17	From Willem Julius, **5**, 284
18	From Pauline Einstein, **5**, 285
20	To Heinrich Zangger, **5**, 286
21	To Erwin Freundlich, **5**, 287
22	To Willem Julius, **5**, 288
27	From Willem Julius, **5**, 289

October

4	From Mileva Einstein-Marić, **5**, 290
11	From Willem Julius, **5**, 292
13	To Hans Tanner, **5**, 293
13	From Ludwig Hopf, **5**, 294
18	To Willem Julius, **5**, 295
21	To Michele Besso, **5**, 296
22	To Heinrich Zangger, **5**, 297
22	From Pauline Einstein, **5**, 298
23	From Michele Besso, **5**, 299
28	To Mileva Einstein-Marić, **5**, 300
29	To Mileva Einstein-Marić, **5**, 301

November

1	To Willem Julius, **5**, 302
7	To Heinrich Zangger, **5**, 303
15	To Willem Julius, **5**, 304
15	To Heinrich Zangger, **5**, 305
16	To Willem Julius, **5**, 306
18	To Marcel Grossmann, **5**, 307
20	To Heinrich Zangger, **5**, 308
20	To Heinrich Zangger, **5**, 309
20	From Willem Julius, **5**, 310
22	To Willem Julius, **5**, 311
22	To Ernest Solvay, **5**, 312
23	To Marie Curie, **8**: Vol. 5, 312a
23	To Hendrik A. Lorentz, **5**, 313
25	From Willem Julius, **5**, 314
27	To Marian von Smoluchowski, **5**, 315

December

6	From Hendrik A. Lorentz, **5**, 316
8	From Robert Gnehm, **5**, 317
8	From Hendrik A. Lorentz, **5**, 318
10	To Marcel Grossmann, **5**, 319
12	To Hendrik A. Lorentz, **5**, 320
12	From Marcel Grossmann, **5**, 321
12	From Willem Julius, **5**, 322
12	From Marian von Smoluchowski, **5**, 323
13	To Robert Gnehm, **5**, 324
13–16	To Heinrich Zangger, **5**, 325
16	From Robert Gnehm, **5**, 326
18	To Willem Julius, **5**, 327
19	To Robert Gnehm, **5**, 328
19	From Fritz Haber, **5**, 329
25	To Heinrich Zangger, **5**, 330
26	To Michele Besso, **5**, 331
27	From Paul Habicht, **5**, 332
27	From Max Laue, **5**, 333
29	From Willem Julius, **5**, 334

1912

January

?	To Lucien and Jeanne Chavan-Perrin, **5**, 335
8	To Erwin Freundlich, **5**, 336
9	From George Pegram, **5**, 337
17	To Fritz Fichter-Bernoulli, **5**, 338
17	To Wilhelm Wien, **5**, 339
23	From Arnold Eucken, **5**, 340
23	From Robert Gnehm, **5**, 341
26	To Paul Ehrenfest, **5**, 342
27	To Wilhelm Wien, **5**, 343
27	To Heinrich Zangger, **5**, 344

27	To Heinrich Zangger, **10**: Vol. 5, 344	30	From David Hilbert, **5**, 378
28	To Lucien Chavan, **5**, 345	30	From Heinrich Zangger, **5**, 379
29	To George Pegram, **5**, 346	*April*	
30	From Heinrich Zangger, **5**, 347	before 3	From Paul Ehrenfest, **5**, 380
31	From Heinrich Schenk, **5**, 348	3	To Alfred Kleiner, **5**, 381
February		3	To Alfred Kleiner, **5**, 382
before 1	To Heinrich Zangger, **10**: Vol. 5, 349a	10	To Alfred Kleiner, **5**, 383
1	To Robert Heller, **10**: Vol. 5, 349b	25	To Paul Ehrenfest, **5**, 384
1	To Carl Schröter, **5**, 349	25	To Emil Warburg, **5**, 385
1	From Richard Swinne, **5**, 350	26–10 May	To Emil Warburg, **5**, 386
2	To Ludwig Forrer, **5**, 351	26	To Paul Ehrenfest, **5**, 387
2	To Alfred and Clara Stern, **5**, 352	26	To Hans Tanner, **5**, 388
3	From Alfred Stern, with postscript by Clara Stern, **5**, 353	30	To Elsa Löwenthal, **5**, 389
4	To Michele Besso, **5**, 354	*May*	
7	From Robert Gnehm, **5**, 355	2	To Paul Ehrenfest, **5**, 390
9	To Conrad and Paul Habicht, **5**, 356	7	To Elsa Löwenthal, **5**, 391
12	To Paul Ehrenfest, **5**, 357	11	To Wilhelm Wien, **5**, 392
12	To Robert Gnehm, **5**, 358	14	From Paul Ehrenfest, **5**, 393
13	From Hendrik A. Lorentz, **5**, 359	after 16	From Paul Ehrenfest, **5**, 394
18	To Hendrik A. Lorentz, **5**, 360	17	To Wilhelm Wien, **5**, 395
19	From Robert Heller, **5**, 361	20	To Marian von Smoluchowski, **5**, 396
19	From Emil Warburg, **5**, 362	20	To Marian von Smoluchowski, **5**, 397
20	From Ludwig Hopf, **5**, 363	20	To Heinrich Zangger, **5**, 398
after 20	To Ludwig Hopf, **5**, 364	21	To Elsa Löwenthal, **5**, 399
24	To Wilhelm Wien, **5**, 365	30	To Wilhelm Wien, **5**, 401
before 29	To Heinrich Zangger, **5**, 366	*June*	
29	To Paul Ehrenfest, **5**, 367	1	From Paul Habicht, **5**, 402
March		2	To Conrad Habicht, **5**, 403
8	From Fritz Haber, **5**, 368	3	To Paul Ehrenfest, **5**, 404
10	To Paul Ehrenfest, **5**, 369	5	Alfred Stern, **5**, 405
10	To Marian von Smoluchowski, **5**, 370	after 5	To Heinrich Zangger, **5**, 406
11	To Wilhelm Wien, **5**, 371	10	To Max Laue, **5**, 407
11	From Walter König, **5**, 372	12	To Ludwig Hopf, **5**, 408
after 11	To Walter König, **5**, 373	before 20	To Paul Ehrenfest, **5**, 409
17	To Alfred and Clara Stern, **5**, 374	29	To Anton Lampa?, **5**, 410
17	To Heinrich Zangger, **10**: Vol. 5, 374a	29	From Paul Ehrenfest, **5**, 411
20	To Wilhelm Wien, **5**, 375	*July*	
23	From Walther Nernst **8**: Vol. 5, 375a	2	From Pauline Einstein, **5**, 412
24	To Marian von Smoluchowski, **5**, 376	10	To Wilhelm Wien, **5**, 413
26	To Michele Besso, **5**, 377	*August*	
		14	To Conrad Habicht, **5**, 415
		16	To Ludwig Hopf, **5**, 416

October

4	To David Hilbert, **5**, 417
4	To Ernst Zermelo, **5**, 418
14	From Theodor Vetter, **5**, 419
27	To Erwin Freundlich, **5**, 420
29	To Arnold Sommerfeld, **5**, 421

November

5	To August Hagenbach, **5**, 422

December

?	To Lucien Chavan, **5**, 423
after 17	To Helene Savić, **5**, 424
20–24	To Paul Ehrenfest, **5**, 425
22	To Otto Marx, **5**, 426

1913

January

4	From Theodor Vetter, **5**, 427
30	To Georg Bredig, **5**, 429

March

2	To Unknown, **5**, 430
2	To Unknown, **8**: Vol. 5, 430
14	To Clara Stern, **5**, 431
ca. 14	To Elsa Löwenthal, **5**, 432
16–22	To Maurice Solovine, **5**, 433
23	To Elsa Löwenthal, **5**, 434

April

3	To Marie Curie, **5**, 435
3	To Elsa Löwenthal, **5**, 436
4	To Jean Perrin, **5**, 437
29	To the Scientific Committee, Solvay International Institute of Physics, **5**, 438

May

3 or after	To Conrad Habicht, **5**, 439
14	To Vladimir Varićak, **10**: Vol. 5, 439a
24	To Alexander Witting, **5**, 440
28	To Paul Ehrenfest, **5**, 441
29	To the Director's Office, Technikum Winterthur, **5**, 442
31	From Charles-Eugène Guye, **5**, 443
after 31–4 Jun	To the Faculty of Sciences, University of Geneva, **5**, 444

June

17	To Arthur Schidlof, **5**, 446
23	To Jost Winteler, **5**, 447
25	To Ernst Mach, **5**, 448

July

5	To Arthur Schidlof, **5**, 449
7	To Conrad Habicht, **5**, 450
14?	To Elsa Löwenthal, **5**, 451
19	To Elsa Löwenthal, **5**, 453
20–23	To Elsa Löwenthal, **5**, 454
22	To Jakob Laub, **5**, 455
22	From Fritz Haber, **5**, 456
23	To Leonid Mandelshtam, **5**, 457
27	To Paul Hertz, **5**, 458

August

3	From Ida Einstein, **5**, 459
5	To Lucien and Jeanne Chavan-Perrin, **5**, 460
6	To Adolf Hurwitz, **5**, 461
6	To Alfred and Clara Stern, **5**, 462
before 9	To Paul Langevin, **5**, 463
11	To Alexander Witting, **5**, 464
11?	To Elsa Löwenthal, **5**, 465
after 11	To Elsa Löwenthal, **5**, 466
14	To Hendrik A. Lorentz, **5**, 467
mid-	To Erwin Freundlich, **5**, 468
16	To Heike Kamerlingh Onnes, **5**, 469
16	To Hendrik A. Lorentz, **5**, 470
18	To Heike Kamerlingh Onnes, **5**, 471
before 26	To Erwin Freundlich, **5**, 472

September

7	To Conrad Habicht, **5**, 473
20	To Heinrich Zangger, **5**, 474

October

Oct–Dec	To Conrad and Anna Habicht-Kehlstadt, **5**, 475
10	To Elsa Löwenthal, **5**, 476
14	To George Hale, **5**, 477
16	To Elsa Löwenthal, **5**, 478
19	To Robert Gnehm, **5**, 479

November

2	To Ludwig Hopf, **5**, 480
before 7	To Paul Ehrenfest, **5**, 481
7	To Elsa Löwenthal, **5**, 482
8	From George Hale, **5**, 483
2d half	To Paul Ehrenfest, **5**, 484
22	From the Prussian Academy of Sciences, **5**, 485
after 22	To Elsa Löwenthal, **5**, 486
30	To Robert Gnehm, **5**, 487

December

before 2	To Elsa Löwenthal, **5**, 488
after 2	To Elsa Löwenthal, **5**, 489
7	To Rosa Bandi-Winteler, **5**, 491
7	To Erwin Freundlich, **5**, 492
7	To the Prussian Academy of Sciences, **5**, 493
15	From Robert Gnehm, **5**, 494
2d half	To Ernst Mach, **5**, 495
21	From Pauline Einstein, **5**, 496
after 21	To Elsa Löwenthal, **5**, 497
27–4 Jan	To Elsa Löwenthal, **5**, 498

1914

January

after 1	To Michele Besso, **5**, 499
7	To Rosa Bandi-Winteler, **5**, 500
7	From Jakob Ehrat, **5**, 501
7	To Jakob Ehrat, **8**: Vol. 5, 500a
8	To Rosa Bandi-Winteler, **5**, 502
9	To Jost Winteler, **5**, 503
after 9	To Rosa Bandi-Winteler, **5**, 504
mid-	To Elsa Löwenthal, **5**, 505
ca. 20	To Erwin Freundlich, **5**, 506
ca. 20	To Heinrich Zangger, **5**, 507
28	To Elsa Löwenthal, **5**, 508

February

Feb	To Elsa Löwenthal, **5**, 509
after 11	To Elsa Löwenthal, **5**, 510

March

5	To Elsa Löwenthal, **5**, 511
before 10	To Paul Ehrenfest, **5**, 512
10	To Heinrich Zangger, **5**, 513
ca. 10	To Michele Besso, **5**, 514
19	To Paul Ehrenfest, **5**, 515
20	From Michele Besso, **5**, 516
22	To Paul Ehrenfest, **5**, 517
23	To Mileva Einstein-Marić, Hans Albert, and Eduard Einstein, **5**, 518
27	To David Reichinstein, **5**, 519

April

2	To Mileva Einstein-Marić, **8**, 1
before 10	To Paul Ehrenfest, **8**, 2
10	To Mileva Einstein-Marić, Hans Albert and Eduard Einstein, **8**, 3
10 or later	From Paul Ehrenfest, **8**, 4
14	To Joseph Petzoldt, **8**, 5
ca.14–1 Jul	From Heinrich Zangger, **10**: Vol. 8, 5a
after	To Edgar Meyer, **8**, C

May

4	To Adolf Hurwitz and Family, **8**, 6
16	To Pëtr Petrovich Lazarev, **8**, 7
16	From Wilhelm Waldeyer, **8**, C
18	To Paul Ehrenfest, **8**, 8
20	From Paul Ehrenfest, **8**, 9
21	From Paul Ehrenfest, **8**, 10
25	To Paul Ehrenfest, **8**, 11

June

after 4	To Otto Stern, **8**, 12
11	To Joseph Petzoldt, **8**, 13
15	To Wilhelm Wien, **8**, 14
19	From Wilhelm Wien, **8**, 15
25	From Walter Schottky, **8**, 16
27	To Heinrich Zangger, **10**: Vol. 8, 16a

July

2	From Walther Nernst, **8**, 17
7	To Max Planck, **8**, 18
8	To Paul Ehrenfest, **8**, 19
12	From Max Planck, **8**, 20
18	To Fritz Reiche, **8**, 21
ca. 18	To Mileva Einstein-Marić, **8**, 23
ca. 18	To Mileva Einstein-Marić, **8**, 24
20	To Robert Heller, **8**, 25
26	To Elsa Einstein, **8**, 26
after 26	To Elsa Einstein, **8**, 27

before 30	To Elsa Einstein, **8**, 28	5	To Erwin Freundlich, **8**, 54
30	To Elsa Einstein, **8**, 29	10	To Michael Polányi, **8**, 55
30	To Elsa Einstein, **8**, 30	12	To Michele Besso, **8**, 56
		20	To Georg F. Nicolai, **8**, 57
		after 20	To Hermann Diels, **8**, C

August

March

3	To Elsa Einstein, **8**, 31	after 20	To Heinrich Morf, **8**, C
after 3	To Elsa Einstein, **8**, 32	23	To Hans Tanner, **8**, C
18	To Mileva Einstein-Marić, **8**, 33		
19	To Paul Ehrenfest, **8**, 34		
24	To Heinrich Zangger, **10**: Vol. 8, 34a	1	To Mileva Einstein-Marić, **8**, 58
		1–25	To Erwin Freundlich, **8**, 59

September

		5	To Tullio Levi-Civita, **8**, 60
10	To Hans Albert Einstein, **8**, 35	17	To Wander de Haas, **8**, 61
15	To Mileva Einstein-Marić, **8**, 36	17	To Tullio Levi-Civita, **8**, 62
		19	To Erwin Freundlich, **8**, 63

October

		20	To Tullio Levi-Civita, **8**, 64
30	To Adolf Schmidt, **8**, 37	22	To Romain Rolland, **8**, 65
31	From Adolf Schmidt, **8**, 38	26	To Tullio Levi-Civita, **8**, 66
		28	From Tullio Levi-Civita, **8**, 67

December

		28	From Romain Rolland, **8**, 68
beginning	To Paul Ehrenfest, **8**, 39		

April

2	To Paul Habicht, **8**, C		
12	To Mileva Einstein-Marić, **8**, 40	2	To Tullio Levi-Civita, **8**, 69
13	To Michael Polányi, **8**, 41	2	To Georg F. Nicolai, **8**, C
after 27	To Heinrich Zangger, **10**: Vol. 8, 41a	before 4	To Hans Albert Einstein, **8**, 70
		before 4	From Hans Albert Einstein, **10**: Vol. 8, 69a
30 Dec	To Michael Polányi, **8**, 42	before 4	From Hans Albert Einstein, **10**: Vol. 8, 69b

1915

		8	To Tullio Levi-Civita, **8**, 71
		before 10	To Geertruida de Haas-Lorentz, **8**, 72

January

		ca. 10	To Heinrich Zangger, **8**, 73
1–23	From Hendrik A. Lorentz, **8**, 43	11	To Tullio Levi-Civita, **8**, 74
2	To Edgar Meyer, **8**, 44	14	To Tullio Levi-Civita, **8**, 75
2	From Arnold Berliner, **8**, C	18	To Fritz Weishut, **8**, 76
7	To Paolo Straneo, **8**, 45	20	To Tullio Levi-Civita, **8**, 77
11	To Heinrich Zangger, **10**: Vol. 8, 45a	21	To Tullio Levi-Civita, **8**, 78
		28	To Hendrik A. Lorentz, **8**, 79
12	To Mileva Einstein-Marić, **8**, 46		

May

23	To Hendrik A. Lorentz, **8**, 47		
25	To Hans Albert Einstein, **8**, 48	5	To Tullio Levi-Civita, **8**, 80
27	To Mileva Einstein-Marić, **8**, 49	8	To Michael Polányi, **8**, 81
27	To Władysław Natanson, **8**, 50	ca. 10	To Wander and Geertruida de Haas, **8**, 82
27	To Wilhelm Waldeyer, **8**, 51	15	To Mileva Einstein-Marić, **8**, 83

February

		17	To Heinrich Zangger, **8**, 84
3	To Hendrik A. Lorentz, **8**, 52	18	To Landgericht I, Berlin, **8**, C
ca. 3	To Erwin Freundlich, **8**, 53	27	From Max von Laue, **8**, 85

28	To Heinrich Zangger, **8**, 86	30	To Elsa Einstein, **8**, 114
31	To Walter Dällenbach, **8**, 87		

September

		3	To Elsa Einstein, **8**, 115
11	From Helene Katz, **8**, 88	11	To Elsa Einstein, **8**, 116
18	To Michael Polányi, **8**, 89	13	To Elsa Einstein, **8**, 117
22	From Hans Reissner, **8**, 90	15	To Romain Rolland, **8**, 118
24	To David Hilbert, **8**, 91	17	To Heinrich Mousson, **8**, 119
28	From Hans Albert Einstein, **10**: Vol. 8, 91a	18	To Paul Langevin, **8**, C
		19	To Heinrich Zangger, **8**, 120
		21	To Heinrich Zangger, **8**, 121
		23	To Hendrik A. Lorentz, **8**, 122

July

?	To Paul Habicht, **8**, C	24	To Heinrich Zangger, **10**: Vol. 8, 122a
6	To Wander and Geertruida de Haas, **8**, 92	30	To Erwin Freundlich, **8**, 123
6	To Michael Polányi, **8**, 93	ca. 30	From Michele Besso, **8**, C
7	To Heinrich Zangger, **8**, 94		

October

9	To Wander and Geertruida de Haas, **8**, 95	after 1	To Otto Naumann, **8**, 124
15	To Arnold Sommerfeld, **8**, 96	4	To Heinrich Zangger, **10**: Vol. 8, 124a
16	To Heinrich Zangger, **10**: Vol. 8, 96a	before 8	To Paul Hertz, **8**, 125
19	From Heinrich Mousson, **8**, 97	before 8	To Paul Hertz, **8**, 126
21	To Hendrik A. Lorentz, **8**, 98	8	From Paul Hertz, **8**, 127
24	To Wander and Geertruida de Haas, **8**, 99	9	To Paul Hertz, **8**, 128
24	To Heinrich Mousson, **8**, 100	12	To Hendrik A. Lorentz, **8**, 129
24–7 Aug	To Heinrich Zangger, **8**, 101	15	To Heinrich Zangger, **8**, 130
27	To Theobald von Bethmann-Hollweg, **8**, C	22	To Walther Schücking, **8**, 131
		after 23	To Berliner Goethebund, **8**, 132
		ca. 30	From Michele Besso, **8**, 133

August

November

2	To Wander and Geertruida de Haas, **8**, 102	4	To Werner Bloch, **10**: Vol. 8, C
		4	To Hans Albert Einstein, **8**, 134
2	To Hendrik A. Lorentz, **8**, 103	5	From Mileva Einstein-Marić, **8**, 135
7	To Wander de Haas, **8**, 104		
9	From Knud A. Nissen, **8**, 105	7	To David Hilbert, **8**, 136
10	To Wander and Geertruida de Haas, **8**, 106	7	From Max Planck, **8**, 137
		11	To Berliner Goethebund, **8**, 138
14	To Wander and Geertruida de Haas, **8**, 107	12	To David Hilbert, **8**, 139
		13	From David Hilbert, **8**, 140
14–4 Nov	To Paul Hertz, **8**, 108	before 15	To Wander and Geertruida de Haas, **8**, 141
15	To Pieter Zeeman, **8**, 109		
16	To Wander and Geertruida de Haas, **8**, 110	15	To Hans Albert Einstein, **8**, 142
		15	To Mileva Einstein-Marić, **8**, 143
22	To Paul Hertz, **8**, 111	15	To David Hilbert, **8**, 144
23	To Paul Ehrenfest, **8**, 112	15	To Heinrich Zangger, **10**: Vol. 8, 144a
24	To Władysław Natanson, **8**, 113		
24	To Hans Tanner, **8**, C	15	From Max Planck, **8**, 145
29	To Hans Tanner, **8**, C	16	To Berliner Goethebund, **8**, 146

17	To Michele Besso, **8**, 147	5	To Paul Ehrenfest, **8**, 180
18	To David Hilbert, **8**, 148	9	To Karl Schwarzschild, **8**, 181
19	From David Hilbert, **8**, 149	17	To Paul Ehrenfest, **8**, 182
23	To Hans Albert Einstein, **8**, 150	17	To Hendrik A. Lorentz, **8**, 183
24	To Erwin Freundlich, **8**, 151	19	To Hendrik A. Lorentz, **8**, 184
26	To Heinrich Zangger, **8**, 152	20	To Otto von Schjerning, **8**, C
28	To Arnold Sommerfeld, **8**, 153	24 or later	To Paul Ehrenfest, **8**, 185
29	From Michele Besso, **8**, 154	26	To Wilhelm Wirtinger, **10**: Vol. 8, 185a
before 30	From Hans Albert Einstein, **10**: Vol. 8, 154a		
30	To Michele Besso, **8**, 155	*February*	
30	To Hans Albert Einstein, **8**, 156	2	To Arnold Sommerfeld, **8**, 186
30	To Erwin Freundlich, **8**, 157	6	To Mileva Einstein-Marić, **8**, 187
after 30	From Michele Besso, **8**, 158	6	From Karl Schwarzschild, **8**, 188
		8	To Arnold Sommerfeld, **8**, 189
December		13	To Hermann Struve, **8**, 190
1	To Mileva Einstein-Marić, **8**, 159	15	To Otto Stern, **8**, 191
before 4	To Heinrich Zangger, **10**: Vol. 8, 159a	after 15	To Otto Stern, **8**, 192
7	To Otto Naumann, **8**, 160	18	To David Hilbert, **8**, 193
9	To Arnold Sommerfeld, **8**, 161	19	To Karl Schwarzschild, **8**, 194
9	To Heinrich Zangger, **10**: Vol. 8, 161a	27	To Max Born, **8**, 195
		28	To Wilhelm Wien, **8**, 196
10	To Michele Besso, **8**, 162	*March*	
10	To Mileva Einstein-Marić, **8**, 163	1	To Heinrich Zangger, **10**: Vol. 8, 196a
11	From Michele Besso, **8**, 164		
14	To Moritz Schlick, **8**, 165	3	To Hans Albert Einstein, **8**, 197
18	To Hans Albert Einstein, **8**, 166	8	From A. Braumüller, **8**, C
20	To David Hilbert, **8**, 167	10	To Otto Stern, **8**, 198
21	To Michele Besso, **8**, 168	11	To Hans Albert Einstein, **8**, 199
22	From Karl Schwarzschild, **8**, 169	12	To Mileva Einstein-Marić, **8**, 200
23	To Hans Albert Einstein, **8**, 170	13	From Otto Stern, **8**, 201
23	To Royal Society of Sciences in Göttingen, **8**, 171	16	To Hans Albert Einstein, **8**, 202
		18	To Wilhelm Wien, **8**, 203
25	To Hans Albert Einstein, **8**, 172	25	From Wilhelm Foerster, **8**, 204
26	To Paul Ehrenfest, **8**, 173	27	To Otto Stern, **8**, 205
27	To Prussian Ministry of Education, **8**, C	30	To Hans Albert Einstein, **8**, 206
		30	To David Hilbert, **8**, 207
29	To Paul Ehrenfest, **8**, 174		
29	To Władysław Natanson, **8**, 175	*April*	
29	To Karl Schwarzschild, **8**, 176	1	To Mileva Einstein-Marić, **8**, 208
29	To Minna Stern, **8**, C	6	To Michele Besso, **8**, 209
		6	To Elsa Einstein, **10**: Vol. 8, 209a
1916		6	To Hans Albert and Eduard Einstein, **8**, 210
January		8	To Elsa Einstein, **10**: Vol. 8, 210a
1	To Hendrik A. Lorentz, **8**, 177	8	To Mileva Einstein-Marić, **8**, 211
3	To Michele Besso, **8**, 178	10	To Elsa Einstein, **10**: Vol. 8, 211a
3	To Paul Ehrenfest, **8**, 179	12	To Elsa Einstein, **8**, 212
		15	To Elsa Einstein, **8**, 213

15	To Hans Albert Einstein, **8**, 214	3	To Heinrich Zangger, **10**: Vol. 8, 247a
21	To Michele Besso, **8**, 215	6	From Théophile de Donder, **8**, 248
21	To Elsa Einstein, **8**, 216	8	From Théophile de Donder, **8**, 249
22	To Michele Besso, **8**, 217	11	To Michele Besso, **8**, 250
29	To Paul Ehrenfest, **8**, 218	18	To Heinrich Zangger, **10**: Vol. 8, 250a

May

14	To Michele Besso, **8**, 219	24	To Michele Besso, **8**, 251
24	To Paul Ehrenfest, **8**, 220	24	To Heinrich Zangger, **8**, 252
25	To David Hilbert, **8**, 221	25	To Paul Ehrenfest, **8**, 253
27	From David Hilbert, **8**, 222		
30	To David Hilbert, **8**, 223		

September

		6	To Michele Besso, **8**, 254

June

		6	To Constantin Carathéodory, **8**, 255
?	From Friedrich Kraus, **8**, C	6	To Paul Ehrenfest, **8**, 256
2	To David Hilbert, **8**, 224	8	To Hedwig Born, **8**, 257
6	From Hendrik A. Lorentz, **8**, 225	8	To Helene Savić, **8**, 258
17	To Hendrik A. Lorentz, **8**, 226	14	To Paul Ehrenfest, **8**, 259
22	To Willem de Sitter, **8**, 227	26	To Michele Besso, **8**, 260
27	From Théophile de Donder, **8**, 228	26	To Hans Albert Einstein, **8**, 261
28	From Michele Besso, **8**, 229	26	To Heinrich Zangger, **10**: Vol. 8, 261a
30	To Théophile de Donder, **8**, 230	28	To Elsa Einstein, **10**: Vol. 8, 261b
		30	To Elsa Einstein, **10**: Vol. 8, 261c

July

October

4	From Théophile de Donder, **8**, 231		
8	To Théophile de Donder, **8**, 232	3	To Wander and Geertruida de Haas, **8**, 262
11	To Heinrich Zangger, **10**: Vol. 8, 232a		
14	To Michele Besso, **8**, 233	5	To Elsa Einstein, **10**: Vol. 8, 262a
14	From Théophile de Donder, **8**, 234	7	To Elsa Einstein, **10**: Vol. 8, 262b
15	To Willem de Sitter, **8**, 235	13	To Hans Albert Einstein, **8**, 263
17	To Théophile de Donder, **8**, 236	13	To Paul Bernays, **10**: Vol. 8, 263a
17	From Michele Besso, **8**, 237	13	To Heinrich Zangger, **10**: Vol. 8, 263b
19	To Heinrich Zangger, **10**: Vol. 8, 237a	14	To Werner Weisbach, **8**, 264
21	To Michele Besso, **8**, 238	15	To Carl Kormann, **8**, 265
21	To Michele Besso, **8**, 239	16	From Carl Kormann, **8**, 266
23	To Théophile de Donder, **8**, 240	17	To Wilhelm Wien, **8**, 267
25	To Hans Albert Einstein, **8**, 241	18	To Paul and Tatiana Ehrenfest, **8**, 268
25	To Heinrich Zangger, **8**, 242		
25	To Emil Zürcher Jr. and Johanna Zürcher-Siebel, **10**: Vol. 8, 242a	24	To Paul Ehrenfest, **8**, 269
		24	From Theodor Lewald, **8**, C
27	From Willem de Sitter, **8**, 243	25	To Heinrich Zangger, **10**: Vol. 8, 269a
27	From Willem de Sitter, **8**, 244		
31	To Michele Besso, **8**, 245	31	To Michele Besso, **8**, 270
		31–13 Dec	From Heinrich Zangger, **10**: Vol. 8, 270a

August

3	To Arnold Sommerfeld, **8**, 246	after 31	To Hans Albert Einstein, **8**, 271
3	From Gunnar Nordström, **8**, 247		

November

1	From Willem de Sitter, **8**, 272
4	To Willem de Sitter, **8**, 273
6	To Wilhelm Ostwald, **8**, 274
7	To Paul Ehrenfest, **8**, 275
13	To Hendrik A. Lorentz, **8**, 276
16	To Heinrich Zangger, **10**: Vol. 8, 276a
17	To Paul Ehrenfest, **8**, 277
23	To Hermann Weyl, **8**, 278
26	To Hans Albert Einstein, **8**, 279
before 26	From Hans Albert Einstein, **10**: Vol. 8, 278a
after 26	From Hans Albert Einstein, **10**: Vol. 8, 279a
29	To Wilhelm Röntgen, **8**, 280
30	From Gunnar Nordström, **8**, 281

December

4	To Paul Ehrenfest, **8**, 282
5	From Michele Besso, **8**, 283
5	To Ejnar Hertzsprung, **10**: Vol. 8, 282a
after 6	To Michele Besso, **10**: Vol. 8, 283a
10	To Constantin Carathéodory, **8**, 284
16	From Constantin Carathéodory, **8**, 285

1917

?	From Victor Adler, **8**, C

January

1	From Wilhelm Lenz, **8**, C
3	To Hermann Weyl, **8**, 286
8	To Hans Albert Einstein, **8**, 287
8	To Heinrich Zangger, **10**: Vol. 8, 287a
16	To Heinrich Zangger, **10**: Vol. 8, 287b
16	From Theobald von Bethmann-Hollweg, **8**, C
18	From Alexander Moszkowski, **8**, 288
ca. 22	To Georg F. Nicolai, **8**, 289
23	To Willem de Sitter, **8**, 290
28	To Władysław Natanson, **8**, 291

February

1	From Alexander Moszkowski, **8**, 292
1	To Heinrich Zangger, **10**: Vol. 8, 291a
2	To Willem de Sitter, **8**, 293
4	To Paul Ehrenfest, **8**, 294
4	From Max Planck, **8**, 295
4	From Moritz Schlick, **8**, 296
6	To Moritz Schlick, **8**, 297
13	To Heinrich Zangger, **10**: Vol. 8, 297a
14	To Paul Ehrenfest, **8**, 298
mid–29 Apr	To Emperor Franz Josef, **10**: Vol. 8, 300a
after 15	To Walter Dällenbach, **8**, 299
16	To Heinrich Zangger, **10**: Vol. 8, 299a
16	From Bank-Verein Filiale Prag, WIener, **8**, C
18 or later	To Erwin Freundlich, **8**, 300
20	To Kathia Adler, **8**, 301
26	From Georg F. Nicolai, **8**, 302
28	To Georg F. Nicolai, **8**, 303
after 28	To Georg F. Nicolai, **8**, 304

March

1	To Maja Winteler-Einstein and Paul Winteler, **8**, C
8	To Walther Rathenau, **8**, 305
9	To Michele Besso, **8**, 306
9	From Friedrich Adler, **8**, 307
after 9	To Michele Besso, **8**, 308
before 10	To Heinrich Zangger, **10**: Vol. 8, 308a
10	To Heinrich Zangger, **8**, 309
after 10	To Heinrich Zangger, **8**, 310
before 12	To Willem de Sitter, **8**, 311
15	From Willem de Sitter, **8**, 312
20	From Willem de Sitter, **8**, 313
21	To Moritz Schlick, **8**, 314
22	From Hendrik A. Lorentz, **8**, 315
23	From Friedrich Adler, **8**, 316
24	To Willem de Sitter, **8**, 317
24	From Max von Laue, **8**, 318
26	To Felix Klein, **8**, 319

April

1–22	From Hans Albert Einstein, **10**: Vol. 8, 319a

1	To Moritz Schlick, **8**, 320	1	From Wilhelm Wien, **8**, 347
1	From Willem de Sitter, **8**, 321	2	To Gustav Mie, **8**, 348
3	To Hendrik A. Lorentz, **8**, 322	2	To Wilhelm Wien, **8**, 349
4	To Felix Klein, **8**, 323	2	To Heinrich Zangger, **10**: Vol. 8, 349a
13	To Friedrich Adler, **8**, 324		
13	From Prussian Minister of Education, **8**, C	3	To Paul Ehrenfest, **8**, 350
		4	From Imperial Academy of Sciences in Vienna, **8**, C
14	To Willem de Sitter, **8**, 325		
15	From Otto Neurath, **8**, 326	12	To Heinrich Zangger, **10**: Vol. 8, 350a
16	To Heinrich Zangger, **10**: Vol. 8, 326a		
		14	To Imperial Academy of Sciences in Vienna, **8**, C
18	From Willem de Sitter, **8**, 327		
21	To Felix Klein, **8**, 328	14	To Willem de Sitter, **8**, 351
25	From Friedrich Adler, **8**, 329	14	From Paul Ehrenfest, **8**, 352
27	To Eduard Hartmann, **8**, 330	17	To Heinrich Zangger, **10**: Vol. 8, 352a
28	From Hans Albert Einstein, **10**: Vol. 8, 330a		
		17	From Erwin Freundlich, **8**, 353
before 29	To Heinrich Zangger, **10**: Vol. 8, 330b	18	From Max von Laue, **8**, 354
		20	From Willem de Sitter, **8**, 355
29	To Michele Besso, **8**, 331	22	To Willem de Sitter, **8**, 356
30	To Emil Beck, **8**, 332	24	To Michele Besso, **8**, 357
May		24	To Heinrich Zangger, **10**: Vol. 8, 357a
4	To Heinrich Zangger, **10**: Vol. 8, 332a	25	From Max von Laue, **8**, 358
		27	To Werner Bloch, **10**: Vol. 8, 358a
4	From Michele Besso, **8**, 333	28	To Willem de Sitter, **8**, 359
5	From Michele Besso, **8**, 334	30	To Elsa Einstein, **10**: Vol. 8, 359a
5 and 6	To Heinrich Zangger, **10**: Vol. 8, 333a	July	
7	To Michele Besso, **8**, 335	1	To Elsa Einstein, **10**: Vol. 8, 359b
7	From Friedrich Adler, **8**, 336	3	To Elsa Einstein, **10**: Vol. 8, 359c
10–11	From Walther Rathenau, **8**, 337	4	From Friedrich Adler, **8**, 360
11	To Paul Mamroth, **8**, 338	4	To Elsa Einstein, **10**: Vol. 8, 359d
13	To Michele Besso, **8**, 339	9	To Elsa Einstein, **10**: Vol. 8, 360a
15	To Michele Besso, **8**, 340	10	To Elsa Einstein, **10**: Vol. 8, 360b
18	From Fritz Genewein, **8**, C	11–17	From Hans Thirring, **8**, 361
19	To David Hilbert, **8**, 341	12	To Elsa Einstein, **10**: Vol. 8, 361a
20	From Heinrich Zangger, **8**, 342	13	To Elsa Einstein, **10**: Vol. 8, 361b
21	To Moritz Schlick, **8**, 343	16	To Elsa Einstein, **10**: Vol. 8, 361c
23 or 30	To Heinrich Zangger, **10**: Vol. 8, 343a	17	To Elsa Einstein, **10**: Vol. 8, 361d
		17	To Heinrich Zangger, **10**: Vol. 8, 361e
25	To Paul Ehrenfest, **8**, 344		
26	To Hans Albert Einstein, **10**: Vol. 8, 344a	19	To Elsa Einstein, **10**: Vol. 8, 361f
		20	To Heinrich Zangger, **10**: Vol. 8, 361g
26	From Max Planck, **8**, 345		
30	From Gustav Mie, **8**, 346	22	To Paul Ehrenfest, **8**, 362
June		22	To Willem de Sitter, **8**, 363
		23	From Franz Selety, **8**, 364
1	From Hans Albert Einstein, **10**: Vol. 8, 346a	24	To Elsa Einstein, **10**: Vol. 8, 364a
		25	To Elsa Einstein, **10**: Vol. 8, 364b

26	To Elsa Einstein, **10**: Vol. 8, 364c	6	To Elsa Einstein, **10**: Vol. 8, 378a
28	To Elsa Einstein, **10**: Vol. 8, 364d	12	From Adolf von Harnack, **8**, 379
29	To Heinrich Zangger, **8**, 365	14	To Władysław Natanson, **8**, 380
30	To Elsa Einstein, **10**: Vol. 8, 365a	15	To Heinrich Zangger, **10**: Vol. 8, 380a
31	To Willem de Sitter, **8**, 366	22	To Michele Besso, **8**, 381
July–Oct	From Central Organization of German Citizens of the Jewish Faith, **8**, C	22–28	From Gunnar Nordström, **8**, 382
		24	To Edouard Guillaume, **8**, 383
		24	From Adolf von Harnack, **8**, C
		26	To Walter Schottky, **8**, 384

August

1	To Michele and Anna Besso-Winteler, **8**, 367
1	To Elsa Einstein, **10**: Vol. 8, 367a
1	To Heinrich Zangger, **10**: Vol. 8, 367b
2	To Tullio Levi-Civita, **8**, 368
2	To Hans Thirring, **8**, 369
6	To Elsa Einstein, **10**: Vol. 8, 369a
7	To Elsa Einstein, **10**: Vol. 8, 369b
8	To Willem de Sitter, **8**, 370
8	To Heinrich Zangger, **10**: Vol. 8, 370a
9	To Elsa Einstein, **10**: Vol. 8, 370b
11	To Elsa Einstein, **10**: Vol. 8, 370c
11	To Heinrich Zangger, **10**: Vol. 8, 370d
13	To Elsa Einstein, **10**: Vol. 8, 370e
15	To Michele Besso, **8**, 371
15	To Elsa Einstein, **10**: Vol. 8, 371a
17	To Elsa Einstein, **10**: Vol. 8, 371b
19	To Paul Seippel, **8**, 372
19	To Alice Steinhardt, **8**, C
21	To Heinrich Zangger, **10**: Vol. 8, 372a
21	From Romain Rolland, **8**, 373
22	To Elsa Einstein, **10**: Vol. 8, 373a
22	To Romain Rolland, **8**, 374
23	To Elsa Einstein, **10**: Vol. 8, 374a
23	From Tullio Levi-Civita, **8**, 375
23	From Romain Rolland, **8**, 376
26	To Heinrich Zangger, **10**: Vol. 8, 376a
28	To Elsa Einstein, **10**: Vol. 8, 376b
after 29	From Rózsika (Zorka) Marić, **8**, C
31	To Elsa Einstein, **10**: Vol. 8, 376c

September

3	To Michele Besso, **8**, 377
3	To Elsa Einstein, **10**: Vol. 8, 377a
3	To Erwin Freundlich, **8**, 378

October

3	From Edouard Guillaume, **8**, 385
6	To Michele Besso, **10**: Vol. 8, 385a
6	To Adolf von Harnack, **8**, 386
9	To Edouard Guillaume, **8**, 387
10	To Walter Schottky, **8**, 388
10	From Adolf von Harnack, **8**, 389
15	To Hans Albert Einstein, **8**, 390
15	To Michele Besso, **10**: Vol. 8, 390a
15	To Werner Weisbach, **8**, 391
15	To Heinrich Zangger, **10**: Vol. 8, 391a
17	From Edouard Guillaume, **8**, 392
18	From H. Czinner, **8**, C
23	From Gunnar Nordström, **8**, 393
24	To Edouard Guillaume, **8**, 394
29	From Franz Selety, **8**, 395
30	To Edgar Meyer, **8**, 396

November

8	From Zofija Smoluchowska-Baraniecka, **8**, 397
11	From Rudolf Förster, **8**, 398
12	To Paul Ehrenfest, **8**, 399
16	To Rudolf Förster, **8**, 400
20	From Adolf von Harnack, **8**, C

December

3	From Hans Thirring, **8**, 401
4	From Erwin Freundlich, **8**, 402
5	To Ernst Riesenfeld, **8**, C
6	To Heinrich Zangger, **8**, 403
6	From Erwin Freundlich, **8**, 404
7	To Hans Thirring, **8**, 405
9	To Hans Albert Einstein, **8**, 406
11	From Friedrich Schmidt-Ott, **8**, C
11	From Wilhelm von Siemens, **8**, C
12	From Adolf von Harnack, **8**, C
12	From Ernst, Riesenfeld, **8**, C

14	To Gustav Mie, **8**, 407	16	To Pieter Zeeman, **8**, 437
14	To Hans Tanner, **8**, C	before 17	To Erwin Freundlich, **8**, 438
15	To Felix Klein, **8**, 408	17	To Rudolf Förster, **8**, 439
before 16	To Wilhelm von Siemens, **8**, 409	17	From Emil Warburg, **8**, C
17	From Gustav Mie, **8**, 410	18	To Rudolf Humm, **8**, 440
17	From Ruff, **8**, C	21	From Wilhelm von Siemens, **8**, 441
17	From Heinrich Zangger, **8**, 411	23	To Max Planck, **8**, C
17	From Heinrich Zangger, **8**, 412	25	To Hans Albert Einstein, **8**, 442
18	To Hendrik A. Lorentz, **8**, 413	25	From Ernst Ludwig, **8**, C
18	From Richard Müller, **8**, C	after 25	From Hans Albert Einstein, **10**: Vol. 8, 442a
19	From Bontraeger Bros., **8**, C		
19	From Max von Laue, **8**, 414	27	From Roland von Eötvös, **8**, 443
19	From Hans Reissner, **8**, C	28	From Heinrich Zangger, **8**, 444
21	From Frankfurter Zeitung, **8**, C	before 29	From Fritz Haber, **8**, 445
21	From Münchener Zeitung, **8**, C	29	To Fritz Haber, **8**, 446
22	To Otto Marx, **8**, 415	30	From Max von Laue, **8**, 447
22	To Gustav Mie, **8**, 416	after 30	To Max Planck, **8**, 448
24	To Hans Albert Einstein, **8**, 417	31	To Mileva Einstein-Marić, **8**, 449
24	From Wilhelm von Siemens, **8**, C	31	To Roland von Eötvös, **8**, 450
25	From Walther Nernst, **8**, 418	31	To Hugo A. Krüss, **8**, 451
26	From Georg Rödiger, **8**, C	31	From Cornelia and Gunnar Nordström, **8**, 452
27	From Michele Besso, **8**, 419		
28	From Rudolf Förster, **8**, 420	*February*	
29	To Gustav Mie, **8**, 421	1	To Arnold Sommerfeld, **8**, 453
29	From Mercur Aircraft Company, **8**, 422	1	To Kaiser-Wilhelm Institute of Physics, board of trustees, **8**, C
29	From Max Planck, **8**, 423	after 1	To Arnold Sommerfeld, **8**, 454
31	From Heinrich Zangger, **8**, 424	2	From Mendelssohn & Co., **8**, C
		4	From Ernst Troeltsch, **8**, 455
1918		5	From Gustav Mie, **8**, 456
		5	From Wilhelm von Siemens, **8**, C
January		after 6	From Mileva Einstein-Marić, **8**, 457
3	To Werner Bloch, **10**: Vol. 8, 424a		
4	To Wilhelm von Siemens, **8**, 425	7	From Ernst Troeltsch, **8**, 458
4	From Wilhelm Schweydar, **8**, 426	8	To Hedwig Born, **8**, 459
4	From Wilhelm Schweydar, **8**, 427	8	To Gustav Mie, **8**, 460
5	To Michele Besso, **8**, 428	8	From Emil Warburg, **8**, 461
5	To Roland von Eötvös, **8**, 429	9	From Mileva Einstein-Marić, **10**: Vol. 8, 461a
5	From Karl Scheel, **8**, 430		
6	From Hugo A. Krüss, **8**, 431	11	From Franz von Hoefft, **8**, C
8	From Pieter Zeeman, **8**, 432	11	From Albrecht J. H. Preuss, **8**, C
9	From Hugo A. Krüss, **8**, 433	13	From Max Planck, **8**, 462
9	From Gustav Müller, **8**, 434	16	From Rudolf Förster, **8**, 463
10	To Hugo A. Krüss, **8**, 435	16	From Arnold Sommerfeld, **8**, 464
12	From Richard Lorenz, **8**, C	17–19	From Gustav Mie, **8**, 465
after 14	From Hans Albert Einstein, **10**: Vol. 8, 435a	18	From Hermann Fricke, **8**, C
		18	From Max von Laue, **8**, 466
15	From Rudolf Humm, **8**, 436	19	To Rudolf Förster, **8**, 467
15	From Ludwik Silberstein, **8**, C	21	From Hermann Coenen, **8**, 468

21	From Heinrich Zangger, **8**, 469	30	From Romeo Wankmüller, **8**, 496
22	To Gustav Mie, **8**, 470	31	From Jean Loeffler, **8**, C
24	To Karl Camillo Schneider, **8**, 471	*April*	
27	To Heinrich Zangger, **10**: Vol. 8, 471a	3	To Mileva Einstein-Marić, **10**: Vol. 8, 496a
after 27	To Heinrich Zangger, **10**: Vol. 8, 471b	4	From Mileva Einstein-Marić, **10**: Vol. 8, 496b
March		5	From Hermann Weyl, **8**, 497
1	From Hermann Weyl, **8**, 472	6	To Hermann Weyl, **8**, 498
4	From Heinrich Zangger, **8**, 473	7	To Hans Tanner, **8**, C
after 4	To Anna Besso-Winteler, **8**, 474	8	To Hermann Weyl, **8**, 499
after 4	From Anna Besso-Winteler, **8**, 475	10	To Felix Klein, **8**, 500
5	From Mileva Einstein-Marić, **10**: Vol. 8, 475a	10	From Willem de Sitter, **8**, 501
6	From Maja Winteler-Einstein, **10**: Vol. 8, 475b	before 11	To Hugo A. Krüss, **8**, 502
		11	From Friedrich Glum, **8**, C
8	To Hermann Weyl, **8**, 476	12	To David Hilbert, **8**, 503
8	From Arnold Sommerfeld, **8**, 477	14	From Wilhelm Schweydar, **8**, 504
9	From Karl Scheel, **8**, 478	before 15	To Mileva Einstein-Marić, **8**, 505
12	From Max Planck, **8**, 479	15	To Willem de Sitter, **8**, 506
13	To Felix Klein, **8**, 480	15	To Hermann Weyl, **8**, 507
15	From Hermann Fricke, **8**, C	15	From Hugo A. Krüss, **8**, 508
16	From Karl Camillo Schneider, **8**, 481	15	From Hermann Weyl, **8**, 509
after 16	From Karl Camillo Schneider, **8**, 482	16	From Margarete Hamburger, **8**, 510
		17	From S. Ogden Steinhardt, **8**, C
before 17	From Mileva Einstein-Marić, **10**: Vol. 8, 482a	18	To Hermann Weyl, **8**, 511
		19	To Hermann Weyl, **8**, 512
before 17	From Mileva Einstein-Marić, **10**: Vol. 8, 482b	19	To Hermann Weyl, **8**, 513
		21	From Johann Mayer, **8**, C
17	To Mileva Einstein-Marić, **8**, 483	before 22	From Hans Albert Einstein, **10**: Vol. 8, 513a
17	From H. Ed. Brandt, **8**, C		
after 17	To Mileva Einstein-Marić, **8**, 484	22	To Heinrich Zangger, **8**, 514
19	From Rudolf Förster, **8**, 485	22	From Mileva Einstein-Marić, **10**: Vol. 8, 514a
19	From Max Planck, **8**, 486		
20	From Felix Klein, **8**, 487	23	To Mileva Einstein-Marić, **8**, 515
21	From Gustav Mie, **8**, 488	before 24	To Auguste Hochberger, **8**, 516
21	From Elisabeth Warburg, **8**, 489	before 24	To Auguste Hochberger, **8**, 517
22	From Georg Helm, **8**, 490	25	From Felix Klein, **8**, 518
23	To Otto H. Warburg, **8**, 491	26	To Mileva Einstein-Marić, **8**, 519
23	From H. Ed. Brandt, **8**, C	26	To Minna Stern, **8**, C
23	From Heinrich Könemann, **8**, C	after 26	To Hans Albert Einstein, **8**, 520
24	To Felix Klein, **8**, 492	before 27	To David Hilbert, **8**, 521
24	To Gustav Mie, **8**, 493	before 27	To David Hilbert, **8**, 522
27	From Paul Ehrenfest, **8**, 494	27	To Felix Klein, **8**, 523
28	From Heiinrich Könemann, **8**, C	27	From David Hilbert, **8**, 524
28	From Vero Besso, **10**: Vol. 8, 494a	27	From Hermann Weyl, **8**, 525
after 28	To Vero Besso, **10**: Vol. 8, 494b	28	From Georg Klemperer, **8**, C
30	From Friedrich Kottler, **8**, 495	28	From Hermann Weyl, **8**, 526
		30	From Marga Planck, **8**, 527

May

1	To Paul Ehrenfest, **8**, 528		
1	To Hermann Weyl, **8**, 529		
1	From David Hilbert, **8**, 530		
1	From Wilhelm von Siemens, **8**, C		
1	From Ernst Troeltsch, **8**, 531		
3	From Stefan Röhm, **8**, C		
6	From Gustav Mie, **8**, 532		
before 8	From Mileva Einstein-Marić, **10**: Vol. 8, 532a		
before 8	To Mileva Einstein-Marić, **8**, 533		
before 8	To Heinrich Zangger, **10**: Vol. 8, 533a		
before 8	To Reichsbank, board of directors, **10**: Vol. 9, C		
8	From Reichsbank, board of directors, **10**: Vol. 9, C		
8	From Paul Ehrenfest, **8**, 534		
9	From Wilhelm Nixdorf, **8**, C		
10	To Hermann Weyl, **8**, 535		
10	From Hansjoachim H. Norda, **8**, C		
11	From Gustav Bucky, **8**, C		
12	To Ilse Einstein, **8**, 536		
12	To Georg F. Nicolai, **8**, 537		
12	From Max Wien, **8**, 538		
15	From Charlotte Weigert, **8**, 539		
17	To Max Jakob, **10**: Vol. 8, 539a		
18	From Gustav Bucky, **8**, C		
18	From Felix Klein, **8**, 540		
18	From Georg F. Nicolai, **8**, 541		
18	From Max Wien, **8**, 542		
19	To Felix Klein, **8**, 543		
19	From Hermann Weyl, **8**, 544		
22	To Kaiser-Wilhelm Institute of Physics, board of trustees, **8**, C		
22	From Friedrich Vieweg, **8**, C		
before 23	From Mileva Einstein-Marić, **10**: Vol. 8, 545a		
23	To Mileva Einstein-Marić, **8**, 546		
23	From Zionist Association of Germany, **8**, 547		
24	To David Hilbert, **8**, 548		
25	From Hermann Isensee, **8**, C		
28	To Felix Klein, **8**, 549		
29	From Max von Laue, **8**, 550		
29	From Wilhelm von Siemens, **8**, C		
31	To Hermann Weyl, **8**, 551		
31	From Felix Klein, **8**, 552		

June

1	To Arnold Sommerfeld, **8**, 553
1	From Felix Klein, **8**, 554
after 1	From Arnold Sommerfeld, **8**, 555
2	From Hansjoachim H. Norda, **8**, C
before 3	To Felix Klein, **8**, 556
3	From E. Wollermann, **8**, C
4	To Mileva Einstein-Marić, **8**, 557
after 4	From Mileva Einstein-Marić, **10**: Vol. 8, 557a
after 4	From Hans Albert Einstein, **10**: Vol. 8, 557b
after 4	From Eduard Einstein, **10**: Vol. 8, 557c
5	To Paul Ehrenfest, **8**, 558
6	From Anschütz and Company, **8**, 559
7	To Adolf Kneser, **8**, 560
9	To Felix Klein, **8**, 561
10	From Maja Winteler-Einstein, **10**: Vol. 8, 561a
10	From Paul Winteler, **10**: Vol. 8, 561b
13	To Hugo A. Krüss, **10**: Vol. 8, 563a
13	From Hugo A. Krüss, **8**, 563
15	From Walter Dällenbach, **8**, 564
after 15	To Walter Dällenbach, **8**, 565
16	From Felix Klein, **8**, 566
18	From Hansjoachim H. Norda, **8**, C
20	To Felix Klein, **8**, 567
21	From Anschütz and Company, **8**, 568
23	To Walter Schottky, **8**, 569
24	To Max Born, **8**, 570
24	To Heinrich Zangger, **8**, 571
before 28	To Michele Besso, **8**, 572
before 28	To Eduard Einstein, **8**, 573
29	To Karl Scheel, **8**, 574
after 29	To Max Born, **8**, 575
after 29	To Hans Albert Einstein, **8**, 576

July

2	From Peter Debye, **8**, 577
after 2	To Max Planck, **8**, 578
3	To Hermann Weyl, **8**, 579
after 3	To Max Born, **8**, 580
5	From Felix Klein, **8**, 581
6	From Friedrich Adler, **8**, 582
7	From Adolf Kneser, **8**, 583

按时间顺序的信件目录, 1895—1920

8	From Max Planck, **8**, 584		*September*	
before 9	To Mileva Einstein-Marić, **8**, 585		2	From Gino Mettler, **8**, C
9	To Michele Besso, **8**, 586		3	To Gino Mettler, **8**, C
12	From Anschütz and Company, **8**, 587		4	To Paul Ehrenfest, **8**, 608
15	From Felix Klein, **8**, 588		4	From Peter Debye, **8**, 609
16	From Peter Debye, **8**, C		5	From Max Frischeisen-Köhler, **8**, 610
ca. 17	From Mileva Einstein-Marić, **10**: Vol. 8, 588a		7	From Kurt Hiller, **8**, 611
ca. 17	From Hans Albert Einstein, **10**: Vol. 8, 588b		8	To Michele Besso, **8**, 612
			9	To Kurt Hiller, **8**, 613
ca. 17	From Eduard Einstein, **10**: Vol. 8, 588c		11	From Mendelssohn & Co., **8**, C
			12	From Edgar Meyer, **8**, 614
19	To Max Planck, **8**, C		before 14	To Lise Meitner, **8**, 615
21	To Hedwig Born, **8**, C		14	To Lise Meitner, **8**, 616
22	To Felix Klein, **8**, 589		14	From Wilhelm von Siemens, **8**, C
25	From H. C. Marx, **8**, C		16	To Ernst Trendelenburg, **8**, 617
28	From Hedwig and Max Born, **8**, 590		17	To Eduard Study, **8**, 618
29	To Michele Besso, **8**, 591		18	To Kaiser-Wilhelm Institute of Physics, board of trustees, **8**, C
30	From H. C. Marx, **8**, C		18	From Hermann Weyl, **8**, 619
31	From R. Blochmann, **8**, C		19	To Hans Tanner, **8**, C
August			20	From Friedrich Adler, **8**, 620
1–Nov	To Arnold Sommerfeld, **8**, 592		21	To Heinrich Zangger, **10**: Vol. 8, 620a
2	To Hedwig and Max Born, **8**, 593		23	To Paul and Maja Winteler-Einstein, and Pauline Einstein, **8**, 621
4	To Friedrich Adler, **8**, 594			
8	To Walter Dällenbach, **8**, 595		23	From Eduard Study, **8**, 622
9	From Friedrich Adler, **8**, 596		23	From Hans Vaihinger, **8**, 623
before 11	To Heinrich Zangger, **8**, 597		25	To Eduard Study, **8**, 624
before 11	From Heinrich Zangger, **8**, 598		27	To Paul Ehrenfest, **8**, 625
11	From Edgar Meyer, **8**, 599		27	To Hermann Weyl, **8**, 626
11	From Theodor Rosenheim, **8**, 600		27	From Peter Debye, **8**, C
16	To Heinrich Zangger, **8**, 601		27	From Eduard Study, **8**, 627
18	To Edgar Meyer, **8**, 602		29	To Friedrich Adler, **8**, 628
19	From Hermann Anschütz-Kaempfe, **8**, 603		30	To Friedrich Adler, **8**, 629
			October	
20	To Michele Besso, **8**, 604		before 1	From Nobel Committee for Physics of the Royal Swedish Academy of Sciences, **8**, C
20	To Felix Ehrenhaft, **8**, 605			
22	To Hermann Anschütz-Kaempfe, **8**, 606		3	From Felix Ehrenhaft, **8**, 630
27	To Kaiser-Wilhelm Institute of Physics, board of trustees, **8**, C		5	To Heinrich Zangger, **10**: Vol. 8, 630a
28	To Michele Besso, **8**, 607		7	To Kaiser-Wilhelm Institute of Physics, board of trustees, 8, C
28	From Michele Besso, **10**: Vol. 8, 607a		8	To Pauline Einstein, **8**, 631
29	From Friedrich Vieweg, **8**, C		10	From Wilhelm von Siemens, **8**, C
			12	From Friedrich Adler, **8**, 632

after 12	To Edgar Meyer, **8**, 633	23	To Kaiser-Wilhelm Institute of Physics, board of trustees, **8**, C
14	To Emil Zürcher, **8**, C		
17	To Hans Albert Einstein, **8**, 634	ca. 25	From Hans Albert Einstein, **10**: Vol. 8, 659b
17	From Arnold Berliner, **8**, C		
before 18	To Nobel Committee for Physics of the Royal Swedish Academy of Sciences, **8**, 635	ca. 25	From Eduard Einstein, **10**: Vol. 8, 659c
		29	To Hermann Weyl, **8**, 661
20	To Friedrich Adler, **8**, 636	29	From Maja Winteler-Einstein, **10**: Vol. 8, 661a
20	From Edgar Meyer, **8**, 637		
22	To Felix Klein, **8**, 638	29	From Paul Winteler, **10**: Vol. 8, 661b
24	From Hans Mühsam, **8**, 639		
after 24	From Mileva Einstein-Marić, **10**: Vol. 8, 639a	*December*	
		3	From Max Jakob, **10**: Vol. 8, 661c
26	From Max Planck, **8**, 640	3	From Arnold Sommerfeld, **8**, 662
28	To Felix Klein, **8**, 641	4	To Michele Besso, **8**, 663
29	To Lise Meitner, **8**, 642	5	To Max Jakob, **10**: Vol. 8, 663a
31	From Erwin Freundlich (Bericht), **8**, C	5	From Adolf von Harnack, **8**, C
		6	To Paul Ehrenfest, **8**, 664
November		6	To Arnold Sommerfeld, **8**, 665
1	From Wilhelm von Siemens, **8**, C	9	From Teubner publishing house, **8**, C
2	From Paul Bernays, **8**, 643		
4	To Edgar Meyer, **8**, 644	9	From Zionist Association of Germany, **8**, 666
5	From Felix Klein, **8**, 645		
6	From Otto Radtke, **8**, C	10	To Hans Albert and Eduard Einstein, **8**, 667
7	From Prussian Minister of Education, **8**, C		
		10	To Moritz Schlick, **8**, 668
8	To Felix Klein, **8**, 646	10	From Hermann Weyl, **8**, 669
before 9	From Mileva Einstein-Marić, **10**: Vol. 8, 646a	12	From Heinrich Mousson, **8**, 670
		12	From Zionist Association of Germany, **8**, 671
ca. 9	To Mileva Einstein-Marić, **8**, 647		
ca. 10	From Heinrich Zangger, **8**, 648	mid	To Mileva Einstein-Marić, **8**, 672
10	From Michele Besso, **8**, 649	16	To Hermann Weyl, **8**, 673
10	From Felix Klein, **8**, 650	16	From Carl Haider, **8**, C
before 11	To Minna Stern, **8**, C	17	To Heinrich Mousson, **8**, 674
11	To Pauline Einstein, **8**, 651	19	From Friedrich Voltz, **8**, C
11	To Paul and Maja Winteler-Einstein, **8**, 652	before 20	To Fritz Haber, **8**, 675
		21	From Junghans, **8**, C
12 or later	To Leo Arons, **8**, 653	23	From Department of Education, Canton of Zurich, **10**: Vol. 9, C
14	To Svante Arrhenius, **8**, 654		
15	To Ludwig Quidde, **8**, 655	23	From Ernst Trendelenburg, **8**, C
16	From Ludwig Quidde, **8**, 656	27	To Felix Klein, **8**, 677
16	From Hermann Weyl, **8**, 657	28	From Konstantin Nowak, **8**, C
before 19	To Arnold Berliner, **8**, 658		
21	From Emil Simonson, **8**, C	**1919**	
22	From Paul Bernays, **8**, 659		
22	From Paul Winteler, **10**: Vol. 8, 659a	*January*	
25	To Carl H. Becker, **8**, 660	3	From Hans Kost, **9**, C

9	From Department of Education, Canton of Zurich, **9**, C	31	From Rudolf Seeliger, **9**, C
10	To Mileva Einstein-Marić and Hans Albert Einstein, **9**, 1	*April*	
15	To Hedwig and Max Born, **9**, 2	4	To Pauline Einstein and Maja Winteler-Einstein, **9**, 17
19	To Hedwig and Max Born, **9**, 3	5	From Ernst Wagner, **9**, C
20	To Paul Winteler, **9**, C	6	From Walter Steubing, **9**, C
20	From Erwin Freundlich, **9**, C	7	From Max von Laue, **9**, 18
26	From Bank-Verein Filiale Prag, Wiener, **9**, C	7	From Alfred Magnus, **9**, C
after 26	To Bank-Verein Filiale Prag, Wiener, **9**, C	8	From Karl Försterling, **9**, C
		8	From Walter Kaufmann, **9**, C
28	From Theodor Vetter, **9**, 4	8	From H. Starke, **9**, C
February		9	From Arnold Berliner, **9**, 19
		9	From Helene Stöcker, **9**, 20
5	To Arnold Sommerfeld, **9**, 5	11	From H. Rosenberg, **9**, C
10	From Hermann Fricke, **9**, C	12	From Georg Count von Arco, **9**, 21
19	From Wilhelm von Siemens, **9**, C	13	From Otto Lehmann, **9**, C
26	From Barth Publishing House, **9**, C	14	To Felix Klein, **9**, 22
28	To Heinrich Zangger, **9**, 7	14	From Erich Regener, **9**, C
end of	From Heinrich Zangger, **10**: Vol. 9, 7a	14	From Georg Wendt, **9**, C
		15	To Emil Zürcher, **9**, 23
March		16	To Felix Klein, **9**, 24
1	To Erwin Freundlich, **9**, 8	16	From Otto Lehmann, **9**, C
1	From Kaiser-Wilhelm Institute of Physics, board of trustees, **9**, C	16	From Robert W. Pohl, **9**, C
		16	From Wilhelm Westphal, **9**, C
3	To Kaiser-Wilhelm Institute of Physics, board of trustees, **9**, C	17	From Glüer, **9**, C
		17	From Leonhard Grebe, **9**, 25
7	From Constantin von Mereschkowsky, **9**, C	17	From Otto Radtke, **9**, C
		19	From Bernhard Mueller, **9**, C
9	From Albert Karr, **9**, C	ca. 20	From Hans Albert Einstein, **10**: Vol. 9, 25a
9	From Hans Karr, **9**, C		
13	To R. Pechel, **9**, C	21	To Theodor Kaluza, **9**, 26
after 15	From Georg Krakow, **9**, C	22	To Mendelssohn & Co., **9**, C
17	To Karl Scheel, **9**, 9	22	From Felix Klein, **9**, 27
19	From Albert Karr, **9**, C	25	From Wilhelm von Siemens, **9**, C
22	To Paul Ehrenfest, **9**, 10	26	To Leonhard Grebe, **9**, C
25	From Wilhelm Lenz, **9**, 11	26	To Franz Himstedt, **9**, C
25	From Arnold Sommerfeld, **9**, 12	26	To Wilhelm Lenz, **9**, C
25	From Arnold Sommerfeld, **9**, C	26	To Hendrik A. Lorentz, **9**, 28
26	From Otto Lehmann, **9**, C	26	To H. Rosenberg, **9**, C
26	From Hugo Seemann, **9**, 13	26	To H. Starke, **9**, C
27	From Erwin Freundlich, **9**, 14	26	From Wilhelm von Siemens, **9**, C
27	From Wilhelm Hammer, **9**, C	27	From Hans Vaihinger, **9**, 29
27	From Hauck, **9**, C	28	To Theodor Kaluza, **9**, 30
27	From Franz Himstedt, **9**, C	28	To Walter Kaufmann, **9**, C
29	To Erwin Freundlich, **9**, 15	28	To Otto Lehmann, **9**, C
31	To Aurel Stodola, **9**, 16	28	To Hugo Seemann, **9**, C
31	From Friedrich Krüger, **9**, C	29	From Edith Einstein, **9**, 31
		29	From Rudolf Seeliger, **9**, C
		29	From Otto Radtke, **9**, C

May

1	From Georg Krakow, **9**, C
1	From Hugo A. Krüss, **9**, C
2	To Karl Försterling, **9**, C
2	To Kaiser-Wilhelm Institute of Physics, board of trustees, **9**, C
2	From Paul Epstein, **9**, 32
2	From Wilhelm Hallwachs, **9**, C
2–9	To Kaiser-Wilhelm Institute of Physics, board of trustees, **9**, C
2	From Hugo Seemann, **9**, C
3	To Hans Vaihinger, **9**, 33
4	From Hendrik A. Lorentz, **9**, 34
5	To Leonhard Grebe, **9**, C
5	To Theodor Kaluza, **9**, 35
5	From Walter Kaufmann, **9**, C
6	To Georg Krakow, **9**, C
6	To Hugo Seemann, **9**, C
7	To Kaiser-Wilhelm Institute of Physics, board of trustees, **9**. C
9	To Wander de Haas, **9**, 36
11	To Paul Natorp, **9**, 37
11	From Hugo Seemann, **9**, 38
14	To Pauline Einstein et al., **9**, 39
14	To Theodor Kaluza, **9**, 40
14	From Christian Jensen, **9**, C
14	From Georg Krakow, **9**, 41
16	To Christian Jensen, **9**, C
16	From Wilhelm Hallwachs, **9**, C
16	From Siegfried Valentiner, **9**, C
18	To Roland Holder, **9**, 42
19	To Peter Debye, **9**, C
19	To Schwäbischer Bund, **9**, 43
19	To Munich Military Tribunal, **9**, 44
20	To Siegfried Valentiner, **9**, C
22	To Wilhelm Hammer, **9**, C
24	From I. Rosenberg, **9**, C
24	From Eduard Study, **9**, 45
25	To Robert W. Pohl, **9**, C
25	To I. Rosenberg, **9**, C
25	To Friedrich Krüger, **9**, C
25	To Ernst Wagner, **9**, C
25	From Friedrich Krüger, **9**, C
25	From Alfred Magnus, **9**, C
27	To Erich Regener, **9**, C
27	To Walter Steubing and Georg Wendt, **9**, C
27	To Wilhelm Westphal, **9**, C
28	From Felix Ehrenhaft, **9**, 46
28	From Arrien Johnsen, **9**, 47
29	To Theodor Kaluza, **9**, 48
29	From Wilhelm Westphal, **9**, C
30	From Philipp Frank, **9**, 49
30	From Roland Holder, **9**, 50

June

before 1	From Heinrich Zangger, **9**, 51
1	To Heinrich Zangger, **9**, 52
1	From Alfred Magnus, **9**, C
after 1	From Heinrich Zangger, **9**, 53
2	From Friedrich Krüger, **9**, C
3	From Robert W. Pohl, **9**, C
4	To Max Born, **9**, 56
6	From Leonhard Grebe, **9**, 57
8	From Peter P. Koch, **9**, C
9	From David Hilbert, **9**, 58
10	From Christian Jensen, **9**, C
11	To David Hilbert, **9**, 59
11	From Karl Försterling, **9**, C
11	From Rudolf Seeliger, **9**, C
12	From Erich Regener, **9**, C
before 13	From Hans Albert Einstein, **10**: Vol. 9, 59a
before 13	From Eduard Einstein, **10**: Vol. 9, 59b
13	To Hans Albert and Eduard Einstein, **9**, 60
16	To Pauline Einstein, **9**, 61
16	From Wilhelm Hammer, **9**, C
16	From Wilhelm von Siemens, **9**, C
before 18	From Heinrich Zangger, **9**, 62
18	To Heinrich Zangger, **9**, 63
19	From Allgemeine Gesellschaft für chemische Industrie, **9**, C
20	From Adolf von Harnack, **9**, C
22	To Mendelssohn & Co., **9**, C
24	From Peter Debye, **9**, C
24	From Max Hofsäss, **9**, C
26	From Paul Natorp, **9**, 64
27	From Wilhelm von Siemens, **9**, C
28	From Walter Steubing, **9**, C
29	From Leonhard Grebe, **9**, C
29	From Gustav Mie, **9**, 65
ca. 29	To Walter Dällenbach, **9**, 66
30	To Elsa Einstein, **10**: Vol. 9, 66a

July

1	To Elsa Einstein, **10**: Vol. 9, 68a
1	From Max Born, **9**, C

1	From Jakob Grommer, **9**, 67	4	From Otto Lummer, **9**, 85
1	From Adolf Schmidt, **9**, 68	9	To Pauline Einstein, **9**, 87
2	To Elsa Einstein, **10**: Vol. 9, 69a	9	To Elsa Einstein, **10**: Vol. 9, 86a
2	From Edmund Mayer, **9**, 69	after 15	From Hans Albert Einstein, **10**: Vol. 9, 87a
2	From Ernst Wagner, **9**, C	16	To Pauline Einstein, **9**, 88
3	To Elsa Einstein, **10**: Vol. 9, 70a	16	To Hans Reichenbach, **9**, 89
3	To Pauline Einstein, **9**, 70	17	To Ilse and Margot Einstein, **9**, 90
4	To Elsa Einstein, **10**: Vol. 9, 70b	17	To Robert Holtzmann, **9**, 91
6	To Elsa Einstein, **10**: Vol. 9, 70c	17	To Adolf Schmidt, **9**, 92
8	To Elsa Einstein, **10**: Vol. 9, 70d	17	To Max Hofsäss, **9**, C
8	To Karl Scheel, **9**, C	18	From Friedrich Krüger, **9**, C
9	To Elsa Einstein, **10**: Vol. 9, 70e	19	To Joseph Petzoldt, **9**, 93
9	To Leonhard Grebe, **9**, C	20	To Guste Hochberger, **9**, 94
9–15 Aug	From Hermann Struck, **9**, C	23	To Hedwig Kohn, **9**, C
10	From Robert Holtzmann, **9**, 71	23	To Otto Lummer, **9**, C
12	To Elsa Einstein, **10**: Vol. 9, 72a	23	To Mendelssohn & Co., **9**, C
ca. 12	From Elsa Einstein, **9**, 72	23	To Joseph Petzoldt, **9**, 95
14	To Elsa Einstein, **10**: Vol. 9, 72b	23	To Prussian Ministry of Education, **9**, C
15	To Elsa Einstein, **10**: Vol. 9, 72c	25	From Mendelssohn & Co., **9**, C
17	To Elsa Einstein, **10**: Vol. 9, 72d	28	From Jean Perrin, **9**, 96
before 18	To Ida Hurwitz, **9**, C	29	From Maja Winteler-Einstein and Paul Winteler, **10**: Vol. 9, 96a
18	From Batavian Society for Experimental Philosophy, **9**, C	31	To Hedwig Born, **9**, 97
19	To Elsa Einstein, **10**: Vol. 9, 72e	*September*	
20	From Max Planck, **9**, 73	?	From Wilhelm Foerster, **9**, C
ca. 20	From Fritz Haber, **9**, 74	?	From Oskar Lüdeke, **9**, C
21	To Elsa Einstein, **10**: Vol. 9, 74a	2	From Paul Ehrenfest, **9**, 98
22	To Elsa Einstein, **10**: Vol. 9, 74b	3	To Eduard Hartmann, **9**, C
23	To Elsa Einstein, **10**: Vol. 9, 74c	5	To Pauline Einstein, **9**, 99
25	To Elsa Einstein, **10**: Vol. 9, 74d	5	To Eduard Study [?], **9**, 100
26	To Elsa Einstein, **10**: Vol. 9, 74e	6	To Mendelssohn & Co., **9**, C
26	From Adriaan D. Fokker, **9**, 75	8	From Paul Ehrenfest, **9**, 101
26	From Hendrik A. Lorentz, **9**, 76	9	To Kaiser-Wilhelm Gesellschaft, **9**, C
26	From Joseph Petzoldt, **9**, 77	9	To Walter Steubing, **9**, C
28	To Elsa Einstein, **10**: Vol. 9, 77a	10	From Mileva Einstein-Marić, **10**: Vol. 9, 101a
29	To Elsa Einstein, **10**: Vol. 9, 78a	11	From Paul Epstein, **9**, 102
29	From Max Planck, **9**, C	12	To "Demokratischer Klub," **9**, C
30	To Adriaan D. Fokker, **9**, 78	12	To Paul Ehrenfest, **9**, 103
30	To Auguste Hochberger, **9**, 79	12	From Wilhelm Meinhardt, **9**, C
31	To Elsa Einstein, **10**: Vol. 9, 79a	12	From Max Planck, **9**, C
August		15	To Ilse Schneider, **9**, 104
1	To Hendrik A. Lorentz, **9**, 80	15	From Erwin Freundlich, **9**, 105
1	From Fritz Haber, **9**, 81	15	From Vieweg publishing house, **9**, C
2	To Fritz Haber, **9**, 82	16	To Kaiser-Wilhelm Institute of
2	From Hedwig Kohn, **9**, 83		
after 3	From Fritz Haber, **9**, 84		
4	To Elsa Einstein, **10**: Vol. 9, 84a		
6	To Conrad Habicht Sr., **9**, C		
7	To Pauline Einstein, **9**, 86		

18	Physics, board of trustees, **9**, C		**9**, 131
18	To Vieweg publishing house, **9**, C	13	From Relief and Works Agency for Palestine, **9**, 132
19	To Erwin Freundlich, **9**, 106		
19	From Walter Dällenbach, **9**, 107	14	To Adolf von Harnack, **9**, C
19	From Walter Steubing, **9**, C	15	To Carl H. Becker, **9**, 133
21	To Hendrik A. Lorentz, **9**, 108	15	To Paul Ehrenfest, **9**, 134
21	From Paul Ehrenfest, **9**, 109	15	To Mileva Einstein-Marić, **9**, 135
22	From Hendrik A. Lorentz, **9**, 110	15	From Paul Epstein, **9**, 136
22 or later	To Hendrik A. Lorentz, **9**, C	15	From Moritz Schlick, **9**, 137
23	To Vieweg publishing house, **9**, C	16	To Max Born, **9**, 138
23	From Max Planck, **9**, C	16	To Zurich Physics Colloquium, **9**, 139
23	From Teubner publishing house, **9**, C	17	To Pauline Einstein, **9**, 140
25	From Paul Oppenheim, **9**, 111	17	To Otto Lehmann-Russbüldt, **9**, 141
27	To Walter Dällenbach, **9**, 112		
27	To Pauline Einstein, **9**, 113	17	To Moritz Schlick, **9**, 142
27	To Jean Perrin, **9**, 114	17	From Friedrich Schuh, **9**, C
28	To Paul Ehrenfest, **9**, 115	after 17	From Heinrich Zangger, **9**, 143
28	To Teubner publishing house, **9**, C	18	From Hedwig Born, **9**, 144
28	From Pauline Einstein, **9**, 116	18	From Max von Laue, **9**, 145
28	From Teubner publishing house, **9**, C	19	To Elsa Einstein, **10**: Vol. 9, 145a
		20	From Hans Thirring, **9**, 146
October		20	To Elsa Einstein, **10**: Vol. 9, 145b
1	From Paul Oppenheim, **9**, 117	21	To Elsa Einstein, **10**: Vol. 9, 145c
2	From Georg Wendt, **9**, C	22	From Hugo Bergmann, **9**, 147
2	From Wilhelm Westphal, **9**, 118	22	From Mileva Einstein-Marić, **10**: Vol. 9, 148a
3	From Erwin Freundlich, **9**, 119		
3	From Teubner publishing house, **9**, C	22	From Carl Stumpf, **9**, C
		22	From Heinrich Zangger, **9**, 148
4	From Rudolf Lindemann, **9**, 120	22 or later	To Hendrik A. Lonretz, **9**, C
4	From Max Planck, **9**, 121	23	To Elsa Einstein, **10**: Vol. 9, 148b
5	To Paul Epstein, **9**, 122	23	To Max Planck, **9**, 149
5	From Paul Ehrenfest, **9**, 123	23	To Prussian Academy of Sciences, **9**, C
5	From Paul Ehrenfest, **9**, 124		
7	To Rudolf Lindemann, **9**, 125	23	To Friedrich Schuh, **9**, C
7	To Elisabeth Rotten, **9**, 126	23	From Carl E. Büsching, **9**, C
7	From Hendrik A. Lorentz, **9**, 127	24	To Elsa Einstein, **10**: Vol. 9, 149a
8	From Robert Forsch, **9**, 128	24	From Arnold Sommerfeld, **9**, 150
9	From Walter Dällenbach, **9**, 129	24	Ilse Einstein to Theodor K. von Wasielewski, **9**, C
9	From Maja Winteler-Einstein, **10**: Vol. 9, 128a		
		26	To Elsa Einstein, **10**: Vol. 9, 151a
10	From Hugo Bergmann, **9**, C	26	To Pauline Einstein, **9**, 151
10	From Wilhelm Schweydar, **9**, 130	27	From Max von Laue, **9**, 152
11	To Paul Ehrenfest, **9**, C	28	To Elsa Einstein, **10**: Vol. 9, 152a
11	To Kaiser-Wilhelm Institute of Physics, board of trustees, **9**, C	30	From Hendrik A. Lorentz, **9**, 153
		November	
11	To Walter Steubing, **9**, C	3	To Carl Stumpf, **9**, C
11	From Zurich Physics Colloquium,	3	From Paul Ehrenfest, **9**, 154

3	From Gabriele Rabel, **9**, C	29	To Wilhelm Hort, **9**, 181
3	From Vieweg publishing house, **9**, C	29	From Arnold Berliner, **9**, 182
		29	From Richard von Mises, **9**, 183
5	To Hugo Bergmann, **9**, 155	30	From Eduard Einstein, **10**: Vol. 9, 183a
5	To Jean Perrin, **9**, 156		
5	From Paul Winteler, **10**: Vol. 9, C	30	From Hans Albert Einstein, **10**: Vol. 9, 183b
5	From Paul Winteler, **10**: Vol. 9, C		
after 5	From Jean Perrin, **9**, 157	30	From Mileva Einstein-Marić, **10**: Vol. 9, 183c
6	To Friedrich Schuh, **9**, C		
6	To Theodor K. von Wasielewski, **9**, 158	*December*	
6	To Wilouner, **9**, 159	1	To Adolf von Harnack, **9**, C
8	To Paul Ehrenfest, **9**, 160	1	To Moritz Schlick, **9**, 184
8	From Hermann Coenen, **9**, 161	1	From Willem de Sitter, **9**, 185
before 9	To Max Born, **9**, 162	1	From Arthur S. Eddington, **9**, 186
9	To Benjamin de Jong van Beek en Donk, **9**, 163	after 1	To Adriaan D. Fokker, **9**, 187
		3	From Kornél Loewy (Lánczos), **9**, 188
10	To Adolf von Harnack, **9**, C		
10	To Maja Winteler-Einstein and Paul Winteler, **10**: Vol. 9, C	4	To Viggo Carling, **9**, C
		4	To Paul Ehrenfest, **9**, 189
11	To Vieweg publishing house, **9**, C	4	To Prussian Academy of Sciences, **9**, C
14	From Hendrik A. Lorentz, **9**, 164		
14	From Polizeipräsidium, **9**, C	4	To Prussian Academy of Sciences, **9**, C
15	To Hendrik A. Lorentz, **9**, 165		
15	From Heike Kamerlingh Onnes, **9**, C	4	From Theodor K. von Wasielewski, **9**, C
16	To Mileva Einstein-Marić, **9**, 166	5	To Mileva Einstein-Marić, **9**, 190
16	To Ejnar Hertzsprung, **10**: Vol. 9, 166a	5	To Hans Albert and Eduard Einstein, **9**, 191
16	To Arthur von Oettingen, **9**, 167	5	To Willem H. Julius, **9**, 192
18	From Adriaan D. Fokker, **9**, 168	5	From Max Planck, **9**, C
18	From Max Planck, **9**, 169	6	To Neue Freie Presse (Vienna), **9**, 193
18	From Max Planck, **9**, C		
20	From Gabriele Rabel, **9**, C	6	To Konrad Haenisch, **9**, 194
21	To Moritz Schlick, **9**, 170	6	To Richard von Mises, **9**, 195
21	From Hugo Bergmann, **9**, 171	6	To Umschau, **9**, C
22	To Ida Hurwitz, **9**, 172	6	From Felix Ehrenhaft, **9**, 196
22	From Adolf von Harnack, **9**, C	6	From Erwin Freundlich, **9**, 197
23	From Viktor G. Ehrenberg, **9**, 173	8	To Max Born, **9**, 198
23	From Adolf Friedrich Lindemann, **9**, 174	8	To Kaiser-Wilhelm Institute of Physics, board of trustees, **9**, C
24	From Paul Ehrenfest, **9**, 175	8	To Moritz Schlick, **9**, 199
25	From Wilhelm Hort, **9**, 176	8	From Ludwig Darmstaedter, **9**, 200
26	From Robert W. Lawson, **9**, 177	8	From Ludwig Darmstaedter, **9**, 201
26	From Alexander W. Pflüger, **9**, C	8	From Edward P. Hulse, **9**, C
27	From Viggo Carling, **9**, C	8	From The Svedberg, **9**, 202
27	From Shmarya Levin, **9**, 178	9	From Paul Ehrenfest, **9**, 203
27	From Paul Oppenheim, **9**, 179	9	From Department of Education, Canton of Zurich, **9**, C
28	From Robert W. Lawson, **9**, 180		

9	From Mendelssohn & Co., **9**, C	21	From Carl Seelig, **9**, 230
10	To Paul Ehrenfest, **9**, 204	23	To Heinrich Teweles, **9**, 231
10	From Richard von Mises, **9**, 205	23	From Leonhard Grebe and Albert Bachem, **9**, 232
10	From Heinrich Rausch von Traubenberg, **9**, 206	24	To Heinrich Zangger, **9**, 233
10	From Paul Winteler, **10**: Vol. 9, 206b	24	From Max Planck, **9**, C
10	From Maja Winteler-Einstein, **10**: Vol. 9, 206a	26	To Robert W. Lawson, **9**, 234
		26	To Theodor K. von Wasielewski, **9**, C
11	From Arthur von Oettingen, **9**, C	after 28	To Edgar Meyer, **9**, 235
12	To Michele Besso, **9**, 207	29	To Ludwig Darmstaedter, **9**, 236
12	To Willem de Sitter, **9**, 208	29	To Carl Seelig, **9**, 237
12	From Barth Publishing House, **9**, C	29	From Richard Fleischer, **9**, 238
13	To Pieter Zeeman, **9**, 209	29	From Vieweg publishing house, **9**, C
13	From Ethel Allen, **9**, C	30	To Vieweg publishing house, **9**, C
13	From Arnold Sommerfeld, **9**, 210	30	From Paul Ehrenfest, **9**, 239
14	To Felix Ehrenhaft, **9**, 211	31	From Paul Winteler, **10**: Vol. 9, 239a
14	To Hermann Schüller, **9**, 212		
14	To The Svedberg, **9**, 213		
14	From Edgar Meyer, **9**, 214	**1920**	
14	From Alfred Wolfer, **9**, C		
before 15	From Heinrich Zangger, **9**, 215	?	To Max Hasse, **9**, C
mid	From Rudolf Seeliger, **9**, C		
15	To Arthur S. Eddington, **9**, 216	*January*	
15 or 22	To Heinrich Zangger, **9**, 217	?	From Erwin Freundlich, **9**, 240
after 15	To Erwin Freundlich, **10**: Vol. 9, 217a	after 1	From Hans Albert Einstein, **10**: Vol. 9, 240a
16	From Gösta Mittag-Leffler, **9**, 218	2	From Hedwig Kohn, **9**, 241
17	To Teubner publishing house, **9**, C	2	From Otto Lummer, **9**, C
17	From Mendelssohn & Co., **9**, C	2	From Vieweg publishing house, **9**, C
17	From Max Rubner, **9**, C		
18	To Arnold Sommerfeld, **9**, 219	3	To Vieweg publishing house, **9**, C
18	To Arnold Sommerfeld, **9**, C	3	To Heinrich Zangger, **9**, 242
18	From Robert W. Lawson, **9**, 220	3	From Charles-Eugène Guye, **9**, 243
19	From Peter Debye, **9**, 221	5	To Ethel Allen, **10**, C
19	From Moritz Schlick, **9**, 222	5	To Ilse Schneider, **9**, 244
19	From Jehiel J. Weinberg, **9**, C	5	From Joseph Lipka, **9**, C
20	To Kaiser-Wilhelm Institute of Physics, board of trustees, **9**, C	after 5	To Joseph Lipka, **9**, C
		6	To Michele Besso, **9**, 245
20	To Heinrich Mousson, **9**, C	6	To Hellmut von Gerlach, **9**, 246
20	To Alfred Wolfer, **9**, 223	6	To Edgar Meyer, **9**, 247
20	From Paul Ehrenfest, **9**, 224	6	To Emil Zürcher, **9**, 248
20	From David Hilbert, **9**, 225	8	From Robert W. Lawson, **9**, 249
20	From Teubner publishing house, **9**, C	9	From Georg Count von Arco, **9**, 250
21	To Richard von Mises, **9**, 226	9	From Theodor Des Coudres, **9**, 251
21	To Teubner publishing house, **9**, C	9	From Max Planck, **9**, C
21	From Richard Fleischer, **9**, 227	10	From League of German Scholars
21	From Robert W. Lawson, **9**, 228		
21	From Hendrik A. Lorentz, **9**, 229		

10	and Artists, **9**, 252	27	From Anton Lampa, **9**, 287
10	From Charlotte Weigert, **9**, 253	28	To Kaiser-Wilhelm Institute of Physics, board of trustees, **9**, C
12	To Paul Ehrenfest, **9**, 254		
12	To Charles-Eugène Guye, **9**, 255	28	To Arthur Korn, **9**, 288
12	To Hendrik A. Lorentz, **9**, 256	28	From Hans Albert Einstein, **10**: Vol. 9, 288a
12	To Heinrich Rausch von Traubenberg, **9**, 257		
		30	To Alexander Eliasberg, **9**, 289
13	To League of German Scholars and Artists, **9**, 258	30	From Walter Steubing, **9**, C
		31	From Paul Epstein, **9**, 290
13	From Friedrich Paschen, **9**, 259	*February*	
14	To Georg Count von Arco, **9**, 260		
14	From Adolf von Harnack, **9**, C	1	From Anton Lampa, **9**, 291
14	From Paul Oppenheim, **9**, 261	1	From Rudolf Wegscheider, **9**, 292
14	From Konrad Sannig & Co., **9**, C	2	To Arthur S. Eddington, **9**, 293
16	To Theodor Des Coudres, **9**, 262	2	To Paul Ehrenfest, **9**, 294
16	To Attilio Palatini, **9**, 263	2	To Ludwig Hopf, **9**, 295
16	From Hendrik A. Lorentz, **9**, 264	2	To Edgar Meyer, **9**, 296
19	To Adolf von Harnack, **9**, C	2	From Robert W. Lawson, **9**, 297
19	To Hendrik A. Lorentz, **9**, 265	3	To Kaiser-Wilhelm Institute of Physics, board of trustees, **9**, C
19	From Hugo Bergmann, **9**, 266		
19	From Anton Lampa, **9**, 267	4	To Robert W. Lawson, **9**, C
19	From Friedrich Paschen, **9**, 268	4	To Ernest B. Ludlam, **9**, 298
19	From Vieweg publishing house, **9**, C	4	To Vieweg publishing house, **9**, C
		before 5	Nomination of Arnold Sommerfeld and Peter Debye as Corresponding Members of the Prussian Academy of Sciences, **9**, 299
20	To Rudolf Wegscheider, **9**, 269		
21	To Anton Lampa, **9**, 270		
21	To Vieweg publishing house, **9**, C		
21	From Arthur S. Eddington, **9**, 271		
21	From Paul Ehrenfest, **9**, 272	5	From Marcel Grossmann, **9**, 300
21	From Charles-Eugène Guye, **9**, 273	5	From Vieweg publishing house, **9**, C
21	From Friedrich Kottler, **9**, 274		
22	To Robert W. Lawson, **9**, 275	7	To Robert W. Lawson, **9**, 301
22	To Kornél Loewy (-Lánczos), **9**, 276	7	To Rudolf Wegscheider, **9**, 302
		8	From Paul Ehrenfest, **9**, 303
22	From Walter Tschuppik, **9**, C	8	From Heike Kamerlingh Onnes, **9**, 304
23	To Cambridge University Press, **9**, C		
		8	From Karl Linz, **9**, C
23	To Paul Ehrenfest, **9**, 277	9	To Edouard Guillaume, **9**, 305
23	To Friedrich Paschen, **9**, 278	10	To Berlin-Schöneberg Office of Taxation, **9**, 306
23	From Ernest B. Ludlam, **9**, 279		
25	From Edouard Guillaume, **9**, 280	10	To Richard von Mises, **9**, 307
25	From Robert W. Lawson, **9**, C	11	From Hendrik A. Lorentz, **9**, 308
25	From Edgar Meyer, **9**, 281	12	From Hans T. Cohn, **9**, 309
26	To Hans Delbrück, **9**, 282	12	From Heinrich Pfeiffer, **9**, 310
26	From Leonhard Grebe and Albert Bachem, **9**, 283	12	From Eduard Meyer, **9**, 311
		13	From Eduard Meyer, **9**, 312
27	To Hedwig and Max Born, **9**, 284	13	From Richard Wettstein, **9**, 313
27	To Cambridge University Press, **9**, 285	after 13	To Heinrich Zangger, **9**, 314
		14	To Eduard Meyer, **9**, 315
27	From Alexander Eliasberg, **9**, 286	14	From J. J. Marthe, **9**, C

15	From Edouard Guillaume, **9**, 316	6	To Blau, **9**, 342
15	From Fritz Weigert, **9**, C	8	To German Society for Foreign-Book Trade, **9**, 343
18	From W. Sazyma, **9**, C		
19	To Konrad Haenisch, **9**, 317	8	To Jeanne Rouvière, **9**, C
19	To Vieweg publishing house, **9**, C	9	To Carl H. Becker, **9**, C
19	From David Hilbert, **9**, 318	9	Ilse Einstein to the Protestant Synod of Berlin, **9**, 346
19	From Friedrich Kottler, **9**, 319		
after 19	From Richard von Mises, **9**, C	9	From Max Planck, **9**, C
20	From Michael Polányi, **9**, 321	9	From Walter Schottky, **9**, 345
21	To David Hilbert, **9**, 322	10–12	To Konrad Haenisch, **9**, 349
21	To Richard Wettstein, **9**, 323	10–12	From Paul Ehrenfest, **9**, 347
21	From Deutsches Museum, Munich, **9**, C	10	From Ludwik Silberstein, **9**, 348
		10	From Vieweg publishing house, **9**, C
21	From Erwin Freundlich, **9**, 324		
21	From Auguste Hochberger, **9**, 325	11	From Schmitt, **9**, C
21	From Vieweg publishing house, **9**, C	12	From Georg Count von Arco, **9**, 350
22	From Robert W. Lawson, **9**, 326	12	From Konrad Haenisch, **9**, 351
22	From Moritz Schlick, **9**, 327	12	From Vieweg publishing house, **9**, C
22	From Friedrich Schmidt-Ott, **9**, C		
23	From Jeanne Rouvière, **9**, C	13	From Moritz Schlick, **9**, 352
24	From Erwin Freundlich, **9**, 328	14	From Hans Albert Einstein, **10**: Vol. 9, 351a
24	From Erna and Karl Reis, **9**, C		
24	From Vieweg publishing house, **9**, C	14	From Eduard Einstein, **10**: Vol. 9, 351b
25	From Eduard Einstein, **10**: Vol. 9, 328a	15	From Arthur S. Eddington, **9**, 353
		16	To Vieweg publishing house, **9**, C
26	From the Protestant Synod of Berlin, **9**, 329	16	From Heinrich Pfeiffer, **9**, 354
		17	From Hendrik A. Lorentz, **9**, 355
27	To Marcel Grossmann, **9**, 330	17	From Anna Treumann, **9**, C
27	To Moritz Schlick, **9**, 331	18	To Hendrik A. Lorentz, **9**, 356
27	To Heinrich Zangger, **9**, 332	18	From Marcel Grossmann, **9**, 357
27	To Hans Albert Einstein, **9**, 333	22	To Otto Bahn, **9**, 358
27	From Albert Fleck, **9**, 334	22	From Emil Schwamberger, **9**, C
28	From Friedrich Schmidt-Ott, **9**, C	23	From Eduard Korrodi, **9**, 359
29	From Ernest B. Ludlam, **9**, C	23	From Frederick A. Lindemann, **9**, C
March			
		23	From Heinrich Prinz, **9**, C
1	To Paul Ehrenfest, **9**, 335	24	From Barth publishing house, **9**, C
1	To Michael Polányi, **9**, 336	24	From *Neue Zürcher Zeitung*, **9**, C
1	From Naturwissenschaften publishing house, **9**, C	24	From D. B. Steinman, **9**, C
		25	From Otto Eisfelder, **9**, C
3	To Max Born, **9**, 337	26	To Hans Albert and Eduard Einstein, **9**, 360
3	To Vieweg publishing house, **9**, C		
3	From Anton Lampa, **9**, 338	26	To Heinrich Zangger, **9**, 361
3	From Charlotte Weigert, **9**, C	26	From Friedrich Schmidt-Ott, **9**, C
4	From Carl H. Becker, **9**, C	27	From Max von Laue, **9**, 362
5	From Blau, **9**, 339	28	From Ludwig G. Rebholz, **9**, C
5	From Peter Debye, **9**, 340	after 28	To Ludwig G. Rebholz, **9**, C
5	From David Hilbert, **9**, 341	29	From Central Association of

	German Citizens of the Jewish Faith, **9**, 363	19	To Ulrich von Wilamowitz-Moellendorff, **9**, 379
29	From Walter Steubing and Heinz Kirschbaum, **9**, C	19	To Heinrich Zangger, **9**, 380
		19	From Julius Burghold, **9**, 381
31	From Adolf von Harnack, **9**, C	20	To Max Born, **9**, 382
31	From Robert W. Lawson, **9**, C	20	To Franz Ulinski, **9**, 383
April		20	From Federigo Enriques, **9**, 384
1	To Emil Schwamberger, **9**, 364	20	From Richard von Schubert-Soldern, **9**, 385
2	To Ludo Moritz Hartmann, **9**, 365	20	From Ulrich von Wilamowitz-Moellendorff, **9**, C
3	To [Paul Nathan], **9**, 366		
4	From Walter Hasenclever, **9**, C	20	From Hans Wittig, **9**, 386
4	From Hans Vaihinger, **9**, 367	20–12 May	To Anton Lampa, **9**, 387
5	To Berufsamt für Akademiker E. V., **9**, C	after 20	To Rudolf Peters, **9**, 388
		21	From Bernhard Harms, **9**, C
5	To Central Association of German Citizens of the Jewish Faith, **9**, 368	after 21	To Bernhard Harms, **9**, C
		22	To Robert W. Lawson, **9**, 389
		22	From Robert W. Lawson, **9**, 390
5	To Hans Albert Einstein, **9**, 369	22	From Julio Rey Pastor, **9**, 391
5	To Adolf von Harnack, **9**, C	22	From Moritz Schlick, **9**, 392
5	To Carl Hermann Unthan, **9**, 370	23	From K. Frank, **10**, C
6	From [Franz Xaver?] Bachem, **9**, C	23	From Springer publishing house, **9**, C
6	From Great Lodge of Germany VIII of the Independent Order of B'nai B'rith in Berlin, **9**, C	24	To Maurice Solovine, **9**, 393
		24	From Gaston Moch, **9**, C
7	To Paul Ehrenfest, **9**, 371	24	From Paul Oppenheim, **9**, 394
7	From Maurice Solovine, **9**, 372	24	From Hans Vaihinger, **9**, 395
8	From Barth Publishing House, **9**, C	25	To Julius Burghold, **9**, 396
9	From Theodor Däubler, **9**, C	25	From Hermann Coenen, **9**, 397
10	From Martin Knudsen, **9**, C	27	To Vieweg publishing house, **9**, C
after 10	To Theodor Däubler, **9**, C	28	From Felix Klein, **9**, 398
12	To Ester Heller, **9**, C	28	From Julio Rey Pastor, **9**, C
12	To Gösta Mittag-Leffler, **9**, C	28	From Vieweg publishing house, **9**, C
14	To Hans Vaihinger, **9**, C		
13	From Berufsamt für Akademiker E. V., **9**, C	29	To Mendelssohn & Co., **9**, C
		29	To Paul Oppenheim, **9**, 399
13	From Paul Ehrenfest, **9**, 373	29	From Springer publishing house, **9**, C
14	From Georg Swarzenski, **9**, C		
14	From Vieweg publishing house, **9**, C	30	To Kaiser-Wilhelm Institute of Physics, board of trustees, **9**, C
after 14	To Georg Swarzenski, **9**, C	30	To Frederick A. Lindemann, **9**. C
15	To D. B. Steinman, **9**, C	30	To Gaston Moch, **9**, C
15	From Paul Kammerer, **9**, 374	30	To Rudolf Seeliger, **9**, C
16	From Paul Ehrenfest, **9**, 375	*May*	
16	From Royal Danish Academy of Sciences and Letters, **9**, C		
		1	To Ludwik Silberstein, **10**, 1
16	From Georg Vogelpohl, **9**, 376	1	To Vieweg publishing house, **10**, C
after 16	To Georg Vogelpohl, **9**, 377	1	From Paul Ehrenfest, **10**, 2
17	From Philipp Frank, **9**, C	1	From Gottlieb Haberlandt, **10**, 3
19	To Moritz Schlick, **9**, 378	before 2	From Rudolf Seeliger, **10**, C

2	To Niels Bohr, **10**, 4	21	From Erich Regener, **10**, 24
3	To Kaiser-Wilhelm Institute of Physics, board of trustees, **10**, C	21	From Pieter Zeeman, **10**, C
		22	To Elsa Einstein, **10**, 25
3	To Hans Wittig, **10**, 5	22	To Hendrik A. Lorentz, **10**, 26
3	From Gaston Moch, **10**, C	22	From Barth Publishing House, **10**, C
4	To Paul Ehrenfest, **10**, 6		
4	From Maurice Solovine, **10**, C	22	From Max von Laue, **10**, 27
4	From Vieweg publishing house, **10**, C	23	From Carl H. Unthan, **10**, 28
		23	From Hans Vaihinger, **10**, C
6	From Bernhard Harms, **10**, C	24	To the Royal Academy of Sciences in Amsterdam, **10**, 29
7	To Elsa Einstein, **10**, 7		
7	To Christian Jensen, **10**, C	24	From Elsa Einstein, **10**, 30
7	To Friedrich Schuh, **10**, C	24	From Peter P. Koch, **10**, C
7	From Adolf von Harnack, **10**, C	24	From Maurice Solovine, **10**, C
8	From Willem H. Julius, **10**, 8	24	From Fritz Weigert, **10**, C
8	From Adolf Wermuth, **10**, C	26	From Robert Fricke, **10**, 31
9	To Elsa Einstein, **10**, 9	26	From Vieweg publishing house, **10**, C
after 9	From Elsa Einstein, **10**, 10		
10	From Ernst Cassirer, **10**, 11	27	To Elsa Einstein, **10**, 32
10	From Moritz Schlick, **10**, 12	27	To Ilse Einstein, **10**, 33
11	To Elsa Einstein, **10**, 13	27	To Heinrich Zangger, **10**, 34
11	To Prussian Academy of Sciences, **10**, C	27	From Hendrik A. Lorentz, **10**, 35
		28	From Konrad Haenisch, **10**, 36
11	From R. W. Drechsler, **10**, C	28	From Hans Georg, Möller, **10**, C
11	From Will Großmann, **10**, C	28	From Greti Moser, **10**, 37
11	From Erich Marx, **10**, C	30	From Paul Epstein, **10**, 38
11	From Julio Rey Pastor, **10**, C	30	From Anton Lampa, **10**, 39
after 11	To R. W. Drechsler, **10**, C		
after 11	To Friedrich Rosen, **10**, C	*June*	
12	From Richard von Schubert-Soldern, **10**, C	1	To Vieweg publishing house, **10**, C
		1	From F. M. Henkell, **10**, C
13	From Frank D. Fackenthal, **10**, C	1	From Frans M. Jaeger, **10**, C
14	From Mileva Einstein-Marić, **10**, 14	1	From Friedrich Schmidt-Ott, **10**, C
		after 1	To Erich Marx, **10**, C
14	From Hans Albert Einstein, **10**, 15	2	To Maurice Solovine, **10**, C
15	To Wostok publishing house, **10**, C	2	From Adriaan D. Fokker, **10**, 40
15	From Robert W. Lawson, **10**, C	2	From Hedwig Kohn, **10**, C
15	From Jeanne Rouvière, **10**, C	2	To Vieweg publishing house, **10**, C
15	From Max Wertheimer, **10**, 16	2	From Vieweg publishing house, **10**, C
17	To Elsa Einstein, **10**, 17		
17	From Lucien Fabre, **10**, 18	3	To Julio Rey Pastor, **10**, C
18	From Hendrik A. Lorentz, **10**, C	3	To Hans Vaihinger, **10**, 41
18	From Friedrich Schmidt-Ott, **10**, C	4	To Paul Epstein, **10**, 42
19	To Elsa Einstein, **10**, 19	4	To Klaus Hansen, **10**, 43
before 20	From Elsa Einstein, **10**, 20	5	To Ernst Cassirer, **10**, 44
before 20	From Paul Winteler, **10**, 21	5	To Peter P. Koch, **10**, C
20	To Elsa Einstein, **10**, 22	5	To D. B. Steinman, **10**, C
20	From Wostok publishing house, **10**, C	5	From Moritz Schlick, **10**, C
		5	From Adolf Smekal, **10**, 45
21	To Max Wertheimer, **10**, 23	6	To Columbia University, **10**, C

6	To Paul Ehrenfest, **10**, 46	30	To Moritz Schlick, **10**, 67
6–15	To Friedrich Czapek, **10**, C	30	From Otto von Baeyer, **10**, C
7	To Moritz Schlick, **10**, 47	30	From Edouard Guillaume, **10**, 68
7	From City Council of Greater Berlin, **10**, C	*July*	
7	From Peter Debye, **10**, C	1	To Friedrich Schmidt-Ott, **10**, C
7	From Vieweg publishing house, **10**, C	1	To Ernst Wagner, **10**, C
		2	To Adolf Wermuth, **10**, C
8	From Karl Gerhards, **10**, C	3	To Hedwig Kohn, **10**, C
9	To Robert Fricke, **10**, 48	3	From Exner, **10**, C
9	From Hendrik A. Lorentz, **10**, 49	3	From Gaston Moch, **10**, 69
9–28 Jul	From Arthur Schoenflies, **10**, 50	3	From Robert W. Pohl, **10**, C
before 10	To Friedrich Schmidt-Ott, **10**, C	4	To Hans Albert and Eduard Einstein, **10**, 70
10	From Moritz Schlick, **10**, 51		
10	From Friedrich Schmidt-Ott, **10**, C	4	To Edouard Guillaume, **10**, 71
11	To Arthur S. Eddington, **10**, 52	5	From Lucien Fabre, **10**, C
11	To Friedrich Schmidt-Ott, **10**, C	5	From Gustav Maier, **10**, C
12	From Moritz Schlick, **10**, 53	6	From S. R. Cajal, **10**, C
13	From Willem H. Julius, **10**, 54	6	From Joseph Petzoldt, **10**, 72
14	From David Reichinstein, **10**, 55	8	From German League for the League of Nations, **10**, 73
14	From Maurice Solovine, **10**, C		
15	To Hendrik A. Lorentz, **10**, 56	9	To Leonhard Grebe, **10**, C
15	From Robert W. Lawson, **10**, C	9	To Rudolf Mewes, **10**, C
15	From Hans Reichenbach, **10**, 57	9	From Deutsche Gesellschaft für Auslandsbuchhandel, **10**, C
16	From Ernst Cassirer, **10**, 58		
16	From Friedrich Schmidt-Ott, **10**, C	9	From German Central Committee for Foreign Relief, **10**, 74
16	From Maurice Solovine, **10**, C		
17	From Friedrich Czapek, **10**, C	after 9	To Deutsche Gesellschaft für Auslandsbuchhandel, **10**, C
18	To Hedwig Born, **10**, 59		
18	From Leonhard Grebe and Albert Bachem, **10**, 60	10	To Peter Debye, **10**, C
		10	To Robert W. Pohl, **10**, C
18	From Ernst Wagner, **10**, C	10	To Vieweg publishing house, **10**, C
19	From Amelie Goldschmidt, **10**, C	11	From Hedwig Kohn, **10**, C
19	From Heinrich Zangger, **10**, 61	11	From Alfred Magnus, **10**, C
20	From Hans Thirring, Adolf Smekal and Ludwig Flamm, **10**, C	12	To Friedrich Schmidt-Ott, **10**, C
		12	From Leonhard Grebe, **10**, C
22	From Vladimir K. Arkad'ev, **10**, 62	12	From Hugo Seemann, **10**, C
23	From Hendrik A. Lorentz, **10**, 63	12	From Cornelis van Vollenhoven, **10**, C
23	From Friedrich Schmidt-Ott, **10**, C		
23	From Eduard Sthamer, **10**, C	13	From Wilhelm Hallwachs, **10**, C
before 24	To Elis Strömgren, **10**, C	13	From Hans Vaihinger, **10**, C
24	From Niels Bohr, **10**, 64	14	To Julio Rey Pastor, **10**, C
24	From Adolf von Harnack, **10**, C	14	From Edouard Guillaume, **10**, C
24	From Oskar Steinel, **10**, C	14	From Robert W. Pohl, **10**, C
after 24	To Oskar Steinel, **10**, C	15	From Ernst Cassirer, **10**, C
25	To Hans Thirring, Adolf Smekal, and Ludwig Flamm, **10**, 65	16	To Freie Vereinigung für Technische Volksbildung, **10**, C
25	From Dinos, **10**, C	16	From Max Born, **10**, 75
29	From Moritz Schlick, **10**, C	17	From Lucien Fabre, **10**, C
30	To Hans Reichenbach, **10**, 66	19	To Paul Ehrenfest, **10**, 76

19	To Edouard Guillaume, **10**, 77	*August*	
19	From Wilhelm Hallwachs, **10**, C	1	To Eduard Einstein, **10**, 96
19	To Alfred Magnus, **10**, C	3	From Allgemeine Studenten-Vertretung, **10**, C
19	To Gaston Moch, **10**, 78		
20	To Cornelis van Vollenhoven, **10**, C	3	From Théophile de Donder, **10**, 97
20	To Cornelis van Vollenhoven, **10**, C	3	From Heinrich Stern, **10**, C
20	From Gerhardt Hettner, **10**, C	4	To Hendrik A. Lorentz, **10**, 98
21	To S. R. Cajal, **10**, C	4	From Tullio Levi-Civita, **10**, C
21	To Landgericht I, Berlin, **10**, C	5	From Friedrich Glum, **10**, C
21	To Gösta Mittag-Leffler, **10**, 79	5	From Julio Rey Pastor, **10**, C
21	To Joseph Petzoldt, **10**, 80	6	From Paul Ehrenfest, **10**, 99
21	From Vieweg publishing house, **10**, C	7	From Ludwig Lange, **10**, C
23	To Mileva Einstein-Marić, **10**, 81	11	To Théophile de Donder, **10**, 100
23	To German League for the League of Nations, **10**, 82	12	From Erwin Freundlich, **10**, 101
		13	To Paul Ehrenfest, **10**, 102
24	From Paul Ehrenfest, **10**, 83	13	To Julio Rey Pastor, **10**, C
25	From Eduard Einstein, **10**, 84	14	From Ernst Wagner, **10**, C
25	From Alfred Magnus, **10**, C	15	To Allgemeine Studenten-Vertretung, **10**, C
before 26	To Michele Besso, **10**, 85		
26	From Cornelis van Vollenhoven, **10**, C	15	To Columbia University, **10**, C
		15	To Pieter Zeeman, **10**, 103
before 27	German News Agency for Foreign University and Student Affairs, **10**, C	15	From Bernardo Dessau, **10**, C
		16	From Walter Dällenbach, **10**, C
		16	From Paul Ehrenfest, **10**, 104
27	To German News Agency for Foreign University and Student Affairs, **10**, 86	16	From Friedrich Glum, **10**, C
		16	From Robert W. Lawson, **10**, C
		16	From Gösta Mittag-Leffler, **10**, C
27	To Kaiser-Wilhelm Institute of Physics, board of trustees, **9**, C	17	To Ernst Schuchard, **10**, C
		18	From Théophile de Donder, **10**, 105
27	From Richard Fleischer, **10**, C	18	From Tullio Levi-Civita, **10**, 106
27	From David Reichinstein, **10**, C	18	From Adolf F. Lindemann, **10**, 107
28	From Edouard Guillaume, **10**, C	19	From Arnold Berliner, **10**, 108
29	To Richard Fleischer, **10**, 87	20	To Leo Landau, **10**, C
29	To Friedrich Kottler, **10**, 88	20	From Leo Gilbert, **10**, C
29	To Arthur Schoenflies, **10**, 89	20	From Edouard Guillaume, **10**, C
29	From Michele Besso, **10**, 90	21	From Vieweg publishing house, **10**, C
29	From Max von Laue, **10**, 91		
29	From Robert W. Lawson, **10**, C	22	To Edouard Guillaume, **10**, 109
29	From Vieweg publishing house, **10**, C	23	From Friedrich Kottler, **10**, C
		24	To Rudolf Mosse, **10**, C
30	To Otto von Baeyer, **10**, C	24	From Karl Gerhards, **10**, C
30	To Paul Ehrenfest, **10**, 92	26	From Robert W. Lawson, **10**, C
30	To Konrad Haenisch, **10**, 93	27	From Paul Ehrenfest, **10**, 110
30	From Hermann Thoms, **10**, C	27	From Israel Malkin, **10**, 111
31	To Edouard Guillaume, **10**, 94	27	From Josef Nowak, **10**, C
31	From Max and Hedwig Born, **10**, 95	28	From Ernst Cassirer, **10**, 112
		28	From Ina Dickmann, **10**, 113
31	From David Reichinstein, **10**, C	28	From Paul Ehrenfest, **10**, 114
31	To Vieweg publishing house, **10**, C		

28	From P. Havel, **10**, C	8	From Wiener Freiheitliche Studentenschaft, Akademischer Monistenbund and Akademisch-Pädagogischer Verein at the University of Vienna, **10**, C
28	From F. Hennig, **10**, C		
29	From Artur Bartscht, **10**, C		
29	From Kurt J. Grau, **10**, 115		
29	From Moritz Schlick, **10**, 116		
30	From *Akademisk Revy*, **10**, C	before 9	To Paul Ehrenfest, **10**, 139
30	From Oscar Bie et al., **10**, 117	9	To Max and Hedwig Born, **10**, 140
30	From Helmut Bloch, **10**, 118	9	To Norwegian Students' Association, **10**, 141
30	From Fritz Haber, **10**, 119		
30	From Walther Meißner, **10**, 120	9	From Marcel Grossmann, **10**, 142
30	From Edgar Meyer, **10**, C	10	From Felix Ehrenhaft, **10**, 143
30	From Toni Schrodt, **10**, 121	10	From Hendrik A. Lorentz, **10**, 144
30	From Elsa Countess von Schweinitz und Krain, **10**, 122	before 11	From Betsy Julius-Einthoven, **10**, C
30	From Max Wolf, **10**, 123	11	To Willem and Betsy Julius, **10**, 145
30	From Wirtschaftshilfe der deutschen Studentenschaft, **10**, C	11	From Paul Ehrenfest, **10**, 146
31	From Rütschke, **10**, 124	11	From Eugen Goldstein, **10**, C
31	From Matt Winteler, **10**, 125	11 or 11 Nov	From Emil Ludwig, **10**, C
September			
before 1	To Richard Fleischer, **10**, C	11	From Harry Schmidt, **10**, C
1	From Edouard Guillaume, **10**, C	11	From Arnold Sommerfeld, **10**, 147
1	From Maja Winteler-Einstein, **10**, 126	12	To Marcel Grossmann, **10**, 148
1	From George Winchester, **10**, C	12	From C. Z. Klötzel, **10**, C
2	From G. I. Calisse, **10**, C	13	To Kaiser-Wilhelm Institute of Physics, board of trustees, **10**, C
2	From Paul Ehrenfest, **10**, 127	13	To Friedrich Schmidt-Ott, **10**, C
2	From Ludwig Hopf, **10**, 128	13	From Vieweg publishing house, **10**, C
2	From Willem H. Julius, **10**, 129		
3	From Hendrik A. Lorentz, **10**, 130	14	To Elsa Einstein, **10**, 149
3	From Erhard Schmidt, **10**, C	14	To the Association for Combating Anti-Semitism, **10**, 150
3	From K. Schubert, **10**, C		
3	From Arnold Sommerfeld, **10**, 131	14	To Kaiser-Wilhelm Institute of Physics, board of trustees, **10**, C
4	To Edouard Guillaume, **10**, 132	15	To Hermann Thoms, **10**, C
4	From Otto Lemmert, **10**, C	15	From Vieweg publishing house, **10**, C
5	From Alexander W. Pflüger, **10**, 133		
5	From Max Planck, **10**, 133	18	From Zentralkomitee für das ärztliche Fortbildungswesen in Preußen, **10**, C
6	To Arnold Sommerfeld, **10**, 134		
6	From Konrad Haenisch, **10**, 135	19	From Minna Cauer, **10**, 151
6	From Maria Moeller-Grevé, **10**, C	20	From Freie Akademische Vereinigung an der Technischen Hochschule Dresden, **10**, C
7	From Barth publishing house, **10**, C		
7	From Isaak Meyer, **10**, 136	20	From Jacob Gottesman, **10**, C
8	To Konrad Haenisch, **10**, 137	21	From Vieweg publishing house, **10**, C
8	To Vieweg publishing house, **10**, C		
8	From Association for Combating Anti-Semitism, **10**, C	22	From Friedrich Adler, **10**, C
		22	From P. R. Bennett, **10**, C
8	From Hedwig Born, **10**, 138	22	From Stefan Zweig, **10**, 152

23 or before	To Ilse Einstein, **10**, 153	15	To Lucien Chavan and Jeanne Chavan-Perrin, **10**, 176
24	To Ilse and Margot Einstein, **10**, 154	17	From Max Flesch, **10**, C
after 25	To Hendrik A. Lorentz, **10**, 155	after 17	To Max Flesch, **10**, C
26	From Eduard Hartmann, **10**, 156	before 18	From Zeitler's Studienhaus-Zusatz-Stiftung, board of trustees, **10**, C
26	From Ralph de Laer Kronig, **10**, C		
27	From Freie Akademische Vereinigung an der Technischen Hochschule Dresden, **10**, C	18	From Vilhelm Bjerknes, **10**, 177
		18	From Zionist Student Association of Eastern Galicia, **10**, 178
28	From Vieweg publishing house, **10**, C	19	To Elsa Einstein, **10**, 179
		19	From Reinhold Fürth, **10**, C
29	From Deutscher Geselligwissenschaftlicher Verein in New York, **10**, C	22	To Elsa Einstein, **10**, 179a
		22	From Bertha Moszkowski, **10**, 180
30	To Elisabeth Ney, **10**, 157	25	From Edgar Wöhlisch, **10**, 181
30	From Gesellschaft Deutscher Naturforscher und Ärzte, **10**, 158	26	To Max Born, **10**, 182
		26	To Elsa Einstein, **10**, 183
30	From B. Rassow, **10**, C	28	To Elsa Einstein, **10**, 184
October		28	From Max Born, **10**, 185
		28	From Paul Hertz, **10**, 186
1	To Hedwig Born, **10**, 159	28	From Bertha Moszkowski, **10**, 187
1	From Luther P. Eisenhart, **10**, 160	28	From Zeitler's Studienhaus-Zusatz-Stiftung, board of trustees, **10**, C
2	From Max and Hedwig Born, **10**, 161		
6	To Fritz Haber, **10**, 162	29	From Vieweg publishing house, **10**, C
6	From Wilhelm Matthies, **10**, C		
6	From Vieweg publishing house, **10**, C	30	From Albert G. Schmedeman, **10**, C
7	To Paul Ehrenfest, **10**, 163	31	To Elsa Einstein, **10**, 188
7	To Elsa Einstein, **10**, 164	*November*	
7	To Ilse Einstein, **10**, 165	?	To Adolf and Friedricke Moos, **10**, C
7	From Hedwig Born, **10**, 166		
7	From Geertruida de Haas-Lorentz, **10**, C	before 2	From Christian Füchtbauer, **10**, C
		2	From Adriaan D. Fokker, **10**, 189
7	From Fritz Haber, **10**, 167	4	To Springer publishing house, **10**, C
7	From Arnold Sommerfeld, **10**, 168		
8	To Gesellschaft Deutscher Naturforscher und Ärzte, **10**, C	4	From James Franck, **10**, C
		4	From Willem de Sitter, **10**, 190
8	From Erich Wende, **10**, 169	6	From Helge Horst, **10**, C
9	To Elsa Einstein, **10**, 170	6	From Martin Knudsen, **10**, C
9	From Moritz Schlick, **10**, 171	6	From Slowo publishing house, **10**, C
9	From Friedrich Schmidt-Ott, **10**, C		
10	From Hermann Anschütz-Kaempfe, **10**, 172	7	From Hugh Chisholm, **10**, C
		7	From Paul Ehrenfest, **10**, 191
10	From Ilse Einstein, **10**, 173	7	From Gerrit Mannoury, **10**, C
11	To Max Born, **10**, 174	7	From Edgar Meyer, **10**, 192
11	From W. S. Ting, **10**, C	after 7	To Edgar Wöhlisch, **10**, 193
13	From Max Born, **10**, 175	8	To Jolán Kelen-Fried, **10**, 194
13	From Hans Rahm, **10**, C		
14	From George B. Jeffery, **10**, C	8	To Carl Runge, **10**, 195

8	To Vieweg publishing house, **10**, C	28	From Walther Nernst, **10**, 213
9	From Friedrich Adler, **10**, 196	28	From Harry Schmidt, **10**, C
9	From Otto Bauer, and Sigmund Kunfy, **10**, C	28	From Hugo Seemann, **10**, C
		after 28	To Herbert Fischer, **10**, C
9	From Mário Basto Wagner, **10**, 197	29	To Felix Ehrenhaft, **10**, C
10	To Stefan Zweig, **10**, 198	29	From Willem de Sitter, **10**, 214
10	From Friedrich Schmidt-Ott, **10**, C	30	To Encyclopaedia Britannica, **10**, C
11	From Georg Count von Arco, **10**, 199	30	From Jeanne Rouvière, **10**, C
11	From Paul Hertz, **10**, 200	*December*	
11 or 11 Sep	From Emil Ludwig, **10**, C	?	From Wander de Haas, **10**, 215
		1	To Hans Mühsam, **10**, 216
12	To Vilhelm Bjerknes, **10**, 201	1	From Arnold Berliner, **10**, 217
12	From Jolán Kelen-Fried, **10**, 202	1	From Paul Winteler, **10**, 218
13	From Paul Kronthal, **10**, C	2	To Harry Schmidt, **10**, 219
14	To John G. Hibben, **10**, 203	2	From Max von Laue, **10**, C
14	To Hugo Lieber, **10**, 204	3	To Wiener Urania, **10**, C
15	To Wilhelm Matthies, **10**, C	3	From Harry Schmidt, **10**, C
15	From Otto von Baeyer, **10**, C	6	From Maja Winteler-Einstein, **10**, 220
15	From Gustav Roethe, **10**, C		
16	To Hans Rahm, **10**, C	7	To Kaiser-Wilhelm Institute of Physics, board of trustees, **10**, C
16	To Hugo Seemann, **10**, C		
18	To Prussian Academy of Sciences, **10**, C	7	From Paul Mühsam, **10**, 221
		before 8	From Heinrich Zangger, **10**, 222
18	From Konrad Sannig & Co., **10**, C	8	To Max M. Warburg, **10**, 223
18	From Vieweg publishing house, **10**, C	8	From Max Born, **10**, 224
		8	From Paul Ehrenfest, **10**, 225
19	To Minna Cauer, **10**, 205	8	From Felix Ehrenhaft, **10**, C
19	From Encyclopaedia Britannica, **10**, C	8	From Harm H. Kamerlingh Onnes, **10**, 226
19	From Fritz Haber, **10**, C	8	From Robert W. Lawson, **10**, C
20	From Marcel Grossmann, **10**, 206	8	From Methuen publishing house, **10**, C
22	From Wolfgang Ostwald, **10**, C		
22	Augustus Trowbridge to Heike Kamerlingh Onnes, **10**, 207	ca. 9	To Paul Ehrenfest, **10**, 227
		10	To Peter Debye, **10**, C
after 22	To Wofgang Ostwald, **10**, C	10	To Hugo Seemann, **10**, C
23	From Heike Kamerlingh Onnes, **10**, 208	10	To Vieweg publishing house, **10**, C
		10	From Reinhold Fürth, **10**, C
23	From Methuen publishing house, **10**, C	11	From Wiener Urania, **10**, C
		12	To Peter Debye, **10**, C
24	From Allgemeine Studenten-Vertretung, **10**, C	13	From Rudolf Goldscheid, **10**, 228
		13	From Albert G. Schmedeman, **10**, 229
24	From Felix Ehrenhaft, **10**, C		
24	From Harry Schmidt, **10**, C	14	To George B. Jeffery, **10**, 230
25	From Victor Kopp, **10**, C	14	From Erwin Freundlich, **10**, 231
26	To Paul Ehrenfest, **10**, 209	15	To Hans Albert and Eduard Einstein, **10**, 232
27	To Augustus Trowbridge, **10**, 210		
28	To Edgar Meyer, **10**, 211	15	From Jewish Community of Berlin, **10**, C
28	From Hans Albert Einstein, **10**, 212		
28	From Herbert Fischer, **10**, C	16	To Edouard Guillaume, **10**, 233

16	To Albert G. Schmedeman, **10**, 234	24	From Springer publishing house, **10**, C
16	From David Reichinstein, **10**, C		
17	From Pickworth E. Farrow, **10**, C	24–27	From Michele Besso, **10**, 244
18	From Reinhold Fürth, **10**, C	26	To Allgemeine Studenten-Vertretung, **10**. C
18	From Arnold Sommerfeld, **10**, 235		
18–28	To Arnold Sommerfeld, **10**, 236	28	To Ernest Pickworth Farrow, **10**, 245
19	From Hermann Anschütz-Kaempfe, **10**, 237		
		28	To Ayao Kuwaki, **10**, 246
20	To Allgemeine Studenten-Vertretung, **10**, C	28	To Peter Debye, **10**, C
		28	From Hermann Anschütz-Kaempfe, **10**, 247
20	From Peter Debye, **10**, C		
20	From Wolfgang Ostwald, **10**, C	28	From Carl Beck, **10**, 248
21	From Augustus Trowbridge, **10**, C	28	From Hedwig Kohn, **10**, C
22	To Jewish Community of Berlin, **10**, 238	29	To Wilhelm Blaschke, **10**, 249
		29	To Edouard Guillaume, **10**, 250
22	To Methuen publishing house, **10**, C	29	To Mário Basto Wagner, **10**, 251
		29	From Gustav Roethe, **10**, C
22	To A. J. Reingold, **10**, 239	29	From Arnold Sommerfeld, **10**, 252
22	From Frederick A. Lindemann, **10**, 240	30	From Jewish Community of Berlin, **10**, 253
23	From Wilhelm Blaschke, **10**, C	30	From Methuen publishing house, **10**, C
23	From Edouard Guillaume, **10**, 241		
23	From Albert G. Schmedeman, **10**, 242	after 30	To Methuen publishing house, **10**, C
24	From Allgemeine Studenten-Vertretung, **10**. C	31	From Springer publishing house, **10**, C
24	From John G. Hibben, **10**, 243		

年表和日程表,1879—1920

这一年表与日程表包括了如下内容:(1)爱因斯坦人生中的重大经历;(2)出现在各卷的爱因斯坦已发表或未发表的作品,日期是指被期刊接受的日期,除非另有说明;(3)爱因斯坦的演讲、所教课程、参与的重要学术或其他机构以及他的旅行;(4)主要的政治事件;(5)爱因斯坦的采访谈话。报纸标题,若不带日期,则指此表的各项所注明的日期。

以下是经常提及的机构或专名的缩写:

DPG	德意志物理学会
ETH	瑞士联邦工学院
GDNÄ	德国科学家和医生协会
KWIP	威廉皇帝物理研究所
KWG	威廉皇帝学会
M	德国马克
PAW	普鲁士科学院

1879年3月14日	阿耳伯特·爱因斯坦生于(德国)乌尔姆(Ulm)火车站街(Bahnhofstr.) B 135号;父亲 Hermann Einstein,母亲 Pauline Einstein-Koch。
1880年6月21日	爱因斯坦家庭登记住在慕尼黑米勒街(Müllerstr.)3号,三楼。
1880—1881年	"Es ist wahr,dass meine Eltern besorgt waxen,weil ich verhältnismässig spät zu sprechen begann,sodass sie deshalb den Arzt konsultierten(的确,由于我开始说话比较晚,我父母很担忧,因此他们请教医生)"(爱因斯坦1954年5月21日致 Sybille Blinoff 函)。可是,1881年7月1日,外祖母曾特别提到"seine drolligen Einfälle(他的那些突然出现的令人发笑的想法)"(*Hoffmann 1976*,第22页)。
1881年11月18日	爱因斯坦唯一的胞妹,Maria(Maja)Einstein 生于慕尼黑。
1883—1884年	"Ein Wunder... erlebte ich als Kind von vier oder fünf Jahren,als mir mein Vater einen Kompass zeigte... Ich erinnere mich noch jetzt—oder glaube mich zu erinnern—dass dies Erlebnis tiefen und bleibenden Eindruck auf mich gemachthat(当我还是一个四五岁的小孩,在父亲给我看一个罗盘的时候,我经历了一个奇迹……我现在还记得——或者相信我记得——这一经历给我留下深刻而持久的印象)"(*Ein-*

	stein *1979*, 第 8 页)。
1884—1885 年	爱因斯坦在家里接受家庭教师的教育。他尚未到准许入慕尼黑公立小校(*Volksschule*)的年龄。
1885 年 3 月 31 日	爱因斯坦家庭户籍登记在慕尼黑使者区(Sendling district),伦格尔路(Rengerweg) 14 号[1887 年 1 月 1 日更名为阿德耳茨赖特尔街(Adlzreiterstr.)],一楼。
1885 年 10 月 1 日前后	爱因斯坦在花木街(Blumenstr.)彼得学校(Petersschule)入学,这是一所天主教小学。他大概是从二年级上起,同时也开始了由家庭教师教犹太教义,导致"zu einer tiefen Religiosität, die aber im Alter von zwölf Jahren bereits ein jähes Ende fand(一种笃信宗教的虔诚,但是,这种虔诚在 12 岁那年就突然中止了)"(*Einstein 1979*,第 2 页)。
1885—1893 年	"Ich hatte im Alter zwischen 6 & 14 violinstunden... Ich lernte erst etwas von 13 an, nachdem ich mich hauptsächlich in die Mozartsonaten verliebt hatte(我从 6 岁起上提琴课一直到 14 岁……从 13 岁起,我才学有所得,主要是在我热爱上 Mozart 的奏鸣曲之后)"(爱因斯坦 1940 年致 Philipp Frank 信的草稿)。
1886 年 10 月 1 日前后	爱因斯坦升入彼得学校Ⅲa 班。全班有 70 名学生。
1886 年 11 月 12 日	爱因斯坦调到彼得学校Ⅲb 班。
1887 年 10 月 1 日前后	爱因斯坦升入彼得学校Ⅳb 班。全班有 71 名学生。
1888 年 9 月 26 日	慕尼黑的卢伊特波尔德高级文科中学(Luitpold-Gymnasium)举行新生入学考试,科目有宗教、德语和算术。
1888 年 10 月 1 日	爱因斯坦上卢伊特波尔德高级文科中学一年级。该校为九年制中学。学年包括冬季学期[自 10 月 1 日(1891 年起改为 9 月 10 日)至圣枝主日(Palm Sunday,即复活节前的星期日)以前的星期五]和夏季学期[自复活节日(Easter)后的星期二至 8 月 8 日(1891 年起改为 7 月 14 日)]。
1889 年秋季	爱因斯坦在家中遇见医科大学生 Max Talmey。他们成为亲密的朋友。随后 5 年中他们在一起讨论过一些数学、自然科学和哲学的问题。
1891 年前后	"Im Alter von zwölf Jahren erlebte icn ein zweites Wunder... An einem Büchlein über Euklidische Geometrie der Ebene...(在 12 岁时,我……在一本 Euklid 平面几何小书上经历了第二次奇迹……)"(*Einstein l979*,第 8 页)
1891—1895 年	"Im Alter von zwölf bis sechzehn machte ich mich mit den Elementen der Mathematik vertraut inklusive der Prinzipien der Differential-und Integral-Rechnung... Auch hatte ich das Glück, die wesentlichen Ergebnisse und Methoden der gesamten Naturwissenschaft in einer vortreffli-

	chen populären... Darstellung kennen zu lernen...（在 12—16 岁的时候，我使自己熟悉包括微积分原理在内的数学基础知识……我还有幸从一部优秀的通俗易懂的……阐述中了解全部自然科学的重要成就和方法……）"（*Einstein 1979*，第 12 页）
1894 年 6 月 1 日	爱因斯坦家庭在迁移到米兰之前暂时把户籍登记在（慕尼黑附近的）普拉内格（Planegg）。爱因斯坦留在慕尼黑完成他的中学教育。
1894 年 9 月 10 日	爱因斯坦开始在卢伊特波尔德高级文科中学上七年级。
1894 年 12 月 29 日	爱因斯坦从卢伊特波尔德高级文科中学退学，乘火车去米兰，回到贝尔凯特路（via Berchet）2 号他的家中。他开始准备苏黎世（瑞士）联邦工学院（ETH）的入学考试。
1895 年夏天	爱因斯坦全家在戈特哈尔德山口（Gotthard Pass）南端的阿伊罗洛（Airolo）度假。爱因斯坦家庭迁到帕维亚（Pavia）福斯科洛路（via Foscolo）11 号。爱因斯坦到（帕维亚附近的）卡斯泰焦（Casteggio）访问朋友，并步行越过利古里亚阿尔卑斯山（the Ligurian Alps），看望在热那亚的亲戚。
1895 年 10 月 8 日	ETH 入学考试开始。爱因斯坦虽然比规定的入学年龄小两岁，还是得到准许参加考试。
1895 年 10 月 14 日	ETH 的入学考试发榜。爱因斯坦未被录取，接受规劝去阿劳（Aarau），在阿尔高州立学校（Aargau Kantonsschule）修完他的中学学业。
1895 年 10 月 26 日	爱因斯坦在阿尔高州立学校的工商专科学校（Gewerbeschule）三年级就读，入学时间在第三学期开始后 3 天。他在阿劳生活期间寄宿在 Winteler 家里。
1895 年 12 月 23 日	州立学校第三学期结束。爱因斯坦在 Winteler 家度过圣诞节假。
1895—1896 年	"Währenddieses Jahres in Aarau kam mir die Frage: Wennman einer Lichtwelle mit Lichtgeschwindigkeit nachläuft, so würde man ein zeitunabhängiges Wellenfeld vor sich haben. So etwas scheint es aber doch nicht zu geben! Dies war das erste kindliche Gedanken-Experiment, das mit der speziellen Relativitätstheorie zu tun hat（在阿劳这一年中，我想到这样一个问题：假若一个人以光的速度尾随一光波，那么他面前就有一个与时间无关系的波场。但看来不会有这种事情！这是同狭义相对论有关的第一个幼稚的思想实验）"（*Einstein 1955*，第 146 页）。
1896 年 1 月 7 日	州立学校第四学期开学。
1896 年 1 月 28 日	爱因斯坦获准放弃符腾堡（Württemberg）国籍，这得到他父亲同意。此后 5 年他一直没有国籍。
1896 年 4 月 6—8 日	爱因斯坦在州立学校参加三年级考试。4 月 8 日学年结束。爱因

	斯坦在帕维亚家里度过两个学期之间的春季短假期。
1896年4月29日	州立学校第一学期开始。爱因斯坦升入工商专科学校四年级,也是最高的年级。
1896年6月24—26日	Mühlberg教授率领学生野外短程旅行时,爱因斯坦游览瑞士东北部的桑蒂斯山(the Säntis massif),他在步行中失足跌倒被一同学救起。
1896年7月9日	州立学校第一学期结束。爱因斯坦在帕维亚家中过暑假。
1896年8月7日	州立学校第二学期开始。
1896年秋天	爱因斯坦家庭搬回到米兰,住在比利路(via Bigli)21号。
1896年9月18日,19日,21日	爱因斯坦在州立学校参加高中毕业考试(Matura)的笔试。
1896年9月30日	爱因斯坦参加高中毕业考试的口试。
1896年10月3日	爱因斯坦获得高中毕业证书。
1896年10月5—10日	在其中一天,爱因斯坦告知ETH校长,他在ⅥA系注册入学。
1896年10月12日	ETH冬季学期开学。10月20日开始上课。"Auch etwas theoretische Physik hatte ich bereits studiert, als ich... auf das Züricheher Polytechnikum kam...(当我……进入苏黎世联邦工学院的时候,我已经学过一些理论物理学了……)"(Einstein 1979,第14页)在这学期中他遇见同班学物理的学生Mileva Marić。
1896年10月29日	爱因斯坦在苏黎世联合街(Unionstr.)4号登记寄宿并搭伙,房东是Henriette Hägi。
1896年12月21日	寒假开始。爱因斯坦在米兰家里度假。
1897年1月2日	恢复上课。
1897年3月20日	ETH课程结束。3月27日冬季学期结束。爱因斯坦在米兰与家人共同度过两学期之间的短假期。
1897年4月20日	ETH夏季学期开始上课。
1897年7月31日	ETH课程结束。夏季学期于8月5日结束。
1897年10月11日	ETH冬季学期开学。10月19日开始上课。
1897年12月23日	寒假开始。
1898年1月3日	恢复上课。
1898年3月12日	ETH课程结束。冬季学期于3月19日结束。
1898年4月12日	夏季学期开学并开始上课。
1898年7月30日	ETH课程结束。夏季学期于8月4日结束。
1898年9月17日	爱因斯坦户籍登记在苏黎世克洛兹巴赫街(Klosbachstr.)87号,他租了Stephanie Markwalder住宅的房间。
1898年10月3日	为取得毕业证书(Diplom)而举行的中期口试开始;爱因斯坦通过了这次口试。

1898年10月10日	ETH冬季学期开学。10月18日开始上课。
1898年12月24日	寒假开始。
1899年1月7日	恢复上课。
1899年3月11日	ETH课程结束。冬季学期于3月18日结束。爱因斯坦在米兰与家人共同度过两学期之间的短假期。
1899年4月10日	ETH夏季学期开学并开始上课。
1899年7月29日	ETH课程结束。夏季学期于8月3日结束。
1899年8月1日至9月11日	爱因斯坦与他母亲、妹妹和姨母一道在梅特门舍滕(Mettmenstetten)度暑假;他与Maja一道登上桑蒂斯山并访问阿劳。
1899年9月11日	爱因斯坦与母亲和妹妹坐火车回到米兰。
1899年10月9日	ETH冬季学期开学。10月17日开始上课。
1899年10月16日	爱因斯坦陪同妹妹来到阿劳。她作为二年级学生进入女子师范学校(*Lehrerinnenseminar*)。然后,他前往苏黎世。
1899年10月19日	爱因斯坦申请瑞士国籍。
1899年11月9日	爱因斯坦户籍登记在联合街4号,他再次租居Henriette Hägi家的房间。
1899年12月23日	寒假开始。
1900年1月6日	恢复上课。
1900年3月17日	ETH课程结束。冬季学期于3月24日结束。
1900年4月17日	ETH夏季学期开学并开始上课。
1900年7月27日	爱因斯坦通过了为取得毕业证书(*Diplom*)而举行的结业口试。
1900年7月27日至8月9日前后	爱因斯坦在梅尔希塔尔(Melchtal)与母亲、妹妹和舅妈一道度假。他告知母亲他打算与Marić结婚。
1900年7月28日	爱因斯坦获得ETH颁发的数学专业教师证书(*Diplom as Fachlehrer in mathematischer Ri&tung*)。
1900年8月9日前后	爱因斯坦到苏黎世查问能否在ETH当Adolf Hurwitz教授的助教。
1900年8月18日	爱因斯坦坐火车赴米兰。
1900年9月初	爱因斯坦和他父亲在坎内托(Canneto)和伊索拉-德拉斯卡拉(Isola della Scala)参观他父亲的电厂,并游览威尼斯。
1900年9月21日	爱因斯坦前往(在阿尔卑斯山南麓的)马焦雷湖(Lago Maggiore)旅行。
1900年10月7日	爱因斯坦返回苏黎世,并在冬季学期中撰写一篇博士学位论文。
1900年10月11日	爱因斯坦户籍登记在苏黎世树冠街(Dolderstr.)17号,Henriette Hägi的新住址。
1900年12月13日	爱因斯坦向《物理学纪事》(*Annalen der Physik*)提交他的第一篇科学论文《从毛细现象得到的一些结论》。(第二卷,文件1)
1900年12月末	爱因斯坦与父母一道度过休假期,于1月3日返回苏黎世。

1901年2月21日	爱因斯坦获得瑞士国籍。
1901年3—4月	爱因斯坦向几位物理学家申请助教职位，均未成功。
1901年3月1日	爱因斯坦的第一篇科学论文在《物理学纪事》上发表（Einstein 1901）。
1901年3月13日	爱因斯坦凭医学上的理由被列入瑞士辅助性兵役。
1901年3月23日	爱因斯坦坐火车赴米兰。
1901年5月5日	爱因斯坦离开米兰去温特图尔（Winterthur）。在科莫（Como），他与Marić会合，一道短暂旅游，越过施普吕根山口（the Splügen Pass）。
1901年5月16日至 1901年7月11日	在温特图尔技术学校（the Technical School in Winterthur）任代课教师。周末常去苏黎世看望Marić。
1901年5月17日	爱因斯坦将户口由苏黎世迁至温特图尔。
1901年5月21日	爱因斯坦户籍登记在外沙夫豪泽尔街（Äußere Schaff-hauserstr.）38号，他租了Maria Wachter家的房间。
1901年7月	爱因斯坦与母亲在梅特门舍滕度假。
1901年7月3日	爱因斯坦向布格多夫技术学校（the Technical School in Burgdolf）申请中学教师职位未成。
1901年7月下旬	爱因斯坦申请弗劳恩费尔德（Frauenfeld）的中学教师职位未成。
1901年9月15日前后	爱因斯坦在沙夫豪森（Schaffhausen）Jakob Nüesch博士办的私立寄宿学校（Lehr-und Erziehungsanstalt）当私人教师。他开始撰写一篇关于气体分子力的学位论文。
1901年10月2日	爱因斯坦在沙夫豪森武装部登记报到。他在沙夫豪森的三个地址居住过。富拉赫街（Fulachstr.）22号（Nüesch的学校），富拉赫街6号（Baumer家），火车站街（Bahnhofstr.）102号［红衣主教（Cardinal）客栈］。
1901年10月14日	爱因斯坦将户口由温特图尔迁到沙夫豪森。
1901年11月初	爱因斯坦到莱茵河畔施泰因（Stein am Rhein）看望Marić。
1901年11月23日	爱因斯坦向苏黎世大学递交一篇博士学位论文。
1901年12月18日	爱因斯坦向伯尔尼瑞士专利局（Eidgenössischen Amt für geistiges Eigentum）申请公务员职位。
1901年12月25日前后	爱因斯坦和Maja在梅特门舍滕度圣诞节假。
1902年1月左右	爱因斯坦和Marić的女儿"Lieserl"出生。
1902年2月1日	爱因斯坦交付的学位论文审查费被苏黎世大学退还，原因大概是他撤回了这篇论文。
1902年2月11日	爱因斯坦在伯尔尼把户籍登记在正义胡同（Gerechtigkeitsgasse）32号，他租了Anna Sievers住宅的房间。
1902年4月30日	爱因斯坦第二篇论文《关于金属及其盐的全离解溶液的势差的热力学理论和研究分子力的一种电学方法》为《物理学纪事》所接

	受。(第二卷,文件2)
1902年6月7日	爱因斯坦户籍登记在图恩街(Thunstr.)43a号,他租了Dosch家庭住宅的房间。
1902年6月16日	爱因斯坦接受伯尔尼瑞士专利局瑞士联邦临时任命的三级技术专家(Technical Expert third class)的职务。(年薪3500法朗)
1902年6月16日	瑞士联邦委员会根据考试结果,任命爱因斯坦为伯尔尼瑞士专利局的三级技术专家,年薪3500法郎。
1902年6月23日	开始在瑞士专利局工作。
1902年6月26日	"关于热平衡和热力学第二定律的运动论"(第二卷,文件3)。
1902年8月14日	登记住在伯尔尼档案街(Archivstr.)8号,他在Bertha Hausmann-Louis家中住了一个房间。
1902年10月10日	父亲Hermann Einstein在米兰逝世。
1903年1月6日	在伯尔尼与Mileva Marić结婚。
1903年1月10日	登记住在伯尔尼蒂利埃尔街(Tillierstr.)18号。
1903年1月26日	"热力学基础理论"(第二卷,文件4)。
1903年复活节	与Maurice Solovine组成一个非正式学习小组,称为奥林匹亚科学院;之后不久,Conrad Habicht参加。
1903年5月2日	成为伯尔尼科学家协会(NGB)会员。
1903年9月	为女儿"Lieserl"办出生登记。
1903年10月29日	登记住在伯尔尼杂物巷(Kramgasse)49号。
1903年12月5日	在NGB作关于"电磁波理论"的讲演。
1904年3月29日	"关于热的一般分子理论"(第二卷,文件5)。
1904年5月14日	儿子Hans Albert在伯尔尼出生(1973年卒于美国,加州,伯克利)。
1904年9月16日	在瑞士专利局获得永久聘任,年薪增加到3900法郎。
1905年3月上半月	发表评Giuseppe Belluzzo的"图解热力学原理"(第二卷,文件6);评Albert Fliegner的"论Clausius的熵定律"(第二卷,文件7);评William McFadden Orr的"论Clausius的不可逆循环定理和熵"(第二卷,文件8);评George Hartley Bryan的"作为热力学基础原理的能的退降定律"(第二卷,文件9);评Nikolai Nikolaevich Schiller的"关于起始压强相等的气体扩散时熵增理论的若干思考"(第二卷,文件10);评Jakob Johann Weyrauch的"论过热水蒸气的比热"(第二卷,文件11);评Jacobus Henricus van't Hoff的"比热变化对变换功的影响"(第二卷,文件12)和评Arturo Giammarco的"热力学中对应态的一个例子"(第二卷,文件13)。
1905年3月18日	"关于光的产生和转化的一个试探性的观点"(第二卷,文件14)。
1905年4月30日	在苏黎世大学完成博士论文:"分子大小的新测定法"(第二卷,文件15)。

1905年5月11日	"热的分子运动论所要求的静液体中悬浮粒子的运动"(第二卷,文件16)。
1905年5月13日	登记住在伯尔尼扫帚路(Besenscheuerweg)28号。
1905年6月下半月	发表评 Karl F. Slotte 的"论熔解热"(第二卷,文件17);评 Karl F. Slotte 的"从一个热力学方程得出的结论"(第二卷,文件18);评 Emile Mathias 的"直线等分线常数 a 和对应状态定律"(第二卷,文件19);评 Max Planck 的"论 Clausius 的不可逆循环定理并论熵的增加"(第二卷,文件20);评 Edgar Buckingham 的"论热力学研究中面临的某些困难"(第二卷,文件21)和评 Paul Langevin 的"关于运动论的一个基础性公式"(第二卷,文件22)。
1905年6月30日	"论动体的电动力学"(第二卷,文件23)。
1905年7月27日	爱因斯坦申请授予博士学位被苏黎世大学哲学Ⅱ系批准。
1905年夏末	与妻子和儿子访问贝尔格莱德并在 Ujvidék(今诺维萨德)度过一些时光。
1905年9月下半月	发表评 Heinrich Birven 的"热的动力说的基础"(第二卷,文件25);评 Auguste Ponsot 的"毛细系统的平衡位移中的热"(第二卷,文件26);和评 Karl Bohlin 的"论作为气体压强的运动理论和万有引力[理论]的基础的碰撞"(第二卷,文件27)。
1905年9月27日	"物体的惯性同它所含能量有关吗"(第二卷,文件24)。
1905年11月上半月	发表评 Georges Meslin 的"论 Mariotte 和 Gay-Lussac 定律中的常数"(第二卷,文件28);和评 Albert Fliegner 的"从容器孔流出的热水射流"(第二卷,文件29)。
1905年11月下半月	发表评 Jakob Johann Weyrauch 的《热学纲要 附有许多例题和应用》第一部分(第二卷,文件30);和评 Albert Fliegner 的"论化学过程的热值"(第二卷,文件31)。
1905年12月19日	"关于 Brown 运动的理论"(第二卷,文件32)。
1906年1月	递交对"分子大小的新测定法"的"补遗"(第二卷,文件33)。
1906年1月13日	参加 E. Stähli 向 NGB 所作有关"紫外线显微镜和超显微镜"的讲演后的讨论。
1906年1月15日	接受苏黎世大学博士学位。
1906年3月10日	晋升为二级技术专家,年薪增加到4500法郎,4月1日生效。
1906年3月13日	"关于光产生和光吸收的理论"(第二卷,文件34)。
1906年5月17日	"重心运动守恒原理和能量的惯性"(第二卷,文件35)。
1906年6月1日	登记住在伯尔尼爱格尔登街(Aegertenstrasse)53号。
1906年8月上半月	发表对 Max Planck 的"关于热辐射理论的讲演"(第二卷,文件37)的评论。
1906年8月4日	"论确定电子的横向和纵向质量比的方法"(第二卷,文件36)。

1906年11月9日	"Planck 的辐射理论和比热容理论"(第二卷,文件38)。
1906年12月12日	"论热力学平衡定律有效性界限并论基本量子新测定(方法)的可能性"(第二卷,文件39)。
1907年1月22日	"关于 Brown 运动的理论性评论"(第二卷,文件40)。
1907年3月3日	"对我的论文:'Planck 的辐射理论……'的更正"(第二卷,文件42)。
1907年3月17日	"论相对性原理的一种新的检验的可能性"(第二卷,文件41)。
1907年3月23日	作者为讲演"论悬浮于液体中的微观小粒子的运动的本性"所作的摘要(第二卷,文件43)的讲演。
1907年4月16日	"对 Paul Ehrenfest 先生的短文'可变形电子的平动和面积定律'的评论"(第二卷,文件44)。
1907年5月14日	"论相对性原理所要求的能量的惯性"(第二卷,文件45)。在此文中,爱因斯坦第一次使用了短语"质量和能量的等效性"。
1907年6月17日	首次正式尝试申请伯尔尼大学的编外讲师职务。
1907年8月1—10日	与妻子和儿子在伯尔尼州连克度假。
1907年8月下半月	评 Jakob Johann Weyrauch 的《热学纲要 附有许多例题和应用》第二部分(第二卷,文件46)。
1907年10月8日	收到订阅1907年第4季度《伯尔尼联盟报》的收据。
1907年10月28日	伯尔尼大学关于编外讲师的决定推迟到爱因斯坦递交一份唯一的授课资格论文之后。
1907年12月4日	"关于相对性原理和由此得出的结论"(第二卷,文件47)。在此论文中,爱因斯坦第一次提出"等效原理",他称之为"一生中最幸运的观点"(第七卷,文件31,第215页)。
1907年12月14日	向苏黎世州立学校求职。
1908年1月初	向伯尔尼大学递交一篇授课资格论文:"黑体辐射定律的能量分布之辐射结构的推论"。
1908年1月20日	向温特图尔技术专科学校求职。
1908年2月15日	"测量小电量的一个新的静电方法"(第二卷,文件48)。
1908年2月24日	伯尔尼大学哲学Ⅱ系同意聘请爱因斯坦为编外讲师。
1908年2月27日	在伯尔尼大学作就职演讲"经典热力学的有效性界限"。
1908年2月28日左右	接受理论物理学的 venia docendi(授课资格),成为伯尔尼大学的编外讲师。
1908年3月3日	"对论文:'关于相对性原理和由此得出的结论'的更正"(第二卷,文件49)。
1908年4月	开始同 Jakob Laub 3 周的合作研究。
1908年4月1日	"Brown 运动的基本理论"(第二卷,文件50)。
1908年4月21日	伯尔尼大学夏季学期开始;爱因斯坦教一门有关热的分子正[运

	动]论的课。
1908 年 5 月 2 日	"关于动体的基本电磁方程"(与 Jakob Laub 合作)(第二卷,文件 51)。
1908 年 5 月 13 日	"关于施加于静止于电磁场中的物体的有质动力"(与 Jakob Laub 合作)(第二卷,文件 52)。
1908 年 5 月 16 日	在弗里堡大学 Albert Gockel 的实验室工作。
1908 年 6 月 28 日	又到弗里堡 Gockel 的实验室。
1908 年 7 月 25 日	伯尔尼大学夏季学期结束。
1908 年 8 月 24 日	"对论文'关于动体的基本电磁方程'的更正"(与 Jakob Laub 合作)(第二卷,文件 53)。
1908 年夏天	与妻子和儿子在伯尔尼高地度假。
1908 年 10 月 20 日	伯尔尼大学冬季学期开始;爱因斯坦教一门辐射理论课程。
1908 年 12 月 6 日	"对我们的论文'关于动体的基本电磁方程'的评论"(与 Jakob Laub 合作)(第二卷,文件 54)。
1909 年 1 月 19 日	对"对我们的论文'关于动体的基本电磁方程'的评论的补充"(第二卷,文件 54)。
1909 年 1 月 22 日	"对 D. Mirimanoff 的论文'论基本方程……'的评论"(第二卷,文件 55)。
1909 年 1 月 23 日	"论辐射问题的目前现状"(第二卷,文件 56)。
1909 年 2 月 11 日	对苏黎世物理学会作关于"电动力学和相对论原理"的演讲。
1909 年 2 月 23 日	Alfred Kleiner 概述了苏黎世大学需要有第二个物理学教席并推荐爱因斯坦任此职。
1909 年 3 月 6 日	伯尔尼大学冬季学期结束。
1909 年 4 月 13 日	"论辐射问题的现状"(与 Walter Ritz 合作)(第二卷,文件 57)。
1909 年 5 月 7 日	苏黎世大学聘为理论物理副教授,年薪 4500 法郎。
1909 年 5 月 24 日	参加弗里堡物理讨论会。
1909 年 7 月 6 日	递交对瑞士专利局的辞呈,1909 年 10 月 15 日生效。
1909 年 7 月 9 日	日内瓦大学授予物理科学名誉博士学位。
1909 年 8 月	与妻子和儿子在格劳宾登州上恩加丁度假。
1909 年 8 月 4 日	辞去伯尔尼大学编外讲师职务。
1909 年 9 月 20 日	在德国科学家和医生协会(GDNÄ)萨尔茨堡会议上参加 Henry Siedentopf 的讲演"关于超微观的像"(第二卷,文件 58)后的讨论。
1909 年 9 月 21 日	在 GDNÄ 上参加 Arthur Szarvassi 的讲演"动体中的电磁现象理论和能量原理"的讨论(第二卷,文件 59)。
	在 GDNÄ 上作"论我们关于辐射的本性和组成的观点的发展"(第二卷;文件 60)的讲演,并参加其后的讨论(第二卷,文件 61)。
1909 年 9 月 21 日	在 GDNÄ,参加 Fritz Hasenöhrd 的讲演"论动能转化为辐射"之后的

	讨论(第二卷,文件62)。
1909年10月2日	Wilhelm Ostwald 提名爱因斯坦为诺贝尔物理学奖候选人,引述了他在相对论方面的贡献。
1909年10月15日	在苏黎世大学任职。
1909年10月18日	苏黎世大学冬季学期开始,爱因斯坦教一门初等力学课(第三卷,文件1)、一门热力学课程,还指导一个物理学讨论班。
1909年10月22日	登记改变住址,从伯尔尼改变到苏黎世,莫松街(Moussonstrasse)12号。
1909年12月2日	成为苏黎世物理学会会员。
1909年12月11日	在苏黎世大学作就职演说"论原子论在新近物理学中的作用"。
1910年1月15日	"相对性原理及其在近代物理学中的影响"第一部分(第三卷,文件2)发表。
1910年1月18日以前	对 Max Planck 的草稿"关于热辐射理论"写了一个答复(第三卷,文件3)。
1910年2月15日	发表"相对性原理及其在近代物理学的影响"第二部分(第三卷,文件2)。
1910年3月5日	苏黎世大学冬季学期结束。
1910年4月19日	苏黎世大学夏季学期开始:爱因斯坦继续教力学课,并教一门热的[分子]运动论课程(第三卷,文件4)还指导一个物理学讨论班,并管理一个高年级学生用的实验室(与Alfred Kleiner 一道)。
1910年4月21日	被提名为布拉格德文大学理论物理讲席的候选人。
1910年5月7日	对瑞士物理学会(SPG)纳沙泰尔会议作讲演"论光量子理论和电磁能的定域化问题"(第三卷,文件5)。
1910年7月14日	苏黎世管理委员会自10月初开始为爱因斯坦增加薪金到每年5500法郎以劝阻他接受布拉格德文大学的聘任。
1910年7月15日	"论作用在磁场中铁磁性载流导体上的有质动力"(第三卷,文件6)。
1910年7月28日	爱因斯坦的第二个儿子 Eduard 在苏黎世出生(1965年卒于苏黎世)。
1910年8月5日	苏黎世大学夏季学期结束。
1910年8月29日	"论一条概率运算定理及其在辐射理论中的应用"(与 Ludwig Hopf 合作)(第三卷,文件7)。
1910年8月29日	"关于辐射场中一个振子的运动的统计考查"(与 Ludwig Hopf 合作)(第三卷,文件8)。
1910年9月6日	在瑞士科学家协会(SNG)巴塞尔会议上作讲演:"关于作用在带有电流的磁体上的有质动力"。

1910年9月24日	到维也纳旅行,并与哈布斯堡奥匈当局商议到布拉格德文大学任职一事;这时他又访问了 Ernst Mach, Victor Adler 和 Anton Lampa。
1910年10月8日	"关于均匀流体和液体及混合液体在临界状态附近的乳光现象的理论"(第三卷,文件9)。
1910年10月17日	苏黎世大学冬季学期开始:爱因斯坦教电磁学课程(第三卷,文件11)以及理论物理学文献选读,同时指导一个物理讨论班并管理一个高年级学生用的实验室(与 Alfred Kleiner 一起)。
1910年11月1日	柏林的 Emil Fischer 告诉爱因斯坦,他将从一匿名私人捐款人(Franz Oppenheim)处得到3年资助,每年5000马克。
1910年11月2日	对苏黎世物理学会(PGZ)演讲"关于 Boltzmann 原理以及由它导出的若干推论"。
1910年11月14日	成为苏黎世自然研究协会(NGZ)会员。
1910年11月30日	"评 P. Hertz 所撰'论热力学的力学基础'一文的评述"(第三卷,文件10)。
1910年11月30日	"对 Eötvös 定律的评述"(第三卷,文件12)。
1910年11月30日	"单原子分子固体的弹性性能和比热容之间的一种关系"(第三卷,文件13)。
1910年12月16日	哈布斯堡教育部部长, Karl von Stürgkh 伯爵为聘任爱因斯坦主持布拉格德文大学理论物理讲席向皇帝 Franz Joseph 上书请求。
1911年1月2日	完成"关于理论物理学中一个根本困难的评述"(第三卷,文件16)。
1911年1月6日	皇帝 Franz Joseph 命爱因斯坦担任德文大学的教师,1911年4月1日生效。全部年薪金为9872克朗。
1911年1月16日	对苏黎世自然研究协会讲演"相对论",并参加对该论文(第三卷,文件17和文件18)宣读后的讨论。
1911年1月20日	向苏黎世大学递交辞职信。
1911年1月21日	"对拙作'分子线度的一种新测定'的更正"(第三卷,文件14)。
1911年1月30日	"对拙作'单原子分子固体的……关系'一文的评述"(第三卷,文件15)。
1911年2月10日	在莱顿大学学生联合会讲涨落(第三卷,文件19),并会见 H. A. Lorentz, Heike Kamerlingh Onnes 和 W. H. Keesom。
1911年2月21日	在苏黎世自然研究协会参加1月16日讲演"相对论"后(第三卷,文件17)的进一步讨论。又对光量子假说作即席发言(第三卷,文件20)。
1911年3月4日	苏黎世大学冬季学期结束。
1911年3月30日	登记他从苏黎世迁往布拉格。
1911年4月1日	正式开始他在布拉格德文大学的任职。
1911年4月2日	在赴布拉格途中,在慕尼黑访问 Arnold Sommerfeld 并会见 Peter De-

	bye。
1911年4月3—4日	与他的家属暂住在布拉格青年人大街（Jungmannstrasse）维多利亚旅馆。
1911年4月5日	在布拉格 Smichov 区 Tćebízského 7 号得到一套公寓。
1911年4月12日	正式担任德文大学理论物理研究所所长。
1911年4月20日	布拉格德文大学夏季学期开始：爱因斯坦教分质点力学和热力学课程，还指导一个物理学讨论班。
1911年5月1日	Emil Nohel 开始在理论物理研究所任爱因斯坦的助手（hilfskraft）。
1911年5月4日	"关于固体中分子热运动的初等观察"（第三卷，文件 21）。
1911年5月18日	"论 Ehrenfest 佯谬。对 V. Varičak 的论文的评论"（第三卷，文件 22）。
1911年5月24日	在波希米亚德意志协会（DGB）讲 "相对论" ——在德文大学物理研究所讲 "忘忧果"。
1911年6月21日	"论引力对光的传播的影响"（第三卷，文件 23）。
1911年7月25日	"关于固体中分子热运动的初等观察" 和 "加在校样上的小注"（第三卷，文件 21）。
1911年7月31日	德文大学夏季学期结束。
1911年8月23日	宣誓担任德文大学教授。
1911年8月24日	开始与乌得勒支大学商谈去该校任职之事。
1911年9月	Heinrich Zangger 到布拉格访问爱因斯坦。首次提出到瑞士联邦工学院（ETH）工作的倡议。
1911年9月25日和27日	在 GDNÄ 的卡尔斯鲁厄会议上，就 Walther Nemst, Arnold Sommerfeld 和 Heinrich Rubens 的演讲，作讨论评论（第三卷，文件 24）。
1911年10月1日	德文大学冬季学期开始；爱因斯坦教力学和热力学课程，还指导讨论班的讨论。
1911年10月9—14日	在苏黎世中学教师会议上，作 8 次系列演讲："关于理论物理学的若干新进展"。
1911年10月14日	到伯尔尼旅行，与 Ludwig Forrcr 商谈到联邦工学院任教一事。
1911年10月18日	回到布拉格。
1911年10月29日	到达布鲁塞尔参加第一次 Solvay 会议。
1911年10月30日	在 Solvay 会议上作讨论评论（第三卷，文件 25）。
1911年11月	Henri Poincaré 推荐爱因斯坦在联邦工学院任职。
1911年11月2日或3日	Solvay 会议上作关于 "论比热容问题的现状" 的讲演（第三卷，文件 26）并参加讨论（第三卷，文件 27）。
1911年11月17日	Marie Curie 推荐爱因斯坦到联邦工学院任职。
1911年12月19—25日	到苏黎世会见联邦工学院主席 Robert Gnehm，对到该校任教的细节作最后的商定。

1911年12月21日	Wilhelm Ostwald 再次提名爱因斯坦为诺贝尔物理学奖候选人,引述了他对相对论的贡献。
1912年	开始写关于电动力学和相对论的稿子(第四卷,文件1)。
1912年1月	Ernst Pringsheim, Clemens Schaefer 和 Wilhelm Wien 提议 H. A. Lorentz 和爱因斯坦因发展相对性原理平分1912年诺贝尔奖。
1912年1月18日	"光化当量定律的热力学论证"(第四卷,文件2)。
1912年1月30日	被聘为联邦工学院理论物理教授,年薪11000法郎。
1912年2月3日	上书教育大臣 von Stürgkh 伯爵,自1912年9月30日起辞去德文大学职务。
1912年2月23日	与 Paul Ehrenfest 首次相会。
1912年2月26日	"光速和引力场的静力学"(第四卷,文件3)。
1912年3月23日	"静止引力场理论"(第四卷,文件4)。
1912年3月28日	德文大学冬季学期结束。
1912年4月11日	德文大学夏季学期开始:爱因斯坦教连续介质力学和热的分子理论,又指导一个讨论班的讨论。
1912年4月15—22日	爱因斯坦在柏林访问 Walther Nernst, Fritz Haber, Emil Warburg, Heinrich Rubens 和 Erwin Freundlich,并与他们讨论科学问题。他仔细考虑了帝国技术-物理学院的职位(他将谢绝),他也访问了他的叔叔和婶婶 Fanny 和 Rudolf Einsteino 在他们 Haberlandstrasse 的住所,他重新熟识了他的堂姐 Elsa Löewenthal(娘家姓 Einstein)。
1912年5月12日	"对我所写'光化当量定律的热力学证明'一文的补充"(第四卷,文件5)。
1912年5月23日	发表"投稿后追记"(第四卷,文件4)。
1912年5月30日	"对 J. Stark 一篇评注:'关于 Planck 的基本定律的一个应用……'的答复"(第四卷,文件6)。
1912年6月1日	von Stürgkh 伯爵解除爱因斯坦在德文大学的职务,1912年9月末施行。
1912年7月	发表"存在一个与电磁感应相类似的引力效应吗"(第四卷,文件7)。
1912年7月4日	"相对性与引力,对 M. Abraham 评注的回答"(第四卷,文件8)。
1912年7月25日	离开布拉格,赴苏黎世到联邦工学院任职。
1912年7月31日	德文大学夏季学期结束。
1912年8月左右	开始写广义相对论的研究笔记(第四卷,文件10)或许同时开始与 Marcel Grossmann 的合作。
1912年8月1日左右	爱因斯坦等人呼吁创建实证哲学学会。
1912年8月10日	登记改变他的住处,从布拉格到苏黎世,宫廷街(Hof-strasse)116号。

1912年9月2日	"对Abraham前述讨论的评论'再论相对性和引力'"(第四卷,文件9)。
1912年10月3日	联邦工学院冬季学期开始:爱因斯坦教解析力学和热力学课程,又指导一个物理学讨论班。
1912年10月29日	支持Otto Stern的要求,他想做爱因斯坦的合作者(*Mitarbeiter*)而不是联邦工学院的一个学生。
1912年12月19日	问爱因斯坦是否愿做联邦工学院攻读数学学位的学生的主考人。
1912年12月30日	Wilhelm Ostwald再次提名爱因斯坦为诺贝尔物理学奖候选人,引述了他对相对论的贡献;Bernhard Naunyn和Wilhelm Wien表示支持。
1913年1月5日	在"对于分子绝对零度下的扰动假设的某些论证"(与Otto Stren合作)(第四卷,文件11)。
1913年1月16日	要求爱因斯坦来掌管理论物理学学位证书考试。
1913年3月7—8日	对瑞士物理学会苏黎世会议作演讲,"绝对零度的能量和辐射的理论公式"。
1913年3月20日	发表"在校样中添加的评论"(与Otto Stern合作)(第四卷,文件11)。
1913年3月22日	联邦工学院冬季学期结束。
1913年3月27日	对法国物理学会巴黎物理会议发表讲演"光化学当量定律的热力学推导"(第四卷,文件12)。
1913年4月15日	联邦工学院夏季学期开始:爱因斯坦讲连续介质力学和热的分子理论,并指导一个物理讨论班,监督物理学练习(与Pierre Weiss合作)。
1913年5月	开始与Michele Besso合作计算水星近日点运动(第四卷,文件14)。
1913年5月28日以前	完成"广义相对论和引力理论纲要"(与Marcel Gross-mann合作)(第四卷,文件13)。
1913年5月29日	Planck等人在普鲁士科学院物理-数学组宣布,在下一次物理-数学组会议上,他们将提名选爱因斯坦为院士。
1913年6—7月	Paul Ehrenfest和Gunnar Nordström到苏黎世来访。
1913年6月3日	Leopold Koppel,表示同意承担义务,每年资助6000马克,共12年,以提高爱因斯坦在普鲁士科学院的薪金,从6000马克到12000马克。
1913年7月3日	普鲁士科学院物理-数学组以21票赞成,1票反对(要求至少15票赞成)通过支持提名爱因斯坦为院士。
1913年7月中旬	Max Planck, Walther Nernst和他们的妻子到苏黎世访问爱因斯坦,提议要选他为普鲁士科学院院士;他们或许也和他讨论了创建威廉皇帝学会理论物理研究所(由他领导)一事,以及在柏林大学有一职位而没有教学义务。

1913 年 7 月 24 日	普鲁士科学院全会表决对爱因斯坦的提名,44 票赞成,2 票反对。
1913 年 8 月 7 日	联邦工学院夏季学期结束。
1913 年 9 月 9 日	在瑞士自然研究协会(SNG)弗劳恩费尔德会议上做讲演"引力论的物理基础"(第四卷,文件 16)。
1913 年 9 月中旬	到 Újvidék(今诺维萨德)访问妻子的家庭。
1913 年 9 月 23 日	在 GDNÄ 维也纳会议上作演讲"关于引力问题的现状"(第四卷,文件 17)并参加讨论(第四卷,文件 18)。
1913 年 9 月 24 日—10 月 9 日	在回苏黎世之前,访问柏林、海尔布隆和乌尔姆。
1913 年 10 月 2 日	联邦工学院冬季学期开始:爱因斯坦讲电磁学(第四卷,文件 19)、几何光学与衍射课程,还指导一个物理讨论班并监管物理练习(与 Pierre Weiss 合作)。
1913 年 10 月 21 日以前	为《当代文化》写"理论原子论"和"相对论"。二文均在 1915 年发表(第四卷,文件 20 和文件 21)。
1913 年 10 月 27—31 日	参加第二次 Solvay 会议上所宣读的论文讨论(第四卷,文件 22)。
1913 年 11 月 7 日	"科学家 Max Planck"(第四卷,文件 23)。
1913 年 11 月 12 日	皇帝 Wilhelm II(威廉二世)确认选举爱因斯坦为普鲁士科学院院士。
1913 年 11 月 22 日	普鲁士科学院为他当选院士一事写信给爱因斯坦,并通知他年薪为 12000 马克,另有搬迁费和遗属抚恤金。
1913 年 12 月 6 日	瑞士学校委员会同意爱因斯坦辞去联邦工学院职务。
1913 年 12 月 7 日	接受普鲁士科学院院士的聘任,并准备在 1914 年 4 月初迁往柏林。
1913 年 12 月 11 日	"对 Reißner 先生一问题的补充答复"(第四卷,文件 24)。
1913 年圣诞节以后	Mileva Einstein-Marić 去柏林为家庭找房子。她住在 Fritz Haber 夫妇处。
1914 年 1 月	Bernhard Naunyn 和 Orest Chwolson 提名爱因斯坦为诺贝尔物理学奖候选人,前者引述相对论、扩散、引力方面的贡献,后者引述了他对理论物理学总的贡献。
1914 年 1 月 15 日	在苏黎世第 52 轮市政厅作第 7 次演讲,论"引力问题的新进展"。
1914 年 1 月 24 日	"广义相对论和引力论的基础"(第四卷,文件 25)。
1914 年 1 月 30 日	发表对 Einstein and Grossmann 1914a(第四卷,文件 13)的"评注"(第四卷,文件 26)。
1914 年 2 月初	Nernst 等人提名爱因斯坦任科学委员会的常任秘书,负责监管威廉皇帝学会理论物理研究所。经费问题和第一次世界大战的爆发推迟了该所的创建。该所直到 1917 年才成立。
1914 年 2 月 9 日	在苏黎世自然研究协会(NGZ)会议上作讲演"关于引力论"(第四

	卷,文件28)。
1914年2月19日	"从绝对微分学观点看Nordström的引力理论"(与A. D. Fokker合作)(第四卷,文件28)。
1914年2月28日	在此以前完成了"用来确定有关隶属于无规涨落的量的观测统计值的方法"稿(第四卷,文件29);此日在瑞士物理学会(SPG)巴塞尔会议上参照此稿作演讲(第四卷,文件30)。
1914年3月	完成"论相对论问题"(第四卷,文件31)。
1914年3月21日	爱因斯坦于联邦工学院冬季学期结束之日离开苏黎世。
1914年3月22日	在安特普访问舅父Caesar Koch。
1914年3月23日	为了访问Paul Ehrenfest到达莱顿。也访问H. A. Lorentz并见到W. de Sitter。
1914年3月29日	到达柏林。他在Haber的物理化学和电化学研究所提供的办公室中工作。
1914年3月31日或4月1日	Mileva Einstein-Marić带孩子去南瑞士的洛迦诺,久病的儿子Eduard Einstein到那里疗养。
1914年4月6日	登记改变地址,从苏黎世改到柏林郊区西Lichterfeld的荣誉山街(Ehrenbergstrasse)33号。
1914年4月中旬	家属与爱因斯坦在柏林重聚。
1914年3月23日	到莱顿拜访Paul Ehrenfest。也是拜访H. A. Lorentz并会见Willem de Sitter。
1914年3月29日	抵达柏林。开始在Fritz Haber领导的威廉皇帝物理化学和电化学研究所工作。住在柏林Dahlem区的Ehrenberg街33号。他的夫人带着Hans Albert和Eduard去了南瑞士Locarno。
1914年4月6日	进行地址变动登记:从苏黎世迁往柏林。
1914年4月16日	PAW物理-数学部的第一次会议,爱因斯坦参加了。
1914年4月18日	在去柏林与爱因斯坦会合之前,Mileva-Einstein Marić带着两个孩子从意大利和瑞士南部返回苏黎世。
1914年4月23日	PAW的第一次全体大会,爱因斯坦参加了。
1914年4月26日	"论相对性原理"(第六卷,文件1)。
1914年5月8日	成为DPG咨询委员会委员。
1914年5月16日	告知爱因斯坦他将获得科学院院士薪金(金额为900马克,从4月1日起开始计算),这笔薪金会增加到个人薪金(金额为12 000马克)上去。
1914年5月29日	"引力理论的场方程在广义相对论基础上的协变性"(与M. Grossmann合作)(第六卷,文件2)。
1914年5月30日	Ehrenfest来访。4天后,他们两人在他的住所会见了Joseph Petzoldt。

1914 年 7 月 2 日	发表到 PAW 的就职演说(第六卷,文件 3)。下午 5 点钟,纪念 Leibniz 的庆典活动在科学院新大楼(Unter den Linden 大街 38 号)开始举行。
1914 年 7 月中旬	Einstein-Marić 带着两个孩子迁出位于 Ehrenberg 街的住所,暂住在 Haber 夫妇家中。拟议出重归于好的备忘录,但离婚已成定局,协议也已草拟。
1914 年 7 月 16 日	任命 Richard Willstätter 为 PAW 物理-数学部委员。
	任命 Fritz Haber 为 PAW 物理数学部委员。
1914 年 7 月 18 日	"对 P. Harzer 论文'光在玻璃中的拖曳与光行差'的评论"(第六卷,文件 4)。
1914 年 7 月 21 日	任命 K. F. Braun 为 PAW 院士。
1914 年 7 月 24 日	向 DPG 提交关于 Planck 辐射公式的热力学推导以及关于 Nernst 热原理理论观点的报告。以"对量子论的贡献"(第六卷,文件 5)之名发表。
1914 年 7 月 29 日	在达成分居而不是离婚的协议之后,在 Michele Besso 伴随下,Einstein-Marić 带着孩子们离开柏林到苏黎世。
1914 年 8 月 1 日	德国向俄国宣战。
1914 年 8 月 12 日	KWI 的建立由于战争关系而无限期迁延。
1914 年 8 月 18 日	完成"对 P. Harzer 答复的答复"(第六卷,文件 6)。
1914 年 10 月 16 日— 1915 年 3 月 15 日	冬季学期在柏林大学开设相对论课程(第六卷,文件 7)。在 PTR 同 Wander Johannes de Haas 一起合作进行有关分子电流的实验。
1914 年 10 月中旬	发表"告欧洲人书"(同 Georg Nicolai 和 Wilhelm Foerster 一起)(第六卷,文件 8),以回应"93 人宣言"。
1914 年 10 月 23 日	向 DPG 提交关于周期过程判定标准的报告。
1914 年 10 月 29 日	向 PAW 物理数学部提交"广义相对论的形式基础"(第六卷,文件 9)。
1914 年 11 月 5 日	向 PAW 全体大会传达关于 Schwarzschild 两篇文章 (*Schwarzschild 1914 a* 和 *Schwarzschild 1914 b*)的情况。
1914 年 11 月 27 日	"对 A. Brill'相对论原理:导论'的评论"和"对 H. A. Lorentz 的评论'相对论原理:三个演讲……'的评论"(第六卷,文件 10 和文件 11)。
1914 年 12 月 2 日前	从柏林 Dahlem 区的 Ehrenberg 街迁往柏林 Wilmersdorf 区的 Wittelsbacher 街 13 号。
1914 年 12 月 10 日	作为倡议人,Fischer、Warburg 和 Rubens 联名提议将 Helmholz 奖章授予 Max Planck。出处:PAW 物理-数学部会议增补记录,上面有 Wilhelm Waldeyer 的签名。出处:GyBAW,Ⅱ—X,第三卷,第 109 页。[79 184]。

	1 页打印文件,由秘书 Hermann Diels 交给(阿姆斯特丹)皇家科学协会主席 Chantepie de la Saussaye,并附有 PAW 爱因斯坦和另外 40 位院士都签了名的 1 页文件:抗议一封由柏林大学名誉教授 Adolf Lasson 发表在 10 月 11 日的一份荷兰周刊上的信件"包含了对荷兰使用侮辱性语言"。
1914 年 12 月 18 日	向 DPG 提交关于顺磁性实验证明的报告。
1915 年 1—2 月	作为 II 处(电学和磁学)的客人在 PTR 同 De Haas 一起进行他关于旋磁效应的实验。
1915 年 1 月 19 日	Felix Ehrenhaft 致函诺贝尔委员会的 3 页信件副本,函件建议提名爱因斯坦为诺贝尔奖候选人,所引证的研究成果有他在 Brown 运动、狭义相对论和广义相对论所取得的成就。
1915 年 2 月 6 日	"Anschütz 公司与 Sperry 陀螺仪公司之间专利权诉讼方面的专家鉴定意见"(第六卷,文件 12)。
1915 年 2 月 19 日	关于 Ampère 分子电流一个直接证据的报告:致 DPG。
1915 年 3 月 25 日	送交 PAW 物理-数学组的报告:"论广义相对论的基本思想以及这一理论在天文学上的应用"。
1915 年 3 月 26 日	在柏林出庭作证,对 Anschütz 公司与 Sperry 陀螺仪公司之间的专利权诉讼提交专家意见。
1915 年 4 月 10 日	呈交(2 月 19 日)关于 Ampère 分子电流报告的扩充版:"Ampère 分子电流的实验证明"(与 W. J. de Haas 合作)(第六卷,文件 13)。
1915 年 4 月 16 日—8 月 15 日	每周星期四下午 2:00—4:00 在柏林大学作关于相对论的讲座。
1915 年 4 月 23 日	"Ampère 分子电流存在的实验证明"(与 W. J. de Haas 合作)(第六卷,文件 14)。
1915 年 5 月 7 日	"Ampère 分子电流的实验证明"(第六卷,文件 15)发表在《自然科学》上。
1915 年 5 月 10 日	"对我与 J. W. de Haas[①] 合作的题为'Ampère 分子电流的实验证明'论文的勘误"(第六卷,文件 16)。
1915 年 5 月 14 日	"Ampère 分子电流"论文的荷兰文版发表。DPG 咨询委员会委员重新选出。
约 1915 年 6 月	成为"新祖国"同盟的成员。
1915 年 6 月 2 日	出席 Treptow 天文台天文爱好者协会在柏林 Treptow 天文台召开的关于相对论的会议。爱因斯坦的报告"运动的相对性与引力"是载于 *Vossische Zeitung* (《沃斯报》),1915 年 6 月 3 日,晚间版,第 2

[①] 原文如此,应为:W. J. de Haas(Wander Johannes de Haas,1878—1960),荷兰物理学家,1915 年与爱因斯坦合作证明了爱因斯坦-de-Haas 效应。——中译者注

	页)的一篇文章的主题。[79 977]。
1915年6月15日	"对Knapp所投寄论文'光-以太的剪切……'的评论"(第六卷,文件17)。
1915年6月24日	"对M. von Laue'概率计算中的一个定理与其对辐射理论的应用'的回答"(第六卷,文件18)。
1915年6月28日—7月5日	在格丁根逗留一个星期:在Wolfskehl基金会的赞助下作6次关于广义相对论的讲座。
1915年6月29日	将"论引力"的报告呈交给格丁根数学协会。
1915年7月10日	观看由Anschütz和Sperry公司之间争议而在基尔进行的,Sperry罗盘的稳定性试验。
1915年7月15日	同柏林的亲属在Sellin(Rügen)度假。
1915年7月22日	返回柏林出席科学院会议。
1915年7月24日—8月5日	继续在Sellin度假。
1915年7月27日	2页PTrL,致Bethmann Hollweg首相(他在所谓Seeberg备忘录中为反对兼并主义政策作了辩护)的一封公开信;这封公开信由Hans Delbrück和Bernhard Dernburg草拟,在上面签名的有爱因斯坦和另外90位人士。
1915年8月7日	关于Anschütz公司对Sperry陀螺仪公司一案的"补充的专家意见"(第六卷,文件19)。 用交变电流重新进行Ampère分子电流实验,但1周后由于光学上的困难而中断了实验。
1915年8月29日	出发去瑞士旅游,中途在Heilbrunn停留。
1915年9月16日	下午,在瑞士Vevey村Mooser旅馆(有停车场)与Heinrich Zangger一起会见Romain Rolland。
1915年9月22日	回到柏林。
1915年10月16日—1916年3月15日	提议在柏林大学开设统计力学和Boltzmann原理课程,时间是每周星期四下午2:00—4:00。
1915年10月23日—11月11日	"我对战争的看法"(第六卷,文件20)。
1915年11月4日	在PAW全体大会上提交《关于广义相对论》(第六卷,文件21)。
1915年11月11日	将"关于广义相对论"(附录)(第六卷,文件22)提交给PAW物理-数学部。
1915年11月15日	"对我们的文章'Ampère分子电流的实验证明'的评论"(与W. J. de Haas合作)(第六卷,文件23)。
1915年11月18日	在PAW全体大会上提交"以广义相对论解释水星的近日点运动"(第六卷,文件24)。

1915年11月25日	将"引力场方程"(第六卷,文件5)提交给PAW物理-数学部。
1915年11月28日	同波茨坦天文台台长Hermann Struve会谈;他在会谈中提出请求,希望能让Erwin Freundlich在这儿进行实验,以验证广义相对论。
1915年12月8日	在Heinrich Rubens的星期三研讨会上介绍他的引力理论讲座的第一部分。
1915年12月17日	对DPG讲述广义相对论以及运用该理论对水星近日点运动作出的解释。
1915年12月18日	在Hilbert、Klein、Runge、Voigt和Wiechert于12月5日将他提名为候选人后,被推选为格丁根皇家学会通信院士。
1915年12月22日	在Rubens的星期三研讨会上介绍他的引力理论讲座的第二部分。
1916年1月13日	在PAW全体大会上通报关于 *Schwarzschild 1916 a* 的情况。
1916年1月14日	将关于对Tetrode和Sackur所作的熵常数测定进行核实的情况提交给DPG:"论Tetrode-Sackur的熵常数测定的根据"(这可能是论文"关于Tetrode和Sackur的熵常数的理论"的异文)(第六卷,文件26)。
1916年1月20日	1页建议:关于将1916年Leibniz金质奖章授予威廉皇帝军事医学教育事业科学院院长Otto von Schjerning的建议;在建议书上签了名的人中也有爱因斯坦。
1916年2月3日	将"电动力学的Maxwell场方程的一种新的形式阐明"(第六卷,文件27)提交PAW全体大会。
1916年2月6日	在同Mileva Einstein-Marić分居一年半之后Mileva提出离婚建议。
1916年2月7日	"新祖国"同盟在战争期间被宣布为不合法。
1916年2月24日	在PAW物理-数学部通报关于 *Schwarzschild 1916 b* 的情况。
1916年2月25日	在DPG做检测Ampère分子电流的演示实验。该试验以"演示Ampère分子电流的一个简单实验"的篇名发表(第六卷,文件28)。
1916年3月8日	柏林首都卫戍司令A. Braumüller致PAW的1页TLS。他请求确定爱因斯坦,一位瑞士公民,是否为科学院的带薪院士;如果情况属实,则要他的档案复印件。他还抱怨说,当Einstein出去旅行时,那么,爱因斯坦就多次忽略了要么在柏林警察局、要么在其目的地进行登记:这是他作为一个中立外国的公民所应该做的。
1916年3月14日	Ernst Mach的讣闻(第六卷,文件29)。
1916年3月16日	Max Planck收藏的1页会议记录,该记录表明准予将爱因斯坦的个人档案复印件提交给柏林卫戍司令部。
1916年3月20日	"广义相对论基础"(第六卷,文件30)。一份未发表的《附录》是对他的"基于变分原理的理论表述"的补充(第六卷,文件31)。
1916年3月23日	将"论从相对论领域出发进行的一些直观思考"的报告呈交PAW物理-数学部。

1916年4月6日	开始在瑞士进行为期3周的休假。
1916年5月5日	继Fritz Haber之后任DPG主席。
1916年6月2日	向DPG提交两篇报告:关于光化学等价定律的一种热力学推导和关于水波与飞行的基本说明。
1916年6月21日	在Rubens的星期三研讨会上核查Gans关于抗磁性和顺磁性的理论。
1916年6月22日	向PAW物理数学部提交他的"引力场方程的近似积分"(第六卷,文件32)。
1916年6月29日	在科学院的公开会议上称颂Karl Schwarzschild(第六卷,文件33)。
约1916年7月3日	Einstein-Marić在苏黎世卧病在床一年多时间。
1916年7月13日	进入PAW关于确定Schwarzschild继任人的委员会。
1916年7月17日	"量子论中辐射的发射与吸收"(第六卷,文件34),爱因斯坦在该文中引入了他用于辐射跃迁的概率系数。
1916年7月21日	向DPG提交两篇报告:关于辐射之发射与吸收的量子理论的报告以及关于定向无线电报的报告(第六卷,文件32)。
约1916年8月	为Erwin Freundlich所著《爱因斯坦引力理论的基础》作序(第六卷,文件35)。
1916年8月11日	"对H. A. Lorentz的"热力学中的统计理论:五次演讲的评论……"和"广义相对论基础的作者总结"(第六卷,文件36和文件37)。
1916年8月24日后	"关于辐射的量子理论"在《苏黎世物理学会通报》上发表(第六卷,文件38)。
1916年8月25日	"水波和飞行的初级理论"(第六卷,文件39)发表在《自然科学》上。
1916年9月27日	开始对荷兰的两周访问。
1916年10月16日—1917年3月15日	提议在柏林大学开设相对论课程,时间是每周星期四下午2:00—4:00。
1916年10月19日	"评Friedrich Kottler的文章'论爱因斯坦的等效性假说和引力'"(第六卷,文件40)。
1916年10月26日	将"Hamilton原理与广义相对论"(第六卷,文件41)提交给PAW物理-数学部。
1916年10月27日	提交他关于辐射的量子理论讲座的第一部分。讲座可能是基于他的"关于辐射的量子理论"(第六卷,文件38)。
1916年11月10日	提交他关于辐射的量子理论讲座的第二部分给DPG。
1916年11月23日	同Rubens一起支持Planck向PAW物理-数学部提出将Helmholtz奖授予Arnold Sommerfeld(因他的文章*Sommerfeld 1916 a*)的建议。
1916年12月	完成对《狭义相对论和广义相对论(普及本)》的阐释(第六卷,文件42)。

1916年12月20—21日	与Friedrich Vieweg签订关于一本名为《狭义和广义相对论的基本思想:通俗讲述》的书的出版合同,合同规定书稿应在1917年2月1日前完成。
1916年12月30日	皇帝诏书任命爱因斯坦为PTR管理委员会委员。过去是K. Schwarzchid的职位。
1917年1月7日	Arthur Haas致诺贝尔委员会的2页信件副本,函件提名爱因斯坦为诺贝尔奖候选人,并引证了爱因斯坦的引力理论著作。
1917年1月18日	由Adolf von Harnack签名的致KWG评议会成员的2页信件副本。宣布Franz Stock关于赐予KWG 540 000马克的意向。总额为500 000马克的战争债券可用于所规划的KWI,因为KWI的动工启动在战争开始时中断。
1917年1月21日	Pierre Weiss致诺贝尔委员会的4页信件副本,函件提名爱因斯坦为诺贝尔奖候选人,并引证了爱因斯坦在理论物理学和实验物理学领域中的成就。
1917年1月23日	Emil Warburg致诺贝尔委员会的1页信件副本,函件提名爱因斯坦为诺贝尔奖候选人,并引证了爱因斯坦在量子理论、相对论理论和引力理论领域中的成就。
1917年2月	首次出现严重的慢性胃部症状。
1917年2月8日	将"广义相对论中的宇宙学研究"(第六卷,文件43)提交给PAW物理-数学部。
1917年2月17日	"对原告所写的1916年12月27日陈述的答复"(第六卷,文件44)。
1917年3月14日	第一次参加PTR管理委员会会议。
1917年3月29日	爱因斯坦的猫背式机翼(cat's back airfoil)在格丁根飞行技术试验机构进行风洞试验。
1917年4月13日	由教育部寄来的1页信件副本。获得任命,与Born和Rubens一起参加教育部柏林皇家科学考察局物理学督察委员会的工作,该委员会对候选人的学术教学状况进行考查。 1页ADS:评价Fritz Danziger的"宇宙中的循环",2月28日提出下述意见:"作者的阐述证明了作者的想象力,但也证明了他那罕见的缺乏训练的思维方式。他不懂力学的基本概念,却对天文学上的运动、潮汐等进行解说。文章从心理学方面看并非没有意思,从科学上讲则毫无价值。"
1917年4月16日—8月15日	在柏林大学继续讲授相对论课程,时间是每周四下午2:00—4:00。出处:*Berlin Verzeichnis 1917 a*。
1917年4月27日	对DPG作关于对Hamilton-Jacobi方程的初等推导的报告。
1917年5月11日	再次当选为DPG的主席。关于Sommerfeld和Epstein的量子定理

	的讲座。以 Einstein 1917 d 的篇名发表(第六卷,文件45)。
1917年5月25日	DPG的职务会议,在这次会议上,Felix Ehrenhaft 作关于亚电子的报告。
1917年6月4日	由维也纳帝国科学院寄来的1页打印签名信,为总额3000克朗的 von Baumgartner 男爵奖的颁发函:鉴于 Einstein 1916 d 而授予爱因斯坦和 De Haas(第六卷,文件28)"演示安培分子电流的一个简单实验"一文。封入的是一张空白收据。科学院把文章与爱因斯坦上一年的共同成果 Einstein and De Haas 1915 a (第六卷,文件13)弄错了。
1917年6月26日	出席 Koppel 基金会代表会议和 KWG 评议会,在这两次会议上做出了关于10月1日建立以爱因斯坦为所长的 KWI 的决定。
1917年6月29日	去瑞士度暑假,带上了一份要在法兰克福作的报告,也要到 Heilbronn 探望母亲。
1917年7月6日	Adolf von Harnack 在6月26日讨论 KWI 于10月1日建立的会议上作报告。6月26日的商议经 KWG 评议会审核通过。KWG 每年提供50000马克。爱因斯坦被任命为所长,年薪5000马克。研究所的组织以及管理委员会和董事会的组成都是临时性的(在战争期间),后者仅由"物理学家"(Haber,Nernst,Planck,Rubens,Warburg)组成。
1917年8月29日后	来自苏黎世 Rózsika(Zorka)Marić 的2页亲笔签名信。报告来到她姐姐这儿,以帮她操持家务;也祝愿爱因斯坦尽快康复。
1917年9月12日	在柏林 Haberland 街5号找到一处新居。
1917年10月14日前	在柏林大学教授们呈递德国首相的恢复和平宣言书上签名。
1917年10月1日	开始 KWI 所长的任职。
1917年10月1日—1918年2月2日	建议在柏林大学开设统计力学课和量子理论课,时间是每周下午2:00—4:00。
1917年10月26日	爱因斯坦出席在柏林 Werner Weisbach 家召开的同道会会议。
1917年11月2日	"对 Hermann von Helmholtz 的'论歌德的两篇演讲'的评论"(第六卷,文件46)。
1917年11月16日	为 DPG 审阅已故 Marian von Smoluchowski 的学术文献,并阅读一篇关于广义相对论中边界条件问题的讲稿。
1917年11月22日	提交"Jacobi 定理的推导"(第六卷,文件47)给 PAW 物理-数学部。
1917年11月26日	出席 KWI 管理委员会和董事会会议。Wilhelm von Siemens 被推选为管理委员会主席,爱因斯坦被推选为董事会主席。管理委员会和董事会的权限确定为:前者进行预算后者进行严格学术审查。
1917年12月4日	参加同道会组织的会议。

1917 年 12 月 14 日	Marian von Smoluchowski 逝世的讣告发布(第六卷,文件 48)。
1917 年 12 月 16 日	在当地和全国报纸关于宣布 KWI 成立并寻求提供科研资助,若有相关问题请告知爱因斯坦的布告;布告由董事会的下列董事签署:爱因斯坦、Haber、Nernst、Rubens 和 Warburg。
1917 年 12 月 21 日	由 Elsterwerda 的矿业主 Junghans 寄来的 3 页打印签名信。函中提议 KWI 给予财政资助,以设计开采褐煤的截煤机。 由 Cottbus 的 Rahtjen 寄来的 2 页 ALS。他寻求 KWI 的帮助,以开发一种应用高压而使具有低蒸发点的材料如钛和石英替代可能是贵重材料的熔炼技术。
1917 年 12 月 25 日	"噩梦"(第六卷,文件 49)。
约 1917 年 12 月 25 日	因胃溃疡而数月卧病在床。
1918 年 1 月 4 日	Felix Ehrenhaft 寄给诺贝尔委员会的、关于提名爱因斯坦为诺贝尔奖候选人的 1 页打印副本,同时提及了他先前的提议,因为广义相对论理论其间已经有了进一步的发展,而 Ampère 分子理论也得到了确认。
1918 年 1 月 20 日	(意大利)Marken 总司令部总司令 Berge 致柏林警署总长的标记有"机密"字样的 2 页文件。函中通知他在著名的和平主义者与激进社会民主党人来申请护照签证时必须让其先行取得军事当局的核准。要了解柏林警署草拟的、包括爱因斯坦在内的黑名单上的人士的情况,见 1 月 29 日的记载。
1918 年 1 月 31 日	由于爱因斯坦生病了,所以,Planck 提交并评论爱因斯坦的文章"论引力波"(第七卷,文件 1),并代他将 Freundlich 1918 一文转达给 PAW 全体大会。
1918 年 2 月 5 日	"评 E. Schrödinger 的文章'引力场的能量分量'"(第七卷,文件 2)。
1918 年 3 月 3 日	"对 Schrödinger 的注记'关于广义协变引力场方程的一组解'的评论"(第七卷,文件 3)。
1918 年 3 月 6 日	"关于广义相对论的原理"(第七卷,文件 4)。
1918 年 3 月 7 日	因爱因斯坦生病,Planck 以他的名义将"对 De Sitter 呈递的关于引力方程的一种解的批评意见"(第七卷,文件 5)提交给 PAW 的物理数学部。
1918 年 3 月 17 日	汉堡 Otto Vahlbruch 基金会管理人 H. Ed. Brandt 寄来的 1 页亲笔签名信,通知爱因斯坦,格丁根大学哲学系将授予他半年一次的数额为 11000 马克的 Vahlbruch 奖。这一奖项是授予在自然科学方面发表了重要成果的德语作者的。
1918 年 3 月 21 日	"有可能从实验上测定固体 X 射线折射率吗"(第七卷,文件 6)。
1918 年 3 月 31 日	来自 Peter Wilhelm Müller 基金会秘书 Jean Loeffler 的 1 页亲笔签名信,通知爱因斯坦:由于他在数学科学领域的成就而授予他荣誉奖;

	该奖项他与 Hilbert 共同分享。
1918 年 4 月 4 日	自 1917 年 12 月以来第一次出席 PAW 的会议。
1918 年 4 月 11 日	将 *Weyl 1918 b* 传达给 PAW 物理-数学部，认为该文包含了一种有趣的假设，然而对物理学却没有什么用处。Nernst 建议爱因斯坦将自己的异议写成文字，同时将 Weyl 的稿件提交给下次会议讨论。
1918 年 4 月 18 日	询问 PAW 全体大会，他是否应该提交一份在物理学上站不住脚的稿件：*Weyl 1918 b*。Nernst 请爱因斯坦把自己的异议添加到稿件上去。科学院建议延期提交讨论，让爱因斯坦继续同作者联系。
1918 年 4 月 26 日	在 Max Planck 六十寿辰庆典上主持 DPG 会议。献上他的报告"科学家 Planck"。以"探索的动机"篇名发表（第七卷，文件 7）。
1918 年 4 月 27 日前	经 Georg Nicolai 的怂恿，向 David Hilbert 和其他人士建议发出一次集体呼吁：保持个人冷静，要在中立国家面前树立德国知识界的国际主义精神形象。
	在 PAW 全体会议上传达 *Weyl 1918 b* 以及他自己的"补充"的情况（第七卷，文件 8）。
1918 年 5 月 10 日	选举为 DPG 咨询委员会委员。
1918 年 5 月 16 日	将"广义相对论中的能量定理"和"校样上的附注"（第七卷，文件 9）提交给 PAW 物理-数学部。
1918 年 6 月 12 日	在离婚协议上签字。
1918 年 6 月 14 日	作关于一种在显示全反射 X 射线图片中观察到的边缘现象以及关于广义相对论中能量守恒的讲演。
1918 年 6 月 20 日	在 PAW 物理-数学部作报告（"汇报"）："关于一种由 Levi-Civita 和 Weyl 发现的 Riemann 曲率理论的简化以及关于与之相关的 Weyl 的引力与电的理论"。
1918 年 6 月 21 日	发表"评 Hermann Weyl 的《空间 时间 物质》"（第七卷，文件 10）。
1918 年 6 月 29 日	与 Elsa、她的女儿们 Ilse 和 Margot Einstein 一起前往 Ahrenshoop。
1918 年 7 月 16 日	为 Anschütz 公司写一份专家意见（第七卷，文件 11）。
1918 年 8 月 16—18 日	谢绝苏黎世方面所建议的联合邀请，提出折中性的建议：一年作客两次举行讲座，每次时间 5—6 周。
1918 年 8 月 24 日	从度假地 Ahrenshoop 返回柏林。
1918 年 8 月 31 日	致 Emil Zürcher 的信。包含一份承认同他堂姐 Elsa 私通的认罪书。被采用为 1918 年 11 月起诉离婚的理由。信原稿已不存在。
1918 年 9 月 30 日— 1919 年 2 月 1 日	在柏林大学开设相对论课程，时间是每周星期四下午 2：00—4：00。第一次课记载于 10 月 11 日讲授（第七卷，文件 12）。
1918 年 10 月 17 日	在 PAW 全体大会上通报 Leon Lichtenstein 撰写的文章"论旋转均质液体——该液体的粒子按照 Newton 定律相互吸引——平衡状态的一些特性"，也通报了 *Born M. and Landé 1918* 这篇文章。

1918年10月18日前	瑞典皇家科学院诺贝尔物理学委员会寄来的1页PDS(瑞典文本),邀请他推荐1919年诺贝尔奖的一个提名。同时提供一份印刷的德文译件。
1918年10月22日	苏黎世大学哲学系接受Meyer关于请爱因斯坦周期性地举行讲座的建议,并给苏黎世州教育局寄去推荐书。
1918年11月7日	寄自普鲁士教育部的1页亲笔草稿。批准因战争关系给予爱因斯坦每年生活津贴费用1152马克,从1918年4月起计算实行。此外,还有1页书写潦草的资料:关于在1917年7月1日—1918年3月31日这段时间增加爱因斯坦月工资648马克以及1918年9月2日和11月25日曾两次、每次支付1000马克的记录。
1918年11月9日	德国皇帝逊位。爱因斯坦在国会对学生会发表讲话,并同第一届共和国政府首脑Friedrich Ebert进行了简短的会见。
1918年11月13日	对"新祖国"同盟发表演说:"在上层大厅,爱因斯坦首先讲话,反对无产阶级专政,要求立即召开一次立宪会议。"草稿声明以第七卷文件13之名发表。
1918年11月16日	在民主党的呼吁书"伟大的民主党。新德国的男士和女士们!"上签字。也在"民主党的联合。新德国的男士和女士们!"上签字。邀请组建民主党人民联盟会议。他的名字被添加在了号召组建民主党人民联盟的呼吁书上。在《柏林日报》的同一期上,爱因斯坦声明他没有想要参加将他签名附在其呼吁书上的那个组织的意向,而且,此外他也不是民主党的党员。
1918年11月20日	5页签名的打印文件:首先是在苏黎世地区法院进行Mileva Einstein-Marić所申请的关于离婚诉讼程序的审讯。爱因斯坦没有出庭。柏林法院对他的询问被推迟了。
1918年11月29日	"关于反对相对论的对话"(第七卷,文件14)。"对E. Gehrcke'论以太'注记的评论"(第七卷,文件15)。
1918年12月7日	1页亲笔签名文件:宣誓书(Affidavit)——承认从Rudolf Einstein那里收到了作为Elsa妆奁的公债券和股票,就是说,在他去世后要转移给她或她的孩子们。
1918年12月12日	1页打印副本:致保障最低生活水平协会的声明(第七卷,文件16)。
1918年12月23日	应苏黎世地区法院的请求,柏林市政法院对他的离婚案件进行了询问。
1919年1月5日	柏林的斯巴达克斯暴动。
1919年1月9日之前	与Elsa一起出游瑞士。
1919年1月9日	Emil Warburg致瑞典皇家科学院的1页打印文件。基于爱因斯坦"丰富了"(Fruchtbarmachung)量子假说以及他的相对论和引力理论而提议他为诺贝尔物理学奖获得者。

1919 年 1 月 15 日	共产主义首领 Karl Liebknecht 和 Rosa Luxemburg 被谋杀。
1919 年 1 月 19 日	Max Planck 致诺贝尔委员会的 1 页打印文件。基于广义相对论及其对惯性和引力的定义,以及由此提供的全新的力学基础而提议爱因斯坦为 1919 年诺贝尔物理学奖获得者。
	德国国民大会选举。
1919 年 1 月 20 日	总共 24 小时的相对论系列课程在苏黎世大学开始,课程将持续到 2 月 20 日。
	在苏黎世,住在天文台公寓。
1919 年 1 月 23 日以后	在由"促进人权同盟"(*Liga zur Beförderung der Humanität* [*Menschheitsbund*])发起的《有关 Liebknecht-Luxemburg 事件的声明》(*Erklärung in Sachen Liebknecht-Luxemburg*)上签名。
1919 年 1 月 27 日	变更了他的地址记录,由柏林变更为苏黎世霍赫街 37 号/Merz。
1919 年 1 月 30 —31 日	Svante Arrhenius 致诺贝尔委员会的 1 页打印文件。基于爱因斯坦对布朗运动及其相关问题的基础研究工作而提议爱因斯坦为诺贝尔物理学奖获得者。
1919 年 2 月 3 日	打算在柏林大学的中间学期为战争老兵讲授相对论课程。"为退伍军人与战地服务人员开设的中间学期,1919 年 2 月 3 日—4 月 16 日"。他 2 月底从苏黎世回来后开始柏林在讲授这些课程。
1919 年 2 月 7 日	Hermann Weyl 期待与爱因斯坦在晚上举办的物理学术讨论会上就自己的"相对论的新扩展"("meiner neuen Erweiterung der Relativitätstheorie"[我在相对论上的新扩展])展开一场"大争论"(große disputatio)。
1919 年 2 月 8 日	"*Aufruf an die freie Jugend aller Stände und Völker*"(《告所有阶层及所有民族的自由青年呼吁书》)。作为 *Freundes-Rat des Internationalen Jugend-Bundes*(国际青年联合会友好理事会)的成员之一签名。
1919 年 2 月 11 日	Friedrich Ebert 被选举为帝国总统。
1919 年 2 月 14 日	与 Mileva 离婚。
1919 年 2 月 21 日	巴伐利亚州的总理、德国独立社会民主党(USPD)人士 Kurt Eisner 被刺杀。
1919 年 2 月 23 日以前	从瑞士返回。
1919 年 2 月 23 日	在 Leopold Landau 的家里与其他人开会,讨论为复兴"犹太教科学"而创立一个"犹太教科学研究院"。
1919 年 3 月 4 日	苏黎世州教育局为 1919 年夏季学期爱因斯坦的为数 24 小时的理论物理学课程提供 1 200 法郎的薪水。
1919 年 3 月 15 日	KWIP 理事会致德国几所物理学机构的 1 页打印文件。告知他们有机会从 KWIP 获得研究资金。KWIP 有 81 000 马克可供支配。
1919 年 4 月	用 900 马克为他的秘书 Ilse Einstein 购买了一个商标为"Davis"的打

	字机。
1919年4月7日	巴伐利亚的苏维埃共和国在慕尼黑宣布成立。
1919年4月10日	离婚判决书(见上面的条目)由庭吏Kommol投递到位于哈伯兰街5号的爱因斯坦的住处。
	向PAW全体会议提交了"引力场在物质基本粒子结构中起重要作用吗?"(第七卷,文件17)。
1919年4月11日和15日之间某时	受到社会主义学生会(Sozialistischer Studentenverein)以筹集组织资金为名的邀请,在维克多利亚-路易丝学校(Viktoria-Luisen-Schule)发表了一个关于"相对论的基本思想"的公众演说,时长1.5小时。
1919年4月24日	向PAW物理-数学部提交"关于至今似乎无法用牛顿力学解释的月球经度周期性起伏的意见"(第七卷,文件18)。
1919年4月26日之前	加入了一个旨在调查针对德国战时行为的指控的委员会,调查结果会在德国出版(关于委员会成员,见文件28,注释3)。有计划在前中立国吸纳会员。
1919年4月28日—8月15日	在柏林大学开设相对论课程:每周日下午5:30—7:00。也参见第七卷,文件19,其中的课程讲义从5月5日开始。
1919年夏季学期	在苏黎世大学讲授理论物理学课程。吸引了15位学生和22位旁听者。
1919年5月7日	共同签署"新国家"同盟的呼吁"Aufruf der von Kulturvereinen ganz Deutschlands und von Einzelpersonen unterzeichnet werden soll(全德[各种]文化学会和[分散的]公民签署的呼吁书)"
	协约国在凡尔赛将和平条约交给了德国代表团。
1919年5月9日	当选为DPG执行委员会的成员。
	呈递 *Kossel and Sommerfeld 1919* 给DPG。
1919年5月15日	在PAW的全体会议上发表了演说"关于在球形空间中的关系的说明"(Eine Veranschaulichung der Verhältnisse im sphärischen Raum)(也见第七卷,文件52,特别是注释31)以及"从宇宙学和物质构成的角度来看广义相对论场方程"(Über die Feldgleichungen der allgemeinen Relativitätstheorie vom Standpunkte des kosmologischen Problems und des Problems der Konstitution der Materie)。后者也是对4月10日提交到全体会议上的文章的总结(第七卷,文件17)。
1919年5月25日	I. Rosenberg寄来的1页打印的签名信件,他是通用化学工业有限公司(Allgemeine Gesellschaft für chemische Industrie m. b. H.)董事会的成员。询问爱因斯坦是否愿意作为专家评审一个有关光学和物理化学的专利案件。
1919年5月29日	两个英国远征队观测到了日全食,一支远征队去了几内亚湾的普林西比,另一支去了巴西东北部的索布拉尔。

1919 年 6 月 2 日	与 Elsa Einstein 在柏林结婚。
1919 年 6 月 25 日	将他的登记地址由苏黎世变更为柏林。
1919 年 6 月 26 日	Romain Rolland 的《一个呼吁：知识分子的自豪宣言》拥有包括爱因斯坦在内的 35 个签名，发表在《人道报》(*L'Humanité*) 上。
1919 年 6 月 28 日	前往瑞士，并打算待到 8 月底。将辗转于苏黎世和卢塞恩 (Lucerne) 之间，并寄宿在天文台公寓里。
	被签署凡尔赛条约。
1919 年 7 月 8 日	苏黎世州教育局不接受苏黎世大学哲学 II 院定期邀请爱因斯坦的提议，因为当前课程的听众主要是来自 ETH 的学生。同时，教育局准予爱因斯坦就理论物理中的某些特别问题开设一个共计 24 小时的课程，在 1919—1920 冬季学期的 4—5 个星期内完成。
1919 年 7 月 10 日	罗斯托克大学医学院通过了授予爱因斯坦荣誉医学博士学位的决议。
1919 年 7 月 20 日以后	承诺 Max Planck 将待在柏林。
1919 年 7 月 24 日	"对前一篇文章 (Albert von Brunn 的"关于爱因斯坦对月球经度随月轨交点旋转近似周期不规则起伏的评论")的评论"(第七卷，文件 22)由 Hermann Struve 代表爱因斯坦提交给 PAW 物理-数学部。
1919 年 7 月 31 日	魏玛宪法获得通过。
1919 年约 8 月 5 日	Pauline Einstein 致 Elsa Einstein 的 2 页亲笔签名明信片。Koch 家族成员正在苏黎世会面。
1919 年 8 月 7 日	离开苏黎世前往沙夫豪森。
1919 年 8 月 8 日	拜访沙夫豪森的 Habicht 一家。
1919 年 8 月 9 日	抵达本欣根。
1919 年 8 月 15 日	返回柏林。
	由于工作量超负荷，决定冬季学期不讲学。
1919 年 9 月 3 日	致 Eduard Hartmann 的亲笔签名明信片。听说两个英国日食远征队拍摄的照片很好，但是他们的评估结果还没有公开发表。
1919 年 9 月 21 日以后	在其参与编辑的 *Acro et al. 1919* 第 1 版前言上有他的签名。Hendrik A. Lorentz 的信，其中他声明，签名是在未经许可的情况下使用的，并且他名义上已经退出了编辑之列。
1919 年 9 月 22 日	英国日食远征队对爱因斯坦广义相对论验证的初步结果由 Hendrik A. Lorentz 告知了爱因斯坦（第九卷，文件 110）。
1919 年 10 月 3 日	参加了德国科学院卡特尔 (Kartell der deutschen Akademien) 的首次会议，提倡个人在国际关系中能够按照自己的愿望行事的自由，并表达了自己反对通过集体决议对个人进行限制。"爱因斯坦先生赞成个人有在国际关系中的行动自由。不受集体决议的限制。(Herr Einstein ist für die freie Betätigung des Einzelnen in den internationalen

	Beziehungen. Keine Beschränkung durch allgemeine Beschlüsse.)"
1919 年 10 月 4 日	就犹太大学问题与犹太复国主义者首脑会谈。让他们注意 Pual Epstein 或许还有 Paul Ehrenfest 是可能的教授人选（第九卷，文件 122 及文件 136）。
1919 年 10 月 8 日①	Alexander Moszkowski 1919 年的文章"太阳让它真相大白"（"Die Sonne bracht'es an den Tag"）发表在《柏林日报》上，文中声称爱因斯坦预测的光偏折被百分百地证实了。
1919 年 10 月 9 日	在题为"广义相对论的一个检验"（第七卷，文件 23）的文件上签字，报告了 Lorentz 的电报。
1919 年 10 月 10 日	与 Georg Nicolai 等人在 Harry Kessler 伯爵的俱乐部里吃早餐，并讨论向俄国赠送几千卷书的计划（"Volksbüchereiprojekt"［公共图书馆项目］）。
1919 年 10 月 13 日以后	在呼吁书《为了犹太巴勒斯坦的建设》上签名。
1919 年 10 月 17 日	"广义相对论的一个检验"（第七卷，文件 23）发表。
1919 年 10 月 18 日	离开柏林两周，前往莱顿，住在莱顿的 Ehrenfest 的家里。
1919 年 10 月 25 日	出席在阿姆斯特丹的皇家科学院会议，在会议上 Lorentz 非正式地宣布，英国日食远征队的观测结果证实了爱因斯坦的关于引力导致光线偏折的预测。
1919 年 10 月 28 日	在乌得勒支拜访 Willem Julius 的家。
1919 年 11 月 2 日	计划从莱顿返回柏林。
1919 年 11 月 4 日	财务主管的回复是：爱因斯坦在 1919 年柏林大学夏季学期和中间学期共获得了 137 马克和 20 芬尼的讲课费。
1919 年 11 月 6 日	皇家学会和皇家天文学会的联席会议召开，听取了被派去观测 5 月 29 日日食的远征队对广义相对论的验证报告。
1919 年 11 月 13 日	在 PAW 全体会议上提交了 Max Born 和 Otto Stern 的论文"Über die Oberflächenenergie der Kristalle und ihren Einfluß auf die Kristallgestalt（论晶体的表面能及其对晶体形状的影响）"以及 Jakob Grommer 的论议"Über das Energiegesetz der allgemeinen Relativitätstheorie（论广义相对论的能量定律）"。
1919 年 11 月 14 日	致柏林警察局（Polizeipräsidium Berlin）的 1 页打印文件。为 Maja Winteler-Einstein 和 Josephine Tobler 申请入境签证和最多在德国停留 10 天的许可。他们将把他生病的母亲从瑞士迁移到柏林。请求尽快作出决定并通知巴塞尔的德国领事馆。
1919 年 11 月 17 日	"物理学家 Leo Arons"（第七卷，文件 24）出版。

---

① 10 月 8 日至 10 日的条目（除了 10 月 10 日条目的出处部分）是根据 The Collected Papers of Albert Einstein 的第十一卷给出的勘误表翻译得来的。原文此处忽略了这些内容。

1919年11月18日	在调查德国战时军事行为的委员会面前作证时，Paul von Hindenburg 将军提出了"背后一刀"（"Dolchstoß"）的说辞。
1919年11月25日	前往罗斯托克。将住在 Moritz Schlick 那里。
1919年11月26日	普鲁士宪法大会通过决议，请求普鲁士政府内阁与帝国内阁一道寻找充足的经费以便与其他国家合作来进一步促进相对论的研究以及支持爱因斯坦自己的研究。
1919年11月26—28日	参加罗斯托克大学的五百周年校庆，他获得了罗斯托克大学医学院荣誉博士学位。
1919年11月28日	"时间、空间和引力"（第七卷，文件26）出版。
1919年11月29日或30日	从罗斯托克返回。
1919年11月30日	参加关于德国经济状况的一个专家讨论。
1919年12月3日	接受《纽约时报》驻柏林记者的采访："爱因斯坦对他的新理论的阐述"。爱因斯坦对一个人从房顶掉下来的发现"并不是对牛顿引力理论的否定而是对其的升华或者补充"[84 761]。
1919年12月9日	部长令批准爱因斯坦的（年）薪水从 12 000 马克涨到 18 000 马克。
1919年12月10日	Elsa Einstein 描述了由于爱因斯坦的名气突然大增而带来的公众对他的强烈兴趣："Es regnet Bittbriefe um Autogramme, die Reporter und Interviewer laufen ihm die Bude ab, die Verleger aus allen Möglicen Ländern wollen sein populäres Büchlein übersetzen lassen und verlegen, dazwischen kommen Photographen in die Wohnung, einer von dieser Sorte kürzlich telegraphisch von New York aus in die Wohnung befohlen! ' Man möchte hinaus, wo kein Loch ist,' das sagt er gegenwärtig mit Vorliebe"（"请求签名的信件如下雨一般，新闻记者们甚至追到工作室，来自所有可能的国家的出版商都希望翻译并出版那本著名的小册子，时不时会有照相师来家里拍照，甚至有人从纽约发简短电报到家里！他不无风趣地说，'人们想出去，但没有容身之地'。"）她很担心能否照顾好即将（从瑞士）到这里来的 Pauline Einstein。为了爱因斯坦的健康着想，请求 Ehrenfest 说服爱因斯坦不要参加犹太复国主义者代表大会。
1919年12月12日	皇家天文学会委员会选出爱因斯坦作为学会金质奖章的获得者。
1919年12月14日	被询问是否会考虑接受苏黎世大学理论物理学教授席位（第九卷，文件214）。 在《柏林画报》（*Berliner Illustrirte Zeitung*）的封面上有 Suse Byk 拍摄的一张爱因斯坦的照片。标题为"Ein neue Größe der Weltgeschichte: Albert Einstein, dessen Forschungen eine völlige Umwälzung unserer Naturbetrachtung bedeuten und den Erkenntnissen eines Kopernikus, Kepler und Newton gleichwertig sind[世界历史上的一位新伟人：阿耳

	伯特·爱因斯坦,其彻底变革自然观的研究成果与 Kopernikus(哥白尼)、Kepler(开普勒)和 Newton(牛顿)的功绩并驾齐驱]。"
1919 年 12 月 16 日	在"新祖国"同盟的赞助下,发表了欢迎 Paul Colin 的演说(第七卷,文件 27)。
1919 年 12 月 17 日	参加关于重组 DPG 出版物的一个 DPG 理事会会议。建议在 1919 年 12 月 28 日与出版商私下进行讨论。
1919 年 12 月 18 日	在柏林接受 Kurt Joël 的采访:爱因斯坦正在阅读 Spengler 1918。认为技术大学正处在成为培养一群缺乏重要性判断价值能力专家的学校的危险之中。"Das beste wäre, Universitäten und Technische Hochschulen würden eins. Sie gehören wirklich zusammen(最好的办法是,将大学与技术学校合二为一。它们实际上是应该在一起的)。"批驳了有关他会接受在耶路撒冷成立的新大学的聘请的错误谣言,声明他甚至不会讲希伯来语。指出流传的很多关于他的政治倾向的谣言也是错误的,比如说他是一个共产主义者及无政府主义者。这些谣言都错得离谱。他相信某些行业应该实行计划经济,在那种意义上他是一个社会主义者。然而他并不从属于任何政治党派。(见第七卷,文件 14,注释 7)出处:《新维也纳杂志》,1919 年 12 月 25 日[74 786,部分翻译]
1919 年 12 月 20 日之前	接受邀请,加入《数学年鉴》编辑委员会。
1919 年 12 月 20 日	致苏黎世州教育局局长 Heinrich Mousson 的 1 页打印签名信。对教育局 12 月 9 日的信作出回复,提出教育局撤销曾提供给他的在 1920 年夏季学期授课的机会,因为他没有时间并且对这个课题感到倦怠了。
1919 年 12 月 18 日①以后	再次谢绝了 Edgar Meyer 关于他接受苏黎世大学教授职位的请求。
1919 年 12 月 25 日	《物理学中的归纳与演绎》(第七卷,文件 28)出版。
1919 年 12 月 28 日	Pauline Einstein、Maja Winteler-Einstein、Frieda Huber 护士以及 Josephine Tobler 医生从瑞士到达了柏林。
1919 年 12 月 30 日	"东方来的移民"(第七卷,文件 29)出版。参加 DPG 理事会及咨询委员会与菲韦格出版社的会议,讨论关于 DPG 的新杂志以及将几本摘要杂志合并为一本杂志的问题。作为 DPG 理事会期刊委员会的成员,在一篇介绍学会杂志《会议录》出版的新举措的报告上签字。
1920 年	成为"建立和保护犹太教科学研究院协会"的第三任主席,1920 年 12 月,第 393 页),对该事件的审议已于 1919 年 2 月 23 日举行(见

---

① 根据 The Collected Papers of Albert Einstein 的第十一卷的勘误表,此处应该是"12 月 18 日",而不是原文给出的"12 月 20 日"。

	这一天的条目)。
1920 年初	Fritz Haber、Adolf von Harnack、Gustav Müller、Walther Nernst、Max Planck、Heinrich Rubens、Hermman Struve 以及 Emil Warburg 在号召工业界给爱因斯坦捐助基金捐款的倡议书上签了名。
1920 年 1 月 9 日	皇家天文学会委员会没有落实向爱因斯坦颁发金质奖章的早期决定。
1920 年 1 月 10 日	凡尔赛条约生效。
1920 年 1 月 15 日	在同一会议上,签署了旨在选举两名通信院士(Arnold Sommerfeld 及 Peter Debye)的议案。
1920 年 1 月 17 日	Leonard S. Ornstein 致诺贝尔委员会的 1 页打印文件。提名爱因斯坦获 1920 年诺贝尔物理学奖,并强调广义相对论与引力理论不只是宇宙的广义理论,还能展现"自然现象"间的联系。
1920 年 1 月 24 日	被 Lorentz、Julius、Zeeman 和 Kamerlingh Onnes 推荐为诺贝尔奖获得者:"凭借着在引力领域取得了牛顿之后的首次进展,他已步入有史以来的一流物理学家行列(En faisant, pour la première fois après Newton, un progrès réel dans le domaine de la gravitation, il s'est placé au premier rang des physiciens de tous les temps)。"
1920 年 1 月 26 日	
1920 年 2 月 4 日	在大柏林地区业余大学(Volkshochschule Groß-Berlin)开始了一个共 10 次、每次一小时的关于物体运动学与平衡的系列讲座("… zehnstündige Vortragsreihe über die Grundlehren der Bewegungen und des Gleichgewichts der Körper … Er wird in diesen Vorträgen auch von seiner Relativitästheorie sprechen [……一个 10 小时的关于物体运动和平衡的系列讲座……他会在这些讲座中讲述相对论])。
1920 年 2 月 5 日	可能在柏林大学 1919/1920 冬季学期开始第一次的关于相对论的星期四晚间讲座。
1920 年 2 月 9 日	莱顿大学基金会提名他为莱顿大学的特聘教授("bijzonder hoogleeraar")。
1920 年 2 月 12 日	他在柏林大学的课程由于学生对他的开放许可政策进行抗议而中断。
1920 年 2 月 13 日	"讲堂里的鼓噪"(第七卷,文件33)发表。他在给 Carl H. Becker 的电话陈述中宣称媒体对骚动的报道是有偏见的;没有理由反对非学生人员听课。"彻底的混乱"("wüste Lärmszenen")是不可能的。
1920 年 2 月 14 日	教育部就 2 月 12 日爱因斯坦演讲过程中所发生的事发表声明。抗议准许非授权人员进入的事件不具政治意义,更不是反犹太。下一次课程将作为公共演讲于星期五晚上 6:00 在大学的大礼堂举行。
1920 年 2 月 17 日	在《柏林日报》的晨版上陈述了未来参加他课程所需的条件。

1920年2月18日	柏林大学学生会证实,在爱因斯坦的课堂上没有骚乱,并指责报纸利用这一事件来达到自己的目的。
	1页打印文件,爱因斯坦发表的有关希伯来大学成立的声明,可能是应Hugo Bergmann的要求(见第九卷,文件266),并准备以小册子的形式出版。
1920年2月19日	柏林学生们为爱因斯坦课堂上的骚乱道歉。见第九卷,文件320。
1920年2月20日	Pauline Einstein去世。
	继续在柏林大学的座无虚席的大礼堂讲课。
	在DPG会议的一个简短演讲中,Max von Laue展示了由英国日食远征队拍摄到的证实光线因为太阳而发生偏折的照片。
1920年2月21日	位于慕尼黑的德意志博物馆寄来的1页打印的签名信。被选为德意志博物馆的理事会成员。签名者有Oskar von Miller、Dwor[--]以及Carl P. von Linde。
1920年2月23日	Pauline Einstein葬在了柏林-舍内贝格区的马克思街的墓地。
1920年3月13日	柏林发生卡普政变。
1920年3月14日	德国发生了记载中最大规模的总罢工,Ebert-Bauer内阁成员先躲在德累斯顿避难,然后又去了斯图加特。
1920年3月17日	军事政变失败,Kapp辞去首相职务。
1920年4月4日	"科学文献的交换"(An Exchange of Scientific Literature)(第七卷,文件36)出版。
1920年4月5日	给犹太信仰的德国公民中央协会的回信(第七卷,文件37)。
1920年4月7日之前	完成"以太和相对论"(第七卷,文件38)。
1920年4月8日	给PAW物理-数学部提交了论文"部分离解气体中声波的传播"("Propagation of Sound in Partly Dissociated Gases")(第七卷,文件39)。
1920年4月9日	当选为丹麦皇家科学与文学院外籍院士。
1920年4月19日之前	爱因斯坦是中欧的英美大学图书馆的一名支持者(见第九卷,文件379)。
1920年4月23日	当选为荷兰皇家科学院通信院士。
1920年约4月27日	在柏林会见Niels Bohr,这是他们的首次会见。
1920年5月4日后	到荷兰旅行。
1920年5月6日	到达乌得勒支。
1920年5月7日	到达莱顿。
1920年5月11日	两页写给PAW的Max Planck, Emil Warburg, Heinrich Rubens, Walther Nernst, Theodor Liebisch, Erhard Schneider的ADS。请求让Max von Laue成为PAW一般会员。
1920年5月14日	访问H. A. Lorentz的家。

1920年5月17日	法国和比利时的军队已撤出他们所占领的德国城市。
1920年5月19日	在莱顿科学讲座协会(the Leyden Society for Scientific Lectures)的主持下,在莱顿大学做了有关新物理时空观的科学报告。
1920年5月29日	正式成为荷兰皇家科学院(the Royal Dutch Academy of Sciendes)的外籍会员。
1920年5月30日	发表声明支持共和宪法("Kundgebung deutscher Hochschullehere für die republikanische Verfassung")的公布。谴责左右两派的暴力行为,指出对于政治自由的破坏性批评的危险性。爱因斯坦属于协约派,他们大多数倾向于DDP。
1920年6月1日	到达柏林。
1920年6月2日	获得了哥伦比亚大学(the Columbia University)的巴纳德奖章。一页Ilse Einstein以爱因斯坦的名义写给Vieweg出版社(Vieweg publishing house)的打印文件。一位匈牙利工程师希望出版爱因斯坦文集的匈牙利语版。爱因斯坦提出了和法语版一样的出版条件。
1920年6月6日	德国大选。在议会中,社会民主党同盟(Social Democratic/Democratic Party)的支持率降低了,然而极端右派和极端左派的支持率上升了。
1920年6月12日	在挪威留学生会邀请下,和Ilse Einstein一起离开了柏林,去往Kristiania(奥斯陆Oslo)。
1920年6月14日	Margot Löewenthal的姓正式改为"爱因斯坦"。
1920年6月15日	发表了他来到Kristiania(奥斯陆Oslo)后的第一次演讲,演讲内容有关狭义相对论。
1920年6月17日	发表了他来到克里斯蒂安尼亚(奥斯陆Oslo)后的第二次演讲,演讲内容有关广义相对论。
1920年6月18日	发表了他来到克里斯蒂安尼亚(奥斯陆Oslo)后的第三次演讲,演讲内容有关广义相对论的宇宙学。当选为挪威留学生会(Norwegian Students' association)的荣誉成员。
1920年6月24日	与Ilse Einstein一起到了哥本哈根。在天文台的时候,他们和Elis Stromgren住在同一个房间。
1920年6月25日	在哥本哈根理工大学的会议厅中为丹麦皇家天文学会作了75分钟的关于"引力和几何学"(Gravitation und Geometric)的报告。
1920年6月28日	爱因斯坦和Ilse Einstein离开了丹麦回到德国。
1920年6月29日	到达柏林。
1920年7月1日	根据程序,宣誓忠于国家宪法:"我宣誓忠于宪法。"
1920年7月5日—7月16日	德国和同盟国在西班牙举行了国际会议。德国代表团要求修改凡尔赛条约(Versailles Treaty)。
1920年7月11日	给德国国际救援中央委员会声明(第七卷,文件40)。

1920年7月11日之后	就教会援救工作发表声明(第七卷,文件41)。
1920年7月16日	完成了《致大众技术教育总协会》(*General Association for Popular Technical Education*)(第七卷,文件42)。
1920年7月17日	在汉堡大学数学物理系的主持下,作了题为"相对论的基础"的报告。
1920年7月24日	《致大众技术教育总协会》(第七卷,文件42)出版。
1920年7月25日	"关于新能源"(第七卷,文件43)的讲话出版了。
1920年7月26日	爱因斯坦获得了莱顿大学校董会的特聘教授为期3年提名,年薪为2 000盾。
1920年8月2日	Paul Weyland 第一次对爱因斯坦进行言论攻击。
1920年8月3日	收到《对 W. R. Heß 论文的评论"促进黏度异构系统理论的发展"》。(第七卷,文件44)。
1920年8月24日	出席了在柏林爱乐音乐厅举行的 arbeitsgemeinschaft deutscher Naturforscher zur Erhaltung der reinen wissenschaft 第一次反相对论会议。发言人:Paul Weyland 和 Ernst Gehrcke。
1920年8月27日	《我对反相对论公司的回应》(第七卷,文件45)出版了。 谣传由于对反对他声音的厌倦,爱因斯坦将要离开德国。
1920年9月2日	第二次反相对论会议在爱乐音乐厅中举行。
1920年9月11日	一页给 Emil Ludwig 的 ALS,表达了对 *Ludwig 1920* 的谢意"诙谐的奉献[……]。我送他们[……]。 在他的木炭素描的封底上题词"他们是不是所有[……]。"
1920年9月13日	离开柏林 Kiel(Liel)、去巴德瑙海姆(Bad Nauheim)、斯图加特(Stuttgart)、锡格马林根(Sigmaringen)、莱顿和汉诺威(Hanover)旅行。10月19日,Ilse Einstein 写信给 Vieweg 出版社。
1920年9月15日	Kiel 科学与艺术金秋周,在 Kiel 的工会大厅作了"相对论中的时间和空间"的报告。
1920年9月20日	巴德瑙海姆(Bad Nauheim)第八十六届 GDNÄ 会议正式开始。
1920年9月21日	在巴德瑙海姆(Bad Nauheim)DPG 商业会议上参与了《物理杂志》和《物理年鉴》合并这一议题的讨论。
1920年9月22日	当选为 GDNÄ 科学委员会成员。
1920年9月23日	主持了巴德瑙海姆(Bad Nauheim)第八十六届 GDNÄ 联合数学和物理会议,该会议的议题为相对论。会议对公众开放。
1920年9月24日	《信仰声明》(第七卷,文件37)出版。 Elsa Einstein 到达巴德瑙海姆(Bad Nauheim)。
1920年9月26日	巴德瑙海姆(Bad Nauheim)会议闭幕。
1920年9月28日	在斯图加特(Stuttgart)的施瓦本天文台作了一次演讲,这"有益于国家天文台"。

1920 年 9 月 29 日之后	关于"学者对于国际和解的贡献"的草稿的完成。
1920 年 10 月 1 日	授予爱因斯坦普林斯顿大学特聘教授(讲席)职位。
1920 年 10 月 2 日	《对挪威学生的问候》在 *Akademisk Revy* 3(1920)(第十卷,文件 141)上发表。
1920 年 10 月 4 日	教育部长告诉爱因斯坦捐赠基金会理事会经济部长已经拨给了他们 200 000 马克用来购买光谱仪(从卡尔蔡司公司购买)。波茨坦(Potsdam)政府同意了他们的建造计划。建造工作将在波茨坦总设计师的监督下进行。
1920 年 10 月 6 日	在锡格马林根(Sigmaringen)遇见了 Hans Albert 和 Eduard Einstein,然后带他们去了 Benzingen。
	教育部刊出了爱因斯坦写给 Konrad Haenisch 的信(第十卷,文件 137),反驳爱因斯坦将要离开德国前往外国大学的谣言。
1920 年 10 月 16 日—3 月 15 日	在柏林大学预备开设了一门课程,讲述理论物理中的各种专题。
1920 年 10 月 21 日	到达莱顿。
1920 年 10 月 25—31 日	在莱顿大学教"磁周"。
1920 年 10 月 27 日	下午 2 时在莱顿大学大礼堂作了题为《以太和相对论》的就职演说。
1920 年 11 月 2 日	和 Harm Kamerlingh 一起参观了莱顿旁边的莱茵斯堡斯宾诺莎的房子。
1920 年 11 月 3 日	在汉诺威(Hanover)做讲座。
1920 年 11 月 7 日	回到柏林。
1920 年 11 月 11 日之后	私人专家建议为德律风根(Telefunken)注册迈斯纳(Meissner)和库恩(Kühn)专利(第七卷,文件 48)。
1920 年 11 月 15 日	第一届国际联盟会议在日内瓦举行。
1920 年 11 月 20 日	"给 Ernst Reichenbächer 的回复,""如果没有相对论,现代引力理论能发展到何种程度?"(第七卷,文件 49)寄出了。
1920 年 12 月 8 日之后	签订了《相对论发展简述》的出版协议(第七卷,文件 50)。
1920 年 12 月 15 日	一份请求赦免 10 名匈牙利苏维埃共和国委员的请愿书公开发表。爱因斯坦是签名者之一。
1920 年 12 月 31 日	被授予科学与艺术勋章(和平奖)。

总索引(第一卷—第十卷)

在此索引中,全集各卷的卷序号由黑体的阿拉伯数字表示。对于特定的每一卷,斜体页码表明请参阅编者按。页码后的小写"n"表示爱因斯坦文件的尾注;小写"c"表示年表和日程表中的参考文献。参考说明都集中在适当的中英文标题之下。某些没有标准英文翻译的机构、组织和概念也列出它们的德文名称(与相应的英文翻译相互交叉索引)。"阿耳伯特·爱因斯坦"在次级条目中简略为"AE"。索引中用到的其他缩写词如下:"DPG(德意志物理学会)"是"Deutsche Physikalische Gesellschaft"的缩写,"ETH(瑞士联邦工学院)"是"Eidgenössische Technische Hochschule"的缩写,"GDNÄ(德国科学家和医生协会)"是"Gesellschaft Deutscher Naturforscher und Ärzte"的缩写,"KWG(威廉皇帝学会)"是"Kaiser-Wilhelm-Gesellschaft"的缩写,"KWIP(威廉皇帝物理研究所)"是"Kaiser Wilhelm-Institut für Physik"的缩写,"PAW(普鲁士科学院)"是"Preußische Akademie der Wissenschaften"的缩写。

8-Uhr Abendblatt, **7:***106*, 287n, 348n
Aall, Anathon (1867–1943), **9:**532
Aarau, Canton of Aargau
  AE's stay in, **1:**10–42 passim, *372–373*
  See also Aargau Kantonsschule; Müller-Winteler, Marie; Winteler family; Winteler, Jost; Winteler, Pauline
Aarau Töchterinstitut und Lehrerinnenseminar, **1:**234n, 238n, *385, 389*
Aardenne, Gijsbert van (1888–1983), **9:**228, 268, 403, 415, 457, 508; **10:**262, 298, 403, 480
  AE on, **9:**352
Aargau, Canton of, Department of Education agreement with Swiss Federal School Council, **1:**24n, 25
Aargau Kantonsschule, **1:***lxv–lxvi*, 11, *12*, 28, 217, *372–373*; **2:***42, 110*; **8:**850n; **9:**91n
  AE's difficulties in French at, **1:**17, 18, 28
  AE's Entrance Report at, **1:**13–14
  AE's friends at (see Byland, Hans; Wohlwend, Hans)
  AE's Gedankenexperiment on light at, **1:**12, *372*
  AE's grades at, **1:**16–17, 23
  AE's music examination at, report on, **1:**21
  AE's studies at, **5:**34
  curriculum at, **1:***359–361*
  history and organization of, **1:***10–12*
  Matura examinations at: AE's, **1:**25–42; at Gewerbeschule, *23–25*
  teachers, list of AE's, **1:***359–361* (see also Ganter, Heinrich; Mühlberg, Friedrich; Rennhart, Martin; Tuchschmid, August)
  textbooks at, **1:***361*
  Winteler family, AE boards with, **1:***12*, 14, 17–18, 19 (see also Winteler family; Müller-Winteler, Marie; Winteler, Jost; Winteler, Pauline)
Abbé, F., AE's landlord at Wittelsbacherstraße, **10:**106, 122n, 131n
Abderhalden, Emil (1877–1950), **8:**887; **9:**45n; **10:**260
Aberration, **2:**435; **3:**165–166; **4:**53, 104n, 422, 545; **6:**26–27, 44, 45, 55, 67n, 392, 457, 526, 536n; **7:**127–128n, 178n, 246, 310, 321n, 466
  relativistic expression for, **2:***262*, 295–297, 447, 486n
  stellar, **2:**255, 262, 297, 447, 486n
  See also Stokes, George: theory of aberration of
Abraham, Max (1875–1922), **1:**259n; **2:***270*, 306n, 307n, 309n, 523; **4:***122–128*, 141, 143, 505, 621n; **5:**120n, 190n, 232n, 251n, 449, 455, 595, 597n; **7:**321n, 355; **8:**145, 205, 305, 548, 549n, 803; **9:**7; **10:**22, 67
  AE invites, **5:**242
  AE meets with, **8:**282

Abraham, Max (*cont.*)
  AE on, **5:**189, 231
  AE quotes, **4:**183, 186
  AE's response to criticism by, **4:**181–186, 190, 621n; **5:**595
  on AE's theory of gravitation, **10:**17
  electrodynamics of moving media, paper on, **5:**162n; AE on, 161
  electron model of, **2:***254, 270,* 308n, 310n, 371, 410, 412n, 461, 553n; **5:***57;* **8:**840, 913
  general relativity, criticism of, AE on, **5:**588
  gravitation theory of, **4:***122, 124, 126,* 130, 141, 143, 186, 187n, *299,* 488, 501n, 505, 506, 509, 615; **5:***394*n; **10:**17
    AE's criticism of, **5:**395, 408, 413, 418, 420, 421, 430, 436, 447, 483, 550
    AE's criticism of modified version, **5:**505
    controversy with AE on, **4:***122–128,* 130, 179n, 181–186, 187n, 190, 488, 501n, 615, 621n, 622n; **5:**394, 394n, 406, 480, 501
    equations of motion in, **5:**465, 467
  Laub's work, criticism of, **5:**231
  leaves Milan for Zurich, **8:**146n
  ponderomotive forces of, **5:**119; AE on, 308
  radiation theory, discussion with Wien on, **5:***57, 59,* 448n
  recommends Ehrenfest as AE's successor in Prague, **5:**446
  sarcasm of, **8:**206n
  special relativity, work on, **4:**84, 92, 107n
  University of Zurich, candidacy for chair at: AE's recommendation of, **5:**447; negative decision on, 448n
  in Zurich, **10:**25
Absolute differential calculus, **10:**25
Absolute motion of solar system, from eclipses of Jupiter's moons, **10:**516
Absolute rest. *See* Rest, absolute
Absorption, **2:***142–143, 145,* 167n; **3:**535–536, 547n
  coefficient, **3:**542–543
  and coherence, **3:**540, 547n, 574
  and emission, **3:**457, 517, 535–536, 542, 558
  of γ-rays, **8:**874, 875
  infrared, **3:**503, 504n, 542, 547n
  of light, **8:**246
  maximum, **2:**243, 389, 405
  of radiation, **3:**500, 504n, 506n, 540, 542
  temperature dependence, **3:**312n
  time factor in, **3:**504n, 541
  in universe, **8:**393
  See also Light; Radiation
Absorption spectra. *See* Spectra, absorption
Academia, scholarly ideals in, AE on, **9:**194
Académie des Sciences, Paris, **3:**519n
Academy for the Science of Judaism. *See* Akademie für die Wissenschaft des Judentums
Academy of Sciences, Royal Danish. *See* Royal Danish Academy of Sciences and Letters
Academy of Sciences, Royal Dutch. *See* Royal Dutch Academy of Sciences
Acceleration, **3:***xxviii–xxix,* 6, 13–14, 22–24, 31, 81, 124–125, 143, 466; **6:**466, 517–518
  absolute, **3:**487; **7:**371n
  absolute and relative, **4:***194–195,* 484, 547, 585, 618, 620
  addition, law of, **3:**16
  constant, **2:**487n, 495
  effect of on measuring rods and clocks, **8:**392
  of electrons, **3:**543
  of fluid elements, **6:**400
  and frames of reference, **3:**175n, *480,* 487
  and gravitation, **2:**274, 436, 476, 495; **6:**8, 280, 282n, 287–288, 292, 405, 469–472, 474–475, 529–530, 531, 537n; **7:**116–118, 121n, 266, 354, 357n (*see also* Equivalence principle)
  influence of
    on rate of clock, **2:**476–480
    on shape of a body, **2:**476–480
  proper, **2:**495n; **4:**131, 147; **6:**407, 408n; uniform, **4:***194*
  space-time and field of, **4:**131–134
  transformation (*see* Transformation)
  See also Motion: accelerated; Relativity, principle of
Acceleration transformation. *See* Transformation: acceleration
Ackermann-Teubner, Alfred (1857–1941), **5:**75n
Acoustic research, **9:**127–128
Acoustics, **8:**433
  molecular (*see* Molecular acoustics)
Acta Mathematica, honoring memory of Poincaré, **9:**308
Action
  at a distance, **2:**581; **3:***xix,* 178, 178n, 252,

253n, 358; **6:**123, 467; **7:**308–309, 316, 349n
local, **7:**308–309, 372, 407
principle of least (*see* Least action, principle of)
propagation of with superluminal velocity, impossibility of, **2:**424–425
quantum of (*see* Quantum: of action)
Action and reaction, principle of, **2:**114, 525, 527–528; **3:**15, 42, 44, 136, 255–256, 257n, 316, 360, 392; **4:***124*, 156–161, 567, 610
in AE's and Laub's electrodynamics of moving media, **5:**131, 132n, 253
in AE's theory of static gravitational field, **5:**430n, 486n
in Lorentz's electrodynamics, **5:**149n
Adams, Edwin (1878–1956), **7:**570n–571n, 573n, 576n, 590
Adams, Walter (1876–1956), **5:**316, 317n, 328, 330, 347, 354, 355, 357; **10:**249
Adapted coordinates. *See* Coordinates: adapted
Addition of velocities, law of, **3:**134, 146, 155, 160–162, 372; **4:**33, 48–50, 53; **6:**53–55, 449–452; **7:**523
in classical mechanics, **6:**434–435, 444, 450
Newtonian, **2:**257
relativistic, **2:**290–292, 302, 444–446, 448, 569–570; **3:**160
Adiabatic change of state. *See* Change of state: adiabatic
Adiabatic invariants, **4:**272
Ehrenfest's theory of, **3:**562n; **5:**564; **6:**36–37, 39n; **8:**12–13, 15, 19, 23, 28, 42, 386, 555, 642–643
discussion between Ehrenfest and AE on, **8:**19, 23, 28
publications on, **8:**961
Adiabatic process. *See* Change of state: adiabatic
Adler, Emma (1905–1979?), **8:**480
Adler, Felix (1911–1981?), **8:**480n
Adler, Friedrich (1879–1960), **3:**578, 581; **5:**199n, 264; **7:**121n; **8:**410, 420, 432, 447, 451, 479, 486, 488, 489, 899; **10:**78–80
AE asks Zangger to help, **8:**409
AE offers help to, **8:**394, 432, 438
AE volunteers as witness at trial of, **10:**78
on AE's candidacy for chair in Prague, **5:**254n
amnesty for, **8:**829n
apartment in Zurich of, **8:**403

assassinates Stürgkh, **8:**394
character of, **8:**394, 409, 441; **10:**73–74, 79–80
coordinate systems, manuscript on, **8:**403, 437, 438, 480, 494n, 844n–847n; **10:**80, 82
discussion with AE on, **8:**828, 840–844, 848, 881–883, 899–901, 906–908, 913–914
death penalty for, **8:**403, 829n
intervention on behalf of, **8:**409; **10:***xxxiv*, 73–74, 79, 81
Kant and Mach, plan of book on, **8:**395n, 402, 480
Mach's nag ridden by, AE on, **8:**441, 444, 451
Nauheim, leaves GDNÄ meeting in, **10:**600c
on perihelion motion of Mercury, **8:**421
on prison conditions, **8:**828–829
on privileged frame, **8:**403
on relativity of rotation, **8:**403
scientific work in prison, **8:**480n
solicits AE's signature on appeal of amnesty for Hungarian people's commissars, **10:**484
sympathy for, **8:**464
trial of, **8:**404n, 494n
University of Zurich, course at, **5:**199; **8:**403
velocity-dependence of electron form and mass, discussion with AE on, **8:**908, 913
Weyl, criticizes book of, **8:**848
Adler, Johanna (1903–1978), **8:**480
Adler, Josef (1844–1918), **5:**239n; **10:**96
Adler, Kathia (1879–1969), **8:**394, 404n, 442n, 464, 479, 497; **10:**198
AE offers to help, **8:**394
AE plans to visit, 497
AE visits, 829n
visits Friedrich Adler, **8:**480
Adler, Paul (1878–1910), **5:**238, 239n
Adler, Rosa (1855–1935), **5:**238, 239n; **10:**96
Adler, Saul (1895–1966), **7:**436n
Adler, Victor (1852–1918), **8:**394, 442n, 1005c; **10:**82
AE visits in Vienna, **5:**258n
Adler-Germanishskaya, Katerina. *See* Adler, Kathia
Adn. *See* Einstein, Hans Albert
Adolf Friedrich, Duke of Mecklenburg, **9:**281n
AEG. *See* Allgemeine Elektrizitätsgesellschaft
Aegeri, Canton Zug, **9:**270, 303, 307n
Eduard Einstein in sanatorium in, **10:***xxxvii*
Aepfelkammer tavern, **5:**252

Aerodynamics, **2**:430; **8**:287, 577
Aerostatics, **2**:430
Afanas'jeva, Sonya, **8**:13; **9**:222, 227, 248, 457
Agar-agar, for Elsa Einstein, **10**:122
Agram (Zagreb), **1**:294.
Ahrenshoop, **10**:*xxxvi*
Airfoil designed by AE, **6**:401, 402n
   test of, **8**:577n; in wind tunnel, **10**:106n
   theory of, **8**:287
Airolo, Canton of Ticino, **1**:*lxv, 372*
Airplane
   gyrocompass for, **7**:190
   model by Hans Albert Einstein, **10**:*xxxii, xxxvi*
   rotation along vertical axis, **7**:192
Akademie für die Wissenschaft des Judentums, **9**:168n, 553c
Akademie Olympia. *See* Olympia Academy
Akademische Verlagsgesellschaft. *See* Publishers
Akademisch-Pädagogischer Verein, Vienna, expresses sympathy for AE, **10**:597c
Al-Azhar University, **9**:213n
Albert Einstein Donation Fund. *See* Albert-Einstein-Spende
Albert, Kurt, contributes to Albert-Einstein-Spende, **10**:372
Albert-Einstein-Spende, **9**:359, 388n, 448n, 585c, 589c, 606c, 614c, 616c; **10**:372n, 571c, 577c, 582c, 601c
   appeal for contributions to, **9**:593c
   board of trustees, members of, **10**:578c
   contributions to, **10**:372, 527, 582c
   popular lecture on, **9**:613c
Albis, Canton Zurich, **10**:41
Albrecht, Sebastian (1876–?), **10**:249
Algeciras, act of, **8**:173
Alldeutscher Verband, **7**:*112*, 282n; **8**:629n, 746n
Allen, Ethel, **9**:588c, 594c
Allen, Stanley (1873–1945), **8**:158
Allgemeine Elektrizitätsgesellschaft (AEG), **8**:400n, 451n
   contributes to Albert-Einstein-Spende, **10**:372
   legal dispute with Sannig & Co., **7**:242–243
Allgemeine Gesellschaft für chemische Industrie m.b.H., **9**:570c
"Allgemeine Nährpflicht," **7**:129; **9**:609c
Allgemeine Studentenausschüsse, and Deutsche Studentenschaft, **9**:179n
Allgemeine Studenten-Vertretung an der Technischen Hochschule Dresden, invites AE to lecture, **10**:590c; accepted, 591c, 608c, 612c, 613c
Allies
   AE on, **9**:281
   guarantee of democracy in Germany, **9**:513
   in Versailles Peace Treaty negotiations, **9**:110
   See also Versailles Peace Treaty
Alloys
   electrical conductivity of, **5**:337, 338
   electrical resistance of, **5**:318
Alpha particle, **2**:577, 586; **7**:339
Als-Ob conference (Halle), **9**:493, 532, 611c; **10**:*xlv*, 246, 262, 265, 275, 288, 298–299, 573c, 576c, 586c
   AE cancels participation in, **10**:267, 268, 277
   ignorance of relativity at, Petzoldt on, **10**:332
   Wertheimer on, **10**:260–261.
   See also Philosophy: of Als-Ob; Vaihinger, Hans
Alte Münze restaurant, **5**:115n; AE on, **5**:114
Althoff, Friedrich (1839–1908), on academic appointments, **9**:142
Altmann, Victor, proposes prize for essay on relativity and Als-Ob philosophy, **10**:586c
Amberg, Ernst (1871–1952), **1**:298, *362, 363*; **9**:271; **10**:227, 236–237, 330n
American Jewish Congress, **9**:17n
American Jewish Physicians' Committee, **7**:436n
American Relief Administration, **7**:332n; European Children's Fund of, **7**:332n
Amerika Institut, **9**:605c
Amorphous substances, thermal research on funded by KWIP, **9**:560c
Ampère, André-Marie (1775–1836), **1**:200; **2**:*xxv*; **3**:357, 565
   magnetism, work on, **6**:*145*, 151, 153, 173, 191
Ampère's molecular currents, **6**:39n; **7**:586–589; **10**:320
   AE's and De Haas's experiment on, **6**:*145–149*, 151–169, 173–188, 195, 231; **8**:63, 76, 79, 84n, 85, 88, 91, 117, 120–121, 135, 299; **10**:345, 533
   calculational error in, **8**:123
   disturbing effects in, **8**:97, 175
   effect measured, **6**:*148*; **7**:585n; by Beck, **9**:7n, 16, 57

effort spent on, **8:**136
evaluation of, **8:**116
Herzfeld on, **10:**531–532, 549
Ioffe on, **10:**404
manuscript on, **8:**116
Möller on, **10:**574c
paper on, **8:**135; correction to, 127
phase, relative, of torque and angular displacement in, **6:**163–164, 170n, 183–184, 189n, 195
skepticism toward results of, **8:**134
sources of error in, **6:***148*, 159–160, 161–162, 180–182
AE's experiment on, **6:**271–275; **8:**157, 162, 175, 185, 197, 261; **10:**28, 39
De Haas's experiment on, **8:**157, 159, 162, 197, 340n
literature on, **10:**502
See also Electron: circulating intra-atomic
Amsterdam Academy of Sciences. *See* Royal Dutch Academy of Sciences
Amtsgericht Berlin, **8:**975n
Analogy arguments
AE's, **3:**114, 128n
Nernst's, **3:**545n
Anarchism, **7:**124n
Andersen, Hans Christian (1805–1875), **8:**635; *The King's Robe,* **9:**155
Andreyev, Ivan (1880–1919), **5:**540n
Andromache, **10:**171n
Aner, Karl (1879–1933), **9:**71
Anglo-American University Library for Central Europe, **9:**511, 529, 533, 612c; **10:**334
Angular momentum, **2:**522; **3:**26, 63–67, 73, 101; **4:**454
conservation of, **4:***350, 355,* 374–376
inner, **6:**192
law of conservation of, **6:**152, 174, 192 (*see also* Area law)
and magnetic moment (*see* Magnetic moment: and angular momentum)
Annalen der Philosophie, **8:**886–888
Annalen der Physik, **1:***xl,* 267, 304, 315, *375, 377;* **7:***103, 349n*
AE's reading of, **2:***260*
Ansbacher, Bernardo (1845–1914), **1:**282; **5:**12, 16n, 479n
Ansbacher, Julie (1845–1933), **1:**287, 296; **5:**403, 404n, 479n; **10:**206–207, 210

Ansbacher, Luigi (1878–1956), **1:**258, 262, 296; **5:**23n, 183n, 403, 404n, 479n
AE visits, **5:**183
stay in Hechingen of, **5:**23
Ansbacher family, Alfred Stern's visit to, **5:**479
"Anschaulichkeit." *See* Physics: intuitive quality of
Anschütz & Co., **8:**790, 811–812, 832, 837, 857
AE's expert opinions on dispute between Sperry Gyroscope Company and, **6:**137–143, 143n, 144n, *146,* 207–210
legal dispute with Gesellschaft für nautische Instrumente, **7:**81–84
legal dispute with Kreiselbau Co., **7:**190–195
patent of, **7:**81–84, 192–195
Anschütz-Kaempfe, Hermann (1872–1931), **7:***xxix,* 84n–*85n;* **8:**837, 838, 857, 858n, 863, 864n; **10:**430, 531, 549
AE stays with, **10:***xlvi,* 431
endowment of, **10:**452
experiment on terrestrial magnetism, **10:**457–458, 533, 544
on gyrocompass, **10:**457, 533, 543–544
invites AE, **9:**7; **10:**458, 531, 533, 544
offers honorarium to AE, **10:**533, 544
proposes scientific lecture in Munich, **10:**543
Anschütz-Stöve, Reta (1897–1961), **10:**431
Anti-Oorlog Raad, **8:**118n, 186, 206n, 869n
session in Bern, **10:**36
Antipodal point, stellar light from, **8:**412
Anti-relativists, **7:***xxxi–xxxii, 101–113,* 279n, 357n
AE's response to, **7:**345–347
and anti-Semitism, **7:***102, 106, 112,* 348n
appeals to common sense by, **7:***105,* 118–119, 357n–358n
Anti-relativity meeting at Berlin Philharmonic Hall. *See* Philharmonic Hall, Berlin, anti-relativity meeting at
Anti-Semitism, **9:**169, 522
in academic circles, **9:**230n, 269n, 489, 494; AE on, 268
AE on, **9:**230, 287, 352, 492
AE on causes of, **7:**290, 294, 427
AE as target of, **7:**625; **9:**612c
AE's housing difficulties in Berlin as caused by, Winteler-Einstein on, **9:**307n
at AE's lecture course, **7:**286; **9:**423n
AE's reaction to German, **7:***xxxvi*

Anti-Semitism (*cont.*)
  and assimilation, **7:**289–291
  campaigns in Germany, **9:**489
  in Kiel, **9:**230
  methods of defense against, **7:**290–291
  in Munich Volksschule, **1:***lx* n
  in physics departments of German universities, **1:**282
  in Poland, **8:**964n
  psychological origin of, **7:**290
  role of in preserving Jewish identity, **7:**427–428, 430n
  in Russia, **7:**429n; **8:**18
  "science"of, **7:**427, 429n
  as theme in German politics, **7:***101*
  Zionist and Central-Verein differences on, **7:**292n
  See also Pogroms
Anti-War Council. *See* Anti-Oorlog Raad
Aphelion, **4:***351, 354*; **6:**241
Appeal
  "An die Europäer," **6:**69–70; **8:**78n, 276n, 342n, 505n, 762, 763, 832n; **9:**476n; **10:**29
  "An die freie Jugend aller Stände und Völker," AE signs, **9:**552c
  "An die Kulturwelt," **6:**70n; **8:**78n, 104n, 157n, 171n, 285, 286n, 637n, 774, 931n; **9:**476n
    AE on mitigating circumstances, **9:**163
    and Anglo-German relations, **9:**245n
    authors of, **9:**122n
    and bitterness against Germany, in France and Belgium, **9:**114, 121
    revocation, prospects of, **8:**176
    signatories of, **8:**170, 345, 347n
    signatures for, collection of, **8:**155
  "April 1919," **9:**33
  "Aufruf des deutschen Geistes zum Sozialismus," new version, **9:**94–96
  For a Peace of Reconciliation, **8:**1010c
  "Für den Aufbau des jüdischen Palästina," AE signs, **9:**193, 579c
  "Für die Unabhängigkeit des Geistes," **9:**575c; AE signs, 102, 105, 110, 134–135; Schmidt supports, 102
  Harnack-Fischer, on electoral reform in Germany, **10:**96
  in favor of republican constitution
    AE prepared to sign, **10:**242
    AE signs, 574c
  of the Intellectuals, **8:**151n, 342n, 837n
  Spring 1919 appeal, **9:**106n
  to join Demokratische Partei, **8:**1029c–1030c
  "Un Appel, Fière Declaration d'Intellectuels," **9:**575c; AE signs, 102, 564c
Appell, Paul (1885–1930), **8:**171n, 335
Applications, for funding for
  acoustic research, **9:**127–128
  air pump, **9:**589c; pending, 615c
  analyzing "ice-core" process, **8:**1022c
  atmospheric physics, **9:**565c; rejected, 566c; **10:**570c
  battery and discharge tubes for research on light emission: pending, **10:**568c; granted, 568c
  coal cutter, **8:**1014c
  compass and water wheel, **8:**1015c
  crystal structure of metals and alloys, **9:**556c, 567c
  determination of elementary electric charge, **10:**582c; pending, 589; granted, 609c
  developing melting technique, **8:**1014c
  developing temperature gauge, **8:**1016c
  diffusion pump, **9:**581c; rejected, 583c
  electrical oscillations, **9:**556c; granted, 560c, 567c
  electrometer, **9:**563c; rejected, 566c; granted, 613c
  electron impact measurements, **9:**612c; granted, 613c
  elementary electric charge, static determination of, **10:**603c; pending, 611c, 612c
  equipment for research on high-frequency resonance in iron-containing circuits, **9:**557c; rejected, 561c
  Fricke's theory of gravitation, publication of **8:**1018c, 1019c
  geophysical instruments, **9:**579c; rejected, 581c; **10:**570c
  high-voltage batteries for X-ray spectroscopy, **9:**556c; granted, 560c
  high-voltage battery and maintenance, **10:**579c 591c; pending, 582c; granted, 609c
  infrared spectra of gases, **10:**587c; granted 602c
  instrument for recording current curves, granted, **10:**604c
  instruments to measure elementary electric charge, **9:**558c; granted, 560c, 568c

instruments for photoelectric measurements in astrophysics, **9:**557c; rejected, 561c
mathematical assistance, **9:**102n; granted, 560c
medical inventions, **8:**1020c
mercury for research on light emission of atoms, **9:**556c, 562c; granted, 561c, 563c
meteorological station, **9:**556c; rejected, 561c
method to transform heat into mechanical work, **8:**1014c
microphotometer, **9:**551c; granted, 554c
molecular velocities, vapor pressure, molecular diffusion, X-ray spectroscopy, **9:**571c
perpetuum mobile, **8:**1019c
photochemical research, **9:**601c; granted, 613c
photoelectric research, **10:**583c; pending, 584c, 586c; granted, 609c
Physikalische Berichte, **9:**598c; granted, 603c
quartz spectrograph, **9:**337; pending, **10:**579c, 583c; granted, **9:**613c; **10:**609c
radiometer, theory of, **9:**559c; granted, 560c, 568c
redshift measurements, **9:**38; granted, 561c
research instruments, granted, **9:**563c
research on
　influence of magnetic field on intensity of band spectra, granted, **9:**568c
　influence of magnetic field on molecular forces in liquid crystals, **9:**555c, 558c; rejected, 562c
　influence of magnetic field on spectral lines, **9:**557c
　insulators, heat conductivity of commercial **9:**566c; rejected, 566c
　mechanics and heat theory, **8:**1025c
　photochemistry, **9:**601c; granted, 613c
　photoelectricity and X-rays, **9:**559c; granted, 560c, 567c
　quantum theory of monatomic gases, **9:**19; rejected, 561c
　radiation formula, reserved, **9:**561c; granted, 571c; postponed, 576c
　refractive index and absorption coefficient of metals in infrared region, **9:**557c; granted, 560c
　thermal research of solid amorphous substances, **9:**560c
research stipend, **9:**21; rejected, 562c
short wavelength electric waves, production of, **9:**557c; granted, 560c, 562c

solar redshift measurement of, granted, **9:**591c
specific heat of solids at low temperature, **9:**557c; granted, 560c, 567c
spectral lines, intensity of, **10:**604c; granted, 609c
spectroscopic instruments, **9:**569c; granted, 613c
Stark effect, **9:**558c; granted, 560c, 568c
stipend, **9:**555c, 563c, 579c; rejected, 68, 564c
smoke consumption, **8:**1022c
study of telescope and color photography, **8:**1023c
voltage recording instrument, granted, **10:**604c
X-ray diffraction research, **8:**821–822; granted, 823, 1024c
X-ray spectroscopy, **9:**559c; granted, 560c, 562c, 567c, 613c; **10:**585c, 609c; pending, 607c; declined, 611c
X-ray tube, **10:**609c
Approximations, **2:**386–387. *See also* Limit, Newtonian
Arago, François (1786–1853), **9:**333
Arbeiterfürsorgeamt der jüdischen Organisationen, **7:**240n–241n
Arbeitsgemeinschaft deutscher Naturforscher zur Erhaltung der reinen Wissenschaft, **7:***105*, 348n; **10:**382, 388n, 388, 400n, 401n, 407n, 407, 417n, 418n, 419n, 427n, 452n, 470n, 593c
　Hennig on, **10:**594c
　invites AE to lecture, **10:**451–452
　meeting at Berlin Philharmonic Hall (*see* Philharmonic Hall, Berlin, anti-relativity meeting at)
Archimedes, **1:**337; **8:**764n, 941
Archimedes' spiral, **3:**196, 244n
Arc-length, **6:**89, 90, 306, 307
Arco, Georg Count von (1869–1940), **9:***xliv*, 34n, 34, 43n, 65n, 71, 132, 343n, 347, 358; **10:**486
　on AE's worldview, **9:**347
　invites AE to Monistenbund, **9:**347–348
　letter to Kammerer on heritability, **9:**505
　Bund "Neues Vaterland," signs circular of, **8:**947
　requests AE's opinion on *Kammerer 1919*, **10:**486–487
　requests court expert opinion from AE on legal dispute over Meissner's patent, **10:**486

Arco, Georg Count von (*cont.*)
  supports Nicolai, **9:**475
  supports Rausch von Traubenberg, **9:**291
  Vereinigung Gleichgesinnter, nominates AE for membership in, **8:**342n
Area law, **2:**410; **3:**28, 33–35, 57, 65–67; **4:***350*, 374, 387n, 395n, 439n, 441n, 471n; **6:**238–239, 240
Area velocity, **4:***350, 353, 355*, 374, 403n
Aristotle, on heredity, **10:**92
Arkad'ev, Vladimir (1884–1953), **10:**603c
  on restoration of international connections among scientists, **10:**319
Arkhangelsky, Aleksandr (1877–1926), **10:**418n, 465n, 469n
Arndt-Gymnasium, **8:**14n
Arnold, Libert, **5:**244
Arons, Leo (1860–1919), **8:**945; **9:**475
  chromoscope of, **7:**205n
  courage of political convictions of, **7:***xxxviii*, 203
  loses position, **7:**205n, 283n
  obituary for, **7:**205n
  open letter to Rector and Senate of University of Berlin, **8:**946n
  as physicist, **7:**203–204
Arosa, **10:**85, 91–92, 100, 103, 103n, 109, 121, 138, 141n, 157n, 158, 167, 181n
  AE in, **9:**5
  De Sitter in sanatorium in, **9:**238, 295; **10:**477, 500
  Einstein, Eduard in sanatorium in, **10:***xxxiv–xxxv*, 84, 86, 91, 92, 98, 99, 102, 104, 105, 136, 139, 144, 145, 181, 185
  Fokker in sanatorium in, **9:**238, 295; **10:**287
  good for AE's health, **10:***140*, 169
Arrhenius, Svante (1859–1927), **4:**561; **5:**16n; **8:**946; **9:**308n, 552c
  book by, Stodola's comments on, **5:**125
  comet tails, theory of, **6:**360
  on dissociation, **5:**13, 16n
  on entropy of universe, **5:**125
Art, AE on, **9:**572c
Aryan physics, **7:***111*
Aschkinass, Emil (1873–1909), **3:**413n
Assicurazioni Generali, Trieste, Italy, **1:**305
Assimilation, relationship to anti-Semitism, **7:**289–291

Association for Combating Anti-Semitism. *See* Verein zur Abwehr des Antisemitismus
Association of German Universities. *See* Verband der Deutschen Hochschulen
Aston, Francis (1877–1945), **10:**365, 513, 524
  on isotopic composition of neon, **9:**316
Astronomy, **6:**22, 242, 243n, 359–361, 372, 475, 493–494, 517, 551; **7:***xxviii*
  AE urges support for in Germany, **10:**357
  measurement of position and time in, **7:**143, 146n, 197–198n
Astrophysical Observatory, Potsdam, **4:**607n; **6:**360; **7:**423–425n; **8:**204n, 225n, 260n, 262n, 293, 386n, 413, 563, 605, 608, 684n; **9:**14n, 158n, 167n, 275n, 385, 603c, 614c, 616c
  affiliation of Freundlich to, **8:**601
  candidates for directorship of, **8:**322–324
  reservation of astronomers at toward general relativity, **9:**157
Asymmetries. *See* Electrodynamics of moving bodies: asymmetries in formulations of; Symmetries
Atlas Works
  legal dispute with Signal Co., **7:**472–478n, 480–481
  patent of, **7:**472–478n, 480–481
Atmospheric motions, **1:**220
Atomic hypothesis. *See* Atomic-molecular hypothesis
Atomic-molecular hypothesis, **1:***xl*; **2:***xviii, xix*, 46, *51*, 95n–96n, 172, 177–178, 207–208, 218, 221, 222, 504, 396n; 586; **3:**136; *283–284*, 414n; **6:**282n, 523, 535n
  compressibility treated on the basis of, **3:**412, 526–527
  reality of
    Mach's views on, **2:***207, 218*
    nineteenth-century debates on, **2:**207
    Ostwald's views on, **2:***207, 218*
  See also Atoms
Atomic theory, **6:***147*
  AE's use of, **5:**10, 17
  of electricity, **2:**:, *208*, 222, *504*, 585
  of matter (*see* Atomic-molecular hypothesis)
  See also Charge, elementary; Quantum: of matter
Atomic vibrations. *See* Vibrations: atomic
Atomism, Mach's skepticism of, **5:**204n

Atoms, **3:**517n
  absolute size of, as designation for Avogadro's number, **5:**217
  of action, **2:**585
  attractive forces between (*see* Molecular force)
  as carriers of heat, **2:**405
  constitution of, **8:**821–822; **10:**482
  degrees of freedom of, **2:**383
  distance between, **3:**468
  of electricity (*see* Charge, elementary; Electrons)
  and electrons, **3:**514n
  evidence of, **3:**508n
  existence of (*see* Atomic-molecular hypothesis)
  kinetic theory of (*see* Kinetic theory: of atoms)
  mass of, **3:**468, 470
  as mass points, **2:**351
  mean kinetic energy of, **3:**471–472, 521
  size of, **3:**422
  structure of, **10:**303
  thermal oscillations of, **3:**527
  See also Force: interatomic; Molecular dimensions; Molecules; Oscillations: atomic
Aubel, Edmond van (1864–1941), **9:**114; **10:**303n
Auer, Leopold (1845–1930), **5:**306, 308n, 479
Auer von Welsbach, Carl (1858–1929), **5:**438n
Auer-Aktien-Gesellschaft, Schweizerische, **10:***xxxv*
Auergesellschaft. *See* Deutsche Gasglühlicht Aktiengesellschaft
Aufruf. *See* Appeal
Auskunfts- und Hilfstelle für Deutsche im Ausland und Ausländer in Deutschland, Rotten's membership in, **8:**371n
Austria
  conflict with Serbs, **5:**508n
  difficulties of obtaining scholarly literature, **9:**45n, 485
  economic situation **9:**260, 373
  social politics in, **9:**436
  union with Bavaria, **9:**92
  universities under government control and funding, **9:**437n
Austria-Hungary. *See* World War I
Austrian Academy of Sciences, **9:**73
  awards Baumgartner Prize to AE and De Haas, **8:**756n, 1009c; **10:**91, 106
Austrian Chemical-Physical Society, **9:**133n
Austrian consulate, refuses Ehrenfest passport, **8:**702n
Austrian Technical Testing Bureau. *See* Technische Versuchsanstalt
Auwers, Arthur von (1838–1915), **8:**87
Avenarius, Richard (1843–1896), **2:***xxv;* **8:**539, 547, 887
Avogadro's law, **1:**100; **3:**181, 212, 245n; **5:**280
Avogadro's number, **2:**46, *53*, 108n, *136*, *171*, *176–177*, *179*, *180*, *182*, 212, 221, 396n; **3:**181, 189, 243n, *284*, 311n; **4:***111*, 562, 564n; **8:**913
  alternative German designations for, **3:**243n; **5:**218n
  determination of: Perrin's, **5:**216; Planck's, 217
  See also Loschmidt's number
Axalp, **5:**136n
Axenstraße, Canton of Uri, **1:**280
Axiomatic method. *See* Method: axiomatic
Axiomatics, Schlick on Reichenbach's understanding of, **10:**454
Axioms, **2:***xxiii*, 255. *See also* Principles: of physics; Theory of principle
Axioms of geometry. *See* Geometry: axiomatic
Azimuth-top, **6:**138
Azzolini, Margherita (1881–?), **10:**148, 231

Baade, Walter (1893–1960), **8:**426
Babelsberg Observatory. *See* Royal Prussian Observatory
Bäbler, Johann Jakob, **1:***359*, *360*
Bach, Johann Sebastian (1685–1750), **1:**21n; **8:**345, 346, 401n
  Notenbüchlein für Anna Magdalena Bach, **9:**340n
  St. Matthew Passion, **9:**453n, 495, 503
Bach, Rudolf. *See* Förster, Rudolf
Bachem, (Franz Xaver?), **9:**610c
Bachem, Albert (1888–1957), **6:**514; **7:***106*, 271, 281n, 347, 349n, 575n; **9:***xxxix*, 37, 86, 296n, 324–325, 328n, 330–332, 335, 342, 347n, 353, 355, 385–386, 401, 457, 478–479, 482, 596c, 598c, 610c; **10:***xlix*, 248–249, 346, 372
  on redshift of solar spectral lines, **10:**337, 365
Bachmann, Ernst (1888–1977), **8:**175n

Bächtold, Johanna (1852–1927), **1:**58, 59n, 213, 314n
Bacon, Francis (1561–1626), **6:**279
Bad Nauheim. *See* Gesellschaft deutscher Naturforscher und Ärzte, meeting in Bad Nauheim
Baden, Max Prince von (1867–1929), **8:**930n, 932n
Badische Anilin- und Sodafabrik, **8:**895n; **9:**158n
Baeck, Leo (1873–1956), **9:**169n
Baeyer, Otto von, **10:**606c
  requests KWIP funds for determination of elementary electric charge, **10:**582c; granted 609c; pending, 589c
Bahn, Carlota de, **9:**484n
Bahn, Otto, **9:**484
Balfour Declaration. *See* Palestine: Balfour Declaration on
Balfour, Lord Arthur (1848–1930), **9:**17n, 255n
Baltischwiler, ?, **3:**576
Balzac, Honoré de (1799–1850), **5:**546; **10:**160
Banachiewicz, Tadeusz (1882–1954), **8:**258
Bancelin, Jacques, **2:***170, 180–182*; **3:**416, 418n; **5:**271; **7:**343n
  viscosity of mastic emulsions, experiments on, **5:**267n; discrepancy with AE's prediction, 218n, 266, 267n, 268
Bandi, Benvenuto (1905–1926), **5:**592n; **8:**10n
Bandi, Ernst (?–1906), **8:**10n; **10:**101n
  death of, **5:**45n, 581n; AE's condolences, 44
Bandi, Ernst (1907–1991), **5:**592n; **8:**10n
Bandi-Winteler, Rosa (1875–1962), **1:**388; **5:**3n, 531, 531n, 588, 590; **8:**9, 10
  AE visits, **5:**591, 592
  business problems of, AE's advice on, **5:**580, 589
  plans for boardinghouse in Winterthur, **5:**580n
  wedding of, Bessos as witnesses at, **10:**101
Bär, Richard (1892–1940), **8:**916, 933; **9:**152, 192; **10:**296
  on atomistic structure of electricity, **8:**904
  on experiments of Ehrenhaft, **8:**935
  fractional electron charge, experiments on, **9:**7n
  stopper potential, paper on, **8:**911
Bär, Sara (1862–1925), **1:**248, 249n
Barberis, Giovanni, **1:**282
Barbusse, Henri (1873–1935), **7:**216n–217n, 491n; **9:**322, 323n, 331

and Clarté movement, **9:**103n, 321
signatory of "Un Appel, Fière Declaration d'Intellectuels," **9:**102
Barker, Ernest (1874–1960), **7:**433n
Barkla, Charles (1877–1944), invited to Third Solvay Congress, **10:**303
Barnard, E. E., **9:**550c
Barnard Medal, **10:**571c, 575c, 576c, 584c, 591c
Barnett, Samuel (1873–1956), **6:***145, 149*, 232n, 271; **8:**197
  AE and De Haas on work of, **6:***149*, 231, 276n
  experiment on magnetism, **6:***149*, 231
Barometer, mercury, vacuum in, **6:**519
Barrows, David, **10:**524n
Barth publishing house. *See* Publishers
Bartscht, Artur, expresses sympathy for AE, **10:**594c
Bas-Bulaneck, Henri (1871–1927), **8:**400
Basel, **3:**254, 257n. *See also* Schweizerische Naturforschende Gesellschaft: meeting in Basel; Schweizerische Physikalische Gesellschaft: meeting in Basel
Basel conference on Hebrew University. *See* Hebrew University of Jerusalem: scholars' conference in Basel on
Bassewitz, Gerdt von (1878–1923), **9:**360n
Bataafsch Genootschap der Proefondervindelijke Wijsbegeerte, **9:**133n; AE invited to membership in, **9:**234n, 572c
Batavian Society for Experimental Philosophy. *See* Bataafsch Genootschap der Proefondervindelijke Wijsbegeerte
Bateman, Henry (1882–1946), **8:**436, 570n
Battelli, Angelo (1862–1916), **1:**285, 287; **5:**16n; on dissociation, 12
Battelli's equation. *See* Equation of state: Battelli's
Bauch, Bruno (1877–1934), **9:**76n
Bauer, ?, **3:**576
Bauer, Hans (1891–1953), **7:***101*
Bauer, Otto (1882–1938), solicits signature for amnesty petition for Hungarian people's commissars, **10:**605c
Baumer, Cäcilia (1872–1962), **1:**321
Baumer, Carl (1874–1955), **1:**321, 325, 326n
Baumgartner Prize, awarded to AE and De Haas, **8:**756n, 1009c; **10:**91, 106
Baur, Emil (1873–1944), **5:**540n
Baur au Lac, **10:**101, 110n

Bavaria
  Soviet Republic in, **9**:*xliv*, 30; Laue fights against, 60; **10**:452
  union with Austria, **9**:92
  war with Württemberg, **6**:211
Bavarian Academy of Sciences, **2**:*271*; **8**:217n, 261n
Bayrischer Schützenkorps, Laue joins, **9**:60
Beatenberg, AE's trip to, **5**:5
Becher, Erich (1882–1929), **9**:45n
Beck, Carl (1864–1952), **7**:436n; **10**:545
  on Americans' opinion of Germans, **10**:545–546
  offers services to AE for U.S. lecture tour, **10**:546
  on organizing financial aid for German and Austrian universities, **10**:545–546
Beck, Emil (1881–1965), **8**:441, 443; **9**:7n, 16, 57; **10**:79
Beck, Günther (1856–1931), **5**:284n
Becker, August (1879–1953), **9**:74
Becker, Carl (1876–1933), **8**:953; **9**:196n, 205, 217, 269n, 475, 589c, 600c, 604c, 605c; **10**:357n, 569c
  and academic policy in Germany, **9**:206n
  and Geodetic Institute, **9**:194
  and physics professorship at University of Bonn, **9**:194
  problems of education, lecture on, **10**:431
  on state funding for general relativistic research, **9**:275n
Becker, Emma (1887–?), **5**:406n
Becker, Oskar (1889–1964), **10**:260
Beckman, Bengt, **10**:521n
Beckmann, Ernst (1853–1923), **5**:16n, 511, 598n; **9**:488n
  appointment of, terms of, **5**:514n
  on dissociation, **5**:13
Beer, Fritz, **10**:285
Beethoven, Ludwig van (1770–1827), **1**:*lxii*, 21, 321n; **8**:305; **10**:156, 436n
  Mondschein Sonata, played by Hans Albert Einstein, **10**:138
  Sonata pathétique, played by Hans Albert Einstein, **10**:140
Behrens, Peter, **9**:350n, 481
Beiblätter zu den Annalen der Physik
  AE's reviews for, **2**:*xix*, *109–111*
  Ehrenfest's reviews for, **2**:*109–110*
  founding of, **2**:*109*
  reviewing procedures of, **2**:*109–110*
Beilis, Mendel (1873–1934), **7**:429n; **8**:19n
Belgian Freemasons, against atrocities by German Army, **9**:54n
Belgian intellectuals, help private commission to investigate German war crimes, **9**:120
Belgium
  German atrocities in, **8**:347n, 702n
  German soldiers provoked in, **8**:929
  See also Louvain
Belgrade, possible teaching position for AE and Einstein-Marić in, **5**:23n
Bell Manufacturing Co., **5**:304
Belli, Giuseppe, **5**:*52*; induction machine of, **5**:*51*
Beltrami, Eugenio (1835–1900), **4**:343n; **8**:690n
Beltrami's first and second operators, generalized, **4**:*196*, 205n, 215n, 217n, 220n, 330
Bendel, Hedwig, **1**:321n
Benndorf, Hans (1879–1953), **9**:393n, 399
Bennet, Abraham, induction machine of, **5**:*51*
Bennett, P. R., on simultaneity of distant events, **10**:600c
Bentheim (Germany), **10**:247, 252; Ehrenfest's violin confiscated in, 247
Benzingen (Germany), **9**:129n, 133n, 574c; **10**:*xxxvii*, *xlvi*, 97n, 115n, 118n, 120n, 121, 123n, 128–134, 173n, 203n, 204n, 206n, 208n, 209n, 210–213, 215n, 216n, 330, 337n, 342, 343n, 346, 362, 373, 403n, 418, 420n, 430n, 444–446, 449n, 454, 459, 461, 464, 590c
  Brandhuber in, **8**:431n
  food supply in, **8**:511
  foot and mouth disease in, **10**:445
  See also Brandhuber, Camillus; Ensingen
Berg, Otto (1874–?), **8**:882, 900
Berge, von, Chief of Staff, Oberkommando in den Marken, on passport applications, **8**:1016c
Berger, Joseph, **1**:*349*
Berger, Julius (1863–1948), **9**:*xlvi*, 153, 181n, 193, 213n, 222n; on AE's interest in Zionism, 198n
Bergman(n), Hugo S. (1883–1975), **7**:*223*, *230*, 447n; **8**:337n; **9**:*xlvi*, 153n, 181n, 222, 240, 316n, 352, 364, 582c
  on AE's time in Prague, **9**:211

Bergman(n), Hugo S. (*cont.*)
 invites Courant, Ehrenfest, Epstein, Landau to Basel conference on Hebrew University, **9**:240
 on requirements for Hebrew University, **9**:211–212, 240
 solicits statement from AE on founding of Hebrew University, **9**:365, 601c
Bergmann, Else Fanta (1886–1969), **9**:212, 222, 241
Bergmann, Ernst (1881–1945), **9**:45n; **10**:260
Bergson, Henri (1859–1941), **8**:491; **10**:368
 AE on, **10**:27
Berligne, Bella, **9**:353n
Berlin
 AE
  on advantages of living in, **10**:27
  compares with Zurich, **10**:496
  considers leaving, **10**:419
  declares loyalty to, **10**:209, 210, 213
  feels close to, **10**:415
  on inhabitants of, **5**:574
  on police in, **8**:167n, 210n
  on staying in, **10**:429, 488
 bad public security in, **8**:965
 child mortality rates in, **9**:498
 economic deprivation in, **9**:498
 food shortage in, **8**:963n
 Landwirtschaftliche Hochschule of (*see* Landwirtschaftliche Hochschule, Berlin)
 postwar hardship in, **9**:130, 139, 252, 486
 proclamation of the republic in, **10**:184
 rationing of clothing in, **10**:48n
 residences of AE in
  Ehrenbergstraße 33, **10**:22n
  Haberlandstraße 5, **10**:*xxxii*, 106, 114, 120–121, 131, 133; plan of, **8**:562n
  Wittelsbacherstraße 13, **10**:*xxxii*, 106, 121, 131n
 scientific life in, **10**:364–365
 strikes in, **9**:130n
 Technische Hochschule of (*see* Technische Hochschule Berlin)
 University of (*see* University of Berlin)
 See also Abbé, F.; Meissners
Berlin, Greater, municipal council of, contributes to a planned Einstein institute, **10**:570c, 575c, 577c
Berlin Jewish Community Council. *See* Jüdische Gemeinde Berlin, Vorstand
Berlin newspapers, and eclipse expedition of 1919, **9**:238n
Berlin Philharmonic. *See* Philharmonic Hall, Berlin
Berlin-Babelsberg, observatory at. *See* Royal Prussian Observatory
Berliner, Arnold (1862–1942), **6**:231, 232n; **7**:*102–103*, 121n; **8**:59, 640, 648, 655, 902n, 974n, 994c, 1028c; **9**:*xxxiv*, 31–32, 156, 157n, 252, 258, 386, 388n, 472, 614c; **10**:*xxxviii*, 275, 419n, 426, 444, 509
 on anti-relativists, **10**:382
 Nordström, requests AE's opinion on paper of, **8**:950
 proposes new edition of *Einstein 1918k*, **10**:382
 on publication of AE's opinion on book by Schmidt, **10**:505–506
 Schneider, requests AE's opinion on dissertation of, **10**:382
Berliner Goethebund, **8**:187, 193, 200. *See also* Einstein, Albert: Politics
Berliner Illustrirte Zeitung, **7**:*xxxii*; **10**:*xxxviii*
Berliner Tageblatt, **7**:*xxxix, xl, 106, 109–110,* 124n, 220n, *225–226*, 282n, 297n, 340n, 348n, 443n, 444n; **10**:*xxxviii, xxxix*
 abandonment of pacifism during the war, **9**:28n; AE on, 28, 306
 political perspectives, **9**:29n
 See also Wolff, Theodor
Berliner Zeitung am Mittag, **7**:*108*
Bern, **10**:224
 AE on, **1**:332
 AE's feeling of loneliness in, **10**:497
 AE's stay in, **1**:*xxxvii*, 326, 327n, 331–340 passim, *376, 377*
 conference in, **10**:271
 University of (*see* University of Bern)
Bernays, Paul (1888–1977), **7**:62n; **8**:933, 950; **10**:54
 critique of special relativity, **6**:11, 18n
 on philosophy of Nelson, **8**:934
 solid body in general relativity, discussion with AE on, **8**:934–935, 951
Bernheim, ?, **1**:272
Bernheimer (Bernheim), Jette. *See* Koch, Jette
Bernheim-Karrer, Jakob (1868–1958), **8**:454; **10**:72, 75

Bernoulli, August (1879–1939), **5**:390n, 478n; **6**:39n; **9**:301, 315, 329
   AE on, **5**:390; **6**:32, 39n; **9**:487
   University of Basel, appointment to chair at, **5**:456n; AE on, 455, 468
Bernoulli, Johann I, **5**:469n
Bernoulli, Johann II, **5**:469n
Bernstein, Aaron (1812–1884), **1**:*lxii*
Bernstein, Eduard (1850–1932), **8**:869n, 961n
Bertrand, Joseph (1822–1900), **2**:119
Berufsamt für Akademiker E.V., **9**:610c, 611c
Besso, Bice (1890–1965), tutored by Winteler-Einstein, **5**:12n
Besso, Ermina (1852–1922), Michele Besso visits, **5**:47n
Besso, Giuseppe (1839–1901), **1**:267, 303, 304n, 305, 309, *378*
Besso, Marco (1843–1920), **8**:581n; **10**:135
Besso, Marco Tullio (1880–1898), **1**:215
Besso, Maria. *See* Ruiz, Maria Besso
Besso, Michele (1873–1955), **1**:230n, 258, 266, 282–283, 300, 303, 306, 330; **2**:*178, 264,* 306, 309n, 310n, 408n; **4**:*110, 344–346, 356–359,* 618; **5**:11n, 18n, 32n, 40, 187n, 204n; **8**:9, 48n, 51n, 91, 178n, 198, 201, 203, 210, 213, 218, 220n, 223, 250, 257n, 279, 281, 283, 285, 286, 315, 318, 320, 324, 329–332, 338n, 339, 347, 367, 372, 390n, 402n, 404, 408, 409, 441, 443, 446, 451, 455, 477, 497, 501n, 502, 509n, 511, 512n, 515, 568, 574, 590, 598, 615n, 755, 801, 814, 831, 835, 853, 858, 864, 870, 904, 958; **9**:74n, 79, 129n, 130n, 293, 340n, 342, 374n, 486–487, 500, 530; **10**:*xxxii,* 37, 39, 42, 44–45, 48–49, 57, 62, 67–70, 72, 75, 78–79, 81, 83, 98–99, 115, 123–124, 135–137, 142, 153n, 160–161, 164, 171, 175, 175n, 180, 191, 343, 346, 384, 512, 540, 591c
   address in Zurich, **8**:280n
   AE
      advises to take vacation, **8**:998c
      asks for help of in understanding general relativity, **8**:305
      auditor of in Bern, **8**:287
      called closest friend of, **8**:815
      on character of, **10**:43, 116
      collaboration with, **8**:102n, 210n, 212n, 236n
      collaboration with on perihelion motion of Mercury (*see* Perihelion motion of Mercury, AE's and Besso's manuscript on)
      compassion with, **8**:669
      on divorce and remarriage of, **8**:188, 832n
      on duties of to Einstein-Marić, **8**:188
      encourages Hans Albert Einstein to visit, **8**:219–220
      friendship with, **8**:815; **10**:44
      on himself as sounding board for, **10**:540
      on inaugural lecture of as gesture toward Lorentz, **10**:540
      invites, **8**:189
      knows way of thinking of, **10**:384
      lectures on papers of, **8**:305
      on meeting with sons of, **8**:188
      plays music with, **8**:446n
      on sensitivity of, **8**:318n
   AE invites to: Berlin, **8**:515; Prague, **5**:295
   AE misunderstands salutation of, **8**:317, 318;
   AE on, **1**:258, 282–283, 285
   AE thanks
      for helping Einstein-Marić and sons, **8**:311
      for hospitality, **8**:497, 511
      for supporting Adler, **8**:451, 453
   AE visits, **8**:168, 283, 284
   Besso, Marco, works in library of in Rome, **8**:569n, 581n, 598n, 669n, 851; **10**:136
   Besso-Winteler, Anna, relation to, **8**:788
   biography, **1**:*378–379*
   Buddhist character of, AE on, **9**:326
   on coal shortage in Switzerland, **8**:581
   departure from Zurich for Trieste, **5**:531
   on dissociation, **5**:13
   Einstein, Eduard
      accused by AE of spending too much on hospitalization of, **10**:143n
      on illness of, **10**:103
   Einstein, Hans Albert
      on correspondence with, **8**:234
      on feelings of toward AE, **8**:212, 219
      praises, **10**:346
   Einstein-Marić
      discussion with on meeting AE, **8**:281n
      on duties of to AE, **8**:188
      on feelings of toward AE, **8**:212
      helps, **8**:311
      on illness of, **8**:316, 321
      on reserve fund for, **8**:581
      visits, **8**:209

Besso, Michele (*cont.*)
    electron theory of metals, on paper by Oseen on, **8:**445
    expert opinions, works on, **8:**445
    general relativity, draft of lecture on, **8:**305n
    Gorizia, move to, **5:**296n
    and Guillaume, **10:***xlviii*
    ill in Prague, **5:**531
    intellect and character, praised for, **10:**43
    intends to join a monastery, **9:**161, 170
    intends to return to Swiss Patent Office, **9:**190, 293, 326
    interdisciplinarity, praised for, **10:**188
    intermediary between AE and Einstein-Marić, **8:**321
    in Krummenau, **8:**189n
    lectures on patent law at ETH, **10:**188
    marriage to Anna Besso-Winteler, **1:**258*1*n, *388*
    on past and present, **10:**177
    patent law, lectures on, **8:**284, 287, 304, 330n, 444, 452, 580
    on perihelion motion of Mercury, **8:**373, 374
    on redshift, **10:**541
    on relationship between AE and Einstein-Marić, **1:**266, 314
    on relativity, **8:**81
    on reversibility and irreversibility of time, **10:**176
    on rotating magnets in general relativity, **10:**354
    sails with AE in Zurich, **10:**41
    on Schwarzschild solution, **8:**373–374
    as sounding board for AE's ideas on physics, **1:***xl, 225*, 258, 285
    on Spinoza, **10:**177
    Stodola's lectures at ETH, attends, **5:**219n
    Swiss Patent Office, appointment at, **5:**41n
    unworldliness of, **9:**170n
    urges Weyl to publish *Raum–Zeit–Materie*, **8:**663
    visit to Zurich in fall 1919, **9:**190
    visits AE
        in Lucerne, **10:**114, 116
        in Prague, **5:**314
        in Zurich, **5:**524n
    visits Ermina Besso in Trieste, **5:**47
    visits Zangger, **8:**940
    on Weyl's theory, **10:**176, 354
    Winteler, Rosa, wedding witness of, **10:**101n
    and Winteler-Einstein, financial problems of, **5:**16n
Besso, Vero (1898–1971), **1:**258, *378*; **5:**12n, 187n, 322, 339, 382, 404, 438n, 589, 604; **8:**189, 285, 350, 404, 444, 445n, 446n, 451, 497, 667, 941; **9:**294n; **10:**103, 135, 151, 153, 349
    AE proposes practical work for, **10:**349
    AE's gifts to, **5:**310, 438
    defends Besso-Winteler, **10:**151–152
    engaged to Brönnimann, **10:**541
    private instruction of, **5:**296
    visits AE, **10:**114
    Winteler-Einstein, on character of, **10:**152
Besso family, **5:**186; **10:**102
Besso-Winteler, Anna (1872–1944), **1:***12*, 18n, 258, 267, *378*, *388*; **5:**3, 3n, 12n, 187n, 320n, 322, 339, 344n, 382, 589, 604; **8:**318, 351, 497, 511, 598, 633, 677n, 678; **9:**4n, 294, 342; **10:***xxxii*, 63, 98, 116, 128, 136, 148, 150n, 153n, 154, 171
    AE
        bill for, **8:**665, 666
        on female members of family of, **8:**669n
        harsh letter to, **8:**788, 815
        on plan of remarriage of, **8:**668–669
        on marriage of, **10:**148, 152–153, 160, 17
    on AE neglecting his sons, **10:**90
    AE squabbles with, **8:**819
    burdened with work, **10:**102
    character of, AE on, **10:**116
    Einstein-Marić
        on housekeeping of, **8:**1032, 1033
        offends, **8:**788; **10:**164
        praised by AE for financial help to, **10:**136
        takes care of, **8:**515
    home of as potential boardinghouse for Eduard Einstein, **10:**134
    ill, **8:**374, 941
    takes care of AE, **10:**129
    visits AE, **10:**114
    Winteler-Einstein, feelings regarding, **10:**152
Bestelmeyer, Adolf (1875–?), **2:**272
Beta rays, **2:**586; **3:**173; **4:**545, 554, 613; **6:**458; **8:**706
    deflectability of, **2:***270*, 305–306, 368, 372n, 458
    experiments on mass of electrons in, **2:***267*,

272, 459–461 (*see also* Kaufmann, Walter: experimants on electron mass)
kinetic energy of electrons in, **2**:458
See also Cathode rays; Electrons
Bethanienheim hospital, **8**:443, 452n, 458n; **10**:*xxxiii*, 79
Bethmann Hollweg, Theobald von (1856–1921), **8**:507n, 524n; **9**:13n; open letter to, **8**:997c
Beugger, Selina (1828–1901), **1**:58n
Bezirksgericht, **8**:885n, 960n, 971n
Bianchi identities, **7**:139n, 180n, 183n, 456n; contracted, **8**:229n, 230, 236, 238, 646, 689n
Bible, **9**:143
Bibliothèque Nationale, **9**:284
Bidlingmaier, Friedrich (1875–1914), **8**:61
Bie, Oscar (1864–1938), **9**:392
  expresses sympathy for AE, **10**:392–393
Bieberbach, Ludwig (1886–1982), **9**:142
Biegel, R. A., **5**:540n
Bielersee accident, **8**:185
Binary stars, **8**:88, 91, 214, 470, 560; observations of, in test of emission theory of light, **5**:523, 524n, 555, 555n
Biological selection, **9**:506. *See also* Kammerer, Paul
Biot-Savart law, **1**:201; **2**:523; **4**:14; **7**:526–527
Birencweig, Gabryela, **5**:244
Birge, Edward (1851–1950), approaches University of California regarding AE's lecture tour in U.S., **10**:523n–524n
Birkeland, Kristian (1867–1917), **8**:370
Bismarck, Otto von (1815–1898), **8**:341, 342n, 507n, 872, 959; **10**:463
Bjerkén, Pehr (1859–1919), **8**:370
Bjerknes, Carl (1825–1903), **10**:462
Bjerknes, Vilhelm (1862–1951), **10**:488
  on AE's invitation to University of Oslo, **10**:462
  on gravitation and inertia, **10**:462
Bjerrum, Niels (1879–1958), **10**:313
  rotational spectra, theory of, **9**:457, 458n
  spectrum of HCl, **10**:356, 443
Black body, **2**:*134*, 167n
Black-body radiation, **2**:106, *134*, 151, 152, 155, 163, 167n, *180*, 350, 472, 543, 576–582; **3**:*xx*, 423n, 457, 506n, 545n, 562n; **4**:100, *109*, 154, 167, *270*, *280*, 288, 322, 561, 562; **6**:366–368, 382, 383, 390; **8**:673
  AE on, **1**:*235–237*, 294–295
  AE's reading of Planck's papers on, **1**:*xl*
  AE's study of, **2**:*xx*, *135*; **5**:26, 27n
  application of statistical mechanics to, **2**:99, 105–107
  energy density of, **2**:375; **3**:178n, 451–452, 455n, 539, 562n
  energy fluctuations of, **2**:*xviii, xx*, 105, 106, *134, 139, 146, 213, 214*, 545–546, 551n–552n, 585; **3**:*xviii, xix*, 177, 178n, 451–454, 454n–455n, 533–539, 546n, 556
  energy spectrum of, **2**:108n, *134, 135*, 375, 377n, 379
  entropy of, **2**:*137*, 155–157, 160, 375–376, 575
    AE's criticism of Planck's views on, **5**:49
    Planck on, **5**:49
  experimental studies of, **2**:*144*, 167n, 168n, *173*, 551n
  momentum fluctuations in, **2**:*215*, 546–547, 552n, 583n
  Planck law for, **1**:287n; **2**:*xx, 134, 136–137, 138, 139, 141, 144, 146*, 154, 167n, 168n, *172, 180, 182, 218*, 338, 345n, 351, 357n, 358n, 376, 382, 390n, 545–549, 575, 577, 581, 582; derivation of, *134–137, 146, 180*, 351–352, 486n–487n; **3**:*xviii*, 249, 281n, *284*, 413, 422, 451, 454n–455n, 457, 506n, 524, 530–531, 534, 537, 543, 545n, 560; **4**:*112, 113*, 115, 121, *270–273*, 275–284, 289–292, 553, 562; **5**:41, 579; **6**:21–22, 30, 255, 364, 376, 377n, 382, 390, 395;
    AE's derivations of, **6**:30–35, 366–368, 370n, 383, 387–388; **10**:49, 347
    AE's and Stern's derivation of, AE's rejection of, **5**:541
    incompatibility with classical electrodynamics, **5**:166, 171
    Lorentz's derivation of, **5**:166, 172–173
    simple derivation of, **8**:329, 330, 332–333
  Planck's theory of, **2**:*xxi*, 99, *135–136, 143, 145*, 153–154, 167n, *180*, 350–354, 379–383, 404–405, 501n, 502n, 543, 550, 575–577, 583n
  pressure fluctuations in, **2**:*xx, 134, 138–139, 146*, 546–547, 552n, 579–580
  Rayleigh-Jeans law for, **2**:*46, 137–138, 144*, 167n, 377n, 381, 390n, 543, 546, 549, 550, 551n, 552n; **3**:253n, 268n, 270, 279–280, 281n, 423n, 545n; **4**:*272*, 280, 554; **5**:359, 579; **6**:382, 388; **8**:445n

Black-body radiation (*cont.*)
  connection with classical mechanics and electrodynamics, **5**:568
  Lorentz's proof of, AE's criticism of, **5**:192
  and specific heat, **3**:521–530
  Stefan-Boltzmann law for, **2**:106, 375; **5**:27n
  theory of, **2**:99; **3**:*xxiii*, 522
  Weber's semi-empirical law for, **2**:108n, *135*
  Weber's work on, **1**:197n
  Wien displacement law for, **2**:*54, 108, 135, 138,* 375, 552n, 576; **5**:27n, 41; **6**:37, 40n, 368, 370n, 382, 388; **8**:332, 445
    AE's use of, **5**:42n
    Besso on, **5**:342
    Jeans's derivation of, **5**:84n, 167
  Wien distribution law for, **2**:*54, 136, 140,* 157, 161, 163, 168n, 350, 354, 375, 545, 549, 55ln–552n, 580; **3**:543, 555; **4**:*109–113*, 115, 120, 121, 283, 291, 562; **6**:382
    Ehrenfest's derivation of, **5**:339
    role of in AE's work on photochemical equivalence, **5**:413, 442
    Thomson's derivation of, **5**:74n
  See also Radiation; Radiation theory
Blanck, Anton (1881–1951), **9**:285
Blaschke, Wilhelm (1885–1962), **10**:337
  invites AE to lecture in Hamburg, **9**:616c
  University of Hamburg, solicits AE's opinion on candidates for chair at, **10**:613c
Blasius, Heinrich (1883–1970), **9**:123
Blau (Osramwerke), **9**:462, 464
Blausee, AE's and Solovine's trip to, **5**:27
Bleier, August (1882–1958), support for Leviné, **9**:71
Bleuler, Eugen (1857–1939), **10**:284n
Bloch, Helmut, expresses sympathy for AE, **10**:393–394
Bloch, Werner (1890–1973), **3**:*7, 600*; **9**:115, 235, 520, 588c; **10**:94, 138, 566c
  AE on book by, **10**:94
Blochmann, Richard, requests information on KWIP funding, **8**:1025c
Blok, Petrus, **9**:321n; **10**:267n
Blondel, André-Eugène (1863–1938), **5**:384n;
  oscillograph of, **5**:383
Blue of the sky, **6**:577. *See also* Smoluchowski, Marion von
Blumenfeld, Kurt (1884–1963), **7**:*229–232, 234–235*; **8**:964n
  meets with AE **9**:181n, 193
Blumenthal, ?, **9**:434n
Blumenthal, Otto (1876–1944), **2**:*254*; **9**:317, 449, 591c, 602c. *See also Mathematische Annalen*
Blumer, Dietrich, **9**:139n
B'nai B'rith, Independent Order of Berlin, **9**:610c
BNV. *See* Bund "Neues Vaterland"
Boas, Franz (1858–1942), **7**:494n, 495n
Boas, Ismar (1858–1938), **8**:402n, 407, 410, 446, 452n, 855n, 920; **10**:68, 74–75, 85, 101n
  diagnoses AE with: gallstones, **10**:74; liver condition, 70, 72
  proposes drinking cure for AE, **10**:70
Bodmer-Weber, Fritz, **1**:270, 271
Boëthius, **5**:144n
Boguslavsky, Sergei (1883–1923), **10**:471, 515, 516
Böhi, Paul (1883–1943), **2**:*217*; **5**:339n; **10**:13n
  doctorate of, **5**:298n
  experiments with Zangger on Brownian motion, **5**:298n
Bohlin, H., **9**:556c, 560c, 567c, 570c
Böhmisch-Trübau, **5**:423
Bohr, Niels (1885–1962), **6**:*147*; **8**:158, 326, 463, 561, 671, 706, 783, 784, 862, 913; **9**:*xlix*, 15, 16n, 22, 110, 165, 166n, 216, 228, 351, 598c, 614c
  AE praises, **10**:364
  on AE's radiation theory, **9**:390n
  AE's sympathy for, **10**:244, 246
  atom model of, **9**:*xlviii*, 18, 75, 112, 124, 223n, 237, 369n, 458n; AE on, **9**:459
  Berlin, lecture in, **10**:244n
  bigwig-free colloquium of, **10**:322n
  Copenhagen
    AE visits in, **10**:580c
    invites AE to meet in, **10**:321
    pleased with AE's planned visit to, **10**:321
  Dahlem, has lunch with AE in, **10**:322n
  enthusiam for AE, **9**:351
  meetings with AE in 1920, **10**:*xlvii*, 321, 532
  second rule of, **6**:369, 388, 395
  sends butter to AE, **10**:244
  Solvay Congress, Third: invited to, **10**:303; planned lecture at, **10**:303
  on Stern, **10**:353
  theory of spectra of, **6**:364, 368, 388; **10**:313

visits Leyden, **9:**145
Bohr quantum condition, **7:**484, 487n
Bohr-Norlund, Margrethe (1889–1884), **10:**321
Boiling process, **1:**123–130
Bois, Henri du (1863–1918), **5:**549n
Bolle, Co., contractor of Potsdam tower telescope, **10:**582c
Bolsheviks, **8:**919
Bolshevism
　AE on, **9:**387
　AE on success of, **9:**387
　agitation by, **7:**241n
　fear of, **7:***225;* in Holland, **9:**503
　in Germany, **9:**34n; AE expects success of, 29
　in Switzerland, AE on fears of, **9:**306
　theories of leaders of, AE on **7:**125n
　views on anti-Semitism, **7:**429n
Boltzmann, Ludwig (1844–1906), **1:***264, 265, 266,* 273, 331n, 335; **2:***xxiv, xxv–xxvi, 4,* 40n, *42, 43, 44, 46, 142, 207, 217,* 252, 252n, 376, 379; **3:***xxii–xxiii, 7,* 180, 289, 506, 506n, 532, *550;* **4:**529–532, 534n, 562; **5:**18n, 99, 300, 411; **6:**424, 577; **8:**3, 4n, 21, 25, 30n, 483n, 897; **9:**47, 470; **10:**323n
　AE committed to approach of, **2:***46,* 99, 102–103, 107n, 158, *207–208,* 376
　AE criticizes, **2:***48–49, 52, 175, 207–208, 217,* 543–544
　AE improves upon, **2:***47,* 158, 545
　AE on, **10:**329, 340
　AE's interest in work of, **2:***46, 211*
　and canonical ensemble, **2:***48–49*
　on dissociation of gases, **10:**15
　on elegance, **10:**328
　and entropy, **2:***44, 110;* **5:**87 (*see also* Boltzmann principle)
　and equipartition theorem, **2:***45–46, 49,* 108n
　and ergodicity, **2:***49*
　Festschrift for, **2:**44, *110,* 121, 123, 128
　and gas diffusion, **2:**252, 252n
　Gastheorie, **3:***7–8*
　　AE's reading of, **1:***xxxix,* 230, 260–261, 262, *265,* 294, 315; **2:***4, 43, 44, 48, 67, 207, 211,* 336, 376
　H-function of, **10:**283, 292n
　and kinetic theory of gases, **2:***48,* 57, 73n–74n, 102, *136, 175,* 336, 543, 575; **4:**529–532, 534n (*see also* Kinetic theory of gases: Maxwell-Boltzmann tradition in)
　succeeded by Hasenöhrl, **5:**413n
　terminology of, **2:**75n, 96n
　and Van der Waals's theory of fluids, **2:***4*
　See also Complexions; Entropy: Boltzmann's interpretation of
Boltzmann distribution, **2:**167n, *216;* **6:**384; **10:**347, 369n
　for stars, **6:**542
　See also Maxwell-Boltzmann distribution
Boltzmann equation, **2:**393; **3:**506, 551–556
Boltzmann principle, **2:***xx, xxvi, 41,* 107n, *137,* 158, 235n; **3:***xxvi–xxvii,* 250, *285,* 287–290, 310, 311n, 506, 532–533, 535, 537–538, 556–558, 562n; **4:**532, 534n, 562; **5:**282; **6:**30, 36–37, 39n, 366, 376, 385; **8:**20–22, 26, 28, 555, 865
　AE on validity of, **5:**310, 321
　AE's definition of probability in, **2:***214*
　AE's inversion of, **2:***138–139*
　AE's lecture on, **5:**257n
　AE's lectures on statistical mechanics and, **3:***599*
　AE's naming of, **2:**159, 168n
　in AE's paper on opalescence, **5:**256
　AE's use of, **2:***xx, 54, 146,* 159–161, *214,* 235n
　applied to radiation by Laue, **5:**42n
　definition of probability in, **2:***52, 136, 137, 139,* 158, *214,* 544, 575
　and ergodic hypothesis, **3:**287
　and fluctuations, **2:***139;* **3:***xxviii, 285,* 297, 535
　and irreversibility, **3:***xxvii,* 289, 550–552
　and quanta, **3:***xxvii*
　universal validity of, **2:***146*
　Weiß's application of, **5:**166n
　See also Entropy: and probability; Probability
Boltzmann's constant, **2:***53–54,* 75n, 108n, 167n, 344n, 390n; **3:**253n, 413, 414n, 450–454, 454n–455n, 524, 557; **4:**562; **5:**27n; **6:**366, 384
　AE's interpretation of, **2:***xix*
　AE's value for, **2:**108n
　definition of, **2:***136*
Bolza, Hans (1889–1986), **10:**516
Boni, Nell, **7:**443n
Bonn, University of. *See* University of Bonn
Bonnin, **2:**326, 326n
Book Center for German Prisoners of War, Bern, **9:**323n
Book export control in Germany, **9:**605c

Borchardt, Moritz, **8:**656, 815n
Borel, Emile (1871–1956), **9:**537n, 602c, 604c;
    and *Revue du Mois*, **9:**395
Borel and Cie., **5:**240n
Borgius, Walther (1870–1932), on problem of
    obtaining scholarly literature in Germany,
    9:514
Bormann, Elisabeth, **10:**336n
Born, Gritli (1915–2000), **8:**819n; **10:**336n
Born, Hedwig (1882–1972), **8:**637, 835, 839,
    1025c; **9:**4–5, 142, 205–206, 223n, 226n,
    230, 242, 304n, 386, 388, 460, 516, 524n;
    10:315, 419, 442
    AE on temper of, **10:**495
    on AE's peace of mind, **10:**416–417
    correspondence with Elsa Einstein, **9:**402n,
        597c
    criticizes *Einstein 1920f*, **10:**416–417
    on death, **10:**360–361
    death of mother of, **10:**336
    invites AE to stay with them, **10:**361, 416
    on Max Born's plans to lecture in the U.S.,
        10:442
    Moszkowski's book on AE, against publication
        of, **10:***xl*, 447–449; AE on, **10:**495
    poems of, **8:**336, 1003c, 1007c, 1019c
        on AE's rise to fame, **9:**591c
        on how to obtain professorship, **9:**207n
    on reading Wilhelm Busch, **9:**206
    on Strindberg's *Blaubuch*, **9:**206
    style of, AE on, **9:**280
    on Tree of Knowledge, **9:**143, 200, 230
Born, Irene (1914–2003), **8:**819n; **10:**336n
Born, Max (1882–1970), **2:**427n, *504*; **3:**449n,
    475n, *478–479*; **4:**509, 511n; **5:**81n, 233n,
    251n, 257, 277n, 446n, 461n, 496n; **6:**407;
    7:*xxi*, 43n, 99n, 345; **8:**601, 753, 759, 813,
    825, 944n, 1008c; **9:***xxx, xlviii, xlix*, 4–5, 65n,
    86n, 142, 174, 201, 229, 242, 280, 282, 313,
    323, 386, 459, 463–464, 515–516, 582c,
    611c; **10:**28, 276, 419, 442, 448, 466, 468
    on academic policy in Germany, **9:**206n
    accelerated motion in special relativity, study
        of, **5:**486
    as adviser for *Mathematische Annalen*, **9:**317
    AE
        finds childish, **10:**460
        finds has poor ability to judge human char-
            acter, **10:**471–472
    AE advises to stay in Frankfurt, **9:**460
    and anti-relativists, **7:***102*
    in Bad Nauheim, **7:***111*, 355, 359n
    on Bad Nauheim meeting, **7:***109*
    Boguslavsky, on help for, **10:**471, 515–516
    book on relativity of
        Schlick on, **10:**455
        Zangger on, **10:**513
    book on structure of matter of, Zangger on,
        10:513
    and chair funded by Moritz N. Oppenheim,
        9:142
    on distant sound detection, **8:**638n, 760n
    dynamical theory of crystal lattices of, **9:**85n
    exchange of positions with Laue, **8:**472, 576n,
        621, 655n, 953; AE encourages, **8:**637
    helps Nordström, **8:**818
    on irreversible processes in crystals, **10:**516
    lecture tour in U.S.
        asks AE for help in getting invitations for,
            10:454
        on plan for, **10:**460
    letter to Becker on academic matters, **9:**194n;
        AE on, 194, 200
    on Lorentz, **10:**471–472
    on materialism, **9:**143
    on mean free path of silver atoms in air,
        10:336, 360
    Moszkowski's book on AE, against publication
        of, **10:***xl*, 459–460, 469, 471
    photo of, **8:**835, 839
    on position for Rausch von Traubenberg, **9:**291
    praises Krutkov, **10:**472
    quantum theory of specific heat, work on,
        5:480, 505
    relativistic definition of rigidity of, **10:**10
    relativity, general
        lectures on, **9:**255, 386
        paper on, **8:**266
        enthusiasm for, **8:**263
    relativity, newspaper article on, **9:**255, 280
    requests KWIP funding for measurement of
        molecular velocities, vapor pressure, mo-
        lecular diffusion, X-ray spectroscopy,
        9:571c
    rigid motion, relativistic: definition of, **2:**427n;
        paper on, **5:**211n, 232
    on Schlick's *Allgemeine Erkenntnislehre*,
        9:204

as substitute lecturer for AE, **9:**610c
University of Berlin, extraordinary professor at, **8:**165n
University of Frankfurt, on candidates for his chair at, **10:**335–336, 516
University of Göttingen, appointment to chair at, **9:**434, 440, 516; **10:**304, 335–336, 361
University of Zurich, candidacy for chair at, AE on, **5:**445
See also Relativity, special theory of: rigid motion in
Börnstein, Richard Leopold (1852–1913), **1:**197n
Borntraeger, offers to publish works produced by KWIP, **8:**1013c
Börsen-Verein der deutschen Buchhändler, **9:**605c
Bos, Martinus van den, **8:**837, 858n, 864
Bosch, Carl (1874–1940), **9:**177; **10:**372
Bošković, Ruder (1784–1846), **10:**6n
Bose, Emil (1874–1911), **5:**98n
 receives manuscript by AE, **5:**98
 succession of in La Plata, **5:**309n
Bossard, Konrad, ?, **9:**340n; **10:**236
Bosshard, Emil, **8:**916n
Bosshardt, Arnold, **1:***240*, 241
Bosshart, Jakob (1862–1924), **5:**91n; on vacancy at Zurich Gymnasium, **5:**91
Bota, Milana, **1:**244, 245n
Bothe, Walther (1891–1957), **7:**487n
Bottlinger, Kurt (1888–1934), **7:***xxviii*, 142, 144, 146n
Boundary conditions, **2:**512, 532, 535n.
 at infinity, **8:**349, 359n, 553, 557, 606–607, 612–613, 630
 See also Electromagnetic field: boundary conditions for; Relativity, general theory of: boundary conditions in
Bournemouth. *See* British Association for the Advancement of Science, meeting at Bournemouth
Bousfield, William (1854–1943), **2:***178*, *179*
Bouvier, Bernard (1861–1941), **7:**334n
 and relief for postwar Poland, **9:**204
Bowlker, Thomas, **7:**478n, 480
Boyle-Gay-Lussac law, **2:**160, 168n, 324
Boyle-Mariotte's law (Boyle's law), **1:**78, 79, 139, 143; **3:**308
Brachistochrone, **3:**53

Bradley, James (1693–1762), **7:**246
Bradt, Gustav (1869–1928), **9:**169n
Bragg lattices, **9:**210
Bragg, William Henry (1862–1942), **9:**114, 214; **10:**303n
 lecture at Second Solvay Congress, **5:**563n, 562
 lecture on X-ray diffraction, **4:***554n*
Bragg, William Lawrence (1890–1971), **9:**211n;
 X-ray diffraction, theory of, **5:**519n
Brahms, Johannes (1833–1897), **1:**321n; Hans Albert Einstein plays works of, **10:***xxxii*
Brand, Rudolf (1887–1967), **10:**101n
Brandeis, Louis (1856–1941), **7:***233–235*
Brandenberger, Konrad (1873–1919), **1:**250
Brandhuber, Camillus (1860–1931), **8:**431n, 512; **10:**97n, 115n, 122n, 123, 173n, 215n, 343n
 AE cancels visit, **10:**123, 211
 AE plans to visit, **8:**284; **10:**119, 128, 202, 204, 206–210, 212n, 330, 349n, 362, 418
 AE praises, **8:**511
 AE takes long walks with, **8:**512n
 AE visits, **9:**129, 130, 131, 133, 574c; **10:**130–131, 133, 213, 445, 446, 459, 464
 copy of *Einstein 1917a* for, **10:**446
 health problems of, **10:**454
 invites AE, **10:**128, 129
 views of, AE on, **10:**131, 133
 See also Benzingen
Brandhuber, Fidelia, **8:**512n; **9:**130–131, 133; **10:**213, 445, 454
Brandhuber, Inge, **9:**130–131; **10:**213
Brändli, Hans (1897–?), **9:**192
Brandt, ?, **8:**960n
Braude, Markus (1869–1949), **8:**772, 773
Brauer, August (1863–1917), **10:**134
Braumüller, A., Kommandant der Residenz Berlin, requests information on AE from PAW, **8:**1001c
Braun, K. F., nominated for membership of PAW, **8:**992c
Braun, Konrad von (1859–?), **5:**273n
Braune, Hermann, **5:**244
Bredig, Georg (1868–1944), **3:**406, 407n; **5:**514n; **10:**12
Bredow, Raimund, **5:**145, 145n
Bremsstrahlung, **9:**22–23
Brenner, Ernst (1856–1911), **1:**339; **5:**201n

Brentano, Franz (1838–1917), **7**:80n; **10**:261n
Brentano, Lujo (1844–1931), **8**:737
Breslau. *See* Technical University of Breslau
Breslauer, ?, **10**:602c
Brill, Alexander von (1842–1935), **6**:133n
 book by, AE's review of, **6**:132
Brillouin, Léon (1889–1969), on signal velocity, **5**:*60*
Brillouin, Marcel (1854–1948), **3**:*xxvii*, 508; **5**:300, 302n, 349, 522n; **9**:113; **10**:303n
Briner, Emile (1879–1965), **9**:303n, 315, 329
British Association for the Advancement of Science, meeting in Bournemouth, **7**:*xxx*, 201n, 210n; **9**:*xxxv*, 167n, 186
British House of Commons, **7**:210n
British science, **7**:*xxx–xxxi*, *111*, 206, 210n, 213, 431
Brod, Max (1884–1968), AE on book by, **8**:337n
Brodetsky, Selig (1888–1954), **9**:255n
Brodnitz, Julius (1866–1936), **9**:490
Broek, Antonius van den (1870–1926), **9**:502
Broglie, Maurice de (1875–1960), **3**:519n; **4**:*559n*; **5**:300, 301n; **10**:381; Third Solvay Congress, planned lecture at, 303
Brönnimann, Lydia, **10**:541n
Brose, Henry (1890–1965), **9**:320n, 336, 347n, 528; **10**:256, 455
Brouwer, Luitzen E. J. (1881–1966), **8**:289; **9**:333, 352
Brown, Robert (1773–1858), **2**:208
Brownian motion, **2**:*xvii*, *42*, *172*, *211*, 224, 416, 491, 551n; **3**:*7*, 246n, *283–284*, 508n, 509, 550; **4**:185, 529–531; **5**:271, 520; **6**:33, 365, 376, 389, 398n, 577, 579n; **8**:287, 330, 364, 801, 861, 902–903, 916, 941; **10**:294
 AE on first paper on, **5**:31
 AE's derivation of laws of, **2**:*xix–xx*, *xxviii*, *139*, *206–222*, 224–235, 334–344, 497–500
 AE's and Smoluchowski's work on, **3**:245n–246n, 268n, *284*, 311n, 423n
 in colloidal solutions, **2**:*181*, *209–210*, 224–235, 399–400
 in conductors, **2**:206, 343, 491
 experimental study of, **2**:*41*, 206, *211*, 236n, 334, 396, 400n, 557–558, 559n; AE on, *219–222*
 and fluctuations, **3**:*xviii*, 450–451, 575
 fundamental role of dissipation in, **2**:*210*
 Gouy's objections to AE's theory of, **5**:44
 influence of elastic force on, **2**:337–338, 345n
 influence of gravity on, **3**:223–224, 245n, 450–451, 454n
 kinetic theory of, **2**:*217–218*
 mean square displacement of, **2**:*212*, 234, 342, 408, 399, 500
  probability distribution for, **2**:*213*, 341–342
 of mirror in radiation field, **2**:*139*, *146*, *215*, 546–547, 552n; **3**:454
 photographs of, **2**:557–558, 559n
 and related electrical phenomena, **2**:*214*, *221–222*, 343, 396
 reprint edition of AE's papers on, **2**:*206*, *207*
 rotational, **2**:334, 342–343, 345n; **3**:224, 227–228, 245n–246n; Perrin's work on, **5**:216
 in suspensions, **2**:*xix– xx*, 224–235
 Svedberg's work on, **5**:217
 temperature dependence of, **2**:339, 341, 498
 theoretical study of, **2**:*208–210*, 398–400, 496–500
 translational, **2**:334, 344
 viscosity dependence of, **2**:408
 Zangger's experiments with Böhi on, **5**:296–298
 See also Smoluchowski, Marian von; Svedberg, The
Bruckner, Anton (1824–1896), **8**:550
Bruggmann, Emil, **5**:244
Bruins, Eva (1885–?), **5**:524n, 540n, 580n
Brunn, Albert von (1880–1940), **7**:146n, 196–198n
Brussels, **3**:*xxvii*, 544n; **10**:*xliv*
Brussels, Free University of. *See* University of Brussels, Free
Bryce Report 1915, **9**:43n
Bryn Mawr College, **8**:436n
Buber, Martin (1878–1965), **9**:241n, 353n, 558c
Bucek, Auguste (1873–?), **1**:314
Buchau am Federsee, Germany, **1**:*xlviii*, *xlix*, 1n
Bucherer, Alfred (1863–1927), **2**:254; **5**:50n, 187n, 190; **8**:900, 908, 913
 AE cites, **2**:307n, 310n, 461
 Cunningham, discussion with, **5**:134, 135n, 137–138
 Kaufmann's work, comments on at Cologne GDNÄ meeting, **5**:138n
 Lorentz-Einstein equation, supports, **2**:254, 272
 Lorentz-Einstein theory, use of term, **5**:135n

on equivalence of mass and energy, **5:**147, 148
on force in electrodynamics, **5:**148
principle of relativity, objections to, **5:**50, 50n
principle of relativity of, **5:**135n
relativity, discussion with Planck on, **5:**50n
specific charge of electron, experimental determination of, **3:**173, 176n; **5:**133–134, 135n, 136–138
See also Beta rays: experiments on mass of electrons in; Electrons: Bucherer's model of
Buchholz, Hans, **1:***350, 351*
Buchholz, Hugo (1866–1921), **10:**357, 416, 453
  recommended by AE, **10:**357
  Wende on position for, **10:**453
Büchner, Ludwig (1824–1899), **1:***lxii*
Bucky, Gustav, on KWIP funding of X-ray research, **8:**1022c–1023c
Budapest, **10:**482; Einstein-Marić in, **5:**22
Budde, Emil, **8:**828
Buddha, **9:**326
Buek, Otto (1873–1966), **6:**71n
  character of, **8:**382, 831, 835
  signs Manifesto to the Europeans, **8:**832n
Bühler, Johann, **1:**20, 55, 241
Buisson, Henri, **5:**316, 317n
Bulgaria. *See* World War I
Bund Deutscher Gelehrter und Künstler, **9:**357
Bund für Mutterschutz, **9:**203n
Bund "Neues Vaterland" (BNV), **7:**124n, 216n–217n, 333n, 366n, 491n; **8:**103, 118n, 151n, 170, 171n, 174n, 187, 342n, 759n, 837n, 961n, 1000c, 1029; **9:**33n, 203n, 314n, 565c; **10:**36n, 433; **8:**103, 118n, 151n, 170, 171n, 174n, 187, 342n, 759n, 837n, 961n, 1000c, 1029
  AE joins, **8:**151n, 996c
  AE's speech to, **7:**123–124, 216
  contribution to international reconciliation, **7:**216
  Democratic Party, relation to, **8:**948
  disbandment of, **8:**343n
  executive committee of, **8:**947
  German Foreign Office, cooperates with, **8:**104n
  history of, **8:**104n
  manifesto by, **7:**124n
  National Assembly, circular for support of, **8:**947

purpose and goals of, **7:**124n
reconstitution of, **8:**930–931
spring 1919 appeal against civil war, **9:**106n
wartime aims of, **7:**124n
See also Einstein, Albert: Politics
Bund für proletarische Kultur, **9:**299n
Bund zum Ziel, **8:**869, 871
Bundesrealgymnasium, Vienna, **7:***101*
Burgdorf Technical School. *See* Technikum Burgdorf
Burgers, Johannes (1895–1981), **9:**145, 150, 502
  dissertation of, **8:**961
  multiply-periodic systems, paper on, **8:**386
  quantum theory of rotating atom, paper on, **8:**466, 468
Bürgerwehr, **9:**60
Burghold, Julius (1860–1923), **7:**300n; **9:**514, 533, 605c
Buridan's ass, Heine's poem on, **5:**325n–326n; **9:**339
Burke, Edmund (1729–1797), **9:**79
Burkhard, **2:**198
Burkhardt, Heinrich (1861–1914), **2:***176*, 184, 203n; **5:**36n, 188; on AE's dissertation, 36
Burlington House. *See* Royal Society of London: joint meeting with Royal Astronomical Society at Burlington House
Busch, Wilhelm (1832–1908), **5:**572, 573n; **8:**39n; Hedwig Born on, **9:**206
Büsching, Carl, requests funds for publishing book, **9:**580c
Butler, Nicholas (1862–1947), **5:**389, 390n
Buzzer, AE's use of, **5:**241
Byk, Suse, photo of AE by, **9:**588c
Byland, Arthur, **9:**129n
Byland, Hans (1878–1949), **1:***11*, 56, 307n; **9:**129n; AE on, **1:**306

Cadenábbia, Italy, **1:**301, 302n
Cahen, Louis (1882–?), **1:**315, 316n, 322, 325, 326n, 328, 329n
Cailler, Charles, **8:**350
Cailletet, Louis Paul (1832–1913), **1:**145, 146
Cailloux, Joseph (1863–1944), **10:**408
Cairo, American University in. *See* University of Cairo, American
Cairo, University of. *See* University of Cairo
Cajal, Santiago (1852–1934), invites AE to Madrid, **10:**583c, 587c

Calame, Louis, **5**:525n
Calculus of variations, **1**:212
Calisse, G. L., **10**:378; proposed as Italian translator of *Einstein 1917a*, **10**:590c, 596c
Caloric engines. *See* Heat engines
Calorimeter, water, **1**:75, 88–92
Cambridge University. *See* University of Cambridge
Cambridge University Press. *See* Publishers
Campbell, Norman (1880–1949), **5**:220
  Hopf's comment on work of, **5**:417
  polemic with Meyer, **5**:221n
Campbell, William (1862–1938), **5**:560n, 567n; **8**:216n; **9**:157–158
  provides eclipse photographs, **5**:566
Canal rays, **2**:252, 252n, 402–403, 444; **3**:162, 175n, 432, 439n; **7**:484–485, 487n
  Doppler effect in
    AE on, **5**:450
      Stark's work on, **5**:47, 144, 150, 452n
  Koch's planned experiment on, **5**:87
  Stark's work on, **5**:87
Canneto sull'Oglio, province of Mantua, Italy, **1**:*lv* n, 215n, 281n, *375*
Cannstatt, **1**:*xlix, lvi* n, *380, 384*
Canonical distribution. *See* Distribution: canonical
Canonical ensemble. *See* Ensemble: canonical
Canonical equations, **6**:556, 557, 575
Canonical transformation. *See* Transformation: canonical
Canova, Antonio (1757–1822), **1**:302
Cantor, Matthias (1861–1916), **5**:120, 120n, 188
  on Minkowski's work, **5**:119
  planned experimental test of AE's and Laub's ponderomotive force, **5**:131
Capacitance, **3**:330–331, 337–338, 379–384
  of cables (insulated wires), **1**:169–170, 171
  and circuits, **3**:380
  of capacitor, **1**:171–172
  measurement of, **1**:162–167
  and resistance, **3**:367–368
  unit of, **3**:379–380
Capacities and dielectric constants
  research on, funded by KWIP, **9**:560c
Capacitor, **2**:395, 397n, *514*; **3**:386, 397n; **4**:152; **6**:272
  effect of dielectric on capacitance of, **1**:170–172

with large capacitance, **1**:171–172
Leyden jar as, **1**:168
measurement of charge on, **1**:167–168
plate, **3**:336, 338, 346
system of two, **3**:397n
and tension, **3**:382
See also Dark field capacitor; Fluctuations: of charge *and* of voltage
Capillarity, **2**:*xviii*, 10, *208*; **3**:194, 406n, 414n, **3**:567; **8**:135; **10**:18
  AE discusses with Besso, **1**:285
  AE submits first paper on, **1**:273, *375*
  AE's equation for, **2**:*6*, 11, 20n
  AE's work on, **2**:*3–6*, 10–20, *171*
  constant of, **3**:404
  and electromotive force, **3**:574
  historical background and survey of AE's thought and work on, **1**:*264–265*
  joint work with Einstein-Marić on, **1**:267, 285
  Laplace's theory of, **2**:*3–4, 5–6,* 20n, 21n, *178*
  Minkowski review article on, **2**:*4*
  Minkowski's ETH lecture on, influence on AE of, **1**:*265*
  molecular theories of, **2**:*3–4, 171*
  Schiff's law for, **2**:19
  thermodynamic theory of, **2**:319
Capillary force. *See* Force: capillary
Caprotti, Selina (1850–1907), **1**:56n, 58n
Carathéodory, Constantin (1873–1950), **8**:334, 375, 388n, 598; **9**:267, 352, 417n, 434
  on canonical transformations, **8**:376–379
  nominated as member of PAW, **8**:1028c–1029c
Cardinal Inn, Schaffhausen, **1**:326n, 327n, *376*
Carl Zeiss Works, **9**:207
Carling, Viggo, **9**:584c, 586c
Carnot cycle, **1**:110–120; **4**:155, 555, 555n, 556
Carnot, Lazare (1753–1823), **9**:334n
Carnot principle, **2**:17, 73. *See also* Thermodynamics, second law of
Cartel of German Academies. *See* Kartell der deutschen Akademien
Casale, Italy, **1**:283
Cassel, Hans (1891–?), **10**:484–485
Cassirer, Ernst (1874–1945), **9**:71, 510, 169n; **10**:261, 265
  AE
    asks not to leave Berlin, **10**:387
    expresses sympathy for, **10**:387

invites to stay in his home, **10:**586c
manuscript of, **10:***xlviii*, 255, 314–315; AE on, **10:**265, 289, 293
on relativity and philosophy, **10:**255–256
Cassirer, Paul (1871–1926), **8:**947n
Cassirer Verlag, **8:**738n
Casteggio, Italy, **1:***372*
Catenary, **3:**125n
Cathode rays, **1:**304; **2:**252, 486n; **3:**173, 249, 437, 457, 540–541, 543; **6:**192; **8:**935; **9:**292
  deflectability of, **2:**368, 459
  emission of, **2:**163–165, *505*, 572–573
  experiments on mass of electrons in, **2:***272*, 368–371, 372n, 458–461, 486n
  generating potential of, **2:**458–459
  Laub's work on, **5:**122n; AE on, 131
  Lenard's experiments on, AE's enthusiasm for, **1:***224*, 236
  motion of in electromagnetic field, **4:**15, 102n, 545, 562, 613; **6:**458
  polemic between Laub and Marx on, **5:**121
  X-rays generated by, **2:**552n; **5:**428
  See also Beta rays; Electrons
Cauchy problem, **8:**657n
Cauchy's theorem, **4:**379n
Cauer, Minna (1841–1922), **9:**34n; **10:***xxxix*
  expresses sympathy for AE, **10:**433
Causality, **6:**109, 130n, 227, 286–287; **9:**388
  Drill on, **9:**280
  and initial values, **10:**300, 307
  and law of inertia, **10:**300, 307, 324, 391
  principle of, **10:**300, 306
  and probability, **10:**161
  Stumpf's theory of, **9:**261
Cavallo, Tiberius, induction machine of, **5:***51*
Cavendish's experiment, **3:**126n
Celestial bodies, emission of radiation by, AE on, **9:**553c
Celestial mechanics, **6:**22, 433, 495; Schwarzschild on, **6:**359–360
Censor, **8:**567–568
Censorship, postal, in Germany, **10:**82, 108
Center of gravity, **3:**36–37, 63–64, 69, 439n
  definition of, **3:**36, 64
  law of, **3:**63
  principle of conservation of motion of, **2:**360, 362–366, 399, 414, 462
  of systems, **3:**78
Center of mass. *See* Center of gravity

Center Party (Catholic), German, **8:**512n, 629n
Central (Hotel Central), Zurich, **1:**298
Central Association of German Citizens of the Jewish Faith. *See* Central-Verein deutscher Staatsbürger jüdischen Glaubens
Central Committee for the Relief of Distress in Germany and Austria, **7:**470n
Central European Catholic confederation, **9:**93n
Central limit theorem, **3:**268n
Central Organization for a Durable Peace, **7:**9n; **8:**117, 118n, 186, 205, 340n, 342n, 608, 747n; **10:**36n
  AE's commitments to, **10:**53n
  congress of, **8:**210, 211, 213
  program, **8:**210n
Central Swiss Meteorological Institute, **5:**505n
Central-Verein deutscher Staatsbürger jüdischen Glaubens, **7:***225*–*226*, *228*–*229*, 292n–293n, 296n–297n, 304n; **9:**169n, 489, 494, 609c
  AE's ridicule of name of, **7:**303
  on anti-Semitic campaigns in Germany, **9:**489
  CV-Zeitung, **7:**304n
  defends Jewish civil rights, **7:**292n, 296n
  invites AE to fight against anti-Semitism, **9:**490
  requests information on AE, **9:**490n
  tensions with German Zionists, **7:**225
Centrifugal force. *See* Force: centrifugal
Certificate of citizenship, **1:**45, 55n
Chancellor of Germany, **8:**524n
Change of state
  adiabatic, **1:**96, 100–101; **2:**86, 94, 95n, 100; **6:**104–105; in chemical reactions, **7:**325
  cyclic, **2:**10, 23, 94, 102, 114, 246, 246n, 317n, 361, 473; **3:***xxix*, 120–121, 129n, 490
  endothermic, **2:**116
  energy change during, **2:**119, 119n
  entropy change during, **2:**246
  exothermic, **2:**116
  of fluids, **2:**113
  graphic description of, **2:**113–114
  irreversible, **2:**114, 119, 246, 543–544, 555; **4:**531–532, 556 (*see also* Thermodynamics, second law of)
  isobaric, **2:**27
  isopycnic, **2:**86, 96n, 100, 107n
  reversible, **2:**114, 119, 119n, 246, 332, 383, 473–474, 475; **6:**255, 261n
Chaotic systems, theory of classical, **6:**567n

Chapiro, Joseph (1893–1962), expresses sympathy for AE, **10**:392–393
Charge carriers, **1**:*236, 237*. *See also* Electron theory of metals; Electrons
Charge density
  in five-dimensional theory, **9**:57n
  transformation law of, **2**:*257–258*, 302, 308n, *505, 507*
Charge, electric. *See* Electric charge
Charge, elementary, **2**:*xxvi–xxvii*, 99, *256*, 577
  AE on explanation of, **5**:88
  in five-dimensional theory, **9**:39
  relation with Planck's constant, **5**:89n
    AE on, **5**:195, 321
    Lorentz on, **5**:178
Charge, specific, determination of, **9**:292. *See also* Electron: specific charge of, determination of
Charge invariance, **2**:302, 308n
Charged bodies, specific heat of, **1**:238
Charité Hospital, **8**:409n; **9**:387
Charles University. *See* University of Prague, German
Chaudesaigues, ?, **2**:*221*
Chavan, Lucien (1868–1942), **3**:576; **5**:125n; **10**:15, 461
  AE invites, **5**:233, 234, 507
  AE thanks for gift, **5**:224
  AE tutors, **5**:160n, 224n
  AE visits in Bern, **5**:239, 241
  and AE's honorary doctorate at University of Geneva, **5**:202n
  assistance in AE's registration of change of address, **5**:211n
  buzzing device, work on, **5**:235
  death of father-in-law, AE's condolences, **5**:273
  Einstein, Hans Albert practices French with, **10**:343
  gift of tea by AE, **5**:241
  requested by AE to send
    resistor, **5**:240; sends 247
    telephones, **5**:241
  Swiss Telegraph Administration
    appointment at, **5**:224n, 234n
    difficulties at, **5**:234, 288n, 289, 304, 315, 507; AE on, **5**:290, 314, 340, 396; **10**:15–16
  takes days off, **5**:197
  transformers, work on, **5**:235
Chavan, Lucien and Jeanne
  AE invites, **5**:286
  AE's planned visit to, **5**:542
  congratulations on AE's ETH appointment, **5**:387
Chavan family, visits AE, **5**:238
Chavan-Perrin, Jeanne (1866–1958), **5**:132n, 211n, 224n, 234n, 237n, 240n, 242n, 274n, 286n, 289n, 507; **8**:320n; **10**:461
  Hans Albert Einstein practices French with, **10**:343, 345
Chavan-Perrin, Lucien, **9**:341n
Chemical constants, **9**:470
Chemical reactions
  AE's study of, **1**:286
  sound absorption in, **7**:325–331n
  speed of, **7**:*xxix*, 325–331n
Chemical transformations, **3**:511n
Chemical Warfare Service, **8**:620n
Chemisch-Physikalische Gesellschaft (Vienna), **9**:276; invites AE to lecture, 298; **10**:608c, accepted, 609c, 610c
Chemistry
  colloidal, **2**:*181, 209*
  molar, **2**:104
  physical, **1**:267; **2**:*xix*, 129, 132–133, 383–389, 399–400
  of solutions, **2**:23–39, *177, 182*, 198–201
Cherbuliez, Paul (1891–1985), **8**:135n
Chiasso, Swiss border crossing to Italy, **1**:216
Chicago, University of. *See* University of Chicago
Chicago Congress. *See* World's Fair International Congress of Electricians
Chicago Zionist Club, expresses sympathy for AE, **10**:534
Chinese, **9**:79
  AE on, **9**:16
  mentality of, **9**:326
Chisholm, Hugh
  solicits article from AE for *Encyclopaedia Britannica*, **10**:600c, 601c, 605c, 607c; declined, 609c
Chodat, Robert-Hyppolite (1865–1935), **8**:364n
Cholera, **5**:556
Chopin, Frédéric (1810–1849), **10**:157
Christiaan Huygens Society for Science Students, Leyden, **9**:228n

Christian Socialist Party, Austria, **9**:437n
Christiania. *See* Oslo
Christianity, early, AE on, **10**:24
Christoffel, Elwin (1829–1900), **7**:545
  and differential calculus, **6**:90, 93, 216, 218, 284
  on differential covariants, **4**:*294, 296*, 324, 328, 336, 342n, 495, 620
  school of, **8**:690n
Christoffel symbol, **4**:234n, 256n, 329, 337; **6**:89, 219, 306, 307, 308, 349; **7**:158–159, 178n, 180n, 183n, 188n, 544–545; **8**:207, 552–553, 556, 697; **9**:209n; as components of gravitational field, **7**:551
Chromoscope, **7**:205n
Chulanovsky, Vladimir (1889–1969), **10**:418n, 465n, 469n, 472
Chwolson, Orest. *See* Khvolson
Cicero, **8**:825n
Circuit. *See* Electric circuit
Circus Busch, **8**:965n
Citizenship. *See* Swiss citizenship, AE's; German citizenship; Einstein, Albert: Personal: Citizenship
City College of New York, **7**:629
Civilization, decline of Western, **8**:561–562
Clapeyron, Benoît-Pierre-Émile (1799–1864), **1**:120n
Clarté, **7**:217n
Clarté movement, **7**:216n–217n; **9**:103n, 375
  German branch of, **9**:314, 328; AE on, 331, 450; AE's involvement with, **9**:321
  Lawson on, **9**:346, 406
  Schlick's interest in, **9**:450
Class, Heinrich (1868–1953), **7**:*112*
Classen, Johannes (1864–1928), specific charge of electron, value for, **5**:138n
Classical mechanics, **2**:*xvii, xxi, xxviii, 135, 144,* 265, 416, 455, 457; **3**:5, 8, 132–133, 396n, 423, 426, 487, 550; **6**:286, 365, 368, 458, 468, 493, 494; **7**:207, 213, 458–459, 535, 592; **8**:137n, 403, 437, 438, 494n, 626; **10**:63;
  addition of velocities in, **6**:434–435, 444, 450
  Adler on, **10**:80n
  equations of motion in, **3**:5, 16, 95, 437, 511
  foundations of, **6**:472–474; **7**:6
  as fundamental science, **7**:*xxxiii*, 247, 279n, 308–311

  and molecular motion, **6**:21, 250–252, 389
  principle of relativity of, **6**:48, 285, 432–433
  problems of, **7**:142
  and quantum theory, **6**:22, 252, 261n, 364, 368, 370n, 382
  space and time in, **6**:279–280, 288–289, 430–431, 442, 444, 446, 462, 517, 518, 524, 528, 532
  and special relativity, **6**:285, 453, 454, 455, 527; **7**:5–7, 258–260
  See also Galilean mechanics; Mechanics; Newtonian mechanics
Claudel, Paul, **9**:392n
Claudius, Matthias (1740–1815), **10**:436n
Clausius, Rudolf (1822–1888), **1**:85n, 118n; **5**:300; **7**:422
  appointment to ETH, **2**:*173*
  gas theory of, **4**:526, 534n
  theory of heat of, **2**:*42*
  H. F. Weber as successor to, **2**:*173*
Clausius-Clapeyron equation, **1**:135; **2**:21n; **9**:472n
Clausius-Mosotti-Lorentz relation, **3**:306
Clausius's approximation method, **2**:252, 252n
Clausius's entropy theorem, **2**:116, 117n, 119, 245–246, 246n, 248–249. *See also* Entropy; Thermodynamics, second law of
Clausius's relation, **2**:374–375
Clausius's theorem. *See* Virial theorem
Clemenceau, Georges (1841–1929), **7**:217n; **9**:387, 389n
Clément, Nicolas (1778–1841), **3**:567
Clifford, William Kingdon (1845–1879), **2**:*xxv*
Clinic Rosenau. *See* Rosenau sanatorium
Clock, **3**:11, 147–148, 156, 175n, 431–433, *479, 484n*; **4**:140, 150; **6**:76, 101, 285, 289, 440, 530; **7**:197, 251
  accelerated, **2**:308n; **2**:477–481
  assertions about, **2**:*268*, 410
  behavior of, in gravitational field, **2**:477–481; **3**:491–494; **4**:141, 142, 309–310, 341n, 480, 498, 509, 549; **6**:127, 333–335, 490, 491, 492, 500–501, 512–514, 549; **7**:116–117, 168, 209, 214, 271
  in De Sitter's cosmological model, **8**:806
  definition of, **4**:37, 131, 490, 541
  equivalent, **2**:308n, 437
  as fundamental concept, **7**:352–353, 390–392, 416n

Clock (*cont.*)
  gravitational, **4:**142, 492
  independence of prehistory of, **7:**257, 391
  light clock, **4:**141, 145n, 151, 492
  moving, **2:**288–290, 403, 442–444; **6:**53, 135, 290, 449, 477–480, 512–513; **5:**453; **7:**115–117, 208, 213, 252
  physical theory without assumption of, **7:**413
  at rest, **2:***xxiii*, 277, 283, 437; **3:**152
  synchronization of, **2:**278–279, 308n, 437; **3:**149–151, 156, 161–162, 444–445
  and time definition, **2:**278, 570
  and time transformation, **3:**161–162
  See also Time: measurement of
Clock paradox, **2:**289–290, 308n; **3:**436, 439n, 444; **7:***102*, *105*, 115–117, 121n, 346, 348n; **8:**16, 900, 908, 914; Petzoldt's exposition of, **6:**5n
Coal shortage
  in Berlin, **9:**130, 139
  in France, **9:**281
  in Germany, **8:**598; **9:**148n, 200n; **10:**118
  in Switzerland, **8:**581; **10:**118, 138, 140
  in Zurich, **9:**3n, 6n
Cochet, Marie-Anne, sends her book to AE, **10:**375
Cock fight, AE on his debate with Lenard in Bad Nauheim as, **10:**444
CODP. *See* Central Organization for a Durable Peace
Coebergh, Joannes (1841–1922), **9:**416n, 504n; curator of AE's Leyden professorship, **10:***xlv*, 366
Coehn, Alfred (1863–1938), **5:**227n; paper by, **5:**227
Coenen, Hermann (1875–1956), **8:**657; **9:**534; congratulates AE, **9:**229
Cohen, Hermann (1842–1918), **8:**891; **9:**168n
Coherence, **3:**540, 574
Cohesion, electrical origin of, **3:**413n
Cohn, Emil (1854–1944), **2:**260, *268*, 307n, 435, *504*; **5:**74, 75n; **9:**14–15; **10:**391
  AE's reading of, **2:***272*
  electrodynamics of (*see* Electrodynamics of moving media: Cohn's theory of)
  space-time, paper on, AE on, **6:**4, 5n
Cohn, Hans, decries uproar at AE's lecture, **9:**422–423
Coil, solenoidal, **6:***147*, 155, 158, 159, 165, 175, 179, 184, 192, 272; self-induction of, **6:**164, 183
Colbjørnsen, Ole, **10:**246n
Colico, Italy, **1:**301, 302n
Colin, Paul (1890–1943), **7:**216, 217n; **9:**351, 589c
Collège de France, **8:**7n; **9:**172n
  Michonis lectures at: AE invited to give, **5:**571; Lorentz invited to give, **5:**571n
Collisions, **3:**37, 515n, 542–543
  of atoms and electrons, **5:**321, 338
  of electrons, **3:**516, 543
  elementary, **3:**542–543
  molecular, **3:**184–185, 507n
Collision times, **3:**515n, 516–517
Colloid particles, **8:**291
Colloidal solutions. *See* Chemistry: colloidal; Solutions: colloidal
Cologne. *See* Gesellschaft Deutscher Naturforscher und Ärzte, meeting in Cologne
Colors, theory of, **7:**205n
Columbia University, **7:**629
  awards Barnard Medal to AE, **10:**571c, 575c, 576c, 584c, 591c
  invites AE to lecture, **5:**388; **10:**442
  declined, **5:**395, 397, 404
Committee of Olten, **8:**942n
Communism, **7:**124n. *See also* Bolshevism
Commutator, **6:**272, 273
Como, Italy, **1:**293, 297, 298n, 301, 302n, *376*
Como, Lake, **5:**543n
Complexions, **2:***54*, *138*, 575; **3:**288, 311n, 506, 506n
  Boltzmann on, in kinetic theory, **2:**377n
  corresponding to states, **2:**353, 544
  and probability, **2:**49, *137*, 353, 357n–358n, 377n, 544, 545, 575
  See also States
Complex numbers, **3:**51
Complex quantities, **3:**373, 399n
Composition theorem, **2:**74n, 95n
Compressibility, **3:***xviii–xxiv*, 412, 469, 476n, 527
  of atoms, **3:**526
  Besso's idea for measurement of, **5:**338
  coefficient, **3:**411, 468
  cubic, **3:**462
  isothermal, **3:**311n
  of metals, **3:**471

Compton, Arthur H. (1892–1962), **7:**53n
Concept and experience, **7:**352, 387–388, 390
Concepts, physical, **2:**150; incompleteness of, **2:***139*, 338
Concussion, of the brain, induced gravitational field to explain effect of, **10:**602c, 606c
Condenser. *See* Capacitor
Conduction, electrolytic. *See* Electrolytes: conductivity of
Conduction, heat. *See* Heat conduction
Conduction current, **2:***507*, 519
Conductivity, electric. *See* Electric conductivity
Conductivity, thermal. *See* Thermal conductivity
Conductor, electric. *See* Electric conductor
Conference, General, on International Geodesy, **8:**718n
Confirmation of experimental predictions, **2:***136*, 142, 143, *221*, 236n, 309n, 358n, 397n, *505*, 517n. *See also* Experiments
Conformal theory, **7:***xxvii*
Congrès International des Électriciens, Paris, 1889, **1:**191, 207
Congress
 of Councils, **8:**965n
 of Polish Physicians and Natural Scientists, **8:**87n
Conservation laws, **3:***5*, 32, 66, 101. *See also* Energy: conservation of; Mass: conservation of; Momentum: conservation of; Electric charge: conservation of; Energy-momentum, law of conservation of
Conservative Party, German, **8:**629n
Constancy of the speed of light. *See* Light, speed of: constancy of
Constants, fundamental. *See* Elementary quanta
Constructive theory, **1:***xli*; **2:***xxi*, *xxix*, *45*, *257*; **5:**89n; **7:***xxxv*, 206–207, 210n, 213
 See also Theory of principle
Contact electricity. *See* Electricity: contact
Contacts, electrical
 AE on, **5:**237
 AE's and Gockel's work with, **5:**162
Continuity equation, **4:**99, 101, 246, 518; **6:**105; **7:**97, 513, 534
 electrical, **4:**54
 See also Incompressibility condition; Liouville's theorem
Continuum, **3:**325–326, 397n
 AE's lectures on mechanics of, **3:***599*

Euclidean, **7:**261, 566
finite, **7:**397–398
infinite, **7:**396–397
See also Geometry; Space; Space-time continuum; Universe
Continuum theory, limits of applicability of, **7:**351, 392–393, 404n
Continuum versus discreteness, **8:**391–392
Contraction hypothesis, Lorentz-FitzGerald, **2:***256*, 434–435, 568; **3:**140, 161; **4:**45, 540, 550n; **6:**49, 67n, 459, 460–461; **7:**249, 465; **10:**9n, 15n
 ad hocness of, Lorentz on, **8:**71–72
 See also Length contraction, relativistic
Convection currents, **2:***208*, 301, 486n, *503*
Conventionalism, **7:***xxxvi*, 220n, 256, 389–390, 403n–404n
 and Reichenbach, Schlick on, **10:**455
 See also Poincaré, Henri: conventionalism of
Conventions
 in definition of time, **2:**277–280, 439, 480, 569–570
 in length measurement, **3:***479*, 483
 in physics, **3:**430
 in relativity theory, **3:**446–447
 in space-time measurement, **3:**434
 in synchronizing clocks, **2:**277–280, 281–282, 437
 and time definition, **3:**432
 in transformation equations, **2:**570
Coordinate condition, **7:**26n; of De Donder, **7:**13, 555
Coordinate system, **2:***xxiii*; **3:**11, 321, 426, 432; **4:**37; **6:**427–430, 445; **7:**117, 197, 207, 213
 accelerated, **7:**266, 281n
 acceleration-free, **2:**418, 437, 542 (*see also* Frame of reference: inertial)
 Cartesian, **2:**188, 277, 282, 416, 437; **6:**429, 481, 482, 484, 485, 487, 507; **7:**273, 502–505, 507, 509–510, 512, 515–516
 dependent quantities, **2:**451
 four-dimensional, **3:**170
 Gaussian, **6:**483–485, 488, 489–490, 491, 492; **7:**272–278, 377, 409, 618
 inertial (*see* Frame of reference: inertial)
 isotropic, **7:**26n
 linearized harmonic, **7:**574n
 question of preferred, in general relativity, **7:**355–356

Coordinate system (*cont.*)
  relative, uniformly moving, **2:***255*, 277, 282–287, 300, 303, 312, 414, 426, 451, 462, 509, 561, 569
  rotating, **7:**208, 214, 270, 355, 358n, 371n
  uniformly moving, **3:**36–37, 171
  See also Frame of reference
Coordinate transformation, spatio-temporal, **2:***253, 256, 257*, 282–287, 411, 418, 433 434, 510
  See also Galilean transformation; Lorentz transformation
Coordinates
  adapted, **8:**40, 67–69, 84n, 97n, 102, 104, 107, 109, 113, 161, 207, 233
  cyclic, **3:**121, 129n
  dependent, **8:**41n
  generalized, **2:**73n, 95n, 458
  isotropic, **8:**523n
  light beam, **8:**586–587
  in phase space, **2:**74n
  physical meaning of, **3:**426, 431, 435
  polar, **3:**41, 326
  space-time, **3:**170, 432, 442, 446–447
  spatial and temporal character of, **8:**348
  See also Coordinate system; State variables
Copenhagen, AE's meeting with Bohr in, **10:***xlvii*
Copernican frame. *See* Frame of reference: Copernican
Copernicus, Nicolaus (1473–1543), **7:***xxxii*, 433n; **10:***xxxviii*
Coppel, Theodore, **10:**569c, 575c
Corbetta, Pietro, **1:**282n
Corelli, Arcangelo (1653–1713), Sonata Nr. 5 of, **10:**167
Coriolis force, **4:***295*, 392, 499–500, 549; **7:**281n; **8:**82, 324, 325n, 349, 501
Cornelius, Johannes (1863–1947), **8:**543, 888; **9:**45n
Cornu, Georges, **5:**243
Correspondence principle, **8:**784n
Corresponding states
  law of, **2:**132–133, 239, 243–244; **3:**402, 470–471
  Lorentz's theorem of, **2:***256*
Cosmic pressure. *See* Cosmological constant: as negative pressure
Cosmogonic hypotheses, Poincaré on, **9:**467n

Cosmological constant, **6:**551; **7:**26n, 36n, 41–42n, 46–47, 73, 80n, 131, 138, 182n–183n, 188–189n, 433n, 457n; **8:**352, 688, 878; **9:**117, 263; **10:***xlix*, 69n, 371, 501
  and closed vs. open universe, Fokker on, **9:**111
  as constant of integration, **8:**836
  as constant of nature, **8:**414, 416, 553, 557, 860
  De Sitter on, **10:**501
  empirical determination of, **7:***xxviii*, 370–371n, 377, 395, 409, 424n; **8:**433, 434
  and globular star clusters, **9:**233n
  introduction of, **6:**543; reasons for, **7:***xxxiii*, 36n, 121n, 133, 146n, 371n, 405n
  as negative pressure, **7:***xxviii*, 35–36n, 135, 140n, 171, 174, 182n–183n, 395, 424n, 456–457n, 567–568, 576n
  See also Cosmological term
Cosmological model, **9:***xli*, 293
  boundary conditions at infinity in, **9:**403
  boundary conditions in, AE and Eddington on, **10:**365
  in five-dimensional theory, **9:**39, 76
  See also Cosmological model, Einstein's *and* De Sitter's; Universe
Cosmological model, De Sitter's, **7:***xxxiii*, 46–49n; **8:**260n, *351*, 414–416, 420n, 421–422, 429n, 466, 473, 501, 613, 653n, 690n, 712–713, 725n, 734n, 765n, 778; **10:**477–478
  cosmological term in, **8:**435
  and Einstein's cosmological model, **8:***353–355*
  from interior Schwarzschild solution, **8:**806
  homogeneous, **8:**485
  inhomogeneous, **8:**467, 476
  line element in, **8:**496
  mass horizon in, **8:***355*
  nonstatic, **8:**352, 353
  preferred center in, **8:***353*
  singularities in, **8:***352, 354–356*, 422, 427–428, 435, 496, 613, 712–713, 720, 779, 805–806, 809
  time-independent metric in, **8:**485
  world lines in, **8:**733
  See also Sitter, Willem de
Cosmological model, Einstein's, **8:**351, 352, 415–416, 417n, 473, 501
  AE on, **8:**386, 390, 392, 401; **9:**117–118, 293
  compared with De Sitter's model, **8:**353–355
  ghost images of stars in, De Sitter on, **10:**477–478, 501

and interior Schwarzschild solution, **8:**688
Cosmological problem. *See* Newtonian theory of gravitation: cosmological problems of; Relativity, general theory of: cosmological considerations in
Cosmological term, **8:***352*, 497, 498, 574, 612, 698
   in De Sitter's cosmological model, **8:**435
   introduction of, reasons for, **8:**406, 556, 700n 860
   and parallel postulate, **8:**691
   and relativistic theory of gravitation, **8:**433
   See also Cosmological constant
Cosmology, **6:**495–501, 516–517, 541–551; **7:***xxiv, xxviii*, 35, 170, 187, 562–564
   See also Universe
Coster, Dirk (1889–1950), **9:**221
Cottingham, Edwin, **9:***xxxiii, xxxv*
Cotton, Aimé (1869–1951), **2:***219*
Coulomb's law, **1:**150–156; **3:**346, 348; **4:**9, 152, 488, 585
Council of Intellectual Workers. *See* Rat geistiger Arbeiter
Council of People's Deputies. *See* Germany: Rat der Volksbeauftragten
Courant, Richard (1888–1972), **9:**240, 352
   and Jewish matters, **9:**222
Covariance
   under Galilean transformations, **7:**254
   under linear transformations, **7:**507, 513, 516, 526
   under Lorentz transformations, **7:**258 (*see also* Relativity, principle of: and covariance under Lorentz transformations)
Covariance, general, **4:**181, 185–186, 192, 193, *294–301*, 308, 313, 319, 476, 483, 488, 493, 495, 573–575, 580, 589, 612; **7:**42n, 177n, 275, 370, 371n, 377, 389, 409, 539, 574n
   arguments against, **4:***294, 297, 298, 300*, 574, 580–581 (*see also* Hole argument)
   See also Relativity, general principle of: and general covariance
Cracow, **10:**28
Critical opalescence. *See* Opalescence, critical
Critical state, **3:**287
Crommelin, Andrew (1865–1939), **6:**512, 537n; **7:***xxx*; **9:***xxxiii, xxxiv*
Crookes, William (1832–1919), **9:**48n, 49
Crown Council, German, **8:**524n

Crystals, **6:**261n
   and heat theorem of Nernst (*see* Heat theorem of Nernst: for mixed crystals)
   magnetic moment of ferromagnetic, **6:**151, 159, 180, 191
   mixed, **6:**30, 37–38, 257
Crystal lattice, **3:**462, 526
   dynamical theory of, **9:**85n
   model, **3:**405, 407n, 411, 421n, 512n, 526
   normal modes of, **3:***xxv*
Crystallography, **8:**497
Crystal structure, **8:**528n, 576; **9:**570c, 582c
   study by X-rays of, **9:**24n (*see also* X-ray diffraction)
Cunningham, Ebenezer (1881–1977), **9:**261
   discussion with Bucherer, **5:**134, 135n, 137–138
Cunow, Heinrich (1862–1936), **10:**242
Curie, Eve (1905–2007), **5:**346n, 519n, 545n
Curie, Irène (1897–1956), **5:**346n, 519n
   AE on, **5:**544
Curie, Marie (1867–1934), **5:**300, 302n, 349, 383, 522n, 541n, 543n; **9:**171, 224–225; **10:**303n, 328
   AE on, **5:**345, 544
   AE's impressions of visit to, **5:**518
   alleged affair with Langevin, AE on, **5:**345
   hiking trip with AE, **5:**543n
   praised by AE, **8:**7
   writes letter of recommendation for AE, **5:**353n
   Zangger's attendance of lectures of, **5:**332
Curie, Pierre (1859–1906), measurements of paramagnetic susceptibility of oxygen, **4:***272*, 284
Curie-Langevin law for paramagnetism. *See* Paramagnetism, Curie-Langevin law for
Curie law for paramagnetism. *See* Paramagnetism, Curie law for
Current
   Ampère's molecular (*see* Ampère's molecular currents)
   closed, **6:***145*, 152–153, 173, 191
   conduction, **4:**87, 514
   convection, **4:**11, 81, 87, 320, 513
   density, **6:**62, 266, 328
   displacement, **4:**10, 102n
   eddy, **6:***148* (*see also* Foucault current)
   electric, **6:**107, 264

Current (*cont.*)
  electric convection, **6:**106, 107, 108
  electric polarization, **6:**46, 107, 108
  energy of, **6:**98
  Foucault (*see* Foucault current)
  magnetic convection, **6:**107
  magnetic polarization, **6:**107, 108, 109
  and magnetism, **6:***145*, 151, 173, 191
  polarization, definition of, **6:**46
Current, electric. *See* Electric current
Curricula, of German-language universities, **3:**8
Curti-Forrer, Eugen (1865–?), **10:**231, 567c
Curtius, Friedrich (1851–1933), **8:**634; **10:**155n
Curtius, Theodor (1857–1928), **8:**636n
Curvature
  geometric interpretations of, **8:**712, 733, 738
  spatial, **6:**501, 511, 547–548, 551; **7:**136, 209, 214, 538, 558
Curvature scalar (*see* Riemann scalar)
CV. *See* Central-Verein deutscher Staatsbürger jüdischen Glaubens
Cwiklinski, Ludwig, **8:**265n
Cyclic process. *See* Change of state: cyclic
Cylinder, iron
  for measurement of Ampère's molecular currents, **6:***147*, 155, 158, 165, 175, 179, 184, 192, 271–272
  moment of inertia of, **6:**154, 160–161, 168, 175, 181, 187, 192, 273
Czapek, Friedrich, **10:**568c, 577c, 579c
Czech University of Prague. *See* University of Prague, Czech
Czellitzer, Arthur, **1:***xlviii*
Czinner, H., offers bibliographic services, **8:**1011c

Da Vinci, Leonardo (1452–1519), **9:**314
Dabrowski, ?, **2:**559n
Daheim, boardinghouse of Stahel-Baumann, **10:**110n
Dahlem, AE lives in, **10:**22
Dahms, Albert (1872–?), **5:**98n
D'Alembert's principle, **3:**88–91
Dällenbach, Walter (1892–1990), **2:***54*; **3:***4, 6, 8,* 128n, 590, *599*; **5:**602n; **7:**62n; **8:**372, 380, 400, 402n, 404, 406, 410, 444, 477, 721n, 743n, 815, 837n, 853; **9:***xlviii*, 40n, 99, 159, 169, 190, 294n, 389n
  AE's advice on research strategy to, **8:**136
  on AE's concept of "measuring rod," **10:**591c
  in AE's lecture course at ETH, **5:**602n
  character and abilities of, **8:**366
  congratulates AE, **9:**190
  dissertation of, **8:**391, 847
  generally covariant electrodynamics, work on, **8:**350n, 796–801, 803
  Habilitation of, **8:**851
  notes by on AE's course, **4:***6, 273, 298, 300*
  plans book on Maxwell theory, **9:**160
  Riemann tensor, on contraction of, **8:**348
  on rotating magnets in general relativity, **10:**591c; AE on, 348; Besso on, 354
  in Swiss Army, **8:**137n
  and Swiss politics, **9:**189–190
Dalton's law, **3:**180, 242n; **5:**280
Damping, **3:**364, 385–386, 460, 544n–545n
  of atomic oscillations, **3:**461–464, 510n, 511, 518n, 518
  of ionic oscillations within a crystal, **3:**510n, 511
  of oscillations of pendulum, **3:**52
  See also Oscillators: damping of
Danish Academy of Sciences. *See* Royal Danish Academy of Sciences and Letters
Danish Astronomical Society, **10:**568c
  AE lectures at, **10:**321, 581c
  invites AE to lecture, **10:**244
Dann, Walter (1881–?), **9:**130n, 139n
Dann-Böhm, Elsa Maria (1897–?), **9:**30, 129, 131, 147, 171, 219
d'Annunzio, Gabriele (1863–1938), **9:**210
Danzig. *See* Gdansk
Danzig, Technische Hochschule. *See* Technical University of Danzig
Danziger, Fritz, **8:**1008c
Danziger, Jacques, **6:**208, 210n
Dark field capacitor, **2:**559n
Darmstadt, **5:**306, plans for Hans Albert Einstein to attend school in, **10:***xxxvii*
Darmstadt-Stern, Emma (1885–?), **5:**183n, 403n, 404
  marriage of, **5:**306
Darmstaedter, Ludwig (1846–1927), **5:**270n; **9:**283–284; AE sends autograph to, **5:**270
Darmstaedter autograph collection, **5:**270n
Darquet, Gabriel, **10:**578c
Darwin, Charles (1809–1882), **6:**569; **8:**918; theory of evolution of, **6:**509, 569

D'Asar, Mario Russo, **7**:478n
Das Odeon, **9**:391–392, 394–395
Däubler, Theodor, **9**:610c, 611c
David, Eduard, **9**:515n
Davidson, ?, **6**:512
Davidson, Charles R., **9**:*xxxiii*
Daxenberger, Otto, **1**:5
De Donder, Théophile (1872–1957), **8**:536n
  discussion with AE on
    energy-momentum pseudotensor, **8**:303, 306, 307, 308, 313, 315, 319, 327
    equivalence of general relativity with theory of gravitation, **8**:303–304, 306, 307, 308, 309–310, 312–313, 315, 318–319, 327–328, 575
  gravitation theory of, paper on, **8**:575, 609
De Haas, Wander. *See* Haas, Wander de
De Sitter, Willem. *See* Sitter, Willem de
De Sitter clock, **8**:804
De Sitter's cosmological model. *See* Cosmological model, De Sitter's
Debye, Peter (1884–1966), **3**:475n, 477n, 517n; **4**:*552n*, 553; **5**:285n, 287n, 307, 374, 398, 408n, 428n, 446, 446n, 448, 468, 597n; **6**:35, 556; **7**:*109*, 345; **8**:145, 425, 851, 853n, 863n; **9**:*xlviii*, 7, 24n, 149n, 150n, 192, 197, 214, 215n, 290, 302n, 312, 318, 354n, 408, 440, 460n, 463, 502, 513, 516, 559c, 566c, 570c, 596c; **10**:17, 20, 22, 25, 28, 208, 256, 317, 481, 516, 577c, 611c, 612c, 613c
  abilities of, AE on, **5**:290, 374; **9**:451
  constitution of atom, lecture on, **8**:820
  Ehrenfest, negative comment on, **5**:447n
  ETH appointment of, **9**:268, 292, 301, 303, 305, 312, 326, 339, 382, 403, 449, 451
  invited to Wolfskehl meeting (Göttingen), **5**:506n
  Julius's request for AE's opinion on abilities of, **5**:361
  KWIP
    contract with, **8**:821–823, 830, 866, 876
    funding by, **8**:1024c–1025c, 1027c
    loans transformer from, **10**:584c
  meeting with AE in Munich, AE on, **5**:290
  meeting with Julius in Bern, **5**:386
  parameter-dependent weight function of, **8**:24, 26
  PAW, corresponding member of elected, **9**:605c

  nominated, **9**:410
  Physikalische Gesellschaft of Zurich, lectures to, **8**:915
  plans to write book on relativity, **10**:513
  on polarizability of molecules, **10**:443
  on quantum state of macroscopic system, **6**:33
  quantum theory of specific heat, work on, **5**:480, 505, 514
  ring atom, **8**:562n
  University of Göttingen
    professor at, **10**:25n
    leaves, **9**:317, 434
  University of Leyden, candidacy for Lorentz's chair at, **5**:421
  University of Utrecht
    acceptance of appointment, **5**:422n
    candidacy for chair at, **5**:346, 348n, 350, 359, 369, 373
      AE on, **5**:349, 356
      AE's recommendation for, **5**:374
      official recommendation for, **5**:376n
      uncertainties of, **5**:354
      welcomes offer, **5**:347, 350, 361
    formal appointment, **5**:395n
    professor at, **10**:25n
  University of Zurich
    appointment, **5**:291n
    candidacy for AE's chair at, **5**:285n
    invited to, **8**:148
    promoted to professorship at, **5**:394; **10**:17, withdrawal from, **5**:422n
  Wolfskehl lectures by, **8**:27n
  X-ray diffraction, on influence of temperature on, **5**:562
  X-ray spectra, paper on, praised by AE, **8**:561
Debye-Scherrer experimental setup, **9**:23, 61
Debye-Sommerfeld theory of dispersion, Epstein on, **9**:197
Decomposition
  of magnetic fields, **3**:377
  spectral, of energy, **3**:500, 510n, 515n
  See also Fourier decomposition
Dedekind, Richard (1831–1916), **2**:*xxv*
Deduction. *See* Method, deductive
Degeneracy, of energy states, **6**:39n
Degenhart, Joseph, **1**:lxi, lxiii, *351*
Degrees of freedom, **2**:*49*, 67, 75n; **3**:68, 72, 89, 92, 220, 245n, 422, 475n, 510, 534
Dehlinger, Walter (1889–?), **9**:386, 447

Dehmel, Richard, **9:**558c
Delbrück, Hans, **9:***xliv*, 17n, 551c
  AE asks to sign declaration in support of Nicolai, **9:**384
Delbrück-Dernburg petition, **8:**174n, 175; **10:**97n
  AE signs, **10:**33n
  signatories, **8:**146n, 150n, 157n, 176n, 364n, 637n, 759n
Delcassé, Théophile (1852–1923), **8:**173
Delft, AE visits, **10:**223
Democratic Party, German. *See* Demokratische Partei
Demokratische Partei, **7:**124n, 211n; **8:**948
Demokratischer Klub, **9:**574c, 576c
Deng, L., sends food package to Elsa Einstein, **10:**267, 270, 275
Density
  of continuous mass distribution, **6:**102, 351
  electrical charge, **6:**61, 106, 107
  electrical current, **6:**62, 266, 328
  electrical rest, **6:**62
  energy, **3:**279; **6:**98, 355, 392
    "complex" of (*see* Gravitational field: energy-momentum components (pseudotensor) of)
  of energy of static gravitational field, **4:**161, 162
  of incompressible fluid, **6:**326
  magnetic charge, **6:**107
  of matter, in universe (*see* Universe, matter density in)
  momentum, **6:**98
  radiation (*see* Radiation: density of)
  rest, **6:**392;
  rest of matter, **4:**101
  See also Electric charge
Density, magnetization, **2:***507*
Department of Education, Canton of Zurich accepts AE's conditions for lecturing, **10:**567c
Deprez-D'Arsonval instrument, **3:**361, 363, 398n
Der Tag, **10:***xxxviii*
Derzbacher, Julius. *See* Koch, Julius
Des Coudres, Theodor (1862–1926), **9:**349, 360
Descartes, René (1596–1650), **6:**518, 519, 529, 533; **8:**851; **9:**388; **10:**191
Deslandres, Henri (1853–1948), **5:**355, 356n; **10:**382

Desormes, Charles-Bernard (1777–1862), **3:**567
Dessau, ?, **9:**434n
Dessau, Bernardo, requests information on education at Haifa Technion, **10:**591c
Dessoir, Max (1867–1957), **8:**854–855
Deussen, Paul (1845–1919), **9:**76n
Deutsche Allgemeine Zeitung, **7:***110*
Deutsche Friedensgesellschaft, **8:**174n; **9:**203n
Deutsche Gasglühlicht Aktiengesellschaft, **9:**12
  AE shareholder of, **9:**126n, 148n, 214, 463, 551c, 576c
Deutsche Gesellschaft für Auslandsbuchhandel, **7:**363n; **9:**425n, 465
  for restoration of German book trade, **9:**424
  invites AE to join organizing committee, **10:**584c
  requests statement from AE, **9:**424–425
Deutsche Gesellschaft für Mutter- und Kindesrecht, **9:**203n
Deutsche Liga für Völkerbund, **9:**34n
  solicits article from AE, **10:**333–334; declined, 343
Deutsche Mathematiker-Vereinigung, **7:**357n; **8:**762, 765
Deutsche Physikalische Gesellschaft (DPG), **2:***xvi*; **7:**59n, *107–111*, 357n; **8:**458, 672n, 818, 884, 994c; **9:**20n, 64; **10:***xxxix*, 40n
  advisory committee of, **8:**760n; AE elected member of, **10:**24n
  AE elected member of executive committee of, **9:**565c
  AE participates in meeting on fusion of physics journals, **10:**599c
  AE's lecture on periodic processes to, **4:**607n
  board of directors, **8:**31
  chairmanship, **8:**32, 759, 764, 781
  discrimination in, **8:**32
  on funding of *Fortschritte der Physik*, **8:**1021c
  history of, **8:**33n
  Laue presents eclipse expedition results to, **9:**602c
  lectures to by
    Ehrenhaft, **8:**459n
    Franck and Hertz, **8:**29n
    Planck, **8:**193n, 217n
    Rubens, **8:**212
  letter of Wien to Planck on, **8:**31
  new journals of, **9:**297, 309n–310n, 312, 353, 354n, 470n, 585c, 586c, 589c, 590c, 592c

Wien opposes, **9:**297
revision of statutes of, **8:**31–35
unity of, **8:**32
See also Einstein, Albert: Lectures: DPG
Deutscher Bund für Mutterschutz, **9:**34n
Deutscher Gesellig-Wissenschaftlicher Verein von New York, **7:**363n
solicits contribution to album, **10:**601c
Deutscher Monistenbund, **9:**34, 347–348
Deutscher Schutzbund für die Grenz- und Auslandsdeutschen, **9:**349–350
Deutscher Verband der technisch-wissenschaftlichen Vereine, **7:**494n
Deutscher Zentralausschuß für die Auslandshilfe, **7:**332
circular letter, 333n
solicits statement from AE, **10:**334–335
Deutsches Museum, **8:**822; **9:**594c; elects AE as board member, **9:**602c
Deutsche Studentenschaft, **9:**179n
Deutsche Tageszeitung, **7:**240n; attacks on Nicolai, **9:**384
Deutsche Vaterlandspartei, **8:**629
Deutsche Versuchsanstalt für Luftfahrt, **8:**577n
Deutsche Zeitung, **7:***110, 112*; **9:**602c, 612c; anti-Semitism of, **9:**522
Deutschnationale Volkspartei, **7:**240n
Deutschvölkischer Schutz- und Trutzbund, **7:***112*
Diamagnetism, **6:**33, 39n, 191; **10:**303
Diamond
absorption spectrum of, **2:**388, 405
specific heat of, **2:**389; **5:**245
Diatomic molecules, rigidity of, **9:**459
Dickmann, Ina, **10:***xxxix*, expresses sympathy for AE, **10:**388
Dictatorship of proletariat, **8:**946n, 947n
Die Naturwissenschaften, **10:***xxxviii*
Die zwölf Bücher, **9:**321
Dielectric, **1:**170–172; **3:**341–346, 348, 386, 398n; **4:**17; moving, **6:**48, 67n
Dielectric constant, **1:**170–172; **2:**512; **3:**298, 341, 374, 386; **4:**17, 19, 21; **6:**107; determination of, **3:**347, 398n
Dielectric displacement, **4:**16, 514
Diels, Hermann (1848–1922), **5:**596n; **8:**92, 346, 347n, 726, 994c; **9:**515n
Dieterici, Conrad H. (1858–1929), **9:**74–75
Differential calculus, **6:**7, 11, 55–61, 73, 77–82, 87, 89–97, 111–112, 216–219, 227, 228, 246, 248, 284, 294–301, 379, 496; **7:**153, 451, 453, 541, 550, 574n
three-dimensional, **6:**55–58
See also Gaussian theory of surfaces; Geometry: Riemannian
Differential calculus, absolute, **4:***3, 192, 195, 296, 300,* 319, 324–339, 342n, 476, 480–481, 495–496, 573, 574, 589–596, 620
See also Differential covariants; Tensor calculus
Differential, complete, **3:**335
Differential covariants, **4:**78–80; **6:**17. See also Differential calculus, absolute
Differential equations, **1:**212; **3:**505
for diffusion, **3:**262, 268n
linear vs. nonlinear, **3:***xix*
ordinary, **3:**505n
Diffraction
of light (*see* Light: diffraction of)
Reiche's paper on, AE on, **5:**182
of X-rays (*see* X-ray diffraction)
Diffraction image, **8:**424n
Diffraction theory, Kottler on, **9:**373, 436
Diffusion, **3:**183, 188, 243n, 268n, 454n, 572, 575–576; **8:**125, 144; **10:**54
coefficient of, **1:***265*, 292; **2:***177*, 200, 211, 212, 229–230, 232, 233, 234, 251–252, 252n, 347, 497, 499, 502n
connection with osmotic pressure, **2:**199–201, *205*, 497–499
equation, **2:***211–212*, 233
of gases, **2:**123–124, 251
relationship of mean square displacement to, **2:**501n
of suspended particles, **2:**229, 231–234, 497
Tamman on, **10:**13n
theory of, **2:**170, 171, 173, 178, 179, 199–201, *212*, 497–498
under external force, **2:***235*
Dilution, Ostwald's law of, **2:***178*; **4:**561; **5:**16n; Besso on, 14
Dimensional considerations, **2:**549, 580; AE's, **3:**460–461, 467–470, 474, 476n, 527, 544n
Dingler, Hugo (1881–1954), **7:***109*; **9:**529
Diogenes, **1:**326; **7:**57
Dipole, **2:**520–522; **3:**341–343, 395, 507, 545n
mean energy of rotating, **4:***273*
Dipole moment, electrical of diatomic molecule, **4:**276, 277

Dipole, rotating
    AE's and Fokker's work on, **5:**578–579
    in radiation field, AE on, **5:**359, 568
Diptmar, Johann, **1:**349, 350
Dirac field, **8:**968n
Direktorium. *See* Kaiser-Wilhelm-Institut für Physik
Disk, rotating. *See* Rotating disk
Dispersion, **7:**51–52, 485; **8:**158, 626
    Drude's theory of, **2:***143*, 384
    of light in a medium, **3:**250, 253n
    optical, **1:**283n; **2:**585; **3:**280, 522, 544n
    theory of, **3:**414n, 544n
    in ultraviolet, **3:**544n
Dispersion, anomalous
    Larmor on, **10:**252n
    in solar atmosphere, **5:**316; **9:**267, 272, 287, 470
    theory of, **10:**248
    See also Sun: optical phenomena in atmosphere of
Displacement law, of Sommerfeld, **9:**21n
Displacement law, Wien's. *See* Black-body radiation: Wien displacement law for
Displacement vector *D*. *See* Electric field: displacement vector *D*
Displacements, virtual, **3:**88–89, 92
Disraeli, Benjamin (1804–1881), **10:**463
Dissipative force. *See* Force: dissipative
Dissociation, **1:**285; **2:***178*
    Arrhenius on, **5:**13
    Battelli and Stefanini on, **5:**12
    Beckmann on, **5:**13
    Besso on, **5:**13, 14, 343
    electrolytic, **10:**575c; Roloff on, **5:**13
    of gases, **7:**325–331n; **10:**15, 17
    Kohlrausch on, **5:**13
    Ostwald on, **5:**13
    Raoult on, **5:**13
    quantum theory of, **9:**470
    role of gravitation in, Besso on, **5:**14
    role of hydration in, **5:**16n, Besso on, 14
    Tammann on, **5:**13
Distant masses, **8:***352*, 357, 358, 360, 362, 502n
Distribution
    canonical, **2:**74n, *139*; **3:**219–220, 228, 232
    vertical, of granules in a liquid, **2:**345n
    See also Boltzmann distribution; Maxwell–Boltzmann distribution; Maxwell distribution law; State distribution
Divorce contract
    of 1918, **10:**150
    AE accepts, **10:**155
    draft of, **10:**156–159, 163, 165
    Einstein-Marić
        accepts AE's proposal for, **10:**146
        denies initiating divorce proceedings, **10:**41
        terms of financial support in, **10:**159; Zürcher on, **10:**147
Divorce proceedings of 1919, **9:**82n, 306
DNVP. *See* Deutschnationale Volkspartei
Doctoral dissertation, AE's. *See* Einstein, Albert: Career: Doctoral dissertation
Doeberl, Michael, **1:**347
Dolder, Jacob, **8:**349
Dolezalek, Fritz (Friedrich) (1873–1920), **2:**397n
Dominik, Hans (1872–1945), **9:**395
Donder, Théophile de (1872–1957)
    on energy tensor, **10:**370–371
    on his notation in general relativity, **10:**376–377
    requests copy of *Einstein 1919a*, **10:**363
Doppler effect, **3:**162–163, 165–166, 175n, 492, 574; **4:**35, 51, 105n, 545; **6:**27, 55, 135, 391, 392, 458, 517, 526, 536n; **7:**467, 484–487n
    in canal rays
        AE on, **5:**450
        Stark's work on, **5:**47n, 144, 144n, 150, 452n,
    relativistic theory of, **2:**295–297, 435, 445–449
    in solar atmosphere, **5:**355
    solar spectral lines, influence of on shape of, **5:**388
    transverse
        in canal rays, **2:**402, 403n, 444
        in emission theory of light, Ehrenfest on, **5:**452n
    See also Relativity, special theory of: Doppler shift in
Doppler principle, **8:**332
Doryon, Yisrael (1908–?), AE's draft preface for brochure of, **7:**129n
Dörzbacher, Julius. *See* Koch, Julius
Dosch family, **1:***377*
Dostoyevsky, Fyodor (1821–1885), **9:**415, 487, 503; **10:**152–153
    Karamazov Brothers, AE enjoys, **9:**498

Double refraction, **1**:8
Double stars, **4**:5, 35; **6**:67n, 435
DPG. *See* Deutsche Physikalische Gesellschaft
Drag, of sphere in fluid, **9**:221
Dragging coefficient, **2**:438, 485n, 567; **3**:164, 428; **5**:73n; **6**:26–27, 42, 47–48, 67n; **7**:246, 279n; **8**:162n, 350n
  Fresnel value, **6**:43n
  Laub's paper on
    AE's criticism of, **5**:74
    Laue's criticism of, **5**:73
  Lorentz value, **6**:43n
  See also Ether: dragging of; Light: dragging of
Dragging of inertial frames. *See* Lense-Thirring effect
Dražić, Ružica, **1**:244, 245n
Drechsler, R. W., **10**:570c, 571c, 573c
Dresden. *See* Gesellschaft Deutscher Naturforscher und Ärzte, meeting in Dresden
Drexler, Franz, **7**:195n
Dreyfus, Bertha (1871–1942), **5**:558, 559n
Dreyfus, Cosman (1835–1918), **5**:237, 238n, 558
Dreyfus, Marie (1875–1943), **5**:237, 238n, 558; marriage of, **5**:559n
Driesch, Hans (1867–1941), **10**:307
Drill, Robert
  debate with Schlick, **9**:282n, 313
  paper by, **9**:280, 282n, 323
  "proof" of principle of energy from sausage, **9**:313
Droste, Johannes (1886–1963), **4**:*344*, 373n; **5**:569n; **6**:552n; **7**:*101*; **8**:350n, 517, 519, 521; **9**:110, 145, 150; **10**:55n
  candidate as *Assistent* with AE in Berlin, **5**:568, 603n
  collaboration with Lorentz, **8**:420n
  dissertation of, **8**:457
  Lagrangian for many-body problem in general relativity, paper on, **8**:430
  solves field equations for point mass, **8**:362; priority in, 425
Drude, Paul (1863–1906), **1**:213, 267n, 305n, 326; **2**:*xviii*, *143*, *175*, *267*, 384, 386, 405; **3**:9, 414n, 529, 544n; **4**:529; **5**:69n
  AE's reading of, **2**:45, 46, 135–136, 259, 260
  book on ether physics, AE's criticism of, **5**:430, 431
  correspondence with AE, **1**:303, 306, 308, 310
  electrodynamics of moving bodies of, AE plans to study, **1**:225, 330
  electron theory of metals of (*see* Electron theory of metals: Drude's)
Duality of electricity and magnetism, **2**:526, 528n; **4**:25, 26
Duane, William, **9**:237
Dübi, Ernst, **5**:244
Dübi, Walter, **3**:6
Duck, pregnant, **6**:402n
Ducrue, Joseph, **1**:*351*, *353*
Dufour, Alexandre (1875–1942), **5**:287n; AE on abilities of, 287
Duhamel, Georges (1884–1966), **9**:322
Duhem, Pierre (1861–1916), **3**:9, 397n; **8**:890
Dukas, Helen (1896–1982), **8**:265n, 503n; **9**:485n
Dulong-Petit rule, **1**:236, 279–280, 283; **2**:*142–143*, 384, 386, 390n; **3**:219, 422, 423n, 460, 472–473, 521; **4**:533; **5**:259, 280
  deviations from, **3**:522
Dumont, Louise, **9**:558c
Du Pasquier, Louis-Gustave (1876–1953), **1**:214
Dutch Academy of Sciences. *See* Royal Dutch Academy of Sciences
Dutch Israelite Seminary, **9**:288n
Dutch Natural Scientists and Physicians, congress of, **8**:390, 418, 458n
Dutch Zionist League, **9**:249n
Dutoit, Paul (1873–1944), **5**:401, 402n
Dynamics, **3**:63–64
  classical, **2**:368; **3**:556
  of ideal fluids, **3**:6
  of material systems, **3**:*4*, 78
  relativistic, **2**:*273*, 369
  See also Mechanics: classical
Dynamo, **1**:*li*, *liv*
Dyson, Frank (1868–1939), **7**:*xxx*, 210n; **9**:*xxxiii–xxxv*, 138n, 199n, 244; **10**:222n
  notice on eclipse results, **9**:236
  proposes eclipse expedition, **9**:32
DZA. *See* Deutscher Zentralausschuß für die Auslandshilfe

Earth, **3**:15, 59–62, 127n, 136–139, 175n
  constitution of, **8**:596
  gravitational field of, **6**:472 (*see also* Gravitational field: of mass point)
  magnetic field of (*see* Magnetism: terrestrial)

Earth (*cont.*)
  moment of inertia of, **7:**142–143
  motion of, relative to ether (*see* Motion: relative)
  observation of eccentricity of orbit of by redshift, AE on, **10:**61
  perihelion motion of, **6:**242
  rotation of, **7:***xxviii*, 142–146n, 197–198n; **8:**79; fluctuations in, 596
Easter message of Wilhelm II, **8:**506n; **10:**97n
Eastern Europe, effects of malnutrition in, **7:**334n
Eastern European students, AE's course in Berlin for, **10:**386
Eastern Jews. *See* Jews of eastern Europe
Ebert, Friedrich (1871–1925), **7:***xxi*; **8:**944n, 961n, 1029c; **9:**4n
Ebner, ?, official registrar, **9:**84
Eckart, Pauline. *See* Winteler, Pauline
Eclipse expedition. *See* Solar eclipse expedition
Eclipse, solar. *See* Solar eclipse
École Polytechnique, Paris, **7:**349n; **9:**333
Economics, **8:**701, 756, 789
Economy, planned, **7:**124n, 129n
Eddington, Arthur S. (1882–1944), **3:**125n; **6:**512, 537n–538n; **7:***xxxi*, 27n–28n, *101*, 201n, 340n, 345, 410n, 581; **8:**350n; **9:***xxxiii–xxxvii, xxxix, li*, 167, 182, 195, 199n, 262, 264, 304, 311, 369, 390n, 401, 408, 479, 498, 577c, 599c; **10:**222–223, 226n, 309, 380, 500
  and anti-relativists, **7:**347
  general relativity, interest in, **9:**244
  on German-British scientific collaboration, **9:**307n
  on Gold Medal affair, **9:**369–370
  gravitation and principle of relativity, lecture on, **7:**201n
  on gravitational field due to boundary conditions, **8:**359n
  on gravitational light deflection, **9:**32
  invites AE, **9:**370, 408
  Lorentz on book by, **10:**320, 365
  Mach's principle, disagreement with AE on, **7:**377, 409
  publishes rebuttal against Guillaume, **10:***xlix*
  as Quaker, **9:**378n
  relativistic theory of gravitation, on ignorance of in England, **8:**323n, 384n
  solar eclipse expedition of 1919, **7:***xxx*, 178n, 200, 201n, 210n; **9:**201; **10:***xxxvii*;
  debates on results, **9:**474n
  on positive results of, **9:**186, 216; **10:**222, 223
  sends report of to AE, **10:**309
  stellar theory of, **9:**13
  on virial theorem, **7:**425n
  on Weyl's theory, **9:**113n, 263; **10:**349n
Eder, Josef Maria (1855–1944), **5:**212, 214n
Eeden, Frederik van (1860–1932), **9:**322
Egidy, Moritz von (1847–1898), **10:**329
Ehlers, Ernst (1835–1925), **5:**502n
Ehrat, Emma, **5:**158
Ehrat, Jakob (1876–1960), **1:**214, 247, 253, 263, 269n, 290, 298–299, 329, 330, 337; **3:**578–579; **5:**5, 5n, 20, 20n, 21, 21n, 557n, 589; **8:**511
  AE as matchmaker for, **5:**591n; **8:**9
  Bieberstein/Rhön, appointment in, **5:**25, 26n
  biography, **1:***379*
  change of residence in Winterthur, **5:**590
  ETH, *Assistent* at, **1:**250, 251, 252n, 253, 263n, 337n, **5:**6n, 26n
  marriage of, **5:**590n
  marriage plans of, AE on, **5:**592
  mountain trip with Solovine, **5:**248
  Swiss Patent Office, possible position at, **5:**82
  Thurgau Kantonsschule, candidate at, **1:**250n, 251, 252n, 255
  visits AE in Bern, **5:**82, 85
Ehrat, Jakob, and Ehrat-Ühlinger, Emma, AE visits, **5:**158
Ehrenberg, Helene (1852–1920), **10:**315, 361n
Ehrenberg, Viktor G, (1851–1929), **9:**242; **10:**449n; on AE as German and Jew, **9:**243
Ehrenbergstraße, **8:**55; lodger for, **8:**49n
Ehrenfest, Anna (1910–1979), **5:**428, 429n, 451; **8:**13; **9:**146, 227; drawing by of AE welcoming eclipse results, **9:**246, 266
Ehrenfest, Anna and Tatiana, violins for, **9:**267, 288–289, 316, 334n, 353, 402, 456–457, 471, 497; **10:**246–247, 252, 267, 270, 277, 297, 337, 344, 366, 356
  brought by AE, **10:***xlv*
  confiscated in Bentheim, **10:**247
Ehrenfest, Arthur (1862–?), **10:**385n
Ehrenfest, Emil (1865–?), **5:**423n
Ehrenfest paradox, **3:***478–479*, 482–483, 484n; **10:**6, 7n, 10, 14

thought experiment to illustrate, **10**:13n
See also Rotating disk
Ehrenfest, Paul (1880–1933), **2**:*102, 109–110, 138, 144, 253–254, 263, 267*, 410, 412n; **3**:*xx, 478–479*, 483, 484n, 562n; **4**:*5*, 34, *112*, 145n, 151, *299*, 502n; **5**:251n, 292n, 429, 468, 540; **6**:40n, 261n; **7**:*223*, 486n; **8**:12, 15, 56, 84, 128n, 150, 160n, 164, 230, 232, 233n, 236, 237, 244n, 247n, 249, 285, 288, 331, 335, 338, 339, 346, 360, 361, 364, 371, 386, 390, 413n, 418, 427, 457, 464, 468, 476, 480, 484, 534, 536, 562n, 643n, 720, 892, 958, 960; **9**:*xxx, xxxviii, xlix*, 1, 15, 30n, 43n, 55, 55n, 101n, 129n, 139n, 152, 154, 171–172, 181, 181n, 195, 197, 203n, 216, 218, 221n, 221, 227, 255n, 263n, 266, 272, 286, 289, 315, 321, 332, 339, 352, 355, 360n, 362, 364n, 413, 422n, 456, 481, 497, 500, 507, 523, 578c; **10**:*xxxi, xlvi*, 10, 20, 25n, 50–52, 56, 219n, 223, 253, 262, 267, 270, 279, 289n, 297, 311, 320, 356, 373, 417, 444, 465, 469, 471–472, 476
  adiabatic invariants, theory of (*see* Adiabatic invariants: Ehrenfest's theory of)
  advises on printed version of AE's inaugural lecture, **9**:371, 414, 469–470, 501–503
  and AE, **8**:13n, 20n, 22n, 76n, 144n, 165n
  AE
    on acquaintance with, **8**:22
    advises not to participate in Als-Ob conference, **10**:*xlv*
    on approval of professorship for, **10**:344
    on arithmetical miscalculation by, **9**:414; AE's comment, **9**:456
    criticizes attire of, **10**:252
    on curators of Leyden professorship of, **10**:366
    on diet of, **9**:165
    discusses superconductivity with, **10**:*xlvii*
    discussions with, **10**:257, 279
    on Dutch visa for, **10**:241–242, 375
    on expectations toward, **10**:366
    expedites appointment of at University of Leyden, **10**:364
    first meeting with, **10**:20
    general relativity, congratulates for, **8**:242
    health of, worries about, **9**:182
    on inaugural lecture of, **10**:366, 385; attire for, 375
    on invitation to University of Wisconsin of, **10**:479
    invites, **8**:62, 228, 555; **9**:15, 151, 183
    plays Bach for, **10**:253
    plays music with, **10**:220, 222–223, 519
    on professorship for at University of Leyden, **9**:145, 150–151, 164, 165, 371, 503; **10**:*xxxix*, 389
    requests expression of appreciation of for research by Julius, **10**:518
    requests intervention of for transit visa for Russian physicists, **10**:517
    on response from regarding Berlin Philharmonic event, **10**:*xl*
    on U.S. visit of, **10**:479–480
    visits by to Ehrenfest family, **8**:11; **10**:*xxxii, xxxvii*; good memories of, **8**:12, 340, 348
    visits in Leyden, **8**:13n, 22
    visits in Prague, **5**:393, 408, 422n, 428n
    visits in Zurich, **5**:508, 524n, 569n
  AE declines invitation by, **8**:228, 457
  AE enjoys children of, **10**:219, 247, 253, 264
  AE invites to Berlin, **8**:28
  AE invites to Zurich, **5**:523
  AE praises, **8**:19; **10**:222–223
  AE requests official invitation from, **8**:892
  AE visits, **8**:11; good memories of, 12, 340, 348
  AE's deep sympathy for, **10**:298
  AE's financial debt to, **10**:444
  AE's planned visit to, **5**:563, 598n, 601, 602, 603, 607
  against mass actions, **9**:248
  aids young Russian scientists, **9**:153
  anarchistic views of, **9**:237
  anti-Semitism, on efforts to fight against, **9**:287
  asked for newspaper article on relativity, **9**:246
  atheism of, **9**:288n
  atheism of, AE on, **10**:20
  on Bach's music, **8**:345n
  Beiblätter zu den Annalen der Physik, reviews for, **2**:*109–110*
  on Bohr, **9**:216; **10**:*xlvii*, 244
  Boltzmann principle, discussion with AE on, **8**:20–22
  on call to Ukrainian Academy of Sciences, **9**:152
  on collected articles of AE, **9**:371, 414

Ehrenfest, Paul (*cont.*)
　collects literature and instruments for Russian colleagues, **10**:376, 404, 425–426
　comments on AE being called "Jewish Newton," **9**:287
　critique of AE's light emission experiment, **7**:487n
　on cynicism, **9**:416
　Debye's negative comment on, **5**:447n
　declines invitation by Hilbert, **8**:701, 715, 737, 740, 744, 756
　dedication to AE by, **5**:630c
　depression of, **9**:286; **10**:368
　disapproves of *Einstein 1920f*, **10**:403–404, 426
　on Dutch copies of AE's inaugural lecture, **9**:615c
　economics, interested in, **8**:701, 756, 789
　efforts of on behalf of Epstein, **9**:333–334, 344, 470, 487, 498
　and Ehrenfest, Tatiana, **10**:247, 251
　emission theory of light, paper on, AE on, **5**:450
　on English edition of *Einstein 1917a*, **10**:385
　Epstein, invites to Leyden, **10**:285n, 289
　equivalence principle, generalization of, **5**:487–496
　European tour of, **5**:393n
　feelings of inferiority of, **10**:375
　financial problems of, **10**:368
　on fluctuations in radiation theory, **5**:465
　GDNÄ meeting in Nauheim, expects demonstration against AE at, **10**:369
　Habilitation attempts of, **5**:408n, 422, 428n, 461
　　AE on, **5**:408, 421, 427
　　Kleiner's role in, **5**:421, 422n
　　opposition by ETH authorities to, **5**:464n
　　Sommerfeld on, **5**:463n
　　Sommerfeld's support of, **5**:461, 476
　　Weiss's role in, **5**:427, 451, 476, 478n
　and Hebrew University, **9**:222, 240, 287, 316, 332–333, 352
　on Herglotz, **9**:415
　on historical development of theory of relativity, **9**:247
　hospitality of, AE on, **10**:297–298
　on identity as Jew, **9**:287
　ill with jaundice, **8**:756, 789
　on length contraction, **10**:6
　on literature about Jewish life, **9**:415
　liver condition of, **10**:476
　magnetic experiment of, **8**:345
　magnetic quanta of, **8**:22
　initiates meeting on magnetism ("Magnet-Woche"), **10**:*xlvi*, 366, 368, 404
　on mediating between Russian and Western European science, **9**:153
　nondenominationalism of, **5**:422n, 452n; AE's criticism of, **5**:451
　on northern German self-confidence, **9**:415
　organizational talents of, **9**:228n
　on paramagnetism, **10**:366–368, 376
　on parameter-dependent weight function, **8**:20n, 21, 23–27
　passport confusion of, **5**:423n
　photochemical equivalence
　　generalization of AE's work on, **5**:440–444, 451
　piano for, **9**:315, 334n, 352, 376, 402, 413
　on Planck's ellipses, **8**:21
　plans to accompany AE to ETH, **5**:464n
　on political unrest and Jewish unity in Europe, **9**:416
　popular lectures on relativity by, **9**:468
　Prague, lecture in, **5**:474n; AE's praise of, **5**:446
　radiation theory, paper on
　　AE on, **5**:339
　　Besso on, **5**:343
　reads Bergson, **10**:368
　receives proofs of AE's second paper on static gravitational field, **5**:455
　relativistic theory of gravitation, reception of, **8**:263
　on research of Russian colleagues, **10**:426
　on revolution in Europe, **9**:416
　rigid body motion in special relativity, **5**:211n; dispute with Varićak on, 292n
　on rigid rotation in special relativity, **10**:14
　on sensitive areas on atoms, **8**:30n
　Solvay Congress, Third, invited to, **10**:303
　specific heat, work on, **8**:41
　suggests spherical four-dimensional space-time, **8**:417n
　on superconductivity, **9**:504
　University of Leyden, Lorentz's successor at, **5**:484, 490, 496n, 509, 509n; **10**:*xlii*

University of Prague, candidacy for chair at, **5**:470, 474n
  Abraham's recommendation for, **5**:446
  official evaluation of, **5**:470–472
University of Zurich, candidacy for chair at
  AE on, **5**:446
  Kleiner's opposition to, **5**:451
Van der Goot's statement, signs, **8**:63
violins for daughters of, **9**:267, 288–289, 316, 334n, 353, 402, 456–457, 471, 497; **10**:246–247, 252, 267, 270, 277, 297, 337, 344, 366, 356
  brought by AE, **10**:*xlv*
  confiscated in Bentheim, **10**:247
visit by Russian physicists, **10**:465, 517
visits Herglotz in Leipzig, **5**:393n
visits Petzoldt, **8**:31n
visits Smoluchowski in Lemberg, **5**:429n
vitality of, **8**:865
Volga trip with Tatiana Ehrenfest, **5**:460
on worldlines-field corresponding to static gravitational field, **5**:460, 462
on Zionism, **9**:248
Ehrenfest Jr., Paul (1915–1939), **9**:146, 227; **10**:257, 404; AE plays with, **10**:247
Ehrenfest, Tatiana (1905–1984), **5**:428, 429n, 451; **8**:13; **9**:*xl*, 227, 413; **10**:344
Ehrenfest, Wassily (1918–1933), **8**:865; **9**:146, 227, 248
Ehrenfest-Afanassjewa, Tatiana (1876–1964), **5**:393n, 428, 440, 451, 524n; **8**:12, 345; **9**:146, 216, 227, 248, 316, 457; **10**:*xxxvii*, 220; visits Katwijk with AE, **10**:265, 270
Ehrenfest's adiabatic theorem. *See* Adiabatic invariants: Ehrenfest's theory of
Ehrenhaft, Felix (1879–1952), **2**:*220*; **3**:509, 509n; **5**:290, 320, 322n; **8**:935, 1009c; **9**:7, 276, 298, 340n, 365, 367, 369, 393, 397–399, 413, 428, 436, 440–441; **10**:294–295, 436n, 546n
  AE on abilities of, **9**:368
  AE
    expresses sympathy for, **10**:422
    invites to lecture in Vienna, **10**:608c; accepted, 609c, 610c
    invites to Vienna, **9**:133n, 586c
    nominates for Nobel Prize, **8**:994c, 1015c
  on application for KWIP funds, **9**:73
  approached by Weyland for anti-relativity lecture, **10**:422
  Brownian motion, experiments on, **8**:902–903, 916, 941
  criticizes Bär, **8**:904
  elementary charge, discussion with AE on, **8**:861–862, 902–905
  experiments on elementary charge, controversy on, **5**:291n, 320n
  GDNÄ meeting in Bad Nauheim, lecture at, **10**:422
  offers AE his home to room, **9**:277
  photophoresis, experiments on, **8**:861, 903, 961; **9**:252; **10**:580c
  subelectron of, **3**:*xxvi*, 509n; **8**:459n, 464, 548, 861, 862, 902, 941; **10**:295–297; Norst on, **10**:580c
  theories of, AE on, **10**:322
  University of Vienna
    appointment at, AE on, **10**:322–323, 580c
    candidacy for chair at, **9**:398–400, 461
    on difficulties in obtaining chair at, **10**:422
  visits Meyer, **8**:902, 904, 916
Ehrhardt, Paul, **8**:566n
Ehrler, Hans H. (1872–1951), **9**:70n
Eichelberg, Gustav (1891–1976), **3**:*6*, 242n, *599*
Eichenwald, Aleksandr (1863–1944), **7**:88; experiments by, **4**:17, 27; **6**:48, 67n
Eichhorn, Gustav (1867–?), **5**:430, 431n
Eichhorn, Walter, **3**:*9*
Eidgenössische Polytechnische Schule. *See* ETH
Eidgenössische Technische Hochschule. *See* ETH
Eidgenössisches Amt für geistiges Eigentum. *See* Swiss Federal Patent Office
Einbeck, Georg (1870–1951), **10**:402
Einsiedeln, Canton of Schwyz, **1**:225
Einstein & Cie., Munich. *See* J. Einstein & Cie.
Einstein & Co., Milan. *See* Einstein e C.
Einstein, Abraham (1808–1868),
Einstein, Abraham Ruppert (1808–1868), **1**:*xlviii–xlix*, 1n; **5**:324n, 559n; **7**:440n; **9**:294n

EINSTEIN, ALBERT (1879–1955)

ADDRESSES
Of AE
  Berlin, Ehrenbergstraße 33, **5**:636c; **8**:12n; Wittelsbacherstraße 33, **8**:85n;

Haberlandstraße 5, **8**:512, 515n, ground plan of apartment, 562n

Bern, Gerechtigkeitsgasse 32, **1**:331, 333–334; Thunstraße 43a, **1**:340; **5**:Aegertenstrasse 53, **5**:39n, 40, 620c; Archivstrasse 8, **5**:9, 617c; Besenscheuerweg 28, **5**:34n, 618c; Kramgasse 49, **5**:26n; Tillierstrasse 18, **5**:9n, 617n

Lucerne, Brambergstrasse 16A, **8**:479

Prague, Třebízského ulice 7, **5**:289n, 627c

Schaffhausen, Bahnhofstraße 102, **1**:327, *376*; Fulachstraße 22, **1**:318n, *376*

Winterthur, Äussere Schaffhauserstraße 38, **1**:299, 308, 310

Zurich, Dolderstraße 17, **1**:267, 269, 272, 277, *375*; Klosbachstraße 87, **1**:229n, 241n, 246, *374*; Unionstraße 4, **1**:54, 234n, 242, 275, *373*; Moussonstrasse 12, **5**:212n, 624c; Hofstrasse 116, **5**:501n, 631c

Of Einstein family

Milan, via Berchet 2, **1**:*liii* n, 372; via Bigli 21, **1**:*liv* n, 231, 263, 278, 284, *373*

Munich, Adlzreiterstraße 14, **1**:*li* n, *liii* n; Müllerstraße 3, **1**:*li* n, 370

Pavia, via Foscolo 11, **1**:*liv* n

Ulm, Bahnhofstraße B 135, **1**:1

CAREER

Albert-Einstein-Spende, trustee of, **10**:578c

Annalen der Philosophie, invited to serve on editorial board, **8**:888

Assistent, tries to find position as, **1**:*xxxvi–xxxvii*, 44, 44n, 269n, 285, 287, 290

with Battelli in Pisa, **1**:285, 287

convinced Weber is hindering, **1**:*xxxvii*, 279, 281–282, 290

in Germany, hampered by anti-Semitism, **1**:282

with Hurwitz at ETH, **1**:*xxxvi*, 249, 250, 253, 255, 256, 262, 263, 264, 269

in Italy, **1**:282

with Kamerlingh Onnes in Leyden, **1**:288–289; **5**:4n

with Koch in Stuttgart, **1**:285

with Ostwald in Leipzig, **1**:278–279, 284, 289

with Paalzow in Berlin, **5**:4

with Riecke in Göttingen, **1**:279, 281

with Righi in Bologna, **1**:285, 287

with Wiener in Leipzig, **1**:277

Berlin

office in Haber's institute, **5**:604

position at Physikalisch-Technische Reichsanstalt, **5**:457n; offered, 480; declined, 511

Deutsches Museum, elected member of board of, **9**:602c; nominated, 594c

Doctoral dissertation, **2**:*xx*, 170–182, 184–202, 203n, 211; **3**:*xvi*, 6, 418n

Burkhardt's opinion on, **5**:36

calculation of molecular size in, **5**:18n

calculational error in, **5**:36n

comments on, **5**:31

hydration hypothesis in, **5**:16n

Kleiner's opinion on, **5**:35–36

official acceptance of, **5**:36n

Doctorate, **1**:265, 290, 328; **5**:32n

awarding of, **5**:37n

first attempt, **2**:*xix*, 6–7, 170, 175–176, 266

gives up attempts at, **5**:11, 12n

with Kleiner at University of Zurich, **1**:*xl*, 61, 266, 318n, 320, 322, 326–328, 330–331

petitions for awarding of, **5**:33

with Weber, **1**:*xxxvii*, 61, 258, 259n, 270, 272, 273n

DPG

member of advisory committee of, **8**:760n, 818n; **10**:24n

member of board of directors of, **8**:31

Employment

attempts to find, **1**:*xxxvii*, 298, 304, 306, 308; difficulties in, Einstein-Marić on reasons for, 320

ETH

appointment to chair at, **5**:382, 406, 411; acceptance of, 351, 352, 409n; comments in Prague on, 432; congratulations from: Chavan, 387, Hopf, 416, Lorentz, 364, Schenk, 399, Stern, 403; defrayal of moving expenses, 407; happiness about, 402; meeting with Gnehm about, 365, 367, 368, 371n, 372, 376, 392n; negotiations for, 365, 367; offer of, 350; official approval by Swiss Federal Council, 398, 399n; official notification of, 407; official recommendation for, 392, 396; overcoming opposition to, 399n; possibility of, 327, 330n, 336, 346, 349; reactions to Zangger's role, 333n; role of: Forrer, 340, 341n, Grossmann, 368, Zangger, 325n, 350n, 352, 371, 378; terms of, 392n, 399n; thanks Forrer for, 402; urges Grossmann to initiate negotiations for, 367; Zangger on desirability of, 332; Zangger's enthusiasm about, 398; **10**:*xxxiii*, 17

attempts to keep AE at, **5**:583n

change of AE's class hours at, **5**:503, 510

comments on lecturing at, **5**:568

joint professorship with University of Zurich offered (*see* Einstein, Albert: Career: University of Zurich)

reaction to planned departure from, **5**:529n

request for resignation from chair at, **5**:572; approval of, 583

studies at, **5**:4

takes courses with, **5**:Minkowski, 77n; Fiedler, 182n

GDNÄ, member of scientific committee of, **10**:440, 600c

German Mathematical Society, invited to join, **8**:762; joins, 765

Gesellschaft für positivistische Philosophie, one of founders of, **8**:17n, 495n

Insurance company, position with
refuses, **1**:255
tries to find, **1**:*xxxvii*, 300, 301, 303, 305, 308–309; **8**:4n

Königlich Wissenschaftliches Prüfungsamt, member of, **9**:65n

KWIP
plans for, **5**:598n, 602, 602n
planned directorship of, **5**:529n
director of, **8**:513; **10**:68
Direktorium of, member of, **8**:527n

Lenzburg, looks for position in, **8**:3

Mathematische Annalen, editor of, **9**:602c

Mercur Aircraft Co., scientific collaborator at, **8**:588n

PAW
Astrophysical Observatory, member of appointment commission on directorship of, **8**:385, 412n
Geodetic Institute: intervenes in selecting director for, **8**:594, 599; member of committee on directorship of, 796n

PAW, appointment at
acceptance of, **5**:534n, 582
comments on, **5**:546
conditions of, **5**:569
discussion of with Planck and Nernst, **5**:534
Haber's plans for, **5**:510–512; financial consequences of, 512
official notification of, **5**:569
official proposal for, **5**:526–528
pleased with, **5**:537
procedure of, **5**:529n, 534n, 569n
salary, **5**:529n; Koppel's financial support of, 581n
uneasiness about, **5**:582n

Private tutor, **1**:*xxxvii*, 256, 262, 269, 270, 272, 307, 334, 335. *See also* Cahen, Louis; Nüesch, Jakob

Royal Society of Göttingen: corresponding member of: proposed, **8**:222n; elected, 222, 227

Secondary school teacher, tries to find position as, **1**:282. *See also* Technikum Burgdorf; Thurgau Kantonsschule

Stark, Johannes, declines position offered by, **5**:167; Stark's reaction, 167

Students, **3**:*xvii*, 3. *See also* Bloch, Werner; Dallenbach, Walter; Dübi, Walter; Eichelberg, Gustav; Eichhorn, Walter; Sidler, Eduard; Tanner, Hans; Zabel, Walter

Swiss Federal Patent Office
appointment at, **1**:*xxxvii*, 338–340, 377; **5**:6n
Director Haller, AE on, **5**:22
position at, **1**:291n, 292, 321n, 327, 376; **5**:34
promotion at, to Technical Expert second class, **5**:38, 39n; to Technical Expert third class, 29, 29n
requirements for position, **1**:336
resignation from, **5**:201
salary at, **5**:7n, 29, 39
work at, AE on, **5**:6, 81n; Einstein-Marić on, 7n

Teaching
praised by University of Zurich students, **5**:243
Zangger on qualities of, **5**:332

Technikum Burgdorf, looks for position at, **8**:4n
Technikum Winterthur, consults Grossmann for application at, **5**:84n
University of Bern
  Habilitation at, **3**:*xvi*; **5**:105; failed attempts at, 11, 12, 18n, 48, 48n; Gruner's role in, 96; Kleiner's comments on procedure for, 95; Kleiner's role in, 97; topic of *Habilitationsschrift*, 96
  inaugural lecture at, **5**:105, 105n
  request for withdrawal from, **5**:203
University of Leyden
  candidacy for Lorentz's chair at, **5**:366n, 409; dismay at, 411, 509; refusal of, 411, 421, 480
  special professor at, **7**:321n, 323n; **9**:150–151, 154, 180n, 247, 267, 352, 355, 362–363, 457, 469; **10**:*xlii–xlvi*, 242n, 246, 257, 279, 298, 337, 585c, 587c, 600c; appointment delayed, 252, 277, 320; salary, 588c
University of Prague
  appointment to chair at: announcement of, **5**:264; candidacy for, 243; conditions of, 255–256, 272, 283; difficulties involved in, 247n, 253; Adler on candidacy for, 254n; official notification of, 266; offer of, 255; reasons for acceptance of, 274n; recommendation for, 239n, 244n; role of religious affiliation in, 254n, 266n; trip to Vienna to discuss conditions of, 257n; uncertainty about, 265; takes oath of office, 314
  assisted by Nohel at, **5**:333n
  attempts to retain AE at, **5**:433n
  conditions at, AE on, **5**:347, 433
  library budget at, **5**:305
  petition for release from position at, **5**:402
  professor at, **8**:12n
  quarters at, **5**:291n
  reasons for leaving, **5**:499, 500n
  satisfaction with work conditions at, **5**:499
  students at, AE on, **5**:404, 433
  work at, AE on, **5**:293, 295, 308
University of Utrecht, candidacy for chair at
  asks more information, **5**:327
  considers offer, **5**:325, 327
  declines offer, **5**:312n, 347, 349

discussion with Lorentz in Brussels on, **5**:348n, 364
financial conditions, **5**:329
invitation for, **5**:311, 323
Julius's reaction to AE's refusal, **5**:315, 354
Lorentz's regret about AE's refusal of, **5**:363, 364n
Lorentz's role in, **5**:351n, 354, 356
misunderstanding of Lorentz's opinion on, **5**:348n; apologies for, 358
official recommendation for, **5**:340n
postpones decision on, **5**:336, 340
visit to Julius on, **5**:345, 346; AE on, 347
University of Vienna
  possible position at, **5**:372n, 399n, 480; **8**:264, 265n
  position at, gives consideration to an offer of, **10**:38
University of Zurich
  appointment to chair at: Fiedler's congratulations on, **5**:182; Laub's congratulations on, 184; procedure of, 190n; terms of, 181n
  candidacy for chair at, **5**:131, 169; Kleiner's support of, 94n, 96n, 159n, 160n, 188
  comments on activities at, **5**:224, 226, 227
  comments on lecturing at, **5**:218, 238
  inaugural lecture at, **5**:224n
  joint professorship with ETH: compromise accepted, **8**:969, 972–973; compromise suggested, 855–858, 870, 873, 879, 881n, 884, 885n, 894, 909, 911n, 912, 915, 916n, 935, 939, 950n, 961; offered, 455n, 849, 850n, 851–853, 854, 953
  lack of influence at, **5**:546
  plans to offer professorship at, **9**:78, 109, 180n, 301, 329, 381, 588c, 591c
  resignation from chair at, **5**:274; Kleiner's reaction on, 275n; procedure of, 275n
  resolve to stay at, **5**:261n
  salary raise at, **5**:244n
  student petition to retain AE at, **5**:243
  students in courses at, **5**:244n
  succeeded by Debye at, **5**:291n
Wissenschaftliche Gesellschaft für Luftfahrt, invited to join, **8**:709
Zeitler's Studentenhaus-Zusatzstiftung, member of special board of trustees, **10**:603c

Zurich Gymnasium, applies for vacancy at, **5:**92

CHILDHOOD AND ADOLESCENCE, **1:***lvi–lxvi, 1*
Birth, **1:***xxxvi, lvi, 1*
Birth of sister Maja, **1:***lvi–lvii, 370* (*see also* Winteler-Einstein, Maja)
Compass, wonder at, **1:***5, 370*
Elementary schooling (*see* Petersschule)
Geometry, interest in, **8:**113
Hobbies, **8:**190, 367, 380
Instruction at home, **1:***lvii, 370*
Latin reports, **8:**367n
Milan, family moves to: from Munich, **1:***liii–liv*, 371; from Pavia, *liv*, 45n, 373
Munich: family moves to from Ulm, **1:***li*, 370; leaves to join family in Milan, *xxxvi, lxiii,* 372
Music, learns, **8:**381
Parents (*see* Einstein, Hermann; Einstein, Pauline)
Pavia, family moves to from Milan, **1:***liv,* 372
Religious instruction, **1:***lix*
Religious sentiments, Jewish, **1:***lix–lx*, 370
Reluctant to write letters, **8:**234
Secondary schooling (*see* Aargau Kantonsschule; Luitpold-Gymnasium)
Speech, late development of, **1:***lvi*, 370
Talmey, friendship with (*see* Talmey, Max)
Unhappiness at Luitpold-Gymnasium, **8:**531, 532n
Winteler-Einstein on, **1:***xlviii–lxvi*
See also Einstein, Albert: Personal

COURSES TAUGHT, **3:***598–600*
Berlin, for foreigners, introduction to theoretical physics (1920), **9:***xlvii*, 434n, 523
ETH
    analytical mechanics (WS 1912/13), **5:**503n; **8:**137n
    electricity and magnetism (WS 1913/14), **3:**8; **4:**3, 6, 106n, 108n, 298, 300, 512–519; **5:**538n; **6:**67n, 68n; **8:**137n
    geometrical optics and diffraction (WS 1913/14), **5:**538n; **8:**137n
    mechanics of continua (SS 1913), **5:**538n
    molecular theory of heat (SS 1913), **2:**41, 54–55; **3:**6, 572; **5:**538n
    physics seminar (WS 1912/13), **5:**503n, 538n; **8:**137n; (WS 1913/14), **5:**538n
    physics seminar (SS 1913), **5:**538n
    thermodynamics (WS 1912/13), **5:**503n; **8:**137n
University of Berlin
    course fee, **9:**581c; free admission to, 425; sets conditions for participation in, 601c; stops temporarily, 147, 574c; uproar at his lecture, *xlvii*, 422–423, 423n, 426–427, 429, 437, 446, 510, 600c, 601c; **10:***xliii*, consequences of, **9:**437; press coverage of, 428, 450; for war veterans, 552c
    relativity (WS 1914/15), **6:**44–66; **8:**64n; (SS 1915), 129n, 144; (SS 1917), 485n; (WS1918/19), **7:**86–97, 177n, 279n; **8:**906; (SS 1919), **7:***xxxii*, 139n, 147–176, 188n, 281n; **8:**670n, 699n, 824n
    relativity (Zwischensemester 1919), **9:**17n; (SS 1919), 64, 562c; (WS 1919/20), 599c
    statistical mechanics (WS 1915/16, WS 1917/18), **2:**41, 54–55; **3:**7–8
    statistical mechanics and Boltzmann's principle (WS 1915/16), **8:**239n
    statistical mechanics and quantum theory (WS1917/18), **8:**561, 735
    various topics in theoretical physics (WS 1920/21), **10:**602c
University of Bern
    molecular theory of heat (SS 1908), **2:**41, 54–55; **3:**7; **5:**99n, 189n
    theory of radiation (WS 1908/09), **5:**160n; **8:**288n
University of Prague
    mechanics (WS 1911/12), **5:**350n
    mechanics of continua (SS 1912), **5:**481n
    mechanics of discrete mass points (SS 1911), **5:**294n
    molecular theory of heat (SS 1912), **5:**481n
    physics seminar (SS 1911), **5:**294n; (WS 1911/12), 350n; (SS 1912), 481n
    theory of heat (WS 1911/12), **5:**350n
    thermodynamics (SS 1911), **5:**294n
University of Zurich, **3:***xv, xvii*, 3–10
    courses not extended, **9:**572c; on free admission to, 329; quits, 147, 326, 404; tired of, 6
    electricity and magnetism (WS 1910/11),

3:*xvii*, 8, 126n, 127n, 316–396, 396n–400n; 5:258n
general relativity (SS 1919), 7:*xxxii*, 146n, 185–188
kinetic theory of heat (SS 1910), 2:41, 42, 54–55; 3:*xvii*, 6–8, 10, 179–241, 242n–247n, 562n; 4:534n; 5:239n; 6:170n, 189n, 579n
mechanics (SS 1910), 2:180
mechanics (WS 1909/10), 3:*xvii*, 3–6, 8–9, 11–125, 125n–129n, 572, 593; 4:209n, 355; 5:211n; (SS 1910), 239n; 7:424n
physics seminar (SS 1910), 2:180; 5:239n
physics seminar (WS 1909/10), 5:211n; (WS 1910/11), 258n
relativity (Jan–Feb 1919), 9:3n, 4n, 16, 550c, 551c
selected topics in theoretical physics (WS 1910/11)
special relativity (WS 1918/19), 7:86–97, 177n, 279n
theoretical physics (Jul–Aug 1919), 9:57, 80, 89, 91, 99, 105, 132, 563c; 10:195n, 197–202, 205–206, 208–209
thermodynamics (WS 1909/10), 5:211n
topics in theoretical physics (WS 1919/20), 9:578c
Volkshochschule Groß-Berlin
kinematics and equilibrium of bodies (1920), 9:599c
writing up, 9:449, 523; for publication, 295, 412

EVALUATION OF ABILITIES OF
Bernoulli, 9:315
Born, 9:440
Buchholz, 10:357, 453
Debye, Keesom, van Laar, and Ornstein, 5:373–375
Ehrenhaft, 9:367, 413, 441, 491
Epstein, 9:405; 10:352, 547
Flamm, 10:547
Greinacher, 8:152, 994c
Krüger, 8:624, 625
Küstner, 8:324n
Laue, 10:547
Lenz, 10:547
Marx, 9:360–361
Meyer, 8:172; 9:377; 10:28
Perrier, 8:152
Petzoldt, 8:54
Piccard, , 8:148–149, 152–153, 154, 172
Ratnowsky, 9:405
Reiche, 10:547
Runge, 10:172
Scherrer, 9:405
Schrödinger, 10:547
Schweidler, 9:413
Schweydar, 8:622, 625
Stern, 10:353
Successor of Paschen, 9:357
Tank, 9:405
Thirring, 10:547

EXPERT OPINIONS
On aircraft, 8:588
Asked to serve as patent expert, 9:463, 464–465, 567c
On device for determination of direction of sound waves, 7:472–477, 480–481
On device to generate electrical waves, 7:365–366
On gyrocompass, 6:137–143, 143n, 144n, 146; *146*, 207–210; 7:81–84, 190–195; 8:63n, 790, 811–812, 832, 837, 857; 10:196, 206
On incandescent lamps, 9:595c
On mixing-tubes, 8:287
On production of tungsten wires for filaments in incandescent lamps, 7:242–243; 10:607c

FAMILY
See Einstein, Abraham Ruppert (grandfather), Einstein, Edith (cousin); Einstein, Eduard (son), Einstein, Elsa (cousin and second wife); Einstein, Hans Albert (son), Einstein, Helene (grandmother); Einstein, Ilse (stepdaughter), Einstein, Jakob (uncle); Einstein, Hermann (father); Einstein, Ida (aunt); Einstein, Margot (stepdaughter), Einstein, Pauline (mother); Einstein, Robert (cousin); Einstein, Rudolf (uncle); Einstein-Marić (first wife), Koch, Alice (cousin); Koch, Caesar (uncle); Koch, Fanny (aunt); Koch, Jette (grandmother); Koch, Julius (grandfather); Koch, Jacob (uncle); Koch, Julie (aunt); Koch, Mathilde (aunt); Koch, Paul (cousin);

Koch, Raymond (cousin); Koch, Robert (cousin); Koch, Suzanne (cousin); Winteler-Einstein, Maja (sister)

FINANCES
Bank account in Prague, **8:**86n, 128, 1007c
Course fee
 at University of Berlin, **9:**581c
 at University of Zurich, 6n, 90
Czech taxation, **9:**555c
Defrayal of moving expenses, **8:**56
Devaluation of German mark, **9:**90, 138, 147, 195, 201, 222, 226, 234, 242, 289, 293, 306, 456, 486; **10:**81, 121, 362
Expenses for Eduard Einstein sanatorium, **10:**89, 91, 113, 121, 126, 129, 133, 135, 137, 145
Honorarium
 for copyright of Russian edition of *Einstein 1917a*, **10:**570c, 572c, 573c
 for lecture at Chemisch-Physikalische Gesellschaft in Vienna, **10:**609c
 for lecture at Kiel Autumn Week for Arts and Sciences, **10:**549
 from Anschütz-Kaempfe, **10:**533, 544
 requested from Princeton University, **10:**490
Income, **8:**39, 40n, 41n, 43, 52, 453, 513, 514n, 563n, 714n, 978, 991c, 992c, 1009c–1010c, 1029c; **10:**81, 83, 89
 from abroad, **9:**270
 from Luftverkehrsgesellschaft, **10:**106–107
 from shares, **9:**3n, 126n, 214, 551c, 576c
 from Switzerland, **9:**346n
Indebted to Zangger, **9:**345
One-time subvention from Prussian Ministry of Education, **8:**1013
One-time support from Ministry of Education, **9:**574c, 575c
On payment for Hans Albert Einstein's boarding, **9:**306
Royalties for
 4th English edition of *Einstein 1917a*, **10:**610c, 612c, 613c
 9th German edition of *Einstein 1917a*, **10:**577c
 10th edition of *Einstein 1917a*, **10:**592c, 597c–601c; lost royalty cheque for 10th edition, 611c
 11th and 12th editions of *Einstein 1917a*, **10:**607c
Einstein 1920j, **10:**613c
 English edition of *Einstein 1917a*, **10:**569c, 593c, 608c
 French edition of *Einstein 1917a*, **10:**574c
 new printing of *Einstein 1916f*, **10:**573c, 596c
 Spanish edition of *Einstein 1917a*, **10:**591c
Salary, **10:***xxxvii, xliii, xlv*
 in 1919 as director of KWIP, **10:**598c
 from KWIP, **9:**126n, 155n, 303n, 559c
 from PAW, **9:**126n, 142, 155n, 303n; one-time supplement, 126n; raise, 125–126, 196n, 580c, 581c, 582c, 587c, 589c
 raised, **10:**by PAW, 579c, 580c, 606c, 613c; by KWG, 572c
 as special professor at University of Leyden, **10:**588c
 at University of Leyden, **9:**247, 346n, 362
Shares from Schweizerische Auer-Aktien-Gesellschaft, **10:**231, 234, 567c
Support to
 Pauline Einstein, **9:**138; **10:**81
 Swiss family, **9:**9–10, 90, 138, 154, 196, 234, 242, 270, 338, 345, 452, 486, 496; **10:**67, 69, 81, 89, 92, 106, 110, 133, 136–137, 279, 330, 342, 362, 418, 444, 528, 567c
 two households, **9:**306; wartime tax declaration, 420, 601c
Tax problems, **10:**106, 133, 135
Unpaid bill in Prague, **8:**11
See also Einstein, Albert: Popular book on relativity

INVITATIONS FROM
Als-Ob conference, to attend, **9:**493, accepts, 532, 611c
Annalen der Philosophie, to join editorial board, **9:**44
Anschütz-Kaempfe, **9:**7; **10:**458, 531, 533, 544
Arts and Sciences Committee of Deutscher Schutzbund für die Grenz- und Auslandsdeutschen, to join, **9:**350; declines, 357
Association for Combating Anti-Semitism, to join executive board, **10:**432, 597c
Basel conference on Hebrew University, to attend, **9:**212, 253–254

Bataafsch Genootschap der Proefondervindelijke Wijsbegeerte, to join, **9:**572c
Born, Max and Hedwig, **10:**361, 418
Bund Deutscher Gelehrter und Künstler, to join, declines, **9:**357
Cassirer, **10:**586c
Das Odeon, to join editorial board, **9:**391–392; declines, 394
De Haas-Lorentz, **10:**602c
Demokratischer Klub, to join, **9:**574c, 576c
Eddington, Arthur, **9:**370, 408; accepts, 401
Ehrenfest, **9:**183
Exner, to join Freie Vereinigung für Technische Volksbildung, Vienna, **10:**583c; declines, 586c
Freie Akademische Vereinigung an der Technischen Hochschule Dresden, accepts, **10:**599c, 601c
German Red Cross, on American support for German science, **10:**599c
Graetz, declines, **5:**264
Grossmann, to University of Zurich, declines, **10:**211
Haenisch, **9:**477
Hilbert, to Wolfskehl meeting, **5:**502; declines, 505
Intellectus et Labor, to join committee supervising, **9:**576c
Julius-Einthoven, **10:**597c
KWG, for meeting on salaries, **10:**570c
Landau, Leo, **10:**592c
Laub, **5:**185
Lindemann, , to Oxford, **10:**535
Lorentz, to stay with in Leyden, **5:**276
Mathematische Annalen, to join editorial board, **9:**317, 590c
Meyer, to University of Zurich, declines, **10:**211
Monistenbund, to join, **9:**347–348; declines, 358
National Research Council, **10:**493, 524; declines, 496, 612c; Ehrenfest on, 481; financial demands, 490, 494, 514–515, 523n–524n; on agent in U.S., 514, 515, 530
Oppenheim, Paul, **9:**255, 360
Perrin, **9:**225
Pfeiffer, to join organizing committee of exhibition and congress on German book, **10:**584c; declines, 584c

Rosen, **10:**570c, 571c, 573c
Schlick, **9:**198–199
Schmidt, for lunch, **10:**598c
Trowbridge, declines, **10:**494
University of Bern, **10:**597c
University of Frankfurt, **10:**599c
University of Oslo, declines, **10:**488
University of Rostock, to attend jubilee, **9:**198, 203, 216n, 219, 225, 280, 580c; **10:**222
University of Zurich
  to lecture course at, **9:**300–301, 552c, 553c, 554c, 564c, 568c, 572c, 573c, 587c; declines, 329; offer withdrawn, 591c
  to professorship at, **10:**481; declines, 496–497
Wiedemann, to write book, declines, **5:**200
Zeitler's Studienhaus-Zusatzstiftung, to session of, **10:**603c

INVITATIONS TO LECTURE AT/IN
Allgemeine Studenten-Vertretung an der Technischen Hochschule Dresden, **10:**590c; accepts, 591c, 608c, 612c, 613c
Amsterdam, declines, **5:**277
Arbeitsgemeinschaft 1920, Munich, **10:**451–452
Austrian section of Society of German Engineers, **10:**385n
Berufsamt für Akademiker, **9:**611c
Chemical-Physical Society, Vienna, **9:**276, 586c
Chemisch-Physikalische Gesellschaft in Vienna, by Ehrenhaft, **10:**608c; accepts, 609c, 610c
Collège de France, Michonis lectures, **5:**571n
Columbia University, **5:**388; declines, 395, 397, 404; **10:**17, 442
Danish Astronomical Society, **10:**244, 568c
Frankfurter Gesellschaft für Handel, Industrie und Wissenschaft, literary club of, **9:**516, 536, 604c, 611
Freie Vereinigung für technische Volksbildung in Vienna, declines, **10:**609c
Gauverein of DPG in Munich, **10:**452
GDNÄ meeting in Bad Nauheim, **10:**302; declines, 353
German Pharmacological Society, **10:**589c; declines, 598c
Hannover, **10:**444, 446, 475

Karlsruhe, **10**:11
Kiel Autumn Week for Arts and Sciences, **9**:612c; **10**:330; accepts, 570c
Liga zur Beförderung der Humanität, **9**:559c
Madrid, **10**:583c; declines, 587c
Monistenbund, **9**:34
Munich, **9**:6, 404; **10**:530–531, 543; declines, 532
Naturwissenschaftlicher Verein in Hamburg, **9**:607c, 616c
Norwegian Students' Association, **10**:246, 275, 292
Own apartment, by Arco, on principle of relativity, **9**:64
PAW public session, **10**:604c
Princeton University, **10**:441, 443, 491, 494, 514, 601c; accepts, 490; financial demands, 490, 539
Schwäbische Sternwarte Society, **10**:419
Spain, **9**:527, 614c, 615c; **10**:443, 571c; accepts, 576c; declines, 586c, 590c
Technical University of Dresden, **10**:532
Third Solvay Congress, **10**:302, 312
United States, **10**:491
University of Basel, **10**:602c; postpones, 606c
University of Frankfurt, **9**:281
University of Geneva, **9**:341, 354, 372, 451
University of Hamburg, **9**:616c
University of Kristiania (Oslo), **9**:497, 504, 536, 607c; **10**:462
University of Peking (Beijing), **10**:598c
University of Utrecht, **10**:375
University of Vienna, **5**:372n; declines, 395, 404; **10**:17
University of Wisconsin, **10**:479, 494, 514, 604c
Urania, Vienna: accepts, **10**:609c; terminates series, 610c
Zentralkomitee für das ärztliche Fortbildungswesen in Preußen, **10**:599c

JEWISH MATTERS
Anti-Semitism, **7**:*xli*, **9**:230
    during schooltime in Munich, **9**:492
    German, **1**:282; **9**:268, 352
Appeal "Für den Aufbau des jüdischen Palästina," signs, **9**:193, 579c
Association for Combating Anti-Semitism, **10**:597c; does not join board of, 432
Eastern European Jews, petition to have courses for, **9**:433–434
Hebrew University
    Basel conference on: cannot attend, **9**:298; invited, 212, 253–254; plans to participate in, 293, 306, 588c; recommends Ehrenfest, 227
    on being funded by world Jewry, **9**:181
    on close ties with institute of technology, **9**:267
    discusses with Zionists, **9**:578c
    on European quality of, **9**:181
    for East European Jewish students, **9**:227, 352
    interested in, **9**:152
    involvement in, **9**:*xlv–xlvi*, 222
    no teaching at because of lack of knowledge of Hebrew, **9**:152
    on plans for, **9**:352, 457
    recommends Courant for professorship, **9**:222
    recommends Ehrenfest for professorship, **9**:222, 578c
    recommends Epstein for professorship, **9**:180, 222, 578c
    recommends Landau for professorship, **9**:222
    statement on founding of, **9**:601c
Jewish Community of Berlin
    declines joining, **10**:534
    requested to pay congregational tax to, **10**:611c
Jewish Congress, joins committee for preparation of, **8**:964n
Jewish homeland in Palestine, **9**:16, 181, 222, 307
Jewish identity, **1**:*lix–ix*, 12, 282; **9**:181, 468, 492, 495
"Jewish Newton," **9**:287
Jewish scholars, in favor of fund-raising among Jews for, **9**:230
On Jewish students not admitted to German universities, **10**:350
On Jews, **9**:16, 230n, 294, 494–495
Offers contribution to Jewish charity, **10**:534
Religious affiliation, **9**:83, 448, 468, 495; **10**:21n, 534
Sends manuscript of *Einstein 1920k* for Jewish philanthropic cause, **10**:504

On status of German Jewish Community, **10**:*xli*
Verein zur Gründung und Erhaltung einer Akademie für die Wissenschaft des Judentums, chairman of, **9**:593c
Zionism, support for, **9**:180
Zionists, meets with, **9**:181n, 223n, 550c

LECTURES AT, ON
Berlin-Treptow Observatory, relativity of motion and gravitation (1915), **8**:996c
Bund "Neues Vaterland," in honor of Colin (1919), **9**:589c
Danish Astronomical Society, gravitation and geometry (1920), **10**:321, 364, 581c
DPG
    Ampère's molecular currents (1915), **6**:145, 147, 151–169; (1916), 271–275; **8**:995c; (1916), 198n, 261n
    directed wireless telegraphy (1916), **8**:1003c
    general relativity: and perihelion motion of Mercury (1915), **8**:999c; boundary conditions in (1919), **8**:1011c
    Hamilton-Jacobi equation (1917), **8**:442n
    Jacobi's theorem (1917), **6**:575n
    paramagnetism (1914), **8**:994c
    photochemical equivalence (1916), **8**:1002c
    Planck (1918), **8**:628, 671, 672, 735, 855
    quantum theorem of Sommerfeld and Epstein (1917), **6**:556–566
    quantum theory (1914), **6**:30–38; **8**:42n, 54, 442
    quantum theory of radiation (Jul 1916), **8**:1003c; (Oct–Nov 1916), **6**:398n; **8**:1004c
    quantum theory of Sommerfeld and Epstein (1917), **8**:388n, 442n
    recognition of periodic processes (1914), **4**:607n; **8**:60n
    Smoluchowski (1917), **8**:551n
    theory of Tetrode and Sackur (1916), **6**:261n; **8**:186n, 244, 247, 263n
    theory of water waves and of flight (1916), **6**:402n; **8**:288n
ETH, surface fluctuations (1913), **5**:540
GDNÄ
    meeting in Salzburg (1909), radiation theory, **2**:*134–135*, *142*, *147–148*, *270*, *273*, 564–582; **4**:*110*; **5**:81n, 190n, 209, 210n
    meeting in Vienna (1913), gravitation, **4**:*126*, *295*, *297*, *298*, *299*, *358*, 470, 471n, 487–500, 505–509, 581; **5**:522; **8**:141n, 694n
Kiel Autumn Week for Arts and Sciences, space and time in relativity theory (1920), invited, **9**:613c; **10**:*xlvi*, 431, 434, 598c
King's College, theory of relativity (1921), **7**:431–433
Kyoto University, relativity (1922), **5**:32n
Leyden Society for Scientific Lectures, University of Leyden, space and time in recent physics (1920), **10**:262, 264, 267, 271, 289, 572c
Middle-school teachers in Zurich, recent developments in theoretical physics, lecture series (1911), **5**:333n, 337; accepts Grossmann's invitation for, 294; topics of, 339n
Monistenbund, private lecture (1919), **9**:34, 64
Naturforschende Gesellschaft Bern
    Brownian motion (1907), **2**:408n, *206*, 408, 408n
    electromagnetic waves (1903), **2**:*261*
Naturforschende Gesellschaft in Zürich
    gravitation (1914), **4**:*295*, 584–586; **5**:599n
    relativity (1911), **3**:425–438, 439n, 457; **5**:265; publication of, 275n, 275, 305
Norwegian Students' Association, University of Kristiania (Oslo)
    three lectures on special relativity, general relativity, and cosmology (1920), **10**:246, 262, 265, 298, 315, 364, 578c, 579c; planned, **9**:496
Physikalische Gesellschaft Zürich
    Boltzmann principle (1911), **5**:257n
    electrodynamics and the principle of relativity (1909), **5**:155, 156n
Physikalischer Verein, Frankfurt, principle of relativity (1917), **8**:472, 478; **10**:93, 94n, 95
Princeton University, relativity, four lectures (1921), **7**:*xxvii*, *xxxiii–xxxiv*, 456n, 468n, 497–569, 591–619; **8**:670n, 825n
Prussian Academy of Sciences
    considerations from the field of relativity (1916), **8**:1002c

general relativity and its application to astronomy (1915), **8:**94
general relativity, cosmology, and the constitution of matter (1919), **7:**139n, 195n, 405n
inaugural (1914), **6:**20–23; Planck's response to, 24n; **8:**41n
on moment of inertia of hydrogen molecule (1920), **9:**596c
perihelion motion of Mercury (1915), **6:**234–242
Schwarzschild, memorial lecture (1916), **6:**359–361; **8:**288n
on spherical space, field equations of general relativity, and constitution of matter (1920), **9:**65n, 566c
unified field theory of Weyl (1918), **8:**670n, 824
Schwäbische Sternwarte Society, physical foundations of relativity (1920), **10:***xlvi*, 434, 601c
Schweizerische Naturforschende Gesellschaft
meeting in Basel (1910), ponderomotive force on magnetic body, **5:**250n, 252n
meeting in Frauenfeld (1913), gravitation, **4:**475–476, 478–484; **5:**553n, 555
Schweizerische Physikalische Gesellschaft
meeting in Basel (1914), determining statistical values of observations of fluctuating quantities, **4:**599–601; **5:**599n
meeting in Neuchâtel (1910), light quanta, **5:**236, 238, 239
Société française de Physique in Paris, photochemical equivalence (1913), **4:***109, 112,* 287–292; **5:**517; **9:**141n; success of, **5:**520
Solvay Congress, First (1911), specific heats, **3:**455n, 521–543, 544n–548n; **4:***271,* 285n, *554*n
Sozialistischer Studentenverein, relativity (1919), **9:**29, 34, 558c
University of Berlin, Wednesday colloquium
diamagnetism and paramagnetism (1916), **8:**1002c
relativistic theory of gravitation (1915), **8:**218n
theory of colors of Ostwald (1916), **8:**361
unified field theory of Hilbert (1916), **8:**289
University of Hamburg, foundations of relativity theory (1920): invited, **9:**607c; accepts, 616c; **10:**262, 265, 337, 587c
University of Hannover, relativity (1920), **10:**444, 465, 604c
University of Leyden
ether and relativity theory, inaugural (1920), **7:***xxvii, xxxiii, 105,* 306–321n; **9:**353, 355, 364, 371, 402, 456, 469, 482–483; **10:***xlii, xlvi,* 297, 320, 373, 374, 444n, 469, 470, 603c, 604c; printed version, **9:**469, 497, 615c; **10:**613c, 614c
fluctuations (1911), **3:**450–454, 454n; **5:**261, 269, 276, 283n; expenses paid by students, **5:**270n
space and time in recent physics, Leyden Society for Scientific Lectures (1920), **10:**262, 264, 267, 271, 289, 572c
University of Zurich, role of atomic theory in recent physics, inaugural (1909), **5:**224n
Wolfskehl Foundation, University of Göttingen, "Entwurf" theory, six lectures (1915), **8:**142n, 143n, 145, 146n, 154, 162; **10:**32
See also Einstein, Albert: Invitations to lecture

PERSONAL
Abilities, **8:**857
Academics, **9:**142, 194, 408; in Göttingen, 460
Amsterdam, on sightseeing in, **10:**223
Anonymous grant: accepted, **5:**262; offered, 260
Anschütz's hospitality, **10:**430–431
Anschütz-Stöve, Reta, on, **10:**431
Aphorism, **10:**581c, 597c
Appearance, **8:**503
Appreciated more in Berlin than in Zurich, **10:**496
Attachment to individuals, not to country, **9:**80
Attracted to early Christianity, **10:**24
Authority, antipathy toward, **1:**310
Bavaria, plans moving family to, **8:**515n
Berlin
burden of formalities in, **8:**17
conditions of work in, **8:**13, 28, 29, 32, 46
inhabitants of, **8:**18, 46
intention to leave, **7:***xxxii, 108*
landlord in, **8:**11
lodger, attempts to find, **8:**45n
move to, **8:**11
new apartment in, **8:**11, 14, 515

possibility of leaving, **8:**430
relatives in, **8:**13
settling down in, **8:**17
Berlin, Berlin physicists, first visit with, **10:**21n
Berliners, on character of, **10:**23
Bern, time in, **9:**293
Bible, reads, **8:**729
Bolshevik, being thought of as, **9:**306
Citizenship, **8:**188n; **9:**286, 495, 511, 600c, 602c
  double, **8:**167n
  German, renunciation of, **1:***lxiv*, 20
  Municipal Naturalization Commission, Zurich, AE questioned by, **1:**271–272
  stateless status, **1:***lxiv*, 45n, 55n, *239*
  Swiss: documents relating to, **1:**241, 242, 243, 245–246, 269–270, 271, 272, 275–276; process of obtaining, *239–241*; **8:**135, 167n, 187, 333, 335, 759, 791, 871, 946; **9:**266–267, 357
Comment on
  aggressive nature of men, **6:**211
  didactic failings of scientific authors, **6:**375–376
  foundations of physics, **6:**122–123
  offended honor, **6:**213
  principles and physics research, **6:**21, 22, 23, 508
  working method of theoretical physicist, **6:**21, 508, 522
Contemporaries, on stupidity of, **10:**47–48
Courses as burden, **8:**287, 850
Court case against landlord, **5:**599, 599n
Customs inspection at border, **10:**40
Democrat, **8:**856
Democrat, republican, and supporter of justice, **8:**946
Difficulties of earlier separation from family, **10:**25
Digestive problems, **5:**114, 183, 210, 565
Distinguishes between political conviction and personal relations, **10:**89
Divorce, plan for (1914)
  considers, **8:**47, 49, 189n
  contract stipulation on visiting sons, **8:**49n, 978
  denies having, **8:**55
Divorce, plan for (1916)

breaks off attempt, **8:**332, 348
considers, **8:**220n, 257, 270–271, 278, 280–281
consults Pinner about, **8:**278
guilty party in, **8:**280–281
on reasons for, **8:**270
on Swiss law on, **8:**281n
Divorce (1918), **8:**635, 794–795, 816, 831, 1000c, 1024c, 1025c, 1030c, 1031c; **10:**154, 155, 179
  admits to adultery, **8:**885n, 960n, 974, 1026c
  deposition of, **8:**959, 960n 974
  draft of contract for, **8:**622, 678, 718, 730–731, 733, 754–755, 772, 788
  history of filing suit, **8:**885n
  on proceedings of, **8:**719; reasons to speed up proceedings of, **8:**971n
  on visitation rights, **8:**734
Doctoral degree, value of, **10:**245n
Domestic: intervenes for, **8:**343; rejected, 344
Domestic life, **5:**40
Domestic problems, **5:**560, 572, 585
Dostoyevsky, enjoys: *Aus einem Totenhause*, **10:**153; *Karamazov Brothers*, **9:**487, 498
Doubts about quality of his teaching at University of Leyden, **9:**352, 355
Draws up memorandum of reconciliation to Einstein-Marić, **8:**991c
Dutch, on character of, **10:**51, 53, 55–56
Dutch and Swiss fostering science, **9:**487
Education, own summary of, **5:**92, 159
English language, learns, **10:**1, 542
Enjoys eventful life, **10:**128
Establishes a household independent of relatives, **10:**62
Estrangement from others, **1:**330
Examinations, on, **1:**234
Fame, **9:***li*, 280, 293, 326, 339
Family ties, **1:**221
Fate, on, **1:**300
Father, on his, **9:**94
Feels close to Berlin, **10:**415
Feels honored by all, **10:**75
Financial problems of, **8:**453, 515
Fortieth birthday, **9:**29, 490
Freedom, on, **1:**267; **9:**358
Friendship, on, **8:**129
Gains weight, **10:**110

General relativity, comments on intensity of work on, **5:**517, 523
German colleagues and authorities, good will of, **10:**89
German literature, against propaganda abroad of, **9:**465
Germany
    considers leaving, **8:**961, 971; **10:***xxxix*, 205, 208, 496
    decision to remain in, **9:***xxxi*, 29, 154, 187, 202, 242, 306, 326, 329, 572c
    efforts to keep him in, **9:**154
    on moving Swiss family to, **10:**129, 133, 528–529; Hans Albert Einstein against, 497–498
    on possible financial necessity to leave, **9:**496
    social environment in, **9:**326
    on suffering in, **9:**496
    thinks of leaving, **8:**961, 971
In good health, **10:**40, 105, 106, 111, 131, 135, 136, 137, 195, 201, 223
Good Swiss citizen, **10:**89
Happiness, motto on, **9:**565c
Has no new subject to lecture on, **9:**6
Has pondered much but learned little, **8:**894
Has trust in individuals but not in society, **10:**43
Health problems, **1:**lxiii, 213, 218, 222, 251, 278, 281, 290, 294, 296, 303; **9:**3, 15, 29, 90, 143, 154, 163, 227, 298, 329; **10:**66, 67, 68, 78, 84–85, 91, 100, 103, 107, 108, 116, 127, 138, 145
    drinking cure in Tarasp for, **10:**103
    history of, **10:**74
    liver condition, **10:**70, 72
On himself, **9:**326, 352, 358, 364, 460, 468, 498, 607c
History, on, **9:**90
Housemaid, proposes for his Zurich family, **10:**47
Hunger and love, as driving forces in life, **1:**252
Ill
    in Prague, **5:**313
    with cold, **5:**160, 161
    with digestive disorder, **8:**471
    with diphtheria, **5:**18n, 21
    with duodenitis, **8:**485n, 496n, 497n, 514, 579, 598, 610, 614
    with gallstones, **8:**390, 399–400, 418, 462
    with influenza, **5:**10; **8:**86, 87, 91
    with liver problem, **8:**453, 599n
    with stomach disease, **8:**199, 502, 568
Illness
    on bright side of, **8:**732
    on cure of, **8:**54, 453, 615n, 816
    on gain in weight after, **8:**667
Importance of extrapersonal ties, **10:**56
Impracticality, **9:**498
Improving health, **10:**92, 120, 129, 133, 160
Inherited characteristics, interest in, **9:**505
Inner world, creation of, **1:**56
Intellectual work, **1:**55–56
Internationalist, **8:**772, 791
Italian language, command of, **8:**98
Italy, stay in, **8:**98
Jew, Swiss, and man, **8:**791
Journalists, **10:**262
Journey to Prague via Munich, **5:**288
Lack of free time, **5:**565
Lack of knowledge of non-Euclidean geometry, **8:**425
Lack of rhetorical skill, **8:**628
Lacks refuge from worldly affairs, **10:**70–71
Letter writing, laziness in, **1:**9, 211
Liberation from the merely personal, **9:**51
Likes sea voyage, **10:**262
Lives above Adler family, **5:**279n
Loneliness in Zurich, **9:**329
On losing one's mother, **10:**315
Love, **1:**21, 231, 286
Malnutrition in youth, **8:**615n
Marriage
    not allowed to remarry for two years, **9:**9
    to Elsa Einstein, **9:**82, 83, 568c
Military service obligations
    in Germany, **1:**lxiv, 20n
    in Switzerland, **1:**277–278
"Most fortunate idea of my life," **7:**265
Move from
    Bern to Zurich, **5:**211n; defrayal of expenses, 215, 216n
    Prague to Zurich, **5:**403, 406, 408, 480n, 501n; defrayal of expenses, 407
    Zurich to Berlin, **5:**605n
    Zurich to Prague, **5:**273, 288, 288n, 291
Munich, greetings from former nanny, **10:**281

Music
    charity concert, **8**:85
    lack of time to play, **8**:18
    new violin, **9**:486
    on playing, **8**:85, 269
    playing violin, **1**:*lvii, lviii, lxii,* 21, 22, 50, 54, 54n, 56, 56n, 57, 219, 245n, 249, 251, 262, 290, 307n, 309n, 321, 323; with: Besso and Adele Silberstein, **8**:446n, Ehrenfest, **9**:218, 272; **10**:220, 222–223, Hans Albert Einstein, **9**:129, 132, Greinacher, **10**:206, Harm Kamerlingh Onnes, **10**:519, Hurwitz, **5**:308n, Hurwitz family, **8**:18n, Julius and daughters, **9**:272; **10**:225, 262, 272, 277, Pick, **5**:307n, Wohlwend family, **5**:7n
    sends scores to Hans Albert Einstein, **9**:452, 495
Nature, **1**:56, 222
Newspaper reports, **9**:266, 307, 326
Nickname in Olympia Academy, **5**:223n
No mastery of mathematics, **8**:163, 245
Oath of allegiance, asked to take, accepts, **10**:580c
Office in institute of Haber, **8**:11n, 13, 43
Optimist, **10**:180
Orders furniture, **5**:139
Oriental mentality, **9**:326
Overburdened, **9**:138, 264, 404, 457
Overvalued, **9**:364; **10**:349
Own "Gypsy life," **9**:270
Own lifestyle, **5**:545
Own parents, **1**:55–56, 211, 251, 252, 253, 300
Own writings, **9**:330–331, 402
Pacifist, **8**:872
Patent cases, **9**:7n, 570c
Personal hygiene, **5**:570, 574, 585
Petit bourgeois needs, on unimportance of, **8**:850
Photo with Wertheimer and Born, **8**:835, 839
Planned attendance of congress in Paris, **5**:598; cancellation, 599
Planned trip
    from Prague to Munich and Zurich, **5**:482n
    to Holland, **5**:579, 598, 601, 602, 603
Police
    fails to register absence with, **8**:166n, 277n
    rental dispute in Zurich, involvement of, **8**:990c

Politically passive, **8**:759, 763, 871
Ponderous writing style, **8**:9, 245, 394, 401, 849
Poor memory, **8**:849
Possibility of change in human beings, **9**:143
Potsdam, plan to move to, **9**:147
Practical work, on use of, **10**:352
Prague
    domestic life in, **5**:432
    life in, **5**:289, 293, 294, 295, 304, 400, 432
    time in, **9**:222
Prefers worried people to satisfied people, **9**:5
Press, attacks by, **10**:437
Professors, German, **1**:310
Prussian Public Library, donating his correspondence to, **9**:331
Receives stocks and shares as Elsa's dowry, **8**:1031c
Recommendations for, **1**:309
Relationship between man and woman, **1**:251–252, 325
Religious affiliation, **5**:266n; **9**:83, 448, 468, 495; **10**:21n, 534
    comments on, **5**:254n
    lack of as adult, **1**:20n, 269, 270n
Religious organizations, as still necessary, **9**:358
Rent contract
    extended, **9**:608c
    problem with, 607c
Rental dispute in Zurich, **5**:634c, 636c; **8**:990c
Research, no personal progress in, **9**:147, 268, 272, 293, 457, 498, 513, 581c
Role as father, **10**:37–38, 44
Rooms lived in, **1**:299, 332–333
Russian physicists
    intervenes on behalf of, **10**:417, 444
    visited in Berlin by, **10**:417, 465
Sailboat, on buying, **10**:213, 419, 431
Sailing, in Berlin, **9**:143, 147
Schleusner, Thea, portrait by, **9**:342
Science, joy of, **10**:154
Scientific profession, independence of, **1**:28
Secluded lifestyle, **10**:65
Seeks refuge in scientific work, **5**:586
Self-accusation for fathering son Eduard, **10**:75
Self-characterization as "Swiss Jew," **7**:210, 214

Self-description, **10**:439
Skill in contacting people, insufficient, **8**:150
Smart, contented, and impeccable international reputation, **8**:753
Socialist, **8**:944, 959
Solitude, **1**:321, 325; **8**:347
Sons
　anxious about, **8**:320
　bad memories of meeting with, **8**:169
　on bad terms with, **8**:311
　boarding plans for, **8**:677
　book for, **8**:568, 579
　on character of, **10**:464
　on educating them personally, **10**:49
　on emotional and physical well-being of, **9**:512
　on importance of relation with, **8**:199, 270
　inherited his carelessness, **10**:180
　invites to hotel, **8**:280
　invites to vacation, **8**:772, 789
　on lack of understanding separation by, **8**:337
　misses, **8**:47, 49, 50, 52, 58, 63, 91, 118, 129, 145, 205, 279, 337, 341; **9**:326
　pleased by their intelligence, **10**:104
　pleased by their love, **10**:106
　on psychological shame of him, **9**:512
　on raising as Swiss, **10**:49
　on relationship with, **10**:42
　satisfied with letters from, **8**:835
　Switzerland as socially benevolent environment for, **10**:26
　on taking care of, **8**:321
　vacationing with, **9**:90, 129, 132, 452, 486–487, 495; **10**:330; in Alps, plans for, 155, 164; in Benzingen, 437, 444–446, 454, 459, 461, 464, 601c, plans for, 329–330, 342–343, 346, 362, 373, 374, 403n, 418, 429
Spinoza House, visits, **10**:604c
As sponger, **9**:174
Students at Berlin University, on his, **9**:437
Studying, solace in, **1**:211, 258
Successful work as consolation for imperfect offspring, **10**:72
Summer house, on buying, **10**:419, 431, 464, 470
Sunset, on a colorful, **10**:94
Swiss family (Einstein-Marić, and Hans Albert and Eduard Einstein)
　move to Germany, **9**:*xxxi*, 196, 201, 214, 234, 242, 281, 293, 306, 326, 339, 342, 345; postpones, **9**:270
　reasons for not visiting, **10**:46
Switzerland
　attached to, **8**:855
　court case with landlord in, **8**:11
　Federal Patent Office, times spent in, **8**:610
　home, calls, **8**:103, 498
　itinerary from, to Germany, **8**:511
　itinerary in, **8**:477
　passport problems, **8**:276
　on reentry visa, **8**:174
　visa to, arranges for, **8**:284, 285
　visit to, **8**:165, 279, 280, 485; plans, 269, 274, 276, 279, 479
Teaching, **1**:310
Threat of assassination, **7**:*113*
Times (London), writing article for, **9**:273
Tree of Knowledge, **9**:143, 200, 230
Turns over duties in physical society, **5**:*487*
Unity of apparently disparate phenomena, **1**:*xl*, 265, 290–291
University of Berlin, feels obligation to stay at, **8**:855, 856, 857, 858, 870, 894, 939, 953, 961, 971
Visa
　Dutch, problems with, **9**:154, 172, 195, 497, 579, 615; **10**:246
　Norwegian, **10**:267, 292
Visit with Zangger to Forrer, **5**:332
Vocation as a physicist, **1**:*xxxvi*, 28
Wedded state, **5**:19
Wedding witness, **10**:101
Winterthur teachers, **1**:305
Women and men, on differences between, **9**:94
Youth, **9**:69, 91n, 486, 492
Zurich
　citizen of, **8**:333n
　as real home, **8**:855, 856, 857, 859, 870, 894, 909

PHILOSOPHY
Causal and teleological perception of phenomena, **9**:143
Causality, **10**:299–301, 324–325
Cognition, **9**:143
Early interest in, **1**:*lx, lxii*, 4

Experience, relation of concepts to, **10**:293
Lack of: competency in, **10**:245; understanding of, **8**:440;
Metaphysics, crossing border between physics and, **10**:605c, 606c
Methodology of scientific research, **9**:xli
Nihilism, **9**:143
Not well versed in, **9**:51
Nützlichkeitsprinzip, **9**:143
On philosophers, **10**:265;
On philosophy, **10**:293
Relationship between thought and its object, **1**:4
Relativity and monism, **9**:509
Space, on reality of, **10**:324
Spinoza's *Ethics*, reads, **10**:96

POLITICS

Academics, German, deplores attitude of, **9**:449
Act of Algeciras, **8**:173
Addresses Students' Council in Reichstag, **8**:1029c
Agreement on most favored nations, **8**:506
Agreements, international, on mutual help and limits of armament, **8**:506
Allies
on behavior of, **9**:281
as guarantors against restoration of old regime, **9**:513
American influence on Europe, positive, **9**:117
Annexationist policy, against, **8**:170, 174, 663, 676
Anti-British campaign, **8**:76
Anti-Oorlog-Raad, member of international council of, **10**:36
"Un Appel, Fière Déclaration d'Intellectuels," signs, **9**:102
Appeal in favor of republican constitution for Germany, signs, **10**:*xlii*, 242, 574c
Arbitration tribunal of U.S., Great Britain, France, and Russia, **8**:506
Arons, Leo, open letter of, declines signing, **8**:946
Aufruf an die freie Jugend aller Stände und Völker, signs, **9**:552c
Aufruf des deutschen Geistes zum Sozialismus, **9**:59
Berliner Goethebund, prepares manuscript on war for, **8**:187, 200
Berlin police, on blacklist of political division of, **8**:1016, 1017
Blockade
of Germany, intellectual, teaches humility, **9**:*xliii*, 121, 163
of Russia, protests against, **9**:202
Bund "Neues Vaterland"
Appeal of the Intellectuals of, committee member for, **8**:151n, 342n, 837n
circular of, signs, **8**:947
committee member of, **8**:342n
connection with, **8**:103
discussion of, **8**:118n
on hard times of, **8**:170
joins, **8**:151n, 996c
meeting of, attends, **8**:103n
resolution of, collects signatures for, **8**:947
Bund zum Ziel, declines invitation to meeting of, **8**:869, 871
Central Organization for a Durable Peace
congress of, plans to attend, **8**:210, 211, 213
serves in, **8**:186, 205, 210, 342n, 608
Delbrück-Dernburg petition, **8**:175; signs, 146n, 150n, 157n
Democrat, **10**:*xl, xliii*, 418
England
lack of sympathy for, **8**:171n
on public opinion of, in Germany, **8**:170
traveling to, would appear as captatio benevolentiae, **10**:309
Erklärung in Sachen Liebknecht-Luxemburg, signs, **9**:17n, 551c
Foreign press, finds news on attacks against him exaggerated in, **10**:534, 542
France, on public opinion of, in Germany, **8**:170
Aufruf "Für die Unabhängigkeit des Geistes," signs, **9**:102, 105, 110, 134, 135
German defeat, on consequences of, **8**:342
German militarism, rejoices in downfall of, **8**:945
German revolution, on events of, **8**:964
German success on Eastern front, on consequences of, **8**:170
German victory, on consequences of, **8**:170, 341
German war atrocities, discussion with Lorentz on, **8**:347n

Germany
- on admitting foreign students to German universities, **10:**350
- on being Swiss, international, and faithful to Germany, **10:**542
- on chancellor succession in, **8:**506
- considers the possibility of leaving, **10:**412
- on cordiality of German colleagues, **10:**542
- deals with, on danger of, **8:**505
- famine in, on danger of, **8:**960
- imperialistic mentality in, on lessening of, **8:**505
- on leaving Berlin, **10:**469, 594c; no reason for, 417
- oath of allegiance: required, **10:**577c; takes, 582c
- political change in, means of forcing, **8:**506

Governments
- based on power, not on legal systems, **10:**348–349
- on governing people, **10:**346–347

Heilbronn, on political views of inhabitants of, **8:**167

Hungarian commissars, signs petition to pardon, **10:**611c

Imperialism as reaction to internal problems, **10:**340

Independence, of countries, sacrificed to end anarchy, **9:**143

Intellectuals, on past and present, **9:**264

International association of democratic countries, **8:**506

International relations, for freedom of individuals in, **9:**578c

International relations of scientists, **8:**77; on restoring, **8:**149, 150

International solidarity, proposes collection of statements on, **8:**736, 737, 740, 745–748, 774

Internationalism of scientists, **8:**155

Kelen, joins amnesty action on behalf of, **10:**482–483

Manifesto of Democratic Party, signs, **8:**948

Manifesto of Reconciliation, signs, **8:**532n

Manifesto of the 93, **8:**170, 176, 772
- on prospects of revoking, **8:**176
- on signatories of, **8:**170
- signatures to, on circumstances of collecting, **8:**155

Manifesto to the Europeans, co-signer of, **8:**78n, 276n, 762; **10:**29

Massart appeal, talks of, **8:**346, 361, 363, 364, 419

Monopoly of ruling classes in press and power, on, **8:**155

Moral behavior, of individuals and groups, **9:**121

Nationalism, against using his work to influence, **9:**497

Norwegian students, on internationalism of, **10:**420

Pacifist, on being a, **9:**497

Patriotism, **8:**63, 154, 156, 165, 193

Political activity: police interest in, **8:**342n, 772n; restrains own, **8:**187n, 636

Prisoners, for release of political, **9:**343

Professors, arrested, intervenes for, **8:**944n

Prussian mentality, on increase in, **9:**163

Reconciliation, European, **9:**314n, 134–135, 497

Relativity and politics, **10:**428; reason for publishing *Einstein 1920f*, **10:**412–413, 418

Religion of might, **8:**451, 505, 532, 959

Scholarly literature, on exchange of German and foreign, **9:**533

Socialism, on preparation of masses for, **9:**28

State, on mission of, **8:**399

States, on peaceful organization of, **8:**342

Swedish students, on Germanophilia of, **10:**350

Swiss, considers himself, **10:**343

Switzerland as ideal state, **8:**399

United States of Europe, **10:**437

Vereinigung Gleichgesinnter, agrees with resolution of, **8:**532; joins, 532n

War crimes
- asks Lorentz to join private commission to investigate, **9:**42
- French atrocities against German prisoners of war, **9:**483
- joins private commission to investigate German, **9:***xliii*, 121, 561c

War-crimes commission, on, **8:**345n

War-guilt resolution, requested to sign, **9:**571c

Weimar Republic, **10:***xl*

Workers, on their feelings of exploitation, **9:**93

World War I, **8:**63
- expects end of, **8:**85, 118, 367

on madness of, **8:**103, 116
on need for a supranational peacekeeping organization, **10:**26; plan of, 125–126
opposition to, **10:***xliii, xxxiii–xxxiv*; on positive effect of, 45
on outbreak of, **8:**56
paper on views on, **8:**187, 200
on psychological causes of, **10:**26
rejoices over peace initiative of new German government in July 1917, **10:**108n
Zionist Club Chicago, thanks for sympathy statement from, **10:**534

POPULAR BOOK ON RELATIVITY
9th edition, royalties, **10:**577c
10th edition
  manuscript of, **10:**584c, 588c
  royalties, 592c, 597c, 598c, 599c, 600c, 601c
11th and 12th editions
  addenda, **10:**574c
  royalties, 568c, 607c
Braille transcript, requested by Hochschulbücherei, **10:**589c; granted, 589c
Comments on, **8:**891
English edition, **9:**257, 26; **10:**576c, 578c, 593c
  4th edition, **10:**610c
  additions, **9:**523; **10:**572c
  Lawson on, **10:**589c
  resumé for, **9:**523–524, 613c
  royalties, **9:**346n, 346–347, 374, 412, 594c, 597c; **10:**385, 568c, 569c, 575c, 608c, 610c, 612c, 613c
  sent to Ehrenfest, **10:**593c
French edition, **9:**603c, 604c, 606c, 614c, 616c; **10:**578c, 579c, 587c
  contract between publishing houses, **10:**589c
  galleys, **10:**603c, 605c
  Moch as possible translator, **10:**327, 340, 569c; proposed, 572c, 574c
  proposed, **9:**531, 536, 537n, 609c
  Rouvière as prospective translator, **10:**575c, 609c
  royalties, **10:**574c
  Solovine on, **10:**569c
Hungarian edition, royalties, **10:**575c
Italian edition, Calisse proposed as translator,

10:590c; gives consent, 378, 596c
New edition
  asks for galleys, **10:**611c
  proposed by Vieweg, 602c
Plan for, **8:**147, 234
Polish edition, proposed, **9:**597c
Russian edition
  honorarium for translation rights offered, **10:**570c; accepts, 572c, 573c
  introduction to, **10:**605c
  proposed, **10:**574c
  royalties for, **10:**574c
Spanish edition
  proposed, **9:**528
  recommends to Vieweg, **10:**591c
Swedish edition
  royalties, **9:**597c
  translated, 599c
Works on, **10:**63

RECOGNITIONS
Barnard Medal of Columbia University, **10:**571c, 575c, 576c, 584c, 591c
Baumgartner Prize, **8:**756n, 1009c; **10:**91, 106
Danish Academy, corresponding member
  nominated, **9:**598c
  elected, **9:**611c, 612c; **10:**568c
Müller Prize, **8:**756n, 1019c
Nobel Prize
  nominated by: Arrhenius, **9:**552c, Julius, 597c, Kamerlingh Onnes, 597c, Lorentz, 597c, Ornstein, 596c, Warburg, 550c, Zeeman, 597c
  nominations for, **8:**623n
Norwegian Students' Association, honorary member, **10:**579c
Order Pour le mérite for Science and the Arts, **10:**605c, 614c
Royal Dutch Academy of Sciences, corresponding member, **9:**613c; **10:***xlv*, 268n, 267, 270–271, 274–275, 277, 287, 288, 573c, 574c
University of Geneva, honorary doctorate, **5:**202
University of Rostock, honorary doctorate, **9:**225, 572c, 584c, 586c, 591c
Vahlbruch Prize, **8:**698, 699n, 715, 756n
See also Royal Astronomical Society: Gold Medal for AE

REQUESTS BY

Acta Mathematica, for article, **9:**308; **10:**568c; declines, 341, 592c

Adler, Friedrich, to sign amnesty appeal for ten Hungarian people's commissars, **10:**484

Akademisk Revy, for article, **10:**594c

Annalen der Physik, to solicit papers for, **9:**535

Arco
for expert opinion on patent case, **10:**486
for opinion on *Kammerer 1919*, **10:**486–487

Berliner, for opinion on Schneider's dissertation, **10:**382

Burghold, for support of exchange of German and foreign scholarly literature, **9:**514–515

Central-Verein deutscher Staatsbürger jüdischen Glaubens, to fight against anti-Semitism, **9:**490; declines, 494

Chisholm, for article for *Encyclopaedia Britannica*, **10:**600c, 601c, 605c, 607c; declines, 609c

Debye, for recommendation for Born, Karman, Lenz, Madelung, Mie, Schrödinger, **9:**463

Deutsche Revue, for article, **10:**588c

Deutscher Gesellig-Wissenschaftlicher Verein in New York, for contribution to album, **10:**601c

Dinos, for opinion on Lilienthal's theory, **10:**581c

Exner, for statement on technical education, **10:**583c; accepts, 586c

Fischer, for financial help for university studies, **10:**608c, 609c

Forum, for article, **9:**285; accepts, 300

Gerhards, for comments on manuscript, **10:**577c; for personal discussion, 593c

German Central Committee for Foreign Relief, for article, **10:**334–335

German League for the League of Nations, for article, **10:**333–334; declines, 343

German News Agency for Foreign University and Student Affairs, for support, **10:**588c

Jeffery, for English edition of selected papers, **10:**602c

Jewish Community of Berlin, for congregational tax, **10:**611c

Johnsen, for recommendation for Becker, Gans, Harms, Koch, Madelung, Valentiner, Weber, Zahn, **9:**74

Kantstudien, for article, **9:**44; declines, 51

Klötzel, for support for Karwe, **10:**598c

Lánczos, for postgraduate position, **9:**265–266

Lawson, for English edition of *Einstein 1920j*, **10:**572c

Lotos, for paper, **10:**568c, 577c, 579c

Marx, for an appointment, **10:**570c; granted, 575c, 577c

Meyer, Edgar
for recommendation, **10:**28
to help obtain position for Rosenberg, **10:**594c
to submit Rosenberg's paper to *Sitzungsberichte*, **10:**595c

Nature, for article, **9:**252, 256; in preparation, 299, 328, 346, 374, 406, 523; **10:**610c

Neue Freie Presse, for article; 273, declines, **9:**607c

Neue Zürcher Zeitung, for article, **9:**608c

Ostwald, for republication of papers, **10:**608c; agrees, 608c, 612c

Physikalische Berichte, to review manuscript, **9:**571c

Schlick
for commenting on his book on relativity, **9:**313
for opinion on successor to Weber, **10:**390–391

Schmidt, for opinion on his book, **10:**608c

Schoenflies, for opinion on candidates for Born's succession, **10:**304–305

Schubert-Soldner, for help, **10:**571c

Schwäbischer Bund, for article, declines, **9:**69

Seelig, for contribution to *Die zwölf Bücher*, **9:**322; declines, 331

Stöcker, for signing April 1919 appeal, **9:**33

Studentenvereinigung für künstlerische Kultur an der Universität Berlin, for support, **9:**178–179; declines, 184

Süddeutsche Monatshefte, for article, **10:**409; declines, 413

Umschau, for article, declines, **9:**586c

Vaihinger, to publish lecture to Leyden Society, **10:**573c

Wermuth, for popular lecture for City Council, **10:**570c

Wirtschaftshilfe der deutschen Studentenschaft, Amerika-Werkstudenten-Dienst, for letter of recommendation, **10:**595c

Wittig, to review his book, **10**:245
Wolfer, for recommendation for Briner, **9**:589c

SCIENCE
Analogy arguments in, **3**:114, 128n
Annalen der Physik, early reading of, **1**:*xl*, 304, 305n
Anti-relativists, compares to flies, **10**:351
Astronomy, on lag of Germany in, behind Britain and the U.S., **10**:357
Controversy with
  Abraham on theory of gravitation, **5**:394, 394n, 406, 480, 501
  Stark on photochemical equivalence, **5**:480
Dimensional considerations in, **3**:178n, 460–461, 467–470, 474, 476n, 527, 544n
Einstein 1910a, on, **10**:9
Einstein 1919a, on, **10**:371
Electromagnetic field, primacy of, over ponderable matter, **10**:488
Electrotechnology, early interest in, **1**:*lxiv, lxi*, 5, 253, 255
Errors, in publications, **2**:*170*, 203n, 204n–205n, 345n, 348n, 494–495, *505–506*; made, **3**:*10*, 268n, 418n
Evaluation of AE's work, **5**:526–528
Experimental work, **3**:*xvi, xxvi, 10*, 471, 486, 500, 547n
Experiments proposed, **1**:*61*, 219, 227n
  on ether drift, **1**:*224, 225*, 230, 234n, 316, 328, 329n
  on heat conduction, **1**:*235–236*, 244n
  on propagation of light in magnetic field, **1**:8–9
  on radiation, **1**:*224*
  on specific heats, **1**:*235*, 238
  on Thomson effect, **1**:*236*, 258
First four papers, **5**:31
Forces, atomic and molecular, on inadequate knowledge of, **10**:482
Formal analogies in physics, **10**:488
Formal vs. physical thinking in physics, **10**:17
Gockel's laboratory, work in, **5**:124n
Heuristic principles in, **3**:*xxvii*, 178n, 423n, 488
Interesting scientific idea, **10**:41
On lecturing abilities, **5**:188
Mathematics
  abilities praised by teacher, **1**:*lxiv*
  early study of, **1**:*lxi*
  no mastery of, **8**:163, 245
  usefulness of, **5**:505;
On own scientific abilities, **5**:86, 412
Papers, high demand for his, **9**:590c, 596c
Physical laws, on transfer from rest to moving systems of, **9**:376
Physics, ideas about, **1**:*lxiv, 5–6, 6–9, 12*, 28, *372*
Press attacks against relativity, **10**:595c
Quantum theory, on work on, **5**:187, 189
Readings about
  electrodynamics and optics, **2**:*259–260*
  electrodynamics before 1905, **2**:*260*
  foundations of science, **2**:*xxiii–xxiv, xxv*, 260
  popular science, **1**:*lxii*, 265n; **2**:*3, 42*
Scientific literature, proposes exchange of German and foreign, **9**:514
Statistical mechanics, book on, reluctant to write, **8**:815
Symmetry arguments in, **3**:20, 24, 141, 149, 157, 194, 256, 337–338, 451, 513, 565
Working on small problems, **10**:43
On writing lecture on relativity, **5**:515

SUPPORTS ACADEMIC POSITION FOR
Dehlinger, **9**:386
Ehrenhaft, **9**:365, 396–397, 400
Epstein, **9**:339, 344, 353, 457, 498
Franck, **9**:368
Freundlich, **9**:158, 274
Kammerer, **9**:449, 451, 512
Marx, **9**:349
Petzoldt, **9**:116
Ratnowsky, **9**:344
Rausch von Traubenberg, **9**:291–292
Reichenbach, **9**:132
Scherrer, **9**:487
Schlick, **9**:280, 449, 450, 451
Schubert-Soldern, **9**:522

Einstein, Albert, and Einstein-Marić, Mileva, rendezvous with Savić, Helene and Milivoj in Kijevo, **5**:45n
Einstein, Carl (1885–1940), **7**:125n; AE confused with, **9**:307n; **10**:*xliv*
Einstein Donation Fund. *See* Albert-Einstein-Spende

Einstein e C., Milan, **1:***liv*, 276
Einstein, Edith (1888–1960), **1:***lvii* n; **5:**237n, 239n, 541; **8:**168–169, 884; **9:**47, 129, 192; **10:***xlix*, 196–197, 199, 201, 282
 doctoral dissertation of, **9:**49, 132
  AE on, **10:**290–291
  Epstein on, 282–283
 sails with AE, **10:**210
 on theory of radiometer effect, **9:**47–48
 visits AE, **10:**121
Einstein, Eduard (1910–1965), **1:***381*; **5:**215n, 290n, 335, 344n, 403n, 404n, 420n, 433n, 479n; **8:**14, 57, 64, 84, 113, 190, 198, 203, 226, 279, 280, 320, 351, 367, 410, 561, 573, 677, 678, 730, 772, 817, 831, 938, 941, 964; **9:***xxx*, 89, 235, 294n, 303, 486, 512; **10:***xxix–xxxvii*, 24n, 32, 59, 84, 92–93, 129, 135, 140, 144, 149, 164, 167, 175, 186, 190, 199, 226–228, 464, 498
 AE
  disappointed by cancellation of visit to Zurich by, **10:**168
  dreams about, **10:**30
  feelings toward, **10:**166, 258, 345
 AE on abilities of, **8:**269, 337
 AE about, **10:**32, 103, 105, 362, 464
 AE on hereditary causes for health condition of, **10:**71–72
 in Aegeri sanatorium, **9:**270, 338, 495; **10:**226, 236, 237, 238; cost of, **9:**306
 in Arosa sanatorium, **8:**457, 572, 579, 598; **10:**85–86, 91–92, 98–99, 102, 103n, 104–105, 109, 135–136, 138–139, 144–145, 181, 185, 192
  cost of, AE on, **8:**515, 531, 598, 614
  leaves, **8:**568
 attends play by Schiller, **10:**345
 attends: second grade, **10:**156, 168n; third grade, 194; fourth grade, 258, 345
 in Bethanienheim hospital, **8:**443; **10:**79
 birth of, **5:**248n, 248–249
 birthday of, **9:**90; **10:**345
 book for, **8:**816, 817, 964
 complains about Einstein-Marić's leaving Zurich, **10:**226
 grows cacti, **10:**345
 health condition of, **8:**153, 400, 618; **10:***xxxvi*, 60n, 75–76, 104–105, 109, 172, 181, 185, 342
 ill with
  influenza, **8:**912
  lung inflammation, **8:**400, 404
  lymphatic tuberculosis, **8:**668n
  middle-ear infection, **8:**11, 20
 illness of, **5:**593n, 599, 600n, 601, 603
 interested in geography, **10:**166
 in Locarno, **8:**990c
 mathematical abilities of, **10:**29
 mild climate for, **8:**666
 on mountain resort for, AE on, **8:**407, 408, 410
 music for, **9:**271, 339
 nickname of, **5:**607, 607n; **8:**11
 photo with brother Hans Albert, **10:**105
 plans of moving to Berlin, **10:**144
 plans of moving with Einstein-Marić to her parents, **10:**121
 plans to accompany Einstein-Marić to Rheinfelden, **10:**194
 plays chess, **8:**341
 plays piano, **10:**221, 226
 plays with lead soldiers, **10:**186
 provisions for in Divorce Decree, **9:**9
 reads Goethe, **10:**345
 reads history of Switzerland, **10:**186
 requests travel book from AE, **10:**168, 175
 in Rheinfelden, **9:**131; **10:**200, 210
 schooling of, **9:**496n
 sing, lacks ability to, **8:**269
 sings on Einstein-Marić's return, **10:**58
 Stahel-Baumann as prospective host for, **10:**104, 109, 113, 126
 stamps for, **10:**343
 sterile surroundings for, AE against, **8:**562, 614, 623
 toy weapons, AE against, **8:**965
 tuberculosis, endangered by, **8:**400, 666
 on vacation near Lausanne, **8:**321, 338n
 visits AE at Zanggers, **10:**196.
 weak health of, **9:**4n, 452, 512, 530
 See also Einstein, Albert: Personal: Sons
Einstein, Elsa (1876–1936), **1:***lvii* n, *380*; **5:**238, 239n, 457n, 459n, 516n, 598n; **8:**11n, 12n, 13, 14n, 31n, 40n, 48, 49n, 50–51, 54, 91, 138, 166, 168, 169, 270, 271, 282, 283, 383n, 395, 397n, 446n, 512, 668, 714n, 728n, 732n, 733n, 761, 789n, 814, 816, 856, 974; **9:**4n, 5n, 11n, 30n, 65n, 91n, 92n, 107n, 109, 120n, 130n, 132, 168, 219, 221, 226n, 248, 288,

Einstein, Elsa (*cont.*)
   290n, 294n, 302n, 304n, 351, 360n, 414,
      442, 457, 524n, 572c, 573c, 595c; **10:***xxix–
      xxxvii*, *xliv*, 21n, 25n, 33n, 39–42, 51–53,
      94–100, 107–112, 114–115, 117, 119–120,
      123–124, 127–128, 130–133, 144, 148,
      170, 173n, 191, 195–203, 205–213, 219–
      220, 222–224, 232n, 247, 252, 257, 262,
      264–265, 267, 270, 275, 277, 279n, 289n,
      361, 401, 417, 430, 434, 439, 442–443, 454,
      464–466, 469–470, 475, 510
   AE
      accompanies to Kiel, **9:**613c
      advises not to participate in Als-Ob conference, **10:***xlv*, 275
      as Cinderella of, **10:**121
      on delay of Leyden appointment of, **10:**275
      family relation with, **5:**470n
      joins in Nauheim, **10:**600c
      joint trip to Wannsee with, **5:**456
      longs for, **10:**254
      marries, **9:**82, 83, 568c
      milk for, **8:**729
      misses, **9:**106
      old friend of, **8:**13
      organizes string quartet for, **10:**266
      on political outspokenness of, **10:**254
      on printing of Leyden inaugural lecture of, **10:**275
      on public interest in, **9:**587c
      reacquainted with, in Berlin, **10:**21n
      on renewing lease on apartment of, **10:**106, 107
      separation of, feels guilty for, **8:**49
      takes care of, **8:**48, 91, 561, 884; **9:**64, 359; **10:**23, 66, 70, 72, 74, 78, 254, 266
      on volume of mail of, **10:**266
   AE apologizes for neglecting to write to, **5:**593, 597
   AE asks for help in registering his absence, **8:**166
   AE decides to marry, **10:**39
   AE destroys letters from, **5:**457
   AE eager to see, **8:**169
   AE loves, **10:**109
   on AE marrying Ilse Einstein, **8:**770–771
   AE on affection for, **8:**51, 53
   AE on living with and marrying, **8:**51, 54, 205, 234, 270, 271, 332, 512, 667, 668, 836
   AE plans rendezvous with, **10:**118, 121, 123, 128, 131
      in Ensingen, **10:**97, 99, 101, 103, 107, 108, 111–112
      in Mergentheim, **10:**100
      in Sigmaringen, **10:**114
      in Thüringen, **10:**115, 119, 124, 130, 131, 132
      in Weimar, **10:**119
   AE plans trip with, **10:**120, 127
   AE promises to send picture to, **5:**516, 517, 520
   AE resigned to breaking off relationship with, **5:**459
   AE stops correspondence with, **5:**469n
   AE vacations in Sellin with, **10:**32
   AE visits in Berlin, **5:**437, 544, 546n, 565; enjoyment of visit, **5:**557, 560
   AE's affection for, **5:**456, 459
   AE's Berlin appointment, discussion with Haber on, **5:**545n, 545
   AE's letters to, comments on, **5:**458n
   affected by anti-relativity events, **10:***xl*, 435
   in Bayrischzell, **8:**47, 52
   cardiac problems of, **5:**545; consults Nicolai on, **5:**561n
   cooks for the poor, **8:**145
   corresponds with Hedwig Born, **9:**402n, 597c
   daughters, neglect of, **8:**1033
   De Haas, helps in moving, **8:**159
   divorce of, **5:**588n
   domestic, on character of, **8:**344n
   dowry of, **9:**420n
   Einstein, Pauline
      quarrel with, **5:**558
      on move of to Berlin, **9:**290n
      takes care of, **9:**106, 268, 386
   on export of violins for Ehrenfest's daughters, **10:**253–254, 265, 275, 298
   Haber as good friend of, **10:**275
   health condition of, **9:**12, 13n, 28, 79; **10:**435, 445–446, 450n, 454
   heart problems of, **8:**93n
   illegibility of handwriting of, **10:**107
   as incentive for AE to come to Berlin, **8:**145; **10:**23
   on invitation to U.S., **10:**470, 514
   invitation to Zurich, **9:**300

Jewish origin of, **9:**468
on *Moszkowski 1921*, **10:**470, 474
Munich, plans visit to, **5:**571n
poetry readings, **5:**518n, 572, 574n
    AE on, **5:**565, 570, 573
    AE's congratulations on, **5:**517
    in Zurich, **5:**574
    review of, **5:**518n
praised by AE, **10:**23, 66, 78
religious affiliation of, **9:**83, 448, 468
on rental problem, **9:**607c, 608c
Schweizerische Auer-Aktien-Gesellschaft (SAG) shares for, **10:**567c
sends condolences to Ida Hurwitz, **9:**242n
stays with Oppenheims during GDNÄ meeting in Bad Nauheim, **10:**419
widow pension for Einstein-Marić, intervenes for, **8:**713

Einstein, Fanny (née Koch) (1852–1926), **1:***lvii, 380*; **5:**10n, 239n, 457n, 518n, 534n, 536; **8:**47, 53–54; **9:**30n, 83, 173; **10:***xxxii*, 21n, 24n, 119n, 121, 123n, 124, 127, 132, 196, 209, 511
annual expenses of, **8:**817n
on decision of AE in favor of cousin Elsa, **8:**52
hospitalized, **10:**211
lives in Hechingen, **5:**10n
pressing AE to marry cousin Elsa, **8:**205, 234
on vacation, **10:**114

Einstein, Garrone e C., Pavia (factory), Milan (office), Turin (branch), **1:***liii, liv*, 211n

Einstein, Hans Albert (1904–1973), **1:***381*; **5:**26n, 45n, 46, 115n, 133n, 141n, 152n, 225n, 226n, 249n, 344n, 387n, 403n, 404n, 420n, 433n, 479n, 522n, 542n, 543n, 601n, 605; **8:**14, 56–57, 64, 84, 113, 129, 134, 190–191, 198–199, 203, 205, 212, 222, 225, 227–228, 258, 271, 276, 279–280, 283–284, 304, 367, 380, 406, 410, 455, 457, 503n, 530, 561, 567, 598, 623, 666, 678, 730, 772, 819, 851, 911, 964; **9:**3, 4n, 89, 130–131, 235, 294n, 452, 530; **10:***xxix–xxxvii*, 24n, 31, 33–35, 37, 55, 58, 65, 67, 70, 73, 76, 78–79, 81, 83–86, 91–93, 97, 103–104, 116, 121, 130, 138, 140, 144, 148, 151, 159, 166–167, 169, 173, 179, 184, 190–191, 199, 202–203, 206–208, 210, 213, 228, 279, 329, 422n, 430, 464, 512
accompanies Wohlwend-Battaglia on piano, **10:**167

AE
anxious about health of, **10:**193–194
asks about vacation plans, **10:**238
asks for money from, **10:**192
asks for stamps from, **10:**259
brings food for, with Eduard, **10:**445
conflict with, **8:**284
correspondence with, **8:**57, 78, 441
disappointed by cancellation of visit to Zurich by, **10:**166–167
expects trip with, **8:**209
expects visit from, **10:**88
feelings for, **8:**219
harsh to, **8:**153, 210, 211, 213
on ignorance of appropriate treatment of Eduard by, **10:**140
invites for Easter vacation, **10:**30
invites to Switzerland, **10:**140
looks forward to meeting, **8:**218
plans of being raised by, **10:**75, 81
proposes medicine for gastric ailments to, **10:**138
proposes Zugerberg for joint vacation with, **10:**35
reluctant to be in company of, **8:**186n, 189
requests English textbook from, **10:**259
requests letter from, **10:**30
sails with, **9:**129, 132; **10:**106
sends harshly worded postcard to, **10:**32
stops corresponding with, **8:**339
tours with, **8:**280, 282, 284, 337; in Switzerland, **10:**41, 42
on vacationing with, **10:**31
visits, **10:**97, 196–197
AE apologizes for not visiting, **8:**819–820
AE on, **10:**89–90, 100, 107, 110, 112–113, 201, 203, 362, 464
AE on living with him, **8:**400, 406, 408, 410, 446
AE plans vacation with, **10:**37
    at Baltic Sea, 202
    in Berlin, 33, 34
    in Winteler-Einstein's home, 99, 101
AE pleased with, **8:**614
AE praises for helping with chores, **8:**351, 820
Bas-Bulaneck, Henri, visits with, **8:**400
Besso, Michele, plans visit to, **8:**189; visits, 372, 404
Besso, Vero, visits, **8:**941

Einstein, Hans Albert (*cont.*)
  birth of, **5:**23n, 27
  boards with
    Bessos, **10:**238
    Zanggers, **9:**303, 306, 326, 338, 451, 487n; **10:**79, 88, 97, 236
  Catholic instruction of, **5:**432
  character of, **9:**78; **10:**89–90
    AE on, **9:**512
    AE pleased with, **10:**98, 100, 103, 105, 199, 201, 203, 205
  constructs
    model airplane, **9:**129, 132, 271; **10:**156, 202, 214, 227, 238, 259
    model cableways, **10:**76, 167
    model electric railroad, **10:**140, 156
    model monorail, **10:**173–174
    model ship, **10:**59, 60, 167, 193
    toy machines, **10:**181
  correspondence of, AE happy with, **10:**55, 67, 91
  Ehrenfest's affection for, **5:**605n; **8:**165n, 340
  Einstein, Eduard: planned visit to, with AE, **8:**477; in Aegeri with, **10:**238
  elementary school of
    in Berlin, **8:**14
    in Zurich, 114n; graduates from, 226n
  examinations of, **10:**30n
  experiment, AE invites to observe, **8:**283, 284
  feelings of, AE understands, **8:**330
  on general strike in Switzerland, **10:**184–185
  geometry problems for, AE sends, **8:**113, 531
  Germany, argues against moving to, **10:**497–498
  Glarisegg, possible stay at, **8:**446
  gymnasium
    attends: second year, **8:**531n; **10:**77; third year, **10:**156; fifth year, **10:**30n
    entrance examinations to, **8:**267, 269, 274
    final examinations in, **8:**665
    opts for Realgymnasium section of, **8:**614
    short vacation in, **8:**911
  handicraft, engaged in, **10:**221
  harshness of, AE on, **8:**153, 210, 211, 213
  health condition of, **10:**227–228, 238
  helps ill mother, **8:**351
  ill with fever, **8:**443, 454
  Kuwaki's misidentification of, **5:**170n
  learns
    botany, English, history, physics, **10:**193
    French, **10:**181, 317, 343, 345
    German, **10:**87
    joinery, **8:**320
    Latin, **8:**320; **10:**58, 87
    mathematics, **10:**29, 87, 193, 237
    woodwork, **10:**192
  in Locarno, **8:**990c
  on lost items of AE, **10:**214
  misspellings of, AE on, **8:**274
  music exams of, **10:**193
  nickname for, **8:**44
  notes on psychology of disintegration of Russia by, **9:**79
  on organ patents, **10:**498
  on own memory, **10:**87
  photo with Eduard, **10:**105
  piano lessons of, **10:**77, 88
  plans summer vacation in Western Switzerland, **9:**495, 512
  plays
    Beethoven, **10:**138, 236
    Brahms, Händel, Mozart, Schubert, **10:**236
  plays music, **8:**735; **10:**30, 58, 77, 140, 156, 167, 192
    AE on, **8:**113, 190, 341, 820
    with AE, **9:**129, 132
  provisions for in Divorce Decree, **9:**9
  reads Shaw, **10:**237
  relativity, reads AE's popular book on, **10:***xxxiv*, 87, 446
  on renting out their home, **10:**235–236
  returns from Lucerne to Zurich, **10:**111–113
  school reports, AE on, **8:**341, 367
  on school trip to Ticino, **10:**258
  on sixteenth birthday, **10:**16, 258–259
  on ski tour, **8:**579
  stops taking cabinetmaking instructions, **10:**77
  studies with Amberg, **9:**271
  style of writing, AE on, **8:**234, 269
  takes care of family, **10:**174
  technical interest of, **8:**851; **9:**69, 78; AE on, **8:**939; **9:**270
  toothcare of, AE on, **8:**113, 226, 227, 258, 269
  tours with Winteler, **10:**110–111
  on vacation: near Lausanne, **8:**316n, 321, 338n; with Chavans, **10:**461
  visits
    Besso, **9:**486

Eduard in Arosa with AE, **10:**102, 104, 167
mother's family, **5:**115n
Winteler-Einstein with AE, **10:**106
Winteler household, possible stay in, **8:**446, 451, 453, 666; **10:**121, 144, 146, 150–151
Winteler, Paul, trip with, **8:**495, 497
Winterthur, stay in, **5:**249, 250n
Zangger, Heinrich
　boards with, **8:**452, 454
　works in garden of, **10:**88
See also Einstein, Albert: Personal: Sons
Einstein, Hermann (1847–1902), **1:***xxxvi*, *xxxvii*, 45n, *239*, *240*, 251–252, 289–290, 300; **5:**3, 3n, 9, 238n; **7:***222*; **9:**70n, 83
　against relationship of AE with Einstein-Marić, **8:**52
　biographical information, **1:***l–lvi*, *380*
　death of, **5:**7n, 10n
　debts of, **5:**12n
　businesses, **1:***xxxvi*, *li*, *liv*, 256, 281n (*see also* Ludwig Kiessling u. Cie.; J. Einstein & Cie.; Einstein, Garrone e C.; Einstein e C.)
　lacks ear for music, **8:**269
　writes to Ostwald, **2:***6*
Einstein, Hermine (1874–1943), **9:**65n
Einstein, Ida (1865–ca. 1922), **1:***li*, *lvii*; **5:**237, 238, 239n, 541n; visits AE, **10:**121
Einstein, Ilse (1897–1934), **4:***5*, *7*; **5:**457n, 516n, 558; **6:**535n, 537n; **7:***106*, 244n, 332n, 348n, 366n, 381n, 435n, 479n, 481n; **8:**37, 47–48, 51, 53, 205, 270, 333n, 593, 668n, 758, 764n, 769, 814; **9:**30n, 132, 302n, 360n, 416, 467, 472n, 556c, 573c, 595c; **10:***xxxii*, 24n, 119, 119n, 121, 123n, 124, 127, 132, 144, 225, 270, 324, 417, 446, 465, 486, 504, 511, 580c, 598c, 602c
　AE
　　accompanies to Norway, **10:**292, 298, 315
　　on enormous correspondence of, **10:**458
　　forwards correspondence to, **10:**201, 206, 222, 277, 434, 459
　　on planned visit to Spain with, **10:**459
　AE considers marrying, **8:**769, 771
　AE's love for, **8:**769, 770
　assistant of Nicolai, **9:**134n
　leftist leanings, **8:**945
　music lessons of, **9:**226
　Petzoldt, letter to, **9:**573c
　praised for diligence, **10:**278

salary raise from KWIP for, **10:**584c, 598c
secretary of KWIP, **8:**758n
secretary to AE
　one-time acquisition cost, **9:**582c, 583c
　salary raise, **9:**133, 579c
as travel companion, **10:**443, 446
on vacation, **10:**114
Einstein, Jakob (1850–1912), **1:***lii*, *lxi*; **5:**239n; **8:**169n; **10:**122n
　biographical information, **1:***l–liv*
　businesses, **1:***xxxvi*, *li*, *lii*, *liv*, 5 (*see also* Ludwig Kiessling u. Cie.; J. Einstein & Cie; Einstein, Garrone e C.)
　divorce of, **5:**239n
Einstein, Jette (1844–1905), **5:**238n
Einstein, Maja. *See* Winteler-Einstein, Maja
Einstein, Margot (1899–1986), **5:**457n, 516n, 558, 593; **8:**47, 48, 51, 53, 668n, 814; **9:**30n, 132, 360n, 416, 595c; **10:***xxix*, *xliv*, 24n, 107–110, 114–115, 123–124, 127–128, 130–131, 132n, 144, 211, 265
　composes music, **10:**204, 511
　health condition of, **10:**111, 169, 209, 402, 511
　ill with influenza, **8:**906
　interest in sculpting, **10:**119
　music lessons of, **9:**226
　in sanatorium, AE on, **10:**209
Einstein, Paula (1878–ca. 1955), **5:**238, 239n; AE's annoyance at behavior of, 456
Einstein, Pauline (1858–1920), **1:**219, 231, 248, 249, 287n, 300; **5:**3, 3n, 9, 342n, 393n, 459n, 544, 558, 586n; **8:**11n, 53, 54, 166n, 512n, 731, 812, 835, 884, 944, 989c–990c; **9:**29, 63, 65n, 81, 83, 91, 93n, 105–106, 119, 128, 130–131, 133n, 134n, 138, 147, 168, 170, 173, 201, 218 219, 248, 290n, 298, 303, 305, 359, 397n, 572c; **10:***xxxi*, *xxxiv–xxxv*, *xxxvii*, 81, 93, 202, 207–208, 220n, 224, 230, 234–235, 281, 511, 583c;
　AE on, **1:**221
　AE, proud of, **9:**64
　AE reads newspaper to, **10:**211
　AE visits, **8:**166, 477; in Heilbronn, **10:**93, 95; in Weggis, **10:**121, 127
　on AE's decision in favor of Elsa Einstein, **8:**52
　Ansbacher, breaks with, **10:**207
　Berlin, moving to, **5:**458n; **9:**64, 226, 268, 281, 289, 293, 325, 339, 342, 592c; **10:**195–196, 224

Einstein, Pauline (*cont.*)
    biographical information, **1:***1, liv, lvi, lix*, 1, *380*
    burial of, **9:**456, 468, 602c
    death of, **9:**441–442, 448, 451, 453, 482, 484, 602c; **10:**281; condolences on, **9:**441, 603c, 604c, 606c
    debts of, **5:**458n
    Einstein, Elsa, quarrel with, **5:**558
    Einstein-Marić
        bad relationship with, AE on, **5:**457, 587
        relationship with AE, attitude toward, **1:***xxxvi, xxxvii*, 244, 248–249, 252–253, 319–320
    expenses for, **9:**155n
    on family meeting in Zurich, **9:**573c
    financial support from AE, **5:**23n; **8:**453
    health condition of, **8:**813n; **10:**187, 195–196, 197n, 198, 200–201, 203, 211–212, 215, 230; AE's anxiety about, 220n
    Hechingen
        lives in, **5:**10n
        move to, 8n
    Heilbronn
        advised by AE to stay in, **5:**456
        move to, 238n, 324n
    ill, terminally, **8:**885n, 892; **9:***xxx–xxxi*, 29, 90–91, 93, 105, 130, 132, 147, 171, 173, 187, 196, 237, 293, 330, 339, 352, 355, 386, 402, 404, 419, 421
    ill with influenza, **8:**906
    in Maja's care, **10:**195
    interest in eclipse expedition results, **9:**92, 94
    keeps household
        of Jacob Koch in Berlin, **5:**600
        of Emil Oppenheimer in Heilbronn, **5:**458n; **8:**166n; wants to leave, 732–733
    leaves Lucerne for Heilbronn, **10:**128
    medical condition, **8:**813n
    morphine injections for, **9:**139
    as mother-in-law, AE on, **5:**585
    moves in with Maja and Paul Winteler-Einstein, **8:**885n; plans for, 166
    operation of, **8:**41, 58
    on own deteriorating health, **9:**172
    plans visit to Switzerland, **10:**97–98
    Prague, with AE in, **5:**432
    private nurse for, **10:**216
    room in Berlin for, **9:**226, 274
    roots in Swabia of, **9:**70n
    in Rosenau sanatorium, **9:**572c
    in sanatorium stay in Lucerne, **10:***xxxvi*, 199–200, 203–204, 206, 211
    sends Christmas presents, **5:**585; Einstein-Marić's reaction, 586
    Switzerland, planned trip to, **5:**497
    visits
        AE in Berlin, **8:**228; **10:**169
        Berlin, **5:**237
        Weggis, **10:**111–112, 121
        Winteler-Einstein in Lucerne, **10:**110, 187
    Winteler, feels antipathy for, **10:**196
    Zangger, examined by, **9:**92; **10:**201, 207, 209, 215
Einstein, Robert (1884–1945), **1:***lvii*; **5:**238, 239n
Einstein, Rudolf (1843–1928), **1:***li, liv–lv, lvii* n, 3n, 281n, *380*; **5:**10n, 239n, 457n, 458n, 518n, 534n, 536; **8:**17, 53, 54, 343n; **9:**30n, 64, 74n, 83, 201, 420n; **10:***xxxii*, 24n, 128, 130, 511n
    AE visits, **10:**20
    Hechingen, lives in, **5:**10n
Einstein-De Haas effect. *See* Ampère's molecular currents
Einstein-De Haas experiment. *See* Ampère's molecular currents
Einstein-Marić, Mileva (1875–1948), **3:**125n, 178n, 321, 397n; **5:**5n, 9, 11n, 19n, 26n, 35n, 82n, 89, 133n, 141n, 152n, 181, 211n, 224n, 225n, 226n, 234n, 237n, 239n, 240n, 242n, 249, 274n, 279n, 283n, 286n, 288n, 289n, 311n, 324, 343, 379n, 387n, 407n, 433n, 438n, 470n, 484n, 515, 518n, 519n, 542n, 543n, 556n, 557n, 558, 589n, 600n, 604n, 606; **7:**222; **8:**11, 14, 44–46, 48n, 52, 55, 64, 86, 93, 128, 188, 199, 213, 226, 257, 280, 339n, 406, 497, 515, 666, 718, 734, 754, 788, 830, 835, 938, 970; **9:**4n, 13n, 36n, 91n, 130, 132, 170n, 195, 234, 270, 294n, 306, 486, 495, 496, 496n, 500, 530, 573c; **10:***xxix–xxxvii*, 5, 13n, 22n, 29, 31, 34, 35n, 37, 41n, 46, 48, 62, 75, 81, 102, 116–117, 118n, 126, 135, 140–141, 146, 148, 150, 154, 156–157, 159, 163, 179, 181, 213–214, 217, 342, 418
    academic and career plans, AE on, **1:**211–212, 222, 229–230, 255, 294, 300, 305, 312
    address in Zurich: first, **8:**58n; second, 59n;

third, 85n, 91; fourth, 129n
AE
    advises sons on corresponding with, **8**:78–79, 190–191
    agrees to divorce from, **8**:278
    discusses with Besso, **8**:281n
    excursions and trips with, **1**:58, 235, 275, 280, 286, 288, 293–295, 297, 301–302, 311–312, *376*
    on feelings of Hans Albert Einstein toward, **8**:186n
    on financial support by, **10**:142, 181, 228–229
    jealous of dependence of Eduard and Hans Albert Einstein on, **8**:168
    joint study of books with, **1**:*xxxix*, 220–221, 230, 235, 267, 336
    joint work with: on capillarity, **1**:*xxxix*, 267, 300; on molecular forces, **1**:292; on relative motion, **1**:*xxxix*, *225*, 28
    last discussion with, about separation, **8**:50
    marriage to, **1**:*xxxvii*, 381; **5**:9, 9n; certificate, **9**:11n
    on planned mountain trip with sons, **10**:164
    on relationship with family of, **8**:3
    requests direct contact with, **10**:150–151
    on sons' disappointment by cancellation of visit of, **10**:166
    wishes to meet with, **10**:121
AE attempts to push out of Berlin apartment, **8**:977
AE on, **5**:199n, 574, 585, 587; **10**:26–27, 31–32, 37, 81, 89, 116–117, 146, 161
AE on character of, **8**:50, 58, 78, 836
AE on excellent circumstances of life of, **8**:317
AE on impossibility of living with, **8**:52
AE on own responsibility for ruining relations with, **8**:729
AE, relationship with, intellectual, **1**:59, 258, 273, 318–319; description of, **1**:*xxxix–xl*
AE, relationship with, personal
    AE's feelings on, **1**:242, 250–251, 253–256, 258–260, 262, 280, 286, 294, 300, 304, 308, 322, 325, 330, 335
    AE's family's reaction to, **1**:227, 239, 244, 248–249, 251–253, 256, 257, 259, 266, 308, 312–314, 317, 319–320, 336
    Besso on, **1**:266
    description of, **1**:*xxxvi–xxxviii*

    family's reaction to, **1**:59, 308, 310–311, 314
    feelings on, **1**:229, 244, 268, 273, 298, 301, 313–314, 318
    Wintelers' reaction to, **1**:287, 306, 326–327
AE on separation from, **8**:45, 47, 49, 50, 118
AE resides in apartment of, **9**:573c
AE satisfied with behavior of, **8**:280, 729, 835
AE on uncommon ugliness of, **5**:199n
on AE's academic and career plans, **1**:270, 275, 310, 320
AE's conditions of living with, **8**:45, 46, 44
on AE's first doctoral dissertation, **1**:320; **2**:*174–175*
on AE's family, **1**:228, 244, 273, 314, 317, 319
AE's notes, use of to study for ETH examinations, **1**:*61*, 212, 228, 229n, 230, 311
on AE's personality, **1**:245, 320
AE's shared assets with, **8**:57, 58, 64, 93
awarded care of sons, **9**:10
Berlin
    arrives in, **8**:17, 20
    looks for apartment in, **5**:570, 586n, 593, 595n
    leaves, **8**:47, 50
Besso, displeased with visits of, **8**:404
Besso-Winteler, feels offended by, **8**:788; **10**:164
in Bethanienheim hospital, **10**:79
biography, **1**:*380–381*
called stubborn and without goodwill by Besso-Winteler, **8**:1032
daughter Lieserl (*see* Lieserl, daughter of AE and Einstein-Marić)
divorce from AE, **9**:8–10, 556c, 557c
divorce proceedings
    accepts AE's proposal for, **10**:146
    asks for patience from AE in, **10**:141–142
    denies having agreed to initiation of, **10**:41
    on divorce contract, **10**:156, 157–158, 159, 163, 165
    proposes Zurich as location for, **10**:147
dowry of, **8**:78, 816; **10**:143n
on Drude, **8**:3
education
    doctoral dissertation, **1**:260, 300, 303n
    ETH final examination for the *Diplom*, **1**:*61*, 247, 260n, 306, 307n, 311–312, 313n

Einstein-Marić, Mileva (cont.)
    ETH intermediate examination for the
        Diplom, **1**:220–221, 226, 228–230, 234
    ETH studies, **1**:*43*, 59n, 211–212, 292n
    Heidelberg, semester at, **1**:58–59
    primary and secondary, **1**:*xxxvi*, *380*
Einstein, Eduard, on seriousness of illness of,
    10:142
Einstein, Hans Albert
    on feelings of, **8**:186n
    influence on, **8**:205
    piano instruction to, **8**:372; **10**:77
Einstein, Pauline, bad relationship with, **5**:457
employment, attempts to find, **1**:256, 262, 275,
    294
family, AE on, **1**:252, 254 (*see also* Marić,
    Marija (mother); Marić, Miloš (father);
    Marić, Zorka (sister))
financial help for AE, **1**:257, 288, 314, 318,
    326
financial support from AE, **8**:48n, 55, 57–58,
    64, 78, 86, 93, 257, 270, 340, 406, 453, 531,
    581n, 598, 666, 677–678, 730–731, 754–
    755, 772, 788, 794–795, 814, 830, 911, 938,
    978
German securities deposited by AE in her
    name, **10**:180, 217, 258
gifts to AE, **1**:59, 216, 261, 317, 322, 326, 329
Gloriastrasse apartment of, plans to lease out,
    10:228; sublet, 99, 102
health of, **10**:55, 58–59, 75, 109, 137, 179
    AE on, **10**:44, 46, 49, 62
    after birth of: Eduard, **5**:251; Hans Albert,
        5:27n
household budget of, **8**:665n
ill, **8**:316, 320, 324, 330, 331, 332, 337, 339,
    340, 348, 350n, 367, 372, 381, 443, 452n,
    457, 665, 677, 851
ill with
    back pains, **8**:573–574
    brain tuberculosis, **8**:330, 331, 400
    glandular swelling, **8**:400
    headache, **8**:3
    heart problems, **8**:311
    influenza, **5**:10
    neck and jaw infection, **8**:852
    nerve pressure on spine, **8**:562n
    scrofula, **8**:400
    toothache, **5**:515

illness of
    AE inquires after, **8**:561
    AE misjudges, **8**:677
    AE on responsibility for, **8**:321
jealousy of, **5**:219n, 516; AE's apologies to
    Georg Meyer for, **5**:199
Locarno, trip with sons to, **5**:599–601, 603;
    8:18n, 990c
Meyer-Schmid, annoyance at letter by, **5**:199n
moving costs of, AE on, **8**:64
on moving to Germany, **10**:220–221, 228, 498
neurologist of, **8**:372
in Novi Sad, **10**:237–238
nurse in household of, **8**:658, 665; **10**:58
parents of
    plans of moving to, **10**:121
    plans of visiting in Novi Sad, **10**:226, 228
payments to, **9**:9–10, 90, 234
personality, AE on, **1**:220–221, 226, 229–230,
    267
plays piano, **5**:223n
pregnancy of, **5**:22, 22n, 215n
reasons for not allowing sons to visit Germany,
    10:172
reserve fund for, **8**:270, 598
return to Zurich: from Berlin, **8**:992c; from
    Vienna, **5**:559n;
sons, Hans Albert and Eduard
    AE feels has bad influence on, **8**:169
    AE feels prevents meeting with, **8**:185, 279
    AE requests regular information about,
        8:56
study of English, **2**:*110*
suffers from solitude, **8**:337
Swiss Patent Office, on AE's work at, **5**:7n
takes cure in Rheinfelden, **10**:195n, 196, 200,
    210
teaching position in Belgrade, inquiry about,
    5:23n
temporary lodging of, **8**:57
tensions with AE's relatives in Berlin, **5**:544,
    587
tubercular condition of, **10**:75
tutors of, **8**:316
Varićak, good relationship with, **10**:23
visits
    family, **5**:115n
    Haber in Berlin, 570, 574
    parents in Serbia, **9**:270, 303, 338

widow's pension for, **8:**673, 684, 713–714, 721–722; AE on, 271, 623, 677, 678, 719, 730; **10:**142, 146–147, 567c
Winteler-Einstein
bad relationship with, **5:**457
mistrusts, **10:**90
Wintelers, rejects AE's plan to have Hans Albert Einstein board with, **10:**150–151
Zurich, life in with AE, **1:**213, 226, 230, 234, 238, 243, 268–269, 272, 280
Einstein-Richardson effect. *See* Ampère's molecular currents
Einstein's cosmological model. *See* Cosmological model, Einstein's
Einstein's equation. *See* Capillarity: AE's equation for
Einstein's photoelectric equation. *See* Photoelectric effect: AE's equation for
Einstein-Smoluchowski scattering. *See* Smoluchowski-Einstein scattering
Einstein-Stiftung. *See* Albert-Einstein-Spende
Einstein tensor, **7:**25, 28n
Einstein Tower Solar Observatory. *See* Tower Telescope
Eisenach, AE and Elsa Einstein visit, **10:**33
Eisenhart, Luther (1876–1965), **10:**490; invites AE to Princeton University, 441
Eisfelder, Otto, **9:**226, 607c
dispute with, on room for Pauline Einstein, **9:**274
extends AE's rent contract, **9:**608c
Eisner, Kurt (1867–1919), **9:***xliv*, 488n, 558c; assassination of, **9:**13n
Eka-iodine, **9:**217
Elasticity
and specific heat, **3:**409–413, 413n–414n, 420
coefficient of, for gases, **1:**101
of solids, **3:***xxiii*, 475n
theory, **10:**282; relativistic, 241
See also Force: elastic
Elbogen, Ismar (1874–1943), **9:**169n
"Electra," Apparatenbau-Ges.m.b.H., Vienna, **1:***liv*
Electric charge, **1:**224, 226; **2:**256, 294, 451, *503–504*; **3:**9, 316–319, 338, 396n
bound, **3:**344
on conductors, **3:**327–329
conservation of, **3:**318–319, 325, 384
definition of, **3:**316–318, 325; **4:**9, 54

density of, **4:**10, 54, 150; **7:**134
distribution of, **3:**325
freely moving, **3:**246n
and impressed forces, **3:**351–352
measurement of small quantities of, **3:**9, 340–341, 397n–398n
positive and negative, **3:**318–319
rest density of, **4:**54, 82, 87, 320
static spherically symmetric distribution of, **7:**138
subelectronic, **3:***xxvi*, 509n
controversy on discovery of, **5:**291n, 320n, 322n; AE on, 321
surface density of, **1:**160–161
unit of, **3:***xix*, 362–363, 508n–509n
violation of conservation of, **7:**572n
See also Charge: elementary; Measuring instruments
Electric circuits, **3:**117–119, 368–369
and capacity, **3:**380–382
closed, **1:**177–178, 181
Kirchhoff's laws for, **1:**181–184; **3:**368
magnetic energy of, **3:**362, 373
networks, **1:**182
parallel, **1:**184, 192
and self-induction, **3:**380
series, **1:**192
system of two, **3:**376–379
three-wire system, **1:**185
Electric conductivity, **2:***174*, 512–513; **4:**19
AE on, **5:**337–338
experiments on, **3:**504n
of metals, Besso on, **5:**319, 342
of negative charge carriers, Drude on, **1:**284, 285n
of pure metals, **3:**501
relation to thermal conductivity, **1:**194, 305n
relation with temperature, AE on, **5:**281
Weber, H. F., on, **1:***235*
See also Electric conductor; Electric current
Electric conductor, **2:**490–491, *503–504*, 523, 525; **3:**119, 327–328, 334
distribution of electric charge on, **1:**159–161
extended, **3:**369–370, 399n
ferromagnetic, **3:**255–256
interrupted by dielectric, **3:**386
motion of, **3:**336
relation between charge and potential of, **1:**161–167

Electric conductor (*cont.*)
  resistance of, **3**:367
  See also Electric conductivity
Electric current, **1**:*6*, 7, 9, 172, 227n; **2**:*262–263*, *507*, 512, 519, 526, *585*; **3**:356–357
  density of, **7**:134
  and displacement vector *D*, **3**:386–387
  distribution in Voltaic cell, **1**:176–178
  inductive, **3**:142
  in magnetic field, **3**:255–256, 257n
  measurement of, **1**:35, 158, 200–210
  as motion of charges in empty space, AE on, **1**:*224*, 226
  Poynting vector, **3**:391–392
  units of, **1**:207; **3**:362–363
  See also Ampère's molecular currents
Electric field, **1**:*5*, *223–225*; **3**:132
  and bound electricity, **3**:344
  boundary conditions for, **2**:*506*, 512, 515, 532–534, 535n
  definition of strength of, **4**:9
  displacement vector *D*, **2**:510–511, 513, 515, 521, 537–539; **3**:342–347, 387
  external, **2**:417
  force vector *E*, **2**:510–511, 519, 520, 537–538
  of light wave, **3**:298
  of point charge, **4**:152
  strength, **2**:417, 451
  transformation equations for, **2**:292–296, 301, 411, 417, 450, 481–482
  See also Electromagnetic field
Electric force, **2**:*208*; **3**:272–273, 316, 320, 322, 325, 332, 342, 348, 393; AE on definition of, **1**:226. *See also* Ponderomotive force
Electric lighting filaments, **1**:197n
Electric meter, **1**:*lii*
Electric motor, **1**:*liv*
Electric polarization, **4**:16, 85, *202*
  in Hertz's electrodynamics, **1**:*223*, 226
  of molecules, **1**:172
Electric potential (*see* Potential: electric)
Electric resistance, **1**:175–210
  in branched conductors, **1**:184–187
  measurement of, **1**:35, 186–190
  specific
    of copper, **1**:199–200
      dependence on temperature, **1**:190–191
      of metals, **1**:190–191
  units of, **1**:191–194; **3**:367

vanishing, close to absolute zero, **3**:501
Electric resonator energy, as source of internal kinetic energy, **1**:*235–236*, 279. *See also* Resonator
Electric state of medium. *See* Material medium: electric state of
Electric waves, **3**:384–385
Electricity, **1**:*xxxix*, *xl*, *5–6*, 148–210, *224*, 226, 227, *236*, *237*, 238
  AE's lectures on magnetism and, **3**:*xvii*, 8, 126n–127n, 316–396, 396n–400n, *598–599*
  atomistic constitution of, **2**:*45*
  carriers of, **2**:411
  contact, **1**:178–181; **2**:358n
  duality of magnetism and, **2**:526, 528n; **4**:25, 26
  electron theory of (*see* Electron theory)
  law of conservation of, **4**:10, 11
  Maxwell's theory of (*see* Maxwell's electromagnetic theory)
  measurement of small quantities of (*see* Maschinchen, Einstein's)
  true, **4**:26
  See also Electric charge
Electrochemical equivalence, Faraday's law of, **4**:*111*
Electrochemical equivalent, **1**:226
Electrochemistry, **1**:286
Electrode, **2**:7, 24–29, 33–35, 38, 40n
Electrodynamic force, **3**:256, 466
Electrodynamics, **3**:*xxvi*, 117–119, 160, 513; **4**:9–28, 51–56, 59–64, 81–98, 147–154, *192*, *199*, *202n*, 264–269, 318–321, 487, 495, 499, 512–517, 545, 562, 584, 610–612; **6**:21, 45–48, 59–66, 264–268, 360, 365, 457, 476, 525–526, 577; **7**:79, 139n, 207, 213, 219, 526–527
  AE's course at ETH on, **4**:*3*, *6*, 106n, 108n, *298*, *300*, 512–519
  AE's lectures on, 579
  AE's work on, between 1902 and 1905, **2**:*259*
  and Ampère's molecular currents, **6**:*146*, 151, 173, 191
  of bodies at rest, **2**:277, 452, *504*, 509, 522, 538–539
  boundary conditions in, **4**:90–91, 516–517
  classical, **3**:178n, 506n, 514n; **9**:160
  concept of force in, Bucherer on, **5**:148
  conservation of energy-momentum in (*see*

Energy-momentum, law of conservation of: in electrodynamics)
contiguous action interpretation of, **6:***157*
covariant, **3:***10*, 396n
covariant formulation of, **6:**59–65, 67n, 68n, 105–109, 129n, 135, 264–268, 327–330, 408n; **7:**91, 157, 160–161, 454, 525, 531, 561–562
development of, **3:***xxviii*, 174n, 178, 426, 439n; **7:**372–373, 407, 431
duality of electricity and magnetism in, **2:**526, 528n; **4:**25, 26
energy density, electromagnetic, **4:**13, 20, 154
epistemological status of, **9:**264
equation of motion of point mass in, **2:**411; **4:**95–98
field equations of (*see* Electromagnetic field: equations of)
foundations of, **2:***139, 144, 148*, 565
as fundamental science, **7:**311, 315, 321n
and relativity, general, **6:**105–109, 226, 264–267, 269n, 294, 318, 325–326, 327–330, 536n
generally covariant, **8:**350n, 796–801, 803
Göttingen seminar on, **2:**267, 504
and gravitational field, **4:***124, 127*, 147–154, 318–321
incompatibility with Planck's radiation law, AE on, **5:**166
Lorentz's: action and reaction in, **5:**149n; formulation of, **7:**247
Maxwell field tensor of (*see* Maxwell field tensor)
Maxwell's (*see* Maxwell's electromagnetic theory)
Maxwell's formulation of, **7:**247
and mechanics, **3:**523
and quantum theory, **6:**356, 364, 368, 370n, 382, 384, 385, 387, 388, 392, 395
and radiation, **3:***xx*, 517
relativistic, **2:**292–306, 449–453; **3:**177, 423n, 445
and relativity, general, **6:**105–109, 226, 264–267, 269n, 294, 318, 325–326, 327–330, 536n
and relativity, special, **6:**4, 26, 59–65, 75, 132, 264, 266, 280, 325, 328, 330, 433, 437, 452, 453–455, 458, 459, 527; **7:***xxxi*, 6, 208, 214, 245–250, 313–315

retarded potential in, **6:**348, 350
special relativistic, **8:**5, 6
stress energy tensor in (*see* Energy momentum tensor: of electromagnetic field)
and time-reversal invariance, **10:**54
See also Electric field; Electromagnetic field; Electron theory: Lorentz's *and* Poincaré's; Magnetic field; Maxwell-Hertz equations
Electrodynamics of bodies at rest, **2:**277, 452, *504*, 509, 522, 538–539. *See also* Maxwell-Hertz equations
Electrodynamics of moving bodies, **1:***xl, 223–225*, 226–227, 325, 328, 330; **2:***253, 258, 268*, 509–517, 530, 532–534; **3:**133
AE's theory of, **2:***xxii–xxiii, 175, 259–260*, 276–306, 509
asymmetries in formulations of, **2:**276, 295, *309*
Drude's theory of, AE plans to study, **1:**225, 330
Hertz's theory of, **2:**255–256, 307n, 308n, 532
Lorentz's theory of, **2:***259, 264–265*, 301–302, 307n, 410, 434–435, 438, 449, 540, 567–568; **8:**5, 6, 900
macroscopic theory of, **2:**268, *503*
problems of, **2:***147*, 542
Electrodynamics of moving media, **3:**257n
Abraham's paper on, **5:**162n; AE on, 161n
AE's and Laub's work on, **2:***253–254, 503–507*; **5:**114n, 119; action and reaction in, 131, 132n, 253
Cohn's theory of, **2:***255–256*, 258, 267, 307n, 504; **3:**445, 449n
derivation of macroscopic equations in, **2:**517n
Hertz's theory of, **2:***503*, 504
Lorentz's theory of, **2:***xxviii, 503, 507*, 514
Minkowski's theory of, **2:***xxii, 504–507*, 517n, 537–540, 540n; **3:**445, 449n; **4:**26, 84, 88, 89, 92, 107n; **5:**93n, 114n; **7:**91; **8:**5, 6
relativistic, **2:***xxii, xxviii, 503–504*, 514
See also Ponderomotive force: AE's and Laub's expression for
Electrolysis, **1:**226n; Reichinstein on, **10:**312
Electrolytes, **2:**7, 25
conductivity of, **2:***xviii*, 7, 27, 40n, *178*, 501n
Nernst's theory of, **2:**27–28
viscosity in, **2:***179, 180*
Electromagnetic energy, **2:**312, 420, 425, 456, 485n; **3:***xix*; 400n; **5:**163–165; **7:**137, 140n

Electromagnetic energy (*cont.*)
   distribution and propagation of, **3**:270, 392
   expected minimum density of, **3**:539
   inertia of (*see* Energy: inertia of; Equivalence of mass and energy)
   localization of, **3**:249–252, 253n; in Maxwell's theory, **2**:583n
Electromagnetic field, **3**:*xix*, 136, 171–172, 422, 423n
   boundary conditions for, **2**:*506*, 532–534, 535n, 565
   of charged mass rotating around gravitational source, Mie's calculation of, **9**:97
   emission and absorption of, **2**:543
   energy of, **3**:350, 355, 392, 400n
   equations of, **2**:*256, 507*; **7**:89, 95, 357n, 516–517, 571n, 595
      macroscopic, **2**:*503, 504*
      microscopic, **2**:*503*
      Minkowski's, **2**:*503, 505–507*
      for moving media, **4**:25–28, 51–56, 84–91, 515; **6**:46, 73, 107, 108–109; **7**:89, 98n, 372, 407
      for stationary media, **4**:15–24, 513; **6**:65–66, 266; **7**:88, 91, 98n, 516
      for vacuum, **4**:9–12, 81–84, 147–154, 265n, 268n, 320–321; **6**:59, 106, 264–267, 327–330, 340; **7**:87, 132–133, 247, 250, 373, 407, 412, 461, 514, 567, 593
   as independent structure, **2**:*148, 257–258*, 435, 569, 572
   inertia of (*see* Energy: inertia of)
   lack of understanding of, **9**:56
   and matter, **7**:247
   Maxwell tensor of (*see* Maxwell field tensor)
   Maxwell's theory of (*see* Maxwell's electromagnetic theory)
   measuring instrument for, **4**:151, 154
   medium for, **7**:313–315
   momentum of, **3**:393
   stresses in (*see* Energy-momentum tensor: of electromagnetic field)
   tensor of, **4**:81, 519n
   transformation properties of, **2**:292–296, 301, 411, 417, 420, 449–450, 462, 481–483
   within electron, **7**:351
   See also Electric field; Electrodynamics; Magnetic field
Electromagnetic induction, **2**:*262*, 306n; **7**:121n, 372, 407
   problem of electrodynamic explanation of, **7**:*264–265*
   symmetry of, Lehmann on, **9**:562c
Electromagnetic phenomena in moving media. *See* Electrodynamics of moving media
Electromagnetic potential (*see* Potential: electromagnetic)
Electromagnetic radiation. *See* Radiation
Electromagnetic stress-energy tensor. *See* Energy-momentum tensor: of electromagnetic field
Electromagnetic theory. *See* Electrodynamics; Maxwell's electromagnetic theory
Electromagnetic units, **3**:379–380
Electromagnetic waves, **1**:*xxxix, 5, 6,* 6–9; **2**:*261*; **3**:389–396, 400n
   energy of, Weiß on, **5**:163–165
   See also Ether waves
Electromagnetic worldview. *See* Worldview: electromagnetic
Electrometer, **1**:172; **2**:397n, 490, 492n; **3**:*9*, 339–340, 397n, 398n
   AE's construction of, **5**:150
   quadrant, **1**:156–158, 162–164; of Elster and Geitel, **5**:383
   See also Thomson's balance
Electromotive force, **1**:35, 178, 181, 201; **2**:28, *262*, 276, 292–295, 309n, 451; **3**:119, 351, 368, 370–371, 388, 399n; **4**:15, 27, 84; **8**:8
Electromotive force series, **2**:354, 358n
Electrons, **1**:*236–237*, 284–285 **3**:499, 505n, 540–541, 547n; **4**:15, 64, 116, 552; **6**:454, 458–459, 536n
   Abraham's model of (rigid), **2**:*254, 270*, 308n, 310n, 371, 410, 412n, 461, 553n; **5**:*57*; **8**:840, 913
   accelerated, **2**:*270*, 411
   acceleration of, **3**:543
   AE on influence of magnetic field on, **10**:12
   and atoms, **3**:514n
   bound, Fokker's theory of, **10**:298
   Bucherer's model of, **2**:*270*, 310n, 371, 461; **8**:900
   calculation of quantum levels of, **10**:244n
   charge of, **2**:302, 553n; **6**:364, 370n, 526; **10**:297

nonfractional, **9**:7
circulating intra-atomic, **6**:*146*, *147*, 151–152, 153, 165, 169, 170n, 173, 174, 183, 189n, 191
    determination of sign of charge of, **6**:163–165, 179, 183–184, 189n, 192
    See also Ampère's molecular currents
circulating intramolecular, **7**:*xxvii*, 586–589
cohesive forces in, **10**:371
collisions of, **3**:515–517, 543
contribution of to specific heat of solids, **2**:386
deformable, **2**:410–412, 553n, 561
    and superluminal velocity, **5**:*57*
    Wien's support of, **5**:*57*
and dielectrics, **3**:398n
ejection of, from metals (*see* Photoelectric effect)
in electrodynamics, **2**:*148*
equation of motion of, **2**:*258*, *270*, 302–306, 411, 436, 453–458; **4**:98; **6**:64–65, 458–459
    in five-dimensional theory, **9**:66
existence and stability of, **10**:378
fluctuations in velocity of, **3**:505n
and gravitational field, **10**:62
gravitational field in constitution of, **9**:264
gyromagnetic factor of, **6**:*148*, *149*
inertial mass of, **10**:287
kinetic energy of, **2**:304–305
Langevin's model of, **2**:310n
Lorentz-contracted, **10**:348
Lorentz-FitzGerald hypothesis on contraction of, **10**:9n
Lorentz's model of, **2**:310n, 371
in magnetic field, **3**:518, 518n; AE on invalidity of mechanics for, **5**:359
magnetic effect on, novel theory of, **10**:12
and magnetism, **10**:303
mass of, **7**:321n
    AE on nature of, **5**:88
    electromagnetic, **2**:*561*
    longitudinal, **2**:*270*, 303–304, 310n, 370, 372n, 486n
    ratio of transverse to longitudinal, **2**:*270*, 303–304, 368–371
    transverse, **2**:270, *272*, 304, 310n, 370, 486n
    variation of with velocity, **2**:*270*, *272*, 486n; **8**:815n, 900, 908, 913
mean energy of, **3**:505n
in metals, **3**:232–233, 500
motion of
    in electromagnetic field, Schuster's calculation of, **5**:138n
    rapid, **2**:411
    slow, **2**:370, 411
negative pressure within, **7**:134, 139n, 456–457n, 567
new theory of, AE on need for, **5**:88
nonspherical, nonellipsoidal, **2**:410
number and position of in atom, **8**:821–822
and origin of paramagnetism, **10**:28
as point singularity, **2**:436, 553n
positive, **6**:165, 179
radiating, **6**:*146*, *147*, 152, 173, 191
radiating gravitational waves, **6**:356; **7**:*xxvii*
in radiation field, **3**:505n, 543
rest energy of, AE on, **5**:88
rigid
    nonspherical, **2**:412n
    and superluminal velocity, **5**:*57*, *58*, 65
rotating but not radiating, **10**:541
secondary, **3**:540, 547n
as singularity or nonsingular solution of differential equations, AE on, **9**:375
specific charge of, **6**:*147*, *148*, 152, 168, 170n, 175, 184, 188, 189n, 192
specific charge of, determination of, **5**:114, 115n, 186
    Bucherer's, **3**:173, 176n; **5**:133–134, 135n, 136–138
    Classen's, **5**:138n
    Hupka's, **5**:187n, 189, 190n
    Kaufmann's (*see* Kaufmann, Walter: experiments on electron mass)
stability of, **7**:131, 140n; **9**:498
structure in atom of, **10**:303
and subelectrons, **10**:295, 298n
superluminal velocities of, **2**:310n
theory of as topic of Third Solvay Congress, **10**:302
Zangger on, **10**:513
See also Beta rays; Cathode rays; Electric charge
Electron gas, **8**:776
Electron impact method of Franck, **9**:368
Electron orbits, invariance of, in Weyl's theory, **9**:112

Electron theory, **2**:151, *256*, *261*, *265*, 309n, 350, 351, *503*, *504*, 520, 526, 528n; **7**:351
   AE's work on, **5**:11
   derivation of macroscopic electrodynamic equations from, **2**:*504*, 517n
   limits of, **2**:*144*, 585
   Lorentz-Einstein equations of, **2**:*254*, 272
   Lorentz's, **2**:*xvi*, *xxviii*, *253*, *256–257*, *259*, *261*, *264*, *268*, *270*, 308n, 371, *503–504*, 568, 569, 570; **3**:*xix*, 136, 138, 142–146, 344, 398n, 445, 449n; **4**:*3*, 9–28, 29, 39, 51–56, 84, 153, 550n; **6**:45–48, 61, 67n, 151, 169, 170n, 173, 189n, 191, 437, 452; **7**:139n–140n, 514, 530
      field equations of, **6**:106
      and Kaufmann's experiments, **5**:138
   macroscopic, **2**:*503–504*
   of metals (*see* Electron theory of metals)
   Poincaré's, **7**:*xxviii*, 139n–140n, 567
   with quaternions, **9**:265
   relativistic, **7**:131–135, 138
   relativistic invariance of, **2**:*507*
   superluminal velocity in, **5**:*56*
Electron theory of metals, **8**:4n, 445
   AE's interest in, **1**:*xl*, *236–237*, 238, 284–285, 287, 303, 304n, 305, 306, 309n
   Besso on, **5**:318, 342
   Drude's, **1**:*236–237*; **2**:*xviii*, *45*, *46*, *143*, 151, 167n, *175*, *207*, **5**:320n; **8**:4n
   Gruner's work on, **5**:145–147, 147n
Electrophorus, **5**:*51*
Electrostatic field, **3**:*xix*, 389; "frequency" of, 178n
Electrostatic force, **1**:150–156; **2**:305
Electrostatic induction, **1**:164–167
Electrostatic potential (*see* Potential: electrostatic)
Electrostatics, **3**:317–341, 367, 389, 392; **4**:22, *127*, *194*, 315, 488, 567; **6**:476; **7**:86
   Heaviside's electrostatic unit, **4**:9
   Poisson equation in, **4**:397n
   use of electrophorus in, **5**:*51*
   use of friction machines in, **5**:*51*
   use of induction machines in, **5**:*51*
Electrotechnology, **1**:307, 308n, 327; **2**:397n
Elementary charge. *See* Charge: elementary
Elementary particles
   constitution of, **7**:*xxvii*, 131–140n, 318–319, 351, 377, 392, 409
   existence of, **8**:392
   See also Electron theory
Elementary quanta (fundamental atomic constants), **2**:99, 107n, 108n, 154, 167n, 338, 376, 393–396, 396n, 546, 549, 552n–553n, 577, 585
Eliasberg, Alexander (1878–1924), **9**:*xliv*, 394
   invites AE to join editorial board of *Das Odeon*, **9**:391–392
   Jewish identity of, **9**:394
Eller Prize, **8**:1001c
Ellermann (Institutsmechaniker), **3**:564
Elliptic geometry. *See* Geometry: elliptic
Elsa, Countess von Schweinitz und Krain, expresses sympathy for AE, **10**:399–400
Elsenhans, Theodor (1851–1923), **8**:695
Elster, Julius (1854–1920), **5**:384n; **9**:349; induction machine of, **5**:*52*
Emde, Fritz (1873–1951), **9**:292
Emden, Robert (1862–1940), and light refraction as cause of light deflection, **9**:296, 297, 309, 310
Emergency Society for German Science and Scholarship. *See* Notgemeinschaft der Deutschen Wissenschaft
Emergency Society in Aid of German and Austrian Science and Art, **7**:495n
Emission, **3**:260, 506n
   and absorption, **3**:457, 517, 535–536, 542, 558
   coefficient, **3**:513
   induced and spontaneous, **4**:*113*
   See also Radiation
Emission theory of light. *See* Light, emission theory of
Emmert, Karl (1813–1903), **1**:335n
Empirical facts. *See* Experience; Experiments
Empirical knowledge versus speculation, **8**:864–865, 870–871
Endothermic process, **2**:116
Energetics, **2**:*xxvii*, *207*; AE on, **5**:285
Energy, **3**:32, 204, 374–375
   atomic, in lattice, **3**:463–464
   in classical mechanics, **10**:63
   components (*see* Gravitational field: energy-momentum components (pseudotensor) of)
   concept of, **2**:121, 150
   conservation of (*see* Energy, law of conservation of; Energy-momentum, law of conservation of; Thermodynamics: first

law of)
conversion of, into heat, **3**:351
of current, **6**:98
current and Poynting vector, **3**:392
definition of, **3**:32
degradation of, **2**:121
density, **3**:279; **6**:98, 355, 392
of dipole, rotating, **4**:*273*
distinction between potential and kinetic, **2**:*52–53*, 75n, 95n
distribution of, **2**:150, 352; **3**:*xix*, 178, 270, 281n–282n, 557
electric, **3**:332
electric resonators, **2**:*143*
electromagnetic (*see* Electromagnetic energy)
elementary quantities of, **3**:504n
emission of, **3**:395–396, 515–516
equipartition theorem of, **4**:524; **6**:383, 390, 398n, 577; **7**:86
equivalence of, with inertial mass (*see* Equivalence of mass and energy)
exchange of, **2**:338; **3**:504n, 522–524
of fields, **3**:*xix*, 350, 555
fluctuations (*see* Energy fluctuations)
free, **2**:121, 211, 225, 229, 235n; **6**:31, 250–251
and frequency, **3**:250, 497n, 546n
increase of, and work, **3**:375
inertia of, **2**:312–314, 360, 414–427, 436, 463–464, 485n (*see also* Inertial mass)
kinetic (*see* Kinetic energy)
localization of, **2**:583n; **3**:178, 249, 252, 423n
magnetic, **3**:350–351, 362, 373
and mass (*see* Equivalence of mass and energy)
of matter, **7**:137
in Maxwell theory
AE on, **5**:229, 230n
AE's expression for, **5**:225–226
mean
deviation from, **3**:533, 535–536, 538
of electron, **3**:505n
of moving gas molecules, **3**:543
of oscillator and temperature, **3**:510, 523–524, 531
mean square, **3**:536
mechanical, **4**:522, 533
of mixture of molecules, **6**:31
of moving system, **2**:298, 466–469, 561

new sources of, **7**:339
nuclear, **7**:339
of oscillator (*see* Oscillators: energy of)
of point mass, **6**:64, 103, 454, 456
of ponderable bodies, **2**:150
potential (*see* Potential energy)
quantization of, **2**:*134*, 353–354, 383, 390n, 545, 575, 577, 585; **3**:422, 531
quantum distribution of, **3**:545n
in quantum theory, AE on, **5**:228–229
of radiation (*see* Radiation: energy of)
relation between frequency and, of radiation, **2**:299, 309n
release of, in radioactive decay, **2**:314, 464–465
rest, **4**:59, 108n, 569
rotational, of gas molecule, **9**:438
of secondary electrons, **3**:540, 547n
thermal, **3**:446; **4**:522, 563
transfer by radiation (*see* Radiation: energy transfer by)
transformation of, relativistic, **2**:313–314, 466–469
transmission of, **3**:514, 523
through molecular kinetics, 457
through radiation, 392, 489, 492
velocity dependence of, **2**:463
of X-rays, Sommerfeld's paper on spatial distribution of, **5**:228
zero-point (*see* Zero-point energy)
Energy fluctuations
of black-body radiation (*see* Black-body radiation: energy fluctuations of)
of oscillator, **6**:365
of radiation, **8**:424n
in thermal equilibrium, *xx*, **2**:*41, 47 48*, 105, *137*
Energy knots, matter as, **8**:578n
Energy, law of conservation of, **1**:7, 92–94; **2**:*xxvi*, 67, 95n, 96n, 121, 309n–310n, 475, 484, 542, 561; **3**:*xxi, xxvi*, 32, 34, 40, 68–69, 116, 334, 346, 374–376, 391–392, 438, 457, 488, 508, 539, 550, 562n; **4**:138, 140, 152, 258n, 521–523, 546, 613; **6**:4, 65, 100, 238–239, 455, 456
AE on possible statistical validity of, **5**:261n
in "Entwurf" theory, **5**:552
motion of pendulum derived from, **3**:69
in psychology, **9**:520

Energy, law of conservation of (*cont.*)
  renunciation of in radiation theory, **5:**261
  in special relativity, **4:**64, 101
  use of, **5:**10, 17
  violation of, **3:**538
  See also Energy-momentum, law of conservation of; Thermodynamics: first law of
Energy quantum. *See* Quantum: of energy
Energy states, degeneracy of, **6:**39n
Energy transfer, as directed process, **8:**330, 333, 401
Energy-momentum density, components (pseudotensor) of. *See* Gravitational field: energy-momentum components (pseudotensor) of
Energy-momentum, law of conservation of, **7:**80n, 452, 456n; **8:**312, 315
  in closed universe, **8:**782, 784–785
  as consequence of field equations, **8:**236–237, 238, 242–244, 249–254
  controversy about, **7:***xxiv–xxvi*, 64, 76n, 79, 574n
  in covariant theories of AE and Hilbert, **8:**291, 294
  and definition of straight line, **4:**580
  in electrodynamics, **4:**12–15, 19, 22, 24, 63, 82, 91, 95–96; **8:**176; of, **6:**65, 66, 109, 219, 264, 267–268; **7:**162, 179n, 532
  in "Entwurf" theory, **8:**101
  for gravitational field, **6:**319–321, 323–324, 346n
  for matter, **4:***198*, 222n, 232n, 246, 311, 316, 476, 481, 488, 494, 574, 591, 595, 622n; **8:**698; of, **6:**9, 11, 97–101, 219–220, 221, 246, 248, 324–325, 350351, 550; **7:**553–554
  for matter and gravitational field, **4:**318, 496, 567, 574, 580, 620; **6:**9, 100, 120, 221, 247, 324, 351, 414–415, 416n, 493; **7:***xxv–xxvi*, 15, 23–24, 31, 64, 66, 165, 552; **8:**834; **9:**36, 100–101
  and perihelion motion, **4:**439n, 441n
  in special relativity, **7:**132
  in Weyl's unified field theory, **8:**878
Energy-momentum tensor, **6:**68n; **7:***xxv*, 20–21, 30–31, 36n, 39, 72, 452
  of dust, **7:**166–167, 180n, 182n, 456n, 555–556, 567
  of electromagnetic field, **2:***506*, 528n; **3:**394; **4:**91–94, 269n, 513, 517, 518; **5:**552; **6:**66, 226, 267–268, 329–330; **7:**95–96, 100n, 132–133, 136, 139n–140n, 313, 322n, 455, 457n, 530–531; **8:**142n
  of fluid, **6:**104–105, 326; **7:**96, 100n, 456, 534
  of gravitational field [*see* Gravitational field: energy components (pseudotensor) of]
  of matter, **4:**99–100, *195*, *196*, 232n, 247n, 249, *297*, 312, 336, *352*, 361n, 395n, 465n, 467n, 471n, 481, 491, 495, 496, 567, 573, 590–591; **6:**8, 9, 10, 98–99, 104–105, 219–220, 226, 246–248, 322–323, 326, 332, 345n, 349, 351, 411, 416n, 545, 547, 549; **7:**13, 16, 32n, 132, 137, 139n–140n, 165, 456n, 533, 552; **8:**553
  trace of, **6:**222, 226–228, 234–235, 245–246, 349
  of radiation, **6:**65
  symmetric, **6:**56, 79, 298
Energy-momentum vector, **4:**97, 249, 309, 569, 575; **8:**782, 785–786, 791–793, 805, 825–826, 827n–828n, 833n
  of point mass, **6:**103, 125, 127–128, 544
Engel, Franz Joseph, **1:***348*, *350*
Engelbrecht, Johanna (1855–1940), **1:**255n, 283n, 285n, 288, 293, 301; **3:**576; **8:**4
England
  AE on friendliness of colleagues in, **9:**295
  AE on moderateness of, **9:**139
  AE's planned visit to, **9:**378, 401, 603c
  relief aid to Germany in, **9:**387
  research in, **8:**40n
Engstlen Alp, **10:**164
Enke, Alfred (1852–1937), **5:**430, 430n
Enke Publishing House. *See* Publishers
Enriques, Federigo (1871–1946), **8:**572; **10:**278;
  on confirmation of general theory of relativity, **9:**517
Ensemble, **2:**49, 73n–74n, 96n
  canonical, **2:***41–42*, 48, *49–50*, 74n, 96n, *137*; **6:**36, 250, 384; **3:**204–205, 207–211, 231–232, 244n–245n, 315
  fluctuation formula for, **2:**48, *138*
  Lorentz's use of, **5:**172–173
  microcanonical, **2:**48, *49*, 52, 73n–74n, 75n; **6:**36, 562; **3:**208, 231 –232, 245n, 315n;
  equations of motion for, **5:**18n
  probability distribution for, **2:**48–49, 60–62, 74n, *137*

statistical laws in, **3:**204, 207–208
See also Boltzmann, Ludwig
Ensemble average, equality of to time average.
   See Ergodic hypothesis
Ensingen, **10:**97, 99, 101, 103, 107–108, 111–112, 114, 119, 123n. *See also* Benzingen
Entente, **7:**9n, 129n, 334n
   creates International Research Council, 363n
   See also Allies
Enthalpy, **2:**130n
Entropy, **3:***xxvi*, 228–229, 250–251, 288–293, 450, 538, 550–552, 554; **10:**176
   addition theorem of, validity for radiation, **5:**42n
   AE's derivation of, **5:**10
   behavior for infinite pressure, Polanyi on, **5:**514
   of black-body radiation (*see* Black-body radiation: entropy of)
   Boltzmann's interpretation of, **2:***xxv–xxvi*, 44, 99, *137*, 158, 246n, 393, 544–545; **5:**87
   Boltzmann principle for (*see* Boltzmann principle)
   calculation of, AE on problems of, **5:**310, 321
   definition of, **1:**114n; **3:**550, 557; **2:***50*, 57, 72, 119
   density, **3:**450–451, 455n
   of diatomic molecules, **4:**280
   difference, between two physical states, **6:**253–255, 260, 261n
   and ektropy, **10:**178n
   expressions for, **2:***41–42*, *52–53*, 72–73, 77, 87–89, 99–100, 107n, 317, 317n, 332, 352, 544–545
   of gas, **2:**246, *578*; **6:**257–261
   of gas mixture, **4:**290
   Gibbs's conception of, **2:***44*
   gravitational potential and, **4:**155
   of heat reservoir, **2:**101
   increase of, **2:**116, 123–124, 158, 246n, 332; **4:**561
   and irreversibility, **3:**314
   of joint systems, **2:**93
   maximum, **2:**551n; **3:**291–292
   of mixed crystal, **6:**37–38, 257
   of mixture of molecules, **6:**31, 32, 34
   of moving systems, **2:**473–475
   for nonequilibrium states, AE on, **5:**310
   and probability, **2:***xxv–xxvi*, 158–160, 394;
   3:250, 288–291, 307, 532–533, 550–557; **5:**188n; **8:**672–673, 682–683, 775n, 865
   (*see also* Boltzmann principle)
   of radiation (*see* Radiation: entropy of)
   of resonators, **2:**351–354
   of reversible processes, **2:**332
   of rotation of diatomic molecules, **8:**30n, 192
   of solutions, **10:**548
   states and, **3:**307, 553
   of system, at equilibrium, **2:**72; in heat reservoir, **6:**35–38, 250–252
   transformation equation for, **2:**473–475
   of the universe, **2:**117, 117n
      Arrhenius on, **5:**125
      Stodola on, **5:**125
   at zero temperature, **4:**558; **6:**38, 252, 256–257
   See also Heat theorem of Nernst; Thermodynamics, second law of; Thermodynamics, third law of
Entropy constant, **8:**39n, 186n, 247, 865; **9:**472n
   theory of Tetrode and Sackur for, **6:**250–261, 261n
Entropy difference around absolute zero, **8:**30, 138. *See also* Heat theorem of Nernst
"Entwurf" theory of AE and Grossmann, **4:***127*, 201–269, *294–301*, 303–339, *344*, 475–476, 478–484, 487–489, 492–500, 505–509, 567–569, 572–576, 580–581, 584–586, 589, 592, 596, 616–620; **5:***501*, 504, 523, 531; **6:**73, 129n, 130n, 243n, 338n; **7:**42n; **8:**96–97, 105, 111–112, 114–115, 119; **10:**21, 37
   adapted coordinates in, **8:**40, 41n, 67, 68, 69, 70, 82, 84n, 97n, 102, 104, 107, 109, 113, 160, 161, 163, 207, 233
   AE convinced of correctness of, **10:**23
   AE satisfied with, **8:**63
   AE's collaboration with Grossmann on, **5:**505, 516, 517, 538; **8:**13, 147, 201, 207, 218, 233, 245, 436
   AE's later addendum to, **4:**580–581
   AE's polemic with Mie on, **5:**594, 594n, 595
   charge distribution in, **8:**139–141
   conservation laws in, **5:**552, 563, 568, 584
   coordinate system in, choice of, **8:**82–83
   covariance of, **5:**552; **6:**7–17, 18n, 73, 74–75, 98, 109, 110, 117, 215; **8:**16, 17n, 32, 63, 69–70, 80, 161, 163–164
      lack of, under rotation, **8:**177–178, 179n–180n, 206, 233, 383

"Entwurf" theory of AE and Grossmann (*cont.*)
    reasons for rejection of, **8:**207, 218, 233
    with respect to linear transformations, **6:**7, 110–114, 117, 118, 120, 124, 215–216, 222, 344, 413
  criticism of, **8:**460n
  deflection of light rays in, **4:***295, 299*, 422, 475, 479, 490, 498, 507, 586
  dual six-vectors in, **8:**176
  efforts spent on, **8:**16, 136
  electrodynamics in, **8:**176
  energy of continuous mass distribution in, **4:**311, 494
  energy of point mass in, **4:**308
  equation of motion of
    continuous mass distribution in, **4:**214n, 246n, 247n, 249n, 310–312
    point mass in, **4:***193*, 214n, 249n, 307–309
  error in, **8:**191, 277–278, 383
  field of
    rotating hollow sphere in, **8:**325n
    rotating ring in, **4:***127, 194, 359*, 464; **8:**325n
    rotating shell in, **4:***295, 359*, 432–434
    rotating sun in **4:***352–353*, 396–398
    static sun in **4:***348–349*, 360–374, 392–394
  field equations of, **4:***196–197*, 262, 312–318, 338–339, 482–483, 492, 496, 568, 574, 575, 581
  flaws of, **8:**63, 163–164, 177, 202n, 206–207, 218, 233, 325n, 383
  force on
    continuous mass distribution in, **4:**311, 494
    point mass in, **4:**308
  foundations of, **8:**63
  generalization of, **5:**601
  gravitational light deflection in, value of, **5:**559
  Hamiltonian in, **8:**207, 233
  hole argument in, **5:**563n, 564n; **8:**67–68, 74n, 79–80, 161n, 228, 230, 235, 247n, 383, 463n
  inertia of point mass in, **8:**361n
  lack of general covariance of, AE on, **5:**547, 562, 563, 568, 584
  Lagrange formalism for, **4:**213, 248, 308
  mass-energy equivalence in, **5:**588, 604
  metric field due to electric field, in, **8:**142n
  momentum of continuous mass distribution in, **4:**311, 494

  Newtonian approximation in, **8:**184
  origin of inertia in, **5:**548
  paper with Grossmann on, **8:**67–71, 74n
  perihelion motion
    of Mars in, **4:**459n; **8:**325n
    of Mercury in, **4:***344–359*, 360–472; **8:**178, 212n, 233, 236n (*see also* Perihelion motion of Mercury, AE's and Besso's manuscript on)
    perturbations to, **8:**236n
  planned colloquium on, **8:**29
  point mass in, **4:**308
  Poisson equation in, **8:**40
  postulates of, **4:**488
  question of reduction to a scalar of, **4:**321–323
  reception of, **8:**29, 77, 91, 117, 120, 136, 145, 147, 154, 162; **10:**23; AE on, **5:**571, 588–589, 594
  role of Grossmann in creation of, **8:**147
  role of Mach's ideas in, AE on, **5:**584
  Tolman's principle, incompatibility with, **8:**165
  transformations in
    dependent, **8:**41n
    justified, 41n, 84n, 97n, 163, 164n
  ugly dark spot on, **4:**297
  validity of equivalence principle in, **5:**601, 604; Besso's comments on, **5:**605
  See also Energy-momentum, law of conservation of; Energy-momentum tensor
Eötvös, Roland von (1848–1919), **2:**21n, *274*; **7:**147; **8:**594, 595n, 615, 625, 795; **10:**171
  AE sends popular book on relativity, **8:**624
  colon cancer of, **8:**618
  experiments on equality of inertial and gravitational mass, **4:**304, 305, 478, 489, 493, 508, 585, 614, 621n; **6:**288; **7:**147, 267, 536; **8:**600, 624, 718n; AE's ignorance of, **5:**498n
  Geodetic Institute
    on candidates for directorship of, **8:**617, 625, 795–796
    on purpose of, 616–617
  praises Schweydar, **8:**625, 717
  See also Mass, equality of inertial and gravitational
Eötvös's law, **3:**402–406, 406n–407n
  AE on, **10:**18
  AE's paper on, **5:**401n; Swinne on, 401

atomistic interpretation of, **3**:414n
and experiments, **3**:407n
Epidemics, in Russia, **9**:202; Zangger on fighting against, 204
Episcopal Seminary for Priests in Fulda, **8**:440n
Epistemology, **6**:129n, 278–279, 286–287, 372, 508, 569; **7**:*xxxiv–xxxvii*, 250–251, 268, 280n, 369, 371n
 and relativity: AE on, **9**:267; Sellien on, **9**:155
Epp, Franz Ritter von, **9**:63n
Epstein, Paul (1883–1966), **5**:567n; **6**:388; **7**:293n; **8**:386; **9**:*xl, xlix*, 7, 192, 196, 333–334, 339, 353, 382, 405, 498, 578c; **10**:83n, 282, 289, 337, 516
 AE on quantum theorem of Sommerfeld and, **6**:556–566
 on AE's qualities, **9**:395
 called scholar of international significance by AE, **9**:405
 Einstein, Edith
  on dissertation of, **10**:*xlix*, 282–283
  helps, **9**:47, 49–50
 on Eliasberg, **9**:394–395
 enemy alien in Germany, **8**:549n
 financial problems of, **9**:152, 344
 Hebrew University, prepared to teach at, **9**:180
 on help for AE in Zurich, **8**:853
 on learning Hebrew, **9**:197
 and Jewish matters, **9**:152, 197, 222, 240
 leaves Germany, **8**:548, 549n
 Mann, Thomas, on political views of, **9**:394
 on need for popular publications on science, **9**:395
 no academic position for, **9**:457
 passport difficulties of, **9**:49
 quantum theory of, **8**:466n; generalized, 464–465, 468, 478
 radiometer effect, on theory of, **9**:47, 49–50
 recommended by AE as successor to Born, **10**:352; disregarded, 360
 relativity, lectures on to psychiatrists, **10**:284
 University of Hamburg, candidate for position at, AE on, **10**:547
 University of Leyden, invited to, **10**:289
 University of Zurich, fails to get professorship at, **10**:284, 284n–285n
 University of Zurich, position at, **9**:381–382, 395–396, 403, 458n, 483
Equation of continuity. *See* Continuity equation

Equation of state, **3**:180
 Battelli's, **2**:114, 114n
 for extended molecules, **3**:6
 for ideal gases, **3**:179, 212
 for moderately compressed gases, derived by Tanner, **5**:334n
 relativistic, **2**:471–472
 for solids, **5**:415
 of steam, **2**:114
 Tumlirz's, **2**:114, 114n
 Van der Waals's, **2**:244n
 Zeuner's, **2**:126, 126n
Equations of motion
 electrodynamical (*see* Electrodynamics)
 Lagrange's, **2**:69, 75n, 457
 Newton's, **2**:*255, 257–258, 259*, 364, 368, 433–434, 542
 See also Classical mechanics; "Entwurf" theory of AE and Grossmann;Gravitation, relativistic theory of, static field; Newtonian mechanics; Relativity, general theory of; Relativity, special theory of
Equilibrium, **3**:33, 352, 450, 512, 521, 523
 chemical, **6**:33, 260
 conditions for, **3**:85–86
 deviations from, **2**:*213*; **3**:291–294, 508
 dynamic, **2**:152–153, 167n, 201, *211*, 228, 230, 351, 472, 497, 547, 578; **6**:383
 dynamic, photochemical, **4**:*110*
 electrostatic, **2**:522
 indifferent, **2**:335
 material, in universe, **6**:543
 mechanical, **2**:337, 417
 and rigid bodies, **3**:76
 of rotating liquid body, **6**:360
 statistical, **2**:579; **3**:465, 522–524; **6**:366, 367
 thermal, **2**:65–67, 74n, 77, 83, 95n, 121, *137, 177*, 235n, 319, 335–337, 352, 393; **6**:33, 366–368, 383
  irreversible approach to, **2**:*136*
  kinetic theory of, **2**:57–73, 77, 152, 336–337, 497, 579
 thermochemical, **4**:290
 thermodynamic, **3**:296, 314, 465, 503, 522, 550–551; **6**:31, 395, 577
  improper, **4**:*109, 112*, 115–121, 121n, 166–169, 289
  proper, **4**:288
Equinox, vernal, **4**:*347–348*

Equipartition theorem, **1:**305n; **3:***xx*, 270, 281n, 508, 507n, 562n; **4:**524; **6:**383, 390, 398n, 577; **9:**318n
   AE and Mises on, **9:**276, 290, 318
   for canonical ensemble, **2:***42, 137*
   and heat radiation, **3:**268n, 505n
   limits of applicability of to radiation, **2:***48–49, 143, 144*, 167n
   for microcanonical ensemble, **2:***45–46*, 75n
   and oscillator motion, **3:**280
   range of validity of, **2:***167*, 265
   for suspended particles, **2:***208, 209*, 216, 344n, 400n
Equivalence of mass and energy, **2:***5*; 269, 314, 360, 363, 425, 428n, 464, 570–572; **3:***64, 174*, 437–438, 448–491; **4:**59–64, 92, 95–98, 130, 158, 175, 184, 305, 322, 489, 545–546, 563, 573, 575, 585, 591, 613, 615, 617, 620; **6:**4, 63–64, 68n, 135, 322, 455, 456, 492, 536n, 537n; **7:**7, 95, 208, 213, 259–260, 314, 376, 408, 455, 529, 571n–572n.
   Bucherer on, **5:**147
   discovery of, **2:***253, 268–270*, 312–314, 414–427, 428n; **5:**33
   in electrodynamics, Bucherer and Planck on, **5:**148
   in "Entwurf" theory, **5:**588, 604
   experimental test of, **5:**33
   extension of to gravitational mass, **2:**465; verification of, 464–465, 487n
   first use of expression, **5:**621c
Equivalence principle, **2:***xxix, 253, 274*, 465, 476, 487n; **3:***xxix, 5*, 126n, 486–492, 497n; **4:***122–128*, 130–144, 144n, 147–162, 185, *301*, 304, 475, 479, 480, 573, 619; **5:**466n, 531; **6:**8, 129n, 130n, 136n, 243n, 338n, 404–407, 408n, 530, 532, 535n, 537n; **7:***xxv, xxxii*, 38–39, 42n–43n, 121n, 147, 177n–178n, 266, 280n, 376, 408, 432, 536–538, 557, 573n, 608, 610, 617; **8:**349, 627; **9:**268n, 601c
   in AE's theory of static gravitational field, **5:**486
   conclusions from, **7:**268–270
   consequences of, **5:**86n
   critique of, AE's response to, **7:**369
   Hartmann on, **10:**438–439
   Laue's criticism of, **5:**384
   and weak gravitational fields, AE on, **4:**160
   See also Acceleration: and gravitation; Mass, equality of inertial and gravitational
Erdmann, Benno (1851–1921), helps Schlick, **9:**478
Ergode, **2:***49*, 73n–74n, 75n. *See also* Ensemble: microcanonical
Ergodic hypothesis, **2:***48, 49, 52, 54*, 79, 95n; **3:**196, 202, 244n, 287; **9:**318
   AE on, **9:**276
   Mises on, **9:**290
Ergodic systems, **3:**551; **8:**672–673, 682–683; and trajectories, **3:**195–201, 244n
Erismann, Theodor (1883–1961), **8:**441
Erklärung in Sachen Liebknecht-Luxemburg, AE signs, **9:**17n, 551c
"Erlebnis" (individual act of experience), **7:**352, 388, 403n, 500–501, 510
Ernst, Heinrich (1847–1934), **5:**215n, 274n; **8:**441
Ernst, Otto (1862–1926), **5:**518n; **10:**274
Erzberger, Matthias (1875–1921), **9:**29n, 387; **10:**211
Escherich, Gustav von (1849–1935), **9:**400
Estorff, von, ?, **10:**527
ETH (Eidgenössische Technische Hochschule), **2:***xvi*, 501n; **3:***5, 284*, 407n, 449n; **7:**27n, 211n, *222–223*; **8:**4n, 10n, 14n, 20n, 47n, 92n, 93, 135n, 137n, 148, 149n, 284n, 288n, 305n, 330n, 347n, 350n, 366n, 445n, 452n, 478n, 512n, 581n, 664n, 802n, 819n, 850n, 854n, 916n; **10:**22, 25, 29, 154, 257n, 591c
   AE's 1895 attempt to enter, **1:***xxxvi, lxiv, lxv, lxv*, 10, *10–11*, 12–13
   AE's appointment at, **10:***xxxiii*, 20n
   AE's chair at, possible candidacy for: Keesom's, **5:**546; Laue's, 546
   AE's *Diplomarbeit* at, **1:**61, *235–236*, 244, 244n
   AE's experiences at, **1:***xxxvi, 43, 44, 60–62*
   AE's grades at, **1:**45–50
      at intermediate examination for the *Diplom*, **1:**214
      at final examination for the *Diplom*, **1:**247
   AE's lectures at, **3:***4, 6, 10*, 599
   AE's physics education at, **2:***258*, 317n
   AE's professorship at, **3:***xviii, 3*
   AE's studies at, **5:**4, 34
   AE's succession at, **5:**595
   Assistent, AE's failure to obtain position as (*see* Einstein: Career)

change of name of, **5**:332n
curriculum, AE's, **1**:*362–369*
curriculum at
    AE on, **5**:351
    Grossmann on, **5**:351
Diplom, **1**:44, 45n, 50
doctorate not granted by, until 1911, **1**:*61*
entrance examination at, **1**:*10–11*; required topics, 3n, 6n, *356–358*
establishment of theoretical physics chair at, objections to, **5**:33n, 340n, 350n
expansion of, **5**:366n, 393n
friends of AE at (*see* Ehrat, Jakob; Grossmann, Marcel; Einstein-Marić, Mileva; Stern, Alfred)
history and organization of, **1**:*43–44*
laboratories of, **1**:*xxxvi*, *60–62*, 199, 218, 219n
physics instruction and research at, **1**:*60*
Record and Grade Transcript, AE's at, **1**:45–50
reforms at, **9**:28
reorganization of, **5**:333n
reorganization of electrotechnology teaching at, **5**:482n
teachers, list of AE's at, **1**:362–369 (*see also* Fiedler, Wilhelm; Geiser, Carl Friedrich; Heim, Albert; Herzog, Albin; Hurwitz, Adolf; Minkowski, Hermann; Pernet, Jean; Weber, Heinrich F.)
theoretical physics at, **2**:*172–174*
Weber's lectures on physics at, **1**:*60–62*; AE's notes on, *xxxix*, 63–210
See also Einstein, Albert: Career: ETH; Einstein, Albert: Courses taught: ETH
Ether, **1**:*223–224*, 226, 285, 330; **2**:*256*, *503*; **3**:*xix*, 131–133, 178, 426–430, 446; **4**:183, 536–541; **7**:122n, 128n, 245–250, 371n, 462, 465, 467, 593; **8**:72, 301, 302n, 349, 358; **9**:232
    and absolute space, **10**:300, 325
    as ad hoc hypothesis, **3**:443
    AE on, **7**:306–320
    AE's arguments against hypothesis of, **4**:539–541
    AE's early interest in, **1**:*xxxix*, *xl*, *5–6*, 6–9
    AE's experiments to detect motion relative to, **1**:*224–225*, 230, 233, 234n, 316, 328, 329n
    as alternative for influence of distant masses, **8**:297–298
    atomistic properties of, Planck on, **5**:49
    De Sitter on, **10**:477
    degrees of freedom of, Lorentz on, **5**:177
    dragging of, **2**:*255*, *262*, 567, 582n; **3**:133, 136; **7**:127, 246, 279n (*see also* Dragging coefficient)
    Earth's motion through, **3**:137–138, 175n
    electrokinetic energy of, **8**:15
    elimination of concept from electrodynamics, **2**:*139*, *147–148*, *257*, *264–265*, 309n, 564–572
    energy exchange with matter: AE on, **5**:192; Lorentz on, 171–172, 174, 176
    existence of, **2**:*260–261*, 307n, 434, 564, 568–569; **3**:141–142, 144–145, 443
    forces on, in Lorentz's electrodynamics, **5**:149n
    frame of reference fixed in, **2**:*xxii*, *256*, 438, 569
    in general relativity, **7**:*xxxiii*, *105*, 120, 278, 317–320, 355; **8**:300–301
    immobile, **2**:*256–257*, 567, 569; **7**:246–247, 280n, 310–312, 321n, 372–373, 407, 466, 517
    influence on length contraction of, **3**:444
    Leyden lecture by AE on, **10**:246, 540
    Lorentz's theory of (*see* Ether theory: Lorentz's)
    luminiferous, **2**:*255*, 276–277, 434–435, 564, 585
    and matter, **3**:133–136, 557; **7**:311, 317, 322n, 355, 372, 407
    mechanical model for, **7**:247, 279n, 310–311
    motion of, **3**:135, 137, 429; relative to matter, **2**:*255*, 308n, 566–568
    nonparticulate, **7**:314–315
    origin of idea of, **7**:308–310
    and physical space, AE on, **9**:232, 482–483
    properties of, **2**:*174*
    relation to moving matter of, **3**:135–136, 138, 427–429
    rotating in grave, **5**:419
    in special relativity, **7**:120, 260, 312–315; **8**:71, 300
    stationary, **3**:135, 439n
    theory of (*see* Ether theory)
    in theory of matter of Mie, **8**:578n
    as universal medium, **8**:554, 557
    value of concept of, **3**:443
Ether forces, **1**:7–9

Ether and Relativity, AE's inaugural lecture at University of Leyden (*see* Einstein, Albert: Lectures: University of Leyden)
Ether theory, **3:**142, 174n, 439n; **6:**4, 22, 67n, 136, 459–460, 525–528
  Fresnel's, **6:**45
  Hertz's, **7:**311–312, 321n, 372, 407, 462
  Lorentz's, **3:**135, 428–430, 439n; **4:**183, 537–541; **6:**45, 526–527, 529; **7:***105*, 119, 246–250, 312, 321n–322n, 355, 372–373, 407, 462–463, 466, 468n
  Stokes's, **7:***104*
  Stokes's and Planck's, **9:**472–473; AE on, **10:**241
Ether waves, **1:**7–8; **3:**131
Ether wind, **7:**248
Ethical Culture Society, **8:**187n
Ethnic Germans, plebiscite in the East, **9:**349
Eucken, Arnold (1884–1950), **3:***6*, 473–474, 477n, 532, 545n–546n; **5:**335, 336n; **8:**20n
  specific heat of hydrogen, measurements of, **4:***270–273*, 278, 279, *553n*, 554; **5:**391, 395, 467, 509n, 579; **6:**261n
Euclid, **9:**388, 413
Euclidean continuum, **6:**484, 485, 548
  and non-Euclidean continuum, **6:**480–482
  and space-time continuum
    of general relativity, **6:**487–489, 548
    of special relativity, 485–487
  See also Space; Universe
Euclidean geometry. *See* Geometry: Euclidean
Euler equations (mechanics), **3:***6*, 102–103, 106, 114
Eulerian angles, **3:**105–106; **4:***355*
Euler's equations (hydrodynamics), **6:**73, 102, 105, 326–327, 576; **7:**97, 326, 342, 456, 512–513, 532, 534
Euler's generalized hydrodynamic equations, **4:**98–101, 517–519
Euler's theorem, **3:**119
Evaporation, **2:***208*
  molar heat of, **3:**407n
  point, **3:**402–403
Events, **3:**148, 211, 431; **6:**288–289, 291–292, 462, 507, 521–522, 527, 528; **7:**509, 596
  coincidence of, **6:**289, 292, 428; **7:**450, 502, 510
  distant, **2:***253*, 278
  elementary, **3:**151–152

  point, **2:**437, 440
  as positions in spacetime, **7:**519
  simultaneity of (*see* Simultaneity)
  time of, **3:**432
  transformation equations for coordinates of, **2:**283–287
Evershed, John (1864–1956), **6:**514; **8:**13; **9:***xxxviii*, 244, 287, 325n, 330, 355, 401; **10:**248–249
  on daytime observation of gravitational light deflection, **9:**244
  solar redshift, **10:**381
Evershed effect, **5:**329n
Evolution, theory of, **6:**509, 569; **8:**886
Ewald, Peter (1888–1985), **9:**75; **10:**456
Exchange, of German and foreign scholarly literature, **9:**514–515, 605c
Exchange rate, currency
  German mark to Dutch guilder
    8 September 1919, **9:**151n
    9 December 1919, **9:**290n
  German mark to Swiss franc, **10:***xxxv*, 65, 101, 122, 139, 330n, 528
    July 1914, **8:**48n
    March 1916, **8:**599n
    September 1917, **8:**515n, 589n
    December 1917, **8:**589n, 599n
    9 November 1918, **8:**939n
    26 November 1918, **9:**91n
    30 November 1918, **8:**960n
    10 December 1918, **8:**965n
    14 December 1918, **8:**971n
    13 June 1919, **9:**91n
    20 August 1919, **9:**139n
    5 September 1919, **9:**148n
    15 October 1919, **9:**195
    mid-November 1919, **9:**235n
    15 December 1919, **9:**303n, 307n
    22 December 1919, **9:**307n
    January 1920, **9:**345
    26 March 1920, **9:**487n
Excitation threshold, **3:***xxi*, 546n
Exner, Felix (1876–1930), **2:***209*, *210*, 236n, 400n
Exner, Franz (1849–1926), **8:**425n, 560n; **9:**251, 398–399; **10:**583c
  retires, **9:**366n, 428
  succession of, Kottler on, **10:**593c
Exner, Karl (1842–1914), **8:**424

Exner, Wilhelm (1840–1931), **7:**336; **10:**483n
Exothermic process, **2:**116, 197
Experience, **7:**219, 386–392. *See also* "Erlebnis"
Experience versus theory, **8:**864–865, 870–871
Experiments, **3:***xxi*, 414n, 475n, 509n
  on black-body radiation, **2:***136, 144*, 167n, *172*, 391n, 551n
  on Brownian motion, **2:***220–211, 219–222*, 236n, 334, 345n, 399, 400n, 556–558, 559n
  on conductivity, **3:**504n
  crucial, **3:**133
  on Doppler effect, **2:**402–403, 403n
  Ehrenhaft's (*see* Ehrenhaft, Felix: and subelectronic charge)
  on electrodynamics, **2:***xvi*, 150–151, 222, *253, 255, 256–257, 258–259*, 434–435, 438, *503*
  on energy-mass equivalence, **3:**176n
  Eötvös's law and, **3:**407n
  by Ives and Stilwell, **3:**175n
  on light, **3:**547n
  on mass-energy equivalence, **2:**464
  on molecular dimensions, **2:***170–171, 172*
  on motion, **3:**429
  on optics, **2:***xvi*, 150–151, 167n
  on photoelectric effect, **2:***141–142*, 163–166
  on physical chemistry, **2:***xviii–xix*, 8, 39, 40n, 326
  on radiation fluctuations, **3:**547n
  on residual rays, **3:***xxiii*, 510n, 544n
  on specific heat, **2:***xx*; **3:***xxii*, 525–527
  and theory, **3:**242n, 512, 515, 528–529, 532, 544n (*see also* Theory: and experience)
  on variation of electron mass, **2:***267, 270–272*, 458–461, 486n
  on X-rays, **3:**547n
Expert opinions, AE's. *See* Einstein, Albert: Expert opinions
Extended body. *See* Rigid body
Extremum principle. *See* Variational principle

Fabian Society, **7:**124n; Kessler on, **9:**553c
Fabre, Lucien (1889–1952), **7:**418–419n; **9:**530, 536; **10:**263, 583c
  manuscript by, **10:**587c; requests that AE check, 263–264
  relativity, plans popular article on, **9:**531
  requests AE's opinion on his papers, **9:**531; AE agrees to read, 536
Fabrique Nationale, **5:**111n

Fabry, Charles (1867–1945), **5:**316, 317n
Fachgemeinschaft der deutschen Hochschullehrer der Physik, **7:***111*
Fackenthal, Frank, **10:**571c
Fajans, Kasimir (1887–1975), **9:**386, 503
Falsifiability. *See* Theory: falsification of
Family tree, **1:***xlviii*, 1; **5:**645
Fanta salon, **8:**336, 337n
Faraday, Michael (1791–1867), **2:**40n, *262–263*, 309n, 502n; **3:**178, 370; **4:**507, 510n; **6:**457, 467, 525; **7:**319, 372, 407, 431; **8:**754n
  law of electrochemical equivalence, **4:***111*; **5:**280, 424
  law of electrolysis, **1:**226n
  law of induction, **2:***262–263*, 502n; **3:**370; **4:**11; **6:**265; **7:**264
  studies on liquefaction of gases, **1:**141
  See also Force: lines of
Faraday's constant, **2:**40n
Farrow, Ernest (1891–1956), **10:***xlix*, 542; inquires about AE's willingness to come to Cambridge University, **10:**612c
Fechheimer, Hedwig, **10:**123n; friendship with Elsa Einstein, **10:**119
Fechner, Theodor, on time as fourth dimension, **9:**556c
Fehling, Margarete, née Planck (1889–1917), **8:**459n; **9:**59n, 269n
Feiwel, Berthold (1875–1937), **9:**181n, 327n
Fekete, Eugen (Jenö) (1880–1943), **4:**508
Feldkeller, Paul (1889–1972), **10:**260
Fermat's principle, **9:**220; in optics, 208
Fernau, Hermann (1883–?), **10:**329
Ferromagnetism, **3:**7, 224–226; **6:***147*, 151, 159, 170n, 180, 189n, 191; **10:**368, 404. *See also* Weiss, Pierre
Fetz, Werner, **5:**244
Feytis, Eugénie (1881–1967), **5:**521n
Fichte, Johann Gottlieb (1762–1814), **7:**80n; **8:**397, 865
Fichter-Bernoulli, Fritz (1869–1952), **5:**390n, 469n; **9:**303n
Fiedler, Wilhelm (1832–1912), **1:**212, 228, 234, 330, *363, 365, 381*; **5:**85
  AE's courses with, **5:**85n, 182n
  congratulates AE on appointment in Zurich, **5:**182
Field equations, gravitational. *See* Gravitational field equations

Field strength, **3:***xxix*, 324, 326
  derived from potential, **3:**321
  in dielectrics, **3:**342
  electric, **3:**298, 325–326, 344, 389
  as equal to line density, **3:**324
  magnetic, **3:**298, 348
Field theory, **3:***xi*
  electromagnetic (*see* Maxwell's electromagnetic theory)
  nonlinear, **2:***xxix*
  unified (*see* Unified field theory)
  See also Electromagnetic theory
Field
  concept of, **6:**524–528
  electric (*see* Electric field)
  electromagnetic (*see* Electromagnetic field)
  electromotive, **3:**389
  electrostatic (*see* Electrostatic field)
  finite directed, **3:**178n
  force lines of, **3:**443, 486, 398n
  gravitational (*see* Gravitational field)
  homogeneous, **3:**67, 487–488, 492
  magnetic (*see* Magnetic field)
  radiation (*see* Radiation field)
  static and stationary, **3:**178
Figaro, **5:**595
Filaments in diffraction picture, **8:**424
Filzbach, **10:**168–169, 186
Fine structure constant, **2:**553n
Fine structure of spectral lines, **8:**260
Finland. *See* World War I
Finsterwalder, Sebastian (1862–?), **8:**796n
Fisch, Adolf (1877–?), **1:**236n
Fischer, Eduard (1861–1939), **2:**408, 408n
Fischer, Emil (1852–1919), **5:**260n, 262n, 263n; **8:**79n, 155; **9:**487, 488n, 583c, 603c
  commission on succession of, members of, **9:**488n
  death of, **9:**108
  Manifesto of the 93, on circumstances of signing of, **8:**155
  opposes actions against foreign Academy members and institutions, **8:**156n, 170, 171n
  praise for AE's work on specific heats, **5:**259
  signs Appeal of 30 June (Harnack-Fischer), **10:**96
Fischer, Herbert, solicits AE's help for continuing his studies, **10:**608c–609c

FitzGerald, George Francis (1851–1901), **2:**434, 435, 568; **6:**460; **8:**71. *See also* Contraction hypothesis, Lorentz-FitzGerald
Five-dimensional theory
  cosmological problem in, **9:**39, 76
  elementary electric charge in, **9:**39
  equation of motion in, **9:**57n; of electron, 66
  field equations in, **9:**66
  general covariance of, **9:**56
  geodesics in, **9:**39, 46, 56
  of Kaluza (*see* Kaluza, Theodor: five-dimensional unified theory of)
  Lagrangian in, **9:**66
  mass density in, **9:**57n
  neutral matter in, **9:**68n
  of Nordström, **9:**39n
  See also Unified field theory
Fizeau, Armand (1819–1896), **2:***255, 262*, 438, 448, 566–567, 582n; **3:**427–428; **6:**451; **7:**98n, 462, 517; **9:**209
Fizeau experiment, **1:**230n; **2:***255, 262*, 438, 448–449, 566–567, 582n; **3:**133–134, 136–138, 164, 175n, 429, 439n; **4:**27–28, 34–36, 50, 104n, 183, 536–537, 545; **6:**26, 27, 44–45, 55, 135, 449–452, 457, 459, 536n; **7:**88–89, 98n–99n, 246, 257–258, 279n, 310, 312, 321n, 372, 407, 462–463, 465–466, 517; **8:**161, 349, 608n, 840, 881, 908
  discussed by Cassirer, **10:**315n
  influence of on AE, **2:***262*
  and interference, **3:**427–428
  role in development of relativity, AE on, **5:**229
  See also Dragging coefficient; Ether: dragging of
Flake, Otto (1880–1963), **8:**869
Flamm, Ludwig (1885–1964), **9:**75, 252; **10:**322, 323n
  against Ehrenhaft as Exner's successor, **10:**580c
  calculation of quantum theoretical constants, **8:**480
  Schwarzschild solution, paper on, **8:**373–374
  University of Hamburg, candidate for chair of theoretical physics at, **10:**613c; AE on, 547
Fleck, Albert, **9:**454–455
Fleischer, Richard (1849–1937), **10:**351, 595c
  offers funds for
    Grebe's and Bachem's work, **9:**331–332, 596c

practical application of theory of relativity, **9**:319
plans to found chair for Laue, **8**:621
requests article from AE for *Deutsche Revue*, **10**:588c
Fleischmann, Helen (?-1919), **10**:202
Fleischmann, Michael (1857-1926), **1**:246
Flemish separatist movement, **8**:701n
Flesch, Carl (1873-1944), **5**:264n; AE's praise of, **5**:264
Flesch, Max, on demonstrating slowing down of time, **10**:602c; AE on, 602c
Fliess, Bernhard, **9**:493; **10**:260
Flight, elementary theory of, **6**:400-401; **10**:44, 48
Flow in phase space, field of, **6**:576-577
Fluctuation-dissipation mechanisms, **2**:*xix*
Fluctuations, **3**:505n, 536-537, 546n
 AE's Leiden lecture on, **3**:450-454, 454n-455n
 AE's study of, **2**:*214-215*
 AE's theory of
  acceptance of, **5**:419
  AE on, **5**:282
  Haber on, **5**:539
  Planck's skepticism of, **5**:420n
  in radiation theory, Ehrenfest on, **5**:465
 of temperature, AE on, **5**:282
 of charge, in a capacitor, **2**:396n
 of density, **3**:*283-285*
 of density, in gases, **2**:*215-216*
 and electromagnetic momentum, **3**:271
 of emission and absorption, **3**:558
 experimental study of, **2**:*206, 221-222*
 in γ-ionization, experiment on, **8**:875n, 909-911, 915, 933, 935; planned, 874, 875
 interference and, **3**:178n
 Maxwell's theory and, **2**:*146*, 552n
 mean square, **2**:*xix, 138*, 546, 579-580
 methods for calculation of, **2**:*xix, 138-139, 214-215*, 393-395
 of momentum, **3**:*xx*, 178n, 271, 276-280, 282n; in black-body radiation, **2**:*215*, 546-547, 552n, 583n
 of motion of reflecting plate, **8**:683-684
 observability of, **2**:*213*
 of pressure in black-body radiation, **2**:*xx, 134, 138-139, 146*, 546-547, 552n, 579-580
 and probability, **3**:556

 of radiation field, **2**:*xviii*, 589
 Smoluchowski's work on (*see* Smoluchowski, Marian von)
 of state variables (*see* State variables: fluctuations of)
 of states, **3**:556
 statistically independent, **3**:*285*
 theory of, **3**:546n; **6**:365, 376, 388-395, 577
 thermodynamic approach to, **2**:*xix, 214*
 thermodynamics and, **3**:310n
 of velocity of electron, **3**:505n
 of voltage, in a capacitor, **2**:*214, 221*, 245n, 395-396, 491
 See also Energy fluctuations; Radiation: fluctuations of; Radioactive decay: fluctuations in
Fluids
 acceleration of, **6**:400
 critical opalescence of, **6**:577, 579n
 density of, **3**:295
 density of incompressible, **6**:326
 energy-momentum tensor of, **6**:104-105, 326; **7**:96, 100n, 456, 534
 friction in, **6**:553-554
 frictionless
  adiabatic, **6**:326-327
  incompressible, 400
 homogeneous, **3**:287-310, 310n-311n
 ideal, **3**:*6*; **4**:100; **6**:104-105
 mixtures of, **3**:287, 307-310
 viscous, **3**:*6*; laminar flow in, **3**:238, 247n
 See also Liquids
Fluid mechanics. *See* Euler's equations (hydrodynamics); Hydrodynamics
Fluorescence, **2**:*141*, 162-163, 165, 168n, 548, 586
 of uranyl salts, **9**:228
 See also Light: fluorescent
Flying machine, Paul Habicht's design for, **5**:100-103, 109-111
Fodor, Andor (1884-1968), **7**:448n
Foerster, Wilhelm (1832-1921), **6**:71n; **8**:275
 asks AE to sign Aufruf für die Unabhängigkeit des Geistes, **9**:575c
 cosigner with AE of Manifesto to the Europeans, **8**:342n
 requests popular exposition of general relativity, **8**:275
Foëx, Gabriel, **5**:243

Fokker, Adriaan (1887–1972), **4:***273, 299*; **5:**360n, 564, 565; **7:***101*; **8:**244, 350n, 368, 535, 536; **9:***xxxvii, xlix*, 112, 145, 247, 264, 502; **10:**55n, 298, 471
    accompanies AE on trip to Holland, **5:**605, 607
    candidate as *Assistent* with AE in Berlin, **5:**568, 603n
    collaboration with AE in Zurich, **5:**568, 578
    congratulates AE, **9:**236; **10:**287
    on energy components of gravitational field, **9:**41
    on geodetic precession, **10:**476
    on gravitational redshift, **10:***xlix*
    on invariance of electron orbits in Weyl's theory, **9:**112; AE on, 118
    joint paper with AE, **5:**564n
    on League of Nations, **9:**236
    on need of experimental proof for time dilation, **10:**287
    paper with AE, **4:**589–596
    rotating electrical dipole, work on, **5:**578
    in sanatorium in Arosa, **9:**110, 117, 166, 166n, 238, 262, 295
    stay with AE in Zurich, **5:**564n, 577
    on Weyl's theory, **9:**111–112; **10:**349n
Fokker-Kessler, Margaretha, **10:**477n, **9:**112n, 296n
Fontane, Theodor (1819–1898), **9:**351; *Effi Briest*, 352n
Food packages, **8:**717, 929
    from Switzerland, **8:**400, 406, 407, 409n, 410, 455, 561, 562, 563n
    from Winteler-Einstein, **10:**169, 187–188
    from Zangger, **10:**70, 73–74, 93
Food rationing
    in Germany, **8:**411n
    in Switzerland, **8:**411n, 735n
Food shortage, in Berlin, **8:**963n
Föppl, August (1854–1924), **2:**306n; **3:**5; **7:**85n; AE's reading of, **2:***260*
Force, **3:**15–19, 24, 41, 72–73, 77, 92, 121, 339–340, 468
    active, **3:**124–125
    attractive, **2:**322, 322n
    capillary, **2:***3–4*, 225; **3:**508; **6:**274
    central, **3:**22, 33, 37–38
    central, motion of point mass as result of, **6:**562, 563–566
    centrifugal, **4:**549, 617; **6:**74–75, 280, 513; **6:**75, 477–480, 513; **7:**178n, 376, 408, 563, 565; **8:**82, 324, 349; and gravitational, **7:**208–209, 214, 538 (*see also* Acceleration: and gravitation)
    cohesive (*see* Capillarity; Molecular force)
    conservative, external, **2:***212–213*
    coriolis (*see* Coriolis force)
    definition of relativistic, **2:**304, 436, 455–456, 486n
    density of, **3:**257n
    derived from a potential, **3:**30–32, 87, 121
    dissipative, **2:***211*
    elastic, in solids, **3:**81, 409, 461, 539
    electric (*see* Electric force)
    electrodynamic (*see* Electrodynamic force)
    electromotive (*see* Electromotive force)
    electrostatic (*see* Electrostatic force)
    elimination of, **2:**95n–96n
    external, **2:**124n, *212–213*, 336–337, 344n–345n, 416; **3:**127n, 392
    fictitious, **2:***177*, 201, *213*, 411
    frictional, **3:**247n, 505n; **6:**138, 139, 140
    gravitational (*see* Gravitational field)
    impressed, **3:**351–352, 398n
    impulsive, **2:**322
    interatomic, **3:**468, 512n, 526 (*see also* Potential)
    intermolecular (*see* Molecular force)
    inverse fifth power repulsive, **3:**127n
    inverse square law of, **3:**126n, 317, 332, 346 (*see also* Coulomb's law)
    law, **3:**37, 246n
    lines of, **3:**256, 321–322, 324, 355, 357, 361–362, 370; **6:**495
    of fields, **3:**443, 486
    at the interface of two media, **3:**344
    magnetic, **3:**348, 377
    perpendicular to conductor surface, **3:**328
    Lorentz (*see* Lorentz force)
    magnetic (*see* Magnetic force)
    magnetomotive (*see* Magnetomotive force)
    mechanical, **3:**325
    molecular (*see* Molecular force)
    Newtonian, **2:**455; **8:**557
    osmotic, **2:**497–498
    ponderomotive (*see* Ponderomotive force)
    stationary, **2:**419
    superposition of, **3:**318
    surface, **6:**102, 104, 124, 351

system of, **3**:72–75
thermoelectric, **2**:355; **3**:233–234, 246n
tidal, **7**:142
total, **2**:*507*
velocity-dependent, **2**:*255*, 522–526
velocity-independent, **2**:520–522
vital, **2**:*208*
Ford, Henry (1863–1947), **7**:430n
Foreign scholars, harsh judgment of against German colleagues, AE on, **9**:163
Forel, Auguste (1848–1931), **1**:317, 318–319, 334
Formal vs. physical thinking in physics, AE on, **10**:17
Forrer, Ludwig (1845–1921), **5**:288n, 304, 314, 325n, 340, 347n, 350n, 398, 402n; **8**:455n, 582, 729, 852n; **10**:16n, 19n
  AE and Zangger visit, **5**:332
  AE's ETH appointment, role in, **5**:341n
  elected president of Swiss Federal Council, **5**:399n
Forsch, Robert (1871–1948), **9**:188
Forster, Aimé (1843–1926), **5**:48n, 95, 96n
Förster, Friedrich (1869–1966), **10**:*li*, 329
Förster, Rudolf (1885–1941) (ps. Rudolf Bach), **8**:551, 578n, 581, 643, 655, 707n, 716n, 805n
  discussions with AE on
    boundary conditions at infinity, **8**:553, 557
    infinity and finiteness, **8**:645, 656, 679
    nonsymmetric metric tensor, **8**:582–584, 610–611, 644–646, 656
    unified field theory, **8**:553, 554, 557, 582–584, 610–611, 643–646, 656–657, 679–680
  on ether as universal medium, **8**:554, 557
  on light beam coordinates, **8**:586–587
  on own job, **8**:681
Förster, Wilhelm (1832–1921), **10**:125
Försterling, Karl, **9**:569c
  requests KWIP funds for research instruments, granted, **9**:563c
  requests KWIP funds for research on refractive index and absorption coefficient of metals in IR region, **9**:557c; granted, 560c
Foscolo, Ugo (1778–1827), **1**:liv
Foster, Edwin, **8**:470
Foucault current, **6**:160, 170n, 180–181, 189n
Foucault gyroscope, **3**:114; **6**:137, 138, 139, 141, 207

Foucault pendulum, **3**:61–62; **5**:532; **6**:139; **8**:300, 403, 487, 501, 649, 692, 700, 749; **10**:300
Four-dimensional formalism. *See* Relativity, special theory of: four-dimensional formulation
Fourier decomposition, of radiation field, **3**:267, 268n; statistical independence of coefficients of, **6**:199–205
Fourier series, **1**:212; **3**:259–260, 267, 273, 276–277, 515n, 516–517; **4**:282, 599, 602n, 603
  of torque, **6**:156, 157, 176, 177
Fourier's heat conduction equation, **1**:63n
Four-potential, electromagnetic, **8**:689n
Fourth dimension
  psychological world as, **9**:554c
  time as, **9**:556c
Four-vector, **4**:70, 72, 326; **6**:77–78, 91
  contravariant, **6**:77–78, 295–297, 312
  covariant, **6**:77, 91–92, 296–297, 307, 308, 312
  differentiation of, **6**:91–92, 94–95
  divergence of, **6**:58, 94–95, 312
  "Erweiterung," of, **6**:94–95, 308, 309
  inner product of, **6**:58, 78
  rotation of, **6**:312
  V(olume)-, **6**:99, 106, 267
  vector product of, **6**:56–57, 309, 310
  See also Vector
Fowler, Alfred (1868–1940), **7**:215n; on daytime observation of gravitational light deflection, **9**:244
Frame of reference, **4**:39; **7**:197–198n, 449–450, 592
  absolute, **8**:692–693, 700
  accelerated, **2**:274, 436, 476, 487n, 495; **3**:175n, *480*, 487–488
  adapted, **6**:12–13, 15, 113–114, 121
  Copernican, **8**:437, 447, 487
  definition of, **2**:438
  dragging of (*see* Lense-Thirring effect)
  equivalent, **2**:*255*, 440
  ether (*see* Ether: frame of reference fixed in)
  form of law of nature relative to, **2**:438
  Galilean, **6**:286, 287, 289, 404, 406, 407, 431–432, 433–434, 455, 459, 465, 469, 474, 477, 479, 485 486, 490, 491–492, 512, 537n; **7**:115–116, 537, 556, 613; **8**:240, 258, 498
  geodesic, **8**:436
  inertial, **2**:*xxix*, *253*, *255*, 477; **4**:547; **6**:524,

Frame of reference (*cont.*)
    527, 528, 529–530; **7:**6, 207, 213, 250, 253, 515–518, 524, 526, 536–537
    kinematical shape of a body relative to, **2:**439, 485n
    local, **6:**292, 293, 303, 334; **7:**269, 276–277
    metric tensor and choice of, **6:**9–11, 110, 123, 124, 352, 541
    moving, **2:***255*, 451, 462
    noninertial, **7:**121n, 208, 214
    nonrigid ("Molluske"), **6:**491
    normal ("Normalsystem"), **6:**101, 107, 108
    physical reality of, **8:**228
    preferred, **4:**31, 40, 66, 183, *299–300*, 483, 498, 539, 547, 572, 575, 594, 610, 617–618, 620; **7:**267, 313; **8:***352*
        in classical mechanics, **6:**74, 136n, 286, 288, 433–434, 459–460, 472–473, 517, 524, 527; **7:**4, 6, 250
        in Lorentz's electrodynamics, **7:**373, 407
    privileged, **8:**358, 403, 486–490, 578, 648–650, 660–661, 750–752, 828
    Ptolemaic, **8:**487, 488
    See also Coordinate system
France, **8:**53n, 150, 338, 801
    against Austria joining Germany, **9:**143
    basic research in, **8:**40n
    childish behavior of, AE on, **9:**513
    coal shortage in, **9:**281
    politics in, **8:**173–174
    role of, AE on, **9:**387
France, Anatole (1844–1924), **9:**416; **10:**160, 169
Franck, James (1882–1964), **8:**28, 32; **9:**366, 368, 377, 397–398, 434n; **10:**335, 404, 418n, 572c
    electron impact method of, **9:**368
    granted KWIP funds for voltage curves recording instrument, **10:**604c
    requests KWIP funds for electron impact measurements, **9:**612c; granted 613c
Francke, pastor (1864–1938), **9:**71
Franck-Hertz experiment, **8:**28, 32, 862
Francois, ?, on campaign against AE, **10:**426
Franco-Prussian War, **8:**505
Franel, Jerôme, **5:**533n
Frank, K., **9:**613c
Frank, Michael, **5:**445n
    paper by, **4:***194*
    AE on, **5:**450
    Ehrenfest on submission of, **5:**439
Frank, Philipp (1884–1966), **2:***507*, 540; **5:**469n, 500; **7:***223*; **8:**381n, 394, 480, 486, 488, 914; **9:**212; **10:**473
    asks AE for recommendation for successor to Lampa, **9:**77
    causality, paper on, AE on, **5:**474n
    evaluation of manuscript of Adler, **8:**494n
    Mach, paper on, **8:**394; **10:**68
    University of Prague, candidacy for chair at, **5:**470
        appointment, **5:**500n
        official evaluation of, **5:**472–473
        official recommendation for, **5:**468
Frankamp, Catherine (1888–?), **5:**524n, 540n, 580n
Frankfurt
    AE visits, **5:**344; **10:**94
    University of (*see* University of Frankfurt)
Frankfurter, Felix (1882–1965), **7:***234*
Frankfurter Gesellschaft für Handel, Industrie und Wissenschaft, **9:**611c
Frankfurter Zeitung, **7:***112*
Franz, ?, **9:**434n
Franz Josef, Emperor (1830–1918), **10:**73, 82n; appoints AE to University of Prague, **5:**626c
Franzkowiak, Edmund, **8:**159, 162
Frauenfeld, Canton of Thurgau, **1:**315, *376*. *See also* Schweizerische Naturforschende Gesellschaft: meeting in Frauenfeld
Fraunhofer lines, **10:**248. *See also* Sun: spectral lines of
Frederick the Great, **8:**87n, 135n; book on by Macaulay, 134
Free energy, **2:**225, *235*; and osmotic pressure, **2:**226, *235*
Free fall, **3:**18–19
Free German Youth Movement. *See* Freideutsche Jugendbewegung
Free path. *See* Path, free, of molecules
Free University of Brussels. *See* University of Brussels, free
Free vectors, **8:**783n, 827n
Fréedericksz, Vsevolod (1885–1955), **8:**426, 688n
Freedom, degrees of, **6:**253, 257
    of periodic mechanical system, **6:**556, 558, 567n

rotational, **6:**259
sleeping, **6:**259, 262n
at zero temperature, **6:**254–255
Freedom for individuals, AE on, **9:**578c
Frei, Paul, **9:**609c
Freiburg, University of (*see* University of Freiburg)
Freideutsche Jugendbewegung, **9:**34n
Freie Akademische Vereinigung an der Technischen Hochschule Dresden, invites AE to lecture, **10:**599c, 601c
Freie Hochschulgemeinde für proletarische Kultur, **9:**299n
Freie Vereinigung deutscher Gewerkschaften, **9:**203n
Freie Vereinigung für technische Volksbildung, **7:**337n
invites AE to join, **10:**583c; declined, 586c
invites AE to lecture, declined, **10:**609c
Freies Gymnasium, Bern, **8:**339n
French Physical Society, **9:**172n
French publishers, against German book trade, **9:**424
Frenkel, Elsa, AE expert for doctorate of, **5:**633c
Frequency, **3:**547n
of electrostatic fields, **3:**178n
and energy, **3:**250, 497n, 546n
of light, **3:**253n
proper (*see* Proper frequency)
of residual rays, **3:***xxiv*
See also Light: frequency of
Fresnel, Augustin (1788–1827), **8:**162n
dragging coefficient of (see Dragging coefficient)
mirror experiment of, **5:**129, 130
theory of stationary ether of, **6:**45
Fresnel's hypothesis. *See* Dragging coefficient; Ether theory: Fresnel's
Freundes-Rat des Internationalen Jugendbundes, AE member of, **9:**552c
Freundlich, Erwin (1885–1964), **4:**510n; **5:**317n, 326n, 385n, 438n, 555n, 560n; **6:**234, 237, 242, 335, 339n, 373n; **7:**43n; **8:**12n, 14n, 88, 89n, 94, 100, 177, 179, 211, 221, 267n, 380, 386n, 463n, 512, 608, 682, 718n, 733, 738, 830, 894, 895n, 999c, 1028c; **9:***xxxii, xxxix, xli,* 13, 86, 108n, 158n, 158, 191, 246, 263–264, 274, 359, 374, 386, 531, 552c, 554c, 561c, 564c, 579c, 587c, 591c,
595c, 596c, 614c, 616c; **10:**21n, 61n, 225, 232, 310n, 448, 577c
abilities and character of, AE on, **8:**216n, 241, 255–256, 277, 604–605
AE helps in finding position, **8:**88, 177, 203, 204n, 215, 216n, 267n, 277, 393
as AE's problem child, **9:**107
Als-Ob conference, plans attending, **10:**275
appointed trustee of Albert-Einstein-Spende, **10:**578c
asks AE for assistance with position, **9:**156–157
book on general relativity of, **6:**373n, 379, *417*; **8:**403; **9:**140, 177
AE asks for higher royalties for, **9:**346, 390–391
AE on, **6:**373n; **9:**156
AE's preface to, **6:**372
English edition, **9:**320, 328, 336
Lange on, **10:**590c
Zangger on, **10:**513
on density of star clusters, **10:**525–527
dispute with De Sitter on emission theory of light, **5:**555
and eclipse expedition of 1914, **9:**305
Einstein, Pauline, offers condolences on death of, **9:**441
on elliptic geometry, **7:**405n; **8:**393, 425, 479n, 734n
emission theory of light, paper on test of, **5:**555
fears militarization of Geodetic Institute, **9:**191, 195n
on funding experimental research in general relativity, **9:**583c, 603c
general relativity, paper on verification of, **6:**514
German solar eclipse expedition of 1914
member of, **8:**57n, 215, 469
report on, **8:**19n, 57n, 609n
gravitational light deflection
eclipse expedition to investigate, **5:**593, 581n, 594n, 596n
interest in, **8:**13, 208, 241, 242n, 256
investigation of, **5:**317n, 387, 406, 503, 550, 554, 566
gravitational redshift
interest in, **8:**13, 94n, 147, 214, 241, 255, 262
paper on, **10:**225

Freundlich, Erwin (*cont.*)
    on terrestrial light source for measurement of, **10**:371–372
    solar, 335–336
    stellar, **9**:25–26
  and Grebe and Bachem's work, **9**:325; **10**:*xlix*
  interned in Russia, **8**:56, 57n; **10**:25n
  KWIP, contract with, **8**:563–564, 579–580, 589, 593, 609, 613, 876, 1015c, 106c, 107c, 1018c
  marriage of, **5**:555n
  position for, **8**:89, 178, 241, 277, 290, 293, 393, 471n, 563, 601, 603–604, 1015c
  on position at Astrophysical Observatory, Potsdam, **9**:177, 278
  report of to Haenisch, **10**:280
  report on his work, **9**:335–336, 569c
  requests budgeted funds and reimbursement, **9**:447
  requests KWIP funds for microphotometer, **9**:551c; granted, 552c
  research, plan for, **8**:469–471, 560
  salary of, **9**:278, 559c, 587c
  Seeliger, controversy with, **8**:101n, 217, 256
  star clusters, work on, **7**:424n–425n
  Struve, Hermann, relation with, **8**:258
  on tower telescope, **10**:569c, 571c
  visits Haenisch, **9**:604c
  visits Oppenheim, **9**:157, 174
Freundlich-Hirschberg, Käthe, **9**:158n, 159n
Frey, Adolf (1855–1920), **1**:25n, *359, 360*
Freytag, G., **9**:446
Freytag-Loringhoven, Hugo Freiherr von (1855–1924), **8**:620n
Fricke, Hermann, **9**:53c; requests KWIP fund for publication of his theory of gravitation, **8**:1018c, 1019c
Fricke, Robert (1861–1928), **10**:*xl*
  GDNÄ Bad Nauheim meeting, session on relativity at
    invites Laue, Hilbert, Sommerfeld, Weyl, and Born to, **10**:276
    organizes, **10**:276–277, 305
    solicits lecture from AE at, **10**:302
Friction, **2**:*216*; **3**:52–53
  coefficient of for sliding, **2**:187, 194–198, 204n, 205n (*see also* Mixture of fluid with suspended spheres)
  force of acting on electrons, **3**:505n
  hydrodynamic, **2**:*171, 178* (*see also* Stokes's law of hydrodynamic friction)
  See also Viscosity
Friction law, **8**:920–929
Fried, Alfred (1864–1921), **9**:103n, 203n; **10**:274
Friedemann, Ulrich, **9**:434n
Friedlaender, Benedict, and Friedlaender, Immanuel, **9**:*xlii*; Machian experiment by, **9**:250
Friedländer, Jacob, **3**:312n
Friedmann, Alexander (1888–1925), **6**:516, 517
Friedmann, Heinrich, **1**:*346, 347, 348*
Friedrich-Wilhelms-Universität, Berlin. *See* University of Berlin
Friese, Robert (1868–1925), **8**:941
Frischeisen-Köhler, Max (1878–1923), **8**:867–868, 888
Fritsch, Theodor (1852–1934), **7**:112
Frobenius, Ferdinand (1849–1917), **10**:134
Frösch, Hans (1877–1938), **1**:334, 335n, 335
Füchtbauer, Christian (1877–1959), **9**:72n, 149n, 217
  paper by, AE on, **5**:131
  requests KWIP funds for intensity measurements of spectral lines, **10**:604c; granted, 609c
  secondary rays, paper on, **5**:132n
  teaches course in Würzburg, **5**:120, 121n
Fueter, Rudolf (1880–1950), **9**:383n
Fulda, Ludwig, **9**:122n
Function theory, **1**:212n; **6**:563; AE's notes on Minkowski's course on, **1**:61
"Für den Aufbau des jüdischen Palästina." *See* Appeal
Furrer, Ernst (1876–1926), **8**:444
Fürst, Arthur, **8**:381
Fürth, Reinhold (1893–1979), **2**:*170, 206*; **10**:295; requests KWIP funds for static determination of elementary electric charge, **10**:603c, 611c, 612c
Furtwängler, Philipp (1869–1940), **9**:400
Fusion, heat of. *See* Heat: of fusion

Gabba, Luigi, **1**:282n
Gale, Henry (1874–1942), **7**:444n
Galić, Sofija, **5**:115n, 344n, 345n
Galilean mechanics, **4**:484, 538, 547, 585, 609; **6**:21, 22, 74, 285, 406, 432

basic law of, **6:**404, 431–432, 465, 466, 469, 472, 474, 490, 524, 528; **7:**369; **8:**418
  See also Classical mechanics; Mechanics: Galilei-Newtonian; Newtonian mechanics
Galilean principle, **3:**425, 487
Galilean space-time, **7:**26n, 278
Galilean transformation, **2:***253, 256*, 434; **4:**30, 33, 39, 543; **6:**446–447, 449, 450, 451, 453, 459, 462; **7:***7n*, 254, 373, 407, 461, 516
  and Lorentz transformation, **3:**155–160
  and relativity principle, **3:**143, 425–426
Galilei, Galileo (1564–1642), **2:***xxviii, 253, 504*; **3:**561; **7:**219, 358n, 433n; **9:**214, 314, 606c; **10:***xxxviii*, 401n
  Dialogue, **7:***xxxi*
Galileo's law of inertia. *See* Galilean mechanics: basic law of
Galli, Giacomo, **1:***lv*
Galvanic cell. *See* Voltaic cell
Galvanometer, **1:**32–35, 66–67, 188, 203–210, 209; **3:***9*, 359; **6:**182; tangent, **3:**359, 398n
Galvanometric method for comparing lengths, **8:**843, 900, 901, 907, 914
Gamma rays, **2:**586; **3:**540; **4:**554; **6:**386
  ionization due to, AE on, **5:**284
Gans, ?, **3:**577
Gans, Richard M. (1880–1954), **3:**518n; **5:**308, 309n, 447n; **8:**165n; **9:**74
  University of Zurich, candidacy for chair at, AE on, **5:**445
Ganter, Heinrich (1848–1915), **1:***12*, 29n, 39n, *359, 360*
Gap in foundations of thermodynamics, **2:***41, 48–49*, 57, 543, 551n
Garrone, Lorenzo, **1:***liii, liv*, 276. *See also* Einstein, Garrone e C.
Gas, **3:***6*, 558
  adiabatic change of state of, **1:**96, 100–101
  AE extends theory of molecular forces to, **1:***xl*, 290, 292, 295, 320, *376*
  all energy kinetic in, **1:**261
  Avogadro's law for, **1:**100
  coefficient of elasticity of, **1:**101–104
  critical opalescence of, **6:**577, 579n
  critical point of, **3:***283*
  cyclic thermal processes in, **1:**106–120
  diatomic, specific heat of (*see* Specific heat: of diatomic molecules)
  diffusion in, **2:**123–124; **4:**528
  dynamic theory of, **1:**212
  entropy of, **2:**246, *578;* **6:**257–261
  friction of flow of, **6:**553–554
  heat conduction in, **4:**527–528
  ideal (*see* Ideal gas)
  ionization of, **2:***141*, 165–166, 168n, 548
  isothermal change of state of, **1:**101–103
  kinetic theory of (*see* Boltzmann, Ludwig: and kinetic theory of gases; Kinetic theory of gases)
  liquefaction of, **1:**138–147
  mean free path in, **4:**527–529
  molecular forces in, **2:***7–8*
  molecules of, **3:***xx*, 37, 181, 214, 507n, 508, 543
  monatomic
    kinetic energy of, **3:**181–182, 211–212
    quantum theory of, **9:**19
    specific heat of (*see* Specific heat: of monatomic molecules
  in narrow tubes, **3:**192–195
  optical properties of, **3:**513
  photochemical reactions in, at low temperature, **6:**369
  pressure of, **2:**320–322
  radiation interacting with, **3:**507n, 522–524, 542
  rarefied, **3:***6*, 243n; temperature jump in, **6:**577, 579n
  specific heat of (*see* Specific heat)
  thermodynamics of, **1:**94–96
  Van der Waals's theory of, **1:**265; **4:**529
  viscosity in (*see* Viscosity)
  See also Kinetic theory of gases
Gas constant, **2:**108n, *212*, 324, 324n; **3:**272, 288, 306
Gas theory, kinetic. *See* Kinetic theory of gases
Gasser, Adolf (1877–1948), **2:**357n; **5:**85n, 132n, 141n, 250n, 524
  congratulates AE on appointment, **5:**107
  death of mother-in-law, **5:**108, 108n
  electrometer, work with, **5:**140
  Maschinchen, work on, **5:**89
  Technikum Winterthur, offers AE help in obtaining position at, **5:**108; on possible vacancy at, 90
  visits AE, **5:**140
Gasser, Rudolf (1873–1963), **5:**91n, 151n, 162n; Maschinchen, work on, **5:***53*, 90, 132n

Gasser-Reiniger, Hedwig (1881–1941), **5:**90n, 108n, 141n
Gattiker, Johannes, **9:**5
Gauchat, Ludwig Emil (1838–1905), **5:**9, 10n
Gauge invariance, **7:**352, 413; **8:**954–956, 967
Gaul, Georg (1869–1921), **8:**947
Gaule, Karl, **5:**243, 249
Gauss, Carl Friedrich (1777–1855), **1:**207; **2:***4*; **3:**19, 126n, 359, 398n; **6:**482, 485; **7:**432; **8:**870–871
  and differential calculus, **6:**216, 284, 295, 535n
Gauss's error law, **3:**259, 265, 267, 294, 297, 303. *See also* Statistics
Gauss's law, **1:**160, 161, 166, 169, 181; **3:**6, 321–324, 326, 328, 331, 342–343, 348, 352, 387
Gauss's theorem, **2:**521; **7:**170; **8:**405
Gaussian coordinates. *See* Coordinate system: Gaussian
Gaussian theory of surfaces, **4:***193–195*, 209n, 245n, 589; **7:**269–270, 273–275, 281n, 539, 573n
Gauthier-Villars publishing house. *See* Publishers
Gauverein der DPG in Munich, invites AE to lecture, **10:**452
Gdansk, possibility of cession of to Poland, **9:**60
GDNÄ. *See* Gesellschaft Deutscher Naturforscher und Ärzte
Gebrüder Volkart, Winterthur, **1:**299n
Gehrcke, Ernst (1878–1960), **7:***101–113*, 121n, 127–128n, 279n, 345–348n, 359n; **8:**29n, 344, 375n; **10:***xxxviii*, 382, 397n, 401n, 408, 419n, 428n, 449n, 460, 470
  accuses AE of plagiarism, **7:***103*, 349n
  attacks general relativity, **8:**345n, 439, 494
  at Berlin Philharmonic Hall event, **10:**383n, 386n, 389, 395n, 593c
  character of, **8:**29
  on clock paradox, **7:***103*, 346, 348n
  on ether, **7:***104*
  on own motives, **7:**348n
  on relativity as mass suggestion, **7:***111*
  and replication of Harress's experiment, **9:**208
  role in anti-relativity campaign, Hennig on, **10:**594c
Geiger, Hans (1882–1945), **2:**577; **7:**485–487n; **8:**285
Geiger, Moritz (1880–1937), **10:**451, 452
Geiger, Walburga, **9:**43n, 422n
Geiser, Carl (1843–1934), **1:***44*, 330, *362*, *366*, *379*; lectures on infinitesimal geometry by, **4:***193*, 209n
Geitel, Hans (1855–1923), **5:**384n; **9:**349; induction machine of, **5:***52*
General Association for Popular Technical Education. *See* Freie Vereinigung für technische Volksbildung
General principle of relativity. *See* Relativity, general principle of
General relativity. *See* "Entwurf" theory of AE and Grossmann; Gravitation, relativistic theory of, static field; Relativity, general theory of
Generally covariant field equations. *See* Gravitational field equations
Geneva, intended headquarters of League of Nations, **9:**341
Genewein, Fritz, **8:**1008c
Genoa, **1:**lxv n, 312, *372*
Gentner-Aichroth, Friedrich (1857–1935), **5:**599n, 634c, 636c; **8:**11, 990c
Geodesic, **4:***194*, *195*, 209n; **6:**87–89, 220, 308, 317, 547
  light ray as, **10:**62
  as trajectory of point mass, **8:**418, 804, 824, 859, 878, 893, 948, 955, 967, 971
  variational principle for, **6:**305–307
Geodesic equation, **7:**150–151, 167, 179n, 357n, 453, 456n, 549–551, 573n; generalization of, **7:**413, 416n
Geodetic Institute (Potsdam), **8:**615
  candidates for directorship of, AE on, **10:**171–172
  deliberations on directorship of, **8:**594, 595n, 596–597, 599, 617, 624, 625, 717, 718n, 795–796
  fear of militarization of: AE on, **9:**194; Schweydar on, 191
  purpose of, **8:**596, 616–617
  selection of director of, **9:**191
Geodetic precession, **9:**16, 258n; **10:**477n
  AE on, **9:**483
  detectability of, **9:**258n
  Lorentz's calculation of, **9:**421–422
Geometric object, **8:**348
Geometric shape of moving body. *See* Rigid body: geometric shape of

Geometrical world picture versus physical world picture, **8:**633
Geometry, **6:**285, 518, 519
 analytical foundation of, need for, **8:**877
 anisotropy in space, **10:**9n
 axiomatic, **7:**386–390; **9:**72n
 conventionality of (*see* Conventionalism)
 Einstein, Hans Albert studies, **10:**29, 87
 elliptic, **7:**402, 405n; **8:**258, 728
 epistemological foundations of, **8:**877
 Euclidean, **6:**123, 127, 289, 290, 321, 335, 336, 407, 425, 429, 430, 462, 479, 482, 484, 485, 497, 498, 501, 507, 519, 523, 530; **7:***xxxvi*, 6, 209, 214, 251, 261–263, 389, 396–401, 432, 504, 515, 520, 538, 541, 609–612, 617–618
  and gravitation, Bjerknes on, **10:**462
  invalidity of, **8:**456
  as limiting case of Riemannian geometry, 392
 infinitesimal, **4:***193*, 209n
 Lobatschevskyan, **10:**9n
 nature of, **7:**272–273, 281n
 non-Euclidean, **7:**272–278, 376, 388, 409
  Grossmann's work on, **5:**25
  intuitive representation of, 395–402; **10:**5, 7n
 as physical science, **6:**67n, 122, *418*, 425–427, 429; **7:***xxxvi–xxxvii*, 272–273, 387–393, 403n
 and physics, **8:**815
 Poincaré on, **9:**52; **10:**341
 practical, **4:**104n
 projective, **1:**212
 Riemannian, **7:**62n, 79, 275–278, 352, 391–393, 403n–404n, 541, 550, 573n; **8:**258, 745, 871
  as geodesy, **8:**871
  Weyl's generalization of, **7:**412–413
 as rule of spatial arrangement of rigid bodies, **7:**209, 214, 273–275, 387–393, 396–402
 spherical, **7:**398–402
 Study on, **9:**52
 truth of axioms of, 425–427
 of Weyl, **8:**721n, 745
Gerber, Paul (1854–?), **7:***103–104*, 346–347, 349n; **8:**345n, 373, 421; **10:**62
Gerhard, Wilhelm (1780–1858), **8:**257n
Gerhards, Karl, **10:**577c; requests private discussion with AE, **10:**593c
Gerlach, Hellmut von (1866–1935), **8:**948, 961n; **9:***xliv*, 43n, 71, 343; **10:***xlii*, 274, 329, 393; asked to formulate petition for release of political prisoners, **9:**343
Gerlach & Co., **10:**247
German academics, AE deploring political attitudes of, **9:**449
German Association of Technical-Scientific Societies. *See* Deutscher Verband der technisch-wissenschaftlichen Vereine
German book trade, difficult situation of, **9:**424, 480–481
German Bunsen Society, 25th general assembly, **9:**461n, 533
German Central Bank, **8:**756n, 772n
German Central Committee for Foreign Relief. *See* Deutscher Zentralausschuß für die Auslandshilfe
German chancellor, **8:**893n
German citizenship, **1:**20, *372*
German Communist Party, and March 1919 uprising, **9:**28n
German culture and language, AE's attachment to, **1:***xxxvi*
German currency
 decrease in exchange rate of, **9:***xxxi*, 201, 222, 226, 240, 293, 456; **10:**65, 101, 122, 187, 330n, 528
 increase in exchange rate of, **10:**139
 See also Exchange rate, currency
German Democratic Party, **10:***xlii*
German Foreign Office, **8:**331n; AE's visit to, **10:**51n
German furniture and art, foreign purchases of, **9:**281
German intellectuals
 growing republican spirit of, AE on, **9:**326
 isolated from intellectuals of Allied countries, **9:**273
 learning humility from intellectual blockade, **9:***xliii*, 121, 163
 past and present of, AE on, **9:**264
German League for the League of Nations. *See* Deutsche Liga für Völkerbund
German Mathematical Association. *See* Deutsche Mathematische Vereinigung
German Mathematical Society. *See* Deutsche Mathematische Vereinigung

German National Assembly, and Deutscher Schutzbund für die Grenz- und Auslandsdeutschen, **9:**350
German National People's Party. *See* Deutschnationale Volkspartei
German navy officers, employed by Japanese navy, **9:**237
German News Agency for Foreign University and Student Affairs, requests support from AE, **10:**588c
German Peace Society. *See* Deutsche Friedensgesellschaft
German Physical Society. *See* Deutsche Physikalische Gesellschaft
German prisoners-of-war, condition of, **8:**110
German Red Cross, **10:**599c
German revolution, central organs of, **8:**965n
German science, American support for, **10:**599c
German Social and Scientific Society of New York. *See* Deutscher Gesellig-Wissenschaftlicher Verein von New York
German Society for Foreign Book Trade. *See* Deutsche Gesellschaft für Auslandsbuchhandel (Leipzig)
German University of Prague. *See* University of Prague, German
German war crimes, Bryce Report on, **9:**43n. *See also* Lille booklet; Private commission to investigate German war crimes
German-American Relief Committee for Germany and Austria, **7:**301n, 495n
Germany
　AE expects moderate treatment of by Allies, **9:**36
　AE on positive effects of failure and need in, **9:**120
　AE thinks of leaving, **8:**961, 971
　aim of economic domination of eastern Europe, **8:**747n
　Allied blockade of, **7:**129n
　American relief work in, **9:**253n
　as Anglo-American colony, AE on, **9:**281
　antirevolutionary forces in, **9:**16
　anti-Semitism in, **9:**352; AE on, 268; fight against, 490
　army of, threat posed by, **9:**513
　barbarism of right-wing groups, AE on, **9:**487
　basic research in, **8:**40n
　blockade of, **9:**253n, 499n
　Bolshevism in, **9:**34n; AE on, 29
　ceding territory to France, AE against, **9:**36
　chancellor resigns in, **8:**506, 524n
　as Cinderella among nations, **9:**243
　coal shortage in, **8:**598; **10:**118
　coalition in Reichstag, **8:**506n
　collapse of economy of, **9:**201; foreseen, 260
　congress of councils in, **8:**965n
　control of book export in, **9:**605c
　corruption and poverty in, **9:**306
　council democracy in, **7:**124n
　Council of People's Deputies in, **8:**944n
　currency export restrictions in, **9:**120, 138
　currency, value of (*see* Exchange rate, currency; German currency)
　danger of becoming Anglo-American colony, **7:**334n
　danger of deals with, **8:**505
　democratic elections for, **8:**931n
　devaluation of currency of (*see* Exchange rate, currency; German currency)
　differences between southern and northern parts of, AE on, **9:**139
　economic collapse of, **8:**958
　economic instability in, **7:**300n, 470, 494n; effect on scientific research, 494n
　effects of malnutrition in, **7:**129n, 333n
　export restrictions for books, **10:**135
　famine in, **8:**407, 431n, 960
　food rationing in, **8:**411n; **10:**53n, 123n, 124
　foreign purchase of furniture and art in, **9:**281
　future of, AE on, **9:***xlii*, 5, 28, 85, 92, 139, 147, 154, 264, 306, 352
　Gesetzgebende Nationalversammlung (Legislative National Assembly), **7:**123–124
　government, liberalization of, **8:**506n; Socialists in, 964
　and idea of revenge, AE on, **9:**121, 135
　image abroad of, AE on, **9:**474–475
　immigration from eastern Europe in, **7:**238–239, 241n
　improving social environment in, AE on, **9:**326
　inflation in, **8:**965
　influenza in, **8:**911, 939, 961
　intellectual blockade of, **9:**121, 273; AE on, *xliii*, 121, 163
　Jews ostracized from, **9:**243
　Kapp Putsch, **7:***xli*, *101*, 283n
　lack of moral courage of intellectuals in, **8:**636

milk ration in, **8:**728n
mutiny of sailors in, **8:**964
paper shortage in, **8:**117, 954, 959
parliamentary system for, **8:**931n, 932
political climate in, **9:**498, 513
political stabilization of, Muehlon on, **9:**12n
potato harvest, failure of, **8:**409n
propaganda against Entente, **10:**183
Quaker relief work in, **9:**139n, 253n, 496n
Rat der Volksbeauftragten (Council of People's Deputies), **7:**124n
Reichstag, **7:**240n
religion of might in, **8:**451, 505, 532, 872n, 959
republic proclaimed, **10:**182
resignation of Bethmann Hollweg, **10:**108n
revenge idea in, **9:**121, 135
revolution in, **7:***xxi*, 90, 99n, *101*; **8:**964
salvation of by democracy, **8:**872
scholarly literature, difficulties of obtaining in, **9:**45n, 485, 514, 533
social environment in, AE on, **9:**329
Stargard concentration camp, **7:**240n
strikes in, **8:**944n; **9:**106, 201
suffering in, **9:**148n, 200n, 483, 496, 512
turnip winter in, **8:**409n
Workers' and Soldiers' Councils, Berlin, **7:**123–124n
See also Einstein, Albert: Politics; World War I
Gesamt- und Bürgerschule, Olsberg, **1:**51n, 53n
Gesellschaft Deutscher Naturforscher und Ärzte (GDNÄ), **10:***xxxviii*
   AE elected as member of scientific committee of, **10:**440
   founding of, **2:***147*
   meetings of, **3:***xviii–xix*, *479*, 499–503, 504n, 546n
   meeting in Bad Nauheim (1920), **7:***xxxii*, *102*, *107–111*, 347, 349n, 351–357n; **10:***xxxvii–xli*, 416, 426–427, 434, 442, 449n
     AE on, **10:**437, 468
     AE stays with Borns during, **10:**418
     anti-relativity demonstrations at: expected, **10:**373, 408; did not occur, 444
     begins, **10:**599c
     business meeting on fusion of physics journals at, **10:**599c
     closes, **10:**600c
     discussion on relativity at, **10:**435, 492n, 510, 523n, 534, 542n, 600c; AE on, 444;
       AE proposes, 302, 305, 353, 413; Fricke proposes, 305; Grebe asked to participate in, 409
     Ehrenhaft's lecture at, **10:**422
     Fricke invites AE to lecture at, **10:**302
     Laue's planned lecture at, **10:**305
     Meyer on, **10:**481
     Planck on support for AE at, **10:**412
     Weyl's planned lecture at, **10:**305
   meeting in Cologne (1908), **5:**89n, 105n, 136, 136n, 149n, 152
   meeting in Dresden (1907), **5:**75, 89n
   meeting in Karlsruhe (1911), **3:**546n
     AE's attendance of, **5:**324n, 331; **10:**11n
     AE's discussion remarks at, **3:**499–503, 504n
     Haber's paper at, **5:**378n
     Hopf's paper at, **5:**336n
     Zangger's attendance of, **5:**326n
   meeting in Leipzig (1922), **7:***112*
   meeting in Salzburg (1909)
     AE's attendance of, **2:***xvii*, *147*, *206*; **5:**81n, 202
     AE's lecture at, **2:***xvii*, *134–135*, *142*, *147–148*, *270*, *273*, *564–582*; **3:***xviii–xix*; **4:***110*; **5:**190n, 209n, 210n, 227, 232
     AE's participation in discussions at, **2:**558, 561, 585, 586, 589
     Born's paper at, **5:**211n
   meeting in Stuttgart (1906), **2:***254*
   meeting in Vienna (1913), **8:**33, 462, 463n, 707
     AE's lecture at, **4:***126*, *295*, *297*, *298*, *299*, *358*, 470, 471n, 487–500, 581; **5:**522n, 550n, 556; AE on, 544; discussion following, **4:**505–509; submitted, **5:**543
     discussion between AE and Mie at, **5:**551n
Gesellschaft für drahtlose Telegraphie m.b.H. *See* Telefunken
Gesellschaft für nautische Instrumente, **7:**81–85n; **8:**791n, 812n, 838n, 839n
Gesellschaft für positivistische Philosophie, **8:**17n, 495n
Gesetzgebende Nationalversammlung. *See* Germany: Gesetzgebende Nationalversammlung
Gewerbeschule. *See* Aargau Kantonsschule
Gibbs, Josiah Willard (1839–1903), **2:***45*, 551n; **3:***7*, 204, 244n, 554; **4:**561; **5:**172, 193; **6:**250, 376; **8:**815, 958

Gibbs, Josiah Willard (*cont.*)
　AE's reading of, **2:***44*, *49*, 73n
　approach by, as distinct from AE's, **2:***52, 54–55*
　conception of entropy, **2:***44, 110*
　on dissociation of gases, **10:**15
　fills "gap," **2:**543
　and microcanonical ensemble, **2:***49*
　statistical mechanics of, **3:***7–8*, 315, 315n, 559, 562n
　terminology of, **2:***54–55*, 73n–74n
Gide, André, and *Nouvelle revue française*, **9:**392n
Gierster, Joseph, **1:***347*
Giese, W., **1:***236*
Gijselaar, Nicolaas de (1865–1937), **10:***xliv*, 267n
Gilbert, Leo, **10:**594c
Gimler, Friedrich, **8:**1016c
Ginsberg, Shlomo (1889–1968), **9:**255n
Ginzberg, Asher (Ahad Ha'am) (1856–1927), **7:***234*
Ginzberg, Salomon (1889–1968), **7:***234*, 623
Gipfel, Wilhelm, **9:**437
Giulietti, Davide, **1:***liii, liv*
Gjesdahl, Sven, requests article from AE for *Akademisk Revy*, **10:**594c
Glaciers, **1:**35–38
Gladbach, Philipp, **1:***360, 361*
Glarisegg, boarding school for Hans Albert Einstein, **10:**81
Glaser, Ludwig (1889–?), **7:***106–107*, 349n; **10:**401n, 418n, 428n; lectures at anti-relativity meeting, **10:**595c
Glass, properties of, **1:**280, 283
Gleichen Rußwurm, Heinrich von (1882–1959), **9:**350, 357n
Gliding of birds, Lilienthal on, **10:**581c
Glitscher, Karl, **8:**914n
Globular star clusters. *See* Star clusters, globular
Gloriastrasse apartment, subletting of, **8:**452, 503n
Glum, Friedrich (1891–1974), **9:**108n, 563c, 565c, 566c; **10:**590c, 592c, 593c; donation to KWIP, **8:**1020c
Gnehm, Robert (1852–1926), **5:**333n, 350n, 352, 353n, 367n, 368n, 371, 382n, 407n, 510n, 529n; **8:**852n, 916n; **9:**169, 190, 215n, 312n; **10:**17, 18n, 317

ETH
　attempts to keep AE at, **5:**583n
　initiates negotiations with AE on appointment at, **5:**365n
　theoretical physics chair at, objections to, **5:**333n, 340n; dropped, **5:**365n 399n
Gobat, Albert (1843–1914), **5:**106n
Gocht, Moritz (1869–1938), **10:**260
Gockel, Albert (1860–1927), **5:**124n, 151n
　collaboration with AE, **5:**162
Gockel-Baumhauer, Paula (1898–1969), **5:**151n
Gödel, Kurt (1906–1978), **6:**130n
Godin, Jean (1817–1888), **8:**941
Goethe, Johann Wolfgang von (1749–1832), **6:**70, 213n; **7:***112*; **8:**889n; **10:**345
　two lectures by Helmholtz on, **6:**569, 570n
Goethebund. *See* Berliner Goethebund
Göhring, Salome, **8:**283n
Gold Medal of Royal Astronomical Society, **9:***li*, 408, 436, 588c, 605c
Goldscheid, Rudolf (1870–1931), **8:**836, 844; **10:**521, 594c
　expresses sympathy for AE, **10:**522
　requests private discussion with AE on objections to relativity, **10:**521–522
　on traces of traditional physics in relativity, **10:**521–522
Goldscheid-von Maltzahn, Marie (1875–1938), **10:**523n
Goldschmidt, Alice (1892–?), engagement to Hopf, **5:**484n; marriage, 502n
Goldschmidt, Amelie, puzzle in verse, **10:**579c
Goldschmidt, Richard (1878–1958), **7:**448n
Goldschmidt, Robert (1877–1935), **5:**300, 301n, 522n; **9:**114
Goldstein, Eugen (1850–1930), **9:**20, 297n; awarded funds by KWIP, **10:**597c
Goldstein rays. *See* Canal rays
Gomperz, Heinrich (1873–1942), **8:**346n
Gomperz, Theodor (1832–1912), **5:**19, 19n
Gonzenbach, Wilhelm von (1880–1955), **10:**167, 192
Goot, D. H. van der, **8:**63
Gorky, Maxim (1868–1936), **9:**415
Görz (Gorizia), **5:**296n
Gothein, Georg (1857–1940), **10:**433n
Gottesman, Jacob, expresses sympathy for AE, **10:**599c
Gottfried-Keller centenary at University of

Zurich, AE participates in, **10:**204–205
Göttingen, **9:**440, 460; **10:**106n. *See also* University of Göttingen
Göttingen Academy, **7:**76n
Göttingen Observatory, **6:**360
Göttinger Vereinigung für Angewandte Physik und Mathematik, **8:**805
Gottmadingen, **10:**130
Gouy, Louis-Georges (1854–1926), **2:***208–209*, *217*, 334, 344n; **5:**44
  objections to AE's theory of Brownian motion, 44
Grabowsky, Adolf (1880–1969), **9:**33, 71
Graetz, Leo (1856–1941), **5:**264n
Graf, Johann Heinrich (1852–1918), **5:**24, 25n; **9:**464n
Graf, Johann Jakob (1854–1925), **1:***24*
Graham, Thomas (1805–1869), **2:**202
Granquist, Gustaf (1866–1922), **9:**217
Grassmann, Hermann (1809–1877), **5:**296, 296n, 533n
Grau, Kurt (1891–1947), **10:**390
's Gravesande, Willem J., **9:**(1688–1742), 502
Grave. *See* Ether
Gravitation, **3:***xxviii–xxx*, 21, 25, 348, 446, 582
  absolute differential calculus for theory of, **10:**25
  absorption of, **10:**296, 478
  and acceleration (*see* Acceleration: and gravitation; Force: centrifugal: and gravitational)
  AE on connection with molecular forces, **1:***265*, 290, 292
  AE working on, **10:**20n
  AE's lectures on, **3:***10*
  constructed from orbits of comets, **10:**299, 306
  direct effect of, **8:**392
  electromagnetic theories of, **3:**126n
  and electromagnetism, **10:**57
  and electron, **10:**62
  energy tensor of, **10:**176
  "Entwurf" theory for (*see* "Entwurf" theory of AE and Grossmann)
  and generalized relativity theory, **2:***xxix*, *253*, *273*, 476
  and inertia, Bjerknes on, **10:**462
  influence of
    on Brownian motion, **3:**223–224, 245n, 450–451, 454n
    on electromagnetic processes, **2:**481–484
    on optical phenomena, **2:**483–484
    on rate of clock, **2:**480–481
    on vertical distribution of suspended particles, **2:**339, 345n
  kinetic theory of, **2:**321–322, 322n
  and light deflection, **3:**486, 494–496
  local action theory of, **7:***xxxv*, 119
  and pendulums, **3:**47–53
  possible influence on dissociation and solubility, Besso on, **5:**14
  and propagation of light, **3:**486–490, 497n
  propagation of at speed of light, **3:**447
  relativistic theory of, **2:**476–484
  and relativity principle, **2:***273–274*, 476–484, 495
  and relativity theory, **3:**497n
  repulsive, **8:**706
  role of in constitution of matter, **8:**194, 706
  theories of (*see* De Donder, Théophile: gravitation theory of; Newtonian theory of gravitation; Nordström's theory of gravitation; Abraham, Max: gravitation theory of; Kottler, Friedrich: gravitation theory of)
  unity of with electrodynamics, **8:**195
  See also Gravitation, relativistic theory of, static field; Relativity, general theory of
Gravitation, relativistic theory of, dynamic field. *See* "Entwurf" theory of AE and Grossmann; Relativity, general theory of
Gravitation, relativistic theory of, static field, **4:***122–128*, 130–144, 147–162, 175–178, 181–186, 251, 305–307; **5:**413, 418, 428, 429, 434, 435, 467, 483
  acceleration in, **4:**130–137, 175, 252n, 478, 489
  AE on validity of, **5:**486
  AE's work on, **5:**82, 309
  deflection of light rays in, **4:***123*
  and electrodynamics, **4:***124*, 147–154
  electromagnetic field equations in, **5:**436
  energy density of, **4:***124*, 161–162, 567
  energy of point mass in, **4:**138, 176, 186, 306
  entropy of a system in, **4:**155
  equation of motion of point mass in, **4:**135–140, 162, 176, 305–307; **5:**435
  equivalence of energy and gravitational mass in, **5:**465
  equivalence principle in, **5:**436, 466n, 486; Ehrenfest's generalization of, 487–496

Gravitation, relativistic theory of, static field (*cont.*)
  field equations of, **4:***123*, *125*, 135, 137, 156–162, 202n
  force in, **5:**413, 435
  force on
    mass distribution in, **4:**156–157
    point mass in, **4:**139, 142, 159, 306
  hyperbolical motion in, Ehrenfest on, **5:**460
  induction analogy, **4:***127*, 175–178, *295*, 436
  Lagrange formalism for, **4:***127*, 162
  Laue's objections to, **5:**482n
  momentum of point mass in, **4:**139, 306
  paper submitted on, **5:**420, 433
  potential, AE on physical meaning of, **4:**140–142
  principle of action and reaction in, **5:**430n, 486n
  redshift in, **4:***122*, 479, 509, 550, 567
  speed of light as potential in, **4:**104n, *122–126*, 130–144, 179n, 306, 475, 479, 494, 506, 549; **5:**434–435, 465, 484
  and thermodynamics, **4:***124*, 154–156
  worldlines field in, Ehrenfest on, **5:**460, 462
Gravitation tensor, **4:***196–197*, *198*, *199*, 222n, 238n, 239n, 247n, 250n, 253n, 254n, 263n, *296*, 312–316, 496 (*see also* Einstein tensor; Gravitational field: components of; Ricci tensor; Riemann tensor)
Gravitational constant, **3:**126n; **4:**135, 137, 492, 497; **6:**126, 333; **7:**553, 557
  calculation of, **4:**413n, 421n, 431n, 447n
  in "Entwurf" theory and Newton's theory, **4:***348*, 360, 365, 468
Gravitational effect
  of infinite stellar system, **8:**644
  of relative acceleration, **8:**439–440
  of rotation of Earth and Sun, **9:**258
Gravitational field, **3:***xxix*, 490–491; **6:**75–77, 288, 467–469, 531; **7:**162
  absorption of by masses, **7:**142
  and acceleration (*see* Acceleration: and gravitation; Force: centrifugal: and gravitational force)
  behavior of clock in (*see* Clock: behavior of in gravitational field)
  behavior of measuring-rod in (*see* Measuring-rod: behavior of in gravitational field)
  components of, **6:**101, 119, 120, 220, 235, 237–238, 239, 246, 316–317, 332, 406 (*see also* Einstein tensor; Gravitation tensor; Ricci tensor; Riemann tensor)
  in constitution of matter, **9:**28, 35–36, 65n, 85n, 87, 118, 155, 566c
  discussion between AE and Hilbert on, **9:**88–89
  dynamic, AE on, **9:**258
  and electromagnetic field, **7:**318–319
  energy-momentum components (pseudotensor) of, **4:**222n, 248n, 250n, 258n, 260n, *297*, 317, 483, 492, 496, 567; **6:**9, 100, 120, 221–222, 247, 321, 322, 350–351, 357n, 406, 411, 415; **7:***xxv–xxvi*, 14–17, 21, 26n, 28n, 30–32n, 66, 71–73, 76n, 165, 181n; **8:**303, 306–308, 313, 315, 319, 327, 498–500, 509–510, 516–522, 687–688, 704–705, 833, 834, 859, 932, 938; **9:**41
  equations of (*see* Gravitational field equations)
  "fictitious," **7:**117–118, 121n, 354–355, 357n, 369, 371n
  force exerted by, **6:**286, 288, 406–407, 467–468, 478, 496
  from four-potential, **8:**584, 644, 646
  Hamiltonian of, **6:**11, 117–120, 215, 319–321, 340, 342, 343–345, 346n, 410–415, 416n, 556–557, 575–577
  as inductive effect, **7:**118, 121n, 265, 280n, 354, 358n
  infinitesimal, **4:**124, 185 (*see also* Weak field approximation)
  isotropic, **6:**544
  kinematic interpretation of, **6:**292, 318, 405–406, 471–472, 477
  law of conservation of energy-momentum of (*see* Energy-momentum, law of conservation of: for gravitational field)
  law of uniform acceleration in, **7:**265, 376, 408
  of mass point, **6:**235–238, 318, 334, 348, 351–352, 405, 472, 552n (*see also* Schwarzschild solution)
  measurement in, **8:**633
  molecular, **8:**194, 201
  nonlocalizability of energy of, **7:***xxvi*, 28n
  observability of, **10:**300, 307
  potential of, **6:**126, 127, 128, 332–333, 513, 514, 541, 542, 543, 545, 552n; **7:**12, 14, 555–556
  potential energy in, **3:**348, 490; **6:**545; **7:**576n

propagation of light in, **3:**494–496, 497n
quasi-static, **6:**332
real and apparent, **8:**16; 632, 640, 649, 750
responsible for anomalies in perihelion motion, **8:**100–101
singularities of, **7:**40, 49n
in small and large scale, **8:**240, 258–259, 661
spherically symmetric, **6:**545
static, **6:**333–337, 548
strength of, **6:**120;
suspension in, **2:***213, 221*
terrestrial, **6:**472
uniform, equivalence with uniformly accelerated frame of reference, **2:***273–274*, 476; **5:**86 (*see also* Equivalence principle)
weak static, **8:**100–101
See also "Entwurf" theory of AE and Grossmann; Gravitation, relativistic theory of, static field; Gravitational field equations; Metric tensor; Relativity, general theory of
Gravitational field equations, **4:***123, 125*, 135, 137, 156–162, 202n; **6:**109–123, 220–222, 227–228, 245–248, 322–325, 410–412, 532, 533, 545, 550–551; **7:**40, 131, 139n, 166, 171, 174, 181n, 278, 354, 377, 409, 453, 456n, 553; **10:**27, 35n, 38n
analogy with Poisson equation of (*see* Poisson equation: analogue in general relativity)
approximated, **6:**4, 123–128, 223, 235, 236–238, 245, 319, 331–333, 348–356, 493; **7:**551
cosmological term in, **6:**516, 539n, 543, 547, 549–550, 551
covariance properties of, **6:**7–17, 412–415
in five-dimensional theory, **9:**66
for universe, **7:**187
for vacuum, **6:**235–238, 245–246, 317–319, 319–321, 322; Euclidean solution of, **9:**393n, 403n
Hamiltonian form of, **8:**251
modified, of 1919, **10:**364n
Poisson form of, **8:**207, 976
solutions of, **6:**360, 362n, 552n; **9:**403n
with cosmological term, with matter, **8:**415–416, 473, 501
with cosmological term, without matter, **8:**414, 415–416, 466–467, 473, 501, 712–713, 725n, 765n, 778
in first approximation, **8:**302

for rotating hollow sphere, **8:**375n, 481–483, 500
from Weyl's unified field theory, **8:**878, 893
static, **8:**725n; spatially symmetric with degenerate boundary conditions, **10:**63
without cosmological term, with matter, **8:**302, 368, 534–535
See also Cosmological model, De Sitter's; Schwarzschild solution
tracefree, **7:**133–135, 139n; **9:**85n
uniqueness of, **8:**248
Gravitational lens, **8:**185
Gravitational light deflection, **2:***274*, 483, 488n; **3:**494–496; **4:**548; **6:**4, 24n, 73, 127, 136n, 234, 237, 288, 336–337, 339n, *417, 418*, 475, 494, 510–512, 535n, 537n; **7:***xxiv, xxix–xxxi*, 148, 177n–178n, 200–201n, 206, 209–210n, 213–214, 268–269, 357n, 558–559, 573n, 614, 619; **8:**221, 232, 242n, 560; **9:***xxxii–xxxvii*, 219; **10:**22n, 483–484
AE's formula for, **5:**326
approximate values of, **9:**170
Campbell's assistance in investigation of, **5:**566
by celestial bodies, **8:**205, 215
confirmation of, **9:**170, 305
Eddington on, **9:**216
hurts English pride of Newton, **9:**245
daylight investigation of, **5:**505n, 554; **9:**244
AE on, **5:**325, 326, 503
AE's enquiry to Hale on, **5:**559
Hale on, **5:**567
difficulty of test of, Laue on, **5:**385
eclipse expeditions for investigation of (*see* Solar eclipse expedition)
half value prediction of, **9:**304n, 305; Zangger on, 303
in emission theory of light, AE on, **5:**550
Freundlich's investigation of (*see* Freundlich, Erwin: gravitational light deflection)
interference experiment as test of, Laue's proposal of, **5:**385
by Jupiter, **3:**496; **8:**13, 208, 215, 216n, 241, 256, 258, 264, 469, 470, 560
Newton on, **7:***xxxi, 112*
novas as result of, **8:**185
observation of, AE on influence of opalescence on, **5:**387

Gravitational light deflection (*cont.*)
  relativistic and nonrelativistic, Eddington on, **9**:32
  Soldner's calculation of, **5**:551n
  by Sun, **6**:337; **8**:19n, 57n, 208, 215, 469, 470, 560
  as special case of perihelion motion, **8**:375n
  as test of general theory of relativity, **9**:32
  in Weyl's theory, **9**:217
  value of in AE's and Grossmann's theory, **5**:559
Gravitational lines of force, in crystals, **8**:608n
Gravitational mass, relationship to inertial mass.
  See also Mass: equality of inertial and gravitational
Gravitational potential, **2**:483, 487n; **3**:*xxix*, 489, 492–493
  influence on physical laws of, **4**:488
  physical significance of, Laue on, **5**:384
  relativity of, **8**:459, 460n–461n, 462, 692
  uniformity of in universe, **8**:358, 413, 423, 467
  velocity-dependence of, **8**:345n, 373
  See also Metric field
Gravitational radiation. *See* Gravitational waves
Gravitational redshift, **2**:*274*, 481, 487n, 488n; **3**:*xxix*, 491–494, 497n; **6**:24n, 73, 127, 130n, 136n, 237, 243n, 335, 339n, 372, 373n, 494, 512–515, 535n, 539n; **7**:*xxiv*, 147, 177n–178n, 209, 214, 271, 281n, 353, 357n, 453, 558, 575n, 615, 619; **8**:221, 232, 894, 941; **9**:*xxxvii–xxxviii, xxxix–xl*; **10**:*xlix*, 248–251
  AE confident about, **9**:27, 342, 498, 118, 419
  confirmation of, AE on, **9**:353
  and daytime photography, **10**:381
  empirical confirmation of, **7**:*xxx–xxxi, 106*, 281n, 347, 349n
  explained in terms of equivalence principle, **9**:304–305
  Freundlich's work on (*see* Freundlich: gravitational redshift)
  Guillaume on, **9**:380
  half-shift prediction of, **9**:32
  magnitude of AE's prediction of, **5**:328
  observational difficulties of, Julius on, **5**:330
  solar, **8**:13, 14n, 470, 879, 894; **9**:*xxxix*, 27, 37, 86–87, 112, 295, 328, 330–332, 342, 346, 353, 355, 385, 401, 419, 457, 478–479, 482, 498; **10**:316, 346, 371–372, 409, 413, 571c
    Evershed on, **10**:381

Grebe and Bachem on, **10**:337, 365
Julius on, **10**:309
negative findings, **9**:*xxxviii*, 87, 112, 244, 355, 478–479, 498
negative findings criticized, **9**:324, 355, 401
Perot on, **10**:382
of star light, **9**:*xxxix*, 25–27, 295, 447
stellar, **8**:88, 91, 94, 136, 147, 205, 208, 214, 216n, 255, 257n, 261, 262, 264, 470, 560; **10**:232–233, 309
  AE on, **10**:60
  Freundlich on, **10**:225
  to determine eccentricity of Earth's orbit, AE on, **10**:61
terrestrial
  observational difficulties of, **10**:61
  to measure gravitational potential of Earth, **10**:61
as test of general relativity, **9**:236, 244
and Weyl's theory, **10**:346
See also Equivalence principle; Redshift, solar
Gravitational waves, **4**:616; **6**:348, 352–357, 357n; **7**:*xxiii–xxv*, 12, 17–18, 43n; **8**:265, 300, 301n, 302, 303n, 314, 374, 611, 697, 698, 699n, 753n; **10**:44, 48, 63
  absorption of, **7**:22–23
  AE's 1916 paper on, error in, **7**:*xxv*, 12, 15, 22, 26n–27n
  energy transported by, **6**:353–356; **7**:19, 21–22, 27n
  quadrupole formula for, **7**:*xxiv–xxv, xxvii*, 21–22, 27n
  apparent ("scheinbare"), **6**:356, 357n; **7**:*xxv*, 19, 27n
Gravity, center of. *See* Center of gravity
Great Britain, **8**:150
  relief work for Viennese children in, **9**:311
  and U.S. as guarantors of peace, **8**:962
Greater Berlin Adult Education Program. *See* Volkshochschule Groß-Berlin
Grebe, Leonhard (1883–1967), **6**:514; **7**:*106*, 271, 281n, 347, 349n, 575n; **9**:*xxxix*, 86, 296n, 324–325, 328n, 330–332, 335, 342, 347n, 353, 355, 385, 386, 401, 457, 470, 478–479, 482, 498, 598c; **10**:*xlix*, 248–249, 346, 372, 584c, 585c
  asked to participate in discussion on relativity in Bad Nauheim, **10**:409

funding by Fleischer, **9**:596c
on gravitational redshift in Sun, **9**:37–38, 86–87
on redshift of solar spectral lines, **10**:337, 365, 413
requests KWIP funds for spectroscopic measurements of redshift, **9**:38; granted, 560c, 561c, 564c
sends AE manuscript coauthored with Bachem, **9**:571c
submits paper with Bachem on redshift to AE, **10**:316
Green's theorem, **3**:*6*, 331–332
Greenwall, H. J., **8**:963n
Grégorie, Henri (1881–1964), **10**:363
Greifswald, University of (*see* University of Greifswald)
Greinacher, Heinrich (1880–1974), **5**:241, 241n, 447n; **8**:148, 152; **10**:206; University of Zurich, candidacy for chair at, AE on, **5**:446
Grether, ?, **1**:271
Grimm Brothers, **1**:336n
Grimm, Robert (1881–1958), **10**:183
Grob, August (1870–1954), **8**:665
Grob, Emanuel, **1**:*241*
Grojean, Oscar (1875–1950), **10**:363
Grommer, Jakob (1879–1933), **4**:7; **6**:545, 552n; **7**:77n, *101*, 293n; **9**:100, 361
  AE presents paper by, **9**:582c
  AE's collaboration with, **10**:63
  AE's memorandum on, **7**:293n
  mathematical assistance from, funded by KWIP, **9**:101, 560c
  position for, AE helps to find, **8**:484
Groos, Karl (1861–1946), **8**:888; **9**:45n
Großmann, Will, **10**:570c
Grossmann, Amélie Amanda (1871–1956), **5**:85n
Grossmann, Eduard (1882–1947), **5**:85n
Grossmann, Elsbeth (1909–1986), **5**:294n
Grossmann, Eugen (1879–1963), **5**:85, 85n, 351
Grossmann, Jules (1843–1934), **5**:85n; helps AE obtain position at Swiss Federal Patent Office, **1**:*xxxvii*, 291, 292
Grossmann, Marcel (1878–1936), **1**:212n, 234, 299, 328, 329n; **2**:l85, 203n, 317n; **3**:576; **4**:*5*, *195–199*, *193*, *195*, *197*, 209n, 233, 253, *271*, *294–301*, 475, 480, 493, 586; **5**:26n, 184, 294n, 339n, 351n, 352, 353n, 353, 368n, 371n; **6**:73, 215, 284, 535n; **8**:305, 509, 690n; **9**:448, 451n; **10**:202, 211, 331, 536, 537, 548
  AE consults on application at Technikum Winterthur, **5**:84
  AE meets with, **10**:*xxxiv*
  AE, helps to obtain position at Swiss Federal Patent Office, **1**:322
  on AE's considering to leave Germany, **10**:205, 208
  biography, **1**:*381–382*
  collaboration with AE, **5**:505, 506n, 516, 517, 538; **8**:201, 207, 218, 233, 245, 436; **10**:37 (*see also* "Entwurf" theory of AE and Grossmann)
  contribution to relativity theory of, AE on, **6**:129n, 338n
  covariance properties of field equations of gravitation, AE and on, **6**:7–17
  doctoral dissertation, **1**:330
  Einstein, Pauline, death of, condolences on, **9**:484
  on "Entwurf" theory of gravitation, **8**:13, 147 (*see also* "Entwurf" theory of AE and Grossmann)
  ETH: appointment at, **5**:85n; classmate of AE at, 26n
  on French edition of AE's scientific papers, **9**:411
  grades, **1**:214, 247
  Guillaume
    on AE's remarks on, **10**:492
    on anti-relativity campaign of, **10**:421
    publishes note against, **10**:*xlviii*
    suggests public debate with, **10**:421, 529
    on theory of, **10**:325, 492
  Schlick, on book by, **9**:483
  on special relativity, **8**:348
  See also "Entwurf" theory of AE and Grossmann
Grossmann, Marcel Hans (1904–1986), **5**:26n
Grossmann, Marcel, Jr., **10**:422n, 430n
Grossmann-Keller, Anna (1882–1967), **5**:26n, 85n, 294n; **9**:450n; **10**:422n
Grossmann-Lichtenhahn, Henriette (1850–1925), **5**:85n
Group
  Lorentz (*see* Lorentz group)
  space-time symmetry, **2**:*253*

Group (*cont.*)
  transformation, **2**:*xxix*, 292, 308n
Group theory, and Lorentz transformation, **6**:50, 53–55
Group velocity
  in absorptive media, AE's expression for, **5**:*58*
  AE's definition of, **5**:60, 65
  relation with signal velocity, AE on, **5**:66, 67, 70
  Wien's expression for, **5**:*58*, 60
  See also Superluminal velocity; Signal velocity
Grühr, Heinz, **9**:437
Grüneisen, Eduard (1877–1949), **3**:412, 476n; **5**:415n; **7**:331n; **8**:66n, 175; **9**:77; **10**:370n
  and compressibility, **3**:412, 414n, 471
  equation of state for solids, derivation of, **5**:415
  lecture on molecular theory of solids, **4**:*554n*
Gruner, Paul (1869–1957), **5**:48n, 95
  electron theory of metals, work on, **5**:147n
  reply to AE's objections, **5**:145–147
  University of Bern, courses given at, **5**:97n
Grünwald, Josef, AE on committee to select successor to, **5**:628c
"A Guaranteed Subsistence for All" Society (Vienna). *See* Verein "Allgemeine Nährpflicht"
Guillaume, Charles Edouard (1861–1938), **3**:131, 155
Guillaume, Edouard (1881–1959), **5**:162n, 187n; **9**:*xl*, 378, 380, 411, 430, 449; **10**:325, 346, 354, 383, 421, 529, 535, 547–548ì
  on absolute simultaneity, **9**:432n
  AE on, **9**:536
  AE unable to understand considerations of, **10**:331, 358–359, 384, 428–430, 529–530
  on AE's conception of a light source, **10**:536–537
  against time dilation, **10**:592c
  collaboration with AE, **5**:161; **6**:67n
  conflict with AE, **10**:537–538
  congratulates AE, **9**:378
  correspondence with AE, **10**:*xlviii–xlix*
  equations between things, not numbers, AE on, **10**:331, 338–339, 346
  on his principle of relative constancy of light velocity, **10**:326–327, 588c
  Lorentz transformation, discussion with AE on, **8**:524, 525–526, 528, 533, 536–537
  on meaning of a clock's period, **10**:586c
  on relativistic Doppler shift, **10**:595c
  special relativity
    on absolute time in, **10**:429, 530
    on time measurement in, **10**:410–411
  theory of
    on AE's inability to understand, **10**:536
    on Grossmann's remarks on, **10**:536
    requests public statement by AE on, **10**:326
  time dilation, discussion with AE on, **9**:379, 418–419, 430–432
  translated *Einstein 1910a*, **10**:10n
  universal time, discussion with AE on, **8**:526, 528, 536–537
Guillaume, Hélène (1883–1928), **5**:187n; **8**:528n; **9**:419n, 432
Guillaume family, **5**:186
Guldberg's rule, **3**:407n
Gumbel, Emil, **10**:*xlii*
Gumlich, Ernst (1859–1930), **6**:169, 171n
Gumpertz, Ludwig (1855–1943), **9**:64, 65n, 83
Günther, Ernst, requests KWIP funds for thermal research of solid amorphous substances, granted, **9**:560c
Günther, Johannes von (1886–1973), **9**:392n
Günther, Paul (1892–1969), **10**:499
Gutmann, Ida, on heritability of dialects, **9**:505–506
Gutzkow, Karl (1811–1878), **5**:21n
Guye, Charles-Eugène (1866–1942), **5**:526n; **8**:814, 913 **9**:341, 354, 405, 452; **10**:287, 421, 492
  and AE's honorary doctorate at University of Geneva, **5**:202n
  invites AE to lecture at University of Geneva, **9**:372
  on motion of electrons, **9**:354
Gymnasium. *See* Luitpold-Gymnasium; Aargau Kantonsschule
Gyrocompass
  Anschütz-Kaempfe on, **10**:457, 533, 543–544
  expert opinions on, **6**:137–143, 143n, 144n, 146; *146*, 207–210; **7**:81–84, 190–195; **8**:63n, 790, 811–812, 832, 837, 857; **10**:196, 206
  See also Gyroscope
Gyromagnetic effect, **10**:303
  Einstein invited to report on at Third Solvay Congress, **10**:*xlvii*.
  measurement of, **9**:7
  See also Ampère's molecular currents

Gyromagnetic factor, of electron, **6:***148*, *149*
Gyroscope, **3:**114; **6:**137–143, *146*, 155, 207–210, 231; **7:**81–85n, 190–195; **8:**812n; **10:**476
  azimuth-top, **6:**138
  damping of oscillations in, **6:**140–143, 208–210
  magnetic molecule as, **6:***146*, 152, 174, 191, 231
  meridian-top, **6:**137
  precession of, **6:**155
  torque on, **6:**137, 155, 208, 209, 210, 231
Gysel, Julius (1851–1935), **5:**475, 475n

Haab, Otto (1850–1931), **1:**232, 233n
Haab, Robert (1865–1939), **8:**852n
Haas, Albert de (1911–?), **8:**85n
Haas, Aletta de (1913–?), **8:**85n
Haas, Arthur, **8:**1006c; **9:**550c
Haas, Hendrik de (1919–?), **9:**55, 121
Haas, Johanna de (1916–?), **8:**299
Haas, Marc de (1866–1951), **9:**54
Haas, Wander de (1878–1960), **5:**549n; **6:***145*, *148*, 191, 193n, 271; **8:**79, 91, 127, 229, 340, 345, 346n; **9:**7n, 16, 54, 57, 145, 150, 155, 233; **10:**52, 302, 368
  AE visits, **8:**340; **10:**222, 223
  Ampère's molecular currents
    experiments on, **6:***145–149*, *149*, 151–169, 175–176, 173–188, 195, 231; **8:**63, 76, 79, 84n, 85, 88, 91, 117, 120–121, 128, 135, 143, 157, 162, 175, 197, 299, 340n
    papers with AE on *145*, **6:***147*, 151–169, 173–188, 231
      review paper at Third Solvay Congress, **6:***149*
  Baumgartner Prize for, with AE, **8:**756n; **10:**100
  candidate as *Assistent* with AE in Berlin, **5:**547, 603n
  collaboration with AE, **8:**63, 64n, 76, 85, 97, 117, 135, 175, 299n; **10:***xlvii*, 28
  conservator at Teyler's Foundation, **8:**298, 299
  called "De Haas-Lorentz," by AE, **8:**127
  landlord of in Berlin, **8:**143n, 146, 151, 159
  lists literature on experiments on Ampère's molecular currents, **10:**502
  move from Berlin to the Netherlands, **8:**142, 146, 150, 151, 155, 157, 159, 162

  moving expenses of, **9:**166
  new position and home, **8:**160n, 163n, 175, 197
  paper with Geertruida de Haas-Lorentz, **6:***149*
  praised by AE, **8:**79, 88, 299
  Solvay Congress, Third
    invited to, **10:**303
    lecture at, **7:***xxix*, 585n, 586–587
  See also Ampère's molecular currents
Haase, Hugo (1863–1919), **9:**71
Haas-Lorentz, Geertruida de (1885–1973), **5:**282n, 360n, 549n; **7:**585n; **8:**84n, 116, 127, 142, 146, 151, 155, 175, 197, 229, 340; **9:**121, 145; **10:**53n, 223
  invites AE to stay in Delft, **10:**602c
  paper with De Haas, **6:***149*
  praised by AE, **10:**223
Habberton, John (1842–1921), **10:**464
Haber, Charlotte (1889–1978), **9:**124n, 126n; **10:**212
Haber, Fritz (1868–1934), **3:**581; **5:**353n, 390, 468, 529n, 536n, 546n, 558, 573, 581, 586, 594, 598n, 602n; **7:**220n, *231–232*, 300n, 340n, 494n; **8:**11, 20n, 40n, 51, 53, 59n, 514n, 579, 620, 626n, 722n, 818, 973; **9:**122, 124–125, 127, 155n, 297n, 309, 310n, 317, 350n, 360n, 386, 511, 590c, 593c; **10:**21n, 24n, 109n, 211, 213, 254, 579c, 588c, 608c
  and additional income for AE, **8:**52
  AE on, **5:**574
  AE visits, **5:**437; **8:**11
  AE's Berlin appointment, discussion with Elsa Einstein on, **5:**545n, 545
  AE's office in institute of, **5:**604
  atomic vibrations, paper on, AE on, **5:**352
  Berlin, urges AE to stay in, **10:***xxxix*, 395–396
  Bohr, has lunch with in Dahlem, **10:**322n
  character of, AE on, **8:**13; **9:**280
  on compressibility of monovalent metals, **9:**85
  Deutsche Physikalische Gesellschaft, assumes chairmanship of, **8:**32
  discussion with AE in Karlsruhe, **5:**378
  Einstein-Marić and sons, offers temporary lodging to, **8:**14, 45n, 1032
  Einstein-Marić visits in Berlin, **5:**570, 574
  Elsa Einstein
    discusses business matters with, **10:***xlv*, 275
    as good friend of, **10:**275
    positive opinion on, **8:**52

Haber, Fritz (*cont.*)
  fame of, **5**:575n
  fears extradition as war criminal, **9**:123n
  friendship with AE, **9**:126
  GDNÄ meeting in Karlsruhe, paper at, **5**:378n
  about to go to Switzerland, **9**:122
  home address of, **8**:14n
  Kaiser-Wilhelm-Institut für physikalische Chemie und Elektrochemie, directorship of, **5**:427n
  on keeping AE in Germany, **9**:109, 125
  on keeping Debye in Germany, **9**:269n
  KWIP
    Direktorium, member of, **8**:527n
    Kuratorium, member of, **8**:571n
  magnetic experiment of, **10**:443
  Maschinchen, interest in, **5**:383
  meeting with AE in Berlin, **5**:457n, 467
  Nobel Prize for, **9**:308n
  Nordström, helps, **8**:619, 813; AE's thanks for, **8**:620
  PAW
    nominated for membership of, **8**:992c
    nominates Sommerfeld and Debye for membership of, **9**:410
  photochemical equivalence, generalization of AE's law of, **5**:424–426
  position in Berlin for AE, plans for creating, **5**:510–512
  quantum theory of solids, **5**:377; AE on, 379
  on raising AE's income, **10**:395–396
  Reichinstein on, **10**:589c
  on relation between frequency and heat production, **5**:426
  role of in bringing AE to Berlin, **8**:13n
  on salary raise for AE, **9**:125–126, 196n
  on sensitive areas on atoms, **8**:30
  separation of AE, involvement in, **8**:45, 46, 47, 50, 56n, 257, 271n, 1033
  on Stern's paper on gas dissociation, **8**:29
  on Switzerland, **9**:125
  on *Technische Nothilfe*, **10**:450–451
  University of Berlin, successor to Fischer at, **9**:487
  Wildhagen's dissertation, requests AE's review of **9**:122–123
  work of
    AE on, **5**:418
    Hopf on, 417
  on zero-point energy, **5**:539
Haber, Hermann (1902–1946), **8**:85, 113
Haber-Born cycle, total energy change in, **9**:281n
Haber-Immerwahr, Clara (1870–1915), **8**:11, 44, 1032; suicide of, 129
Haberlandstraße, as headquarters of KWIP, **8**:571n. *See also* Berlin: residences of AE in
Haberlandt, Gottlieb (1854–1945), on appeal in favor of a republican constitution, **10**:242–243
Haberlandt, Ludwig, **9**:488n
Habicht, Conrad (1876–1958), **1**:xl, 335, 336n
  biography, *382*; **2**:*xxiv*, *221–222*, 492n; **5**:7n, 9, 40, *51*, 100, 112, 118n, 152n, 154; **7**:*xxxiv*; **8**:402n, 815n; **9**:128, 130–131, 450n, 574c; **10**:130n, 205, 209, 213, 278
  accident of, **5**:82, 82n
  AE invites, **5**:23, 26, 28, 30, 43, 216, 230, 234, 250, 501, 522
  AE visits, **10**:97
  dissertation of, **5**:25n, 32n
  doctorate of, **5**:24n
  engagement of, **5**:476n
  marriage of, **5**:522n
  Maschinchen, work with AE on, **5**:169
  move from Schiers to Schaffhausen, **5**:35n
  Olympia Academy, member of, **5**:7n, 24n, 25
  plays music with Kugler, **5**:206
  Schiers, teaching position in, **5**:25n, 33n, 41n, 231n
  scolded by AE, **5**:24, 25, 28, 29, 31
  sends book to AE, **5**:234
  Swiss Patent Office, possible appointment at, **5**:32
  Technikum Winterthur, recommended by AE for position at, **5**:524
  visits AE, **5**:222
  visits parents in Schaffhausen, **5**:235n
Habicht, Conrad and Anna
  AE invites, **5**:557
  AE visits with family, **5**:556, 557n
Habicht, Conrad and Paul, **5**:*53*, 408
  AE invites, **5**:56
  AE's work with, **5**:81n
  Maschinchen
    completion of, **5**:*53*
    paper on, **5**:*53*, 230
    work on, **5**:70, 234

Habicht, Conrad, Jr. (1914–1988), **10:**97
Habicht, Emma Maria (1880–1954), **5:**27n
Habicht, Ernst (1916–1993), **10:**97
Habicht, Johann Conrad (1842–1931), **5:**27n
Habicht, Paul (1884–1948), **2:***221–222*, 492n; **5:**7n, 24n, 26, *51*, 82, 114, 141, 169, 216, 250n, 438n, 501
   AE invites, **5:**234, 522
   AE makes acquaintance of, **5:**5n
   departure from Bern, **5:**27n
   design for
      alternating current recorder, **5:**123
      circuit breaker, **5:**116–117
      electrometer, **5:**142–143
      flying machine, **5:**100–103, 109–111
      relay, **5:**24
      telephone improvement, **5:**112–113
      vacuum pump, **5:**126–128
      voltmeter, **5:**154
   electrical waveforms, determination of, **5:**383
   electrolysis, on influence of pressure on, **5:**154
   on electrometer of Elster and Geitel, **5:**383
   ill, **5:**140
   Maschinchen, **5:**99, 154
      completion of, **5:**140, 151n
      demonstration of in Berlin, **5:***54*, 379, 381, 383n, 406, 437
      gilding of, **5:**406
      improvement of, **5:**338, 339
      influence of electromagnetic waves on, **5:**475
      modification of, **5:**141–142
      patent application for, **5:**219n
      unwanted charges on, **5:**340n, 383, 437
      work on, **5:**82, 90, 219, 222
   Schaffhausen laboratory, location of, **5:**82n
   Technikum Winterthur, appointed at, **5:**525n
   unable to make drawing, **5:**123
Habicht, Walter (1915–?), **1:**337n; **10:**97
Habicht-Kehlstadt, Anna (1888–1961), **5:**476n, 501; **10:**209, 213; AE invites, **5:**522
Habicht-Oechslin, Susanna (1850–1908), **5:**27n
Hack, Karl, **8:**1018c
Hadamard, Jacques (1865–1963), **9:**614c; **10:**339
Haeckel, Ernst (1834–1919), **9:**348n
   at beginning of WWI, **9:**348
   "materialism" of, **9:**358
Haenisch, Konrad (1876–1925), **7:**300n; **8:**55n;
      9:*xliv*, *xlvii*, 196n, 360n, 433, 478, 515n, 524n, 604c; **10:***xl*, 357
   AE requests help to obtain apartment for Pauline Einstein from, **10:**230n
   on AE's plans to leave Berlin, **10:***xxxix*, 414
   annuls Nicolai's expulsion from University of Berlin, AE's thanks for, **9:**474–475
   approves special courses for foreign students at University of Berlin, **9:**466
   attacked by right wing, **9:**477
   congratulates AE on confirmation of light deflection prediction, **9:**477
   expresses sympathy for AE, **10:**413–414
   invites AE to visit, **9:**477
   redshift research, on state support for, **10:**280–281
Häfliger-Stamminger, Hedwig (1879–1952), **10:**231, 402
Haga, Herman (1852–1936), **5:**325n; **8:**873
Hagen, Aga von, **10:***xliv*
Hagenbach, August (1871–1955), **5:**128n, 130n, 292, 293; **8:**815n; **9:**345n, 406n
   interference phenomena, influence of absorption on, **5:**129
Hägi, Henriette (1843–1906), **1:**53n, 54, 246, 262, 272, 298, 299n, *373*, 375
The Hague, AE plans visit to, **10:**52
Hahn, E., **9:**606c
Hahn, Hans (1879–1934), **9:**149n
Haider, Carl, requests information on KWIP funding, **9:**551c
Haifa, Technion, **9:**153n
Haigerloch, **10:**446
Halberstädter, ?, **9:**434n
Haldane, Lord Richard (1856–1928), **7:**433n, 625, 627
Hale, George Ellery (1868–1938), **4:**510n; **5:**176, 180n, 328, 330, 560n, 567n
Hall, Edwin (1855–1938), **1:***237*
Hall effect, **10:***xlvii*, 337, 613
   AE on, **10:**494
   and superconductivity, AE on, **10:**519–520
Halle
   position for astronomy in, AE on, **10:**453
   University of (*see* University of Halle)
   See also Als-Ob conference
Haller, Friedrich (1844–1936), **1:**291n, 312, 313n, 328, 329n, 336, 339n; **5:**23n, 32, 201n; **9:**191n

Haller, Friedrich (*cont.*)
  AE on, **5**:22
  biography, **1**:*382–383*
  rehires Besso, **10**:540
  Swiss Patent Office
    and AE's promotion at, **5**:29n, 39n
    director of, **5**:23n
Hallwachs, Wilhelm, **9**:563c; **10**:572c, 585c, 587c
  requests KWIP funds for electrometer, granted, **9**:613c; rejected, 566c
Halm, Jacob (1866–1944), **5**:323n
Hamburger, Margarete (1869–?), **8**:723, 1024c; dedications from AE, **9**:593c
Hamel, Georg (1877–1954), **7**:353, 357n; **9**:454; lectures on Weyl's theory, **9**:453
Hamilton, William Rowan (1805–1865), **3**:*8*, 128n, 550
Hamilton's equations, **2**:*52*, 96n, 457–458; **3**:244n, 562n; **5**:18n
Hamilton-Jacobi theory, **6**:556–557, 559–561, 575–577, 578n; **8**:334–335, 387–388
Hamiltonian function, of gravitational field. *See* Gravitational field: Hamiltonian of
Hamiltonian principle, **2**:457; **9**:35, 41, 209n
  in theory of gravitation of De Donder, **8**:303, 307
  in theory of gravitation of Nordström, **8**:369
  See also Least action, principle of; Variational principle
Hammer publishing house. *See* Publishers
Hammer, Wilhelm, **9**:569c
  requests KWIP funds for measurement of capacities and dielectric constants, **9**:556c granted, **9**:560c
  requests KWIP funds for measurement of electrical oscillations, granted, **9**:567c
Händel, Georg Friedrich (1685–1759), **1**:21n.
Hansen, Adolf (1851–1920), **8**:887; **9**:45n
Hansen, Klaus (1895–1971), **10**:276n, 292
Hantke, Arthur (1874–1965), **8**:773
Happel, Hans (1876–1946), **5**:446n; University of Zurich, candidacy for chair at, AE on, **5**:445
Harden, Maximilian (1861–1927), **9**:43n, 71
Hardt, Ernst, **9**:350n
Hardy, E., **7**:480, 482n
Harmonic coordinate condition, **4**:*198*, 245n, 246n, 248n, 252n

Harmonic oscillators. *See* Oscillators: harmonic
Harms, Bernhard, **9**:612c, 613c; **10**:570c
Harms, Friedrich (1876–1946), **5**:131, 308
  experiments of, Laub on, **5**:119
  specific charge of electron, determination of, **5**:115n
Harms, Karl (1876–1946), **9**:74, 209; in Bürgerwehr, **9**:60
Harnack, Adolf von (1851–1930), **7**:300n; **8**:513, 527, 571, 1011c, 1012c; **9**:108, 126n, 350n, 360n, 550c, 570c, 578c, 579c, 580c, 582c, 583c, 585c, 593c, 595c, 596c, 604c, 608c, 609c; **10**:96, 473, 581c
  invites to meeting on KWG salaries, **10**:570c
  KWIP
    Direktorium and Kuratorium of, on meeting of, **8**:529
    formulates press announcement on foundation of, **8**:570
    Kuratorium of, member of, **8**:571n
  memorandum, **7**:300n–301n
  signs appeal of 30 June (Harnack-Fischer), **10**:96
Harnack-Fischer appeal, on electoral reform in Germany, **10**:96
Harpner, Gustav (1864–1924), **8**:438n
Harress, Franz, **6**:28n
  dragging coefficient, experiment on, **6**:26, 27, 28n, 43n
  on optics of moving bodies, **9**:207–209, 219
Hartmann, Alfred (1891–?), **9**:192
Hartmann, Eduard (1874–1952), **8**:439; **9**:148n, 575c
  on equivalence of gravitation and acceleration, **10**:438–439
  relativity, lectures on, **10**:438
Hartmann, Hans (1874–1957), **10**:87
Hartmann, Johannes (1865–1936), **9**:25; **10**:37n
  abilities of, **8**:322
  Astrophysical Observatory, candidate for directorship of, **8**:293
  on position for Freundlich, **8**:264, 277
Hartmann, Ludo (1865–1924), **9**:277, 491
Hartmann und Braun A. G., **5**:154; voltmeter of, **5**:155n
Harzer, Paul (1857–1932), **6**:28n; **8**:393; **9**:209n
  on closed universe, **8**:394n
  dragging of light and aberration, paper on, **6**:26–27, 28n, 42, 43n

on light velocity, **9:**220
on stellar statistics, **8:**394n
Hasenclever, Walter (1890–1940), **7:**381n; **9:**609c
Hasenöhrl, Friedrich (1874–1915), **2:**589, 590n; **3:**559–560; **4:**507, 510n; **5:**107n, 300, 302n, 322n, 411, 481n, 624c; **8:**265n, 481, 560n; **10:**39n, 323n
   succeeds Boltzmann in Vienna, **5:**413n
   thermodynamics of moving systems, paper on, Laub on, **5:**107
Hasse, Max, **9:**592c
Haßler, Alfred (1879–?), **1:**21
Hassler-Steidle, Vreneli, **1:**309n
Hauck, ?, **9:**556c
Hauler, Edmund, **8:**265n
Hauptmann, Carl (1858–1921), **9:**322, 323n
Hauptmann, Gerhart (1862–1946), **1:**56; **9:**350n
Hauschner, Auguste, **9:**558c
Hauser, Walter, **1:***240*n
Hausmann, **3:**576
Hausmann-Louis, Bertha (1854–1933), **5:**114; landlady of AE, **5:**7n
Havel, P., **10:***xli*; expresses sympathy for AE, **10:**594c
Haydn, Joseph (1732–1809)
   Oratorio "The Creation," **10:**454
   Hans Albert Einstein plays works by, **10:***xxxii*
Health Ministry in Germany, on individual caloric requirement, **10:**123n
Heap, David (1843–1910), **7:**480, 482n
Heat, **3:**120, 128n, 220, 366, 457, 460, 508, 535
   analogy between kinetic energy and, **1:**92–94
   atomic, **3:**522, 544n
   atomistic theory of, **2:***53*; AE's early interest in, **1:***xl*
   conversion of energy into, **3:**351
   as cyclic process, **3:**120, 129n
   exchange of, **3:**538
   of fusion, **2:**238–239
   generation of, **1:**324
   Joule, **3:**399n
   kinetic theory of (*see* Kinetic theory of heat)
   latent
      AE proposes experiments on, **1:***236*, 238, 283
      connection with absorption spectra, AE on, **1:**280
      of solids, AE on, **1:**287
   mechanical equivalent of, **1:**91, 134–138; measurement by Joule of, **1:**88–92
   mechanical theory of, **1:**121–123; **2:**23, 40n, 317, 334, 351
   molecular theory of, **2:***47*, 99–107, *137*, 334–335, 377n, 379–380, 382, 387, 393, 399, 416, 491, 499
   nature of, **1:**83–94
   radiation of (*see* Heat radiation)
   relativistic treatment of, **2:**473–475
   specific (*see* Specific heat)
   statistical theory of, **2:**545
   theorem, Nernst's (*see* Heat theorem of Nernst)
   theory of, **2:***xix*, *42*, *109*, 328, 382–389, 430–431, 543; **6:**21, 30, 395, 397, 577 (*see also* Thermodynamics)
   of vaporization, of liquids, **1:**130–147; **2:**326 (*see also* Steam)
   H. F. Weber's lectures on, **1:**63–147, 212
Heat capacity, **3:**533, 537; **4:**555, 557; **6:**30; **7:**328
Heat conduction, **1:**63–65, *265*, 292, 294n, 305; **3:**183–184, 191, 461, 471–475, 477n, 514, 514n, 532, 534, 545n; **4:**155, 527–528; **6:**524–525, 577
   of gases, **3:**186
   model for, **3:**532
   and quantum hypothesis, **3:**477n
   and temperature, **3:**477n
   See also Thermal conductivity
Heat conductivity
   in metals, Besso on, **5:**319
   in quantum theory, AE's results on, **5:**303
Heat engines, **1:**96, 106–109; **2:**329. *See also* Carnot cycle
Heat loss, **1:**79–83, 87–89
Heat radiation, **3:**259–260, 268n, 503, 504n, 522
   and equipartition theorem, **3:**268n, 505n
   vs. luminescence, **3:**503
Heat reservoir, **2:**94, 101, 107n
Heat theorem of Nernst, **3:***xxi*, *xxii*, 513, 513n, 514; **4:**280, *554n*, 556–557; **5:**535; **6:**30–38, 39n, 250, 252, 257, 261n; **8:**8, 30n, 42, 65, 66, 67, 90, 125–126, 138, 143–144
   AE on, **10:**20, 23
   for mixed crystals, **8:**262, 263–264, 267–268, 272–273, 276
   and lowest quantum states, **9:**467

Heat theorem of Nernst (*cont.*)
  Nernst's proof of
    AE's criticism of, **5:**418, 437
      controversy between AE and Nernst on, **5:**419n, 451, 566n, 467
      critical paper by AE on, **5:**421n
    Planck's generalization of, **10:**485, 548
    and thermodynamics, **10:**485, 499, 548
Heaviside, Oliver (1850–1925), **2:**309n; **5:**191n
  electrostatic unit of, **4:**9
  Searle visits, **5:**191
  on superluminal velocity, **5:***56*
Heaviside-Hertz analogy. *See* Duality of electricity and magnetism
Hebrew University of Jerusalem, **7:***221, 230–231, 235–236*, 430n, 435n–436n, 441n, 446–447n; **10:***xl*
  AE on plans for, **9:**578c
  AE's support of, **1:***lx*
  AE's tour of USA on behalf of, **7:**443n
  discussions on research vs. teaching at, **9:**198n
  Epstein prepared to teach at, **9:**180
  for East European Jewish students, **9:**197, 198n
  foundation stone laid, **9:**254
  founding of, **7:**446; **9:**153n, 197; AE's statement on, **9:**601c
  funding for by Zionist Organization, **9:**364–365
  as intellectual center of world Jewry, **9:**240
  involvement in of
    Courant, **9:**222, 240
    Ehrenfest, **9:**222, 240, 352
    Epstein, **9:**222, 240
    Ornstein, **9:**287, 316, 332, 415
    Weizmann, **9:**353n, 364
  Medical College of, **7:**436n
  medical and microbiological institutes of, **7:**446
  Oriental institute of, **7:**446–447n
  research institutes of primary importance for, **9:**332
  scholars' conference in Basel on, **9:**212, 222, 227, 253–254, 271, 277, 287, 293, 298, 306, 316, 360, 588c, 596c
    postponed, **9:**326, 332, 339, 342, 352, 458n
    program of, **9:**240–241
    Zionist Organization on, **9:**153n
  University Fund of, **7:***234*, 436n–437n, 624
  See also Einstein, Albert: Jewish matters:
    Hebrew University
Hechingen, **1:***lv*; **10:**435, 442, 445–446, 450n, 454
Hecke, Erich (1887–1947), **10:**337
Hector (Greek mythology), **10:**171n
Hecuba (Greek mythology), **10:**171, 171n
Hedemünden lecture, **8:**778
Hedinger, Friedrich, **1:**246
Heffner, Fritz, **1:***348, 349*
Hegel, Georg Wilhelm (1770–1831), **8:**865
Heger, Paul (1846–1925), **9:**54, 113
Heidelberg, **1:**58, 59, 211; University of (*see* University of Heidelberg)
Heilbronn, **10:**95, 124, 128
  AE visits mother in, **10:***xxxiv*
  AE visits relatives in, **5:**556n, 557
  food supply in, **8:**167
Heim, Albert (1849–1937), **1:***43, 44, 363, 367*; **5:**503, 503n; **10:**345
Heim, Karl (1874–1958), **8:**887; **9:**45n
Heine, Eduard (1821–1881), **1:**262n, 305
Heine, Heinrich (1797–1856), **5:**20, 325, 325n–326n, 518n; **8:**87, 412, 413n, 858; **9:**523n
  poem on Buridan's ass, **9:**339
Heine, Wolfgang (1861–1944), **7:**240n; **9:**326n;
  AE on, **9:**326
Heinlein, Max Hussarek von (1865–1935), **5:**256n, 433n
Heisenberg, Werner (1901–1976), **7:***113*
Heiskanen, Veiko (Weikko) (1895–1971), **7:**425n
Helfferich, Karl (1872–1924), **8:**1005c; lawsuit of, **9:**389n
Helfritz, Hans (1877–1958), **9:**433, 466n
Heliostat, **7:***xxx*, 347
Helium, liquefied, **10:**253n, 521n
Hellberg, ?, **9:**133
Hellberg, Anna, **10:**211, 214, 224
Heller, Ester, **9:**611c
Heller, Helene-Irene (1913–?), **8:**46
Heller, Robert (1876–1930), **5:**313, 314n, 325, 326n, 346, 379n, 421n, 596n, 633c; **8:**130, 145, 173; **10:**19–20
  abilities of, AE on, **8:**204
  dissertation, work on, **5:**415n
  illness of, AE on, **8:**46
  takes classes with AE, **5:**595
  on Zangger's state of mind, **5:**414
Heller, Sigismund, **3:**580

Heller, Stephen (1813–1888), **9:**90; **10:**193
Heller-Chazrewin, Ester-Reizel (1886–?), **8:**46
Helm, Georg (1851–1923), **2:***207*; **8:**695; **9:**116
Helmert, Friedrich (1873–1917), **8:**594, 617, 625n, 717
Helmholtz, Hermann von (1821–1894), **1:***235*; **2:***42*; **3:**116, 128n; **5:**280, 281n, 511, 577; **6:**279, 496; **7:**505; **8:**898; **10:**395
   AE's reading of, **1:***xxxix*, 220, 221n, 226, 230, 238; **2:***xxiv, xxv, 260*
   on foundations of geometry, **7:**403n
   publication on Goethe, AE's review of, **6:**569
   on visualization of non-Euclidean space, **7:**405n
Helmholtz, Ludwig (1821–1894), **9:**127, 235
Helmholtz Prize
   Planck nominated for, **8:**993c
   Sommerfeld nominated for, **8:**1004c
Helsingfors (Helsinki), University of (*see* University of Helsingfors)
Helsinki. *See* Helsingfors
Henggeler, Oscar (1871–1929), **8:**374n
Henkell, F. M., sends wine to AE, **10:**575c
Henle, Jakob (1809–1885), AE reads book by, **8:**495
Hennig, F., expresses sympathy for AE, **10:**594c
Henri, Victor (1872–1940), **2:**220–221, 559n; **9:**204; **10:**317
Heracles, **8:**511n
Herbart, Johann Friedrich (1776–1841), **1:**4
Hercules globular cluster, **9:**278; **10:**527n
Herder, Johann Gottfried von, **8:**397
Herglotz, Gustav (1881–1953), **2:***xvii*; **3:***478*; **5:**233n, 393; **8:**277, 278n, 704, 712n; **9:**415, 417n; **10:**246
   Ehrenfest's stay with, **5:**393n
   mechanics of deformable bodies of, **8:**368
   on rigid motion in special relativity, **5:**232; **10:**8
   on rigidity in special relativity, **9:**473
   as successor to Carathéodory, **9:**352
Hering, Ewald (1834–1918), **8:**364, 695
Hermann publishing house. *See* Publishers
Herold, Curt, **1:**321n
Herrigel, Hermann (1888–1973), **9:**94
Herrmann, Elsa (1893–?), **7:**332n; **10:**335
Hertel, Eduard (1899–1954), **9:**437
Hertling, Georg, Count von (1843–1919), **8:**893n

Hertz, Gustav (1887–1975), **8:**28, 32; **10:**404, 418n
Hertz, Hans (1915–?), **8:**161n
Hertz, Heinrich (1857–1894), **2:***255–256, 503*, 532; **3:**133, 400n; **7:**311, 321n, 462; **8:**76
   AE's reading of, **1:***xxxix*, 7, 226; **2:***xxiv*, 75n, *259–260*, 308n
   on electrodynamics, **1:***6*, 7, *223–225*, 226
   on electromagnetic radiation from a dipole, **1:**259n
   on elementary magnets, **1:**227n
   See also Electrodynamics of moving bodies: Hertz's theory of; Electrodynamics of moving media: Hertz's theory of; Ether theory: Hertz's; Maxwell-Hertz equations
Hertz, Helene (1891–1971), **8:**161n
Hertz, Paul (1881–1940), **2:***41, 53*, 74n–75n, 96n; **3:**314–315, 315n; **5:**186n, 232, 257; **6:**279, 385; **8:**163, 180, 182; **9:**75; **10:**483n
   on adapted coordinates, **8:**160
   AE invites to Zurich, **5:**540
   AE on, **5:**189
   AE's accusation of lack of civil courage, **8:**181
      angry reaction at, **8:**181
      retracted, **8:**182
   on amnesty for Kelen, **10:**473, 487
   criticism of papers by AE, **5:**250n
      AE invites for discussion of, **5:**250
      AE's response, **5:**261
      meeting with AE on, **5:**251
   experiment on electromagnetic waves, **4:**487, 501n
   on finding a practical job, **10:**487–488
   Laub on, **5:**185
   Patent Office, on finding a position at, **10:**487
   Siemens-Schuckert, applies for job at, **10:**487
Hertz, Rudolf, **2:**44
Hertzsprung, Ejnar (1873–1967), **8:**323
   abilities of, 322; **9:**166, 199n, 216, 413, 502; **10:**60, 226
   on light deflection by Jupiter, **8:**258
   on positive results of 1919 solar eclipse expedition, **10:**222n, 226
   on trying to arrange Eddington meets AE, **9:**182
Herzen, Alexander, **9:**415
Herzen, Edouard, requests AE's Solvay paper, **5:**628c
Herzfeld, Karl (1892–1978), **2:***41*; **5:**509, 509n,

Herzfeld, Karl (*cont.*)
   540n; **8**:21, 26; **9**:439; **10**:323n
   on Einstein-De Haas effect, **10**:531, 532, 549
Herzog, Albin (1852–1909), **1**:*11, 24, 240*; **3**:*5*; **5**:222n
   and AE's ETH entrance examination, **1**:*10,* 12–13, *24*
   AE's study with, **1**:212, 292n, 307, 308n, *364, 365*
   and Einstein-Marić's ETH intermediate examination, **1**:228, 229n
Herzog, Wilhelm (1884–1960), **8**:947
Hess, Adolf (1879–1967), **5**:90, 91n
Heß, Walter R. (1881–1973), **7**:342–343n
Hessenberg, Gerhard (1874–1925), **7**:79–80n
Hettner, Gerhard (1892–1968), **3**:*600*; **10**:598c, 602c, 605c, 606c
   on infrared spectra of molecular gases, **10**:297, 313
   requests KWIP funds for studying infrared spectra of gases, **10**:587c; granted, **10**:602c
Heuristic, AE's use of term, **2**:*xxvii–xxviii*, 150, 167n, *268*, 410
Heuristics, AE's, **3**:*xxvii*, 178n, 423n, 488
Hibben, John (1861–1933), **10**:1, 441, 471n, 490, 514, 539
   on AE's financial demands for U.S. lecture tour, **10**:539
   Princeton University, invites AE to, **10**:441
Hilbert, David (1862–1943), **2**:267; **5**:439n; **6**:130n, 325, 345n, 410; **7**:*101*, 140n; **8**:142, 194, 199, 201, 222, 264, 460, 569n, 607n, 646, 673, 687, 701, 702, 704, 714, 717, 736, 737, 740, 744, 805, 937, 942; **9**:19n, 98n, 158n, 535, 564c, 602c; **10**:36, 276, 377, 471, 516
   AE
      congratulates for paper on perihelion motion, **8**:202
      helps in finding position for Freundlich, **8**:267n, 290
      invites for recreation, **8**:746, 774
      invites to own lecture on unified field theory, **8**:195, 199
      invites to Wolfskehl lectures of Mie and Smoluchowski, **8**:291, 293, 295, 453, 459, 462
      on proposal of on international solidarity, **8**:745–746
      proposes as corresponding member of Royal Society of Göttingen, **8**:222n
      tension with, **8**:211n
   AE in agreement with, **8**:295
   AE requests contribution to book to support international relations, **8**:736, 737; declines, 745–746
   AE thanks for hospitality, **8**:277
   AE visits, **8**:142, 264
   AE's resentment toward, **8**:222n; conquered, **8**:222
   on axiomatic geometry, **7**:403n
   axiomatic method of, **8**:366n
   Congress of Schweizerische Naturforschende Gesellschaft, lecture to, **10**:127
   Delbrück-Dernburg petition, signs, **8**:146n, 176n
   on difference between theories of Hilbert and AE, **8**:196
   "Entwurf" theory, reveals error in, **8**:191, 277–278, 383
   foreign colleagues, supports keeping good relations with, **8**:145
   general relativity, variational formulation of, **10**:64
   gravitation theory of, AE's criticism of, **6**:346n, 416n
   invites AE to Wolfskehl meeting, **5**:502n
   Lehmann, on political stance of, **8**:746
   Mathematische Annalen, invites AE to join editorial board of, **9**:317
   Noether
      invites to University of Göttingen, **8**:292n
      supports venia legendi for, **8**:976
   physical constants, on relationship between, **8**:195
   praised by AE, **8**:145, 147, 154
   requests AE's opinion on
      Born, **9**:434–435
      Stern, **9**:464
   requests reprints, **5**:439
   Schücking, on political stance of, **8**:746
   Schwarzschild, regrets death of, **8**:291
   suggests Wolfskehl lectures to Mie, **8**:460n
   theory of integral equations of, **9**:50
   theory of matter of, **7**:131, 139n, 572n
   Troeltsch, on political stance of, **8**:746
   unified field theory of, **8**:195, 196n, 217, 288, 289

energy-momentum conservation in, **8**:289, 291, 293–294, 295
geodesic frame in, **8**:436
Hamiltonian for matter in, **8**:364, 366
polars ("Polarenprozess") in, **8**:289, 290n, 291
theory of matter of Mie, relation to, **8**:216
University of Bern
receives call to, **10**:205
regrets rejecting offer from, **9**:464
University of Göttingen
on keeping Debye at, **9**:317
on theoretical physics at, **9**:460, 464
visits Switzerland, **9**:87
Weber, on political stance of, **8**:746
Weyl's unified field theory, accepts, **8**:879
Hilbert energy vector, **8**:833, 917, 932, 936–937, 938, 942–943, 975
Hilbert, Käthe (1864–1945), **8**:197n; praises AE for modesty, **8**:291
Hilgert, Heinrich, **1**:*liii*
Hiller, Kurt (1885–1972), **8**:868, 871; **9**:106n
Himstedt, Franz, requests KWIP funds for meteorological station, **9**:556c; rejected, 561c
Himstedt, Friedrich (1852–1953), **7**:*110*
Hindenburg, Paul von (1847–1934), and "stab-in-the-back" legend, **9**:238n
Hippocrates, on heredity, **10**:92
Hirn, Carl, **8**:370, 371
Hirn, Gustave Adolfe (1815–1890), **1**:86–88
Hirsch, Arthur (1866–1948), **1**:*362, 363, 364, 367, 368*
Hirschberg, Julius (1843–1925), **7**:448n
Hirschberg, Käthe, **5**:555n
Hirschmann, Christoph, **1**:*347*
Hirzel publishing house. *See* Publishers
History of science, Varićak on, **10**:6n
Hnatek, Adolf (1876–1960), **9**:336
Hochberger, Auguste (1867–1936), **5**:559n, 586n; **8**:731, 732; **9**:119, 138, 201; **10**:122, 231
Einstein, Pauline
offers condolences on death of, **9**:442
financial difficulties in visiting, **10**:215–21
visits, **9**:147, 172; **10**:218
Hochberger, Siegfried (1887–?), **10**:122
Hochberger, Victor (1869–1918), **8**:731
Hochdorf, Max (1880–1948), **9**:33
Hochheim, Ernst (1876–?), **9**:177; **10**:372

Hochschulbücherei, Marburg, requests permission to transcribe *Einstein 1917a* into Braille script, **10**:589c; granted, **10**:589c
Hochschule für die Wissenschaft des Judentums, Berlin, **7**:448n; **8**:892n
Hochschule für Proletarier, AE on, **9**:299
Höchwald sanatorium, Arosa, **8**:455n, 659n, 939n; **10**:*xxxiv*, 86n, 90n, 93n, 103n, 104n, 105n, 110n, 134n, 137n, 145n, 146n, 170n
Hodann, Max (1894–1946), **9**:43n, 71, 422n
Hodograph, **3**:14, 126n
Hoefft, Franz von, **8**:1018c
Hoff, ?, **10**:442
Hoff, Jacobus van 't (1852–1911), **1**:*265*; **2**:*6, 171, 221*; **5**:511, 534, 537, 537n, 549n; **9**:502
position at PAW, **5**:513n, 534n
See also Osmotic pressure: Van 't Hoff's law of; Solutions: Van't Hoff's theory of
Hoffmann, Arthur (1857–1927), **10**:183
Hoffmann, Johannes, **9**:63n
Hofmann, W., **4**:498
Hofmannsthal, Hugo von (1874–1929), **9**:392, 394
Hofsäss, Max, **9**:570c, 574c
Hohenzollern dynasty, **8**:171n. *See also* Wilhelm II; Wilhelm, Crown Prince
Hohl, Kuno (1876–1940), **5**:396; Swiss Telegraph Administration, resignation from, **5**:396n
Holder, Roland, **9**:69; **10**:192; on Hans Albert Einstein, **9**:78
Hole argument, **4**:*297–298, 300*, 485n, 574, 577n, 580, 582n, 622n; **5**:563n, 564n; **6**:10, 18n, 130n; **7**:42n, 378n; **10**:27
Holism, **7**:404n
Holländer, **10**:452
Hollnagel, H., **3**:413n, 445n; **10**:18n; experiments on residual rays, **5**:395n
Holst, Helge (1871–1944), **10**:332
on mistakes in Moszkowski's book on AE, **10**:604c, 605c
paper by, **9**:351; Schlick on, 529
on relativity, **10**:341
Holtzmann, Robert (1873–1946), **9**:106
Homogeneity. *See* Space: homogeneity of; Space and time: homogeneity of; Time: homogeneity of
Hondros, Demetrios (1882–1962), appointment in Athens, **5**:417, 418n

Hoop, van der, ?, **5:**578
Hoover, Herbert (1874–1964), **7:**332n
Hopf, Elise (1865–1936), **5:**249n, 267n, 484n
Hopf, Hans (1854–1918), **5:**249n, 267n, 484n, 563n
Hopf, Ludwig (1884–1939), **2:***170, 180–181,* 551n; **3:***xx, xxvi,* 178n, 259–267, 268n, 270–280, 281n–282n, 416, 418n, 505n, 574, 576, 580; **4:***272, 273,* 280; **5:**242n, 252, 515n; **7:**343n; **8:**8n, 9, 66n, 875n; **9:**404; **10:**12, 21n
    AE invites, **5:**242
    checks AE's viscosity calculations, **5:**267, 269n, 271
    collaboration
        with AE in Prague, **5:**254, 335
        with Meyer, **5:**417
    congratulates AE on appointment at ETH, **5:**416
    engagement, AE's congratulations on, **5:**483
    expresses sympathy for AE, **10:**405–406
    GDNÄ meeting in Karlsruhe, paper at, **5:**336n
    hydrodynamics, work on, **5:**416
    invites AE, **5:**249, 562
    marriage, **5:**501
    papers with AE, **4:**202n, *272,* 280–283; **6:**199, 398n; **8:**133n
    requests picture of AE, **5:**335
    Royal Aircraft Factory, works in, **8:**426
    sends gifts, **5:**266
    Technische Hochschule Aachen
        activities at, **5:**335
        appointment at, **5:**336n
    visits parents in Nürnberg, **5:**267n
Horace, **8:**816n
Hornbostel, Erich von (1877–1935), **7:**478n
Hort, Wilhelm (1878–1938), **9:**250; on Lense-Thirring effect, **9:***xli*
Hosking, ?, **2:**348
Hotel Bristol, **8:**385n
Hotel Gebhart, **8:**142
Hubble, Edwin (1889–1953), **6:**517
Huber, Albert, **1:***241*
Huber, Frieda (1880–?), **9:**129–131, 139n, 147, 171, 219n, 304n
    arrives in Berlin, **9:**339, 592c
    offers to accompany Pauline Einstein to Berlin, **10:**229–230
Huber, Rudolf, lecture by, **5:**618c, 620c
Huguenin, Gustav (1840–1920), **5:**596, 597n, 602; **8:**118, 331; **9:**512; **10:**48, 58, 160
    anxious about Weyl's health, **10:**512
Huguenin pastry shop, **5:**578
Humboldt, Alexander von (1769–1859), **1:***lxii,* 291n; **9:**476; AE's reading of, **2:***xxvii*
Humboldt, Wilhelm von (1767–1835), **9:**476
Hume, David (1711–1776), **6:**279, 523; **7:**59n; **8:**544
    AE's reading of, **2:***xxiii–xxiv, xxv, 260*
    influence on AE, **8:**220, 346
    philosophy of, **8:**347n, 818
Humm, Rudolf (1895–1977), **8:**827
    on boundary conditions at infinity, **8:**606–607, 612–613
Hungarian Soviet Republic, **10:***xlii*
    people's commissars of: trial of, **10:**605c; pardon for, 484, 611c
Hunger
    in Germany, **9:***xlii,* 29, 253; AE on, 139, 260, 496, 498
    in Russia, **9:**204
Hunziker, Jakob (1827–1901), **1:**17n, 28n, *359, 360*
Hupka, Erich (1884–1919), **8:**908
    experiments of, **3:**173
    specific charge of electron, determination of, **5:**187n, 190n; AE's knowledge of, 189
Hurwitz, Adolf (1859–1919), **5:**212n, 307, 479; **8:**17, 498; **9:**11n, 271; **10:**202, 206
    AE thanks for hospitality, **8:**18
    AE's attempts to find position as *Assistent* with, **1:***44,* 262, 269n, *375, 379*
    AE's courses with, **1:**212, *362, 363, 364*
    appointment with AE, **5:**212
    plays music with AE, **5:**308n
    teaching replacement of, **5:**627c
Hurwitz, Eva (1896–1942), **8:**17; **10:**206, 210
    AE invites, **9:**572c
    AE's condolences on death of husband, **9:**242
Hurwitz, Ida (1864–1951), **8:**17, 18n; **9:**241, 572c; **10:**159
Hurwitz, Lisbeth (1894–1983), **8:**17, 312n, 341n; **10:**210; diary of, **10:**105n
Hurwitz, Otto (1898–?), **8:**17; **10:**210
Hurwitz, Siegmund (1904–1994), **10:**104
Hurwitz family, AE discusses separation from Einstein-Marić with, 10:103–104
Hussarek, Max. *See* Heinlein, Max Hussarek von
Husserl, Edmund (1859–1938), **7:**80n

Huth, Erich F. Co., **7:**365–366
Huygens, Christiaan (1629–1695), **7:**245; **9:**502
Huygens's principle, **3:**494; **4:**548–549; **5:**182; **6:**237, 336
    compatibility with quantum hypothesis, AE on, **5:**245
Hydrates, **2:***172*
Hydrathüllen. *See* Molecular aggregates combined with water
Hydration
    role in dissociation and solubility, **5:**14, 16n
    treatment in AE's dissertation, **5:**16n
Hydrodynamics, **3:***6*; **4:**185; **6:**525, 553–554, 576; **10:**l, 282
    classical, **2:***170, 171*
    and general relativity, **6:**73, 102–105, 325, 326–327
    Hopf's work on, **5:**416
    of incompressible liquid, **2:**177
    Navier-Stokes equations of, **2:**203n
    relativistic, **4:***3–6*, 98–101, 517–519
    and size of ions, **5:**17
    of solutions, **2:**186
    Stokes's law in (*see* Stokes's law of hydrodynamic friction)
    stresses in, **2:**177
    Von Kármán's work on, **5:**416
    See also Euler's equations (hydrodynamics); Maxwell hydrodynamics
Hydrogen
    artificial production of, **10:**595c
    at low temperatures, **10:**17; viscosity of, 500n
    liquid, **10:**521n
    mass of, **6:**364, 370n
    specific heat of, **3:**547n–548n, 558, 562n; **4:***270–273*, **6:***146*, 260–261, 261n; **10:**356, 443
        AE's and Stern's quantum theory of, **4:**554, 276–280; **5:**467, 509
        AE's theory of, **5:**395
        Eucken's measurements of, **4:**278, 279, *553n*; **5:**391, 395, 467, 509n, 579; **6:**261n
Hydrogen molecule, moment of inertia of, AE on, **9:**439n
Hydrosols, metallic, **2:***219*
Hydrostatics, **4:**521, 529
Hypnotism, **1:**318–319
Hypothesis
    ad hoc, **3:**443
    counterfactual, **3:**528, 545n, 556
    definition of, **8:**890
    value of, **8:**862
    working, **3:**458n
Hysteresis, **3:**223, 226, 351, 375

Ideal gas, **2:**68, 114, *221*; **3:**179, 204–205, 212–213, 521–524; **7:**425n
    deviations from, **1:**292
    entropy of, **2:***578*; **6:**257–261
    equation of state of, **3:**242n; **4:**525
    mixture of, **3:**307
    pressure of, **3:**180
    quantum theory of, **6:**261n
Ignatowsky, Waldemar von (1875–1923), **3:***478*; **5:**251n;
    relativistic rigid body, paper on, **5:**251n; AE's objections to, **5:**251
Iliad, **10:**171n
Imes, Elmer (1882–1941), measurement of rotation bands, **9:**458n
Impenetrability of matter, **8:**706
Imperial Academy of Sciences, Vienna, **8:**756n
Imthurneum, Winterthur, **1:**321n
Incompressibility condition, **2:**95n–96n, 108n; AE's use of, **5:**17
    See also Continuity equation; Liouville's theorem
Independent Socialists. *See* Unabhängige Sozialdemokratische Partei Deutschlands
Independent Socialists. *See* Social Democratic Party: German Independent
Index of refraction. *See* Light: refraction of
Induction, **3:**122, 255
    between massive shell and point mass, **4:***127*, 175–178, *295*, 436
    electric, **3:**369
    Faraday's law of, **2:***262–263*, 502n; **3:**370; **4:**11; **6:**265; **7:**264
    magnetic, **4:**11, 19
    mutual, **3:**377
    unipolar, **2:**309n
    See also Electromagnetic induction; Electrostatic induction; Self-induction
Induction machines
    use in electrostatics, **5:***51*
    use in twentieth century, **5:***52*
Inductive machines, **2:**492n

Inertia, **4:***295*, 538, 586, 613; **6:**4, 532; **7:**535–536, 592, 606, 616
  AE on origin of, **5:**532
  in classical mechanics, **8:**437
  of electric energy in crystal, **8:**818
  of electromagnetic energy (*see* Electromagnetic energy: inertia of)
  of energy (*see* Energy: inertia of; Equivalence of mass and energy)
  Galilean law of (*see* Galilean mechanics: basic law of)
  gravitation and, **4:***298*, *299*, 548, 569
  as interaction, **7:**370, 394 (*see also* Gravitational field: as inductive effect)
  law of, and causality, **10:**300
  moments of, **3:**70–72
  principal axes of, **3:**72, 81–82, 101, 103, 105
  relativity of, **4:***194*, 433n, 484, 498–500; **6:**523, 544–546, 552n; **7:***xxxiii*, 42n, 354, 431, 563; **8:**240, 287, 358, 361n; **9:**110–111, 117–118, 247
  transport of from distant masses, **8:**358
  See also Equivalence principle; Mass: equality of inertial and gravitational
Inertial ellipsoid, **3:**72, 107
Inertial frame. *See* Frame of reference, inertial
Inertial mass. *See* Equivalence of mass and energy; Mass, equality of inertial and gravitational
Inertial system, term first introduced, **8:**447, 448n. *See also* Frame of reference: inertial
Infeld, Leopold (1898–1968), **7:**288n
Infinity and finiteness, **8:**645, 656, 679
Influenza epidemic, **10:***xxxv*
  in Germany, **8:**847, 911, 939, 961; **10:**170n
  in Switzerland, **8:**851, 884, 911, 940; **10:**169, 173n, 181, 187
Information and Aid Agency for Germans Abroad and Foreigners in Germany. *See* Auskunfts- und Hilfstelle für Deutsche im Ausland und Ausländer in Deutschland
Infrared radiation. *See* Radiation: infrared
Infrared spectra of molecular gases, Hettner on, **10:**297
Inheritance
  of acquired characteristics, **9:**506
  of dialects, **9:**505–506
Initial conditions. *See* Boundary conditions
Institut für Radiumforschung, **7:**279n

Institut international de physique Solvay, **8:**915; **9:**114, 115n; **10:**302
Institut international du froid, **10:***xlvi*
Institut Pasteur, **9:**333
Institute of Radium Research, Vienna, Lawson's wartime work at, **9:**436
Instruments, scientific. *See* Measuring instruments
Insulator, **3:**341, 344, 471–475, 476n–477n
  thermal, **1:**76–79, 81–83
  thermal properties of, **3:**473, 514, 529
Integration, mechanical device for, **4:**600, 606, 607n; **8:**59–60, 61
Intellectuals, past and current, AE on, **9:**264
Intellectus et Labor, Rubakin's institute, **9:**576c
Interaction
  between electron and an atom, **3:**514n
  of matter and radiation, **2:***xvii–xviii*, *134*, *141*, 150, 167n, 383, 483, 548, 553n, 585–586
  between molecules, **3:**403, 410, 420, 461, 507n
  between permanent magnets and current, **3:**375
  of oscillator with radiation field, **3:**270–271, 476n, 507
  range of, **3:**414n
  thermal, **3:**538, 542
  of two circuits, **3:**376
Interference,
  acoustic, **8:**16
  of light (*see* Light: interference of)
Interference phenomena, incompatibility with light quantum, AE on, **5:**465
Intermolecular force (*see* Molecular force)
International Agency for Prisoners-of-War, **8:**103n
International Committee of the Red Cross, **9:**205n
International Congress on Mathematics, Strasbourg (1920), **10:**305
International Electrical Exhibition, Munich (1882), **1:***li*
International Institute of Physics. *See* Institut international de physique Solvay
International reconciliation
  AE's doubts on, **9:**134–135
  through personal contacts, AE on, **9:**135, 511
International Red Cross, **8:**64n, 103n, 110
International relations of scientists. *See* Scientific exchange, international
International Research Council, **7:**363n

International Society of Amateur Astronomers (Ingedelia), popular lectures of, **9:**613c
International solidarity, **8:**736, 737, 740
  AE's proposal for statements on, **8:**736
  doubts on of: Hilbert **8:**745–746, 774; Troeltsch, **8:**747–748
Internationale Frauenliga für Frieden und Freiheit, **9:**34n, 203n
Internationale Schule Protestantischer Familien in Mailand, **1:***liii, 389*
Internationale Vereinigung für Mutterschutz und Sexualreform, **9:**34n
Internationalism, and Jewishness, AE on, **9:**181
Interval
  space-time (*see* Invariant space-time interval)
  spatial and temporal, **2:**265, 308n
Intuition, **7:***xxxvi*, 57, 219–220n
Invariance
  proof of from consciousness, **8:**801
  of similarity, **8:**777, 804
  See also Symmetry
Invariance properties, **2:**302, 308n, 366, 438, 474, *504*; **3:**442, 447
Invariant distance
  Euclidean, **7:**262–263, 374, 408, 502
  in Galilean space-time, **7:**516
Invariant space-time interval, **4:**44, 309, 311, 319, 324, 325, 336, 476, 480, 490, 494, 495, 574, 590, 594–595, 619; **6:**76–77, 88–89, 126, 292–293, 295, 301–302, 305, 334, 412, 484–485, 531, 544, 548; **7:**93, 352, 451, 528, 539–540
  criterion for Euclidean, **6:**96
  in general relativity, **7:**276–277, 377, 409
  not given with space-time continuum, **7:**412
  spacelike, **6:**121–122, 127, 293; **7:**264
  in special relativity, **6:**76, 77, 84, 88, 121–122, 292–293, 486, 531; **7:**255, 263, 374, 408, 523
  of spherical space, **6:**549
  timelike, **6:**121–122, 127, 130n, 293; **7:**264
Invariant tori, **6:**567n
Invariant volume element, **6:**83–85, 216, 303, 304; **7:**156, 505–506, 528, 533, 543
Invariantentheorie, Felix Klein's use of term, **2:***254*
Invariants, adiabatic, **3:**562n; **4:***272*
Ioffe, Abram (1880–1960), **5:**427; **8:**11n, 42n; **10:**404, 426n, 517; possible candidate for succession of Debye in Zurich, **5:**428n; **9:**415
Ion, **6:**454
  as carrier of heat, **2:**386
  as clock, **2:**444
  contribution of to specific heat of solids, **2:**386
  migration velocity of, **2:**500, 502n
  mobility of, **2:**497–498; **9:**460
  oscillating, **2:**543, 573
  positive (*see* Canal rays)
  resonator as, **2:**351
  size of, calculation of, **5:**17
  size of, in solutions, **2:***178*
  theory, **2:***178*, 235n; AE's study of, **1:**267
Ionic hydrates, **2:***178*
Ionization
  by gamma rays, AE on, **5:**284
  of gases (*see* Gas: ionization of)
Iring, G., **9:**192
Irreversibility, **2:***217–218*, 246, 376; **3:**236, 246n, 288–289, 314, 550
  apparent, **3:**289
  Boltzmann principle and, **3:***xxvii*
  Born on, **10:**516
  See also Change of state: irreversible; Thermodynamics, second law of
Isensee, Hermann, requests KWIP funds for telescope and color photography, **8:**1023c
Ishiwara, Jun (1881–1947), **5:**262n, 540n
  ponderomotive force of, AE on, **5:**261
"Isms," philosophical, **8:**885, 890
Isobaric process. *See* Change of state: isobaric
Isola Bella, **1:**261
Isola della Scala, province of Verona, Italy, **1:***lv*, 281n, *375*
Isomery, of mixed crystals, **10:**499
Isopycnic process. *See* Change of state: isopycnic
Isothermal change of state. *See* Gas: isothermal change of state of
Isothermal condition, **4:**245n
Israel und Levi, feather-bedding firm, Ulm, **1:**1
Istanbul
  Robert College, **9:**213n
  University of (*see* University of Istanbul)
Italy. *See* World War I
Itelson, Gregorius, **6:**535n; **10:**605c

J. Einstein & Cie., Munich, **1:***li, lii, liii*
Jaberg, Karl (1877–1958), **5:**115n

Jabotinsky, Vladimir (1880–1940), **9:**198n
Jacobi's equations, **5:**17; **7:**152
Jacobi's rule for determinants, **6:**303, 304
Jacobi's theorem, **6:**556, 565, 567n, 578n; derivation of, **6:**575–577
Jacobson, Victor (1869–1935), **9:**181n
Jaeger, Frans (1877–1945), literature on dissociation of electrolytes, **10:**575c
Jaeger, Wilhelm (1862–?), **6:**273, 275, 276n
Jaffé, George (1880–1965), **9:**349
Jäger, Gustav (1865–1938), **4:**507, 509, 510n; **9:**398–399, 428
Jagor Foundation, **8:**564; **9:**569c
Jahnke, Eugen, **9:**297n, 309
Jahnke, Paul (1861–1921), **8:**600, 671
Jahrbuch der Radioaktivität und Elektronik, **5:**74n; **7:***104*
   AE's paper for, **5:**74, 76, *76*, 77, 78, 82
   corrections and additions to, **5:**106
   Stark's thanks for, **5:**97n
Jakob, Max (1879–1955), **9:**14; **10:**189
   reviews *Einstein 1917a*, **10:**163
   on twin paradox, **10:**189
James, William (1842–1910), **8:**543
Janke, Johannes (1884–1969), **9:**34
Jannasch, Lilli, **8:**186
Japanese navy, and German navy, **9:**237
Jaumann, Gustav (1863–1924), University of Prague, candidacy for chair at, **5:**247n; declines offer, **5:**256n
Jaurès, Jean (1859–1914), **10:**408; AE on assassination of, **8:**173
Jean Paul (Richter, Friedrich), **8:**397
Jeans, James (1877–1946), **2:***137*, *142*, *144*, *145*, *146*, 167n, 542, 543, 549, 551n, 552n; **3:**250, 253n, 280, 476n, 506n; **5:**42n, 299, 300, 301n, 349; **7:**410n; **8:**445n; **9:**370n; **10:**380
   dimensional argument in radiation theory, **5:**166; AE's use of, **5:**167
   displacement law, derivation of, **5:**84n
   and Planck's law, **2:***144*
   radiation theory of, **6:**35, 39n
   relativity principle, derivation of, **5:**83
   Third Solvay Congress, invited to, **10:**303
   See also Black-body radiation: Rayleigh-Jeans law for
Jeans law. *See* Black-body radiation: Rayleigh-Jeans law for
Jeans-Lorentz law, **2:**543, 551n. *See also* Black-body radiation: Rayleigh-Jeans law for
Jebenhausen, **1:***xlix*
Jeffery, George (1891–1957), **10:**524
   on English edition of *Lorentz et al. 1920*, **10:**524
   proposes edition of selected papers by AE, **10:**602c
Jensen, Christian, **9:**569c
   requests KWIP funds for atmospheric physics, **9:**565c; rejected, **9:**566c; **10:**570c
Jerusalem, Hebrew University of. *See* Hebrew University of Jerusalem
Jerusalem, Wilhelm (1854–1923), **8:**480
Jewell, Lewis E., **9:***xxxvii*; redshift of solar spectral lines, discovery of, **5:**313n
Jewish autonomy, **8:**964n
Jewish Chronicle, **7:**429n
Jewish Community of Berlin. *See* Jüdische Gemeinde Berlin
Jewish Congress in Germany, **8:**964n
Jewish Correspondence Bureau, **7:***236*, 429n, 447n
Jewish Gymnasium, in Poland, **8:**772
Jewish Hospital, Berlin, **8:**930n
Jewish Labor Bureau. *See* Jüdisches Arbeitsamt
Jewish nationality, concept of, **7:**289–290, 428. *See also* Nationalism: Jewish
Jewish question, **7:***221–236*
Jewish religion, AE's indifference to, **7:**227, 428
Jewish students, eastern European, **9:**231n, 433; courses for, *xlvii*, 523
Jewish teacher training college, **8:**773
Jewish Territorial Organization, **9:**417n
Jews
   AE on, **9:**16, 230n, 494–495
   in America, **7:**430n, 623
   assimilation of (*see* Assimilation)
   characteristic features of, **7:**289–290
   comparable positions of in Russia, Germany, England, and the U.S., **7:**427
   eastern European (*see* Jews of eastern Europe)
   emancipation of in kingdom of Württemberg, **7:**440n
   in Great Britain, **7:**429n
   historical account of, in Germany, **7:**427
   influence of in Germany, **7:**427
   intermarriage with Gentiles of, AE on, **9:**294

ostracized from Germany, **9:**243
racialist influence on AE, **7:**294
solidarity with, AE on, **9:**495
See also Anti-Semitism; Einstein, Albert: Jewish matters
Jews of eastern Europe, **9:**197, 198n, 227, 352
AE's identification with, **7:**227
deportation of, contemplated, **7:**241n
flight of from pogroms, **7:**241n
in Germany, **9:**327n
immigration of conflated with that of ethnic Germans, **7:**238, 241n
internment camps for, **7:**238, 240n, 428
numbers of in Berlin, **7:**238
occupational structure of, **7:**240n
as scapegoats, **7:**238, 240n, 291, 428
state-sanctioned courses for, **7:**288n, 428
wartime labor of, **7:**239; **7:**241n
Joël, Kurt, interview with AE, **9:**589c
Joffe, Abram. *See* Ioffe, Abram
Johannsen, Wilhelm (1857–1927), **9:**506
Johns Hopkins University, **8:**437n
Johnsen, Arrien (1877–1934), **9:**74, 75
Jonasen, Jonas, **10:**246n
Jong van Beek en Donk, Benjamin de (1881–1948), **9:**231; and Lille booklet, **9:**232
Jonsson, Axel, **9:**597c
Joseph, ?, **9:**185
Josephson, Ernst, **9:**572c
Joule, James Prescott (1818–1889), **1:**84–86, 88–89, 91–92
Journalists, **7:**210, 214, 442–443
Jubiläumsstiftung der Deutschen Industrie, **8:**822
Jüdische Gemeinde Berlin, requests congregational tax from AE, **10:**611c; AE declines, **10:**534; second request, **10:**550
Jüdische Rundschau, **8:**963
Jüdisches Arbeitsamt (Jewish Labor Bureau), **7:**239, 241n
Julius, Louise (1901–1982), **5:**348n; **10:**225, 252n, 262
Julius, Maria (1894–1977), **5:**348n; **10:**225, 252n, 262
Julius, Willem (1898–?), **5:**348n
Julius, Willem H., (1860–1925), **4:**511n; **5:**312n, 348n, 360n, 386n, 388, 500n; **6:**539n; **9:**145, 247, 269n, 470, 498; **10:***xlix*, 242, 247, 326, 424, 465, 518

AE plays music at home of, **10:**224–225, 262, 277
AE visits in Utrecht, **5:**345, 346, 347
approached by Weyland for anti-relativity lecture, **10:**406–407
friendship with AE, **5:**348n
on health of family, **10:**407
meets with Debye in Bern, **5:**386
optical phenomena in solar atmosphere, theory of, **5:**313n, 317n
AE on, **5:**327, 347, 357
observational support for, **5:**355
reactions to, **5:**316
recommends AE for Nobel Prize, **9:**418n, 597c
redshift, on anomalous dispersion as cause of, **9:***xxxvii*, 248, 267, 287; AE on, **9:**272
redshift, gravitational, **5:**323; **10:**309, 311, 346
assesses evidence regarding, **10:**248–251
requests AE's opinion on abilities of
  Debye, **5:**354
  Keesom, Ornstein, and Van Laar, **5:**369
requests proofs back from AE, **5:**386
thanks AE for portrait, **10:**310
University of Utrecht
  fears Keesom's appointment at, **5:**369
  meets with Lorentz on vacancy at, **5:**363
  offers AE chair at, **5:**325
  regrets AE's declining chair at, **5:**354
See also Einstein, Albert: Career: University of Utrecht; University of Utrecht: vacant chair at
Juliusburger, ?, **9:**459n
Julius-Einthoven, Betsy (1867–1945), **5:**348n; **10:**252n, 424; invites AE to visit and play music, **10:**597c
Jung, Giuseppe (1845–1926), **1:**282, 285, 287
Junghans, ?, requests KWIP funds, **8:**1014c
Jupiter
  deflection of light rays passing (*see* Gravitational light deflection: by Jupiter)
  eclipses of moons of, **6:**136
  satellites of, **10:**516
Just, Gerhard (1877–?), **5:**513, 514n

Kać (formerly Káty, Hungary), **1:***xxxvii*, 59n, 225n, 228, 268, 321
  residence of Marić family, **5:**115n
  stay of Einstein family in, **5:**556

Kafka, Franz, **8**:337n
Kahn, Bertha, **5**:541
Kahn, Emma, **5**:541
Kaiser, Josef, **9**:604c, 608c; requests KWG research funds for producing electrical power directly from heat, pending, **9**:609c
Kaiser-Wilhelm-Gesellschaft (KWG), **7**:211n, 494n; **8**:471n; **10**:97n, 199n
 administrative correspondence, **10**:581c
 application for research funds for producing electrical power directly from heat, **9**:604c; pending, 609c
 beer party of, **9**:578c
 directors' conference, AE attends, **10**:605c, 606c
 and funding of KWIP, **9**:570c
 new regulations of after abdication of Wilhelm II, **9**:550c
 proposal to double budget of Einstein's institute, **7**:363n
 senate of, **8**:513n
 tenth anniversary of, **7**:424n
Kaiser-Wilhelm-Institut für Biologie, **7**:448n
Kaiser-Wilhelm-Institut für Chemie, **5**:512, 514n; **8**:875n; founding of, **5**:260n
Kaiser-Wilhelm-Institut für Experimentelle Therapie, **7**:448n
Kaiser-Wilhelm-Institut für Physik (KWIP), **7**:424n, 494n; **8**:12n, 41n, 513n, 598, 758
 account statements of, **9**:561c, 609c, 593c; **10**:603c
 administrative correspondence of, **8**:1017c, 1030c; **9**:554c, 559c, 564c, 565c, 566c, 569c, 570c, 575c, 576c, 577c, 579c, 585c, 586c, 587c, 591c, 595c, 600c, 606c, 608c, 615c; **10**:572c–573c, 575c–577c, 582c, 584c–585c, 587c–588c, 592c–593c, 598c, 605c–606c, 609c–610c, 613c
 AE as director of, **8**:1009c, 1011c; **9**:*xlvii–xlviii*
 AE's salary as director of, **10**:598c
 allocation of funds by, criticism of, **9**:68
 appropriation conditions of grants, **10**:576c
 budget of, **9**:559c, 563c, 566c, 569c, 609c
 budget for 1920, **10**:577c, 605c, 606c; to be doubled, 578c
 call for research proposals, **9**:73, 555c
 contract of with Debye, **8**:821–822, 823, 866, 866, 876

 contract with Freundlich, **8**:563–564, 579–580, 589, 593, 609, 613, 876
 contribution requested from for 10th anniversary of KWG, **10**:608c
 Direktorium of, **8**:527, 530n, 1010c
  AE member of, **8**:527n
  AE requests meeting of, **8**:527
  decision on secretary's salary, **10**:584c
 endowment for, by Koppel, **9**:13n
 establishment of, **8**:513, 992c, 1008c, 1009c, 1010c
 Haider request for information on funding, **9**:551c
 Kuratorium of, **8**:530n, 571n, 620
  administrative correspondence of, **10**:579c, 590c, 592c, 605c
  and Direktorium, meeting of, **8**:529
  doubles AE's salary, **10**:572c
  on support of research of Laue, **8**:621n
 meeting on establishment of, **10**:108; AE participates in, **10**:109n
 Mie inquires about research funds of, **9**:98
 planned creation of, **5**:534n, 549n, 561, 565, 598n, 602n, 635c; **8**:12n, 40n, 471n
 policy of funding, changes in, **9**:568c
 press announcement on, **8**:527, 570, 571n, 578
 promised to AE, **10**:68
 purpose of, **8**:528n, 876
 remuneration for Radtke, **9**:563c, 598c, 602c
 report for 1918 requested, **9**:13
 report for 1919, **10**:598c, 605c, 606c
 report on activities of, **8**:876
 secretary for, **8**:570, 758n; salary raise of, **9**:579c
 solicits research grant applications, **8**:1013c, 1014c
 transformer on short-term loan: given **10**:584c; requested back, 611c, Debye on, 612c; request retracted, 613c
 typewriter for, **9**:556c, 559c, 561c
 working committee of, **8**:530n
 See also Freundlich, Erwin; Goldstein, Eugen; Kohn, Hedwig; Krüger, Louis; Lenz, Wilhelm; Magnus, Alfred; Pohl, Robert; Regener, Erich; Rosenberg, Hans; Rubens, Heinrich; Schuh, Friedrich; Seeliger, Rudolf; Seemann, Hugo; Steubing, Walter; Wagner, Ernst; Warburg, Emil; Weigert, Fritz

Kaiser-Wilhelm-Institut für physikalische Chemie und Elektrochemie, **5:**353n, 529n, 575n, 595n; **7:**220n; **8:**14n, 20n, 30n, 43
    AE's office in, **5:**511, 604n
    Haber's directorship of, **5:**353n, 427n
    official opening of, **5:**427n
Kalähne, Alfred (1874–1946), **9:**127
Kaluza, Theodor (1885–1954), **7:**562; **9:***xli, l–li*, 76, 81n
    five-dimensional unified field theory of, **9:**l, 38–40, 44, 46, 56–57, 65–68; general covariance of, 56; AE on, 39
Kamerlingh Onnes, Catharina (1861–1936), **10:**465, 469n
Kamerlingh Onnes, Elisabeth (1897–?), **10:**469n
Kamerlingh Onnes, Harm (1893–1985), **10:**469n, 518, 604c
    AE visits, **10:**270
    has good memories of AE, **10:**519
    on playing music with AE and Ehrenfest, **10:**519
    sends color reproductions of his portraits of AE, **10:**518–519
Kamerlingh Onnes, Heike (1853–1926), **1:**288–289; **3:***283*, 501, 504n, 513n, 548n, 558, 562n; **5:**269n, 281, 287, 300, 325, 349, 361, 386, 410, 413, 522n; **8:**84, 465; **9:**55, 150, 247, 362, 414, 422n, 457, 469–470, 471n, 497; **10:***xliii, xliv*, 298, 303n, 313, 367, 389, 437, 469, 470, 518
    AE
        congratulates, **9:**582c
        discussion with on low temperature physics, **9:**321, 363, 418
        helps get Dutch visa, **9:**182–183, 482, 503, 507; **10:**241
        hopes will contribute to research at cryogenic laboratory, **10:***xlvii*
        sends reprints, **5:**269
        nominates for Nobel Prize, **9:**418n, 597c
    AE seeks position as *Assistent* with, 4n
    AE stays at home of, **10:**465
    AE visits, **10:**224, 257
    AE's planned visit to, **5:**552, 554
    discovers superconductivity, **8:**156
    discussion with AE, **10:**270
    electrical conductivity, experiments on, **5:**283n
    Encyklopädie article with Keesom, **5:**386n
        AE's praise of, **5:**374
    Keesom's contributions to, **5:**361n
    on Hall effect, **10:**494
    helps Russian physicists, **10:**425
    ill, **8:**468
    laboratory of, **10:**521n; AE visits, 253
    lectures on liquefaction of helium, **10:**253
    meeting on magnetism ("Magnet-Woche"): arranges, **10:**344, 404; participates in, **10:***xlvi* (*see also* "Magnet-Woche")
    as mediator between Trowbridge and AE, **10:**493–494
    opalescence, work with Keesom on, **5:**362n
    Solvay Congress, Third, planned lecture at, **10:**303
    and superconductivity, **4:**553
    University of Leyden
        expedites AE's appointment at, **10:**280, 364
        on special professorship for AE at, **9:**145, 286, 417–418, 502
Kamerlingh Onnes, Jenneke (1894–?), **10:**469n
Kamerlingh Onnes, Menso (1860–1925), **10:**270, 518
    AE stays at home of, **10:**469
    has good memories of AE, **10:**518
Kamerlingh Onnes-Bijleveld, Maria (1861–1938), **5:**554n
Kammerer, Paul (1880–1926), **9:**449, 451, 505, 512
    on biological selection, and inheritability of dialects, **9:**505–506
Kandersteg (Canton Bern), AE's and Maurice Solovine's trip to, **5:**27; **10:**171n
Kang-fuh Hu, **9:**237
Kant, Immanuel (1724–1804), **1:**46, 49, *364*; **6:**519, 569; **7:**403n; **8:**220, 346, 383n, 397, 480, 632, 818, 877, 891, 934; **9:**520, 559c; **10:***xxxviii*
    AE on conception of time of, **9:**155
    Kritik der reinen Vernunft, AE reads, **1:***lxii*
    and Newton, **10:**293
    Reichenbach on, **9:**510; **10:**314, 455
    Rosenthal-Schneider on, **9:**342
Kant Society
    and *Annalen der Philosophie*, **10:**332
    meeting of, **9:**493, 532, 611c; **10:***xlv*, 260, 332
Kantonsschule Aargau. *See* Aargau Kantonsschule
Kantonsschule Zurich. *See* Zurich Kantonsschule

Kant-Studien, **8**:867, 868; **9**:44, 51
Kapp Putsch, **9**:*xliv*, 479n, 487n, 487, 494n, 507, 527n; **10**:*xlii*, 257n
　AE on, **9**:483
　consequences of at University of Rostock, **10**:256
　University of Berlin closed during, **9**:486
Kapp, Wolfgang (1858–1922), **9**:479n
Kappeler, Johann (1816–1888), **8**:454; **10**:82
Kapteyn, Jacobus (1851–1922), **8**:412n, 470, 560; **10**:53n; stellar statistics research of, **6**:360
Karl der Grosse restaurant, **5**:184n; AE on, **5**:183
Karl-Ferdinands Universität. *See* University of Prague, German
Karlsruhe
　AE invited to lecture in, **10**:11
　AE visits, **5**:324
　GDNÄ meeting in (see Gesellschaft Deutscher Naturforscher und Ärzte: meeting in Karlsruhe)
　"Naturwissenschaftlicher Verein" in, **10**:11n
Kármán, Theodor von (1881–1963), **3**:475n; **5**:417n; **9**:463; **10**:487, 593c
　hydrodynamics, work on, **5**:416
　quantum theory of specific heats, work on, AE on, **5**:480
Karr, ?, **3**:576
Karr, Albert (1869–1927), **5**:238, 239n; **9**:345, 554c; **10**:200–202, 228–229
Karr, Hans, **9**:554c
Karr family, AE visits, **5**:237
Karrer, Paul (1889–1971), **9**:383n
Karrer, Victor (1877–?), **1**:219n
Karr-Krüsi, Luise (1875–1959), **5**:239n; **10**:200n
Kartell der deutschen Akademien, **9**:180, 578c
Karwe, Raghunath?, **10**:598c
Katwijk, Netherlands, **10**:257n
Káty. *See* Kać
Katz, Amalie, **8**:138n
Katz, David (1884–1953), **9**:445
Katz, Frau, **9**:478
Katz, Helene, **8**:137, 761
Katzenstein, Moritz (1872–1932), **7**:448n; **9**:434n; sails with AE, **9**:147
Kaufler, Adolfine, **1**:*386*
Kaufler, Alma, **1**:273

Kaufler, Felix (1878–1957), **8**:153
　accepts position in Vienna, **5**:481n
　move to Corsica, **5**:215n
　visits AE in Prague, **5**:480
Kaufler, Helene. *See* Savić, Helene
Kaufler, Ida, **1**:244
Kaufmann, Walter (1871–1947), **7**:572n; **8**:32; **9**:564c
　experiments on electron mass, **2**:*266*, *267*, *270–272*, 372n, 486n; **5**:138
　AE on, **2**:*270–272*, 368, 458–461
　Bucherer's criticism of, **5**:136
　disagreement with special relativity, **5**:78n
　Planck on, **2**:*254*, *270–271*, *272*, 461; **5**:77, 78, 78n, 79n
　on relativity theory, **2**:*267*, 372n, 416
　requests KWIP funds for apparatus for high-frequency currents, granted, **9**:560c
　requests KWIP funds for research on production of short wavelength electric waves, **9**:557c; granted, **9**:560c, 562c
　See also Electrons: mass of *and* specific charge of
Kautsky, Karl (1854–1938), **9**:59, 71
Kautsky, Luise, **9**:43n
Kautzsch, Rudolf (1868–1945), on problems of obtaining scholarly literature, **9**:514
Kayser, Emma (1860–1930), **10**:123
Kayser, Heinrich (1853–1940), search for successor of, **9**:72n, 149n, 217
Kayser, Rudolf (1889-1964), **10**:123n
Kayser, Sigmund (1850–1936), **10**:123
Keesom, Willem (1876–1956), **3**:*283–284*, 508n–509n, 509, 558; **5**:281, 283n; **8**:715;
　abilities of, **5**:361, 374, 546
　AE on, **10**:29
　doctorate of, **5**:362n
　opalescence, work on, **5**:374, 362n, 375n
　University of Utrecht, candidacy for chair at, **5**:354, 357, 369, 373, 386n
　University of Zurich, candidacy for chair at, **5**:546
　zero-point energy, work on, **5**:564n; AE on, **5**:564
　See also Kamerlingh Onnes, Heike: *Encyklopädie* article with Keesom
Kehlstadt, Anna. *See* Habicht-Kehlstadt, Anna
Kelen, József (1892–1939?), **10**:xlii, 473, 482–483, 487; character of, **10**:489–490

Kelen-Fried, Jolán (1891–1979), **10**:473n, 482
   on Kelen's character, **10**:489–490
   publishes AE's statement on Kelen, **10**:489
   requests appeal to amnesty for Kelen from AE, **10**:489
Kelle, Karl, **10**:285
Keller, Ernst (1890–1974), **5**:540n
Keller, Gottfried (1819–1890), **7**:295–296n; **10**:204n
Kellner, Captain, **8**:395, 397n
Kelvin, Lord. *See* Thomson, William
Kepler, Johannes (1571–1630), **7**:*xxxii*; **10**:*xxxviii*
Kepler's laws, **3**:21–22; **6**:240, 337, 510, 562; **7**:181n; **10**:299
   second, **3**:39; **4**:*350, 354*
   third, **3**:24, 37, 126n; **4**:389n, 447n, 459n, 473n
   See also Planets
Keren Hayesod (Palestine Foundation Fund), **7**:*226, 228, 233–234*, 436n–437n; **9**:193
Kerkhof, Karl (1877–1945), **10**:271
Kern, ?, **1**:271
Kern, Johann (1879–1916?), **5**:509, 509n, 540n; visits Ehrenfest in Leyden, **5**:564n
Kessler, Harry Count (1868–1937), **8**:947n; **9**:203n, 576c
   books for Russia, **9**:578c
   on Fabian Society, **9**:553c
Kestenberg, Leo (1882–1962), **3**:585
Key, Ellen (1849–1926), **8**:505n
Keyserling, Hermann Count von (1880–1946), **9**:76n, 392
Khvolson (Chwolson), Orest (1852–1934), **2**:564; nominates AE for Nobel Prize, **5**:635c
Kiel Autumn Week for Arts and Sciences, **9**:612c; **10**:*xlvi*, 434, 570c
   AE invited to lecture at, **10**:330n
   AE on, **10**:431
   AE's honorarium for lecturing at, **10**:549
   history of, **10**:432n
Kiessling. *See* Ludwig Kiessling u. Cie., Munich
Kinematics, **3**:11–15, 97–100, 144–160, 433–435, 487; **7**:208, 213
   classical, **2**:281
   foundations of, **2**:*263*, 437–449
   Newtonian, **2**:*253* (*see also* Limit, Newtonian; Mechanics: Galilei-Newtonian)
   relativistic, **2**:*253, 257–258, 273*, 277–292, 437–449, *503*
   of rigid bodies (*see* Rigid body: kinematics of)
Kinetic energy, **1**:92–94, 261; **2**:85, 103, 143, 152, 161, 304, 315n, 399, 456; **3**:30, 68, 96, 100, 127n, 287, 457, 523, 540, 559; **4**:138, 141–142, 176, 307, *350*, 522, 524–526, 530; **6**:64, 103, 383, 389, 390, 454, 456, 542; **7**:117, 259
   of a particle, **3**:541
   of atoms, **3**:471–472
   internal, connection with electric resonator energy, AE on, **1**:*236*, 279, 324n
   and Lagrangian, **3**:514n–515n
   maximum, **3**:499–500
   mean, **3**:216–217, 218, 220, 242n, 510
   of molecules, parallelism between black body radiation, temperature, and, AE on, **1**:*236*, 294–295
   of monatomic gas, **3**:181–182, 212, 329, 508
   and potential energy, **3**:510n (*see also* Virial theorem)
   in quantum theory, **3**:516
   and rigid bodies, **3**:100
   transformation into radiation, **2**:338
   and work, **3**:30, 33, 42, 55, 68–69, 127n
Kinetic theory
   of atoms, **2**:102, 108n
   of Brownian motion (*see* Brownian motion: kinetic theory of)
   and electromagnetism, **2**:565–566
   of gravitation (*see* Gravitation: kinetic theory of)
   history of, **2**:*207*
   molecular, **2**:199, 201
   of thermal equilibrium (*see* Equilibrium: thermal)
Kinetic theory of gases, **1**:294; **2**:67, 85, 152, 167n, *170–171, 174*, 186, *212*, 251–252, 324n, 501n–502n; **3**:245n, 270, 272, 280, 507n, 542, 545n, 547n; **7**:219; **10**:15, 61
   AE's first paper on, **1**:315, 327
   AE's lectures on statistical physics and, **3**:*xvii*, *6–7, 10*, 179–241, 242n–247n, *598–599*
   calculation on, **3**:125n
   controversies about, **2**:*42*
   and Drude's electron theory, AE on, **1**:236, 287
   Maxwell-Boltzmann tradition in, **2**:*41, 47*, 67–68, 73n, *136*
   role of hypothetical molecular forces in, AE on, **1**:261, *265*

Kinetic theory of gases (*cont.*)
  measurement of thermal molecular velocities in, **10:**355n
  See also Thermodynamics: compared to kinetic theory of gases
Kinetic theory of heat, **2:***xvii, xix–xx*, 77, 95n, *137, 206, 209, 213, 218*, 224, 228, 235n, 379, 382, 384, 387, 408; **4:**521–533, 534n; **6:**170n, 189n, 577, 579n
Kinetic theory of liquids, **1:**265, 279, 324; **2:***171, 172*, 186, *209, 212*
Kinetic theory of matter, **1:**279, 287
King's College, London, **7:**433n
Kirchhoff, Gustav Robert (1824–1887), **1:***xxxix*, 187, 250–251, 293; **2:**74n, 167n, 189, 200, 203n, 230, 342, 374, 375; **6:**279
  AE's reading of, **2:***xxiv, 43, 135, 177*
  See also Transport coefficients: Maxwell-Kirchhoff method of calculating
Kirchhoff's laws, **1:**181–184; **4:**562; **5:**359
  for electric circuits, **1:**181–184; **3:**368
  for radiation, **3:**542
Kirchhoff theorem, **2:**374–375
Kirschbaum, Heinz, **9:**577c, 579c, 598c, 608c
Kjellén, Rudolf (1864–1922), **8:**931
Klausen Pass, **1:**312, 313n
Klein, Felix (1849–1925), **2:***254*; **3:**447; **5:**502n; **7:***xxvi*, 36n, 43n, 49n, 76n, 80n, *101*, 140n, 179n; **8:**260n, *352, 353*, 425, 431, 435, 570n, 647n, 684n, 699n, 716n, 765, 775, 809, 834; **9:**3n, 8n, 35–36, 101n, 111, 230n, 350n, 602c; **10:**279n, 516
  AE
    conflates cosmological model of with De Sitter's model, **8:**426n, 690n, 780n
    invites to join German Mathematical Society, **8:**762
    lecture on paper of on energy-momentum conservation, **8:**791, 825
    presents lecture on cosmological ideas of, **8:**805
  conservation laws in general relativity, discussion with AE on, **8:**673–674, 686–688, 697–698, 715, 761, 782, 784–785
  curvature: lecture on, **8:**712n; lecture notes on, **8:**712, 733, 738
  De Sitter's model, discussion with AE on, **8:***355–356*, 779, 805–806
  doctorate of, commemoration of, **8:**975
  editing his mathematical papers, **9:**40, 535
  editor of: *Annalen der Physik*, **9:**535; *Mathematische Annalen*, **9:**317
  on elliptic geometry, **7:**405n; **8:**479n, 734n
  elliptic versus spherical space, discussion with AE on, **8:**688, 724, 733, 738–739, 778–780
  on energy-momentum conservation, **8:**635n
  energy-momentum vector
    discussion with AE on, **8:**782, 785–786, 791–793, 805, 825–826
    lecture on, **8:**833n
  "Entwurf" theory, reception of, **8:**162
  general relativity
    on AE's work on, **9:**40–41
    on mathematical roots of, **8:**690n
  on Hamiltonian treatment of own theory and general relativity, **8:**685–686
  Hedemünden lecture, **8:**778
  Hilbert energy vector, discussion with AE on, **8:**833, 917, 932, 936–937, 938, 942–943, 975
  illness of, **8:**431
  Noether
    invites to University of Göttingen, **8:**292n
    supports venia legendi of, **8:**976
  quadratic differential forms, lecture notes on, **8:**688
  reads *Raum–Zeit–Materie*, **8:**827
  reducing general to special relativity, discussion with AE on, **8:**674–675, 685
  special relativity, lecture notes on, **8:**436, 569
  University of Göttingen, on physics at, **9:**535
Klein, Franz (1854–1926), **8:**204; **10:**57
Kleiner, Alfred (1849–1916), **1:**267, 316, 328; **2:***xxv, 7, 173–176*, 184, 203n, *259*, 397n, 492n; **3:***xvi–xvii*, 441–443, 449n, 576, *598*; **5:**36n, 94n, 108n, 155, 188, 206, 219n, 275n, 284, 287, 287n, 451n, 506, 507n, 549n; **8:**76n, 146n, 148, 152, 153n, 172n, 206n, 330, 638n; **9:**489n; **10:**25, 28, 36, 44AE on, **5:**224, 227, 230, 232
  AE
    displeasure with, **5:**428n
    directs laboratory class with, **5:**239n, 241
  AE submits two papers to, **1:**317n, 318, 326, 334, 335n
  AE's dissertation, opinion on, **5:**35
  AE's doctoral dissertation under, **1:**321, 322, 328, 331, 335n

AE's *Habilitation* at University of Bern, role in, **5:**95, 97n
biography, **1:***383*
Ehrenfest's attempts at *Habilitation*, role in, **5:**421, 422n
encouraged AE to publish ideas on relative motion, **1:***225*, 328
lecture by AE, comments on, **5:**158
University of Zurich
    considers AE for position at, **5:**94n, 96n
    opposes Ehrenfest's candidacy for chair at, **5:**451
    reaction to AE's resignation from, **5:**275n
    role in AE's appointment at, **5:**159n, 160n, 188
    role in filling Debye's vacant chair at, **5:**449n
    solicits recommendations for vacant chair at, **5:**445, 446n
    supports Schur's candidacy for chair at, **5:**449
Klemperer, Georg, **8:**1021c
Klossowski, Erich (1875–1949), **9:**392
Klotz, Paul, **5:**513n
Klötzel, C. Z., requests support from AE for Karwe, **10:**598c
Kluyver, Jan (1860–1932), **8:**423n; **9:**321n
Knäge, **3:**576
Knapp, Fritz, **8:**996c; **9:**261n, 585c; AE on submitted paper by, **6:**197
Knecht, Frieda (1895–1959), **10:**167n
Kneser, Adolf (1862–1930), **8:**791, 829
Knipping, Paul, **10:**604c
Knopf, Otto (1856–1945), **6:**28n; **9:**207, 219
Knopf, Rudolf (1874–1920), **10:**260
Knopp, Konrad, dedication to AE by, **5:**632c
Knudsen, Martin (1871–1949), **3:***6–7*, 192, 194, 243n–244n, 247n, 507n; **5:**299, 300, 301n, 522n; **9:**176n, 554c, 598c, 611c; **10:**303n
    helps Nordström, **8:**371
    on mistakes in Moszkowski's book on AE, **10:**605c
    nominated as corresponding member of PAW, **9:**555c
    research on dilute gases, **4:**529, 534n
Knudsen's relation, **3:**247n
Koch (or Steinhardt), Alfred, **9:**129; contributes to treatment of Pauline Einstein, **10:**216, 234
Koch, Alice. *See* Steinhardt, Alice

Koch, Caesar (1854–1941), **5:**279, 279n, 324n; **8:**169; **9:**147
    AE sends first scientific essay to, **1:***5*, 9–10
    AE's stay in Antwerp with, **5:**607
    biography, **1:***384*
Koch, family, AE visits, **3:**581
Koch, Fanny. *See* Einstein, Fanny
Koch, Heinrich, **1:***xlix*
Koch, Jacob (1850–1921), **1:***lvii, lxv*, 246n, 313n; **5:**239n, 458n; **8:**11n, 17, 58n, 732, 835, 884; **9:**3n, 30, 129, 138, 271n, 551c; **10:**82n, 97, 110, 111, 112, 201, 207, 216, 234, 235
    AE visits in Weggis, **10:**121
    Einstein, Pauline
        household run by, **5:**600
        promises help for, **10:**225
    lives in Baur au Lac, Zurich, **10:**101
    SAG shares for, **10:**231, 567c
    stay in Weggis, **10:**121
    visits Winteler-Einstein, **10:**187
Koch, Jette (née Bernheimer) (1825–1886), **1:***xlix–l, lvi, 370*
Koch, Julie (1857–1914), **1:**231, 232, 259, *374*; **5:**458n
    AE on, **1:**222–223, 227; **5:**599n
    death of, AE on, **5:**599
Koch, Julius (Julius Dörzbacher, Derzbacher) (1816–1893), **1:***xlix, li, lvii, 380*; **7:**440n
Koch, Mathilde (née Levy) (1868–1927), **1:**10n, *384*; **5:**324, 324n
Koch, Paul (1890–?), **1:**10n
Koch, Pauline. *See* Einstein, Pauline
Koch, Peter P. (1879–1945), **5:**89n; **8:**470; **9:***xlviii*, 72n, 74, 217, 334n; **10:**337, 572c, 573c, 576c, 593c
    canal rays, planned experiment on, **5:**87
    requests KWIP funds for spectroscopic instruments, **9:**569c; granted, 613c
Koch, Raymond (1893–1930), **1:**10n
Koch, Richard (1852–1924), **1:**285n; **9:**292n
Koch, Robert (1843–1910), **7:**222
Koch, Robert (1879–1952?), **1:***lvii, 12*, 14, 222; **9:**129; Pauline Einstein, contributes to treatment of, **10:**216, 234
Koch, Suzanne (b, **1:**1892), 6n, 10n, *384*
Koch, Walter (1889–1968), **9:**33, 71
Koch photometer, **9:**330, 561c
Kocherthaler, Julius, **8:**451n

Kocherthaler, Lina, dedication to, **10**:589c
Koch-Steinhardt family, visiting Wintelers, **10**:216
Koerner, Guglielmo, **1**:282n
Koffka, Kurt (1886–1941), **9**:45n; **10**:260
Kohl, Emil (1862–1924), **5**:473n
  evaluation of work of, **5**:473, 474n
  University of Prague, candidacy for chair at, **5**:470
Köhler, Alban (1874–1947), **7**:51–53n
Köhler, W., request for assistance from PAW for printing book, rejected, **9**:598c
Kohlrausch, Friedrich (1840–1910), **1**:*236*; **5**:16n; on dissociation, **5**:13
Kohlrausch, Fritz (1884–1953), **10**:295
Kohlschütter, Arnold (1883–1969), **8**:604; **9**:13, 27
Kohlschütter, Ernst (1870–1942), **8**:597n, 599, 625
Kohn, Hedwig (1887–1965), **9**:574c, 593c; **10**:572c, 576c, 579c, 585c, 593c, 611
  requests additional KWIP funds for quartz spectrograph, granted, **10**:609c; pending, **10**:579c, 583c
  requests KWIP funds for quartz spectrograph, **9**:124–125, 337–338; granted, **9**:613c
Kollros, Louis (1878–1959), **1**:214, 247, *265*
Kollwitz, Käthe (1867–1945), **8**:947n; **9**:103n
Kolozsvár, University of (*see* University of Kolozsvár)
Kommol, ?, **8**:960n
Könemann, Heinrich, requests KWIP funds for perpetuum mobile, **8**:1019c
Konen, Heinrich (1874–1948), **9**:72n; AE on, **9**:149, 194
König, Walter (1859–1936), **2**:109; **5**:430n; **6**:569, 570n; requests AE's objections to book by Drude, **5**:430
König's theorem, **3**:69, 127n
Königlich Wissenschaftliches Prüfungsamt, **9**:65n
Königsberger, Johann (1874–1946), **3**:500; **5**:308, 309n
Königsberg bridge problem, **3**:584
Konrad Sannig & Co., AE's expert opinion for, **10**:607c
Konstantinowsky, Kurt (1891–?), **8**:862, 902, 904; **9**:73
Kopf, August, **4**:*6*

Kopp, Victor, on serving as mediator between AE and Russian physicists, **10**:603c
Kopp rule, **2**:384, 387, 390n
Koppel, Leopold (1854–1933), **5**:511, 513n, 534n, 549n, 570n; **9**:12, 108n, 125, 126n, 463, 465; **10**:199
  AE visits, **8**:11
  and endowment for KWIP, **9**:13n
  and funds for AE's PAW salary, **9**:142
  gift to AE, **8**:11
  KWIP, member of Kuratorium of, **8**:571n
  provides part of AE's salary in Berlin, **5**:529n, 581
  role in bringing AE to Berlin, **8**:12n
  SAG shares for, **10**:231, 234, 567c
Koppel Foundation, **8**:11n–12n, 513, 527n, 529, 530n, 571n
  financial support for
    AE's planned Berlin institute, **5**:602n
    Haber's institute, **5**:513n
  Kuratorium of, **8**:514n, 530
Kormann, Carl, **8**:343, 344
Kornprobst, Sebastian, **1**:*lv* n
Korrodi, Eduard (1885–1955)
  requests contribution by AE for *Neue Zürcher Zeitung*, **9**:485, 608c
  seeks AE's help to acquire scholarly literature for Central European institutions, **9**:485
Korteweg, Diederik (1848–1941), **10**:298n
Kossel, Walther (1888–1956), **8**:958; **9**:20; **10**:456, 513
  AE on, **10**:353
  candidate as successor of Born, **10**:304, 516, 336
  lectures on shell structure of atoms, **8**:814
  on X-ray absorption, **9**:21
Kossel-Born-Landé theory of chemical bonds, **9**:210
Kost, Hans, requests information on KWIP funding, **9**:550c
Köster, Albert (1862–1924), **9**:481
Kottler, Friedrich (1886–1965), **4**:324, 342n, 495; **6**:338n, 404, 407, 408n; **7**:76n, 369, 371n; **8**:753; **9**:473, 535, 601c; **10**:323n, 351
  asks AE's help to obtain position in Germany, **9**:373
  on difficult conditions in Austria, **9**:373
  Encyklopädie der mathematischen Wissenschaften, article for, **9**:373

equivalence principle, criticism of paper of AE on, **8:**344, 345, 346
gravitation theory of, discussion with AE on, **8:**702–706
paper of, AE on, **6:**404–407
on radiation theory, **9:**373–374
seeks position, **9:**435–436
on singularities in light waves as quanta, AE on, **10:**352
University of Vienna, on Exner's succession at, **10:**593c
Kowalewski, Arnold (1873–1945), **9:**493; **10:**260
Kowalewski, Gerhard, **8:**337n; **9:**45n
Kowalski, Joseph (1866–1927), **5:**112n, 123, 151
interest in Maschinchen, **5:**55, 111, 124n
wants to visit AE in Bern, **5:**112n
Kraft, Ludwig, **5:**558, 561, 561n; **8:**31, 167; **10:**41, 123; recommends Spinoza's *Ethics* to AE, **10:**96n
Krakatoa eruption (1883), **3:**507n
Krakow, Georg (1891–?)
criticizes KWIP allocation of funds, **9:**68
requests KWIP funds for stipend, **9:**555c, 563c rejected, 68, 564c
Kramers, Hendrik (1894–1952), **9:**150, 151n, 351, 502
Kraus, Friedrich, **8:**275, 696
Kraus, Oskar (1872–1942), **7:***110*, 356, 359n; **10:**260–261, 332, 401n, 418n, 427; lecture at anti-relativity meeting, cancels, **10:**595c
Kraus, Werner (1884–1962), **10:**392–393
Krauss, ?, **9:**434n
Krazer, Adolf (1858–1926), **8:**762
Kreiselbau Co., legal dispute with Anschütz & Co., **7:**190–195
Kremmer, Martin (1864–?), **8:**14n
Kretschmann, Erich (1887–1973), **7:**38; **8:**679, 681, 753; on general principle of relativity, **7:***xxxii*, 39, 43n; **8:**650, 652n
Kries, J. von, **5:**174
Kristensen, W. Brede, **9:**321n
Kristiania. *See* Oslo
Kronig, Ralph de Laer (1904–1995), on observational criterion of closedness of universe, **10:**600c
Kronthal, Paul, book for AE, **10:**605c, 606c
Kroo, Jan, on electron energy levels, **9:**237

Krückmann, Paul (1866–1943), **8:**887; **9:**45n
Krüger, Friedrich (1877–1940), **5:**308, 309n
complains about changed policy of KWIP funding, **9:**568c
dispute with AE, **5:**352
requests KWIP funds for research on crystal structure of metals and alloys, **9:**556c, 567c; granted, 567c; rejected 567c; refuses, 574c
Krüger, Louis (1857–1923), **8:**594, 597n, 599, 624, 625n; **10:**172
abilities of, **8:**617, 796
Geodetic Institute
against independence of, **9:**191, 195n
candidate for directorship of, **8:**617, 625, 796
Krupp Works, **8:**554n, 610
Krüss, Hugo Andres (1879–1945), **5:**513n; **8:**12n, 13n, 571n, 604, 625, 684, 714n, 721, 731n, 795, 1015c; **9:**275n, 562c, 563c, 569c, 574c, 605c; **10:**171
Geodetic Institute, for independence of, **9:**192n, 195n
helps finding position for Freundlich, **8:**601, 603
on widow pension for Einstein-Marić, **8:**713
Krutkov, Yuri (1890–1952), **10:**472
Kubierschky, ?, **9:**570c
Kuenen, Johannes (1866–1922), **5:**410, 411n, 413; **9:**145, 150, 166n, 320, 362, 414, 422n, 502
and funds for AE's trip to Leyden, **9:**183n
participates in "Magnet-Woche," **10:***xlvi*
on special professorship for AE at University of Leyden, **9:**286
Kuffner, Katharina, **9:**168n
Kuffner family, **9:**167
Kugler, Gustav (1874–1939), **5:**206n; plays music with Conrad Habicht, **5:**206
Kuhlmann, August Karl (1877–1963), succeeds H. F. Weber at ETH, **5:**482n
Kühlmann, Richard von (1873–1948), **8:**745
Kühn, Ludwig, **7:**365–366n
Kultur der Gegenwart, AE's papers for, **5:***596*
Kundt, August (1839–1894), **3:**191, 243n; **6:**577; **9:**127
Kunfi, Sigmund, solicits signature for petition, **10:**605c
Kunitz, Moses, **2:***181*

Kunz, Jakob (1874–1938), **5:**287n; AE on abilities of, **5:**286
Künzler, Gustav, **1:***363*
Kurhaus Melchthal, **1:**249n, 250n
Küstner, Friedrich (1856–1936), **8:**386n, 411, 413, 1004c
    abilities of, **8:**322–323
    Astrophysical Observatory, candidate for directorship of, **8:**293, 324
    helps find position for Freundlich, **8:**293
Kuwaki, Ayao (1878–1945)
    AE praises knowledge of, **10:**542–543
    meets with Solovine in Paris, **5:**169
    misidentifies Hans Albert Einstein, **5:**170n
    takes courses at University of Berlin, **5:**161n
    translates *Einstein 1917a* into Japanese, **10:**542–543
    visits AE in Bern, **5:**160
KWG. *See* Kaiser-Wilhelm-Gesellschaft
KWIP. *See* Kaiser-Wilhelm-Institut für Physik
Kyoto University. *See* University of Kyoto

Laar, Johannes van (1860–1938), **5:**370n
    abilities of, AE on, **5:**373–374
    expression for osmotic pressure of, AE's criticism of, **5:**373
    University of Utrecht, candidacy for chair at, **5:**369, 373
Ladenburg, Erich (1878–1908), **3:**413n, 500; experiments of, **5:**80
Ladenburg, Rudolf (1882–1952), **3:***600*
    AE sends reprints to, **5:**81
    at University of Breslau, **5:**81n
    visits AE in Bern, **5:**81n
Lago Maggiore, **1:**261, *375*
Lagrange, Joseph-Louis de (1736–1813), **3:***8*, 90; **10:**536
Lagrange equations, **2:**69, 75n, 457; **3:**90–91, 95–96, 108, 117, 120, 128n, 550; **8:**690n
Lagrange multiplier, **8:**27n
Lagrangian, **3:**128n, 514n–515n
    for "Entwurf" theory, **8:**182–184
    in five-dimensional theory, **9:**66
    for many-body problem, **8:**419, 430
    Lie variation of, **8:**699n, 970
    relativistic, **2:**457, 486n
    variational derivative of, **8:**96–97, 98–100, 102, 104–105, 107–109, 111–112, 114–115, 119, 121–123, 124

Lamé, Gabriel (1795–1870), **4:**343n
Lämmel, Rudolf (1879–1962), **3:**446–447, 449n; lectures on AE in Zurich, **9:**484
Lampa, Anton (1868–1938), **5:**247n, 263, 265n, 309n, 320, 321, 449, 474n; **9:**366, 369, 396, 522; **10:**285, 323n
    AE visits in Vienna, **5:**258n
    angry at AE for revealing name of successor, **5:**500n
    in Austrian Ministry of Education, **9:**277
    Ehrenhaft, requests AE's opinion on, **9:**365, 367, 393, 396–397
    German University of Prague
        fights for, **9:**461
        leaves professorship at, **9:**77
        supported AE's appointment to, **10:**286
    Prague
        on scientific life in, **5:**290
        on times with AE in, **9:**397, 461
    on rumors of AE leaving Berlin, **10:**286
    Schubert-Soldern, on financial support for, **10:**285–286
    sends books, **9:**462
Lánczos, Kornél (1893–1974)
    dissertation on electron theory
        requests AE's opinion on, **9:**265
        AE on, **9:**375
    requests AE's help to do postgraduate work in Germany, **9:**265–266
Landau, Edmund (1877–1938), **5:**502n; and Hebrew University, **9:**222, 240
Landau, Leo (1880–?), invites AE to visit Lübeck, **10:**592c
Landau, Leopold (1848–1920), **9:**169n, 173, 223n, 353n, 434, 466, 524n, 553c
    University of Berlin, special courses for foreign students at, **9:**433–434, 466
Landauer, Gustav (1870–1919), **9:**344n, 563c, 558c
Landé Alfred (1888–1975), **9:**86n
    on criticism of *Born 1920a* by Lenard and Ramsauer, **10:**516
Landolt, Hans (1831–1910), **1:**324
Landolt and Börnstein tables, **2:**19, 198, 347, 388, 389
Landwirtschaftliche Hochschule, Berlin, **7:**288n; **8:**933n
Lang, E., **9:**8; intends to translate *Einstein 1920j* into French, **10:**614c

Lange, Fritz, request for KWIP funds, Laue's recommendation for, **10**:609c
Lange, Gustav (1863–1936), **10**:211
 on introducing concept of "inertial system" before AE, **10**:590c
 on discussing "simultaneity of distant events" before AE, **10**:590c
Lange, Konrad (1855–1921), **8**:888; **9**:45n
Lange, Ludwig (1863–1936), **8**:447, 448n
Langevin, Paul (1872–1946), **2**:*215, 217, 221, 270*; **3**:7, 217, 222, 245n–246n, 439n, 505n, 513n, 518n, 557–558, 560; **4**:184, 340n, 615, 621n; **5**:217, 218n, 300, 302n, 345, 349, 360n, 520, 543n, 598n; **6**:170n, 189n, 191; **7**:345, 530; **8**:998c; **9**:171, 224–225, 500; **10**:317, 344, 366, 368, 373, 404, 470, 472, 513, 529, 548, 575c, 583c
 affair with Marie Curie, **5**:345; **8**:7
 interest in general relativity, **5**:588
 invites AE for Michonis Lectures, **5**:571n
 participates in "Magnet-Woche," **10**:*xlvi*, 356, 468, 469, 475
 Third Solvay Congress, invited to, **10**:303
 Zangger's attendance of lectures of, **5**:332
Langevin law for paramagnetism. *See* Paramagnetism: Curie-Langevin law for
Langhans, Jan F., **5**:517, 518, 520
Langsdorf, Heinrich (1834–1901), **1**:309
Laplace, Pierre Simon de (1749–1827), **1**:201; **2**:3–4, 20n–21n; **3**:268n. *See also* Capillarity: Laplace's theory of; Molecular force: Laplace's theory of
Laplace operator, generalized, **4**:80, 329, 497; **6**:94–95
Laplace's equation, **3**:321–322, 348
Larmor, Joseph (1857–1942), **2**:256; **5**:300, 301n; **7**:*xxxiv*, 210n, 345, 348n; **10**:249
 lectures at Columbia University of, **5**:389
 reformulates general relativity, **9**:244
l'Art libre, **7**:216n–217n
Lasker, Emanuel (1868–1941), AE meets with, **8**:906
Laski, Gerda (1893–1928), **10**:295
Latent heat. *See* Heat: latent
Lattice. *See* Crystal lattice
Latzko, Andreas (1876–1943), **10**:392–393
Laub, Jakob (1882–1962), **3**:257n; **4**:551n; **5**:118, 188; **8**:181n, 236n, 395n, 803, 804n, 909n; **9**:397n, 528; **10**:21n

Abraham, criticized by, **5**:231
AE
 collaboration with in Bern, **5**:93n, 114, 119; **5**:94–95, 106, 120n; 185, 188n
 congratulates on appointment at University of Zurich, **5**:184
 requests picture of, **5**:185
AE on, **5**:114
AE on paper by, **5**:231
AE's papers with, **2**:*xxii, 253–254, 268, 503, 504–506*, 509–517, 517n, 519–528, 530, 532–534, 539; errors in, **4**:107n; **5**:144
on boundary conditions of electromagetic fields, **2**:*505–506*, 512–513, 532–534
Buenos Aires, position in, **5**:538n
cathode rays
 planned experiment on, AE on, **5**:131, 187
 polemic with Marx on, **5**:121
 work on, **5**:95, 122n
dragging coefficient, paper on
 AE's criticism of, **5**:74, 94, 95n
 Laue's criticism of, **5**:73
on electron mass, **2**:436, 485n
electron theory, planned book on, **5**:161
Hasenöhrl, comments on paper by, **5**:107
Heidelberg: appointment in, **5**:186n, 187; plans to leave, **5**:263n
ill with influenza, **5**:106
invites AE, **5**:185
La Plata, appointment in, **5**:309n; AE's assistance with, **5**:263
Lenard, difficulties with, **5**:263
Minkowski, response to, **2**:*504–506*, 517n, 540n
polarization experiment, **5**:119
on ponderomotive force, **2**:*506–507*, 519–528, 528n; planned paper, **5**:161
relativity, review paper on, **5**:*202, 203n*
requests reprints, **5**:93, 107
on stress-energy-momentum tensor, **2**:*506–507*, 528n
ultraviolet light, planned experiment on, **5**:119
at University of Würzburg, **5**:73n, 184
and Wien, **2**:*505*, 528n
Wilson's experiment, discussion with Wien on, **5**:121
See also Electrodynamics of moving media: AE's and Laub's work on; Ponderomotive force: AE's and Laub's expression for

Laub-Wendt, Ruth (1886–?), **5:**309n
Laue, Max (von) (1879–1960), **3:***4*, 268n, *599–600*; **4:***6*, 36, 50, *125*, 187n, 322, 491, 621n; **5:**99n, 251n, 463n, 509, 540n, 563n, 598n; **6:***148*, 199, 206n; **7:***xxxi*, 20, 121n, 345; **8:**75, 471, 478, 601, 620, 671, 853n, 883, 1021c; **9:**7, 22, 149, 214, 266, 302n, 319n, 345n, 472, 488; **10:**28, 39n, 276, 332, 336, 397n, 460
    AE's and Abraham's theories of gravitation, objections to, **5:**482n; AE on, **5:**588
    on AE's and Laub's work, **2:***505–506*, 532; **5:**253
    on AE's criticism of his treatment of clock synchronization, **10:**272–273
    AE's light emission experiment, critique of, **7:**487n
    AE's opinion on, **5:**468
    and anti-relativists, **7:***104, 106, 112–113*, 348n–349n
    Born
        criticizes paper by, **10:**467n
        exchange of positions with, **8:**472, 576, 621, 622, 622n, 637, 655n, 953
    on boundary conditions of electromagnetic fields, **2:**532, 535n
    character of, **8:**637
    classical wave theory, on failure of, **8:**424
    conditions for accepting a new position, **9:**488–489
    dragging coefficient, paper on, **5:**73
    on Einstein-De Haas experiment, **8:**131
    on electron gas, **8:**776
    on entropy of radiation, **5:**83
    "Entwurf" theory, reception of, **8:**154
    equivalence principle, criticizes, **5:**384
    on error in paper, **5:**73
    ETH, candidacy for AE's chair at, **5:**546
    on Fizeau experiment, **7:**257–258
    fights Bavarian Soviet Republic, **9:**60
    formalism of, **6:**97, 129n
    Fourier coefficients of radiation, discussion with AE on, **8:**131–133
    GDNÄ meeting in Bad Nauheim, planned lecture at, **10:**305
    on Gehrcke's attack on general relativity, **8:**345n
    general relativity, textbook on, **7:***112*
    Göttingen, studies in, **5:**73n
    Harress's experiment, paper on, **6:**28n
    inherits patent of nobility, **5:**549n
    on interaction between radiation and matter, **5:**72
    on investigation of crystals with X-rays, **8:**576
    KWIP, on financial help from, **8:**576, 621
    Laub, criticizes paper by, **5:**73
    lecture in Bad Nauheim, **7:**353, 357n
    lectures on eclipse expedition results to DPG, **9:**442n, 602c
    light propagation, paper on, **5:**73n
    light quantum hypothesis, comments on, **5:**41
    military service of, **8:**621
    Munich, position in, **5:**385n
    nervous condition of, AE on, **8:**637
    on optics of moving bodies, **9:**207–209, 219–220, 296
    paper by, AE on, **6:**199–205, 206n
    PAW
        aspires to be member of, **8:**621
        nominated as member of, **10:**570c
    petition for *Habilitation*, **5:**42n
    Planck
        aspires to be successor of, **8:**637
        assistant of, **2:***266*
    Planck celebration
        edits lectures at, **8:**775, 784n
        presents lecture at, **8:**628, 654–655, 672
    planned meeting with AE in Munich, **5:**482
    probability calculus in theory of radiation, paper on, **8:**133n
    on radiation theory, **5:**83
    recommends Fritz Lange's application for KWIP funds, **10:**609c
    relativity
        early interest in, **5:**40n, 42n
        book on, **4:***4*; **5:**200n; **7:***112*; AE's praise of, **5:**445
        paper on, **5:**76
        paper for philosophers on, **8:**868
        on principle of, **6:**423
        work on, **2:***266*, 427n, 436, 448, 485n**4:***3*, 31, 40, 84, 92, 102n, 104n, 105n, 106n, 107n, 324
    on Seemann's application for KWIP funds, **9:**30–31
    on signal velocity, **5:***59*
    signs press statement supporting AE, **10:**414n
    Solvay Congress, Second, lecture at, **8:**157n

on Stern's paper on thermal molecular velocities, **10**:355
on symmetry of stress energy tensor, **5**:552
thermodynamics of interference phenomena, paper on, **5**:41, 42n
Thomson, criticizes paper by, **5**:73
University of Berlin, intends to leave, **10**:361
University of Hamburg, candidate for chair of theoretical physics at, **10**:613c; AE on, **10**:547
University of Vienna, nominated for chair of Physics at, **8**:265n
University of Zurich, candidacy for chair at, **5**:448
 AE on, **5**:445
 appointment, **5**:468
 official recommendation for, **5**:448
 procedure of, **5**:468n
on velocity-dependence of electron mass, **8**:908
visits AE, **10**:95; in Bern, **5**:78, comments on, **5**:74n
Wien, collaboration with, **8**:472n
X-ray diffraction
 discovery of, **5**:480, 482, 483
 lecture on, **4**:*552n*, 553
 theory of, **5**:519, 519n
on X-rays, **7**:53n
zero-point energy, rejects, **8**:131
Laue scalar, **4**:107n, 322, 491, 492, 502n; **6**:322; **8**:80
Laue's theorem, **8**:101, 517, 787n
Laue-Degen, Magdalene (1891–1961), **8**:638n, 654
Lauer, Heinrich, **5**:243
Laval, Carl Gustav Patrik de (1845–1913), **5**:117, 118n
Lavanchy, Ch., **8**:913
Law of nature, **2**:*xxi*, 241n, *257*, 438, 440
Laws of motion. *See* Equations of motion; Galilean mechanics; Newtonian mechanics
Lawson, Robert W. (1890–1960), **6**:538n; **7**:279n, 410n; **9**:*xxxix*, 259, 268n, 310, 319, 346, 374, 412, 445, 523, 525, 592c, 599c, 601c, 603c, 605c; **10**:*xlviii*, 569c, 578c, 610c
on Clarté, **9**:346
congratulates AE, **9**:252
on English edition of AE's lectures on relativity, **9**:444
and English edition of AE's popular book on relativity (*Einstein 1917a*), **9**:311, 319, 526; **10**:572c, 589c
contract for, **9**:525
requests additions to, **9**:609c, 612c
resume and photos for, **9**:444
royalties for, **9**:346–347, 407, 443, 598c
translates, **9**:295
on translation rights, **9**:311, 597c
on harsh conditions in Germany and Austria, **9**:311
intends to translate AE's (inaugural?) lecture into English, **10**:592c
offers to translate AE's articles, **9**:251
picture gallery from his Vienna years, **9**:257
proposes English edition of *Einstein 1920j*, **10**:572c, 589c
on reconciliation between England and Germany, **9**:311
requests AE article for *Nature*, **9**:252, 256, 310, 328
solicits signed picture from AE, **9**:257
wartime work of at Institute of Radium Research, Vienna, **9**:436
Lazarev, Pëtr (1878–1942), AE declines invitation by, **8**:18
Le Verrier, Urbain (1811–1877), **6**:234, 319, 337, 494, 510; **7**:561; **8**:202, 221; **9**:229
League for Proletarian Culture. *See* Bund für proletarische Kultur
League of German Scholars and Artists. *See* Bund Deutscher Gelehrter und Künstler
League of Nations, **7**:6–7n, 334; **8**:187n, 918–919
AE on, **9**:117, 142, 143, 281
American support for, **9**:143
concept of a, **7**:10n
first session of, **10**:605c, 606c
Fokker on, **9**:236
as guarantor of rights, **7**:8
humanitarian relief efforts of, **7**:334n
orders partition of Upper Silesia, **7**:470n
prospects for, **7**:9
psychological prerequisites for, **7**:334
Least action, principle of, **2**:475; **3**:91, 93, 116–117, 119–120; **4**:563; **5**:50, 50n
Lecher, Ernst (1856–1926), **8**:295, 462, 578; **9**:398–399, 428, 435
Lecher's experiment, **8**:295, 300

Lederer, Eugen (1884–1947), **9:**277n; **10:**546, 608c–610c
Leeuwen, Cornelia van. *See* Nordström-van Leeuwen, Cornelia
Leeuwen, Hendrika van, **8:**468
Legislative National Assembly. *See* Germany, Gesetzgebende Nationalversammlung
Lehmann, Max (1845–1929), **8:**737, 745–746
  political views of, **8:**758
  signs Delbrück-Dernburg petition, **8:**759n
Lehmann, Otto (1855–1922), **10:**10
  on electrodynamic force between moving rods, **10:**11
  on electromagnetic induction, **9:**558c
  invites AE to lecture in Karlsruhe, **10:**11
  requests KWIP funds for research on influence of magnetic field on molecular forces in liquid crystals, **9:**555c, 558c; rejected, 562c
Lehmann-Rußbüldt, Otto (1873–1964), **9:***xliv*, 202
Leibniz, Gottfried Wilhelm (1646–1716), **7:**57, 59n; **8:**540
Leibniz Gold Medal, **8:**1000c
Leidsch Universiteitsfonds, **9:**249n
  appoints AE special professor, **10:***xliii–xlv*, 585c
  funds AE's special professorship, **9:**183n, 247, 416n
Leithäuser, Gustav (1881–1961), **5:**308, 309n
Lelewer, Hermann (1891–?), **7:***233*
Lemke, Karl (1895–1969), **9:**95
Lemmert, Otto, on AE's opinion on Kant, **10:**596c
Lenard, Philipp (1862–1947), **2:***142*, 163–166, 168n, 169n; **3:**497n, 547n; **5:**37n, 185, 186, 186n, *202*, 261n, 263, 269; **7:***101–113*, 122n, 128n, 279n, 346–348n; **9:**31, 150n; **10:***xxxviii–xl*, 401n, 408, 427, 449, 460, 470–471
  AE on, **5:**187, 232, 253, 260, 263, 309; **10:**595c
  AE compares with Moszkowski and Wien, **10:**468
  AE on paper by, **5:**37
  AE's attack on, **7:***106*, 345
  AE's Bad Nauheim debate with, **7:***xxxii*, *109–111*, 354–359n; **10:**435
  AE's reading of, **2:***260*
  and anti-Semitism, **7:***112*
  and "Aryan physics," **7:***111*
  anti-relativist activities, involvement in, **7:***106, 107, 111–112*
  blocks Laub's plans to leave Heidelberg, **5:**263n
  Born, criticizes paper by, **10:**516
  on ether, **7:***104, 111*, 354–355
  experiments on cathode rays by, AE familiar with, **1:***224*, 304
  Gerber, defense of, **7:**349n
  Laub's comments on, **5:**184
  lecture by, Einstein-Marić on, **1:***xxxix*, 59
  metal spectra, work on, **5:**37n
  phosphorescence, work on, **5:**198
  photoelectric effect
    AE reads paper on, **1:***xl*
    triggering hypothesis in, **5:**180n, 198n
    experiments on, **2:***142*, 165, 168n–169n; **5:**80, 195, 198
  on superluminal velocities, **7:**355, 358n
  train-crash objection to general relativity of, **7:***104–105*, 118–119, 122n, 354, 358n
  See also Photoelectric effect
Length, **2:***261–262*
  determination of for moving rod, **3:**153–154, 156, 433–434 (*see also* Conventions)
  relativity of, **2:***261–262*, 280–281, 443, 485n; **4:**544 (*see also* Space: relativity of distance in)
  invariant, **8:**951–952
  See also Invariant distance; Space: measurement of
Length contraction, relativistic, **2:**288, 410, 443, 507, 540; **4:**131, *193*, 544, 549; **6:**53, 135, 290, 448–449, 479, 537n; **7:**256, 388, 522–523, 538, 604; **10:**11
  AE and Varićak on, **10:**8–9, 13–15
  of charges, **10:**354
  demonstration of, **9:**601c
  explained by Holst with "neutral field" of fixed stars, **10:**333n
  Hasenöhrl's proof of, **5:**107
  physical significance of, **3:***478–479*, 484n
  possible role of ether in, **3:**444
  reality of, **3:***478–479*, 444, 482–483, 484n; **10:**14–15; Lorentz on, **8:**72, 83
  and rotating disk paradox, **9:**115, 135, 136, 140
  and time dilation, **8:**900–901, 907–908
  velocity dependence of, **3:**160–161, 435, 444

See also Contraction hypothesis, Lorentz-FitzGerald; Rigid rod
Lenin, Vladimir I. (1870–1924), **9:**36n; return to Russia, Germany's role in, **10:**184n
Lense-Thirring effect, **7:***xxiv, xxxiii*, 563, 565, 576n; **8:**483, 501
experimental test proposed for, **9:**250
Lenz, Emma and Max, **8:**150n
Lenz, Wilhelm (1888–1957), **8:**132, 147, 326, 671, 1006c; **9:**20, 75, 217, 463, 464, 555c; **10:**456
Born, candidate as successor of, **10:**304, 336; AE on, 353
curriculum vitae of, **9:**18–19
requests KWIP funds for research in quantum theory of monatomic gases, **9:**19; rejected, **9:**561c
University of Hamburg, candidate for chair at, **10:**547, 613c; AE on, 547
Lenzburg, Canton of Aargau, **1:**305n, 308, 311
Lenz's law, **3:**123
Léon, Xavier (1868–1935), **10:**529
Lesezirkel Hottingen, **5:**575n
Levi, Emma (1842–1927), **8:**329
Levi, Erna, **9:**172
Levi, Ernst, **10:**435
Levi, Rudolf (1863–1929?), **10:**445
Levi-Civita, Tullio (1873–1941), **2:**549, 553n; **6:**357n; **7:**24–25, 27n, 30, 79, *101*, 157, 177n, 179n, 278, 345, 541, 544, 574n; **8:**332n, 507, 523n, 670n, 704, 712, 765, 959; **9:**361; **10:**117, 339
AE asks to write in Italian, **8:**98, 104
AE expresses affection for, **8:**59
AE hopes to meet, **8:**120, 124
comparing AE to Newton, **10:**378
correspondence with, AE enjoys, **8:**112
cosmological term, discussion with AE on, **8:**498
and differential calculus, **6:**78, 90, 216, 284, 297, 535n
on differential covariants, **4:***195, 294, 296*, 324, 329, 495, 620
on *Einstein 1919a*, **10:**378
energy-momentum pseudotensor
discussion with AE on, **8:**498–500, 509–510
paper on, **8:**442
"Entwurf" theory, discussion with AE on, **8:**96–97, 98–100, 102, 104–105, 107–109, 111–112, 114–115, 119, 121–123, 124
general relativity, papers on, **8:**497
on internationalism of intellectuals, **10:**378
proposes Italian translation of *Einstein 1917a*, **10:**590c
Levi-Civita tensor, **4:***197*; **6:**85–86, 217
Levin, Max, **8:**130, 134
Levin, Shmarya (1867–1935), **7:***234*; **9:***xlvi*, 181n, 249n
Leviné, Eugen (1883–1919), **9:**344n
execution of, **9:**87n
request for just trial of, **9:**70–71
Lewald, Theodor (1860–1947), **8:**825n
Lewin, Louis (1850–1925), **7:**448n
Lewinowitsch, Raphael (1883–?), **5:**250, 250n; **8:**402n
Lewis, Gilbert (1875–1946), **5:**260, 261, 261n
creates position for Epstein, **10:**516
meets with AE in Zurich, **5:**262n
Lex Arons. *See* Arons, Leo: loses position
Lex Heinze, **8:**188n
Leyden. *See* Einstein, Albert: Career: University of Leyden; "Magnet-Woche"; University of Leyden
Leyden jar, **1:**168
Leyden Society for Scientific Lectures, AE's lecture to, **10:**262, 264, 267, 271, 289
Leyden University Fund. *See* Leidsch Universiteitsfonds
Libert, Arnold (1887–?), **9:**192
Libert-Weinstein, Janusch, **9:**192
Licht, Hugo, **6:**138, 144n
Lichtenecker, Karl (1882–?), **3:**504n
Lichtenstein, Léon (1878–1933), **9:**46
Lichtheim, Richard (1885–1963), **7:***233*
Lick Observatory, **8:**216n; **9:***xxxii*, 158n
Lie variation, **8:**278n, 689n, 699n, 834n, 917n, 970
Lieber, Hugo, **7:**301n, 470n, 494n; as AE's agent in the U.S., **10:**491
Liebermann, Max (1847–1935), **9:**350n
Liebert, Arthur (1878–1946), **8:**994c; **9:**532; **10:**289n
on Schlick's *Allgemeine Erkenntnislehre*, **9:**510
Liebisch, Theodor, **9:**488n; nominates Laue as member of PAW, **10:**570c
Liebknecht, Karl (1871–1919), **7:**282n; **9:***xliv*,

Liebknecht, Karl (*cont.*)
  17n, 34n, 384n, 389n, 488n, 550c, 551c;
  10:184n
 murder of, **9:**5n
Liechti, Paul (1843–1903), **1:**41n, *360, 361*
Liesegang, Franz (1873–1949), **7:***109*
Lieserl (1902–?), daughter of AE and Einstein-Marić
 AE seeks Einstein-Marić's father's advice on keeping, **1:**324
 AE's comments on Einstein-Marić and, **1:**304, 305, 306, 324, 332
 AE's desire for son, **1:**305, 322
 AE's wish to live with Einstein-Marić and, **1:***xxxviii*, 324
 Einstein-Marić pregnant with, **1:***xxxvii*, 304, 305, 306, 324; **8:**4n; does not want friends to know, **1:**314, 318
 Einstein-Marić's desire for daughter, **1:**332
 birth of, **1:***xxxv, xxxvi, xxxvii*, 305n, 332, 333n, *377, 381*; **5:**23n
 ill with scarlet fever, **1:***xxxviii*; **5:**22
 no information about fate after 1903, **1:***xxxviii*
 registration of, **5:**22, 23n
Liga zur Beförderung der Humanität, **9:**17n, 203n, 551c, 559c, 562c
Light
 aberration of (*see* Aberration)
 absorption of, **2:***xvii–xviii, 110, 134, 146*, 350, 353, 379, 573, 585
 AE's search for fusion of wave and emission theories of, **2:***xvii–xviii, 147–148, 273*
 coefficient of absorption of in metals, **1:**283
 cone, **7:**412, 524
 corpuscular theory of, **2:***148, 263* (*see also* Light, emission theory of; Light quantum)
 deflection of, **3:***xxix*, 486, 494, 497n; in solar atmosphere, caused by refraction, Emden on, **9:**297, 309, Lorentz on, 186, 309 (*see also* Gravitational light deflection)
 diffraction of, **3:***xviii*, 131, 426; **6:**197
 direct transformation of kinetic energy into, AE on, **1:***236*, 294–295
 dispersion of, **3:**250, 253n, 280, 522, 544n; **6:**26, 45 (*see also* Dispersion, anomalous; Dispersion: optical)
 dragging of, **2:**435–436
 dragging coefficient of (*see* Dragging coefficient)
 dual quantum-wave theory of, **7:**486n–487n
 effect of on chemical reactions, **9:**141, 224
 electromagnetic theory of, **1:**328; **2:**307n, 565
 emission of, **2:***xvii, xxii, 110, 134, 146*, 150, 263, 350, 353, 379, 542, 544, 571–573, 585
 emission and absorption, **3:**457; **10:**44, 48
 emission theory of (*see* Light, emission theory of)
 experiments on, **3:**547n
 fluorescent, **2:**552n
 frequency of, **2:**350, 390n, 403; **3:**253n
 identity of with electromagnetic radiation, **1:**7
 inaccessibility of speeds higher than speed of, **4:**44, 49, 50, 58–59, 488
 as independent entity, **2:**309n
 index of refraction of, **3:**297; **4:**28, 537
 infrared, **2:**386, 390n, 405, 406n
 interaction of with matter, **2:***xvii–xviii, 134, 141, 150*, 383, 483, 548, 553n, 585–586
 interference of, **2:**564, 566, 586, 587n; **3:***xviii*, 131, 134, 426–428, 537, 547n, 557, 574; **4:**536–537; **6:**197, 525; **7:**486n; fluctuations and, **3:**178n
 Maxwell's theory of, **2:***xvii, 134*, 358n, 565, 583n
 microstructure of, **2:**309n
 monochromatic, **2:**566; **3:**500
 nature of, **2:**150–151, 564, 572
 polarization of, **2:**565
 principle of constancy of speed of (*see* Light, speed of: constancy of)
 production of, **2:**150–151, 350
 propagation of, **1:**7, 230; **2:***147–148, 258, 259*, 307n, 441, 564, 566, 569; **3:***131–140, 145*, 150, 158
 and gravity, **3:**486–496, 497n
 measurement of, **3:**431
 theory of, **3:**125n
 quantum (*see* Light quantum)
 quantum hypothesis of (*see* Light quantum hypothesis)
 redshift of (*see* Gravitational redshift)
 reflection of, from mirror, **2:**299
 refraction of, **2:**564, 582n
 scattering of (*see* Scattering of light)
 signals, **2:**268, 278, 283, 410, 424–425; **3:**149–150, 431–432, 441, *479*
 source, **2:**447; **4:**34, 104n; conception of, Guillaume on, **10:**536–537

stellar, from antipodal point, **8:**412
ultraviolet, **2:**168n, 386, 390n; **3:**511n, 540, 544n; ionization of gases by, **4:***110*
wave theory of, **2:***xvii, 147–148,* 150, *255,* 564–566, 573–574; **4:**50, 536; **6:**396, 525, 577; **7:***xxix,* 245, 309–310, 484–487n; vs. particle theory, **3:***xviii,* 177–178
See also Electromagnetic waves; Light, speed of; Light wave; Radiation

Light, emission theory of, **2:***xvii, xxii, 147–148, 261, 262, 263–264,* 485n, 564, 569, 573; **3:***xviii,* 133
AE's discussion with Ehrenfest on, **5:**458, 476, 485
AE's early adherence to, **5:**450
Doppler effect in, Ehrenfest on, **5:**452n, 461
Ehrenfest's paper on, AE on, **5:**450
Newton's, **6:**535n; **7:**245
reflection law in, AE on, **5:**477, 485
Ritz's, **4:***5,* 34, 35; **5:**450; **6:**49, 67n; **7:**467
test of, using binary star observations, **5:**524n
AE on, **5:**523
De Sitter's paper on, **5:**524n
Freundlich's dispute with DeSitter on, **5:**555n
Freundlich's paper on, **5:**555

Light pressure, **2:**299, 309n, 582n; **3:***5,* 64; **8:**332
negative, **8:**548, 861, 862, 903, 961
Schwarzschild-Debye maximum of, **9:**398

Light quantum, **2:***xxvi–xxvii, 134, 145, 148,* 309n, 415, 545, 548, 585–586; **3:***xx–xxi,* 125n, 457, 546n; **5:**83
absorption of, **2:**548; Laue on, **5:**72
AE's conception of, **5:**193
dimensions of, Lorentz's estimate, **5:**174–176
directed emission of, **2:**574, 583n
energy of, **2:***134,* 350, 356, 547, 580, 583n
existence of, **3:***xxi,* 547n; **8:**333
hypothesis of (*see* Light quantum hypothesis)
incompatibility of with interference phenomena, AE on, **5:**465
individuality of, Lorentz on, **5:**174
meaning of, Planck on, **5:**50
momentum of, **2:**583n
Planck's rejection of, **5:**203n
and Planck's theory, **2:**351–354
singularity in radiation field as model of, **2:**148, 581–582

Stark's paper on, **5:**203n
theory of, **3:**249–250
wave pulse interpretation of, **2:***145*

Light quantum hypothesis, **2:***xvii, 139–140, 141, 146, 148,* 151, 162, *263, 265, 270,* 350, 354, 415, 549, 577, 580
AE on first paper on, **5:**31
AE's experiment on, **7:***xxviii–xxix,* 484–487n
Laue's comments on, **5:**41
See also Light quantum

Light, speed of, **1:***7–9, 372;* **3:**131, 134, 137, 366, 494
in accelerated frame of reference, **2:**477–478
constancy of, **2:***xxii, 253, 257, 263–264,* 277, 280, 282–283, 286, 307n, 312, 402, 410, 437–438, 440, 569; **3:**145–146, 150, 156, 158, 168, 430, 438, 439n, 442, 494; **4:**29, 39, 40, 130, 181–185, *300,* 479, 492, 539, 541, 543, 546, 568, 572, 573, 585, 589, 592–596, 611, 612, 619; **6:**4, 22, 280, 285, 288, 440, 445–447, 452–453, 465, 475, 486, 487, 528; **7:**4, 245, 250, 254, 280n, 431, 458, 461, 463, 517–518, 594, 598, 601, 603; **8:**40 (*see also* Relativity, principle of: and principle of constancy of speed of light)
electric waves propagated at, **3:**385
in gravitational field, **3:**491–494
as maximum speed, **3:**445–447, *478;* **4:**44, 49, 50, 58–59, 488; **6:**55, 448, 449, 454; **7:**259, 358n
in moving medium, **8:**161
Harzer on, **9:**220
Laue on, **9:**207–209, 219–220, 296
Zeeman's experiments on, **6:**452, 536n; **8:**608, 161; **9:**209, 296
See also Fizeau's experiment
and propagation, **3:**145, 158
relative to its source, **2:***265,* 566–567, **2:**277
(*see also* Light, emission theory of)
in vacuum, **3:**298, 526
variability of, **4:**104n, *122–126,* 130–144, 179n, 306, 475, 479, 494, 506, 549; **5:**434–435, 465, 484; **6:**127, 130n, 475; **7:**269

Light wave, **3:**131, 298, 390
amplitude of, **2:**452–453
group velocity of, **2:**448–449
polarization of, **2:**452–453, 565
and state of medium, **2:**565
transformation equations for, **2:**446, 452–453

Light-bulb filament, production of, **7:**242–244n
Lighting and power stations installations by
    Einstein e C., **1:***lv*, 215n, 281n, *375*
    J. Einstein & Cie., **1:***lii*
Ligurian Alps, Italy, **1:***372*
Liliencron, Detlev von (1844–1909), **5:**518n
Lilienthal, Gustav, **10:**581c
Lille booklet
    first version of, **9:***xliii*
        AE on, **9:**162, 231
        AE signs preface, **9:**577c
        on foreigners, **9:**163
        on French prisoner-of-war camps, **9:**185
        in preparation, **9:**135
        problems with German documents used in, **9:**164n
        problems with introduction of, **9:**164n
    second version of, **9:***xliii*
        animosity toward, **9:**355
        Lorentz approves, **9:**421, 483
        in press, **9:**355
        purpose of, **9:**422n
Limit, Newtonian, **2:**315n, 455, 462
Limmathof (Hotel Limmathof), Zurich, **1:**298
Linde, Karl (1842–1934), **1:**147n
Lindemann, Adolf (1846–1931), **9:**243, 245; **10:**380, 535n
    on daytime photography of stars, **10:**380
    invites AE to lecture in Hamburg, **9:**607c, 616c
    on observing light deflection by daytime photography, **9:**244
Lindemann, Frederick (1886–1957), **2:***143*; **3:***xxiv–xxv*, 475n–477n, 501, 503, 512, 512n, 527–528, 542, 544n, 547n, 560–561; **5:**378n; **7:**211n; **8:**469; **9:**244; **10:**381n, 535
    atomic frequencies, formulas for, **5:**377
    debates on eclipse expedition results, **9:**474n
    equation of, **3:**460, 467–468, 470–471, 476n–477n
    quantum theory of specific heat, work on, **5:**303n
    specific heat experiments, **2:**390n–391n
    See also Nernst-Lindemann equation; Solid bodies, specific heat of
Lindemann, Rudolf, requests AE's support for Studentenvereinigung für künstlerische Kultur an der Universität Berlin, **9:**178–179; declined, **9:**184

Line, straight, concept of, **6:**479; **7:**506
Line element
    as abstraction, **8:**391
    of De Sitter, **8:**779
    definition of, **8:**392
    path-dependent, **8:**710, 720–721, 724, 726–727, 742, 803–804, 859, 878, 893, 934, 956, 967
    of Schwarzschild, **8:**313, 779
    See also Invariant space-time interval
Lines of force. *See* Force: lines of
Line spectra, **2:**402–403, 444
l'Intransigeant, **7:**419n
Linz, Karl, **9:**599c
Liouville's theorem, **2:***50*, *52*, 60, 67, 390n; **3:**244n; **8:**957–958, 962. *See also* Continuity equation; Incompressibility condition
Lipka, Joseph, **9:**594c
Lippich, Ferdinand (1838–1913), **5:**256n, 289, 473, 473n, 499, 500n
Lipschitz, Rudolf (1832–1903), **8:**690n, 712n
Liquefaction. *See* Gas: liquefaction of
Liquids, **2:**10, *171*; **3:**6, 287, 402
    AE applies his theory of molecular forces to, **1:***xl*, 273, 324
    binary mixture of, **3:**283
    boiling process in, **1:**123–130
    cohesive forces in, **1:**123n
    diffusion in, **2:***211*
    heat of vaporization of, **2:**21n
    incompressible, **2:**177
    kinetic theory of (*see* Kinetic theory of liquids)
    mixtures of (*see* Fluid: mixtures of)
    molecular structure of, **2:***171*, 186
    potential energy of per unit volume, **2:**15
    specific heat of, **2:**129; **3:**567
    stationary motion of, **2:***177*
    surface tension of (*see* Surface tension)
    surfaces of, AE on, **1:**312
    suspended particles in (*see* Particles, suspended; Suspensions)
    Van der Waals's theory of, **1:***265*, 324n; **2:***4*, *178*; **4:**529
    viscosity coefficient of, **3:**418n
    See also Capillarity
Lissauer, Ernst, **8:**77n
Literature, scholarly, problem of obtaining in: Austria, **9:**45n, 485; Germany, 45n, 485, 514, 533

Lloyd George, David (1863–1945), **9:**144n
Local time. *See* Time: local
Locarno, Einstein-Marić's trip with children to, **5:**599, 600, 601, 603
Løchen, Arne (1850–1930), **9:**532
Lockyer, Norman (1836–1920), **10:**381
Lodge, Oliver (1851–1940), **7:**210n
  congratulates AE, **9:**186
  dedication to AE by, **5:**635c
Loeffler, Jean, **8:**1019c
Lohner, Emil (1865–1959), **5:**203n
London, peace conference in, **5:**508n
Loos, Franz (1889–?), **5:**406n
Löppen, Franz, **5:**318n
Lorentz, Geertruida. *See* Haas-Lorentz, Geertruida de
Lorentz, Hendrik Antoon (1853–1928), **1:***224*, *225*, 330; **3:**510n, 550, 562n; **4:***3*, 153, *272*, *273*, 540, 550n, *555n*, 559n; **5:**74, 75n, 84n, 89n, 134, 146, 148, 156, 157, 167n, 230n, 269, 279, 299, 300, 322n, 325, 327, 361, 366, 421, 480, 484, 490, 509, 509n, 522n, 523, 568, 569n, 601; **6:**67n, 135, 136n, *145*, 151, 173, 191, 193n, 267, 345n, 376, 410, 437, 452, 459; **7:**7n, 25, 30, 72, 91, *101*, 200, 215n, 217n, 345, 378n, 410n, 431, 518; **8:**4, 7n, 41n, 64n, 79, 92n, 117, 127, 149, 182, 220, 229, 230n, 234n, 236n, 239n, 245, 247, 288, 299, 304n, 333, 340, 350n, 362, 364, 370n, 371, 390, 392n, 404n, 418, 468, 534, 575, 609, 615n, 652n, 687, 689n, 704, 756, 872n; **10:***xlii*, 55n, 211, 264, 271, 279, 298, 303n, 311, 344, 389, 404, 472, 475, 521, 572c; **9:***xxx*, *xxxv*, *xliii*, 16, 42, 58n, 115n, 120, 134n, 145, 150, 164n, 183n, 183, 228, 231–232, 308, 320, 333, 334n, 349, 355, 390, 393, 421, 422n, 457, 469, 471n, 482, 497, 499n, 501, 577c
  AE
    congratulates on ETH appointment, **5:**364
    congratulates on general relativity, **8:**242
    discovers error by, **6:***145*, 170n, 189n, 195
    discusses German war atrocities with, **8:**347n
    discusses Massart appeal with, **8:**346
    expresses sympathy for, **10:**407–408
    invites, **8:**233, 233n, 335, 338, 419,
    loan of money to, **5:**367; AE's miscalculation of amount of, **5:**364

    thanks for support for De Haas, **8:**298
    worries about health of, **9:**54, 182, 187
  AE attends colloquium of, **10:**219
  AE attends lecture by, **10:**257
  AE on importance of work of, **7:**322n–323n
  AE invites to Zurich, **5:**359
  AE praises, **5:**187, 346, 349; **8:**97, 429
  AE requests to organize international meeting of intellectuals, **8:**150; declined 155, 164
  AE visits, **8:**340; AE's good memories of, 348; **10:**52, 224, 225, 271
  AE's electron model, suspects instability in, **9:**264
  on AE's inaugural lecture, **9:**421; date of, **10:**320
  AE's Leyden lecture as homage to, **10:***xliii*
  AE's planned visit with, **5:**589n, 598n, 602, 603
  AE's reading of, **2:***145*, *259*, *272*, 307n
  on AE's relation between Planck's constant and elementary charge, **5:**178
  AE's reviews of books by, **6:**135, 375–376
  AE's 1911 stay with in Leyden, **5:**276, 279, 281
  Ampère's molecular currents, participates in new experiment on, **8:**175
  and anti-relativists, **7:**347
  on book by Eddington, **10:**320, 365, 437
  Born's crystal lattice theory, lectures on, **10:**468
  classical electrodynamics and Planck's law, on incompatibility of, **5:**171
  Columbia University, lectures at, **5:**389
  contraction hypothesis of, AE's critique of, **7:**249, 279n (*see also* Contraction hypothesis, Lorentz-FitzGerald)
  correspondence with, AE on, **5:**187, 189
  corresponding states, theorem of, **2:**256
  on drag in a viscous fluid, **9:**221
  Droste, collaboration with, **8:**420n
  Dutch Academy of Sciences, pleased with AE's election in, **10:**280
  Einstein, Pauline, condolences on on death of, **9:**481–482
  electrodynamics of
    action and reaction in, **5:**149n
    criticized by Poincaré, **5:**149n
    forces on ether in, **5:**149n
    on foundations of, **7:**312

Lorentz, Hendrik Antoon (*cont.*)
  electrodynamics of moving bodies of, **2:***259, 264–265*, 301–302, 307n, 410, 434–435, 438, 449, 540, 567–568; **8:**5, 6, 900
  electrodynamics of moving media of, **2:***xxviii, 503, 507*, 514
  on electromagnetism, **2:***256–257*, 549
  electron mass, on velocity-dependence of, **8:**908
  electron model of, **5:***57*
  electron theory (*see* Electron; Electron theory: Lorentz's)
  enjoys AE's joke in *Times* (London), **9:**286
  "Entwurf" theory, on covariance of, **5:**553n; **8:**69–71
  Epstein
    efforts on behalf of, **9:**470, 487
    invites to University of Leyden, **10:**285n
  ether
    on degrees of freedom of, **5:**177
    on energy exchange of with matter, **5:**171–172, 174, 176
    requests AE's public statement on, **9:**353
    theory of (*see* Ether theory: Lorentz's)
  escorts family of De Haas from Berlin to the Netherlands, **8:**143n
  on geodetic precession, **9:**421–422
  German war crimes
    on private commission to investigate, **8:**391n; **9:**42, 53–54, 57, 120
    consults about with French and Belgian colleagues, **9:**54
  Göttingen lectures of, AE's enjoyment of, **5:**276
  gravitation
    on AE's theory of, **10:**23
    on special-relativistic theory of, **6:**136n
  on gravitational redshift, **10:**252n
  Grebe's and Bachem's results, congratulations on, **9:**482
  Haarlem, planned move to, **5:**409
  helps Russian physicists, **10:**425
  on hole argument, **8:**67–68
  Institut international de physique, on revival of, **9:**114
  light quantum
    on existence of, **2:***148*
    estimate of dimensions of, **5:**174–176
    on individuality of, **5:**174
  light velocity in moving media, formula for, **8:**161
  Lille booklet, approves second version of, **9:**421, 483
  local time of, **2:**308n, 487n; **5:**121n (*see also* Time: local)
  "Magnet-Woche," participates in, **10:***xlvi*
  Manifesto of the 93
    on statement by Planck on, **8:**285, 286n
    on undoing damage created by, **8:**157n
  on Massart appeal, **8:**361
  Maxwell's equations for free ether, on validity of, **5:**177
  Michonis Lectures at Collège de France, invited to give, **5:**571n
  Monday lectures of, **8:**299n
  Nobel prize
    recommends AE for, **9:**418n, 597c
    nominated for, with AE, **5:**629c
  on optics, **2:**434, 485n, 567 (*see also* Optics: of moving bodies)
  on photoelectric phenomena, **5:**178
  Planck's constant, on interpretation of, **5:**173
  Planck's law, derived using canonical ensemble, **5:**172–173
  ponderomotive force of, **2:***503–504*, 527; Laub's comments on, **5:**119
  on principle of relativity, **6:**423
  on prize contest of *Scientific American*, **10:**424
  published lectures of, **9:**248, 287; AE on, 228, 233, 267
  quantum theory
    lectures on, **8:**522
    of light, **7:**486n–487n
    paper on, **5:**245, 246n
  radiation theory, **2:***144–145*, 542, 543; **3:**250, 253n, 281n, 499–500, 505n–506n, 507, 515n
    on equipartition theorem in, **2:***144*
    lecture at Rome congress on, **5:**168n, 180n, 170–171; AE on, **5:**168, 192
  on refraction as cause of light deflection, **9:***xxxvi*, 186, 309
  on relation between radiation law and properties of electrons, **5:**179
  on relativity
    and ether, **8:**73
    principle of, **6:**423
    of rotation, **8:**69–70

of time, **8**:526
relativity, general
    interest in, **5**:588
    Lagrangian for, **8**:249n, 419, 430
    lectures on, **8**:295
    papers on, **8**:247n
    problems with field equations in, **8**:233, 254
    reception of, **8**:263
    works on, **8**:347, 425
relativity, special, on covariance of, **8**:70
on simultaneity, **8**:73
solar eclipse expedition results
    communicates, **9**:218, 580c; to AE, **7**:201n; **9**:167, 170, 229, 232, 577c, 578c
    discusses with AE, **10**:223
    writes newspaper article on, **9**:246
Solvay
    meets with, **9**:114
    on Planck's intercession for, **9**:216
Solvay Congress, First, chairman of, **5**:346, 566
Solvay Congress, Second, edits proceedings of, **8**:156, 175
Solvay Congress, Third
    invites AE to, **10**:*xlvii*, 302, 312
    on members of scientific committee of, **10**:303n
    planned lecture at, **10**:303
    program of, **10**:302–303
    solicits lecture from AE for, **10**:303, 320
space and time, on difference between, **8**:72–73
spectral lines, on damping of, **8**:175
and statistical mechanics, **3**:553–554, 556–557
statistical methods in thermodynamics, lectures on, **8**:285, 300
Stokes's theory of aberration, critique of, **7**:128n
Teyler's Foundation, appointed Curator at, **5**:411n
Theory of Electrons, AE on, **5**:200
on transformation laws, **2**:*256–257*, *308*
University of Leyden
    on special professorship for AE at, **9**:286, 320–321, 329, 362, 371, 421, 482; **10**:320, 423–424
    wants AE to be successor at, **5**:366n; **5**:409–410

vacates chair at, **5**:409
University of Utrecht, AE's candidacy for chair at
    discussion with AE in Brussels on, **5**:364
    meeting with Julius on, **5**:363
    pleased by, **5**:348n
    regrets AE's refusal of, **5**:363, 364n
Van der Goot's statement, signs, **8**:63
views as opposed to AE's, **2**:*267*
See also Clausius-Mossotti-Lorentz relation; Maxwell-Lorentz equations
Lorentz contraction. *See* Contraction hypothesis, Lorentz-FitzGerald; Length contraction, relativistic
Lorentz field equations, **2**:*507*, 562n. *See also* Electromagnetic field: equations of
Lorentz force, **2**:*503–504*. **4**:14, 15, 17, 83, 499; **6**:62–63, 65, 75, 267; **7**:264, 527; **8**:349. *See also* Ponderomotive force;
Lorentz group, **2**:*xxix*, 256n–257n, *504*
Lorentz, Johanna (1889–1980), **5**:282n, 360n; **9**:121
Lorentz, Rudolf (1895–1977), **5**:282n, 360n, 580; **9**:121
Lorentz transformation, **2**:*253*, *256*, *257–258*, 292–296, 308n, 440–442, 449–450, 462–472, *504*, *507*, 510–511, 550; **3**:156–170, 175n, 275; **4**:130, 488, 505, 544, 595, 612; **5**:231; **6**:49–55, 61, 135, 285, 444–452, 453, 455, 462, 486, 490, 507, 527, 529, 530; **7**:7, 12, 67, 90–91, 374–375, 407–408, 453–454, 519–526, 600, 604; **8**:358, 436, 524, 525–526, 528, 533, 536–537, 899–900, 908; **9**:379
    application to electromagnetic field equations, **4**:51–56
    derivation of, **3**:156–160, 439n; **4**:40–44; **6**:50–51, 502–506; **7**:254–255, 280n
    Euclidean transformation and, **7**:262–263
    formal properties of, **3**:167–170
    fundamental importance of, **3**:166
    geometrical interpretation of, **6**:51
    group theoretical properties of, **6**:50, 53–55
    heuristic role of, **7**:258, 280n
    infinitesimal, **4**:*126*, 143, 185
    in optics, **9**:208
    kinematic consequences of, **4**:48–51
    physical content of, **3**:160–166; **4**:44–48; **6**:52–53; **7**:256–258

Lorentz transformation (*cont.*)
   as rotational transformation, **4:**65–68
   special, **4:**44, 66, 82
Lorentz-Einstein theory, use of term, **5:**135n
Lorentz-FitzGerald contraction. *See* Contraction hypothesis, Lorentz-FitzGerald; Length contraction, relativistic
Lorentz-Kaiser, Aletta (1858–1931), **5:**277n, 282n, 360n, 413n, 580; **8:**298; **9:**54, 121, 233, 356; **10:**272
Lorenz, Richard (1863–1929), **2:***218*, 326, 497, 501n; **5:**79n, 153, 153n requests reprints, 79; **10:**336
   AE on, **9:**281
   University of Frankfurt, invites AE to lecture at, **9:**281
Los von Rom movement, **10:**118
Loschmidt, Joseph (1821–1895), **4:**528
Loschmidt's method, **2:***171, 176*
Loschmidt's number, **2:***136–137*, 167n, 557; **3:**272; **4:**528. *See also* Avogadro's number
Lothar Meyer curve, **8:**671
Lourie, Heinrich (1892–?), **9:**192
Louvain, **9:**54; vandalization of by German Army, **9:**113
Löwe, Heinrich (1867–1950), **7:**448n
Löwenthal, Elsa. *See* Einstein, Elsa
Löwenthal, Ilse. *See* Einstein, Ilse
Löwenthal, Margot. *See* Einstein, Margot
Löwenthal, Max (1864–1914), **5:**561n; **8:**771n; **10:**143n; death of, **5:**588n
Löwenthal-Einstein, Elsa. *See* Einstein, Elsa
Löwy, Heinrich, **5:**540n
Lübsen, Heinrich Borchert, **1:***lxi*, 4n
Lucerne, **10:***xxxvii*
   AE visits, **5:**329n
   AE visits sister in, with Hans Albert Einstein, **10:***xxxiv*
   climate of, **10:**169
   sanatorium for Pauline Einstein in (*see* Rosenau sanatorium)
Luchsinger, Fridolin (1894–?), **9:**152
Lüdeke, Oskar, **9:**148n, 575c
Lüdemann, Hermann (1880–1957), **10:**281
Ludendorff, Erich von (1865–1937), **9:**238n; AE on, **9:**85
Ludendorff, Hans (1873–1941), **7:**425n
   abilities of, **8:**322
   stellar redshift, paper on, **8:**261

Lüdin, Emil (1867–1932), **1:**307, 308n
Ludlam, Ernest B, (1879–1958), **9:**369–370, 378, 390n, 408, 603c; **10:**309n
   on narrow-mindedness of English scientists, **9:**378
   as Quaker, **9:**378n
Ludwig der Eiserne, Landgraf, **8:**257n
Ludwig, Emil, **10:**605c–606c
   Einstein 1917a sent to, **10:**597c
   sends book to AE, **10:**597c
Ludwig, Ernst, requests KWIP funds for developing temperature gauge, **8:**1016c
Ludwig Kiessling u. Cie., Munich, **1:***li*
Luftverkehrsgesellschaft (LVG), **6:**402n; **8:**577n, 588n, 709n; AE's income from, **10:**106–107
Lugano, **10:**160, 170n
   lake of, **10:**41
   meeting of Schweizerische Naturforschversammlung in, **10:**162n
Luitpold-Gymnasium, Munich, **8:**367n, 531
   AE's entrance at, **1:***lx, 371*
   AE's experiences at, **1:***lx–lxii, lxiii, lxv*
   AE's grades at, **1:***lx* n
   AE's mathematical abilities at praised by teacher, **1:***lxiv* n
   AE's studies at, **5:**34
   AE's textbooks at, **1:***353–355*
   AE's withdrawal from, **1:***372*
   curriculum of, **1:***346–353*
   rector of (*see* Markhauser, Wolfgang)
   teachers at
     characterization of by AE, **1:***lviii*
     list of AE's, **1:***346–353*
   See also Degenhart, Joseph; Ruess, Ferdinand; Zametzer, Joseph)
Luminescence, **3:**503, 504n
Luminescence, cathode, **2:**165, 169n, 548
Luminiferous ether. *See* Ether: luminiferous
Lummer, Otto R. (1860–1925), **2:***144*; **8:**77n; **9:**124, 338n, 574c, 593c; **10:**401n
   dedication to AE by, **5:**625c
   requests KWIP funds for acoustic research, **9:**127–128
Lummitzsch, Otto (1886–1962), **10:**450
Lunacharskii, Anatolii (1884–1953), **10:**319
Lunar longitude. *See* Moon: longitude of
Lustige Blätter, **8:**382n
Luther, Martin (1483–1546), **9:**143; **10:**33

Luxemburg, Rosa (1871–1919), **7**:282n; **9**:*xliv*, 17n, 34n, 384n, 389n, 488n, 550c, 551c
   commemoration of in Zurich, **9**:94n
   funeral of, **9**:94n
   murder of, **9**:5n
Luzzatti, Luigi (1841–1927), **1**:*lxv*

Maag, Jacob (1868–1923), represents AE in rental dispute, **5**:636c; **8**:11
Macaulay, Thomas Babington (1800–1859), **8**:134
Mach, Ernst (1838–1916), **3**:578; **4**:585; **5**:204n; **6**:282n, 286, 474, 523; **7**:279n; **8**:69, 76n, 223n, 298, 359n, 402, 403, 404n, 448n, 490, 491, 493, 539, 547, 695; **10**:68, 176, 286, 590c
   AE reads works of, **1**:*xxxix*, 230, 335
   AE visits in Vienna, **5**:258n
   AE's obituary of, **6**:278–281, 537n
   AE's paper on, **8**:394
   AE's reading of, **2**:*xxiii–xxiv, xxv, 3, 43, 46, 135*
   anti-reductionism of, **7**:59n
   atomism, views on, **5**:204n
   concept of reality of, **8**:456
   concept of *Verknüpfung*, **10**:293
   dedication to AE by, **5**:624c
   definition of mass, **3**:*5*, 9, 126n, 396n
   definition of mass of, **4**:102n
   edited by Petzoldt, **10**:332
   elements of, **8**:543, 546
   on existence of atoms, **2**:*46, 207, 218*
   Frank's paper on, **8**:394
   general relativity, interest in, **5**:583; role of ideas of in development of, 584
   on inductive method, **7**:*xxxvi*
   influence on AE, **2**:*xxiv, 260*; **6**:279, 282n, 338n; **7**:*xxxv*; **8**:17n, 220, 297
   Lampa's book on, **9**:462
   Mechanik, AE's reading of, **5**:204n
   Mechanik and *Wärmelehre*, recommended to AE by Besso, **1**:230n, *378*
   on molecular forces, **2**:*3*
   Neurath, correspondence with, **8**:434
   Newtonian mechanics, critique of, **4**:*127*, 177, *194–195, 295*, 307, 476, 484, 485n, 498, 499, 507, 508, 587n, 616; **5**:548; **6**:5n, 74, 129n, 279–280, 282n, 474; **7**:*xxxiii*, 267–268, 316, 322n, 370, 432, 535–537; **10**:325
   on observability, **10**:307
   on optical illusion, **7**:53n
   Optik, **8**:480
   Planck, polemic with, **5**:204n, 532n, 595; **7**:57, 59n; AE on, 204, 584
   positivistic philosophy of, **7**:59n, 280n
   principle of economy of, **8**:850
   receives AE's reprints, **5**:204, 205
   on relativity theory, **5**:205; **8**:81
   sends AE copy of lecture, **5**:204
   on theory of heat, **2**:*218*
   work of, AE's praise for, **5**:204
Mach, Ludwig (1868–1951), **8**:480
Mache, Heinrich (1876–1954), **9**:251–252, 393n, 399
Mach's principle, **6**:552n; **7**:*xxxiii*, 38–40, 43n–44n, 49n, 122n, 170, 181n, 322n–323n, 358n, 369, 377, 394, 404n, 409, 424n, 433, 563–565, 568–569, 576n; **8**:*352, 353*, 422, 423n, 425, 427, 433, 578, 613, 627, 639, 640, 641n, 659, 700n, 810n; **9**:*xlii*, 111, 233, 233n, 249n; **10**:325, 479n
Machula, **9**:566c
Mack, Julian (1866–1943), **7**:*234*
Madelung, Erwin (1881–1972), **3**:414n, 420, 420n, 526, 544n; **9**:74–75, 463; candidate for Born's succession, **10**:516
Maeterlinck, Maurice, **9**:323n
Magnes, Judah Leon (1877–1948), **9**:198n
Magnet, **3**:349
   permanent, **3**:354, 375; field of, **5**:431
   relative motion between conductor and, **2**:276, 295; **3**:141–142, 369–370
Magnetic charge, **1**:200–201
Magnetic field, **1**:5, 6–9, 203, *223–225*; **3**:132, 138, 142, 170–171, 255–256, 257n, 272–273, 349, 353, 374, 388, 555
   boundary conditions for magnetic force vector H, **2**:*505–506*, 512, 515–516, 532–534, 535n
   of current, **3**:353
   decomposition of, **3**:377
   definition of strength of, **4**:9
   determination of, **3**:370, 398n
   differential equations of, **3**:356
   energy of, **3**:350
   in galvanometer, **1**:32–35
   induction vector B, **2**:*505–506*, 510–512, 516, 519, 520, 523, 537–538

Magnetic field (*cont.*)
   intensity of, **3:**136, 255, 399n (*see also* Electric force)
   motion in, **3:**369–370, 518n
   and permanent magnets, **3:**354
   properties of, **3:**354
   strength *H*, **2:**292–295, *506*, 510–517, 523–526, 537–539
   terrestrial, **1:**34–35, 206–207
   transformation equations for, **2:**292–296, 301, 411, 417, 420, 449–450, *507*
   of a wire, **3:**383, 399n
   See also Electric field; Electromagnetic field
Magnetic force, **1:**200–210; **2:**295, 453, *503*. *See also* Magnetic field; Ponderomotive force
Magnetic gyroscopic effect, **9:**7
Magnetic moment, **1:**205, 206, 207
   and angular momentum, **6:***146*, *147*, 152, 152–155, 174–175, 191–192; **7:***xxix*, 586–589
   of ferromagnetic crystal, **6:**159, 180
   macroscopic, **6:***147*, 154, 168, 174, 187
   molecular, temperature independent, **6:***146*, 152, 173, 191
Magnetic monopoles, nonexistence of, **3:**348.
Magnetic polarization, **1:***223;* **2:**520, 523; **4:**18–19, 86
Magnetic poles, **1:**203
Magnetic properties of media and matter, **2:***503*, *505–507*, 512, 517, 517n, 520, 523–524
Magnetic saturation, **3:**226
Magnetic susceptibility, **3:**398n
Magnetism, **1:**6, 224; **3:**217, 221–227, 245n, 348, 518n; **6:***145*, 151, 467, 468
   AE on difficulties in explaining, **1:***237*, 287
   AE's lectures on electricity and, **3:***xvii*, 8, 126n–127n, 316–396, 396n–400n, *598–599*
   Ampère's work on, **6:***145*, 151, 153, 173, 191
   bound, **3:**349
   change in, **3:**226
   discussions on with Ehrenfest, **10:**344
   duality of electricity and, **2:**526, 528n; **4:**25, 26
   elementary magnets in crystals, **10:**366
   experimental investigations on nature of, **10:**28
   experiments on
     Barnett's, **6:***149*, 231
     Eichenwald's, **6:**48, 67n
     Röntgen's, **6:**48, 67n
     Wilson's, **6:**48, 67n
   induction, **4:**11, 19
   kinetic theory of, **3:**518n; **4:**534n
   at low temperatures, **10:**303, 356
   nonexistence of true, **3:**389
   Oersted's work on, **6:***145*, 151, 173, 191
   Röntgen's experiments on, **4:**17, 27
   in superconductors, **10:**494
   terrestrial, **6:***146*, *148*, *149*, 155, 159, 163, 180, 182, 272, 273; **8:**79, 345n; experiment on, **10:**533, 544
   topic discussed on Third Solvay Congress, **10:**303
   units of, **3:***518n*
   See also Ampère's molecular currents; Curie's law; Diamagnetism; Ferromagnetism; Paramagnetism
Magnetometer, **3:**360
Magnetomotive force, **2:**295, 309n; **3:**356; **4:**27, 84; **6:**155, 231
Magneton, **8:**134
Magnetostatics, **4:**23, *127*, *194*, 488
Magnette, Charles, **9:**55n
"Magnet-Woche," **10:***xlvi–xlvii*, 366, 368, 373, 404, 468, 469n, 495n, 603c; planned, 344, 356. *See also* Ehrenfest, Paul; Kamerlingh Onnes, Heike
Magnus, Alfred (1880–1960), **3:**476n; **9:**568c; **10:**585c, 587c, 588c, 592c
   requests KWIP funds for research on specific heat of solids at low temperature, **9:**557c; granted, 560c, 567c
Maier, Ernst (1873–1916), **1:**298, 299n
Maier, Gustav, (1844–1923), **1:***10*, 272; **8:**970; biography, **1:***384*
Maier, Gustav and Regina, express condolences on Pauline Einstein's death, **10:**583c
"Maier, Madame Federico," AE's pet name for Einstein-Marić, **1:**261
Maitre, Ida, **8:**338
Majorana, Quirino (1871–1957), on absorption of gravitation, **10:**287, 296
Majority Social Democrats. *See* Sozialdemokratische Partei Deutschlands
Majority Socialists. *See* Sozialdemokratische Partei Deutschlands
Malkin, Israel, **10:**385–386
Maloja region, AE's hiking trip in, **5:**541, 542, 542n, 543n, 544; itinerary of, 545
Mamlock, Gotthold (1876–1942?), **7:**448n
Mamroth, Paul (1859–1938), **8:**450

Manchester University Jewish Students'
  Society, **7:**435n
Mandelshtam, Leonid (1879–1944), **5:**540n;
  8:283n; paper on surface fluctuations, lecture
  by AE on, **5:**540
Manifesto to the Civilized World. *See* Appeal:
  "An die Kulturwelt"
Manifesto of Democratic Party, **8:**948
Manifesto to the Europeans. *See* Appeal: "An die
  Europäer"
Manifesto of the 93. *See* Appeal: "An die Kultur-
  welt"
Manifesto of reconciliation, **8:**532n, 636n
Manifestos, statistics of academic signatories of,
  8:532n
Mann, Heinrich (1871–1950), **8:**947n; **9:**103n
Mann, Thomas (1875–1955), **6:**582n; **9:**392, 394
  Betrachtungen eines Unpolitischen, **9:**396n
  Das Odeon, invites AE to join editorial board
    of, **9:**392
  political views of, **9:**394
Mannoury, Gerrit (1867–1956), on general rela-
  tivistic kinematics based on worldlines and
  worldpoints, **10:**605c
Marangoni family, AE visits, **8:**77
Marburg School of philosophy, **9:**478
Marckwald, Willy (1864–?), **7:**340n
Marconi Co., **7:**366n
Marcus Aurelius, **10:**347
Marić, Marija (1847–1935), **1:**249, 295; **5:**9,
  10n, 115n, 225n, 556n; **8:**4n, 338n; **10:**122n,
  229n
  attitude toward Einstein-Marić's relationship
    with AE, **1:***xxxvii*, 295, 317, 321
  crisis with Einstein-Marić over letter from
    AE's parents, **1:***xxxvii*, 319–320
Marić, Mileva. *See* Einstein-Marić, Mileva
Marić, Miloš (1846–1922), **1:**59, 321n, *380*; **5:**9,
  10n, 115n, 225n, 556n; **8:**4n, 338n, 817n;
  10:122n, 229n
  AE suggests Einstein-Marić consult about
    keeping Lieserl, **1:**324
  crisis with Einstein-Marić over letter from
    AE's parents, **1:***xxxvii*, 319–320
  informs AE of Lieserl's birth, **1:**332, 333n
  relationship with Einstein-Marić, **1:**314
Marić, Miloš, Jr. (1885–1944), **5:**115n; **8:**338;
  10:229n
  medical studies of, **5:**225n

military service of, **5:**225
Marić, Zorka (1883–1938), **1:**261, 262, 266,
  267n; **5:**115n, 225n, 344n, 345n; **8:**4n, 64,
  320, 338, 339, 340, 503n, 1010c; **9:**214,
  271n, 304n; **10:**49, 84, 99, 129, 144, 227n,
  229n
  AE sends books to, **1:**293, 326
  arrival in Zurich, **1:**266, 268, 269n
  ill with depression, **8:**658, 665
  invites AE to visit, **1:**310–311
  lives with sister Mileva, **10:**102
  placed in a mental institution, **10:**143
Mariotte's law. *See* Boyle-Mariotte law
Markhauser, Wolfgang (1830–1910), **1:**13
Markov, Andrei (1856–1922), **3:**268n
Markstaller, Robert (1865–1933), **1:**225n
Markwalder, Stephanie (1851–1934), **1:**229,
  230, 232, 238, 254, 255n, *374*
Marmonier, Louis, **7:**195n
Mars, **8:**101n, 388; perihelion motion of,
  4:459n; **6:**242
Marthe, J. J., **9:**601c
Martienssen, Oscar (1874–1954), **8:**838
Martin, Nikolaus, **1:***351*
Martin, Rudolf (1864–1925), **5:**34n, 36n
Marval, C. de, **8:**110
Marx, ?, 576
Marx, August (1864–1934), **5:**324, 324n, 331n,
  378, 559n; **9:**294n, 306, 340n; AE visits in
  Karlsruhe, **5:**378n
Marx, Clementine (1842–1930), **5:**558, 559n
Marx, Erich (1874–1956), **3:**504n; **5:**122n;
  9:349, 360–361; **10:**577c
  cathode rays, polemic with Laub on, **5:**121
  and paper of AE, **4:***3–7*
Marx, Erich (1901–1990), **5:**331n
Marx, H. C., requests KWIP funds for research
  on mechanics and heat theory, **8:**1025c
Marx, Lise (1875–1957), **5:**331n
Marx, Lore (1899–1964), **5:**331n
Marx, Otto (1886–1973), **5:**510n; **8:**577; re-
  quests AE's help, **5:***509*
Marx, Walter (1907–1984), **5:**331n
Marx family, AE visits, **5:**331
Maschinchen, Einstein's, for the measurement of
  small charges, **2:***221–222*; 489–491; **3:***9*,
  339–341, 397n–398n; **5:***51–55*, 87, 123;
  9:69n
  AE's optimism about future of, **5:***54*, 379, 381

Maschinchen, Einstein's (cont.)
  completion of, **5:**53, 140, 144; of second copy, 150
  construction of, **5:**53, 70, 131
  copy: in Tübingen, **5:**54; in Winterthur, 54
  demonstration of
    in Berlin, **5:**379, 381, 383n, 406, 437
    Paul Habicht's, **5:**54
  design for, Paul Habicht's, **5:**154
  experiments with
    AE's, **5:**150, 152, 161
    AE's and Conrad Habicht's, **5:**169, 230
  final form of, **5:**53
  flaws of, **5:**53, 54
  gilding of, **5:**55, 406, 437
  Haber's interest in, **5:**383
  improvements of, Paul Habicht's, **5:**338, 339
  influence on by electromagnetic waves, **5:**475
  invention of, **5:**51, 56
  Kowalski on, **5:**111
  paper on
    by AE, **5:**52, 98
    by Conrad and Paul Habicht, **5:**53, 230
  problems of, **5:**189; with contacts, 132n, 219
  selling of, **5:**54
  suggested modifications of, Paul Habicht's, **5:**141–142
  testing of, **5:**53
  unwanted charges on
    elimination of, **5:**340n
    Paul Habicht's comments on, **5:**383, 437
  work on
    AE's, **5:**124n, 163n, 216n
    Gasser's, **5:**53, 89
    Paul Habicht's, **5:**82, 90, 222
    in Winterthur, **5:**90
Maschinenfabrik Oerlikon, **8:**137n, 401n
Maschke, Georg, **8:**708, 709, 1017c
Maslać, Mara (1906–?), **5:**45n
Mass, **3:**5, 24, 64
  of atoms, **2:**396n
  concept of, **3:**396n
  conservation of, **2:**366; **3:**174, 438, 488
  constancy of, **2:**464
  definition of, **2:**486n–487n
  definition of unit of, **6:**102
  dependence on energy of, **2:**462–466 (see also Equivalence of mass and energy)
  distribution of in universe, **7:**371n, 394, 421
  electric, **2:**168n, 456, 561
  of electrons, **3:**439n, 443 (see also Beta-rays)
  and energy (see Equivalence of mass and energy)
  gravitating, **7:**139n
  inertial, **3:***xxix*, 21
  inertial and gravitational (see Equivalence principle; Mass, equality of inertial and gravitational)
  law of conservation of, **4:**64, 98, 546, 613; **6:**4, 455, 456, 457
  longitudinal, **2:***270*, 303–304, 310n, 370, 372n, 486n
  Mach's definition of, **3:**9, 15, 126n, 396n; **4:**102n
  molecular, Sutherland on, **2:**171
  negative, **8:**375n
  rest, **4:**98
  transverse, **2:***270–271*, 303–304, 370, 372n, 486n
  unit of, **3:**19
  See also Gravitational mass; Inertial mass
Mass action, law of, **4:***110*, 115–121; **7:**329
Mass density
  average in universe, **9:**267
  in five-dimensional theory, **9:**57n
Mass distribution in universe
  and geometry, **8:**630–631, 638–639, 650–651, 661–662
  homogeneous, **8:**428, 654n, 691, 699–700, 786
  inhomogeneous, **8:**428
  self-restoring, **8:**475n, 652n–653n, 691, 694n, 699–700
  and star velocities, **8:**787
Mass-energy equivalence. See Equivalence of mass and energy
Mass, equality of inertial and gravitational, **2:***273–274*, 465, 484, 487n; **3:**5, 21, 126n, 488–491; **4:**64, 154, 158, 177, 184, 185, *299*, 304, 322, 475, 476, 478, 482, 488, 505, 506, 507, 508, 575, 585, 591, 596, 614–616 ; **6:**8, 128, 280, 288, 404, 468, 493, 529–530; **7:***xxxii*, 119, 201n, 208, 214, 266–267, 369; **8:**197, 198n, 80; **9:**267
  AE's proposed test of using uranium, **5:**497
  Eötvös's experiments on, **4:**304, 305, 478, 489, 493, 508, 585, 614, 621n; **6:**288; **7:**147, 267, 536; **8:**600, 718n; AE's ignorance of, **5:**498n

and general principle of relativity, **6**:469–472; **7**:376, 408, 432
Laue on, **5**:384
Southern's experiments on, **5**:498n
tests of, **8**:602, 608, 624; AE's ignorance of, 198n
See also Equivalence principle
Mass horizon, **8**:*355*, 485, 501, 720, 724, 728, 741, 757, 765–767, 776, 786–787
Mass point, fundamental equations of, **3**:11–18, 26–36, 124–125, 125n
Massart, Jean (1865–1925), **8**:347n; **9**:*xliii*, 54
Massart appeal, **8**:346, 347n, 361, 363, 364n, 419, 429
Mass-energy equivalence. *See* Equivalence of mass and energy.
Mastic emulsions, viscosity of
  Bancelin's experiments on, **5**:267n
  discrepancy between experimental results and AE's prediction, **5**:218n, 266, 268, 270
Material medium
  conducting (*see* Electrical conductor)
  dielectric, **2**:*503, 505*, 513–517, 517n
  electric state of, **2**:*503–504, 507*
  electromagnetic energy-momentum tensor of (*see* Energy-momentum tensor, electromagnetic)
Materialism, **6**:522
Mathematical versus physical way of thinking, **8**:749–750
Mathematical Society of Göttingen, lectures to
  by Hilbert, **8**:195
  by Klein, **8**:712n, 791, 805, 825, 833n
  by Runge, **8**:688, 699n
Mathematics
  certainty of, **7**:385
  heuristic value of, **8**:569
  and physical reality, **7**:385–387
  See also Geometry
Mathematics and physics, **3**:152, 426, 447–448. *See also* Probability; Simplicity
Mathematische Annalen, **9**:259, 276
  AE invited to join editorial board of, **9**:317
  contract for with Springer publishing house, signatories of, **9**:602c
Mathematische Zeitschrift, **9**:76
Matter, **3**:11, 506n
  absorption and emission of, **2**:548
  AE pursues laws for, on constructive basis, **1**:*xli*
  atomic constitution of, **3**:136, *283–284*
  atomistic constitution of (*see* Atomic-molecular hypothesis; Quantum: of matter)
  distinction between ether and, **1**:285
  electrical properties of, **2**:*xviii, xxviii, 503–507*, 509–517, 519–522
  as energy knots in ether, **8**:578n
  interaction of with fields, **2**:520
  interaction of with light, **2**:*xvii–xviii, 134, 141*, 150, 383, 548, 553n, 585–586
  models of, **2**:*504*, 586
  motion of
    relative to earth, **2**:*255, 256–257, 262*, 276, 434–435, 567–568
    relative to ether, **1**:*225*, 316; **2**:*255*
  optical properties of, **1**:279–280; **2**:*xviii, xxviii, 503*
  ponderable, **2**:564; **3**:131, 325
  spectral properties of, **1**:*xl, 236*
  structure of, **2**:*265*, 405
  thermal properties of, **2**:*xxviii*, 405 (*see also* Solid bodies, specific heat of)
  velocity of, **2**:509, 540
  vortex theory of, Bucherer on, **5**:149
  See also Ether
Matter, Karl (1874–1957), **1**:250n, 253, 255, 260, 263
Matthies, Wilhelm, University of Basel, invites AE to lecture at, **10**:602c; postponed, 606c
Matura examinations. *See* Aargau Kantonsschule: *Matura* examinations
Maturitätsprüfung, AE on, **6**:581, 582n
Maurer, Julius (1857–1938), **5**:505n, 551n, 560, 567
Mauthner, Fritz, **9**:558c
Maxwell, James Clerk (1831–1879), **2**:*4, 42, 48*, 73n, 309n, *503*, 565; **3**:127n; **5**:300; **6**:122, 457, 525, 526; **7**:86, 431, 518; **8**:197, 198n
  and Ampère's molecular currents, **6**:*145, 149*, 231
  determination of absolute motion of solar system by, **10**:516
  electrodynamics, local action theory of, **7**:319, 372, 407
  electromagnetic theory, **1**:*xxxix, 5, 223*
  experiment of on gyromagnetic effect, **10**:503n
  on mechanical model of ether, **7**:279n, 310, 321n

Maxwell, James Clerk (*cont.*)
  on radiometer effect, **9:**48n, 49
  theory of radiometer of, **10:**284n, 290
  See also Electromagnetic energy; Kinetic theory of gases; Light; Thermodynamics; Transport coefficients: Maxwell-Kirchhoff method of calculating
Maxwell-Boltzmann distribution, **2:**252n, 344n–345n, 352. *See also* Boltzmann distribution
Maxwell distribution law, **2:**68, 84, 235n, 344n–345n, 589; **3:**209–211, 242n, 244n, 507n, 508; **5:**164, 359; **6:**382, 383, 385, 389; **8:**37n; **9:**571c; **10:**356n
  constant of, **3:**211
Maxwell field tensor, **4:**22–24, 91–94, 264n, 266n, 269n, 567; **6:**59–63, 106, 264–267, 327–328; **7:**352, 525, 561
Maxwell-Hertz equations, **2:**301, 308n, 509, 510
  with convection currents, **2:**301, 486n
  for empty space, **2:**292, 293, 312, 486n
  relativistic transformation of, **2:**292–295, 510–511
Maxwell hydrodynamics, **7:**453
Maxwell velocity distribution. *See* Maxwell distribution law
Maxwell-Kirchhoff method. *See* Transport coefficients: Maxwell-Kirchhoff method of calculating
Maxwell-Lorentz electrodynamics. *See* Electrodynamics
Maxwell-Lorentz equations, **2:***xxii, xxvii, 145–146, 257–258,* 363, 449, 542; **3:**170, 250, 252; **8:**142n. *See also* Electromagnetic field: equations of
Maxwell-Lorentz theory. *See* Electrodynamics; Maxwell's theory
Maxwell thermodynamic relations, **1:**120; **2:**241n
Maxwell's electromagnetic theory, **2:***xvii, xxi, xxvi–xxvii, xxviii,* 42, 43, 134, *135, 136, 140, 141, 146,* 150, 151, 155, *255–257, 259,* 265, 276, 397n, 308n, 309n, 350, 351, 354, 377n, 381, 435, 451, *503,* 543, 545, 549; **3:***xviii,* 135, 178, *283–284,* 366, 457, 465, 517, 523, 542–543, 556; **4:**9–12, 36, 39, 102n, 487, 488, 509, 550n, 562, 584; **7:**247
  apparent contradiction of relativity of, **5:***57*
  for bodies at rest, **2:**277
  energy in, AE on, **5:**225–226, 229, 230n
  limits of validity of, **2:***xxviii,* 134, 256, 265, 309n, 415
  modification of, AE on, **5:**194
  superluminal velocity in, **5:***56, 57, 58;* AE on, 61, 63–64, 71
  See also Electrodynamics; Electromagnetic field
Maxwell's equations, **2:***148, 263–264, 268–269,* 308n, 360, 375, 414–416, 485n, *503,* 526–527, 585; **3:***xix,* 9, 136, 178n, 276, 298, 311n, 358, 386, 422, 517, 557; **5:**33, 50; **8:**349
  with constant dielectrical constant, **3:**298
  in empty space, **2:***145, 256, 257,* 411, 415, 520, 542, 586
  Galilean transformations of, **2:***256*
  generalized, **8:**195, 584
  Hertz's form of (*see* Maxwell-Hertz equations)
  homogeneous, generally relativistic, **8:**304n
  mechanical explanation of, **2:***260*
  from metric, **8:**670
  modification of in radiation theory, Lorentz on, **5:**178
  in moving media, **2:***255, 257–258, 503–504*
  nonlinear modifications of, **2:***148*
  for perfect conductors, **10:***xlvii,* 520n
  relativistic transformation of, **2:***257* (*see also* Maxwell-Hertz equations)
  validity of: AE on, **5:**87, 245; Lorentz on, 177
  validity of near oscillator, **3:**507
  See also Electromagnetic field: equations of; Maxwell-Lorentz equations
Maxwell stress tensor. *See* Energy-momentum tensor: of electromagnetic field.
Mayer, Alfred (1836–1897), **7:**478n, 480, 482n
Mayer, Dismas, **1:***347*
Mayer, Edmund, **9:**103–104, 105n
Mayer, Johann, requests KWIP funds, **8:**1020c
Mayer, Julius Robert (1814–1878), **1:**105; **2:**329, 330n; **5:**501, 502n
Mean free path, **4:**527–529; **6:**577
Measurement, **7:**250, 351
  of space, **6:**101, 289–291, 292–294, 404, 407, *418,* 427–430, 431, 443–444, 462, 478–479, 484–485, 530 ; **7:**251, 253, 388
  of time, **6:**48, 101, 289–291, 292–294, 404, *418,* 440, 442, 462, 478–479, 484–485, 512–513, 530 ; **7:**251
  See also Clock; Experiments; Measuring rod; Simultaneity

Measuring instruments
  for small charges (*see* Maschinchen, Einstein's)
  Thomson's multiplier, **3:**340–341
  voltage, **3:**339–341, 397n
  See also Electrometer; Galvanometer; Magnetometer
Measuring rod, **4:**141, 543; **6:**76, 101, 285, 289, 292, 426, 427–430, 497, 530; **7:**251, 400–401, 509
  in accelerated reference frame, **2:**308n, 477
  behavior of, in gravitational field, **6:**333–335, 490–491, 492, 500–501, 549; **7:**168, 209, 214, 272
  definition of, **4:**37, 131, 150, 490
  equivalent, **2:**308n
  as fundamental concept, **7:**352–353, 390–392, 416n
  independence of prehistory of, **7:**257, 391, 412–413
  influence of gravitation on, **4:**309–310, 480, 549
  moving, **6:**290, 448–449, 477–480, 537n **7:**208, 213, 252, 523; length of, **2:**280–282, 442–444, 485n (*see also* Contraction hypothesis, Lorentz-FitzGerald; Length contraction, relativistic)
  physical theory without assumption of portability of, **7:**413
  rest length, **2:**442, 485n
  See also Measurement: of space
Measuring-rod objection, **8:**710, 720–721, 724, 726–727, 742, 803–804, 859, 878, 893, 934, 956, 967
Meat rationing in Switzerland, **8:**730n
Mechanical equivalent of heat. *See* Heat: mechanical equivalent of
Mechanical system. *See* System: mechanical
Mechanical theory of heat. *See* Heat: mechanical theory of
Mechanical worldview. *See* Worldview: mechanical
Mechanics
  AE's lecture notes on, **4:**209n, *355*
  AE's lectures on, **3:***xvii, 3–9,* 11–125, 125n–129n, 572, 593, *598–599*
  as analogy to explain action-at-a-distance forces, **10:**488
  classical (*see* Classical mechanics)
  of continua, **10:**241
  elastic forces in, **3:**461
  and electrodynamics, **3:**523
  electromagnetic foundation of, **2:**565 (*see also* Worldview: electromagnetic)
  and equipartition theorem, **9:**290
  foundations of, **3:**466, 524
  as fundamental science, **6:**433, 526, 577
  Galilei-Newtonian, **2:***xxviii, 253,* 277, 456, 462
  general principles of, **3:***4,* 68, 84–95, 116–123
  general relativistic
    of deformable bodies, **8:**368–370
    of solid bodies, **8:**934–935, 951
  limitations of, **3:**518n, 522, 538
  as analogy to explain action-at-a-distance forces, **10:**488
  molecular (*see* Molecular mechanics)
  relativistic, **2:**455, 456
  statistical (*see* Statistical mechanics)
  technical, **3:***5*
  and thermodynamics, **3:**128n–129n, 423n
  and time-reversal invariance, **10:**54
  See also Galilean mechanics; Newtonian mechanics
Mechanistic worldview, **1:***5;* **10:**489n
Meckel, Aurel, **7:**478n–479n, 480
Mecklenburg, monarchism in, **9:**260; political climate in, AE on, 280
Mecklenburg, Duke Adolf Friedrich von, **9:**280
Medicine, forensic, **1:**334, 335n
Medicus, Fritz (1876–1956), **9:**445, 449–450, 478, 483, 529; **10:**256
Meinecke, Friedrich (1862–1954), **10:**242
Meinhardt, Wilhelm (1872–1955), **9:**147, 576c
Meissner, Alexander (1883–1958), **7:**366n
  feedback, **7:**365–367n
  infringement of patent of, **10:**486
Meissner, Ernst (1883–1939), **3:**445, 447–448, 449n
Meissner, Janka, **8:**884; **9:**48, 192; **10:**282
Meissner, Karl (1891–1959), **8:**853, 885n; **9:**192; **10:**197
Meissner, Walther (1882–1974), on rumors of AE's intention to leave Berlin, **10:**397
Meissners, landlords at Haberlandstraße, **10:**114, 121
Meitner, Lise (1878–1968), **8:**933; **9:**397; **10:**286; planned fluctuation experiment with AE, **8:**874, 875

Melander, Gustaf (1861–1938), **8:**370
Melchtal (Melchthal), Canton of Obwalden, **1:**248–253 passim, 257, 375. *See also* Kurhaus Melchthal
Melde, Franz (1873–1901), **9:**127
Melting point, **3:***xxiv*, 470, 475n–476n
Membranes
  physical properties of, **2:***46*
  semipermeable, **2:***8*, 40n, 124n, 224, 227, 497
    AE's interest in, **5:**16n
    Besso on, **5:**13, 14, 15
    Sutherland's hypothesis on, **5:**13, 16n
Memorandum against annexations, **8:**174
Mendeleev, Dmitry Ivanovich (1834–1907), **2:**19, 21n
Mendelism, **9:**506
Mendelsohn, Erich (1887–1953), **9:**614c; **10:**571c
Mendelssohn, Franz von, **9:**108n
Mendelssohn, Moses (1729–1786), **10:***xl*, 390
Mendelssohn & Co., **8:**513, 1017c, 1027c; **9:**570c, 575c, 587c, 589c, 609c, 615c; **10:**590c, 592c
Mendelssohn Bartholdi, Felix (1809–1847), **10:**77, 156
Menger, Anton, **10:**134
Menozzi, Angelo, **1:**282n
Menschen, **7:**381n
Mentz, **8:**1011c
Mercur Aircraft Co., **8:**588, 708
Mercury (element), resistance of thread of, AE on, **5:**338
Mercury (planet), perihelion motion of. *See* Perihelion motion of Mercury
Mereschkowsky, Constantin von, requests AE's help to publish his book, **9:**554c
Mergentheim, preferred by AE over Tarasp as resort, **10:**100
Meridian-top, **6:**137
Merritt, Ernest (1865–1945), **9:**228
Merton, Wilhelm (1848–1916), **8:**941
Merz, Karl, **1:**269n
Metals, **3:**316
  absorption of radiation by, **2:***145*
  alkali, **2:**35n
  compressibility of, **3:**471
  conductivity of pure, **3:**501
  contact electricity in, **2:***171*
  electrons in, **3:**232–233, 500
  photoelectric sensitivity of, **2:***141*, 168n, 354–357
  potential differences between solutions of, **2:**23–39
  surface of, **3:**351
  See also Electron theory of metals
Meteorological-Magnetic Observatory, Potsdam, **4:**607n; **8:**60n
Method
  analytic versus synthetic, **7:**206, 213
  axiomatic, **7:**272, 385–390, 403n
  deductive, **7:***xxxiv*, 56–57, 59n, 219–220n, 278
  inductive, **7:***xxxiv*, *xxxvi*, 219–220n
  of theoretical physics, **7:***xxxiv–xxxvii*, 59n, 219
Methuen publishing house. *See* Publishers
Metric, conformal theory of. *See* Conformal theory
Metric field
  as cause of inertia and gravitation, **7:***xxxii–xxxiii*, 370
  as gravitational potential, **7:**278
Metric tensor, **4:***192–197*, *294*, *297*, 308, 309, 314, 476, 480, 494–497, 549, 569, 573, 590, 592, 594, 619; **6:**76, 79, 109, 118, 121, 124, 293–294, 410, 531, 533, 548; **7:**46, 149–150, 155–156, 177n, 274–278, 281n, 377, 409, 451, 539–540, 542–543, 547, 555, 557, 573n
  approximated, **6:**127, 235–237, 332, 334
  and choice of frame of reference, **6:**9–11, 110, 123, 124, 352, 541
  contravariant, **6:**82–83, 302
  covariant, **6:**79–80, 301–302
  determinant of, **4:**311, 325, 481, 494; **6:**82, 83, 94, 121, 216, 302, 303, 311
    condition on value of, **6:**222, 228, 235, 245, 304, 316, 318, 319, 321, 322, 323, 330, 348, 356, 416n, 544
    transformation of, **6:**303
  formation of new tensors with, **6:**304–305, 314
  for mass point, **6:**351–352
  Minkowski's (*see* Minkowski metric)
  nonsymmetric, on earlier attempts at using, **8:**610–611, 656
  ratio of coefficients, **7:**412–416n
  relations concerning, **6:**82–87, 93–94, 302–305, 310–311
  and Riemann condition, **6:**532
  for spatially closed universe, **6:**549
  variation of, **6:**15, 114–116

Métropole Hotel, **5:**358n
Mettler, Gino, **8:**1026c; **9:***xlviii*
Mettmenstetten, Canton of Zurich, **1:**219 223, 225–227, 229–233, 312–315, 329n, *374, 376*;
  AE's walking tour from, **5:**3n
Mewes, Rudolf, against relativity, **10:**584c
Meyer, Edgar (1879–1960), **3:**547n; **4:***110*, 586; **5:**203n, 287n, 308, 335, 419; **8:**75, 76n, 172, 548, 851, 852n, 884, 909, 911n, 915, 933, 935, 953; **9:**4n, 8n, 17n, 50n, 148n, 152, 153n, 192, 214, 318n, 329, 344, 366, 367n, 377, 395–396, 458n, 529, 552c, 573c, 591c; **10:**36, 67, 178, 192, 197, 198, 201, 207, 211, 496
  accident of, **10:**197
  as advocate of Germany in Zurich, **9:**367
  on AE considering leaving Berlin, **10:**481
  AE helps getting position, **8:**75
  AE invites, **5:**205
  AE praises, **8:**172n
  on AE's article in *Times* (London), **9:**302
  on appreciation for AE in Zurich, **9:**300
  asks AE for intervention regarding position for Rosenberg, **10:**594c
  Campbell, polemic with, **5:**221n
  Ehrenhaft, repeats experiments of, **8:**902, 904, 916; **9:**7
  Epstein, recommends for position, **9:**8n, 498
  fluctuations
    experiments on, **8:**875n
    in radioactive decay, work on, **5:**209n, 254, 285n; AE on, **5:**207–209, 213, 220, 284, 418; with Müller, **5:**214n
  gamma rays, work on, **5:**268; **8:**874, 875
  on GDNÄ meeting in Bad Nauheim, **10:**481
  Hopf, collaboration with, **5:**417
  invites AE
    to ETH and University of Zurich, **8:**852–853, 856, 858, 870, 872
    to stay with him, **9:**381
  leaves Zurich for Aachen, **5:**206n
  offers institute to AE, **8:**853
  publication of paper, AE's advice on, **5:**240
  requests AE's opinion on Epstein, Ratnowsky, Scherrer, Tank, **9:**382
  on scientific community in Zurich, **9:**301
  solicits recommendation from AE, **10:**28
  Stark, conflict with, **5:**418n; Hopf's comments on, **5:**417
  on Swiss democracy, **10:**481
  Technical University of Aachen, appointment at, **5:**203n; AE's congratulations on, 268
  University of Tübingen,
    appointment at, **5:**417, 417n
    candidate for position at, **9:**366–367
    finds reactionary, **10:**284
  University of Zurich
    appointment at, **8:**172n
    candidacy for AE's chair at, AE on, **5:**284
    on full professorship for AE at, **9:**301
    invites AE to, **10:**481
    proposes to invite AE to give course at, **9:**300; 564c
Meyer, Edgar Michel (1907–1969), **5:**209n
Meyer, Eduard (1855–1930), **7:**283n, 285, 287n; **9:**350n, 425–426, 429
  on charges against Nicolai, **9:**384
  University of Berlin
    on regulations of admission at, **9:**425–426
    on uproar at AE's lecture at, **9:**426–427
Meyer, Else (1884–1964), **5:**209n
Meyer, Eugen, **1:***351*
Meyer, Georg (1875–1962), **5:**199n; AE's apologies to, **5:**199n
Meyer, Hans, **9:**147, 575c
Meyer, Isaak (1883–1967), **10:**415; offers to forge gates for Hebrew University in honor of AE, **10:**415
Meyer, Lothar (1830–1895), **8:**671
Meyer, Oskar Emil (1834–1909), **1:**294; **2:***43*, 104; **5:**114, 115n
Meyer, Stefan (1872–1949), **9:**251–252, 399
Meyer von Knonau, Gerold, **4:***357*
Meyer-Schmid, Anna (1882–1948), **5:**181n
  AE thanks for card, **5:**181
  AE's affection for, **5:**199n
  letter to AE, Einstein-Marić's annoyance at, **5:**199n
Meyerson, Emile, **8:**63n
Michaelis, Georg (1857–1936), **8:**507n
Michaëlis, Sophus (1865–1932), **8:**761; **9:**351
Michelson, Albert (1852–1931), **2:**262; **3:**138–139; **5:**385, 385n, 485; **6:**460; **7:**443n, 603, 624, 626
Michelson-Morley experiment, **1:***224*, 234n; **2:***255*, 438, 568; **3:**138–140, 161, 444; **4:**32, 34, 45, 182, 493, 539, 540, 545; **5:**486n; **6:**48, 67n, 460–461, 526, 527, 536n; **7:**5, 7n, 248,

Michelson-Morley experiment (*cont.*)
   250, 373, 407, 431, 463–467, 469n, 517, 595, 603; **8:**71, 840, 881, 908; **9:**534; **10:***315n*
   AE's first mention of, **2:**434, 485n
   negative result of, **2:***xxvi, 256, 259, 434–435,* 568
Michelson-Morley-type experiments, **8:**651, 662
Michonis Lectures at Collège de France
   AE invited to give, **5:**571
   Lorentz invited to give, **5:**571n
Microcanonical ensemble. *See* Ensemble: microcanonical
Microstates, **2:***53*; canonical distribution of, **2:**96n, 107n–108n. *See also* States
Mie, Gustav (1868–1957), **4:**502n, 510n, 577n, 578n, 621n; **5:**551n; **6:**345n; **7:**27n, 42n–44n, 122n; **8:**217, *353*, 670n, 880n, 898n; **9:**88n, 97, 389n, 435n, 463, 532
   absolute frame, discussion with AE on, **8:**692–693, 700
   on absolute space and time, **8:**631
   asks AE's opinion on Weyl, **9:**97
   axiom of general relativity of gravitational potential, **8:**459, 460n–461n, 462
   on causality, **8:**648
   cosmological model of AE, discussion with AE on, **8:**475n
   "Entwurf" theory, criticism of, **4:***298*, 505–509, 572, 577n; **5:***594*, 594n, 595; AE's response, **4:**510n, 572–576, 621n
   at GDNÄ meeting in Bad Nauheim, **7:***110*, 352, 355, 357n
   gravitation, discussion with AE at GDNÄ meeting in Vienna, **4:**505–509; **5:**551n
   inquires about research funds from KWIP, **9:**98
   invites AE, **8:**463
   mass distribution in universe, discussion with AE on, **8:**630–631, 638–639, 650–651, 654n, 661–662, 691, 699–700
   personal discussion with AE in Berlin, **8:**748, 749
   on philosophy, **8:**753n
   on privileged frame, **8:**750–752
   relativistic standpoint, discussion with AE on, **8:**639, 648–650, 659–661
   on rotating charged spheres in general relativity, **10:**349
   theory of light diffraction of, **10:**296n
   theory of matter of, **4:**501n, 505–509, 575, 577n, 615; **6:**345n, 416n; **7:**131, 137, 139n, 572n; **8:**217n, 289n, 364n, 460n–461n
      AE on, **5:**550
      relation to unified field theory of Hilbert, **8:**216
   underwater telegraphy, work on, **8:**569n
   Weyl, praises unified field theory of, **8:**956n
   Wolfskehl lectures by, **8:**291, 459–460, 460n, 461n, 462, 569, 571–572, 577–578, 587, 649, 650, 750, 752; AE cannot attend, **8:**453
Mie's solution, **8:**653n
Miescher, Albert, **1:**53
Milan
   AE's travels to, **1:***xxxvii, lxiii–lxiv,* 215–216, 219, 230–239 passim, 255–267 passim, 279–297 passim, *373, 374, 375*
   Einstein family and firm (offices) move to, **1:***liv*
   as residence of AE's parents, **1:**53, 54, 246, 272
Milan Polytechnic, **8:**146n
Militarism, **8:**945
Military applications of physics
   by Laue, **8:**472n
   by Mie, **8:**569n
   by Thirring, **8:**559n
   by Wien, **8:**472n
Military service book, **1:**277–278
Milk rationing: in Germany, **8:**730n; in Switzerland, 730n
Milky Way, **10:**500
Mill, John Stuart (1806–1873), **2:***xxv, 260, 261,* 307n; **6:**279; **9:**449
Miller, Dayton (1866–1940), **7:**469n
Miller, Oskar von, **8:**822, 823n
Millikan, Robert (1868–1953), **2:***142*, 168n–169n, *222*; **3:**507n–509n; **7:**443n–444n, 624, 626; **10:**517
   experiments on photoelectric effect, **2:***142*, 168n–169n
   on producing hydrogen, **10:**595c
   Third Solvay Congress, invited to, **10:**303
Milner, Samuel (1875–1958), **9:**257
Minister of Education, **8:**40n, 412n, 530n, 564n, 595n, 596n, 597n, 600n, 622n, 722, 852n
   as member of Kuratorium of KWIP, **8:**530n
Minister of Finance, **8:**40n

Ministry of Education, **8:**56n, 86n, 601n, 606n, 678, 684, 730, 851n, 953
Ministry of Foreign Affairs, **8:**746n
Minkowski, Hermann (1864–1909), **1:***61*, 265, 330, *365*, *366*, *367*, *368*, *369*; **2:***4*, *267*, *503*, *504*, *506*, 509, 519; **3:**169, 175n, 438, 444–445; **4:***3*, 502n; **5:**77n, 156, 162n, 365, 434, 527; **8:**4, 803; **9:**556c; **10:**5, 521
   on AE's first paper on special relativity, **8:**526
   capillarity, review article on, **2:***4*
   death of, **5:**365n
   electrodynamics of moving media of (*see* Electrodynamics of moving media: Minkowski's theory of)
   four-dimensional formulation of special relativity of (*see* Relativity, special theory of: four-dimensional formulation of)
   ponderomotive force of (*see* Ponderomotive force: Minkowski's expression for)
   on principle of relativity, **6:**423
   requests reprints, **5:**77
   on symmetry of energy-momentum tensor, **5:**552
   withdrawal from ETH, **5:**365n
   works of, **8:**234
Minkowski, Rudolf (1895–1976), **9:**229
Minkowski metric, **4:***199*, 212n, 229n, 258n, 308, *346*, *348*, 442, 444, 446, 448, 450, 452, 464, 494, 497, 569; **6:**84, 99, 121, 124, 235, 266, 293, 331, 546, 550; **7:**356
Minkowskian space-time, five-dimensional, **8:**778, 786, 805. *See also* Space-time continuum, Minkowski's
Mintrop, Ludger (1880–1956), **8:**707
Mirimanoff, Dmitry (1861–1945), **2:***507*, 537–540, 540n; **5:**157n; **8:**7n
   AE invites, **8:**6
   AE on paper by, **5:**156, 157, 157n
   relativistic electrodynamics, discussion with AE on, **8:**4–5, 6
Mirror, **3:**139
   Brownian motion of, **3:**454
   moving, **3:**178n, 281n
   in radiation field, **2:***146*, 546–547; **3:**281n, 454, 455n
Mises, Richard von (1883–1953), **9:**259, 318, 420, 601c; **10:**295, 351
   AE on manuscript by, **9:**275–276
   on equipartition theorem, **9:**276, 290
   on ergodic hypothesis, **9:**276
   helps Kottler get position, **9:**436
Missenharter, Hermann (1886–1962), **9:**70n
Mittag-Leffler, Gösta (1846–1927), **9:**308, 611c; **10:**568c; solicits paper from AE on Poincaré, 341, 592c
Mittwoch, Eugen, **9:**434n
Mixing tube, **6:**553–554
Mixture of fluid with suspended spheres, **2:**194–198; coefficient of friction of, **2:**198
Moch, Gaston (1859–?), **9:**614c, 616c
   on AE awakening Germany from its dream of sixty years, **10:**329
   asks AE for opinion on pacifism of Pflüger, **10:**329
   on his method of translation, **10:**328
   offers to translate *Einstein 1917a* into French, **10:**569c; denied, 327
   translates Egidy's articles, **10:**329
Model, **3:**319, 421n, 538–539
   of electricity, **3:***9*
   of heat conduction, **3:**532
   of magnetization, **3:**518n
   molecular, **3:**348, 405, 407n
Modellversuchsanstalt, Göttingen, **8:**577n; wind tunnel of, **10:**106n
Modersohn-Becker, Paula (1876–1907), **8:**138n
Moeller-Grevé, Maria, expresses sympathy for AE, **10:**596c
Mohrmann, Hans (1881–1941), **9:**192
Moissi, Alexander (1880–1935), expresses sympathy for AE, **10:**392–393
Mojoïu, Pierre, **5:**401
Molar volume, **8:**920–929
Molecular acoustics, **7:***xxix*, 331n
Molecular aggregates combined with water (Hydrathüllen), **2:***172*, 205n
Molecular agitation at low temperatures, AE on, **10:**17
Molecular chaos, **2:***136*, 377n, 395
Molecular collisions. *See* Collisions: molecular
Molecular current. *See* Ampère's molecular currents; Electric current
Molecular dimensions, **2:***170*, 186–202, *206*, 347–348; **3:**189, 243n, 422
   determination of, **3:**416–417, 418n, 423n
   experimental determination of, **2:***172*, *179–180*
   hydrodynamical method for determining, **2:***176–180*

Molecular dimensions (*cont.*)
  theoretical determination of, **2**:*170–182*, 184–202
Molecular force, **1**:285; **2**:*xviii–xix, xxviii*, 18–20; **3**:242n, 246n, 403–404, 406n, 411, 420, 444; **10**:482
  AE extends theory of, to gases, **1**:*xl*, 290, 292, 295, 320, *376*
  AE's planned paper on, **5**:257
  AE's work on, **1**:*xl*, *62, 264–266*, 290, 303, 324; **2**:*3–8, 46, 174–175, 208, 261*; **5**:11, 12n, 18
  analogy of with gravitation, **1**:290–292; **2**:*5, 6, 12, 20*, 20n
  in dilute salt solutions, AE on, **1**:*292, 377*
  and kinetic theory of gases, **1**:261
  Laplace's theory of, **2**:*3–4, 6*
  in liquids, **2**:*xix*, 29–32
  Mach's discussion of, **2**:*8*
  in metal lattice, **9**:86n
  modified by length contraction, **10**:14
  nature of, **2**:20
  range of, **2**:*8*, 20n
  H. F. Weber's discussion of, **1**:130
Molecular mechanics, **3**:125n, 457, 461, 475, 514, 518n, 521–522, 542
Molecular motion, **3**:533
  linear, **3**:545n
  thermal, in solids, **3**:460–475, 475n–477n
Molecular process, **3**:195–196, 514n
Molecular theory, **4**:362, 523; **6**:251, 252, 253. *See also* Atomic theory
Molecule formation, **8**:814
Molecules, **1**:*265*, 295, 324; **6**:366
  constant *c* characteristic of, **2**:12, 33–36
  as designation for mole, **2**:103–104
  diatomic, **3**:215–216, 220, 245n, 545n
  dimensions of (*see* Molecular dimensions)
  elasticity of, **2**:322n
  energy states of, **6**:366, 385; transitions between, **6**:366–369, 385–387, 392–393, 395
  entropy of mixture of, **6**:31, 32, 34
  equation of state for extended, **3**:6
  existence of (*see* Atomic-molecular hypothesis)
  interaction between, **3**:403–406, 409, 420, 461, 507n (*see also* Molecular force)
  inverse fifth-power repulsion law for, **3**:127n
  isotropy/pseudoisotropy of, **6**:387

kinetic energy of, **3**:181, 242n; **6**:383, 389, 390
magnetic, **3**:221–222, 224–227; **6**:*145–146*
mean path of, **3**:183–185
mean thermal velocity of, **3**:242n
moment of inertia of, **6**:259, 261
monatomic, **3**:182, 409
motion of, in radiation field, **6**:388–390
polyatomic, **3**:219–221, 245n
resistance to motion of, **2**:498
size of (*see* Molecular dimensions)
solute, **2**:186, *209*, 497–498
solvent, **2**:186, 497–498
sugar, **2**:198–199, 202
symmetry properties of, **6**:258
temperature independent magnetic moment of, **6**:*146*, 152, 173, 191
(true) size of, as designation for Avogadro's number, **2**:*172*; **5**:216–217
true volume of, Wöhlisch on, **10**:467
Molière, Jean Baptiste Poquelin (1622–1673), **9**:51, 389n
Möller, ?, **9**:596c
Möller, Hans, on Einstein-De Haas experiment, **10**:574c
Mollusks, reference, in general relativity, **9**:137n, 140n
Mombert, Alfred, **9**:558c
Moment of inertia
  and gravitational waves, **6**:355
  of hydrogen molecule, AE on, **9**:439n
  of iron cylinder, **6**:154, 160–161, 168, 175, 181, 187, 192, 273
  of molecule, **6**:259, 261
Momenta. *See* Coordinates
Momentoide, **2**:*49*, 67, 75n
Momentum, **3**:26, 63; **6**:57
  angular (*see* Angular momentum)
  conservation of, **2**:309n–310n, 456–457, 466, 475; **3**:26–27, 72, 101, 114, 127n, 391–392, 508; **4**:57, 63; 140, 153, 315; **6**:66, 100; **10**:290 (*see also* Energy-momentum, law of conservation of)
  density, **6**:98; electromagnetic, **4**:14
  electromagnetic, **3**:271, 393
  fluctuations in, **3**:*xx*, 178n, 271, 276–280, 282n; **4**:281, 283; of oscillator, **6**:388–395
  law of conservation of,
  mean square, **3**:271
  of point mass, **6**:64, 103

of radiation, **3:**282n
relativistic, **2:**457, 466–469, 486n
in theory of radiation, **4:***202*
transfer of by radiation, **6:**383, 384, 386, 387, 389–397; direction of, **6:**384, 386–387, 396
vector field of, **6:**558, 560, 561–563
Monad, **8:**493, 495n, 540
Monakow, Konstantin von (1853–1930), on Nicolai, **8:**572; **9:**484n
Monarchism, in Germany, **9:**260, 280, 513
Monge, Gaspard (1746–1818), **9:**333
Monism, **9:**348n
  and anticlericalism, **9:**358
  and freedom for the individual, **9:**358
  popular view of, **9:**509
Monomolecular decay, **6:**369, 370n
Monorail, plan by Hans Albert Einstein for, **10:**173–174
Moon
  longitude of, **7:**141–146n, 196, 198n
  motion of, **8:**302, 303n
Moos, Adolph (1853–1926), **5:**238n; **8:**395, 396, 397, 399
Moos, Adolph and Friedericke
  dedication by AE to, **10:**604c
  visit AE, **5:**237
Moos, August, **9:**224
Moos, Else, **5:**342n
Moos, Friedericke (1855–1938), **5:**238n
Moos, Helene. *See* Einstein, Helene
Moos, I., **9:**490n
Moos, Rudolf, AE on political trustworthiness of, **9:**12
Morality, individual versus public, **8:**871–872
Morals of Europe, **8:**561, 574
Morf, Heinrich (1854–1921), **8:**92
Morgenroth, ?, **9:**434n
Morgenroth, Julius (1871–1924), **7:**448n
Morin, Heinrich, **1:***348, 349, 350*
Morley, Edward (1838–1923), **3:**138–139; **6:**460; **7:**469n, 517. *See also* Michelson-Morley experiment
Moscow, physicists in, **10:**376
Mosengeil, Kurd von (1884–1906), **2:**266, *269,* 272, 436, 485n, 487n; **5:**74; **6:**390; relativity, early interest in, **5:**40n
Moser, Christian (1861–1935), **5:**95, 96n
Moser, Greti, **10:**281
Mosse, Rudolf (1843–1920), **10:***xxxviii*; gift subscription to *Berliner Tageblatt* for Popper-Lynkeus, 593c
Mossotti, Ottaviano (1791–1863), **3:**306
Moszkowski, Alexander (1851–1934), **7:**340n; **8:**906n; **9:**477; **10:***xxxviii, xl–xli,* 109, 208, 211, 431, 448, 449
  AE compares with Lenard and Wien, **10:**468
  AE visits, **9:**147
  eye operation of, **9:**106
  intends to write review of *Einstein 1917a*, AE on, **10:**117
  meetings at home of, **10:**121, 124
  Moskowski 1921
    AE forbids publication of, **10:**459, 465–467, 468–470, 474–475
    Born, Hedwig on, **10:**447–449
    Born, Max on, **10:**459–460, 469, 471, 471
    Holst on mistakes in, **10:**604c
    Knudsen on mistakes in, **10:**605c
    in print, **10:**495
  popularizes relativity, **8:**381, 384
  requests interview with AE, **8:**385
  visits AE, **8:**382n, 385, 385n
  works of, **10:**447
Moszkowski, Bertha (1859–1942), **10:**208, 431, 465–466, 474–475
Motion, **3:**11–12, 63, 72
  absolute, **2:***265;* **3:**429
  absolute and relative, **6:**23, 280, 464; **7:***xxxii,* 4, 119, 207, 213
  accelerated, **2:**476; **3:**487–491
  Brownian (*see* Brownian motion)
  of center of gravity, **2:**360–366, 427
  and clock paradox, **3:**436
  of a conductor, **3:**336
  curvilinear, **3:**12
  cyclic, **3:**121
  of dust particles, **3:**507n
  of an electron, **3:**505n
  equations of (*see* Equations of motion)
  force-free of rigid bodies, **3:**103–115
  hyperbolic, Born on, **5:**486n
  laws of, Newton's (*see* Newtonian mechanics: laws of motion of)
  in magnetic field, **3:**369–370, 518, 518n
  of molecules in radiation field, **6:**388–390
  perihelion (*see* Earth: perihelion motion of; Mars: perihelion motion of; Perihelion motion of Mercury)

Motion (*cont.*)
   of periodic mechanical system, **6**:556–566
   of a point, **3**:39, 42–43
   quantization of, **3**:545n, 561
   random, **2**:*210–211*, 231, 336
   relative, **3**:11, 141, 143, 161, 172
      AE's experiments for detecting, with respect to ether, **1**:*224–225*, 230, 234, 316, 328, 329n (*see also* Ether)
      AE's ideas on, **2**:*259*
      AE's work on, **1**:*225*, 282, 325
      of Earth and ether, **2**:*255*, 256–257, *259*, 262, 276, 434–435, *504*, 567–568
      lack of influence of on optical path, **2**:435–436
      of magnet and closed circuit, **2**:276, 295; **3**:141–142, 369–370
      of ponderable bodies (particles), **2**:*265*, 277
      of two inertial reference frames, **2**:*254–255*, 308n
   of rigid bodies, **3**:72–84, 99–115
   rotational, **2**:*221*
   separability between oscillatory and linear, **3**:505n
   thermal, **2**:*218*
   unaccelerated, **3**:124
   uniform, **2**:418; **6**:4, 22–23, 73–74, 432
   uniform free, **3**:429 (*see also* Translation)
Mount Wilson Observatory, **5**:576, 176, 180n, 567; **8**:879
Mousson, Heinrich (1866–1944), **8**:149n, 152, 172, 206n, 549n, 851, 854n; **9**:3n, 8n, 396n, 591c; **10**:37n
   invites AE, **8**:969, 972
   on lack of young physicists in Switzerland, **8**:148
   on Piccard, **8**:148–149
Moussonstrasse, **8**:403
Mouton, Henri, **2**:*219*
Moving bodies
   dragging of light by, **2**:435–436
   electrodynamics of (*see* Electrodynamics of moving bodies)
   electromagnetic properties of, **3**:427
   energy content of, **2**:561
   geometric shape of, **2**:439
   inertia of (*see* Inertial mass)
   kinematic shape of, **2**:439–440
   See also Moving system

Moving dielectric, **2**:*503*, 513–517. *See also* Electric field: displacement vector D; Material medium
Moving media. *See* Electrodynamics of moving media; Fizeau's experiment
Moving system
   energy of, **2**:466–469
   entropy of, **2**:473–475
   equations of motion of, **2**:469–472
   momentum of, **2**:466–469
   pressure of, **2**:469–472
   principle of least action for, **2**:475
   state variables of, **2**:471, 473
   temperature of, **2**:473–475
   volume of, **2**:469–472
   See also Moving bodies
Mozart, Wolfgang Amadeus (1756–1791), **1**:*lviii*, 321n, *371*; **5**:596n; **8**:367, 381; **10**:77, 156
   Hans Albert Einstein plays works of, **10**:*xxxii*; sonata of, 60
Muehlon, Wilhelm (1878–1944), **9**:12n
   against union of Bavaria and Austria, **9**:92
   asked to sign war-guilt resolution, **9**:571c
   on political stabilization in Germany, **9**:12n
   political trustworthiness of, AE on, **9**:12
Mühlberg, Friedrich (1840–1915), **1**:*11*, *12*, 35n, 37n, 217, 276, *360*, *361*
Mühll, Karl von der (1842–1912), **5**:478n
Mühsam, Hans (1876–1957), **10**:209, 504
   dedication to, **9**:592c
   on inequality of nations, **8**:918–919
   medical advice to AE, **8**:920
   against Social Democrats, **8**:919
   on survival of fittest, **8**:918–919
   on task of League of Nations, **8**:918–919
Mühsam, Paul (1876–1960), sends AE his pacifist book, **10**:511–512
Müller, ?, **1**:271
Müller, Adolf (1880–?), **5**:220
   collaboration with Edgar Meyer, **5**:213
   takes course with AE, **5**:214n
Müller, Albert (1887–1958), **1**:*385*; **5**:382n, 592
Müller, Alex, **5**:243
Müller, C. F., **8**:775
Müller, Conrad, **8**:690n
Müller, E. H., **1**:241
Müller, Friedrich von (1858–1941), **7**:*108*; **10**:408, 435n

Müller, Fritz (Johann Friedrich Theodor), **3**:444–445, 449n
Müller, Géza (1894–1979), **5**:247n
Müller, Gustav (1851–1925), **8**:324n, 604, 1004c; **9**:14n, 177, 275n, 360n, 579c, 593c, 616c; **10**:578c
 abilities of, **8**:323, 386n
 AE regrets appointment of, **8**:411
 Albert-Einstein-Spende, appointed trustee of, **10**:578c
 alleged antipathy toward general relativity of, **9**:157
 on experiments on relativity at Astrophysical Observatory, **10**:571c
 Freundlich, on getting position for, **8**:601, 603–604; **9**:274
 inertia and gravitation, manuscript on, **9**:573c
 invites AE to Astrophysical Observatory, **8**:604
Müller, Gustav, mayor of Bern, role in Wildbolz affair, **9**:162n
Müller, Heinz, **1**:22n
Müller, Hermann (1876–1931), **9**:203n, 479n; **10**:211
Müller, Julius (1870–1930), **5**:407n
Müller, Martha, **1**:231, 233
Müller, Max (1873–1923), **5**:400n
Müller, Paul Albert (1912–?), birth of, **5**:438n
Müller Foundation, awards Müller Prize to AE, **8**:756n, 1019c
Müller-Freienfels, Richard (1882–1949), **10**:260
Müller-Jabusch, Maximilian (1889–1961), **10**:334
Müller-Winteler, Marie (1877–1957), **5**:3n, 382n, 438, 438n, 592; **10**:510
 AE's relationship with, **1**:*xxxvi*, 56, 235 337n; **5**:45n
 biography, **1**:*385*
 marriage of, **5**:382
 teaches school in Olsberg, **1**:51n, 52, 53n
 writes to Pauline Einstein, **1**:19
Multiply-periodic systems, **8**:386
Munich, **1**:*xxxvi, li–lxiv* passim, *370–372*. See also Luitpold-Gymnasium; University of Munich
Munich International Electrical Exhibition 1882, **1**:*li*
Munich military tribunal, **9**:70
Munich Volksschule. See Petersschule (Blumenstraße)
Municipal Naturalization Commission. See Zurich Municipal Naturalization Commission
Musäus, Johann, **8**:756
Music, **1**:*xxxvi, lviii, lxii*, 21, 219, 251, 290, 321n, *370, 371*

Nägeli, Karl von (1817–1891), **2**:*208–209*
Nägeli & Co., **5**:80
Napoleon Bonaparte (1769–1821), **10**:346
Natanson, Julia (1906–1987), **8**:87n
Natanson, Władysław (1864–1937), **8**:86, 231, 384, 514, 1007c; **10**:28
 invites AE, **8**:166
 visits AE, **8**:91
Natanson, Wojciech (1904–?), **8**:87n
Natanson, Zofija (1909–1981), **8**:87n
Natanson-Baranowska, Elżbieta, **8**:87n
Nathan, Otto (1893–1987), **8**:451n, 498n
Nathan, Paul (1857–1927), **7**:297n; **9**:169n, 269n, 492
National Academy of Sciences, U.S.A., **9**:605c
National Center for Reporting on the Natural Sciences. See Reichszentrale für naturwissenschaftliche Berichterstattung
National Center for Scientific Reporting, Berlin, **10**:271
National Committee of the Non-Conscription Fellowship, **8**:511n
National labor service, **7**:129n
National Liberal Party, German, **8**:629n
National minorities, state protection of, **7**:290
National Research Council, Washington, D.C., **7**:*231*; invites AE to lecture, **10**:493
National self-determination, **7**:8–9
Nationalism
 in academic appointments at University of Bonn, **9**:150n
 AE against use of his work to inflame, **9**:497
 and internationalism, **7**:363n, 430n
 Jewish, **7**:*230*, 363n, 428
Natorp, Paul (1854–1924), **8**:867; **9**:*xliv*, 59, 60n, 94, 103n, 106, 107n
 and Aufruf des deutschen Geistes zum Sozialismus, new version, **9**:94–96; AE endorses, 59
 on radicalism of workers, **9**:95
 on violence, **9**:95

Natterer, Johann August (1821–1901), **1:**141, 142, 143, 145, 146
Natural radiation. *See* Radiation: natural
Naturally measured interval, **4:**309, 597n. *See also* Invariant space-time interval
Naturally measured quantities, **6:**101, 124, 304, 351
Nature, **7:**279n, 378n, 410n
　AE's article for, **9:**252, 256, 299, 310, 328, 346, 374, 406, 523
　solicits paper from AE, **10:***xlvii*, 610c
Nature, laws of, **3:**141, 145, 425
Naturforschende Gesellschaft Bern, **2:**408n
　AE joins, **5:**617c
　AE's lecture to, **2:***206, 261*, 408, 408n
Naturforschende Gesellschaft Danzig, **7:**146n
Naturforschende Gesellschaft Zurich, **3:**449n, 458n; **8:**409
　AE's lecture at (1914), **4:***295*, 584–586
　lectures by AE to, **3:**425–438, 439n, 457; **5:**265, 599n
　preparation of publication of lecture to, **5:**275, 275n, 305
Naturwissenschaften, Die, **7:***102–103*, 121n, 357n, 419n
Naturwissenschaftlicher Verein, Hamburg, invites AE to lecture, **9:**607c
Naumann, Otto (1852–1925), **8:**214, 293, 564n, 594n, 851; **9:***xxxii*; **10:**175, 179n, 571c
　AE praises, **8:**203, 212
　AE visits, **8:**203
　help of enlisted in finding position for Freundlich, **8:**177, 178, 203
Naunyn, Bernhard, nominates AE for Nobel Prize, **5:**632, 635c
Navier-Stokes equations. *See* Hydrodynamics: Navier-Stokes equations of
Nebulizer, **6:**400
Nelson, Leonard (1882–1927), **8:**933, 952; abilities of, **8:**934
Neo-Kantianism
　and general relativity, **8:**867; **9:**204
　at University of Marburg, **9:**478
Nernst, Emma Lohmeyer (1871–1949), **10:**381n
Nernst, Gustav (1896–1917), **8:**466n
Nernst, Rudolf (1893–1914), **8:**466n
Nernst, Walther (1864–1941), **2:**40n, *143*, *171*, *178*, *179*, 390n–391n, 497, 501n; **3:***xxi–xxv*, 466, 501, 504n, 507n, 510n, 558–559, 581; **4:***271*, 276, *554n*, 556; **5:**233n, 263, 299, 300, 301, 349, 379, 382n, 391, 522n, 529n, 549n, 598n, 602n; **6:**252; **7:***xxix*, 62n, *106*, 220n, 326, 331n, 340n, 348n; **8:**8, 39n, 66n, 514n, 589, 593, 726, 742; **9:**27, 46n, 50n, 74, 125, 294n, 310n, 312, 350n, 360n, 438n, 472n, 488n, 590c, 593c, 604c; **10:**20, 109n, 303n, 381, 397n, 588c
AE
　on separation of, **8:**52
　planned meeting with in Berlin, **5:**458n
　praises work of, **5:**233n
　proposes raise of PAW salary of, **9:**580c
　signs press statement supporting, **10:**414n
　technical collaboration with, **9:**293
　visits in Zurich, **5:**232, 534
AE on, **5:**467
AE on character of, **8:**452
AE joins, **5:**626c
AE plans to meet, 8:8n
AE visits in Berlin, **5:**437, 468n
AE's work, confirmation of, **5:**233n, 245
experiments, **3:***xxii–xxiv*, 460, 470
gas degeneration, theory of, **10:**499
heat theorem of (*see* Heat theorem of Nernst)
Institut international de physique, dismissed from scientific committee of, **9:**114, 121
on isomery of mixed crystals, **10:**499–500
KWIP
　on draft contract of Freundlich with, **8:**579–580, 613
　member of Direktorium of, **8:**527n
　member of Kuratorium of, 571n
　requests report from, **9:**13
Laue, nominates as member of PAW, **10:**570c
loses sons in war, **8:**452, 465
Manifesto of the 93, signs, **8:**78n
Massart appeal, supports, **8:**363
oscillator model, **3:**559
proposes financial help of PAW to *Physikalische Berichte*, **9:**580c
quantum formula for rotational molecular motion of, **4:***271*
and quantum theory, **3:**510n, 513n, 530–531, 541, 545n
on recovering instruments of solar eclipse expedition, **8:**718n
Solvay Congress, First, role in organizing, **5:**301n

Solvay Congress, Second, discussion with AE at, **5:**565
specific heat
 double-quantum theory of, **5:**302, 381
 experiments on, **5:**232, 259, 262, 295
 of iodine, measurement of, **8:**272
 work on, **6:**370n
specific heat data of, **3:***xxii, xxiv–xxv*, 413, 414n, 423n, 469, 473, 475n–477n, 500, 511n, 525, 527–529, 544n, 547n
 vapor pressure and entropy constant, on paper of Stern on, **8:**38–39
 on zero-point energy, **4:***552n*, 553
Nernst-Einstein process, **9:**294n
Nernst-Lindemann equation, **3:***xxv*, 466–467, 469, 475, 476n, 512, 512n, 528, 542, 544n, 547n, 562n
Nernst's theory of electrolytic conductivity. *See* Electrolytes: conductivity of
Neter, Walter (1878–?), **10:**41
Netherlands
 AE on character of the Dutch, **10:**51, 53, 55–56
 AE praises weather in, **10:**220, 223
 AE visits, **10:**50, 51
Neuberg, Carl (1877–1956), **7:**448n
Neuchâtel, **3:**253n
 meeting of Schweizerische Physikalische Gesellschaft in: AE's attendance of, **5:**239; AE's paper at, 236
Neue Freie Presse, **9:**607c; requests article by AE, 273
Neue Zürcher Zeitung, **7:**300n
"Neues Vaterland." *See* Bund "Neues Vaterland"
Neumann, Franz, **8:**60
Neumann-Kopp rule. *See* Kopp rule
Neumann's law, **1:**280n
Neurath, Konstantin, Baron von (1873–1956), reception in AE's honor, **10:**581c
Neurath, Otto (1882–1945), **8:**433; asks help of AE, 434; correspondence with Mach, 434
Neusatz. *See* Novi Sad
Neustätter, Otto, **9:**69n
Neuweiler, Georg (1878–1953), **1:**235
Newcomb, Simon (1835–1909), **8:**218
 planetary constants calculated by, **6:**242, 510
 work on planetary constants, **4:***356, 359*, 422, 423n, 445n
New York Evening Post, **7:**570n, 590n

New York Times, **7:***xxx, 112*, 321n, 443n, 570n, 573n, 620n
Newton, Isaac (1642–1727), **1:**290; **3:**21, 133, 497n; **5:**548; **6:**74, 279–280, 473, 518, 577; **7:***xxxii*, 431, 433n; **8:**69, *352*; **9:***xxxvi*, 109, 213–214, 245, 445, 597c; **10:***xxxviii–xxxix*, 191, 263, 293, 300, 325, 378, 380n, 596c
 as Englishman vs. AE as German, **8:**275
 on absolute space, **7:**248, 267, 316, 322n, 370, 433, 535
 bucket experiment of, **5:**532; **6:**280
 color theory of, **6:**569
 emission theory of light of (*see* Light, emission theory of: Newton's)
 equations, **3:**173, 437, 447
 experiments of, **3:**126n, 592
 on gravitational light deflection, **7:***xxxi, 112*
 importance of, AE on, **7:**209, 214–215n
 laws of motion (*see* Newtonian mechanics)
 See also Newtonian theory of gravitation
Newtonian kinematics. *See* Kinematics, Newtonian
Newtonian limit. *See* Limit, Newtonian
Newtonian mechanics, **3:**143, 167, 174, 488; **4:**56, 59, 162, *194*, 209n, *353, 355, 356, 359*, 395n, 411n, 463n, 487, 547, 585, 609, 613; **6:**21, 22, 74–75, 123, 279–280, 285, 286–287, 379, 432, 509, 517–518, 535n
 and absolute space, **10:**307
 acceleration in, **10:**300
 first law of (*see* Galilean mechanics: basic law of)
 laws of motion of, **3:**143; **7:**254, 459, 510–512, 516, 536, 550–552, 601
 Mach's critique of (*see* Mach, Ernst: Newtonian mechanics, critique of)
 modification of, through relativity theory, **7:**208, 213
 second law of, **4:**30, 56, *356*, 387n, 395n; **6:**468; **7:**208, 213, 258, 510, 512, 550; **10:**324, 347
 space and time in (*see* Classical mechanics: space and time in)
 and space-time transformations, Galilean, **3:**143, 426
 third law of (*see* Action and reaction, principle of)
 See also Classical mechanics; Galilean mechanics; Mechanics: Galilei-Newtonian

Newtonian theory of gravitation, **4:***194, 197,* 314, 433n, 439n, 445n, 459n, 480, 487–488, 497–498, 547–550, 585, 621n; **6:**73, 75, 135, 136n, 379, 457, 478, 528; **7:**131, 219, 308–309, 512, 551–557, 614; **8:**405
   in analogy to photometric law, **10:**488
   as approximation of general relativity, **6:**4, 73, 125–128, 223, 237–238, 245, 319, 331–333, 493; **7:**395, 421, 618
   boundary conditions in, **6:**541–543
   and British national feeling, **7:***xxxi*, 210n–211n
   cosmological problems of, **6:**495–496, 541–543, 545, 547, 552n; **7:**142, 146n, 170, 187, 576n
   as first approximation, **8:**208, 214
   and general relativity (*see* Relativity, general theory of: and Newtonian theory of gravitation)
   gravitational potential in, **7:**557
   overthrown by general relativity, **9:**246
   and perihelion motion, **6:**234, 240, 242, 337, 494, 509, 510
   Poisson equation in, **6:**7, 117, 125, 322, 541, 543, 550
   Seeliger's correction of (*see* Seeliger, Hugo von: modification of Newtonian theory of gravitation)
   and special relativity, **7:**265
   to explain stellar velocities, **10:**501
   violates causality, **8:**660
Newton-Poisson law, **4:**312
Newton's equations of motion. *See* Equations of motion: Newton's
Ney, Elisabeth, **10:**439
Nichols, Edward L. (1854–1937), **5:**98n; fluorescence, work on, 97, 104; **9:**228
Nichols, Ernest (1869–1924), **3:**413n
Nicholson, William (1881–1955), induction machine of, **5:***51*
Nicolai, Georg Friedrich (1874–1964), **5:**560; **6:**70n, 71n; **7:***225–226,* 282n–283n; **8:**92, 275, 282, 738n, 758, 762, 769, 832n, 947n, 994c–995c, 1021c; **9:***xliv*, 17n, 34n, 71, 134n, 385n, 387, 475, 476n, 478, 490n, 551c, 562c, 564c, 576c; **10:***xlii, lin,* 29, 329
   AE
      asks to sign war-guilt resolution, **9:**571c
      diagnoses with stomach acid, **10:**116
   AE intervenes on behalf of, **8:**93n
   AE signs declaration in support of, **9:***xliv*, 598c
   on books for Russia, **9:**578c
   condemned as a traitor, **7:**282n–283n
   courage of political convictions of, **7:**282
   Einstein, Elsa consults on cardiac problems, **5:**561n
   emigration to Argentina, **7:**283n
   flees Germany, **9:**384n
   lectures of, disrupted at University of Berlin, **9:**384n
   Manifesto to the Europeans, **7:**282n
   manuscript on German-French rapprochement, **7:**217n
   military proceedings against, **8:**504n, 572n, 758n
   nervous breakdown of, **8:**572
   Nobel Peace Prize, lobbies for, **8:**764n
   Politik der Klassiker book series
      AE pledges money for, **8:**383n
      AE withdraws support, **8:**382, 395, 398
      doubts of AE on plans, **8:**396–397
      plans to publish, **8:**382, 395, 398
   prospect of lecturing, **9:**475–476
   protests murders of Liebknecht and Luxemburg, **9:**384n
   requests political activity from AE, **8:**763
   right-wing attacks on, **9:**384, 387
   visits with Grossmann, **9:**483
   wartime psychological assessments of, **9:**484n
Nicolai-Busley, Friederike (1886–?), **8:**397n
Niekleniewicz, J. R., **8:**12n
Niemann-Konow, Friede (1862–1959), **8:**813, 824
Nieuwe Rotterdamsche Courant, **7:**321n, 443n, 626, 628n, 630
Niggli, Arnold (1843–1927), **1:**231
Niggli, Friedrich (1875–1959), **1:**231
Niggli, Julia (1873–1959), **1:**233n; biography, *385–386*
Niggli, Martin, **1:**219n
"Nightmare, The," **6:**581
Nissen, Knud, **8:**158
Nixdorf, Wilhelm, requests KWIP funds for research on smoke consumption, **8:**1022c
Nobel Committee for Physics, **8:**912
Nobel Institute, **8:**946n
Nobel Prize, **7:**220n; **8:**623, 678, 719, 730
   for AE, **2:***142*; **10:**147n, 158, 165n; political reasons hindering, **10:**255n

AE nominated for, **8:**623n, 994c, 1006c, 1015c, 1016c
  by Arrhenius, **9:** 552c
  by Chwolson, **5:**635c
  by Lorentz, Julius, Zeeman, and Kamerlingh Onnes, **9:**597c
  by Naunyn, **5:**632c, 635c
  by Ornstein, **9:**596c
  by Ostwald, **5:**624c, 629c, 631c
  by Planck, **9:**551c
  by Pringsheim, **5:**629c
  by Schaefer, **5:**629c
  by Warburg, **9:**550c
  by Wien, **5:**629c, 632c
AE on possibility of receiving, **9:**9–10, 306
  awarded to
    Haber, **9:**308n
    Planck, **9:**239n, 248, 308n
    Rolland, **10:**58
    Stark, **9:**308n
Elsa Einstein on, **10:***xlv*
Planck nominated for, **8:**912–913
See also Einstein, Albert: Recognitions
Noddack, Walter, **9:**294n
Noether, Emmy (1882–1935), **7:***xxvi*, 76n, *101*; **8:**292n, 774, 976
  energy conservation in unified field theory of Hilbert, work on, 291, 294
Noether, Fritz (1884–1941), **3:***478*; **5:**233n; on relativistic rigid motion, **10:**10
Noether's theorem, **7:***xxvi*; **8:**195, 196n, 699n
Nohel, Emil (1886–1944), **5:**333n
Nole, W., **9:**321n
Norda, Hansjoachim, wants to present his theories, **8:**1022c–1024c
Nordmann, Charles (1881–1940), **9:**395
Nordström, Gunnar (1881–1923), **4:**145n, *299*, 502n; **5:**540n; **7:***xxix*, 17, 26n, 30, 32n, 64, 76n, *101*; **8:**285, 332, 339, 348, 350n, 555n, 744; **9:**16, 112n, 145; **10:**50–51
  AE helps, **8:**371, 813, 818
  on attributing dimension to metric, **8:**536
  on energy-momentum pseudotensor, **8:**516–522
  on "Entwurf" theory and Tolman's principle, **8:**165
  on error in paper of AE, **8:**588n
  Finland
    position in, **8:**370n, 619n

  problems of returning to, **8:**619–620, 626, 813, 818
  five-dimensional theory of, **9:**39n
  general relativity
    on concept of rigidity in, **9:**474n
    on field of point mass in, **8:**534–535
    on mechanics of deformable bodies in, **8:**368–370
  invites AE, **8:**326, 522
  lives in home of Ehrenfest, **8:**165n, 332n
  marriage of, **8:**468, 522n
  University of Berlin, professorship at, **8:**165, 370
  Zurich, stay in, **5:**551n, 569n
Nordström's theory of gravitation, **4:***126–127*, *298–299*, 341n–342n, 470, 471n, 472, 473n, 494, 498, 505–509, 582, 585–586, 615–616, 622n; **8:**463n
  AE on, **4:**489–492, 500, 502n; **5:**550, 551n, 594
  AE and Fokker on, **4:**589–596; **5:**564n
  energy of: continuous mass distribution in, **4:**491; point mass in, 490
  equation of motion of point mass in, **4:**489
  field equations of, **4:**593, 595
  force
    on continuous mass distribution in, **4:**491
    on point mass in, **4:**490
  Lagrange formalism for, **4:**489–490
  momentum
    of continuous mass distribution in, **4:**491
    of point mass in, 490
Nordström-van Leeuwen, Cornelia, **8:**813
"Normalsystem." *See* Frame of reference: normal
Norst, Else, criticizes Ehrenhaft's experiments, **10:**294–295, 580c
Northcliffe, Lord (1865–1922), **9:**256
Norway, AE visits, **10:**298
Norwegian Students' Association, **10:**420
  AE lectures at, **10:**265, 298, 315
  elects AE honorary member, **10:**579c
  invites AE to lecture, **9:**607c; **10:**246, 268n, 275, 292
Noske, Gustav (1868–1946), **9:**28
Notenbüchlein für Anna Magdalena Bach, **9:**339
Notgemeinschaft der Deutschen Wissenschaft, **7:**300n, 494n; founding session of, **10:**603c
Nova, **8:**185, 898

Novi Sad (formerly Újvidék Neusatz, Hungary), **1**:319, 321n, *380*; **10**:5n, 14n; Einstein-Marić visits parents in, **10**:*xxxvii*
Nowak, Josef, expresses sympathy for AE, **10**:594c
Nowak, Konstantin, requests KWIP funds for compass and water wheel, **8**:1015c
Noyons, Adriaan (1878–1941), **9**:54, 113, 164n
Nuclear disintegration, **7**:339–340n; self-sustaining, 340n
Nuclear reaction. *See* Radioactivity
Nüesch, Bertha (1847–1917), **1**:323
Nüesch, Jakob (1845–1915), **1**:315, 316n, 323, 331
Numbers, theory of, **1**:212
Numerical computation, **3**:125n
Nussbaum, Jakob (1873–1936), **10**:95
Nutting, Perley (1873–?), **9**:31

Oberlin, Hermann (1857–1928), **5**:23; appointed at Swiss Patent Office, 23n
Observable quantities, **6**:286
Observations. *See* Experiments
Observatory, **7**:*xxx*; verse on AE in, **9**:413
Observer, **2**:278, 280–282, 296–297, 400, 403, 447, 480, 566; **3**:144, 163, 165
  and motion, **3**:153
Occupied Enemy Territory Administration, **9**:197n
O'Connell, Daniel (1775–1847), **10**:463n
Oechsli, Wilhelm (1851–1919), **1**:*367, 369*; **10**:186
Oettingen, Arthur von (1836–1920), **9**:235, 588c
Ohio State University, **8**:198
Ohm, definition of, **1**:191–192; **3**:367
Ohm's law, **1**:175, 181; **3**:366–368, 375
Olivier, Louis, **3**:572
Olsberg, Canton of Aargau, **1**:50, 51n, 52, 53n
Olschki, Leonardo (1885–1961), **9**:606c; Schlick on, **9**:314
Olten, Committee of, **10**:184n, 185
Olympia Academy (Akademie Olympia), **1**:*382*; **5**:5n, 24n–25n, 30, 151n; **7**:*xxxiv*, 403n; **8**:168n, 221n; **9**:450n
  AE's nickname in, **5**:35n, 223n, 522n
  formation of, **2**:*xxiv*
  membership of, **5**:7n
  readings of members, **2**:*xxiv–xxv*, 306n; **5**:7n, 19n

Ampère, André–Marie, *L'essai sur la philosophie des sciences*, **2**:*xxv*
Avenarius, Richard, *Kritik der reinen Erfahrung*, **2**:*xxv*
Clifford, William Kingdon, "On the Nature of Things-in-Themselves," **2**:*xxv*
Dedekind, Richard, *Was sind und was sollen die Zahlen*, **2**:*xxv*
Mill, John Stuart, *Logic*, **2**:*xxv*, *260–261*, 307n
Pearson, Karl, *Grammar of Science*, **2**:*xxiv*
Poincaré, Henri, *Science et hypothèse*, **2**:*xxv*, *211*, *255*, *261*, 306n, 307n
Riemann, Bernhard, "Ueber die Hypothesen, welche der Geometrie zu Grunde liegen," **2**:*xxv*
Spinoza, Baruch, *Ethics*, **2**:*xxv*
Opalescence, **2**:*215*; **8**:835
Opalescence, critical, **3**:*283–285*, 287–310, 310n–312n, 508n; **6**:577, 579n
  AE's interest in, **5**:124n
  AE's work on, **5**:254, 256
  confirmation of, **5**:362n
  possible test of, **5**:269
  of gas, **6**:577, 579n
  Kamerlingh Onnes's and Keesom's work on, **5**:362n; AE on, 269
  Keesom's paper on, **5**:375n
  AE on, **5**:374
  AE's role in writing of, **5**:362n
  Smoluchowski's paper on
    AE's criticism of, **5**:362
    error in, **5**:370
Oppenheim, Felix E. (Felix Errera) (1913–?), **9**:360n; dedication to, 595c
Oppenheim, Franz (1852–1929), **5**:263n; **8**:79n; awards AE grant anonymously, **5**:260n
Oppenheim, Jacques (1849–1924), **9**:287; **10**:320
Oppenheim, Moritz (1848–1933), **9**:168, 537n; **10**:95, 201; philanthropic activities of, **9**:142
Oppenheim, Otto, **10**:213
Oppenheim, Paul (1885–1977), **9**:84, 142, 157, 158n–159n, 167, 173, 530, 536, 611c; **10**:95, 201, 213, 263, 416
  on AE's decision to remain in Germany, **9**:255
  asks AE to lecture in Frankfurt, **9**:604
  on classification of sciences, **9**:174, 256
  invites AE to Frankfurt, **9**:255, 360

Judaism
  Academy for the Science of, donation for, **9**:173
  disinterest in science of, **9**:168
  proposes French edition of AE's popular book on relativity, **9**:531
  searches for assistant, **9**:280
  on silhouettes made by AE, **9**:359
Oppenheim, Samuel (1857–1928), **8**:563; **9**:373, 535
Oppenheim-Edle von Kuffner, Katharina (1862–1933), **9**:537n
Oppenheim-Errera, Gabriella (1892–1997), **9**:256, 360, 537n
Oppenheim family, Elsa Einstein's stay with in Frankfurt, **10**:419
Oppenheimer, Emil (1844–1922), **5**:324n, 342n, 456, 458n; **8**:166n, 732, 733n
Oppenheimer, Eugen, **5**:341, 342n, 344; **10**:95
Oppenheimer, Franz (1863–1943), **10**:481n; lecture in Holland, **9**:415
Optical dispersion. *See* Dispersion: optical
Optical illusion, **7**:53n
Optical properties
  of gases, **3**:513
  of matter, AE's interest in connection between thermal and, **1**:*236*
  temperature dependence of, **3**:545n
Optics, **1**:*6*; **3**:*xxiii–xxiv*, 131–142, 174n, 426–431, 439n, 494–496, 497n, 529, 545n; **6**:526, 527
  AE's lectures on, **3**:*599*
  of bodies at rest, **2**:300, 452
  development of, **7**:431
  geometrical, **6**:360
  of moving bodies, **2**:*253, 258*, 295–300; **3**:133–136; **6**:4, 22, 26–27, 42, 437
    Lorentz's, **2**:301, 434
    Harres on, **9**:207–209
    Laue on, **9**:207–209, 219–220, 296
    Zeeman on, **9**:209, 296
  relativistic, **2**:*273*, 446–449, 452
Order Pour le mérite for Science and the Arts, awarded to AE, **10**:605c, 614c
Orell Füssli Verlag, **8**:764n
Organic chemistry, AE's study of, **5**:11
Organosols, metallic, **2**:400n
Orion nebula, redshift of stars in, **9**:25
Orlich, Ernst (1868–1935), **6**:275, 276n

Ornstein, Leonard (1880–1941), **2**:95n; **3**:*285*, 311n; **5**:325n; **9**:247, 255n, 267, 502; **10**:311
  and Hebrew University, **9**:287, 316, 332, 415
  proposes AE for Nobel Prize, **9**:596c
  University of Utrecht, candidacy for chair at, **5**:369, 373
Ørsted, Hans Christian (1777–1851), magnetism, work on, **6**:*145*, 151, 173, 191
Oscillating circuits, **7**:365–366
Oscillations, **3**:47–53, 56–57, 507, 510n, 527–528
  anharmonic, **3**:466
  atomic, **3**:461, 465, 476n, 512, 529 (*see also* Damping: of atomic oscillations; Solid bodies: atomic oscillations in)
  damped, **3**:365, 510n
  electromagnetic, **3**:*xx*, 380
  infrared, **3**:577
  of ions, **3**:163
  longitudinal and transverse, **3**:512n
  period of, **3**:57, 83, 365, 381, 561
  and rigid bodies, **3**:83
  of solid bodies, **3**:512n
  thermal, of atoms, **3**:527
  torsional, **6**:155–156, 175, 180, 192, 272, 274
  ultraviolet proper, **3**:511n
Oscillators, **3**:522; **6**:30, 200, 255
  bound electrons as, **2**:167n
  canonical ensemble of, **2**:*138*
  classical, **2**:*142*
  damping of, **3**:272, 460–461, 464, 466, 518, 518n
  electromagnetic, **3**:270
  in electromagnetic field, **6**:365, 386
  elementary, **3**:178n, 281n
  emission by, **3**:506n
  energy of, **2**:*136, 140–141*, 543; **3**:510, 524, 531; **4**:*270–273*, 275–284; **6**:30–31, 364, 365
  entropy of, **2**:*136*
  frequency of, in gravitational field, **4**:509
  harmonic, **2**:*134, 136*, 152, 239
  Hertz's, **3**:394, 400n
  interaction of, with radiation, **2**:*136, 138*, 543
  linked to molecule, in radiation field **4**:280–283
  material, **3**:*xx*
  monochromatic, **3**:465, 517; one-dimensional, **6**:32

Oscillators (*cont.*)
  Nernst's, **3:**559
  Planck's, **2:***137*; **4:**553n, 562–563; **6:**365–366, 368, 385–387, 395
  potential energy of, **3:**544n
  quantization of energy of (*see* Energy: quantization of; Quantum of energy: of oscillators)
  quantized three-dimensional, **2:***142*
  in radiation field, **3:**270–271, 476n, 507, 545n
  thermodynamic equilibrium of, **3:**465 two-dimensional monochromatic, **6:**34
  Wien's, **2:**168n
Oscillogram, **6:**157
Oscillograph, of Blondel, **5:**383
Oscilloscope, **6:**177
Oseen, Carl (1879–1944), **8:**445
Oslo, **10:**262
  AE to lecture in, **9:**496–497, 505n, 508, 536, 607c
  AE visits, **10:**320, 578c
Osmotic pressure, **3:**450; **8:**20, 65, 66n, 67, 164; **10:**367
  application of, to Brownian motion, **2:***209–210*, 216, 224–226, 497
  connection of with diffusion, **2:**199–201, 205n, *216*, 497–499
  as consequence of kinetic theory of heat, **2:**226–228, 497–498
  and free energy, **2:**226–228, 235n
  Van Laar's expression for, AE's criticism of, **5:**373
  Van 't Hoff's law of, **2:***177*, *211*, **4:**558; **5:**16n
Osram Co. GmbH, **7:**243n; **9:**148n, 463
Ossietzky, Carl von (1889–1938), **10:**274
Ostwald, Wilhelm (1853–1932), **3:**576; **5:**16n, 280; **7:**205n; **8:**361; **9:**348n
  and AE, **2:**5–6
  AE's correspondence with, **1:**285, 287n
  AE's reading of, **1:***xxxix*, 267n, 278, 286, 324; **2:***46*, *207*, *261*, 307n
  and AE's work on capillarity, **1:***265*, 278
  at beginning of World War I, **9:**348
  dilution law of, **2:***178*; **4:**561; **5:**16n; Besso on, 14
  on dissociation, **5:**13
  Einstein, Hermann writes to, **2:**6
  on energetic worldview, **2:***207*, *261* (*see also* Worldview: energeticist)
  on ether hypothesis, **2:***261*, 307n
  on existence of atoms, **2:***5–6*, *46*, *207*, *218*
  influence on AE, **2:***5*
  Nobel Prize, nominates AE for, **5:**624c, 629c, 631c
  on romantic scientists, **8:**550
  theory of colors of, **8:**361, 364
Ostwald, Wolfgang (1883–1943), **3:**312n
  solicits AE's papers on Brownian motion and on diffusion for reprinting, **10:**608c; sent, 608c, 612c
Otto, Wolfgang (1878–1957), **8:**858n
Overdetermination of classical variables, AE on, **9:**387, 403, 458, 460, 498
Oxford, University of. *See* University of Oxford
Oxford University Press. *See* Publishers
Ozone, Warburg's experiments on, **4:***112*, 166; **5:**452 (*see also* Warburg, Emil)

Paalzow, Carl (1823–1908), **5:**4n; AE seeks position as *Assistent* with, 4
Paasche, Hans (1881–1920), **10:***li* n
Pacifist movement, **8:**342n
Pacifist organization of nations, AE's vision of, **10:***xxxiv*
Padua, University of. *See* University of Padua
Pagenstecher, ?, contributes to Albert-Einstein-Spende, **10:**527
Pagenstecher, Rudolf (1886–1921), **7:**470n, 494n, 581; **9:**314
Painlevé, Paul, **9:**614c
Palágyi, Menyhért (Melchior) (1859–1924), **7:***110*, 355, 359n; **10:**401n
Palatini, Attilio (1889–1949), **10:**590c; AE on article by 361
Palestine, **9:**197n, 253, 293, 332
  Balfour Declaration on, **7:***233*, 435n; **9:**17n, 254
  British Mandate in, **9:**197n
  economic and sanitary conditions in, **9:**334n
  as embodiment of Jewish nationality, **7:**439
  Jewish homeland in, **9:**16, 212
    AE on, **9:**181, 222, 307
    optimistic perspectives for, **9:**197
  See also Appeal: "Für den Aufbau des jüdischen Palästina"
Palestine Foundation Fund. *See* Keren Hayesod
Paneth, Friedrich (1887–1958), **9:**252
Pan-German League. *See* Alldeutscher Verband

Pannekoek, Antonie (1873–1960), **9:**505n
Paquet, Alfons (1881–1944), **9:**94
Paradies (Hôtel-Pension Paradies), **1:**220, 221, 227, 312, 328, 329n; **5:**181; AE's vacation in, 181n
Paradoxes, apparent, **2:***xvi*, *257*, 362, 423, 543
Paradox of length contraction and time dilation, **8:**900–901, 907–908
Parallax, **8:**470, 560
　negative, 402n, 412, 474
　solar, **4:**422
Parallel displacement, **8:**670
Parallel transport, of vectors, **7:**80n, 157–158, 184n, 451–452, 544, 548
Paramagnetism, **3:**7, 221–222, 226–227; **4:***272*, 284, 558; **6:***146*, *147*, 151, 152, 170n, 189n, 191; **8:**76; **10:**28, 303
　AE's optimism regarding theoretical treatment of, **10:***xlvi*
　Curie-Langevin law for, **3:**222, 245n; **4:**558–559; **6:***146*, 152, 170n, 173, 189n, 191; **8:**92n; **10:**369n; AE on, **6:**170n, 189n
　Curie law for, **3:**222, 245n; **4:**284; **10:** 356n, 366, 369n, 404, 405n
　of gases, **10:**404
　Langevin on, **10:**357n
　of solids, **10:**366
Parankiewicz, Irene (1893–?), **8:**902; **10:**295, 296n
Parapsychology, **8:**854–855
Paris Congress. *See* Congrès International des Électriciens
Paris Peace Conference
　Allies at, **9:**110
　British exclusion of Soviet Russia at, **9:**36n
Paris Peace Treaty. *See* Versailles Peace Treaty
Parseval, August von (1861–1942), **8:**709
Particles, suspended, **2:**208, 345n; **3:**223, 234–236, 246n, 416–417, 552–553, 555
　Brownian motion of (*see* Brownian motion: in suspensions)
　diffusion of, **2:**497
　impossibility of measuring velocity of, **2:***210*, 399
　mean square displacement of, **2:**234, 408n
　motions of, **2:**224, 334, 408, 416, 558, 559n
　and osmotic pressure, **2:**224–226, 497–499
　size of, **2:**234–235, 408, 408n
　velocity of, **2:**399–400, 400n

vertical distribution of, **2:**339, 345n
Pasch, Moritz (1843–1930), **8:**887; **9:**45n, 71
Paschen, Friedrich (1865–1947), **5:**55; **8:**76, 77n; **9:**20, 72n, 149, 217, 367n, 376
　Edgar Meyer, requests AE's recommendation for, **9:**366
　on Franck, **9:**366
　requests AE's recommendation for his successor, **9:**357
Paschen, Paul, poetry reading with Elsa Einstein, **5:**518n
Pasquier, Louis Du, **5:**627c
Pasteur, Louis (1822–1895), **9:**334n
Pastor, ?, **3:**583
Patent infringement case, AEG vs. Sannig & Co., **9:**462
Patent Office. *See* Swiss Federal Patent Office
Patent procedures, Swiss, **5:**81n
Patents, **7:***xxix*, 81–85n, 190–195, 242–243, 365–367n, 472–482n
　compulsory license in, **7:**365, 367n
　pioneering, **7:**367n
　revocatory action on, **7:**365, 367n
　See also Einstein, Albert: Expert opinions *and under individual companies*
Path, free, of molecules, **3:**183–185; finiteness of, effects due to, 191–192
Pathology, forensic. *See* Medicine, forensic
Patijn, Rudolf (1863–1956), **9:**416n, 504n; **10:***xlv*; as curator of AE's Leyden professorship, 366
Patriotism, **8:**154, 193, 717
Pauer, Franz (1891–?), **9:**382
Pauli, Wolfgang (1900–1958), **4:***6*; **6:**398n; **7:**351; **8:**437n; **9:**217, 389n, 535
　AE on, **9:**298
　against field-theoretic treatment of electron, **9:**387
　relativity, article on for *Encyklopädie der mathematischen Wissenschaften*, **9:**373
　on Weyl's theory, **9:**267–268, 293
Pavia, Italy, **1:***liin*, *liii*, *livn*, *lxv*, *372*, *373*; AE on, **1:**22
PAW. *See* Preußische Akademie der Wissenschaften
Payot publishing house. *See* Publishers
Peace, guaranteed by Great Britain and U.S., **8:**962
Peace Conference, **8:**964n

Pechel, R., **9:**555c
Pechstein, Max (1881–1955), **8:**947n
Pedersen, P. O., **9:**598c
Pedolin, Peter (1869–1934), **8:**454, 455n, 590, 939; **10:**104, 105n, 122n, 137, 144, 186n
Pegram, George (1876–1958), **5:**389n; **10:**18n, 571c; interest in relativity, **5:**389
Peirce, Charles (1839–1914), **8:**548
Pekár, Desider (Dezsö) (1873–1953), **4:**508
Peltier, Jean (1785–1845), **3:**123
Peltier effect, **3:**234
Peltier heat, **1:**191
Pendulum, **3:**40, 46–53, 561; **6:**280
    damping of oscillation of, **3:**52, 461–462
    and energy principle, **3:**69
    Foucault's, **3:**61–62; **6:**139
    mathematical (simple), **3:**82
    oscillation of, **3:**48, 115
    physical, **3:**82
    spherical, **3:**55, 64
Pérès, Joseph (1890–1962), **10:**379
Perett, ?, as prospective English translator of AE's papers, **10:**524
Perihelion motion
    anomalies in, **8:**100–101
    of Earth, **8:**235
    of Mars, **4:**459n; **6:**242
    of Venus, **8:**235
    See also "Entwurf" theory of AE and Grossmann: perihelion motion in
Perihelion motion of Mercury, **6:**136n, 234–242, 245, 248, 319, 337, 493–494, 509–510, 538n; **7:***xxiv*, *103*, 119, 170, 175, 177n, 181n, 183n, 187–189n, 209, 214, 346–347, 349n, 395, 559, 561, 614, 619; **8:**101n, 180n, 191n, 201, 204, 208, 215, 217, 218n, 221, 223, 231, 232, 234, 235, 240, 244, 256, 263, 303, 374, 375n, 501; **9:***xxxi*, 32, 245n; **10:**34, 62
    AE's attempted explanation of, **5:**82
    AE on, **10:**34
    Besso on, **8:**373, 374
    in Weyl's theory, **9:**217
    Wiechert on, **10:**62
    Zangger on, **10:**57
Perihelion motion of Mercury, AE's and Besso's manuscript on, **4:**295, *344–359*, 360–472, 502n, 503n; **5:**589n; **6:**24n, 243n; **7:**575n
    dating of and nature of collaboration, **4:***356–359*

elliptic orbit, **4:***351*, 426
expansion of metric field tensor, **4:***346–347*
field equations and Minkowski space-time, **4:**442–446
field equations for Eulerian case, **4:**450–452
Jupiter's influence on motion of nodes of Mercury, **4:***359*, 458, 464
Lagrange formalism, **4:***349*, *353*, 374, 387n, 401n, 434
Mars
    motion of nodes of, **4:***356*, 458, 465n
    perihelion motion of, **4:**459n
Mercury
    motion of nodes of, **4:***356*, 442, 444, 445n, 449n, 458, 462, 465n
    perihelion motion of, **4:***352*, *354*, 412, 414, 416–420, 428–430, 439n, 440, 459n, 473n
Newcomb's work on planetary constants, correction to, **4:**422
nodes, contribution of motion of, **4:***347*
perihelion motion in Nordström's theory, **4:**470, 472, 473n
perihelion motion in special relativistic gravitational theory, **4:**438
period of Newtonian orbit, **4:**440
solar pressure influence on metric field, **4:**392, 466
Sun, rotating, field of to first order, **4:***352–353*, 396–398
    effect on orbit of, **4:***347*
    precession of nodes in, **4:***355–356*, 442–462
    precession of perihelion in, **4:***353–354*, 400–408, 418, 424–430
Sun, static, field of to second order, **4:***348–349*, 360–374, 392–394
    advance of perihelion in, **4:**360–394, 410–420, 426, 440
    effect on orbit of, **4:***347*
    precession of perihelion in, **4:***349–352*, 374–391, 412–420, 426, 440
Venus
    motion of nodes of, **4:***356*, 442, 444, 445n, 459n, 462
    solar parallax and transits of, **4:**423n
Periodic processes, AE's manuscript on, **8:**60–61
Periodogram, **8:**61

Perles, Joseph (1835–1895), **1:***349*, *350*
Permeability, **3:**371; **4:**19
  magnetic, **2:***505*, 512, 517, 517n, 523–524; **3:**398n; **6:**107
  and media, **3:**359
Pernet, Jean (1845–1902), **1:**47n, *60*, *368*
Pérot, Alfred (1863–1925), **3:**347, 398n; **6:**539n; **7:**347, 349n; observes redshift of solar spectral lines, **10:**382
Perpetuum mobile, **3:**45, 445; **4:**118; **10:**120
  impossibility of, **2:**94
  See also Thermodynamics, second law of
Perrier, Albert (1883–1962), **5:**287n; **8:**148, 152; **9:**214; AE on abilities of, **5:**287
Perrin, Aline (1899–1991), **5:**521n
Perrin, Anne (1886–1933), **5:**274n
Perrin, Charles Louis (1839–1910), **5:**239n
Perrin, Francis (1901–1992), **5:**521n; **9:**225
Perrin, Henriette (1869–1938), **5:**521, 521n
Perrin, Jean (1870–1942), **2:***179–181*, *182*, *206*, *220–221*, 344n, 345n, 557, 559n; **3:**416, 418n, 508n–509n, 552; **5:**217n, 266, 267, 268, 291n, 299, 300, 322n, 345, 349, 519n; **7:**342–343n; **8:**7, 562n, 913n, 930n; **9:**171, 223, 286n, 517; **10:**12
  AE meets with, **8:**561
  AE's impressions of visit to, **5:**520
  Avogadro's number, determination of, **5:**216
  complimented by AE on work on Brownian motion, **5:**216
  congratulates AE, **9:**224
  on effect of light on chemical reactions, **9:**141, 224
  and experiments, **3:**223, 246n, 562n
  on molecular dissociation, **7:**328
  Solvay Congress, First, paper at, **5:**346n
  Solvay Congress, Third, invited to, **10:**303
  Zangger, meets with, **8:**561
Pestalozzi, Hans, **1:***240*
Peterchens Mondfahrt, silhouettes by AE on first page of, **9:**360n
Peters, Rudolf, **9:**612c; on anti-Semitism in the press, **9:**522
Petersschule (Blumenstraße), Munich, **1:***lix*, *370*, *371*
  AE's experiences at, **1:***lviii–lix*
  AE's grades at, **1:**3
  Catholic religious instruction at, **1:***lix*
  curriculum at, **1:***341–345*
  teachers at, AE's characterization of, **1:***lviii*
Petzoldt, Joseph (1862–1929), **7:**121n; **8:**31n, 867, 882, 900; **9:**135, 137, 573c; **10:**22n, 341
  AE on, **6:**4, 5n
  AE hopes to meet, **8:**16
  AE visits, **8:**31n
  AE writes letter of recommendation for, **8:**54
  on clock paradox, **6:**5n; **8:**16
  disagrees with AE on finiteness of universe, **10:**332
  on epistemology and relativity, **10:**332
  exposition of clock paradox by,
  Gesellschaft für positivistische Philosophie, chairman of, **8:**17n
  on Holst's critique of relativity, **10:**332; AE agrees with, 342
  Lange on, **10:**590c
  proposes meeting on epistemology and relativity, **10:**332
  relativity
    book on, **8:**31
    paper on,**8:**16; **9:**14–15
  on rotating disk paradox, **9:**115–116, 140
  Technical University of Dresden, proposed for chair at, **8:**695
Pexider, **4:***6*, 35. *See also* Sitter, Willem de
Pfedi, **5:**114, 518. *See also* Ross, Alfred
Pfeiffer, Heinrich (1879–?), **10:**584c
  on difficult situation of German book trade, **9:**424, 480–481
  invites AE to join organizing committee of exhibition and congress on the "German book," **10:**584c; declined, **10:**584c
Pfister, Julius (1867–1946), **5:**259n
Pfitzner, Hans (1869–1949), **9:**392
Pflüger, Alexander (1869–1946), **7:**340n; **9:**534; **10:**340
  congratulates AE, **9:**584c
  pacifism of, Moch on, **10:**329
Phase
  of current, **3:**378
  in microcanonical distribution, **3:**204
Phase space, **3:**554, 560
  cell size in, **2:***49*
  coordinates in, **2:**74n
  field of flow in, **6:**576–577
  flow in, **5:**17
  for crystal, **6:**256
  "rational," **6:**563–566, 567n

Phase space (*cont.*)
  structure function of, **2:***50*, 62, *141*
  See also Continuity equation; Incompressibility condition; Liouville's theorem
Phase transition, **3:***284*
Philharmonic Hall, Berlin, anti-relativity meeting at, **7:***xxxii*, *101*, *105*, 345–347, 349n; **10:***xxxviii*, *xli*, 385, 389, 390n, 392, 394n, 395, 400, 402, 412, 423n, 433n, 435n, 449n, 452n, 461n, 492n, 510, 523n, 534n, 542n, 593c, 594c, 595c
Phillichody, A., **5:**621c
Philosophical studies, AE's, **2:***xxiii–xxv*
Philosophie des Als Ob, **8:**887, 889
Philosophische Jahrbücher, **8:**868
Philosophy, **1:***xxxvi*
  of Als-Ob, **9:**43–44, 51–52, 493 (*see also* Als-Ob conference; Einstein, Albert: Philosophy; Kant-Society; Vaihinger, Hans)
  causal relations and Newtonian inertial motion, AE on, **10:**300, 324–325; Schlick on, 307
  causal relations and repetition of identical processes, AE on, **10:**299–300, 324; Schlick on, 306
  gravitational field, Schlick on observability of, **10:**307
  Kantian, **7:***xxxv*; and relativity, **8:**220; **9:**342, 510; **10:**293
  as obstacle to physics research, **8:**753n
  relativity and epistemology
    Cassirer on, **10:**314–315
    Petzoldt on, **10:**332, 341
    Reichenbach on, **10:**313–314
  relativity and philosophy
    Cassirer on, **10:**255–256
    Lindemann on, **10:**535
    Schlick on, **10:**573c
  space, AE on reality of, **10:**324
  spatial and temporal causality, AE on, **10:**300–301; Schlick on, 307–308
  value of relativity for, **10:**323
Philosophy of nature, **3:**577
Phosphorescence
  Lenard's work on, **5:**198
  Stokes's rule for, **3:**249; AE on, **5:**195
Photochemical effects, **9:**141, 171, 223
Photochemical equivalence, **3:**546n; **8:**287
Photochemical equivalence, AE's law of, **2:**169n; **4:***109–113*, 115–121, 166–169,

173n, 287–292; **6:**369, 370n, 388; **9:**294n
  AE on, **5:**412, 418, 437, 483
  AE's discovery of, **5:**352
  AE's papers on, **5:**391, 394, 406, 422n, 459; **10:**17
  AE's response to Stark's claim concerning discovery of, **4:***109*, 172, 293n; **5:**474
  Ehrenfest's generalization of, **5:**440–444, 451
  Haber's generalization of, **5:**424–426
  Haber's praise of, **5:**423
  for nonmonochromatic substances, AE on, **5:**453
  Warburg's experimental test of, **5:**416, 421
Photochemical processes, **3:***xxi*, 546n
  AE on mechanism of, **5:**218
  AE's discussion with Warburg on, **5:**352
  dissociation/recombination, molecular, **4:***109*, 115–121, 166–169, 287–292
  dynamic equilibrium in, **4:***110*
  energy of radiation absorbed in, **4:***112*, 121, 166, 285n
  experiments on by Noddack and Pusch, **9:**294n
  influence of intensity of radiation on, AE on, **5:**213n
  intensity threshold in, **4:***110*
  Laue on, **5:**72
  role of radiation frequency in, AE on, **5:**460, 464
  Schidlof's work on, AE's criticism of, **5:**530, 533
  Warburg's work on, **5:**452; AE's praise of, 452
  See also Photochemical equivalence, AE's law of
Photochemical research, funded by KWIP, **9:**613c
Photoelectric devices, **8:**559n
Photoelectric effect, **1:***236*; **2:***141*, 163–166, 168n, 350, 354–357; **3:***xxi*, 499–500, 504n, 518, 518n, 540, 543, 547n; **4:***112*, 552, 562
  accumulation theory for, AE on, **5:**464
  AE reads Lenard on, **1:***xl*, 236, 304
  AE's equation for, **2:***142*, 164, 168n–169n
  alternative explanations of, **2:***142*
  delay time of, **3:**504n
  experimental evidence for, **3:**546n
  experiments on
    AE on, **5:**210, 245
    Ladenburg's, **5:**80n
    Lenard's, **2:***142*, 165, 168n–169n; **5:**80

Millikan's, **2:***142*, 168n–169n
in gases and vapors, Kohn on, **9:**124, 337
Lenard's comments on, **5:**198
and light quantum hypothesis, **3:**546n
Sommerfeld's theory of, **5:**466n
triggering hypothesis for, **2:***142*, 582n–583n; **5:**180n
   AE on, **5:**195
   Lenard's adherence to, 198n
   Lorentz on, **5:**178
and Volta effect, **2:**354–357
Photoelectricity and X-rays, research funded by KWIP, **9:**560c, 567c
Photographic plates, AE on sensitivity of, **5:**212n
Photography, **2:**544, 558, 559n. *See also* Henri, Victor; Seddig, Max
Photoluminescence, **3:**546n
Photometry, **4:***109*; **6:**361
Photon
   existence of, **8:**836
   Swinne's use of term, **5:**280
Photon. *See* Light quantum
Photophoresis, **9:**74n, 252, 253n, 369n, 398, 441n
   negative, Rubinowicz on, **10:**580c (*see also* Light pressure: negative)
Physical chemistry. *See* Chemistry: physical
Physical constants, relationship between, **8:**195
Physical system. *See* System: physical
Physical world picture, **8:**633
Physics
   AE's lectures on theoretical, **3:***598–599*
   atmospheric, **1:**220
   classical, **3:**281n, 423n (*see also* Dynamics; Electrodynamics; Kinematics; Mechanics; Thermodynamics)
   conceptual foundations of, **2:***147*, 434
   conventions in, **3:**430
   development of, **2:***xvi, 144–145, 147, 206, 253, 549–550, 564–565*
   dualism in the foundations of, **7:**311, 321n
   experimental (*see* Experiments)
   foundations of, **2:***xviii, xxii, xxiii, xxv–xxix, 144, 145, 172, 174, 260*, 416, 552n
   fundamental laws of, **7:***xxxvi*, 57, 207, 213, 219
   hypothetical nature of, **7:**219
   intuitive quality of, **2:***xxvi*, 540; **7:**354, 357n–359n
   and mathematics, **3:**152, 426, 447–448
   philosophical viewpoints on, **2:***xxiii–xxv*
   preestablished harmony in, **7:**57, 59n
   prevailing mechanistic outlook in, **1:**5
   problems in contemporary, **3:***xxv*, 458n
   progress of, **7:**219
   reality in, **7:**117–118
   symmetry criteria in (*see* Symmetries)
   theoretical, **2:***xvi, xvii, 173*
      AE as instructor of, **3:***xvii*
      AE's dedication to, **1:**275
      AE's self-instruction in, **1:***xxxvi*, 264, 321
      development of, **3:***xviii*
      fundamental difficulty in, **3:**422–423
      method of (*see* Method: of theoretical physics)
   theoretical foundations of, **2:**542, 544, 552n
   theoretical,
   thermal (*see* Thermodynamics)
   unification of, **2:***xxiii, xxvi–xxix, 134–135, 148, 255, 268, 272, 379, 390n*, 461, 553n, 565; **7:***xxvii*, 58–59n
   H. F. Weber's lectures on, **1:***60–62*, 63–210
   world picture of, **7:**56, 59n
Physikalische Berichte
   KWIP support for, **9:**598c, 603c
   PAW support for, **9:**580c
Physikalische Gesellschaft Zürich, **3:**311n; **9:**197, 198n
   AE joins, **5:**624c
   lecture by AE to, **5:**155, 156n, 257n
      Kleiner's comments on, **5:**158
      Stodola's praise for, **5:**158
   lecture to: by Besso, **8:**305; by Debye, 915; by Weyl, 815
   motion of on Adler, **8:**412, 441, 443, 444, 451, 453
Physikalische Zeitschrift, **7:***109*
Physikalischer Verein, Frankfurt, AE's lecture at, **8:**472, 478; **10:**93, 94n, 95
Physikalisch-Technische Reichsanstalt, **6:**169, 170n, 171n, 188, 191, 275, 276n; **7:***101*, 300n, 331n, 486n–487n; **8:**30n, 63n, 84n, 91, 285n, 672n, 1004c, 1005c; **9:**563c, 605c; **10:***xxxviii*
   possible position for AE at, **5:**457n, 480, 511
   and replication of Harress's experiment, **9:**208
   work atmosphere at, **9:**61–62
Picard, Charles (1856–1941), **10:**536

Picard, Max (1888–1965), **9:**322
Piccard, Auguste (1884–1962), **8:**135n, 148–149, 152–153, 154, 172, 853; **9:**214
    character of, AE on, **10:**36
    doctorate of, **5:**632c
Pichon, Paul, gift for AE, **9:**476
Pick, Georg (1859–1942), **4:**607; **5:**307n, 474n
    AE on, **5:**483
    plays music with AE, **5:**307n
Pictet, Raoul Pierre (1846–1929), **1:**147
Pilatus, Pontius, **9:**416
Pinner, Albert (1857–1933), **8:**278, 281n; **10:**155n
Pischinger, Arnold, **1:***350*
Pitsch, Adolf, **9:**589c
Pitt, William (1759–1806), **9:**79
Planck, Emma (1888–1919), **5:**136n; **8:**459n; death of, **9:**240
Planck, Erwin (1893–1945), **5:**136n; **9:**269n; **10:**43n; prisoner of war in France, **10:**26
Planck, Karl (1888–1916), **5:**136n; **9:**269n; **10:**43n
Planck, Margarete (1889–1917), **5:**136n
    death of, **8:**458
Planck, Marie (1861–1909), **5:**136n; **9:**59n
Planck, Max (1858–1947), **3:**177–178, 281n–282n, 505n, 522, 547n; **4:**92, *111*, *128*, 162, 272, 282, 533, 558, 621n; **5:**42n, 74, 84n, 104, 107, 138n, 148, 179, 189, 259, 299, 300, 391, 419, 446n, 472, 512, 529n, 549n, 573, 573n, 581n, 598n, 602n; **6:**24n, 39n, 70n, 197n, 282n, 364, 370n, 382, 398n; **7:***xxxi*, 26n, 49n, 57 62n, 128n, 220n, 345, 491n, 494n; **8:**8, 31, 32n, 33, 35, 39, 51, 87n, 88, 93, 150, 216n, 221n, 276, 332, 382n, 424, 472n, 514n, 527, 563, 576, 593, 614n, 620, 621, 622, 637, 642, 647, 654, 671, 677n, 714n, 726, 776, 819n, 823, 1001c; **9:***xl*, 18, 46n, 74, 115n, 125, 149, 158, 166n, 191, 221, 229, 240, 248, 257, 266, 269n, 279n, 297, 308, 310n, 360n, 366, 369, 382, 393, 451n, 515n, 572c, 590c, 591c, 593c, 595c, 596c; **10:**43, 109n, 172, 211, 254, 286, 347, 389, 436n, 460, 471, 481, 485, 516, 590c, 592c
    AE
        congratulates, **9:**180
        correspondence with, **5:**40, 50, 202; AE on, 187
        creation of physics institute, discussion with on, **8:**40n
        criticism of, **2:**583n, 587n
        expresses sympathy for, **10:**412
        helps in publication of separatum, **8:**275n
        influence on, **2:***xxi*, *45*, *135*, *143*
        meets with, **2:***147*; in Berlin, **5:**467; in Salzburg, 227; in Zurich, 534
        on plans of to lecture in Zurich, **8:**935
        relationship with, **8:**855, 870
        on salary of, **8:**41n, 43; proposes raise of **9:**580c
        on separation of, **8:**52
        solicits help from to approach neutral academies for scientific literature, **10:**271–272
        suggests meeting with, **5:**135
    AE on, **5:**187, 346, 349; **8:**363, 865; **9:**58, 261, 329
    AE called friend of, **8:**743
    AE praises, **2:***44*; **8:**145, 223
    AE requests help of, **8:**177
    AE on scientific achievements of, **4:**561–563
    AE visits in Berlin, **5:**437
    AE's comments on, **2:***42*, *110*
    AE's criticism of, **2:***42*, *49*, *52*, *54*, 544, 550
    AE's inaugural lecture, reply to, **6:**24n
    on AE's loyalty toward Germany, **10:**209
    AE's paper in honor of, **5:**561
    AE's papers, discusses, **2:**377n, 585–586, 587n
    AE's reading of, **1:***xxxix*, *xl*, *236*, 284; **2:***xviii*, *44*, *45*, 99, 107n, *135–136*, 207
    AE's reviews of papers by, **2:***110*, *134*, 245–246, 246n, 249n, 373–376, 377n
    AE's Salzburg talk, comments on, **2:***xvii*, 585–586
    AE's sympathy for, **10:**33
    AE's theory of fluctuations, skeptical of, **5:**420n
    absolute zero, on unattainability of, **5:**451
    Annalen der Physik, editor of, **5:**257n
    and anti-relativists, **7:***102*, *108*
    Berlin
        on keeping AE in, **9:**107–108, 154
        on news that AE is considering leaving, **10:**412
        urges Einstein to stay in, **10:***xxxix*
    Boguslavsky, helps, **10:**471
    Born, recommends as extraordinary professor, **8:**165n

Bund "Neues Vaterland," declines signing declaration of, **8:**930–931
and classical electrodynamics, **2:***xvii*
Columbia University, lectures at, **5:**389
complexions, use of, **5:**172
death of daughter, AE's condolences, **9:**584c
Delbrück-Dernburg petition, signs, **8:**146n, 150n, 157n, 176n, 364n
determination of
    Avogadro's number, **2:***46–47*, 108n, *171*, *218*; **5:**217
    Boltzmann's constant, **2:**108n
on dynamics, relative, **2:***269*, *272*, *273*, 309n, 436, 461, 474–475, 486n
Einstein-Marić reads works of, **1:**317
on electron models, **2:***270–271*, 461
on elementary quanta, **2:**107n, 154, 552n–553n
on energetics, **2:***xxvii–xxviii*
energy, on alternative sources of, **7:**340n
entropy
    compares formulas for, **8:**192
    and probability, discussion with AE on, **8:**672–673, 682–683, 775n, 865
    of rotation of diatomic molecules, **8:**192
"Entwurf" theory, reception of, **8:**76, 154
on equivalence of mass and energy in electrodynamics, **5:**148
on ergodicity, **2:***49*, *144*
Gans, recommends as extraordinary professor, **8:**165n
at GDNÄ meeting in Bad Nauheim, **7:***108*, *110*
Geodetic Institute
    on competence of Wiechert as director of **8:**597n
    defends independence of, **9:**195n
Germany
    on own allegiance to, **8:**931
    attachment to, AE on, **9:**80
on favorable military position of, **8:**589
Freundlich, helps in finding position, **8:**89, 179, 203, 214, 265n
on Hamilton-Jacobi equations, **8:**387–388
Helmholtz Medal, nominated for, **8:**993c
on holism, **7:**404n
on exchange rate of German currency, **8:**589
Institut international de physique, dismissed from scientific committee of, **9:**115n
invited
    to receive honorary doctorate at University of Rostock, **9:**199
    to stay in Schlick's home, **9:**199
Kaufmann's determination of specific charge of electron, criticism of, **5:**77, 78, 78n, 79n
Kuwaki takes courses with, **5:**161n
KWIP
    on contract of Debye with, **8:**830, 866n
    on contract of Freundlich with, **8:**589
    formulates press announcement on foundation of, **8:**570
    member of Direktorium of, **8:**527n; **9:**552c, 554c, 573c, 576c
    Kuratorium of: member of, **8:**571n; acting president o , **9:**577c, 583c, 586c, 600c, 605c
    proposes Direktorium for, **8:**527n
light quantum, rejection of, **5:**203n
Mach, polemic with, **5:**204n, 531, 532n, 595; AE on, 204, 584; **7:**57, 59n
Manifesto of the 93
    signs, **8:**78n, 151n, 155
    statement on, **8:**285
on mass-energy equivalency, **2:***269*, 464, 486n–487n
on natural radiation, **2:***136*, 167n
Nernst's heat theorem, generalized by, **10:**548
Nobel Prize
    awarded, **9:**239n, 248, 268, 308n; AE congratulates on, 239
    nominated for, **8:**912–913
    nominates AE for, **9:**551c
osmotic pressure, on doubts of AE about, **8:**20
on patriotism and internationalism, **8:**286n, 931
PAW
    on keeping relations of with foreign institutions, **8:**145, 149, 156n, 170, 171n, 286n
    nominates Laue as member of, **10:**570c
    nominates Sommerfeld and Debye as members of, **9:**410
    on page limit for *Sitzungsberichte* of, **9:**40n
    proposes financial help of to *Physikalische Berichte*, **9:**580c
personal tragedies of, **9:**280, 288; AE on, 268
philosophy of science of, AE on, **7:***xxxvi*
on physical constants, **2:**108n, 155, 168n, 577
political activity, retreats from, **8:**930
on probabilities (in statistical physics), **2:***44*, *52*, *54*, *138*, 544

Planck, Max (*cont.*)
   on quantum of action, **2:***144, 145*
   and quantum of energy, **3:**499, 533, 560
   on quantum hypothesis, **2:***42, 48–49*, 585–586
   and quantum theory, **3:**506–507; paper on, **5:**245, 246n
   quantum theory, of molecules, paper on, **8:**193n, 217n
   radiation
      denial of applicability of equipartition theorem to, **2:***49*
      on fluctuations in, **2:**589
      model of, **2:**167n
   radiation law of (*see* Black-body radiation: Planck law for)
   radiation theory, **3:***xxiii*, 178n, 268n, 280, 410, 412, 540
      AE on, **1:**284, 286–287
      discussion with AE on, **5:**245
      work on, AE's criticism of, **5:**192
   relativity, general
      reception of, **8:**76n, 223, 263
      rejection of, **5:**584, 584n; AE on, **5:**589
   relativity, special, **2:***254, 266–267*, 474–475, 485n, 486n, 487n, 495; **4:***128*, 162, 489, 563
      discussion with Bucherer on, **5:**50n
      early interest in, **5:**40n, 50
      on momentum and energy flow in, **5:**149n
      paper on, **5:**50n, 76
      work on, AE's knowledge of, **5:**75n
   relativity, on special and general, **6:**24n
   resonator model, **1:***xl, 236*, 279n, 286
   on resonators, **2:**167n, 390n
   reviews of papers by, **2:**44
   Ritz, on work of, **8:**200
   Rostock University anniversary, plans to attend, **10:**222, 224
   second quantum theory of, **4:***270*, 275; **5:**464, 466n
   sixtieth birthday of (*see* Planck celebration)
   Solvay, intercedes for, **9:**115n, 216
   on specific heats, **2:***143*
   spectral lines, presents paper on, **8:**217n
   and statistical mechanics, **3:**506, 556
   on thermodynamics, **2:***273*, 474, 487n
   on thermodynamic probabilities for molecules with many degrees of freedom, **8:**193
   University of Berlin, appointment as rector of, **5:**561n; ranks Nordström second for position at, **8:**371
   University of Leyden, lecture at, **7:**59n
   University of Zurich, thought of for position at, **9:**78, 80, 92
   war crimes investigation, skeptical about, **9:**55n
   Weyl's unified field theory: interested in, **8:**824; prefers to general relativity, **8:**744
   Wolfskehl lectures, **8:**701, 715, 762, 765, 774
   and zero-point energy, **4:***270, 271*
Planck celebration, **7:**59n; **8:**600, 627, 733, 734n, 743n
   candidates for lectures at, **8:**601
   lectures at
      by AE, **8:**628, 672, 735, 855
      by Laue, **8:**628, 654–655, 672
      by Sommerfeld, **8:**628, 647, 672
      by Warburg, **8:**672
   program of, **8:**628, 671
   publication of lectures at, **8:**776n, 784n
Planck-Hesslin von, Marga, **8:**743
Planck's constant, **2:***xxvi, 137, 140, 142*, 390n, 549, 551n; **3:**178n, 413, 455n, 504n, 514n, 515, 524, 541, 560; **4:***111*, 115, 120, 562; **6:**199, 254–255, 368, 388
   connection with electron energy, Weiß on, **5:**165n
   interpretation of: AE's attempts at, **5:**87; Lorentz's attempts at, 173
   relation with elementary charge, **5:**89n
      AE on, **5:**195
      Lorentz on, **5:**178
   role in atomic vibrations, AE on, **5:**378n
   See also Quantum: of action
Planck's ellipses, **8:**21, 26
Planck's radiation law. *See* Black-body radiation: Planck law for
Planck's oscillators, **3:**272, 281n, 464–466, 476n, 510, 523–524, 531, 534–535, 545n, 560; **4:***553n*, 562, 563; **6:**365–366, 368, 385, 386, 387, 395; **8:**957
Planck-von Hößlin, Marga (1882–1948), **9:**108
Planegg, near Munich, **1:***liii, 371*
Planetary orbits, AE requests data on, **8:**211–212
Planetary problem, **6:**541, 546, 552n
Planets, motion of, **3:***5*, 22–24, 37; **8:**303n. *See also* Kepler's laws
Plate condenser, **3:**336, 338, 346

Platter, Julius (1844–1923), **1:***367, 369*
Plebiscite on Upper Silesia, Versailles Peace Treaty on, **9:**143
Plummer's law. *See* Star clusters, globular
Pockels, Friedrich (1865–1913), **5:**187n, 253, 257; Laub on, **5:**186
Pocket measuring instruments, **4:**151, 154, 155, 502n
Poems
　AE to Anna Schmid, **1:**220
　AE to Einstein-Marić, **1:**248, 255–256, 257
　AE to Helene Savić, **1:**274
Poggendorff, Johann Christian (1796–1877), **1:**207; **2:***109*
Pogroms
　in Poland, **8:**964n
　in Russia, **8:**19n
　Russian, **7:**429n
　Ukrainian and Polish, **7:**430n
Pohl, Robert (1884–1976), **9:**269n, 291, 317, 569c; **10:**336n
　requests KWIP funds for research on photo-electricity and X-rays, **9:**559c; **10:**583c; granted 560c, **9:**567c; **10:**609c; pending, **10:**584c, 586c
Pohle, Ludwig (1869–1926), **9:**45n
Poincaré, Henri (1854–1912), **2:***42, 211, 256, 257, 261,* 307n, 308n, 360; **3:***xxvii*, 513n, 554, 557, 559; **4:**439n, 551n; **5:**149, 300, 302n; **6:**496, 566; **7:**450, 456n, 567; **8:**5, 71, 706, 891, 892n; **9:***xli*; **10:**341, 569c
　AE on, **5:**349
　AE's reading of, **2:***xxiv, xxv, 260,*
　conventionalism of, **7:***xxxvi*, 280n, 389–390, 403n–404n; **10:**455
　cosmogonic hypotheses, lectures on, **9:**467n
　on electric field of rotating magnets, Dällenbach on, **10:**591c
　electron model of, **9:**264
　electron theory of (*see* Electron theory: Poincaré's)
　on foundations of geometry, **7:**501
　on geometry, **9:**52
　on hypotheses in science, **9:**52n
　influence on AE, **7:***xxxv*
　Lorentz's electrodynamics, critique of, **5:**149n
　mechanical worldview, critique of, **7:**247, 279n, 321n
　memorial volume of *Acta Mathematica* for, **9:**308, 611c
　model of non-Euclidean world of, **8:**631–632
　theory for equilibrium of rotating liquid body, **6:**360
　on virial theorem, **7:**422, 425n
　on visualization of non-Euclidean space, **7:**405n
　writes letter of recommendation for AE, **5:**353n
Poincaré cycles, **2:***42*
Poincaré stress. *See* Electron: negative pressure within
Point, **3:**39, 41–43, 202–203, 422. *See also* Mass point
Point-coincidence argument, **7:**42n–43n, 178n; **8:**235, 238–239, 245, 493, 640
　first formulation of, 228
Point electron, **8:**365–366, 372–373, 379–380
Point tensor/vector, **4:**232n
Poiseuille's law, **3:**192, 238–239, 243n, 247n
Poisson, Siméon (1781–1840), **2:***4*
Poisson equation, **3:***6*, 327; **7:**369, 452
　analogue of in general relativity, **7:**278, 552–553; **8:**207, 976
　in electrostatics, **4:**397n
　in "Entwurf" theory, **8:**40
　in Newtonian gravitation, **6:**7, 117, 125, 322, 541, 543, 550; **7:**376, 408
Pol, Balthasar van der (1889–1959), **7:**201n; **9:***xxxv*, 167n; transmits news of eclipse results, **9:**186
Polak, Martin (1882–?), **10:**264; debate with AE, 278
Poland, anti-Semitism in, **9:**197; and postwar relief, 204
Polányi, Michael (1891–1976), **5:**514n; **8:**66n, 139n, 143; **9:***xlix*
　heat theorem of Nernst, discussion with AE on, **8:**65, 66, 90, 125–126, 138, 143–144
　on rotational energy of gas molecules, **9:**438–439
　on stability of diatomic molecules, **9:**459
　work of, AE on, **5:**514
Polarization, **3:**138, 274, 305, 348, 522; **6:**67n, 107, 108
　electric (*see* Electric polarization)
　of light wave (*see* Light wave: polarization of)
　magnetic (*see* Magnetic polarization)

Polarization current, **2:**519, 526
  electric, **6:**46, 107, 108
  magnetic, **6:**107, 108, 109
Polarization density, **2:***507*
Polish physicians and natural scientists, meeting in Cracow, AE's non-attendance of, **5:**306, 324n
Political prisoners, AE's advocacy for release of, **9:**343
Politiken, **9:**584c
Politik der Klassiker, **8:**382, 395, 398
Politischer Rat geistiger Arbeiter, **8:**869n; spring 1919 appeal of, **9:**106n
Pollak, Leo (1888–?), **5:**313n, 317n
Pólya, Georg (1887–1985), **9:**192
Polymerization, **3:**412, 511n
Pommat Valley, Switzerland, **10:**171n
Ponderomotive force, **2:***503*; **3:**142, 255–256, 257n, 273–274, 361, 392; **4:**14, 20–24, 152, 153, 184, *202n*; **6:**267–268
  Abraham's expression for, **5:**119; AE on, **5:**308
  AE's and Laub's expression for, **2:**527, 528n; **5:**120n
    controversy on, **5:**255n
    criticism of, **5:**122, 253
    planned experimental test of, **5:**131
    thought experiment on, **5:**253
    Wien's criticism of, **5:**
  AE's and Laub's work on, **5:**114n, 119
  on bodies at rest in electromagnetic field, **2:**304, 519–528
  controversy on correct form of, **2:***506–507*, 528n; **5:**120n
  Ishiwara's, work on, **5:**261
  on liquids, **2:**522
  Lorentz's expression for, Laub on, **5:**119
  on magnetizable medium, **2:**519, 523
  on magnetized bodies, **3:**373, 399n
  Minkowski's expression for, **2:**519, 528n; **5:**120n; AE on, **5:**114, 308
  planned paper by Laub on, **5:**161
  See also Electrodynamics of moving media
Ponte, Lorenzo da (1749–1838), **5:**596n
Popert, Hermann (1871–1932), **10:**273
Popova, Maria (1878–?), **8:**4
Popper, Karl (1902–1994), **7:**220n
Popper, Sigmund, **8:**438n
Popper-Lynkeus, Josef (1838–1921), **7:**129; **9:**420n, 506, 609c; **10:**522, 593c
  AE on modesty of, **9:**420
Popper-Lynkeus-Spende, AE contributes to, **9:**420
Positive rays. *See* Canal rays
Positivism, **7:**59n; **8:**867, 890–891; **9:**52n
  idealistic, **9:**43
  and relativity, **8:**220
Potential, **3:**320–321, 325, 327–328, 336, 338, 349, 352
  advanced, **2:**555
  anharmonic interatomic, **3:**477n
  auxiliary, **2:**490, 492n, 542
  contact, **2:**355
  continuity of, **3:**327
  of a current, **3:**357
  difference, **3:**371, 397n–398n
  discharge, **2:**486n, 490
  electric, **1:**161–164
  electromagnetic, **7:**413, 416n
  electrostatic, **3:**320–321, 337, 339
  gravitational, **2:**483, 487n; **3:***xxix*, 489, 492–493; physical significance of, Laue on, **5:**384
  high, **2:**492n
  jump between electrode and electrolyte, **8:**135–136
  kinetic, **2:**487n; **3:**116, 128n
  retarded, **2:**542, 555; **8:**301
  of space charge, **8:**35
  See also Field-strength; Force; Mechanics
Potential difference
  electric, distribution of, in Voltaic cell, **1:**176–178
  between electrodes, **2:**26, 36–39
  in electrometer, **2:**397n
  between metals and salt solutions, **2:**23–39
Potential energy, **3:**32, 87, 92, 332, 476n, 521; **4:**522, 533
  in gravitational field, **3:**348, 490; **4:**350, **6:**545; **7:**510
  for interaction between molecules, **3:**403–405
  internal, **1:**324n
  and Lagrangian, **3:**514n
  in mechanics, **3:**403
  of an oscillator, **3:**544n
Potsdam Observatory. *See* Astrophysical Observatory; Meteorological-Magnetic Observatory

Power and lighting stations. *See* Lighting and power stations
Poynting's theorem, **8:**464
Poynting vector, **3:**392; **5:**148
Prager Tagblatt, **9:**323, 597c
Pragmatism, **8:**890–891
Prague
  AE invites Zangger to, **10:**16
  AE moves to, **10:**13
  AE on colleagues in, **10:**16
  AE on his time in, **9:**222
  AE's opinion of, **10:**16
  Czech University of (*see* University of Prague, Czech)
  Fanta salon in, **9:**223n
  German University of (*see* University of Prague, German)
  life in, AE on, **5:**289, 293, 294, 295, 304, 400, 432
  as Zangger's patient in, **10:**17
Prandtl, Ludwig (1875–1953), **8:**709
Prašil, Franz (1857–1929), **3:**444, 449n
Precht, Julius (1871–1942), **2:**464
Pressure, **1:**120–123.
  changes in, **3:**194
  definability of, **2:**119
  and diffusion, **3:**572
  of ideal gas, **3:**180
  in incompressible fluid, **6:**400; **7:**513
  law of osmotic, **4:**558
  of light, **3:**5, 64
  negative (*see* Electron: negative pressure within; Cosmological constant: as negative pressure)
  osmotic, **3:**450
    Perrin's explanation of, **5:**218n; AE on, 217
  and shift of spectral lines, **3:**493
  transformation equation for, **2:**469–472, 487n
  of vapor, **6:**250
  See also Radiation pressure; Vapor pressure
Preuss, J. H. Albrecht, **8:**1018c
Preussische Akademie der Wissenschaften (PAW), **3:***xxii*; **4:**301, 344; **6:**197n; **7:**121n, 139n, *232*, 287n, 300n–301n, 405n, 487n, 491n; **8:**40a, 41n, 87n, 151n, 514n, 684n, 693n, 709, 710, 714n, 722n, 727n, 796n, 807n
  AE free from teaching obligations, **10:**579c, 580c
  AE's salary as member of, **7:**300n
  AE submits and withdraws manuscript for *Sitzungsberichte* of, **10:**586c
  asks AE to deliver talk at public session, **10:**604c
  character of, **8:**29
  of members of, **8:**17, 346, 364, 429; AE on, **10:**23
  as clearinghouse for publication exchanges, **7:**299
  Geodetic Institute, proposes Wiechert as director of, **8:**718n
  Laue nominated as member of, **10:**570c
  page limit for publications, **9:**39, 40n, 46, 56n, 276
  Planck, presents paper to, **8:**217n
  report of Freundlich to, **8:**19n, 57n, 609n
  Schwarzschild
    meeting on successor of, **8:**324n
    articles of submitted by AE to, **6:**362n
  Van 't Hoff's position at, **5:**534n
  See also Einstein, Albert: Career: PAW
Prévost, Pierre (1751–1839), **5:**525n; unveiling of bust of, 525, 526n
Priam (Greek mythology), **10:**171n
Princeton, **3:***xv*
Princeton lectures. *See* Einstein, Albert: Lectures: Princeton University
Princeton University, **7:***231*, 499, 570n, 590, 629; **8:**670n, 825n; invites AE to lecture, **10:**l, 494, 601c
Princeton University Press. *See* Publishers
Principe Island, **10:**226n
Principle
  of action and reaction (*see* Action and reaction, principle of)
  Boltzmann (*see* Boltzmann principle)
  of constancy of speed of light (*see* Light, speed of: constancy of; Relativity, principle of: and principle of constancy of speed of light)
  of equivalence (*see* Equivalence principle)
  of general relativity (*see* Relativity, general principle of)
  Hamilton's (*see* Hamilton's principle)
  of least action (*see* Least action, principle of)
  of relativity (*see* Relativity, principle of)
  of relativity of gravitational potential (*see* Mie, Gustav: axiom of relativity of gravitational potential)

Principle (*cont.*)
  superposition, **2:**187, 290, 445, 582
  variational (*see* Variational principle)
Principle, theory of. *See* Theory of principle
Principles
  of physics, **2:***xxi–xxiii, xxvi, 43, 257*, 265–266, 308n, 410–411, 412n, 550
  role of, in AE's thought, **2:**461 (*see also* Constructive theory; Theory of principle)
  of thermodynamics, **2:***43, 265*, 411, 412n (*see also* Thermodynamics)
  See also Physics: fundamental laws of
Pringsheim, Ernst (1859–1917), **2:***144*; **9:**248; nominates AE for Nobel Prize, **5:**629c
Pringsheim, Peter (1881–1963), **3:***4*, 600
Prinz, Heinrich, **9:**607c
Prisoner of war camps, French, German experiences in, **9:**185n, 483
Prisoner of war exchange through Switzerland, **10:**57n
Private commission to investigate German war crimes, **9:**42, 120–121, 231
  AE joins, **9:**135, 561c
  helped by Lorentz, **9:**57
  Lorentz on, **9:**53
  members of, **9:**42
  purpose of, **9:**57–58
  See also Lille booklet
Probability, **3:***xxvi*, 7, 210, 215, 241, 251, 288–290, 310n–311n, 450, 554, 562n; **8:**133n, 672–673, 682–683, 775n, 865, 957, 962
  of a given macroscopic state, **3:**506n
  of a state, **3:**287, 290, 307, 538, 551–552, 562n
  calculation of, **2:***138–139*
  calculus, **2:**158; **6:**199–205
    foundations of, **9:**275
    and radiation theory, **3:**259–267, 268n
  in canonical ensemble, **6:**250
  definition of, **3:**240, 259, 268n, 554, 556–557
    in Boltzmann principle, **2:***52, 136, 137, 139*, 158, *214*, 544, 575
    as time average, **2:***42*, 54, 95n, *138*, 544
  distribution for displacements, **2:***53, 54*, 342, 502n
  of distribution of suspended particles, **3:**450, 454n
  and entropy (*see* Entropy: and probability)
  and fluctuations, **3:**556
  in foundations of thermodynamics, **2:**96n–97n
  and molecular processes, **3:**195
  of physical state, **4:**532, 562
  in physics, **2:***42, 47–48, 52*, 339, 394, 396n, 544–545
  for radiation components, **6:**201
  for radiation emission and absorption, **6:**367, 385–386
  relative, for energy states, **6:**31, 34, 35, 366, 367, 384, 388, 393
  stationary, **2:**60
  statistical, **2:**62, 90, 100–101, 158, 160, 167n, *214*
  in statistical mechanics, **9:**290
  and succession of states, **3:**551
  temporal, **3:**554
  of theories, **2:**461, 564
  theory of, **3:**268n
  and time-reversal invariance, **10:**54
  Zangger invites AE to conference on, **10:***xxxiii*, 160
  See also Boltzmann principle
Progressive People's Party, German, **8:**629n, 948n
Prometheus, **7:**337n; and popular science publications, **9:**395
Propagation of light. *See* Light: propagation of
Proper frequency, **3:**460–461, 475n–477n
  calculation of, **3:**461, 467–468
  infrared, **3:**526, 529
  of macroscopic system, **6:**33
  optical, **3:**526
  of solid bodies, **3:**511n
  thermal, **3:**527; of thermal atomic oscillations, 461
Protestant Synod of Berlin, **9:**448, 467
Proust, Marcel (1871–1922), **9:**392n
Prussia
  electoral reform in, **8:**506n
  House of Lords of, **7:**217n
  Ministry of Education of, **7:***xxxi, 227*, 287n–288n
  monarchy overthrown in, **8:**941
  Parliament of, **7:**240n
  voting system in, **8:**506n
Prussian Academy of Sciences. *See* Preußische Akademie der Wissenschaften
Prussian Minister of Education
  appoints AE to oversight committee, **8:**1008c
  grants cost of living allowance, **8:**1029c

reimburses moving expenses, **8**:994c
supports AE's research, **8**:1012c, 1013c
Prussian Ministry of Education, and Geodetic Institute, **9**:191
Prussian Ministry of the Interior, and Geodetic Institute, **9**:191
Prussian Royal Observatory. *See* Royal Prussian Observatory
Prussian state, funding by for general relativity research, **9**:274
Prussian State Assembly, and Deutscher Schutzbund für die Grenz- und Auslandsdeutschen, **9**:350
Prussian State Library, **8**:513n, 571n
Prussian voting system, **8**:506n; **10**:97n
Przibram, Karl (1878–1973), **3**:509n; **5**:321; determination of elementary charge, 322n
Pseudotensor of energy-momentum density. *See* Gravitational field: energy-momentum components (pseudotensor) of
Psychology, **6**:279, 281
Ptolemaic frame. *See* Frame of reference: Ptolemaic
Public security in Berlin, **8**:965
Publilius Syrus, **9**:168n
Publishers
   Akademische Verlagsgesellschaft, **4**:*3*
   Barth, **9**:290, 554c, 577c, 578c, 588c, 589c, 602c, 607c, 608c, 610c; **10**:*xlviii*, 573c, 596c
   Cambridge University Press, **9**:328n, 390–391, 597c
   De Gruyter, **9**:590c, 596c
   Enke, **5**:430n
   Gauthier-Villars, **9**:499; **10**:569c, 574c, 578c, 587c, 589c, 603c, 605c
   Hammer, **7**:*112*
   Hermann, **9**:609c; **10**:572c
   Hirzel, **7**:*109*; **9**:354n; solicits book by AE, **5**:145, 150, 152
   Methuen, **9**:526, 598c, 599c, 603c, 605c, 613c, 614c, 615c; **10**:568c, 572c, 575c, 576c, 593c, 603c, 608c, 610c, 612c, 613c
      proposes English edition of AE's popular book on relativity, **9**:261
      proposes English edition of collection of AE's articles, **9**:406–407
   Oxford University Press, **9**:328n
   Payot, **7**:418
   Princeton University Press, **7**:570n
   Rascher, **8**:737
   Slowo, **10**:605c
   Springer, **8**:776; **9**:309, 371, 614c, 615c; **10**:*xlviii*, 604c, 613c, 614c
      begins selling *Einstein 1920j*, **10**:604c
      proposes remuneration for translation rights of *Einstein 1920j*, **10**:614c
      solicits publication from AE, **5**:258
   Teubner, **5**:145n; **9**:554c, 577c, 578c, 588c, 589c, 591c, 610c
      solicits publication from AE, **5**:75
   Ullstein, **3**:592; **10**:*xxxviii*
   Verlag Naturwissenschaften, **9**:603c
   Vieweg, **9**:309, 319, 354n, 576c, 577c, 581c, 582c, 590c, 592c, 594c, 597c, 598c, 599c, 602c, 603c, 605c, 606c, 611c, 613c, 614c, 615c; **10**:*xlviii*, 508–509, 568c, 569c, 574c–578c, 584c, 587c, 589c, 591c, 592c, 597c–601c, 603c, 605c, 607c, 611c
      on new edition of *Einstein 1917a*, **10**:602c
   Wostok, **9**:610c; **10**:570c, 572c, 573c
Pulin, ?, **2**:326, 326n
Pulkowa Observatory, **4**:423n
Pulsack, Elise, **9**:226; dispute with on room for Pauline Einstein, **9**:274
Pupin, Michael (1858–1930), **3**:386, 400n
Purkinje phenomenon, **8**:212
Pusch, L., **9**:294n
Pyrometer, optical, **3**:567

Quadrant electrometer. *See* Electrometer: quadrant
Quadratic differential forms, **8**:688; theory of, **4**:*197*
Quadrupole formula. *See* Gravitational waves: quadrupole formula for
Quakers. *See* Society of Friends
Quantization
   of energy (*see* Energy: quantization of)
   of motion of diatomic molecule, **3**:545n
   of rigid rotator, **3**:242n, 246n
   of rotation, **3**:518n
Quantum, **3**:*xxv–xxvii*
   of action, **2**:*144–145*, 549, 585; **3**:499, 510, 514n, 515
   AE and, **3**:*xv, xxvi*, 562n
   "full" and "half," **3**:544n
   of electric charge (*see* Charge, elementary)

Quantum (*cont.*)
  elementary (*see* Elementary quanta)
  light (*see* Light quantum)
  magnetic, **8:**22
  of matter, **2:**99, 108n, 549
  of radiation (*see* Light quantum)
Quantum condition. *See* Bohr quantum condition
Quantum emission, random, **6:**39n
Quantum of energy, **2:***134, 144*, 151, 161, 162, 165, 166, 577, 585; **3:**178n, 422, 510, 514, 531, 533, 539, 556
  absorption by matter, Laue on, **5:**72
  existence of, AE on, **5:**295
  inevitability of, AE on, **5:**245
  of oscillators, **2:***140–141*
  Stark's use of, **5:**47n, 144n
  use of, Eucken on, **5:**391
  See also Energy: quantization of
Quantum hypothesis, **2:**382, 585; **3:***xxvii*, 177–178, 253n, 423n, 439n, 457, 458n, 506n–507n, 510, 510n, 514n, 524, 534, 546n, 556, 561, 562n; **4:**562; **6:**22, 32; **8:**28
  AE and, **3:***xxiii*, 544n
  AE's early work on, **2:***xx, xxi, xxviii–xxix, 134–148*
  alternative form of, **3:**544n
  confirmation of, **2:**143–144; **3:**423n, 525, 539–541
  and heat conduction, **3:**477n
  implications of, **3:***xxv*, 458n, 476n
  and radiation, **4:***109–113*, 172; **6:**364–369, 370n, 382, 383, 384–385, 386, 395, 396
  and radioactive decay, **4:**554
  and rotational motion, **4:**270–271
  and statistical methods, **3:**506n
  See also Light quantum hypothesis
Quantum mechanics, **4:***273*
Quantum statistics, **8:**957–958
Quantum theorem of Sommerfeld and Epstein, **6:**556–566, 567n; **8:**442, 454, 457, 464–465, 468, 478; **10:**82, 245n
Quantum theory, **2:***xxvi–xxvii, 143–144, 146,* 585; **3:***xxii, xxv–xxvi*, 457, 465, 500–501, 513n, 516, 532, 561; **6:**30–38, 360, 377n, 534, 535n, 556–566, 578; **7:***xxviii*; **8:**913; **9:***xlviii–l*, 318; **10:**17
  AE dissatisfied with, **9:**84–85, 99
  AE on lack of understanding of, **5:**419
  AE works on, **10:**352

AE's contributions to, **3:***285*, 423n; **5:**187, 189, 227; negative evaluation of, 527
AE's interest in, **10:***xlvii–xlviii*
AE's lectures on, **3:***599–600*
AE's paper at GDNÄ meeting in Salzburg on, **5:**190n
Bohr's derivation of quantum states, AE on, **10:**244
calculations on, **10:**244n
causality in, AE on, **9:**388
and classical mechanics, **6:**22, 252, 261n, 364, 368, 370n, 382
from continuum theory through overdetermination, AE on, **9:**387, 403, 458, 460, 498
criticism of, **7:***112*
and determination of entropy constant, **6:**252–261
discussed at "Magnet-Woche," **10:***xlvii*
and dissociation equilibrium, **9:**498
and electron theory, **8:**783
and electrodynamics, **6:**356, 364, 368, 370n, 382, 384, 385, 387, 388, 392, 395
emission and absorption of
  light in, **10:**44, 48
  radiation, **6:**364–369, 370n, 382–397; **7:**484–486n
Epstein on, **10:**352
and field theory, **7:***xxvii*, 320, 351
and general relativity, **6:**356; **7:***xxvii*, 22, 27n, 351
Haber's model for solids in, **5:**377; AE on, **5:**379
and ideal gas, **6:**261n
interaction between radiation and matter in
  AE on, **5:**192
  Laue on, **5:**72
  Lorentz on, **5:**171–172, 174, 176
and kinetic energy, **3:**516
Kottler's theory of quanta as singularities, AE on, **10:**352
of light emission and absorption, **10:**44, 48–49
and magnetism, **10:**373
molecular spectra in, **10:**297, 313
motion of electron ring in molecules, **10:**367
Nernst's heat theorem derived in, **10:**23, 485
Planck's radiation formula derived in, **10:**49, 347
Planck's second, **10:**298n
problems in, **3:**281n, 510, 534, 550

provides theoretical foundation of chemical
constant, vapor pressure constant, and
Nernst's theorem, **9**:471
quantum states in, derivation of, **10**:244
of radiation, **1**:284, 286–287; **6**:366–368, 382–
397; **10**:347
rotational energy of gas molecules in, Polányi
on, **9**:438–439
Sommerfeld's advances in, **10**:67
spatial distribution of X-ray energy in, AE on,
5:228–229
of specific heat (*see* Specific heat: quantum
theory of)
still not understood, **10**:67
as topic at Third Solvay Congress, **10**:303
and wave theory of light, **6**:396
weights of quantum states, **9**:467
See also Atomic theory
Quartz spectrograph, funded by KWIP, **9**:613c
Quasiperiodic, mechanism, **3**:539; processes,
4:603–607
Quaternions, **9**:375; theory of, **3**:127n
Quidde, Ludwig (1858–1941)
memorandum of against annexations, **8**:174n
political stance of, **8**:947–948
Quincke, Georg (1834–1924), **3**:398n–399n

Rabbi ben Akiba, **5**:21n; quoted by AE, 20
Rabel, Gabriele, requests KWIP funds for diffusion pump, **9**:581c; rejected, 583c
Radbruch, Gustav (1878–1949), **9**:33
Rade, Martin (1857–1940), **9**:55n
Radek (Sobelsohn), Karl (1885–1939), **9**:387
Rademacher, Hans Adolph, **9**:434n
Radiation, **1**:*235–236*, 7, 259; **3**:*xx*, 253n, 451,
517, 517n, 546n, 556
acceleration of electrons through, **3**:543
AE pursues laws for, on constructive basis,
1:*xli*
box filled with, **4**:157, *299*, 322–323
of charged sphere rotating around a gravitational source, **9**:97
coherent beams of, **3**:540
constitution of, **2**:*xvii, 135, 140, 147*, 167n,
542–550, 555, 564–582
degrees of freedom of, AE on, **5**:194
density of, **2**:531, 547; **3**:275, 505, 523; **6**:365,
367, 386, 387
emission of, **2**:414–415, 548, 574
by celestial bodies, AE on, **9**:553c
elementary process of, **7**:484–486n
See also Light: emission of
emission of, induced and spontaneous, **4**:*113*
emission and absorption of, **3**:506n, 542;
6:364–369, 370n, 382–397, 455–456
emission centers of, **3**:260
in empty space, **3**:178n, 261, 423
energetic treatment of, **2**:*261*
energy of, **2**:150; **3**:250, 423, 515–516, 560
absorbed in photochemical reactions,
4:*112*, 121, 166, 285n
energy distribution of (*see* Black-body radiation: energy density of)
energy-momentum of, localization of, **8**:401,
464
"energy radiation," **7**:486n–487n
energy transfer by, **6**:366–368, 385–387, 396–
397; as directed process, **8**:330, 333, 401
energy transmission through, **3**:392, 489, 492
entropy of, **2**:*xx; 140*, 155–157, 390n, 415;
4:118, 289; **5**:49, 83; AE on volume dependence of, **5**:210
in equilibrium with walls of container, **2**:472
(*see also* Black-body radiation)
experiments on, **1**:*224*, 227
field equations for, AE's view on, **5**:194
fluctuation experiments on, **3**:547n
fluctuation properties in, **3**:*xviii–xix*, 177,
178n, 535–537, 556
fluctuations of, **8**:300, 424n
Fourier coefficients of, **8**:131–133
free, **3**:556, 561
frequency of, **2**:*142*, 579
frequency dependence of molecular absorption
of, **4**:*112*, 169, 291
as function of temperature, in metals, AE on,
1:283
friction of, **2**:578
gravitational, lack of for planets, **8**:706
heat (*see* Heat radiation)
impulse time of, **3**:515n
inertial and gravitational mass of, **4**:154, 322
infrared, **3**:*xxiii–xxiv*, 526
absorption of, **2**:386, 405, 406n
intensity of, **3**:541, 547n
interacting with gas, **3**:522 –524, 542
interaction of with matter, Laue on, **5**:72; Voigt
on, 72

Radiation (cont.)
   "interference radiation," **7**:486n–487n
   mathematical description of, **2**:*148*
      AE's use of singularities in, **5**:194
      AE's view on, **5**:193
   mean square fluctuation of, **2**:580
   momentum of, **3**:282n
   momentum transfer by, **6**:383, 386, 387, 389–397; direction of, 384, 386–387, 396
   monochromatic, **2**:*140*, 161
   natural, **2**:*136*, 167n, 357n; **3**:268n; **6**:199–201, 202–205
      Planck's hypothesis of, **5**:73, 73n, 607
   nature of, **2**:*148*, 564–582; AE on, **1**:7, 286–287
   Planck's lectures on, **2**:374–376
   Planck's theory of (*see* Black-body radiation)
   processes, **2**:415; directed, **8**:330, 333, 402n, 461–462, 463–464
   quantum hypothesis of (*see* Light quantum hypothesis; Quantum hypothesis: of radiation)
   quantization of energy of, **2**:*140*, 548
   quantum structure in, **3**:*xviii*, 535
   quantum structure of, **2**:*138, 140, 145, 148*, 161, 273, 415, 547, 549, 581, 585
   reflection of, from mirror, **2**:546–547
   resistance, **2**:590n
   resonator theory of, **2**:544, 576–577
   and singularities, **3**:*xix*, 423n
   from sinusoidal current, **1**:258, 259n
   solar, **1**:105
   and specific heat, **3**:464
   statistical treatment of, **2**:*138*; **3**:507
   statistics of, **6**:199–205
   Stefan-Boltzmann law for, **2**:106, 375; **5**:27n
   temperature of, **2**:375, 578; **3**:547n
   terminology for, **2**:*148*
   thermal, **2**:*135, 136, 137, 146*, 167n, 338, 373–376, 574–577 (*see also* Black-body radiation)
   transfer of inertial mass by, **2**:314
   ultraviolet, **2**:544
   vector theory of, **2**:415
   wave equation for, AE's modification of, **5**:196
   wavelength of, **2**:108n
   See also Absorption; Black-body radiation; Electrodynamics; Energy; Heat; Heat radiation; Light; Luminescence; Planck, Max; Radiation theory

Radiation, absorption of, **2**:415, 548
   AE on, **5**:128, 320
   influence on interference phenomena, **5**:128, 129, 130
   selective **2**:*142*
   See also Light: absorption of
Radiation field, **3**:270–280, 281n–282n
   electron moving in, **3**:505n
   mirror moving in, **3**:281n, 454, 455n
   oscillator in, **3**:270–271, 476n, 507, 545n
Radiation formula, research on funded by KWIP, **9**:561c, 571c, 576c
Radiation laws. *See* Black-body radiation
Radiation pressure, **2**:*215*, 298–300, 472, 475, 578–579, 582n, 585; **3**:177, 178n, 271, 392, 394; **4**:60, 157, 281, 562; **6**:360; **8**:863n. *See also* Fluctuations: pressure, of black–body radiation)
Radiation studies, funded by KWIP, **9**:569c
   theories of, **2**:*xvii–xviii, xxi*, 309n, 379, 544–545
Radiation theory, **2**:*xvii–xviii, xxi*, 309n, 379, 544–545; **3**:*xviii–xix*, 250, 259–260, 311n, 423n, 454n, 465, 522–524; **4**:*3*, 192, 202, 561–562, 599, 603; **6**:35, 39n, 199–205
   AE on riddle of, **5**:268
   AE's attempt at formulation of without light quanta, **5**:261, 263
   AE's and Hopf's joint work on, **5**:254
   AE's renunciation of energy conservation in, **5**:261
   AE's struggle with, **10**:12
   discussion between Wien and Abraham on, **5**:*57*, 59
   fluctuations in, Ehrenfest on, **5**:465
   Kottler on, **9**:373–374
   Laue on, **5**:83
   limitations of, **3**:260
   modification of Maxwell's equations in, Lorentz on, **5**:178
   paper on
      by AE, **5**:166, *167*
      by Ehrenfest, **5**:339
      by Lorentz, **5**:168, 170–171
   Planck on, **5**:49, 50
   Planck's work on, AE's criticism of, **5**:192
   and probability calculus, **3**:259–267, 268n
   quantum hypothesis in (*see* Quantum hypothesis)

relation between radiation law and properties
of electron, Lorentz on, **5**:179
thermodynamic approach of, AE on, **5**:464
and thermodynamics, AE on, **10**:5
Thomson's paper on, Laue's criticism of, **5**:73
Radicalism, Natorp on, **9**:95
Radioactive decay, **2**:314, 464–465, 491, 492n;
6:33, 39n, 367, 368, 370n, 386, 458; **7**:572n;
artificial, **7**:339; **4**:64, 106n, 184, 305, 545,
554, 614
fluctuations in, Edgar Meyer's work on,
5:207–209, 213, 214n, 220, 221n, 254, 284,
418
mechanism of, AE on, **5**:321
Radioactive materials, **2**:314, 315n, 458, 464–
465
Radioactive processes, **8**:528n
Radioactivity,
Radiology, **7**:51
Radiometer, **3**:195, 244n; **9**:47–50, 398
Maxwell's theory of, **10**:284n, 290
research on theory of, funded by KWIP,
9:560c, 568c
theory of, Edith Einstein's dissertation on,
10:290–291 (*see also* Einstein, Edith)
Westphal's theory of, **9**:48n, 175–176; AE on,
9:176n
Radium, use of to test mass-energy equivalence,
5:33
Radtke, Otto, **8**:1028c, 1030c; **9**:566c; remuneration of by KWIP, **9**:562c, 598c, 602c
Rahm, Hans, on relativistic explanation of effects of brain concussion, **10**:602c; AE on,
606c
Rahtjen, ?, requests KWIP funds for developing
melting technique, **8**:1014c
Ramsauer, Anna (1881–1970), **1**:250n
Ramsauer, Carl (1879–1955), **7**:*112*; criticizes
Born 1920a, **10**:516
Ramsay, William (1852–1916), **2**:*208–209*
Raoult, François Marie (1830–1901), **5**:16n; on
dissociation, **5**:13
Rappard, William (1883–1958), **7**:334n; **9**:205n;
and relief for postwar Poland, **9**:204
Rascher, O., role of in AE's rental dispute,
5:634c
Rascher Verlag. *See* Publishers
Rassow, Berthold (1866–1954), **10**:440
Rat geistiger Arbeiter, Breslau, on Aufruf für die
Unabhängigkeit des Geistes, **9**:105–106
Rathenau, Emil (1838–1915), **8**:450
Rathenau, Walther (1867–1922), **7**:9n, *113*;
8:400n; **9**:60n, 350n; **10**:96
book by, **8**:399, 906; for Pauline Einstein,
10:96
dedicates book to AE, **9**:556c
dedications to AE by, **8**:1007c, 1009c, 1015c,
1027c
eulogy for father, **8**:451n
open letter to Trützschler-Falkenstein, **8**:451
on popular book of AE, **8**:448–450
Ration bread, composition of, **8**:515n
Ratnowsky, Eleonore (1908–?), **5**:507n
Ratnowsky, Raoul (1912–?), **5**:507n
Ratnowsky, Simon (1884–1945), **5**:415n, 507n,
540n; **8**:853; **9**:192, 382, 405; **10**:67, 284n
Assistent at University of Zurich, **5**:415n
candidate as successor of Weyl, **8**:814
equation of state for solids, derivation of, **5**:415
financial situation of, **9**:344
Habilitation, **5**:507n
University of Basel, recommended by AE for
position at, **5**:506
University of Zurich, position at, **9**:381–382,
458n
on velocity-dependence of electron mass,
8:908, 913
Ratnowsky-Kraft, Jeanne (1882–1966), **5**:507n;
8:815n
Rau, ?, serves in Bürgerwehr, **9**:60
Rausch von Traubenberg, Heinrich (1880–1944)
homogeneous cathode rays, experiments with,
9:356
requests AE's help to obtain position, **9**:291–
292
Rayleigh, John William Strutt (Lord) (1842–
1919), **2**:*4*, 167n; **3**:*283*, 517; **5**:42n, *59*, 300,
301n, 387
on light scattering, **5**:362, 370
radiation theory of, **6**:39n, 577
Rayleigh scattering, **3**:*285*, 307, 311n; **8**:175,
176n
Rayleigh-Jeans catastrophe, **2**:*138*; **3**:*xx*
Rayleigh-Jeans radiation law. *See* Black-body
radiation: Rayleigh-Jeans law for
Reaction. *See* Action and reaction, principle of
Reaction speed. *See* Chemical reactions: speed
of

Real, definition of, **8**:890n; meaning of, 890, 896
Reality
  concept of, Mach's, **8**:456; Schlick's, 456
  of sense impressions and events, **8**:456–457
  See also Physics: reality in
Reality, physical
  of frame, **8**:228
  of space, **8**:241
  of space and time, **8**:214, 221
  of spatio-temporal coincidences, **8**:228, 235, 238–239, 245, 493
Rebholz, Ludwig G., **9**:607c, 608c
Rebstein, Jakob (1868–1951), **1**:291–292, 298, 299n, *364–365*
Rebstein, Johann Jakob (1840–1907), **1**:*367, 379*
Reconciliation, French-German, **7**:217n
Reconciliation, international
  American contribution to, **7**:299
  brain trust as means to achieve, **7**:217n
  intellectuals' contribution to, **7**:361–362
  Quakers' contribution to, **7**:332, 334
Rector and Senate of University of Berlin, open letter from Arons, **8**:946n
Red Cross
  German, **7**:301n
  international committee of, **7**:334n
Red giant stars, distribution of in globular clusters, **9**:278
Reding, Alois (1856–1937), **5**:224, 224n, 340, 396; complaint against, 304
Redshift
  caused by Doppler effect, **9**:*xxxvii–xxxviii*, 330
  and distinction between Doppler effect and Einstein effect, **9**:336
  explained by Earth's repulsion of light, **9**:*xxxviii*, 287
  gravitational (*see* Gravitational redshift)
  measurements of
    by Grebe and Bachem, **9**:335
    difficulties of, **9**:262
    funded by KWIP, **9**:561c, 564c, 591c
    spectral oven for, **9**:118, 157, 177, 335, 447
  of solar spectral lines (*see* Gravitational redshift: solar; Redshift, solar)
  of star light, calculations for globular clusters, **9**:278–279
Redshift, solar, **9**:*xxxvii*, 37, 330, 355, 401
  AE's inquiry to Julius on, **5**:312n
  AE's prediction of, **5**:312n, 357, 387
  discovery of, **5**:313n
  explained by anomalous dispersion in solar atmosphere, **9**:*xxxvii*, 267, 272, 287, 470
  Julius on, **5**:323, 316, 330; 355
  observations of, **5**:316; AE on, 328, 337
  role of pressure effects in, **5**:357
  See also Gravitational redshift: solar
Reductionism, **7**:59n
Reference frame. *See* Frame of reference
Reference mollusks, in general relativity, **9**:137n, 140n
Reflection coefficient, **3**:557
Refraction
  exponents, **8**:729
  of field lines, **3**:398n
  index of, **3**:297–298; **4**:28, 537; **6**:45
  of light
    in earth's atmosphere, influence on determination of Earth's radius, **5**:405
    in solar atmosphere, Julius on, **5**:316
Refrigerator, **2**:317; **7**:*xxix*; AE's and Nernst's work on, **9**:294n
Regener, Erich (1881–1955), **2**:577, 583n; **5**:308, 309n; **8**:933; **9**:291, 569c; **10**:582c
  on Ehrenhaft's subelectron, **10**:297
  Reichenbach's thesis, solicits AE's opinion on, **10**:269
  requests KWIP funds for measurements of elementary electric charge, **9**:558c; granted, 560c, 568c
  solicits AE's recommendation of candidates in theoretical physics at Technical University of Stuttgart, **10**:269
Regional high command, interest of in AE's political activity, **8**:342n
Regnault, Henri Victor (1810–1878), **1**:121
Reich, Ferdinand (1799–1882), experiment of, **3**:62, 127n
Reiche, Fritz (1883–1969), **5**:81n; **8**:43, 382; **9**:75; **10**:269
  Born, successor to, **10**:336
  diffraction, paper on, **5**:182n; AE on, 182
  University of Hamburg, candidacy for chair at, **10**:547
Reichenbach, Hans (1891–1953), **3**:7, 128n; **7**:177n–179n, 181n, 183n; **9**:132; **10**:270, 382
  book by
    dedicated to AE, **10**:313–314

Schlick on, 454–455
coordinative definitions of, Schlick on, **10**:455
on epistemology and relativity, **10**:313–314
on Kant and general relativity, **9**:510
Schmidt, on book by, **10**:505, 506; 608c
student of AE's, **10**:314n, 323
thesis of, Regener on, **10**:269
Reichenbächer, Ernst (1881–1944), **7**:357n, 369–371n; at GDNÄ meeting in Bad Nauheim, **7**:352
Reichinstein, David (1882–1955), **5**:290, 291n, 540n, 607n; **8**:283; **10**:586c
on chemical properties of atoms, **10**:611c
on effect observed by Haber, **10**:312
electrolytic amplification of electric currents, lecture on, **10**:311–312
on Haber, **10**:589c
on oxyde theory of metallic passivity, **10**:588c
on principle of displacement, **10**:588c
Reichsbank, **8**:756n; monopoly of for foreign currency, **9**:139n
Reichsbank, Board of Directors of, AE requests permission from to send money to Swiss family, **10**:567c
Reichstag, **8**:506n; and Deutscher Schutzbund für die Grenz- und Auslandsdeutschen, **9**:350
Reichszentrale für naturwissenschaftliche Berichterstattung, **7**:300n; **10**:271
Reicke, Georg (Berlin mayor), **9**:122n
Reifeprüfung, AE's comments on, **6**:581, 582n
Reinganum, Maximilian (1876–1914), **1**:*237*, 305n; **5**:293n
AE's reading of, **2**:*45*, *260*
equation of state, work on, **5**:293
University of Zurich, candidacy for chair at, **5**:445
Reingold, A. J., **10**:534
Reinhardt, Max (1873–1943), **10**:*xxxix*; expresses sympathy for AE, **10**:392–393
Reiniger, Anna (1861–1907), **5**:108n
Reininghaus, Fritz, **9**:261n, 583c
Reinkober, Otto (1884–1947), experiments on residual rays, **5**:246n
Reis, Erna and Karl, **9**:603c
Reisner, Heinrich, **8**:1013c
Reißner, Hans (1874–1967), **4**:510n; **5**:418n
AE's supplementary response to, **4**:567–569
on charge distribution in "Entwurf" theory, **8**:139–141

discusses paper of AE, **8**:141n
on gravitational binding forces in elementary charge, **8**:142n
Hopf on, **5**:417
on metric field from electric field, **8**:142n, 380n
supplementary question to AE on gravitation, **4**:508–509,
Weyl's theory, lectures on, **9**:453
Relative motion. *See* Motion: relative
Relativity, **8**:896–897
AE advocates sober discussion of, **10**:245
AE lectures on, in Zurich, **10**:*xxxi*
AE on further development of, **9**:457
AE's popular book on, **8**:401; Hans Albert reads, **10**:*xxxiv*
attacks against, **10**:*xxxv*
axiomatics of, **10**:454
British interest in, as means of reconciliation, **9**:436
campaign against, **10**:*xxxvii–xlii*
debate on
  with anti-relativist Martin Polak, **10**:278
  in Bad Nauheim, **10**:*xli*
and elasticity theory, **10**:241
epistemological issues of, **10**:332
generalization of, reasons against, **8**:752–753
of gravitational potential, principle of, **8**:692, 753
historical development of, **9**:247, 267
of inertia, **10**:287 (*see also* Sitter, Willem de: relativity of inertia)
interest of psychiatrists in, **10**:284
layman's reaction to, **9**:103–104
and monism, **9**:509
of motion, **8**:77
parallel work in Göttingen and Leyden, **8**:425
philosophical implications of, **10**:*xlv*
and philosophy of Als-Ob, **9**:493
popular lecture on, in Leyden, **10**:*xliv*
principle of (*see* Relativity, principle of)
publications on, sales of, **10**:*xxxvii*
and quantum problem, **9**:403, 460, 498
reception of, in the Netherlands, **10**:*xxxii*
of rotation, **8**:69–70, 82, 295–297, 403, 632, 639
theory of, AE's first usage of term, **3**:439n
and thermodynamics, common principles of, **10**:120

Relativity (*cont.*)
    and time-reversal invariance, **10**:54
    of translation, **8**:297
Relativity, general principle of, **4**:548; **6**:23, 109, 215, 248, 280, 286–289, 291, 294, 304, 323, 326, 341, 464–466, 472, 480, 482, 489–494, 530, 533, 546–547, 549–550; **7**:38, 42n, 119, 122n, 149, 208, 214, 267–268, 281n, 539, 616
    AE's response to critique of, **7**:39, 369
    and general covariance, **7**:*xxxii*, 43n, 277, 369, 371n
    objections to, **7**:354–355
    physical content of, **7**:276–277
    See also Relativity, principle of
Relativity, general theory of, **1**:*381*; **2**:*xxix*, *253–254*, *273–274*; **3**:*xxix*, 125n, *480*, 497n; **4**:547–550; **6**:4, 7–17, 23, 24n, 73–128, 215–223, 226–228, 234–242, 245–248, 264–268, 280, 282n, 284–337, 340–345, 348–356, 360, 372, 379, 404–407, 410–415, *417–418*, 464–494, 500–501, 508–517, 529–534, 541–551; **7**:*xxiii–xxvii*, 64, 160, 451, 535, 539, 550, 563, 573n–574n, 576n, 591, 605, 618; **10**:478
    and absolute differential calculus, **10**:25
    absorption of gravitation in
        De Sitter on, **10**:478
        Majorana on, **10**:287, 296
    acceptance of, **10**:36, 52–53, 65, 78
    AE on own strenuous work on, **8**:201, 203, 206
    AE's attempts at modifying, **9**:*xl–xli*
    in AE's popular book on relativity, **6**:*417–418*, 427, 429, 464–494, 500–501, 508–515, 516–517, 529–534
    AE's summary of *Einstein 1916f*, **6**:379
    approximate equations of, **6**:4, 123–128, 223, 235–238, 245, 319, 331, 333, 348–356, 493
    Born lectures on, **9**:255, 386
    boundary conditions in, **6**:543–547, 552n; **7**:121n; degenerate, **8**:385
    centrifugal and Coriolis field inside rotating hollow sphere in, **8**:558, 566
    closed timelike curves in, **6**:122, 130n
    conservation laws in, **8**:559, 564–566, 635n, 673–674, 686–688, 697–698, 715, 761
    and constitution of electron, **10**:549
    and constitution of matter, **7**:*xxvii*, 131–140n
    coordinate condition in, **8**:288, 301–302, 310, 313–315, 319, 366, 436, 534–535, 579n,
749, 752
    cosmological considerations in, **6**:500–501, 516–517, 541–551; **7**:*xxviii*, 133, 138–139n, 187–188, 370
    cosmological constant in (*see* Cosmological constant; Cosmological term)
    covariance of, **6**:245, 288–292, 294–295, 304, 316, 330, 341–343, 406–407, 530, 550; **8**:190, 194, 201, 204, 207, 218, 223, 231, 233, 238–239, 248, 263, 459, 630n, 632; **9**:267
        earlier reasons for rejecting, **8**:201, 202n, 207, 245, 325n
        with respect to unimodular transformations, **6**:216, 218–220, 223, 228, 234–235, 245, 304, 328
    curvature tensor in, geometric interpretation of, **8**:299
    development of, **7**:264–278, 376–377, 388, 408–409, 432
    distinction between covariant and contravariant expressions in, **10**:370
    and eclipse expedition of 1919, **10**:226
    and electrodynamics, **6**:105–109, 226, 264–268, 269n, 294, 318, 325–326, 327–330, 536n; **8**:306
    elliptic vs. spherical space in, **8**:393, 425; **9**:37
    empirical confirmation of, **6**:23, 508–515, 517; **7**:*xxix–xxxi*, 111, 200–201n, 206, 209–210n, 213–214, 346–347; **8**:197; **9**:*xxxi–xlii*; 583c; **10**:*xxxvi* (*see also* Solar eclipse expeditions; Gravitational redshift: empirical confirmation of)
    energy, concept of in, **10**:370
    energy of point mass in, **8**:534–535
    energy tensor in, AE and De Donder on, **10**:370–371
    energy-momentum
        pseudotensor in, **8**:304n, 332n, 442, 498–500, 509–510, 516–522, 673–674, 697, 938
        tensor in, **8**:195n, 230, 235, 332, 553
        vector of point mass in, **6**:103, 125, 127–128, 544
    equation of motion of continuous mass distribution in, **6**:101–105
    equation of motion of point mass in, **6**:76, 87–89, 103–104, 125, 220, 238–240, 294, 305–307, 316–317, 331–332, 406, 548 (*see*

also Geodesic equation)
equations of material processes in, **6**:7, 97–109, 219–220, 325, 330, 340–341, 410–412, 414–415
equivalence of
   with theory of gravitation of De Donder, **8**:303–304, 306–310, 312–313, 315, 318–319, 327–328, 575, 609
   with field theory of Hilbert, **8**:201, 295
equivalence principle in, **8**:344–345
and ether, **8**:300–301
Euclidean solution of vacuum field equations of, **9**:393n, 403n
field equations of (*see* Gravitational field equations)
final formulation of, **10**:39
foundations of, **6**:73–128, 284–337, 379; critical remarks on, 121–123; **7**:*xxiv*, *xxxii–xxxiv*, 37–43, 245; **8**:298, 608
generalization of, **7**:412–415
geodetic precession in, Fokker on, **10**:476
as German product, **8**:791n, 829
gravitational waves in (*see* Gravitational waves)
Hamiltonian formalism for, **6**:11–12, 112–120, 221, 319–321, 340–345, 410–415, 416n; **8**:245–247, 247n, 248, 275, 318–319, 327–328, 346, 350, 360–361, 363–366, 369; **10**:56
heuristics of, **8**:216–217, 230
historical account of, **10**:*xlviii*
hole argument in, **10**:27
and hydrodynamics, **6**:73, 102–105, 325–327
ignorance of in England, **8**:323, 359n
imaginary time-coordinate in, **6**:124, 125, 223, 348
inertial mass in, **6**:128, 544 (*see also* Mass: inertial and gravitational)
influence of gravitation on clocks in, AE on, **10**:358–359
influence of quantum theory on, **6**:356
integral equations for, **8**:681
and Kant, **9**:510
and kinematics, **7**:209, 214; **10**:605c
Lagrangian for, **8**:419, 430
lectures on in Göttingen, **10**:32
light deflection in (*see* Gravitational light deflection)
limiting case for small space-time regions, **6**:76, 101, 121, 292–293, 303–304, 326, 331; **7**:269
linearized approximation of, **7**:*xxiii–xxiv*, 1213, 166, 181n, 551, 554, 574n
logical structure of, **7**:209, 214
mathematical roots of, **8**:690n
meaning of *dt* in, AE on, **10**:339
mechanics of deformable bodies in, **8**:368–370
mechanics of solid bodies in, **8**:934–935, 951
metric in
   dimension of components of, **8**:536
   from electric field, **8**:142n
   inside and outside rotating hollow sphere, **8**:481483
   nonsymmetric, **8**:582–584, 610–611, 644–646, 656
   time-independent, **8**:485
and neo-Kantianism, **9**:204
Newtonian approximation of, **7**:*xxiv*, 36n, 168, 551, 556; **10**:241
and Newtonian theory of gravitation, **7**:*xxxi*, *xxxvi*, 118, 209–210n, 214–215n, 220n, 359n, 377, 409; **8**:208, 214, 223, 232, 265
no more task for AE in, **10**:43; **10**:43
objections to, **7**:*xxxi–xxxii*, *xxxiv*, 116–119, 121n–122n (*see also* Anti-relativists)
and overdetermination of classical variables, **9**:498
perihelion motion of Mercury in (*see* Perihelion motion of Mercury)
physical content of, **6**:123–128, 223
in the popular press, **7**:210n
privileged frame in, **8**:230 390
and problem of space, **6**:517–534
and quantum theory (*see* Quantum theory: and general relativity)
questions on by Laue, **10**:273
radiation of charged sphere rotating around gravitational source in, **9**:97
reception of, **7**:*101*; **8**:210, 223, 347, 348, 350n, 561, 562n, 605
   in the Netherlands, **10**:53n, 55
redshift in (*see* Gravitational redshift)
reference mollusks in, **9**:137n, 140n
regularity condition in, **8**:712
rejection of Ricci tensor in, **10**:38n
as relativistic theory of gravitation, **7**:209, 214
relativity of inertia in, **8**:287 (*see also* Sitter, Willem de: relativity of inertia)

Relativity, general theory of (*cont.*)
   research on funded by Prussian state, **9:**274, 584c
   research on in the Netherlands, **8:**350n, 426n
   reservations of Potsdam astronomers toward, **9:**157, 158
   rigidity, concept of in, **9:**140, 474n; Silberstein on, 473–474
   and rotating disk paradox, **9:**115–116, 140
   rotating magnets and conductors in, **10:**348, 354; Dällenbach on, 591c
   Schwarzschild solution of (*see* Schwarzschild solution)
   space and time in, **6:**290, 490–491, 529–533; **7:**272
   space-time continuum of (*see* Space-time continuum: and general relativity)
   spatial and temporal character of coordinates in, **8:**246
   speed of light in, **6:**127, 130n, 475; **7:**269
   summation convention in, **8:**249
   supernatural masses in, **8:***353*, 414–416, 467n
   twin paradox in, **10:**189, 189–190.
   universe
      size of, **8:**360n, 385, 386, 390, 392, 393, 401, 404–406, 557, 627, 670
      structure of, **6:**500–501, 516–517; **7:**318, 393–395, 398
   variational formulation of, **8:**275
   waves in (*see* Gravitational waves)
   Weyl's path to, AE on, **9:**80
   without gravitational redshift, Larmor on, **9:**244
   world matter in, **8:**414
   See also Cosmology; "Entwurf" theory of AE and Grossmann; Gravitation, relativistic theory of, static field; Gravitational field; Gravitational potential; Gravitational radiation; Gravitational waves; Metric tensor
Relativity, principle of, **2:***xxii–xxiii, xxi, xxix, 253–254, 255, 262–264, 276, 280, 286*, 302, 303, 307n, 308n, 312, 410–411, 412n, 414, 420, 433, 438, 451, 568; **3:**131–174, 174n–176n, 426, 429–430, 441–443, 447; **4:**30–32, 39, 40, 44, 54, 105n, *126*, 181–185, *193*, 294, 307, 492, 505–509, 538–543, 610–612; **6:**4, 22, 26, 132, 135, 285, 338n, 423, 432–434, 449, 451, 455, 464–466, 503, 527, 530; **7:**6, 91, 121n–122n, 449, 458–460, 463–465, 515, 517–518, 523, 593–594, 598; **8:**5, 71, 81–82, 297, 659; **10:**11
   and accelerated reference systems, **3:**175n, *480*, 487–488
   according to Kretschmann, **8:**650, 652n
   Bucherer's, **5:**135n; objections to, 50
   in classical mechanics, **2:***255, 258*, 433–434, *504*; **6:**48, 285, 432–433; **7:**250, 254, 373, 407, 519, 603
   and covariance under Lorentz transformations, **7:**258, 262–263, 374, 408
   consequences of, **2:**433–484; **3:**131–174, 174n–176n
   definition of, **3:**143
   derivation of electrodynamic equations for moving media using, **2:***253–254*, 494
   discussion between Bucherer and Planck on, **5:**50n
   and equivalence of inertial and gravitational mass, **6:**469–472; some conclusions from, 474–477
   extension of to uniformly accelerated frame of reference, **2:**476
   and Galilean transformation, **3:**143, 425–426 (*see also* Transformation)
   general (*see* Relativity, general principle of)
   generalization of
      to uniformly accelerated frames of reference, **5:**86
      to uniformly rotating systems, **5:**210
   and gravitation, **2:***xxix*, 476–484
   in mechanics, **10:**324
   paper by Hasenöhrl on, **5:**107
   Planck's support of, **5:**50
   Poincaré's definition of, **2:**307n, 308n
   and principle of constancy of speed of light, **3:**430, 434; **4:**32–36, 539, 540, 541, 543, 544, 612; **6:**435–437, 442, 444, 452, 505, 527; **7:**5, 207–208, 213, 431 (*see also* Light, speed of: constancy of)
   public opinion on, in England, **9:**444–445
   as restriction on possible laws of nature, **7:**208, 213, 374, 408
   status of, **2:***255*, 286
   and theory of, **3:**425
   validity of, **2:***255, 256–257*, 568
Relativity, special theory of, **1:***xl, 12, 372*; **2:***xvi–xvii, xxii, xxv–xxvi, xxviii, xxix*, 410, 412n, 570; **3:***5*, 131–174, 425–438, 439n, 441–448,

449n; **4:**9–101, 139, 438, 489, 494, 497, 536–546, 549, 563, 573–575, 585, 590, 591, 609, 616; **6:**4, 22, 26, 44–66, 122, 129n, 132, 135, 269n, 279, 285, 290, 322, 338n, 391, 404, *417–418*, 425–463, 479, 485–487, 527–529, 536n; **7:**3–7, 149–150, 160, 449–450, 458, 515, 526, 591–592, 602; **8:**40
absolute time in, Guillaume on, **10:**429, 530
AE and, **2:***139, 253–274*
AE on first paper on, **5:**31
AE's lecture notes on, **3:***10*
in AE's popular book on relativity, **6:***417–418*, 425–463
AE's refusal to write book on, **5:**200
apparent contradiction with Maxwell theory, **5:***57*
Born on accelerated motion in, **5:**486
and classical mechanics, **6:**285, 453, 454, 455, 527; **7:**5, 7
clock synchronization in, Laue on, **10:**272–273
conception of, AE on, **5:**485
connection of to general theory of relativity, **4:**548
constancy of speed of light in, AE on, **5:**485
covariance in, **8:**70, 348–349
debate with Guillaume on, **10:***xlviii*
definition of rigidity in, **10:***xxx*, 7n, 10
development of, **7:**245–264, 373–376, 407–408
Doppler shift in, **10:**411
  AE on, **10:**338
  Guillaume on, **10:**338
  transversal, Fokker on, **10:**287
early interest in
  Mosengeil's, **5:**40n
  Planck's, **5:**40n
electrodynamic field of moving rods in, **10:**11
and electrodynamics, **6:**4, 26, 59–65, 75, 132, 264, 266, 280, 325, 328, 330, 433, 437, 452, 453–455, 458, 459, 527; **7:***xxxi*, 6, 208, 214, 245–250, 313–315
electrostatic force in, **10:**11
energy of point mass in, **4:**58, 489; **6:**64, 103, 454, 456; **7:**259
epistemological foundations of, **10:**9
equation of motion of point mass in, **2:**268–269, 365, 411; **3:**437; **4:**56–59, 545; **6:**64–65, 75–76, 132, 135; **7:**530, 572n
and ether, **8:**73, 300

experimental tests of, **2:***253, 270–273*, 402–403, 458–461; **3:**175n; **5:**133n–134n, 136n–138n
and experiments, **6:**22, 457–461
first course on, given by Sommerfeld, **2:**267
foundations of, **6:**472–474; **7:**245; AE on, **5:**87
four-dimensional (Minkowskian) formulation of, **2:***504–505, 506*; **4:***4*, 41, 42, 65–80, 81, 106n, *125*, 324, 340n, 488, 501n, 546, 573, 589, 590, 612; **6:**89, 97, 124, 125, 264, 269n, 284, 293, 328, 461–463, 485–487, 506–507; **7:**260–264, 280n, 374, 408, 514, 519–520, 524, 571n; **10:**6n
  AE and Laub on, **5:**121n
  AE's use of, **5:**246n
  Laub's comments on, **5:**119–120
  Sommerfeld's papers on, **5:**246
and general relativity, **6:**7, 73, 97, 98, 105, 123, 215, 235, 248, 284, 286, 288–289, 292–294, 304, 331, 335, 348, 476, 490, 492, 493, 530, 532, 537n; **8:**674–675, 685
heuristic value of, **4:**545, 612; **6:**452–453
historical background of, **2:***253, 254–255, 261–266, 273*
invariant space-time interval in, **6:**76, 77, 84, 88, 121–122, 292–293, 486, 531; **7:**255, 263, 374, 408, 523
invariant volume element in, **6:**84, 303
and Kaufmann's experiments, **5:**138
kinematical foundations of, **2:***253*, 411 (*see also* Kinematics: relativistic)
Laub's review paper on, **5:**203n
Laue's book on, **5:**200n
Laue's early interest in, **5:**40n
length contraction in (*see* Contraction hypothesis, Lorentz-Fitzgerald; Length contraction, relativistic)
light wavefront in, **10:**547
limits of, **2:**415
and Lobatchevskyan geometry, **10:**6n
and Lorentz's electrodynamics of moving bodies, **8:**220, 900
Mach's appreciation of, **5:**205
manuscript on, **4:***3–7*, 9–101
mechanical model to illustrate effects in, **9:**15n
and Michelson-Morley experiment, **10:**264
momentum and energy flow in, **5:**149n
momentum of point mass in, **4:**58, 158, 489; **6:**64, 103; **7:**259

Relativity, special theory of (*cont.*)
  motion of electrons as confirmation of, **9:**354
  objections to, **2:***253–254*; **7:**115–116, 280n
  Planck's work on, **2:***266–267*
  reception of, **2:***253, 266–268*
  reflection of radiation from moving mirrors in, **10:**7n
  results from, **6:**453–457; **7:**375, 408
  rigid motion in
    AE on, **5:**229, 232
    Born on, **2:**427n; **5:**211n
    degrees of freedom of, **2:**427n
    discussion on, **5:**251n
    dispute between Ehrenfest and Varićak on, **5:**292n
    Ehrenfest on, **5:**211n
    kinematics and dynamics of, **2:**422–425, 485n
  rigidity, concept of, in, **9:**473
  rigidly rotating disk in (*see* Rotating disk)
  role of Fizeau experiment in development of, AE on, **5:**229
  rotation of rigid bodies in, **10:***xxx*, 6–15 (*see also* Rotating disk)
  simultaneity of distant events in, Bennett on, **10:**600c
  space and time in, **4:**39; **6:**4, 285, 288–289, 404; **7:**208, 213, 260
  space-time continuum of (*see* Space-time continuum: and special relativity)
  superluminal signals in (*see* Signal velocity: superluminal)
  termed "Relativtheorie" by Planck, **2:***254*
  validity of, **4:**546
  variational principle in, **4:**489, 494
Relay, Paul Habicht's design for, **5:**24
Relief and Works Agency for Palestine, **9:**193
Relief work
  in Austria, British, **9:**311
  in Germany: American, **9:**253n, 387; British, 387; Quaker, 253n
Religion of might. *See* Germany: religion of might in; Treitschke, Heinrich von
Rembrandt, **8:**761n
Rennhart, Martin (1855–1928), **1:**217, 359
Republic, declared in Berlin, **8:**964
Reserve fund, financial, **8:**270, 581, 598
Residual rays, **3:***xxiii*, 510n; **10:**17
  AE's paper on, **5:**372, 380, 405; Rubens's ob-
    jections to, **5:**360n, 393, 394, 405
  AE's work on, **5:**418, 437
  experiments on, **3:***xxiii, xxiv*, 510n, 544n; **5:**233n, 360n, 395, 437
    AE's criticism of, **5:**380–381
  refraction of, **5:**360n, 382n, 393
Resistance, electric. *See* Electric resistance
Resistor, made by Chavan, **5:**240
Resistors, parallel, **3:**368
Resonance, **3:**382, 517n, 540, 546n
  of torsional cylinder oscillations, **6:***147, 148,* 156, 157, 158, 160, 170n, 176, 177, 181, 192, 195, 273, 274
  curve of, 165–168, 184–188
Resonator, **1:***236*, 279, 283, 286; **3:**457, 460, 512; **2:**152, 167n, 351–354, 375, 379, 575, 585–586
  damped, AE's calculation for, **5:**359
  energy of, **3:**560
  motion of, and radiation field, **3:**270–280, 281n–282n
  See also Oscillator
Rest, absolute, **1:***225*, 285
Rest density, **4:**101; **6:**392; electrical, **4:**54, 82, 87, 320; **6:**62
Rest energy, **4:**59, 108n, 569
Rest mass, **4:**98; **6:**64
Rest volume, **4:**45, 310, 320, 490; **6:**101, 350
Retarded potential. *See* Potential: retarded
Reutemann, Walter (1870–1938), return to Argentina, **5:**140n
Reutemann-Habicht, Elisabeth (1874–1968), return to Argentina, **5:**140n
Revenge idea in Germany, AE on, **9:**121, 135
Reversibility of elementary events, **8:**860
Reversible process. *See* Change of state: reversible
Rey, Abel (1873–1940), on French edition of AE's scientific papers, **9:**411
Rey Pastor, Julio (1888–1962), **9:**614c; **10:**571c, 576c, 591c
  AE's popular book on relativity, proposes Spanish edition of, **9:**528
  invites AE to lecture in Spain, **9:**527; **10:**586c; declined, **10:**590c
  on publishing *Einstein 1917a* in serialization, **10:**590c
Reynolds, Osborne (1842–1912), on radiometer, **9:**48n, 50

Rheinfelden (Canton Aargau), **10**:195n, 200, 210

Ricci tensor, **7**:28n, 160, 179n, 188n–189n, 452, 549, 553, 574n

Ricci-Curbastro, Gregorio (1853–1925), **7**:277, 541, 574n
  and differential calculus, **6**:78, 90, 216, 284, 297, 535n
  on differential covariants, **4**:*195, 294, 296,* 324, 329, 495, 620

Richards, Theodore William (1868–1928), **2**:129

Richardson, Owen (1879–1959), **5**:377; **6**:174, 189n; thermionics, work on, **5**:378n

Richardson effect, Reichinstein on, **10**:312. *See also* Ampère's molecular currents

Richetti, Max, **5**:243

Richter, Ernst von (1862–1935), **9**:475

Richter, Viktor von (1841–1891), **5**:11, 12n

Ridder, Carel de (1881–1962), **9**:415; **10**:262, 479, 480

Ridder, W. de, **10**:479

Riecke, Eduard (1845–1915), **1**:236, 279, 281; **4**:507, 510n, 529; **8**:158

Riehl, Alois (1844–1924), **9**:204, 350n; as co-author of Manifesto of the 93, **9**:122n

Riemann, Bernhard (1826–1866), **2**:*xxv*; **6**:372, 496, 499, 531–532, 563; **7**:432, 541, 574n; **8**:690n, 712n, 870–871, 898; **9**:235
  and differential calculus, **6**:216, 226, 284, 372, 482, 535n
  on differential covariants, **4**:*294, 296,* 336

Riemann condition, **6**:532

Riemann hypothesis on countability of space, **10**:540

Riemann scalar, **4**:235n, 239n, 242n; **7**:134, 160, 182n, 549; **10**:364n

Riemann surfaces, **10**:244

Riemann tensor, **4**:*197–198,* 232n, 234n, 235n, 240n, 242n, 343n, 245n, 253n, 254n, *296, 300;* 597n; **6**:18n, 96, 123, 218, 314–316, 318, 339n, 341; **7**:27n, 44n, 80n, 132, 159, 184n, 413–415, 452, 547–549, 553, 563; **8**:194, 201, 233, 552–553, 556, 583, 611, 644, 656, 670, 712
  definition of, **4**:336, 593, 596
  trace of, **6**:412, 550

Riemannian geometry. *See* Geometry: Riemannian

Riemannian space. *See* Space: Riemannian

Riese, ?, **10**:332

Riesenfeld, Ernst, **8**:1012c

Riess, Carl (1875–1929), **9**:347

Righi, Augusto (1850–1920), **1**:285, 287; **9**:114; **10**:303n

Rigi, Switzerland, **10**:164

Rigid body, **3**:*5*, 72, 81, 83, 102, 442–443; **7**:*387–393, 400–401*
  assertions about, **2**:*268*, 410–411
  definition of, **3**:*478*
  definition of Lorentz-invariant, **3**:449n
  dynamics of, **2**:308n, 411, 412n, 427n
  equilibrium and, **3**:76
  geometric shape of, **2**:439, 485n
  in homogeneous field, **3**:67
  kinematics of, **2**:*xxiii*, 288–290, 308n, 410–411, 437, 439–440
  kinetic energy of, **2**:561
  Lorentz-invariant definition of, **2**:288–290, 427n
  motion of, **1**:250; **3**:73, 79, 97, 99–113
  positioning of, **2**:290
  in relativity theory, **3**:449n, *478–480*
  relativistic dynamics of, **2**:419, 424, 427n
  rigidly electrified, **2**:415, 420, 422
  speed changes of, Schüepp on, **5**:221.
  in uniform translation, **2**:277, 416, 420, 437, 485n; kinetic energy of, 416–420
  See also Relativity, special theory of: rigidity *and* rigid motion in; Rigid rod

Rigid framework, **2**:277, 411, 549

Rigid rod, **3**:11, 156

Rigid motion, relativistic. *See* Relativity, special theory of: rigid motion in

Rigidity. *See* Relativity, general theory of: rigidity, concept of in; Relativity, special theory of: rigidity, concept of in

Rilke, Rainer Maria (1875–1926), **8**:138

Ring atom, **8**:562n

Ring, rotating, field of, **8**:325n

Ritschard, Johannes (1845–1908), **1**:312; **5**:48n, 106n

Ritz, Walter (1878–1909), **2**:*134, 144, 145, 146, 263,* 542, 551n, 555, 555n; **8**:200; **5**:451n, 464n, 478n; **7**:469n
  emission theory of light of, **4**:5, 34, 35; **5**:450; **6**:49; **7**:467; AE's thermodynamic argument against, **6**:67n

Ritz effect, **3:**574
Riva, Domenico, **1:***lv*
Robert College, Istanbul, **9:**213n
Robert Koch Institute of Infectious Diseases, **7:**448n
Robitschek, Hedwig (1890–?), **5:**406n
Rochester, University of (*see* University of Rochester)
Rockefeller Foundation, **7:**241n, 300n
　assists German and Austrian universities, **10:**546
　Emergency Program for Europe, **7:**300n
Rod
　action of contrary impulsive forces on, **2:**422–424
　slithering, **8:**632, 640, 749
Rödelberger, Franz (1863–1926), **1:**21
Roderich-Stoltheim, F. *See* Fritsch, Theodor
Rödiger, Georg, requests KWIP funds for method to transform heat into mechanical work, **8:**1014c
Roethe, Gustav (1859–1926), **5:**570n; **9:**515n; **10:**580c, 582c; on raise of AE's salary, 606c, 613c
Rogowski, Walter (1881–1947), **6:**157, 170n
Röhm, Stefan, requests KWIP funds for analyzing "ice-core" process, **8:**1022c
Rohrer, Fritz, **10:**36
Rolland, Romain (1866–1944), **7:**88, 216n–217n, 491n; **8:**168, 169, 170, 204, 505, 510; **9:**134n, 164n, 322, 323n; **10:**33, 65, 126, 129, 188n
　AE on character of, **8:**103; **10:**129
　AE prepared to visit, **8:**169n, 171n, 504; **10:**65
　AE prepared to write to, **10:**58
　as author of "Un Appel, Fière Declaration d'Intellectuels," **9:**102, 564c, 570c, 575c
　as author of "Für die Unabhängigkeit des Geistes," **7:**216n–217n; 9:102n–103n
　for French-German understanding, **8:**103
　on international meeting of intellectuals, **8:**109, 117
　on international organization of nations, **8:**109
　on lost optimism of AE, **8:**504
　on new world order, **8:**510
　Nicolai
　　praises book of, **8:**504
　　supports, **8:**503n
　Nobel Prize for, **10:**58

and relief for postwar Poland, **9:**204
on responsibility of intellectuals for war, **8:**109
Western civilization
　on decline of, **8:**504, 510
　on revitalization of, **8:**504
works on novels, **8:**504
Roloff, Friedrich Max (1870–1915), **3:**421n; **5:**16n; on electrolytic dissociation, **5:**13
Romain, Julie, **5:**343
Rome, congress of mathematicians in, **5:**168n
Ronacher, ?, **3:**578
Röntgen, Wilhelm Conrad (1845–1923), **2:***271*; **3:**414n; **5:**44n, 428n; **7:**88, 494n; **9:**217
　AE declines invitation by, **8:**368
　proposed as foreign member of PAW, **10:**607c
　requests reprints, **5:**43
Röntgen's experiment on magnetism, **4:**17, 27; **6:**48, 67n
Rosen, Friedrich (1856–1935), **10:**267n, 570c, 571c, 573c; invites AE to The Hague, **10:**267
Rosenau sanatorium (Lucerne), **9:**118n, 139, 219, 572c; **10:***xxxvi*, 199, 201n, 204n, 212n
Rosenberg, Hans
　on light amplification, **10:**594c
　requests KWIP funds for astrophyical measurements, **9:**557c; rejected, 561c
Rosenberg, I., **9:**567c
Rosenblüth, Felix (1887–1978), **8:**963, 970; meets with AE, **9:**181n
Rosenheim, Theodor (1860–1939), **8:**854
　diagnoses AE with duodenal ulcer, **10:**108
　on Eduard Einstein's condition, **10:**145
　examines AE, **10:**100
Rosenthal, Ludwig (1855–1928), **7:**448n
Rosenthal-Schneider, Ilse (1891–1990), **9:***xl*, 155, 204n, 256, 281n
　book on Kant and relativity, 342; **10:**262n, 382
Rosenzweig, Franz (1886–1929), **9:**168n
Ross, Alfred (1831–1916), **5:**115n
Rössler, Mauritz von (1857–1912), **5:**266n
Rostock, University of. *See* University of Rostock
Rotating disk, **3:***478–480*; **5:**211n; **6:**477–480, 512–513, 537n; **7:**178n, 270–272, 281n, 388, 538, 573n, 617; **10:***xxx*, 8–15
　AE on paradox of, **9:**135–137, 140
　circumference of, **4:**131, 144n, *193*; **6:**289–290, 338n, 479
Rotating shell, **7:**121n

See also Lense-Thirring effect
Rotation, **3:**81, 97, 100, 542, 545n
  absolute, **7:**316, 322n, 370
  degrees of freedom of, **6:**259
  of disk (*see* Rotating disk)
  of Earth, **3:**61, 127n
    around its axis, **8:**692, 700
    around Sun, 692
    and terrestrial magnetism, 79
  of four-dimensional system of coordinates, **3:**170 (*see also* Lorentz transformation)
  of gas molecules, **3:**513, 513n, 541–543, 560
  quantized, **3:**242n, 246n, 518n
  relativity of, **6:**552n
  transformation (*see* Transformation: rotational)
  velocity of, **3:**561
Rotations, **2:**308n, 334, 342–343, 420–421, *504*
Rotator
  rigid, **3:**242n, 246n; quantized, **8:**42n
  velocity of, **3:**545n
Roth, Otto (1853–1927), **5:**595; report by, on conditions in Zangger's office, 596n
Rothe, Hermann (1882–1923), **5:**472, 474n
Rothmund, Ludwig (1870–1927), **8:**8
Rothschild, Baron Edmond de (1845–1934), **9:**198n
Rothschild, Lord Lionel W. (1868–1937), **9:**255n
Rotszajn, Sophie (1873–?), **5:**540n; **9:**192
Rotten, Elisabeth (1882–1964), **7:**333n; **8:**345, 364, 371; **9:***xliv*, 34n, 43n, 71, 185, 231, 422n; **10:**211, 333
  AE meets with, **8:**371n
Rousseau, Jean Jacques (1712–1778), **10:**160; AE reads *Confessions*, **8:**729
Rouvière, Jeanne, **9:**537n, 602c, 604c, 606c, 609c; **10:**340, 575c; translates *Einstein 1917a* into French, **10:**328, 572c, 609c
Rowland, Henry A., **9:***xxxvii*, 324
Rowland's experiment, **4:**11, 183
Royal Aircraft Factory, Adlershof, **8:**221n, 426, 427n
Royal Astronomical Society, **6:**512, 537n; **7:***xxi*, *xxx*, 210n, 215n; **8:**384n; **9:**158n
  1919 solar eclipse expedition, meeting about, **9:**138n
  Gold Medal for AE, **9:**387, 582c, 588c; not awarded, 369–370, 378, 401, 408, 595c, 600c, 605c; **10:**255n, 309n, 380
  joint meeting of with Royal Society, **9:***xxxv*, 232, 243, 351
Royal Danish Academy of Sciences and Letters, AE as corresponding member of, **9:**598c, 610c–612c
Royal Dutch Academy of Sciences, **6:***145*, *147*, 552n; **8:**247n, 302n, 304n, 370n, 416n, 466n–467n, 474n, 479n, 522n–523n, 609n, 713n
  AE as corresponding member of
    election, **9:**613c; **10:**268n, 274–275, 287
    induction, **10:***xlv*, 277
    nomination, **10:**270–271
  meeting on eclipse results, **9:**580c
Royal Institution of Great Britain, **7:**201n, 340n
Royal Prussian Observatory, Neubabelsberg, **5:**504, 505n; **7:**146n; **8:**57n, 89n, 204n, 209n, 215, 242n, 257n, 260n, 265n, 287, 471n, 564n, 593, 602n, 605, 684n; **9:**158n, 275n
Royal Society of London, joint meeting with Royal Astronomical Society, **7:***xxi*, *xxx*, 210n; **9:***xxxv*, 232, 243, 351
Royal Society of Göttingen
  AE corresponding member of, **8:**222, 227
  lecture to
    by Debye, **8:**820
    by Klein, **8:**833n
    by Runge, **8:**688
Royal Surveyor's Office, **8:**595n, 597n
Royds, Thomas, **10:**249
Rozhdestvensky, Dmitri (1876–1940), **10:**517
Rubakin, Nicolai (1862–1946), **9:**576c
Rubens, Heinrich (1865–1922), **2:***147*, 557, 559n, 586; **3:***xxiv*, 413n–414n, 500, 503, 504n, 510n, 512n, 544n–545n; **5:**187n, 300, 349, 512, 529n, 598n, 602n; **7:***102*, 340n; **8:**347n, 361, 388n, 514n, 655, 781, 1001c, 1004c, 1008c, 1021c; **9:**65n, 74, 127, 149, 150n, 228n, 310n, 360n, 488n, 590c, 593c; **10:**17, 21n, 64n, 109n, 365, 397n
  AE on character of, **8:**363
  AE's salary, proposes raise of, **9:**580c
  awarded KWIP funds for research on radiation formula, **9:**571c, 576c; **10:**609c
  Delbrück-Dernburg petition, signs, **8:**176n, 364n
  Institut international de physique, dismissed from scientific committee of, **9:**115n
  KWIP, member of Direktorium of, **8:**527n

Rubens, Heinrich (*cont.*)
    meets with AE: in Berlin, **5**:458n, 467; in Salzburg, 227
    PAW
        nominates Laue as member of, **10**:570c
        nominates Debye and Sommerfeld as members of, **9**:410
        proposes financial help of to *Physikalische Berichte*, **9**:580c
    press statement supporting AE, signs, **10**:414n
    Purkinje phenomenon, lecture on, **8**:212
    residual rays
        criticism of AE's work on, **5**:360n, 393, 394, 405, 437
        experiments on, **5**:395n; AE on, 232, 380–381
    Wednesday colloquium of, **8**:289, 589, 999c, 1000c, 1002c; **9**:*xlix*, 228, 279n; **10**:273n, 524
Rubens, Peter, **8**:761n
Rubinowicz, Adalbert (1889–1964), **9**:218n
    criticizes Ehrenhaft's negative photophoresis, **10**:580c
    spectral lines, on theory of, **8**:783
Rubner, Max, **9**:350n, 582c, 589c
Rüchardt, Eduard (1888–1962), **9**:60
Ruchet, Marc (1853–1912), **5**:201n
Rudio, Ferdinand (1856–1929), **1**:212n, 337, *365, 379*
Rudolph, Heinrich (1863–1953), **7**:355, 359n
Ruess, ?, **3**:581
Ruess, Ferdinand, **1**:262n, 282n, 349, 351
Ruiz, Maria Besso, **1**:215n
Rümelin, Theodor (1877–1920), **10**:550
Rumpler aircraft firm, **8**:480n
Runge, Carl (1856–1927), **5**:502n; **7**:76n; **8**:688, 805; **10**:471
    AE recommends, **10**:172
    on energy-momentum conservation in general relativity, **8**:688, 761
    on erroneous formula for light deflection in *Einstein 1916e*, **10**:483–484
    Geodetic Institute, candidate for directorship of, **8**:796
    gravitational waves, lecture on paper of, **8**:699n
Ruppin, Arthur (1876–1943), **9**:197, 223n
Rusch, Franz (1880–1962), **5**:241, 241n, 415, 415n; excursion with AE, **5**:242, 242n

Ruskin, John (1819–1900), **8**:941
Russell, Bertrand (1872–1970), **8**:492, 511, 738n; **10**:408
Russell, Charles H., **9**:12n
Russi, Ugo (1875–1964), **8**:329–330, 332
Russia, **8**:53n, 57n, 215, 484, 485n, 620n
    anti-Semitism in, **8**:18
    blockade of, **9**:203n, 205, 205n; AE on, 202
    instability and violence in, **9**:35–36
    pogroms in, **8**:19n
    political pattern for northern Germany, **8**:958
    postwar conditions in, **9**:202, 204–205
    Red Army, military successes in Poland of, **9**:389n
    See also World War I
Russian Academy of Sciences, **8**:18n–19n
Russian Association of Physicists, first meeting of, **10**:319
Russian Imperial Academy of Sciences, **7**:*223*
Russians, White, **7**:241n
Russo-Polish War, **7**:430n
Rutherford, Ernest (1871–1937), **2**:577; **3**:511n, 513n; **5**:300, 301n, 349, 522n; **6**:370n; **7**:339, 340n; **8**:285, 706; **10**:287, 303n, 365, 513, 595c
    experiments on radioactive decay, **4**:554n
    inducted as foreign member of Dutch Academy of Sciences, **10**:287
    law of radioactive decay, **6**:368, 370n
    pleased about eclipse results, **9**:236, 238n
    Solvay Congress, Third, planned lecture at, **10**:303
Rütschke et al., on news about AE considering to leave Berlin, **10**:401
Ryffel, Jakob (1861–1935), **1**:21
Ryzkov, Nikolay (mathematician), **3**:582

Sackur, Otto (1880–1914), **3**:407n; **5**:481n, 535, 536n; **6**:261n; **8**:20, 30n, 38, 42n, 186n
    entropy constant, work on, **4**:280; **5**:480; **8**:39n; **6**:250–261
    gas dissociation, on paper of Stern on, **8**:29
    on specific heat, **8**:20n
    on zero-point energy, **8**:20
SAG. *See* Schweizerische Auer-Aktien-Gesellschaft
Sahli, Hermann (1856–1933), **2**:408n
Saint-Venant and Wantzel's hypothesis, **2**:114
Saitschick, Robert (1867–?), **1**:*364*

Salaman, Redcliffe N. (1874–1955), **7:**436n
Salamander-Schuhgesellschaft mbH, **9:**13n
Salomon, Charles M., **7:**480–481n
Salt solutions, **1:***265*, 292, 324n, *377*
Salzburg. *See* Gesellschaft Deutscher Naturforscher und Ärzte: meeting in Salzburg
Samaden hospital, **8:**659
Samson and Delila, pets in Elsa Einstein's household, **10:**119, 122, 127
San Remo Peace Conference, **9:**197n; negotiations at, on British mandate in Palestine, 365n
Sänger, Friedrich (1875–?), **1:**59n
Sannig & Co., **9:**462, 595c
  legal dispute with Allgemeine Elektrizitätsgesellschaft, **7:**242–243
  patent of, **7:**243n
Säntis, massif in northeastern Switzerland, **1:**219, 222, 235, 373c, 374c
Sarasin brothers, **8:**372
Sarnen, Canton of Obwalden, **1:**248, 249n
Saturation magnetization, **6:**154, 157, 163, 170n, 175–176, 189n
Sauerbruch, Ernst (1875–1951), **8:**814
Sauerwein, Wilhelm, **9:**261n
Sauter, Joseph (1871–1961), **2:***47*, 75n, 96n, *260*
Sauvage, Eduard, **2:**326n
Savart, Félix (1791–1841), **1:**201; **7:**526–527
Savić, Helene (née Kaufler) (1871–1943), **1:**245n, 262–263, 271n, 274, 318–319; **5:**19n, 215n; **8:**4n, 53n, 337–338, 350n, 374n, 381n, 402n, 444n, 455n, 574n, 659n; **9:**4n, 91n, 271n, 496n
  AE praises, **10:**44
  biography, **1:***386*
  and Savić, Milivoj, rendezvous with AE and Einstein-Marić in Kijevo, **5:**45n
Savić, Julka (1901–1986), **1:**274n; **5:**19n
Savić, Milivoj (1876–1940), **1:**263n, 271n, 273, *386*; **5:**19n
Savić, Zora (1903–?), **5:**19n
Sazyma, W., **9:**601c
Scalar, **6:**78, 298; **7:**154–155, 510, 513, 541, 574n
  density, **7:**546
  See also Riemann scalar; Weyl (conformal) scalar
Scattering of light, **3:**310n–311n
  by density fluctuations, **3:***283*
  by small particles, **3:**311n
  in solar atmosphere, Julius on, **5:**316
  See also Rayleigh scattering; Smoluchowski-Einstein scattering
Schaefer, Clemens (1878–1968), **8:**913; **9:**127, 149n, 150n
  AE on, **9:**149
  nominates AE for Nobel Prize, **5:**629c
Schäfer, Wilhelm (1868–1952), **9:**94, 323n
Schaffhausen, **10:**130
  AE's stay at, **1:***xxxvii*, 317–333 passim, *376*, *379* (*see also* Nüesch, Jakob)
  AE teaches at school in, **5:**34n
Schaffhausen Cantonal School, **9:**129n
Schaufelberger, H., **4:**586
Scheel, Karl (1866–1936), **8:**116, 600, 671, 817, 818n, 973, 974; **9:**14, 20, 27, 297, 297n, 309, 344n, 571c; **10:**332
Scheidemann, Philipp (1865–1939), **9:**28
Schenk, Heinrich (1872–1938), **1:**338, 339n; **5:**114, 115n; congratulates AE on appointment at ETH, **5:**399
Schenkel, Hans (1869–1926), **5:**90, 91n, 525n
Scherrer, Otto (1875–?), mathematics teacher of Hans Albert Einstein, **10:**87
Scherrer, Paul (1890–1969), **8:**823n; **9:**24n, 75, 382, 405
  leaves University of Göttingen, **9:**434
  recommended to University of Zurich, **9:**487
Scheye, A., paper by, **5:**227
Schickele, René (1883–1940), **8:**947
Schidlof, Arthur (1877–1934), **4:***112*; **5:**530n; work on photochemistry, **5:**530n, 533n
Schiemann, Elisabeth, **8:**911n
Schiff, Jacob (1847–1920), **9:**13n; AE on political trustworthiness of, 11
Schiff, R., **2:**13, 19, 21n
Schild, Karl (1875–1943), **5:**234n, 304, 396
  AE suggests transfer of, **5:**314, 340
  AE's opinion of, **5:**234n
  appointed *Assistent* by Weber, H. F., **5:**234n
  Swiss Telegraph Administration
    retains position at, **5:**396n
    role in Chavan's difficulties at, **5:**234, 290
Schiller, Friedrich (1759–1805), **10:**345
Schiller Foundation (Weimar), **7:**363n
Schinz, Hans (1858–1941), **1:**331; **2:**174; **5:**287n; **8:**75, 76n, 153n, 404n
Schirach, Friedrich von, **8:**858n
Schirmann, Marie A. (1893–?), **10:**295

Schjelderup, Harald, **10**:246n
Schjerning, Otto, nominated for Lebiniz Gold Medal, **8**:1000c
Schläfli, Ludwig (1814–1895), **9**:41
Schläfli's theorem, **8**:551
Schleich, Carl Ludwig (1859–1922), **9**:392, 394
Schlesinger, Erich, **9**:43n, 422n
Schleusner, Thea (1879–1964), portrait of AE by, **9**:342
Schlick, Blanche (1881–1964), **9**:261n, 313
Schlick, Moritz (1882–1936), **7**:*xxxi, xxxv*; **8**:448, 472n, 660; **9**:51, 75, 76n, 115, 234n, 239, 280, 328, 374, 449–451, 471n, 483, 510; **10**:262n, 586c
  AE invites, **8**:221, 426
  Allgemeine Erkenntnislehre: AE on, **7**:403n; Born on, **9**:204
  and Als-Ob conference
    invited, **10**:333
    plans to attend, **10**:275
    unable to attend, **10**:573c, 576c
  anti-relativity campaign in Berlin, on coverage of English press of, **10**:455
  on axiomatic method, **7**:387, 403n
  on *Born 1920a*, **10**:455, 582c
  on causality, **10**:306–307, 310
  conventionalism of, **7**:220n, 404n
  Dingler, on book by, **9**:529
  Drill, debate with, **9**:282n, 313
  on English translation of *Schlick 1917*, **10**:256
  on general relativity for philosophers, **10**:78
  gravitational field, on observability of, **10**:307
  Holst, on paper by, **9**:529
  hopes for call to
    German University in Prague, **10**:391
    University of Erlangen, **10**:456
    University of Giessen, **10**:256
    University of Zurich, **9**:445–446, 477–478, 483, 529
  invited to Danzig and Harburg, **10**:455
  invites AE and Planck to stay in his home, **9**:198–199
  Mach, criticizes, **8**:648
  participates in prize contest of *Scientific American*, **10**:455–456
  Raum und Zeit in der gegenwärtigen Physik, **9**:140, 530
    AE on higher royalties for, **9**:346, 390–391, 528
    English edition of, **9**:320
    requests AE's comments on, **9**:313
  reality, on concept of, **8**:456
  Reichenbach, on book by, **10**:454–455
  relativity, book on, **8**:456, 648, 898, 965; AE praises, **8**:456, 965
  relativity, paper on, **8**:388–389, 417, 426, 438, 627, 640; AE praises, **8**:389, 627
  relativity, paper on meaning of, **8**:220, 389
  on results of AE's calculations regarding star clusters, **9**:314
  Royal Aircraft Factory, works in, **8**:221n, 426
  solicits AE's opinion on successor of Weber in Rostock, **10**:390–391, 456
  on spatial and temporal causality, **10**:307–308
  University of Rostock, jubilee of, **9**:198–199, 203, 216n, 580c
  on uproar at AE's lectures, **9**:478
  visits AE, **8**:388
  writings of, valued by AE, **10**:*xlviii*
Schlick, O., gyroscope of, **8**:812n
Schlubach, Heinrich, AE on political trustworthiness of, **9**:11
Schlubach, Thiemer & Co. (Hamburg), **9**:13n
Schlumpf, Emil, **1**:239n
Schmedeman, Albert (1864–1946), **10**:479, 491n, 514, 530
  on AE's financial demands for his U.S. lecture tour, **10**:523
  University of Wisconsin
    forwarded AE's information on Warburg to, **10**:538
    invites AE to lecture at, **10**:604c
Schmid, Anna (1882–1948), **1**:220
Schmid, Elfriede (1883–1971), **5**:590n
Schmid, Margaretha (1886–1978), marriage to Ehrat, **5**:590n
Schmidt, Adolf (1860–1944), **4**:607n; **8**:717; **9**:102, 134
  integrating device of, **8**:59–61
  invites AE, **8**:61
  manuscript on periodic processes, AE on, **8**:60–61
Schmidt, Erhard (1876–1959), **5**:449
  expresses sympathy for AE, **10**:596c
  University of Zurich
    resigns from, **5**:449n
    support of Ernst Zermelo's candidacy for chair at, **5**:449n

Schmidt, Harry (1894–1951), **10**:509
　invites AE for lunch in Altona, **10**:598c
　on Reichenbach's competence, **10**:610c
　book on relativity by, Reichenbach's criticism of, **10**:505; response, 608c–609c
Schmidt, Heinrich, **9**:348n
Schmidt, Jakob (1875–1954), **5**:91n, 141n
Schmidt, Raymund (1890–?), **8**:886; **9**:494; **10**:260
Schmidt, Robert, **9**:148n
Schmidt und Haensch Company, **9**:124, 337
Schmidtbonn, Wilhelm, **9**:323n
Schmidt-Ott, Friedrich (1860–1956), **5**:511, 513, 513n, 529n, 549n; **7**:300n, 364n, 494n; **8**:513n, 722n, 822, 1031c; **9**:279n, 602c, 603c, 605c, 608c; **10**:577c–580c, 582c, 585c, 603c
　KWIP, member of Kuratorium of, **8**:530n, 571n, **9**:583c; new president of, 600c
Schmidt-Ott/Wildhagen memorandum, **7**:363n–364n, 494n
Schmitt, ?, **9**:605c
Schmückle, Georg (1880–1948), **9**:70n
Schnauder, Alfred (1871–1956), sends compositions to AE, **5**:46, 46n
Schnauder, Hanna (1903–?), **5**:46n
Schnauder, Otto (1896–1983), AE thanks for sending compositions, **5**:46, 46n
Schnauder, Sigrid (1900–1961), **5**:46n
Schnauder-Habermehl, Maria (1876–1953), **5**:46n
Schneider, Erhard, nominates Laue as member of PAW, **10**:570c
Schneider, Ilse. *See* Rosenthal-Schneider, Ilse
Schneider, Karl Camillo (1867–1943)
　against democracy, **8**:676
　on own pacifism, **8**:676
　on physicists popularizing physics, **8**:675–676
　relativity, paper on, **8**:662, 675–676
Schneider, Rudolf, appointed trustee of Albert-Einstein-Spende, **10**:578c
Schnitzler, Arthur (1862–1931), **5**:546, 546n
Schobinger, Josef (1849–1911), **5**:333n, 399n
Schoenflies, Arthur (1853–1928), **5**:153n; **8**:497; **10**:*xl*, 276, 335–336, 352
　concept of time, lecture on, **5**:153n
　GDNÄ meeting in Bad Nauheim, solicits introductory lecture to relativity session at, **10**:305
　praises AE's work, **5**:153
　requests reprints, **5**:153
　solicits AE's opinion on candidates for successor to Born, **10**:304–305
Scholz, Heinrich (1884–1956), **9**:76n
Schoorl, Nicolaas (1872–1942), **5**:334, 334n
Schopenhauer, Arthur (1788–1860), **1**:316, 325, 326n; **7**:55, 59n, 381n
Schott, Otto, nominated as corresponding member of PAW, **8**:1000c
Schottky, Walter (1886–1976), **8**:35, 525, 529, 812; **9**:30n, 75, 467
　AE expresses condolences to, **8**:525
　AE invites, **8**:525
　experiments of, **8**:37n
　visits AE, **8**:37n
　on weights of quantum states, **9**:467
Schottky-Noll, Dora, **8**:525n
Schouten, Jan, (1883–1971), **9**:16
　on geodetic precession, **9**:258n, 421, 483; **10**:476
Schrobsdorff, Alfred, **8**:143n, 146n, 151, 159n
Schrödinger, Erwin (1887–1961), **7**:17, 30–31, 32n, *101*; **8**:559, 690n; **9**:75, 399, 463; **10**:323n
　AE on, **9**:298
　cosmological constant, interpretation of, **7**:*xxviii*, 34–35, 36n, 140n
　University of Hamburg, candidate for chair at, **10**:613c; AE on, 547
Schrodt, Toni, **10**:*xxxix*; expresses sympathy for AE, 397–398
Schröter, Carl (1855–1939), **5**:265n, 275n, 398
Schubert, Franz (1797–1828), **1**:21n, 219n
　Hans Albert Einstein plays works of, **10**:*xxxii*
Schubert, K., expresses sympathy for AE, **10**:596c
Schubert-Soldern, Richard von (1852–1935), **9**:518–519, 522n; **10**:285, 571c
Schuchard, Ernst, on reaction force of electric wind, **10**:592c
Schücking, Walther (1875–1935), **8**:118n, 151n, 186, 737, 947n; character of, 746
Schüepp, Hermann (1884–1971), AE's evaluation of dissertation of, **5**:221–222
Schuh, Friedrich, **9**:580c
　requests KWIP funds for geophysical research, **9**:579c; rejected, 581c; **10**:570c
Schuhfabrik Jakob Sigle & Cie., **9**:13n

Schuler, Max (1882–1972), **10:**458
Schüller, Hermann (1893–1948), **9:**299
Schultz, Julius (1862–?), **10:**260
Schumacher, Hermann, **9:**350n
Schumann, Richard, **8:**597n, 599, 625
   abilities of, **8:**617
   Geodetic Institute, possible director of, **8:**597, 617
Schumann, Robert (1810–1856), **10:**77
Schuppe, Wilhelm (1836–1913), **8:**695
Schur, Issai (1875–1941), **5:**449n; **7:**448n; **9:**434n
   University of Zurich, recommended by Kleiner for chair at, **5:**449
Schur, Paul, **8:**157
Schuster, ?, **9:**434n
Schuster, Arthur (1851–1934), **5:**136, 138n, 300, 577; **8:**61
   motion of electron in electromagnetic field, calculation of, **5:**138n
Schuster's law, **10:**527n. *See also* Star clusters, globular
Schütz, ?, **4:**508
Schwaben (Swabia), AE's roots in, **9:**70
Schwabing (now part of Munich), **1:***lii n*
Schwäbische Sternwarte Society. *See* Verein Schwäbische Sternwarte
Schwäbischer Bund, **9:**69
Schwalmis, Switzerland, **10:**110–111
Schwamberger, Emil (1882–1955), **9:**490, 607c
Schwarz, Abraham, **7:***231*
Schwarz, Hermann (1843–1921), **8:**17
Schwarzschild, Karl (1873–1916), **5:**581, 581n; **6:**337, 362n, 514, 552n, 556; **7:***106*, 349n, 559; **8:**224, 231, 258, 265, 690n, 863, 995c; **9:***xxxii*, *xxxviii*, 37–38, 86, 112n, 274, 330, 355, 401
   abilities of, **8:**287, 293, 323, 605
   AE's memorial lecture for, **6:**359–361, 567n
   articles by, submitted by AE, **6:**362n
   death of, **8:**291; AE on, 287, 288n, 293
   on elliptic space, **8:**474
   formula for blackening of photographic plates, **5:**212, 214n; **6:**361
   selection of successor of, **8:**293, 412n, 1003c–1004c
Schwarzschild horizon, **8:**720
Schwarzschild solution, **4:**393n; **7:***xxiv*, 177n, 181n, 183n, 188n, 560

   AE on, **8:**231, 239
   AE submits paper on, **8:**225n, 232n, 239
   exterior, **8:**224, 231, 239, 326, 362n, 373–374, 425, 585, 725n
   interior, **8:**259–260, 373–374, 473, 687, 688, 690n, 698, 725n, 749, 806, 824, 834
   and Mach's principle, **9:**110
Schwarzschild-Debye maximum in light pressure, **9:**398
Schwarzschild-Droste solution. *See* Schwarzschild solution
Schweidler, Egon von (1873–1948), **9:**393n, 399, 413; et al., **8:**33n
Schweitzer, Alfred (1875–1920), **5:**156n
Schweizer, Sophie (1877–1953), **5:**3, 3n
Schweizerische Auer-Aktien-Gesellschaft (SAG), **10:***xxxv*, 216, 231, 234, 507, 510, 567c
   AE's shares in, 231, 234, 507
Schweizerische Naturforschende Gesellschaft, **3:**253n, 257n, 315n; **8:**169
   meeting in Basel, AE's paper at, **5:**250n, 252n
   meeting in Frauenfeld, AE's paper at, **4:**475–476, 478–484; **5:**553n, 555
   meeting in Lugano, **9:**152
   meeting in Zurich, **10:**127
Schweizerische Physikalische Gesellschaft, **8:**524n, 905n
   meeting in Basel, **6:**67n; AE's paper at, **4:**599–601; **5:**599n
   meeting in Neuchâtel: AE's attendance of, **5:**239; AE's paper at, 236, 238
Schweizerischer Bund für Reformen der Uebergangszeit, **9:**99n, 159–160; goals of, 190n
Schweizerisches Informationsbureau
   report on AE, 30 January 1901, **1:**275–276
Schwenk, Rudolf, **1:***346*
Schweydar, Wilhelm (1877–1959), **8:**597n, 599, 601, 624, 716; **9:**191, 192n, 195n; **10:**172
   abilities of, **8:**617, 625, 717
   Eötvös, on character of, **8:**594, 717
   gas warfare, on inventors of, **8:**717
   Geodetic Institute
      possible director of, **8:**617
      proposes candidates for directorship of, **8:**596–597
      on purpose of, **8:**596
      on requirements for directorship of, **8:**596
   Helmert, on character of, **8:**717

on patriotism, **8:**717
requests help of AE in obtaining appointment as department head, **8:**594–595
sends food package to AE, **8:**717
solar eclipse expedition, ready to recover instruments of, **8:**717
Science, **7:**444n
Scientific American, prize contest for relativity essay, **10:**424, 437, 455–456
Scientific exchange, international, **7:**378n
Germany's exclusion from, **7:**300n, 334n, 363n
interruption by World War I, **7:***xxxi*, 206, 213
Scratch notebook, AE's, **4:***122*, 145n, 163n, 179n, *345*, *351*, 443n
Scrofula, **8:**400
Sculpting, Margot Einstein's interest in, **10:**119
Scuola Svizzera di Milano. *See* Internationale Schule Protestantischer Familien in Mailand
Searle, Alice Mary, **5:**191n
Searle, George (1864–1954), **5:**191n
on relativity paper by AE, **5:**190
visits Bern, **5:**191
Second law of thermodynamics. *See* Thermodynamics, second law of
Secondary-school leaving examination. *See* Aargau Kantonsschule: *Matura* examinations at
Seddig, Max (1877–1963), **2:***220*, 558, 559n; Brownian motion, paper on, **5:**132n; AE on, 131
Seddig, R.J.W., company, **9:**21
Seeberg memorandum, **8:**146n
Seelig, Carl (1894–1962), **8:**42n, 968n; **9:**6n
AE looks forward to meeting, **9:**331
and *Die zwölf Bücher*, **9:**321–322, 323n
Seeliger, Hugo von (1849–1924), **6:**495; **7:**146n, 576n–577n; **8:**242n, 557, 578; **9:**296; **10:**37n, 62, 64
and anti-relativists, **7:***104*, 349n
Astrophysical Observatory, favors Gustav Müller, for directorship of **8:**386n, 411
character of, **8:**255
on flat universe, **8:**578n
gravitational redshift, criticizes paper on, **8:**261
on inertial systems for astronomy, **8:**447
modification of Newtonian theory of gravitation, **7:***xxviii*, 142, 187
perihelion motion of Mercury, paper on, **8:**217, 218n; Freundlich's criticism of, 101n, 256
Seeliger, Rudolf (1886–1920), **9:**569c; **10:**572c
as possible successor of Lampa, **9:**77
requests KWIP funds for air pump for research on light emission of atoms, **9:**589c; pending, 615c
requests KWIP funds for battery and discharge tubes for research on light emission, pending, **10:**568c; granted, 568c
requests KWIP funds for mercury for research on light emission of atoms, **9:**556c, 562c; granted, 561c, 563c
Seeliger's paradox, **8:**557, 644
Seelisberg, Switzerland, **10:**41
Seemann, Hugo (1884–1974), **9:**30, 563c, 564c
asks AE for assistance, **9:**60
on bremsstrahlung, **9:**22–23
curriculum vitae of, **9:**21–22
Physikalisch-Technische Reichsanstalt, rejects offer of position at, **9:**60
on polarization of X-rays, **9:**22, 61
requests KWIP funds for stipend, **9:**21; rejected, 562c
requests KWIP funds for X-ray spectroscopy, **10:**585c, 609c; pending, **10:**607c; granted, **9:**560c, 562c; declined, **10:**611c
Seiler, Ulrich (1872–1928), **9:**271; **10:**227
Seippel, Paul (1858–1926), **8:**503, 504n; **10:**125
Seismic waves, artificial, **8:**708n
Selety, Franz (1893–1933?), **8:**537, 652n
on consciousness, **8:**490–494
on doubts of Ehrenhaft on elementary charge, **8:**538
on elements of continuum, **8:**492
on infinity of similar events, **8:**494
on necessary occurrence of improbable events, **8:**494
on perception of: music, **8:**541–542; paintings, 546; speech, 542–543
on privileged frame, **8:**486–490
on time, **8:**491
Self-induction, **2:**492n; **3:**371, 375, 382, 399n–400n
and circuits, **3:**380
coefficient of, **3:**399n
measurement of, **3:**373
per unit, **3:**384, 399n–400n
Seligsohn, Arnold (1854–1939), **7:**195n
Selle, Hermann (1896–1960), **7:**331n

Sellien, Ewald (1893–?), **9**:204, 576c; dissertation of, AE on, **9**:155–156
Selmayr, Karl (1884–1974), **9**:298n
Semipermeable barriers, **2**:*212–213*
Semon, Richard, on heritability of acquired characteristics, **9**:506
Sensitive areas on atoms, **8**:30
Separability principle, **3**:315n
Separation theorem, **2**:74n–75n, 95n, 96n
Serbia. *See* World War I
Serbs, in conflict with Austrians, AE on, **5**:508
Serchinger, Reinhard, **8**:525n
Serini, Rocco (1886–1964), **9**:393, 403
Shakespeare, William, AE on, **9**:84
Shankland, R. S. (1908–1982), **2**:262
Shanyavsky City University of Moscow. *See* University of Moscow, Shanyavsky City
Shapley, Harlow, on stellar distributions in Mess 15 cluster, **9**:278
Shaw, Bernard (1856–1950), **10**:237
Sheffield, University of. *See* University of Sheffield
Shell, rotating. *See* Rotating shell
Sheppard, Samuel (1882–1948), **10**:317
Shots, soundwaves produced by, **6**:281
Sidler, ?, **1**:271
Sidler, Eduard (1889–1987), **3**:*8, 599*; notes on course by AE, **4**:*6*; **6**:67n
Siedentopf, Henry, (1872–1940), **2**:*210– 211, 219–220*, 334, 344n–345n
 discussion of Salzburg lecture of, **2**:557–558, 559n
 lectures by, **5**:623
Siegbahn, Karl Manne (1886–1978), **9**:217, 218n; **10**:303; on X-ray spectra, **8**:783
Siemens, Arnold von (1853–1918), **8**:825n
Siemens, Werner von (1816–1892), **1**:191, 193, 197n
Siemens, Wilhelm von (1855–1919), **1**:*lii*; **8**:570, 593, 613; **9**:*xlvii*, 107, 108n, 119n, 134n, 279n, 552c–553c, 561c, 563c–566c, 569c–570c, 583c; **10**:222n
 funeral notice of, **9**:579c
 KWIP
  administrative correspondence with, **8**:1012c, 1014c, 1016c–1018c, 1021c, 1023c, 1026c–1028c
  chairman of Kuratorium of, **8**:571n, 1011c; succeeded by Schmidt-Ott, **9**:600c
  on financial report of, **8**:758n
Siemens centenary, **8**:368
Siemens Co., contributes to Albert-Einstein-Spende, **10**:372
Siemens & Halske, **5**:384n; **8**:37n, 571n, 822, 866, 883n
 acquisition of gyroscope patent by, **6**:139, 144n
 measuring instruments of, **6**:182
 oscilloscope of, **6**:177
Siemens-Helmholtz, Ellen von (1864–1941), **8**:825n
Siemens Ring Foundation, **8**:368n
Siemens-Schuckert, **8**:571n
Siemering, Hertha (1883–1966), **10**:274
Sieveking, Hermann (1875–1914), **3**:544n
Sievers, Anna (1860–1912), **1**:377
Sigmaringen, **10**:114, 130, 330, 346, 362, 446, 454
Signal Co.
 legal dispute with Atlas Works, **7**:472–478n, 480–481
 patent of, **7**:481n
Signal, superluminal. *See* Superluminal velocity; Signal velocity: superluminal
Signal velocity
 AE's definitions of, **5**:*58*, 67–69, 70
 Brillouin on, **5**:*60*
 Laue on, **5**:*59*
 relation with group velocity, according to AE, **5**:70
 Sommerfeld on, **5**:*60*
 superluminal, **10**:8;
  impossibility of: according to AE, **5**:*59*, 61, 63–64, 71, 85; according to Sommerfeld, *59*; in Maxwell theory, *58*
 See also Superluminal velocity
Silberstein, Adele (1876–?), **8**:446n
Silberstein, Ludwik (1872–1948), **7**:*xxxi*, 443n–444n; **8**:446, 1015c; **9**:*xxxvi*, 472, 474; **10**:241
 debates of on eclipse expedition results, **9**:474n
 on ether, **9**:472–473
 general relativity, skeptical of, **9**:244
 on Stokes-Planck ether, **10**:241
Silver, **3**:*xxiv*, 413, 414n; specific heat of, **5**:245
Silver atom beams, mean free path of, **10**:336, 360
Simon, Hugo (1880–1950), **9**:71, 343n

Simon, Leon, **9**:327n
Simon, S., **5**:136
Simonson, Emil, on crackpot scientific ideas, **8**:1030c
Simplon Pass, Canton of Valais, **1**:293, 313n
Simplon Tunnel, Canton of Valais, **1**:293n
Simultaneity, **3**:*xx*, 151, 483; **4**:39, 183, 544, 611; **8**:73
  absolute, **2**:*253;* **9**:432n
  definition of, **2**:*257, 264*, 277–280, 439; **4**:38, 132, 542–543; **6**:4, 280, 289, 438–442, 528; **7**:3, 251, 373, 407; **10**:14
  distant, **2**:*253, 265*, 278
  Poincaré's comments on, **2**:307n–308n
  relativity of, **2**:282; **6**:4, 285, 440–443, 527; **7**:5, 208, 213, 252
Singularities, **2**:*148*, 351, 553n, 581–582, 586
  admissibility of, **8**:379
  as energy quanta, **10**:352n
  in radiation, **3**:*xix*, 423n
Sitter, Willem de (1872–1934), **4**:5, 104n, 439n; **6**:67n, 435, 545–546; **7**:16, 42n–43n, 46, 49n, *101*, 198n, 323n; **8**:208n, 244, 288n, 301, 313, 323n, 359n, 385, 407n, 413n, 426n, 429n, 458, 536n, 562n, 578n, 606, 633n, 641n, 654n, 662n, 690n, 694n, 727n, 733, 734n, 961, 990c; **9**:*xxxiii*, 145, 150, 166, 258n, 261, 502; **10**:55n, 117
  on abilities of
    Hartmann, **8**:322
    Hertzsprung, **8**:322
    Küstner, **8**:322–323
    Ludendorff, **8**:322
    Müller, **8**:323, 413
  on AE's cosmological constant, **10**:501
  AE's popular book on relativity, on English edition of, **9**:261
  on AE's reintroduction of absolute time, **10**:478
  in Arosa sanatorium, **9**:167n, 238, 238n, 262, 264, 295
  on astronomers and astrophysics, **8**:322–323, 606n
  Astrophysical Observatory, on candidates for directorship of, **8**:322–324
  closed universe, against, **10**:477–478
  congratulates AE, **9**:262n
  controversy between AE and, **6**:552n
  degenerate boundary conditions, discussion with AE on, **8**:413
  eclipse results, on news of, **9**:236
  emission theory of light, work on test of using binary star observations, **5**:524n; dispute with Freundlich on, **5**:555n
  ether, **8**:303n
    on AE's concept of, **10**:477
  finite universe of, **8**:415
  on Galilean space, **8**:302n
  galaxy, on stability of, **10**:500–501
  general relativity, publishes in England on, **8**:323, 347, 350n, 357, 359, 383, 413; **9**:264
  on geodetic precession, **9**:422n
  on ghost images of stars in a closed universe, **10**:477–478, 50
  gravitation, on absorption of, **10**:478
  on gravitational waves, **8**:302n
  ill with tuberculosis, **8**:390, 411, 421, 427, 432, 468, 476
  on inhomogeneous mass distribution in universe, **8**:428
  lectures in Leyden, **10**:52n
  on lunar motion, **8**:302, 303n
  Mach's principle
    against, **10**:477
    disagreement with AE on, **7**:42n–43n, 371n, 404n, 576n
  mass horizon, discussion with AE on, **8**:720
  paper of, AE on, **6**:536n
  on planetary motion, **8**:303n
  presents lecture at gravitation colloquium of Ehrenfest, **8**:536
  priority in giving first-order metric for field of mass point, **8**:302n
  relativity of inertia, discussion with AE on, **8**:*351, 352–353*, 357–360, 414–416, 421–423, 427–428, 434, 466–467, 472–473, 475–476, 478–479, 485, 496–497, 501–502, 712–713, 720
  Ritz's emission theory, refutation of, **7**:467–469n, 517
  singularities, discussion with AE on, **8**:*354–355*, 720
  spectral lines, on identifiability of, **8**:358, 413
  on statistical equilibrium as a condition for a closed universe, **10**:478
  violet shift, on lack of, **8**:413
  See also Cosmological model, De Sitter's; Pexider

Sivkovich, Hans (1881–1968), **9:**261n, 281n
Six-vector, **4:**72; **6:**56–57, 80–81, 264, 298–299
   antisymmetric "Erweiterung" of, **6:**312
   divergence of, **6:**95, 217, 312–313
   dual, **6:**59–60, 68n, 87, 130n, 264, 269n
   V(olume)-, **6:**106, 266
   See also Tensor
Skillings, Everett, **7:**300n
Sklarek, **10:**486
Sky, blue color of, **3:**283–284, 310n
Slichter, Charles
   on AE's financial demands for his U.S. lecture tour, **10:**523n
   on AE's proposal to lecture in German, **10:**539n
Slithering rod, **8:**632, 640, 749
Slocum, Frederick (1873–1944), 470
Slowo publishing house. *See* Publishers
Smekal, Adolf (1895–1959), **10:**322, 367, 375
   AE on, **9:**368
   against Ehrenhaft as Exner's successor, **10:**580c
   on evidence against optical size measurement by Ehrenhaft's group, **10:**294–296
Smithsonian Institution, **9:**605c
Smoluchowska-Baraniecka, Zofija, **5:**467n; **8:**514n
   thanks AE for condolence, **8:**549
   visits AE in Prague, **8:**550
Smoluchowski, Marian von (1872–1917), **2:***208, 210, 212, 215–217*, 396n; **3:***7*, 191, *283–285*, 287, 310n–311n, 508n; **5:**124n, 451; **8:**231, 265n, 801, 1011c; **9:**176, 518n; **10:**39n, 134
   AE invites to Prague, **5:**429, 434, 466
   AE's obituary of, **3:***284*; **6:**577–578; **8:**549
   blue color of sky, explanation of, **5:**363n
      acknowledges error in, **5:**370
      AE's criticism of, **5:**362
   character of, **8:**550; AE on 514
   death of, **8:**514n, 561; AE on, 514
   musical taste of, **8:**550
   opalescence, work on, **5:**254, 269, 362n, 374
   University of Vienna, invited to, **8:**264
   unsuccessful attempt to visit AE in Bern, **5:**429
   Ehrenfest visits in Lemberg, **5:**429n
   visits AE in Prague, **8:**514n
   Wolfskehl lectures of, **8:**291
   See also Brownian motion
Smoluchowski-Einstein scattering, **3:***285*

Smoluchowski-Einstein theory of opalescence, **3:**311n–312n
Smuts, Jan Ch. (1870–1950), **9:**110
Snellius, Willebrord, **9:**502
Sobral, Brazil, **10:**226n
Social Democratic Party
   Austrian, **8:**395n
   German Independent, **8:**947n
   German Majority (*see* Sozialdemokratische Partei Deutschlands)
   Swiss, **8:**442n, 942n
Social Democratic Party, Germany. *See* Sozialdemokratische Partei Deutschlands
Socialism, **7:**124n
Socialist government for Germany, **8:**964
Socialist Student Association. *See* Sozialistischer Studentenverein
Societá Anonima Cooperative Pavese di Elettricitá, **1:***liv*
Société Française de Physique
   AE's lecture to (1913), **4:***109, 112*, 287–292; **5:**517n–520n
Société Suisse de Physique. *See* Schweizerische Physikalische Gesellschaft
Society for the Founding and Preservation of an Academy for the Science of Judaism. *See* Verein zur Gründung und Erhaltung einer Akademie für die Wissenschaft des Judentums
Society of Friends (Quakers)
   aid program of, **7:**241n
   Eddington and Ludlam as members, **9:**378n
   opposes isolation of German scientists, **9:**378n
   relief work in Germany, **7:**332, 332n–333n, 334, 470n–471n; **9:**139n, 253n, 496n
Society of Friends of the Goethe Museum. *See* Verein der Freunde des Goethemuseums
Society of German Natural Scientists and Physicians. *See* Gesellschaft deutscher Naturforscher und Ärzte
Society of Nautical Instruments. *See* Gesellschaft für nautische Instrumente
Society for Positivistic Philosophy, call for creation of, **5:**631c
Sohnke-Schoenfliess theory of crystal structure, **9:**210
Solar eclipse, **4:**509, 550; **6:**475, 511; **8:**469, 560
Solar eclipse expedition of 1914, **4:***295, 299, 300–301*, 500, 586, 587n; **5:**531, 532n, 538,

550; **6**:24n; **7**:*xxx*; **8**:19n, 56, 57n, 215, 469, 564n, 608–609, 682, 717; **9**:*xxxii*, 263–264, 305
  failure of, **10**:25
  Freundlich's role in, **5**:593
  funding of, **5**:581, 594n, 595, 596n
  Planck's support of, **5**:581, 593, 595
  planned, **10**:22–23
Solar eclipse expedition of 1918, **9**:*xxxii*, 157–158
Solar eclipse expeditions of 1919, **4**:549; **6**:512, 537n; **7**:*xxi*, *xxx*, *106*, *111*, 178n, 245, 269, 347, 559, 614, 619; **8**:684n; **9**:*xxxiii–xxxvi*, 236, 262, 285, 292–293, 346, 408, 526, 568c; **10**:*xxxvi*
  AE congratulated on positive results by
    Bergmann, Hugo, **9**:582c
    Bonn University physicists, **9**:584c
    Coenen, **9**:229
    Dällenbach, **9**:190
    De Sitter, **9**:262
    Fokker, **9**:236
    Guillaume, **9**:378
    Lawson, **9**:252
    Oppenheim, **9**:173, 255
    Perrin, **9**:224
    Planck, **9**:180
    Ulm, mayor of, **9**:607
    Von Traubenberg, **9**:292
    Zürich physicists, **9**:192
  alternative explanations of positive result of, **9**:*xxxvi*
  British debates on results of, **9**:474n
  financing, **7**:210n
  funding of, **9**:273
  Lorentz's telegram to AE on, **9**:180
  no news about results of, **9**:98, 116, 147, 154
  organized by Dyson, **9**:244
  photos taken by, **9**:91, 94, 137, 138n
  positive influence on reconciliation of German and English scientists, **9**:263
  preparation for, **9**:31–32, 64
  press coverage of: British, **9**:243; German, **9**:404
  results of, **7**:*xxx*, 201n, 210n; **9**:199, 218–219, 232, 236, 243, 246, 255, 262, 295, 305; **10**:222, 223
    AE's confidence in, **9**:*xl*, 197
    popular enthusiasm at, **9**:262, 326

  preliminary, **7**:200–201n, 210n; **9**:167, 170, 186
  presented to DPG, **9**:602c
  See also Eddington, Arthur S.
Solar radiation. *See* Radiation: solar
Solar system, **3**:37–38. *See also* Kepler's laws; Planets
Solar theory, **6**:360
Soldner, Johann G. von (1776–1833), **3**:497n; **6**:536n; **7**:112
  gravitational light deflection, calculation of, **5**:551n
Solenoid, **3**:371, 399n
Solenoidal condition. *See* Incompressibility condition
Solid bodies, **2**:430; **3**:511n–512n
  analogy of with highly dilute solutions, **3**:545n
  anisotropic, **2**:512, 522
  atomic oscillations in, **3**:*xxiii–xxiv*, 475n (*see also* Oscillations: atomic)
  density of, **3**:*xxiii*
  elasticity of, **3**:*xxiii–xxiv*, 409–413, 413n–414n, 475n (*see also* Force: elastic)
  electronic vibrations in, Haber on, **5**:377n
  energy fluctuations in, **3**:546n
  equation of state for
    derived by Grüneisen, **5**:415
    derived by Ratnowsky, **5**:415
  heating of, **3**:476n
  in general relativity, **8**:934–935, 951
  infrared eigenfrequencies of, **2**:384, 386, 405
  lattice model of, **2**:*143*
  melting temperature of, **3**:*xxiv*, 475n–476n
  molecular weight of, **3**:*xxiii*
  oscillator model of, **2**:239, 383–384, 405
  proper frequency of, **3**:511n; ultraviolet, **2**:384, 386
  properties of, **2**:379, 549
  quantum theory of, works on, **8**:515
  thermal properties of, **1**:*xl*, 284–285
  vibrational energy of, **2**:*xx*
Solid bodies, specific heat of, **3**:410, 412, 500, 511n, 512, 522, 524, 544n
  anomalous behavior of, **2**:*xx*, *134*, *141–143*, *173*, 384, 388–389, 390n, 405 (*see also* Dulong-Petit rule; Kopp rule)
  kinetic theory of, **2**:549
  Nernst's and Lindemann's experiments on, **2**:390n–391n

Solid bodies, specific heat of (*cont.*)
  quantum theory of, **2:***xx*, 379–389
  research funded by KWIP, **9:**560c, 567c
  temperature dependence of, **2:**238, 385–386, 405, 406n
  Weber's experiments on, **2:***142*, 389, 390n
Solipsism, **7:**346, 348n
Solovine, Maurice (Moritz) (1875–1958), **1:***382*; **2:***xxiv, 260*; **5:**5, 9, 24n, 26, 30n, 152n, 290; **7:***xxxiv*, 576n; **9:**450n, 537n; **10:**575c
  accompanies AE on trip, **5:**27n
  AE invites, **5:**151
  AE on, **5:**31
  attends: University of Bern, **5:**5n, 32n; University of Lyon, 28n, 41n
  departure for Lyon, **5:**28n, 28–29
  Ehrat, mountain trip with, **5:**248
  Kuwaki, meets with in Paris, **5:**169
  move from Bern to Strasbourg, **5:**26n
  offers to translate *Einstein 1917a* into French, **10:**569c, 578c–579c
  Olympia Academy, member of, **5:**5n, 7n
  position in Paris, **5:**133n; AE's congratulations on, 133
  possible job as translator, **5:**39
  as prospective French translator of AE's popular book on relativity, **9:**536, 616c
  return to Bern, **5:**30n
  trip in Bernese Oberland, **5:**28
  trips to Thun with AE, **5:**5n
  visits AE in Zurich, **5:**248
  writes dedication to AE, **10:**573c
  on writing popular book on relativity, **9:**499–500, 529
Solubility
  Besso on, **5:**14
  role of gravitation in, Besso on, **5:**14
  role of hydration in, **5:**16n; Besso on, 14
Solutions
  analogy of to ideal gas, **2:***221*
  aqueous, **2:***181*, 400n
  attachment of solvent to solute molecules in, **2:**199
  colloidal, **2:***181, 209–210, 219*, 399–400, 400n, 558
  concentration of, **2:**499
  diffusion in, **2:**497
  dilute, **1:**292
  as distinct from suspensions, **2:***209–210*

fully dissociated, **2:**23
nondissociated, **2:**186, 198–201
salt, **2:***7*, 23–39; dilute, *6–8*
solid, Besso on, **5:**14
sugar, **2:***179*, 198–199, 202, 347–348, 500
theory of, **2:***xix*, 23–39, *171*
Van 't Hoff's theory of, **2:***171*; **4:**558, 562
Solvay, Ernest (1838–1922), **3:***xxv*; **5:**301n; **9:**54, 114, 115n, 121, 216
  AE's appreciation of, **5:**358
  supports Solvay Congress participants, **5:**358n
Solvay Congress, First (1911), **3:***xxv–xxviii*, 243n, 245n, 504n, 545n–547n, 562n; **4:***111, 272, 554n*; **6:**39n, 370n; **7:**331n; **8:**561; **9:**7n, 172n; **10:***xxxiii*
  AE and, **3:***xxvii, xxx*
  AE accepts invitation to, **5:**302
  AE attends, **8:**7n,
  AE's discussion remarks at, **3:***xxvi, xxviii*, 243n, 245n–246n, 253n, *284*, 311n, 505–518, 505n–519n, 550–561, 562n
  AE's impressions of, **5:**345, 349, 380, 419
  AE's lecture at, **3:**455n, 521–543, 544n–548n
  AE's paper at, **4:***271*, 285n; **5:**320, 322n; discussion of Boltzmann principle in, **5:**311n
  AE's trip to, **5:**341n, 344
  Lorentz as chairman of, AE on, **5:**346
  publication of proceedings, **5:**418n
  topics of, **5:**300–301
Solvay Congress, Second (1913), **4:***270, 273*, 559n; **6:**39n; **8:**66n, 157n, 175; **9:**245n; **10:**370n
  AE on, **5:**565
  AE asks permission to attend, **5:**561
  AE's discussion remarks at, **4:***273*, 552–559; **5:**541n; **8:**20n, 156,
  AE's invitation to, **5:**521
  Bragg's paper at, AE on, **5:**562
Solvay Congress, Third (1921), **6:***149*; **7:**585n; **10:***xlvii*, 302, 312, 320
  AE invited as international individual, **10:**312
  participants at, **10:**303n
  planned lectures at, **10:**303
Solvay Institute. *See* Institut international de physique Solvay
Somme, battle of, **10:**43n
Sommerfeld, Arnold (1868–1951), **2:***147*, 267, 307n; **3:**257n, 268n, 500, 578; **4:**3, 112; **5:**86n, 107, 299–300, 335, 349, 386, 386n,

391, 418n, 446n, 465, 478, 482, 506n; **6:**55, 67n, 388, 567n; **7:**59n, 345; **8:**132, 147, 191, 195, 206, 216, 255, 386n, 425n, 436, 561, 569, 601, 621–622, 626, 688, 712, 733, 738, 775, 858n, 962; **9:***xxxix, xlix*, 6, 8n, 15n, 26n, 50n, 84, 218n, 266, 278n, 309, 354n, 390n, 397n, 408, 434, 435n, 464n, 503, 535, 590c, 596c; **10:***xl–xli*, 6n, 39n, 62, 67, 83n, 276, 418, 533, 543
abilities of, **8:**627
AE
    expresses sympathy for, **10:**408
    invites to lecture in Munich, **10:**452, 530–532, 549
    on mediating between Lenard and, **10:**427
    meeting with in Salzburg, **5:**227
AE on character of, **9:**388
AE visits in Munich, **5:**290
AE's affection for, **5:**210, 227
AE's work, negative comments on, **5:**88n
and anti-relativists, **7:***108, 113*
on *Arbeitsgemeinschaft 1920*, **10:**451–452
asks AE to lecture in Munich, **9:**404
asks AE to present own paper to DPG, **9:**20, 64
Atombau und Spektrallinien: AE on, **9:**388; **10:**532; Zangger on, 513
atom-electron collisions, hypothesis on, **5:**321, 338
atomic structure, popular book on, **8:**783, 957
Berlin, on news about AE considering to leave, **10:***xxxix*, 408–409
Bohr, praises, **10:**549
bremsstrahlung theory of, **9:**22
DPG, **10:**427
    chairman of, **8:**781
    recruits lecturers for, **8:**784
Ehrenfest
    on *Habilitation* of, **5:**461, 463n, 476
    praises, **5:**464n
"eka-iodine," on discovery of, **9:**217
electron mass, on velocity-dependence of, **8:**913
"Entwurf" theory, reception of, **8:**154
Epstein, intervenes on behalf of, **9:**153n
GDNÄ meeting in Bad Nauheim, on preventing anti-relativist demonstrations at, **10:**408
on German revolution, **7:***xxi*
Helmholtz Prize, nominated for, **8:**1004c

hypothesis of elementary collisions, **3:**516–517, 542–543
Institut international de physique, dismissed from scientific committee of, **9:**115n
on Laue's teaching abilities, **5:**447n
Lenz, supports application by for KWIP funds, **9:**18, 20, 555c
Mathematische Annalen, as adviser for, **9:**317
PAW, corresponding member of: elected, **9:**605c; nominated, 409
photoelectric effect, theory of, **3:**504n, 518, 517n, 546n–547n; **5:**466n
Planck celebration, lecture at, **8:**628, 647, 672
possible anti-Semitism of, **9:**390n
quantum condition of, **5:**360n
quantum statistics, on foundations of, **8:**957–958
quantum theorem of Epstein and, AE on, **6:**556–566
and quantum theory, **3:**501, 504n, 515, 515n, 516–518, 541–543; **10:**67
quantum theory of, **8:**464–465, 468, 478
relativity, general
    on electron and, **10:**549
    reaction to, **5:**589
relativity, special
    gives first course on, **2:***267*
    work on, **4:***3*, 72, 106n–107n, 324; **5:**246
signal velocity, **5:***57, 60*
    AE's interest in work on, **5:**87
    discussion with Wien on, **5:***59*
    lecture at GDNÄ meeting in Dresden on, **5:***59*, 75n, 86n, 89n
    sends paper on, **5:**85
solicits article from AE for *Süddeutsche Monatshefte*, **10:**409
Solvay Congress, First, lecture at, **3:**547n
spatial distribution of X-ray energy, paper on, **5:**228, 230n
spectroscopy, work on, **8:**260, 326, 627
Stark, polemic with, **5:**232, 233n
University of Ghent, lectures at, **8:**701
Usener, criticizes book of, **8:**837–838
visits AE in Zurich, **5:**246n, 252; AE on, 253
on Weyl's unified field theory, **8:**879, 956n; **9:**113n; **10:**349n
X-ray spectra of, theory of, **8:**784n
on zero-point energy experiments, **4:**552n

Sommerfeld, Arnold Lorenz (1904–1919), death of, **9**:218n
Sommerfeld, Eckart (1908–1977), **5**:506n
Sommerfeld, Ernst (1899–1976), **5**:506n
Sommerfeld, Johanna (1874–1955), **5**:506n; **9**:218n
Sommerfeld, Margarete (1900–1977), **5**:506n
Sondermaier, Ludwig, **1**:347–349
Sorbonne, **7**:331n; **8**:7n, 74n, 202n
Sorel, Georges (1847–1922)
 on belief in myths, **9**:96n
 Réflexion sur la violence, **9**:95
Sound
 absorption of, **7**:330
 detection of direction of waves of, **7**:472–478n, 480–481; distant, **8**:638n, 760n
 propagation in gases, **7**:325–330
Southerns, Leonard, experiments on equality of inertial and gravitational mass, **4**:187n; **5**:498
Soviet Republic, Hungarian, **10**:*xlii*
Soviet Union, civil war in, **7**:430n
Sozialdemokratische Partei Deutschlands (Majority Socialists), **7**:124n, 205n, 240n, 429n; **8**:629, 919, 944n, 946n, 947n, 965n; **10**:*xlii*; AE's support of leadership, 123–124
Sozialistischer Studentenverein, **9**:29, 558c
Space
 absolute, **2**:277; **7**:*xxxiii*, 535; **8**:358, 639; **10**:300, 307, 325, 392
  in general relativity, **10**:324
  Kant on, **10**:293
  and relative, **6**:280, 552n
  Riemannian hypothesis of countability of, **10**:540
  See also Newton, Isaac: on absolute space
 absolutely at rest, **2**:277
 anisotropy of, **2**:567
 of reference ("Bezugsraum"), **7**:501–504, 509
 and clocks, **3**:148
 concept of, **2**:*264*; **6**:519, 523; in general relativity, 529–533; **7**:3, 351, 501
 curvature of, **6**:501, 511, 547–548, 551; **7**:136, 209, 214, 538, 558
 curved, **8**:553, 556
 empty, **2**:277, 415, 542, 569; **6**:*418*, 518–519, 529, 536n (*see also* Vacuum)
 and ether, **3**:132–133, 145
 Euclidean, **7**:502
 four-dimensional, **3**:170, 438

 Galilean, **6**:286, 470, 476, 490, 491–492; **8**:302, 314, 498 (*see also* Galilean space-time)
 homogeneity of, **2**:440; **7**:401; of time and, **3**:157, 166
 isotropy of, **7**:257
 lack of characteristics of, **8**:240
 matter-free, **2**:307n (*see also* Vacuum)
 measurements of, **6**:101, 289–294, 404, 407, *418*, 427–431, 443–444, 462, 478–479, 484–485, 530; **7**:197–198n
 Newtonian, **8**:499
 physical reality of, **8**:241
 problem of, **6**:*418*, 517–534, 536n
 relativity of distance in, **6**:443–444; **7**:253
 Riemannian, **7**:276
 spherical, **7**:139n, 566
 theory of, **2**:*261*
 and time (*see* Space and time)
 in uniformly accelerated reference frame, **2**:476–480
 See also Space-time; Space-time continuum
Spacelike interval. *See* Invariant space-time interval
Space and time, **3**:144, 147–148, 170, 431, 438
 absolute, **8**:352, 631
 difference between, **8**:72–73
 homogeneity of, **3**:157, 166
 objective meaning of, **8**:348, 388
 physical reality of, **8**:214, 221
Space-time
 and acceleration field, **4**:131–134
 AE's remarks on, **4**:143–144, 549
 conventions in measurement of, **3**:434
 five-dimensional Minkowskian, **8**:778, 786, 805
 four-dimensional Minkowskian, 169, 438, 444; **6**:529, 531, 533
 geometry at large, **8**:393, 414–416, 417n, 421–422, 425, 427–428, 432, 435, 439, 466–467, 472–476, 478–479, 485, 496–498, 501–502, 577–578, 630–631, 688, 712–713, 724, 733, 738–739, 767, 776–780
 influence of gravitation on measurement of (*see* Clock; Measuring rod)
 invariant interval in (*see* Invariant space-time interval)
 paradox in spherical, **8**:897–898
 physical meaning of measurements in, **4**:36–39

Space-time continuum, **6:**288–292, 527–528; **7:**40, 535, 537, 540–541, 573n
　curvature of (*see* Riemann scalar *and* tensor)
　Galilean (*see* Galilean space-time)
　of general relativity, **6:**122–123, 289–292, 303–304, *418*, 487–489, 532–533, 547–548; **7:**278, 317–320, 412
　homogeneity of, **7:**257
　Minkowski's, **6:**461–463, 506–507; **7:***xxv–xxvi*, 26n–27n, 42n, 76n, *102*, 261–264, 371n, 432, 524; and Euclidean space, 374, 408
　of special relativity, **6:**284, 485–487, 532; **7:**260, 519, 525, 549–550
Sparmann, Edmund, **7:**195n
Spartacists, Germany, **7:**124n, 282n; **8:**947n, 965n; **10:**183
Spartacus League, **9:**5n; uprising, **9:**4n
Spatial order, in atomistic and macroscopic dimensions, **8:**30
Spatio-temporal character of coordinates, **8:**348
Spatio-temporal coincidences. *See* Point coincidence argument
Special courses for foreign students, AE and Landau's petition for, **9:**433–434, 466
Special relativity. *See* Relativity, special theory of
Specific heat, **1:**210n, 280; **2:**125–126. **3:***xxii–xxvi*, 7, 242n, 403, 413, 457, 475, 476n, 521–543, 544n–548n, 550–561, 562n; **6:**31, 255, 364; **8:**41
　at absolute zero, **8:**65n
　AE on, **1:**236, 279, 287
　AE's formula for, **3:**500, 524–525
　AE's proposed experiments on, in metals, **1:**238, 283
　and black-body radiation, **3:**521–530
　and chemical bonds, **3:**528
　at constant volume, **3:**500
　contribution of rotational motion to, **4:**270–273, 275–284
　of diatomic molecules, **3:**216, 245n; **5:**267; **10:**12n
　discontinuity of, **3:**223
　and elasticity, **3:**409–413, 413n–414n, 420, 421n
　Eucken's measurements of, **4:**270–273, 278–279, 553n
　of gases at constant volume, **1:**83–86
　graphs of, **3:***xxii*, 476n, 525
　of hydrogen (*see* Hydrogen: specific heat of)
　of hydrogen and helium, **8:**20n, 42n
　of isotopic mixtures, **8:**126
　at low temperatures, **3:***xxii*, 6, 422, 500, 513–514; **4:**270–271, 276–280, 533, 555, 563; **10:**499
　measurement of, **1:**96–100; **8:**272–273
　of monatomic molecules, **3:**182, 409, 521
　Nernst's and Lindemann's double-quantum theory of, AE on, **5:**302
　Nernst's work on, **6:**370n
　of one-atomic gas, **4:**526, 533
　of polyatomic molecules, **3:**216, 221, 245n
　and radiation, **3:**464
　of rotating dipole, AE's and Fokker's calculation of, **5:**579
　of solid bodies (*see* Solid bodies, specific heat of)
　temperature dependence of, **3:***xxv*, 460 (*see also* Nernst-Lindemann equation)
　of transparent bodies, **3:**422
Specific heat, quantum theory of, **1:**236
　AE's, **3:**524, 544n; **6:**370n
　　experimental confirmation of, **5:**232, 233n, 245, 262, 295
　　Fischer's praise for, **5:**259
　　modification of, **5:**295
　　Nernst's experiments on, **5:**259, 262
　　of solid bodies, **2:***xx*, 379–389
　　use of damped oscillators in, **5:**360n
　Born's work on, **5:**480
　Debye's work on, **5:**480, 505
　frequencies of atomic vibrations in, AE on, **5:**302
　Von Kármán's work on, **5:**480
Specific inductivity, **3:**511n
Spectra, absorption, **1:**279–280
Spectral lines, **3:***xxix*, 493, 497n, 500; **8:**217n
　AE on, **5:**33
　anomalies of, **8:**913
　Bohr's theory of, **8:**326, 463, 783, 862, 913
　damping of, **8:**175
　fine structure of, **8:**260
　identifiability of, **8:**358, 413, 467
　origin of, AE's views on, **5:**37
　redshift of (*see* Gravitational redshift)
　Rubinowicz' theory of, **8:**783
　sharpness of, **7:**392
　shift of, in binary stars, **7:**467–468

Spectral lines (*cont.*)
　solar (*see* Doppler effect: solar spectral lines; Sun: spectral lines of)
Spectral properties of matter. *See* Matter: spectral properties of
Speculation vs. empirical knowledge, **8:**864–865, 870–871
Spee, Antonius Count von (1873–1948), **8:**745
Speed of light. *See* Light, speed of
Speiser, Andreas (1885–1970), **9:**383n
Spengler, Oswald (1880–1936), **9:**521; **10:**431
　book by, AE on, **9:**387–388
Sperry Gyroscope Company, **8:**838n; AE's expert opinion on dispute between Anschütz & Co. and, **6:**137–143, 143n, 146; supplementary, **6:**144n, 207–210
Spheres, **3:**331, 346
　in dielectrics, **3:**346
　electrostatic interaction between two, **3:**336–338
　hollow, **3:**330
　rigid, **3:**559
　Stokes's law for rotating, **3:**228, 246n
　suspended, **2:**187–198, 229, 498
Spherical functions, **1:**262
Spherometer, **1:**75
Spinoza, Benedictus de (Baruch) (1632–1677), **2:***xxv*; **6:**278; **10:***xl*, 390
　AE reads *Ethics* of, **8:**167; **10:**96
　AE visits house of, **10:**604c
　on freedom, Besso on, **10:**177
Spiral, **3:**55, 196
Spiral nebulae, **10:**501
Splügen, pass on Swiss-Italian frontier, **1:***xxxvii*, 297, 302, *376*
Spoerri, Theophil (1890–1974), **8:**339
Springer, Ferdinand (1881–1965), **4:**564n; **5:**258n; **8:**757
Springer publishing house. *See* Publishers
Springs, **3:**124–125
St. John, Charles (1857–1935), **5:**355, 356n; **6:**514; **7:**349n, 410n, 575n; **8:**880n, 895n; **9:***xxxviii–xxxix*, *xl*, 87, 112, 244, 325n, 330, 355, 401, 479, 498; **10:**249
St. Matthew Passion by J. S. Bach, **9:**503
St. Petersburg, physicists in, **10:**376
Stability, **3:**105
　condition for, **2:**96n, *215*
　thermal, **2:**105

　thermodynamical (*see* Equilibrium: dynamic)
　See also Equilibrium
Stab-in-the-back legend, **9:**583n
Stadler, August (1850–1910), **1:**46, 49, 318, 364–365
Stahel-Baumann, Lydia, **10:**104; as prospective host for Eduard Einstein in Arosa, 103, 109, 113, 126
Stähli, E., lecture by, **5:**620c
Star clusters, globular, **7:***xxviii*, 421–423, 580–584;**10:***xlix*, 501n, 525
　density of, **7:**424n–425n, 580–581, 584; **9:**336; **10:**525–527
Stark, Johannes (1874–1957), **1:**281n; **3:**162, 175n, 499–500, 504n; **4:***110*, 173n; **5:**47n, 74n, *76*, 78n, 83, 89n, 98n, 145, 145n, 209, 419n; **7:***104*, 220n, 485; **9:**31, 149n–150n, 249n, 366, 367n, 581c; **10:***xxxix*, 427n–428n
　Aachen, appointment in, AE's congratulations on, **5:***167*
　AE, contact with, **2:**8
　AE sends reprints to, **5:**79
　AE's work, neglect of, **5:**84n
　and Aryan physics, **7:***111*
　canal rays, work on, **2:**402–403, 403n, 444, 548, 552n, **5:**47, 47n, 87, 144, 144n, 150, 452n
　on electricity in gases, **2:**166
　Hopf on, **5:**417
　involvement in anti-relativist activities, **7:**107, 113
　Jahrbuch der Radioaktivität, editor of, **2:***267*, 272
　on light quanta, **2:***269*, 583n, 586
　localized light quanta, paper on, **5:**203n
　on mass-energy relation, misattribution of, **2:***269*, **5:**84n
　AE on, **5:**99, 104
　response to AE's complaint on, **5:**103
　Meyer, conflict with, **5:**418n; Hopf's comments on, 417
　move from Hannover to Greifswald, **5:**76n
　Nobel Prize awarded to, **9:**308n
　offers AE position, AE's reaction, **5:***167*
　photochemical equivalence
　　comment on AE's work on, **5:**401n; AE's response to, 474, 480
　　claim concerning discovery of law of, **4:***109*, 173n; AE on, **4:***109*, 172, 293n

photochemistry, paper on, **4:***110*
Planck, comment on paper by, **5:**76
  on radiation, **2:***145*
  relativity papers, draws AE's attention to, **5:**76
  requests paper by AE on fluorescence, **5:**97n, 99n, 104
  Sommerfeld, polemic with, **5:**232, 233n
  state of mind of: AE on, **5:**418; Hopf on, 417
  X-ray diffraction, theory of, **5:**519n
  X-rays, work on, **2:***145*
Stark effect, **6:**562; **7:**486n; **8:**386n, 783; **9:**405
  discovery of, **5:**588
  Epstein on, **9:**339
Starke, H., requests KWIP funds for research on high-frequency resonance in iron-containing circuits, **9:**557c; rejected, 561c
Stars, **7:**197
  binary, **7:**467–468
  Boltzmann distribution for, **6:**542
  daytime photography of, **10:**380
  distance of, **7:**421
  distribution of, **7:**394–395, 422–424n, 580–584
  mass of, **6:**514–515; **7:***423*, 425n, 581
  size of cluster of, **3:**125n
  statistics for, **6:**360
  velocities of, **7:**395, 421–422, 424n, 581
    in universe, **6:**500, 542, 545, 547, 551
    and distribution of mass in universe, **8:**787
  See also Light: deflection of
State distribution
  evolution of probability of, **2:**544
  probabilistic interpretation of, **2:**49, 82–83, 89–94, 544
  probability of, **2:**60, 89–92, 545, 576
  stationary, **2:**78–81, 88
  See also Distribution
State Laboratory of Physics, Hamburg, **7:**53n
State variables, **2:**78, 335, 351–352, 379, 393, 471, 473, 542
  fluctuations of, **2:**138–139, 393–396
States
  of a system, **3:**288
  change of (*see* Change of state)
  complexions corresponding to, **2:**353, 544
  definition of, **2:**96n
  and entropy, **3:**307, 553
  fluctuation of, **3:**556
  phenomenological, **2:***53*

  probability of, **2:***214*; **3:**287, 289–290, 307, 538, 551–552, 562n
  stationary, **2:**96n
  succession of, **3:**551
  total, **2:**102, 107n–108n
  See also Critical state; Microstates
Statics, **3:**11, 84; graphical, **3:**5
Statistical arguments, **3:**197–201
Statistical laws, **3:**261–262, 295
  for single systems, **3:**201, 262–265
Statistical mechanics, **2:***xix* **3:**120, 260, 271, 422, 465, 510, 523, 559, 562n; **6:**39n, 250–252, 366, 375–376, 384, 542–543, 562; **8:**237, 285, 300, 561, 735, 815
  AE on Mises's paper on, **9:**275–276
  AE's lectures on, **3:***xvii*, 6–7, 128n, 599–600
  AE's work on, **2:***172*
  applicability of to thermal radiation, **2:***138*, *146*, 543
  Boltzmann's approach to (*see* Boltzmann, Ludwig)
  classical, **3:***xx*
  consequences of, **2:**578
  foundations of, **2:***139*
Statistical physics, **3:**285; **4:***202*
  AE's interest in, **3:***7–8, 284–285*, 562n
  AE's lectures on kinetic theory of gases and, **3:***xvii*, *6–7, 10*, 179–241, 242n–247n
  foundations of, **2:***xix, xxviii*, 137, 545; AE and, 41–55, 137–138, 177, 211, 214, 501n; **3:**7–8
  methods of, **3:**506n
  probabilities in, **2:**52
  role of fluctuations in, **2:***213*
  See also Thermodynamics; Kinetic theory of gases
Statistical thermodynamics. *See* Thermodynamics: statistical
Statistical values of observations, method for determination of, **4:**599–601, 603–607
Statistics, **3:***xxviii*, 291. *See also* Gauss's error law
Statistics, quantum, **2:**54. *See also* Black-body radiation: application of statistical mechanics to
Staudinger, Franz (1859–1921), **9:**94
Staudinger, Hermann, **9:**12n
Steam, **2:**114, 125–126, 326, 329, 430
Steam engine, **2:**317, 430

Stefan, Josef (1835–1893), **2**:202, 252n; **3**:243n; **10**:323n
Stefan-Boltzmann law. *See* Black-body radiation: Stefan-Boltzmann law for
Stefanini, Annibale (1855–?), **5**:16n; on dissociation, 12
Stefanović, Milana, **5**:508n
Steidle, Clara, **8**:18n
Steidler, W., **9**:192
Stein am Rhein, Canton of Schaffhausen, **1**:316–317, 320n, 376
Steinel, Oskar, on archeology, **10**:581c
Steinhardt, Alfred. *See* Koch (or Steinhardt), Alfred
Steinhardt, Alice (née Koch) (1893–1975), **1**:*lvii*, 222n, 259; **8**:1010; **9**:129, 147; **10**:169, 234
Steinhardt, S. Ogden (1882?–1965), **8**:1020c; **9**:129, 147; **10**:112, 169, 234
Steinman, D. B., **9**:608c, 612c; proposes English translation of *Einstein 1917a*, denied, **10**:578c
Steinmann, Georg (1856–1929), **9**:72n
Steinmann, Rudolf, **9**:149n, 150n
Steissbein, A. Ritter von, **5**:34, 223, 522
Stellar aberration. *See* Aberration: stellar
Stellar statistics, **6**:360
Stellar theory of Eddington, **9**:13
Stendal, Sachsen-Anhalt, **10**:219
Stenström, Karl (1891–?), **9**:217
Stereochemistry, **2**:207
Stern, Alfred (1846–1936), **1**:216, 246, 296, 297n, 298, 299n; **5**:183n, 481n, 515; **8**:18n, 55, 56n, 615n; **9**:4n; **10**:205–207
  biography, **1**:*386–387*
  congratulates AE on ETH appointment, **5**:403
  dedication to AE by, **5**:636c
  makes acquaintance of H. F. Weber, **5**:479n
  return to Zurich, **5**:479
  stay in: Frankfurt, **5**:403; Rome, 403
Stern, Antonia (1891–?), **5**:183n, 306, 403n, 479, 516n; pupil of Auer, 479n
Stern, Clara (1862–1933), **1**:296, 297n, *387*; **5**:183n, 403, 433n, 479; **10**:206n, 207
  invites AE and family, **5**:515
Stern, Dora (1882–1979?), **1**:296, 297n; **5**:306, 403n, 404; **10**:207
  stay in Berlin, **5**:183
  tutored by AE, **5**:183n
Stern, Emma. *See* Darmstadt-Stern, Emma
Stern, Heinrich, **10**:589c
Stern, Minna, **8**:733n
  gift of pears, **8**:1029c
  helps AE obtaining condensed milk, **8**:1021c
Stern, Otto (1888–1969), **3**:576; **4**:271–272; **5**:536n, 540n, 579, 631c; **9**:*xlix*, 75, 388, 390n, 439n, 464, 472n, 571c, 582c; **10**:18n, 24n, 336, 516
  AE, collaboration with, **8**:20n, 42n
  AE's joint paper with, **4**:270–273, 275–284, 552n, 553; **5**:395n; 541, 563; **6**:39n, 146, 261n, 398n
  Bohr on, **10**:353
  dissertation, topic of, **5**:535
  gas dissociation, paper on, **8**:20, 29, 30n
  Habilitation petition of
    AE's opinion on, **5**:535
    approval of, **5**:536n
  heat theorem of Nernst, discussion with AE on, **8**:262–264, 267–268, 272–273, 276
  thermal molecular velocities, paper on, Laue on, **10**:355
  University of Frankfurt
    appointed at, **9**:460
    candidate as Born's successor at, **10**:304, 335, 516; AE on, 353, 360
  vapor pressure and entropy constant, work on, **6**:250; **8**:38–39
  visits AE, **9**:142
  work of, Haber's comments on, **5**:539
Stern, Toni (1839–1912), **5**:404n
  death of, **5**:479n
  illness of, **5**:403, 433n, 479
Sterne, Laurence, **8**:286, 317n, 324
Steubing, Walter (1885–1965), **9**:*xlviii*, 337, 570c–571c, 575c–577c, 579c, 598c, 608c; **10**:588c
  requests KWIP funds for research on influence of magnetic field on spectral lines, **9**:557c; granted 560c, 568c
Stevin, Simon (1548–1620), **9**:502
Sthamer, Friedrich, **10**:*xlii*; on rumors about AE leaving Berlin, 596c
Stierlin, Hans, **10**:193, 227
Stinnes, Hugo (1870–1924), **10**:581c
Stochastic approach, **2**:*215*
Stochastic processes, **2**:*xvii*
Stock, Franz (1868–1939)

declines membership of Kuratorium of KWIP, **8:**529
donation for KWIP, **8:**513n, 1006c
Stöcker, Helene (1869–1943), **9:***xliv*, 34n, 43n, 71; solicits AE's signature to April 1919 appeal, **9:**33
Stocker, Jakob (1874–1960), **8:**497
Stodola, Aurel (1859–1942), **2:***217*; **4:**586; **5:**118n, 218, 398; **8:**93, 288n; **9:**27; **10:**33, 78, 199
   Arrhenius, comments on book by, **5:**125
   attends AE's lectures at University of Zurich, **5:**219n
   on Brownian motion, **8:**287
   on entropy of universe, **5:**125
   praise for lecture by AE, **5:**158
   thanks for reprints, **5:**118
   on union of Bavaria and Austria, **9:**92
Stoessel, Johann, **1:***239*
Stokes, George (1819–1903)
   ether theory of, **7:***104*
   theory of aberration of, **7:***104*, 127–128n, 279n
Stokes-Cunningham law, **10:**294
Stokes-Planck ether, **10:**241
Stokes's law of hydrodynamic friction, **2:**171, 177–179, 211–213, 221, 345n, 400n, 498; **3:**223, 246n, 508n–509n, 567
   for rotating spheres, **3:**228, 246n
Stokes's rule for fluorescence, **2:**141, 162–163, 165, 168n, 548; **3:**249, 457, 580; **4:**10, 103n; **5:**97n, 195, 280
Stokes's theorem, **3:***6*, 353–356; **7:**98n, 548
Stoll, Eugen, **9:**192
Stoll, Otto (1849–1922), **2:***xvi*; **5:**159n, 190n
Størmer, Carl (1874–1957), **8:**158
Straneo, Paolo (1874–1968), **8:**77, 91, 92n
Straszewicz, Stephan, **5:**243
Strauss, Richard (1864–1929), **9:**350n
Strauss, S., **7:**366n
Strength of materials, **1:**212, 307
Stress tensor, electromagnetic. *See* Energy-momentum tensor: of electromagnetic field
Stress-energy tensor. *See* Energy-momentum tensor
Stresses
   hydrodynamical, **2:***177*
   internal, nonelectromagnetic, **2:**553n
Strikes
   in Berlin, **8:**629, 964; **9:**87n
   in Germany, **8:**944n; **9:**20n, 106
   in Zurich, **8:**940n, 942n
Strindberg, August (1849–1912)
   Das Blaubuch, **9:**206
   Rausch, **9:**142
   Traumspiel, **9:**142
Stroh, Eugen, **3:**581
Strömgren, Elis, **10:**580c
Struck, Hermann (1876–1944), **7:**229; **9:**193, 572c, 581c; **10:***xlv*
   etching of AE, **9:**360n, 524n, 592c
   portrait of AE, **10:**266, 311n, 585c
Structure function. *See* Phase space: structure function of
Strutt, John William. *See* Rayleigh, John William Strutt (Lord)
Struve, Karl Hermann (1854–1920), **5:**581; **8:**57n, 261, 606n, 609n, 682, 995c, 999c; **9:**275n, 360n, 573c, 593c; **10:**595c
   character of, AE on, **8:**203, 209n, 241, 262
   Freundlich
      opinion on, **8:**216n
      on paper on redshift of, **8:**257n
      on plan of research of, **8:**216n
      on position for, **8:**89, 277
      relationship with, **8:**258
      on work of, **8:**216n, 563
   on Seeliger's candidacy as director of Astrophysical Observatory, **8:**386n
   solar eclipse expedition
      opposition to, **5:**581n
      on retrieval of instruments of, **8:**718n;
Studentenvereinigung für künstlerische Kultur an der Universität Berlin, **9:**179
Students' Council, **8:**944n
Study, Eduard (1862–1930), **8:**895; **9:**149, 150n; **10:**593c
   on AE as positivist, **9:**71
   on Als-Ob philosophy, **9:**43–44
   on axiomatics, **9:**71
   on geometry, **9:**52
   geometry book by, **8:**885–886; AE on, 877, 890–891; **9:**51
   meaning of "real," discussion with AE on, **8:**890, 896
   on positivists, **9:**71–72
   relativity: criticizes Schlick's book on, **8:**898; doubts on, **8:**896–897

Stumpf, Carl (1848–1936), **9**:127
  on chain of physical-psychological causes, **9**:261
  congratulates AE, **9**:579c, 581c
Stumpf, Felix (1885–?), **9**:598c; **10**:372
Stürgkh, Count Karl von (1859–1916), **5**:247n, 284n, 433n, 626c, 630c, 631c; **8**:394, 404n
  assassinated by Adler, **10**:*xxxiv*, 21n
Stuttgart, **1**:*li*; AE's lecture in, **10**:*xlvi*
Suarès, André, **9**:323n
Subelectron
  AE on, **9**:7, 367–368
  Norst on, **10**:580c
  Smekal on, **10**:295–296
  See also Ehrenhaft, Felix; Electron
Submarine warfare. *See* World War I: Germany
Suchtelen, Nicolaas, van (1878–1949), publication by, **8**:177n; AE reads, 176
Suchy, Julius (1879–?), **5**:342, 343n
Sudermann, Hermann (1857–1928), co-author of Manifesto of the 93, **9**:121
Sulzer, E., role of in AE's rental dispute, **5**:634c
Summation convention, **6**:296, 338n, 411; first occurrence of, **8**:249
Summation notation, AE's,
Sun, **3**:*xxix*, 15, 21–23, 37–38, 137, 496, 497n
  deflection of light rays by (*see* Gravitational light deflection; Light: deflection of)
  magnetic field of, Hale's discovery of, **5**:567
  optical phenomena in atmosphere of
    AE on Julius's theory of, **5**:313n, 317n, 327, 347, 357
    Doppler effect, **5**:355
    Julius's theory of, **5**:313n, 317n
    Zeeman effect, **5**:355
    See also Dispersion, anomalous: in solar atmosphere
  spectral lines of
    redshift of (*see* Gravitational redshift, solar; Redshift, solar)
    shift of, causes of, **5**:388
    violetshift of, **5**:375, 386
  spectrum of, **10**:295, 372; gravitational redshift in, **10**:248
Sunday Express (London), **7**:304n
Sundell, August (1843–1924), **8**:370
Superconductivity, **4**:*273*, 553; **8**:156, 157n; **10**:368, 613
  critical magnetic field strength for, **10**:521n
  discovery of, **5**:283n; **10**:253n
  discussed at "Magnet-Woche," **10**:*xlvii*
  Ehrenfest on ignorance about, **9**:504
  and Hall effect, **10**:*xlvii*, 337n, 494; AE on, 519–520
  and magnetic fields, **10**:368
  See also Kamerlingh Onnes, Heike
Superluminal signals. *See* Signal velocity: superluminal
Superluminal velocity
  AE and Wien on, **5**:*56–59*
  AE's correspondence with Wien on, **5**:60–71, 85
  compatibility of with Maxwell's theory, **2**:*267*
  in dispersive and absorptive media, **5**:*57*
  for deformable electron, **5**:*57*
  in electron theory, **5**:*56*
  and gravitation, **3**:446, 447, 449n
  Heaviside on, **5**:*56*
  incompatibility of with relativity theory, **2**:288, 305, 310n, 424–425, 428n, 443, 445–446
  in Maxwell theory, **5**:*56*, *57*
  nonpropagation of an action with, **2**:424–425; **3**:165, 175n
  for rigid electron, **5**:*57*, 65
  signal with, **2**:424, 428n
  Sommerfeld on, **5**:*56, 59*, 75n, 86n, 89n, *59*, 75n, 86n
  Wiechert on, **5**:*57*
  See also Light, speed of: as maximum speed; Signal velocity: superluminal
Supernatural masses. *See* Relativity, general theory of: supernatural masses in
Superposition, **3**:100
  of forces, **3**:318
  of radiation components, **6**:199, 201–202
  of velocities (*see* Addition of velocities, law of)
Superposition principle, **2**:187, 290, 445, 582; **3**:251
Surface of liquid, potential energy of, **2**:13
Surface tension, **1**:312; **2**:10, 20n; **3**:402, 407n
Surface tensor/vector, **4**:232n
Survival of fittest, **8**:918–919
Susa, Italy, **1**:*lii–liii*
Susceptibility, **6**:170n, 189n; magnetic, **10**:367
Suspended particles. *See* Particles, suspended
Suspensions, **7**:342
  AE's determination of volume of through viscosity, **5**:217

Bancelin's experiments on, **5:**267n; discrepancy with AE's prediction, 218n, 266, 268, 270
distinguished from solutions, **2:**209–210, 225
viscosity of, AE's calculations on, **10:**12
See also Brownian motion; Particles, suspended
Sussmann, ?, **9:**558c
Sutherland, William (1859–1911), **2:**177–178, 213; **3:***xxiv*, 409–410, 413, 413n–414n, 420, 421n, 476n, 526, 579; **5:**279n
  on molecular mass, **2:***171*
  semipermeable membranes, hypothesis on, **5:**16n; Besso on, 13–15
Svedberg, The (1884–1971), **2:**219–220, 399, 400n, 497, 501n, 558, 559n; **5:**218n; **9:**299
  Brownian motion, work on, AE on, **5:**217
  solicits article from AE, **9:**285, 300
  on weekly *Forum*, **9:**285
Swabia. *See* Schwaben
Swarzenski, Georg, **9:**537n, 611c–612c
Swastikas, displayed at Berlin Philharmonic event, **10:***xl*
Swedish Academy, **7:**220n
Swinne, Richard (1885–1939), **5:**281n; **10:**19n
  on atomistic structure of matter, electricity, and radiation, **5:**280
  chronergon concept, introduction of, **5:**280
  Eötvös's law, comments on AE's paper on, **5:**401
  extergon hypothesis, **5:**280
  hypotheses of, AE on, **5:**285
  photon, use of term, **5:**280
  Riga, lecture in, **5:**279
Swiss Army, **8:**137n. *See also* Knife
Swiss citizenship, AE's, **1:***lxiv*, 239–241, 243; **8:**135, 167n, 187, 636n, 759, 763, 871
  applications for, **1:**242, 245–246
  minutes of Zurich Municipal Naturalization Commission, **1:**271–272
  Municipal Certificate of Residence and Good Conduct (Domizil- & Leumundszeugnis), **1:**241
  Municipal Police Detective's Report, **1:**246
  questionnaire for municipal citizenship applicants, **1:**269–270
  report of Schweizerisches Informationsbureau, **1:**275–276
Swiss Civil Law Code, **8:**281n

Swiss Embassy in Berlin, **8:**276
Swiss Federal Council, **8:**730n, 852n
Swiss Federal Institute of Technology. *See* ETH
Swiss Federal Insurance Bureau, **8:**524n
Swiss Federal Patent Office (Eidgenössisches Amt für geistiges Eigentum), **2:***xvi*, 111; **8:**445n, 497, 610
  address of, **5:**206n
  advertisement of administrative deputy position at, **1:**312, 313n
  AE and, **3:***xv–xviii*
  AE seeks and applies for position at, **1:**291n, 292, 321n, 327, 376
  AE's appointment at, **1:***xxxvii*, 338–340, 377
  AE's resignation from, procedure for, **5:**201n
  Besso's appointment at, **5:**41n
  Habicht's possible appointment at, **5:**32
  Ehrat's possible appointment at, **5:**82
  Haller's directorship of, **5:**23n
  Oberlin's appointment at, **5:**23n
  requirements for position at, **1:**336
  See also Einstein: Career: Swiss Federal Patent Office; Grossmann, Jules; Grossmann, Marcel; Haller, Friedrich
Swiss Liberal Democratic Party, **10:**187n
Swiss Natural Science Society. *See* Schweizerische Naturforschende Gesellschaft
Swiss school, as healthy environment, **8:**406
Swiss School Council, **8:**852n; nominates AE for professorship at ETH, **10:**17
Swiss Social Democratic Party, **10:**184n
Swiss Telegraph Administration, **10:**15. *See also* Chavan, Lucien: Swiss Telegraph Administration
Swiss Trade Union Federation, **8:**942n; **10:**184n
Switzerland, **8:**56, 103n, 144, 150, 165–166, 166n, 167, 174, 199, 330, 338, 479, 484–485, 719, 738n
  AE's trips to, **10:***xxxi*; in 1919, *xxxvi*; in April 1916, *xxxii*
  as asylum for war dissenters, **8:**572
  coal shortage in, **10:**138, 140, 141n; predicted, **8:**581; **10:**118
  debate over constitution in, **9:**189
  economic situation in, **8:**408, 410; **10:**57
  fear of Bolshevism in, AE on, **9:**306
  food supply in, **10:**106, 138, 149n; AE on, 98
  general strike in, **10:***xxxv*, 182–187
  Haber on, **9:**125

Switzerland (*cont.*)
  humanitarian relief efforts of, **7:**334n
  influenza in, **8:**851, 884, 911; **10:**181, 187
  insularity of, AE on, **9:**93
  lack of young physicists in, **8:**148
  as model of ideal state, **8:**399
  as political model for South Germany, **8:**958
  proportional election introduced in, **10:**187
  rationing in, **8:**411n, 730n, 735n
  relief efforts in, **9:**205n
  riots in, **9:**79
  social problems in, **8:**941
  strike in, **8:**942n
  support for Swiss nationals abroad, **8:**409n
  Swiss politicians for separate peace between Germany and Russia, **10:**184n
Symmetry, **2:***xvii*, 188, 196, 253, 261–263, 276, 294, 440–442, 477, 569; **3:**20, 24, 149, 157, 194, 256, 337, 451, 512, 565
Symmetry arguments, **1:**5
Synchronization, **3:**442
  between systems in relative motion, **3:**433–434
  within one system, **3:**432
  See also Clock
Syria, **9:**197n
Syrian Protestant College, Beirut, **9:**213n
System
  accelerated, **3:***xxviii* (*see also* Acceleration)
  adiabatically influenced, **2:**86, 95n
  center of gravity of, **3:**78
  closed, **2:**255, 267, 410, 462
  complete, and conservation laws, **3:**393
  ergodic (*see* Ergodic system)
  holonomic, **3:**90
  inertial (*see* Inertial system; Frame of reference: inertial)
  isolated, **2:**77, 85
  mechanical, **2:**48, 75n, 95n
  moving (*see* Moving system)
  physical, **2:**52, 77–78, 95n
  state of, **3:**288
  statistical laws for single, **3:**201, 204, 262–265
  temperature of (*see* Temperature: of moving system)
  thermodynamic and statistical properties of, **3:**291
Szarvassi, Arthur, **2:**560–561, 562n; lecture by, **5:**623–624
Szilard, Leo (1898–1964), **2:**206

Tag, Der, **7:***108*
Tägliche Rundschau, **7:***106*; **10:***xxxviii*
Tagore, Rabindranath (1861–1941), **10:**417; on nationalism, **9:**237, 322
Talmey, Bernard, **1:***lxii*
Talmey, Max (1869–1941), **1:***lxi, lxii, 5, 371*; **10:**571c
Tammann, Gustav (1861–1938), **5:**16n, 401; **10:**12, 13n
  on dissociation, **5:**13
  on isomery of mixed crystals, **10:**499
Tandler, Julius (1869–1936), **10:**423
Tank, Franz (1890–1981), **8:**331n, 853; **9:**382, 405; **10:**284n, 298n
Tanner, Hans (1886–1961), **3:***3, 10*; **5:**243, 290, 291n, 507n; **8:**173n, 446, 998c, 1020c
  awarded doctorate, **5:**334n
  dissertation, of, **5:**293n
    AE on publication of, **5:**455
    AE's approval of, **5:**334
    AE's suggestions to improve, **5:**292
    supervised by Hagenbach, **5:**293n
    topic of, **5:**334n
  invited to Prague as AE's *Assistent,* **5:**291n
  as prospective educator of Hans Albert Einstein, **10:**81
  recommendations for, **8:**99 5c, 999c, 1013c
  University of Basel: appointed *Assistent* at, **5:**292; leaves, 506
Tänzer, Aron, **1:***xlviii, xlix, l*
Tarasp, drinking cure for AE in, **10:**70, 91, 103
  postponed, **10:**108
  recommended, **10:**100, 102
Tassel, Émile, **9:**54; **10:**304n
Täubler, Eugen (1879–1953), **9:**169n, 434n
Taylor expansion, **3:**292, 294, 311n
Taylor's theorem, **2:**187; **7:**503
Technical Museum for Industry and Commerce (Vienna). *See* Technologisches Gewerbemuseum
Technical University of Aachen, **8:**9
Technical University of Berlin, **7:**357n, 448n; **8:**17, 141n, 368n, 601n, 709n, 823n
Technical University of Breslau, **7:**80n
Technical University of Danzig, **7:**146n
Technical University of Delft, **8:**961n
Technical University of Dresden, **8:**695, 696n
Technical University of Helsingfors, **8:**370n, 371n, 619n

Technical University of Munich, **8**:815n
Technical University of Stockholm, **8**:370n
Technical University of Tsingtao (German), **8**:909n
Technical University of Vienna, **8**:483n, 597, 597n
Technikum Burgdorf, Canton of Bern, **8**:4n
    AE applies for position at, **1**:307, 309, 311, *376*, rejected, 313
Technikum Winterthur, **1**:*xxxvii*, 291, 294, 296, 310, *376*
    AE consults Grossmann on application at, **5**:84
    AE teaches at, **5**:34n
    construction at, **5**:89
    explosion at, **5**:90n
    possible vacancy at, Gasser on, **5**:90
    work of laboratory steward at, **5**:90n
Technion, Haifa, **9**:153n
Technische Nothilfe, Haber on, **10**:450–451
Technische Versuchsanstalt (Austrian Technical Testing Bureau), **7**:337n
Technologisches Gewerbemuseum (Technical Museum for Industry and Commerce, Vienna), **7**:337n
Technology
    AE on rapid development of, **10**:26
    institutes of, proposed administrative unification with universities, **7**:337n
Teddy. *See* Einstein, Eduard
Telefunken, legal dispute with Erich F. Huth Co., **7**:365–366
Telefunken-Gesellschaft, **8**:342n, 549n
Teleky, Pál Count (1879–1941), **10**:489
Telle, Margarethe, **8**:343, 344n
Temperature, **1**:63–73, 194–200, 283; **2**:*49–50*, 96n, 100, 241, 558, 559n; **3**:121, 181, 194, 208–209, 212, 242n, 477n, 503, 521
    absolute, **2**:68, 83–85, 103, 121, 226, 243, 399; **3**:213–214, 306, 521, 544n, 545n; **4**:561
    absolute zero, **2**:24; **3**:*xxii*
    AE on, **5**:10
    concept of, **3**:503
    critical, **3**:287, 402, 407n
    definability of, **2**:119
    definition of, **4**:154, 155, 525
    dependence on, of specific heat, **3**:*xxv*, 460
    equilibrium, **3**:314, 522
    in gravitational field, **4**:155
    field, **6**:524
    fluctuations of, **3**:454, 535–536, 558
    high, **2**:572; **3**:503
    inaccessibility of zero temperature, **4**:556–557 (*see also* Heat theorem of Nernst)
    influence of on spectral lines, **3**:493
    jump, in dilute gas, **6**:577, 579n
    of macroscopic system, **6**:251, 253
    and mean energy, **3**:523–524, 531
    of melting, **3**:*xxiv*
    of moving system, **2**:473–475
    observable measure of, **2**:96n (*see also* Thermometer)
    of radiation, **3**:541, 547n
    relativistic transformation, **2**:473–475, 487n
Tension
    and condensers, **3**:382
    electrostatic, **3**:339
    increase in, **3**:339
    unit of, **3**:366
Tensor, **4**:70, 106n, *195*, *296*; **6**:78–82, 295; **7**:154
    algebraic operations on, **4**:73–78, 326–328
    antisymmetric, **7**:154, 157, 509, 511, 546–548 (*see also* Six-vector)
    antisymmetric fundamental, **6**:85, 217, 245
    components of energy-momentum (*see* Gravitational field: energy-momentum components (pseudotensor) of)
    contraction of, **6**:299–300, 313; **7**:159, 508, 542, 549
    contravariant, **6**:80, 93, 297; **7**:542; definition of, **4**:327
    covariant, **6**:78–80, 90–93, 297–298; **7**:542
        definition of, **4**:327
        differentiation of, **7**:158, 452, 456n, 545–547
    definition of, **7**:507; **8**:348–349
    density, **7**:66, 546, 574n (*see also* Tensor, V(olume)-)
    determinant of, **7**:151–152, 155
    differential, **4**:336–337
    differential operations on, **4**:79–80, 328–332 (*see also* Beltrami's first and second operators; Laplace operator)
    discriminant of, **4**:333–334
    divergence of, **6**:58, 90, 93–94, 95, 217–218, 313–314; **7**:132, 139n
    dual, definition of, **4**:335
    electromagnetic field, **4**:81, 519n

Tensor (*cont.*)
  energy-momentum (*see* Energy-momentum tensor)
  "Ergänzung," **6:**305
  "Erweiterung," **6:**90–93, 96, 217, 308–310, 313
  formation of, by differentiation, **6:**89–97, 111, 307–310, 314
  fundamental (*see* Metric tensor)
  inner product, **6:**55, 58, 82, 300–301
  mixed, **6:**9, 80, 95, 298, 299–300; definition of, **4:**327
  mixed fundamental, **6:**83, 256, 302
  mixed product, **6:**82, 300–301, 312
  "November," **7:**574n
  outer product, **6:**55, 81–82, 299
  of rank n, **4:**71
  reciprocal, **6:**86
  special, **4:**332–335
  stress-energy (*see* Energy-momentum tensor)
  symmetric, **4:**71; **7:**154, 157, 509, 513
  V(olume)-, **6:**96–97, 106, 129n, 216, 218, 220, 266, 267
  "Verjüngung" of (*see* Tensor, contraction of)
  weight of, introduction of, **8:**711n
  See also Einstein tensor; Gravitation tensor; Levi-Civita tensor; Maxwell field tensor; Metric tensor; Point tensor/vector; Ricci tensor; Riemann tensor; Surface tensor/vector; Weyl tensor
Tensor calculus, **4:**65–80
  Besso on, **10:**540
  See also Differential calculus, absolute
Terwin, Johanna (1884–1962), expresses sympathy for AE, **10:**392–393
Tete. *See* Einstein, Eduard
Tetrode, Hugo (1895–1931), theory for entropy constant of, **6:**261n; **8:**39n, 186n, 192, 263n
  AE on, **6:**250–261; **8:**244, 247
Teubner publishing house. *See* Publishers
Teucher, Emil Konrad (1877–1948), **1:**197n; **2:***135*
  notes on H. F. Weber's physics lectures, **1:***62, 63,* 73n, 101n, 178n, 189n
    differences with AE's notes, **1:**137n, 138n, 141n, 147n, 148n, 164n
Teweles, Heinrich (1856–1927), **9:**323
Teyler's Foundation, **8:**84n, 176n, 298, 299, 299n, 340n
  Physics Laboratory of, **7:**201n; AE visits, **8:**340, **10:**52
  Lorentz's appointment at, **5:**411n
Thalwil (Thalweil), Canton of Zurich, **1:**299
Theodosianum, **8:**320n, 351n, 374n
Theoretical physics. *See* Physics: theoretical
Theory, **3:***xxvi*, 141, 550
  axiomatic (*see* Method: axiomatic)
  complete, **3:**288
  constructive (*see* Constructive theory)
  conventionality of (*see* Conventionalism)
  disagreement between experiment and, **3:**140, 532, 544n
  evaluation of, **8:**707
  and experience, **3:**325, 397n, 512, 515, 529; **7:***xxxv–xxxvii*, 57, 59n, 79, 219, 352; **8:**864–865, 870–871(*see also* Concept and experience)
  falsification of, **7:**219–220n
  of invariants, **7:**412–413
  physical content of, **7:**250–253
  of principle (*see* Theory of principle)
  simplicity of, **7:***xxxiv–xxxvi*, 57, 369, 371n
  truth of, **7:***xxxvi*, 219–220n
  underdetermination of, **7:***xxxvi*, 57, 219–220n, 404n
  unity of, **7:***xxxiv–xxxvi*
  See also Hypothesis
Theory of gravitation. *See* De Donder, Théophile: gravitation theory of; Newtonian theory of gravitation; Nordström's theory of gravitation; Abraham, Max: gravitation theory of; Kottler, Friedrich: gravitation theory of
Theory of heat. *See* Heat: theory of
Theory of principle, **2:***xi–xxii, xxix, 45, 257*; **5:**89n; **7:***xxxv*, 119, 206–207, 210n, 213, 371n, 378n; **10:**120. *See also* Axioms; Constructive theory; Principles: of physics
Theory of radiation. *See* Radiation theory
Theory of relativity. *See* Relativity, theory of
Thermal agitation, **3:**513
Thermal conductivity, **1:**63–70, 73–79, 194, *235,* 305n; **2:***174*; **3:***xxvi*, 471, 475, 477n, 511, 514, 567
  coefficient of, **1:**190; determination of, 103–105; evaluation by AE of, *265,* 292; **3:**472
  of insulators, **3:**473, 514
  relationship to electric conductivity in pure metals, **1:**194

H. F. Weber's research on, **1:***235*
See also Heat conduction
Thermal processes, **1:**106–120; statistical properties of, **3:**532–533
Thermal radiation. *See* Black-body radiation
Thermodynamic theory, **3:***xxi*
Thermodynamics, **1:**63–147; **3:***xxix*, 128n, 251, 287, 291, 508, 552; **4:**115–121, *192, 202,* 166–169, 185, 287–292, 532, 555–559, 561–563; **6:**30–38, 67n, 251, 252, 255, 260, 261n, 366, 375–376, 385, 577; **7:**219
   AE's lectures on, **3:***xvii, 3,* 593, *598–599*
   AE's use of, **2:***xxi–xxii,* 47
   AE's work on statistical foundations of, **1:***266,* 316n, 337
   applicability of, **8:**263
   classical, **2:***xvii, 209, 218,* 224, *317, 335*
   compared to relativity theory, **10:**120
   corresponding states in (*see* Corresponding states: law of)
   development of, **3:***285*
   equations of, **2:**241
   first law of, **2:**10, *41,* 48, 58, 562n (*see also* Energy, law of conservation of)
   and fluctuations, **3:**311n
   foundations of, **2:***45, 47,* 77–94, 119, 121, *177,* 226, 246
      gap in (*see* Gap in foundations of thermodynamics)
   of gases, **1:**94–96
   Gibbs's approach to, **2:***52*
   graphical, **2:**113
   and gravitation, **4:***124,* 154–156
   and heat conductivity, **10:**54
   heat of evaporation in, **10:**18
   improper thermodynamic equilibrium, **4:***109, 113,* 115–121, 166–169, 289
   independent variables in, **2:**319n
   and kinetic gas theory, **7:**206, 213; **10:**54
   laws of, **2:***xxi*
   limitations of, **2:**416; **3:**422, 423n
   macroscopic, **2:***54*
   Maxwell relations in, **1:**120; **2:**241n
   and mechanical equivalent of heat, **10:**62
   of mixtures, **10:**484
   Nernst's heat theorem in (*see* Heat theorem of Nernst)
   and perpetuum mobile, **10:**120
   phenomenological, **2:***217*

   principles of from mechanics, **3:**423n
   processes in, **2:***8*
   proper thermodynamic equilibrium, **4:**288
   and properties of radiation, **10:**5
   relativistic, **2:***273,* 473–475
   second law of (*see* Thermodynamics, second law of)
   and specific heat of hydrogen, **10:**443
   statistical, **2:***54, 206;* **3:***xxvii, 285*
   third law of, **2:**241n (*see also* Heat theorem of Nernst)
   and work, **3:**293
Thermodynamics, second law of, **1:**119–120, 134–138; **7:**369, 374, 408; **2:***xxii, xxvi, 8,* 224, 411; **3:**213, 445, 539; **4:**118, 613, 621n; **10:**15, 54, 120n, 499
   AE's derivation of, **5:**10, 17
   and Brownian motion, **2:***211*
   derivation of, **2:***41,* 48, *49–50, 53,* 57, 89, 94, 95n–96n, 99, 100–102, 121, 555
   and irreversibility, **2:**543
   Kelvin's formulation of, **2:**246n, 249
   for reversible processes, **2:**23–24
   statistical interpretation of, **2:***8, 52, 53,* 69–72, 91, 96n–97n, 379
   for systems at equilibrium, **2:**57
   for systems not at equilibrium, **2:**116, 117n, 555
   validity of, **2:***xix, xxix,* 8, 40n, *46,* 57, 73, *177*
   See also Carnot principle
Thermoelectric effect, **3:**574
Thermoelectricity, **1:***xl, 235–237,* 238, 303, 324n; **2:***174,* 355
Thermoelement, **1:***224,* 238
Thimig, Helene (1889–1974), **10:**392–393
Thirring, Gretl (1897–?), **9:**211n
Thirring, Hans (1888–1976), **4:***6;* **7:***101,* 565, 576n; **8:**325n, 480; **9:***xlix,* 75, 250, 252, 399; **10:**296, 322, 323n
   AE on, **9:**298
   and anti-relativists, **7:***111*
   Austrian Army, serves in, **8:**559n
   rotating hollow sphere, discussion with AE on: centrifugal and Coriolis fields in, **8:**558, 566; metric of, 481–483, 500
   congratulates AE, **9:**21
   energy-momentum conservation in general relativity, discussion with AE on, **8:**559, 564–566

Thirring, Hans (*cont.*)
  nominated for membership of DPG, **8:**1023c
  opposes Ehrenhaft as Exner's successor, **10:**580c
  research on crystals of, **9:**210
  University of Hamburg, candidate for chair at, **10:**613c; AE on, 547
Thirring, Margarethe (1897–1987), **8:**566n
Thoma, Hans, **9:**350n
Thoms, Hermann (1859–1931), invites AE to lecture at German Pharmacological Society, **10:**589c; declined, 598c
Thomsen-Berthelot rule, **2:**129, 130n
Thomson, Joseph J. (1856–1940), **1:***237*; **2:***142*; **5:**287, 287n, 300, 301n; **8:**706; **9:**33n; **10:**(1856–1940)
  lecture on theories of atomic structure, **4:***552n*
  radiation theory of
    AE's planned paper on, **5:**257
    Laue's criticism of paper on, **5:**73
  Solvay Congress, Third, invited to, **10:**303
  Wien's radiation law, derivation of, **5:**74n
Thomson, William (Lord Kelvin) (1824–1907), **1:**156, 258n; **2:***4*, 20n, 129, 246, 246n, 249, 492n; **3:**397n
  formulation of second law of thermodynamics, **2:**246n, 249
  induction machine of (replenisher), **5:***52*
Thomson effect, **1:***236*, 258; **3:**234, 246n
Thomson's balance, **3:**366, 398n
Thomson's multiplier, **3:**340–341, 398n
Thought experiments, **3:**257n, *479*, 484n; **7:***113*, 354–355
  on energy-mass equivalence, **3:**489–491
Thovert, ?, **2:**347
Thread, four-dimensional, **4:**95, 96; **6:**101, 102
Three-body problem, **6:**359, 566
Thun-Hohenstein, Franz von (1847–1916), **5:**273, 273n
Thurgau Kantonsschule, Frauenfeld, **1:**250n, 260, 315
Thüringen, **10:**115, 119, 124, 130–132
Till Eulenspiegel, **8:**831
Time, **3:**11
  absolute, **3:**447; **4:**543; universal, **2:***253*, 485n
  absolute and relative, **6:**279–280, 446, 462, 528; **7:**5, 516, 535
  accumulation of, **3:**500, 504n

  Bergson on, **8:**491
  concept of, **2:***261*, *264*, 277–280, 435, 437, 439, 478, 570; **3:**431, 441; **7:**3, 501
  coordinate, imaginary, **6:**97, 124, 125, 223, 348, 462, 487, 506, 507; **7:**262–263, 375, 408
  definition of, **3:**148–149, 151–152, 432, 493
    in general relativity, **6:**490–491
    in special relativity, **7:**5
  delay, **3:**504n, 541, 547n
  dependence of on velocity, **3:**441
  dilation (*see* Time dilation)
  as fourth dimension, Fechner on, **9:**556c
  direction of, **10:**54
  homogeneity of, **2:**440
  interval, **2:***265*, 307n–308n
  light-second as unit of, **6:**103, 126
  local, **2:**308n, 435, 478–479, 483, 485n, 487n; **4:**141
  meaning of, in physics, **6:**438–440
  measurement of, **3:**18, 146–147, 161, 163, 431; with light, 441; **6:**48, 101, 289–291, 292–294, 404, *418*, 440, 442, 462, 478–479, 484–485, 512–513, 530; 541–542; **7:**197–198n (*see also* Clock)
  nonexistence of, **9:**554c
  objective concept of, **6:**520–522
  proper, **6:**76, 89, 125, 240
  in relation to a coordinate system, **3:**432
  relativity of, **2:**280–282, 435–439; **4:**542–544; **8:**526
  and space, **3:**147–148, 431, 438; homogeneity of, 157, 166; **8:**631, 651
  transformation equations for, **2:**282–287, 440–442
  in uniformly accelerated reference frame, **2:**476–480
  universal, **8:**526, 528, 536–537
  See also Clock; Conventions; Measurement; Space-time; Space and time
Time average, **2:***52*, 78–79, *138*, 150, 343–344, 400, 544–545; **3:**303
  equality with ensemble average (*see* Ergodic hypothesis)
Time dilation, **2:**288–289, 403, 478, *507*; **3:**436, 491–494; **4:**45, 46, 545; **6:**53, 290, 449, 479, 513; **7:**121n, 257, 523, 604
  AE and Guillaume on, **9:**379, 418–419, 430–432

experimental test of by transverse Doppler effect, **9:**356
gravitational, **7:**558, 619 (*see also* Clock: behavior of, in gravitational field)
in rotating frame of reference, **9:**116, 137, 140n
Time evolution. *See* Change of state
Time-like curve, closed, **8:**335, 375
Time-like interval, **4:**594, 595. *See also* Invariant space-time interval
Times (London), **7:***xxx*, 210n–211n, 215n
AE's article in, **9:**256, 286
and wartime propaganda, **9:**256
Ting, W. S., invites AE to lecture at University of Peking, **10:**598c
Tinguely, Arthur (1893–1977), **5:**202n
Tinguely, Paul (1864–1932), neighbor of AE at Aegertenstrasse, **3:**576; **5:**202n
Titlis, peak on the border between the cantons of Uri and Bern, **1:**250
"To the Civilized World." *See* Appeal: "An die Kulturwelt"
Tobler, Gustav (1855–1921), **5:**48n, 97n, 106n
Tobler, Josephine (1879–1959), **9:**92, 93n, 118n, 130n, 131, 138, 147, 171, 219, 289, 573c, 582c; **10:**196n, 216, 230
Einstein, Pauline
accompanies to Berlin, **9:**303, 339, 592c
discusses condition of with Zangger, **10:**218
proposes moving to Berlin, **10:**218
Toepfer Co., **8:**470
Toggenburg, region in Canton of St. Gallen, **1:**51
Toller, Ernst (1893–1939), **9:**323n
and Bavarian Soviet, **9:**344n
and Bund "Neues Vaterland," **9:**344n
Tolman, Richard (1881–1948), principle of similitude of, **8:**165
Tolstoy, Leo (1828–1910), **8:**154, 193; **9:**415; **10:**56
Tönnies, Ferdinand (1855–1936), **9:**94
Top. *See* Gyroscope
Töplitz, Otto (1881–1940), on anti-Semitism at University of Kiel, **9:**230
Torque, **3:**81, 113, 128n
on gyroscope, **6:**137, 155, 208, 209, 210, 231
on magnetized body, **6:***147*, 154–160, 162, 163–164, 165, 170n, 174, 175, 176, 182, 183, 191, 192, 195, 271, 274
Torricelli, Evangelista (1608–1647), **6:**400

Torsion, **3:**84, 126n
Torus, motion on, **3:**196–197, 244n
Tosa River, Italy, **10:**171n
Tower telescope, **9:**603c, 604c, 614c, 616c; **10:***xlix*, 571c, 577c, 582c
under construction, **10:**372
permission to build, **10:**571c
spectrograph for, state fund for, **10:**601c
Train, physical processes in, **6:**4, *418*, 430–431, 432, 434–435, 436, 440–445, 464–466
Train service, passenger, discontinuation of in Germany, **9:**281
Trajectory
of periodic mechanical system, **6:**558, 559–566
in phase space, **3:**195–201, 244n
Transformation, **3:**36
acceleration, **4:**132–134, 148, 160, 185, *195*, 227n, *295*, *301*, 493; **6:**8, 111, 287, 405, 406, 407, 474, 529, 530; **8:**16
of amplitude of electromagnetic wave, **4:**55–56
conformal, **7:***xxvii*, 414
of Bateman, **8:**436, 570n
canonical, **8:**375, 376–379
Euclidean, **7:**261–262
Galilean (*see* Galilean transformation)
homogeneous, **4:**40, 65; **6:**50, 89
infinitesimal, **4:***196*, 218n, 222–224, 227, 228, 230n, 257; **6:**12, 113, 115, 343, 344, 413
invariance under relativistic, **3:**447
justified, **6:**13; **8:**41n, 84n, 97n, 163, 164n
linear, **4:**40, 65, 207, *294*, *296*, *300*, 309, 313, 319, 476, 483, 496, 568, 574, 575, 580; **6:**7, 10, 50, 51–52, 74, 83, 90, 110–114, 117, 118, 120, 124, 129n, 130n, 215–216, 222, 236, 285, 295, 344, 348, 413; **7:**504, 506–507, 543
linear orthogonal, **4:**307, 323, 488, 489, 493, 573, 589
Lorentz (*see* Lorentz transformation)
orthogonal, **4:**206n
permissible, **7:**375, 408
by reciprocal radii, **8:**436, 570
rotational, **4:**65–68, 185, *195*, 211, 212n, 227n, 229n, 258n, *301*, 369n, 373n, 445n, 548 of tensor, 70; **6:**18n, 63, 74, 111, 223, 224n, 289, 355, 473, 477, 512–513; **7:**521–522
similarity, **4:**595
of space-time, **3:**434–436, 442, 447

Transformation (*cont.*)
   of time, equations for, **3:**162
   unimodular, **4:***196, 198,* 209n, 239n, 242n, 254n, 256n; **6:**216, 218, 219, 220, 223, 228, 234, 235, 245, 304, 328
   Transformation equations
     for charge densities and currents, **2:***258, 507*
     for electric and magnetic field components, **2:**292–295, 296, 301, 411, 417, 420, 449–450, *507,* 509–517, 537–540
     for entropy, **2:**473–475
     for equations of motion, **2:**303
     inverse, **2:**287, 294, 441
     for light wave, **2:**298–302
     for momentum and energy, **2:**466–469
     for radiation pressure, **2:**298–300, 475
     for space and time coordinates, **2:**282–287, 296, 411, 434, 440–442, 510, 570
     for temperature, **2:**473–475, 487n
     for volume and pressure, **2:**466–472, 487n
Transformer, **3:**378–379
Translation, **2:**416, 463
   kinematics of parallel, **2:**412n
   and laws of nature, **3:**425
   uniform, **3:**143, 157, 161, 167
   uniform, relative to ether, **3:**138–139
   See also Motion: uniform
Transport coefficients, **2:**252n; Maxwell-Kirchhoff method of calculating, 251, 252n
Transport phenomena. *See* Diffusion; Heat conduction; Thermal conductivity; Viscosity
Transverse Doppler effect. *See* Doppler effect: transverse
Treaty of Versailles. *See* Versailles Peace Treaty
Tree of Knowledge
   AE on, **9:**143, 200, 230
   Hedwig Born on, **9:**143, 200, 206, 230
Treitschke, Heinrich von (1834–1896), **7:**216–217n; **8:**341, 342n, 429, 505
   AE on, **8:**959
   AE reads works of, **10:**56
Trendelenburg, Ernst (1882–1945), **8:**527, 593, 876; **9:**157n
Trendelenburg, Friedrich, **8:**714, 722, 1015c, 1031c
Trennungssatz. *See* Separability principle
Treumann, Anna, **9:**606c
Triggering hypothesis. *See* Photoelectric effect: triggering hypothesis for

Trinity College, Cambridge, **9:**370
Triple Alliance, **8:***125n,* 130
Tristram Shandy, **8:**317n, 325n
Trkal, Viktor (1888–1956), **6:**261n; **9:**470
Troeltsch, Ernst (1865–1923), **7:**10n; **8:**737, 747, 775n, 837n; **9:**350n; **10:**481n
   for alliance of intellectuals, **8:**629, 636n
   change in political stance of, **8:**746
   Delbrück-Dernburg petition, signs, **8:**637n
   Manifesto of reconciliation, co-authors, **8:**636n
   Manifesto of the 93, against, **8:**637n
   University of Leyden, lectures at, **9:**415
   Vereinigung Gleichgesinnter, expresses sympathy for, **8:**636
   Volksbund für Freiheit und Vaterland, address to, **8:**629, 747n
Trott zu Solz, August von (1855–1938), **5:**514n, 570n
Trouton's rule, **3:**402, 407n
Trowbridge, Augustus (1870–1934), **10:**494, 496
   on AE invitations to U.S., **10:**493, 612c
   on AE's financial demands for U.S. lecture tour, **10:**524n
Troy (Ancient), **10:**171n
Trützschler-Falkenstein, Curt von, open letter from Rathenau, **8:**451
Tschocke, F., **3:**576
Tschuppik, Walter (1889-1955), **9:**597c
Tübingen, University of. *See* University of Tübingen
Tuchschmid, August (1855–1939), **1:***11,* 23, 32n, *360, 361*
Tumlirz, Ottokar, **2:**114, 114n, 126n
Turgenev, Ivan S., **9:**415
Turin, **1:***liii*
Turkey. *See* World War I
Turner, Herbert, **9:**320n, 370n
Turnip winter, **8:**409n
Twain, Mark (1835–1910), **8:**890; book for Eduard Einstein by, **10:**464
Twardy, ?, **9:**195n
Twin paradox. *See* Clock paradox
Tyndall phenomenon, **3:**287, 310n

Uhland, Ludwig (1787–1862), **1:**255n
Újvidék. *See* Novi Sad
Ukrainian Academy of Sciences, **9:**152, 181n
Ulinski, Franz (1890–1974), and energy supply

for spacecraft, **9:**516
Ullstein publishing house. *See* Publishers
Ulm (Germany), **1:***xxxvi, xlviii* n, 1, 54, *370*; **9:**607c
    AE on, **5:**557
    AE's visit to relatives in, **5:**556n
    building program in for socially and economically disadvantaged, **9:**490
Ultramicroscope, **2:***209–210, 218, 219*, 224, 338, 344n, 345n, 559n
Ultraviolet catastrophe. *See* Rayleigh-Jeans catastrophe
Ultraviolet light. *See* Light, ultraviolet; Photoelectric effect
Unabhängige Sozialdemokratische Partei Deutschlands, **7:**124n
"Un Appel, Fière Declaration d'Intellectuels." *See* Appeal
Ungewitter, Johannes, **1:***348*
Unification of disparate physical phenomena, **1:***xl*, 290–291
Unification of physics. *See* Physics: unification of
Unification of theories of electromagnetism and optics, **3:**136
Unified field theory, **2:***xxvii*, 553n; **7:***xxvii, xxxiii*, 62n, 319, 323n, 377, 409, 562, 575n; **8:**201, 804, 824, 878, 893
    AE on limits of continuum description of reality, **10:**592c
    AE's work on, **8:**199, 670; **9:***l–li*
    five-dimensional approach of (*see* Five-dimensional theory)
    of gravitation and electromagnetism, **10:**62
    as opposed to dualistic theory, **9:**76
    overdetermination in, AE on, **10:**495
    of Weyl (*see* Weyl's unified field theory)
    Weyl on in Bad Nauheim, **10:**305
Unified index theory, Rosenkranz's, **11:**435
Union of Bavaria and Austria, **9:**92
Unipolar dynamo, **2:**295, 451
Unipolar induction, **2:**309n
Unit charge, structure of, **8:**139–141
United States, **9:**117
    AE visits, **7:**585n, 620–627, 629–630
    humanitarian relief efforts, **7:**471n
    Nautical Almanac Office, **8:**218n
    patriotism in, AE on, **7:**630
    and possible future war with Japan, **9:**236
    relief aid of
        to Germany, **9:**387
        to Poland, **9:**204
    support for League of Nations, **9:**143
    See also World War I
United States of Europe, **8:**177n; AE on, **10:**437
Units, **2:**168n, 324, 397n, 583n
Universe
    AE on, **10:**342
    age of, **6:**517
    average mass density of, **9:**267
    center of, **6:**495–496, 541, 542, 543
    closed, **8:**385, 475, 476, 639, 661, 670; **10:**68, 70
    De Laer Kronig on, **10:**600c
    De Sitter on conditions for, **10:**478
    elliptic, **6:**500, 501; **7:**41, 43n, 76n, 566
    equilibrium of matter in, **7:**323n
    expansion of, **6:**517
    extension of, **9:**293
    finite, **6:**496–500, 517, 542, 552n
        from finite matter density, **9:**403
        in space, **8:**359, 411, 476
        in space-time, **8:**357–358, 415
        in time, **8:**359
    ghost images of stars in, **10:**501
    infinite, **6:**501, 517; **7:**44n, 393, 563, 569, 576n
    mass of, **6:**542, 551
    matter density of, **6:**495, 501, 516, 541, 542, 543, 547–548, 551; **8:**393, 401, 406, 411(*see also* Mass: distribution in universe)
    nonclosed, of De Sitter, **10:**477–478
    Petzoldt on, **10:**332
    quasi-Euclidean, **6:**501; **7:**563, 568–569; **8:**639
    quasi-spherical, **6:**501; **7:**68, 75
    radius of, **6:**499, 501, 516–517, 548, 551, 552n; **7:**424n; **10:**70
    size of, **8:**390, 393, 401, 406, 412, 425, 431
    size of observable, **10:**70
    spatially closed, **6:**547–551; **7:***xxvi*, 42n, 68, 121n, 133, 135, 182n, 318, 323n, 377, 393–396, 409, 421, 433n, 566, 568; **9:**233
    spherical, **7:**41, 43n, 68, 71, 135–137, 172, 398
    three-dimensional, **6:**499–500, 501, 548, 549, 551
    two-dimensional, **6:**497–499
    stability of Galaxy in, De Sitter on, **10:**500–501

Universe (*cont.*)
  static, **6:**516–517, 543; **7:***xxvi,* 182n, 187, 189n, 565; **8:***352,* 412, 422, 428, 467, 472–473, 478, 810n
  stellar velocities in, **6:**500, 542, 545, 547, 551
  structure of, **8:**412; according to general relativity, **6:**500–501, 516–517; **7:**118
  total energy in, **7:**68, 74
  unbounded, **6:**496–500, 519–520–521
  See also Cosmological model, Einstein's *and* De Sitter's; Euclidean continuum; Space
University, Columbia. *See* Columbia University
University, Hebrew. *See* Hebrew University of Jerusalem
University, Johns Hopkins. *See* Johns Hopkins University
University, Kyoto. *See* Kyoto University
University, Ohio State. *See* Ohio State University
University, Princeton. *See* Princeton University
University, Washington. *See* Washington University
University, Wesleyan. *See* Wesleyan University
University of Amsterdam, **8:**161n, 289n
University of Basel, **3:**547n
  Bernoulli's candidacy for chair at
    AE's negative evaluation of, **5:**390, 469n
    appointment, AE's negative comments on, **5:**455, 468, 476
    Haber's recommendation of, **5:**390n, 469n
  invites AE to lecture, **10:**602c; postponed, 606c
University of Berlin (Friedrich-Wilhelms-Universität), **2:***41,* 377n; **3:**4; **7:**102n, 205n, *226,* 282–283n, 287n, 340n, 448n; **8:**32n, 37n, 60n, 63, 87n, 93n, 129, 144, 156n, 165n, 176n, 221n, 237, 275n, 361n, 370n, 388n, 472n, 485n, 513n, 551n, 561, 595n, 597n, 598, 607n, 621n, 629n, 658n, 670n, 699n, 735, 737n, 814, 824n, 825n, 855n, 906, 944n, 946n, 953
  admissions policy of, **7:**285
  AE's lectures at (*see* Einstein, Albert: Courses taught: University of Berlin)
  Auditorium Maximum at, **7:**287n
  closed: due to unrest, **9:**16; during Kapp Putsch, 486
  faculty senate of, charges Nicolai, **9:**384; expels Nicolai, 474
  Institute of Physical Chemistry of, **7:**62n, 331n
  Institute of Theoretical Physics of, **7:**59n
  Psychological Institute of, **7:**478n
  public's access to *Privatvorlesungen* at, **7:**287n
  and revolution, **7:***xxi*
  revolutionary students at, **7:**99n
  student council at, **7:**285, 287n–288n; protests against AE's free admission policy, **9:**425
  students of on AE's significance, **9:**437
  student uproar during AE's lecture at (*see* Einstein, Albert: Courses taught: University of Berlin)
  Wednesday physics colloquium at, **7:***102*
University of Bern, **2:***41, 505;* **3:***xvi, 3, 598;* **8:**288n
  AE's Habilitation at, **5:**96
  call of Hilbert to, **10:**205
  invites AE, **10:**597c
  opening hours of library, **5:**75n
University of Bologna, **8:**573n
University of Bonn, **7:**281n; **8:**294n, 877n, 901n
University of Breslau, **8:**30n, 658n, 710, 791n, 815n, 879
University of Brussels, Free, **8:**304n, 347n
University of Budapest, **8:**595n, 618n
University of Cairo, **9:**213n
University of Cairo, American **9:**213n
University of Cambridge, **7:**210n; **8:**511n
  Cavendish Laboratory of, **7:**340n
  inquires whether Einstein would consider a position at, **10:***xlix*
  Observatory of, **7:**27n
University of Chicago, **7:**443n–444n, 629; **8:**471n
University of Copenhagen, **8:**371n
University of Cracow, **8:**86n, 231n
University of Frankfurt, **7:**53n; **8:**472n, 478n, 498n, 621n, 638n, 655, 852n, 953
University of Freiburg, **7:***110*
University of Fribourg, relation with University of Prague, **5:**433n
University of Geneva, **8:**5n, 364n, 815n; awards honorary doctorate to AE, **5:**202
University of Ghent, **8:**701
University of Gießen, **8:**4n, 889n
University of Göttingen, **7:**36n, 76n; **8:**142n, 146n, 158, 161n, 200n, 265n, 278n, 292n, 596, 597n, 607n, 689n, 699n, 709n, 737, 935n, 937n, 1019c

AE lectures at, **10**:32
  seminar at, **2**:*267, 504*
University of Greifswald, **7**:27n, *104*; **8**:217n, 461n, 696n
University of Groningen, **8**:874n
University of Halle, **7**:448n; **8**:461n, 868n, 889n
University of Hamburg, **8**:471n; AE lectures at, **10**:262, 265, 587c
University of Hannover, AE lectures at, **10**:604c
University of Heidelberg, **1**:59n; **7**:*101*; **8**:383n, 615, 636, 737, 746
University of Helsingfors (Helsinki), **7**:26n; **8**:165n, 370n
University of Istanbul, **9**:213n
University of Jena, **8**:760n
University of Kolozsvár, **7**:*110*
University of Königsberg, **8**:615, 889n
University of Kristiania, **8**:370n
University of Kyoto, AE's 1922 lecture at, **2**:*264, 310*; **5**:32n
University of Leipzig, **8**:4n, 278n, 361n, 365n, 448n
University of Leyden, **7**:*xxvii, xxxiii*, 26n, 42n, 59n, *107*; **8**:84n, 299n, 350n, 386n, 423n, 458n, 757n, 961n; **9**:290n
  AE's appointment as special professor at (*see* Einstein, Albert: Career: University of Leyden)
  AE's lectures at (*see* Einstein, Albert: Lectures: University of Leyden)
  cryogenic laboratory of, **10**:*xliii*
  founding of, **9**:418n
  Lorentz's vacant chair at
    Debye's candidacy for, **5**:421
    Ehrenfest's appointment at, **5**:509, 509n
    Ehrenfest's candidacy for, **5**:484, 490, 496n
    Einstein's candidacy for (*see* Einstein, Albert: Career: University of Leyden)
  professor's salary at, **5**:410
  See also "Magnet-Woche"
University of Lund, **8**:784n
University of Manchester, **8**:285n
University of Marburg, **8**:737, 868n, 892n; and Neo-Kantianism, **9**:478
University of Moscow, Shanyavsky City, **8**:18n
University of Munich, **7**:*108–109*, 146n; **8**:62n, 218n, 368, 737
  Institute of Theoretical Physics at, **7**:*108*
  Observatory of, **7**:146n

University of Münster, **8**:889n
University of Oxford, **7**:211n
University of Padua, **7**:27n; **8**:97n
University of Paris, **8**:171n
University of Prague, Czech, **9**:462n
University of Prague, German (Karl-Ferdinands-Universität), **2**:*147*; **7**:*223*; **3**:*xvii, 3*, 425, 475, 475n, 483, 484n, 509, 509n; **8**:8n, 12n, 337n, 394, 850n; **9**:86n; **10**:16n
  AE leaves, **10**:20n
  AE's lectures at (*see* Einstein, Albert: Courses taught)
  AE's memories of, **6**:535n
  AE's vacant chair at
    Ehrenfest's candidacy for, **5**:446, 470–472, 474n, 478n
    Frank's appointment at, **5**:500n
    Frank's candidacy for, **5**:468, 472–473
    Kohl's candidacy for, **5**:470473
  developments after World War I, **9**:462n
  Ehrenfest's lecture on radiation theory at, **5**:474n
  Jaumann's refusal of chair at, **5**:256n
  Lampa fights for, **9**:461
  location of Institute of Experimental Physics at, **5**:309n
  rumors regarding its dissolution, **9**:77
  See also Einstein, Albert: Career: University of Prague
University of Rochester, **7**:443n; *xlii*
University of Rostock, **7**:220n; **8**:221n, 627; **9**:216n; **10**:*xlii*
  500-year anniversary of, **9**:198, 203, 216n, 580c, 584c; **10**:222; AE on, **9**:260, 280
  awards honorary doctorate to AE, **9**:572c
University of Sheffield, **7**:279n
University of Strasbourg, **8**:442n
University of Tübingen, **8**:76n, 889n; **10**:*xlii*
University of Turin, **8**:78n
University of Uppsala, **8**:932n
University of Utrecht, **3**:*xxix*; **7**:53n; **8**:874n
  professor's salary at, **5**:311
  vacant chair at
    Debye's appointment, **5**:395n, 422n; **10**:21n
    Debye's candidacy for, **5**:346, 347, 349, 350, 354, 356, 359, 361, 369, 373, 374
    Keesom's candidacy for, **5**:354, 357, 361, 369, 373, 386n

University of Utrecht (*cont.*)
    official recommendation for, **5**:376n; Julius's thanks for AE's recommendation for, 386
    Ornstein's candidacy for, **5**:369, 373
    Van Laar's candidacy for, **5**:369, 373
    See also Einstein, Albert: Career: University of Utrecht
University of Vienna, **7**:32n, *106*, 416n; **8**:264, 265n, 299n, 425n, 480n, 483n, 494n, 564n, 567n, 663n
    balance between theoretical and experimental physics at, AE on, **10**:322–323
    invites AE to lecture, **10**:17, 38
University of Wisconsin, **7**:*231*; invites AE to lecture, **10**:*l*, 479, 494
University of Würzburg, **7**:*104*, *106*; **8**:35n, 472n
University of Zurich, **1**:331; **2**:*173–176*; **3**:*xvi*, 268n, 449n; **7**:53n, 343n; **8**:4n, 47n, 75, 93, 119n, 146n, 149n, 152, 153n, 154, 172n, 175n, 374n, 395n, 403, 404n, 409n, 411n, 442n, 446n, 549n, 573n, 574n, 814n, 815n, 854n, 885n, 905n, 930n, 940n
    AE considers position at, **10**:*xxxiv*
    AE offers to lecture at, **10**:175, 178
    AE tired of teaching at, **10**:208
    AE's appointment at, **10**:*xvi*
    AE's chair at
        Debye's appointment, **5**:291n
        search for successor, **5**:287n
    AE's doctoral dissertation at (*see* Einstein, Albert: Career: Doctoral dissertation)
    AE's inaugural lecture at, **3**:125n
    AE's lectures at (*see* Einstein, Albert: Courses taught: University of Zurich)
    appointment at, **10**:*xxxvi*
    Debye's vacant chair at
        AE on candidates for, **5**:445–448
        AE's lack of influence in filling of, **5**:427
        Ehrenfest's candidacy for, **5**:446, 451
        Joffe's possible candidacy for, **5**:428n
        Kleiner's role in filling of, **5**:449n
        Laue's appointment at, **5**:468
        official recommendation for, **5**:448
        splitting of, **5**:422n
    Gottfried-Keller centenary at, AE participates in, **10**:204–205
    Kleiner's work at, **2**:7, *173–174*
    public's access to *Privatvorlesungen* at, **7**:287n
    salary offered to AE, **9**:301
    student petition at, **3**:*xvii*, 3
    theoretical physics at, **2**:*173–174*
    See also Einstein, Albert: Career: University of Zurich; Kleiner, Alfred
Unruh, Fritz von (1885–1970), **8**:572
Unthan, Carl (1848–1928), **9**:496–497; on his militant pacifism, **10**:273–274
Uproar at AE's lecture at University of Berlin. *See* Einstein, Albert: Courses taught: University of Berlin
Urania in Vienna
    on AE's lecture series, **10**:611c
    invites AE to lecture, accepted, **10**:609c, 610c
Usener, Hans (1872–1929), **8**:837–838, 858n, 863
USPD. *See* Social Democratic Party, German Independent
Ussishkin, Menahem (1863–1941), **7**:*234*; **9**:255n
Ütliberg, outskirts of Zurich, **1**:235
Utrecht, **3**:*xxix*
    University of (*see* University of Utrecht)
Utrecht, Veterinary School of, **8**:716n; **10**:29n

Vacuum, **2**:*145*, 150, 401, 437, *503*, 509, 564, 569, 585; **3**:298, 353, 390, 526
Vahlbruch Foundation, **8**:699n, 756n
Vahlbruch Prize, **8**:698, 699n, 715, 756n
Vaihinger, Hans (1852–1933), **8**:877n; **9**:43, 492, 494, 532, 611c; **10**:*xlv*, 260, 246n, 260, 268n, 288, 299, 332, 456
    advancing blindness of, **9**:43
    AE recommends Cassirer to, **10**:*xlviii*
    Als-Ob conference
        invites AE to, **9**:493
        organizes, **9**:532
        reports to AE on, **10**:586c
    co-founder of *Annalen der Philosophie*, **8**:886
    daughter's suicide, **9**:43
    invites AE to join editorial board of *Annalen der Philosophie*, **8**:888
    requests paper from AE, **9**:44
    requests permission to publish AE's Leyden lecture, **10**:573c.
    See also Als-Ob conference; Philosophy: of Als-Ob

Valentiner, Siegfried (1876–1971), **9:**74; requests KWIP funds for research on heat conductivity of insulators, **9:**566c; rejected 566c
Valentini, Rudolf von (1855–1925), **5:**513n
Valéry, Paul, **9:**392n
Van den Bos, Marinus, gyroscope of, **6:**138, 140, 144n, 208, 209
Van der Waals, Johannes D. *See* Waals, Johannes D. van der
Van der Waals force, **9:**86n
Van der Waals's theory of gases and liquids, **1:***265*, 324n; **2:**4, *178*; **4:**529. *See also* Corresponding states: law of
Van 't Hoff, Jacobus. *See* Hoff, Jacobus van 't
Van 't Hoff's law. *See* Osmotic pressure: Van 't Hoff's law of
Van 't Hoff's theory of solutions. *See* Solutions: Van't Hoff's theory of
Vanoni, Luigi (1854–1940), **5:**289n, 290, 396
Vapor, saturated, **1:**120–124, 130–131, 134–138
Vapor pressure, **1:**121–125, 135; of solids, **10:**353
Vaporization, heat of. *See* Heat: of vaporization
Varcollier, Henri, **9:**532n, 536
Varese, Italy, **1:***lii*
Variational principle, **2:**487n; **4:**162, *194*, 209n, 211, 305, 307, 319, 321, 479, 480, 489, 490, 494, 573, 590
  and energy-momentum conservation, **7:**139n
  and equation of motion of point mass, **6:**75–76, 87
  and field equations, **7:**139n
  and general covariance, **6:**14–17
  and geodesics, **6:**87–89, 305–306
  and gravitation, **6:**11, 15, 114–116, 130n, 215, 319–321, 340–345, 410–415, 416n, 550
  See also Relativity, general theory of: Hamiltonian formalism for
Varićak, Vladimir (1865–1942), **3:***478–479*, 482, 484n; **5:**251n; **10:***xxx*, 5–6, 13, 22
  and Einstein-Marić, **10:**5, 23
  on Lorentz transformations in Lobatchefskyan geometry, **10:**8
  manuscript of, **10:**10, 13
  on misprints in *Einstein 1905r*, **10:**6
  relativity, special
    reality of length contraction in, debate with AE on, **3:***478–479*; **10:**14–15
    rigid motion in, paper on, **5:**292, 292n
  on rotation of rigid bodies in, **10:**7
  sends cheese to AE, **10:**21
  son of, **10:**21
Vaterlandspartei, **9:**348n
Veblen, Oswald (1880–1960), **10:**441
Vector, **3:***5–6*, *9*, 13, 28–29, 65, 73–75, 281n, 372–373; **4:**72, 332–335; **7:**524, 527
  axial, **6:**57
  convection current, **6:**106, 107, 108
  definition of, **7:**508
  electric current, **6:**107, 264
  electric polarization current, **6:**46, 107, 108
  electric vacuum current density, **6:**62, 266, 328
  electromagnetic potential, **6:**264, 327
  energy-momentum, **6:**63, 103, 125, 127–128, 544
  field, of momenta, **6:**558, 560, 561–563
  force, **6:**62, 98–99, 104, 219, 220, 267–268
  magnetic polarization current, **6:**107, 108, 109
  magnetization, **6:**153, 162, 165
  operations on (*see* Tensor: algebraic operations on *and* differential operations on)
  parallel transport of (*see* Parallel transport, of vectors)
  polar, **6:**57
  six- (*see* Tensor: antisymmetric)
  tensor of, **3:**28, 127n
  See also Four-vector; Point tensor/vector; Six-vector; Surface tensor/vector; Tensor: special
Vector analysis and calculus, **3:***5–6*
Vector calculus, generalized. *See* Differential calculus, absolute; Tensor calculus
Vector fields, **3:**320
Vegard, Lars (1880–1963), **10:**303
Velocity, **3:***5*, 19, 126n
  absolute, **3:**487
  angular, **3:**53, 81, 110
  apparent, **2:**400n
  change in, **3:**92
  of diffusion, **2:***216*
  of electron, **3:**505n
  of light (*see* Light, speed of)
  mean, of particles, **2:**399–400, 400n
  mean square, **3:**211
  of molecules, **3:**181, 214, 242n
  momentary, **2:**400
  parallelogram of (*see* Addition of velocities, law of)

Velocity (*cont.*)
  rotational, **3:**561
  superluminal (see Signal velocity: superluminal; Superluminal velocity)
  superposition of, **3:**134, 146, 163–164
  of suspended particles, **2:***208, 210, 219–220*
  time dependence on, **3:**441
  See also Addition of velocities, law of; Ions: migration velocity of; Kinematics; Maxwell's distribution law; Mechanics
Venice (Venedig), **1:**253, 256, 257, 286, *375*
Venizelos, Eleftherios, **9:**269n
Venus
  anomalies of motion of, **8:**101n
  perihelion motion of, **8:**235
Veraguth, Otto (1870–1944), **8:**372; **10:**55
Verband der Deutschen Hochschulen, **7:**494n
Verein zur Abwehr des Antisemitismus, **10:***xli*, 432
  invites AE to join executive board, **10:**597c; declines, **10:**432
Verein "Allgemeine Nahrpflicht," **7:**129; **9:**609c
Verein deutscher Ingenieure, **9:**605c
Verein der Freunde des Goethemuseums, **7:**300n
Verein zur Gründung und Erhaltung einer Akademie für die Wissenschaft des Judentums, **7:**447n; **9:**168n, 174n, 593c
Verein Österreichischer Chemiker, **9:**366n
Verein Schwäbische Sternwarte, AE lectures at, **10:**419, 434, 601c
Vereinigung Gleichgesinnter, **8:**342n, 532, 636, 1011c, 1012c
Vereinigung wissenschaftlicher Verleger Walter de Gruyter & Co. *See* Publishers: De Gruyter
Verhaeren, Emile (1855–1916), **5:**518n; **9:**392n
Veringenstadt, **10:**213
Verlag Naturwissenschaften. *See* Publishers
Verlaine, Paul, **9:**392n
Vermeil, Hans (1889–1959), **8:**937; **9:**41
Versailles Peace Treaty, **7:**240n, 282n, 333n, 334; **9:***xliv*, 86n, 130n, 479n, 593c
  comes into effect, **9:**595c
  effect of on Bolshevism, AE on, **9:**80
  German dislike of, **9:**119n
  Germany requests modification of, **10:**583c
  harshness of, AE on, **9:**85, 387
  relative mildness of, AE on, **9:**93
  text of: definitive, **9:**93; preliminary, 58
  and "week of mourning," **9:**63

Veterinary School of Utrecht. *See* Utrecht, Veterinary School of
Vetter, Theodor (1853–1922), **5:**503n, 510n; **8:**973n; **9:**6n, 302n, 423n
  on AE's policy of free admission to course at University of Zurich, **9:**5–6
  requests AE to change class hours, **5:**503
Via Mala, Canton of Graubünden, **1:**302
Vibert, James (1872–1942), **5:**526n
Vibration frequency, **3:***xxiii*
Vibrations
  atomic, **3:***xxiii*, 475n
    AE on, **5:**352
    in AE's quantum theory of specific heat, **5:**302, 295
    Haber on, **5:**377
    Lindemann's formulas for, **5:**377
    and Planck's constant, **5:**378n
  elastic, **3:**409, 413n–414n
  high-frequency, **3:***xx*
  molecular, **3:**414n
  See also Oscillations; Oscillators
Vienna (Wien), **1:**275
  collection in Britain for children of, **9:**311
  GDNÄ meeting in (*see* Gesellschaft Deutscher Naturforscher und Ärzte: meeting in Vienna)
  poor living conditions in, **9:**252
  Social Democratic government of, **9:**437n
  University of (*see* University of Vienna)
Vienna Observatory, **6:**360
Vienna Radium Institute. *See* Institut für Radiumforschung
Viereck, George (1884–1962), **10:**274
Vierwaldstättersee (Lake Lucerne), **10:**41, 42
Vieweg publishing house. *See* Publishers
Viktoria Hotel, **5:**288
Viktoria-Luisen-Schule, Berlin, **9:**558c
Villa Carlotta, near Cadenábbia, **1:**302
Villarceau's theorem, **1:**122
Vincent, George (1864–1941), **10:**546
Vincent, Walter, **10:**545, 546
Violetshift, **8:**413, 422, 423
Violins. *See* Ehrenfest, Paul: violins for daughters of
Violle, Jules (1841–1923), **2:**307n; **8:**170, 171n; **9:**614c
  AE's reading of, **2:***xxv, 3, 42, 178, 255, 258–259*

Virchow hospital, **8**:658
Virial theorem, **1**:122–123; **3**:180, 212–213, 242n, 246n; **7**:422, 584
Viscosity, **1**:292, 294n; **2**:*172, 176, 179, 180, 181*, 189, 198, 199, 205n, 216, 236n, 348, 399, 498, 502n; **3**:*6*, 183, 187, 191, 243n, 418n, 567; **4**:526–527; **7**:342–343n; **8**:158
   coefficient of, **1**:*265*, 292; for liquid, **3**:418n
   of gas, Wildhagen on, **9**:122–123
   Hopf's correction of AE's calculations of, **5**:271
   of mastic emulsions, Bancelin's experiments on, **5**:267n
      discrepancy between experimental results and AE's prediction, **5**:218n, 266, 268, 270
   of suspensions, AE's calculations on, **5**:217; **10**:12
Visser, Johannes de, **10**:*xliii–xliv*
Visualization, **3**:321, 324, 343
   graphic, **3**:372
   of relations in spherical space, AE on, **9**:65n, 566c
   of relativistic effects, **9**:601c
Vogelpohl, Georg (1900–1975), **9**:508–509
Voigt, Woldemar (1850–1919), **1**:321; **2**:582n; **3**:414n; **5**:73n, 149n; **9**:435; **10**:372
   on interaction between radiation and matter, **5**:72
"Volk," Nationality and, AE's definition of, **7**:8
Volkart, Gustav, **10**:193
Volkmann, Paul (1856–1938), **8**:887, 889; **9**:45n
Volksbüchereiprojekt, **9**:578c
Volksbund für Freiheit und Vaterland, **8**:629, 636n, 747n
   support for a league of nations, **7**:10n
Volkshochschule für Proletarier, Berlin, **9**:299n; AE lectures at, **10**:261
Volkshochschule Groß-Berlin, **7**:288n; **9**:484n; **9**:339
Volksschule. *See* Petersschule
Vollenhoven, Cornelis van (1874–1933), **9**:151n, 166n, 321n, 422n; **10**:*xliv, xlvi,* 374–375, 585c, 587c, 588c
   on AE's salary as special professor, **10**:375
   and funds for AE's trip to Leyden, **9**:183n
Vollenweider, Otto (1887–1973), **5**:275n, 275
Volta, Alessandro (1745–1827), **5**:*51*; electrophorus, invention of, *51*

Volta effect, **2**:168n, 350, 356–357, 358n; **3**:348, 351; **5**:42, 42n. *See also* Photoelectric effect;
Voltage, **3**:329
   experiment, **3**:339
   measuring instruments for, **3**:340–341, 397n–398n
Voltaic cell, **1**:158, 172, 176–178
Voltz, Friedrich, **8**:1014c
Volume, transformation equation for, **2**:469–472
Volume element, invariant. *See* Invariant volume element
Vorwärts, **7**:*106*, 348n
Vossische Zeitung, **7**:*106, 108*, 124n, 348n
Vrkljan, Vladimir (1894–1974), **8**:600

Waals, Johannes D. van der, Sr. (1837–1923), **2**:*4*, 133n; **3**:403, 573; **5**:300, 302n, 362n, 410; **9**:502. *See also* Corresponding states: law of; Van der Waals force; Van der Waals's theory of gases and liquids
Waals, Johannes D. van der, Jr. (1873–1971), **5**:180n, 192
   criticizes paper by Lorentz, **5**:170
Wachsmuth, Friedrich (1868–1941), **8**:471; **10**:94, 95n, 335, 336, 516
   anti-Semitism of, **10**:360
   University of Frankfurt, invites AE to, **10**:599c
Wächter, Maria (1862–1933), **1**:299
Wadsworth, Eliot, **9**:13n
Waetzmann, Erich, requests KWIP funds for acoustic research, **9**:127–128
Wagner, Ernst, **9**:568c
   requests additional KWIP funds for high-voltage battery and maintenance, **10**:579c; granted, 609c; pending, 582c, 591c
   requests KWIP funds for high-voltage batteries for X-ray spectroscopy, **9**:556c; granted, 560c, 567c
Wagner, Mário Basto (1887–1922), **10**:484, 548
   on Planck's generalization of Nernst's heat theorem, **10**:485, 548
   requests copy of *Einstein 1914n*, **10**:484–485
Wagner, Richard (1813–1883), **8**:550
Walden, Paul (1863–1957), **5**:401, 402n
Waldeyer-Hartz, Wilhelm von (1836–1921), **8**:41n, 87, 93, 514n, 991c; **9**:350n, 515n, 555c
   letter to Lorentz, **8**:361, 362n, 363, 390, 419, 429

Waldeyer-Hartz, Wilhelm von (*cont.*)
  Manifesto of the 93, signs, **8:**347n
  on Massart appeal, **8:**346, 361, 362n, 363, 371, 419
Waldorf-Astoria Hotel, New York City, **7:**436n
Walls, reflecting, **2:**167n, 545
  semipermeable (*see* Membranes: semipermeable).
Walter, Bernhard (1861–1950), **7:**53n
Wangerin, Albert (1844–1933), **9:**97
Wankmüller, Romeo, **8:**588, 708, 709n
Wannsee, **5:**458n, 598n
Wantzel, Pierre (1814–1848). *See* Saint-Venant and Wantzel's hypothesis
War crimes, commission on, **8:**345n, 347n
Warburg, Emil (1846–1931), **3:***7*, 191, 243n, 507n, 546n, 561, 581, 592; **4:***111*, 117, 166; **5:**300, 302n, 349, 419n, 512, 522n, 529n, 598n, 602n; **6:**169, 171n, 275, 276n, 577; **8:**83, 185, 514n, 601, 641, 655, 671, 695n, 776, 1001c, 1007c, 1016c; **9:**114, 208, 360n, 488n, 593c; **10:**109n, 303n, 397, 481
  AE
    offers position at Physikalisch-Technische Reichsanstalt, **5:**480; refused, 511
    meeting with AE in Berlin, **5:**437, 457n, 467, 481n
    nominates for Nobel Prize, **9:**550c
    relationship with, **8:**855
  AE's article on, **6:**579n
  AE's salary, proposes raise in, **9:**580c
  discussion with AE in Berlin, **5:**452, 454n
  energy balance of photochemical reactions, papers on, **4:***111*, 117
  invites AE to stay with him in Berlin, **5:**415
  KWIP, member of Direktorium of, **8:**527n
  PAW
    nominates Laue as member of, **10:**570c
    nominates Sommerfeld and Debye as members of, **9:**410
    proposes financial help of to *Physikalische Berichte*, **9:**580c
  photochemical equivalence, experimental test of AE's law of, **4:***112*, *113*, 166; **5:**406, 416n, 421, 452; AE's praise of, 452
  photochemical processes, discussion with AE on, **5:**352
  Planck celebration, presents lecture at, **8:**672
  radiation formula, research on funded by KWIP, **9:**571c, 576c
Warburg, Fritz, **9:**12n
Warburg, Max (1867–1946), **10:**514; AE on political trustworthiness of, **9:**11
Warburg, Otto (1859–1938), **7:***234*; **8:**773; **9:**169n, 181n, 327n, 434n
Warburg, Otto Heinrich (1883–1970), **8:**695n, 696
Warburg, Paul (1868–1932), **10:**538–539; as agent for AE's planned U.S. trip, **10:**515n, 530, 538
Warburg-Gertner, Elisabeth (1861–1935), **5:**415, 416n, 454n; **8:**694, 695n
Wartenberg, Hans von (1880–1960), **3:**504n
Washington, D.C., National Academy of Sciences, invites AE, **10:***1*
Washington University, Department of Physics of, **7:***53*
Wasielewski, Theodor von (1868–1941), **9:**199n, 586c, 591c; University of Rostock, invites AE to jubilee of, 225, 580c
Wassermann, August von (1866–1925), **7:**448n; **9:**434n
Water waves, **7:**314; elementary theory of, **6:**400–401
Wave equations, **2:***148*, 295, 550
Wave theory, **3:**537–538, 555–556
  basic equation of, **3:**391
  and fluctuations, **3:**454
  vs. particle theory of light, **3:***xviii*, 177–178
  See also Light: wave theory of
Wavelengths, for elastic vibrations and light, **3:**409–410, 413n–414n
Waves. *See* Electric waves; Electromagnetic waves; Ether waves; Gravitational waves; Water waves
Weak field approximation, **4:***124*, 160, *198*, 245n, 246n, 247n, 248n, 337, *346*, *349–350*
Weber, Alfred (1868–1958), **8:**737, 746
Weber, Carl Maria von (1786–1826), **10:**402
Weber, Eduard von (1870–1934), **5:**120, 121n; **8:**647
Weber, Gustav (1858–1913), **1:**300, 308n; **5:**525n
Weber, Heinrich F. (1843–1912), **1:***11*, 85n, 233n; **2:***135*, *142*, *173*, *174*, *260*; **3:**246n, *284*, 397n, 522; **5:**234n, 500n; **8:**3
  AE believes hindered by, in search for position, **1:***xxxvii*, 279, 281, 290

AE's courses with, **1**:46–49, 212, 307, 308n, *364, 366, 367, 368*
AE's *Diplomarbeit* under, **1**:*61, 235–236*, 244n
AE's doctoral work under, **1**:*xxxvii, 61*, 272
AE's feelings of ill will toward, **5**:481
AE's grades in courses of, **1**:46–49, *60*
AE's notes on ETH physics lectures of, 1897–1898, **1**:*xxxvii, 61–62*, 63–210; AE's study of, **1**:*62*, 229, 230
AE's relationship with, **1**:*60*, 303
bibliography, **1**:*235*
biography, **1**:*387–388*
death of, **5**:478, 479n; AE on, **5**:480, 483
Einstein-Marić's relationship with, **1**:243, 303, 311
ETH
    activities at, **5**:481n
    physics lectures at, **2**:*3*, 20n, *42, 135, 173*, 358n, 397n, 492n
    succession at, **5**:482n
research interests, **2**:*135, 173*
research of, **1**:*62*, 73–76, 197n, *235*, 305
See also Black-body radiation: Weber's semi-empirical law for *and* Weber's work on; Solid bodies, specific heat of: Weber's experiments on
Weber, Rudolf H. (1874–1920), **9**:74–75; **10**:390, 456
Weber, Wilhelm (1804–1891), **1**:207, *224, 236*; **7**:*104*, 349n
Webster, David L., **9**:22
Wecker-Heilbronn, Ernst, **9**:602c
Wednesday physics colloquium, Berlin, **8**:37n, 218n, 289, 361, 388, 589, 814; **10**:273
Weggis (Canton Lucerne), **10**:111–112, 121, 127
Wegscheider, Rudolf (1859–1935), **9**:366–367, 369, 393, 396, 412, 440, 462n; **10**:323n
    on Ehrenhaft's candidacy for professorship at University of Vienna, **9**:398–400
    requests AE's opinion on Ehrenhaft, **9**:400
Wehberg, Hans, **9**:571c
Wehrli, Max, **9**:153n
Weidner, General Major, **9**:195n
Weigert, Charlotte, **8**:760, 761; **9**:350, 604c
    on AE's pacifism, **9**:351
    on AE's Zionism, **9**:351
    on Danish press coverage of AE, **9**:350

Weigert, Fritz (1876–1947), **3**:578; **10**:572c, 573c; requests KWIP funds for photochemical research, **9**:601c; granted, 613c
Weight function for phase space
    parameter-dependent, **8**:20, 23–27, 28, 556n
    temperature-dependent, **8**:21, 26
Weight of tensor. *See* Tensor: weight of
Weil, Paula, **10**:97
Weimar, **10**:119
Weimar coalition, **10**:*xlii*
Weimar Republic
    AE's support for, **9**:*xlii–xlv*
    image of abroad, AE on, **9**:474–475
    weakness of, **9**:498
Weinberg, Jehiel J., **9**:590c
Weinstein, Alexander (1897–?), **9**:192
Weinstein, Max, **8**:236n, 275
Weisbach, Werner (1873–1953), **8**:341n, 532, 636; **9**:35n
    convenes meeting of Vereinigung Gleichgesinnter, **8**:342n
Weishut, Fritz (1890–?), **8**:120
Weiss, Edmund, **3**:509, 509n; **5**:290, 291n, 322n; **9**:7n
    criticizes Ehrenhaft's experiments on electronic charge, **5**:291n
Weiss, Josef (1889–1953), **5**:165n
    application of Boltzmann principle, **5**:166n
    on energy of electromagnetic waves, **5**:163–165
Weiss, Pierre (1865–1940), **3**:7, 217, 222, 224, 226, 245n, 518n, 547n, 574, *599*; **4**:272, 284, 601; **5**:123, 124n, 125, 217, 286, 291n, 332, 333n, 352, 353n, 368n, 398, 408n, 428n, 445, 452n, 476, 478, 500n, 509, 535, 547; **8**:148, 152, 477, 561, 667, 853, 1006c; **9**:141, 171, 225; **10**:*xlvi*, 25, 26n, 36, 125, 126, 207, 366, 368, 373, 404, 472
    directs students with AE, **5**:538n, 632c, 634c
    Ehrenfest's *Habilitation* attempts, role in, **5**:427, 451, 461, 464n, 476, 478n
    interference experiment of, **5**:261
    participates in "Magnet-Woche," **10**:*xlvi*, 468, 469, 475
    theory of ferromagnetism of, **3**:222, 224–225, 245n; **6**:159, 170n, 180, 189n, 191; AE on, **6**:170n, 189n
    Solvay Congress, Third, invited to, **10**:303
    H. F. Weber, eulogy of, **5**:478

Weissgerber, Andreas (1900–1941), **10**:266
Weiss-Rances, Jane (?–1919), **10**:207
Weizmann, Chaim (1874–1952), **7**:*231, 233–235*, 435–436n, 447n–448n; **9**:*xlv*, 17n, 181n, 198n, 223n, 249n, 327n
  Hebrew University
    involvement of in plans for, **9**:353n, 364
    on language of education at, **9**:153n
    lays foundation stone for, **9**:254
Weizmann, Vera (1882–1966), **7**:*234*
Welch, William (1850–1934), **10**:546
Weltsch, Robert (1891–1982), **7**:*235*, 292n
Wende, Erich (1884–1966), **10**:453
Wendorff, Hugo (1864–1945), **9**:281n
Wendt, Georg, **9**:570c, 571c, 575c, 577c, 578c, 579c
  requests KWIP funds for research on influence of electric field on spectral lines, **9**:558c; granted 560c, 568c
Wermuth, Adolf (1855–1927), **10**:570c
Werner, Alfred (1866–1919), **8**:75, 921
Werner, Cossmann (1854–1918), **1**:*351*
Wertheim, ?, **3**:577
Wertheimer, Max (1880–1943), **7**:99n, 478n; **8**:825, 835, 839, 944n; **9**:206, 533n; **10**:268, 289n
  advises AE not to participate in Als-Ob conference, **10**:*xlv*, 260–261
Wesleyan University, **8**:471n
Wessel, Peter Hubert (1866–?), **5**:559n
West, revitalization of by Eastern cultures, **8**:504, 561–562
West, Andrew Fleming (1853–1943), on AE's financial demands for his U.S. lecture tour, **10**:523n
West Prussia, cession of to Poland, **9**:60
Westerdijk, Johanna (1883–1961), AE visits, **10**:224
Westphal, Wilhelm (1882–1978), **3**:*599–600*; **9**:47, 297n, 310n, 568c
  radiometer, on theory of, **9**:175–176
  requests KWIP funds for research on theory of radiometer, **9**:559c; granted, 560c, 568c
Wettstein, Richard (1863–1931), **9**:427, 440; **10**:323n
  requests AE's opinion on Ehrenhaft, **9**:427–428
Weyl, Helene (1893–1948), **7**:80n; **9**:6n, 581c; **10**:197, 279n

Weyl, Hermann (1885–1955), **4**:*6*; **6**:129n; **7**:27n, 49n, 72, *101*, 410n, 412–414, 546, 575n; **8**:305, 350n, *352*, 670n, 699n, 802n, 816n, 837n, 839n, 848, 853, 877, 880n, 915, 956n, 959; **9**:6n, 37n, 40n, 47n, 92, 113n, 115, 158n, 192, 217, 302n, 329, 387, 389n, 432, 520; **10**:67, 202, 203, 207, 276, 317, 346, 354, 481, 540, 541, 587c, 591c
  abilities and character of, AE on, **8**:815, 838, 849, 859, 893
  AE on, **9**:80
  and anti-relativists, **7**:*111*
  book of, AE on, **6**:535n
  dispute of with AE, **9**:8n, 552c
  elliptic versus spherical space, discussion with AE on, **8**:767, 776–777
  and extending general relativity, AE on, **9**:80, 118, 403, 452
  financial difficulties of, **9**:79–80
  gauge-invariance, discussion with AE on, **8**:954–956, 967
  GDNÄ meeting in Bad Nauheim
    attendance of, **7**:352, 355, 357n
    planned lecture at, **10**:305
    report on, **7**:*109*
  geodesic and trajectory of point mass, discussion with AE on, **8**:824, 878, 967, 971
  geometry
    inspired by physics in work on, **8**:966
    on local, **8**:721n
    and physics, lecture on, **8**:815
    on relation to Riemannian geometry, **8**:767
    on Riemannian as geodesy, **8**:871
  Hamiltonian of, AE on, **10**:62
  health problems of, **9**:452, 512
  ill with: asthma, **10**:198; tuberculosis, **8**:879
  mass horizon, discussion with AE on, **8**:*355*, 724, 728, 741, 757, 765–767, 776, 786–787
  on new foundations of mathematical analysis, **8**:966
  on parallel transport, **7**:157, 177n, 179n, 544
  philosophical views, **7**:80n
  on point electron, **8**:372–373; discussion with AE on, 365–366, 379–380
  Raum–Zeit–Materie, **7**:*xxxii*, 79–80n; **8**:663, 669, 698, 720, 724, 739, 824, 827, 838, 848, 949, 966; **9**:453, 530
    AE on French edition of, **9**:536
  redshift and theory of, **10**:346

on Schwarzschild solution, **7:**170, 183n, 559, 575n
significance of line element, discussion with AE on, **8:**726–727, 878, 893, 956, 967
unified field theory of (*see* Weyl's unified field theory)
University of Berlin, invited by, **10:**284; AE on, **10:**278
University of Breslau, accepts invitation to, **8:**710; declines position at, 722, 879
University of Göttingen, invited by, AE on, **10:**279
University of Göttingen, plans lectures at, **9:**87–88
University of Halle, considered for position at, **9:**97
University of Zurich
  decision to stay at, AE on, **8:**894
  leaves, **10:**154
weight of tensor, introduces, **8:**711n
Weyl (conformal) scalar, **7:**414, 416n
Weyl (conformal) tensor, **7:**414–415
Weyl's unified field theory, **7:***xxvii*, 61, 131, 139n, 320, 351–352, 357n, 412–414, 416n, 562, 572n; **8:**664n, 670, 710, 711, 712, 716, 801, 824, 879, 938; **9:***xxxviii*, 111–112, 263; **10:**39, 161, 293
AE on, **9:**39, 80, 89, 118, 267–268, 293, 305, 403, 452; **10:**161, 347–348
AE's measuring-rod objection to, **9:**89, 118, 305; **10:**294n, 347–348
Dällenbach on, **10:**591c
AE's objections to, **7:***xxvii*, 61–62n, 80n, 139n, 280n, 352, 404n, 413, 416n, 574n
as alternative to general relativity, **9:***xxxviii*
Besso on, **10:**540–54
discussion with AE on, **8:**712, 720–721, 724–725, 726–727, 728, 741, 742, 757, 765–767, 776–777, 824, 878–879, 893, 948, 954–956, 966–967, 971; **9:**8n, 552c
Eddington on, **9:**263
energy-momentum conservation in, **8:**878
field equations in, **8:**379, 859, 878, 879, 893
Fokker on, **9:**111–112
fundamental ideas of, **7:**412–413
geodesic and trajectory of point mass in, **8:**804
invariant line element in, **8:**951–952
manuscript on, **8:**663
mathematical foundations of, **8:**878

paper on, **8:**709, 710
Pauli on, **9:**267–268
plan of further development of, **8:**801
and redshift, **10:**346
requests to present papers on, **8:**711, 712, 716, 719, 720, 722, 726–727, 741, 742, 744, 757, 767, 948
static solutions with nonzero electric potentials missing in, **9:**268, 293
Weyland, Paul (1888–1972), **7:***105–111*, 345–346, 348n; **10:***xxxviii–xli*, 400, 401n, 408, 419n, 419, 427, 436n, 449, 449n, 452, 460
approaches, for anti-relativity lecture
  Ehrenhaft, **10:**422, 423n
  Julius, **10:**406–407, 424
  Wolf, **10:**400
at Berlin Philharmonic Hall, **10:**383n, 386n, 389, 395n, 461n, 593c
first attack of on AE, **10:**589c
Weyssenhoff, Johann (Jan) V. (1889–1972), **8:**173n, 174, 915; **9:**192
Wheatstone bridge, **1:**35, 186–187, 192; **3:**369, 383, 399n
Whitehead, Alfred N. (1861–1947), **7:***xxi*
Whyte, W. J. Arnold, **9:**588c
Wichmann, Ottomar (1890–1973), **10:**260
Widmer, Eugen, **1:**217n
Wiechert, Emil (1861–1928), **2:***256*; **4:**550n; **5:***59*, 62n, 66n, 71n, 85, 86n; **8:**373, 625; **10:**62
abilities of, **8:**617
electrodynamics of, **5:**61, 64
Geodetic Institute, candidate for directorship of, **8:**596–597, 617, 717, 718n, 796n
paper by cited by AE, **5:***58*
perihelion motion of Mercury, paper on ether theory of, **8:**374
on superluminal velocity, **5:***57*
Wiedemann, Eilhard (1852–1928), **5:**200n
Wiedemann, Gustav (1826–1899), **1:**267n; **5:**479n
Wiedemann-Franz law, **1:***236–237*; **5:**319, 320n
Wiedemann's Annalen. See Annalen der Physik
Wieleitner, Heinrich (1874–1931), **1:**lx n
Wien, Max (1866–1938), **9:**21, 127
DPG, declines chairmanship of, **8:**759, 764, 781
distant sound detection, works on, **8:**760n

Wien, Wilhelm (1864–1928), **2:***147*; **3:**249,
423n, 555, 558; **4:***111*, *123*, *124*, 552n, 562,
621n; **5:**62n, 73n, 95, 95n, 119, 120n, 121,
132n, 185, 261, 300, 420n; **6:**70n, 338n, 382;
7:*104*, *111*, *113*, 321n; **8:**7n, 143n, 157n,
198n, 274, 344, 460n, 569n, 634n, 694n;
9:21–22, 149n, 208, 217, 308–310, 349;
10:*xxxix*, 18n, 40n, 427n, 428n, 435n, 471
   AE compares with Lenard and Moszkowski,
10:468
   AE
      criticizes note by, **5:**156
      influence on, **2:***xxi*
      meeting with in Salzburg, **5:**227
      nominates for Nobel Prize, **5:**629c, 632c
   AE on, **5:**189
   AE writes to, **1:***224*, 233–234
   on AE's and Laub's ponderomotive force,
5:122, 253
   AE's reading of, **1:***xl*, *224*, 234; **2:***259*, *260*,
306n
   Annalen der Physik, co-editor of, **2:**505, 540n;
5:257n; **8:**266
   Appeal of, **8:**77n
   Columbia University, lectures at, **5:**397n
   on constancy of speed of light, **2:**307n
   controversy with, on AE's and Laub's work,
2:*505*, *506*, *507*, 527, 528n
   DPG
      on new statutes of, **8:**33–35
      opposes new journals of, **9:**297
      proposed as chairman of, **8:**32
   directed radiation processes, discussion with
AE on, **8:**461–464
   on displacement law, **2:***135*, 157, 168n
   on entropy of radiation, **2:**155–156, 168n
   electromagnetic worldview of (*see* Worldview:
electromagnetic)
   equivalence of energy and gravitational mass,
abandons, **5:**484
   GDNÄ meeting in Merano, lecture at, **5:***57*
   general relativity, learns, **8:**35
   Institut international de physique, dismissed
from scientific committee of **9:**115n
   Laub on, **5:**184
   Laue, collaboration with, **8:**472n
   Manifesto of the 93, signs, **8:**78n
   manifesto on refusing publications in British
journals, **8:**151n
   Michelson-Morley experiment, discussion of,
1:*224*, 234n
   participates in Bürgerwehr, **9:**60
   and photoelectric experiment of Laub, **5:**130
   on polarization of X-rays, **9:**61
   radiation theory, discussion with Abraham on,
5:*57*, *59*, 448n
   on reply of AE to Mirimanoff, **8:**6
   studies of radiation from sinusoidal currents,
1:259n
   superluminal velocity, **5:**106
      correspondence with AE on, **5:***56–59*, 85
      discussion with Sommerfeld on, **5:***59*
      participates in Dresden GDNÄ discussion
on, **5:***59*, 75n, 86n
   Wilson's experiment, discussion with Laub on,
5:121
   See also Black-body radiation: Wien displace-
ment law for *and* Wien distribution law for
Wien displacement law. *See* Black-body radia-
tion: Wien displacement law for
Wien radiation law. *See* Black-body radiation:
Wien distribution law for
Wiener Akademischer Monistenbund, expresses
sympathy for AE, **10:**597c
Wiener Bank-Verein, **9:**555c
Wiener Freiheitliche Studentenschaft, expresses
sympathy for AE, **10:**597c
Wiener, Otto H, **10:**(1862–1927), 456
Wiener-Khinchin theorem, **4:**602n
Wietikon, **3:**576
Wilamowitz-Moellendorff, Ulrich von (1848–
1931), **7:**283n; **9:**350n, 511, 612c; **10:**395
   leads campaign against pacifists, **9:**385n
   meets with AE, **9:**511
   political differences of with AE, **9:**511
Wildbolz, Eduard (1858–1932), **9:**162n
Wildbolz, Georg (1893–1951), **9:**162n
Wildbolz affair, **9:**160
Wildhaber, Jacques, *Diplom* examination of,
5:632c
Wildhagen, Max (1888–1960), **9:**122–123
Wilhelm, Crown Prince (1882–1955), abdicates,
8:965n
Wilhelm II, German Emperor (1859–1941),
7:*xxi*; **8:**87n, 135n, 571n
   abdicates, **8:**869n, 930n, 932n, 944n, 964
   confirms AE's membership in PAW, **5:**635c
   Easter message of, **8:**506n; **10:**97n

Wilhelmina, Queen of the Netherlands (1880–1962), confirms AE as corresponding member of Royal Dutch Academy of Sciences, **10**:*xlv*, 268n, 600c
Wilkens, Alexander (1881–?), **8**:658
Wille, Ulrich, **9**:162n
William of Orange, **9**:418n
Willigens, Charles, **10**:421
Willstätter, Richard (1872–1942), **5**:511, 514n
  nominated for membership of PAW, **8**:991c
  terms of appointment at University of Berlin, **5**:514n
Willy, Rudolf, **8**:495n
Wilouner, ?, **9**:226
Wilson, Harold Albert (1874–1964), **7**:88
Wilson, Woodrow (1856–1924), **8**:918, 930n; **9**:*xlv*, 17n, 144n, 205n; **10**:347
  supports Balfour Declaration, **9**:17n
  supports League of Nations, **9**:119n, 143
Wilson effect, **2**:*505*, 513–517, 517n, 539; **8**:6. *See also* Material medium: dielectric
Wilson's experiment on polarization, **4**:17, 27; **6**:48, 67n
  AE and Laub on, **5**:122n
  discussion between Wien and Laub on, **5**:121
Winchester, George, **10**:595c
Wind, Cornelis (1867–1911), **5**:312n; **7**:53n; **8**:873
  death of, **5**:311
  succession of, AE's possible candidacy for, **5**:311
  See also University of Utrecht: vacant chair at
Wing, lifting power of, **6**:400, 401
Winkelmann, Adolf (1848–1910), **3**:*9*
Winteler, Anna. *See* Besso-Winteler, Anna
Winteler, Fridolin (1873–1953), **1**:267
Winteler, Jost (1846–1929), **1**:*xxxvi, lxv, 12,* 233n, 282n, 287, *385*; **5**:47n; **8**:10n, 201, 223n, 667n; **9**:307n, 340n
  AE invites to Zurich, **5**:531
  asked by AE for recommendation for position at Burgdorf Technical School, **1**:307, 308n, 309, 315
  biography, **1**:*388*
  death of wife and son of, **5**:45n; AE's condolences on, 44
Winteler, Jost, son of Jost and Pauline Winteler, **1**:*388*
Winteler, Julius, **1**:*388*

Winteler, Marie. *See* Müller-Winteler, Marie
Winteler, Matt, expresses sympathy for AE, **10**:401
Winteler, Matthias (1878–1934), **1**:*388*
Winteler, Paul (1882–1952), **1**:*380, 388*; **5**:161, 161n, 181n, 438n, 531; **8**:285, 446, 495, 497, 884, 945; **9**:*xxx*, 3n, 48n, 105, 129–131, 147, 171, 219, 530, 551c; **10**:*xxxii, xxxiv*, 62, 110, 123, 144, 147–148, 153n, 169–170, 182, 185n, 187, 196, 215, 224, 267, 402
AE
  on food package for, **10**:188
  offers advice in financial matters, **10**:507–509
  proposes Swiss lakes to for sailing, **10**:170
AE feels comfortable with, **10**:112
AE praises, **10**:121
disappointed by AE's cancellation of visit to Lucerne, **10**:170
Einstein, Pauline
  on estate of, **10**:266–267
  on financing move to Berlin of, **10**:234–235
  opposes move to Berlin of, **10**:235
hobbies of, **10**:216
on leaving Lucerne, **10**:507
marital problems of, **9**:294, 342; denies rumors of, **10**:231
on publication of *Einstein 1917a* with better financial conditions, **10**:508
on quarrel between AE and Besso-Winteler, **10**:171
retires, **10**:507, 510
and SAG shares, **10**:216, 231, 234, 507, 510, 567c
tours with Hans Albert Einstein in the Alps, **10**:110, 111
Winteler-Einstein
  on birthday of **10**:182
  defends character of, **10**:266–267
Winteler, Pauline (neé Eckert) (1845–1906), **1**:*385*; **5**:3n; **9**:52n
  biography, **1**:*388*
  death of, **5**:45n; AE's condolences on, **5**:44
Winteler, Peter (1886–1963), **10**:168
Winteler, Rosa. *See* Bandi-Winteler, Rosa
Winteler family, **1**:305, 306, *388, 389*
  AE's relationship with, **1**:*xxxvi, xxxix, lxv*, 219, *372*
  Winteler-Einstein's relationship with, **1**:234

Winteler-Einstein, Maja (1881–1951), **1**:249, 280, 300, 306; **2**:*43, 266*; **3**:*5*, 574; **5**:115n, 141n, 161, 438n, 586; **7**:292n; **8**:85n, 167, 167n, 169, 189, 287, 446, 452, 454, 477, 497, 503, 566, 666, 819, 884, 989c; **9**:29, 48n, 65n, 69n, 92n, 93n, 105, 119, 129–131, 138, 147, 170–172, 201, 219, 290n, 304n, 307n, 340n, 442, 487, 492n, 530, 572c, 582c; **10**:*xxxi, xxxiv–xxxv*, 41, 83, 84, 90, 99, 107, 110, 130n, 144, 146, 147, 151n, 153n, 168, 171, 215, 218, 229, 231, 267, 281, 507, 540

AE
- biographical memoir of, **1**:*xxxv, xlviii–lxvi, 239*
- suggests mountain air to, **8**:580
- visits, **8**:282, **10**:130
- AE enjoys staying with, **8**:168, 497
- AE feels comfortable with, **10**:111, 112
- AE visits, **5**:329n; **8**:284, 503; **10**:99
- on AE's and Elsa Einstein's children, **10**:169
- AE's holidays with, **1**:219, 231, 286n, 288, 303–328, *376*
- AE's impressions of, **1**:221, 280, 288, 330
- on AE's popularity, **10**:230
- AE's travels with, **1**:*374*
- arrives in Berlin, **9**:339, 592c
- at Filzbach primary school, **10**:168–169, 186
- Besso-Winteler, feelings about, **10**:152
- biography, **1**:389
- birthday of, **8**:945; **10**:182
- character of, Vero Besso on, **10**:152
- disappointed by AE's cancellation of visit to Lucerne, **10**:169
- education, **1**:234n, 238n, *389*
- Einstein, Pauline
  - on hiring nurse for move to Berlin of, **10**:229–230
  - and inheritance of, **10**:266
  - on last months of, **10**:511
  - proposes moving to Berlin, **10**:218
  - takes care of, **10**:195–196, 224
- Einstein-Marić
  - attitude toward AE's relationship with, **1**:305, 314, 317, 336
  - bad relationship with, AE on, **5**:457
- financial problems of, **5**:10, 12, 16n
- marital problems of, **9**:294, 342
- marriage of, **5**:181
- plays piano, **10**:123
- praised by AE for hospitality, **10**:114
- press campaign against, **10**:402
- as prospective host for Hans Albert Einstein, **10**:81, 90, 147, 149
- reads *Einstein 1917a*, **10**:230
- on rumors about AE leaving Berlin, **10**:402
- sends food package for AE, **10**:169, 187
- stay in Paris, **5**:181
- tutors Bice Besso, **5**:12n

Winteler, Paul
- life with, as model of harmonious life, **10**:100, 117, 119, 121
- on retirement of, **10**:510

Winternitz, Josef (1896–1952), **10**:332, 341

Winterthur, Canton of Zurich
- AE's stay at, **1**:*xxxvii*, 297–317 passim, *376*. *See also* Rebstein, Jakob; Technikum Winterthur; Wohlwend, Hans

Winzer, M. J., **8**:1020c

Wirtinger, Wilhelm (1865–1945), **7**:413–414, 416n; **9**:400; **10**:38

Wirtschaftshilfe der deutschen Studentenschaft, Amerika-Werkstudenten-Dienst, solicits letter of recommendation to American companies, **10**:595c

Wirz, ?, **1**:271

Wisconsin, University of (*see* University of Wisconsin)

Wise, Stephen (1874–1949), **7**:*234*

Wissenschaftliche Gesellschaft für Luftfahrt
- general meeting of, **8**:708
- invites AE to join, **8**:709
- Prandtl lectures to, **8**:709

Witches' sabbath, **5**:337, 343

Witkowski, Georg, **9**:481

Witte, Hans, **5**:225

Wittelsbacherstraße. *See* Berlin: residences of AE in

Wittfeld, Gustav (1855–1923), proposes test of Lense-Thirring precession, **9**:250

Wittich, Karl (1868–1939), **5**:518n

Wittig, Hans, **9**:520
- dedicates dissertation to AE, **9**:521
- extends concept of energy conservation to psychology, **9**:520
- space and time in psychology, writes book on, **10**:245

Witting, Alexander (1861–1946), **5**:523n

Wohlfahrt, Theodor, **1**:*353*

Wöhlisch, Edgar (1890–1960), **10:**467, 482
Wohlwend, Clara (1880–1958), **5:**7n
Wohlwend, Hans (1878–1962), **1:**299; **5:**7n, 46; **8:**58, 84, 392
   AE invites, **5:**6
   AE plays music with, **1:**21, 307n, 309n
   teaches AE English, **5:**589, 589n
   visits Wintelers, **1:**305, 307n
   Wintelers complain about AE's lifestyle to, **1:**306
   works in Karachi, **5:**46n
Wohlwend, Karl (1881–1944), **5:**7n
Wohlwend, Max (1888–1944), **5:**7n
Wohlwend, Mrs. Max, **10:**528
Wohlwend-Battaglia, Maria (1879–1980), **8:**58; **10:**167
Wohlwend-Rupp, Lina (1855–1910), **5:**7n
Wolf, Max (1863–1932), **10:**427
   approached by Weyland for anti-relativity lecture, **10:**400
   expresses sympathy for AE, **10:**400
   on Weyland's misusing his name, **10:**400, 408
Wolfer, Alfred (1854–1931), **1:***367, 369*; **9:**8n, 315, 383n
   Bernoulli and Briner, requests opinions on, **9:**589c
Wolff, Cornelia, **9:**597c
Wolff, Heinrich (1875–1949), **10:**260
Wolff, Theodor (1868–1943), **7:**297n; **9:**28n, 29n
Wolffsohn, David (1856–1914), **9:**255n
Wolfinger, Max, **1:***360, 361*
Wolfke, Mieczyslaw, **9:**192; *Habilitationsschrift* of, **5:**633c
Wolfromm, Wilhelm, **7:**195n
Wolfskehl Foundation, **8:**142n, 146n, 292n
Wolfskehl lectures
   of AE, **8:**142n, 143n, 145, 154
   of Debye, **8:**24, 27n
   of Mie, **8:**291, 461n, 462, 569, 571–572, 577–578, 587, 649, 650, 750, 752
   of Planck, **8:**701, 715, 740n, 762, 765, 774
   of Smoluchowski, **8:**291, 293
Wolfskehl meeting (Göttingen)
   AE declines invitation for, **5:**502, 505
   Debye's invitation for, **5:**506n
Wollermann, E., on unified theory of matter, **8:**1024c
Women's International League for Peace and Freedom. *See* Internationale Frauenliga für Frieden und Freiheit
Wood, Robert (1868–1955), **3:**580; **5:**212, 214n
Work, **1:**83–92, 111, 116; **3:**30, 32, 42, 68–69, 84–86, 119, 127n, 293, 321, 332, 336, 339
   electric, **3:**334
   and electric forces, **3:**348
   and energy increase, **3:**375
   and gravity, **3:**348
   and magnetic fields, **3:**350
   mechanical, **3:**334, 554
   ponderomotive, **3:**370
   virtual, **3:**85–86
Workers' and soldiers' councils, **8:**947n, 964
Workers' Welfare Bureau of Jewish Organizations. *See* Arbeiterfürsorgeamt der jüdischen Organisationen
World line, **4:**68; **6:**122, 488; **7:**134, 140n, 315;
   not time-orientable, **8:**779–780
World-matter. *See* Relativity, general theory of: world-matter in
World point, **4:**68; **7:**263
World's Fair International Congress of Electricians, Chicago 1893, **1:**191n
Worldview
   classical, **2:***xxvii*
   electromagnetic, **2:***xxvii*, 269, 561
   electromechanical, **2:**415
   energeticist, **2:***xxvii*, 207
   mechanical, **2:**72
   relativistic, **2:***xxv*, 415
World War I, **6:**28n, 69–70, 281, 282n, 570n, 578
   AE's opinion on, **6:**211–213
   Allied blockade, **8:**961n
   Armistice, hope for, **8:**935
   Austria-Hungary
      declares war on Serbia, **8:**719n
      peace negotiations of, **8:**872n
   Belgium
      atrocities to German prisoners-of-war in, refutation of, **8:**63
      German atrocities in, **8:**347n, 702n
      military actions in, **6:**71n
      provocations by population of, **8:**929
   Bulgaria, sues for peace, **8:**892n
   Finland, **8:**370n
      civil war in, **8:**626n
      gains independence, **8:**620n, 626

World War I (*cont.*)
  German deportation of Belgian workers during, **7:**239, 241n
  German military conduct in Belgium and Poland during, **7:**295
  German wartime atrocities during, examined, **7:**241n
  Germany
    Allies, armistice with, **8:**930n, 932n, 944n, 961n
    France, declares war on, **8:**53n
    gas warfare by, **8:**452n, 620n, 717
    military position of, **8:**170, 589, 892n
    rail transport in, **8:**635n
    Russia: armistice with, **8:**589n; invades, 53n; peace talks with, 629n; peace treaty with, 746n
    submarine warfare by, **8:**413n, 505
  Italy
    declares war on Austria-Hungary, **8:**125n, 130
    leaves Triple Alliance, **8:**125n
    political position of, **8:**120n, 130
  outbreak of, **10:**25n
  Versailles. *See* Versailles Peace Treaty
  Russia (*see* World War I: Germany)
  Serbia, Austria-Hungary declares war on, **8:**719n
  Turkey, defeated in Palestine, **8:**892n
  United States
    opposition to war in, **8:**91
    relationship to hostilities in Europe, **8:**206n
  See also Einstein, Albert: Politics
Wostok publishing house. *See* Publishers
Wright, Joseph (1878–1910), **8:**436
Wüchner, Hans, **1:**351
Wüest, Conrad (1849–1904), **1:**219n, 227, 233
Wundt, Wilhelm (1832–1920), **9:**350n, 481, 518
Württemberg, **1:***xlviii*, 20, 54, 245, 372; war with Bavaria, **6:**211
Würzburg, University of. *See* University of Würzburg
Wyczalkowski, Jan, **5:**243
Wyss, Heinrich, **1:***240, 241*
Wyss, Konrad, **9:**94n
Wyss, Rudolf (furniture store), **5:**139

X-ray diffraction, **4:***552n, 554*, 554n; **7:**53n
  alternative theories of, **5:**519
  Bragg's lecture on at Second Solvay Congress, **5:**562
  Bragg's theory of, **5:**519n
  influence of temperature on, Debye's work on, **5:**562
  Laue's discovery of, **5:**480; AE on, 482, 483
  Laue's theory of, 519n
  Stark's theory of, **5:**519n
X-ray photo, bright rim on, **8:**873
X-ray polarization
  Seemann on, **9:**22, 61
  Wien on, **9:**61
X-ray spectra, **8:**561, 783, 784n
X-ray spectroscopy, funded by KWIP, **9:**560c, 562c, 567c
X-rays, **3:**249, 515, 515n, 540, 543; **4:**292, 562; **7:***xxix*, 53n
  absorption by metals, **2:***145*
  deflection of, **8:**873
  diffraction of (*see* X-ray diffraction)
  energy quanta in, **2:***145*, 586
  experiments on absorption of, **3:**547n
  investigation of crystal structure by, **8:**576
  nature of, polemic between Sommerfeld and Stark on, **5:**233n
  production of, by cathode rays, **2:**552n, 573–574; AE on, **5:**427
  pulse theory of, **5:**230n, 233n
  reflection and refraction of, **7:**51–52
  spatial distribution of energy of
    AE on, **5:**228–229
    Sommerfeld's paper on, **5:**228
  Stark's application of light quantum hypothesis to, **5:**203n
  Stark's experiments on, **2:***145*

Yerkes Observatory, **8:**470
York-Steiner, H., **9:**583c
Young, Thomas (1773–1829), **2:***171*; **6:**197

Zabel, Walter, **3:**7, 128n
Zagreb (Agram), **1:**294, *380*
Zahn, H. (1877–1952), **9:**74
Zametzer, Josef, **1:**350
  AE's mathematics classes with, **5:**38n
  congratulates AE on doctorate, **5:**38
  thanks AE for sending papers, **5:**38
Zangger, Gertrud (1907–1918), **5:**340, 341n; **8:**659n; **10:**145n, 154

death of, **8**:730n, 815n, 852n
ill with: measles, **8**:572, 574; pneumonia, **8**:666n
Zangger, Gina (1911–2005), **5**:346, 347n, 422n; **10**:*xxix*
  birth of, **5**:341n; AE's congratulations on, 340
Zangger, Heinrich (1874–1957), **2**:*217*; **3**:175n, 409; **5**:32n, 149n, 289n, 294, 304, 340n, 396n, 402n; **7**:53n, 334n; **8**:7n, 45n, 47n–48n, 76n, 93, 103, 116, 119n, 130n, 144, 146n, 154n, 164, 172–173, 186n, 189n, 190, 198, 220n, 281n, 283, 287, 317, 318n, 320, 330n, 339–340, 348, 366n–367n, 390n, 409, 442, 445n, 449n, 453, 458n, 498n, 504, 515n, 568, 580, 615n, 636n, 659n, 666, 669n, 678n, 729, 738n, 789n, 813, 817n, 855n, 911, 916n, 939; **9**:*xxx, xl, xlv*, 3n, 7n, 11, 12n–13n, 36n, 48n, 69n, 78–79, 92–93, 99n, 139n, 172n, 192, 197n, 203n, 269n, 270, 271n, 288n, 299n, 302n–303n, 305, 325, 330n, 340n, 345n, 345, 373n, 378n, 406n, 428, 451n, 487, 489n, 499n, 513n, 517; **10**:*xxix–xxxvii*, 12, 20–22, 24, 28, 31, 33–35, 37, 39, 42, 44–45, 47–50, 54–55, 57, 64, 66, 68, 71, 78–80, 83–84, 86–89, 91, 97–98, 103, 112, 116, 119, 125, 129, 133, 135–137, 140, 143, 145, 148, 151n, 158, 160, 164, 170n, 178–179, 190, 196n, 196, 201–202, 218, 229, 278, 317
  AE
    on cosmological model of, **8**:574
    diagnoses: with duodenitis, **8**:485n, 496n, 497n; **10**:108; high blood pressure, 102
    dissuades visit to Switzerland of, **8**:320n
    empathy with research efforts of, **8**:574
    encourages visit to Switzerland of, **8**:219
    examines, **10**:99, 100, 103
    hints at move to Zurich of, **8**:454
    joint professorship in Zurich, discussion with, **8**:455n, 849, 851, 852–853, 855, 856, 858, 870, 872, 894
    keeps informed about sons of, **8**:134
    on neglect of sons by, **10**:90
    on popular book on relativity of, **8**:455; promises special food to, **10**:68
    proposes drinking cure for, **10**:70
    proposes stay in Tarasp to, **8**:446
    on resentment from, **8**:665
    sends bill to, **8**:598
    sends food packages to, **8**:400, 406, 407, 455; **10**:68, 70, 73–74, 76, 93
    as teacher, comment on, **5**:332
  AE apologizes to, **10**:145
  AE asks to help Adler, **8**:409
  AE dislikes boarding with, **10**:100
  AE expects help from in obtaining rights to visit sons, **8**:168, 169
  AE invites, **8**:185
    to Prague, **5**:421; **10**:16; Heller's suggestion for, **5**:415
  AE on modesty of, **10**:92
  AE praises, **8**:210
  AE on qualities and position of, **5**:278
  AE requests help from in obtaining visa, **8**:172–173
  AE on sensitivity of, **10**:24
  AE thanks
    for hospitality, **8**:173
    for taking care of sons, **8**:153, 173
  AE's ETH appointment, role in, **5**:371, 378; **8**:455n, 852n; **10**:*xxxiii*, 317
  AE's sons, takes care of, **9**:487
  AE's Swiss family, helps, **10**:142
  appointment to full professor, **10**:16
  at the Riviera, **10**:238
  on *Born 1920a, 1922c*, **10**:513
  Brownian motion
    discussed with AE, **5**:32n, 118n
    experiments with Böhi on, **5**:296–298
  character of, **8**:210
  on conditional sentencing, **10**:318
  considers position in Paris, **5**:279n, 290, 354n, 372
  Debye's ETH appointment, role in, **9**:304n; **10**:317
  depressed, **10**:19
  Einstein, Eduard
    on health condition of, **8**:618
    pays expenses for sanatorium stay of, **8**:581, 590; **10**:126
    praises, **8**:851
    takes care of, **10**:56; AE on burden of, 90
  Einstein, Elsa, on cause of illness of, **10**:191
  Einstein, Hans Albert
    opens home to, **8**:443, 658, 665; **9**:303, 306, 326, 338, 451, 487n, **10**:236
    praises, **8**:454
    takes care of, **10**:56, 79, 81, 85; AE on burden of, 90

Zangger, Heinrich (*cont.*)
  Einstein, Pauline
    examines, **10**:201, 209, 215
    on transport of, **9**:214
    uncertain about cancer of, **10**:207–208
  Einstein-Marić, **10**:102
    angry with, **8**:219
    on condition of spinal cord of, **8**:573–574
    diagnoses with brain tuberculosis, **8**:330, 331
    on illness of, **8**:372, 885n
    medical advice to, **8**:316
  England, lacks sympathy for, **8**:171n
  European morals, on decline of, **8**:574
  expert opinion, work on, **8**:444
  on *Freundlich 1916a*, **10**:513
  GDNÄ meeting in Karlsruhe, attends, **5**:326n
  handwriting, illegibility of, **10**:27, 75, 107, 279; AE on, **8**:129, 561
  Heller, on state of mind of, **5**:414
  hopes for position in Paris, **10**:17
  ill with
    heart disease, **8**:204
    influenza, pleuritis, and pneumonia, **8**:873n, 940
    periostitis, **8**:444, 451, 495; **10**:79
  intermediary between AE and Einstein-Marić, **8**:321
  Kammerer, helps, **9**:512
  manuscripts of, **8**:118, 134, 145, 185
  medical confidentiality, paper on, **8**:134
  medicine and law, book on, **8**:444, 495
  Nicolai
    expert opinion on, **8**:572
    psychological assessment of, **9**:484n
  organizes conference on probability, **10**:*xxxiii*
  Perrin, meets with, **8**:561
  probability, manuscript on, **10**:161–162
  problems with colleagues, **10**:83, 85
  raises funds for guest lecturers, **10**:513
  reflects on life, **5**:397
  relativity, works on personal account of, **8**:411n, 455
  report on conditions in office of, **5**:596n
  sick leave of, **5**:596n, 602n
  on *Sommerfeld 1919*, **10**:513
  Switzerland, on economic situation in, **8**:408, 410
  takes drinking cure in Tarasp, **10**:114; invites
    AE to visit, 119
  University of Zurich
    activities at, **5**:279n
    promotion at, **5**:468n
    quarters at, **5**:333n
  on use of spectrography in forensic medicine, **10**:317–318
  visits
    AE in Lucerne, **10**:107
    AE in Prague, **5**:314n, 325n; **10**:17
    Einstein, Pauline, **9**:81, 92, 105
    Forrer with AE, **5**:332
    patients in Prague, **5**:395n; **10**:17
    Rolland, Romain, with AE, **8**:998c
  Weyl
    intervenes on behalf of, **10**:317
    reads book on continuum by, **8**:940
    takes care of treatment for tuberculosis of, **10**:512
  workload of, **5**:398n; complains about, 397
Zangger-Mayenfisch, Mathilde (1883–1981), **5**:326n, 346, 347n, 422n; **8**:173; **9**:339, 513, 609c; **10**:12n, 86, 100
Zangger-Müller, Rosine, **10**:25n
Zangwill, Israel (1864–1926), novels on Jewish ghetto life, **9**:415
Zeeman, Pieter (1865–1943), **4**:*4*; **6**:536n; **9**:145, 150, 247, 296, 416n, 422n, 502; **10**:*xlv*, 268n, 275n, 277, 475
  as curator of AE's Leyden professorship, **10**:366, 374
  on directional dependence of gravitational lines of force, **8**:608n
  on directional orientation of gravitational mass of crystals, **8**:602
  on measurements with Eötvös torsion balance, **8**:602
  Nobel Prize, nominates AE for, **9**:418n, 597c
  speed of light in moving media, experiments on, **6**:452, 536n; **8**:608, 161; **9**:209, 296
  Solvay Congress, Third, invited to, **10**:303
Zeeman effect, **4**:*4*, 15; **8**:783; in solar atmosphere, **5**:355, 567
Zehden, Alfred (1876–1948), **8**:588
Zeipel, Hugo von (1873–1959), **7**:424n
Zeiss optical works, **2**:559n; **8**:470
Zeitler's Studienhaus-Zusatz-Stiftung, invites AE to attend session, **10**:603c
Zeitschrift für Physik, **9**:297, 309, 470n

Zemplén, Gyözö (1879–1916), **4:**508, 510n
Zenneck, Jonathan (1871–1959), **8:**373, 815n
Zentralkomitee für das ärztliche Fortbildungswesen in Preußen, invites AE to lecture, **10:**599c
Zermelo, Ernst (1871–1953), **4:**586; **5:**242n, 314, 449n; **9:**192
    AE invites, **5:**242, 502
    Göttingen, position in, **5:**449n
    University of Zurich
        candidacy for chair at, **5:**449
        leaves of absence due to ill health from, **5:**449n
Zerner, Fritz (1895–1951), **10:**295
Zernike, Frits (1888–1966), **3:**285, 311n; **9:**247; **10:**53n
Zero-point
    degrees of freedom at, **6:**254–255
    entropy at, **6:**38, 264, 256–257
    molecular magnetic moment at, **6:***146*
    state of system at, **6:**37–38
Zero-point energy, **3:**281n; **4:***552n*, 553; **5:**562; **6:**33, 39n, *146*, *148*, 152, 170n, 173, 189n, 191; **8:**20, 38, 41, 42n, 91, 246; **10:**17, 499
    AE's and Stern's paper on, **4:***270–273*, 275–284, *552n*; **5:***395n*; AE's objections to, **4:***270*, *273*, 553n, 553; **5:**564
    for rotational motion, **10:**356n, 443
    Haber on, **5:**539
    Keesom's work on, **5:**564n
    in Planck's theory, **5:**466n
Zeuner, Gustav Anton (1828–1907), **2:**126, 126n, 326, 326n
Ziegler, Hans, **2:**586
Zimmerli, Jakob (1860–1918), **5:**525n
Zimmermann, Heinrich (1877–1961), **5:**396n; investigation against, **5:**396
Zinglé, Alfred (1884–?), **5:**507n
Zionist Association of Germany. *See* Zionistische Vereinigung für Deutschland
Zionist conference of 1920, program of, **9:**241n
Zionist meeting, AE attends, **9:**223n, 550c
Zionist movement, **1:***lx*; **7:**428, 629
    AE to aid cause of, **9:**180, 267
    AE's American tour on behalf of, **7:**439, 623–627
    debate about cultural or political nature of, **7:***233*, 435n
    devotion to, **7:***229–236*

    Ehrenfest on, **9:**248
    importance of cultural aspect, **7:**439
    See also Einstein, Albert: Jewish matters
Zionist Organization (German), **8:**774n
Zionist Organization (international), **7:**227, *231*, *234*, 436n, 443n; **9:**334n
    Annual Conference of, **7:***235*
    Education Department of, **7:***230*, 447n
    and Hebrew University, **9:**153n; funding for, 364–365
    University Advisory Committee, **7:**436n
    World Congress of
        Eleventh, **7:***231*; **9:**213n, 249n, 254
        Fifth, 447n
    Zionist Executive of, **7:***234*
    See also Hebrew University of Jerusalem
Zionist Organization of America, **7:***231*, *234*, 436n
    dispute with Zionist Organization, *233–234*
Zionist Society at the University of Chicago, **9:**423n
Zionist Student Association of Eastern Galicia
    on AE and Hebrew University, **10:**463
    expresses sympathy for AE, **10:***xl*, 463
Zionistische Vereinigung für Deutschland, **7:**225, 229, 232, *234*, 240n, 293n; **8:**772, 963, 970; **9:**181n
    AE approaches, **8:**773
    AE attends meeting of, **9:**567c
    Program of Zionism, **7:***232*
    proposed congress of, **7:**224
    tension with Central-Verein, **7:**225, 297n
Zloscisti, Theodor, **9:**327n
Zoff, Otto, **9:**323n
Zofingen, Canton of Aargau, **1:**231
Zopf, Elisabeth, **10:**593c
Zsigmondy, Richard A. (1865–1929), **2:***209*, *219*, 345n; **8:**291
Zug, Canton of, **1:**225, 314
Zugersee, Switzerland, **10:**41
Zuiderzee, The Netherlands, AE's and Lorentz's walk along, **10:**52
Zuoz (Canton Grisons), **10:**164; AE in, **9:**4
Zürcher, Emil, Jr. (1877–1937), **8:**312, 321, 409n, 635, 678, 679n, 718, 731, 755, 884, 959, 1027c, 1030c, 1033c; **9:**8, 35, 345, 496; **10:***xxxvi*, 37, 45, 49, 141, 155, 156n, 157–160, 164–165, 179, 181, 217, 229, 497–498
    AE praises, **10:**44

Zürcher, Emil, Jr. (*cont.*)
　　and divorce contract of AE and Einstein-Marić, **10**:147, 150
　　manages AE's financial support for Swiss family, **9**:214, 270, 338, 345
　　solicits photo from AE, **10**:445
Zürcher, Emil, Sr. (1850–1926), **5**:278n; **8**:409n
Zürcher, Richard (1911–1982), **8**:227, 407, 735; **10**:345
Zürcher and Furrer printing firm, **5**:*305*
Zürcher Heilstätte bei Aegeri, **9**:340n
Zürcher-Siebel, Johanna (1873–1939), **8**:312; **9**:345, 496; **10**:45–46, 49
　　AE praises, **10**:44
　　Einstein-Marić
　　　　helps, **8**:316; **9**:36n
　　　　on household of, **8**:372
　　　　　　intermediary between AE and, **8**:321n, 409n
Zurhellen, Walther (1880–1916), **8**:469
Zurich, **3**:*xix*, *xxii*, 281n, 310, 310n, 315, 315n, 316, 396n, 417, 418n, 420, 42ln, 422, 458
　　AE compares with Berlin, **10**:496
　　AE returns to, **3**:*xviii*
　　AE visits in 1917, **10**:*xxxiv*
　　AE's feeling of loneliness in, **10**:497
　　county court in, **9**:556c
　　free air in, AE on, **10**:19

Hans Albert Einstein's school in, **8**:114n
heating shortages in, **9**:3n, 6n
influenza in, **8**:940
poor treatment of scientists in, **9**:498
riots in, **9**:94n, 307n
strike in, **8**:940n, 942n
student procession in, **5**:393n
tense situation in, **8**:941
University of (*see* University of Zurich)
vacancy at Gymnasium in, AE's application for, **5**:91, 92
Zurich, Canton of, AE's stay in, **1**:60–298 passim, *373–375*
Zurich Kantonsschule, **8**:226n, 442n; **10**:157n, 167n, 194n, 228n
Zurich Municipal Naturalization Commission
　　AE's citizenship applicant's questionnaire, **1**:269–270
　　minutes of, **1**:271–272
Zurich Physical Society. *See* Physikalische Gesellschaft Zürich
Zurich Physics Colloquium, **9**:196, 200; congratulates AE, 192
Züricher Obersee, **1**:225
Zweig, Arnold and Beatrice, **9**:581c
Zweig, Stefan (1881–1942), **9**:322, 323n, 392; **10**:*xxxix*
　　expresses sympathy for AE, 392–393, 434

总引用文献和总引文索引（第一卷—第十卷）

本引用文献列出了《爱因斯坦全集》第一卷—第十卷中引用的所有具名作者的引用文献，以及它们在各卷中的页码。此列表未列出不具名的个人作者或编辑的文献，例如 Vorlesungsverzeichnisse，Adressverzeichnisse，Statuten，Verhandlungen，Jahresberichte，Journal run 等。

在"论文集"系列的各卷中，参考文献以"作者、年份"形式的简称来标识。同一作者在同一年的不同出版物中，以结尾字符"a"，"b"等进行区分。这些简短的标题在论文集系列的各卷中不一致。因此，在每个条目末尾给出的总引文列表中，粗体数字表示卷号，其后的斜体文字是在该特定卷中引用该参考文献的简称。对于引用文献中其他项目的交叉引用也是如此。在引文列表中，页码的后缀"n"表示该引用出现在尾注中，而尾部的"c"表示该引用出现在日程表中。

Abbe, Ernst. *Die Lehre von der Bildentstehung im Mikroskop.* Lummer, Otto and Reiche, Fritz, ed. Braunschweig: Vieweg, 1910.
Cited: **5** *Abbe 1910*: 625c.

Abderhalden, Emil. *Lehrbuch der physiologischen Chemie in Vorlesungen.* 3d ed. Part 1, *Die organischen Nahrungsstoffe und ihr Verhalten im Zellstoffwechsel.* Berlin: Urban & Schwarzenberg, 1914.
Cited: **8** *Abderhalden 1914*: 889n.

Abraham, Max. "Die electrischen Schwingungen um einen stabförmigen Leiter, behandelt nach der Maxwell'schen Theorie." *Annalen der Physik und Chemie* 66 (1898): 435–472.
Cited: **1** *Abraham 1898*: 259n.

———. "Geometrische Grundbegriffe." In *Encyklopädie der mathematischen Wissenschaften, mit Einschluss ihrer Anwendungen.* Vol. 4, Mechanik, part 3, pp. 3–47. Klein, Felix, and Müller, Conrad, eds. Leipzig: Teubner, 1901–1908. Issued 6 June 1901.
Cited: **4** *Abraham 1901*: 232n.

———. "Dynamik des Elektrons." *Königliche Gesellschaft der Wissenschaften zu Göttingen. Mathematisch-physikalische Klasse. Nachrichten* (1902): 20–41.
Cited: **2** *Abraham 1902a*: 269, 270, 310n, 372n, 412n, 461, 486n. **8** *Abraham 1902*: 380n.

———. "Prinzipien der Dynamik des Elektrons." *Physikalische Zeitschrift* 4 (1902): 57–62.
Cited: **2** *Abraham 1902b*: 269, 270, 310n, 372n, 412n, 553n.

———. "Prinzipien der Dynamik des Elektrons." *Annalen der Physik* 10 (1903): 105–179.
Cited: **2** *Abraham 1903*: 260, 261, 269, 270, 308n, 310n, 372n, 412n, 553n.

———. "Der Lichtdruck auf einen bewegten Spiegel und das Gesetz der schwarzen Strahlung." In *Festschrift Ludwig Boltzmann gewidmet zum sechzigsten Geburtstage 20. Februar 1904*, pp. 85–93. Meyer, Stefan, ed.

Leipzig: Barth, 1904.
Cited: **2** *Abraham 1904a*: 309n.

———. "Kritik der Erwiderung des Hrn. W. Wien." *Annalen der Physik* 14 (1904): 1039–1040.
Cited: **5** *Abraham 1904b*: 59n, 448n.

———. *Theorie der Elektrizität*. 2d rev. ed. Vol. 1, August Föppl, *Einführung in die Maxwellsche Theorie der Elektrizität*. Abraham, Max, ed. Leipzig: Teubner, 1904.
Cited: **2** *Abraham/Föppl 1904*: 236n, 255, 256, 307n, 309n, 528n. **4** *Abraham/Föppl 1904*: 232n.

———. "Zur Theorie der Strahlung und des Strahlungsdruckes." *Annalen der Physik* 14 (1904): 236–287.
Cited: **2** *Abraham 1904b*: 260, 307n, 309n. **3** *Abraham 1904*: 272, 281n. **5** *Abraham 1904a*: 448n.

———. *Theorie der Elektrizität*. Vol. 2, *Elektromagnetische Theorie der Strahlung*. Leipzig: Teubner, 1905.
Cited: **2** *Abraham 1905*: 207, 262, 523, 528n. **3** *Abraham 1905*: 257n, 398n. **5** *Abraham 1905*: 120n.

———. *Theorie der Elektrizität*. 3d rev. ed. Vol. 1, August Föppl, *Einführung in die Maxwellsche Theorie der Elektrizität*. Abraham, Max, ed. Leipzig: Teubner, 1907.
Cited: **3** *Abraham/Föppl 1907*: 9, 398n, 399n. **4** *Abraham/Föppl 1907*: 570n.

———. *Theorie der Elektrizität*. Vol. 2, *Elektromagnetische Theorie der Strahlung*. 2d ed. Leipzig: Teubner, 1908.
Cited: **7** *Abraham 1908*: 359n.

———. "Zur Elektrodynamik bewegter Körper." *Circolo Matematico di Palermo. Rendiconti* 28 (1909): 1–28.
Cited: **4** *Abraham 1909*: 107n. **5** *Abraham 1909*: 162n, 309n. **8** *Abraham 1909*: 804n.

———. "Die Bewegungsgleichungen eines Massenteilchens in der Relativtheorie." *Physikalische Zeitschrift* 11 (1910): 527–531.
Cited: **3** *Abraham 1910*: 478.

———. "Zur Theorie der Gravitation." *Physikalische Zeitschrift* 13 (1912): 1–4.
Cited: **4** *Abraham 1912a*: 125, 130, 141, 161, 144n, 145n, 164n, 179n, 186, 187n, 188n. **5** *Abraham 1912a*: 394n, 502n.

———. "Das Elementargesetz der Gravitation." *Physikalische Zeitschrift* 13 (1912): 4–5.
Cited: **4** *Abraham 1912b*: 125. **5** *Abraham 1912b*: 394n.

———. "Berichtigung." *Physikalische Zeitschrift* 13 (1912): 176.
Cited: **4** *Abraham 1912c*: 125, 126, 187n.

———. "Der freie Fall." *Physikalische Zeitschrift* 13 (1912): 310–311.
Cited: **4** *Abraham 1912d*: 125. **5** *Abraham 1912c*: 394n.

———. "Die Erhaltung der Energie und der Materie im Schwerkraftfelde." *Physikalische Zeitschrift* 13 (1912): 311–314.
Cited: **4** *Abraham 1912e*: 125. **5** *Abraham 1912d*: 394n.

———. "Das Gravitationsfeld." *Physikalische Zeitschrift* 13 (1912): 793–797.
Cited: **4** *Abraham 1912g*: 126, 510n. **5** *Abraham 1912g*: 394n, 506n.

———. "Relativität und Gravitation. Erwiderung auf eine Bemerkung des Hrn. A. Einstein." *Annalen der Physik* 38 (1912): 1056–1058.
Cited: **4** *Abraham 1912f*: 126, 145n, 181, 183, 186, 187n, 188n. **5** *Abraham 1912e*: 394n.

———. "Nochmals Relativität und Gravitation. Bemerkungen zu A. Einsteins Erwiderung." *Annalen der Physik* 39 (1912): 444–448.
Cited: **4** *Abraham 1912h*: 126, 190, 191n. **5** *Abraham 1912f*: 394n.

———. "Die neue Mechanik." *Scientia* 15 (1914): 8–27. Reprinted in translation as "La nouvelle mécanique." *Scientia* 15 (1914) Supplément: 10–29.
Cited: **4** *Abraham 1914a*: 127, 577n, 621n, 622n. **5** *Abraham 1914a*: 589n, 596n.

———. "Sur le problème de la relativité." *Scientia* 16 (1914): 101–103.
Cited: **4** *Abraham 1914b*: 127, 621n, 622n. **5** *Abraham 1914b*: 596n.

———. "Neuere Gravitationstheorien." *Jahrbuch der Radioaktivität und Elektronik* 11 (1914–1915): 470–520.
Cited: **4** *Abraham 1915*: 298, 501n, 622n. **7** *Abraham 1915*: 27n.

Adams, Walter S., assisted by Jennie B. Lasby. *An Investigation of the Rotation Period of the Sun by Spectroscopic Methods*. Washington, D.C.: Carnegie Institution, 1911.
Cited: **5** *Adams 1911a*: 356n.

———. "An Investigation of the Displacements of the Spectrum Lines at the Sun's Limb." *Astrophysical Journal* 31 (1910): 30–61. Reprinted as **5** *Adams 1911b*.
Cited: **5** *Adams 1910*: 317n, 323n, 331n, 358n. **10** *Adams 1910*: 252n.

———. "An Investigation of the Displacements of the Spectrum Lines at the Sun's Limb."

Contributions from the Mount Wilson Solar Observatory, no. 43 (1911).
Cited: **5** *Adams 1911b*: 356n.

Adams, Walter S., and Kohlschütter, Arnold. "Some Spectral Criteria for the Determination of Absolute Stellar Magnitudes." *Astrophysical Journal* 40 (1914): 385–398.
Cited: **9** *Adams and Kohlschütter 1914*: 14n.

Adelswärd, Theodor, Baron. *Avant-projet d'un traité général relatif aux transferts de territoires. Rapport.* Stockholm: Eklund, 1917.
Cited: **7** *Adelswärd 1917*: 9n.

Adler-Rudel, Shalom. *Ostjuden in Deutschland 1880–1940.* Tübingen: Mohr, 1959.
Cited: **7** *Adler-Rudel 1959*: 240n–241n.

Adler, Cyrus. *Jacob H. Schiff. His Life and Letters.* 2 vols. Garden City, N.Y.: Doubleday, 1928.
Cited: **9** *Adler 1928*: 13n.

Adler, Friedrich. *Ernst Machs Ueberwindung des mechanischen Materialismus.* Vienna: Wiener Volksbuchhandlung Brand & Co., 1918.
Cited: **8** *Adler 1918*: 404n, 480n.

———. *Ortszeit, Systemzeit, Zonenzeit und das ausgezeichnete Bezugssystem der Elektrodynamik. Eine Untersuchung über die Lorentzsche und die Einsteinsche Kinematik.* Vienna: Wiener Volksbuchhandlung, 1920.
Cited: **8** *Adler 1920*: 480n, 829n, 844n, 845n, 846n, 847n, 849n, 883n, 901n, 902n. **10** *Adler 1920*: 600c.

Albertini, Jean, ed. *Romain Rolland. Textes: politiques, sociaux et philosophiques choisis.* Paris: Editions Sociales, 1970.
Cited: **7** *Albertini 1970*: 217n.

Albrecht, Sebastian. "Anomalous Dispersion in the Sun." *Astrophysical Journal* 41 (1915): 333–358.
Cited: **10** *Albrecht 1915*: 252n.

———. "Anomalous Dispersion in the Sun. II." *Astrophysical Journal* 44 (1916): 1–14.
Cited: **10** *Albrecht 1916*: 252n.

Alkemade, Fons. "Biography." In *Selected Papers of J. M. Burgers*, pp. xi–lxxxvi. Nieuwstadt, F.T.M., and Steketee, J. A., eds. Dordrecht: Kluwer, 1995.
Cited: **8** *Alkemade 1995*: 961n.

Allen, H. Stanley. "The Magnetic Field of an Atom in Relation to Theories of Spectral Series." *Philosophical Magazine* 29 (1915): 40–49.
Cited: **8** *Allen 1915*: 158n.

Altermatt, Urs. *Die Schweizer Bundesräte. Ein biographisches Lexikon.* Zurich: Artemis & Winkler, 1991.
Cited: **8** *Altermatt 1991*: 574n.

Ampère, André-Marie. "Note sur un appareil à l'aide duquel on peut vérifier toutes les propriétés des conducteurs de l'électricité voltaique." *Annales de chimie et de physique* 18 (1821): 88–106, 313–333.
Cited: **1** *Ampère 1821*: 200n.

———. *Essai sur la philosophie des sciences ou exposition analytique d'une classification naturelle de toutes les connaissances humaines.* Paris: Bachelier, 1834.
Cited: **2** *Ampère 1834*: xxv.

Anderson, Alexander. "On Coefficients of Induction." *Philosophical Magazine* 31 (1891): 329–337.
Cited: **3** *Anderson 1891*: 567.

Anderson, James L. "Conditions of Motion for Radiating Charged Particles." *Physical Review D* 56 (1997): 4675–4678.
Cited: **7** *Anderson 1997*: 457n.

Andrews, Thomas. "On the Continuity of the Gaseous and Liquid States of Matter." *Royal Society of London. Philosophical Transactions* 159 (1869): 575–590.
Cited: **1** *Andrews 1869*: 143n.

Anglès, Auguste. *André Gide et le premier groupe de La Nouvelle revue française.* Vol. 1, *La formation du groupe et les années d'apprentissage 1890–1910.* Paris: Gallimard, 1978.
Cited: **9** *Anglès 1978*: 392n.

Anonymous. "Zum Gravitationsproblem. Referat eines Vortrages, gehalten auf der Naturforscher-Versammlung in Wien. Von Prof. Einstein–Zürich." *Himmel und Erde. Illustrirte Naturwissenschaftliche Monatsschrift* (1913–1914): 90–93. Unsigned review of Einstein's lecture published as **4** *Einstein 1913c*/ **5** *Einstein 1913c*/ **6** *Einstein 1913c*/ **7** *Einstein 1913c*/ **8** *Einstein 1913c*.
Cited: **4** *Referat 1913*: 501n.

Anschütz, Gerhard, et al. "Zur Annexionsfrage. Eine Eingabe an den Reichskanzler." *Die Friedens-Warte. Blätter für zwischenstaatliche Organisation* 17, no. 8 (October 1915): 298–299.
Cited: **10** *Anschütz et al. 1915*: 34n.

Appell, Paul. *Traité de mécanique rationnelle.* 3 vols. Paris: Gauthier-Villars, 1902–1909; includes **6** *Appell 1904* and **8** *Appell 1909*.
Cited: **3** Appell 1902–1909.

———. *Traité de mécanique rationnelle.* 2d rev.

ed. Vol. 2, *Dynamique des systèmes. Mécanique analytique*. Paris: Gauthier-Villars, 1904; included in **3** *Appell 1902–1909*.
Cited: **6** *Appell 1904*: 567n, 575n. **8** *Appell 1904*: 171n, 335n.

———. *Traité de mécanique rationnelle*. 2d rev. ed. Vol. 3, *Équilibre et mouvement des milieux continus*. Paris: Gauthier-Villars, 1909; included in **3** *Appell 1902–1909*.
Cited: **8** *Appell 1909*: 171n.

Arco, Georg Count von, Einstein, Albert, Geiger, Walburga, Gerlach, Hellmut von, Harden, Maximilian, Hodann, Max, Kautsky, Luise, Rotten, Elisabeth, Schlesinger, Erich, and Stöcker, Helene. *Lille. Beiträge zur Naturgeschichte des Krieges*. Berlin: Engelmann, 1919.
Cited: **9** *Arco et al. 1919*: liii, 43n, 164n, 185n. **10** *Arco et al. 1919*: 212n.

Ardelt, Rudolf G. *Friedrich Adler. Probleme einer Persönlichkeitsentwicklung um die Jahrhundertwende*. Vienna: Österreichischer Bundesverlag, 1984.
Cited: **5** *Ardelt 1984*. **8** *Ardelt 1984*: 395n.

Ardenne, Manfred von. *Sechzig Jahre für Forschung und Fortschritt: Autobiographie*. Berlin: Verlag der Nation, 1987.
Cited: **8** *Ardenne 1987*: 696n.

Arnsberg, Paul. *Die Geschichte der Frankfurter Juden seit der Französischen Revolution*. Vol. 3, *Biographisches Lexikon der Juden in den Bereichen: Wissenschaft, Kultur, Bildung, Öffentlichkeitsarbeit in Frankfurt am Main*. Darmstadt: Roether, 1983.
Cited: **9** *Arnsberg 1983*: 144n.

Arons, Leo. *Bestimmung der Verdet'schen Constante in absolutem Maass*. Leipzig: Metzger & Wittig, 1884.
Cited: **7** *Arons 1884*: 205n.

———. "Verdünnungswärme und Wärmecapacität von Salzlösungen." *Annalen der Physik und Chemie* 25 (1885): 408–416.
Cited: **7** *Arons 1885*: 205n.

———. "Ueber den electrischen Rückstand." *Annalen der Physik und Chemie* 35 (1888): 291–311.
Cited: **7** *Arons 1888*: 205n.

———. "Beobachtungen an elektrisch polarisirten Platinspiegeln." *Königlich Preußische Akademie der Wissenschaften* (Berlin) *Sitzungsberichte* (1890): 969–973.
Cited: **7** *Arons 1890*: 205n.

———. "Ein Demonstrationsversuch mit electrischen Schwingungen." *Annalen der Physik und Chemie* 45 (1892): 553–559.
Cited: **7** *Arons 1892c*: 205n.

———. "Ueber einen Quecksilberlichtbogen." *Annalen der Physik und Chemie* 47 (1892): 767–771.
Cited: **7** *Arons 1892a*: 205n.

———. "Versuche über electrolytische Polarisation." *Annalen der Physik und Chemie* 46 (1892): 169–171.
Cited: **7** *Arons 1892b*: 205n.

———, ed. *Die Actenstücke des Disciplinarverfahrens gegen den Privatdocenten Dr. Arons*. Berlin: Reimer, 1900.
Cited: **7** *Arons 1900*: 205n. **8** *Arons 1900*: 946n.

———. "Ein Chromoskop." *Annalen der Physik* 33 (1910): 799–832.
Cited: **7** *Arons 1910*: 205n.

———. "Das Arbeiten mit dem Farbenweiser (Chromoskop)." *Annalen der Physik* 39 (1912): 545–568.
Cited: **7** *Arons 1912*: 205n.

———. *Universitäten heraus!* Berlin: Verlag der Sozialistischen Monatshefte, 1918.
Cited: **8** *Arons 1918*: 946n.

Arons, Leo, and Rubens, Heinrich. "Fortpflanzungsgeschwindigkeit electrischer Wellen in einigen festen Isolatoren." *Annalen der Physik und Chemie* 44 (1891): 206–213.
Cited: **7** *Arons and Rubens 1891b*: 205n.

———. "Ueber die Fortpflanzungsgeschwindigkeit electrischer Wellen in isolirenden Flüssigkeiten." *Annalen der Physik und Chemie* 42 (1891): 581–592.
Cited: **7** *Arons and Rubens 1891a*: 205n.

Arrhenius, Svante. "Über die Dissociation der in Wasser gelösten Stoffe." *Zeitschrift für physikalische Chemie* 1 (1887): 631–648.
Cited: **4** *Arrhenius 1887*: 564n. **5** *Arrhenius 1887*: 16n.

———. "Theorie der isohydrischen Lösungen." *Zeitschrift für physikalische Chemie* 2 (1888): 284–295.
Cited: **5** *Arrhenius 1888a*: 16n.

———. "Über den Gefrierpunkt verdünnter wässeriger Lösungen." *Zeitschrift für physikalische Chemie* 2 (1888): 491–505.
Cited: **5** *Arrhenius 1888b*: 16n.

———. *Das Werden der Welten*. Leipzig: Akademische Verlagsgesellschaft, 1907.
Cited: **5** *Arrhenius 1907*: 125n.

Arvidsson, Gustaf. "Eine Untersuchung über die Ampèreschen Molekularströme nach der Methode von A. Einstein und W. J. de Haas."

Physikalische Zeitschrift 21 (1920): 88–91.
Cited: **6** *Arvidsson 1920*: 149. **10** *Arvidsson 1920*: 304n, 504n.

Aspray, William. "The Emergence of Princeton as a World Center for Mathematical Research, 1896–1939." In *History and Philosophy of Modern Mathematics*, pp. 346–366. Aspray, William, and Kitcher, Philip, eds. Minneapolis: University of Minnesota Press, [1988].
Cited: **10** *Aspray 1988*.

Asquith, Peter D., and Nickles, Thomas, eds. *PSA 1982: Proceedings of the 1982 Biennial Meeting of the Philosophy of Science Association*. Vol. 2. East Lansing, Mich.: Philosophy of Science Association, 1983.
Cited: **2** *Asquith and Nickles 1983*.

Aston, F. W. "The Constitution of Atmospheric Neon." *Philosophical Magazine* 39 (1920): 449–455.
Cited: **9** *Aston 1920a*: 316n.

———. "The Mass-Specta of Chemical Elements." *Philosophical Magazine* 39 (1920): 611–634.
Cited: **9** *Aston 1920b*: 316n.

Auerbach, Felix. "Berührungselektricität." In **1** *Winkelmann 1893b*/ **2** *Winkelmann 1893*, pp. 106–136.
Cited: **1** *Auerbach 1893a*: 178n. **2** *Auerbach 1893*: 358n.

———. "Strommessung." In **1** *Winkelmann 1893b*/ **2** *Winkelmann 1893*, pp. 206–249.
Cited: **1** *Auerbach 1893b*: 33n, 207n.

———. "Strommessung." In *Handbuch der Physik*. 2d ed. Vol. 4, *Elektrizität und Magnetismus I*, pp. 254–313. Winkelmann, Adolph, ed. Leipzig: Barth, 1905.
Cited: **3** *Auerbach 1905*: 398n.

———. "Magnetische Messungen." In *Handbuch der Physik*. 2d ed. Vol. 5, *Elektrizität und Magnetismus II*, pp. 68–118. Leipzig: Barth, 1908.
Cited: **3** *Auerbach 1908*: 399n.

———. "Messung von Raum- und Zeitgrößen." In *Handbuch der Physik*. 2d ed. Vol. 1, *Allgemeine Physik*, pp. 92–122. Winkelmann, Adolph, ed. Leipzig: Barth, 1908.
Cited: **1** *Auerbach 1908*: 75n.

———. *Ektropismus oder die physikalische Theorie des Lebens*. Leipzig: Engelmann, 1910.
Cited: **10** *Auerbach 1910*: 178n.

Avenarius, Richard. *Kritik der reinen Erfahrung*. Leipzig: Reisland, 1888–1890.
Cited: **8** Avenarius 1888–1890.

———. *Kritik der reinen Erfahrung*. Vol. 1. Leipzig: Reisland, 1888.
Cited: **2** *Avenarius 1888*: xxv.

———. *Kritik der reinen Erfahrung*. Vol. 2. Leipzig: Reisland, 1890.
Cited: **2** *Avenarius 1890*: xxv.

Azzolini, Margherita. *Giosuè Carducci und die deutsche Literatur*. Tübingen: Mohr (Siebeck), 1910.
Cited: **10** *Azzolini 1910*: 149n.

Bach, Rudolf. "Die Anziehung eines unendlichen Sternsystems." *Astronomische Nachrichten* 206 (1918): 165–172.
Cited: **8** *Bach 1918*: 647n, 657n, 682n.

———. "Elektrische Wellen in geschichteten Körpern. (Wirbelstrombildung in lamellierten Eisenkörpern)." *Archiv für Elektrotechnik* 7 (1919): 225–240.
Cited: **8** *Bach 1919*: 682n.

Bachmann, Ernst. "59–13 = 46." *Jahresheft der Altgymnastika und der Ehemaligen des Seminars* Kreuzlingen (1959): 5–12.
Cited: **8** *Bachmann 1959*: 175n.

Baedeker, Karl. *Switzerland and the Adjacent Portions of Italy, Savoy, and Tyrol. Handbook for Travellers*. 23d ed. Leipzig: Baedeker, 1909.
Cited: **10** *Baedeker 1909*: 165n.

Bancelin, Jacques. "La viscosité des émulsions." *Académie des sciences* (Paris). *Comptes rendus* 152 (1911): 1382–1383.
Cited: **2** *Bancelin 1911a*: 180, 181, 182. **3** *Bancelin 1911a*: 418n. **5** *Bancelin 1911a*: 218n, 267n, 271n.

———. "Ueber die Viskosität von Suspensionen und die Bestimmung der Avogadro'schen Zahl." *Zeitschrift für Chemie und Industrie der Kolloide* 9 (1911): 154–156.
Cited: **2** *Bancelin 1911b*: 180, 182. **3** *Bancelin 1911b*: 418n. **5** *Bancelin 1911b*: 218n, 267n, 271n.

Bane, Suda Lorena, and Lutz, Ralph Haswell, eds. *The Blockade of Germany after the Armistice 1918–1919: Selected Documents of the Supreme Economic Council, Superior Blockade Council, American Relief Administration, and Other Wartime Organizations*. Stanford: Stanford University Press, 1942.
Cited: **9** *Bane and Lutz 1942*: 253n.

Bane, Suda, and Lutz, Ralph, eds. *The Blockade of Germany after the Armistice 1918–1919. Selected Documents of the Supreme Economic Council, Superior Blockade Council,*

American Relief Administration, and Other Wartime Organizations. New York: Fertig, 1972.
Cited: **8** *Bane and Lutz 1972*: 961n, 963n.

Bär, Richard. "Bemerkung zu der Arbeit von Irene Parankiewicz: „Größen und elektrische Ladungen von kleinen Schwefel-, Selen- und Quecksilberkugeln, bestimmt aus deren Fallgeschwindigkeit und Farbe"." *Physikalische Zeitschrift* 19 (1918): 373.
Cited: **9** *Bär 1918a*: 7n.

———. "Sur la structure corpusculaire de l'électricité." *Archives des sciences physiques et naturelles* 46 (1918): 47–48.
Cited: **8** *Bär 1918a*: 549n, 905n, 911n, 916n, 933n, 936n.

———. "Über die atomistische Struktur der Elektrizität." *Annalen der Physik* 57 (1918): 161–182.
Cited: **8** *Bär 1918b*: 549n, 905n, 911n, 916n, 936n. **9** *Bär 1918b*: 7n. **10** *Bär 1918*: 297n.

———. "Über eine Methode zur Bestimmung der Dichte von mikroskopischen und ultramikroskopischen Partikeln; ein Beitrag zur Frage nach der Existenz des Elektrons." *Annalen der Physik* 59 (1919): 393–408.
Cited: **8** *Bär 1919*: 549n, 936n. **9** *Bär 1919*: 7n.

Barbour, Julian B. "Einstein and Mach's Principle." In *Studies in the History of General Relativity*, pp. 125–153. Eisenstaedt, Jean, and Kox, A. J., eds. Boston: Birkhäuser, 1992.
Cited: **4** *Barbour 1992*: 127, 485n, 503n. **6** *Barbour 1992*: xviii, 282n.

Barbour, Julian B., and Pfister, Herbert, eds. *Mach's Principle: From Newton's Bucket to Quantum Gravity.* Boston: Birkhäuser, 1995.
Cited: **7** *Barbour and Pfister 1995*: 43n, 576n. **8** *Barbour and Pfister 1995*: 299n, 423n. **9** *Barbour and Pfister 1995*.

Barkai, Avraham. *"Wehr Dich!" Der Centralverein deutscher Staatsbürger jüdischen Glaubens (C.V.) 1893–1938.* Munich: Beck, 2002.
Cited: **9** *Barkai 2002*: 490n.

Barkan, Diana L. Kormos. "Walther Nernst and the Transition to Modern Physical Chemistry." Ph.D. dissertation, Harvard University, 1990.
Cited: **3** *Barkan 1990*: xxi, xxiii.

Barkhausen, Heinrich. *Das Problem der Schwingungserzeugung mit besonderer Berücksichtigung schneller elektrischer Schwingungen.* Leipzig: Hirzel, 1907.
Cited: **7** *Barkhausen 1907*: 366n.

Barnett, Samuel J. "On Magnetization by Angular Acceleration." *Science* 30 (1909): 413.
Cited: **6** *Barnett 1909*: 232n.

———. "Magnetization by Rotation." *Science* 42 (1915): 163–164.
Cited: **6** *Barnett 1915a*: 231, 232n.

———. "Magnetization by Rotation." *Physical Review* 6 (1915): 171–172.
Cited: **6** *Barnett 1915b*: 149, 271, 276n.

———. "The Theory of Magnetization by Rotation." *Science* 42 (1915): 459–460.
Cited: **6** *Barnett 1915c*: 231, 232n.

———. "Magnetization by Rotation." *Physical Review* 6 (1915): 239–270.
Cited: **6** *Barnett 1915d*: 149. **10** *Barnett 1915*: 504n.

———. "The Magnetization of Iron, Nickel, and Cobalt by Rotation and the Nature of the Magnetic Molecule." *Physical Review* 10 (1917): 7–21.
Cited: **10** *Barnett 1917*: 504n.

———. "The Angular Momentum of the Elementary Magnet." *Bulletin of the National Research Council* 3 (1921–1922): 235–250.
Cited: **10** Barnett 1921/1922.

Bartal, Israel. "Yehudei Misraḥ Europa ve-haHaskala ha-Gvoha'a." In *Toldot ha-Universita ha-Ivrit bi-Yerushalayim. Shorashim ve-Hathalot*, pp. 75–89. Katz, Shaul and Heyd, Michael, eds. Jerusalem: Hebrew University Magnes Press, 2000.
Cited: **9** *Bartal 2000*: 213n.

Barzilay, Dvorah, and Litvinoff, Barnet, eds. *The Letters and Papers of Chaim Weizmann.* Series A, Vol. 8, *November 1917–October 1918.* New Brunswick, N.J.: Rutgers University Press, 1977.
Cited: **9** *Barzilay and Litvinoff 1977*: 334n.

Bateman, Harry. "The Transformation of the Electrodynamical Equations." *London Mathematical Society. Proceedings* 8 (1910): 223–264.
Cited: **8** *Bateman 1910*: 436n.

Battelli, Angelo. "Sulle proprietà termiche dei vapori. Parte I. Studio del vapore d'etere rispetto alle leggi di Boyle e di Gay-Lussac." *Reale Accademia delle Scienze di Torino. Memorie* 40 (1889): 21–130.
Cited: **2** *Battelli 1889*: 114, 114n.

Battelli, Angelo, and Stefanini, Annibale. *Esposizione critica della teoria della dissociazione elettrica.* Lucca: Baroni, 1899.
Cited: **5** *Battelli and Stefanini 1899*: 16n.

Bauer, Hans. "Kugelsymmetrische Lösungssysteme der Einsteinschen Feldgleichungen der Gravitation für eine ruhende, gravitierende Flüssigkeit mit linearer Zustandsgleichung." *Akademie der Wissenschaften* (Vienna). *Mathematisch-naturwissenschaftliche Klasse. Abteilung IIa. Sitzungsberichte* 127 (1918): 2141–2227.
Cited: **10** *Bauer 1918*: 64n.
———. "Über die Energiekomponenten des Gravitationsfeldes." *Physikalische Zeitschrift* 19 (1918): 163–165.
Cited: **7** *Bauer 1918*: 64–65, 76n. **8** *Bauer 1918*: 716n.
Beck, Emil. "Zum experimentellen Nachweis der Ampèreschen Molekularströme." *Annalen der Physik* 60 (1919): 109–148.
Cited: **6** *Beck 1919*: 149. **9** *Beck 1919*: 7n, 17n, 58n. **10** *Beck 1919a*: 304n, 504n.
———. "Zum experimentellen Nachweis der Ampèreschen Molekularströme." *Physikalische Zeitschrift* 20 (1919): 490–491.
Cited: **10** *Beck 1919b*: 504n.
Becker, Carl H. *Gedanken zur Hochschulreform.* Leipzig: Quelle & Meyer, 1919.
Cited: **9** *Becker 1919*: 194n, 390n.
Beckman, Bengt. "On the Hall Effect and the Change of the Electric Resistance in a Transverse Magnetic Field at Low Temperature, Down to the Melting Point of Hydrogen." *Communications from the Physical Laboratory of the University of Leiden* 14 (1914–22) (1915). Supplement No. 40 (June 1915).
Cited: **10** *Beckman 1915*: 521n.
Beckmann, Ernst. "Bestimmung von Molekulargewichten nach der Siedemethode." *Zeitschrift für physikalische Chemie* 6 (1890): 437–473.
Cited: **5** *Beckmann 1890*: 16n.
Becquerel, Jean, et al., "La théorie de la relativité. Discussion." *Société française de Philosophie. Bulletin* 22 (1922): 91–113.
Cited: **6** *Becquerel et al. 1922*: 282n.
Beer, Fritz. *Die Einsteinsche Relativitätstheorie und ihr historisches Fundament. Sechs Vorträge für Laien.* Vienna: Perles, 1920.
Cited: **10** *Beer 1920*: 286n.
Beetz, W. von; Miller, O. von; and Pfeiffer, E. "Offizieller Bericht über die im königlichen Glaspalaste zu München 1882 . . . stattgehabte internationale Elektricitäts-Ausstellung verbunden mit elektrotechnischen Versuchen." Munich: Autotypie-Verlag, 1883.
Cited: **1** *München 1883*: 1i.

Belke, Ingrid. *Die sozialreformerischen Ideen von Josef Popper-Lynkeus (1838–1921) im Zusammenhang mit allgemeinen Reformbestrebungen des Wiener Bürgertums um die Jahrhundertwende.* Tübingen: Mohr, 1978.
Cited: **7** *Belke 1978*: 129n.
Belli, Giuseppe. "Di una nuova maniera di Macchina elettrica." *Annali delle scienze del regno Lombardo-Veneto* 1 (1831): 111–128.
Cited: **5** *Belli 1831*: 55n.
———. *Corsa di fisica sperimentale.* 3 vols. Milan: Società Tipografica de' Classici Italiani, 1838.
Cited: **5** *Belli 1830–1838*, 55n.
Belluzzo, Giuseppe. "Principi di termodinamica grafica." *Nuovo Cimento* 8 (1904): 196–222, 241–263.
Cited: **2** *Belluzzo 1904*: 112, 113, 114.
Ben-Menahem, Yemima. "Convention: Poincaré and Some of His Critics." *British Journal for the Philosophy of Science* 52 (2001): 1–43.
Cited: **7** *Ben-Menahem 2001*: 404n.
Bendix, Reinhard. *From Berlin to Berkeley: German-Jewish Identities.* New Brunswick, N.J.: Transaction Books, 1986.
Cited: **7** *Bendix 1986*: 440n.
Benedicks, Carl. "Über die Herleitung von Plancks Energieverteilungsgesetz aus Agglomerationsannahme; einfache Beziehung zwischen Härte und Schwingungszahl." *Annalen der Physik* 42 (1913): 133–162.
Cited: **3** *Benedicks 1913*: 511n.
Bensaude-Vincent, Bernadette. *Langevin, 1872–1946. Science et vigilance.* Paris: Belin, 1987.
Cited: **9** *Bensaude-Vincent 1987*: 500n.
Bentwich, Norman. *The Hebrew University of Jerusalem, 1918–1960.* London: Weidenfeld and Nicolson, 1961.
Cited: **7** *Bentwich 1961*: 231, 436n.
Beradt, Martin, and Bloch-Zavrzel, Lotte, ed. *Briefe an Auguste Hauschner.* Berlin: Rowohlt, 1929.
Cited: **9** *Beradt and Bloch-Zavrzel 1929*: 558c.
Berg, Otto. "Das Relativitätsprinzip der Elektrodynamik." *Abhandlungen der Fries'schen Schule* 3 (1910): 333–382.
Cited: **8** *Berg 1910*: 883n, 901n.
Berghahn, Volker. *Modern Germany Society, Economy and Politics in the Twentieth Century.* 2d ed. Cambridge: Cambridge University Press, 1987.
Cited: **8** *Berghahn 1987*: 747n.
Bergia, Silvio. "Attempts at Unified Field Theo-

ries (1919–1955). Alleged Failure and Intrinsic Validation/Refutation Criteria." In *The Attraction of Gravitation: New Studies in the History of General Relativity*, pp. 274–307. Earman, John, Janssen, Michel, and Norton, John D., eds. Boston: Birkhäuser, 1993.
Cited: **7** *Bergia 1993*: 56n. **8** *Bergia 1993*: 664n.

Bergia, Silvio, and Navarro, Luis. "Recurrences and Continuity in Einstein's Research on Radiation between 1905 and 1916." *Archive for History of Exact Sciences* 38 (1988): 79–99.
Cited: **4** *Bergia and Navarro 1988*: 109.

Bergia, Silvio, Lugli, Paolo, and Zamboni, Nadia. "Zero-Point Energy, Planck's Law and the Prehistory of Stochastic Electrodynamics. Part 1: Einstein and Hopf's Paper of 1910." *Annales de la Fondation Louis de Broglie* 4 (1979): 295–318.
Cited: **3** Bergia, Lugli, and Zamboni 1979: 281n.

———. "Zero-Point Energy, Planck's Law and the Prehistory of Stochastic Electrodynamics. Part 2: Einstein and Stern's Paper of 1913." *Annales de la Fondation Louis de Broglie* 5 (1980): 39–62.
Cited: **3** Bergia, Lugli, and Zamboni 1980: 281n.

Bergmann (Bergman), S. Hugo. "ha-Ve'ida ha-Universitayit." *Ha'Olam* 11 (26 September 1919): 3–6.
Cited: **9** *Bergman 1919*: 213n.

———. "Personal Remembrance of Albert Einstein." In *Logical and Epistemological Studies in Contemporary Physics*, pp. 388–394. Cohen, Robert S., and Wartofsky, Marx W., eds. Dordrecht: Reidel, 1974.
Cited: **7** *Bergman 1974*: 223. **8** *Bergman 1974*: 337n. **9** *Bergman 1974*: 223n.

———. *Tagebücher und Briefe*. Sambursky, Miriam, ed. Königstein a. T.: Jüdischer Verlag bei Athenäum, 1985.
Cited: **9** *Bergman 1985*: 241n, 353n.

Bergson, Henri. *Essai sur les données immédiates de la conscience*. Paris: Alcan, 1889.
Cited: **8** *Bergson 1889*: 495n.

Bernays, Paul. *Über die Bedenklichkeiten der neueren Relativitätstheorie*. Göttingen: Vandenhoeck & Ruprecht, 1913.
Cited: **6** *Bernays 1913*: 18n.

Bernhard, Georg. "Berliner Proteststreik." *Vossische Zeitung*, 7 June 1919, Evening Edition.
Cited: **9** *Bernhard 1919a*: 87n.

———. "Geldentwertung und Valuta." *Vossische Zeitung*, 16 October 1919, Evening Edition.
Cited: **9** *Bernhard 1919b*: 202n.

Bernhardt, Hannelore. "Über die Entwicklung und Bedeutung der Ergodenhypothese in den Anfängen der statistischen Mechanik." *NTM–Schriftenreihe für die Geschichte der Naturwissenschaften, Technik und Medizin* 8 (1971): 13–25.
Cited: **2** *Bernhardt 1971*: xxxiii. **3** *Bernhardt 1971*: 244n.

Bernoulli, August. "Das Nernstsche Wärmetheorem und die Thermodynamik der thermoelektrischen Erscheinungen." *Zeitschrift für Elektrochemie* 17 (1911): 689–693.
Cited: **5** *Bernoulli 1911*: 390n.

———. "Eine elementare Herleitung des Planckschen Strahlungsgesetzes." *Zeitschrift für Elektrochemie* 20 (1914): 269–271.
Cited: **6** *Bernoulli 1914*: 32, 39n.

Bernstein, Aaron. *Aus dem Reiche der Naturwissenschaft. Für Jedermann aus dem Volke*. 12 vols. Berlin: Besser's Verlagsbuchhandlung, 1853–1857. Reissued as: *Naturwissenschaftliche Volksbücher*. Wohlfeile Gesammt-Ausgabe. 20 vols. Berlin: Duncker, 1867–1869.
Cited: **1** *Bernstein 1853–1857*: lxii, 6, 293n. **2** *Bernstein 1853–1857*: 3, 42.

———. *Naturwissenschaftliche Volksbücher*. 3d impr. and enl. ed. Vol. 5. Berlin: Duncker, 1870.
Cited: **1** *Bernstein 1870*: 265.

Bertrand, Joseph. *Thermodynamique*. Paris: Gauthier-Villars, 1887.
Cited: **2** *Bertrand 1887*: 119n.

Bessel, Richard. "Violence as Propaganda: The Role of the Storm Troopers in the Rise of National Socialism." In *The Formation of the Nazi Constituency, 1919–1933*, pp. 131–146. Childers, Thomas, ed. London: Croom Helm, 1986.
Cited: **10** *Bessel 1986*: 451n.

Besser, Bruno Ph. "Franz Ulinski, an Almost Forgotten Early Pioneer of Rocketry." *53d International Astronautical Congress: The World Space Congress, October 10–19, 2002, Houston, Texas*. 2002. Report IAC-02-IAA.2.1.04.
Cited: **9** *Besser 2002*: 516n.

Beyerchen, Alan D. *Scientists under Hitler: Politics and the Physics Community in the Third Reich*. New Haven: Yale University Press, 1977.
Cited: **7** *Beyerchen 1977*: 107–109, 111,

357n. **10** *Beyerchen 1977*: 427n, 472n.
Bianchi, Luigi. *Vorlesungen über Differential-geometrie*. Lukat, Max, trans. Leipzig: Teubner, 1896.
Cited: **4** *Bianchi 1896*: 196, 245n, 330, 343n, 597n.
———. *Vorlesungen über Differentialgeometrie*. 2d rev. ed. Lukat, Max, trans. Leipzig: Teubner, 1910.
Cited: **8** *Bianchi 1896*: 587n.
Biermann, Kurt-R. *Die Mathematik und ihre Dozenten an der Berliner Universität 1810–1933*. Berlin: Akademie-Verlag, 1988.
Cited: **9** *Biermann 1988*: 437n.
Bikerman, Jacob J. "Theories of Capillary Attraction." *Centaurus* 19 (1975): 182–206.
Cited: **2** *Bikerman 1975*: 3.
———. "Capillarity before Laplace: Clairaut, Segner, Monge, Young." *Archive for History of Exact Sciences* 18 (1978): 103–122.
Cited: **2** *Bikerman 1978*: 3.
Binding, Karl, ed. *Deutsche Staatsgrundgesetze in diplomatisch genauem Abdrucke*. Vol. 1. Leipzig: Engelmann, 1898.
Cited: **1** *Binding 1898*: 20n.
Biot, Jean-Baptiste. *Précis élementaire de physique expérimentale*. 3d ed. 2 vols. Paris: Déterville, 1824.
Cited: **1** *Biot 1824*: 201n.
Biot, Jean-Baptiste, and Savart, Félix. "Note sur le magnetisme de la pile de Volta." *Annales de chimie et de physique* 15 (1820): 222–223.
Cited: **1** *Biot and Savart 1820*: 201n.
Birck, Otto. "Die Einsteinsche Gravitationstheorie und die Sonnenfinsternis im Mai 1919." *Die Naturwissenschaften* 5 (1917): 689–696.
Cited: **9** *Birck 1917*: lii.
Birkhoff, G. D. *Relativity and Modern Physics*. Cambridge, Mass.: Harvard University Press, 1923.
Cited: **7** *Birkhoff 1923*: 27n.
Birven, Heinrich. "Grundzüge der mechanischen Wärmetheorie." Stuttgart: Grub, 1905.
Cited: **2** *Birven 1905*: 316, 317, 317n.
Bjerknes, Carl A. *Hydrodynamische Fernkräfte. Fünf Abhandlungen über die Bewegung kugelförmiger Körper in einer incompressiblen Flüssigkeit (1863–1880)*. Korn, Arthur, and Bjerknes, Vilhelm, eds. Leipzig: Engelmann, 1915.
Cited: **10** *Bjerknes, C. 1915*: 463n.
Bjerknes, Vilhelm F. K. *Vorlesungen über hydrodynamische Fernkräfte nach C. A. Bjerknes's Theorie*. 2 vols. Leipzig: Barth, 1900–1902.
Cited: **10** *Bjerknes 1900/1902*: 463n.
———. *Die Kraftfelder*. Braunschweig: Vieweg, 1909.
Cited: **10** *Bjerknes 1909*: 463n.
Bjerrum, Niels. "Ultrarote Absorptionsspektra der Gase." In *Festschrift W. Nernst zu seinem fünfundzwanzigjährigen Doktorjubiläum gewidmet von seinen Schülern*, pp. 90–98. Halle: Knapp, 1912.
Cited: **9** *Bjerrum 1912*: 458n.
———. "Die Dissoziation der starken Elektrolyte." *Zeitschrift für Elektrochemie* 24 (1918): 321–328.
Cited: **10** *Bjerrum 1918*: 575c.
———. "Der Aktivitätskoeffizien der Ionen." *Zeitschrift für anorganische Chemie* 109 (1919): 275–292.
Cited: **10** *Bjerrum 1919*: 575c.
Blackmore, John, ed. *Ernst Mach—A Deeper Look: Documents and New Perspectives*. Dordrecht: Kluwer, 1992.
Cited: **6** *Blackmore 1992*.
———. *Ernst Mach: His Work, Life, and Influence*. Berkeley: University of California Press, 1972.
Cited: **2** *Blackmore 1972*: 207, 218.
———. "Mach über Atome und Relativität—neueste Forschungsergebnisse." In **6** *Haller and Stadler 1988*, pp. 463–483.
Cited: **6** *Blackmore 1988*: 282n.
Blackmore, John, and Hentschel, Klaus, eds. *Ernst Mach als Aussenseiter. Machs Briefwechsel über Philosophie und Relativitätstheorie mit Persönlichkeiten seiner Zeit*. Vienna: Braumueller, 1985.
Cited: **8** *Blackmore and Hentschel 1985*: 434n.
Blasius, Heinrich. "Das Ähnlichkeitsgesetz bei Reibungsvorgängen in Flüssigkeiten." *Mitteilungen über Forschungsarbeiten auf dem Gebiete des Ingenieurwesens insbesondere aus den Laboratorien der technischen Hochschule, herausgegeben vom Verein deutscher Ingenieure* 131 (1913): 1–40.
Cited: **9** *Blasius 1913*: 123n.
Bleuel, Hans Peter. *Deutschlands Bekenner. Professoren zwischen Kaiserreich und Diktatur*. Bern: Scherz, 1968.
Cited: **9** *Bleuel 1968*: 476n.
Bloch, Werner. *Einführung in die Relativitätstheorie*. Leipzig: Teubner, 1918.
Cited: **9** *Bloch 1918*: 116n, 235n, 522n. **10** *Bloch 1918*: 94n.
Blumenfeld, Kurt. *Erlebte Judenfrage: Ein Vier-

teljahrhundert deutscher Zionismus. Stuttgart: Deutsche Verlags-Anstalt, 1962.
Cited: **9** *Blumenfeld 1962*: 181n.

———. *Im Kampf um den Zionismus. Briefe aus fünf Jahrzehnten.* Sambursky, Miriam, and Ginat, Joachim, eds. Stuttgart: Deutsche Verlags-Anstalt, 1976.
Cited: **7** *Blumenfeld 1976*: 231, 234–235, 435n.

Blumenthal, Otto, ed. *Das Relativitätsprinzip. Eine Sammlung von Abhandlungen.* Leipzig: Teubner, 1913.
Cited: **2** *Blumenthal 1913*: 254, 307n, 308n, 309n, 310n.

———. "Karl Schwarzschild." *Deutsche Mathematiker-Vereinigung. Jahresbericht* 26 (1918): 56–75.
Cited: **6** *Blumenthal 1918*: 362n.

Böhi, Paul. "Eine neue Methode der Bestimmung der Avogadroschen Zahl *N*." *Naturforschende Gesellschaft in Zürich. Vierteljahrsschrift* 56 (1911): 183–212.
Cited: **2** *Böhi 1911*: 217. **5** *Böhi 1911a*: 298n, 339n. **10** *Böhi 1911b*: 13n.

———. *Untersuchungen zur Kapillar- und Diffusionsanalyse.* Zurich: Zürcher & Furrer, 1911.
Cited: **5** *Böhi 1911b*: 298n. **10** *Böhi 1911a*: 13n.

Bohlin, Karl. "Sur le choc, considéré comme fondement des théories cinétiques de la pression des gaz et de la gravitation universelle." *Arkiv för Matematik, Astronomi och Fysik* 1 (1904): 529–540.
Cited: **2** *Bohlin 1904*: 320–322, 322n.

Bohr, Niels. "On the Constitution of Atoms and Molecules." *Philosophical Magazine* 26 (1913): 1–25, 476–502, 857–875.
Cited: **6** *Bohr 1913*: 147, 370n, 398n.

———. "On the Quantum Theory of Radiation and the Structure of the Atom." *Philosophical Magazine* 30 (1915): 394–415.
Cited: **6** *Bohr 1915*: 147.

———. "On the Quantum Theory of Line-Spectra. Part 1, On the General Theory." *Det Kongelige Danske Videnskabernes Selskab Skrifter Naturvidenskabelig og Matematisk Afdeling* 8, no. 4.1 (1918): 3–36.
Cited: **8** *Bohr 1918a*: 784n. **9** *Bohr 1918*: 390n.

———. "On the Quantum Theory of Line-Spectra. Part 1, On the General Theory." In *Niels Bohr Collected Works.* Vol. 3, *The Correspondence Principle (1918–1923)*, pp. 65–102. Rud Nielsen, J., ed. Amsterdam: North-Holland, 1976.
Cited: **10** *Bohr 1918a*: 245n.

———. "On the Quantum Theory of Line-Spectra. Part 2, On the Hydrogen Spectrum." In *Niels Bohr Collected Works.* Vol. 3, *The Correspondence Principle (1918–1923)*, pp. 103–166. Rud Nielsen, J., ed. Amsterdam: North-Holland, 1976.
Cited: **10** *Bohr 1918b*: 245n.

———. "Some Considerations of Atomic Structure." In *Niels Bohr Collected Works.* Vol. 4, *The Periodic System (1920–1923)*, pp. 43–69. Rud Nielsen, J., ed. Amsterdam: North-Holland, 1977.
Cited: **10** *Bohr 1920b*: 533n.

———. "Über die Serienspektren der Elemente." *Zeitschrift für Physik* 2 (1920): 426–469.
Cited: **10** *Bohr 1920a*: 245n.

Boltzmann, Ludwig. "Studien über das Gleichgewicht der lebendigen Kraft zwischen bewegten materiellen Punkten." *Kaiserliche Akademie der Wissenschaften* (Vienna). *Mathematisch-naturwissenschaftliche Classe. Zweite Abtheilung. Sitzungsberichte* 58 (1868): 517–560.
Cited: **2** *Boltzmann 1868*: 95n, 345n.

———. "Analytischer Beweis des 2. Hauptsatzes der mechanischen Wärmetheorie aus den Sätzen über das Gleichgewicht der lebendigen Kraft." *Kaiserliche Akademie der Wissenschaften* (Vienna). *Mathematisch-naturwissenschaftliche Classe. Zweite Abtheilung. Sitzungsberichte* 63 (1871): 712–732.

———. "Einige allgemeine Sätze über Wärmegleichgewicht." *Kaiserliche Akademie der Wissenschaften* (Vienna). *Mathematisch-naturwissenschaftliche Classe. Zweite Abtheilung. Sitzungsberichte* 63 (1871): 679–711.
Cited: **2** *Boltzmann 1871a*: 74n, 95n.

———. "Weitere Studien über das Wärmegleichgewicht unter Gasmolekülen." *Kaiserliche Akademie der Wissenschaften* (Vienna). *Mathematisch-naturwissenschaftliche Classe. Zweite Abtheilung. Sitzungsberichte* 66 (1872): 275–370.
Cited: **2** *Boltzmann 1872*: 74n.

———. "Über die Natur der Gasmolecüle." *Kaiserliche Akademie der Wissenschaften* (Vienna). *Mathematisch-naturwissenschaftliche Classe. Zweite Abtheilung. Sitzungsberichte* 74 (1876): 553–560.

Cited: **2** *Boltzmann 1876*: 239n, 390n.

———. "Über die Beziehung zwischen dem zweiten Hauptsatze der mechanischen Wärmetheorie und der Wahrscheinlichkeitsrechnung, respective den Sätzen über das Wärmegleichgewicht." *Kaiserliche Akademie der Wissenschaften* (Vienna). *Mathematisch-naturwissenschaftliche Classe. Zweite Abtheilung. Sitzungsberichte* 76 (1877): 373–435.
Cited: **2** *Boltzmann 1877*: 44, 107n, 168n, 551n. **4** *Boltzmann 1877*: 564n.

———. "Über die Beziehung der Diffusionsphänomene zum zweiten Hauptsatze der mechanischen Wärmetheorie." *Kaiserliche Akademie der Wissenschaften* (Vienna). *Mathematisch-naturwissenschaftliche Classe. Zweite Abtheilung. Sitzungsberichte* 78 (1878): 733–763.
Cited: **2** *Boltzmann 1878b*: 40n, 124n.

———. "Weitere Bemerkungen über einige Probleme der mechanischen Wärmetheorie." *Kaiserliche Akademie der Wissenschaften* (Vienna). *Mathematisch-naturwissenschaftliche Classe. Zweite Abtheilung. Sitzungsberichte* 78 (1878): 7–46.
Cited: **2** *Boltzmann 1878a*: 377n.

———. "Ableitung des Stefan'schen Gesetzes, betreffend die Abhängigkeit der Wärmestrahlung von der Temperatur aus der electromagnetischen Lichttheorie." *Annalen der Physik und Chemie* 22 (1884): 291–294.
Cited: **2** *Boltzmann 1884*: 108n. **4** *Boltzmann 1884*: 564n.

———. "Über die Eigenschaften monocyklischer und anderer damit verwandter Systeme." *Journal für die reine und angewandte Mathematik* 98 (1885): 68–94.
Cited: **2** *Boltzmann 1885*: 49, 74n.

———. "Ueber die mechanischen Analogien des zweiten Hauptsatzes der Thermodynamik." *Journal für die reine und angewandte Mathematik* 100 (1887): 201–212.
Cited: **2** *Boltzmann 1887*: 74n.

———. *Vorlesungen über Gastheorie*. Part 1, *Theorie der Gase mit einatomigen Molekülen, deren Dimensionen gegen die mittlere Weglänge verschwinden*. Leipzig: Barth, 1896.
Cited: **1** *Boltzmann 1896*: 230n, 260n, 261n, 262n, 265, 266, 292n, 294n, 295n, 335n. **2** *Boltzmann 1896*: 42, 43, 74n, 167n, 207, 252n, 336, 345n, 377n, 544, 551n. **3** *Boltzmann 1896*: 7, 127n, 242n, 243n. **5** *Boltzmann 1896*: 99n, 223n. **9** *Boltzmann 1896*: 48n.

———. *Vorlesungen über Gastheorie*. Part 2, *Theorie van der Waals'; Gase mit zusammengesetzten Molekülen; Gasdissociation; Schlussbemerkungen*. Leipzig: Barth, 1898.
Cited: **1** *Boltzmann 1898*: 230n, 260n, 262n, 265, 266, 292n, 294n, 324n, 335n. **2** *Boltzmann 1898a*: 4, 5, 21n, 42, 43, 44, 46, 49, 60, 67, 73n, 74n, 75n, 95n, 96n, 103, 107n, 108n, 133n, 207, 211, 244n. **3** *Boltzmann 1898*: 7, 128n, 242n, 244n, 245n, 246n. **5** *Boltzmann 1898*: 18n, 223n. **6** *Boltzmann 1898*: 579n. **8** *Boltzmann 1898*: 30n. **9** *Boltzmann 1898*: 472n. **10** *Boltzmann 1898*: 15n.

———. "Vorschlag zur Festlegung gewisser physikalischer Ausdrücke." In *Verhandlungen der Gesellschaft Deutscher Naturforscher und Ärzte. 70. Versammlung zu Düsseldorf 19.–24. September 1898*. Part 2, 1st half, *Naturwissenschaftliche Abtheilungen*, pp. 67–68. Leipzig: Vogel, 1899.
Cited: **2** *Boltzmann 1898b*: 96n.

———. *Populäre Schriften*. Leipzig: Barth, 1905.
Cited: **10** *Boltzmann 1905*: 341n.

———. *Wissenschaftliche Abhandlungen*. 3 vols. Hasenöhrl, Fritz, ed. Leipzig: Barth, 1909.
Cited: **2** *Boltzmann 1909*. **3** *Boltzmann 1909*. **4** *Boltzmann 1909*.

Boltzmann, Ludwig, and Nabl, Josef. "Kinetische Theorie der Materie." In *Encyklopädie der mathematischen Wissenschaften, mit Einschluss ihrer Anwendungen*. Vol. 5, Physik, part 1, pp. 493–557. Sommerfeld, Arnold, ed. Leipzig: Teubner, 1903–1921. Issued 25 April 1907.
Cited: **2** *Boltzmann and Nabl 1907*: 41.

Borgius, Walter. *Die Ideenwelt des Anarchismus*. Leipzig: Dietrich, 1904.
Cited: **9** *Borgius 1904*: 515n.

———. *Der Völkerbund: Seine Kultur- und Wirtschaftsaufgaben*. Flugschriften des Bundes Neues Vaterland, no. 9. Berlin: Berger, 1919.
Cited: **9** *Borgius 1919*: 515n.

———. "Buchhandel und Valuta." *Frankfurter Zeitung*, 14 April 1920, 1st Morning Edition.
Cited: **9** *Borgius 1920*: 391n, 515n.

Born, Hedwig. "Einstein ganz privat." *Die Weltwoche* 23, no. 1137 (26 August 1955): 7.
Cited: **8** *Born, H. 1955*.

Born, Hedwig and Born, Max. *Der Luxus des*

Gewissens. Munich: Nymphenburger Verlagshandlung, 1969.
Cited: **8** *Born, H. and M. 1969*: 336n, 1003c.

Born, Max. *Untersuchungen über die Stabilität der elastischen Linie in Ebene und Raum unter verschiedenen Grenzbedingungen.* Göttingen: Dieterichsche Universitäts-Buchdruckerei, 1906.
Cited: **8** *Born, M. 1906*: 754n.

———. "Die Theorie des starren Elektrons in der Kinematik des Relativitätsprinzips." *Annalen der Physik* 30 (1909): 1–56.
Cited: **2** *Born 1909*: 427. **3** *Born 1909*: 449n, 478. **4** *Born 1909*: 144n, 163n. **5** *Born 1909a*: 233n, 461n, 486n. **6** *Born 1909*: 408n. **10** *Born 1909*: 7n.

———. "Über die Dynamik des Elektrons in der Kinematik des Relativitätsprinzips." *Physikalische Zeitschrift* 10 (1909): 814–817.
Cited: **5** *Born 1909b*: 211n.

———. "Über die Definition des starren Körpers in der Kinematik des Relativitätsprinzips." *Physikalische Zeitschrift* 11 (1910): 233–234.
Cited: **3** *Born 1910a*: 478, 479. **5** *Born 1910*: 211n, 233n.

———. "Zur Kinematik des starren Körpers im System des Relativitätsprinzips." *Königliche Gesellschaft der Wissenschaften zu Göttingen. Mathematisch-physikalische Klasse. Nachrichten* (1910): 161–179.
Cited: **3** *Born 1910b*: 478.

———. "Zum Relativitätsprinzip: Entgegnung auf Herrn Gehrckes Artikel 'Die gegen die Relativitätstheorie erhobenen Einwände'." *Die Naturwissenschaften* 1 (1913): 92–94.
Cited: **7** *Born 1913*: 102.

———. *Dynamik der Kristallgitter.* Leipzig: Teubner, 1915.
Cited: **9** *Born 1915*: 440n. **10** *Born 1915*: 541n.

———. "Einsteins Theorie der Gravitation und der allgemeinen Relativität." *Physikalische Zeitschrift* 17 (1916): 51–59.
Cited: **8** *Born, M. 1916*: 266n.

———. "Berechnung der Ionenladung aus Messungen der Reststrahlen, der ultraroten Brechungsindizes und der Dielektrizitätzkonstante." *Deutsche Physikalische Gesellschaft. Verhandlungen* 20 (1918): 224–229.
Cited: **9** *Born 1918*: 86n.

———. "Die elektromagnetische Masse der Kristalle." *Königlich Preußische Akademie der Wissenschaften* (Berlin) *Sitzungsberichte* (1918): 712–718.
Cited: **8** *Born, M. 1918a*: 819n.

———. "Über die ultraroten Eigenschwingungen zweiatomiger Kristalle." *Physikalische Zeitschrift* 19 (1918): 539–548.
Cited: **8** *Born, M. 1918b*: 823n.

———. "Raum, Zeit und Schwerkraft." *Frankfurter Zeitung*, 23 November 1919, 1st Morning Edition.
Cited: **9** *Born 1919b*: 256n, 281n, 282n, 314n.

———. "Eine thermochemische Anwendung der Gittertheorie." *Deutsche Physikalische Gesellschaft. Verhandlungen* 21 (1919a): 13–24.
Cited: **9** *Born 1919a*: 86n.

———. *Der Aufbau der Materie. Drei Aufsätze über moderne Atomistik und Elektronentheorie.* Berlin: Springer, 1920.
Cited: **10** *Born 1920c*: 514n.

———. *Die Relativitätstheorie Einsteins und ihre physikalischen Grundlagen, gemeinverständlich dargestellt.* Berlin: Springer, 1920.
Cited: **9** *Born 1920b*: 204n, 516n. **10** *Born 1920a*: 456n, 456, 461n, 475n, 495n, 514n, 517n, 541n, 582c.

———. "Eine direkte Messung der freien Weglänge neutraler Atome." *Physikalische Zeitschrift* 21 (1920): 578–581.
Cited: **10** *Born 1920b*: 336n, 361n.

———. "Über die Beweglichkeit der elektrolytischen Ionen." *Zeitschrift für Physik* 1 (1920): 221–249.
Cited: **9** *Born 1920c*: 460n, 461n.

———. "Über die elektrische Natur der Kohäsionskräfte fester Körper." *Annalen der Physik* 61 (1920): 87–106.
Cited: **9** *Born 1920a*: 440n.

———. *Die Relativitätstheorie Einsteins und ihre physikalischen Grundlagen elementar dargestellt.* 2d. ed. Berlin: Springer, 1921.
Cited: **10** *Born 1921*: 517n.

———. "Atomtheorie des festen Zustandes (Dynamik der Kristallgitter)." In *Encyklopädie der mathematischen Wissenschaften, mit Einschluss ihrer Anwendungen.* Vol. 5, *Physik*, part 3, pp. 529–589. Sommerfeld, Arnold, ed. Leipzig: Teubner, 1909–1926. Issued 24 October 1923.
Cited: **3** *Born 1923*: 476n. **9** *Born 1923*: 85n.

———. *Ausgewählte Abhandlungen.* 2 vols. Göttingen: Vandenhoeck & Ruprecht, 1963.
Cited: **9** *Born 1963*.

———. "Erinnerungen an Einstein." *Physikali-*

sche Blätter 21 (1965): 297–306.
Cited: **9** *Born 1965*: 145n, 389n.

———. *Mein Leben. Die Erinnerungen des Nobelpreisträgers*. Munich: Nymphenburger, 1975.
Cited: **7** *Born 1975*: 99n. **9** *Born 1975*: 231n, 281n. **10** *Born 1975*: 336n.

———. *My Life: Recollections of a Nobel Laureate*. New York: Scribner's Sons, 1978.
Cited: **8** *Born, M. 1978*: 638n, 813n, 944n, 961n, 1029. **9** *Born 1978*: 144n, 207n. **10** *Born 1978*: 261n.

Born, Max, and Huang, Kun. *Dynamical Theory of Crystal Lattices*. Oxford: Clarendon Press, 1954.
Cited: **3** *Born and Huang 1954*: 512n.

Born, Max, and Kármán, Theodor von. "Über Schwingungen in Raumgittern." *Physikalische Zeitschrift* 13 (1912): 297–309.
Cited: **3** *Born and von Kármán 1912*: xxv, 475n. **5** *Born and von Kármán 1912*: 481n, 506n.

Born, Max, and Landé, Alfred. "Kristallgitter und Bohrsches Atommodell." *Deutsche Physikalische Gesellschaft. Verhandlungen* 20 (1918): 202–209.
Cited: **9** *Born and Landé 1918b*: 86n.

———. "Über die absolute Berechnung der Kristalleigenschaften mit Hilfe Bohrscher Atommodelle." *Königlich Preußische Akademie der Wissenschaften* (Berlin). *Sitzungsberichte* (1918): 1048–1068.
Cited: **9** *Born and Landé 1918a*: 86n, 211n.

———. "Über die absolute Berechnung der Kristalleigenschaften mit Hilfe Bohrscher Atommodelle." *Königlich Preußische Akademie der Wissenschaften* (Berlin). *Sitzungsberichte* (1918): 1048–1068.
Cited: **8** *Born, M. and Landé 1918*: 1028.

———. "Über die Berechnung der Kompressibilität regulärer Kristalle aus der Gittertheorie." *Deutsche Physikalische Gesellschaft. Verhandlungen* 20 (1918): 210–216.
Cited: **10** *Born and Landé 1918*: 468n.

Born, Max, and Oppenheimer, Robert. "Zur Quantentheorie der Molekeln." *Annalen der Physik* 84 (1927): 457–484.
Cited: **9** *Born and Oppenheimer 1927*: 439n.

Born, Max, and Stern, Otto. "Über die Oberflächenenergie der Kristalle und ihren Einfluß auf die Kristallgestalt." *Preußische Akademie der Wissenschaften* (Berlin). *Sitzungsberichte* (1919): 901–913.
Cited: **9** *Born and Stern 1919*: liii, 230n.

Börnstein, Richard, and Meyerhoffer, Wilhelm, eds. *Landolt-Börnstein physikalisch-chemische Tabellen*. 3d rev. ed. Berlin: Springer, 1905.
Cited: **2** *Landolt and Börnstein 1905*: 143, 179, 347, 348n, 388n, 389, 390n, 391n, 502n. **3** *Landolt and Börnstein 1905*: 243n.

Börnstein, Richard, and Roth, Walther, ed. *Landolt-Börnstein physikalisch-chemische Tabellen*. 4th rev. ed. Berlin: Springer, 1912.
Cited: **3** *Landolt and Börnstein 1912*: 243n. **4** *Landolt and Börnstein 1912*: 285n. **8** *Landolt and Börnstein 1912*: 33n.

Bosl, Karl, ed. *Bayern im Umbruch. Die Revolution von 1918, ihre Voraussetzungen, ihr Verlauf und ihre Folgen*. Munich: Oldenbourg, 1969.
Cited: **8** *Bosl 1969*: 948n.

Bosquet, Jean. "Théophile de Donder et la gravifique einsteinienne." *Académie Royale de Belgique. Classe des Sciences. Bulletin* 73 (1987): 209–253.
Cited: **10** *Bosquet 1987*: 363n, 371n, 378n.

Bosscha, Johannes, ed. *Recueil de travaux offerts par les auteurs à H. A. Lorentz, professeur de physique à l'Université de Leiden, à l'occasion du 25me anniversaire de son doctorat le 11 décembre 1900*. The Hague: Nijhoff, 1900. *Archives néerlandaises des siences exactes et naturelles* 5 (1900).
Cited: **2** *Bosscha 1900*: 236, 237. **3** *Bosscha 1900*. **5** *Bosscha 1900*. **8** *Bosscha 1900*.

Bots, Marcel. *Bibliografie van de liberale tijdschriften. Le Flambeau (1918–1976)*. Ghent: Liberaal Archief, 1996.
Cited: **10** *Bots 1996*: 364n.

Bottlinger, Kurt F. E. "Die Erklärung der empirischen Glieder der Mondbewegung durch die Annahme einer Extinktion der Gravitation im Erdinnern." *Astronomische Nachrichten* 191 (1912): cols. 147–150.
Cited: **7** *Bottlinger 1912a*: 146n.

———. *Die Gravitationstheorie und die Bewegung des Mondes*. Freiburg: Troemer, 1912.
Cited: **7** *Bottlinger 1912b*: xxviii, 142, 146n.

Bousfield, William Robert. "Ionengrössen in Beziehung zur Leitfähigkeit von Elektrolyten." *Zeitschrift für physikalische Chemie* 53 (1905): 257–313.
Cited: **5** *Bousfield 1905*: 16n.

———. "Ionengrössen in Beziehung zur Leitfähigkeit von Elektrolyten." *Zeitschrift für physikalische Chemie* 53 (1905): 257–313.
Cited: **2** *Bousfield 1905b*: 172, 178, 179.

———. "Ionic Sizes in Relation to the Conductivity of Electrolytes. (Abstract.)" *Royal Society of London. Proceedings* 74 (1905): 563–564.
Cited: **2** *Bousfield 1905a*: 178, 179.

Bouty, Edmond. Review of *Jewell 1896*. In *Journal de physique* 6 (1897): 84–85.
Cited: **3** *Bouty 1897*: 493, 497n.

Bragg, William Henry. "La réflexion des rayons X et le spectromètre à rayons X." In *La structure de la matière. Rapports et discussions du Conseil de Physique tenu à Bruxelles du 27 au 31 octobre 1913, sous les auspices de l'Institut International de Physique Solvay*, pp. 113–120. Goldschmidt, Robert, de Broglie, Maurice; and Lindemann, Frederick A., eds. Paris: Gauthier-Villars, 1921.
Cited: **4** *Bragg 1921*: 554n. **5** *Bragg, W. H. 1921*.

Bragg, William Henry, et al. "Discussion" following **4** *Bragg 1921*/**5** *Bragg, W.H. 1921*. In *La structure de la matière. Rapports et discussions du Conseil de Physique tenu à Bruxelles du 27 au 31 octobre 1913, sous les auspices de l'Institut International de Physique Solvay*, pp. 121–140. Goldschmidt, Robert, de Broglie, Maurice, and Lindemann, Frederick A., eds. Paris: Gauthier-Villars, 1921.
Cited: **4** *Bragg et al. 1921*: 554n.

Bragg, William Lawrence. "The Diffraction of Short Electromagnetic Waves by a Crystal." *Cambridge Philosophical Society. Proceedings* 17 (1912–1914): 43–57.
Cited: **5** *Bragg, W.L. 1912*.

Brans, Carl H. "Mach's Principle and the Locally Measured Gravitational Constant in General Relativity." *Physical Review* 124 (1962): 388–396.
Cited: **8** *Brans 1962*: 440n.

Braun, F. "Thermoelektricität." In *Winkelmann 1893b*, pp. 387–410.
Cited: **1** *Braun 1893*: 238n.

Braunthal, Julius. *Victor und Friedrich Adler. Zwei Generationen Arbeiterbewegung*. Vienna: Wiener Volksbuchhandlung, 1965.
Cited: **9** *Braunthal 1965*.

Brausewetter, Max. *"J'accuse": Zwei Jahre in französischer Gefangenschaft*. Berlin: Cassirer, 1918.
Cited: **9** *Brausewetter 1918*: 185n.

Bredig, Georg. "Beiträge zur Stöchiometrie der Ionenbeweglichkeit." *Zeitschrift für physikalische Chemie* 13 (1894): 191–288.

Cited: **2** *Bredig 1894*: 207, 502n.

Brenner, Michael. *The Renaissance of Jewish Culture in Weimar Germany*. New Haven: Yale University Press, 1969.
Cited: **9** *Brenner 1996*.

Brentano, Franz. "Zur Lehre von Raum und Zeit." *Kantstudien* 25 (1920): 1–22.
Cited: **10** *Brentano 1920*: 261n.

Bresciani-Turroni, Costantino. *The Economics of Inflation: A Study of Currency Depreciation in Post-war Germany*. London: Allen and Unwin, 1937.
Cited: **9** *Bresciani-Turroni 1937*.

Brett, Vladimír. *Henri Barbusse, sa marche vers la clarté, son mouvement Clarté*. Prague: Editions de l'Académie tchécoslovaque des sciences, 1963.
Cited: **7** *Brett 1963*: 216n.

Brill, Alexander von. *Das Relativitätsprinzip. Eine Einführung in die Theorie*. 2d ed. Leipzig: Teubner, 1914.
Cited: **6** *Brill 1914*: 132, 133n, 417.

Brillouin, Léon. "Über die Fortpflanzung des Lichtes in dispergierenden Medien." *Annalen der Physik* 44 (1914): 203–240.
Cited: **5** *Brillouin 1914*: 60n, 71n.

———. *Wave Propagation and Group Velocity*. New York: Academic Press, 1960.
Cited: **5** *Brillouin 1960*: 59n.

Brillouin, Marcel. "Propos sceptiques au sujet du principe de la relativité." *Scientia* 13 (1913): 10–26.
Cited: **4** *Brillouin 1913*: 621n.

Brocke, Bernhard vom. "'Wissenschaft und Militarismus.' Der Aufruf der 93 'An die Kulturwelt!' und der Zusammenbruch der internationalen Gelehrtenrepublik im Ersten Weltkrieg." In *Wilamowitz nach 50 Jahren*, pp. 649–719. Calder, William, Flashar, Hellmut, and Lindken, Theodor, eds. Darmstadt: Wissenschaftliche Buchgesellschaft, 1985.
Cited: **9** *Brocke 1985*: 164n.

Brod, Max. *Tycho Brahes Weg zu Gott*. Munich: Wolff, 1915.
Cited: **8** *Brod 1915*: 337n.

———. *Streitbares Leben 1884–1968*. Munich: Herbig, 1969.
Cited: **8** *Brod 1969*: 337n.

Brodsky, Michel L. "A Belgian Lodge in London, 1914–1927." *Transactions of the Quatuor Coronati Lodge* (19 February 2000): 1–13.
Cited: **9** *Brodsky 2004*: 55n.

Broelmann, Jobst. *Intuition und Wissenschaft in*

der Kreiseltechnik, 1750 bis 1930. Munich: Deutsches Museum, 2002.
Cited: **10** *Broelmann 2002*: 452n.

Brooks, Sidney. *American Aid to Germany 1918–1925.* New York: Russel Sage Foundation, 1943.
Cited: **9** *Brooks 1943*: 253n.

Brown, Robert. "A Brief Account of Microscopical Observations Made in the Months of June, July, and August 1827, on the Particles Contained in the Pollen of Plants; and on the General Existence of Active Molecules in Organic and Inorganic Bodies." *Edinburgh New Philosophical Journal* 5 (1828): 358–371. Reprinted in *Philosophical Magazine* 4 (1828): 161–173.
Cited: **2** *Brown 1828*: 208.

Bruber, Helmut. *Red Vienna: Experiment in Working-Class Culture, 1919–1934.* New York: Oxford University Press, 1991.
Cited: **9** *Gruber 1991*: 437n.

Brunn, Albert von. "Zu Hrn. Einsteins Bemerkung über die unregelmäßigen Schwankungen der Mondlänge von der genäherten Periode des Umlaufs der Mondknoten." *Preußische Akademie der Wissenschaften* (Berlin). *Sitzungsberichte* (1919): 710–711.
Cited: **7** *Brunn 1919*: 146n, 198n.

Brush, Stephen G. "A History of Random Processes: I. Brownian Movement from Brown to Perrin." *Archive for History of Exact Sciences* 5 (1968): 1–36.
Cited: **2** *Brush 1968*: 206, 208, 218.

———. *The Kind of Motion We Call Heat: A History of the Kinetic Theory of Gases in the 19th Century.* Book 1, *Physics and the Atomists.* Book 2, *Statistical Physics and Irreversible Processes.* Amsterdam: North-Holland, 1976.
Cited: **2** *Brush 1976:* xxxiii, 42, 144, 170, 203, 207, 208. **3** *Brush 1976*: 242n, 243n, 244n, 245n. **4** *Brush 1976*: 534n. **8** *Brush 1976*: 655n, 673n. **9** *Brush 1976*: 48n. **10** *Brush 1976*: 284n.

Bryan, George Hartley. "Allgemeine Grundlegung der Thermodynamik." In *Encyklopädie der mathematischen Wissenschaften, mit Einschluss ihrer Anwendungen.* Vol. 5, *Physik*, part 1, pp. 71–160. Sommerfeld, Arnold, ed. Leipzig: Teubner, 1903–1921. Issued 23 April 1903.
Cited: **1** *Bryan 1903*: 85n, 238n.

———. "The Law of Degradation of Energy as the Fundamental Principle of Thermodynamics." In *Festschrift Ludwig Boltzmann gewidmet zum sechzigsten Geburtstage 20. Februar 1904*, pp. 123–136. Meyer, Stefan, ed. Leipzig: Barth, 1904.
Cited: **2** *Bryan 1904*: 3, 42.

Bryce, James, et al. *Report of the Committee on Alleged German Outrages.* London: British Government Report, 1915.
Cited: **9** *Bryce et al. 1915*: 43n.

Bucherer, Alfred H. "Über den Einfluß der Erdbewegung auf die Intensität des Lichtes." *Annalen der Physik* 11 (1903): 270–283.
Cited: **2** *Bucherer 1903*: 260, 307n.

———. *Mathematische Einführung in die Elektronentheorie.* Leipzig: Teubner, 1904.
Cited: **2** *Bucherer 1904*: 269, 270, 307n, 310n, 372n, 461, 486n, 528n. **8** *Bucherer 1904*: 901n.

———. "Ein Versuch, den Elektromagnetismus auf Grund der Relativbewegung darzustellen." *Physikalische Zeitschrift* 7 (1906): 553–557.
Cited: **5** *Bucherer 1906*: 135n.

———. "Notiz über eine neue experimentelle Anordnung zu Messungen an Becquerelstrahlen." *Physikalische Zeitschrift* 8 (1907): 430.
Cited: **5** *Bucherer 1907b*: 135n.

———. "On a New Principle of Relativity in Electromagnetism." *Philosophical Magazine* 13 (1907): 413–420.
Cited: **5** *Bucherer 1907a*: 135n.

———. "On the Principle of Relativity and on the Electromagnetic Mass of the Electron. A Reply to Mr. E. Cunningham." *Philosophical Magazine* 15 (1908): 316–318.
Cited: **5** *Bucherer 1908a*: 135n.

———. "On the Principle of Relativity. A Reply to Mr. E. Cunningham." *Philosophical Magazine* 16 (1908): 939–940.
Cited: **5** *Bucherer 1908c*: 135n, 138n.

———. "Messungen an Becquerelstrahlen. Die experimentelle Bestätigung der Lorentz-Einsteinschen Theorie." *Physikalische Zeitschrift* 9 (1908): 755–762.
Cited: **3** *Bucherer 1908*: 173, 176n. **5** *Bucherer 1908b*: 50n, 135n, 138n, 149n.

———. "Die experimentelle Bestätigung des Relativitätsprinzips." *Annalen der Physik* 28 (1909): 513–536; 29 (1909): 1063.
Cited: **5** *Bucherer 1909*: 135n, 138n, 149n. **8** *Bucherer 1909*: 909n.

Buchholz, Hugo. *Untersuchung der Bewegung vom Typus 2/3 im Problem der drei Körper*

und der "Hilda-Lücke" im System der kleinen Planeten auf Grund der Gyldénschen Störungstheorie. Part 1. Vienna: K. K. Hof- und Staatsdruckerei, 1902.
Cited: **10** *Buchholz 1902*: 358n.

———. *Das mechanische Potential nach Vorlesungen von L. Boltzmann bearbeitet, und die Theorie der Figur der Erde zur Einführung in die höhere Geodäsie (angewandte Mathematik).* Leipzig: Barth, 1908.
Cited: **10** *Buchholz 1908*: 358n.

———. *Ludwig Boltzmanns Vorlesungen über die Prinzipe der Mechanik.* Part 3, *Elastizitätstheorie und Hydromechanik.* Leipzig: Barth, 1920.
Cited: **10** *Buchholz 1920*: 358n.

Büchner, Ludwig. *Kraft und Stoff. Empirisch-naturphilosophische Studien.* Frankfurt am Main: Meidinger Sohn & Cie., 1855.
Cited: **1** *Büchner 1855.* **2** *Büchner 1855*: 3, 42.

Buchwald, Jed Z. *From Maxwell to Microphysics: Aspects of Electromagnetic Theory in the Last Quarter of the Nineteenth Century.* Chicago: University of Chicago Press, 1985.
Cited: **3** *Buchwald 1985*: 544n.

Buckingham, Edgar. "On Certain Difficulties Which Are Encountered in the Study of Thermodynamics." *Philosophical Magazine* 9 (1905): 208–214.
Cited: **2** *Buckingham 1905*: 247–249.

Budde, Emil Arnold. "Kritisches zum Relativitätsprinzip." *Deutsche Physikalische Gesellschaft. Verhandlungen* 16 (1914): 586–612.
Cited: **8** *Budde 1914a*: 829n.

———. "Kritisches zum Relativitätsprinzip. II." *Deutsche Physikalische Gesellschaft. Verhandlungen* 16 (1914): 914–925.
Cited: **8** *Budde 1914b*: 829n.

———. *Tensoren und Dyaden im dreidimensionalen Raum. Ein Lehrbuch.* Braunschweig: Vieweg, 1914.
Cited: **4** *Budde 1914*: 342n.

Buek, Otto, ed. *Immanuel Kants kleinere Schriften zur Naturphilosophie.* 2d ed. Leipzig: Dürr, 1909.
Cited: **8** *Buek 1909*: 383n.

Burbury, Samuel Hawksley. "Boltzmann's Minimum Function." *Nature* 51 (1894): 78.
Cited: **2** *Burbury 1894*: 377n.

Burchardt, Lothar. *Wissenschaftspolitik im Wilhelminischen Deutschland. Vorgeschichte, Gründung und Aufbau der Kaiser-Wilhelm-Gesellschaft zur Förderung der Wissenschaften.* Göttingen: Vandenhoeck & Ruprecht, 1975.
Cited: **5** *Burchardt 1975*: 513n, 603n.

Burgers, Johannes M. "Adiabatische invarianten bij mechanische systemen, I. *Koninklijke Akademie van Wetenschappen te Amsterdam. Wis- en Natuurkundige Afdeeling. Verslagen van de Gewone Vergaderingen* 25 (1916–17): 849–857. Reprinted in translation as "Adiabatic Invariants of Mechanical Systems. I." *Koninklijke Akademie van Wetenschappen te Amsterdam. Section of Sciences. Proceedings* 20 (1917–18): 149–157; and in abridged form as "Die adiabatischen Invarianten bedingt periodischer Systeme." *Annalen der Physik* 52 (1917): 195–202.
Cited: **8** *Burgers 1916a*: 386n, 961n.

———. "Adiabatische Invarianten bij mechanische systemen, II. *Koninklijke Akademie van Wetenschappen te Amsterdam. Wis- en Natuurkundige Afdeeling. Verslagen van de Gewone Vergaderingen* 25 (1916–17): 918–922. Reprinted in translation as "Adiabatic Invariants of Mechanical Systems. II." *Koninklijke Akademie van Wetenschappen te Amsterdam. Section of Sciences. Proceedings* 20 (1917–18): 158–162.
Cited: **8** *Burgers 1916b*: 961n.

———. "Adiabatische Invarianten bij mechanische systemen, III. *Koninklijke Akademie van Wetenschappen te Amsterdam. Wis- en Natuurkundige Afdeeling. Verslagen van de Gewone Vergaderingen* 25(1916–17): 1055–1061. Reprinted in translation as "Adiabatic Invariants of Mechanical Systems. III." *Koninklijke Akademie van Wetenschappen te Amsterdam. Section of Sciences. Proceedings* 20 (1917–18): 163–169.
Cited: **8** *Burgers 1917a*: 961n.

———. "Het spektrum van een roteerend molekuul volgens de theorie der quanta. *Koninklijke Akademie van Wetenschappen te Amsterdam. Wis- en Natuurkundige Afdeeling. Verslagen van de Gewone Vergaderingen* 26 (1917–18): 115–123. Reprinted in translation as "The Spectrum of a Rotating Molecule According to the Theory of Quanta." *Koninklijke Akademie van Wetenschappen te Amsterdam. Section of Sciences. Proceedings* 20 (1917–18): 170–177.
Cited: **8** *Burgers 1917b*: 466n, 468n.

———. *Het atoommodel van Rutherford–Bohr.* Haarlem: Loosjes, 1918. Doctoral dissertation, University of Leyden.

Cited: **8** *Burgers 1918*: 961n.

Byland, Hans. "Aus Einsteins Jugendtagen. Ein Gedenkblatt." *Neue Bündner Zeitung*, 7 February 1928.
Cited: **1** *Byland 1928*: 11, 56n.

Byrne, Patrick H. "Statistical and Causal Concepts in Einstein's Early Thought." *Annals of Science* 37 (1980): 215–228.
Cited: **2** *Byrne 1980*: 55.

———. "The Origins of Einstein's Use of Formal Asymmetries." *Annals of Science* 38 (1981): 191–206.
Cited: **2** *Byrne 1981*: 55.

Cahan, David. "The Young Einstein's Physics Education: H. F. Weber, Hermann von Helmholtz, and the Zurich Polytechnic Physics Institute." In *Einstein: The Formative Years*, pp. 43–82. Stachel, John, and Howard, Don, eds. Boston: Birkhäuser, 2000.
Cited: **9** *Cahan 2000*: 170n.

Cailler, Charles. "Les équations du principe de relativité et de la géometrie." *Archives des sciences physiques et naturelles* 35 (1913): 109–139.
Cited: **8** *Cailler 1913*: 350n.

Cailletet, Louis Paul. "Sur la liquéfaction de l'acétylène." *Académie des Sciences* (Paris). *Comptes rendus* 85 (1877): 851–852. "Liquéfaction du bioxyde d'azote." Ibid., 1016–1017. "De la condensation de l'oxygène et de l'oxyde de carbone." Ibid., 1213–1214. "Sur la condensation des gaz réputés incoercibles." Ibid., 1270–1271.
Cited: **1** *Cailletet 1877*: 145n.

———. "Sur la liquéfaction des gaz." *Académie des Sciences* (Paris). *Comptes rendus* 86 (1878): 97–98.
Cited: **1** *Cailletet 1878*: 145n.

Calame, Louis. *Das Kantonale Technikum in Winterthur 1874–1924. Zur Feier des Fünfzigjährigen Bestehens*. Winterthur: Buchdruckerei Winterthur, 1924.
Cited: **5** *Calame 1924*: 90n.

Campbell, Norman. "Der Äther." *Jahrbuch der Radioaktivität und Elektronik* 7 (1910): 15–28.
Cited: **3** *Campbell 1910b*: 174n, 439n.

———. "The Aether." *Philosophical Magazine* 19 (1910): 181–191.
Cited: **3** *Campbell 1910a*: 174n, 439n.

———. "Über Schweidlersche Schwankungen. (On Schweidler's Fluctuations.)" *Physikalische Zeitschrift* 11 (1910): 826–833.
Cited: **5** *Campbell 1910*: 221n.

Campbell, William W. "The Crocker Eclipse Expedition from the Lick Observatory, University of California, June 8, 1918." *Publications of the Astronomical Society of the Pacific* 30 (1918): 219–240.
Cited: **9** *Campbell 1918*: 158n.

Carmichael, R. D. "Einstein's Third Victory. Red-Displacement of Spectral Lines Regarded as Completing Proof of Relativity Theory." *New York Times*, 28 March 1920.
Cited: **9** *Carmichael 1920*: 479n.

Carnot, Sadi. *Réflexions sur la puissance motrice du feu et sur les machines propres à developper cette puissance*. Paris: Bachelier, 1824.
Cited: **1** *Carnot 1824*: 110n.

Cartan, Élie. "Sur les variées à connexion affine et la théorie de la relativité généralisée." *Annales de l'École Normale Supérieure* 40 (1923): 325–412.
Cited: **7** *Cartan 1923*: 43n.

Case, Thomas. "Theories of Space. Newton and Einstein. The Absolute and the Relative." *The Times* (London), 22 November 1919.
Cited: **9** *Case 1919*: 245n.

Cassirer, Ernst. *Zur Einsteinschen Relativitätstheorie*. Berlin: Cassirer, 1921.
Cited: **10** *Cassirer 1921*: 256n, 289n, 294n, 315n, 388n.

Cattani, Carlo. "Levi-Civita's Influence on Palatini's Contribution to General Relativity." In *The Attraction of Gravitation: New Studies in the History of General Relativity*, pp. 206–222. Earman, John, Janssen, Michel, and Norton, John D., eds. Boston: Birkhäuser, 1993,
Cited: **9** *Cattani 1993*: 361n.

Cattani, Carlo, and De Maria, Michelangelo. "Max Abraham and the Reception of Relativity in Italy: His 1912 and 1914 Controversies with Einstein." In *Einstein and the History of General Relativity,* pp. 160–174. Howard, Don, and Stachel, John, eds. Boston: Birkhäuser, 1989.
Cited: **4** *Cattani and De Maria 1989*: 122, 126, 187n, 191n, 621n. **5** *Cattani and De Maria 1989*: 394n, 596n. **7** *Cattani and De Maria 1989*: 101.

———. "The 1915 Epistolary Controversy between Einstein and Tullio Levi-Civita." In *Einstein and the History of General Relativity,* pp. 175–200. Howard, Don, and Stachel, John, eds. Boston: Birkhäuser, 1989.
Cited: **6** *Cattani and De Maria 1989*: xviii, 129n, 130n. **8** *Cattani and De Maria 1989*:

97n. **9** *Cattani and de Maria 1989*: 362n.

———. "Conservation Laws and Gravitational Waves in General Relativity (1915–1918)." In *The Attraction of Gravitation: New Studies in the History of General Relativity*, pp. 63–87. Earman, John, Janssen, Michel, and Norton, John D., eds. Boston: Birkhäuser, 1993.
Cited: **6** *Cattani and De Maria 1993*: 346n, 357n, 416n. **7** *Cattani and De Maria 1993*: 28n. **8** *Cattani and De Maria 1993*: 442n, 500n, 689n.

Cawkell, Tony, and Garfield, Eugene. "Assessing Einstein's Impact on Today's Science by Citation Analysis." In *Einstein: The First Hundred Years*, pp. 31–40. Goldsmith, Maurice, Mackay, Alan, and Woudhuysen, James, eds. Oxford: Pergamon, 1980.
Cited: **2** *Cawkell and Garfield 1980*: 182.

Cermak, Paul. "Elektrostatische Meßapparate und Messung elektrostatischer Größen." In *Graetz 1918*, pp. 94–156.
Cited: **2** *Cermak 1918*: 397n, 492n.

Chandrasekhar, Subrahmanyan. *An Introduction to the Study of Stellar Structure*. New York: Dover, 1957.
Cited: **4** *Chandrasekhar 1957*: 467n.

———. "Eddington, the Expositor and the Exponent of General Relativity." Reprinted in *Truth and Beauty*, pp. 110–143. Chicago: University of Chicago Press, 1987.
Cited: **7** *Chandrasekhar 1987*: 101.

Chaudesaigues, ———. "Le mouvement brownien et la formule d'Einstein." *Académie des sciences* (Paris). *Comptes rendus* 147 (1908): 1044–1046.
Cited: **2** *Chaudesaigues 1908*: 221.

Chernow, Ron. *The Warburgs: The Twentieth-Century Odyssey of a Remarkable Jewish Family*. New York: Random House, 1993.
Cited: **9** *Chernow 1993*: 12n.

Chickering, Roger. *Imperial Germany and a World Without War: The Peace Movement and German Society, 1892–1914*. Princeton: Princeton University Press, 1975.
Cited: **9** *Chickering 1975*: 28n, 55n, 348n. **10** *Chickering 1975*: 274n.

———. *Imperial Germany and the Great War, 1914–1918*. Cambridge: Cambridge University Press, 1998.
Cited: **9** *Chickering 1998*: 55n.

Christoffel, Elwin Bruno. "Ueber die Transformation der homogenen Differentialausdrücke zweiten Grades." *Journal für die reine und angewandte Mathematik* 70 (1869): 46–70.
Cited: **4** *Christoffel 1869*: 324, 328, 336, 342n, 343n, 495, 502n, 622n. **6** *Christoffel 1869*: 129n.

Chwolson, Orest D. *Lehrbuch der Physik*. Vol. 4, part 1, *Die Lehre von der Elektrizität*. Pflaum, H., trans. Braunschweig: Vieweg, 1908.
Cited: **3** *Chwolson 1908*: 9, 397n.

Cigognetti, Claudio. "L'alleanza Planck–Nernst." In *Rappresentazione e oggetto dalla fisica alle altre scienze*, pp. 53–64. La Forgia, Mauro, and Petruccioli, Sandro, eds. Rome: Edizioni Theoria, 1987.
Cited: **3** *Cigognetti 1987*: xxii.

Clapeyron, Benôit-Pierre-Émile. "Memoire sur la puissance motrice de la chaleur." *Journal de l'École Polytechnique* 14 (1834): 153–190.
Cited: **1** *Clapeyron 1834*: 120n.

Clark, Ronald W. *Einstein: The Life and Times*. New York: World Publishing, 1971.
Cited: **1** *Clark 1971*: xlii. **4** *Clark 1971*: 485n. **5** *Clark 1971*: 223n, 534n, 555n. **7** *Clark 1971*: 433n. **8** *Clark 1971*: 171n.

Classen, Johannes W. "Eine Neubestimmung von ε/μ für Kathodenstrahlen." *Physikalische Zeitschrift* 9 (1908): 762–764.
Cited: **5** *Classen 1908*: 138n.

Clausius, Rudolf. "Ueber die bewegende Kraft der Wärme und die Gesetze, welche sich daraus für die Wärmelehre selbst ableiten lassen." *Annalen der Physik und Chemie* 79 (1850): 368–397, 500–524.
Cited: **1** *Clausius 1850*: 118n.

———. "Ueber die Art der Bewegung, welche wir Wärme nennen." *Annalen der Physik und Chemie* 100 (1857): 353–380.
Cited: **1** *Clausius 1857*: 95n, 130n.

———. "Ueber die mittlere Länge der Wege, welche bei der Molecularbewegung gasförmiger Körper von den einzelnen Molecülen zurückgelegt werden; nebst einigen anderen Bemerkungen über die mechanische Wärmetheorie." *Annalen der Physik und Chemie* 15 (1858): 239–258.
Cited: **2** *Clausius 1858*: 252n.

———. "Ueber die Concentration von Wärme- und Lichtstrahlen und die Gränzen ihrer Wirkung." *Annalen der Physik und Chemie* 1 (1864): 1–44.
Cited: **2** *Clausius 1864*: 377n.

———. "Zusätze zu Abhandlung VI. Zusatz A. Ueber einige Benennungen." In *Abhandlungen über die mechanische Wärmetheorie*.

Part 1, pp. 280–286. Braunschweig: Vieweg, 1864.
Cited: **1** *Clausius 1864*: 85n.
———. "Über einen auf die Wärme anwendbaren mechanischen Satz." *Annalen der Physik und Chemie* 141 (1870): 124–130.
Cited: **7** *Clausius 1870*: 425n.
———. *Die mechanische Wärmetheorie*. 3d rev. ed. 3 vols. Braunschweig: Vieweg, 1879–1891.
Cited: **2** *Clausius 1879–1891*: 42. **3** *Clausius 1879–1891*: 7.
———. *Die kinetische Theorie der Gase*. 2d rev. ed. 2 parts. Planck, Max, and Pulfrich, Carl, eds. Braunschweig: Vieweg, 1889–1891.
Cited: **1** *Clausius 1889–1891*: 95n.
Clemence, Gerald M. "The Relativity Effect in Planetary Motions." *Reviews of Modern Physics* 19 (1947): 361–364.
Cited: **4** *Clemence 1947*: 348.
Clemenceau, Paul. "Les machines dynamo-électriques de leur origine jusqu'aux derniers types industriels." Paris: Tignol, 1889.
Cited: **1** *Clemenceau 1889*: li.
Clifford, William Kingdon. *Von der Natur der Dinge an sich*. Kleinpeter, Hans, trans. and ed. Leipzig: Barth, 1903.
Cited: **2** *Clifford 1903*: xxv.
Cochet, Marie-Anne. *L'intuition et l'amour. Essai sur les rapports métaphysiques de l'intuition et de l'instinct avec l'intelligence et la vie*. Paris: Perrin, 1920.
Cited: **10** *Cochet 1920*: 376n.
Cockcroft, John D., and Walton, Ernest T. S. "Experiments with High Velocity Positive Ions. II. The Disintegration of Elements by High Velocity Protons." *Royal Society of London. Proceedings A* 137 (1932): 229–242.
Cited: **2** *Cockcroft and Walton 1932*: 487n. **6** *Cockcroft and Walton 1932*: 536n.
Coehn, Alfred, and Raydt, Ulrich. "Über die quantitative Gültigkeit des Ladungsgesetzes für Dielektrika." *Annalen der Physik* 30 (1909): 777–804. Also published in *Königliche Gesellschaft der Wissenschaften zu Göttingen. Mathematisch-physikalische Klasse. Nachrichten* (1909): 263–288.
Cited: **5** *Coehn and Raydt 1909*: 227n.
Cohen, Hermann. *Die Logik der reinen Erkenntnis*. Berlin: Cassirer, 1902.
Cited: **8** *Cohen 1902*: 892n.
Cohn, Emil. *Das elektromagnetische Feld*. Leipzig: Hirzel, 1900.
Cited: **8** *Cohn 1900*: 802n.
———. "Über die Gleichungen der Electrodynamik für bewegte Körper." In *Recueil de travaux offerts par les auteurs à H. A. Lorentz, professeur de physique à l'Université de Leiden, à l'occasion du 25me anniversaire de son doctorat le 11 décembre 1900*, pp. 516–523. Bosscha, Johannes, ed. The Hague: Nijhoff, 1900. *Archives néerlandaises des siences exactes et naturelles* 5 (1900).
Cited: **2** *Cohn 1900*: 255, 256, 268, 272, 307n, 485n. **3** *Cohn 1900*: 449n. **5** *Cohn 1900*: 75n.
———. "Ueber die Gleichungen des elektromagnetischen Feldes für bewegte Körper." *Annalen der Physik* 7 (1902): 29–56.
Cited: **2** *Cohn 1902*: 255, 256, 260, 268, 272, 307n, 485n. **3** *Cohn 1902*: 449n. **5** *Cohn 1902*: 75n.
———. "Zur Elektrodynamik bewegter Systeme." *Königlich Preußische Akademie der Wissenschaften* (Berlin). *Sitzungsberichte* (1904): 1294–1303.
Cited: **2** *Cohn 1904a*: 256, 268, 272, 485n. **3** *Cohn 1904a*: 449n. **5** *Cohn 1904a*: 75n.
———. "Zur Elektrodynamik bewegter Systeme. II." *Königlich Preußische Akademie der Wissenschaften* (Berlin). *Sitzungsberichte* (1904): 1404–1416.
Cited: **2** *Cohn 1904b*: 258, 268, 272, 485n. **3** *Cohn 1904b*: 449n. **5** *Cohn 1904b*: 75n.
———. *Physikalisches über Raum und Zeit*. Leipzig: Teubner, 1911.
Cited: **7** *Cohn 1911*: 102.
———. *Physikalisches über Raum und Zeit*. 2d rev. ed. Leipzig: Teubner, 1913.
Cited: **4** *Cohn 1913*: 546, 551n. **6** *Cohn 1913*: 5n, 417. **9** *Cohn 1913*: 15n.
———. *Physikalisches über Raum und Zeit*. 3d ed. Leipzig: Teubner, 1918.
Cited: **9** *Cohn 1918*: 15n.
Cohn, Emil, and Arons, Leo. "Leitungsvermögen und Dielectricitätsconstante." *Annalen der Physik und Chemie* 28 (1886): 454–477, 433.
Cited: **7** *Cohn and Arons 1886*: 205n.
———. "Messung der Dielectricitätsconstanten leitender Flüssigkeiten." *Annalen der Physik und Chemie* 33 (1888): 13–31.
Cited: **7** *Cohn and Arons 1888*: 205n.
Cohnstaedt, Emil. "Untersuchungen über die Wasserhaut und damit zusammenhängende Oberflächenvorgänge." *Physikalische Zeitschrift* 10 (1909): 643–645.

Cited: **3** *Cohnstaedt 1909*: 564.

Colin, Paul. *Allemagne (1918–1921)*. Paris: Rieder, 1923.
Cited: **7** *Colin 1923*: 217n.

Compton, Arthur H. "The Intensity of X-Ray Reflection, and the Distribution of the Electrons in Atoms." *Physical Review* 9 (1917): 29–57.
Cited: **7** *Compton 1917a*: 53n.

———. "The Reflection Coefficient of Monochromatic X-Rays from Rock Salt and Calcite." *Physical Review* 10 (1917): 95–96.
Cited: **7** *Compton 1917b*: 53n.

———. "The Total Reflexion of X-Rays." *Philosophical Magazine* 45 (1923): 1121–1131.
Cited: **7** *Compton 1923*: 53n.

Contro, Walter S. "Von Pasch zu Hilbert." *Archive for History of Exact Sciences* 15 (1976): 283–295.
Cited: **9** *Contro 1976*: 72n.

Coolidge, Julian Lowell. *A History of Geometrical Methods*. Oxford: Clarendon Press, 1940.
Cited: **4** *Coolidge 1940*: 193.

Cornelius, Hans. *Psychologie als Erfahrungswissenschaft*. Leipzig: Teubner, 1897.
Cited: **8** *Cornelius 1897*: 548n.

———. *Einleitung in die Philosophie*. 2d ed. Leipzig: Teubner, 1911.
Cited: **8** *Cornelius 1911*: 889n.

Corry, Leo. "Hermann Minkowski and the Postulate of Relativity." *Archive for History of Exact Sciences* 51 (1997): 273–314.
Cited: **7** *Corry 1997*: 280n.

———. "David Hilbert between Mechanical and Electromagnetic Reductionism (1910–1915)." *Archive for History of Exact Sciences* 53 (1999): 489–527.
Cited: **7** *Corry 1999a*: 139n.

———. "From Mie's Electromagnetic Theory of Matter to Hilbert's Unified Foundations of Physics." *Studies in History and Philosophy of Modern Physics* 30 (1999): 159–183.
Cited: **7** *Corry 1999b*: 139n.

Corry, Leo, Renn, Jürgen, and Stachel, John. "Belated Decision in the Hilbert–Einstein Priority Dispute." *Science* 278 (1997): 1270–1273.
Cited: **7** *Corry et al. 1997*: 139n. **8** *Corry et al. 1997*: liv, 196n, 223n.

Cotti, Piero. "Einstein als Mensch und als Physiker." *Techinfo* 1/IV (1989): 11–14.
Cited: **5** *Cotti 1989*: 55n.

Cotton, Aimé. "Recherches récentes sur les mouvements browniens." *Revue du mois* 5 (1908): 737–741.
Cited: **2** *Cotton 1908*: 220, 559n.

Cotton, Aimé, and Mouton, Henri. *Les ultramicroscopes et les objets ultramicroscopiques*. Paris: Masson, 1906.
Cited: **2** *Cotton and Mouton 1906*: 210, 219, 345n.

Crawford, Elisabeth, Heilbron, J. L., and Ullrich, Rebecca. *The Nobel Population, 1901–1937: A Census of the Nominators and Nominees for the Prizes in Physics and Chemistry*. Berkeley and Uppsala: University of California, Berkeley, and Uppsala University, 1987.
Cited: **10** *Crawford 1987*: 255n.

Crelinsten, Jeffrey. "Einstein, Relativity, and the Press: The Myth of Incomprehensibility." *Physics Teacher* 18 (1980): 115–122.
Cited: **9** *Crelinsten 1980a*: liii.

———. "Physicists Receive Relativity: Revolution and Reaction." *Physics Teacher* 18 (1980): 187–193.
Cited: **9** *Crelinsten 1980b*: liii.

———. "William Wallace Campbell and the 'Einstein Problem': An Observational Astronomer Confronts the Theory of Relativity." *Historical Studies in the Physical Sciences* 14 (1983): 1–91.
Cited: **3** *Crelinsten 1983*: 497n. **9** *Crelinsten 1983*: lii, 158n.

Crommelin, Andrew C. D. "Einstein's Relativity Theory of Gravitation. III. The Crucial Phenomena." *Nature* 104 (1919): 394–395.
Cited: **9** *Crommelin 1919b*: 479n.

———. "The Eclipse of the Sun on May 29." *Nature* 102 (1919): 444–446.
Cited: **9** *Crommelin 1919a*: 33n, 187n.

———. "Results of the Total Solar Eclipse of May 29 and the Relativity Theory." *Nature* 104 (1919–20): 280–281.
Cited: **7** *Crommelin 1919*: xxx, 210n. **9** *Crommelin 1919c*.

Crommelin, Claude A. "Der „supraleitende Zustand" von Metallen." *Physikalische Zeitschrift* 21 (1920): 274–280, 300–304, 331–336.
Cited: **10** *Crommelin 1920*: 521n.

Crookes, William. "On the Attraction and Repulsion Resulting from Radiation." *Royal Society of London. Proceedings* 23 (1874–75): 373–378.
Cited: **9** *Crookes 1875*: 48n.

———. "On Repulsion Resulting from Radiation. Part 6." *Royal Society of London. Philo-*

sophical *Transactions* 170 (1879): 87–134.
Cited: **9** *Crookes 1879*: 50n.

Crowe, Michael J. *A History of Vector Analysis.* Notre Dame: University of Notre Dame Press, 1967.
Cited: **3** *Crowe 1967*: 5.

Croze, F. "Les raies du spectre solaire et la théorie d'Einstein." *Annales de physique* 19 (1923): 93–229.
Cited: **3** *Croze 1923*: 497n.

Cunningham, Ebenezer. "On the Principle of Relativity and the Electromagnetic Mass of the Electron. A Reply to Dr. A. H. Bucherer." *Philosophical Magazine* 16 (1908): 423–428.
Cited: **5** *Cunningham 1908*: 135n.

Curie, Eve. *Madame Curie.* Sheean, Vincent, trans. Garden City, N.Y.: Doubleday, Doran & Co., 1937.
Cited: **5** *Curie 1937*: 545n.

Curie, Pierre. "Propriétés magnétiques des corps à diverses températures." *Annales de chimie et de physique* 5 (1895): 289–405.
Cited: **3** *Curie 1895*: 245n. **4** *Curie 1895*: 284, 285n. **6** *Curie 1895*: 170n, 189n.

Cushing, James T. "Electromagnetic Mass, Relativity, and the Kaufmann Experiments." *American Journal of Physics* 49 (1981): 1133–1149.
Cited: **2** *Cushing 1981*: 270. **5** *Cushing 1981*: 138n.

Dahl, Per Fridtjof. "Kamerlingh Onnes and the Discovery of Superconductivity: The Leyden Years, 1911–1914." *Historical Studies in the Physical Sciences* 15 (1984): 1–37.
Cited: **5** *Dahl 1984*: 283n. **8** *Dahl 1984*: 157n.

———. *Superconductivity. Its Historical Roots and Development from Mercury to the Ceramic Oxides.* New York: American Institute of Physics, 1992.
Cited: **10** *Dahl 1992*: 521n.

Dahms, Albert. "Neuere Arbeiten über Phosphoreszenz." *Jahrbuch der Radioaktivität und Elektronik* 2 (1905): 314–345.
Cited: **5** *Dahms 1905*: 98n.

Dahms, Hans-Joachim. "Appointment Politics and the Rise of Modern Theoretical Physics at Göttingen." In *Göttingen and the Development of the Natural Sciences*, pp. 143–157. Rupke, N., ed. Göttingen: Wallstein, 2002.
Cited: **9** *Dahms 2002*: 435n, 536n. **10** *Dahms 2002*: 336n.

Dalen, Dirk van. "The War of the Frogs and the Mice, or the Crisis of the *Mathematische Annalen.*" *Mathematical Intelligencer* 12 (1990): 17–31.
Cited: **9** *Dalen 1990*: 317n.

———. *Mystic, Geometer, and Intuitionist: The Life of L. E. J. Brouwer.* Vol. 1, *The Dawning Revolution.* Oxford: Clarendon Press, 1999.
Cited: **9** *Dalen 1999*: 354n.

Dällenbach, Walter. "Die allgemein kovarianten Grundgleichungen des elektromagnetischen Feldes im Innern ponderabler Materie vom Standpunkt der Elektronentheorie." Doctoral dissertation, ETH Zurich, 1918.
Cited: **8** *Dällenbach 1918*: 802n, 847n.

———. "Die allgemein kovarianten Grundgleichungen des elektromagnetischen Feldes im Innern ponderabler Materie vom Standpunkt der Elektronentheorie." *Annalen der Physik* 58 (1919): 523–548.
Cited: **8** *Dällenbach 1919a*: 802n, 847n.

Darboux, Gaston. *Leçons sur la théorie générale des surfaces et les applications géométriques du calcul infinitésimal.* 4 vols. Paris: Gauthier-Villars, 1887–1896.
Cited: **4** *Darboux 1887–1896.*

Darmstaedter, Ludwig. *Handbuch zur Geschichte der Naturwissenschaften und der Technik.* 2d rev. ed. Berlin: Springer, 1908.
Cited: **5** *Darmstaedter 1908*: 270n. **9** *Darmstaedter 1908*: 283n.

Darrigol, Olivier. "The Electrodynamics of Moving Bodies from Faraday to Hertz." *Centaurus* 36 (1993): 245–260.
Cited: **7** *Darrigol 1993*: 321n, 468n.

———. "Henri Poincaré's Criticism of Fin de Siècle Electrodynamics." *Studies in History and Philosophy of Modern Physics* 26 (1995): 1–44.
Cited: **7** *Darrigol 1995*: 279n.

Davidis, Michael, ed. *Wissenschaft und Buchhandel: Der Verlag von Julius Springer und seine Autoren. Briefe und Dokumente aus den Jahren 1880–1946.* Munich: Deutsches Museum, 1985.
Cited: **4** *Davidis 1985*: 564n.

Davies, Paul. *About Time: Einstein's Unfinished Revolution.* New York: Touchstone, 1996.
Cited: **7** *Davies 1996*: 121n.

Dawidowicz, Lucy. *On Equal Terms: Jews in America, 1881–1981.* New York: Holt, Rinehart, and Winston, 1982.
Cited: **7** *Dawidowicz 1982*: 430n.

De Broglie, Louis. *Recherche sur la théorie des quanta.* Paris: Masson et Cie, 1924.
Cited: **6** *De Broglie 1924*: xxv.

De Donder, Théophile. "Les équations différen-

tielles du champ gravifique d'Einstein créé par un champ électromagnétique de Maxwell-Lorentz." *Koninklijke Akademie van Wetenschappen te Amsterdam. Wis- en Natuurkundige Afdeeling. Verslagen van de Gewone Vergaderingen* 25 (1916–17): 153–156.
Cited: **8** *De Donder 1916*: 304n, 306n, 329n, 576n.

———. "Théorie du champ électromagnétique de Maxwell-Lorentz et du champ gravifique d'Einstein." *Archives du Musée Teyler* 3 (1917): 80–179.
Cited: **8** *De Donder 1917a*: 304n, 306n, 309n, 313n, 315n, 328n, 329n, 576n. **10** *De Donder 1917*: 371n, 378n.

———. "Sur les équations différentielles du champ gravifique." *Koninklijke Akademie van Wetenschappen te Amsterdam. Wis- en Natuurkundige Afdeeling. Verslagen van de Gewone Vergaderingen* 26(1917–18): 101–104. Reprinted in *Koninklijke Akademie van Wetenschappen te Amsterdam. Section of Sciences. Proceedings* 20 (1917–18): 97–100.
Cited: **8** *De Donder 1917b*: 576n, 609n.

———. "Les théories d'Einstein." *Le Flambeau* 3 (1920): 714–731.
Cited: **10** *De Donder 1920*: 364n.

De Donder, Théophile, and De Ketelaere, O. "Sur le champ électromagnétique de Maxwell-Lorentz et le champ de gravitation d'Einstein." *Académie des sciences* (Paris). *Comptes rendus* 159 (1914): 23–26.
Cited: **8** *De Donder and De Ketelaere 1914*: 304n.

De Donder, Théophile, and Vanderlinden, Henri L. "Théorie nouvelle de la gravifique." *Académie Royale de Belgique. Classe des Sciences. Bulletin* 6 (1920): 232–245.
Cited: **10** *De Donder and Vanderlinden 1920a*: 364n, 371n, 378n.

———. "Les nouvelles équations fondamentales de la gravifique." *Académie des Sciences* (Paris). *Comptes rendus* (1920): 1107–1109.
Cited: **10** *De Donder and Vanderlinden 1920b*: 371n, 378n.

De Groot, Sybren R., and Suttorp, Leendert G. *Foundations of Electrodynamics.* Amsterdam: North-Holland, 1972.
Cited: **2** *De Groot and Suttorp 1972*: 507. **5** *De Groot and Suttorp 1972*: 162n.

De Haas, Wander J. "Verdere proeven over het in een magneet aanwezige moment van hoeveelheid van beweging." *Koninklijke Akademie van Wetenschappen te Amsterdam. Wis- en Natuurkundige Afdeeling. Verslagen van de Gewone Vergaderingen* 24 (1915–16): 638–657. Reprinted in translation as "Further Experiments on the Moment of Momentum Existing in a Magnet." *Koninklijke Akademie van Wetenschappen te Amsterdam. Section of Sciences. Proceedings* 18 (1915–16): 1281–1299.
Cited: **6** *De Haas 1915*: 148. **8** *De Haas 1915*: 128n, 176n, 198n. **10** *De Haas 1915*: 504n.

———. "Weitere Versuche über die Realität der Ampèreschen Molekularströme." *Deutsche Physikalische Gesellschaft. Verhandlungen* 18 (1916): 423–441.
Cited: **8** *De Haas 1916*: 128n, 340n.

———. "Le moment de la quantité de mouvement dans un corps magnétique." In *Atomes et électrons. Rapports et discussions du Conseil de Physique tenu à Bruxelles du 1er au 6 avril 1921 sous les auspices de l'Institut International de Physique Solvay*, pp. 206–227. Verschaffelt, Jules E., de Broglie, Maurice, Bragg, William L., and Brillouin, Léon, eds. Paris: Gauthier-Villars, 1923.
Cited: **6** *De Haas 1923*: 149. **10** *De Haas 1923*: 503n.

De Haas, Wander J., and De Haas-Lorentz, Geertruida L. "Een proef van Maxwell en de moleculaire stroomen van Ampère." *Koninklijke Akademie van Wetenschappen te Amsterdam. Wis- en Natuurkundige Afdeeling. Verslagen van de Gewone Vergaderingen* 24 (1915–16): 398–404. Reprinted in translation as "An Experiment of Maxwell and Ampère's Molecular Currents." *Koninklijke Akademie van Wetenschappen te Amsterdam. Section of Sciences. Proceedings* 19 (1915–16): 248–255.
Cited: **6** *De Haas and De Haas 1915*: 149. **8** *De Haas and De Haas 1915*: 128n, 198n. **10** *De Haas and De Haas 1915*: 504n.

De Haas-Lorentz, Geertruida L. *Die Brownsche Bewegung und einige verwandte Erscheinungen.* Braunschweig: Vieweg, 1913.
Cited: **2** *De Haas-Lorentz 1913*: 208, 212, 345n.

De Sitter, Willem. "On the Bearing of the Principle of Relativity on Gravitational Astronomy." *Royal Astronomical Society. Monthly Notices* 71 (1911): 388–415.
Cited: **4** *De Sitter 1911*: 439n.

———. "Ein astronomischer Beweis für die Konstanz der Lichtgeschwindigkeit." *Physikalische Zeitschrift* 14 (1913): 429.
Cited: **4** *De Sitter 1913*: 6, 104n. **5** *De Sitter 1913a*: 523n, 524n, 555n. **6** *De Sitter 1913a*: 67n, 536n. **7** *De Sitter 1913a*: 469n, 571n.

———. "Über die Genauigkeit, innerhalb welcher die Unabhängigkeit der Lichtgeschwindigkeit von der Bewegung der Quelle behauptet werden kann." *Physikalische Zeitschrift* 14 (1913): 1267.
Cited: **5** *De Sitter 1913b*: 555n. **6** *De Sitter 1913b*: 67n, 536n. **7** *De Sitter 1913b*: 469n, 571n.

———. "On Einstein's Theory of Gravitation, and Its Astronomical Consequences. First Paper." *Royal Astronomical Society. Monthly Notices* 76 (1915–16): 699–728.
Cited: **7** *De Sitter 1916b*: 49n. **8** *De Sitter 1916c*: 299n, 323n, 350n, 413n. **9** *De Sitter 1916a*: lii, 258n, 262n, 265n.

———. "Space, Time, and Gravitation." *The Observatory* 39 (1916): 412–419.
Cited: **8** *De Sitter 1916b*: 359n, 360n.

———. "De planetenbeweging en de beweging van de maan volgens de theorie van Einstein." *Koninklijke Akademie van Wetenschappen te Amsterdam. Wis- en Natuurkundige Afdeeling. Verslagen van de Gewone Vergaderingen* 25 (1916–17): 232–245. Reprinted in translation as "Planetary Motion and the Motion of the Moon According to Einstein's Theory." *Koninklijke Akademie van Wetenschappen te Amsterdam. Section of Sciences. Proceedings* 19 (1916–17): 367–381.
Cited: **7** *De Sitter 1916a*: 16, 26n. **8** *De Sitter 1916a*: 302n, 303n, 314n, 474n.

———. "De relativiteit der rotatie in de theorie van Einstein." *Koninklijke Akademie van Wetenschappen te Amsterdam. Wis- en Natuurkundige Afdeeling. Verslagen van de Gewone Vergaderingen* 25 (1916–17): 499–504. Reprinted in translation as "On the Relativity of Rotation in Einstein's Theory." *Koninklijke Akademie van Wetenschappen. Section of Sciences. Proceedings* 19 (1916–17): 527–532.
Cited: **6** *De Sitter 1916*: 546, 552n. **7** *De Sitter 1916c*: 42n, 49n. **8** *De Sitter 1916d*: 352, 357n, 359n, 484n, 502n. **10** *De Sitter 1916*: 52n.

———. "On Einstein's Theory of Gravitation, and Its Astronomical Consequences. Second Paper." *Royal Astronomical Society. Monthly Notices* 77 (1916–17): 155–184.
Cited: **7** *De Sitter 1916d*: 49n. **8** *De Sitter 1916c*: 323n, 350n, 357n, 359n, 413n, 414n, 417n, 423n, 467n, 502n. **9** *De Sitter 1916b*: lii, 258n, 262n, 265n.

———. "Over de relativiteit der traagheid: Beschouwingen naar aanleiding van Einstein's laatste hypothese." *Koninklijke Akademie van Wetenschappen te Amsterdam. Wis- en Natuurkundige Afdeeling. Verslagen van de Gewone Vergaderingen* 25 (1916–17): 1268–1276. Reprinted in translation as "On the Relativity of Inertia. Remarks Concerning Einstein's Latest Hypothesis." *Koninklijke Akademie van Wetenschappen te Amsterdam. Section of Sciences. Proceedings* 19 (1916–17): 1217–1225.
Cited: **7** *De Sitter 1917a*: 42n, 49n, 77n. **8** *De Sitter 1917a*: 353, 357n, 416n, 417n, 423n, 428n, 429n, 433n, 467n, 477n, 607n, 807n.

———. "Nadere opmerkingen omtrent de oplossingen der veldvergelijkingen van Einstein's gravitatie-theorie." *Koninklijke Akademie van Wetenschappen te Amsterdam. Wis- en Natuurkundige Afdeeling. Verslagen van de Gewone Vergaderingen* 26 (1917–18): 1472–1475. Reprinted in translation as "Further Remarks on the Solutions of the Field Equations of Einstein's Theory of Gravitation." *Koninklijke Akademie van Wetenschappen te Amsterdam. Section of Sciences. Proceedings* 20 (1917–18): 1309–1312.
Cited: **7** *De Sitter 1918*: 49n. **8** *De Sitter 1918*: 355, 357n, 713n, 734n.

———. "On Einstein's Theory of Gravitation, and Its Astronomical Consequences. Third Paper." *Royal Astronomical Society. Monthly Notices* 78 (1917–18): 3–28.
Cited: **7** *De Sitter 1917c*: 42n, 49n. **8** *De Sitter 1917c*: 323n, 350n, 353, 354, 357n, 429n, 474n, 475n, 476n, 477n, 479n, 713n, 720n, 807n, 1015c. **9** *De Sitter 1917*: lii, 258n, 262n, 265n.

———. "Over de kromming der ruimte." *Koninklijke Akademie van Wetenschappen te Amsterdam. Wis- en Natuurkundige Afdeeling. Verslagen van de Gewone Vergaderingen* 26 (1917–18): 222–236. Reprinted in translation as "On the Curvature of Space." *Koninklijke Akademie van Wetenschappen te Amsterdam. Section of Sciences. Proceedings* 20 (1917–18): 229–243.
Cited: **7** *De Sitter 1917b*: 42n, 46, 49n. **8** *De*

Sitter 1917b: 354, 357n, 429n, 474n, 475n, 476n, 477n, 479n, 690n. **10** *De Sitter 1917*: 501n.

———. "Over de mogelijkheid van statistisch evenwicht van het heelal." *Koninklijke Akademie van Wetenschappen te Amsterdam. Wis- en Natuurkundige Afdeeling. Verslagen van de Gewone Vergaderingen* 29 (1920–21): 651–653. Reprinted in translation as "On the Possibility of Statistical Equilibrium of the Universe." *Koninklijke Akademie van Wetenschappen te Amsterdam. Section of Sciences. Proceedings* 23 (1920–22): 866–868.
Cited: **7** *De Sitter 1920*: 323n. **8** *De Sitter 1920*: 475n. **10** *De Sitter 1920*: 479n, 502n.

———. "On the Secular Accelerations and the Fluctuations of the Longitudes of the Moon, the Sun, Mercury and Venus." *Bulletin of the Astronomical Institutes of the Netherlands* 4 (1927): 21–38.
Cited: **7** *De Sitter 1927*: 198n.

Debus, Allen G., ed. *World Who's Who in Science: A Biographical Dictionary of Notable Scientists from Antiquity to the Present.* Chicago: Marquis-Who's Who, 1968.
Cited: **2** *Debus 1968*: xxxiii. **3** *Debus 1968*: xxxii.

Debye, Peter. "Der Lichtdruck auf Kugeln von beliebigem Material." *Annalen der Physik* 30 (1909): 57–136.
Cited: **5** *Debye 1909*: 375n. **8** *Debye 1909*: 863n.

———. "Das Verhalten von Lichtwellen in der Nähe eines Brennpunktes oder einer Brennlinie." *Annalen der Physik* 30 (1909): 755–776.
Cited: **9** *Debye 1909*: 400n, 411n.

———. "Der Wahrscheinlichkeitsbegriff in der Theorie der Strahlung." *Annalen der Physik* 33 (1910): 1427–1434.
Cited: **6** *Debye 1910*: 39n.

———. "Stationäre und quasistationäre Felder." In *Encyklopädie der mathematischen Wissenschaften, mit Einschluss ihrer Anwendungen.* Vol. 5, *Physik,* part 2, pp. 393–482. Sommerfeld, Arnold, ed. Leipzig: Teubner, 1904–1922. Issued 18 March 1910.
Cited: **5** *Debye 1910*: 362n.

———. "Einige Resultate einer kinetischen Theorie der Isolatoren." *Physikalische Zeitschrift* 13 (1912): 97–100.
Cited: **10** *Debye 1912*: 444n.

———. "Les particularités des chaleurs spécifiques à basse température." *Archives des sciences physiques et naturelles* 33 (1912): 256–258.
Cited: **5** *Debye 1912a*: 481n, 506n.

———. "Zur Theorie der spezifischen Wärmen." *Annalen der Physik* 39 (1912): 789–839.
Cited: **3** *Debye 1912*: xxv, 475n, 477n. **5** *Debye 1912b*; **4** *Debye 1912*. **6** *Debye 1912*: 39n. **9** *Debye 1912*.

———. "Über den Einfluss der Wärmebewegung auf die Interferenzerscheinungen bei Röntgenstrahlen." *Deutsche Physikalische Gesellschaft. Verhandlungen* 15 (1913): 678–689.
Cited: **4** *Debye 1913a*: 552n. **5** *Debye 1913a*: 563n.

———. "Über die Intensitätsverteilung in den mit Röntgenstrahlen erzeugten Interferenzbildern." *Deutsche Physikalische Gesellschaft. Verhandlungen* 15 (1913): 738–752.
Cited: **4** *Debye 1913b*: 552n. **5** *Debye 1913b*: 563n.

———. "Zur Theorie der anomalen Dispersion im Gebiete der langwelligen elektrischen Strahlung." *Deutsche Physikalische Gesellschaft. Verhandlungen* 15 (1913): 777–793.
Cited: **9** *Debye 1913*: 411n.

———. "Zustandsgleichung und Quantenhypothese mit einem Anhang über Wärmeleitung." In *Vorträge über die kinetische Theorie der Materie und der Elektrizität. Gehalten in Göttingen auf Einladung der Kommission der Wolfskehlstiftung,* pp. 17–60. Planck, Max, et al., eds. Leipzig: Teubner, 1914.
Cited: **3** *Debye 1914*: 477n. **5** *Debye 1914*: 506n. **6** *Debye 1914*: 567n. **8** *Debye 1914*: 27n.

———. "Die Konstitution des Wasserstoffmoleküls." *Königlich Bayerische Akademie der Wissenschaften zu München. Mathematisch-physikalische Klasse. Sitzungsberichte* (1915): 1–26.
Cited: **9** *Debye 1915a*: 198n.

———. "Zerstreuung von Röntgenstrahlen." *Annalen der Physik* 46 (1915): 809–823.
Cited: **8** *Debye 1915*: 146n. **9** *Debye 1915b*: 24n.

———. "Zerstreuung von Röntgenstrahlen." *Königliche Gesellschaft der Wissenschaften zu Göttingen. Mathematisch-physikalische Klasse. Nachrichten* (1915): 70–76.
Cited: **9** *Debye 1915c*: 24n.

———. "Der erste Elektronenring der Atome." *Physikalische Zeitschrift* 18 (1917):

276–284.
Cited: **8** *Debye 1917*: 562n. **9** *Debye 1917*: 411n.

———. "Die van der Waalschen Kohäsionskräfte." *Königliche Gesellschaft der Wissenschaften zu Göttingen. Mathematisch-physikalische Klasse. Nachrichten* (1920): 55–73.
Cited: **9** *Debye 1920*: 513n, 516n.

Debye, Peter, and Scherrer, Paul. "Interferenzen an regellos orientierten Teilchen im Röntgenlicht. I." *Physikalische Zeitschrift* 17 (1916): 277–283.
Cited: **9** *Debye and Scherrer 1916*: 24n.

———. "Interferenzen an regellos orientierten Teilchen im Röntgenlicht. III." *Physikalische Zeitschrift* 18 (1917): 291–301.
Cited: **9** *Debye and Scherrer 1917*: 24n.

———. "Atombau." *Königliche Gesellschaft der Wissenschaften zu Göttingen. Mathematisch-physikalische Klasse. Nachrichten* (1918): 101–120.
Cited: **8** *Debye and Scherrer 1918*: 823n, 824n.

Dedekind, Richard. *Was sind und was sollen die Zahlen?* 2d ed. Braunschweig: Vieweg, 1893.
Cited: **2** *Dedekind 1893*: xxv.

Defay, Raymond, and Prigogine, Ilya. *Tension superficielle et adsorption*. Liège: Desoer, 1951.
Cited: **2** *Defay and Prigogine 1951*: 6, 20n.

Dehlinger, Walter. "Ultrarote Dispersion zweiatomiger Kristalle." *Physikalische Zeitschrift* 15 (1914): 276–283.
Cited: **9** *Dehlinger 1914*: 388n.

———. *Über spezifische Wärme zweiatomiger Kristalle*. Borna, Leipzig: Noske, 1915.
Cited: **9** *Dehlinger 1915*: 388n.

Deix, Manfred. *Mein Tagebuch*. Munich: Heyne, 1990.
Cited: **5** *Deix 1990*.

Delbrück, Hans. "Die Differenzen über die Kriegsziele hüben und drüben." *Preußische Jahrbücher* 162 (1915): 167–172.
Cited: **8** *Delbrück 1915*: 146n.

Delft, Dirk van. *Heike Kamerlingh Onnes. Een biografie*. Amsterdam: Bakker, 2005.
Cited: **10** *Delft 2005*: 389n.

Deltete, Robert John. "The Energetics Controversy in Late Nineteenth-Century Germany: Helm, Ostwald and Their Critics." Ph.D. dissertation, Yale University, 1983.
Cited: **2** *Deltete 1983*. **4** *Deltete 1983*: 564n.

Dennison, David M. "A Note on the Specific Heat of the Hydrogen Molecule." *Royal Society of London. Proceedings A* 115 (1927): 483–486.
Cited: **4** *Dennison 1927*: 273.

Desalvo, Agostino. "From the Chemical Constant to Quantum Statistics: A Thermodynamic Route to Quantum Mechanics." *Physis* 29 (1992): 465–537.
Cited: **6** *Desalvo 1992*: 261n. **9** *Desalvo 1992*: 472n.

Deslandres, Henri. "Recherches sur les mouvements des couches atmosphériques solaires par le déplacement des raies spectrales. Dissymétrie et particularités du phénomène." *Académie des sciences* (Paris). *Comptes rendus* 152 (1911): 233–239.
Cited: **5** *Deslandres 1911*: 356n.

Dexter, Byron Vinson. *The Years of Opportunity: The League of Nations, 1920–1926*. New York: Viking, 1967.
Cited: **9** *Dexter 1967*: 144n.

Dhar, Nilratan. "Verbindung des gelösten Körpers und des Lösungsmittels in der Lösung." *Zeitschrift für Elektrochemie* 20 (1914): 57–81.
Cited: **2** *Dhar 1914*: 172, 179.

Dick, Auguste. *Emmy Noether 1882–1935*. Basel: Birkhäuser, 1970. *Kurze Mathematiker-Biographien. Beihefte zur Zeitschrift "Elemente der Mathematik."* Issued as Supplement 13.
Cited: **8** *Dick 1970*: 292n.

Dingfelder, Simon. "Aus der Geschichte des jüdischen Schulwesens in München 1800–1872." *Bayrische Israelitische Gemeindezeitung* 3 (1927): 354–357.
Cited: **1** *Dingfelder 1927*: lix.

Dingler, Hugo. *Die Grundlagen der Physik. Synthetische Prinzipien der mathematischen Naturphilosophie*. Berlin: De Gruyter, 1919.
Cited: **9** *Dingler 1919*: 529n.

Dirac, Paul A. M. "The Quantum Theory of the Emission and Absorption of Radiation." *Royal Society of London. Proceedings A* 114 (1927): 243–265.
Cited: **6** *Dirac 1927*: 370n.

Dolder, Jacob. *Die Fortpflanzung des Lichtes in bewegten Systemen*. Bern: Drechsel, 1916.
Cited: **8** *Dolder 1916*: 350n.

Dolezalek, Fritz. "Ueber ein einfaches und empfindliches Quadrantenelektrometer." *Zeitschrift für Instrumentenkunde* 21 (1901): 345–350.
Cited: **2** *Dolezalek 1901*: 397n.

Dongen, Jeroen van. "Einstein and the Kaluza-

Klein Particle." *Studies in History and Philosophy of Modern Physics* 33 (2002): 185–210.
Cited: **9** *Dongen 2002*: 40n.

Döring, Herbert. *Der Weimarer Kreis Studien zum politischen Bewußtsein verfassungstreuer Hochschullehrer in der Weimarer Republik.* Meisenheim a. d. Glan: Hain, 1975.
Cited: **8** *Döring 1975*: 533n, 636n, 759n, 946n.

Dorn, Ernst. "Experimentelle Atomistik." In *Die Kultur der Gegenwart. Ihre Entwicklung und ihre Ziele.* Hinneberg, Paul, ed. Part 3, sec. 3, vol. 1, *Physik*, pp. 223–250. Warburg, Emil, ed. Leipzig: Teubner, 1915.
Cited: **4** *Dorn 1915*: 527, 530, 534n.

Dorst, Tankred. *Die Münchner Räterepublik: Zeugnisse und Kommentar.* Frankfurt a.M.: Suhrkamp, 1967.
Cited: **9** *Dorst 1967*: 71n.

Dostoyevsky, Fyodor. *Aus einem Totenhause.* 2d ed. Munich: Piper, 1916.
Cited: **10** *Dostoyevsky 1916*: 154n.

Doty, Madeleine Zabriskie. "The Central Organization for a Durable Peace (1915–1919): Its History, Work and Ideas." Doctoral dissertation, University of Geneva, 1945.
Cited: **8** *Doty 1945*: 211n.

Douglas, A. Vibert. *The Life of Arthur Stanley Eddington.* London: Nelson, 1957.
Cited: **7** *Douglas 1957*: 201n, 210n.

Doumergue, Emile. *Iconographie calvinienne.* Lausanne: Bridel, 1909.
Cited: **5** *Doumergue 1909*: 202n.

Drill, Robert. "Die Kultur der Haeckel-Zeit." *Frankfurter Zeitung*, 18 August 1919, 1st Morning Edition.
Cited: **9** *Drill 1919a*: 282n, 314n.

———. "Nachwort." *Frankfurter Zeitung*, 2 September 1919, 1st Morning Edition.
Cited: **9** *Drill 1919b*: 282n.

———. "Ordnung und Chaos. Ein Beitrag zum Gesetz von der Erhaltung der Kraft. I, II." *Frankfurter Zeitung*, 30 November 1919, 1st Morning Edition. 2 December 1919, 1st Morning Edition.
Cited: **9** *Drill 1919c*: 281n, 282n.

Droste, Johannes. "Over het veld van een enkel centrum in Einstein's theorie der zwaartekracht. *Koninklijke Akademie van Wetenschappen te Amsterdam. Wis- en Natuurkundige Afdeeling. Verslagen van de Gewone Vergaderingen* 23 (1914–15): 968–981. Reprinted in translation as "On the Field of a Single Centre in Einstein's Theory of Gravitation." *Proceedings* 17 (1914–15): 998–1011.
Cited: **8** *Droste 1915*: 208n.

———. "On the Field of a Single Centre in Einstein's Theory of Gravitation." *Koninklijke Akademie van Wetenschappen te Amsterdam. Section of Sciences. Proceedings* 17 (1914–1915): 998–1011.
Cited: **4** *Droste 1914*: 344, 346, 373n.

———. *Het zwaartekrachtsveld van een of meer lichamen volgens de theorie van Einstein.* Leyden: Brill, 1916. Doctoral dissertation, University of Leyden.
Cited: **7** *Droste 1916c*: 26n, 575n. **8** *Droste 1916b*: 426n, 458n, 522n, 523n.

———. "Het veld van een enkel centrum in Einstein's theorie der zwaartekracht, en de beweging van een stoffelijk punt in dat veld." *Koninklijke Akademie van Wetenschappen te Amsterdam. Wis- en Natuurkundige Afdeeling. Verslagen van de Gewone Vergaderingen* 25 (1916–17): 163–180. Reprinted in translation as "The Field of a Single Centre in Einstein's Theory of Gravitation and the Motion of a Particle in That Field." *Koninklijke Akademie van Wetenschappen te Amsterdam. Section of Sciences. Proceedings* 19 (1916–17): 197–215.
Cited: **6** *Droste 1916*: 552n. **7** *Droste 1916a*: 575n. **8** *Droste 1916a*: 362n, 370n, 426n, 474n. **9** *Droste 1916*: 112n.

———. "Het veld van *n* bewegende centra in Einstein's theorie der zwaartekracht." *Koninklijke Akademie van Wetenschappen te Amsterdam. Wis- en Natuurkundige Afdeeling. Verslagen van de Gewone Vergaderingen* 25 (1916–17): 460–467. Reprinted in translation as "The Field of *n* Moving Centres in Einstein's Theory of Gravitation." *Koninklijke Akademie van Wetenschappen te Amsterdam. Section of Sciences. Proceedings* 19 (1916–17): 447–455.
Cited: **7** *Droste 1916b*: xxiv.

Drude, Paul. "Zur Schwingungsrichtung des polarisirten Lichtes." *Annalen der Physik und Chemie* 43 (1891): 177–180.
Cited: **2** *Drude 1891*: 582n.

———. *Physik des Aethers auf elektromagnetischer Grundlage.* Stuttgart: Enke, 1894.
Cited: **1** *Drude 1894*: 213n, 233. **2** *Drude 1894*: 259, 260. **3** *Drude 1894*: 9, 398n, 399n, 400n. **5** *Drude 1894*: 431n.

———. *Lehrbuch der Optik.* Leipzig: Hirzel,

1900.
Cited: **1** *Drude 1900a*: 330n. **2** *Drude 1900c*: 135, 260. **5** *Drude 1900a*: 60n, 63n, 66n, 376n.

———. "Zur Elektronentheorie der Metalle. I. Teil." *Annalen der Physik* 1 (1900): 566–613.
Cited: **1** *Drude 1900c*: 236, 284n, 285n, 305n. **2** *Drude 1900a*: 45, 167n. **3** *Drude 1900a*: 246n. **4** *Drude 1900a*: 534n. **5** *Drude 1900b*: 320n, 339n.

———. "Zur Elektronentheorie der Metalle. II. Teil. Galvanomagnetische und thermomagnetische Effecte." *Annalen der Physik* 3 (1900): 369–402.
Cited: **1** *Drude 1900d*: 236, 284n, 285n. **2** *Drude 1900b*: 45, 167n. **3** *Drude 1900b*: 246n. **4** *Drude 1900b*: 534n.

———. "Zur Ionentheorie der Metalle." *Physikalische Zeitschrift* 1 (1900): 161–165.
Cited: **1** *Drude 1900b*: 283n.

———. "Zur Elektronentheorie der Metalle." *Annalen der Physik* 7 (1902): 687–692.
Cited: **1** *Drude 1902*: 237.

———. "Optische Eigenschaften und Elektronentheorie. I. Teil." *Annalen der Physik* 14 (1904): 677–725.
Cited: **2** *Drude 1904a*: 143, 384, 390n, 406n. **3** *Drude 1904a*: 529, 544n, 545n.

———. "Optische Eigenschaften und Elektronentheorie. II. Teil." *Annalen der Physik* 14 (1904): 936–961.
Cited: **1** *Drude 1904*: 283n. **2** *Drude 1904b*: 143, 390n. **3** *Drude 1904b*: 544n.

———. "Die Natur des Lichtes." In **2** *Winkelmann 1906d*, pp. 1120–1387.
Cited: **2** *Drude 1906b*: 267.

———. *Lehrbuch der Optik*. 2d enl. ed. Leipzig: Hirzel, 1906.
Cited: **2** *Drude 1906a*: 267.

———. *Lehrbuch der Optik*. 3d ed. Gehrcke, Ernst, ed. Leipzig: Hirzel, 1912.
Cited: **7** *Drude 1912*: 102, 104, 127–128n.

———. *Physik des Aethers auf elektromagnetischer Grundlage*. 2d rev. ed. König, Walter, ed. Stuttgart: Enke, 1912.
Cited: **3** *Drude 1912*: 9. **5** *Drude 1912*: 431n.

Duane, William, and Hu, Kang-Fuh. "On the Critical Absorption and Characteristic Emission X-Ray Frequencies." *Physical Review* 14 (1919): 369–375.
Cited: **9** *Duane and Hu 1919*: 239n.

Duclaux, Jacques. "La chaleur spécifique des corps à basse température." *Académie des sciences* (Paris). *Comptes rendus* 155 (1912): 1015–1016.
Cited: **3** *Duclaux 1912a*.

———. "La polymérisation des corps basse température." *Académie des sciences* (Paris). *Comptes rendus* 155 (1912): 1509–1511.
Cited: **3** *Duclaux 1912b*: 511n.

Dufour, Alexandre. "Modifications normales et anormales, sous l'influence d'un champ magnétique, de certaines bandes des spectres d'émission de molécules de divers corps à l'état gazeux." *Journal de physique* 8 (1909): 237–264. Reprinted in translation as "Normale und anormale Veränderungen gewisser Banden in den Emissionsspektren der Moleküle verschiedener Körper in gasförmigem Zustande unter dem Einfluß eines Magnetfeldes." *Physikalische Zeitschrift* 10 (1909): 124–138.
Cited: **5** *Dufour 1909*: 287n.

———. "Dissymétries dans le phénomène de Zeeman présenté par certaines raies et certaines bandes des spectres d'émission des vapeurs." *Journal de physique* 9 (1910): 277–297.
Cited: **5** *Dufour 1910a*: 287n.

———. "Nouvelles mesures du phénomène de Zeeman présenté par quelques bandes d'émission de molécules de corps à l'état gazeux." *Annales de chimie et de physique* 21 (1910): 568–573.
Cited: **5** *Dufour 1910b*: 287n.

Duhem, Pierre. *La théorie physique, son objet et sa structure*. Paris: Chevalier & Rivière, 1906.
Cited: **3** *Duhem 1906*: 397n. **7** *Duhem 1906*: 404n. **8** *Duhem 1906*: 892n.

———. *Ziel und Struktur physikalischer Theorien*. Leipzig: Meiner, 1908.
Cited: **8** *Duhem 1908*: 892n.

Dühring, Eugen K. *Kritische Geschichte der allgemeinen Principien der Mechanik*. 3d rev. ed. Leipzig: Fues, 1887.
Cited: **3** *Dühring 1887*: 5.

Dukas, Helen, and Hoffmann, Banesh. *Albert Einstein: The Human Side*. Princeton, N.J.: Princeton University Press, 1979.
Cited: **1** *Dukas and Hoffmann 1979*: xlii.

Dutoit, Paul, and Mojoïu, Pierre. "Constante de capillarité et poids moléculaire." *Journal de chimie physique* 7 (1909): 169–188.
Cited: **5** *Dutoit and Mojoïu 1909*: 402n.

Dyson, Frank W. "On the Opportunity Afforded by the Eclipse of 1919 May 29 of Verifying Einstein's Theory of Gravitation." *Royal As-*

tronomical Society. Monthly Notices 77 (1917): 445–447.
Cited: **9** *Dyson 1917*: lii, 33n.

Dyson, Frank W., Eddington, Arthur S., and Davidson, C. "A Determination of the Deflection of Light by the Sun's Gravitational Field, from Observations Made at the Total Eclipse of May 29, 1919." *Royal Society of London. Philosophical Transactions A* 220 (1920): 291–333.
Cited: **3** *Dyson, Eddington, and Davidson 1920*: 497n. **6** *Dyson et al. 1920*: 538n. **9** *Dyson et al. 1920*: lii, 402n. **10** *Dyson et al. 1920*: 310n.

Earman, John. *Bangs, Crunches, Whimpers, and Shrieks: Singularities and Acausalities in Relativistic Spacetimes*. Oxford: Oxford University Press, 1995.
Cited: **7** *Earman 1995*: 49n.

Earman, John, and Eisenstaedt, Jean. "Einstein and Singularities." *Studies in History and Philosophy of Modern Physics* 30B (1999): 185–235.
Cited: **7** *Earman and Eisenstaedt 1999*: 49n, 457n. **9** *Earman and Eisenstaedt 1999*: 375n.

Earman, John, and Glymour, Clark. "Einstein and Hilbert: Two Months in the History of General Relativity." *Archive for History of Exact Sciences* 19 (1978): 291–308.
Cited: **6** *Earman and Glymour 1978b*: 224n, 346n, 416n. **8** *Earman and Glymour 1978*: 192n, 196n, 223n.

———. "Lost in the Tensors: Einstein's Struggles with Covariance Principles 1912–1916." *Studies in History and Philosophy of Science* 9 (1978): 251–278.
Cited: **6** *Earman and Glymour 1978a*: xvii, 224n.

———. "Relativity and Eclipses: The British Eclipse Expeditions of 1919 and Their Predecessors." *Historical Studies in the Physical Sciences* 11 (1980): 49–85.
Cited: **3** *Earman and Glymour 1980a*: 497n. **4** *Earman and Glymour 1980a*: 295, 485n, 510n, 551n, 587n. **6** *Earman and Glymour 1980a*: 538n. **7** *Earman and Glymour 1980a*: 201n, 210n, 575n. **9** *Earman and Glymour 1980*: lii, 158n, 263n.

———. "The Gravitational Red Shift as a Test of General Relativity: History and Analysis." *Studies in History and Philosophy of Science* 11 (1980): 175–214.
Cited: **3** *Earman and Glymour 1980b*: 397n. **4** *Earman and Glymour 1980b*: 485n, 511n.

5 *Earman and Glymour 1980*: 313n. **6** *Earman and Glymour 1980b*: 243n, 539n. **7** *Earman and Glymour 1980b*: 575n. **8** *Earman and Glymour 1980*: 14n.

Earman, John, and Janssen, Michel. "Einstein's Explanation of the Motion of Mercury's Perihelion." In *The Attraction of Gravitation: New Studies in the History of General Relativity*, pp. 129–172. Earman, John, Janssen, Michel, and Norton, John D., eds. Boston: Birkhäuser, 1993.
Cited: **4** *Earman and Janssen 1993*: 345, 346, 373n, 393n. **6** *Earman and Janssen 1993*: 243n. **7** *Earman and Janssen 1993*: 348n, 575n. **8** *Earman and Janssen 1993*: 206n, 218n, 225n. **10** *Earman and Janssen 1993*: 64n.

Earman, John, Glymour, Clark, and Rynasiewicz, Robert. "On Writing the History of Special Relativity." In *PSA 1982: Proceedings of the 1982 Biennial Meeting of the Philosophy of Science Association*. Vol. 2, pp. 403–416. Asquith, Peter D., and Nickles, Thomas, eds. East Lansing, Mich.: Philosophy of Science Association, 1983.
Cited: **2** *Earman et al. 1982*: 259, 265.

Earman, John, Janssen, Michel, and Norton, John D., eds. *The Attraction of Gravitation: New Studies in the History of General Relativity*. Boston: Birkhäuser, 1993.
Cited: **6** *Earman et al. 1993*. **7** *Earman et al. 1993*. **8** *Earman et al. 1993*. **9** *Earman et al. 1993*.

Eckert, Michael. *Die Atomphysiker, eine Geschichte der theoretischen Physik am Beispiel der Sommerfeldschule*. Braunschweig: Vieweg, 1993.
Cited: **9** *Eckert 1993*: 7n.

Eckert, Michael, and Märker, Karl, eds. *Arnold Sommerfeld: Wissenschaftlicher Briefwechsel*. Vol. 2, *1919–1951*. Berlin: Diepholz; Munich: GNT-Verlag und Deutsches Museum, 2004.
Cited: **9** *Eckert and Märker 2004*: 218n.

Eckert, Michael, and Pricha, Willibald. "Die ersten Briefe Albert Einsteins an Arnold Sommerfeld." *Physikalische Blätter* 40 (1984): 29–34.
Cited: **2** *Eckert and Pricha 1984*: xxxiii, 267. **5** *Eckert and Pricha 1984*: 86n, 88n, 230n, 246n.

Eckstein, Ernst. *Der Besuch im Carcer. Humoreske*. Leipzig: Hartknoch, 1875.
Cited: **1** *Eckstein 1875*: 317n.

Eddington, Arthur S. "The Kinetic Energy of a Star Cluster." *Royal Astronomical Society. Monthly Notices* 76 (1916): 525–528.
Cited: **7** *Eddington 1916*: 425n.
———. "On the Radiative Equilibrium of Stars." *Royal Astronomical Society. Monthly Notices* 77 (1917): 16–35.
Cited: **9** *Eddington 1917a*: 14n.
———. "Einstein's Theory of Gravitation." *Royal Astronomical Society. Monthly Notices* 77 (1917): 377–382.
Cited: **9** *Eddington 1917b*: lii, 245n, 401n.
———. "Further Notes on the Radiative Equilibrium of Stars." *Royal Astronomical Society. Monthly Notices* 77 (1917): 596–612.
Cited: **9** *Eddington 1917c*: 14n.
———. "Gravitation and the Principle of Relativity." *Royal Institution of Great Britain, London. Proceedings* 22 (1918): 215–231.
Cited: **7** *Eddington 1918b*: 201n. **9** *Eddington 1918b*: lii, 245n, 401n.
———. "The Dynamical Problems of the Stellar System." *The Observatory* 41 (1918): 132–137.
Cited: **10** *Eddington 1918*: 501n.
———. "The Interior of a Star." *Scientia* 23 (1918): 9–22.
Cited: **9** *Eddington 1918c*: 14n.
———. *Report on the Relativity Theory of Gravitation*. London: Physical Society of London, 1918.
Cited: **7** *Eddington 1918a*: 457n. **9** *Eddington 1918a*: lii, 32n, 33n, 245n, 263n, 401n.
———. "The Total Eclipse of 1919 May 29 and the Influence of Gravitation on Light." *The Observatory* 42 (1919): 119–122.
Cited: **9** *Eddington 1919*.
———. "Address to the Mathematical and Physical Science Section." *British Association for the Advancement of Science. Report of the Eighty-Eighth Meeting* (1920). London: Murray, 1920.
Cited: **7** *Eddington 1920b*: 340n.
———. "Displacement of Solar Lines and the Einstein Effect." *The Observatory* 43 (1920): 228–229.
Cited: **9** *Eddington 1920c*: liii. **10** *Eddington 1920b*: lii, 332n.
———. [Note to James Rice's "The Predicted Shift of the Fraunhofer Lines."]. *Nature* 104 (1920): 508–509.
Cited: **9** *Eddington 1920b*: 479n.
———. *Space, Time and Gravitation: An Outline of the General Relativity Theory*. Cambridge: Cambridge University Press, 1920.
Cited: **7** *Eddington 1920a*: 210n, 378n. **9** *Eddington 1920a*: liii, 479n. **10** *Eddington 1920a*: 321n, 365n, 438n.
———. "The Propagation of Gravitational Waves." *Proceedings A* 102 (1922): 268–282.
Cited: **7** *Eddington 1922*: xxv–xxvi, 27n–28n, 44n.
———. *The Mathematical Theory of Relativity*. Cambridge: Cambridge University Press, 1923.
Cited: **8** *Eddington 1923*: 807n.
———. "On the Instability of Einstein's Spherical World." *Royal Astronomical Society. Monthly Notices* 90 (1930): 668–678.
Cited: **8** *Eddington 1930*: 475n.
Egidy, Moritz von. *Ernste Gedanken*. Leipzig: Wiegand, 1890.
Cited: **10** *Egidy 1890*: 329n.
Ehrenfest, Paul. "Über die physikalischen Voraussetzungen der Planck'schen Theorie der irreversiblen Strahlungsvorgänge." *Kaiserliche Akademie der Wissenschaften* (Vienna). *Mathematisch-naturwissenschaftliche Klasse. Abteilung IIa. Sitzungsberichte* 114 (1905): 1301–1314.
Cited: **5** *Ehrenfest 1905*: 474n.
———. "Zur Planckschen Strahlungstheorie." *Physikalische Zeitschrift* 7 (1906): 528–532.
Cited: **2** *Ehrenfest 1906*: 138, 144.
———. "Die Translation deformierbarer Elektronen und der Flächensatz." *Annalen der Physik* 23 (1907): 204–205.
Cited: **2** *Ehrenfest 1907*: 254, 267, 268, 409–412, 412n. **8** *Ehrenfest 1907*.
———. "Gleichförmige Rotation starrer Körper und Relativitätstheorie." *Physikalische Zeitschrift* 10 (1909): 918.
Cited: **3** *Ehrenfest 1909*: 478, 479, 484n. **5** *Ehrenfest 1909*: 211n, 474n. **9** *Ehrenfest 1909*: 137n. **10** *Ehrenfest 1909*: 7n, 10n, 15n.
———. "Zu Herrn v. Ignatowskys Behandlung der Bornschen Starrheitsdefinition." *Physikalische Zeitschrift* 11 (1910): 1127–1129.
Cited: **3** *Ehrenfest 1910*: 479, 484n. **5** *Ehrenfest 1910*: 292n. **10** *Ehrenfest 1910*: 13n.
———. "Welche Züge der Lichtquantenhypothese spielen in der Theorie der Wärmestrahlung eine wesentliche Rolle?" *Annalen der Physik* 36 (1911): 91–118.
Cited: **2** *Ehrenfest 1911*: 138. **3** *Ehrenfest 1911b*: 562n. **5** *Ehrenfest 1911*: 340n, 343n, 474n.

———. "Zu Herrn v. Ignatowskys Behandlung der Bornschen Starrheitsdefinition. II." *Physikalische Zeitschrift* 12 (1911): 412–413.
Cited: **3** *Ehrenfest 1911a*: 479.

———. "Zur Frage nach der Entbehrlichkeit des Lichtäthers." *Physikalische Zeitschrift* 13 (1912): 317–319.
Cited: **2** *Ehrenfest 1912*: 263. **4** *Ehrenfest 1912*: 5, 104n. **5** *Ehrenfest 1912*: 451n, 464n, 486n.

———. "Bemerkung betreffs der spezifischen Wärme zweiatomiger Gase." *Deutsche Physikalische Gesellschaft. Verhandlungen* 15 (1913): 451–457.
Cited: **4** *Ehrenfest 1913*: 272, 285n. **8** *Ehrenfest 1913a*: 27n, 42n.

———. *Zur Krise der Lichtäther-Hypothese*. Leyden: IJdo, 1913.
Cited: **9** *Ehrenfest 1913*: 372n, 504n.

———. "Een mechanisch theorema van Boltzmann en zijne betrekking tot de quantentheorie." *Koninklijke Akademie van Wetenschappen te Amsterdam. Wis- en Natuurkundige Afdeeling. Verslagen van de Gewone Vergaderingen* 22 (1913–14): 586–593. Reprinted in translation as "A Mechanical Theorem of Boltzmann and Its Relation to the Theory of Energy Quanta." *Koninklijke Akademie van Wetenschappen te Amsterdam. Section of Sciences. Proceedings* 16 (1913–14): 591–597.
Cited: **4** *Ehrenfest 1914*: 272. **5** *Ehrenfest 1913*: 564n. **6** *Ehrenfest 1913*: 39n, 40n. **8** *Ehrenfest 1913b*: 13n.

———. "Zum Boltzmannschen Entropie-Wahrscheinlichkeits-Theorem. I." *Physikalische Zeitschrift* 15 (1914): 657–663.
Cited: **6** *Ehrenfest 1914*: 40n. **8** *Ehrenfest 1914*: 20n, 22n, 27n.

———. "Over de kinetische interpretatie van den osmotischen druk." *Koninklijke Akademie van Wetenschappen te Amsterdam. Wisen Natuurkundige Afdeeling. Verslagen van de Gewone Vergaderingen* 23 (1914–15): 1264–1268. Reprinted in translation as "On the Kinetic Interpretation of the Osmotic Pressure." *Koninklijke Akademie van Wetenschappen te Amsterdam. Section of Sciences. Proceedings* 17 (1914–15): 1241–1245.
Cited: **8** *Ehrenfest 1915*: 165n.

———. "Over adiabatische veranderingen van een stelsel in verband met de theorie der quanta." *Koninklijke Akademie van Wetenschappen te Amsterdam. Wisen Natuurkundige Afdeeling. Verslagen van de Gewone Vergaderingen* 25 (1916–17): 412–433. Reprinted in translation as "On Adiabatic Changes of a System in Connection with the Quantum Theory." *Koninklijke Akademie van Wetenschappen te Amsterdam. Section of Sciences. Proceedings* 19 (1916–17): 576–597; and as "Adiabatische Invarianten und Quantentheorie." *Annalen der Physik* 51 (1916): 327–352.
Cited: **6** *Ehrenfest 1916*: 39n. **8** *Ehrenfest 1916*: 371n, 555n, 556n, 961n.

———. "Opmerkingen over het paramagnetisme van vaste lichamen." *Koninklijke Akademie van Wetenschappen te Amsterdam. Wis- en Natuurkundige Afdeeling. Verslagen van de Gewone Vergaderingen* 29 (1920–21): 793–796. Reprinted in translation as "Note on the Paramagnetism of Solids." *Koninklijke Akademie van Wetenschappen te Amsterdam. Section of Sciences. Proceedings* 23 (1921): 989–992.
Cited: **10** *Ehrenfest 1920*: 370n.

———. *Collected Scientific Papers*. Klein, Martin J., ed. Amsterdam: North-Holland, 1959.
Cited: **5** *Ehrenfest 1959*: 474n.

Ehrenfest, Paul, and Ehrenfest, Tatiana. "Über zwei bekannte Einwände gegen das Boltzmannsche *H*-Theorem." *Physikalische Zeitschrift* 8 (1907): 311–314.
Cited: **5** *Ehrenfest and Ehrenfest 1907*: 474n.

———. "Begriffliche Grundlagen der statistischen Auffassung in der Mechanik." In *Encyklopädie der mathematischen Wissenschaften, mit Einschluß ihrer Anwendungen*. Vol. 4, *Mechanik*, part 4, pp. 1–90 (separately paginated). Klein, Felix, and Müller, Conrad, eds. Leipzig: Teubner, 1907–1914. Issued 12 December 1911.
Cited: **2** *Ehrenfest and Ehrenfest 1911*: 41, 47, 55. **3** *Ehrenfest and Ehrenfest 1911*: 8, 244n, 268n. **5** *Ehrenfest and Ehrenfest 1911*: 474n. **8** *Ehrenfest and Ehrenfest 1911*: 958n.

Ehrenfest, Paul, and Ioffe, Abram F. *Erenfest–Ioffe Nauchnaya perepiska (1907–1933)*. Leningrad: Nauka, 1973.
Cited: **8** *Ehrenfest and Ioffe 1973*: 11n, 42n.

Ehrenfest, Paul, and Trkal, Viktor. "Afleiding van het dissociatie-evenwicht uit de theorie der quanta en een daarop gebaseerde berekening van de chemische constanten. *Koninklijke Akademie van Wetenschappen te Amsterdam. Wisen Natuurkundige Afdeeling. Verslagen van de Gewone Vergaderingen* 28 (1919–20): 906–929. Reprinted in

translation as "Deduction of the Dissociation-Equilibrium from the Theory of Quanta and a Calculation of the Chemical Constant Based on This." *Koninklijke Akademie van Wetenschappen te Amsterdam. Section of Sciences. Proceedings* 23 (1920–21): 162–183; also in abbreviated form as "Ableitung des Dissoziationsgleichgewichtes aus der Quantentheorie und darauf beruhende Berechnung der chemischen Konstanten." *Annalen der Physik* 65 (1921): 609–628.
Cited: **6** *Ehrenfest and Trkal 1920*: 261n.
9 *Ehrenfest and Trkal 1921*: 472n.

———. "Ableitung des Dissoziationsgleichgewichtes aus der Quantentheorie und darauf beruhende Berechnung der chemischen Konstanten." *Annalen der Physik* 65 (1921): 609–628.
Cited: **9** *Ehrenfest and Trkal 1921*: 472n.

Ehrenfest, Tatiana, and Ehrenfest, Paul. "Bemerkung zur Theorie der Entropiezunahme in der 'Statistischen Mechanik' von W. Gibbs." *Kaiserliche Akademie der Wissenschaften* (Vienna). *Mathematisch-naturwissenschaftliche Klasse. Abteilung IIa. Sitzungsberichte* 115 (1906): 89–98.
Cited: **2** *Ehrenfest and Ehrenfest 1906*: 96n.

Ehrenhaft, Felix. "Über eine der Brown'schen Molekularbewegung in den Flüssigkeiten gleichartige Molekularbewegung in den Gasen und deren molekularkinetischer Erklärungsversuch." *Kaiserliche Akademie der Wissenschaften* (Vienna). *Mathematisch-naturwissenschaftliche Klasse. Abteilung IIa. Sitzungsberichte* 116 (1907): 1139–1149.
Cited: **2** *Ehrenhaft 1907*: 220.

———. "Über die Messung von Elektrizitätsmengen, die kleiner zu sein scheinen als die Ladung des einwertigen Wasserstoffions oder Elektrons und von dessen Vielfachen abweichen." *Kaiserliche Akademie der Wissenschaften* (Vienna). *Mathematisch-naturwissenschaftliche Klasse. Abteilung IIa. Sitzungsberichte* 119 (1910): 815–866.
Cited: **5** *Ehrenhaft 1910a*: 291n. **9** *Ehrenhaft 1910*: 7n.

———. "Über eine neue Methode zur Messung von Elektrizitätsmengen an Einzelteilchen, deren Ladungen die Ladung des Elektrons erheblich unterschreiten und auch von dessen Vielfachen abzuweichen scheinen." *Physikalische Zeitschrift* 11 (1910): 619–630.
Cited: **5** *Ehrenhaft 1910b*: 291n.

———. "Über eine neue Methode zur Messung von Elektrizitätsmengen, die kleiner zu sein scheinen als die Ladung des einwertigen Wasserstoffions oder Elektrons und von dessen Vielfachen abweichen." *Physikalische Zeitschrift* 11 (1910): 940–952.
Cited: **5** *Ehrenhaft 1910c*: 291n.

———. "Über die Frage des Elementarquantums der Elektrizität." *Physikalische Zeitschrift* 12 (1911): 261–268.
Cited: **5** *Ehrenhaft 1911b*: 291n.

———. "Über die Frage nach der atomistischen Konstitution der Elektrizität." *Physikalische Zeitschrift* 12 (1911): 94–104.
Cited: **5** *Ehrenhaft 1911a*: 291n.

———. "Eine neue Methode zum Nachweis und zur Messung des Strahlungsdruckes, beziehungsweise der von diesem auf kleine Partikel übertragenen Bewegungsgröße." *Kaiserliche Akademie der Wissenschaften* (Vienna). *Anzeiger* 51 (1914): 180–185.
Cited: **9** *Ehrenhaft 1914*: 400n.

———. "Über die Quanten der Elektrizität." *Kaiserliche Akademie der Wissenschaften* (Vienna) *Mathematisch-naturwissenschaftliche Klasse. Sitzungsberichte* 103 (1914): 53–155.
Cited: **8** *Ehrenhaft 1914*: 905n. **10** *Ehrenhaft 1914*: 296n, 297n.

———. "Physik des millionstel Zentimeters." *Physikalische Zeitschrift* 18 (1917): 352–368.
Cited: **8** *Ehrenhaft 1917*: 459n, 549n. **9** *Ehrenhaft 1917*: 253n.

———. "Über die Teilbarkeit der Elektrizität." *Annalen der Physik* 56 (1918): 1–80.
Cited: **8** *Ehrenhaft 1918a*: 548n, 862n, 863n, 905n.

———. "Die Photophorese." *Annalen der Physik* 56 (1918): 81–132.
Cited: **8** *Ehrenhaft 1918b*: 862n, 863n, 905n. **9** *Ehrenhaft 1918*: 253n.

———. "Über die Atomistik der Elektrizität und die Erscheinungen an einzelnen radioaktiven Probekörpern der Größenordnung 10^{-5} cm." *Physikalische Zeitschrift* 21 (1920): 675–683.
Cited: **10** *Ehrenhaft 1920*: 423n.

Ehrenhaft, Felix, and Konstantinowsky, Kurt. "Transversaleffekt des Lichtes auf die Materie bei der Photophorese." *Kaiserliche Akademie der Wissenschaften* (Vienna). *Anzeiger* 57 (1920): 91–92.
Cited: **9** *Ehrenhaft and Konstantinowsky 1920*: 74n.

Eichenwald, Alexander. "Über die magnetischen Wirkungen bewegter Körper im elektrostatischen Felde." *Annalen der Physik* 11 (1903): 1–30, 421–441.
Cited: **4** *Eichenwald 1903*: 102n. **6** *Eichenwald 1903*: 67n. **7** *Eichenwald 1903*: 98n.
———. "Über die magnetischen Wirkungen bewegter Körper im elektrostatischen Felde (Nachtrag)." *Annalen der Physik* 13 (1904): 919–943.
Cited: **4** *Eichenwald 1904*: 102n. **6** *Eichenwald 1904*: 67n. **7** *Eichenwald 1904*: 98n.

For publications by Albert Einstein published before 1922, see "Einstein Bibliography, 1901–1921," pp. 45–91.

Einstein, Albert. *Untersuchungen über die Theorie der 'Brownschen Bewegung'*. Ostwald's Klassiker der exakten Wissenschaften, no. 199. Fürth, Reinhold, ed. Leipzig: Akademische Verlagsgesellschaft, 1922.
Cited: **2** *Einstein 1922*: 170, 183, 203n, 204n, 205n, 206, 344n, 345n, 346, 348n, 400n.
———. "Zur Theorie der Lichtfortpflanzung in dispergierenden Medien." *Preußische Akademie der Wissenschaften* (Berlin). *Physikalisch-Mathematische Klasse. Sitzungsberichte* (1922): 18–22.
Cited: **7** *Einstein 1922f*: 487n.
———. *The Meaning of Relativity: Four Lectures Delivered at Princeton University, May, 1921*. London: Methuen, 1922.
Cited: **2** *Einstein 1921b*: 273. **7** *Einstein 1922d*: 456n, 570n–571n, 576n.
———. "Bietet die Feldtheorie Möglichkeiten für die Lösung des Quantenproblems?" *Preußische Akademie der Wissenschaften* (Berlin). *Physikalisch-mathematische Klasse. Sitzungsberichte* (1923): 359–364.
Cited: **9** *Einstein 1923*: 389n.
———. *Theorie relativity speciální i obecná. Lehce srozumitelný výklad*. Prague: Borový, 1923.
Cited: **6** *Einstein 1923*: 417, 535n.
———. "Vorwort des Autors zur tschechischen Ausgabe." In Einstein, Albert, *Theorie relativity speciální i obecná*. Prague: Borový, 1923.
Cited: **4** *Einstein 1923*: 193.
———. "Quantentheorie des einatomigen idealen Gases." *Preußische Akademie der Wissenschaften* (Berlin). *Physikalisch-mathematische Klasse. Sitzungsberichte* (1924): 261–267.
Cited: **2** *Einstein 1924*: 41, 54.
———. "Zur Theorie der Radiometerkräfte." *Zeitschrift für Physik* 27 (1924): 1–6.
Cited: **9** *Einstein 1924*: 48n.
———. "Die Relativitätstheorie." In *Die Kultur der Gegenwart. Ihre Entwicklung und ihre Ziele*. Paul Hinneberg, Paul, ed. Part 3, sec. 3, vol. 1, *Physik*. 2d rev. ed., pp. 783–797. Lecher, Ernst, ed. Leipzig: Teubner, 1925.
Cited: **4** *Einstein 1925b*: 535n, 550n, 551n.
———. "Quantentheorie des einatomigen idealen Gases. Zweite Abhandlung." *Preußische Akademie der Wissenschaften* (Berlin). *Physikalisch-mathematische Klasse. Sitzungsberichte* (1925): 3–14.
Cited: **2** *Einstein 1925a*: 41, 54.
———. "Theoretische Atomistik." In *Die Kultur der Gegenwart. Ihre Entwicklung und ihre Ziele*. Hinneberg, Paul, ed. Part 3, sec. 3, vol. 1, *Physik*. 2d rev. ed., pp. 281–294. Lecher, Ernst, ed. Leipzig: Teubner, 1925.
Cited: **4** *Einstein 1925a*: 520n.
———. "Zur Quantentheorie des idealen Gases." *Preußische Akademie der Wissenschaften* (Berlin). *Physikalisch-mathematische Klasse. Sitzungsberichte* (1925): 18–25.
Cited: **2** *Einstein 1925b*: 41, 54.
———. *Investigations on the Theory of the Brownian Movement*. Cowper, A. D., trans. Fürth, Reinhold, ed. London: Methuen, 1926.
Cited: **2** *Einstein 1926*: 170, 206.
———. "W. H. Julius, 1860–1925." *Astrophysical Journal* 63 (1926): 196–198.
Cited: **5** *Einstein 1926*: 348n.
———. *On the Method of Theoretical Physics*. Oxford: Clarendon Press, 1933.
Cited: **7** *Einstein 1933*: xxxiv.
———. *The Origins of the General Theory of Relativity: Being the First Lecture on the George A. Gibson Foundation in the University of Glasgow. Delivered on June 20th, 1933*. Glasgow University Publications, vol. 30. Glasgow: Jackson, Wylie and Co., 1933.
Cited: **2** *Einstein 1933*: 274. **4** *Einstein 1933*: 122.
———. "Einiges über die Entstehung der allgemeinen Relativitätstheorie." In *1 Einstein 1934/ 4 Einstein 1934a/ 7 Einstein 1934a*, pp. 248–256. (Original German text of **2** *Einstein 1933/ 4 Einstein 1933*.)
Cited: **2** *Einstein 1934*: 274. **4** *Einstein 1934b*: 187n.
———. *Mein Weltbild*. Amsterdam: Querido,

1934.
Cited: **1** *Einstein 1934*: 44. **4** *Einstein 1934a*.
7 *Einstein 1934a*: 62n, 210n, 403n, 433n, 435n, 440n, 443n.
———. *The World as I See It*. Harris, Alan, trans. New York: Covici Friede, 1934.
Cited: **7** *Einstein 1934b*: 210n, 215n.
———. "Elementary Derivation of the Equivalence of Mass and Energy." *American Mathematical Society. Bulletin* 41 (1935): 223–230.
Cited: **2** *Einstein 1935*: 273.
———. "Bemerkungen zu Bertrand Russells Erkenntnis-Theorie." In *The Philosophy of Bertrand Russell*. Schilpp, Paul Arthur, ed. Evanston: Northwestern University Press, 1944.
Cited: **7** *Einstein 1944*: xxxiv.
———. *Relativity: The Special & the General Theory*. 14th ed. London: Methuen, 1946.
Cited: **6** *Einstein 1946*: 539n.
———. "Geleitwort." In Hannak, Jacques. *Emanuel Lasker. Biographie eines Schachweltmeisters*. Berlin: Engelhardt, 1952.
Cited: **8** *Einstein 1952*: 906n.
———. "H. A. Lorentz als Schöpfer und als Persönlichkeit." *Mededeling uit het Rijksmuseum voor de Geschiedenis der Natuurwetenschappen*, no. 91. Leyden, 1953. Reprinted in *Albert Einstein & Museum Boerhaave*. Leyden: Museum Boerhaave, 1993, pp. 16–21.
Cited: **7** *Einstein 1953*: 217n, 322n. **8** *Einstein 1953*: 872n.
———. "H. A. Lorentz als Schöpfer und Persönlichkeit." In *Mein Weltbild*. 2d ed. Seelig, Carl, ed. Zurich: Europa Verlag, 1953, pp. 33–39.
Cited: **1** *Einstein 1953a*: 224.
———. *Mein Weltbild*. 2d ed. Seelig, Carl, ed. Zurich: Europa Verlag, 1953.
Cited: **1** *Einstein 1953b*.
———. *Relativity: The Special & the General Theory*. 15th ed. London: Methuen, 1954.
Cited: **6** *Einstein 1954*: 418, 536n.
———. "Erinnerungen—Souvenirs." *Schweizerische Hochschulzeitung* 28 *(Sonderheft)* (1955): 145–153. (Special issue: "100 Jahre Eidgenössische Technische Hochschule.") Reprinted as "Autobiographische Skizze." In *Helle Zeit—Dunkle Zeit: In Memoriam Albert Einstein*, pp. 9–17. Seelig, Carl, ed. Zurich: Europa, 1956.
Cited: **1** *Einstein 1955*: lxv, 10, 11, 12, 44, 60, 61, 212n, 291n, 372. **2** *Einstein 1955*: 258, 317n. **5** *Einstein 1955*: 81n. **8** *Einstein 1955*: 850n. **10** *Einstein 1955*: 154n.
———. *Lettres à Maurice Solovine*. Paris: Gauthier-Villars, 1956.
Cited: **9** *Einstein 1956*: 530n.
———. *The Meaning of Relativity*. 5th ed. Princeton: Princeton University Press, 1956, 1974.
Cited: **4** *Einstein 1974*: 198. **7** *Einstein 1956*: 574n–576n.
———. *Autobiographical Notes: A Centennial Edition*. La Salle, Ill.: Open Court, 1979. Schilpp, Paul Arthur, trans. and ed.; Parallel German and English texts. Corrected version of "Autobiographisches—Autobiographical Notes." In *Albert Einstein: Philosopher-Scientist*, pp. 1–94. Schilpp, Paul Arthur, ed. Evanston, Ill.: The Library of Living Philosophers, 1949.
Cited: **1** *Einstein 1979*: xxxviii, xl, xli, lix, lx, lxi, 3n, 4n, 5, 6, 61, 224, 265, 370, 371, 373. **2** *Einstein 1979*: xxi, xxii, xxiv, xxviii, 8, 44, 46, 172, 208, 211, 218, 257, 258, 265. **3** *Einstein 1979*: 243n. **4** *Einstein 1979*: 122, 187n, 299. **5** *Einstein 1979*: 218n, 326n. **6** *Einstein 1979*: xv. **7** *Einstein 1979*: 62n, 222, 381n. **8** *Einstein 1979*: 114n, 347n. **9** *Einstein 1979*: 52n. **10** *Einstein 1979*: 489n.
———. *Oeuvres choisies*. Balibar, Françoise, ed. Vol. 4, *Correspondances françaises*. Paris: Editions du Seuil, 1989.
Cited: **9** *Einstein 1989*: 141n, 224n, 225n.
Einstein, Albert, and Besso, Michele. *Correspondance, 1903–1955*. Speziali, Pierre, trans. and ed. Paris: Hermann, 1972.
Cited: **1** *Einstein/Besso 1972*: 259n, 379, 389. **2** *Einstein/Besso 1972*: xxxiii. **5** *Einstein/Besso 1972*: 18n, 47n, 226n, 296n, 310n, 320n, 322n, 339n, 343n, 382n, 406n, 589n, 604n, 606n. **8** *Einstein/Besso 1972*: 92n, 218n, 223n, 235n, 279n, 283n, 285n, 287n, 305n, 317n, 318n, 325n, 329n, 330n, 333n, 339n, 350n, 406n, 442n, 445n, 446n, 452n, 453n, 477n, 503n, 512n, 515n, 581n, 598n, 816n, 832n, 837n, 860n, 865n, 871n, 942n, 959n, 960n, 1007n. **9** *Einstein/Besso 1972*: 191n, 294n, 342n. **10** *Einstein/Besso 1972*: 135n, 349n, 354n, 541n.
Einstein, Albert, and Born, Max. *Albert Einstein/Hedwig und Max Born. Briefwechsel 1916–1955*. Born, Max, ed. Munich: Nymphenburger Verlagshandlung, 1969.
Cited: **7** *Born 1969*: 109. **8** *Einstein/Born 1969*: 266n, 336n, 638n, 813n, 819n. **9** *Ein-*

stein/Born 1969*: 5n, 85n, 144n, 200n, 230n, 281n, 388n, 389n, 390n, 460n, 516n. **10** *Einstein/Born 1969*: 316n, 336n, 361n, 417n, 419n, 442n, 449n, 459n, 460n, 461n, 468n, 472n, 516n, 517n.

Einstein, Albert, and Grommer, Jakob. "Beweis der Nichtexistenz eines überall regulären zentrisch symmetrischen Feldes nach der Feldtheorie von Th. Kaluza." *Scripta Universitatis atque Bibliothecae Hierosolymitanarum: Mathematica et Physica* 1 (1923): 1–5.
Cited: **9** *Einstein and Grommer 1923*: liii, 67n.

———. "Allgemeine Relativitätstheorie und Bewegungsgesetz." *Preußische Akademie der Wissenschaften* (Berlin). *Physikalisch-Mathematische Klasse. Sitzungsberichte* (1927): 2–13.
Cited: **7** *Einstein and Grommer 1927*: 456n.

Einstein, Albert, Infeld, Leopold, and Hoffmann, Banesh. "The Gravitational Equations and the Problem of Motion." *Annals of Mathematics* 39 (1938): 65–100.
Cited: **7** *Einstein et al. 1937*: 457n.

Einstein, Albert, and Rosen, Nathan. "On Gravitational Waves." *Journal of the Franklin Institute* 223 (1937): 44–45.
Cited: **7** *Einstein and Rosen 1937*: 27n.

Einstein, Albert, and Sommerfeld, Arnold. *Albert Einstein–Arnold Sommerfeld, Briefwechsel*. Hermann, Armin, ed. Basel: Schwabe, 1968.
Cited: **9** *Einstein/Sommerfeld 1968*: 7n, 20n, 217n, 297n, 310n. **10** *Einstein/Sommerfeld 1968*: 409n, 413n, 427n, 452n, 532n, 550n.

Einstein, Edith. "Zur Theorie des Radiometers." *Annalen der Physik* 69 (1922): 241–254.
Cited: **9** *Einstein, E. 1922*: 50n. **10** *Einstein, E. 1922*: 284n, 292n.

Eisenstaedt, Jean. "Histoire et singularités de la solution de Schwarzschild (1915–1923)." *Archive for History of Exact Sciences* 27 (1982): 157–198.
Cited: **8** *Eisenstaedt 1982*: 225n.

———. "Trajectoires et impasses de la solution de Schwarzschild." *Archive for History of Exact Sciences* 37 (1987): 275–357.
Cited: **8** *Eisenstaedt 1987*: 225n.

———. "The Early Interpretation of the Schwarzschild Solution." In *Einstein and the History of General Relativity*, pp. 213–233. Howard, Don, and Stachel, John, eds. Boston: Birkhäuser, 1989.
Cited: **6** *Eisenstaedt 1989*: 362n. **8** *Eisenstaedt 1989*: 225n, 458n.

———. "The Low Water Mark of General Relativity, 1925–1955." In *Einstein and the History of General Relativity*, pp. 277–292. Howard, Don, and Stachel, John, eds. Boston: Birkhäuser, 1989.
Cited: **7** *Eisenstaedt 1989*: xxxiv.

———. "De l'influence de la gravitation sur la propagation de la lumière en théorie newtonienne. L'archéologie des trous noirs." *Archive for History of Exact Sciences* 42 (1991): 315–386.
Cited: **3** *Eisenstaedt 1991*: 497n. **6** *Eisenstaedt 1991*: 536n.

———. "Lemaître and the Schwarzschild Solution." In *The Attraction of Gravitation: New Studies in the History of General Relativity*, pp. 353–389. Earman, John, Janssen, Michel, and Norton, John D., eds. Boston: Birkhäuser, 1993.
Cited: **6** *Eisenstaedt 1993*: xx, 552n. **7** *Eisenstaedt 1993*: 49n. **8** *Eisenstaedt 1993*: 357n, 475n, 713n, 720n.

Eisenstaedt, Jean, and Kox, A. J., eds. *Studies in the History of General Relativity*. Boston: Birkhäuser, 1992.
Cited: **4** *Eisenstaedt and Kox 1992*. **6** *Eisenstaedt and Kox 1992*. **7** *Eisenstaedt and Kox 1992*. **8** *Eisenstaedt and Kox 1992*.

Ellis, George F. "The Expanding Universe: A History of Cosmology from 1917 to 1960." In *Einstein and the History of General Relativity*, pp. 367–431. Howard, Don, and Stachel, John, eds. Boston: Birkhäuser, 1989.
Cited: **8** *Ellis 1989*: 357n.

Elster, Julius, and Geitel, Hans. "Notiz über eine Influenzmaschine einfachster Form." *Annalen der Physik und Chemie* 25 (1885): 493–495.
Cited: **5** *Elster and Geitel 1885*: 55n.

———. "Ueber die Abhängigkeit der durch das Licht bewirkten Electricitätszerstreuung von der Natur der belichteten Oberfläche." *Annalen der Physik und Chemie* 43 (1891): 225–240.
Cited: **2** *Elster and Geitel 1891*: 358n.

———. "Ueber einige zweckmässige Abänderungen am Quadrantelectrometer." *Annalen der Physik und Chemie* 64 (1898): 680–684.
Cited: **5** *Elster and Geitel 1898*: 384n.

Elton, Lewis. "Einstein, General Relativity, and the German Press." *Isis* 77 (1986): 95–103.
Cited: **7** *Elton 1986*: 102, 210n. **9** *Elton 1986*: lii, liii.

Emden, Robert. "Sonnenatmosphäre und Einsteineffekt." *Königlich Bayerische Akademie der Wissenschaften zu München. Mathematisch-physikalische Klasse. Sitzungsberichte* (1920): 387–396.
Cited: **9** *Emden 1920*: 297n.
———. "Über Lichtquanten." *Physikalische Zeitschrift* 22 (1921): 513–517.
Cited: **7** *Emden 1921*: 487n.

Eötvös, Loránd [Roland]. "Ueber den Zusammenhang der Oberflächenspannung der Flüssigkeiten mit ihrem Molecularvolumen." *Annalen der Physik* 27 (1886): 448–459.
Cited: **3** *Eötvös 1886*: 402–406, 407n.
———. "A föld vonzása különböző anyagokra." *Akadémiai Értesítő* 1 (1890): 108–110. Reprinted in German translation as: Eötvös, Roland. "Über die Anziehung der Erde auf verschiedene Substanzen." *Mathematische und naturwissenschaftliche Berichte aus Ungarn* 8 (1891): 65–68. [**4** *Eötvös 1891*/**5** *Eötvös 1891*/**6** *Eötvös 1891*].
Cited: **2** *Eötvös 1890*: 274, 487n. **4** *Eötvös 1890*: 340n, 484n. **7** *Eötvös 1890*: 281n.
———. "Über die Anziehung der Erde auf verschiedene Substanzen." *Mathematische und naturwissenschaftliche Berichte aus Ungarn* 8 (1891): 65–68. German translation of **2** *Eötvös 1890* /**4** *Eötvös 1890* /**7** *Eötvös 1890*.
Cited: **4** *Eötvös 1891*: 304, 340n, 484n, 489, 501n, 510n, 587n, 621n. **5** *Eötvös 1891*: 498n. **6** *Eötvös 1891*: 338n.
———. "Bericht über geodätische Arbeiten in Ungarn, besonders über Beobachtungen mit der Drehwage." In *Verhandlungen der vom 21. bis 29. September 1909 in London und Cambridge abgehaltenen sechzehnten allgemeinen Conferenz der internationalen Erdmessung*, pp. 319–350. Sande Bakhuyzen, H. G. van de, ed. Berlin: Reimer, 1910.
Cited: **4** *Eötvös 1910*: 510n.

Epstein, Paul S. "Zur Quantentheorie." *Annalen der Physik* 51 (1916): 168–188.
Cited: **6** *Epstein 1916b*: 567n. **8** *Epstein 1916d*.
———. "Zur Theorie des Starkeffektes." *Annalen der Physik* 50 (1916): 489–520.
Cited: **6** *Epstein 1916a*: 398n, 567n. **8** *Epstein 1916b*: 387n, 466n. **9** *Epstein 1916a*: 223n, 340n, 406n, 411n.
———. "Versuch einer Anwendung der Quantenlehre auf die Theorie des lichtelektrischen Effekts und der β-Strahlung radioaktiver Substanzen." *Annalen der Physik* 50 (1916): 815–840.
Cited: **9** *Epstein 1916b*: 223n, 406n.
———. "Hamilton-Jacobische Funktion und Quantentheorie." *Deutsche Physikalische Gesellschaft. Verhandlungen* 19 (1917): 116–129.
Cited: **9** *Epstein 1917*: 223n.
———. "Theoretisches über den Starkeffekt in der Fowlerschen Heliumserie." *Annalen der Physik* 58 (1919): 553–576.
Cited: **9** *Epstein 1919*: 223n.

Eucken, Arnold. "Die Wärmeleitfähigkeit einiger Kristalle bei tiefen Temperaturen." *Physikalische Zeitschrift* 12 (1911): 1005–1008.
Cited: **3** *Eucken 1911b*: 532, 546n.
———. "Über die Temperaturabhängigkeit der Wärmeleitfähigkeit fester Nichtmetalle." *Annalen der Physik* 34 (1911): 185–221.
Cited: **3** *Eucken 1911a*.
———. "Die Molekularwärme des Wasserstoffs bei tiefen Temperaturen." *Königlich Preußische Akademie der Wissenschaften* (Berlin). *Sitzungsberichte* (1912): 141–151.
Cited: **3** *Eucken 1912*: 6. **4** *Eucken 1912*: 271, 278, 285n, 553n, 625. **5** *Eucken 1912*: 392n, 395n, 468n, 580n. **6** *Eucken 1912*: 261n. **10** *Eucken 1912*: 18n.
———. "Die Entwicklung der Quantentheorie vom Herbst 1911 bis Sommer 1913." In *Die Theorie der Strahlung und der Quanten. Verhandlungen auf einer von E. Solvay einberufenen Zusammenkunft (30. Oktober bis 3. November 1911). Mit einem Anhange über die Entwicklung der Quantentheorie vom Herbst 1911 bis Sommer 1913*, pp. 371–405. Eucken, Arnold, ed. Halle a.S.: Knapp, 1914. (*Abhandlungen der Deutschen Bunsen Gesellschaft für angewandte physikalische Chemie* 3, no. 7.)
Cited: **4** *Eucken 1914*: 270, 272, 285n.
———, ed. *Die Theorie der Strahlung und der Quanten. Verhandlungen auf einer von E. Solvay einberufenen Zusammenkunft (30. Oktober bis 3. November 1911). Mit einem Anhange über die Entwicklung der Quantentheorie vom Herbst 1911 bis Sommer 1913*. Halle a.S.: Knapp, 1914. (*Abhandlungen der Deutschen Bunsen Gesellschaft für angewandte physikalische Chemie* 3, no. 7.)
Cited: **3** *Verhandlungen 1914*: 511n, 519n, 562n. **4** *Verhandlungen 1914*. **5** *Verhandlungen 1914*: 418n. **6** *Verhandlungen 1914*. **8** *Verhandlungen 1914*.
———. "Über den Quanteneffekt bei einatomi-

gen Gasen und Flüssigkeiten." *Königlich Preußische Akademie der Wissenschaften* (Berlin). *Sitzungsberichte* (1914): 682–693.
Cited: **8** *Eucken 1914*: 20n.

———. "Bericht über die Anwendung der Quantenhypothese auf die Rotationsbewegung der Gasmoleküle." *Jahrbuch der Radioaktivität und Elektronik* 16 (1920): 361–411.
Cited: **9** *Eucken 1920b*: 458n. **10** *Eucken 1920*: 356n.

———. "Rotationsbewegung und absolute Dimensionen der Moleküle." *Zeitschrift für Elektrochemie* 26 (1920): 377–383.
Cited: **9** *Eucken 1920a*: 458n.

Evershed, John. "Pressure in the Reversing Layer." *Kodaikanal Observatory. Bulletin* 18 (1909): 131–134.
Cited: **10** *Evershed 1909*: 251n.

———. "A New Interpretation of the General Displacement of the Lines of the Solar Spectrum towards the Red." *Kodaikanal Observatory. Bulletin* 36 (1913): 45–53.
Cited: **8** *Evershed 1913*: 14n. **9** *Evershed 1913*: 288n. **10** *Evershed 1913*: 251n, 252n, 311n.

———. "Anomalous Dispersion in the Sun." *The Observatory* 39 (1916): 59–62.
Cited: **10** *Evershed 1916*: 252n.

———. "The Displacement of the Cyanogen Bands in the Solar Spectrum." *Observatory* 41 (1918): 371–375.
Cited: **8** *Evershed 1918*: 880n. **9** *Evershed 1918*: liii, 38n, 288n, 325n, 330n, 356n, 381n, 402n, 479n.

———. "The Displacement of the Solar Lines Reflected by Venus." *The Observatory* 42 (1919): 51–52.
Cited: **9** *Evershed 1919*: 288n.

Evershed, John, and Royds, Thomas. "On the Displacement of the Spectrum Lines at the Sun's Limb." *Kodaikanal Observatory. Bulletin* 39 (1914): 71–81.
Cited: **10** *Evershed and Royds 1914*: 251n, 252n.

Ewald, Peter Paul, ed. *Fifty Years of X-Ray Diffraction*. Utrecht: Oosthoek, 1962.
Cited: **5** *Ewald 1962*: 481n.

Exner, Felix M. "Notiz zu Brown's Molecularbewegung." *Annalen der Physik* 2 (1900): 843–847.
Cited: **2** *Exner 1900*: 209, 236n, 400n.

Exner, Karl. "Ueber die Newton'schen Staubringe." *Annalen der Physik und Chemie* 9 (1880): 239–260.
Cited: **8** *Exner 1880*: 424n.

Eyck, Erich. *A History of the Weimar Republic*. Cambridge, Mass.: Harvard University Press, 1962.
Cited: **8** *Eyck 1962*: 961n. **10** *Eyck 1962*.

Fabre, Lucien. *Les théories d'Einstein. Une nouvelle figure du monde. Avec une préface de M. Einstein*. Paris: Payot, 1921.
Cited: **7** *Fabre 1921*: 419n. **10** *Fabre 1921*: 264n, 583c, 587c.

———. *Les théories d'Einstein. Une nouvelle figure du monde. Nouvelle édition épurée, accrue de notes liminaires, d'un exposé des théories de Weyl, et de trois notes de Mm. Guillaume, Brillouin et Sagnac sur leurs propres idées*. Paris: Payot, 1922.
Cited: **7** *Fabre 1922*: 419n.

Fabry, Charles, and Buisson, Henri. "Comparaison des raies du spectre de l'arc électrique et du Soleil. Pression de la couche renversante de l'atmosphère solaire." *Académie des sciences* (Paris). *Comptes rendus* 148 (1909): 688–690.
Cited: **3** *Fabry and Buisson 1909*: 493, 497n. **5** *Fabry and Buisson 1909*: 317n, 323n.

———. "Application de la méthode interférentielle à la mesure de très petits déplacements de raies. Comparaison du spectre solaire avec le spectre d'arc du fer. Comparaison du centre et du bord du soleil." *Astrophysical Journal* 31 (1910): 97–119.
Cited: **5** *Fabry and Buisson 1910*: 317n, 323n, 388n.

Fajans, Kasimir. *Radioaktivität und die neueste Entwicklung der Lehre von den chemischen Elementen*. Braunschweig: Vieweg, 1919.
Cited: **9** *Fajans 1919*: 389n, 505n.

Falk, Norbert. *Meisterbuch des Humors. Eine Auswahl bester Humoresken und größerer Bruchstücke aus der humoristischen Literatur der europäischen Völker*. Berlin: Ullstein, 1908.
Cited: **5** *Falk 1908*: 115n.

Faraday, Michael. "On Fluid Chlorine." *Royal Society of London. Philosophical Transactions* 113 (1823): 160–164. "On the Condensation of Several Gases into Liquids." Ibid., 189–198.
Cited: **1** *Faraday 1823*: 141n.

———. *Experimental Researches in Electricity*. Vol. 1. First Series. London: Taylor and Francis, 1839.
Cited: **2** *Faraday 1839*: 309n.

———. "On the Liquefaction and Solidification

of Bodies Generally Existing as Gases." *Royal Society of London. Philosophical Transactions* 135 (1845): 155–177.
Cited: **1** *Faraday 1845*: 141n.
———. "On the Conservation of Force." *Philosophical Magazine* 13 (1857): 225–239.
Cited: **4** *Faraday 1857*: 510n.

Feldman, Gerald D. *The Great Disorder. Politics, Economics, and Society in the German Inflation, 1914–1924.* New York: Oxford University Press, 1993.
Cited: **7** *Feldman 1993*: 300n–301n, 363n, 437n, 470n, 494n.
———. *The Great Disorder. Politics, Economics, and Society in the German Inflation, 1914–1924.* New York: Oxford University Press, 1997.
Cited: **9** *Feldman 1997*: 139n. **10** *Feldman 1997*: 396n, 397n.

Fernau, Hermann. *Die französische Demokratie. Sozialpolitische Studien aus Frankreichs Kulturwerkstatt.* Munich: Duncker & Humblot, 1914.
Cited: **3** *Fernau 1914*: 589.

Feuer, Lewis S. *Einstein and the Generations of Science.* 2d ed. New Brunswick, N.J.: Transaction Publisher, 1989.
Cited: **7** *Feuer 1989*: 222.

Fick, Adolf. "Ueber Diffusion." *Annalen der Physik und Chemie* 4 (1855): 59–86.
Cited: **2** *Fick 1855*: 235n.

Fine, Arthur. *The Shaky Game: Einstein, Realism, and the Quantum Theory.* Chicago: University of Chicago Press, 1986.
Cited: **7** *Fine 1986*: 404n.

Fisher, David J. *Romain Rolland and the Politics of Intellectual Engagement.* Berkeley: University of California Press, 1988.
Cited: **7** *Fisher 1988*: 217n. **10** *Fisher 1988*: 58n.

Fisher, Michael E. "Correlation Functions and the Critical Region of Simple Fluids." *Journal of Mathematical Physics* 5 (1964): 944–962.
Cited: **3** *Fisher 1964*: 285.

FitzGerald, George Francis. "The Ether and the Earth's Atmosphere." *Science* 13 (1889): 390.
Cited: **2** *FitzGerald 1889*: 485n, 582n. **3** *FitzGerald 1889*: 175n. **4** *FitzGerald 1889*: 551n. **7** *FitzGerald 1889*: 279n, 468n.

Fizeau, Armand Hyppolyte. "Sur les hypothèses relatives à l'éther lumineux, et sur une expérience qui paraît démontrer que le mouvement des corps change la vitesse avec laquelle la lumière se propage dans leur intérieur (Extrait par l'auteur)." *Académie des sciences* (Paris). *Comptes rendus* 33 (1851): 349–355.
Cited: **1** *Fizeau 1851*: 230n. **2** *Fizeau 1851*: 485n, 582n. **3** *Fizeau 1851*:133, 175n, 439n. **4** *Fizeau 1851*: 103n, 550n. **7** *Fizeau 1851*: 98n, 279n, 468n, 571n.

Flake, Otto. "Die Aufgaben der deutschen Intellektuellen." *Die Friedens-Warte. Blätter für zwischenstaatliche Organisation* 20 (June 1918): 153–156.
Cited: **8** *Flake 1918*: 869n.

Flamm, Ludwig. "Beiträge zur Einsteinschen Gravitationstheorie." *Physikalische Zeitschrift* 17 (1916): 448–454.
Cited: **8** *Flamm 1916*: 375n, 483n. **10** *Flamm 1916*: 64n.
———. "Die charakteristischen Maßzahlen für das Elektron in ihrer Verknüpfung mit den Strahlungskonstanten." *Physikalische Zeitschrift* 18 (1917): 515–521.
Cited: **8** *Flamm 1917*: 483n.

Fleck, Albert. "Über Teilbarkeit gewisser Faktoriellen durch andere und ihren Zusammenhang mit gewissen Gleichungen und Reihen." *Berliner Mathematische Gesellschaft. Sitzungsberichte* 19 (1920): 34–41.
Cited: **9** *Fleck 1920*: 456n.

Fliegner, Albert. "Über den Clausius'schen Entropiesatz." *Naturforschende Gesellschaft in Zürich. Vierteljahrsschrift* 48 (1903): 1–48.
Cited: **2** *Fliegner 1903*: 115–117, 117n.
———. "Das Ausströmen heissen Wassers aus Gefässmündungen." *Schweizerische Bauzeitung* 45 (1905): 282–285, 306–308.
Cited: **2** *Fliegner 1905a*: 325–326.
———. "Über den Wärmewert chemischer Vorgänge." *Naturforschende Gesellschaft in Zürich. Vierteljahrsschrift* 50 (1905): 201–212.
Cited: **2** *Fliegner 1905b*: 331–332.

Florence, Ronald. *Fritz: The Story of a Political Assassin.* New York: Dial Press, 1971.
Cited: **8** *Florence 1971*: 498n, 829n.

Flückiger, Max. *Albert Einstein in Bern. Das Ringen um ein neues Weltbild. Eine dokumentarische Darstellung über den Aufstieg eines Genies.* Bern: Haupt, 1974.
Cited: **1** *Flückiger 1974*: xlii. **2** *Flückiger 1974*: 47, 75n. **3** *Flückiger 1974*: xvi. **5** *Flückiger 1974*: 39n, 151n, 206n,

241n, *637*.

Fokker, Adriaan D. *Over Brown'sche bewegingen in het stralingsveld, en waarschijnlijkheids-beschouwingen in de stralingstheorie*. Haarlem: Enschedé, 1913.
Cited: **5** *Fokker 1913*: 564n, 580n.

———. "Die mittlere Energie rotierender elektrischer Dipole im Strahlungsfeld." *Annalen der Physik* 43 (1914): 810–820.
Cited: **4** *Fokker 1914*: 273. **5** *Fokker 1914*: 580n.

———. "De virtueele verplaatsingen van het elektromagnetische en van het zwaartekrachtsveld bij de toepassing van het variatieprincipe van Hamilton." *Koninklijke Akademie van Wetenschappen te Amsterdam. Wis- en Natuurkundige Afdeeling. Verslagen van de Gewone Vergaderingen* 25 (1916–17): 1067–1084. Reprinted in translation as "The Virtual Displacements of the Electro-magnetic and of the Gravitational Field in Applications of Hamilton's Variation Principle." *Koninklijke Akademie van Wetenschappen te Amsterdam. Section of Sciences. Proceedings* 19 (1916–17): 968–984.
Cited: **9** *Fokker 1917*: 41n, 42n.

———. "Sur les mouvements browniens dans le champ du rayonnement noir." *Archives néerlandaises des sciences exactes et naturelles* 4 (1917): 379–401.
Cited: **5** *Fokker 1917*: 580n.

———. "Over hetgeen in niet-Euclidische ruimten beantwoordt aan eene verplaatsing evenwijdig aan zichzelf, en over de Riemanniaanse kromtemaat." *Koninklijke Akademie van Wetenschappen te Amsterdam. Wis- en Natuurkundige Afdeeling. Verslagen van de Gewone Vergaderingen* 27 (1918–19): 363–376. Reprinted in translation as "On the Equivalent of Parallel Translation in Non-Euclidian Space and on Riemann's Measure of Curvature." *Koninklijke Akademie van Wetenschappen te Amsterdam. Section of Sciences. Proceedings* 21 (1918–19): 505–517.
Cited: **9** *Fokker 1918*: 113n.

———. "On Relativity and Electrodynamics." *Philosophical Magazine* 36 (1918): 205–206.
Cited: **10** *Fokker 1918*: 288n.

———. "De bijdragen van polariseerings- en magnetiseerings-elektronen tot den elektrischen stroom." *Koninklijke Akademie van Wetenschappen te Amsterdam. Wis- en Natuurkundige Afdeeling. Verslagen van de Gewone Vergaderingen* 28 (1919–20): 1040–1063.
Cited: **10** *Fokker 1920a*: 299n, 472n.

———. "On the Contribution to the Electric Current from the Polarization and Magnetization Electrons." *Philosophical Magazine* 39 (1920): 404–415.
Cited: **10** *Fokker 1920b*: 472n.

———. "De geodetische precessie; een uitvloeisel van Einstein's gravitatietheorie." *Koninklijke Akademie van Wetenschappen te Amsterdam. Wis- en Natuurkundige Afdeeling. Verslagen van de Gewone Vergaderingen* 29 (1920–21): 611–621. Reprinted in translation as "The Geodesic Precession: A Consequence of Einstein's Theory of Gravitation." *Koninklijke Akademie van Wetenschappen te Amsterdam. Section of Sciences. Proceedings* 23 (1920–21): 729–738.
Cited: **9** *Fokker 1920a*: 422n. **10** *Fokker 1921*: 477n.

———. "La théorie des électrons à l'intérieur des atomes." *Archives néerlandaises des sciences exactes et naturelles* 5 (1921): 193–242.
Cited: **9** *Fokker 1920b*: 239n, 265n.

———. "Albert Einstein. 14 Maart 1878–18 April 1955." *Nederlands Tijdschrift voor Natuurkunde* 21 (1955): 125–129.
Cited: **6** *Fokker 1955*: xix.

Fölsing, Albrecht. *Albert Einstein. Eine Biographie*. Frankfurt a. M.: Suhrkamp, 1993. Published in English translation as *Albert Einstein: A Biography*. Abridged ed. New York: Viking Penguin, 1997.
Cited: **7** *Fölsing 1993*: 109, 201n, 288n, 348n, 357n, 440n. **8** *Fölsing 1993*: liii, 682n, 790n.

Fomm, Ludwig. "Die Wellenlänge der Röntgen-Strahlen." *Annalen der Physik* 59 (1896): 350–353.
Cited: **7** *Fomm 1896*: 53n.

Föppl, August. *Einführung in die Maxwell'sche Theorie der Elektrizität*. Leipzig: Teubner, 1894. (For 2d ed., see **2** *Abraham/Föppl 1904*).
Cited: **1** *Föppl 1894*: 223. **2** *Föppl 1894*: 206n, 260, 309n, 538n. **3** *Föppl 1894*: 5, 9. **4** *Föppl 1894*: 103n, 232n.

———. *Vorlesungen über technische Mechanik*. 4 vols. Leipzig: Teubner, 1897–1900.
Cited: **3** *Föppl 1897–1900*: 5.

———. *Vorlesungen über technische Mechanik*. Vol. 6, *Die wichtigsten Lehren der höheren Dynamik*. Leipzig: Teubner, 1910.

Cited: **8** *Föppl 1910*: 812n.
Forbes, Eric Gray. "A History of the Solar Red Shift Problem." *Annals of Science* 17 (1961): 129–164.
Cited: **3** *Forbes 1961*: 497n. **5** *Forbes 1961*: 313n. **8** *Forbes 1961*: 14n. **9** *Forbes 1961*: liii, 38n. **10** *Forbes 1963*: 252n.
Forel, August. *Der Hypnotismus. Seine psychophysiologische, medicinische, strafrechtliche Bedeutung und seine Handhabung.* 2d rev. ed. Stuttgart: Ferdinand Enke, 1891.
Cited: **1** *Forel 1891*: 317n, 318n, 335n.
Forman, Paul. "Weimar Culture, Causality, and Quantum Theory, 1918–1927: Adaptation by German Physicists and Mathematicians to a Hostile Intellectual Environment." *Historical Studies in the Physical Sciences* 3 (1971): 1–115.
Cited: **9** *Forman 1971*: 390n.
———. "Il Naturforscherversammlung a Nauheim del settembre 1920: una introduzione alla vita scientifica nella Repubblica di Weimar." In *La ristrutturazione delle scienze tra le due guerre mondiali,* pp. 59–78. Battimelli, Giovanni, de Maria, Michelangelo, and Rossi, Arcangelo, eds. Rome: La Goliardica Editrice Universitaria di Roma, 1986.
Cited: **10** *Forman 1986*: 428n, 435n, 468n.
Fort, Adrian. *Prof: The Life of Frederick Lindemann.* London: Cape, 2003.
Cited: **10** *Fort 2003*: 381n.
Fortuna, Ursula. "Der Völkerbundsgedanke in Deutschland während des Ersten Weltkrieges." (1974).
Cited: **7** *Fortuna 1974*: 10n.
Fowler, Ralph, and Guggenheim, Edward A. *Statistical Thermodynamics.* Cambridge: Cambridge University Press, 1949.
Cited: **4** *Fowler and Guggenheim 1949*: 273.
Fox, Robert. "The Rise and Fall of Laplacian Physics." *Historical Studies in the Physical Sciences* 4 (1974): 89–136.
Cited: **2** *Fox 1974*: 3.
Fraenkel, Abraham A. *Lebenskreise. Aus den Erinnerungen eines jüdischen Mathematikers.* Stuttgart: Deutsche Verlags-Anstalt, 1967.
Cited: **1** *Fraenkel 1967*: lvii.
France, Anatole. *L'étui de nacre.* Paris: Lévy, 1892.
Cited: **9** *France 1892*: 417n.
———. *L'ile des pingouins.* Paris: Calmann-Levy, 1908.
Cited: **10** *France 1908a*: 162n.

———. *Sur la pierre blanche.* Paris: Calmann-Levy, 1908.
Cited: **10** *France 1908b*: 162n.
———. *Aufruhr der Engel.* Leonhard, Rudolf, trans. Leipzig: K. Wolff, 1917.
Cited: **10** *France 1917*: 162n, 170n.
Franck, James, and Hertz, Gustav. "Über die Erregung der Quecksilberresonanzlinie 253,6 μμ durch Elektronenstösse." *Deutsche Physikalische Gesellschaft. Verhandlungen* 16 (1914): 512–517.
Cited: **8** *Franck and Hertz 1914b*: 29n, 33n, 863n. **9** *Franck and Hertz 1914b*: 369n. **10** *Franck and Hertz 1914b*: 405n.
———. "Über Zusammenstösse zwischen Elektronen und den Molekülen des Quecksilberdampfes und die Ionisierungsspannung desselben." *Deutsche Physikalische Gesellschaft. Verhandlungen* 16 (1914): 457–467.
Cited: **8** *Franck and Hertz 1914a*: 29n. **9** *Franck and Hertz 1914a*: 369n. **10** *Franck and Hertz 1914a*: 405n.
Franck, James, and Knipping, Paul. "Die Ionisierungsspannungen des Heliums." *Physikalische Zeitschrift* 20 (1919): 481–488.
Cited: **10** *Franck and Knipping 1919*: 518n.
———. "Ueber die Anregungsspannungen des Heliums." *Zeitschrift für Physik* 1 (1920): 320–332.
Cited: **10** *Franck and Knipping 1920*: 518n.
Frank, Michael L. "Bemerkung betreffs der Lichtausbreitung in Kraftfeldern." *Physikalische Zeitschrift* 13 (1912): 544–545.
Cited: **4** *Frank 1912*: 194. **5** *Frank, M. 1912*: 445n, 452n.
Frank, Philipp. "Kausalgesetz und Erfahrung." *Annalen der Naturphilosophie* 6 (1907): 443–450.
Cited: **5** *Frank, P. 1907b*: 474n.
———. "Über einen Satz von Routh und ein damit zusammenhängendes Problem der Variationsrechnung." *Mathematische Annalen* 64 (1907): 239–247.
Cited: **5** *Frank, P. 1907a*: 474n.
———. "Das Relativitätsprinzip der Mechanik und die Gleichungen für die elektromagnetischen Vorgänge in bewegten Körpern." *Annalen der Physik* 27 (1908): 897–902.
Cited: **5** *Frank, P. 1908b*: 474n.
———. "Die Integralgleichungen in der Theorie der kleinen Schwingungen von Fäden und das Rayleigh'sche Prinzip." *Kaiserliche Akademie der Wissenschaften* (Vienna). *Mathe-*

matisch-naturwissenschaftliche Klasse. Abteilung IIa. Sitzungsberichte 117 (1908): 279–298.
Cited: **5** *Frank, P. 1908a*: 474n.

———. "Mechanismus oder Vitalismus? Versuch einer präzisen Formulierung der Fragestellung. (Besonders im Hinblick auf den Neovitalismus.)" *Annalen der Naturphilosophie* 7 (1908): 393–409.
Cited: **5** *Frank, P. 1908f*: 474n.

———. "Relativitätstheorie und Elektronentheorie in ihrer Anwendung zur Ableitung der Grundgleichungen für die elektromagnetischen Vorgänge in bewegten ponderablen Körpern." *Annalen der Physik* 27 (1908): 1059–1065.
Cited: **2** *Frank 1908*: 507, 540, 540n. **5** *Frank, P. 1908c*: 474n.

———. "Über die Bahnkurven der Mechanik." *Journal für die reine und angewandte Mathematik* 134 (1908): 156–165.
Cited: **5** *Frank, P. 1908e*: 474n.

———. "Über die Stabilität der Kreisbahnen bei Zentralbewegungen." *Astronomische Nachrichten* 177 (1908): cols. 97–100.
Cited: **5** *Frank, P. 1908d*: 474n.

———. "Die Stellung des Relativitätsprinzips im System der Mechanik und der Elektrodynamik." *Kaiserliche Akademie der Wissenschaften* (Vienna). *Mathematisch-naturwissenschaftliche Klasse. Abteilung IIa. Sitzungsberichte* 118 (1909): 373–446.
Cited: **5** *Frank, P. 1909a*: 474n.

———. "Ein Kriterium für die Stabilität der Bewegung eines materiellen Punktes in der Ebene und dessen Zusammenhang mit dem Prinzip der kleinsten Wirkung." *Monatshefte für Mathematik und Physik* 20 (1909): 171–185.
Cited: **5** *Frank, P. 1909b*: 474n.

———. "Unstetige Lösungen beim Prinzip der kleinsten Wirkung." *Monatshefte für Mathematik und Physik* 20 (1909): 189–192.
Cited: **5** *Frank, P. 1909c*: 474n.

———. "Eine Bemerkung über indefinite Variationsprobleme." *Monatshefte für Mathematik und Physik* 20 (1909): 273–278.
Cited: **5** *Frank, P. 1909d*: 474n.

———. "Über allgemeine statisch unbestimmte Systeme." *Monatshefte für Mathematik und Physik* 23 (1912): 225–239.
Cited: **5** *Frank, P. 1912b*: 474n.

———. "Zur Ableitung der Planckschen Strahlungsformel." *Physikalische Zeitschrift* 13 (1912): 506–507.
Cited: **5** *Frank, P. 1912a*: 474n.

———. "Die Bedeutung der physikalischen Erkenntnistheorie Machs für das Geistesleben der Gegenwart." *Die Naturwissenschaften* 5 (1917): 65–72.
Cited: **8** *Frank 1917*: 395n. **10** *Frank 1917*: 69n.

———. *Einstein: His Life and Times*. Rosen, George, trans. Kusaka, Shuichi, ed. New York: Knopf, 1947.
Cited: **7** *Frank 1947*: 223. **8** *Frank 1947*: 494n.

———. *Einstein. Sein Leben und seine Zeit*. Munich: List, 1949. Reprinted Braunschweig: Vieweg, 1979.
Cited: **5** *Frank, P. 1949a*: 256n, 266n, 291n, 307n. **9** *Frank 1949*: 213n, 397n.

———. *Modern Science and Its Philosophy*. Cambridge, Mass.: Harvard University Press, 1949.
Cited: **5** *Frank, P. 1949b*: 474n.

———. *Einstein. Sein Leben und seine Zeit*. Braunschweig: Vieweg, 1979.
Cited: **1** *Frank 1979*: xlii, lviii, 233. **2** *Frank 1979*: 260, 306n.

Frank, Philipp, and Rothe, Hermann. "Über die Transformation der Raumzeitkoordinaten von ruhenden auf bewegte Systeme." *Annalen der Physik* 34 (1911): 825–855.
Cited: **5** Frank, P., and Rothe 1911.

Frei, Günther, ed. *Der Briefwechsel David Hilbert–Felix Klein (1886–1918)*. Göttingen: Vandenhoeck & Ruprecht, 1985.
Cited: **8** *Frei 1985*: 689n.

Frei, Günther, and Stammbach, Urs, eds. *Hermann Weyl und die Mathematik an der ETH Zürich, 1913–1930*. Basel: Birkhäuser, 1992.
Cited: **9** *Frei and Stammbach 1992*: 80n, 452n.

Frenkel', Viktor Ya. *Paul Ehrenfest*. Moscow: Atomizdat, 1971.
Cited: **10** *Frenkel 1971*: 418n, 472n.

———. "Einstein and Friedmann." In *Einstein Studies in Russia*, pp. 1–15. Balashov, Yuri, and Vizgin, Vladimir P., eds. Boston: Birkhäuser, 2002.
Cited: **10** *Frenkel 2002*.

Fresnel, Augustin. "Premier mémoire sur la double réfraction (1821)." In *Oeuvres Complètes d'Augustin Fresnel*. Vol. 2, pp. 261–308. De Senarmont, Henri, Verdet, Émile, and Fresnel, Leonor, eds. Paris: Imprimerie Impériale, 1868.

Cited: **1** *Fresnel 1821*: 8n.

Freundlich, Erwin. "Über einen Versuch, die von A. Einstein vermutete Ablenkung des Lichtes in Gravitationsfeldern zu prüfen." *Astronomische Nachrichten* 193 (1913): cols. 369–372.
Cited: **5** *Freundlich 1913a*: 318n, 388n, 504n. **8** *Freundlich 1913*: 14n, 179n.

———. "Zur Frage der Konstanz der Lichtgeschwindigkeit." *Physikalische Zeitschrift* 14 (1913): 835–838.
Cited: **5** *Freundlich 1913b*: 555n.

———. "Über die Verschiebung der Sonnenlinien nach dem roten Ende auf Grund der Hypothesen von Einstein und Nordström." *Physikalische Zeitschrift* 15 (1914): 369–371.
Cited: **8** *Freundlich 1914a*: 14n, 179n, 471n.

———. "Über die Verschiebung der Sonnenlinien nach dem roten Ende des Spektrums auf Grund der Äquivalenzhypothese von Einstein." *Astronomische Nachrichten* 198 (1914): cols. 265–270.
Cited: **8** *Freundlich 1914b*: 14n, 179n.

———. "Über die Erklärung der Anomalien im Planeten-System durch die Gravitationswirkung interplanetarer Massen." *Astronomische Nachrichten* 201 (1915): cols. 49–56.
Cited: **6** *Freundlich 1915a*: 234, 243n. **8** *Freundlich 1915b*: 101n, 218n, 257n.

———. "Über die Gravitationsverschiebung der Spektrallinien bei Fixsternen." *Physikalische Zeitschrift* 16 (1915): 115–117.
Cited: **7** *Freundlich 1915*: 425n. **8** *Freundlich 1915a*: 95n, 137n, 147n, 179n, 206n, 209n, 216n, 221n, 257n, 262n. **10** *Freundlich 1915*: 61n, 225n.

———. "Über die Gravitationsverschiebung der Spektrallinien bei Fixsternen." *Astronomische Nachrichten* 202 (1915–16): cols. 17–24.
Cited: **6** *Freundlich 1915b*: 243n, 339n. **8** *Freundlich 1916a*: 257n, 471n.

———. *Die Grundlagen der Einsteinschen Gravitationstheorie*. Berlin: Springer, 1916.
Cited: **4** *Freundlich 1916*. **6** *Freundlich 1916b*: 373n, 380n, 417. **8** *Freundlich 1916b*: 404n. **9** *Freundlich 1916*: 159n. **10** *Freundlich 1916*: 314n, 514n.

———. "Die Grundlagen der Einsteinschen Gravitationstheorie." *Die Naturwissenschaften* 4 (1916): 363–372, 386–392.
Cited: **6** *Freundlich 1916a*: 373n.

———. *Die Grundlagen der Einsteinschen Gravitationstheorie*. 2d rev. enl. ed. Berlin: Springer, 1917.
Cited: **6** *Freundlich 1917*: 373n. **9** *Freundlich 1917*: 141n, 157n, 159n, 177n, 320n, 328n, 347n, 391n.

———. "Über die singulären Stellen der Lösungen des n-Körper-Problems." *Königlich Preußische Akademie der Wissenschaften* (Berlin). *Sitzungsberichte* 1918: 168–188.
Cited: **8** *Freundlich 1918*: 1017c.

———. *Die Grundlagen der Einsteinschen Gravitationstheorie*. 3d rev. enl. ed. Berlin: Springer, 1919.
Cited: **6** *Freundlich 1919b*: 373n. **9** *Freundlich 1920a*: 336n.

———. "Über die Gravitationsverschiebung der Spektrallinien bei Fixsternen. II. Mitteilung." *Physikalische Zeitschrift* 20 (1919): 561–570.
Cited: **7** *Freundlich 1919a*: 425n. **9** *Freundlich 1919b*: 27n, 296n, 336n. **10** *Freundlich 1919b*: 225n, 233n.

———. "Zur Prüfung der allgemeinen Relativitätstheorie." *Die Naturwissenschaften* 7 (1919): 629–636, 696 ("Bemerkung").
Cited: **6** *Freundlich 1919a*: 539n. **7** *Freundlich 1919b*: 425n. **9** *Freundlich 1919a*: 27n, 336n. **10** *Freundlich 1919a*: 225n.

———. *The Foundations of Einstein's Theory of Gravitation*. Cambridge: Cambridge University Press, 1920.
Cited: **9** *Freundlich 1920b*: 320n. **10** *Freundlich 1920*: 457n.

Freundlich, Erwin, and Heiskanen, Veiko. "Über die Verteilung der Sterne verschiedener Masse in den kugelförmigen Sternhaufen." *Zeitschrift für Physik* 14 (1923): 226–239.
Cited: **7** *Freundlich and Heiskanen 1923*: 424n.

Freundlich, Herbert. *Kapillarchemie. Eine Darstellung der Chemie der Kolloide und verwandter Gebiete*. Leipzig: Akademische Verlagsgesellschaft, 1909.
Cited: **2** *Freundlich 1909*: 6.

———. *Kapillarchemie. Eine Darstellung der Chemie der Kolloide und verwandter Gebiete*. 2d rev. ed. Leipzig: Akademische Verlagsgesellschaft, 1922.
Cited: **3** *Freundlich 1922*: 406n, 407n.

Freundlich, Yehoshua, and Yogev, Gedalia, eds. *ha-Protokolim shel ha-Va'ad ha-Poel ha-Tzioni 1919–1929. Alef. Feb. 1919–Jan. 1920*. Tel Aviv: ha-Kibbutz ha-Meuḥad, 1975.
Cited: **9** *Freundlich and Yogev 1975*: 241n.

Fricke, Dieter, et al., eds. "Deutscher Schutzbund (DtSB) 1919–1936." In *Lexikon zur Parteiengeschichte. Die bürgerlichen und kleinbürgerlichen Parteien und Verbände in Deutschland (1789–1945)*. Vol. 2. Leipzig: VEB Bibliographisches Institut, 1984.
Cited: **9** *Fricke 1984*: 350n.

Fried, Alfred H. *Kurzgefasste Darstellung der Pan-Amerikanischen Bewegung*. Berlin: Verlag der "Friedens-Warte," 1912.
Cited: **10** *Fried 1912*: 27n, 438n.

———. *Probleme der Friedenstechnik*. Leipzig: Naturwissenschaften, 1918.
Cited: **10** *Fried 1918*: 127n.

———. *Auf hartem Grund. Offene Antwort auf den an mich gerichteten Brief von Dr. Jur. Hermann M. Popert im "Vortrupp" vom 1. März 1919*. Hamburg: Pfadweiser, 1919.
Cited: **10** *Fried 1919*: 274n.

———. *Mein Kampf gegen Versailles und St. Germain vom Nov. 1918 bis Juni 1919*. Leipzig: Der Neue Geist, 1920.
Cited: **10** *Fried 1920*: 438n.

Friedberg, R. "Einstein and Stimulated Emission: A Completely Corpuscular Treatment of Momentum Balance." *American Journal of Physics* 62 (1994): 26–32.
Cited: **6** *Friedberg 1994*: 398n.

Friedlaender, Benedict, and Friedlaender, Immanuel. *Absolute oder relative Bewegung?* Berlin: Simion, 1896.
Cited: **9** *Friedlaender and Friedlaender 1896*: 251n.

Friedländer, Jacob. "Über merkwürdige Erscheinungen in der Umgebung des kritischen Punktes teilweise mischbarer Flüssigkeiten." *Zeitschrift für physikalische Chemie* 38 (1901): 385–440.
Cited: **3** *Friedländer 1901*: 312n.

Friedman, Avner. "Isometric Embedding of Riemannian Manifolds into Euclidean Spaces." *Reviews of Modern Physics* 37 (1965): 201–203.
Cited: **9** *Friedman, A. 1965*: 456n.

Friedman, Michael. "Geometry as Branch of Physics: Background and Context for Einstein's 'Geometry and Experience.'" In *Reading Natural Philosophy: Essays in the History and Philosophy of Science and Mathematics to Honor Howard Stein on His 70th Birthday*. Malament, David, ed. Chicago: Open Court, 2001.
Cited: **7** *Friedman 2001*: 403n–404n.

Friedman, Robert M. *The Politics of Excellence: Behind the Nobel Prize in Science*. New York: Holt, 2001.
Cited: **9** *Friedman, R. 2001*: 239n, 308n.
10 *Friedman 2001*: 255n.

Friedrich, Walter, Knipping, Paul, and Laue, Max. "Interferenz-Erscheinungen bei Röntgenstrahlen." *Königlich Bayerische Akademie der Wissenschaften zu München. Mathematisch-physikalische Classe. Sitzungsberichte* (1912): 303–322.
Cited: **5** *Friedrich, Knipping, and Laue 1912*: 481n.

Friedrichs, Kurt. "Eine invariante Formulierung des Newtonschen Gravitationsgesetzes und des Grenzüberganges vom Einsteinschen zum Newtonschen Gesetz." *Mathematische Annalen* 98 (1927): 566–575.
Cited: **7** *Friedrichs 1927*: 43n.

Frischeisen-Köhler, Max ed. *Jahrbücher der Philosophie. Eine kritische Übersicht der Philosophie der Gegenwart*. Vol 1. Berlin: Mittler, 1913.
Cited: **8** *Frischeisen-Köhler 1913*: 868n.

Fritsch, Theodor [Roderich-Stoltenheim, F.]. *Einsteins Truglehre*. Leipzig: Hammer-Verlag, 1921.
Cited: **7** *Fritsch 1921*: 112.

Füchtbauer, Christian. "Über Sekundärstrahlen." *Annalen der Physik* 23 (1907): 301–307.
Cited: **5** *Füchtbauer 1907*: 132n.

Fueter, Eduard. *Die Schweiz seit 1848. Geschichte, Politik, Wirtschaft*. Zurich: Orell Füssli, 1928.
Cited: **8** *Fueter 1928*: 409n, 581n, 942n.
10 *Fueter 1928*: 118n, 141n, 143n.

Fürst, Arthur, and Moszkowski, Alexander. *Das Buch der 1000 Wunder*. Munich: Langen, 1916.
Cited: **8** *Fürst and Moszkowski 1916*: 382n, 385n. **9** *Fürst and Moszkowski 1916*: 554c. **10** *Fürst and Moszkowski 1916*: 475n.

Fürth, Reinhold. "Vorwort" and "Anmerkungen." In *Untersuchungen über die Theorie der 'Brownschen Bewegung,'* pp. 3 and 54–72. Fürth, Reinhold, ed. Leipzig: Akademische Verlagsgesellschaft, 1922. (*Ostwald's Klassiker der exakten Wissenschaften*, no. 199.)
Cited: **2** *Fürth 1922*: 170, 205n, 206, 212, 214, 235n, 236n, 345n.

———. "Personal Reminiscences." In *Einstein: The First Hundred Years*, pp. 19–21. Goldsmith, Maurice, Mackay, Alan and Woudhuysen, James, eds. Oxford: Pergamon,

1980.
Cited: **2** *Fürth 1980*: 206.

Gagliardi, Ernst; Nabholz, Hans, and Strohl, Jean, eds. *Die Universität Zürich 1833 1933 und ihre Vorläufer. Festschrift zur Jahrhundertfeier.* Zurich: Erziehungsdirektion, 1938.
Cited: **8** *Zürich Festschrift 1938*: 455n, 496n, 940n.

Galison, Peter. "Minkowski's Space-Time: From Visual Thinking to the Absolute World." *Historical Studies in the Physical Sciences* 10 (1979): 85–121.
Cited: **2** *Galison 1979*: 504. **3** *Galison 1979*: 449n.

———. *How Experiments End.* Chicago: University of Chicago Press, 1987.
Cited: **6** *Galison 1987*: 145, 146, 149, 232n. **8** *Galison 1987*: 64n, 198n. **9** *Galison 1987*: 7n, 17n. **10** *Galison 1987*: 503n.

Gans, Richard. "Zur Elektrodynamik in bewegten Medien." *Annalen der Physik* 16 (1905): 516–534.
Cited: **2** *Gans 1905*: 260.

———. "Über das Biot-Savartsche Gesetz." *Physikalische Zeitschrift* 12 (1911): 806–811.
Cited: **2** *Gans 1911*: 507. **3** *Gans 1911*: 257n.

Ganz, P., et al. *Die bauliche Entwicklung Zürichs in Einzeldarstellungen.* Part 2, *Festschrift zur Feier des fünfzigjährigen Bestehens des Eidg. Polytechnikums.* Zurich: Polygraphisches Institut und Zürcher & Furrer, 1905.
Cited: **1** *Ganz et al. 1905*: 60.

Garber, Elizabeth. "Some Reactions to Planck's Law, 1900–1914." *Studies in History and Philosophy of Science* 7 (1976): 89–126.
Cited: **2** *Garber 1976*: 144.

Garber, Elizabeth, Brush, Steven G., and Everitt, C. W. Francis, eds. *Maxwell on Heat and Statistical Mechanics: On "Avoiding All Personal Enquiries" of Molecules.* Bethlehem, Pa.: Lehigh University Press, 1995.
Cited: **9** *Garber et al. 1995*: 48n.

Gasman, Daniel. *The Scientific Origins of National Socialism: Social Darwinism in Ernst Haeckel and the German Monist League.* London: MacDonald, 1971.
Cited: **9** *Gasman 1971*.

———. *Haeckel's Monism and the Birth of Fascist Ideology.* New York: Lang, 1998.
Cited: **9** *Gasman 1998*: 348n, 358n.

Gauss, Karl Friedrich. "Intensitas vis magneticae terrestris ad mensuram absolutam revocata." *Göttingische gelehrte Anzeigen* 3 (1832): 2041–2058.
Cited: **1** *Gauss 1832*: 207n.

Gautschi, Willi. *Der Landesstreik 1918.* Zurich: Benziger, 1968.
Cited: **8** *Gautschi 1968*: 942n. **9** *Gautschi 1968*: 162n, 190n. **10** *Gautschi 1968*: 184n, 185n.

———. *Dokumente zum Landesstreik 1918.* Zurich: Benziger, 1971.
Cited: **8** *Gautschi 1971*: 942n. **10** *Gautschi 1971*: 184n.

———. *Dokumente zum Landesstreik 1918.* 2d rev. ed. Zurich: Chronos, 1988.
Cited: **9** *Gautschi 1988*: 162n, 190n.

Gavroglu, Kostas, and Goudaroulis, Yorgos. *Methodological Aspects of the Development of Low Temperature Physics, 1881–1956: Concepts Out of Context.* Dordrecht: Kluwer, 1989.
Cited: **10** *Gavroglu and Goudaroulis 1989*: 521n.

Gebele, Joseph. *Das Schulwesen der königl. bayer. Haupt- und Residenzstadt München in seiner geschichtlichen Entwicklung.* Munich: M. Kellerer, 1896.
Cited: **1** *Gebele 1896*: lvii, 341 .

———. *100 Jahre der Münchener Volksschule, anlässlich des 100-jährigen Jubiläums der Volksschule im Auftrage des Stadtmagistrates München verfasst.* Munich: C. Gerber, 1903.
Cited: **1** *Gebele 1903*: 221n.

Gehrcke, Ernst. "Bemerkungen über die Grenzen des Relativitätsprinzips." *Deutsche Physikalische Gesellschaft. Verhandlungen* 13 (1911): 665–669. Reprinted in *Kritik der Relativitätstheorie. Gesammelte Schriften über absolute und relative Bewegung*, pp. 1–4. Berlin: Meusser, 1924.
Cited: **7** *Gehrcke 1911a*: 102.

———. "Nochmals über die Grenzen des Relativitätsprinzips." *Deutsche Physikalische Gesellschaft. Verhandlungen* 13 (1911): 990–1000. Reprinted in *Kritik der Relativitätstheorie. Gesammelte Schriften über absolute und relative Bewegung*, pp. 4–11. Berlin: Meusser, 1924.
Cited: **7** *Gehrcke 1911b*: 102.

———. "Die gegen die Relativitätstheorie erhobenen Einwände." *Die Naturwissenschaften* 1 (1913): 62–66. Reprinted in *Kritik der Relativitätstheorie. Gesammelte Schriften über absolute und relative Bewegung*, pp. 20–28. Berlin: Meusser, 1924.
Cited: **7** *Gehrcke 1913*: 102. **8** *Gehrcke*

1913: 30n.

———. "Die erkenntnistheoretischen Grundlagen der verschiedenen physikalischen Relativitätstheorien." *Kant-Studien* 19 (1914): 481–487. Reprinted in *Kritik der Relativitätstheorie. Gesammelte Schriften über absolute und relative Bewegung*, pp. 36–40. Berlin: Meusser, 1924.
Cited: **7** *Gehrcke 1914*: 348n.

———. "Zur Kritik und Geschichte der neueren Gravitationstheorien." *Annalen der Physik* 51 (1916): 119–124. Reprinted in *Kritik der Relativitätstheorie. Gesammelte Schriften über absolute und relative Bewegung*, pp. 40–44. Berlin: Meusser, 1924.
Cited: **7** *Gehrcke 1916*: 103, 121n, 128n, 349n. **8** *Gehrcke 1916*: 345n, 439, 440n. **10** *Gehrcke 1916*: 64n.

———. "Über den Äther." *Deutsche Physikalische Gesellschaft. Verhandlungen* 20 (1918): 165–169. Reprinted in *Kritik der Relativitätstheorie. Gesammelte Schriften über absolute und relative Bewegung*, pp. 44–47. Berlin: Meusser, 1924.
Cited: **7** *Gehrcke 1918*: 104, 127–128n.

———. "Zur Diskussion über den Äther." *Deutsche Physikalische Gesellschaft. Verhandlungen* 21 (1919): 67–68. Reprinted in *Kritik der Relativitätstheorie. Gesammelte Schriften über absolute und relative Bewegung*, pp. 47–48. Berlin: Meusser, 1924.
Cited: **7** *Gehrcke 1919a*: 128n.

———. "Berichtigung zum Dialog über die Relativitätstheorien." *Die Naturwissenschaften* 7 (1919): 147–148. Reprinted in *Kritik der Relativitätstheorie. Gesammelte Schriften über absolute und relative Bewegung*, pp. 48–50. Berlin: Meusser, 1924.
Cited: **7** *Gehrcke 1919b*: 121n. **10** *Gehrcke 1919a*: 383n.

———. "Die Astrophysik in relativistischer Beleuchtung." *Zeitschrift für physikalischen und chemischen Unterricht* 32 (1919): 205–206.
Cited: **10** *Gehrcke 1919b*: 383n.

———. *Die Relativitätstheorie. Eine wissenschaftliche Massensuggestion, gemeinverständlich dargestellt*. Schriften aus dem Verlage der Arbeitsgemeinschaft deutscher Naturforscher zur Erhaltung reiner Wissenschaft e. V. Heft 1. Berlin: Arbeitsgemeinschaft deutscher Naturforscher zur Erhaltung reiner Wissenschaft e. V. /Köhler, 1920. Reprinted in *Kritik der Relativitätstheorie.*

Gesammelte Schriften über absolute und relative Bewegung, pp. 54–68. Berlin: Meusser, 1924.
Cited: **7** *Gehrcke 1920*: 106, 348n. **10** *Gehrcke 1920b*: 386n.

———. "Was beweisen die Beobachtungen über die Richtigkeit der Relativitätstheorie?" *Zeitschrift für technische Physik* 7 (1920): 123.
Cited: **10** *Gehrcke 1920a*: 383n.

———. "Zu Einsteins Antwort." *Deutsche Zeitung*, 1 September 1920.
Cited: **10** *Gehrcke 1920c*: 395n, 407n.

———. *Die Massensuggestion der Relativitätstheorie. Kulturhistorisch-psychologische Dokumente*. Berlin: Meusser, 1924.
Cited: **7** *Gehrcke 1924b*: 111.

———. *Kritik der Relativitätstheorie. Gesammelte Schriften über absolute und relative Bewegung*. Berlin: Meusser, 1924.
Cited: **7** *Gehrcke 1924a*: 103, 111.

Geiger, Walburga, Hodann, Max, Rotten, Elisabeth, and Schlesinger, Erich. *Lille: Beiträge zur Naturgeschichte des Krieges*. 2d rev. ed. Berlin: Engelmann, 1920.
Cited: **9** *Geiger et al. 1920*: liii, 55n, 356n, 422n, 483n. **10** *Geiger et al. 1920*: 212n.

Genovesi, Angelo. *Il carteggio tra Albert Einstein ed Edouard Guillaume*. Milan: Angeli, 2000.
Cited: **10** *Genovesi 2000*: 327n, 331n, 339n, 340n, 359n, 360n, 384n, 411n, 530n, 538n, 548n.

Georgiadu, Maria. *Constantin Carathéodory*. Berlin: Springer, 2003.
Cited: **9** *Georgiadu 2003*: 269n.

Gerber, Paul. "Die räumliche und zeitliche Ausbreitung der Gravitation." *Zeitschrift für Mathematik und Physik* 43 (1898): 93–104. Reprinted as "Die Fortpflanzungsgeschwindigkeit der Gravitation." *Annalen der Physik* 52 (1917): 415–441.
Cited: **7** *Gerber 1898*: 103, 121n, 349n. **8** *Gerber 1898*: 345n, 375n, 440n. **10** *Gerber 1898*: 64n.

———. *Die Fortpflanzungsgeschwindigkeit der Gravitation. Programmabhandlung des städtischen Realgymnasiums zu Stargard in Pommern*, 1902. Reprinted in *Annalen der Physik* 52 (1917): 415–441.
Cited: **7** *Gerber 1902*: 104, 349n. **10** *Gerber 1917*: 64n.

Gerhards, Karl. "Der mathematische Kern der Aussenweltshypothese." *Naturwissenschaften* 10 (1922): 446–453.

Cited: **10** *Gerhards 1922*: 577c.
Gerlach, Hellmut von. "Hakenkreuz, hurra hoch!" *Die Welt am Montag*, 30 August 1920.
Cited. **10** *Gerlach 1920*: 394n.
Geroch, Robert, and Horowitz, Gary. "Global Structure of Spacetimes." In *General Relativity: An Einstein Centenary Survey*, pp. 212–293. Hawking, Stephen, and Israel, Werner, eds. Cambridge: Cambridge University Press, 1979.
Cited: **6** *Geroch and Horowitz 1979*: 130n.
Gerstl, Max. *Die Münchener Räte-Republik*. Munich: Politische Zeitfragen, 1919.
Cited: **9** *Gerstl 1919*: 31n.
Ghosh, Jnanendra C. "The Abnormality of Strong Electrolytes. Part I. Electrical Conductivity of Aqueous Salt Solutions." *Journal of the Chemical Society* 113 (1918): 449–458.
Cited: **10** *Ghosh 1918a*: 575c.
———. "The Abnormality of Strong Electrolytes. Part II. The Electrical Conductivity of Non-aqueous Solutions." *Journal of the Chemical Society* 113 (1918): 627–638.
Cited: **10** *Ghosh 1918b*: 575c.
———. "The Abnormality of Strong Electrolytes. Part III. The Osmotic Pressure of Salt Solutions and Equilibrium between Electrolytes." *Journal of the Chemical Society* 113 (1918): 707–715.
Cited: **10** *Ghosh 1918c*: 575c.
Giammarco, Arturo. "Un caso di corrispondenza in termodinamica." *Nuovo Cimento* 5 (1903): 377–391.
Cited: **2** *Giammarco 1903*: 131–133, 133n.
Gibbs, Josiah Willard. "On the Equilibrium of Heterogeneous Substances." *Connecticut Academy of Arts and Sciences. Transactions* 3 (1876): 108–248.
Cited: **4** *Gibbs 1876*: 564n.
———. *Elementary Principles in Statistical Mechanics Developed with Especial Reference to the Rational Foundation of Thermodynamics*. New York: Scribner's Sons; London: Arnold, 1902.
Cited: **2** *Gibbs 1902*: 44, 47, 48, 49, 73n, 74n, 96n, 551n. **3** *Gibbs 1902*: 8, 244n, 245n, 315n, 554, 562n. **6** *Gibbs 1902*: 377n. **8** *Gibbs 1902*: 816n, 958n.
———. *Elementare Grundlagen der statistischen Mechanik*. Zermelo, Ernst, trans. Leipzig: Barth, 1905.
Cited: **2** *Gibbs 1905*: 44, 49, 551n. **3** *Gibbs 1905*: 8, 244n, 245n, 315n. **6** *Gibbs 1905*: 377n.
Gillispie, Charles C., ed. *Dictionary of Scientific Biography*. 16 vols. New York: Scribner's Sons, 1970–1980.
Cited: **2** *Gillispie 1970–1980*. **3** *Gillispie 1970–1980*.
Ginossar (Ginzberg), Shlomo. "Early Days." In *The Hebrew University of Jerusalem, 1925–1950*, pp. 71–74. Jerusalem: Goldberg's Press, 1949.
Cited: **7** *Ginossar 1949*: 234.
Gittermann, Valentin. *Geschichte der Schweiz*. Thayngen: Augustin, 1941.
Cited: **8** *Gittermann 1941*: 852n. **10** *Gittermann 1941*: 186n.
Glaser, Ludwig. "Zur Erörterung über die Relativitätstheorie. Entgegnung an Herrn Professor Dr. M. v. Laue." *Tägliche Rundschau*, 14 August 1920, Evening Edition. Republished in *Weyland 1920c*, pp. 29–30.
Cited: **10** *Glaser 1920*: 383n.
Glasstone, Samuel. *Textbook of Physical Chemistry*. 2d ed. New York: Van Nostrand, 1946.
Cited: **4** *Glasstone 1946*: 113.
Glick, Thomas F., ed. *The Comparative Reception of Relativity*. Boston: Reidel, 1987.
Cited: **2** *Glick 1987*: 268.
———. *Einstein in Spain: Relativity and the Recovery of Science*. Princeton: Princeton University Press, 1988.
Cited: **10** *Glick 1988*: 444n.
Glitscher, Karl. "Spektroskopischer Vergleich zwischen den Theorien des starren und des deformierbaren Elektrons." *Annalen der Physik* 52 (1917): 608–630.
Cited: **2** *Glitscher 1917*: 272. **7** *Glitscher 1917*: 572n. **8** *Glitscher 1917*: 914n.
Gödel, Kurt. "An Example of a New Type of Cosmological Solutions of Einstein's Field Equations of Gravitation." *Reviews of Modern Physics* 21 (1949): 447–450.
Cited: **6** *Gödel 1949*: 130n.
Goenner, Hubert. "Local Isometric Embedding of Riemannian Manifolds and Einstein's Theory of Gravitation." In *General Relativity and Gravitation: One Hundred Years after the Birth of Albert Einstein*. Vol. 1, pp. 441–468. Held, Alan, ed. New York: Plenum Press, 1980.
Cited: **9** *Goenner 1980*: 456n.
———. "The Reaction to Relativity Theory. I: The Anti-Einstein Campaign in Germany in 1920." *Science in Context* 6 (1993): 107–133.
Cited: **7** *Goenner 1993*: 101–102, 109, 348n,

357n. **10** *Goenner 1993*: l, 64n, 383n, 386n, 388n, 389n, 418n.

———. "Weyl's Contribution to Cosmology." In *Hermann Weyl's Raum–Zeit–Materie and a General Introduction to His Scientific Work*, pp. 105–137. Scholz, Erhard, ed. Basel: Birkhäuser, 2001
Cited: **7** *Goenner 2001*: 49n.

———. "On the History of Unified Field Theories." *Living Reviews in Relativity* 7 (2004), no. 2. [Online article]: published 13 February 2004, http://www.livingreviews.org/lrr-2004-2.
Cited: **9** *Goenner 2004*: 40n.

———. *Einstein in Berlin*. Munich: Beck, 2005.
Cited: **10** *Goenner 2005*: 388n.

Goenner, Hubert, and Castagnetti, Giuseppe. "Albert Einstein as Pacifist and Democrat during World War I." *Science in Context* 9 (1996): 325–386.
Cited: **9** *Goenner and Castagnetti 1996*: liii, 384n, 476n.

Goenner, Hubert, Renn, Jürgen, Ritter, Jim, and Sauer, Tilman. *The Expanding Worlds of General Relativity*. Boston: Birkhäuser, 1999.
Cited: **7** *Goenner et al. 1999*. **9** *Goenner et al. 1999*. **10** *Goenner et al. 1999*.

Goldberg, Stanley. "The Early Response to Einstein's Theory of Relativity, 1905–1911: A Case Study in National Differences." Ph.D. dissertation, Harvard University, 1968.
Cited: **5** *Goldberg 1968*: 50n, 79n, 135n.

———. "Max Planck's Philosophy of Nature and His Elaboration of the Special Theory of Relativity." *Historical Studies in the Physical Sciences* 7 (1976): 125–160.
Cited: **4** *Goldberg 1976*: 564n. **5** *Goldberg 1976*: 40n, 50n, 79n.

———. "Albert Einstein and the Creative Act: The Case of Special Relativity." In *Springs of Scientific Creativity: Essays on Founders of Modern Science*, pp. 232–253. Rutherford, Aris H., Davis, Ted, and Stuewer, Roger H., eds. Minneapolis: University of Minnesota Press, 1983.
Cited: **2** *Goldberg 1983*: 265.

———. *Understanding Relativity: Origin and Impact of a Scientific Revolution*. Boston: Birkhäuser, 1984.
Cited: **2** *Goldberg 1984*: xxxiii, 268.

Goldscheid, Rudolf. *Reine Vernunft und Staatsvernunft*. Leipzig, Vienna: Anzengruber-Verlag Brüder Suschitzky, 1918.
Cited: **8** *Goldscheid 1918*: 837n, 847n, 872n.

———. *Grundfragen des Menschenschicksals: Gesammelte Aufsätze*. Leipzig, Vienna: Tal, 1919.
Cited: **10** *Goldscheid 1919*: 523n.

Goldschmidt, Robert, de Broglie, Maurice, and Lindemann, Frederick A., eds. *La structure de la matière. Rapports et discussions du Conseil de Physique tenu à Bruxelles du 27 au 31 octobre 1913, sous les auspices de l'Institut International de Physique Solvay*. Paris: Gauthier-Villars, 1921.
Cited: **3** *Rapports 1921*. **4** *Rapports 1921*: 559n. **5** *Rapports 1921*. **6** *Rapports 1921*. **8** *Rapports 1921*: 157n.

Goldstein, E. "Über zweifache Linienspektra chemischer Elemente." *Deutsche Physikalische Gesellschaft. Verhandlungen* (1907): 321–332.
Cited: **9** *Goldstein 1907*: 20n.

Goldstein, Herbert. *Classical Mechanics*. Cambridge, Mass.: Addison-Wesley, 1950.
Cited: **4** *Goldstein 1950*.

———. *Classical Mechanics*. 2d ed. Reading, Mass.: Addison-Wesley, 1980.
Cited: **6** *Goldstein 1980*: 567n.

Gomperz, Heinrich. *Weltanschauungslehre. Ein Versuch, die Hauptprobleme der allgemeinen theoretischen Philosophie geschichtlich zu entwickeln und sachlich zu bearbeiten*. 2 vols. Jena: Diederichs, 1905.
Cited: **8** *Gomperz 1905–1908*.

Gomperz, Theodor. *Griechische Denker. Eine Geschichte der antiken Philosophie*. 2d ed. 2 vols. Leipzig: Veit, 1903.
Cited: **5** *Gomperz 1903*: 19n.

Goodstein, Judith R. "The Italian Mathematicians of Relativity." *Centaurus* 26 (1983): 241–261.
Cited: **7** *Goodstein 1983*: 28n.

Goos, Fritz. "Über eine Neukonstruktion des registrierenden Mikrophotometers." *Zeitschrift für Instrumentenkunde* 31 (1921): 313–324.
Cited: **10** *Goos 1921*: 316n.

Gottschalk, Adolf. *Englischer Lehrgang für Volkshochschulen u. zum Selbstunterricht*. Leipzig: Neumann, 1920.
Cited: **10** *Gottschalk 1920*: 260n.

Gouy, Louis-Georges. "Note sur le mouvement brownien." *Journal de physique théorique et appliquée* 7 (1888): 561–564.
Cited: **2** *Gouy 1888*: 209n, 211, 334, 344n. **5** *Gouy 1888*: 44n.

Grabowsky, Adolf, and Koch, Walter, eds. *Die*

freideutsche Jugendbewegung. Ursprung und Zukunft. Gotha: Perthes, 1920.
Cited: **9** *Grabowsky and Koch 1920*: 34n.

Graetz, Leo. "Verflüssigung von Gasen." In *Handbuch der Physik.* Vol. 2, part 2, *Wärme,* pp. 681–697. Winkelmann, Adolph, ed. Breslau: Trewendt, 1896.
Cited: **1** *Graetz 1896*: 141n.

———. "Elektrisiermaschinen und ähnliche Apparate." In *Handbuch der Physik.* 2d ed. Vol. 4, *Elektrizität und Magnetismus I,* pp. 48–58. Winkelmann, Adolph, ed. Leipzig: Barth, 1905.
Cited: **3** *Graetz 1905a*: 398n. **5** *Graetz 1905*: 55n.

———. "Elektroskope und Elektrometer. Elektrostatische Messungen." In *Handbuch der Physik.* 2d ed. Vol. 4, *Elektrizität und Magnetismus I,* pp. 58–76. Winkelmann, Adolph, ed. Leipzig: Barth, 1905.
Cited: **3** *Graetz 1905b*: 397n.

———. "Wärmestrahlung." In *Handbuch der Physik.* 2d ed. Vol. 3, *Wärme,* pp. 241–435. Leipzig: Barth, 1906.
Cited: **2** *Graetz 1906*: 167n.

———, ed. *Handbuch der Elektrizität und des Magnetismus.* 5 vols. Leipzig: Barth, 1912–1928.
Cited: **5** *Graetz 1912–1928*: 264n.

———, ed. *Handbuch der Elektrizität und des Magnetismus.* Vol. 1, *Elektrizitätserregung und Elektrostatik.* Leipzig: Barth, 1918.
Cited: **2** *Graetz 1918.*

Graham, Frank D. *Exchange, Prices, and Production in Hyperinflation: Germany, 1920–1923.* New York: Russell and Russell, 1967.
Cited: **9** *Graham 1967*: 91n.

Grammel, Richard. "Zur relativitätstheoretischen Elektrodynamik bewegter Körper." *Annalen der Physik* 41 (1913): 570–580.
Cited: **2** *Grammel 1913*: 507.

Grand Orient de Belgique, ed. *La Franc-Maçonnerie Belge et les Loges Allemandes. Appel du Sénateur Charles Magnette à la Franc-Maçonnerie Allemande; Réponses des Loges Allemandes; Riposte du F. Ch. Magnette.* [Brussels]: [Secrétariat du Grand Orient], 1914.
Cited: **9** *Grand Orient 1914*: 55n.

———. *Charles Magnette, Grand Maitre National de la Maçonnerie Belge. Pendant l'occupation allemande 1914–1918.* Brussels: Secrétariat du Grand Orient, 1920.
Cited: **9** *Grand Orient 1920*: 55n.

Grappin, Pierre. *Le Bund Neues Vaterland (1914–1916). Ses rapports avec Romain Rolland.* Lyon: IAC, 1952.
Cited: **8** *Grappin 1952*: 93n, 343n.

Grassmann, Hermann. *Die Ausdehnungslehre.* Berlin: Enslin, 1862.
Cited: **5** *Grassmann 1862*: 296n, 533n.

Grau, Kurt Joachim. *Grundriss der Logik.* Leipzig and Berlin: Teubner, 1918.
Cited: **10** *Grau 1918*: 390n.

Grebe, Leonhard. "Über die Gravitationsverschiebung der Fraunhoferschen Linien." *Physikalische Zeitschrift* 21 (1920): 662–666.
Cited: **10** *Grebe 1920*: 410n.

Grebe, Leonhard, and Bachem, Albert. "Über den Einsteineffekt im Gravitationsfeld der Sonne." *Deutsche Physikalische Gesellschaft. Verhandlungen* 21 (1919): 454–464.
Cited: **7** *Grebe and Bachem 1919*: 281n, 349n. **9** *Grebe and Bachem 1919*: 87n, 296n, 325n, 336n. **10** *Grebe and Bachem 1919*: 251n, 252n.

———. "Die Einsteinsche Gravitationsverschiebung im Sonnenspektrum der Stickstoffbande λ= 3883 A E." *Zeitschrift für Physik* 2 (1920): 415–422.
Cited: **7** *Grebe and Bachem 1920b*: 281n, 349n. **10** *Grebe and Bachem 1920b*: 316n, 337n, 349n, 365n, 372n, 413n.

———. "Über die Einsteinverschiebung im Gravitationsfeld der Sonne." *Zeitschrift für Physik* 1 (1920): 51–54.
Cited: **7** *Grebe and Bachem 1920a*: 281n, 349n. **9** *Grebe and Bachem 1920*: 325n, 328n, 330n, 336n, 402n, 458n, 472n, 479n, 482n, 499n. **10** *Grebe and Bachem 1920a*: 251n, 337n, 372n.

Greenberg, Louis. *The Jews in Russia: The Struggle for Emancipation.* 2 vols. in one. Vol. 2, *1881–1917.* New Haven: Yale University Press, 1965.
Cited: **7** *Greenberg 1965*: 429n.

[Grelling, Richard.] *J'accuse!* Anton Suter, ed. Lausanne: Payot, 1915.
Cited: **8** *Grelling 1915*: 135n.

Groh, Dieter. "Der Umsturz von 1918 im Erlebnis der Zeitgenossen." In *Zeitgeist der Weimarer Republik,* pp. 7–32. Schoeps, Hans Joachim, ed. Stuttgart: Klett, 1968.
Cited: **8** *Groh 1968*: 944n.

Grommer, Jakob. *Ganze transzendente Funktionen mit lauter reellen Nullstellen.* Berlin: Reimer, 1914.
Cited: **8** *Grommer 1914*: 485n.

———. "Beitrag zum Energiesatz in der allgemeinen Relativitätstheorie." *Preußische Akademie der Wissenschaften* (Berlin). *Sitzungsberichte* (1919): 860–862.
Cited: **7** *Grommer 1919*: 77n. **9** *Grommer 1919*: 102n.

Groos, Karl. *Die Spiele der Thiere*. Jena: Fischer, 1896.
Cited: **8** *Groos 1896*: 889n.

Grossmann, Marcel. "Die fundamentalen Konstruktionen der nichteuklidischen Geometrie." [Supplement to]: *Programm der Thurgauischen Kantonsschule für das Schuljahr 1903/04*. Frauenfeld: Huber & Co., 1904.
Cited: **5** *Grossmann 1904*: 26n.

———. "Mathematische Begriffsbildung zur Gravitationstheorie." *Naturforschende Gesellschaft in Zürich. Vierteljahrsschrift* 58 (1913): 291–297.
Cited: **4** *Grossmann 1913*: 296, 485n, 502n.

———. "Mise au point mathématique." *Archives des ciences physiques et naturelles* 2 (1920): 497–499.
Cited: **10** *Grossmann 1920*: lii, 430n, 493n, 538n.

Grünbaum, Fritz. "Bemerkungen über die Grenzen des Relativitätsprinzips." *Deutsche Physikalische Gesellschaft. Verhandlungen* 13 (1911): 851–865.
Cited: **7** *Grünbaum 1911*: 102.

Grundmann, Herbert. *Gebhardt. Handbuch der Deutschen Geschichte*. 9th rev. ed. Vol. 4, part 1. Stuttgart: Union, 1973.
Cited: **8** *Grundmann 1973*: 944n, 965n. **10** *Grundmann 1973*: 123n.

Grundmann, Siegfried. *Einsteins Akte*. Heidelberg: Springer, 1998.
Cited: **7** *Grundmann 1998*: 106, 334n. **9** *Grundmann 1998*: 275n. **10** *Grundmann, S. 1998*: 416n.

Grüneisen, Eduard. "1. Die elastischen Konstanten der Metalle bei kleinen Deformationen. II. Torsionsmodul, Verhältnis von Querkontraktion zu Längsdilatation und kubische Kompressibilität." *Annalen der Physik* 25 (1908): 825–851.
Cited: **3** *Grüneisen 1908*: 412, 414n, 471, 476n.

———. "Zur Theorie einatomiger fester Körper." Reprinted in *Physikalische Zeitschrift* 12 (1911): 1023–1028.
Cited: **5** *Grüneisen 1911*: 415n.

———. "Théorie moléculaire des corps solides." In *La structure de la matière. Rapports et discussions du Conseil de Physique tenu à Bruxelles du 27 au 31 octobre 1913, sous les auspices de l'Institut International de Physique Solvay*, pp. 243–280. Goldschmidt, Robert, de Broglie, Maurice, and Lindemann, Frederick A., eds. Paris: Gauthier-Villars, 1921.
Cited: **3** *Grüneisen 1921*: 513n. **4** *Grüneisen 1921*: 554n. **5** *Grüneisen 1921*. **6** *Grüneisen 1921*.

Grüneisen, Eduard, and Goens, Erich. "Schallgeschwindigkeit in Stickstofftetroxyd. Eine untere Grenze seiner Dissoziationsgeschwindigkeit." *Annalen der Physik* 72 (1923): 193–220.
Cited: **7** *Grüneisen and Goens 1923*: 331n.

Grüneisen, Eduard, et al. "Discussion" following **3** *Grüneisen 1921*/ **4** *Grüneisen 1921*/ **5** *Grüneisen 1921*/ **6** *Grüneisen 1921*. In *La structure de la matière. Rapports et discussions du Conseil de Physique tenu à Bruxelles du 27 au 31 octobre 1913, sous les auspices de l'Institut International de Physique Solvay*, pp. 281–301. Goldschmidt, Robert, de Broglie, Maurice, and Lindemann, Frederick A., eds. Paris: Gauthier-Villars, 1921.
Cited: **3** *Grüneisen et al. 1921*: 513n. **4** *Grüneisen et al. 1921*: 554n, 555n. **5** *Grüneisen et al. 1921*: 419n. **6** *Grüneisen et al. 1921*: 39n.

Gruner, Paul. "Über eine Erweiterung der Lorentzschen Elektronentheorie der Metalle." *Deutsche Physikalische Gesellschaft. Verhandlungen* 10 (1908): 509–536.
Cited: **5** *Gruner 1908*: 147n.

———. "Über die Bewegung der freien Elektronen in den Metallen." *Physikalische Zeitschrift* 10 (1909): 48–51.
Cited: **5** *Gruner 1909*: 147n.

Guggenbühl, Gottfried. "Geschichte der Eidgenössischen Technischen Hochschule in Zürich." In *Eidgenössische Technische Hochschule, 1855–1955—École polytechnique fédérale, 1855–1955*, pp. 1–257. Zurich: Buchverlag der Neuen Zürcher Zeitung, 1955.
Cited: **1** *Guggenbühl 1955*. **2** *Guggenbühl 1955*: 174. **5** *Guggenbühl 1955*: 333n. **9** *Guggenbühl 1955*.

Guillaume, Edouard. "Sur la vitesse de la lumière." *Archives des sciences physiques et naturelles* 37 (1914): 256–257.
Cited: **6** *Guillaume 1914*: 67n.

———. "Les bases de la physique moderne." *Archives des sciences physiques et naturelles*

43 (1917): 5–21, 89–112, 185–198.
Cited: **8** *Guillaume 1917a*: 524n, 526n.

———. "Sur la possibilité d'exprimer la théorie de la relativité en fonction du temps et des longueurs universels." *Archives des sciences physiques et naturelles* 44 (1917): 48–52.
Cited: **8** *Guillaume 1917b*: 524n, 526n.

———. "Displacement of Solar Lines and the Einstein Effect." *The Observatory* 43 (1920): 227–228.
Cited: **10** *Guillaume 1920c*: lii, 332n.

———. "Displacement of Solar Lines and the Einstein Effect." *The Observatory* 43 (1920): 288–290.
Cited: **10** *Guillaume 1920d*: lii, 332n.

———. "Représentation et mesure du temps." *Archives des sciences physiques et naturelles* 2 (1920): 125–146.
Cited: **9** *Guillaume 1920*: liii, 381n, 412n, 433n, 450n, 537n. **10** *Guillaume 1920a*: 264n, 327n, 331n, 586c.

———. "Sur l'impossibilité de considérer comme des périodes les paramètres représentant le temps dans la théorie de la relativité. Application au déplacement des raies solaires." *Archives des sciences physiques et naturelles* 2 (1920): 248–250.
Cited: **10** *Guillaume 1920b*: 327n, 331n, 360n, 421n, 538n.

———. "Expression mono et polyparamétrique du temps dans la théorie de la relativité." In *Comptes rendus du Congrès International des Mathématiciens (Strasbourg, 22–30 septembre 1920)*, pp. 594–602. Villat, Henri, ed. Toulouse, 1921.
Cited: **10** *Guillaume 1921*: 538n.

Guillaume, Edouard, and Willigens, Charles. "Sur l'introduction du temps universel dans la théorie de la gravitation." *Archives des sciences physiques et naturelles* 2 (1920): 253–254.
Cited: **10** *Guillaume and Willigens 1920*: 421n, 538n.

Gulick, Charles A. *Austria from Habsburg to Hitler*. Berkeley: University of California Press, 1948.
Cited: **9** *Gulick 1948*: 496n.

Gülzow, Erwin. "Der Bund 'Neues Vaterland'. Probleme der bürgerlich-pazifistischen Demokratie im ersten Weltkrieg (1914–1918)." Doctoral dissertation, Humboldt University, 1969.
Cited: **8** *Gülzow 1969*: liii, 210n, 342n, 343n.

Gumbel, Emil J. *Zwei Jahre Mord*. Berlin: Neues Vaterland, 1921.
Cited: **9** *Gumbel 1921*: 488n, 499n. **10** *Gumbel 1921*: 451n.

———. *Vier Jahre politischer Mord*. Berlin-Fichtenau: Verlag der Neuen Gesellschaft, 1922.
Cited: **9** *Gumbel 1922*: 488n, 499n. **10** *Gumbel 1922*: 451n.

Günther, Ludwig. "Die wissenschaftlichen Grundlagen der Photographie." *Die Umschau* 13 (1909): 894–897.
Cited: **5** *Günther 1909*: 214n, 219n.

Günther, Paul. "Über die innere Reibung des Wasserstoffs bei tiefen Temperaturen." *Preußische Akademie der Wissenschaften* (Berlin). *Sitzungsberichte* (1920): 720–726.
Cited: **10** *Günther 1920*: 500n.

Gutzwiller, Martin C. *Chaos in Classical and Quantum Mechanics*. New York: Springer, 1990.
Cited: **6** *Gutzwiller 1990*: xxv, 567n.

Guye, Charles-Eugène, and Lavanchy, Charles. "Vérification expérimentale de la formule de Lorentz–Einstein par les rayons cathodiques de grand vitesse." *Académie des sciences* (Paris). *Comptes rendus* 164 (1915): 52–55.
Cited: **8** *Guye and Lavanchy 1915*: 909n.

———. "Vérification expérimentale de la formule de Lorentz-Einstein par les rayons cathodiques de grand vitesse." *Archives des sciences physiques et naturelles* 42 (1916): 286–299, 353–373, 441–448.
Cited: **2** *Guye and Lavanchy 1916*: 272. **7** *Guye and Lavanchy 1916*: 572n. **8** *Guye and Lavanchy 1916*: 815n, 914n. **9** *Guye and Lavanchy 1916*: 355n, 373n, 406n.

Guye, Charles-Eugène, and Ratnowsky, Simon. "Sur la variation de l'inertie de l'électron en fonction de la vitesse dans les rayons cathodiques et sur le principe de relativité." *Académie des sciences* (Paris). *Comptes rendus* 150 (1910): 326–329.
Cited: **8** *Guye and Ratnowsky 1910*: 815n, 909n. **9** *Guye and Lavanchy 1910*.

Guyou, Emile. "Note relative à la communication de M. Marey." *Académie des sciences* (Paris). *Comptes rendus* 119 (1894): 717–718.
Cited: **3** *Guyou 1894*: 127n.

Haas, Ludwig. "Der 'Wilson-Frieden'." *Berliner Tageblatt*, 9 May 1919, Morning Edition
Cited: **9** *Haas 1919*: 64n.

Habberton, John. *Andrer Leute Kinder, oder, Bob und Teddi in der Fremde*. Leipzig:

Reclam, 1886.
Cited: **10** *Habberton 1886*: 464n.

Haber, Charlotte. *Mein Leben mit Fritz Haber. Spiegelungen der Vergangenheit.* Düsseldorf: Econ, 1970.
Cited: **9** *Haber, Ch. 1970*: 124n.

Haber, Fritz. "Über feste Elektrolyte, ihre Zersetzung durch den Strom und ihr elektromotorisches Verhalten in galvanischen Ketten." *Annalen der Physik* 26 (1908): 927–973.
Cited: **3** *Haber 1908*: 576.

——. "Elektronenemission bei den chemischen Reaktionen." In *Verhandlungen der Gesellschaft Deutscher Naturforscher und Ärzte. 83. Versammlung zu Karlsruhe, 24.–29. September 1911.* Part 1, pp. 215–229. Witting, Alexander, ed. Leipzig: Vogel, 1911.
Cited: **5** *Haber 1911a*: 378n.

——. "Über den festen Körper sowie über den Zusammenhang ultravioletter und ultraroter Eigenwellenlängen im Absorptionsspektrum fester Stoffe und seine Benutzung zur Verknüpfung der Bildungswärme mit der Quantentheorie." In *Deutsche Physikalische Gesellschaft. Verhandlungen* 13 (1911): 1117–1136.
Cited: **5** *Haber 1911b*: 353n, 378n, 379n, 418n.

——. "Beitrag zur Kenntnis der Metalle." *Preußische Akademie der Wissenschaften* (Berlin). *Sitzungsberichte* (1919): 506–518.
Cited: **9** *Haber, F. 1919*: 86n.

Haberer, Erich. "Cosmopolitanism, Antisemitism and Populism: A Reappraisal of the Russian and Jewish Response to the Pogroms of 1881–1882." In *Pogroms: Anti-Jewish Violence in Modern Russian History*, pp. 98–134. Klier, John D., and Lambroza, Schlomo, eds. Cambridge: Cambridge University Press, 1992.
Cited: **7** *Haberer 1992*: 429n.

Habicht, Conrad, and Habicht, Paul. "Elektrostatischer Potentialmultiplikator nach A. Einstein." *Physikalische Zeitschrift* 11 (1910): 532–535.
Cited: **2** *Habicht and Habicht 1910*: 222, 492n. **5** *Habicht and Habicht 1910*: 55n, 231n.

Habicht, Paul. "Essai de démonstration avec le multiplicateur de potentiel d'après Einstein." *Archives des sciences physiques et naturelles* 33 (1912): 258–259.
Cited: **5** *Habicht, P. 1912*: 438n.

Hackmann, W. D. *Electricity from Glass: The History of the Frictional Electrical Machine 1600–1850.* Alphen aan den Rijn: Sijthoff & Noordhoff, 1978.
Cited: **5** *Hackmann 1978*: 55n.

Haeckel, Ernst. *Die Welträtsel. Gemeinverständliche Studien über Monistische Philosophie.* Leipzig: Kröner, 1908.
Cited: **9** *Haeckel 1908*: 348n.

Haga, Herman, and Wind, Cornelis Harm. "Die Beugung von Röntgenstrahlen." *Annalen der Physik* 68 (1899): 884–895.
Cited: **7** *Haga and Wind 1899*: 53n. **8** *Haga and Wind 1899*: 874n.

Hagenbach, August, and Konen, Heinrich. *Atlas der Emissionsspektren der meisten Elemente, nach photographischen Aufnahmen.* Jena: Fischer, 1905.
Cited: **5** *Hagenbach and Konen 1905*: 129n.

Hager, Hermann, et al. *Hagers Handbuch der pharmazeutischen Praxis. Für Apotheker, Ärzte, Drogisten, und Medizinalbeamte.* 2 vols. Berlin: Springer, 1910.
Cited: **10** *Hager 1910*: 139n.

Hahlweg, Werner, ed. *Lenins Rückkehr nach Russland, 1917. Die deutschen Akten.* Leiden: Brill, 1957.
Cited: **10** *Hahlweg 1957*: 184n.

Hale, George E. "Preliminary Results of an Attempt to Detect the General Magnetic Field of the Sun." *Astrophysical Journal* 38 (1913): 27–98.
Cited: **5** *Hale 1913*: 567n.

Hale, George E., and Adams, Walter S. "Photography of the 'Flash' Spectrum without an Eclipse." *Astrophysical Journal* 30 (1909): 222–230.
Cited: **5** *Hale and Adams 1909*: 329n, 330n.

Haller, Rudolf, and Stadler, Friedrich, eds. *Ernst Mach: Werk und Wirkung.* Vienna: Hölder-Pichler-Tempsky, 1988.
Cited: **6** *Haller and Stadler 1988*.

Halm, Jacob. "Über eine bisher unbekannte Verschiebung der Fraunhoferschen Linien des Sonnenspektrums." *Astronomische Nachrichten* 173 (1907): cols. 273–288.
Cited: **5** *Halm 1907*: 323n.

Halperin, William S. *Germany Tried Democracy.* Norton: New York, 1946.
Cited: **9** *Halperin 1946*: 389n.

Halpern, Ben. *A Clash of Heroes: Brandeis, Weizmann, and American Zionism.* New York: Oxford University Press, 1987.
Cited: **7** *Halpern 1987*: 234.

Hamburger, Margarete. *Das Form-Problem in*

der neueren deutschen Ästhetik und Kunsttheorie. Heidelberg: Winter, 1915.
Cited: **8** *Hamburger 1915*: 723n, 1024c.

Hamel, Georg. "Zur Einsteinschen Gravitationstheorie." *Berliner Mathematische Gesellschaft. Sitzungsberichte* (1920): 65–73.
Cited: **9** *Hamel 1920*: 456n.

Hamp, Pierre. *Les chercheurs d'or.* Paris: Éditions de la Nouvelle revue française, 1920.
Cited: **9** *Hamp 1920*: 496n.

Hansen, Adolf. *Goethes Metamorphose der Pflanzen. Geschichte zu einer botanischen Hypothese.* Giessen: Töpelmann, 1907.
Cited: **8** *Hansen 1907*: 889n.

Harman, Peter M. *Energy, Force, and Matter: The Conceptual Development of Nineteenth-Century Physics.* Cambridge: Cambridge University Press, 1982.
Cited: **4** *Harman 1982*: 534n. **6** *Harman 1982*: 170n, 189n.

———. *The Natural Philosophy of James Clerk Maxwell.* Cambridge: Cambridge University Press, 1998.
Cited: **7** *Harman 1998*: 279n.

Harress, Franz. *Die Geschwindigkeit des Lichtes in bewegten Körpern.* Erfurt: Ohlenrothsche Buchdruckerei Georg Richters, [1912].
Cited: **6** *Harress 1912*: 28n. **9** *Harress 1912*: 209n.

Harris, Brayton. *The Navy Times Book of Submarines: A Political, Social, and Military History.* New York: Berkley Books, 1997.
Cited: **9** *Harris 1997*: 238n.

Harrison, Frederic. "The Theory of Space: Practical Certainty and Relative Truth." *The Times* (London), 21 November 1919.
Cited: **9** *Harrison 1919*: 245n.

Hartmann, Eduard. "Einsteins allgemeine Relativitätstheorie." *Philosophisches Jahrbuch der Görresgesellschaft* [Fulda] 30 (1917): 363–387.
Cited: **8** *Hartmann 1917b*: 440n.

———. "Raum und Zeit im Lichte der neuesten physikalischen Theorien." *Philosophisches Jahrbuch der Görresgesellschaft* [Fulda] 30 (1917): 1–24.
Cited: **8** *Hartmann 1917a*: 440n.

Hartmann, Johannes F. "Investigations of the Spectrum and Orbit of Delta Orionis." *Astrophysical Journal* 19 (1904): 268–286.
Cited: **9** *Hartmann 1904*: 27n.

Harzer, Paul. *Die Sterne und der Raum.* Kiel: Lipsius & Tischer, 1908.
Cited: **8** *Harzer 1908*: 394n, 898n.

———. "Bemerkungen zu meinem Artikel in Nr. 4748 im Zusammenhange mit den vorstehenden Bemerkungen des Herrn Einstein." *Astronomische Nachrichten* 199 (1914): cols. 9–12.
Cited: **6** *Harzer 1914b*: 43n. **9** *Harzer 1914b*: 209n.

———. "Über die Mitführung des Lichtes in Glas und die Aberration." *Astronomische Nachrichten* 198 (1914): cols. 377–392.
Cited: **6** *Harzer 1914a*: 26, 28n, 43n. **9** *Harzer 1914a*: 209n.

Hasenclever, Walter. *Jenseits. Drama in 5 Akten.* Berlin: Rowohlt, 1920.
Cited: **9** *Hasenclever 1920*: 610c.

Hasenöhrl, Fritz. "Zur Theorie der Strahlung in bewegten Körpern." *Annalen der Physik* 15 (1904): 344–370.
Cited: **2** *Hasenöhrl 1904*: 260, 269, 590n.

———. "Zur Theorie der Strahlung in bewegten Körpern. Berichtigung." *Annalen der Physik* 16 (1905): 589–592.
Cited: **2** *Hasenöhrl 1905*: 269.

———. "Zur Thermodynamik bewegter Systeme." *Kaiserliche Akademie der Wissenschaften* (Vienna). *Mathematisch-naturwissenschaftliche Klasse. Abteilung IIa. Sitzungsberichte* (1907): 1391–1405.
Cited: **5** *Hasenöhrl 1907*: 107n.

———. "Bericht über die Trägheit der Energie." *Jahrbuch der Radioaktivität und Elektronik* 6 (1909): 485–502.
Cited: **2** *Hasenöhrl 1909b*: 269.

———. "Über die Umwandlung kinetischer Energie in Strahlung." *Physikalische Zeitschrift* 10 (1909): 829–830.
Cited: **2** *Hasenöhrl 1909a*: 588–589, 590n.

———. "Über den Widerstand, welchen die Bewegung kleiner Körperchen in einem mit Hohlraumstrahlung erfüllten Raume erleidet." *Kaiserliche Akademie der Wissenschaften* (Vienna). *Mathematisch-naturwissenschaftliche Klasse. Sitzungsberichte* 119 (1910): 1327–1349.
Cited: **2** *Hasenöhrl 1910*: 590n.

———. "Die Erhaltung der Energie und die Vermehrung der Entropie." In *Die Kultur der Gegenwart. Ihre Entwicklung und ihre Ziele.* Hinneberg, Paul, ed. Part 3, sec. 3, vol. 1, *Physik,* pp. 661–691. Warburg, Emil, ed. Leipzig: Teubner, 1915.
Cited: **4** *Hasenöhrl 1915*: 534n.

Hasse, Max. *A. Einsteins Relativitätslehre.* 2d ed. Magdeburg: Private author printing,

ca. 1920.
Cited: **9** *Hasse 1920*: 593c. **10** *Hasse 1920*: 461n.

Hauptmann, Gerhart. *Hannele. Traumdichtung in zwei Teilen.* Berlin: Fischer, 1894. 5th ed. of 1897 entitled: *Hanneles Himmelfahrt. Traumdichtung in zwei Teilen.*
Cited: **1** *Hauptmann 1894*: 56n.

Havas, Peter. "The Early History of the 'Problem of Motion' in General Relativity." In *Einstein and the History of General Relativity*, pp. 234–276. Howard, Don, and Stachel, John, eds. Boston: Birkhäuser, 1989.
Cited: **7** *Havas 1989*: 457n. **8** *Havas 1989*: 420n.

———. "The General-Relativistic Two-Body Problem and the Einstein–Silberstein Controversy." In *The Attraction of Gravitation: New Studies in the History of General Relativity*, pp. 88–125. Earman, John, Janssen, Michel, and Norton, John D., eds. Boston: Birkhäuser, 1993.
Cited: **7** *Havas 1993*: 457n. **9** *Havas 1993*: 245n.

———. "Einstein, Relativity and Gravitation Research in Vienna before 1938." In *The Expanding Worlds of General Relativity*, pp. 161–206. Goenner, Hubert, Renn, Jürgen, Ritter, Jim, and Sauer, Tilman, eds. Boston: Birkhäuser, 1999.
Cited: **7** *Havas 1999*: 101. **9** *Havas 1999*: 437n.

Hawking, Stephen W., and Ellis, George F. *The Large-Scale Structure of the Universe.* Cambridge: Cambridge University Press, 1973.
Cited: **8** *Hawking and Ellis 1973*: 734n.

Hawkins, Thomas. "The Erlanger Program of Felix Klein: Reflections on Its Place in the History of Mathematics." *Historia Mathematica* 11 (1984): 442–470.
Cited: **9** *Hawkins 1984*: 41n.

Heaviside, Oliver. "On the Electromagnetic Effects Due to the Motion of Electrification through a Dielectric." *Philosophical Magazine* 27 (1889): 324–339.
Cited: **5** *Heaviside 1889*: 59n.

———. *Electrical Papers.* Vol. 1. London: Macmillan, 1892.
Cited: **2** *Heaviside 1892*: 309n. **4** *Heaviside 1892*: 102n, 103n. **7** *Heaviside 1892*: 98n.

Hebel, Johann Peter. *Der Rheinländische Hausfreund oder Neuer Calender, auf das Jahr 1809, mit lehrreichen Nachrichten und lustigen Erzählungen.* Karlsruhe: Im Verlag des Großherzogl. Lyceums, [1809].
Cited: **5** *Hebel 1809*: 20n.

Heilbron, John L. "The Kossel-Sommerfeld Theory and the Ring Atom." *Isis* 58 (1967): 450–485.
Cited: **8** *Heilbron 1967*: 562n, 784n, 815n.

———. *Electricity in the 17th and 18th Centuries: A Study of Early Modern Physics.* Berkeley: University of California Press, 1979.
Cited: **5** *Heilbron 1979*: 55n.

———. *The Dilemmas of an Upright Man: Max Planck as Spokesman for German Science.* Berkeley: University of California Press, 1986.
Cited: **4** *Heilbron 1986*: 564n. **5** *Heilbron 1986*: 204n. **7** *Heilbron 1986*: 62n. **8** *Heilbron 1986*: 32n, 151n, 286n, 459n. **9** *Heilbron 1986*: 59n, 115n, 239n. **10** *Heilbron 1986*: 272n.

Heim, Karl. *Das Weltbild der Zukunft. Eine Auseinandersetzung zwischen Philosophie, Naturwissenschaft und Theologie.* Berlin: Schwetschke, 1904.
Cited: **8** *Heim 1904*: 889n.

Heine, Eduard. *Handbuch der Kugelfunctionen, Theorie und Anwendungen.* 2d rev. ed. Vol. 1, *Theorie der Kugelfunctionen und der verwandten Functionen.* Berlin: Reimer, 1878.
Cited: **1** *Heine 1878*: 262n.

———. *Handbuch der Kugelfunctionen, Theorie und Anwendungen.* 2d rev. ed. Vol. 2, *Anwendungen der Kugelfunctionen und der verwandten Functionen.* Berlin: Reimer, 1881.
Cited: **1** *Heine 1881*: 262n, 305n.

Heis, Eduard, and Eschweiler, Thomas Joseph. *Lehrbuch der Geometrie zum Gebrauche an höheren Lehranstalten.* 4th rev. ed. Part 2, *Stereometrie.* Cologne: DuMont-Schauberg, 1881.
Cited: **1** *Heis and Eschweiler 1881*: 3n.

Heisenberg, Werner. *Encounters with Einstein and Other Essays on People, Places, and Particles.* Princeton, Princeton University Press, 1989.
Cited: **7** *Heisenberg 1989*: 113.

Heitz, Gerhard, et al. *Geschichte der Universität Rostock 1419–1969. Festschrift zur Fünfhundertfünfzig-Jahr-Feier der Universität.* Vol. 1, *Die Universität von 1419–1945.* Berlin: Deutscher Verlag der Wissenschaften, 1969.
Cited: **10** *Heitz 1969*: 257n.

Heller, Robert. *Die Caissonkrankheit. Eine Monographie.* Zurich: Leemann, 1912.

Cited: **5** *Heller 1912*: 415n.
Heller, Steven. *The Swastika: Symbol beyond Redemption?* New York: Allworth Press, 2000.
Cited: **10** *Heller 2000*: 395n.
Helmholtz, Hermann von. *Über die Erhaltung der Kraft. Eine physikalische Abhandlung.* Berlin: Reimer, 1847.
Cited: **4** *Helmholtz 1847*: 523, 534n.
———. "Über die Thatsachen, die der Geometrie zum Grunde liegen." *Nachrichten von der Königlichen Gesellschaft der Wissenschaften und der Georg-Augusts-Universität zu Göttingen* (1868): 193–221.
Cited: **7** *Helmholtz 1868*: 403n. **9** *Helmholtz 1868*: 235n, 236n, 588c.
———. "On the Modern Development of Faraday's Conception of Electricity." *Journal of the Chemical Society* 39 (1881): 277–304. Reprinted in translation as "Die neuere Entwickelung von Faraday's Ideen über Elektricität." In *Vorträge und Reden.* Vol. 2, pp. 273–318. Braunschweig: Vieweg, 1884.
Cited: **1** *Helmholtz 1881*: 226n. **5** *Helmholtz 1881*: 281n.
———. *Wissenschaftliche Abhandlungen.* Vol. 1. Leipzig: Barth, 1882.
Cited: **2** *Helmholtz 1882*: xxv.
———. *Wissenschaftliche Abhandlungen.* Vol. 2. Leipzig: Barth, 1883.
Cited: **2** *Helmholtz 1883*: xxv.
———. "Über den Ursprung und die Bedeutung der geometrischen Axiome." In *Vorträge und Reden.* Vol. 2, pp. 1–34. Braunschweig: Vieweg, 1884.
Cited: **6** *Helmholtz 1884*: 538n. **7** *Helmholtz 1884*: 403n, 405n, 571n.
———. *Vorträge und Reden.* 2 vols. Braunschweig: Vieweg, 1884.
Cited: **2** *Helmholtz 1884*: xxv.
———. "Ueber atmosphärische Bewegungen." *Königlich Preußische Akademie der Wissenschaften zu Berlin. Sitzungsberichte* (1888): 647–663.
Cited: **1** *Helmholtz 1888*: 221n.
———. "Ueber atmosphärische Bewegungen. (Zweite Mitteilung). Zur Theorie von Wind und Wellen." *Königlich Preußische Akademie der Wissenschaften zu Berlin. Sitzungsberichte* (1889): 761–780.
Cited: **1** *Helmholtz 1889*: 221n.
———. "Das Princip der kleinsten Wirkung in der Electrodynamik." *Annalen der Physik und Chemie* 47 (1892): 1–26.

Cited: **1** *Helmholtz 1892*: 223, 226n. **2** *Helmholtz 1892*: 260.
———. "Elektromagnetische Theorie der Farbenzerstreuung." *Annalen der Physik und Chemie* 48 (1893): 389–405, 723–725.
Cited: **1** *Helmholtz 1893*: 226n.
———. *Wissenschaftliche Abhandlungen.* Vol. 3. Leipzig: Barth, 1895.
Cited: **1** *Helmholtz 1895*: 221n, 226n. **2** *Helmholtz 1895*: xxv.
———. *Vorlesungen über die elektromagnetische Theorie des Lichts.* König, Arthur, and Runge, Carl, eds. Hamburg and Leipzig: Voss, 1897.
Cited: **1** *Helmholtz 1897*: 224, 230n, 235n, 238n. **2** *Helmholtz 1897*: 260.
———. *Vorlesungen über theoretische Physik.* Vol. 1, part 2, *Vorlesungen über die Dynamik discreter Massenpunkte.* Krigar-Menzel, Otto, ed. Leipzig: Barth, 1898.
Cited: **3** *Helmholtz 1898*: 5, 126n, 128n.
———. *Vorlesungen über Theorie der Wärme.* Richarz, Franz, ed. Leipzig: Barth, 1903.
Cited: **2** *Helmholtz 1903*: 42, 235n.
———. *Vorlesungen über theoretische Physik.* Vol. 4, *Elektrodynamik und Theorie des Magnetismus.* Krigar-Menzel, Otto, and Laue, Max, eds. Leipzig: Barth, 1907.
Cited: **3** *Helmholtz 1907*: 9, 396n. **5** *Helmholtz 1907*: 42n.
———. *Zwei Vorträge über Goethe. Goethe's naturwissenschaftliche Arbeiten. Goethe's Vorahnungen kommender naturwissenschaftlicher Ideen.* Braunschweig: Vieweg, 1917.
Cited: **6** *Helmholtz 1917*: 569, 570n.
Hemleben, Johannes. *Ernst Haeckel in Selbstzeugnissen und Bilddokumenten.* Reinbek bei Hamburg: Rowohlt, 1964.
Cited: **9** *Hemleben 1964*: 348n, 358n.
Henle, Jakob. *Von den Miasmen und Kontagien und von den miasmatisch-kontagiösen Krankheiten.* 2d ed. Leipzig: Barth, 1910.
Cited: **8** *Henle 1910*: 496n. **10** *Henle 1910*: 105n.
Henning, Eckart, and Kazemi, Marion. *Chronik der Kaiser-Wilhelm-Gesellschaft zur Förderung der Wissenschaften.* Berlin: Archiv zur Geschichte der Max-Planck-Gesellschaft, 1988.
Cited: **7** *Henning and Kazemi 1988*: 424n.
Henri, Victor. "Etude cinématographique des mouvements browniens." *Académie des sciences* (Paris). *Comptes rendus* 146 (1908):

1024–1026.
Cited: **2** *Henri 1908*: 220, 559n.
Henry, Joseph. "On the Production of Currents and Sparks of Electricity from Magnetism." *American Journal of Science and Arts* 22 (1832): 403–408.
Cited: **1** *Henry 1832*: 9n.
Hentschel, Klaus. "Die Korrespondenz Einstein–Schlick: Zum Verhältnis der Physik zur Philosophie." *Annals of Science* 43 (1986): 475–488.
Cited: **8** *Hentschel 1986*: 221n.
———. *Interpretationen und Fehlinterpretationen der speziellen und der allgemeinen Relativitätstheorie durch Zeitgenossen Albert Einsteins*. Basel: Birkhäuser, 1990.
Cited: **3** *Hentschel 1990*: 479. **7** *Hentschel 1990*: xxxv, 102, 105, 112, 122n, 280n, 359n. **8** *Hentschel 1990*: 868n. **9** *Hentschel 1990*: 204n. **10** *Hentschel 1990*: lii, 64n, 261n, 289n, 333n, 506n.
———. "Die vergessene Rezension der 'Allgemeinen Erkenntnislehre' Moritz Schlicks durch Hans Reichenbach—Ein Stück Philosophiegeschichte." *Erkenntnis* 35 (1991): 11–28.
Cited: **9** *Hentschel 1991b*: 510n.
———. "Julius und die anomale Dispersion: Facetten der Geschichte eines gescheiterten Forschungsprogrammes." *Universität Hamburg. Studien aus dem Philosophischen Seminar* 3, Heft 6. Universität Hamburg, April 1991.
Cited: **4** *Hentschel 1991*: 511n. **5** *Hentschel 1991*: 313n, 317n, 328n. **9** *Hentschel 1991a*: liii, 249n. **10** *Hentschel 1991*: 252n.
———. "Grebe/Bachems photometrische Analyse der Linienprofile und die Gravitations-Rotverschiebung: 1919 bis 1922." *Annals of Science* 49 (1992): 21–46.
Cited: **7** *Hentschel 1992*: 281n, 349n, 575n. **8** *Hentschel 1992*: 14n. **9** *Hentschel 1992*: 325n, 328n.
———. "The Conversion of St. John: A Case Study on the Interplay of Theory and Experiment." *Science in Context* 6 (1993): 137–194.
Cited: **6** *Hentschel 1993*: 539n.
———. "The Discovery of the Redshift of Solar Fraunhofer Lines by Rowland and Jewell in Baltimore around 1890." *Historical Studies in the Physical and Biological Sciences* 23 (1993): 219–277.
Cited: **9** *Hentschel 1993*: liii, 325n.
———. "Erwin Finlay Freundlich and Testing Einstein's Theory of Relativity." *Archive for History of Exact Sciences* 47 (1994): 143–201.
Cited: **6** *Hentschel 1994*: 243n, 339n, 373n, 539n. **8** *Hentschel 1994*: 14n, 89n, 95n, 257n. **9** *Hentschel 1994*: 26n, 305n.
———. *The Einstein Tower: An Intertexture of Dynamic Construction, Relativity Theory, and Astronomy*. Hentschel, Ann, trans. Stanford: Stanford University Press, 1997.
Cited: **8** *Hentschel 1997*: 257n, 471n, 684n. **9** *Hentschel 1997*: liii, 113n, 178n, 360n, 606c, 614c.
———. *Zum Zusammenspiel von Instrument, Experiment und Theorie. Rotverschiebung im Sonnenspektrum und verwandte spektrale Verschiebungseffekte von 1880 bis 1960*. Hamburg: Kovač, 1998.
Cited: **7** *Hentschel 1998*: 348n–349n, 357n. **9** *Hentschel 1998*: liii, 38n. **10** *Hentschel 1998*: 225n, 317n, 383n.
Hentschel, Klaus, and Tobies, Renate, eds. *Brieftagebuch zwischen Max Planck, Carl Runge, Bernhard Karsten und Adolf Leopold*. Berlin: ERS, 1999.
Cited: **9** *Hentschel and Tobies 1999*: 76n.
Herbart, Johann Friedrich. *Sämmtliche Werke*. Vol. 1, *Schriften zur Einleitung in die Philosophie*. Hartenstein, G., ed. Leipzig: Voss, 1850.
Cited: **1** *Herbart 1850*: 4n.
Herbert, Ulrich. *Geschichte der Ausländerbeschäftigung in Deutschland 1880 bis 1980. Saisonarbeiter, Zwangsarbeiter, Gastarbeiter*. Berlin: Dietz, 1986.
Cited: **7** *Herbert 1986*: 241n.
Herbig, Gustav, and Reincke-Bloch, Hermann. *Die Fünfhundertjahrfeier der Universität Rostock 1419–1919*. Rostock: Universität Rostock, 1920.
Cited: **9** *Herbig and Reincke-Bloch 1920*: 199n, 240n, 261n.
Herglotz, Gustav. "Über den vom Standpunkt des Relativitätsprinzips aus als 'starr' zu bezeichnenden Körper." *Annalen der Physik* 31 (1910): 393–415.
Cited: **2** *Herglotz 1910*: 427n. **3** *Herglotz 1910*: 478. **5** *Herglotz 1910*: 233n. **10** *Herglotz 1910*: 6n, 9n.
———. "Über die Mechanik des deformierbaren Körpers vom Standpunkt der Relativitätstheorie." *Annalen der Physik* 36 (1911): 493–533.
Cited: **8** *Herglotz 1911*: 370n.

———. "Zur Einsteinschen Gravitationstheorie." *Königlich Sächsische Gesellschaft der Wissenschaften zu Leipzig. Mathematisch-physikalische Klasse. Berichte über die Verhandlungen* 68 (1916): 199–203.
Cited: **8** *Herglotz 1916*: 708n, 712n.

Hermann, Armin. "Albert Einstein und Johannes Stark. Briefwechsel und Verhältnis der beiden Nobelpreisträger." *Sudhoffs Archiv. Vierteljahrsschrift für Geschichte der Medizin und der Naturwissenschaften, der Pharmazie und der Mathematik* 50 (1966): 267–285.
Cited: **2** *Hermann 1966*: xxxiii, 267.
5 *Hermann 1966*: 144n.

———. "Die frühe Diskussion zwischen Stark und Sommerfeld über die Quantenhypothese." *Centaurus* 12 (1967): 38–59.
Cited: **5** *Hermann 1967*: 144n, 233n.

———. *Frühgeschichte der Quantentheorie (1899–1913)*. Mosbach/Baden: Physik Verlag, 1969.
Cited: **2** *Hermann 1969*: xxxiii, 135, 136.

———. *The Genesis of Quantum Theory (1899–1913)*. Nash, Claude W., trans. Cambridge, Mass.: MIT Press, 1971.
Cited: **3** *Hermann 1971*: 514n. **4** *Hermann 1971*: 110, 173n.

———. *Einstein. Der Weltweise und sein Jahrhundert. Eine Biographie*. Munich: Piper, 1994.
Cited: **10** *Hermann 1994*: 370n, 386n.

———, ed. *Albert Einstein–Arnold Sommerfeld, Briefwechsel*. Basel: Schwabe, 1968.
Cited: **8** *Hermann 1968*: 147n, 208n, 261n, 628n, 671n, 838n.

Herneck, Friedrich. "Zum Briefwechsel Albert Einsteins mit Ernst Mach." *Forschungen und Fortschritte* 37 (1963): 239–243.
Cited: **5** *Herneck 1963*: 204n, 584n.

———. "Die Beziehungen zwischen Einstein und Mach, dokumentarisch dargestellt." *Wissenschaftliche Zeitschrift der Friedrich-Schiller-Universität Jena. Mathematisch-naturwissenschaftliche Reihe* 15 (1966): 1–14.
Cited: **2** *Herneck 1966b*: xxxiii. **5** *Herneck 1966a*: 205n.

———. "Über ein Manuskript Albert Einsteins zur Quantentheorie." *Forschungen und Fortschritte* 40 (1966): 41–43.
Cited: **5** *Herneck 1966b*.

———. "Zwei Tondokumente Einsteins zur Relativitätstheorie." *Forschungen und Fortschritte* 40 (1966): 133–135. Reprinted as "Zwei Lautdokumente Einsteins zur Relativitätstheorie." In **2** *Herneck 1976*, pp. 103–108.
Cited: **2** *Herneck 1966a*: xxi, xxiii, 264.

———. *Einstein und sein Weltbild. Aufsätze und Vorträge*. Berlin: Buchverlag Der Morgen, 1976.
Cited: **2** *Herneck 1976*: 264.

———. *Einstein privat. Herta Waldow erinnert sich an die Jahre 1927 bis 1933*. Berlin: Der Morgen, 1978.
Cited: **8** *Herneck 1978*: 562n. **9** *Herneck 1978*: 30n.

Herrigel, Hermann. *Volksbildung und Volksbibliothek: Eine Abrechnung*. Jena: Diederichs, 1916.
Cited: **9** *Herrigel 1916*: 96n.

———. "Erlebnis und Naivität und das Problem der Volksbildung." *Die neue Rundschau* 30 (1919): 1303–1316.
Cited: **9** *Herrigel 1919*: 96n.

Herrmann, Elsa. "Die Trennung von Kirche und Staat im Frankfurter Parlament." Doctoral dissertation, Leipzig, 1920.
Cited: **10** *Herrmann 1920*: 335n.

Hertz, Heinrich. "Ueber die Beziehungen zwischen den Maxwell'schen electrodynamischen Grundgleichungen und den Grundgleichungen der gegnerischen Electrodynamik." *Annalen der Physik und Chemie* 23 (1884): 84–103.
Cited: **2** *Hertz, H. 1884*: 308n.

———. "Ueber sehr schnelle electrische Schwingungen." *Annalen der Physik und Chemie* 31 (1887): 421–448. Reprinted in *Untersuchungen über die Ausbreitung der elektrischen Kraft*, pp. 32–58. Leipzig: Barth, 1892.
Cited: **3** *Hertz, H. 1887*: 400n.

———. "Die Kräfte elektrischer Schwingungen, behandelt nach der Maxwell'schen Theorie." *Annalen der Physik und Chemie* 36 (1889): 1–22. Reprinted in *Untersuchungen über die Ausbreitung der elektrischen Kraft*, pp. 147–170. Leipzig: Barth, 1892.
Cited: **1** *Hertz 1889a*: 259n. **3** *Hertz, H. 1889*: 400n.

———. *Ueber die Beziehungen zwischen Licht und Elektrizität. Ein Vortrag gehalten bei der 62. Versammlung deutscher Naturforscher und Aerzte in Heidelberg*. Bonn: Strauss, 1889.
Cited: **1** *Hertz 1889b*: 6.

———. "Ueber die Grundgleichungen der Elektrodynamik für ruhende Körper." *Annalen*

der Physik und Chemie 40 (1890): 577–624. Reprinted in *Untersuchungen über die Ausbreitung der elektrischen Kraft*, pp. 208–255. Leipzig: Barth, 1892.
Cited: **1** *Hertz 1890a*: 226n. **2** *Hertz, H. 1890a*: 259n. **7** *Hertz 1890*: 321n, 468n.

———. "Ueber die Grundgleichungen der Elektrodynamik für bewegte Körper." *Annalen der Physik und Chemie* 41 (1890): 369–399. Reprinted in *Untersuchungen über die Ausbreitung der elektrischen Kraft*, pp. 256–285. Leipzig: Barth, 1892.
Cited: **1** *Hertz 1890b*: 223, 226n. **2** *Hertz, H. 1890b*: 255, 259, 260, 309n, 535n. **3** *Hertz, H. 1890*: 175n.

———. *Untersuchungen über die Ausbreitung der elektrischen Kraft*. Leipzig: Barth, 1892.
Cited: **1** *Hertz 1892*: 17n, 223, 224, 226n, 227n. **2** *Hertz, H. 1892*: 308n, 309n, 535n. **3** *Hertz, H. 1892*. **4** *Hertz 1892*: 487, 501n. **7** *Hertz 1892*: 321n.

———. *Gesammelte Werke*. Vol. 3, *Die Prinzipien der Mechanik. In neuem Zusammenhange dargestellt*. Lenard, Philipp, ed. Leipzig: Barth (Arthur Meiner), 1894.
Cited: **2** *Hertz, H. 1894*: 51, 75n, 308n.

Hertz, Paul. "Über die mechanischen Grundlagen der Thermodynamik." *Annalen der Physik* 33 (1910): 225–274, 537–552.
Cited: **2** *Hertz, P. 1910a*: 41, 44, 53, 74n, 95n, 96n. **3** *Hertz, P. 1910a*: 314, 315n. **5** *Hertz 1910*: 250n.

———. "Ueber die kanonische Gesamtheit." *Koninklijke Akademie van Wetenschappen te Amsterdam. Wis- en Natuurkundige Afdeeling. Verslagen van de Gewone Vergaderingen* 19 (1910): 824–848.
Cited: **2** *Hertz, P. 1910b*: 41, 74n, 95n. **3** *Hertz, P. 1910b*: 315n.

———. "Ueber einen Boltzmannschen Beweis des zweiten Hauptsatzes." *Königliche Gesellschaft der Wissenschaften zu Göttingen. Mathematisch-physikalische Klasse. Nachrichten* (1912): 566–576.
Cited: **2** *Hertz, P. 1912*: 41.

———. "Über die statistische Mechanik der Raumgesamtheit und den Begriff der Komplexion." *Mathematische Annalen* 74 (1913): 153–203.
Cited: **2** *Hertz, P. 1913b*: 41. **3** *Hertz, P. 1913*: 315n.

———. "Über die statistische Mechanik der Raumgesamtheit und die Wahrscheinlichkeit der Komplexion." *Königliche Gesellschaft der Wissenschaften zu Göttingen. Mathematisch-physikalische Klasse. Nachrichten* (1913): 177–196.
Cited: **2** *Hertz, P. 1913a*: 41.

———. "Statistische Mechanik." In *Kapillarität, Wärme, Wärmeleitung, kinetische Gastheorie und statistische Mechanik*. In *Repertorium der Physik*. Weber, Rudolf H., and Hertz, Paul, eds. Vol. 1, Part 2, *Mechanik und Wärme*, pp. 436–600. Weber, Rudolf H., and Gans, Richard, eds. Leipzig/Berlin: Teubner, 1916.
Cited: **2** *Hertz, P. 1916*: 41, 47, 53. **3** *Hertz, P. 1916*: 8, 244n.

Herzfeld, Karl Ferdinand. "Beiträge zur statistischen Theorie der Strahlung." *Kaiserliche Akademie der Wissenschaften* (Vienna). *Mathematisch-naturwissenschaftliche Klasse. Abteilung IIa. Sitzungsberichte* 121 (1912): 1449–1468.
Cited: **8** *Herzfeld 1912*: 22n, 27n.

———. "Bemerkungen zum Boltzmann'schen Prinzip." *Kaiserliche Akademie der Wissenschaften* (Vienna). *Mathematisch-naturwissenschaftliche Klasse. Abteilung IIa. Sitzungsberichte* 122 (1913): 1553–1561.
Cited: **2** *Herzfeld 1913*: 41.

———. "Zur Statistik des Bohrschen Wasserstoffatommodells." *Annalen der Physik* 51 (1916): 261–284.
Cited: **9** *Herzfeld 1916*: 439n.

———. "Physikalische und Elektrochemie." In *Encyklopädie der mathematischen Wissenschaften, mit Einschluss ihrer Anwendungen*. Vol. 5, *Physik*, part 1, pp. 947–1112. Sommerfeld, Arnold, ed. Leipzig: Teubner, 1903–1921. Issued 1 November 1921.
Cited: **2** *Herzfeld 1921*: 172, 178, 179, 235n.

———. "Fifty Years of Physical Ultrasonics." *Journal of the Acoustical Society of America* 39 (1966): 814–825.
Cited: **7** *Herzfeld 1966*: 331n.

Herzl, Theodor. *Altneuland. Roman*. Leipzig: Seemann, 1902.
Cited: **10** *Herzl 1902*: 415n.

Hess, W. "Review of: **4** *Eötvös 1891*/ **5** *Eötvös 1891*/ **6** *Eötvös 1891*." *Beiblätter zu den Annalen der Physik* 15 (1891): 688–689.
Cited: **4** *Hess 1891*: 304, 340n, 489, 501n, 510n.

Heß, Walter R. "Beitrag zur Theorie der Viskosität heterogener Systeme." *Kolloid-Zeitschrift* 27 (1920): 1–11.
Cited: **7** *Heß 1920*: 343n.

Hessenberg, Gerhard. "Vektorielle Begründung der Differentialgeometrie." *Mathematische Annalen* 78 (1917–1918): 187–217.
Cited: **7** *Hessenberg 1917*: 80n. **8** *Hessenberg 1917*: 664n, 712n.

Hettner, Gerhard. "Über Gesetzmäßigkeiten in den ultraroten Gasspektren und ihre Deutung." *Zeitschrift für Physik* 1 (1920): 345–354.
Cited: **10** *Hettner 1920*: 298n.

Hiebert, Erwin N. "Nernst, Hermann Walther." In *Dictionary of Scientific Biography*. Vol. 15 (1978) supplement 1, pp. 432–453. Gillispie, Charles C., ed. New York: Scribner's Sons, 1970–1980.
Cited: **3** *Hiebert 1978*: xxi.

———. "Walther Nernst and the Application of Physics to Chemistry." In *Springs of Scientific Creativity: Essays on Founders of Modern Science*, pp. 203–231. Aris, Rutherford, Davis, H. Ted, and Stuewer, Roger H., eds. Minneapolis: University of Minnesota Press, 1983.
Cited: **3** *Hiebert 1983*: xxi.

Hilbert, David. *Grundlagen der Geometrie*. Leipzig: Teubner, 1899.
Cited: **7** *Hilbert 1899*: 403n. **9** *Hilbert 1899*: 72n.

———. "Begründung der kinetischen Gastheorie." *Mathematische Annalen* 72 (1912): 562–577.
Cited: **8** *Hilbert 1912*: 682n. **9** *Hilbert 1912*: 50n.

———. *Grundzüge einer allgemeinen Theorie der linearen Integralgleichungen*. Leipzig: Teubner, 1912.
Cited: **5** *Hilbert 1912*: 502n.

———. "Die Grundlagen der Physik. (Erste Mitteilung)." *Königliche Gesellschaft der Wissenschaften zu Göttingen. Mathematisch-physikalische Klasse. Nachrichten* (1915): 395–407.
Cited: **6** *Hilbert 1915*: 325, 339n, 346n, 410, 416n. **7** *Hilbert 1915*: 76n, 133, 139n. **8** *Hilbert 1915*: liv, 196n, 199n, 202n, 217n, 223n, 289n, 290n, 292n, 294n, 364n, 366n, 460n, 579n, 689n, 707n, 877n, 937n, 943n. **9** *Hilbert 1915*: 88n. **10** *Hilbert 1915*: 37, 64n, 378n.

———. "Die Grundlagen der Physik. (Zweite Mitteilung)." *Königliche Gesellschaft der Wissenschaften zu Göttingen. Mathematisch-physikalische Klasse. Nachrichten* (1917): 53–76.
Cited: **7** *Hilbert 1917*: 139n, 359n. **8** *Hilbert 1917*: 196n, 426n, 437n.

———. "Axiomatisches Denken." *Mathematische Annalen* 78 (1918): 405–415.
Cited: **10** *Hilbert 1918*: 128n.

Hildebrandt, Stefan, and Lax, Peter D. *Otto Toeplitz*. Bonn: Mathematisches Institut der Universität Bonn, 1999.
Cited: **9** *Hildebrandt and Lax 1999*: 230n.

Hiller, Kurt. "Ein Deutsches Herrenhaus." In *Tätiger Geist! Zweites der Ziel-Jahrbücher*, pp. 379–425. Hiller, Kurt, ed. Munich: Müller, 1918.
Cited: **8** *Hiller 1918*: 869n, 872n.

———, ed. "Anhang: Dokumente." In *Das Ziel. Jahrbücher für geistige Politik*. Vol. 3, part 1, pp. 218–223. Leipzig: Wolff, 1919.
Cited: **8** *Hiller 1919*: 869n.

———. *Geist werde Herr. Kundgebungen eines Aktivisten vor, in und nach dem Kriege*. 3d ed. Berlin: Reiß, 1920.
Cited: **9** *Hiller 1920*: 106n.

———. *Leben gegen die Zeit*. 2 vols. Reinbek bei Hamburg: Rowohlt, 1969.
Cited: **8** *Hiller 1969*: 869n.

Hirn, Gustave-Adolphe. *Recherches sur l'équivalent mécanique de la chaleur*. Colmar: Bureau de la Revue d'Alsace, 1858.
Cited: **1** *Hirn 1858*: 87n, 88n.

Hirosige, Tetu. "Electrodynamics before the Theory of Relativity, 1890–1905." *Japanese Studies in the History of Science* 5 (1966): 1–49.
Cited: **2** *Hirosige 1966*: 255, 256, 258, 503, 504. **3** *Hirosige 1966*: 174n, 439n, 449n. **4** *Hirosige 1966*: 550n.

———. "The Ether Problem, the Mechanistic Worldview, and the Origins of the Theory of Relativity." *Historical Studies in the Physical Sciences* 7 (1976): 3–82.
Cited: **1** *Hirosige 1976*. **2** *Hirosige 1976*: xxxiii, 255, 265, 583n.

Hirth, Georg. *Entropie der Keimsysteme und erbliche Entlastung*. Munich: Hirth, 1900.
Cited: **10** *Hirth 1900*: 178n.

Hoefer, Carl. "Einstein's Struggle for a Machian Gravitation Theory." *Studies in History and Philosophy of Science* 25 (1994): 287–335.
Cited: **6** *Hoefer 1994*: xviii, 282n, 418. **7** *Hoefer 1994*: 43n, 576n. **8** *Hoefer 1994*: 357n.

———. "Einstein's Formulations of Mach's Principle." In *Mach's Principle: From Newton's Bucket to Quantum Gravity*, pp. 67–90.

Barbour, Julian B., and Pfister, Herbert, eds. Boston: Birkhäuser, 1995.
Cited: **7** *Hoefer 1995*: 43n. **8** *Hoefer 1995*: 357n.

Hoffmann, Banesh, with the collaboration of Helen Dukas. *Albert Einstein: Creator and Rebel.* New York: Viking, 1972.
Cited: **1** *Hoffmann 1972*: xlii. **5** *Hoffmann 1972*: 560n. **9** *Hoffmann 1972*: 595c.

———, with the collaboration of Helen Dukas. *Albert Einstein. Schöpfer und Rebell.* Zehnder, Jeanette, trans. Dietikon-Zurich: Stocker-Schmid, 1976.
Cited: **1** *Hoffmann 1976*: lvi, 370.

Hoffmann-Holter, Beatrix. *"Abreisendmachung." Jüdische Kriegsflüchtlinge in Wien 1914 bis 1923.* Vienna: Böhlau, 1995.
Cited: **8** *Hoffmann-Holter 1995*: 330n.

Hofmann, W. *Kritische Beleuchtung der beiden Grundbegriffe der Mechanik. Bewegung und Trägheit und daraus gezogene Folgerungen betreffs der Achsendrehung der Erde und des Foucault'schen Pendelversuches.* Vienna: Kuppitsch, 1904.
Cited: **4** *Hofmann 1904*: 498, 503n.

Hoh, Theodor. *Die Stellung der Atomenlehre zur Physik des Aethers. Geschichtlich-physikalische Studie.* Bamberg: Gärtner (Siebenkees), 1885.
Cited: **1** *Hoh 1885*: 330n.

Holl, Karl. "Die 'Vereinigung Gleichgesinnter'. Ein Berliner Kreis pazifistischer Intellektueller im Ersten Weltkrieg." *Archiv für Kulturgeschichte* 54 (1972): 364–384.
Cited: **8** *Holl 1972*: 342n, 532n.

———. *Pazifismus in Deutschland.* Frankfurt a.M.: Suhrkamp, 1988.
Cited: **8** *Holl 1988*.

Holm, E. "Anwendung der neueren Planckschen Quantenhypothese zur Berechnung der rotatorischen Energie des zweiatomigen Gases." *Annalen der Physik* 42 (1913): 1311–1320.
Cited: **4** *Holm 1913*: 285n.

Holmes, Colin. *Anti-Semitism in British Society, 1876–1939.* New York: Holmes and Meier, 1979.
Cited: **7** *Holmes 1979*: 429n.

Holmes, Virginia Iris. "'The Inviolability of Human Life': Pacifism and the Jews in Weimar Germany." Ph.D. dissertation, Binghamton University, New York, 2001.
Cited: **9** *Holmes 2001*: 106n.

Holst, Helge. "Die kausale Relativitätsforderung und Einsteins Relativitätstheorie." *Kongelige Danske Videnskabernes Selskab. Mathematisk-fysiske Meddelelser* 2 (1919): no. 11.
Cited: **9** *Holst 1919*: 351n, 529n. **10** *Holst 1919*: 333n, 342n.

———. "Einige Bemerkungen über die Grundprinzipien der physikalischen Forschung." *Zeitschrift für Physik* 2 (1920): 108–110.
Cited: **10** *Holst 1920b*: 333n, 342n.

———. "Wirft die Relativitätstheorie den Ursachsbegriff über Bord?" *Zeitschrift für Physik* 1 (1920): 32–39.
Cited: **10** *Holst 1920a*: 333n, 342n.

Holt, Sigrid. *Foreign Relief and Rehabilitation: A Bibliography.* New York: Russell Sage Foundation, 1943.
Cited: **9** *Holt 1943*: 253n.

Holtfrerich, Carl-Ludwig. *Die Deutsche Inflation, 1914–1923. Ursachen und Folgen in internationaler Perspektive.* Berlin: De Gruyter, 1980.
Cited: **8** *Holtfrerich 1980*: 453n.

Holton, Gerald. "Influences on Einstein's Early Work in Relativity Theory." *American Scholar* 37 (1967): 59–79.
Cited: **2** *Holton 1967*: 306n.

———. *Thematic Origins of Scientific Thought: Kepler to Einstein.* Cambridge, Mass.: Harvard University Press, 1973. (Rev. ed., 1988.)
Cited: **1** *Holton 1973*: xlii. **2** *Holton 1973*: xxxiii, 222, 265.

———. "Subelectrons, Presuppositions, and the Millikan–Ehrenhaft Dispute." *Historical Studies in the Physical Sciences* 9 (1978): 161–224.
Cited: **3** *Holton 1978*: 508n, 509n. **5** *Holton 1978*: 291n. **8** *Holton 1978*: 459n, 548n. **9** *Holton 1978*: 7n. **10** *Holton 1978*: 296n.

———. "Constructing a Theory: Einstein's Model." *American Scholar* 48 (1979): 309–340.
Cited: **7** *Holton 1979*: 220n.

———. "Einstein's Scientific Program: The Formative Years." In *Some Strangeness in the Proportion: A Centennial Symposium to Celebrate the Achievements of Albert Einstein,* pp. 49–65. Woolf, Harry, ed. Reading, Mass.: Addison-Wesley, 1980.
Cited: **2** *Holton 1980*: 175.

———. *The Advancement of Science and Its Burdens.* Cambridge: Cambridge University Press, 1986.
Cited: **2** *Holton 1986*: xxxiii.

———. "Mach, Einstein, and the Search for Reality." In *Thematic Origins of Scientific*

Thought: Kepler to Einstein. rev. ed. pp. 237–277. Cambridge, Mass.: Harvard University Press, 1988.
Cited: **8** *Holton 1988*: 17n.

———. *Thematic Origins of Scientific Thought: Kepler to Einstein.* rev. ed. Cambridge, Mass.: Harvard University Press, 1988.
Cited: **3** *Holton 1988*: 9, 175n. **6** *Holton 1988*: 282n. **7** *Holton 1988*: 404n.

———. "More on Mach and Einstein." In *Ernst Mach: A Deeper Look. Documents and New Perspectives*, pp. 263–276. Blackmore, John, ed. Dordrecht: Kluwer, 1992.
Cited: **6** *Holton 1992*: 282n. **8** *Holton 1992*: 17n.

Holzhey, Helmut. *Ursprung und Einheit: Die Geschichte der "Marburger Schule" als Auseinandersetzung um die Logik des Denkens.* Basel: Schwabe, 1986.
Cited: **9** *Holzhey 1986*: 479n.

Homer. *The Iliad.* Chicago: University of Chicago Press, 1951.
Cited: **10** *Homer 1951*: 171n.

Hönl, H. "Ein Brief Albert Einsteins an Ernst Mach." *Physikalische Blätter* 16 (1960): 571–580.
Cited: **5** *Hönl 1960*: 532n.

Hornbostel, Erich von, and Wertheimer, Max. "Über die Wahrnehmung der Schallrichtung." *Preußische Akademie der Wissenschaften* (Berlin). *Sitzungsberichte* (1920): 388–396.
Cited: **7** *Hornbostel and Wertheimer 1920*: 478n.

Horne, John, and Kramer, Alan. "War between Soldiers and Enemy Civilians, 1914–1915." In *Great War, Total War: Combat and Mobilization on the Western Front, 1914–1918*, pp. 153–168. Chickering, Roger, and Förster, Stig, eds. Cambridge: Cambridge University Press, 2000.
Cited: **9** *Horne and Kramer 2000*: 55n.

Howard, Don. "Realism and Conventionalism in Einstein's Philosophy of Science: The Einstein–Schlick Correspondence." *Philosophia Naturalis* 21 (1984): 616–629.
Cited: **7** *Howard 1984*: 404n. **8** *Howard 1984*: 221n.

———. "Einstein and Duhem." *Synthese* 83 (1990): 363–384.
Cited: **3** *Howard 1990*: 396n. **7** *Howard 1990*: 220n, 404n.

———. "Einstein, Kant, and the Origins of Logical Empiricism." In *Language, Logic, and the Structure of Scientific Theories*, pp. 45–405. Salmon, Wesley, and Wolters, Gereon, eds. Pittsburgh: University of Pittsburg Press, 1994.
Cited: **10** *Howard 1994*: 456n.

———. "A Peek behind the Veil of Maya: Einstein, Schopenhauer, and the Historical Background of the Conception of Space as a Ground for the Individuation of Physical Systems." In *The Cosmos of Science: Essays of Exploration*, pp. 87–150. Earman, John, and Norton, John D., eds. Pittsburgh: University of Pittsburgh Press; Konstanz: Universitätsverlag, 1997.
Cited: **7** *Howard 1997*: 62n.

Howard, Don, and Norton, John D. "Out of the Labyrinth? Einstein, Hertz, and the Göttingen Answer to the Hole Argument." In *The Attraction of Gravitation: New Studies in the History of General Relativity*, pp. 30–62. Earman, John, Janssen, Michel, and Norton, John D., eds. Boston: Birkhäuser, 1993.
Cited: **4** *Howard and Norton 1993*: 297. **7** *Howard and Norton 1993*: 43n. **8** *Howard and Norton 1993*: 161n, 164n, 229n.

Howard, Don, and Stachel, John, ed. *Einstein and the History of General Relativity.* Boston: Birkhäuser, 1989.
Cited: **4** *Howard and Stachel 1989.* **6** *Howard and Stachel 1989.* **7** *Howard and Stachel 1989.* **8** *Howard and Stachel 1989.* **9** *Howard and Stachel 1989.* **10** *Howard and Stachel 1989.*

Hughes, Arthur Llewelyn. "On the Emission Velocities of Photo-Electrons." *Royal Society of London. Philosophical Transactions A* 212 (1912): 205–226.
Cited: **2** *Hughes 1912*: 169n.

Humboldt, Alexander von. *Kosmos. Entwurf einer physischen Weltbeschreibung.* 5 vols. Stuttgart and Tübingen: Cotta, 1845–1862.
Cited: **1** *Humboldt 1845–1862*: lxii, 6, 291n. **2** *Humboldt 1845–1862*: xxvii.

Hume, David. *A Treatise of Human Nature: Being an Attempt to Introduce the Experimental Method of Reasoning into Moral Subjects.* Book 1, *Of the Understanding.* London: John Noon, 1739.
Cited: **2** *Hume 1739*: xxv.

———. *Ein Traktat über die menschliche Natur.* Part 1, *Über den Verstand.* Köttgen, E., trans. Lipps, Theodor, ed. Hamburg: Voss, 1895.
Cited: **2** *Hume 1895*: xxiv, xxv. **8** *Hume 1895*: 221n, 347n.

Humphreys, William J. "Bericht über die Ver-

schiebung von Spektrallinien durch Druck." *Jahrbuch der Radioaktivität und Elektronik* 5 (1908): 324–374.
Cited: **5** *Humphreys 1908*: 388n.

Hupka, Erich. "Die träge Masse bewegter Elektronen." *Deutsche Physikalische Gesellschaft. Verhandlungen* 11 (1909): 249–258.
Cited: **5** *Hupka 1909*: 186n.

———. "Beitrag zur Kenntnis der trägen Masse bewegter Elektronen." *Annalen der Physik* 31 (1910): 169–204.
Cited: **3** *Hupka 1910*: 173, 176n. **5** *Hupka 1910*: 186n. **8** *Hupka 1910a*: 909n.

———. "Zur Frage der trägen Masse bewegter Elektronen." *Annalen der Physik* 33 (1910): 400–402.
Cited: **8** *Hupka 1910b*: 909n.

Hutchinson, John F. "'Custodians of the Sacred Fire': The ICRC and the Postwar Reorganisation of the International Red Cross." In *International Health Organisations and Movements, 1918–1939*, pp. 17–35. Weindling, Paul, ed. Cambridge: Cambridge University Press, 1995.
Cited: **9** *Hutchinson 1995*: 205n.

Huyghens, Christiaan. *Traité de la lumière*. Paris: Gauthier-Villars, 1920.
Cited: **10** *Huyghens 1920*: 573c, 578c.

Ibald. "En Revolution i Videnskaben. Professor Einsteins epokeg ørende Teorier bekræftet. Newtons Tyngdelov omstødt." *Politiken*, 18 November 1919.
Cited: **9** *Ibald 1919*: 351n.

———. "Prof. Einstein i Kjøbenhavn. Foredrag i Astronomisk Selskab." *Politiken*, 22 June 1920.
Cited: **10** *Ibald 1920a*: 365n, 580c.

———. "Prof. Einstein i Kjøbenhavn. Samtale med den lærde Fysiker." *Politiken*, 26 June 1920.
Cited: **10** *Ibald 1920b*: 580c, 581c, 582c.

Ignatowsky, Waldemar von. "Der starre Körper und das Relativitätsprinzip." *Annalen der Physik* 33 (1910): 607–630.
Cited: **3** *Ignatowsky 1910*: 479. **5** *Ignatowsky 1910*: 251n.

———. "Zur Elastizitätstheorie vom Standpunkte des Relativitätsprinzips." *Physikalische Zeitschrift* 12 (1911): 164–169.
Cited: **3** *Ignatowsky 1911*: 479.

Illy, József. "Albert Einstein in Prague." *Isis* 70 (1979): 76–84.
Cited: **5** *Illy 1979*: 311n.

———. "Einstein Teaches Lorentz, Lorentz Teaches Einstein: Their Collaboration in Relativity, 1913–1920." *Archive for History of Exact Sciences* 39 (1989): 247–289.
Cited: **8** *Illy 1989*: 299n. **9** *Illy 1989*: 483n.

———. "Einstein und der Eötvös-Versuch: Ein Brief Albert Einsteins an Willy Wien." *Annals of Science* 46 (1989): 417–422.
Cited: **4** *Illy 1989*: 187n, 340n, 621n. **5** *Illy 1989*.

———. "The Correspondence of Albert Einstein and Gustav Mie, 1917–1918." In *Studies in the History of General Relativity*, pp. 244–259. Eisenstaedt, Jean, and Kox, A. J., eds. Boston: Birkhäuser, 1992.
Cited: **8** *Illy 1992*: 460n. **9** *Illy 1992*: 98n.

Imes, Elmer S. "Measurements on the Near Infra-Red Absorption of Some Diatomic Gases." *Astrophysical Journal* 50 (1919): 251–276.
Cited: **9** *Imes 1919*: 458n.

Infeld, Leopold. *On the Theory of Brownian Motion*. University of Toronto Studies. Applied Mathematics Series, no. 4. Toronto: University of Toronto Press, 1940.
Cited: **2** *Infeld 1940*: 217.

Isaksson, Eva. "Der finnische Physiker Gunnar Nordström und sein Beitrag zur Entstehung der allgemeinen Relativitätstheorie Albert Einsteins." *NTM–Schriftenreihe für die Geschichte der Naturwissenschaften, Technik und Medizin* 22 (1985): 29–52.
Cited: **4** *Isaksson 1985*: 299, 342n, 501n, 510n, 597n. **5** *Isaksson 1985*: 551n. **8** *Isaksson 1985*: 165n, 370n, 620n, 626n. **10** *Isaksson 1985*: 51n.

Ishiwara, Jun. "Zur Optik der bewegten ponderablen Medien." *Tokyo Mathematico-Physical Society. Proceedings* 5 (1909): 150–180.
Cited: **5** *Ishiwara 1909*: 262n.

———. "Zur Theorie der elektromagnetischen Vorgänge in bewegten Körpern." *Tokyo Mathematico-Physical Society. Proceedings* 5 (1910): 310–327.
Cited: **5** *Ishiwara 1910a*: 262n.

———. "Bemerkung über die Fortpflanzung des Lichtes in bewegten Medien." *Tokyo Mathematico-Physical Society. Proceedings* 5 (1910): 327–333.
Cited: **5** *Ishiwara 1910b*: 262n.

———. "Zur Dynamik bewegter Systeme." *Tokyo Mathematico-Physical Society. Proceedings* 5 (1910): 333–347.
Cited: **5** *Ishiwara 1910c*: 262n.

———. *Einstein Kyôzyu-Kôen-roku*. Tokyo:

Kabushika Kaisha, 1971.
Cited: **1** *Ishiwara 1971*: 224. **2** *Ishiwara 1971*: 264, 310n. **4** *Ishiwara 1971*: 193. **5** *Ishiwara 1971*: 32u.

Ives, Herbert E., and Stilwell, G. R. "An Experimental Study of the Rate of a Moving Atomic Clock." *Journal of the Optical Society of America* 28 (1938): 215–226.
Cited: **2** *Ives and Stilwell 1938*: 403n. **3** *Ives and Stilwell 1938*: 175n, 439n. **4** *Ives and Stilwell 1938*: 105n.

Jacobsohn, Max. "Arbeitsmöglichkeiten der Bundesbrüder in den jüdischen Arbeitsämtern und Altersfürsorgeämtern." *Der jüdische Student* 18 (1921): 23–27.
Cited: **7** *Jacobsohn 1921*: 241n.

Jaeger, Wilhelm, and Diesselhorst, H. "Wärmeleitung, Elektricitätsleitung, Wärmecapacität und Thermokraft einiger Metalle." In *Wissenschaftliche Abhandlungen der Physikalisch-Technischen Reichsanstalt*. Vol. 3, pp. 269–424. Berlin: Springer, 1900.
Cited: **3** *Jaeger and Diesselhorst 1900*: 567.

Jaki, Stanley L. "Johann Georg von Soldner and the Gravitational Bending of Light, with an English Translation of His Essay on It Published in 1801." *Foundations of Physics* 8 (1978): 927–950.
Cited: **3** *Jaki 1978*: 497n. **5** *Jaki 1978*: 551n.

Jakob, Max. "[Review of *Einstein 1917a*]." *Zeitschrift des Vereins deutscher Ingenieure* 62 (1918): 274–276.
Cited: **10** *Jakob 1918*: 163n.

———. "Bemerkung zu dem Aufsatz von J. Petzoldt: 'Verbietet die Relativitätstheorie Raum und Zeit als etwas Wirkliches zu denken?'." *Deutsche Physikalische Gesellschaft. Verhandlungen* 21 (1919): 159–161.
Cited: **9** *Jakob 1919*: 15n.

James, William. *The Principles of Psychology*. 2 vols. New York: Holt, 1893.
Cited: **8** *James 1893*: 548n.

Jammer, Max. *The Conceptual Development of Quantum Mechanics*. New York: McGraw-Hill, 1966.
Cited: **2** *Jammer 1966*: xxxiii, 135. **9** *Jammer 1966*: 390n.

Janssen, Michel. "H. A. Lorentz's Attempt to Give a Coordinate-Free Formulation of the General Theory of Relativity." In *Studies in the History of General Relativity*, pp. 344–363. Eisenstaedt, Jean, and Kox, A. J., eds. Boston: Birkhäuser, 1992.
Cited: **8** *Janssen 1992*: 247n, 299n, 301n, 712n.

Janssen, Michel, and Schulmann, Robert. "On the Dating of a Recently Published Einstein Manuscript: Could These Be the Calculations that Gave Einstein 'Heart Palpitations'?" *Foundations of Physics Letters* 11 (1998): 379–389.
Cited: **7** *Janssen and Schulmann 1998*: 188n.

Jarausch, Konrad H. *Students, Society, and Politics in Imperial Germany: The Rise of Academic Illiberalism*. Princeton: Princeton University Press, 1982.
Cited: **9** *Jarausch 1982*: 179n, 184n.

Jeans, James Hopwood. "A Comparison between Two Theories of Radiation." *Nature* 72 (1905): 293–294.
Cited: **2** *Jeans 1905c*: 144, 551n. **5** *Jeans 1905c*: 42n. **6** *Jeans 1905c*: 39n.

———. "On the Application of Statistical Mechanics to the General Dynamics of Matter and Ether." *Royal Society of London. Proceedings A* 76 (1905): 296–311.
Cited: **5** *Jeans 1905d*: 42n.

———. "On the Laws of Radiation." *Royal Society of London. Proceedings A* 76 (1905): 545–552.
Cited: **2** *Jeans 1905d*: 552n. **5** *Jeans 1905*: 84n, 167n. **8** *Jeans 1905*: 445n.

———. "On the Partition of Energy between Matter and Aether." *Philosophical Magazine* 10 (1905): 91–98.
Cited: **2** *Jeans 1905a*: 137, 167n, 390n. **3** *Jeans 1905*: 253n, 281n. **5** *Jeans 1905a*: 42n. **6** *Jeans 1905a*: 39n.

———. "The Dynamical Theory of Gases and of Radiation." *Nature* 72 (1905): 101–102.
Cited: **2** *Jeans 1905b*: 390n. **5** *Jeans 1905b*: 42n. **6** *Jeans 1905b*: 39n.

———. "Zur Strahlungstheorie." *Physikalische Zeitschrift* 9 (1908): 853–855.
Cited: **2** *Jeans 1908*: 144, 542, 551n.

———. *Report on Radiation and the Quantum-Theory*. London: The Physical Society of London ("The Electrician" Printing and Publishing Co.), 1914.
Cited: **2** *Jeans 1914*: 142.

———. "On the Law of Distribution in Star-Clusters." *Royal Astronomical Society. Monthly Notices* 76 (1916): 567–572.
Cited: **7** *Jeans 1916*: 425n.

———. *Problems of Cosmogony and Stellar Dynamics*. Cambridge: Cambridge University Press, 1919.
Cited: **7** *Jeans 1919*: 425n.

Jegelka, Norbert. *Paul Natorp: Philosophie, Pädagogik, Politik.* Würzburg: Königshausen und Neumann, 1992.
Cited: **9** *Jegelka 1992*: 60n, 96n, 103n, 479n.

Jewell, Lewis E. "The Coincidence of Solar and Metallic Lines: A Study of the Appearance of Lines in the Spectra of the Electric Arc and the Sun." *Astrophysical Journal* 3 (1896): 89–113.
Cited: **3** *Jewell 1896*: 493, 497n. **5** *Jewell 1896*: 313n.

Joël, Kurt. "Die Sonne bringt es an den Tag?" *Vossische Zeitung*, 29 May 1919, Morning Edition.
Cited: **9** *Joël 1919*: 189n.

Johannsen, Wilhelm L. "Die Vererbung bei Aristoteles und Hippokrates im Lichte heutiger Forschung." *Die Naturwissenschaften* 5 (1917): 389–397.
Cited: **10** *Johannsen 1917*: 93n.

———. *Elemente der exakten Erblichkeitslehre, mit Grundzügen der biologischen Variationsstatistik.* 2d rev. ed. Jena: Fischer, 1913.
Cited: **9** *Johannsen 1913*: 507n.

Johansen, Nils V. *Einstein i Norge.* Oslo: Capellen, 2005.
Cited: **10** *Johansen 2005*: 246n, 316n.

Jones, Mary H. *Swords into Ploughshares: An Account of the American Friends Service Committee 1917–1937.* New York, MacMillan, 1937.
Cited: **7** *Jones 1937*: 332n, 470n.

Jones, Nigel H. *Hitler's Heralds: The Story of the Freikorps, 1918–1923.* New York: Dorset, 1992.
Cited: **9** *Jones, N. 1992*: 488n.

Jones, Rufus M. *A Service of Love in Wartime: American Friends Relief Work in Europe, 1917–1919.* New York: Macmillan, 1920.
Cited: **9** *Jones, R. 1920*: 253n.

Josephson, Paul R. *Physics and Politics in Revolutionary Russia.* Berkeley: University of California Press, 1991.
Cited: **10** *Josephson 1991*: 319n, 426n.

Joule, James Prescott. "On the Calorific Effects of Magneto-Electricity, and on the Mechanical Value of Heat." *Philosophical Magazine* 23 (1843): 236–276, 347–355, 435–443.
Cited: **1** *Joule 1843*: 91n.

———. "On the Changes of Temperature Produced by the Rarefaction and Condensation of Air." *Philosophical Magazine* 26 (1845): 369–383.
Cited: **1** *Joule 1845*: 84n, 86n.

———. "On the Mechanical Equivalent of Heat, as Determined by the Heat Evolved by the Friction of Fluids." *Philosophical Magazine* 31 (1847): 173–176.
Cited: **1** *Joule 1847*: 88n.

———. "On the Mechanical Equivalent of Heat." *Royal Society of London. Philosophical Transactions* 140 (1850): 61–82.
Cited: **1** *Joule 1850*: 88n.

Julius, Willem H. "Sonnenphänomene als Folgen anomaler Dispersion des Lichtes betrachtet." *Physikalische Zeitschrift* 2 (1901): 348–353, 357–360.
Cited: **5** *Julius 1901*: 328n, 348n.

———. "Erwiderung auf Bedenken, welche gegen die Anwendung der anomalen Dispersion zur Erklärung der Chromosphäre geäussert worden sind." *Astronomische Nachrichten* 160 (1903): cols. 139–146.
Cited: **5** *Julius 1903*: 317n.

———. "Dispersion Bands in Absorption Spectra." *Astrophysical Journal* 21 (1905): 271–277.
Cited: **5** *Julius 1905*: 328n.

———. "Arbitrary Distribution of Light in Dispersion Bands, and Its Bearing on Spectroscopy and Astrophysics." *Astrophysical Journal* 25 (1907): 95–115.
Cited: **5** *Julius 1907*: 328n.

———. "Note on the Interpretation of Spectroheliograph Results and of Line-Shifts, and on Anomalous Scattering of Light." *Astrophysical Journal* 31 (1910): 419–429.
Cited: **5** *Julius 1910c*: 356n.

———. "Regelmäßige Folgen unregelmäßiger Brechung in der Sonne." *Physikalische Zeitschrift* 11 (1910): 56–70.
Cited: **5** *Julius 1910a*: 317n, 328n, 329n, 356n, 388n.

———. "Über den Ursprung des Lichtes der Chromosphäre." *Physikalische Zeitschrift* 11 (1910): 70–71.
Cited: **5** *Julius 1910b*: 348n.

———. "Die Linien H und K im Spektrum der verschiedenen Teile der Sonnenscheibe." *Physikalische Zeitschrift* 12 (1911): 674–681.
Cited: **5** *Julius 1911b*: 356n.

———. "Selektive Absorption und anomale Zerstreuung (Diffusion) des Lichtes in ausgedehnten Gasmassen." *Physikalische Zeitschrift* 12 (1911): 329–338.
Cited: **5** *Julius 1911a*: 313n, 329n, 337n, 388n.

———. "Physik der Sonne." In *Handwörterbuch der Naturwissenschaften*, pp. 824–852. Korschelt, E. et al., eds. Jena: Fischer, 1912.
Cited: **5** *Julius 1912*: 313n, 316n. **9** *Julius 1912*: 273n.

———. "Radial Motion in Sunspots." *Astrophysical Journal* 40 (1914): 1–33.
Cited: **10** *Julius 1914*: 252n.

———. "Anomalous Dispersion and Fraunhofer Lines. Reply to Objections." *Astrophysical Journal* 43 (1916): 43–66.
Cited: **5** *Julius 1916*: 317n. **10** *Julius 1916*: 252n.

———. "Mutual Influence of Fraunhofer Lines." *Astrophysical Journal* 54 (1921): 92–115.
Cited: **10** *Julius 1921*: 252n.

Julius, Willem H., and van Cittert, Pieter H. "De algemeene relativiteitstheorie en het zonnespectrum." *Koninklijke Akademie van Wetenschappen te Amsterdam. Wis- en Natuurkundige Afdeeling. Verslagen van de Gewone Vergaderingen* 29 (1920–21): 106–116. Reprinted in translation as "The General Relativity Theory and the Solar Spectrum." *Koninklijke Akademie van Wetenschappen te Amsterdam. Section of Sciences. Proceedings* 23 (1920–21): 522–532.
Cited: **10** *Julius and Cittert 1920*: 251n, 252n, 288n, 310n, 327n, 349n, 407n.

Jungnickel, Christa, and McCormmach, Russell. *Intellectual Mastery of Nature: Theoretical Physics from Ohm to Einstein*. Vol. 1, *The Torch of Mathematics 1800–1870*. Chicago: University of Chicago Press, 1986.
Cited: **1** *Jungnickel and McCormmach 1986*: 282n. **2** *Jungnickel and McCormmach 1986a* xxxiii, 173.

———. *Intellectual Mastery of Nature: Theoretical Physics from Ohm to Einstein*. Vol. 2, *The Now Mighty Theoretical Physics 1870–1925*. Chicago: University of Chicago Press, 1986.
Cited: **1** *Jungnickel and McCormmach 1986*: 282n. **2** *Jungnickel and McCormmach 1986b*: xvii, xviii, xxxiii, 135, 144, 145, 267. **3** *Jungnickel and McCormmach 1986*: 5, 126n. **5** *Jungnickel and McCormmach 1986*: 210n. **8** *Jungnickel and McCormmach 1986*: 146n, 149n.

Kadomtzeff, Boris. *The Russian Collapse: A Politico-Economic Essay*. New York: Russian Mercantile and Industrial Corporation, 1919.
Cited: **9** *Kadomtzeff 1919*: 205n.

Kaes, Anton, Jay, Martin, and Dimenberg, Edward. *The Weimar Republic Sourcebook*. Berkeley: University of California Press, 1995.
Cited: **9** *Kaes et al. 1995*: 238n.

Kagan, Bernhard, ed. *Großmeister-Turnier 1918. Das Großmeister-Turnier im Kerkau-Palast zu Berlin im Oktober 1918 (Weltmeister E. Lasker, A. Rubinstein, C. Schlechter und S. Tarrasch)*. With commentary by Emanuel Lasker. Berlin: Kagan, 1918.
Cited: **8** *Kagan 1918*: 906n.

Kaiser, Walter. "Early Theories of the Electron Gas." *Historical Studies in the Physical and Biological Sciences* 17 (1987): 271–297.
Cited: **2** *Kaiser 1987*: 207. **3** *Kaiser 1987*: 246n.

Kaluza, Theodor. "Zum Unitätsproblem der Physik." *Preußische Akademie der Wissenschaften* (Berlin). *Sitzungsberichte* (1921): 966–972.
Cited: **7** *Kaluza 1921*: 575n. **9** *Kaluza 1921*: 39n, 57n, 67n, 68n, 77n.

Kamerlingh Onnes, Heike. "Sur les résistances électriques." In *La théorie du rayonnement et les quanta. Rapports et discussions de la réunion tenue à Bruxelles, du 30 octobre au 3 novembre 1911, sous les auspices de M. E. Solvay*, pp. 304–310. Langevin, Paul, and de Broglie, Maurice, eds. Paris: Gauthier-Villars, 1912.
Cited: **3** *Kamerlingh Onnes 1912*: 501, 504n. **5** *Kamerlingh Onnes 1912*: 283n.

———. "Ueber den elektrischen Widerstand." In *Die Theorie der Strahlung und der Quanten. Verhandlungen auf einer von E. Solvay einberufenen Zusammenkunft (30. Oktober bis 3. November 1911). Mit einem Anhange über die Entwicklung der Quantentheorie vom Herbst 1911 bis Sommer 1913*, pp. 245–250. Eucken, Arnold, ed. Halle a.S.: Knapp, 1914. (*Abhandlungen der Deutschen Bunsen Gesellschaft für angewandte physikalische Chemie* 3, no. 7.)
Cited: **3** *Kamerlingh Onnes 1914*: 504n.

———. "Le paramagnétisme aux basses températures considéré au point de vue de la constitution des aimants élémentaires et de l'action que ceux-ci subissent de la part de leurs porteurs." In *Atomes et électrons. Rapports et discussions du Conseil de Physique tenu à Bruxelles du 1er au 6 avril 1921 sous les auspices de l'Institut International de Physique Solvay*, pp. 131–157. Verschaffelt, Jules E.;

de Broglie, Maurice; Bragg, William L.; and Brillouin, Léon, eds. Paris: Gauthier-Villars, 1923.
Cited: **10** *Kamerlingh Onnes 1923*: 369n, 405n.

Kamerlingh Onnes, Heike, and Keesom, Willem H. "Contributions to the Knowledge of the ψ-Surface of Van der Waals. XII. On the Gas Phase Sinking in the Liquid Phase for Binary Mixtures." *Koninklijke Akademie van Wetenschappen te Amsterdam. Section of Sciences. Proceedings* 9 (1906–07): 501–507.
Cited: **5** *Kamerlingh Onnes and Keesom 1907a*: 362n.

———. "Contributions to the Knowledge of the ψ-Surface of Van der Waals. XV. The Case That One Component Is a Gas without Cohesion with Molecules That Have Extension. Limited Miscibility of Two Gases." *Koninklijke Akademie van Wetenschappen te Amsterdam. Section of Sciences. Proceedings* 9 (1906–07): 786–798.
Cited: **5** *Kamerlingh Onnes and Keesom 1907b*: 362n.

———. "Contributions to the Knowledge of the ψ-Surface of Van der Waals." *Koninklijke Akademie van Wetenschappen te Amsterdam. Section of Sciences. Proceedings* 10 (1907–08): 231–237.
Cited: **5** *Kamerlingh Onnes and Keesom 1907c*: 362n.

———. "Contributions to the Knowledge of the ψ-Surface of Van der Waals. XVI. On the Gas Phase Sinking in the Liquid Phase for Binary Mixtures in the Case That the Molecules of One Component Exert Only a Feeble Attraction." *Koninklijke Akademie van Wetenschappen te Amsterdam. Section of Sciences. Proceedings* 10 (1907–08): 274–283.
Cited: **5** *Kamerlingh Onnes and Keesom 1907d*: 362n.

———. "Over de toestandsvergelijking van eene stof in de nabijheid van het kritisch punt vloeistof-gas. I. De storingsfunctie in de nabijheid van den kritischen toestand." *Koninklijke Akademie van Wetenschappen te Amsterdam. Wis- en Natuurkundige Afdeeling. Verslagen van de Gewone Vergaderingen* 16 (1907–08): 659–666. Reprinted in translation as "On the Equation of State of a Substance in the Neighbourhood of the Critical Point Liquid-Gas. I. The Disturbance Function in the Neighbourhood of the Critical State." *Koninklijke Akademie van Wetenschappen te Amsterdam. Section of Sciences. Proceedings* 10 (1907–08): 603–610.
Cited: **3** *Kamerlingh Onnes and Keesom 1908a*: 311n. **5** *Kamerlingh Onnes and Keesom 1908a*: 362n.

———. "Over de toestandsvergelijking van eene stof in de nabijheid van het kritisch punt vloeistof-gas. II. Spectrophotometrisch onderzoek van de opalescentie van eene stof in de nabijheid van den kritischen toestand." *Koninklijke Akademie van Wetenschappen te Amsterdam. Wis- en Natuurkundige Afdeeling. Verslagen van de Gewone Vergaderingen* 16 (1907–08): 667–678. Reprinted in translation as "On the Equation of State of a Substance in the Neighbourhood of the Critical Point Liquid-Gas. II. Spectrophotometrical Investigation of the Opalescence of a Substance in the Neighbourhood of the Critical State." *Koninklijke Akademie van Wetenschappen te Amsterdam. Section of Sciences. Proceedings* 10 (1907–08): 611–623.
Cited: **3** *Kamerlingh Onnes and Keesom 1908b*: 283, 311n, 509n. **5** *Kamerlingh Onnes and Keesom 1908b*: 270n, 362n, 375n.

———. "Die Zustandsgleichung." In *Encyklopädie der mathematischen Wissenschaften, mit Einschluss ihrer Anwendungen*. Vol. 5, *Physik*, part 1, pp. 615–945. Sommerfeld, Arnold, ed. Leipzig: Teubner, 1903–1921. Issued 12 September 1912.
Cited: **2** *Kamerlingh Onnes and Keesom 1912*: 244n. **3** *Kamerlingh Onnes and Keesom 1912*: 407n. **5** *Kamerlingh Onnes and Keesom 1912*: 362n, 375n, 386n.

Kammerer, Paul. *Bestimmung und Vererbung des Geschlechtes bei Pflanze, Tier und Mensch*. Leipzig: Thomas, 1913.
Cited: **9** *Kammerer 1913*: 450n.

———. *Das Gesetz der Serie: Eine Lehre von den Wiederholungen im Leben- und im Weltgeschehen*. Stuttgart: Deutsche Verlags-Anstalt, 1919.
Cited: **10** *Kammerer 1919*: 487n.

———. "Vererbung erzwungener Formveränderungen. I. Mitteilung: Die Brunftschwiele des Alytes-Männchen aus 'Wassereiern.' (Zugleich: Vererbung erzwungener Fortpflanzungsanpassungen, V. Mitteilung)." *Archiv für Entwicklungsmechanik der Organismen* 45 (1919): 323–370.
Cited: **9** *Kammerer 1919*: 507n.

Kaneko, Tsutomu. *Ainsyutain Syokku (Einstein Shock to Taisho Era)*. 2 vols. Tokyo: Chuo-

koron-sha, 1981.
Cited: **5** *Kaneko 1981*: 161n.

Kangro, Hans. *Early History of Planck's Radiation Law*. London: Taylor and Francis, 1976.
Cited: **2** *Kangro 1976*: xxxiii, 108n, 135, 136.

Kant, Horst. "Albert Einstein, Max von Laue, Peter Debye und das Kaiser-Wilhelm-Institut für Physik in Berlin (1917–1939)." In *Die Kaiser-Wilhelm-/Max-Planck-Gesellschaft und ihre Institute. Studien zu ihrer Geschichte: Das Harnack-Prinzip*, pp. 227–243. Brocke, Bernhard vom, and Laitko, Hubert, eds. Berlin: De Gruyter, 1996.
Cited: **9** *Kant 1996*: liii.

Kapteyn, Jacobus C. "Die mittlere Geschwindigkeit der Sterne, die Quantität der Sonnenbewegung und die mittlere Parallaxe der Sterne von verschiedener Grösse." *Astronomische Nachrichten* 146 (1898): cols. 97–114.
Cited: **8** *Kapteyn 1898*: 471n.

———. "On the Parallaxes and Motion of the Brighter Galactic Helium Stars between Galactic Longitudes 150° and 216°." *Contributions from the Mount Wilson Solar Observatory*, no. 147 (1918): 3–92.
Cited: **10** *Kapteyn 1918*: 233n.

Kármán, Theodor von, and Rubach, H. "Über den Mechanismus des Flüssigkeits- und Luftwiderstandes." *Physikalische Zeitschrift* 13 (1912): 49–59.
Cited: **5** *Kármán and Rubach 1912*: 417n.

Karo, Georg. *Der Krieg der Wissenschaft gegen Deutschland*. Munich: Süddeutsche Monatshefte, 1919.
Cited: **7** *Karo 1919*: 300n.

Käslin, Hans. "Jost Winterers Bedeutung für uns." In *Jost Winteler 1846–1929*, pp. 15–28. Aarau: Sauerländer, 1930.
Cited: **1** *Käslin 1930*: 308n.

Kaufmann, Walter. "Die magnetische Ablenkbarkeit der Kathodenstrahlen und ihre Abhängigkeit vom Entladungspotential." *Annalen der Physik und Chemie* 61 (1897): 544–552.
Cited: **5** *Kaufmann 1897*: 138n.

———. "Die magnetische und elektrische Ablenkbarkeit der Bequerelstrahlen und die scheinbare Masse der Elektronen." *Königliche Gesellschaft der Wissenschaften zu Göttingen. Mathematisch-physikalische Klasse. Nachrichten* (1901): 143–155.
Cited: **2** *Kaufmann 1901*: 486n.

———. "Ueber die 'Elektromagnetische Masse' der Elektronen." *Königliche Gesellschaft der Wissenschaften zu Göttingen. Mathematisch-physikalische Klasse. Nachrichten* (1903): 90–103, 148.
Cited: **5** *Kaufmann 1903*: 138n.

———. "Über die Konstitution des Elektrons." *Königlich Preußische Akademie der Wissenschaften* (Berlin). *Sitzungsberichte* (1905): 949–956.
Cited: **2** *Kaufmann 1905*: 267, 270.

———. "Über die Konstitution des Elektrons." *Annalen der Physik* 19 (1906): 487–553.
Cited: **2** *Kaufmann 1906a*: 267, 270, 372n, 427n, 486n. **5** *Kaufmann 1906a*: 78n, 138n.

———. "Nachtrag zu der Abhandlung: 'Über die Konstitution des Elektrons'." *Annalen der Physik* 20 (1906): 639–640.
Cited: **2** *Kaufmann 1906b*: 267. **5** *Kaufmann 1906b*: 78n, 138n.

———. "Bemerkungen zu Herrn Plancks: 'Nachtrag zu der Besprechung der Kaufmannschen Ablenkungsmessungen'." *Deutsche Physikalische Gesellschaft. Verhandlungen* 9 (1907): 667–673.
Cited: **5** *Kaufmann 1907*: 79n.

Kaul, Theodor. "Ein vollendetes Leben. Nachruf auf Dr. Phil. Walther Koch." *Pfälzer Heimat* 20 (1969): 72–75.
Cited: **9** *Kaul 1969*: 34n.

Kayser, Heinrich. *Erinnerungen aus meinem Leben*. Dörries, Matthias, and Hentschel, Klaus, eds. Munich: Institut für Geschichte der Naturwissenschaften, 1996.
Cited: **9** *Kayser, H. 1996*: 149n.

Kayser, Heinrich, and Runge, Carl. "Über die Spektren der Elemente. Fünfter Abschnitt. Über die Spektren von Kupfer, Silber und Gold." *Königlich Preußische Akademie der Wissenschaften zu Berlin. Abhandlungen* (1892).
Cited: **1** *Kayser and Runge 1892a*: 279n.

———. "Über die Spektren der Elemente. Sechster Abschnitt. Über die Spektren von Aluminium, Indium und Thallium." *Königlich Preußische Akademie der Wissenschaften zu Berlin. Abhandlungen* (1892).
Cited: **1** *Kayser and Runge 1892b*: 279n.

———. "Über die Spektren der Elemente. Siebenter Abschnitt. Die Spektren von Zinn, Blei, Arsen, Antimon, Wismuth." *Königlich Preußische Akademie der Wissenschaften zu Berlin. Abhandlungen* (1893).
Cited: **1** *Kayser and Runge 1893*: 279n.

Kayser, Rudolf [Anton Reiser, pseud.]. *Albert Einstein: A Biographical Portrait*. New

York: Boni, 1930.
Cited: **1** *Kayser 1930*: lvii, lix, lxi, lxiv, 3n, 10, 11, 216n, 223, 233n, 239, 262n, 272n, 303n, 331n, 335n. **2** *Kayser 1930*: 54, 175, 260, 306n. **5** *Kayser 1930*: 404n. **7** *Kayser 1930*: 222, 429n. **8** *Kayser 1930*: 615n. **9** *Kayser, R. 1930*: 4n.

Keesom, Willem H. "Contributions to the Knowledge of Van der Waals' ψ-Surface. V. The Dependence of the Plait-Point Constants on the Composition in Binary Mixtures with Small Proportions of One of the Components." *Koninklijke Akademie van Wetenschappen te Amsterdam. Section of Sciences. Proceedings* 4 (1901–02): 293–307.
Cited: **5** *Keesom 1902a*: 362n.

———. "Contributions to the Knowledge of Van der Waals' ψ-Surface. VI. The Increase of Pressure at Condensation of a Substance with Small Admixtures." *Koninklijke Akademie van Wetenschappen te Amsterdam. Section of Sciences. Proceedings* 4 (1901–02): 659–668.
Cited: **5** *Keesom 1902b*: 362n.

———. "Reduction of Observation Equations Containing More than One Measured Quantity." *Koninklijke Akademie van Wetenschappen te Amsterdam. Section of Sciences. Proceedings* 5 (1902–03): 236–240.
Cited: **5** *Keesom 1902c*: 362n.

———. "Isothermals of Mixtures of Oxygen and Carbon Dioxide. I. The Calibration of Manometer and Piezometer Tubes." *Koninklijke Akademie van Wetenschappen te Amsterdam. Section of Sciences. Proceedings* 6 (1903–04): 532–541.
Cited: **5** *Keesom 1904a*: 362n.

———. "Isothermals of Mixtures of Oxygen and Carbon Dioxide. II. The Preparation of the Mixtures and the Compressibility at Small Densities." *Koninklijke Akademie van Wetenschappen te Amsterdam. Section of Sciences. Proceedings* 6 (1903–04): 541–554.
Cited: **5** *Keesom 1904b*: 362n.

———. "Isothermals of Mixtures of Oxygen and Carbon Dioxide. III. The Determination of Isothermals between 60 and 140 Atmospheres, and between –15° C and +60° C." *Koninklijke Akademie van Wetenschappen te Amsterdam. Section of Sciences. Proceedings* 6 (1903–04): 554–565.
Cited: **5** *Keesom 1904c*: 362n.

———. "Isothermals of Mixtures of Oxygen and Carbon Dioxide. IV. Isothermals of Pure Carbon Dioxide between 25° C. and 60° C. and between 60 and 140 Atmospheres." *Koninklijke Akademie van Wetenschappen te Amsterdam. Section of Sciences. Proceedings* 6 (1903–04): 565–577.
Cited: **5** *Keesom 1904d*: 362n.

———. "Isothermals of Mixtures of Oxygen and Carbon Dioxide. V. Isothermals of Mixtures of the Molecular Compositions 0.1047 and 0.1994 of Oxygen, and the Comparison of Them with Those of Pure Carbon Dioxide." *Koninklijke Akademie van Wetenschappen te Amsterdam. Section of Sciences. Proceedings* 6 (1903–04): 577–593.
Cited: **5** *Keesom 1904e*: 362n.

———. "Isothermals of Mixtures of Oxygen and Carbon Dioxide. VI. Influence of Gravitation on the Phenomena in the Neighbourhood of the Plaitpoint for Binary Mixtures." *Koninklijke Akademie van Wetenschappen te Amsterdam. Section of Sciences. Proceedings* 6 (1903–04): 593–597.
Cited: **5** *Keesom 1904f*: 362n.

———. "Contributions to the Knowledge of the ψ-Surface of Van der Waals. XIII. On the Conditions for the Sinking and Again Rising of the Gas Phase in the Liquid Phase for Binary Mixtures." *Koninklijke Akademie van Wetenschappen te Amsterdam. Section of Sciences. Proceedings* 9 (1906–07): 508–511.
Cited: **5** *Keesom 1907a*: 362n.

———. "Contributions to the Knowledge of the ψ-Surface of Van der Waals. XIII. On the Conditions for the Sinking and Again Rising of a Gas Phase in the Liquid Phase for Binary Mixtures. (Continued)." *Koninklijke Akademie van Wetenschappen te Amsterdam. Section of Sciences. Proceedings* 9 (1906–07): 660–664.
Cited: **5** *Keesom 1907b*: 362n.

———. "Spektrophotometrische Untersuchung der Opaleszenz eines einkomponentigen Stoffes in der Nähe des kritischen Zustandes." *Annalen der Physik* 35 (1911): 591–598.
Cited: **3** *Keesom 1911*: 283. **5** *Keesom 1911*: 362n, 375n.

———. "Over de magnetisatie van ferromagnetische lichamen in verband met de aanname eener nulpuntsenergie. *Koninklijke Akademie van Wetenschappen te Amsterdam. Wis- en Natuurkundige Afdeeling. Verslagen van de Gewone Vergaderingen* 22 (1913–14): 476–489. Reprinted in translation as "On the Mag-

netization of Ferromagnetic Substances Considered in Connection with the Assumption of a Zero-Point Energy." *Koninklijke Akademie van Wetenschappen te Amsterdam. Section of Sciences. Proceedings* 16 (1913–14): 454–467.
Cited: **5** *Keesom 1913a*: 564n.
———. "Over de magnetisatie van ferromagnetische lichamen in verband met de aanname eener nulpuntsenergie. II. Over de susceptibiliteit in den opgewekt-ferromagnetische toestand. *Koninklijke Akademie van Wetenschappen te Amsterdam. Wisen Natuurkundige Afdeeling. Verslagen van de Gewone Vergaderingen* 22 (1913–14): 490–499. Reprinted in translation as "On the Magnetization of Ferromagnetic Substances Considered in Connection with the Assumption of a Zero-Point Energy. II. On the Susceptibility in the Excited Ferromagnetic State." *Koninklijke Akademie van Wetenschappen te Amsterdam. Section of Sciences. Proceedings* 16 (1913–14): 468–476.
Cited: **5** *Keesom 1913b*: 564n.
———. "Über die Magnetisierung von ferromagnetischen Körpern in Beziehung zur Annahme einer Nullpunktsenergie." *Physikalische Zeitschrift* 15 (1914): 8–17.
Cited: **1c***Keesom 1914*: 356n, 369n.

Kelen, József. "Umkehr und Verlust des remanenten Magnetismus bei Erregermaschinen." *Elektrotechnik und Maschinenbau* 38 (1920): 225–226.
Cited: **10** *Kelen 1920*: 474n.

Kellermann, Hermann, ed. *Der Krieg der Geister. Eine Auslese deutscher und ausländischer Stimmen zum Weltkriege 1914*. Dresden: Rammingsche Buchdruckerei, 1915.
Cited: **8** *Kellermann 1915*: 77n.

Kempf, Marcelle. *Romain Rolland et l'Allemagne*. Paris: Nouvelle Editions Debresse, 1962.
Cited: **8** *Kempf 1962*: 505n.

Kenez, Peter. "Pogroms and White Ideology in the Russian Civil War." In *Pogroms: Anti-Jewish Violence in Modern Russian History*, pp. 293–313. Klier, John D., and Lambroza, Schlomo, eds. Cambridge: Cambridge University Press, 1992.
Cited: **7** *Kenez 1992*: 241n.

Kennefick, Daniel. "Controversies in the History of the Radiation Reaction Problem in General Relativity." In *The Expanding Worlds of General Relativity*, pp. 207–234. Goenner, Hubert, Renn, Jürgen, Ritter, Jim, and Sauer, Tilman, eds. Boston: Birkhäuser, 1999.
Cited: **7** *Kennefick 1999*: 27n.

Kerker, Milton. "The Svedberg and Molecular Reality." *Isis* 67 (1976): 190–216.
Cited: **2** *Kerker 1976*: xxxiii, 219, 220.

Kerkhof, Karl. *Ueber Temperaturen in geisslerschen Röhren*. Doctoral dissertation, Rheinische Friedrich-Wilhelms-Universität. Bonn: Bach, 1900.
Cited: **10** *Kerkhof 1900*: 272n.

Kerszberg, Pierre. "The Relativity of Rotation in the Early Foundations of General Relativity." *Studies in History and Philosophy of Science* 18 (1987): 53–79.
Cited: **6** *Kerszberg 1987*: 552n.

———. "The Einstein–de Sitter Controversy of 1916–1917 and the Rise of Relativistic Cosmology." In *Einstein and the History of General Relativity*, pp. 325–366. Howard, Don, and Stachel, John, eds. Boston: Birkhäuser, 1989.
Cited: **6** *Kerszberg 1989a*: 552n. **8** *Kerszberg 1989a*: 357n.

———. *The Invented Universe: The Einstein–De Sitter Controversy (1916–17) and the Rise of Relativistic Cosmology*. Oxford: Oxford University Press, 1989.
Cited: **6** *Kerszberg 1989b*: xx, 552n. **8** *Kerszberg 1989b*: 357n, 417n, 429n, 477n, 769n. **9** *Kerszberg 1989*: 263n.

Kessler, Harry Count. *Tagebücher 1918–1937*. [Frankfurt a. M.]: Insel, 1961.
Cited: **9** *Kessler 1961*: 553c, 576c, 579c.

Keutel, Friedrich. *Ueber die spezifische Wärme von Gasen*. Berlin: Ebering, 1910.
Cited: **7** *Keutel 1910*: 326, 331n.

Keynes, John M. *The Economic Consequences of the Peace*. New York: Harcourt, 1920.
Cited: **9** *Keynes 1920*: 86n.

Khinchin, Aleksandr Yakovlevich. "Korrelationstheorie der stationären stochastischen Prozesse." *Mathematische Annalen* 109 (1934): 604–615.
Cited: **4** *Khinchin 1934*: 602n.

Khvolson [Chwolson], Orest Daniylovich. *Lehrbuch der Physik*. Vol. 1, *Einleitung–Mechanik: Einige Messinstrumente und Messmethoden–Die Lehre von den Gasen, Flüssigkeiten und festen Körpern*. Pflaum, H., trans. Braunschweig: Vieweg, 1902.
Cited: **2** *Khvolson 1902*: 260, 582n.

Kichenassamy, S. "Variational Derivations of Einstein's Equations." In *The Attraction of*

Gravitation: New Studies in the History of General Relativity, pp. 185–205. Earman, John, Janssen, Michel, and Norton, John D., eds. Boston: Birkhäuser, 1993.
Cited: **6** *Kichenassamy 1993*: 346n, 416n.

Kirchhoff, Gustav Robert. "Ueber den Durchgang eines elektrischen Stromes durch eine Ebene, insbesondere durch eine kreisförmige." *Annalen der Physik und Chemie* 64 (1845): 497–514.
Cited: **1** *Kirchhoff 1845*: 182n, 187n.

———. "Ueber das Verhältniss zwischen dem Emissionsvermögen und dem Absorptionsvermögen der Körper für Wärme und Licht." *Annalen der Physik und Chemie* 109 (1860): 275–301.
Cited: **2** *Kirchhoff 1860*: 135, 167n, 377n. **4** *Kirchhoff 1860*: 564n.

———. *Gesammelte Abhandlungen*. Leipzig: Barth, 1882.
Cited: **2** *Kirchhoff 1882*: 377n.

———. *Vorlesungen über mathematische Physik*. Vol. 4, *Theorie der Wärme*. Planck, Max, ed. Leipzig: Teubner, 1894.
Cited: **1** *Kirchhoff 1894*: 292n, 293n. **2** *Kirchhoff 1894*: 42, 43, 74n, 252n. **3** *Kirchhoff 1894*: 7.

———. *Vorlesungen über mathematische Physik*. Vol. 1, *Mechanik*. 4th ed. Wien, Wilhelm, ed. Leipzig: Teubner, 1897.
Cited: **1** *Kirchhoff 1897*: 249n, 250n. **2** *Kirchhoff 1897*: 177, 189, 200, 203n, 205n, 230, 235n, 342, 345n. **3** *Kirchhoff 1897*: 5, 127n, 246n.

Kirchhoff, Gustav Robert, and Hansemann, G. "Ueber die Leitungsfähigkeit des Eisens für die Wärme." *Annalen der Physik und Chemie* 9 (1880): 1–47.
Cited: **1** *Kirchhoff and Hansemann 1880*: 66n.

Kirchner, Joachim. *Das deutsche Zeitschriftenwesen. Seine Geschichte und seine Probleme*. Vol. 2, *Vom Wiener Kongress bis zum Ausgange des 19. Jahrhunderts*. Wiesbaden: Harrasowitz, 1962.
Cited: **2** *Kirchner 1962*: 110.

Kirsten, Christa, and Körber, Hans-Günther, eds. *Physiker über Physiker. Wahlvorschläge zur Aufnahme von Physikern in die Berliner Akademie 1870–1929*. Berlin: Akademie-Verlag, 1975.
Cited: **9** *Kirsten and Körber 1975*: 410n.

Kirsten, Christa, and Treder, Hans-Jürgen, eds. *Albert Einstein in Berlin 1913–1933*. Part 1, *Darstellung und Dokumente*. Berlin: Akademie-Verlag, 1979.
Cited: **5** *Kirsten and Treder 1979*: 529n, 570n, 582n. **6** *Kirsten and Treder 1979a*: 197n. **8** *Kirsten and Treder 1979a*: 40n, 60n, 62n, 167n, 216n, 257n, 262n, 324n, 953n, 1016c, 1017c. **9** *Kirsten and Treder 1979a*: 275n, 360n, 410n, 581c, 585c, 604c.

———, eds. *Albert Einstein in Berlin 1913–1933*. Part 2, *Spezialinventar*. Berlin: Akademie-Verlag, 1979.
Cited: **6** *Kirsten and Treder 1979b*: 197n. **7** *Kirsten and Treder 1979*: 112. **8** *Kirsten and Treder 1979b*: 53n, 151n, 186n, 989c, 1003c. **9** *Kirsten and Treder 1979b*: 275n, 549c, 564c, 580c, 581c, 599c, 603c. **10** *Kirsten and Treder 1979*: 416n, 565c, 582c, 586c, 593c, 601c.

Kirsten, Christa, and Treder, Hans-Jürgen. "Albert Einstein 1879–1955." In *Wegbereiter der deutsch–slawischen Wechselseitigkeit*, pp. 349–363. Winter, Edward, and Jarosch, Günther, eds. Berlin: Akademie-Verlag, 1983.
Cited: **8** *Kirsten and Treder 1983*: 18n.

Kjellén, Rudolf. *Studien zur Weltkrise*. Munich: Bruckmann, 1917.
Cited: **8** *Kjellén 1917*: 932n.

Kleeman, Richard D. "Some Relations in Capillarity." *Philosophical Magazine* 18 (1909): 491–510.
Cited: **2** *Kleeman 1909*: 6.

Klein, Felix. "Ueber die sogenannte Nicht-Euklidische Geometrie." *Mathematische Annalen* 4 (1871): 579–625.
Cited: **8** *Klein, F. 1871*: 426n, 781n.

———. *Vergleichende Betrachtungen über neuere geometrische Forschungen. Programm zum Eintritt in die philosophische Fakultät und den Senat der K. Friedrich-Alexanders-Universität zu Erlangen*. Erlangen: Deichert, 1872.
Cited: **9** *Klein, F. 1872*: 41n.

———. "Bemerkungen über den Zusammenhang von Flächen." *Mathematische Annalen* 7 (1874): 549–557.
Cited: **9** *Klein, F. 1874*: 41n.

———. "Zur Nicht-Euklidischen Geometrie." *Mathematische Annalen* 37 (1890): 544–572.
Cited: **8** *Klein, F. 1890*: 426n.

———. "Vergleichende Betrachtungen über neuere geometrische Forschungen." *Mathematische Annalen* 43 (1893): 63–100.
Cited: **9** *Klein, F. 1893*: 41n.

———. "Über die geometrischen Grundlagen der Lorentzgruppe." *Deutsche Mathematiker-Vereinigung. Jahresbericht* 19 (1910): 281–300.
Cited: **2** *Klein, F. 1910*: 254. **3** *Klein, F. 1910*. **8** *Klein, F. 1910*: 437n, 570n.

———. "Zu Hilberts erster Note über die Grundlagen der Physik." *Königliche Gesellschaft der Wissenschaften zu Göttingen. Mathematisch-physikalische Klasse. Nachrichten* (1917): 469–482.
Cited: **7** *Klein, F. 1917*: 76n, 80n, 179n. **8** *Klein, F. 1917*: liv, 635n, 675n, 689n, 699n, 716n, 775n, 834n, 880n, 917n, 970n.

———. "Über die Differentialgesetze für die Erhaltung von Impuls und Energie in der Einsteinschen Gravitationstheorie." *Königliche Gesellschaft der Wissenschaften zu Göttingen. Mathematisch-physikalische Klasse. Nachrichten* (1918): 171–189.
Cited: **7** *Klein, F. 1918a*: 76n, 179n. **8** *Klein, F. 1918a*: 426n, 675n, 834n, 880n, 917n, 933n, 937n, 970n. **9** *Klein, F. 1918a*: 41n, 42n.

———. "Über die Integralform der Erhaltungssätze und die Theorie der räumlich-geschlossenen Welt." *Königliche Gesellschaft der Wissenschaften zu Göttingen. Mathematisch-physikalische Klasse. Nachrichten* (1918): 394–423.
Cited: **7** *Klein, F. 1918b*: 49n, 76n. **8** *Klein, F. 1918b*: 356, 357n, 426n, 675n, 780n, 781n, 783n, 808n, 827n, 917n, 933n. **9** *Klein, F. 1918b*: 35n, 37n, 112n.

———. "Bermerkungen über die Beziehungen des de Sitter'schen Koordinatensystems *B* zu der allgemeinen Welt konstanter positiver Krümmung." *Koninklijke Akademie van Wetenschappen te Amsterdam. Wis- en Natuurkundige Afdeeling. Verslagen van de Gewone Vergaderingen* 27 (1918–1919): 488–489.
Cited: **7** *Klein, F. 1919*: 49n. **8** *Klein, F. 1919*: 356, 357n, 808n.

———. *Gesammelte mathematische Abhandlungen.* Vol. 1. Berlin: Springer, 1921.
Cited: **9** *Klein, F. 1921*: 41n, 536n.

———. *Gesammelte Mathematische Abhandlungen.* 3 vols. Ostrowski, A, and Fricke, R., eds. Berlin: Springer, 1921–1923.
Cited: **8** *Klein, F. 1921–1923*: 437n, 570n, 675n, 690n.

———. *Vorlesungen über die Entwicklung der Mathematik im 19. Jahrhundert.* Vol. 2. *Die Grundbegriffe der Invariantentheorie und ihr Eindringen in die mathematische Physik.* Courant, Richard, and Cohn-Vossen, Stephan, eds. Berlin: Springer, 1927.
Cited: **4** *Klein, F. 1927*: 296. **8** *Klein, F. 1927*: 436n, 437n, 690n. **9** *Klein, F. 1927*: 41n.

———. *Vorlesungen über nicht-euklidische Geometrie.* Rev. ed. Berlin: Springer, 1928.
Cited: **8** *Klein, F. 1928*: 781n.

Klein, Felix, and Sommerfeld, Arnold. *Über die Theorie des Kreisels.* 4 parts. Leipzig: Teubner, 1897–1910.
Cited: **3** *Klein, F., and Sommerfeld 1897–1910*: 5, 127n.

Klein, Franz. *Amerika und der europäische Krieg.* Vienna: Manz, 1915.
Cited: **8** *Klein, Fr. 1915*: 206n.

Klein, Martin J. "Ehrenfest's Contributions to the Development of Quantum Statistics." *Koninklijke Nederlandse Akademie van Wetenschappen te Amsterdam. Section of Sciences. Proceedings B* 62 (1959): 41–50, 51–62.
Cited: **6** *Klein 1959*: 261n. **9** *Klein, M. 1959*: 472n.

———. "Max Planck and the Beginnings of the Quantum Theory." *Archive for History of Exact Sciences* 1 (1960–1962): 459–479.
Cited: **2** *Klein 1962*: 136. **3** *Klein, M. 1962*: 281n. **5** *Klein, M. 1962*: 180n.

———. "Einstein's First Paper on Quanta." *Natural Philosopher* 2 (1963): 59–86.
Cited: **2** *Klein 1963b*: xxxiii, 140.

———. "Planck, Entropy, and Quanta, 1901–1906." *Natural Philosopher* 1 (1963): 83–108.
Cited: **2** *Klein 1963a*: 136.

———. "Einstein and the Wave-Particle Duality." *Natural Philosopher* 3 (1964): 3–49.
Cited: **3** *Klein, M. 1964*: 268n, 281n, 282n, 285. **6** *Klein 1964*: xxiii, xxiv, 398n.

———. "Einstein, Specific Heats, and the Early Quantum Theory." *Science* 148 (1965): 173–180.
Cited: **2** *Klein 1965*: xx, xxxiii, 144. **3** *Klein, M. 1965*: xxv.

———. "Thermodynamics and Quanta in Planck's Work." *Physics Today* 19, no. 11 (1966): 23–32.
Cited: **2** *Klein 1966*: 136. **4** *Klein, M. 1966*: 272.

———. "Thermodynamics in Einstein's Thought." *Science* 157 (1967): 509–516.
Cited: **2** *Klein 1967*: xxxiii, 55, 138, 148, 214.

——. "The First Phase of the Bohr-Einstein Dialogue." *Historical Studies in the Physical Sciences* 2 (1970): 1–39.
Cited: **7** *Klein, M. 1970b*: 487n.

——. *Paul Ehrenfest*. Vol. 1, *The Making of a Theoretical Physicist*. Amsterdam: North-Holland; New York: American Elsevier, 1970.
Cited: **2** *Klein 1970*: xxxiii, 41. **3** *Klein, M. 1970*: 268n, 479, 562n. **4** *Klein, M. 1970*: 5, 163n, 270, 272. **5** *Klein, M. 1970*: 292n, 393n, 463n, 497n, 509n, 564n. **7** *Klein, M. 1970a*: 223. **8** *Klein, M. 1970*: 13n, 22n, 386n, 485n, 701n, 961n. **9** *Klein, M. 1970*: 166n, 228n, 417n, 504n. **10** *Klein 1970*: li, 7n, 21n, 376n.

——. "Mechanical Explanation at the End of the Nineteenth Century." *Centaurus* 17 (1972): 58–82.
Cited: **2** *Klein 1972*: xxxiii. **3** *Klein, M. 1972*: 129n.

——. "The Development of Boltzmann's Statistical Ideas." In *The Boltzmann Equation: Theory and Applications*, pp. 53–106. Cohen, E.G.D., and Thirring, Walter, eds. Vienna: Springer-Verlag, 1973.
Cited: **2** *Klein 1973*: 44.

——. "Einstein, Boltzmann's Principle, and the Mechanical World View." In *14th International Congress of the History of Science, Tokyo & Kyoto, Japan, 19–27 August 1974. Texts of Symposia (Proceedings, no. 1)*, pp. 183–194. N.p.: Science Council of Japan, n.d.
Cited: **2** *Klein 1974b*: xxxiii, 55, 138, 168n, 214, 551n. **3** *Klein, M. 1974*: 285. **4** *Klein, M. 1974*: 534n.

——. "The Historical Origins of the Van der Waals Equation." *Physica* 73 (1974): 28–47.
Cited: **2** *Klein 1974a*: 4.

——. "The Beginnings of the Quantum Theory." In *History of Twentieth Century Physics*. Proceedings of the International School of Physics, "Enrico Fermi," Course 57, pp. 1–39. Weiner, C., ed. New York: Academic Press, 1977.
Cited: **2** *Klein 1977*: xxxiii, 135. **3** *Klein, M. 1977*: 281n.

——. "Einstein and the Development of Quantum Physics." In *Einstein: A Centenary Volume*, pp. 133–151. French, Anthony P., ed. Cambridge, Mass.: Harvard University Press, 1979.
Cited: **2** *Klein 1979*: xxxiii, 135.

——. "No Firm Foundation: Einstein and the Early Quantum Theory." In *Some Strangeness in the Proportion: A Centennial Symposium to Celebrate the Achievements of Albert Einstein*, pp. 161–185. Woolf, Harry, ed. Reading, Mass.: Addison-Wesley, 1980.
Cited: **2** *Klein 1980*: xxxiii, 135. **5** *Klein, M. 1980*: 42n.

——. "Fluctuations and Statistical Physics in Einstein's Early Work." In *Albert Einstein: Historical and Cultural Perspectives. The Centennial Symposium in Jerusalem*, pp. 39–58. Holton, Gerald, and Elkana, Yehuda, eds. Princeton: Princeton University Press, 1982.
Cited: **2** *Klein 1982a*: xxxiii, 55, 214.

——. "Some Turns of Phrase in Einstein's Early Papers." In *Physics and Natural Philosophy: Essays in Honor of Laszlo Tisza on His Seventy-Fifth Birthday*, pp. 364–375. Shimony, Abner, and Feshbach, Herman, eds. Cambridge, Mass.: MIT Press, 1982.
Cited: **2** *Klein 1982b*: 167n.

——. "Ernst Mach's Principles of the Theory of Heat." Introduction to Mach, Ernst. *Principles of the Theory of Heat, Historically and Critically Elucidated*, pp. ix–xx. Brian McGuinness, ed. Dordrecht and Boston: Reidel, 1986. (Trans. of Mach, Ernst. *Die Principien der Wärmelehre. Historisch-kritisch entwickelt*. 2d ed. Leipzig: Barth, 1900.)
Cited: **2** *Klein 1986*: 218. **5** *Klein, M. 1986*: 204n. **6** *Klein 1986*: 282n.

Klein, Martin J., and Needell, Allan A. "Some Unnoticed Publications by Einstein." *Isis* 68 (1977): 601–604.
Cited: **2** *Klein and Needell 1977*: 109.

Klein, Martin J., and Tisza, László. "Theory of Critical Fluctuations." *Physical Review* 76 (1949): 1861–1868.
Cited: **3** *Klein, M., and Tisza 1949*: 285.

Kleiner, Alfred. "Ueber die Wandlungen in den physikalischen Grundanschauungen." In *Verhandlungen der Schweizerischen Naturforschenden Gesellschaft bei ihrer Versammlung zu Zofingen den 4., 5. und 6. August 1901 (84. Jahresversammlung)*, pp. 3–31. Zofingen: Ringier, 1902.
Cited: **2** *Kleiner 1901*: xxv, 174.

——. "Über Elektrometer von hoher Empfindlichkeit." *Naturforschende Gesellschaft in Zürich. Vierteljahrsschrift* 51 (1906): 226–228.
Cited: **2** *Kleiner 1906*: 397n, 492n.

Kleinert, Andreas. "Anton Lampa und Albert Einstein. Die Neubesetzung der physikalischen Lehrstühle an der deutschen Universität Prag 1909 und 1910." *Gesnerus* 32 (1975): 285–292.
Cited: **5** *Kleinert 1975*: 247n. **9** *Kleinert 1975*: 78n. **10** *Kleinert 1975*: 286n.

———. "Paul Weyland, der Berliner Einstein-Töter." In *Naturwissenschaft und Technik in der Geschichte. 25 Jahre Lehrstuhl für Geschichte der Naturwissenschaften und Technik am Historischen Institut der Universität Stuttgart*, pp. 198–232. Albrecht, Helmuth, ed. Stuttgart: Verlag für Geschichte der Naturwissenschaften und der Technik, 1993.
Cited: **7** *Kleinert 1993*: 105, 348n. **10** *Kleinert 1993*: 1, 383n, 389n.

Kleinert, Andreas, and Schönbeck, Charlotte. "Lenard und Einstein. Ihr Briefwechsel und ihr Verhältnis vor der Nauheimer Diskussion von 1920." *Gesnerus* 35 (1978): 318–333.
Cited: **7** *Kleinert and Schönbeck 1978*: 104, 107. **10** *Kleinert and Schönbeck 1978*: 428n.

Klieman, Aaron S., eds. *Giving Substance to the Jewish National Home: 1920 and Beyond.* New York: Garland, 1987.
Cited: **7** *Klieman 1987*: 435n.

Klier, John D., and Lambroza, Schlomo, ed. *Pogroms: Anti-Jewish Violence in Modern Russian History.* Cambridge: Cambridge University Press, 1992.
Cited: **7** *Klier and Lambroza 1992*. **8** *Klier and Lambrosa 1992*: 19n.

Klöckler, Jürgen. "Reichsreformdiskussion, Großschwabenpläne und Alemannentum im Spiegel der südwestdeutschen Publizistik der frühen Weimarer Republik: 'Der Schwäbische Bund' 1919–1922." *Zeitschrift für Württembergische Landesgeschichte* 60 (2001): 271–315.
Cited: **9** *Klöckler 2001*: 70n.

Kneser, Adolf. *Mathematik und Natur. Von der Schwere. Zwei akademische Reden.* Breslau: Trewendt & Granier, 1918.
Cited: **8** *Kneser 1918*: 791n.

Knitel, Hans. "Les Delegations du Comite International de la Croix-Rouge." In *Études et Travaux de l'Institut universitaire de hautes études internationales*, no. 5, pp. 9–134. Geneva: 1967.
Cited: **8** *Knitel 1967*: 110n.

Knoblauch, Oscar. "Ueber die Fluorescenz von Lösungen." *Annalen der Physik und Chemie* 54 (1895): 193–220.
Cited: **2** *Knoblauch 1895*: 168n, 552n.

Knopf, Otto. "Die Versuche von F. Harreß über die Geschwindigkeit des Lichtes in bewegten Körpern." *Annalen der Physik* 62 (1920): 389–447.
Cited: **6** *Knopf 1920*: 28n. **9** *Knopf 1920*: 209n.

Knopp, Konrad. *Funktionentheorie.* Part 1, *Grundlagen der allgemeinen Theorie der analytischen Funktionen.* Berlin: Göschen, 1913.
Cited: **5** *Knopp 1913a*: 632c.

———. *Funktionentheorie.* Part 2, *Anwendungen der Theorie zur Untersuchung spezieller analytischer Funktionen.* Berlin: Göschen, 1913.
Cited: **5** *Knopp 1913b*: 632c.

Knudsen, Martin H. C. "Die Gesetze der Molekularströmung und der inneren Reibungsströmung der Gase durch Röhren." *Annalen der Physik* 28 (1909): 75–130.
Cited: **3** *Knudsen 1909a*: 243n, 244n.

———. "Die Molekularströmung der Gase durch Öffnungen und die Effusion." *Annalen der Physik* 28 (1909): 999–1016.
Cited: **3** *Knudsen 1909b*: 243n.

———. "Eine Revision der Gleichgewichtsbedingung der Gase. Thermische Molekularströmung." *Annalen der Physik* 31 (1910): 205–229.
Cited: **3** *Knudsen 1910a*: 243n, 244n. **4** *Knudsen 1910a*: 534n.

———. "Thermischer Molekulardruck der Gase in Röhren." *Annalen der Physik* 33 (1910): 1435–1448.
Cited: **3** *Knudsen 1910c*: 243n.

———. "Thermischer Molekulardruck der Gase in Röhren und porösen Körpern." *Annalen der Physik* 31 (1910): 633–640.
Cited: **3** *Knudsen 1910b*: 243n, 244n.

———. "Ein absolutes Manometer." *Annalen der Physik* 32 (1910): 809–842.
Cited: **9** *Knudsen 1910*: 176n.

———. "Die molekulare Wärmeleitung der Gase und der Akkommodationskoeffizient." *Annalen der Physik* 34 (1911): 593–656.
Cited: **3** *Knudsen 1911*: 243n.

———. "La théorie cinétique et les propriétés expérimentales des gaz parfaits." In *La théorie du rayonnement et les quanta. Rapports et discussions de la réunion tenue à Bruxelles, du 30 octobre au 3 novembre 1911, sous les auspices de M. E. Solvay*, pp. 133–146. Langevin, Paul, and de Broglie, Maurice, eds.

Paris: Gauthier-Villars, 1912.
Cited: **3** *Knudsen 1912*: 243n.

———. "Die kinetische Theorie und die beobachtbaren Eigenschaften der idealen Gase." In *Die Theorie der Strahlung und der Quanten. Verhandlungen auf einer von E. Solvay einberufenen Zusammenkunft (30. Oktober bis 3. November 1911). Mit einem Anhange über die Entwicklung der Quantentheorie vom Herbst 1911 bis Sommer 1913*, pp. 109–120. Eucken, Arnold, ed. Halle a.S.: Knapp, 1914. (*Abhandlungen der Deutschen Bunsen Gesellschaft für angewandte physikalische Chemie* 3, no. 7.)
Cited: **3** *Knudsen 1914*.

———. *Kinetic Theory of Cases: Some Modern Aspects*. London: Methuen, 1934.
Cited: **3** *Knudsen 1934*: 243n.

Knudsen, Martin H. C., et al. "Discussion" following **3** *Knudsen 1912*. In *La théorie du rayonnement et les quanta. Rapports et discussions de la réunion tenue à Bruxelles, du 30 octobre au 3 novembre 1911, sous les auspices de M. E. Solvay*, pp. 147–152. Langevin, Paul, and de Broglie, Maurice, eds. Paris: Gauthier-Villars, 1912.
Cited: **3** *Knudsen et al. 1912*: 508n.

———. "Diskussion" following **3** *Knudsen 1914*. In *Die Theorie der Strahlung und der Quanten. Verhandlungen auf einer von E. Solvay einberufenen Zusammenkunft (30. Oktober bis 3. November 1911). Mit einem Anhange über die Entwicklung der Quantentheorie vom Herbst 1911 bis Sommer 1913*, pp. 121–124. Eucken, Arnold, ed. Halle a.S.: Knapp, 1914. (*Abhandlungen der Deutschen Bunsen Gesellschaft für angewandte physikalische Chemie* 3, no. 7.)
Cited: **3** *Knudsen et al. 1914*: 508n.

Koch, Walter. "Das neue Lebensgefühl und der Krie." *Das neue Deutschland. Wochenschrift für konservativen Fortschritt* 3, no. 14/17 (27 February 1915): 126–127.
Cited: **9** *Koch 1915*: 34n.

Koenigsberger, J. "Ueber die Abhängigkeit der Absorption des Lichtes in festen Körpern von der Temperatur." *Annalen der Physik* 4 (1901): 796–810.
Cited: **1** *Koenigsberger 1901*: 283n.

Koestler, Arthur. *The Case of the Midwife Toad*. London: Hutchinson; New York: Random House, 1971.
Cited: **9** *Koestler 1971*: 450n.

Kohl, Emil. "Ueber die Transversalschwingungen einer elastischen Kugel." *Annalen der Physik* 7 (1902): 516–553.
Cited: **5** *Kohl 1902*: 474n.

———. "Über ein Integral der Gleichungen für die Wellenbewegung, welches dem Dopplerschen Prinzipe entspricht." *Annalen der Physik* 11 (1903): 96–113.
Cited: **5** *Kohl 1903a*: 474n.

———. "Über das dem Dopplerschen Prinzipe entsprechende Integral der Gleichungen für die Wellenbewegung." *Annalen der Physik* 11 (1903): 515–528.
Cited: **5** *Kohl 1903b*: 474n.

———. "Über die Bewegungsgleichungen und die elektromagnetische Energie der Elektronen." *Annalen der Physik* 19 (1906): 587–612.
Cited: **5** *Kohl 1906*: 474n.

———. "Über die Gleichung zwischen Wärmetönung und reversibler Arbeit." *Monatshefte für Mathematik und Physik* 23 (1912): 81–91.
Cited: **5** *Kohl 1912*: 474n.

Köhler, Alban. "Beugungsähnliche Lichtstreifen an den Schattenrändern einfacher Röntgenaufnahmen." *Fortschritte auf dem Gebiete der Röntgenstrahlen* 24 (1916): 236–240.
Cited: **7** *Köhler 1916*: 51, 53n.

———. "Beugungsähnliche Lichtstreifen an den Schattenrändern einfacher Röntgenaufnahmen. — Zum Nachweis optischer Täuschungen. II." *Fortschritte auf dem Gebiete der Röntgenstrahlen* 25 (1918): 495–501.
Cited: **7** *Köhler 1918*: 53n.

Kohlrausch, Friedrich. "Das electrische Leitungsvermögen der wässerigen Lösungen von den Hydraten und Salzen der leichten Metalle, sowie von Kupfervitriol, Zinkvitriol und Silbersalpeter." *Annalen der Physik und Chemie* 6 (1879): 1–51.
Cited: **5** *Kohlrausch 1879*: 16n.

———. *Lehrbuch der praktischen Physik*. 11th rev. ed. Leipzig: Teubner, 1910.
Cited: **3** *Kohlrausch 1910*: 398n, 567.

Kohlschütter, Arnold. "Der innere Aufbau der Sterne. Bericht über die Arbeiten von A. S. Eddington betreffend das Strahlungsgleichgewicht." *Naturwissenschaften* 7 (1919): 65–70, 89–92.
Cited: **9** *Kohlschütter 1919*: 14n.

Kolatt, Israel. "Raiyon ha-Universita ha-Ivrit be-Tnua ha-Leumit ha-Yehudit." In *Toldot ha-Universita ha-Ivrit bi-Yerushalayim. Shorashim ve-HathŠalot*, pp. 3–74. Katz, Shaul, and Heyd, Michael, eds. Jerusalem: Hebrew

University Magnes Press, 2000.
Cited: **9** *Kolatt 2000*: 153n, 213n.
Kolb, Eberhard. *Die Weimarer Republik*. Munich: Oldenbourg, 2000.
Cited: **9** *Kolb 2000*: 94n, 450n.
Kollros, Louis. "Erinnerungen—Souvenirs." *Schweizerische Hochschulzeitung* 28 *(Sonderheft)* (1955): 169–173. Translated as "Erinnerungen eines Kommilitonen" in *Helle Zeit—Dunkle Zeit: In Memoriam Albert Einstein*, pp. 17–31. Seelig, Carl, ed. Zurich: Europa, 1956.
Cited: **1** *Kollros 1955*: 60. **5** *Kollros 1955*: 582n.
———. "Erinnerungen eines Kommilitonen." In *Helle Zeit—Dunkle Zeit: In Memoriam Albert Einstein*, pp. 17–31. Seelig, Carl, ed. Zurich: Europa, 1956.
Cited: **2** *Kollros 1956*: 4.
Könies, Axel, and Albrecht, Heiko. "Albert Einstein—Ehrendoktor der Rostocker Universität." *Beiträge zur Geschichte der Universität Rostock: Zur Entwicklung der Physik an der Rostocker Universität*, no. 17 (1991): 50–59.
Cited: **9** *Könies and Albrecht 1991*: 572c.
König, Arthur. *Über den Helligkeitswert der Spektralfarben bei verschiedener absoluter Intensität*. Hamburg: Voss, 1891.
Cited: **10** *König 1891*: 296n.
Konstantinowsky, Kurt. "Elektrische Ladungen und Brownsche Bewegung sehr kleiner Metallteilchen im Gase. (Ein Beitrag zur Frage des Elementarquantums der Elektrizität)." *Annalen der Physik* 48 (1915): 261–297.
Cited: **8** *Konstantinowsky 1915*: 863n, 905n. **10** *Konstantinowsky 1915*: 297n.
———. "Submikroskopische Experimentalphysik." *Die Naturwissenschaften* 6 (1918): 429–435, 448–451, 473–477, 488–494.
Cited: **8** *Konstantinowsky 1918*: 863n, 905n.
Kopp, Hermann. "Untersuchungen über die specifische Wärme der starren und tropfbar-flüssigen Körper." *Annalen der Chemie und Pharmacie* suppl. vol. 3 (1864): 1–126.
Cited: **2** *Kopp 1864*: 390n.
Körber, Hans-Günther. "Zur Biographie des jungen Albert Einstein." *Forschungen und Fortschritte* 38 (1964): 74–78.
Cited: **1** *Körber 1964*: 278n.
Kormos Barkan, Diana. *Walther Nernst and the Transition to Modern Physical Science*. Cambridge: Cambridge University Press, 1999.
Cited: **10** *Kormos Barkan 1999*: 381n.

Körner, K. "Die 86. Versammlung der Gesellschaft Deutscher Naturforscher und Ärzte in Bad Nauheim vom 19.–25. September 1920." *Zeitschrift für mathematischen und naturwissenschaftlichen Unterricht* 52 (1921): 79–84.
Cited: **10** *Körner 1921*: 435n, 436n.
Kossel, Walther. "Über Molekülbildung als Frage des Atombaus." *Annalen der Physik* 49 (1916): 229–362.
Cited: **8** *Kossel 1916*: 815n. **9** *Kossel 1916*: 211n.
———. "Zum Bau der Röntgenspektren." *Zeitschrift für Physik* 1 (1920): 119–134.
Cited: **9** *Kossel 1920*: 218n.
Kossel, Walther, and Sommerfeld, Arnold. "Auswahlprinzip und Verschiebungssatz bei Serienspektren." *Deutsche Physikalische Gesellschaft. Verhandlungen* 21 (1919): 240–259.
Cited: **9** *Kossel and Sommerfeld 1919*: liii, 20n, 65n, 565c.
Kostro, Ludwik. *Einstein and the Ether*. Montreal: Apeiron, 2000.
Cited: **7** *Kostro 2000*: 321n.
Kottler, Friedrich. "Über die Raumzeitlinien der Minkowski'schen Welt." *Kaiserliche Akademie der Wissenschaften* (Vienna). *Mathematisch-naturwissenschaftliche Klasse. Abteilung IIa. Sitzungsberichte* 121 (1912): 1659–1758.
Cited: **4** *Kottler 1912*: 320, 324, 331, 342n, 343n, 495, 502n. **6** *Kottler 1912*: 408n. **8** *Kottler 1912*: 754n.
———. "Fallende Bezugssysteme vom Standpunkte des Relativitätsprinzips." *Annalen der Physik* 45 (1914): 481–516.
Cited: **6** *Kottler 1914b*: 408n. **8** *Kottler 1914b*: 754n.
———. "Relativität und beschleunigte Bewegung." *Annalen der Physik* 44 (1914): 701–748.
Cited: **9** *Kottler 1914*: 437n.
———. "Relativitätsprinzip und beschleunigte Bewegung." *Annalen der Physik* 44 (1914): 701–748.
Cited: **6** *Kottler 1914a*: 408n. **8** *Kottler 1914a*: 754n.
———. "Beschleunigungsrelative Bewegungen und die konforme Gruppe der Minkowski'schen Welt." *Kaiserliche Akademie der Wissenschaften* (Vienna). *Mathematisch-naturwissenschaftliche Klasse. Abteilung IIa. Sitzungsberichte* 125 (1916): 899–919.
Cited: **6** *Kottler 1916a*: 408n. **8** *Kottler 1916a*: 754n.

———. "Über Einsteins Äquivalenzhypothese und die Gravitation." *Annalen der Physik* 50 (1916): 955–972.
Cited: **6** *Kottler 1916b*: 404, 408n. **7** *Kottler 1916*: 371n. **8** *Kottler 1916b*: 345n, 708n.

———. "Über die physikalischen Grundlagen der Einsteinschen Gravitationstheorie." *Annalen der Physik* 56 (1918): 401–462.
Cited: **6** *Kottler 1918*: 408n. **7** *Kottler 1918*: 76n. **8** *Kottler 1918*: 707n, 708n, 716n.

———. "Zur Theorie der Beugung, Emissionstheorie des Lichtes und Quantenhypothese." *Kaiserliche Akademie der Wissenschaften* (Vienna). *Mathematisch-naturwissenschaftliche Klasse. Abteilung IIa. Sitzungsberichte* 129 (1920): 3–26.
Cited: **9** *Kottler 1920*: 374n, 437n. **10** *Kottler 1920*: 352n.

———. "Gravitation und Relativitätstheorie." In *Encyklopädie der mathematischen Wissenschaften, mit Einschluss ihrer Anwendungen.* Vol. 6, *Astronomie*, part 2, pp. 159–237. Schwarzschild, Karl, Oppenheim, S., and Dyck, W. v., eds. Leipzig: Teubner, 1922–1934. Issued 18 September 1922.
Cited: **4** *Kottler 1922*: 342n. **9** *Kottler 1922*: 374n, 437n, 536n.

Kowalewski, Gerhard. *Einführung in die Determinantentheorie einschließlich der unendlichen und der Fredholmsßen Determinanten.* Leipzig: Veit & Comp., 1909.
Cited: **4** *Kowalewski 1909*: 107n.

Kowalski, Joseph de. "Influence de la température sur la fluorescence et la loi de Stokes." *Le Radium* 7 (1910): 56–58.
Cited: **2** *Kowalski 1910*: 552n.

Kox, A. J. "Hendrik Antoon Lorentz, the Ether, and the General Theory of Relativity." *Archive for History of Exact Sciences* 38 (1988): 67–78. Reprinted in *Einstein and the History of General Relativity*, pp. 201–212. Howard, Don, and Stachel, John, eds. Boston: Birkhäuser, 1989.
Cited: **4** *Kox 1988*: 297. **6** *Kox 1988*: 136n. **8** *Kox 1988*: 229n, 234n, 237n, 247n. **9** *Kox 1988*: 483n.

———. "General Relativity in the Netherlands, 1915–1920." In *Studies in the History of General Relativity*, pp. 39–56. Eisenstaedt, Jean, and Kox, A. J., eds. Boston: Birkhäuser, 1992.
Cited: **4** *Kox 1992*: 299. **7** *Kox 1992*: 101. **8** *Kox 1992*: 350n, 426n. **10** *Kox 1992*: 53n.

———. "Einstein and Lorentz: More than Just Good Colleagues." *Science in Context* 6 (1993): 181–194.
Cited: **5** *Kox 1993*: 188n, 190n.

———. "Pieter Zeeman's Experiments on the Equality of Inertial and Gravitational Mass." In *The Attraction of Gravitation: New Studies in the History of General Relativity*, pp. 173–181. Earman, John, Janssen, Michel, and Norton, John D., eds. Boston: Birkhäuser, 1993.
Cited: **8** *Kox 1993*: 162n, 602n.

Kraus, Oskar. "Nachwort des Herausgebers." *Kantstudien* 25 (1920): 22–23.
Cited: **10** *Kraus 1920b*: 261n.

———. "Ueber die Deutung der Relativitätstheorie Einsteins." *Lotos* 67–68 (1920): 146–152.
Cited: **10** *Kraus 1920a*: 261n.

Krebs, Hans. *Otto Warburg: Zellphysiologe-Biochemiker-Mediziner 1883–1970.* Stuttgart: Wissenschaftliche Verlagsgesellschaft, 1979.
Cited: **8** *Krebs 1979*: 695n.

Kreller, Emil. *Die Entwicklung der deutschen elektrotechnischen Industrie und ihre Aussichten auf dem Weltmarkt.* Leipzig: Duncker & Humblot, 1903. (*Staats- und sozialwissenschaftliche Forschungen* 22, no. 3.)
Cited: **1** *Kreller 1903*: lii.

Kretschmann, Erich. "Über die prinzipielle Bestimmbarkeit der berechtigten Bezugssysteme beliebiger Relativitätstheorien (I)." *Annalen der Physik* 48 (1915): 907–942.
Cited: **7** *Kretschmann 1915*: 43n. **8** *Kretschmann 1915*: 229n.

———. "Über den physikalischen Sinn der Relativitätspostulate. A. Einsteins neue und seine ursprüngliche Relativitätstheorie." *Annalen der Physik* 53 (1917): 575–614.
Cited: **7** *Kretschmann 1917*: 38, 42n–43n, 178n, 574n. **8** *Kretschmann 1917*: 652n, 681n, 700n, 743n, 754n.

———. "A. Einstein. Spielen die Gravitationsfelder im Aufbau der materiellen Elementarteilchen eine wesentliche Rolle?" *Beiblätter zu den Annalen der Physik* 43 (1919): 515–516.
Cited: **10** *Kretschmann 1919*: 364n.

Kreyenpoth, Johannes. *Die Auslandshilfe für das Deutsche Reich.* Stuttgart: Ausland und Heimat, 1932.
Cited: **7** *Kreyenpoth 1932*: 332n, 334n, 470n–471n. **9** *Kreyenpoth 1932*: 205n.

Krieg, Martin. *Die Erzeugung und Verteilung der Elektrizität in Zentral-Stationen.* Magdeburg:

Faber, 1888.
Cited: **1** *Krieg 1888*: li.

Krist, Josef. *Anfangsgründe der Naturlehre für die Unterclassen der Realschulen*. 6th ed. Vienna: Braumüller, 1891.
Cited: **2** *Krist 1891*: 3, 42.

Krockow, Christian Graf von. *Die Deutschen in ihrem Jahrhundert, 1890–1990*. Reinbek bei Hamburg: Rowohlt, 1992.
Cited: **8** *Krockow 1992*: 533n.

Kronthal, Paul. *Nerven und Seele*. Jena: Fischer, 1908.
Cited: **10** *Kronthal 1908*: 605c, 606c.

Kroo, Jan. "Der erste und zweite Elektronenring der Atome." *Physikalische Zeitschrift* 19 (1918): 307–311.
Cited: **9** *Kroo 1918*: 239n.

Krüger, Friedrich. "Über die Anwendung der Thermodynamik auf die Elektronentheorie der Thermoelektrizität. II." *Physikalische Zeitschrift* 12 (1911): 360–368.
Cited: **5** *Krüger 1911*: 353n.

Krüger, Louis. *Konforme Abbildung des Erdellipsoids in der Ebene*. Leipzig: Teubner, 1912.
Cited: **8** *Krüger 1912*: 618n.

Krupp, Alfred. *Die Legierungen. Handbuch für Praktiker*. Vienna: Hartleben, 1879.
Cited: **1** *Krupp 1879*: 73n.

Krutkow, G. "Bemerkung zu Herrn Wolfkes Note: 'Welche Strahlungsformel folgt aus der Annahme der Lichtatome?'" *Physikalische Zeitschrift* 15 (1914): 363.
Cited: **8** *Krutkow 1914*: 15n.

Krutkow, Yuri (Georg). "Bijdrage tot de theorie der adiabatische invarianten." *Koninklijke Akademie van Wetenschappen te Amsterdam. Wis- en Natuurkundige Afdeeling. Verslagen van de Gewone Vergaderingen* 27 (1918–19): 908–919. Reprinted in translation as "Contribution to the Theory of Adiabatic Invariants. (Preliminary Communication)." *Koninklijke Akademie van Wetenschappen te Amsterdam. Section of Sciences. Proceedings* 21 (1918–19): 1112–1123.
Cited: **10** *Krutkow 1918/1919*: 472n.

Kuhn, Thomas S. *Black-body Theory and the Quantum Discontinuity, 1894–1912*. Oxford: Clarendon Press; New York: Oxford University Press, 1978.
Cited: **2** *Kuhn 1978*: xx, xxxiii, 55, 135, 136, 144, 145, 357n, 551n. **3** *Kuhn 1978*: xxii, xxv, 268n, 281n, 506n, 518n. **4** *Kuhn 1978*: 271, 285n, 534n, 564n. **5** *Kuhn 1978*: 50n, 144n, 168n, 180n, 301n, 466n, 540n. **8** *Kuhn 1978*: 445n.

Kundt, August, and Warburg, Emil. "Ueber Reibung und Wärmeleitung verdünnter Gase." *Annalen der Physik und Chemie* 5 (1875): 337–365, 525–550.
Cited: **3** *Kundt and Warburg 1875a*: 243n. **6** *Kundt and Warburg 1875a*: 577, 579n.

———. "Ueber Reibung und Wärmeleitung verdünnter Gase. II. Wärmeleitung." *Annalen der Physik und Chemie* 6 (1875): 177–211.
Cited: **3** *Kundt and Warburg 1875b*: 243n. **6** *Kundt and Warburg 1875b*: 577, 579n.

———. "Ueber die specifische Wärme des Quecksilbergases." *Annalen der Physik und Chemie* 7 (1876): 353–369.
Cited: **3** *Kundt and Warburg 1876*: 242n.

Kunitz, Moses. "An Empirical Formula for the Relation between Viscosity of Solution and Volume of Solute." *Journal of General Physiology* 9 (1926): 715–725.
Cited: **2** *Kunitz 1926*: 181.

Kurlbaum, Ferdinand. "Ueber eine Methode zur Bestimmung der Strahlung in absolutem Maass und die Strahlung des schwarzen Körpers zwischen 0 und 100 Grad." *Annalen der Physik und Chemie* 65 (1898): 746–760.
Cited: **2** *Kurlbaum 1898*: 108n.

Küstner, Friedrich. "Spektrographische Beobachtungen am Bonner Refraktor." *Astronomische Nachrichten* 166 (1904): cols. 177–206.
Cited: **8** *Küstner 1904*: 323n.

———. "Radial Velocities of 99 Stars of the Second and Third Spectral Classes Observed at Bonn." *Astrophysical Journal* 27 (1908): 301–324.
Cited: **8** *Küstner 1908a*: 323n.

———, ed. *Katalog von 10663 Sternen zwischen 0 Gr. und 51 Gr Nördlichen Deklination für das Äquinoctium 1900*. Bonn: Cohen, 1908.
Cited: **8** *Küstner 1908b*: 323n.

Kuwaki, Ayao. *Ainsyutain Den (Biography of Einstein)*. Tokyo: Kaizo-sha, 1934.
Cited: **5** *Kuwaki 1934*: 161n.

Ladenburg, Erich R. "Über Anfangsgeschwindigkeit und Menge der photoelektrischen Elektronen in ihrem Zusammenhange mit der Wellenlänge des auslösenden Lichtes." *Deutsche Physikalische Gesellschaft. Verhandlungen* 9 (1907): 504–514. Also *Physikalische Zeitschrift* 8 (1907): 590–594.
Cited: **2** *Ladenburg 1907*: 142, 551n, 582n. **5**

Ladenburg, E. 1907: 80n.

Ladenburg, Rudolf. "Die neueren Forschungen über die durch Licht- und Röntgenstrahlen hervorgerufene Emission negativer Elektronen." *Jahrbuch der Radioaktivität und Elektronik* 6 (1909): 425–484.
Cited: **5** *Ladenburg, R. 1909*: 246n.

Lampa, Anton. "Das Elektron." *Das Wissen für Alle* 11, supplement to no 2: *Mitteilungen aus den Gebieten der Photographie* (1911): 45–47.
Cited: **5** *Lampa 1911*: 320n, 322n.

———. *Ernst Mach*. Prague: Deutsche Arbeit, 1918.
Cited: **9** *Lampa 1918*: 462n. **10** *Lampa 1918*: 286n.

———. *Das naturwissenschaftliche Märchen. Eine Betrachtung*. Reichenberg: Deutsche Arbeit, 1919.
Cited: **9** *Lampa 1919*: 462n. **10** *Lampa 1919*: 286n.

Lánczos, Kornél. *Die funktionentheoretischen Beziehungen der Maxwellschen Aethergleichungen. Ein Beitrag zur Relativitäts- und Elektronentheorie*. Budapest: Németh, 1919. Reprinted in facsimile in Cornelius Lánczos, *Collected Published Papers with Commentaries*. Vol. 6, *Appendix*. William R. Davis et al., eds. Raleigh, NC: North Carolina State University, 1998.
Cited: **9** *Lánczos 1919*: 266n, 375n.

———. "Bemerkung zur de Sitterschen Welt." *Physikalische Zeitschrift* 23 (1922): 539–543.
Cited: **7** *Lanczos 1922*: 49n. **8** *Lanczos 1922*: 769n.

Landauer, Gustav. *Sein Lebensgang in Briefen*. Buber, Martin, and Britschgi-Schimmer, Ina, eds. Frankfurt a.M.: Rütten und Loening, 1929.
Cited: **9** *Landauer 1929*: 558c.

Landolt, Hans, and Börnstein, Richard, eds. *Physikalisch-chemische Tabellen*. 2d ed. Berlin: Springer, 1894.
Cited: **1** *Landolt and Börnstein 1894*: 59n, 280n, 325n. **2** *Landolt and Börnstein 1894*: 19, 21n, 179, 205n.

Lang, Robert. "Ueber die magnetische Kraft der Atome." *Annalen der Physik* 2 (1900): 483–494.
Cited: **1** *Lang 1900*: 287n.

Lange, Christian Louis. *Exposé des Travaux de l'Organisation*. The Hauge: Organisation Centrale pour une Paix Durable, 1917.
Cited: **8** *Lange, Ch. 1917*: 210n.

Lange, Konrad. *Das Wesen der Kunst. Grundzüge einer realistischen Kunstlehre*. Berlin: Grote, 1901.
Cited: **8** *Lange, K. 1901*: 889n.

Lange, Ludwig. "Über das Beharrungsgesetz." *Königlich Sächsische Gesellschaft der Wissenschaften zu Leipzig. Mathematisch-physikalische Classe. Berichte über die Verhandlungen* 3 (1885): 333–351.
Cited: **8** *Lange, L. 1885*: 448n.

———. *Die geschichtliche Entwickelung des Bewegungsbegriffes und ihr voraussichtliches Endergebniss. Ein Beitrag zur historischen Kritik der mechanischen Principien*. Leipzig: Engelmann, 1886.
Cited: **8** *Lange, L. 1886*: 448n.

———. "Das Inertialsystem vor dem Forum der Naturforschung." In *Festschrift Wilhelm Wundt zum siebzigsten Geburtstage überreicht von seinen Schülern*, part 2, pp. 1–71. Leipzig: Engelmann, 1902.
Cited: **8** *Lange, L. 1902*: 448n.

Langevin, Luce. "Paul Langevin et Albert Einstein d'après une correspondance et des documents inédits." *La Pensée* 161 (1972): 3–40.
Cited: **5** *Langevin, L. 1972*: 571n.

Langevin, Paul. "La physique des électrons." *Revue générale des sciences pures et appliquées* 16 (1905): 257–276.
Cited: **2** *Langevin 1905c*: 270, 310n, 486n.

———. "Magnétisme et théorie des électrons." *Annales de chimie et de physique* 5 (1905): 70–127.
Cited: **3** *Langevin 1905*: 245n, 246n. **6** *Langevin 1905*: 170n, 189n. **10** *Langevin 1905*: 357n, 369n.

———. "Sur une formule fondamentale de la théorie cinétique." *Académie des sciences* (Paris). *Comptes rendus* 140 (1905): 35–38.
Cited: **2** *Langevin 1905a*: 250–252.

———. "Une formule fondamentale de théorie cinétique." *Annales de chimie et de physique* 5 (1905): 245–288.
Cited: **2** *Langevin 1905b*: 252n.

———. "Sur la théorie du mouvement brownien." *Académie des sciences* (Paris). *Comptes rendus* 146 (1908): 530–533.
Cited: **2** *Langevin 1908*: 215, 217. **3** *Langevin 1908*: 246n.

———. "L'évolution de l'espace et du temps." *Scientia* 10 (1911): 31–54.
Cited: **2** *Langevin 1911*: 308n. **3** *Langevin 1911*: 439n. **5** *Langevin, P. 1911*: 589n.

———. "La théorie cinétique du magnétisme et

les magnétons." In *La théorie du rayonnement et les quanta. Rapports et discussions de la réunion tenue à Bruxelles, du 30 octobre au 3 novembre 1911, sous les auspices de M. E. Solvay*, pp. 393–404. Langevin, Paul, and de Broglie, Maurice, eds. Paris: Gauthier-Villars, 1912.
Cited: **3** *Langevin 1912*: 245n. **4** *Langevin 1912*: 534n. **5** *Langevin, P. 1912*: 360n.

———. "L'inertie de l'énergie et ses conséquences." *Journal de physique* 3 (1913): 553–591.
Cited: **4** *Langevin 1913*: 187n, 621n.

———. "Die kinetische Theorie des Magnetismus und der Magnetonen." In *Die Theorie der Strahlung und der Quanten. Verhandlungen auf einer von E. Solvay einberufenen Zusammenkunft (30. Oktober bis 3. November 1911). Mit einem Anhange über die Entwicklung der Quantentheorie vom Herbst 1911 bis Sommer 1913*, pp. 318–327. Eucken, Arnold, ed. Halle a.S.: Knapp, 1914. (*Abhandlungen der Deutschen Bunsen Gesellschaft für angewandte physikalische Chemie* 3, no. 7.)
Cited: **3** *Langevin 1914*. **5** *Langevin, P. 1914*.

Langevin, Paul, and de Broglie, Maurice, eds. *La théorie du rayonnement et les quanta. Rapports et discussions de la réunion tenue à Bruxelles, du 30 octobre au 3 novembre 1911, sous les auspices de M. E. Solvay*. Paris: Gauthier-Villars, 1912.
Cited: **2** *Solvay 1911*: xxvi. **3** *Rapports 1912*: xxvii, 519n. **4** *Rapports 1912*. **5** *Rapports 1912*: 418n. **6** *Rapports 1912*. **8** *Rapports 1912*.

Langevin, Paul, et al. "Discussion" following **3** *Langevin 1912/* **4** *Langevin 1912/* **5** *Langevin, P. 1912*. In *La théorie du rayonnement et les quanta. Rapports et discussions de la réunion tenue à Bruxelles, du 30 octobre au 3 novembre 1911, sous les auspices de M. E. Solvay*, pp. 405–406. Langevin, Paul, and de Broglie, Maurice, eds. Paris: Gauthier-Villars, 1912.
Cited: **3** *Langevin et al. 1912*: 518n. **5** *Langevin, P. et al. 1912*: 360n.

———. "Diskussion" following **3** *Langevin 1914/* **5** *Langevin, P. 1914*. In *Die Theorie der Strahlung und der Quanten. Verhandlungen auf einer von E. Solvay einberufenen Zusammenkunft (30. Oktober bis 3. November 1911). Mit einem Anhange über die Entwicklung der Quantentheorie vom Herbst 1911 bis Sommer 1913*, pp. 328–329. Eucken, Arnold, ed. Halle a.S.: Knapp, 1914. (*Abhandlungen der Deutschen Bunsen Gesellschaft für angewandte physikalische Chemie* 3, no. 7.)
Cited: **3** *Langevin et al. 1914*: 518n. **5** *Langevin, P. et al. 1914*: 360n.

Laplace, Pierre-Simon. *Théorie de l'action capillaire*. Paris: Courcier, 1806. Incorporated in some editions of *Traité de mécanique céleste*, vol. 4, as *Supplément au dixième livre. Sur l'action capillaire* (separately paginated). Reprinted in *Oeuvres complètes de Laplace*. Vol. 4, pp. 349–417. Paris: Gauthier-Villars, 1880.
Cited: **1** *Laplace 1806*: 264, 265. **2** *Laplace 1806*: 4.

Laqueur, Walter. *A History of Zionism*. New York: MJF Books, 1972.
Cited: **9** *Laqueur 1972*: 197n.

Large, David C. "The Politics of Law and Order: A History of the Bavarian Einwohnerwehr, 1918–1921." *American Philosophical Society. Transactions* 70 (1980): part 2.
Cited: **9** *Large 1980*: 63n.

Larmor, Joseph. "A Dynamical Theory of the Electric and Luminiferous Medium." *Royal Society of London. Philosophical Transactions A* 185 (1894): 719–822.
Cited: **2** *Larmor 1894*: 256.

———. "A Dynamical Theory of the Electric and Luminiferous Medium. Part II: Theory of Electrons." *Royal Society of London. Philosophical Transactions A* 186 (1895): 695–743.
Cited: **2** *Larmor 1895*: 256.

———. "A Dynamical Theory of the Electric and Luminiferous Medium. Part III: Relations with Material Media." *Royal Society of London. Philosophical Transactions A* 190 (1897): 205–300.
Cited: **2** *Larmor 1897*: 256.

———. *Aether and Matter*. Cambridge: Cambridge University Press, 1900.
Cited: **2** *Larmor 1900*: 308n.

———. "Mutual Repulsion of Spectral Lines and Other Solar Effects Concerned with Anomalous Dispersion." *Astrophysical Journal* 44 (1916): 265–272.
Cited: **10** *Larmor 1916*: 252n.

———. "On Generalized Relativity in Connection with Mr. W. J. Johnston's Symbolic Calculus." *Royal Society of London. Proceedings A* 96 (1920): 334–362.
Cited: **9** *Larmor 1920*: 245n.

Lasker, Emanuel. "Zur Theorie der Moduln und Ideale." *Mathematische Annalen* 60 (1905): 20–116.
Cited: **8** *Lasker 1905*: 906n.
———. *Die Philosophie des Unvollendbar.* Leipzig: Veit, 1919.
Cited: **8** *Lasker 1919*: 906n.
Laski, Gerda. "Anwendung der Grundempfindungstheorie zur Größenbestimmung submikroskopischer Partikel." *Physikalische Zeitschrift* 19 (1918): 369–373.
Cited: **10** *Laski 1918*: 296n.
Laub, Jakob J. "Zur Optik der bewegten Körper." *Annalen der Physik* 23 (1907): 738–744.
Cited: **2** *Laub 1907*: 436, 485n, 505. **5** *Laub 1907*: 73n, 95n.
———. "Zur Optik der bewegten Körper. II." *Annalen der Physik* 25 (1908): 175–184.
Cited: **2** *Laub 1908*: 505. **5** *Laub 1908a*: 73n, 95n.
———. "Über die durch Röntgenstrahlen erzeugten sekundären Kathodenstrahlen." *Annalen der Physik* 26 (1908): 712–726.
Cited: **5** *Laub 1908b*: 95n, 120n, 122n, 132n, 186n.
———. "Über den Einfluß der molekularen Bewegung auf die Dispersionserscheinungen in Gasen." *Annalen der Physik* 28 (1909): 131–141.
Cited: **5** *Laub 1909a*: 161n.
———. "Zur Theorie der Dispersion und Extinktion des Lichtes in leuchtenden Gasen und Dämpfen." *Annalen der Physik* 29 (1909): 94–110.
Cited: **5** *Laub 1909b*: 232n, 233n.
———. "Über die experimentellen Grundlagen des Relativitätsprinzips." *Jahrbuch der Radioaktivität und Elektronik* 7 (1910): 405–463.
Cited: **2** *Laub 1910*: 272, 486n. **5** *Laub 1910*: 135n, 203n.
———. "Albert Einstein und Albert Gockel." *Academia Friburgensis* 60 (1962): 30–33.
Cited: **5** *Laub 1962*: 162n.
Laue, Max. "Die Fortpflanzung der Strahlung in dispergierenden und absorbierenden Medien." *Annalen der Physik* 18 (1905): 523–566.
Cited: **5** *Laue 1905*: 59n, 73n.
———. Review of *Einstein 1905i*. *Fortschritte der Physik* 61 (1906): 349–350.
Cited: **2** *Laue 1906*.
———. "Zur Thermodynamik der Interferenzerscheinungen." *Annalen der Physik* 20 (1906): 365–378.
Cited: **5** *Laue 1906*: 42n.
———. "Die Entropie von partiell kohärenten Strahlenbündeln." *Annalen der Physik* 23 (1907): 1–43.
Cited: **5** *Laue 1907a*: 83n.
———. "Die Entropie von partiell kohärenten Strahlenbündeln. Nachtrag." *Annalen der Physik* 23 (1907): 795–797.
Cited: **5** *Laue 1907b*: 74n, 83n.
———. "Die Mitführung des Lichtes durch bewegte Körper nach dem Relativitätsprinzip." *Annalen der Physik* 23 (1907): 989–990.
Cited: **2** *Laue 1907*: 266, 272, 436, 448, 485n, 486n. **4** *Laue 1907*: 104n, 105n. **5** *Laue 1907c*: 76n. **7** *Laue 1907*: 280n. **8** *Laue 1907*: 162n. **9** *Laue 1907*: 296n.
———. "Das Additionstheorem der Entropie." *Physikalische Zeitschrift* 9 (1908): 778–780.
Cited: **5** *Laue 1908*: 42n.
———. *Das Relativitätsprinzip.* Braunschweig: Vieweg, 1911.
Cited: **2** *Laue 1911b*: 272, 506, 535n. **4** *Laue 1911a*: 4, 102n, 103n, 104n, 105n, 106n, 107n, 202n, 204n, 232n, 342n, 502n. **5** *Laue 1911*: 200n, 447n, 553n. **6** *Laue 1911*: 129n. **8** *Laue 1911b*: 101n, 142n.
———. "Zur Diskussion über den starren Körper in der Relativitätstheorie." *Physikalische Zeitschrift* 12 (1911): 85–87.
Cited: **2** *Laue 1911a*: 427n. **3** *Laue 1911*: 478. **4** *Laue 1911b*: 144n.
———. "Zur Dynamik der Relativitätstheorie." *Annalen der Physik* 35 (1911): 524–542.
Cited: **7** *Laue 1911*: 27n, 572n. **8** *Laue 1911a*: 101n, 523n, 788n, 802n.
———. "Eine quantitative Prüfung der Theorie für die Interferenz-Erscheinungen bei Röntgenstrahlen." *Königlich Bayerische Akademie der Wissenschaften zu München. Mathematisch-physikalische Klasse. Sitzungsberichte* (1912): 363–373.
Cited: **5** *Laue 1912*: 481n, 484n. **7** *Laue 1912*: 53n.
———. "Das Relativitätsprinzip." *Jahrbücher der Philosophie* 1 (1913): 99–128.
Cited: **8** *Laue 1913*: 868n, 883n, 909n.
———. *Das Relativitätsprinzip.* 2d enl. ed. Braunschweig: Vieweg, 1913.
Cited: **4** *Laue 1913*: 4, 104n, 108n, 328, 342n, 502n, 597n. **5** *Laue 1913*: 482n. **6** *Laue 1913*: 67n, 269n, 535n, 536n. **7** *Laue 1913*: 98n.
Laue, Max von. "Die Beugungserscheinungen

an vielen unregelmässig verteilten Teilchen." *Königlich Preußische Akademie der Wissenschaften* (Berlin). *Sitzungsberichte* (1914): 1144 1163.
Cited: **8** *Laue 1914*: 424n, 425n.

———. "Ein Satz der Wahrscheinlichkeitsrechnung und seine Anwendung auf die Strahlungstheorie." *Annalen der Physik* 47 (1915): 853–878.
Cited: **3** *Laue 1915a*: 268n. **6** *Laue 1915a*: 199, 206n. **8** *Laue 1915a*: 133n.

———. "Zur Statistik der Fourierkoeffizienten der natürlichen Strahlung." *Annalen der Physik* 48 (1915): 668–680.
Cited: **3** *Laue 1915b*: 268n. **6** *Laue 1915b*: 206n. **8** *Laue 1915b*: 133n.

———. "Die Fortpflanzungsgeschwindigkeit der Gravitation. Bemerkungen zur gleichnamigen Abhandlung von P. Gerber." *Annalen der Physik* 52 (1917): 214–216.
Cited: **7** *Laue 1917*: 104, 349n. **8** *Laue 1917a*: 345n, 375n. **10** *Laue 1917*: 64n.

———. "Ein Versagen der klassischen Optik." *Deutsche Physikalische Gesellschaft. Verhandlungen* 19 (1917): 19–21.
Cited: **8** *Laue 1917b*: 424n.

———. "Glühelektronen." *Jahrbuch der Radioaktivität und Elektronik* 15 (1918): 205–256.
Cited: **8** *Laue 1918a*: 776n.

———. "Plancks thermodynamische Arbeiten." In Warburg, Emil, et al. *Zu Max Plancks sechzigstem Geburtstag. Ansprachen, gehalten am 26. April 1918 in der Deutschen Physikalischen Gesellschaft von E. Warburg, M. v. Laue, A. Sommerfeld und A. Einstein*, pp. 6–15. Karlsruhe: Müllersche Hofbuchhandlung, 1918.
Cited: **8** *Laue 1918b*: 629n.

———. *Das Relativitätsprinzip*. 3d ed. Braunschweig: Vieweg, 1919.
Cited: **10** *Laue 1919*: 273n.

———. "Historisch-Kritisches über die Perihelbewegung des Merkur." *Die Naturwissenschaften* 8 (1920): 735–736.
Cited: **7** *Laue 1920b*: 349n.

———. "Theoretisches über neuere optische Beobachtungen zur Relativitätstheorie." *Physikalische Zeitschrift* 21 (1920): 659–662.
Cited: **10** *Laue 1920c*: 306n.

———. "Zur Erörterung über die Relativitätstheorie. Entgegnung an Herrn Paul Weyland." *Tägliche Rundschau*, 11 August 1920, Evening Edition. Republished in Weyland, Paul. *Betrachtungen über Einsteins Relativitätstheorie und die Art ihrer Einführung. Vortrag gehalten am 24 August 1920 im großen Saal der Philharmonie zu Berlin*, pp. 25–27. Schriften aus dem Verlage der Arbeitsgemeinschaft deutscher Naturforscher zur Erhaltung reiner Wissenschaft e. V. Heft 2. Berlin: Arbeitsgemeinschaft deutscher Naturforscher zur Erhaltung reiner Wissenschaft e. V., 1920.
Cited: **7** *Laue 1920a*: 106. **10** *Laue 1920a*: 383n, 427n.

———. "Zur Erörterung über die Relativitätstheorie." *Tägliche Rundschau*, 17 August 1920, Evening Edition. Republished in Weyland, Paul. *Betrachtungen über Einsteins Relativitätstheorie und die Art ihrer Einführung. Vortrag gehalten am 24 August 1920 im großen Saal der Philharmonie zu Berlin*, pp. 30–31. Schriften aus dem Verlage der Arbeitsgemeinschaft deutscher Naturforscher zur Erhaltung reiner Wissenschaft e. V. Heft 2. Berlin: Arbeitsgemeinschaft deutscher Naturforscher zur Erhaltung reiner Wissenschaft e. V., 1920.
Cited: **10** *Laue 1920b*: 383n.

———. "Zum Versuch von F. Harreß." *Annalen der Physik* 62 (1920): 448–463.
Cited: **6** *Laue 1920*: 28n. **9** *Laue 1920*: 209n, 220n.

———. "Les phénomènes d'interférences des rayons de Röntgen produits par le réseau tridimensional des cristaux." In *La structure de la matière. Rapports et discussions du Conseil de Physique tenu à Bruxelles du 27 au 31 octobre 1913, sous les auspices de l'Institut International de Physique Solvay*, pp. 75–102. Goldschmidt, Robert, de Broglie, Maurice, and Lindemann, Frederick A., eds. Paris: Gauthier-Villars, 1921.
Cited: **4** *Laue 1921*: 552n. **5** *Laue 1921*.

———. *Die Relativitätstheorie*. Vol. 1, *Das Relativitätsprinzip der Lorentztransformation*. 4th enl. ed. Braunschweig: Vieweg, 1921.
Cited: **10** *Laue 1921*: 273n.

———. *Die Relativitätstheorie*. Vol. 2, *Die allgemeine Relativitätstheorie und Einsteins Lehre von der Schwerkraft*. Braunschweig: Vieweg, 1921.
Cited: **7** *Laue 1921a*: 112–113.

———. "Erwiderung auf Hrn. Lenards Vorbemerkungen zur Soldnerschen Arbeit von 1801." *Annalen der Physik* 66 (1921): 283–284.

Cited: **7** *Laue 1921b*: 112.

———. "Mein physikalischer Werdegang. Eine Selbstdarstellung." In *Schöpfer des neuen Weltbildes*, pp. 178–210. Hartmann, Hans, ed. Bonn: Athenäum-Verlag, 1952. Reprinted in *Gesammelte Schriften und Vorträge*. Vol. 3, pp. v–xxxiv. Braunschweig: Vieweg, 1961.
Cited: **2** *Laue 1952*: 266.

Laue, Max von, et al. "Discussion" following **4** *Laue 1921*/ **5** *Laue 1921*. In *La structure de la matière. Rapports et discussions du Conseil de Physique tenu à Bruxelles du 27 au 31 octobre 1913, sous les auspices de l'Institut International de Physique Solvay*, pp. 103–112. Goldschmidt, Robert, de Broglie, Maurice, and Lindemann, Frederick A., eds. Paris: Gauthier-Villars, 1921.
Cited: **4** *Laue et al. 1921*: 273, 553n, 554n. **5** *Laue et al. 1921*: 541n.

Laue, Max von, and Sen, Nikhilranjan. "Die De Sittersche Welt." *Annalen der Physik* 74 (1924): 252–254.
Cited: **7** *Laue and Sen 1924*: 49n. **8** *Laue and Sen 1924*: 769n.

Laue, Max von, and Van der Lingen, J. "Der Temperatureinfluß auf die Röntgenstrahlinterferenzen beim Diamant." *Die Naturwissenschaften* 2 (1914): 371.
Cited: **8** *Laue and Van der Lingen 1914*: 133n.

Lavsky, Hagit. "Beyn HanahŠat Even ha-Pina li-F'tihŠa: Yesud ha-Universita ha-Ivrit, 1918–1925." In *Toldot ha-Universita ha-Ivrit bi-Yerushalayim. Shorashim ve-HathŠalot*, pp. 120-159. Katz, Shaul, and Heyd, Michael, eds. Jerusalem: Hebrew University Magnes Press, 2000.
Cited: **9** *Lavsky 2000*: liii, 153n, 181n, 198n, 241n, 269n, 327n, 334n, 459n.

Lawson, Robert W. "Photophoresis." *Nature* 103 (1919): 514–515.
Cited: **9** *Lawson 1919*: 253n.

———. "Displacement of Spectral Lines." *Nature* 104 (1920): 565.
Cited: **9** *Lawson 1920*: 328n.

Le Roux, F.-P. "Quelques expériences electrodynamiques au moyen de conducteurs flexibles." *Annales de chimie et de physique* 59 (1860): 409–412.
Cited: **3** *Le Roux 1860*: 565.

Lebedev, Pëtr Nikolayevich. "Untersuchungen über die Druckkräfte des Lichtes." *Annalen der Physik* 6 (1901): 433–458.
Cited: **2** *Lebedev 1901*: 309n, 582n.

Lecher, Ernst. "Eine Studie über electrische Resonanzerscheinungen." *Annalen der Physik* 41 (1890): 850–870.
Cited: **8** *Lecher 1890*: 299n.

———, ed. *Die Kultur der Gegenwart. Ihre Entwicklung und ihre Ziele*. Hinneberg, Paul, ed. Part 3, sec. 3, vol. 1, *Physik*. 2d rev. ed. Leipzig: Teubner, 1925.
Cited: **4** *Lecher 1925*.

Lecky, William E. H. *A History of England in the Eighteenth Century*. Vol. 6. London: Longmans, Green, 1919.
Cited: **9** *Lecky 1919*: 79n.

Leeuwen, Hendrika Johanna van. *Vraagstukken uit de elektronentheorie van het magnetisme*. Leyden: IJdo, 1919.
Cited: **10** *Leeuwen 1919*: 370n.

Lehmann-Russbüldt, Otto. *Der Kampf der Deutschen Liga für Menschenrechte vormals Bund Neues Vaterland für den Weltfrieden 1914–1927*. Berlin: Hensel, 1927.
Cited: **8** *Lehmann-Russbüldt 1927*: 146n, 174n.

Lehmann, Gertrud, ed. *Bismarck. Eine Charakteristik von Max Lehmann, weiland o. Professor der Geschichte in Göttingen*. Berlin: Arnold, 1948.
Cited: **8** *Lehmann 1948*: 759n.

Lehmann, Otto, ed. *Dr. J. Fricks Physikalische Technik oder Anleitung zu Experimentalvorträgen sowie zur Selbstherstellung einfacher Demonstrationsapparate*. 7th rev. ed. Vol 2, part 2. Braunschweig: Vieweg, 1909.
Cited: **5** *Lehmann 1909*: 384n.

———. "Das Relativitätsprinzip, der neue Fundamentalsatz der Physik." *Verhandlungen des Naturwissenschaftlichen Vereins* (Karlsruhe) 23 (1909–10): 49–73.
Cited: **10** Lehmann 1909/1910.

———. "Die Umwandlung unserer Naturauffassung infolge der Entdeckung des Relativitätsprinzips." *Aus der Natur* 7 (1911): 705–711, 751–761.
Cited: **10** *Lehmann 1911*: 11n.

Lehto, Olli. *Mathematics without Borders: A History of the International Mathematical Union*. New York: Springer, 1998.
Cited: **10** *Lehto 1998*: 305n.

Lemberg, Hans, ed. *Universitäten in nationaler Konkurrenz. Zur Geschichte der Prager Universitäten im 19. und 20. Jahrhundert*. Munich: Oldenbourg, 2003.
Cited: **9** *Lemberg 2003*: 78n.

Lemke, Karl. *Heinrich Mann: Eine Würdigung*. Königsberg: Kemsies, 1919.
Cited: **9** *Lemke 1919*: 96n.

Lenard, Philipp. "Erzeugung von Kathodenstrahlen durch ultraviolettes Licht." *Annalen der Physik* 2 (1900): 359–375.
Cited: **1** *Lenard 1900*: 305n. **2** *Lenard 1900b*: 168n. **5** *Lenard 1900*: 37n.

———. "Ueber Wirkungen des ultravioletten Lichtes auf gasförmige Körper." *Annalen der Physik* 1 (1900): 486–507.
Cited: **2** *Lenard 1900a*: 169n.

———. "Ueber die Elektricitätszerstreuung in ultraviolett durchstrahlter Luft." *Annalen der Physik* 3 (1900): 298–319.
Cited: **2** *Lenard 1900c*: 169n.

———. "Ueber die lichtelektrische Wirkung." *Annalen der Physik* 8 (1902): 149–198.
Cited: **2** *Lenard 1902*: 142, 163, 164, 165, 168n, 582n. **3** *Lenard 1902*: 547n. **5** *Lenard 1902*: 80n, 180n, 198n.

———. "Über den elektrischen Bogen und die Spektren der Metalle." *Annalen der Physik* 11 (1903): 636–650.
Cited: **5** *Lenard 1903*: 37n.

———. "Über die Beobachtung langsamer Kathodenstrahlen mit Hilfe der Phosphoreszenz und über Sekundärentstehung von Kathodenstrahlen." *Annalen der Physik* 12 (1903): 449–490.
Cited: **2** *Lenard 1903*: 165, 169n.

———. "Über die Lichtemissionen der Alkalimetalldämpfe und Salze, und über die Zentren dieser Emissionen." *Annalen der Physik* 17 (1905): 197–247.
Cited: **5** *Lenard 1905*: 37n.

———. "Über Äther und Materie." *Heidelberger Akademie der Wissenschaften. Mathematisch-naturwissenschaftliche Klasse. Sitzungsberichte* (1910): 3–37.
Cited: **5** *Lenard 1910b*: 255n. **7** *Lenard 1910*: 104, 111.

———. "Über Lichtemission und deren Erregung." *Annalen der Physik* 31 (1910): 641–685.
Cited: **5** *Lenard 1910a*: 198n.

———. *England und Deutschland zur Zeit des grossen Krieges*. Heidelberg: Winter, 1914.
Cited: **9** *Lenard 1914*: 32n.

———. *Über Relativitätsprinzip, Äther, Gravitation*. Leipzig: Hirzel, 1918. Republished in *Jahrbuch der Radioaktivität und Elektronik* 15 (1918): 117–136.
Cited: **7** *Lenard 1918*: 104, 121n–122n, 348n–349n, 357n–359n. **10** *Lenard 1918*: 383n, 428n.

———. *Über Relativitätsprinzip, Äther, Gravitation*. 2d ed. Leipzig: Hirzel, 1920.
Cited: **7** *Lenard 1920*: 348n, 358n. **10** *Lenard 1920*: 383n, 428n.

———. *Über Äther und Uräther*. Leipzig: Hirzel, 1921.
Cited: **7** *Lenard 1921b*: 111, 128n.

———. "Über die Ablenkung eines Lichtstrahls von seiner geradlinigen Bewegung durch die Attraktion eines Weltkörpers, an welchem er nahe vorbeigeht; von J. Soldner, 1801. Mit einer Vorbemerkung von P. Lenard." *Annalen der Physik* 65 (1921): 593–604.
Cited: **3** *Lenard 1921*: 497n. **7** *Lenard 1921c*: 111–112.

———. *Über Relativitätsprinzip, Äther, Gravitation*. 3d ed. Mit einem Zusatz, betreffend die Nauheimer Diskussion. Leipzig, 1921.
Cited: **7** *Lenard 1921a*: 109–111. **10** *Lenard 1921*: 436n.

Lenard, Philipp, and Klatt, V. "Über die Erdalkaliphosphore." *Annalen der Physik* 15 (1904): 225–282, 425–484, 633–672.
Cited: **5** *Lenard and Klatt 1904*: 197n.

Lenard, Philipp, and Saeland, Sem. "Über die lichtelektrische und aktinodielektrische Wirkung bei den Erdalkaliphosphoren." *Annalen der Physik* 28 (1909): 476–502.
Cited: **2** *Lenard and Saeland 1909*: 552n.

Lense, Josef, and Thirring, Hans. "Über den Einfluß der Eigenrotation der Zentralkörper auf die Bewegung der Planeten und Monde nach der Einsteinschen Gravitationstheorie." *Physikalische Zeitschrift* 19 (1918): 156–163.
Cited: **4** *Lense and Thirring 1918*: 347, 354, 355. **7** *Lense and Thirring 1918*: xxiv, 576n. **8** *Lense and Thirring 1918*: 483n, 484n, 501n, 559n.

Lenz, Wilhelm. "Zum Maxwell'schen Verteilungsgesetz." *Physikalische Zeitschrift* 11 (1910): 1175–1177.
Cited: **9** *Lenz 1910*: 19n.

———. "Ergänzung zum Bericht von J. W. Nicholson über den effektiven Widerstand einer Spule." *Jahrbuch der drahtlosen Telegraphie* 4 (1911): 481–489.
Cited: **9** *Lenz 1911b*: 19n.

———. *Über das elektromagnetische Wechselfeld der Spulen und deren Wechselstrom-Widerstand, Selbstinduktion und Kapazität*. Leipzig: Barth, 1911. Doctoral dissertation.
Cited: **9** *Lenz 1911a*: 19n.

———. "Über die Kapazität der Spulen und deren Widerstand und Selbstinduktion bei Wechselstrom." *Annalen der Physik* 37 (1912): 923–942.
Cited: **9** *Lenz 1912*: 19n.

———. "Über Potential und Spannung." *Archiv für Elektrotechnik* 1 (1913): 383–393; 2 (1913): 67–70.
Cited: **9** *Lenz 1913*: 19n.

———. "Berechnung der Eigenschwingungen einlagiger Spulen." *Annalen der Physik* 43 (1914): 749–797.
Cited: **9** *Lenz 1914*: 19n.

———. "Über ein invertiertes Bohrsches Modell." *Bayerische Akademie der Wissenschaften zu München. Mathematisch-physikalische Klasse. Sitzungsberichte* (1918): 355–365.
Cited: **9** *Lenz 1918*: 19n, 76n.

———. "Beitrag zum Verständnis der magnetischen Erscheinungen in festen Körpern." *Physikalische Zeitschrift* 21 (1920): 613–615.
Cited: **10** *Lenz 1920*: 370n.

Leontovich, M. A. et al., *Akademik L. I. Mandel'shtam k 100-letiyu so dnya rozhdeniya*. Moscow: Nauka, 1979.
Cited: **5** *Leontovich et al. 1979*: 540n.

Lerner, Warren. *Karl Radek: The Last Internationalist*. Stanford: Stanford University Press, 1970.
Cited: **9** *Lerner 1970*: 390n.

Levi-Civita, Tullio. "Sur le mouvement de l'électricité sans liaisons ni forces extérieures." *Académie des sciences* (Paris). *Comptes rendus* 145 (1907): 417–420.
Cited: **2** *Levi-Civita 1907*: 549, 553.

———. "Nozione di parallelismo in una varietà qualunque e conseguente specificazione geometrica della curvatura Riemanniana." *Circolo Matematico di Palermo. Rendiconti* 42 (1917): 173–205.
Cited: **7** *Levi-Civita 1917a*: 28n, 80n, 574n. **8** *Levi-Civita 1917a*: 498n, 500n, 664n, 670n, 712n. **10** *Levi-Civita 1917*: 380n.

———. "Sulla espressione analitica spettante al tensore gravitazionale nella teoria di Einstein." *Reale Accademia dei Lincei.Classe di scienze fisiche, matematiche e naturali. Rendiconti delle sedute* 26 (1917) 1st semester: 381–391.
Cited: **6** *Levi-Civita 1917*: 357n. **7** *Levi-Civita 1917b*: 24, 28n, 32n, 76n. **8** *Levi-Civita 1917b*: 442n, 498n, 500n, 510n, 689n, 708n, 716n.

———. "Statica einsteiniana." *Reale Accademia dei Lincei.Classe di scienze fisiche, matematiche e naturali. Rendiconti delle sedute* 26 (1917) 1st semester: 458–470.
Cited: **7** *Levi-Civita 1917c*: 28n. **8** *Levi-Civita 1917c*: 498n, 500n.

———. "Realtà fisica di alcuni spazi normali del Bianchi." *Reale Accademia dei Lincei.Classe di scienze fisiche, matematiche e naturali. Rendiconti delle sedute* 26 (1917) 1st semester: 519–531.
Cited: **7** *Levi-Civita 1917d*: 28n. **8** *Levi-Civita 1917d*: 498n, 500n.

———. "ds^2 einsteiniani in campi newtoniani. I: Generalità e prima approssimazione." *Reale Accademia dei Lincei.Classe di scienze fisiche, matematiche e naturali. Rendiconti delle sedute* 26 (1917) 2d semester: 307–317.
Cited: **7** *Levi-Civita 1917e*: 28n.

Lévy, Maurice. "Observations sur le principe des aires." *Académie des sciences* (Paris). *Comptes rendus* 119 (1894): 718–721.
Cited: **3** *Lévy 1894*: 127n.

Lewis, Gilbert N., and Tolman, Richard C. "The Principle of Relativity and Non-Newtonian Mechanics." *Philosophical Magazine* 18 (1909): 510–523.
Cited: **10** *Lewis and Tolman 1909*: 15n.

Lichtenberg, Georg C. *Georg Christ. Lichtenbergs ausgewählte Schriften*. Reichel, Eugen, ed. Leipzig: Reclam, [1879].
Cited: **5** *Lichtenberg 1879*: 630c.

Liebert, Arnold. *Der Geltungswert der Metaphysik*. Berlin: Reuther & Reichard, 1915.
Cited: **8** *Liebert 1915*: 994c.

Liebert, Arthur. "Zukunftsaufgaben des Neukantianismus." *Kant-Studien* 25 (1920): 471–473.
Cited: **10** *Liebert 1920*: 289n.

Lienhard, Friedrich. *Eulenspiegels Ausfahrt. Schelmenspiel in drei Aufzügen*. 4th rev. ed. Stuttgart: Greiner & Pfeiffer, 1910.
Cited: **8** *Lienhard 1910*: 832n.

Lilienthal, Gustav. "Segelflug der Vögel." *Deutsche Physikalische Gesellschaft. Verhandlungen* 1 (1920): 11–14.
Cited: **10** *Lilienthal 1920*: 581c.

Lindemann, Adolphus F., and Lindemann, Frederick A. "Daylight Photography of Stars As a Means of Testing the Equivalence Postulate in the Theory of Relativity." *Royal Astronomical Society. Monthly Notices* 77 (1917): 140–151.

Cited: **8** *Lindemann and Lindemann 1917*: 471n. **9** *Lindemann and Lindemann 1917*: 245n. **10** *Lindemann and Lindemann 1917*: 381n.

Lindemann, Frederick A. "Über die Berechnung molekularer Eigenfrequenzen." *Physikalische Zeitschrift* 11 (1910): 609–612.
Cited: **2** *Lindemann 1910*: 390n. **3** *Lindemann 1910*: xxiv, 470, 475n, 476n, 527, 544n.

———. "Über die Berechnung der Eigenfrequenzen der Elektronen im selektiven Photoeffekt." *Verhandlungen* 13 (1911): 482–488.
Cited: **5** *Lindemann 1911a*: 378n.

———. "Über Beziehungen zwischen chemischer Affinität und Elektronenfrequenzen." *Verhandlungen* 13 (1911): 1107–1116.
Cited: **5** *Lindemann 1911b*: 378n.

———. "The Philosophical Aspect of the Theory of Relativity: A Symposium by A. S. Eddington, W. D. Ross, C. D. Broad, and F. A. Lindemann." *Mind* 29 (1920): 437–445.
Cited: **10** *Lindemann 1920*: 535n.

Lissauer, Ernst. *Der brennende Tag. Ausgewählte Gedichte.* Jena: Diederichs, [1916].
Cited: **5** *Lissauer 1916*: 77n.

Lodge, Oliver. "Experiments on the Absence of Mechanical Connexion between Ether and Matter." *Royal Society of London. Philosophical Transactions* 189 (1897): 149–166.
Cited: **1** *Lodge 1897*: 7n.

———. *Continuity: The Presidential Address to the British Association, Birmingham, MCMXIII.* London: Dent, 1913.
Cited: **5** *Lodge 1913*: 635c.

Loeb, Leonard B. *Kinetic Theory of Gases.* New York: McGraw-Hill, 1927.
Cited: **3** *Loeb 1927*: 247n. **9** *Loeb 1927*: 48n.

Lohmeier, Dieter, and Schell, Bernhardt, eds. *Einstein, Anschütz und der Kieler Kreiselkompaß. Der Briefwechsel zwischen Albert Einstein und Hermann Anschütz-Kaempfe und andere Dokumente.* Heide in Holstein: Westholsteinische Verlagsanstalt Boyens & Co., 1992.
Cited: **6** *Lohmeier and Schell 1992*: xxi, 143n, 144n, 146, 210n. **7** *Lohmeier and Schell 1992*: 84n, 195n. **8** *Lohmeier and Schell 1992*: 790n, 791n, 833n, 838n, 839n, 858n, 864n. **10** *Lohmeier and Schell 1992*: 458n, 533n, 545n.

Lorentz, Hendrik A. "Over den invloed, dien de beweging der aarde op de lichtverschijnselen uitoefent." *Koninklijke Akademie van Wetenschappen (Amsterdam). Afdeeling Natuurkunde. Verslagen en Mededeelingen* 2 (1885–86): 297–372. Reprinted in translation as "De l'influence du mouvement de la terre sur les phénomènes lumineux." *Archives néerlandaises des sciences exactes et naturelles* 21 (1887): 103–176.
Cited: **2** *Lorentz 1886*: 256. **7** *Lorentz 1886*: 128n, 468n.

———. "La théorie electromagnétique de Maxwell et son application aux corps mouvants." *Archives néerlandaises des sciences exactes et naturelles* 25 (1892): 363–552.
Cited: **1** *Lorentz 1892*: 224. **2** *Lorentz 1892c*: 256. **4** *Lorentz 1892a*: 551n. **7** *Lorentz 1892a*: 99n, 279n, 468n. **8** *Lorentz 1892a*: 350n.

———. "Over de terugkaatsing van licht door lichamen die zich bewegen." *Koninklijke Akademie van Wetenschappen (Amsterdam). Wis- en Natuurkundige Afdeeling. Verslagen der Zittingen* 1 (1892): 28–31.
Cited: **2** *Lorentz 1892a*: 309n.

———. "De relatieve beweging van de aarde en den aether." *Koninklijke Akademie van Wetenschappen te Amsterdam. Wis- en Natuurkundige Afdeeling. Verslagen der Zittingen* 1 (1892–93): 74–79.
Cited: **2** *Lorentz 1892b*: 485n. **3** *Lorentz 1892*: 175n, 449n. **4** *Lorentz 1892b*: 105n, 551n. **7** *Lorentz 1892b*: 279n. **8** *Lorentz 1892b*: 74n, 883n.

———. *Versuch einer Theorie der electrischen und optischen Erscheinungen in bewegten Körpern.* Leyden: Brill, 1895.
Cited: **1** *Lorentz 1895*: 224, 234n, 330n. **2** *Lorentz 1895*: 256, 259, 260, 307n, 308n, 434, 438, 485n, 567, 582n. **3** *Lorentz 1895*: 135, 175n, 428, 439n. **4** *Lorentz 1895*: 153, 163n, 550n. **5** *Lorentz 1895*: 121n, 149n. **6** *Lorentz 1895*: 67n. **7** *Lorentz 1895*: 247, 279n, 359n, 468n, 573n. **8** *Lorentz 1895*: 162n, 350n, 883n.

———. "De aberratietheorie van Stokes in de onderstelling van een aether die niet overal dezelfde dichtheid heeft." *Koninklijke Akademie van Wetenschappen te Amsterdam. Wis- en Natuurkundige Afdeeling. Verslagen van de Gewone Vergaderingen* 7 (1898–99): 523–529. Reprinted in translation as "Stokes's Theory of Aberration in the Supposition of a Variable Density of the Aether." *Koninklijke Akademie van Wetenschappen te Amsterdam. Section of Sciences. Proceedings* 1 (1898–99): 443–448.

Cited: **7** *Lorentz 1899*: 128n. **9** *Lorentz 1899*: 474n.

———. "Über die scheinbare Masse der Ionen." *Physikalische Zeitschrift* 2 (1900): 78–79.
Cited: **2** *Lorentz 1900*: 270.

———. "De theorie der straling en de tweede wet der thermodynamica. *Koninklijke Akademie van Wetenschappen te Amsterdam. Wis- en Natuurkundige Afdeeling. Verslagen van de Gewone Vergaderingen* 9 (1900–01): 418–434. Reprinted in translation as "The Theory of Radiation and the Second Law of Thermodynamics." *Koninklijke Akademie van Wetenschappen te Amsterdam. Section of Sciences. Proceedings* 3 (1900–01): 436–450.
Cited: **5** *Lorentz 1901*: 180n.

———. "Het emissie- en het absorptievermogen der metalen in het geval van groote golflengten." *Koninklijke Akademie van Wetenschappen te Amsterdam. Wis- en Natuurkundige Afdeeling. Verslagen van de Gewone Vergaderingen* 11 (1902–1903): 787–807. Reprinted in translation as "On the Emission and Absorption by Metals of Rays of Heat of Great Wave-Lengths." *Koninklijke Akademie van Wetenschappen te Amsterdam. Section of Sciences. Proceedings* 5 (1902–03): 666–685.
Cited: **3** *Lorentz 1903*: 253n, 281n.

———. "Electromagnetische verschijnselen in een stelsel dat zich met willekeurige snelheid, kleiner dan die van het licht, beweegt." *Koninklijke Akademie van Wetenschappen te Amsterdam. Wis- en Natuurkundige Afdeeling. Verslagen van de Gewone Vergaderingen* 12 (1903–1904): 986–1009. Reprinted in translation as "Electromagnetic Phenomena in a System Moving with Any Velocity Smaller than That of Light." *Koninklijke Akademie van Wetenschappen te Amsterdam. Section of Sciences. Proceedings* 6 (1903–04): 809–831.
Cited: **2** *Lorentz 1904a*: 256, 268, 503, 504, 517n, 527, 528n, 540n. **3** *Lorentz 1904*: 175n. **5** *Lorentz 1904a*: 75n, 121n. **7** *Lorentz 1904a*: 7n, 98n, 139n. **8** *Lorentz 1904a*: 74n, 380n, 883n. **9** *Lorentz 1904*: 471n.

———. "Maxwells elektromagnetische Theorie." In *Encyklopädie der mathematischen Wissenschaften, mit Einschluss ihrer Anwendungen*. Vol. 5, *Physik*, part 2, pp. 63–144. Sommerfeld, Arnold, ed. Leipzig: Teubner, 1904–1922. Issued 16 June 1904.
Cited: **2** *Lorentz 1904b*: 528n. **4** *Lorentz 1904a*: 102n, 103n.

———. "Weiterbildung der Maxwellschen Theorie. Elektronentheorie." In *Encyklopädie der mathematischen Wissenschaften, mit Einschluss ihrer Anwendungen*. Vol. 5, *Physik*, part 2, pp. 145–280. Sommerfeld, Arnold, ed. Leipzig: Teubner, 1904–1922. Issued 16 June 1904.
Cited: **2** *Lorentz 1904c*: 256, 268, 503, 504, 517n, 527, 528n, 540n. **4** *Lorentz 1904b*: 102n, 107n. **5** *Lorentz 1904b*: 120n, 122n, 157n, 226n. **7** *Lorentz 1904b*: 98n. **8** *Lorentz 1904b*: 802n.

———. "De beweging der electronen in de metalen. *Koninklijke Akademie van Wetenschappen te Amsterdam. Wis- en Natuurkundige Afdeeling. Verslagen van de Gewone Vergaderingen* 13 (1904–05): 493–508, 565–573, 710–719. Reprinted in translation as "The Motion of Electrons in Metallic Bodies." *Koninklijke Akademie van Wetenschappen te Amsterdam. Section of Sciences. Proceedings* 7 (1904–05): 438–453, 585–593, 684–691.
Cited: **5** *Lorentz 1905*: 147n.

———. *Versuch einer Theorie der electrischen und optischen Erscheinungen in bewegten Körpern*. 2d ed. Leipzig: Teubner, 1906.
Cited: **3** *Lorentz 1906*: 135, 175n. **4** *Lorentz 1906*: 550n. **5** *Lorentz 1906*: 149n.

———. *Le partage de l'énergie entre la matière pondérable et l'éther*. Rome: R. Accademia dei Lincei, 1908.
Cited: **2** *Lorentz 1908a*: 144, 145, 551n. **3** *Lorentz 1908*: 253n, 281n.

———. "Zur Strahlungstheorie." *Physikalische Zeitschrift* 9 (1908): 562–563.
Cited: **2** *Lorentz 1908b*: 144, 145, 542, 551n.

———. "Die hypothese der lichtquanta." *Nederlandsch Natuur- en Geneeskundig Congres. Handelingen* 12 (1909): 129–139.
Cited: **5** *Lorentz 1909b*: 180n.

———. "Le partage de l'énergie entre la matière pondérable et l'éther." *Revue générale des sciences pures et appliquées* 20 (1909): 14–26.
Cited: **2** *Lorentz 1909a*: 145, 551n. **5** *Lorentz 1909a*: 168n, 180n, 360n, 569n.

———. *The Theory of Electrons and Its Applications to the Phenomena of Light and Radiant Heat. A Course of Lectures Delivered in Columbia University, New York, in March and April 1906*. Leipzig: Teubner, 1909.

Cited: **2** *Lorentz 1909b*: 256, 270, 503.
3 *Lorentz 1909*: 449n. **4** *Lorentz 1909*: 102n, 550n. **5** *Lorentz 1909c*: 200n, 390n. **6** *Lorentz 1909*: 67n, 170n, 189n. **7** *Lorentz 1909*: 7n, 53n, 128n. **8** *Lorentz 1909*: 74n, 883n.

———. "Die Hypothese der Lichtquanten." *Physikalische Zeitschrift* 11 (1910): 349–354.
Cited: **5** *Lorentz 1910a*: 180n, 246n.

———. "Alte und neue Fragen der Physik." *Physikalische Zeitschrift* 11 (1910): 1234–1257.
Cited: **2** *Lorentz 1910*: 148. **5** *Lorentz 1910b*: 277n.

———. "Sur l'application au rayonnement du théorème de l'équipartition de l'énergie." In *La théorie du rayonnement et les quanta. Rapports et discussions de la réunion tenue à Bruxelles, du 30 octobre au 3 novembre 1911, sous les auspices de M. E. Solvay*, pp. 12–39. Langevin, Paul, and de Broglie, Maurice, eds. Paris: Gauthier-Villars, 1912.
Cited: **3** *Lorentz 1912*: 505n, 506n, 550, 562n. **5** *Lorentz 1912*: 180n, 382n. **6** *Lorentz 1912*: 398n.

———. "Die Anwendung des Satzes von der gleichmäßigen Energieverteilung auf die Strahlung." In *Die Theorie der Strahlung und der Quanten. Verhandlungen auf einer von E. Solvay einberufenen Zusammenkunft (30. Oktober bis 3. November 1911). Mit einem Anhange über die Entwicklung der Quantentheorie vom Herbst 1911 bis Sommer 1913*, pp. 10–33. Eucken, Arnold, ed. Halle a.S.: Knapp, 1914. (*Abhandlungen der Deutschen Bunsen Gesellschaft für angewandte physikalische Chemie* 3, no. 7.)
Cited: **3** *Lorentz 1914*: 550, 562n.

———. *Das Relativitätsprinzip. Drei Vorlesungen gehalten in Teylers Stiftung zu Haarlem, bearbeitet von W. H. Keesom*. Leipzig: Teubner, 1914. Beihefte zur Zeitschrift für mathematischen und naturwissenschaftlichen Unterricht aller Schulgattungen, no. 1.
Cited: **6** *Lorentz 1914b*: 135, 136n, 417. **8** *Lorentz 1914b*: 176n, 247n.

———. "Het relativiteitsbeginsel. Voordrachten gehouden in Maart 1913." *Archives du Musée Teyler* (3) 2 (1914): 1–60.
Cited: **6** *Lorentz 1914a*: 136n.

———. "Ernest Solvay." *Die Naturwissenschaften* 2 (1914): 997–999.
Cited: **9** *Lorentz 1914*: 55n.

———. "De breedte van spectraallijnen." *Koninklijke Akademie van Wetenschappen te Amsterdam. Wis- en Natuurkundige Afdeeling. Verslagen van de Gewone Vergaderingen* 23 (1914–15): 470–487. Reprinted in translation as "The Width of Spectral Lines." *Koninklijke Akademie van Wetenschappen te Amsterdam. Section of Sciences. Proceedings* 18 (1915–16): 134–150.
Cited: **8** *Lorentz 1914c*.

———. "Het beginsel van Hamilton in Einstein's theorie der zwaartekracht." *Koninklijke Akademie van Wetenschappen te Amsterdam. Wis- en Natuurkundige Afdeeling. Verslagen van de Gewone Vergaderingen* 23 (1914–15): 1073–1089. Reprinted in translation as "On Hamilton's Principle in Einstein's Theory of Gravitation." *Koninklijke Akademie van Wetenschappen te Amsterdam. Section of Sciences. Proceedings* 19 (1916–17): 751–765.
Cited: **6** *Lorentz 1915*: 267, 269n, 346n, 410, 416n. **8** *Lorentz 1915c*: 177n, 184n, 247n, 289n, 426n.

———. *The Theory of Electrons and Its Applications to the Phenomena of Light and Radiant Heat. A Course of Lectures Delivered in Columbia University, New York, in March and April 1906*. 2d ed. Leipzig, 1915.
Cited: **7** *Lorentz 1915*: 322n, 572n. **8** *Lorentz 1915b*: 898n, 909n.

———. "Die Maxwellsche Theorie und die Elektronentheorie." In *Die Kultur der Gegenwart. Ihre Entwicklung und ihre Ziele*. Hinneberg, Paul, ed. Part 3, sec. 3, vol. 1, *Physik*, pp. 311–333. Warburg, Emil, ed. Leipzig: Teubner, 1915.
Cited: **2** *Lorentz 1915*: 503. **4** *Lorentz 1915*: 538, 550n. **8** *Lorentz 1915a*: 909n.

———. *Les théories statistiques en thermodynamique: Conférences faites au Collège de France en novembre 1912*. Dunoyer, L., ed. Leipzig: Teubner, 1916.
Cited: **2** *Lorentz 1916*: 41, 52, 95n, 552n. **6** *Lorentz 1916a*: 375, 377n. **8** *Lorentz 1916a*: 247n, 286n, 301n.

———. "Over Einstein's theorie der zwaartekracht. I." *Koninklijke Akademie van Wetenschappen te Amsterdam. Wis- en Natuurkundige Afdeeling. Verslagen van de Gewone Vergaderingen* 24 (1915–16): 1389–1402. Reprinted in translation as "On Einstein's Theory of Gravitation. I." *Koninklijke Akademie van Wetenschappen te Amsterdam. Section of Sciences. Proceedings* 19 (1916–

1917) 1341–1354.
Cited: **6** *Lorentz 1916b*: 346n, 410, 416n.
8 *Lorentz 1916b*: 247n, 299n, 301n, 426n, 689n, 712n.

——. "Over Einstein's theorie der zwaartekracht. II." *Koninklijke Akademie van Wetenschappen te Amsterdam. Wis- en Natuurkundige Afdeeling. Verslagen van de Gewone Vergaderingen* 24 (1915–16): 1759–1774. Reprinted in translation as "On Einstein's Theory of Gravitation. II." *Koninklijke Akademie van Wetenschappen te Amsterdam. Section of Sciences. Proceedings* 19 (1916–17) 1354–1369.
Cited: **6** *Lorentz 1916c*: 346n, 410, 416n. **8** *Lorentz 1916c*: 247n, 299n, 426n.

——. "Over Einstein's theorie der zwaartekracht. III." *Koninklijke Akademie van Wetenschappen te Amsterdam. Wis- en Natuurkundige Afdeeling. Verslagen van de Gewone Vergaderingen* 25 (1916–17): 468–486. Reprinted in translation as "On Einstein's Theory of Gravitation. III." *Koninklijke Akademie van Wetenschappen te Amsterdam. Section of Sciences. Proceedings* 20 (1917–18): 2–19.
Cited: **6** *Lorentz 1916d*: 346n, 410, 416n. **7** *Lorentz 1916*: 28n, 32n, 76n–77n. **8** *Lorentz 1916d*: 247n, 299n, 332n, 426n, 500n, 689n, 708n, 716n. **9** *Lorentz 1916*: 42n.

——. "Over Einstein's theorie der zwaartekracht. IV." *Koninklijke Akademie van Wetenschappen te Amsterdam. Wis- en Natuurkundige Afdeeling. Verslagen van de Gewone Vergaderingen* 25 (1916–17): 1380–1396. Reprinted in translation as "On Einstein's Theory of Gravitation. IV." *Koninklijke Akademie van Wetenschappen te Amsterdam. Section of Sciences. Proceedings* 20 (1917–18): 20–34.
Cited: **8** *Lorentz 1917a*: 247n, 426n.

——. "De zwaartekracht en het licht. Een bevestiging van Einstein's gravitatietheorie." *Nieuwe Rotterdamsche Courant*, 13 November 1919.
Cited: **9** *Lorentz 1919a*: 219n, 249n.

——. *Lessen over theoretische natuurkunde aan de Rijks-Universiteit te Leiden gegeven*. Vol. 1, *Stralingstheorie (1910–1911)*. Leiden: Brill, 1919.
Cited: **9** *Lorentz 1919b*: 228n, 234n, 249n, 269n, 288n.

——. *Lessen over theoretische natuurkunde aan de Rijks-Universiteit te Leiden gegeven*. Vol. 2, *Theorie der quanta (1916–1917)*. Leiden: Brill, 1919.
Cited: **9** *Lorentz 1919c*: 228n, 249n, 269n, 288n.

——. *Lessen over theoretische natuurkunde aan de Rijks-Universiteit te Leiden gegeven*. Vol. 6, *Het relativiteitsbeginsel voor eenparige translaties (1910–1912)*. Fokker, Adriaan D., ed. Leiden: Brill, 1922. Reprinted in translation as "The Principle of Relativity for Uniform Translations (1910–1912)." In *Lectures on Theoretical Physics, Delivered at the University of Leiden*. Vol. 3, pp. 179–326. London: Macmillan, 1931.
Cited: **2** *Lorentz 1922*: 272. **5** *Lorentz 1922*: 135n. **7** *Lorentz 1922*: 322n.

——. *Problems of Modern Physics: A Course of Lectures Delivered in the California Institute of Technology*. Boston: Ginn, 1927.
Cited: **7** *Lorentz 1927*: 486n.

——. *Collected Papers*. Zeeman, Pieter, and Fokker, Adriaan, eds. 9 vols. The Hague: Nijhoff, 1935–1939.
Cited: **9** *Lorentz 1935–39*.

Lorentz, Hendrik A. et al. "Discussion" following **3** *Lorentz 1912*/ **5** *Lorentz 1912*/ **6** *Lorentz 1912*. In *La théorie du rayonnement et les quanta. Rapports et discussions de la réunion tenue à Bruxelles, du 30 octobre au 3 novembre 1911, sous les auspices de M. E. Solvay*, pp. 40–48. Langevin, Paul, and de Broglie, Maurice, eds. Paris: Gauthier-Villars, 1912.
Cited: **3** *Lorentz et al. 1912*: 505n.

—— et al. "Diskussion" following **3** *Lorentz 1914*." In *Die Theorie der Strahlung und der Quanten. Verhandlungen auf einer von E. Solvay einberufenen Zusammenkunft (30. Oktober bis 3. November 1911). Mit einem Anhange über die Entwicklung der Quantentheorie, vom Herbst 1911 bis Sommer 1913*, pp. 34–40. Eucken, Arnold, ed. Halle a.S.: Knapp, 1914. (*Abhandlungen der Deutschen Bunsen Gesellschaft für angewandte physikalische Chemie* 3, no. 7.)
Cited: **3** *Lorentz et al. 1914*: 505n.

Lorentz, Hendrik A., Einstein, Albert, and Minkowski, Hermann. *Das Relativitätsprinzip. Eine Sammlung von Abhandlungen mit Anmerkungen von A. Sommerfeld und Vorwort von O. Blumenthal*. Leipzig: Teubner, 1913.
Cited: **6** *Lorentz et al. 1913*: 535n. **8** *Lorentz et al. 1913*: 147n. **9** *Lorentz et al. 1913*: 403n,

450n, 516n, 578c. **10** *Lorentz et al. 1913*: 566c.

———. *Das Relativitätsprinzip. Eine Sammlung von Abhandlungen mit Anmerkungen von A. Sommerfeld und Vorwort von O. Blumenthal.* 3d enl. ed. Leipzig: Teubner, 1920.
Cited: **9** *Lorentz et al. 1920*: 310n, 403n, 516n, 530n, 589c, 591c. **10** *Lorentz et al. 1920*: 484n, 525n, 575c, 578c.

———. *Das Relativitätsprinzip. Eine Sammlung von Abhandlungen.* 4th ed. Leipzig: Teubner, 1922.
Cited: **8** *Lorentz et al. 1922*: 880n.

Lorentz, Hendrik A., and Droste, Johannes. "De beweging van een stelsel lichamen onder den invloed van hunne onderlinge aantrekking, behandeld volgens de theorie van Einstein. I." *Koninklijke Akademie van Wetenschappen te Amsterdam. Wis- en Natuurkundige Afdeeling. Verslagen van de Gewone Vergaderingen* 26 (1917): 392–403. Reprinted in translation with *Lorentz and Droste 1917b* as "The Motion of a System of Bodies under the Influence of Their Mutual Attraction, According to Einstein's Theory." In *H. A. Lorentz: Collected Papers.* Vol. 5, pp. 330–355. Zeeman, Pieter, and Fokker, Adriaan, eds. The Hague: Nijhoff, 1937.
Cited: **8** *Lorentz and Droste 1917a*: 420n, 426n, 430n.

———. "De beweging van een stelsel lichamen onder den invloed van hunne onderlinge aantrekking, behandeld volgens de theorie van Einstein. II." *Koninklijke Akademie van Wetenschappen te Amsterdam. Wis- en Natuurkundige Afdeeling. Verslagen van de Gewone Vergaderingen* 26 (1917–18): 649–660. Reprinted in translation with *Lorentz and Droste 1917a* as "The Motion of a System of Bodies under the Influence of Their Mutual Attraction, According to Einstein's Theory." In *H. A. Lorentz: Collected Papers*, vol. 5, pp. 330–355. Zeeman, Pieter, and Fokker, Adriaan, eds. The Hague: Nijhoff, 1937.
Cited: **8** *Lorentz and Droste 1917b*: 420n, 426n, 430n.

Lorenz, Hans. "Die Wirkung eines Kreisels auf die Rollbewegung von Schiffen." *Physikalische Zeitschrift* 5 (1904): 27–32.
Cited: **8** *Lorenz 1904*: 812n.

———. *Lehrbuch der technischen Physik.* Vol. 2, *Technische Wärmelehre.* Munich: Oldenbourg, 1904.
Cited: **2** *Lorenz 1904*: 326n.

Loria, Gino. *Spezielle algebraische und transcendente ebene Kurven. Theorie und Geschichte.* Schütte, Fritz, trans. and ed. Leipzig: Teubner, 1902.
Cited: **3** *Loria 1902*: 244n.

Loschmidt, Josef. "Zur Grösse der Luftmoleküle." *Kaiserliche Akademie der Wissenschaften* (Vienna). *Mathematisch-naturwissenschaftliche Classe. Zweite Abtheilung. Sitzungsberichte* 52 (1865): 395–413.
Cited: **2** *Loschmidt 1865*: 171, 176. **3** *Loschmidt 1865*: 243n. **4** *Loschmidt 1865*: 534n.

Löwenstein, Siegfried. *Der Prozess Erzberger-Helfferich. Ein Rechtsgutachten.* Ulm: Süddeutsche Verlagsanstalt, 1921.
Cited: **9** *Löwenstein 1921*: 389n.

Lübsen, Heinrich Borchert. *Ausführliches Lehrbuch der Analysis. Zum Selbstunterricht mit Rücksicht auf die Zwecke des praktischen Lebens.* 4th impr. ed. Leipzig: Brandstetter, 1868.
Cited: **1** *Lübsen 1868*: lxi.

———. *Einleitung in die Infitesimal-Rechnung (Differential- und Integral-Rechnung). Zum Selbstunterricht. Mit Rücksicht auf das Nothwendigste und Wichtigste.* 4th ed. Leipzig: Brandstetter, 1869.
Cited: **1** *Lübsen 1869*: lxi, 4n.

———. *Ausführliches Lehrbuch der ebenen und sphärischen Trigonometrie. Zum Selbstunterricht. Mit Rücksicht auf die Zwecke des praktischen Lebens.* 8th ed. Leipzig: Brandstetter, 1870.
Cited: **1** *Lübsen 1870*: lxi.

Ludendorff, Hans. "Zur Statistik der spektroskopischen Doppelsterne." *Astronomische Nachrichten* 184 (1910): cols. 373–390.
Cited: **8** *Ludendorff 1910*: 323n.

———. "Über die Massen der spektroskopischen Doppelsterne." *Astronomische Nachrichten* 189 (1911): cols. 145–156.
Cited: **8** *Ludendorff 1911*: 323n.

———. "Bemerkungen über die Radialgeschwindigkeiten der Helium-Sterne." *Astronomische Nachrichten* 202 (1916): cols. 75–84.
Cited: **8** *Ludendorff 1916*: 262n.

Lüders, Else. *Minna Cauer, Leben und Werk, dargestellt an Hand ihrer Tagebücher und nachgelassenen Schriften.* Gotha: Klotz, 1925.
Cited: **10** *Lüders 1925*: 433n.

Ludwig, Emil. *Goethe. Geschichte eines*

Menschen. 3 vols. Stuttgart: Cotta, 1920.
Cited: **10** *Ludwig 1920*: 597c.

Lummer, Otto, and Pringsheim, Ernst. "Die Vertheilung der Energie im Spectrum des schwarzen Körpers und des blanken Platins." *Deutsche Physikalische Gesellschaft. Verhandlungen* 1 (1899): 215–230.
Cited: **2** *Lummer and Pringsheim 1899*: 108n, 136.

———. "Über die Jeans-Lorentzsche Strahlungsformel." *Physikalische Zeitschrift* 9 (1908): 449–450.
Cited: **2** *Lummer and Pringsheim 1908*: 144, 167n, 551n.

Lundmark, Knut. "Stellung der kugelförmigen Sternhaufen und Spiralnebel zu unserem Sternsystem." *Astronomische Nachrichten* 209 (1919): 369–380.
Cited: **7** *Lundmark 1919*: 425n.

Lüscher, Edgar. "Albert Einstein in Aarau." *Schweizerische Lehrerzeitung* 89 (1944): 622–623.
Cited: **1** *Lüscher 1944*: 12, 17n, 236.

Lütgemeier-Davin, Reinhold. *Pazifismus zwischen Kooperation und Konfrontation. Das Deutsche Friedenskartell in der Weimarer Republik*. Cologne: Pahl-Rugenstein, 1982.
Cited: **9** *Lütgemeier-Davin 1982*: 34n.

Luther, Martin. *Die Bibel oder die ganze Heilige Schrift des Alten und Neuen Testaments. Nach der deutschen Übersetzung D. Martin Luthers. Durchgesehene Ausgabe mit dem von der deutschen evangelischen Kirchenkonferenz genehmigten Text*. Berlin: Britische und Ausländische Bibelgesellschaft, 1913.
Cited: **9** *Luther 1913*: 145n.

Macaulay, Thomas Babington. *Frederic the Great*. Oxford: Clarendon Press, [1914].
Cited: **8** *Macaulay 1914*: 135n.

———. *Friedrich der Große*. Moellenhoff, J., trans. Leipzig: Reclam, 1915.
Cited: **8** *Macaulay 1915*: 135n.

Mach, Ernst. "Über die Wirkung der räumlichen Vertheilung des Lichtreizes auf die Netzhaut." *Kaiserliche Akademie der Wissenschaften* (Vienna). *Mathematisch-naturwissenschaftliche Classe. Zweite Abtheilung. Sitzungsberichte* 52 (1865): 303–322.
Cited: **7** *Mach 1865*: 53n.

———. "Über den physiologischen Effect räumlich vertheilter Lichtreize. (Dritte Abhandlung)." *Kaiserliche Akademie der Wissenschaften* (Vienna). *Mathematisch-naturwissenschaftliche Classe. Zweite Abtheilung. Sitzungsberichte* 54 (1866): 393–408.
Cited: **7** *Mach 1866b*: 53n.

———. "Über den physiologischen Effect räumlich vertheilter Lichtreize. (Zweite Abhandlung)." *Kaiserliche Akademie der Wissenschaften* (Vienna). *Mathematisch-naturwissenschaftliche Classe. Zweite Abtheilung. Sitzungsberichte* 54 (1866): 131–144.
Cited: **7** *Mach 1866a*: 53n.

———. "Über die physiologische Wirkung räumlich vertheilter Lichtreize." *Kaiserliche Akademie der Wissenschaften* (Vienna). *Mathematisch-naturwissenschaftliche Classe. Zweite Abtheilung. Sitzungsberichte* 57 (1868): 11–19.
Cited: **7** *Mach 1868*: 53n.

———. *Die Geschichte und die Wurzel des Satzes von der Erhaltung der Arbeit. Vortrag*. Prague: Calve, 1872. Reprint, Leipzig: Barth, 1909.
Cited: **2** *Mach 1872*: 218.

———. *Beiträge zur Analyse der Empfindungen*. Jena: Fischer, 1886.
Cited: **2** *Mach 1886*. **5** *Mach 1886*: 7n.

———. *Die Principien der Wärmelehre. Historisch-kritisch entwickelt*. Leipzig: Barth, 1896.
Cited: **1** *Mach 1896*: 230n, 335n. **2** *Mach 1896*: 43, 135, 207.

———. *Populärwissenschaftliche Vorlesungen*. Leipzig: Barth, 1896.
Cited: **5** *Mach 1896*: 7n.

———. *Die Mechanik in ihrer Entwickelung. Historisch-kritisch dargestellt*. 3d rev. and enl. ed. Leipzig: Brockhaus, 1897.
Cited: **1** *Mach 1897*: 230n, 335n. **2** *Mach 1897*: xxiv, 3, 43. **3** *Mach 1897*: 5. **5** *Mach 1897*: 7n, 204n, 532n, 550n, 584n. **6** *Mach 1897*: 129n, 280, 282n, 338n. **7** *Mach 1897*: 62n, 103, 279n.

———. "On Some Phenomena Attending the Flight of Projectiles." In *Popular Scientific Lectures*. 3d rev. ed., pp. 309–337. La Salle, Ill.: Open Court, 1898.
Cited: **6** *Mach 1898*: 282n.

———. *Die Analyse der Empfindungen und das Verhältnis des Physischen zum Psychischen*. 2d enl. ed. of **2** *Mach 1886*/ **5** *Mach 1886*. Jena: Fischer, 1900.
Cited: **2** *Mach 1900a*: xxv.

———. *Die Principien der Wärmelehre. Histo-*

risch-kritisch entwickelt. 2d ed. Leipzig: Barth, 1900.
Cited: **2** *Mach 1900b*: 43.

———. *Die Mechanik in ihrer Entwickelung. Historisch-kritisch dargestellt.* 4th ed. Leipzig: Brockhaus, 1901.
Cited: **2** *Mach 1901*: xxv.

———. *Die Analyse der Empfindungen und das Verhältnis des Physischen zum Psychischen.* 3d enl. ed. Jena: Fischer, 1902.
Cited: **2** *Mach 1902*: xxv.

———. *Die Analyse der Empfindungen und das Verhältnis des Physischen zum Psychischen.* 4th enl. ed. Jena: Fischer, 1903.
Cited: **2** *Mach 1903*: xxv.

———. "Über Erscheinungen an fliegenden Projektilen." In *Populärwissenschaftliche Vorlesungen.* 3d rev. ed., pp. 356–383. Leipzig: Barth, 1903.
Cited: **6** *Mach 1903*: 282n.

———. *Die Mechanik in ihrer Entwickelung. Historisch-kritisch dargestellt.* 5th rev. ed. Leipzig: Brockhaus, 1904.
Cited: **2** *Mach 1904*: xxiv, xxv. **7** *Mach 1904*: 103, 121n. **8** *Mach 1904*: 448n.

———. *Die Mechanik in ihrer Entwickelung. Historisch-kritisch dargestellt.* 6th rev. ed. Leipzig: Brockhaus, 1908.
Cited: **3** *Mach 1908*: 9, 126n, 396n, 592.
4 *Mach 1908*: 102n, 177, 179n, 485n, 498, 503n, 587n, 622n, 623.

———. *Die Geschichte und die Wurzel des Satzes von der Erhaltung der Arbeit.* 2d ed. Leipzig: Barth, 1909.
Cited: **5** *Mach 1909*: 204n.

———. "Die Leitgedanken meiner naturwissenschaftlichen Erkenntnislehre und ihre Aufnahme durch die Zeitgenossen." *Scientia: Rivista di Scienza* 7 (1910): 225–240. Reprinted in *Physikalische Zeitschrift* 11 (1910): 599–606.
Cited: **2** *Mach 1910*: 218. **7** *Mach 1910*: 62n.

———. *Sinnliche Elemente und naturwissenschaftliche Begriffe.* Bonn: Hager, 1910.
Cited: **5** *Mach 1910*: 624c.

———. *Die Analyse der Empfindungen und das Verhältnis des Physischen zum Psychischen.* 6th rev. ed. Jena: Fischer, 1911.
Cited: **8** *Mach 1911*: 495n, 548n, 850n.

———. *Die Prinzipien der physikalischen Optik, historisch und erkenntnispsychologisch entwickelt.* Leipzig: Barth, 1921.
Cited: **6** *Mach 1921*: 282n. **8** *Mach 1921*: 480n.

———. *Principles of the Theory of Heat: Historically and Critically Elucidated.* McGuinness, Brian, ed. Dordrecht and Boston: Reidel, 1986. (Trans. of **2** *Mach 1900b*).
Cited: **2** *Mach 1986*: 46.

MacMillan, Margaret. *Paris 1919: Six Months That Changed the World.* New York: Random House, 2002.
Cited: **9** *MacMillan 2002*: 93n.

Madelung, Erwin. "Molekulare Eigenschwingungen." *Königliche Gesellschaft der Wissenschaften zu Göttingen. Mathematisch-physikalische Klasse. Nachrichten* (1909): 100–106.
Cited: **3** *Madelung 1909*: 414n, 420, 421n, 526, 544n.

———. "Molekulare Eigenschwingungen." *Physikalische Zeitschrift* 11 (1910): 898–905.
Cited: **3** *Madelung 1910b*: 420, 421n, 526, 544n.

———. "Molekulare Eigenschwingungen. Nachtrag zu meiner früheren Mitteilung." *Königliche Gesellschaft der Wissenschaften zu Göttingen. Mathematisch-physikalische Klasse. Nachrichten* (1910): 43–58.
Cited: **3** *Madelung 1910a*: 414n, 420, 421n, 544n.

Magnus, Alfred, and Lindemann, Frederick A. "Über die Abhängigkeit der spezifischen Wärme fester Körper von der Temperatur." *Zeitschrift für Elektrochemie* 16 (1910): 269–279.
Cited: **3** *Magnus and Lindemann 1910*: 476n.

Maiocchi, Roberto. *Einstein in Italia. La scienza e la filosofia italiane di fronte alla teoria della relatività.* Milan: Angeli, 1985.
Cited: **4** *Maiocchi 1985*: 122.

Maĭstrov, Leonid E. *Probability Theory: A Historical Sketch.* Kotz, Samuel, trans. and ed. New York: Academic Press, 1974.
Cited: **3** *Maistrov 1974*: 268n.

Majorana, Quirino. "On Gravitation. Theoretical and Experimental Researches." *Philosophical Magazine* 39 (1920): 488–504.
Cited: **10** *Majorana 1920a*: 288n, 297n.

———. "Sulla gravitazione. VII–IX." *Reale Accademia dei Lincei. Classe di scienze fisiche, matematiche e naturali. Rendiconti delle sedute* 29 (1920): 90–99, 163–169, 235–240.
Cited: **10** *Majorana 1920b*: 297n.

Maltese, Giulio, and Orlando, Lucia. "The Definition of Rigidity in the Special Theory of Relativity and the Genesis of the General

Theory of Relativity." *Studies in History and Philosophy of Modern Physics* 26 (1995): 263–306.
Cited: **10** *Maltese and Orlando 1995*: 7n.

Mandelstam, Leonid I. "Über die Rauhigkeit freier Flüssigkeitsoberflächen." *Annalen der Physik* 41 (1913): 609–624.
Cited: **5** *Mandelstam 1913*: 540n.

Mann, Thomas. *Gesammelte Werke*. Vol. 12. Frankfurt a.M.: Fischer, 1960.
Cited: **9** *Mann 1960*: 396n.

———. *Diaries 1918–1939*. New York: Abrams, 1982.
Cited: **9** *Mann 1982*: 392n.

Marangoni, Ernesta Pelizza. "Momenti pavesi nella vita di Alberto Einstein." *La Provincia Pavese*, 14 May 1955, pp. 1, 3.
Cited: **1** *Marangoni 1955*: liv, lvi, lxv, 5.

March, Harold. *Romain Rolland*. New York: Twayne, 1971.
Cited: **10** *March 1971*: 58n.

Marey, Etienne J. "Des mouvements que certains animaux exécutent pour retomber sur leurs pieds, lorsqu'ils sont précipités d'un lieu élevé." *Académie des sciences* (Paris). *Comptes rendus* 119 (1894): 714–717.
Cited: **3** *Marey 1894*: 127n.

Markoff, Andrei A. *Wahrscheinlichkeitsrechnung*. 2d ed. Liebmann, Heinrich, trans. Leipzig: Teubner, 1912.
Cited: **3** *Markoff 1912*: 268n.

Marsch, Ulrich. *Notgemeinschaft der Deutschen Wissenschaft. Gründung und frühe Geschichte 1920–1925*. Frankfurt a.M.: Lang, 1994.
Cited: **7** *Marsch 1994*: 300n, 334n, 363n, 494n. **10** *Marsch 1994*: 546n.

Martienssen, Oscar. "Die Verwendbarkeit des Rotationskompasses als Ersatz des magnetischen Kompasses." *Physikalische Zeitschrift* 7 (1906): 535–543.
Cited: **8** *Martienssen 1906*: 839n.

Martins, Roberto de Andrade. "The Search for Gravitational Absorption in the Early Twentieth Century." In *The Expanding Worlds of General Relativity*, pp. 3–44. Goenner, Hubert, Renn, Jürgen, Ritter, Jim, and Sauer, Tilman, eds. Boston: Birkhäuser, 1999.
Cited: **7** *Martins 1999*: 146n, 198n. **10** *Andrade Martins 1999*: 297n; **10** *Martins 1999*: 288n, 479n.

Marwick, William H. *Ernest Bowman Ludlam*. London: Friends House Service Committee, 1960.
Cited: **9** *Marwick 1960*: 370n.

Marx, Erich. "Die Geschwindigkeit der Röntgenstrahlen." *Annalen der Physik* 20 (1906): 677–722.
Cited: **9** *Marx 1906*: 361n.

———. "Zweite Durchführung der Geschwindigkeitsmessung der Röntgenstrahlen." *Annalen der Physik* 33 (1910): 1305–1391.
Cited: **9** *Marx 1910*: 361n.

———. *Handbuch der Radiologie*. Vol. 1. Leipzig: Akademische Verlagsgesellschaft, 1920.
Cited: **4** *Marx 1920*: 3.

———. *Handbuch der Radiologie*. Vol. 6, *Die Theorien der Radiologie*. Leipzig: Akademische Verlagsgesellschaft, 1925.
Cited: **2** *Marx 1924*: 273. **4** *Marx 1924*: 6.

Marx, Erich, and Lichtenecker, Karl. "Experimentelle Untersuchung des Einflusses der Unterteilung der Belichtungszeit auf die Elektronenabgabe in Elster und Geitelschen Kaliumhydrürzellen bei sehr schwacher Lichtenergie." *Annalen der Physik* 41 (1913): 124–160.
Cited: **3** *Marx and Lichtenecker 1913*: 504n.

Massart, Jean. "Les intellectuels allemands et la recherche de la verité." *Revue de Paris* 25 (1918): 643–672.
Cited: **8** *Massart 1918*: 347n, 364n.

Mathias, Emile. "Sur la densité critique et le théorème des états correspondants." *Journal de physique théorique et appliquée* 2 (1893): 5–22.
Cited: **2** *Mathias 1893*: 244n.

———. "La constante a des diamètres rectilignes et les lois des états correspondants." *Journal de physique théorique et appliquée* 8 (1899): 407–413.
Cited: **2** *Mathias 1899*: 244n.

———. "La constante a des diamètres rectilignes et les lois des états correspondants [2e mémoire]." *Journal de physique théorique et appliquée* 4 (1905): 77–91.
Cited: **2** *Mathias 1905*: 242–244.

Matricon, Jean, and Waysand, Georges. *The Cold Wars: A History of Superconductivity*. New Brunswick, N.J.: Rutgers University Press, 2003.
Cited: **10** *Matricon and Waysand 2003*: lii, 521n.

Maurer, Trude. *Ostjuden in Deutschland 1918–1933*. Hamburg: Christians, 1986.
Cited: **7** *Maurer 1986*: 224, 227, 240n–241n, 441n.

Maxwell, James Clerk. "Illustrations of the Dy-

namical Theory of Gases. Part I. On the Motions and Collisions of Perfectly Elastic Spheres." *Philosophical Magazine and Journal of Science* 19 (1860): 19–32.
Cited: **2** *Maxwell 1860*: 235n.

———. "A Dynamical Theory of the Electromagnetic Field." *Royal Society of London. Philosophical Transactions* 155 (1865): 459–512. Reprinted in **2** *Maxwell 1890*/ **4** *Maxwell 1890*, vol. 1, pp. 526–597.
Cited: **4** *Maxwell 1865*: 164n.

———. "On the Dynamical Theory of Gases." *Royal Society of London. Philosophical Transactions* 157 (1867): 49–88. Reprinted in **2** *Maxwell 1890*/ **4** *Maxwell 1890*, vol. 2, pp. 26–78.
Cited: **2** *Maxwell 1867*: 252n.

———. *Theory of Heat*. London: Longmans, Green, 1871.
Cited: **2** *Maxwell 1871*: 42.

———. *A Treatise on Electricity and Magnetism*. 2 vols. Oxford: Clarendon Press, 1873.
Cited: **2** *Maxwell 1873*: 582n. **7** *Maxwell 1873*: 279n. **10** *Maxwell 1873*: 503n.

———. *Theorie der Wärme*. Auerbach, F., trans. Breslau: Maruschke & Berendt, 1877. (Trans. from the 4th English ed., 1875.)
Cited: **2** *Maxwell 1877*: 42.

———. *Theorie der Wärme*. Neeson, F., trans. Braunschweig: Vieweg, 1878. (Authorized trans. from the 4th English ed., 1875.)
Cited: **2** *Maxwell 1878*: 42.

———. "On Boltzmann's Theorem on the Average Distribution of Energy in a System of Material Points." *Cambridge Philosophical Society. Transactions* 12 (1879): 547–570.
Cited: **2** *Maxwell 1879*: 73n, 74n.

———. "On Stresses in Rarefied Gases Arising from Inequalities in Temperature." *Royal Society of London. Philosophical Transactions* 170 (1879): 231–256.
Cited: **9** *Maxwell 1879*: 48n, 50n, 176n. **10** *Maxwell 1879*: 284n, 292n.

———. *A Treatise on Electricity and Magnetism*. 2d ed. 2 vols. Oxford: Clarendon Press, 1881.
Cited: **6** *Maxwell 1881*: 232n.

———. *The Scientific Papers of James Clerk Maxwell*. 2 vols. Niven, W. D., ed. Cambridge: Cambridge University Press, 1890. Reprint, New York: Dover, 1965.
Cited: **2** *Maxwell 1890*. **4** *Maxwell 1890*.

———. *A Treatise on Electricity and Magnetism*. 3d ed. 2 vols. Oxford: Clarendon Press, 1891. Reprint, New York: Dover: 1954.
Cited: **2** *Maxwell 1891*: 309n, 492n. **4** *Maxwell 1891*: 102n.

Mayer, August L. (August Liebmann). *Goya: Acht farbige Nachbildungen seiner Hauptwerke*. Leipzig: Seemann, 1919.
Cited: **9** *Mayer 1919*: 609c.

Mayer, Julius Robert. *Die organische Bewegung in ihrem Zusammenhange mit dem Stoffwechsel. Ein Beitrag zur Naturkunde*. Heilbronn: Drechsler, 1845.
Cited: **1** *Mayer 1845*: 105n.

———. *Beiträge zur Dynamik des Himmels in populärer Darstellung*. Heilbronn: Landherr, 1848.
Cited: **1** *Mayer 1848*: 105n.

———. *Die Mechanik der Wärme in gesammelten Schriften*. 3d ed. Weyrauch, Jakob Johann, ed. Stuttgart: Cotta, 1893.
Cited: **2** *Mayer 1893a*: 330n.

———. *Kleinere Schriften und Briefe von Robert Mayer*. Weyrauch, Jakob Johann, ed. Stuttgart: Cotta, 1893.
Cited: **2** *Mayer 1893b*: 330n.

McCausland, Ian. "Einstein and Special Relativity: Who Wrote the Added Footnotes?" *British Journal for the Philosophy of Science* 35 (1984): 60–61.
Cited: **2** *McCausland 1984*.

McCormmach, Russell. "Henri Poincaré and the Quantum Theory." *Isis* 58 (1967): 37–55.
Cited: **3** *McCormmach 1967*: xxvii.

———. "J. J. Thomson and the Structure of Light." *British Journal for the History of Science* 3 (1967): 362–387.
Cited: **2** *McCormmach 1967*: xxxiii, 142.

———. "Einstein, Lorentz, and the Electron Theory." *Historical Studies in the Physical Sciences* 2 (1970): 41–87.
Cited: **1** *McCormmach 1970*: 130n. **2** *McCormmach 1970a*: xxxiii, 148, 256, 553n. **3** *McCormmach 1970*: xix. **5** *McCormmach 1970*: 121n.

———. "H. A. Lorentz and the Electromagnetic View of Nature." *Isis* 61 (1970): 459–497.
Cited: **2** *McCormmach 1970b*: xxxiii, 140, 256, 269. **7** *McCormmach 1970*: 321n. **8** *McCormmach 1970*: 350n.

———. "Lorentz, Hendrik Antoon." In *Dictionary of Scientific Biography*. Vol. 8, pp. 487–500. Gillispie, Charles C., ed. New York: Scribner's Sons, 1973.
Cited: **4** *McCormmach 1973*: 102n.

———. "Editor's Foreword." *Historical Studies*

in the Physical Sciences 7 (1976): xi–xxxv.
Cited: **1** *McCormmach 1976*: 60. **2** *McCormmach 1976*: xxxiii.

Meadows, Arthur J. *Science and Controversy: A Biography of Sir Norman Lockyer*. Cambridge, Mass.: MIT Press, 1972.
Cited: **10** *Meadows 1972*: 381n.

Medicus, Heinrich A. "A Comment on the Relations between Einstein and Hilbert." *American Journal of Physics* 52 (1984): 206–208.
Cited: **8** *Medicus 1984*: 223n.

———. "The Friendship among Three Singular Men: Einstein and His Swiss Friends Besso and Zangger." *Isis* 85 (1994): 456–478.
Cited: **8** *Medicus 1994*: 210n. **10** *Medicus 1994*: l.

———. "Heinrich Zangger und die Berufung Einsteins an die ETH. Sein Einfluss auf die Besetzung weiterer Physik-Lehrstühle in Zürich." *Gesnerus* 53 (1996): 217–235.
Cited: **8** *Medicus 1996*: 916n. **10** *Medicus 1996*: l.

Mehra, Jagdish. "Einstein, Hilbert, and the Theory of Gravitation." In *The Physicist's Conception of Nature*, pp. 92–178. Mehra, Jagdish, ed. Dordrecht: Reidel, 1973.
Cited: **6** *Mehra 1973*: 346n, 416n. **8** *Mehra 1973*: 196n, 223n.

———. *The Solvay Conferences on Physics: Aspects of the Development of Physics since 1911*. Dordrecht and Boston: Reidel, 1975.
Cited: **5** *Mehra 1975*: 301n, 346n, 358n. **10** *Mehra 1975*: 304n.

———. "One Month in the History of the Discovery of General Relativity Theory." *Foundations of Physics Letters* 11 (1998): 41–60.
Cited: **7** *Mehra 1998a*: 188n.

———. "The Calculations That Gave Einstein 'Heart Palpitations'." *Foundations of Physics Letters* 11 (1998): 391–393.
Cited: **7** *Mehra 1998b*: 188n.

Mehra, Jagdish, and Rechenberg, Helmut. *The Historical Development of Quantum Theory*. Vol. 1, *The Quantum Theory of Planck, Einstein, Bohr and Sommerfeld: Its Foundation and the Rise of Its Difficulties 1900–1925*. New York: Springer, 1982.
Cited: **2** *Mehra and Rechenberg 1982*: xxxiii, 55, 135, 144, 582n. **4** *Mehra and Rechenberg 1982*: 273. **5** *Mehra and Rechenberg 1982*: 301n. **6** *Mehra and Rechenberg 1982*: 567n. **8** *Mehra and Rechenberg 1982*: 29n, 387n, 815n. **9** *Mehra and Rechenberg 1982*: 198n. **10** *Mehra and Rechenberg 1982*: 374n.

Meinecke, Friedrich. *Preussen und Deutschland im 19. und 20. Jahrhundert. Historische und politische Aufsätze*. Munich: Oldenbourg, 1918.
Cited: **10** *Meinecke 1918*: 243n.

———. *Nach der Revolution. Geschichtliche Betrachtungen über unsere Lage*. Munich: Oldenbourg, 1919.
Cited: **10** *Meinecke 1919*: 244n.

———. *Strassburg/Freiburg/Berlin, 1901–1919. Erinnerungen von Friedrich Meinecke*. Stuttgart: Koehler, 1949.
Cited: **10** *Meinecke 1949*: 244n.

Meinhardt, Wilhelm. *Entwicklung und Aufbau der Glühlampenindustrie*. Berlin: Heymann, 1932.
Cited: **9** *Meinhardt 1932*: 148n.

Meißner, Walther. "Thermische und elektrische Leitfähigkeit der Metalle." *Jahrbuch der Radioaktivität und Elektronik* 17 (1920): 229–273.
Cited: **10** *Meißner 1920*: 521n.

Meitner, Lise. "A. Einstein: Die Relativitätstheorie." *Naturwissenschaftliche Rundschau* 27 (1912): 285–288.
Cited: **3** *Meitner 1912*: 439n.

———. "Looking Back." *Bulletin of the Atomic Scientists* 20 November 1964: 2–7.
Cited: **10** *Meitner 1964*: 322n.

Mendel, Gregor. *Versuche über Pflanzenhybriden. Zwei Abhandlungen (1866 und 1870)*. 3d ed. Tschermak, Erich von, ed. Leipzig: Engelmann, 1913.
Cited: **5** *Mendel 1913*: 561n.

Mendelssohn, Kurt. *The World of Walther Nernst: The Rise and Fall of German Science 1864–1941*. Pittsburgh: University of Pittsburgh Press, 1973.
Cited: **3** *Mendelssohn 1973*: xxi. **5** *Mendelssohn 1973*: 534n.

Mendes-Flohr, Paul. "The Kriegserlebnis and Jewish Consciousness." In *Jüdisches Leben in der Weimarer Republik/Jews in the Weimar Republic*, pp. 225–237. Benz, Wolfgang, Paucker, Arnold, and Pulzer, Peter, eds. Tübingen: Mohr Siebeck, 1998.
Cited: **7** *Mendes-Flohr 1998*: 227, 440n.

Mendes-Flohr, Paul, and Reinharz, Jehuda, eds. *The Jew in the Modern World: A Documentary History*. 2d ed. Oxford: Oxford University Press, 1995.
Cited: **8** *Mendes-Flohr and Reinharz 1995*: 19n.

Menger, Anton. *Neue Staatslehre*. 3d ed. Jena:

Fischer, 1906.
Cited: **10** *Menger 1906*: 134n.

Meslin, Georges. "Sur la constante de la loi de Mariotte et Gay-Lussac." *Journal de physique théorique et appliquée* 4 (1905): 252–256.
Cited: **2** *Meslin 1905*: 323–324, 324n.

Mewes, Rudolf. *Gesammelte Arbeiten von Rudolf Mewes.* Section 1: *Raumzeitlehre oder Relativitätstheorie in Geistes- und Naturwissenschaft und Werkkunst. Anwendung auf Mechanik und Thermodynamik (Wärmeleitung und relative Bewegung) 1884/1885.* Part 1. Berlin: Mewes, 1920.
Cited: **10** *Mewes 1920*: 584c.

Meyenn, Karl von, ed. *Quantenmechanik und Weimarer Republik.* Wiesbaden: Vieweg, 1994.
Cited: **9** *Meyenn 1994*: 390n.

Meyer, Conrad Ferdinand. *Novellen.* Leipzig: Hessel, 1911.
Cited: **5** *Meyer, C. F. 1911*: 629c.

Meyer, Edgar. "Bericht über die Untersuchungen der zeitlichen Schwankungen der radioaktiven Strahlung." *Jahrbuch der Radioaktivität und Elektronik* 5 (1908): 423–450.
Cited: **5** *Meyer, E. 1908*: 203n, 209n. **9** *Meyer 1908*: 367n.

———. "Nachtrag zu dem Bericht über die zeitlichen Schwankungen der radioaktiven Strahlung." *Jahrbuch der Radioaktivität und Elektronik* 6 (1909): 242–245.
Cited: **5** *Meyer, E. 1909*: 209n.

———. "Über die Struktur der γ-Strahlen." *Königlich Preußische Akademie der Wissenschaften* (Berlin). *Sitzungsberichte* (1910): 647–662. Reprinted in *Jahrbuch der Radioaktivität und Elektronik* 7 (1910): 279–295.
Cited: **3** *Meyer, E. 1910*: 547n. **5** *Meyer, E. 1910b*: 221n, 240n, 255n, 269n.

———. "Über Stromschwankungen bei Stoßionisation." *Physikalische Zeitschrift* 11 (1910): 215–224. Reprinted in *Deutsche Physikalische Gesellschaft. Verhandlungen* 12 (1910): 253–274.
Cited: **5** *Meyer, E. 1910a*: 209n, 214n.

———. "Über die Struktur der γ-Strahlen. II." *Annalen der Physik* 37 (1912): 700–720.
Cited: **5** *Meyer, E. 1912c*: 255n, 269n, 285n, 418n. **8** *Meyer, E. 1912n*: 875n.

———. "Über Schweidlersche Schwankungen. Bemerkungen zu der gleichnamigen Arbeit von Herrn N. Campbell. Mit einer Nachschrift von Norman Campbell." *Physikalische Zeitschrift* 13 (1912): 73–83.
Cited: **5** *Meyer, E. 1912a*: 221n, 255n, 269n, 418n.

———. "Zur Diskussion über die Struktur der γ-Strahlen. Notiz zu einer Bemerkung des Herrn J. Stark." *Physikalische Zeitschrift* 13 (1912): 253–254.
Cited: **5** *Meyer, E. 1912b*: 418n.

Meyer, Edgar, and Schüler, Hermann. "Über die Entstehung der Kathodenstrahlen." *Annalen der Physik* 56 (1918): 507–528.
Cited: **8** *Meyer, E., and Schüler 1918*: 936n.

Meyer, Julius L. "Die Natur der chemischen Elemente als Function ihrer Atomgewichte." *Annalen der Chemie und Pharmacie*, Supplement 7 (1870): 354–364.
Cited: **8** *Meyer, J. 1870*: 671n.

Meyer, Michael A. "Great Debate on Antisemitism—Jewish Reaction to New Hostility in Germany, 1879–1881." *Leo Baeck Institute Yearbook* 11 (1966): 130–170.
Cited: **10** *Meyer 1966*: 56n.

———, ed. *Deutsch–Jüdische Geschichte in der Neuzeit.* Part 4, *Aufbruch und Zerstörung 1918–1945.* Barkai, Avraham and Mendes-Flohr, Paul, ed. Munich: Beck, 2000.
Cited: **7** *Meyer 2000*: 229, 447n.

Meyer, Oskar Emil. *Die kinetische Theorie der Gase. In elementarer Darstellung mit mathematischen Zusätzen.* Breslau: Maruschke & Berendt, 1877.
Cited: **1** *Meyer 1877*: 294n. **2** *Meyer, O.E. 1877*: 42, 43, 108n.

———. *Die kinetische Theorie der Gase. In elementarer Darstellung mit mathematischen Zusätzen.* 2d ed. Part 1. Breslau: Maruschke & Berendt, 1895.
Cited: **1** *Meyer 1895*: 294n. **2** *Meyer, O.E. 1895*: 42, 43, 108n. **5** *Meyer, O.E. 1895*: 115n.

———. *Die kinetische Theorie der Gase. In elementarer Darstellung mit mathematischen Zusätzen.* 2d ed. Part 2. Breslau: Maruschke & Berendt, 1899.
Cited: **1** *Meyer 1899*: 294n. **2** *Meyer, O.E. 1899*: 42, 43, 108n, 168n, 170, 171, 502n. **3** *Meyer, O.E. 1899*: 7, 242n, 243n, 245n. **5** *Meyer, O.E. 1899*: 115n.

Meyer, Stefan, ed. *Festschrift Ludwig Boltzmann gewidmet zum sechzigsten Geburtstage 20. Februar 1904.* Leipzig: Barth, 1904.
Cited: **2** *Meyer, S. 1904*: 44, 110.

Michaëlis, Sophus August Berthel. *Giovanna. En historie fra staden med de skonne taarne.*

Copenhagen: Bojesen, 1901.
Cited: **8** *Michaëlis 1901*: 761n.

———. *Giovanna. Eine Geschichte aus der Stadt mit den schönen Türmen.* Frankfurt a.M.: Rutten, 1905.
Cited: **8** *Michaëlis 1905*: 761n.

Michelson, Albert A. "The Relative Motion of the Earth and the Luminiferous Ether." *American Journal of Science* 22 (1881): 120–129.
Cited: **2** *Michelson 1881*: 256, 485n. **4** *Michelson 1881*: 187n, 550n. **7** *Michelson 1881*: 7n, 279n, 468n.

———. "Relative Motion of Earth and Aether." *Philosophical Magazine* 8 (1904): 716–719.
Cited: **5** *Michelson 1904*: 385n.

Michelson, Albert A., and Morley, Edward W. "Influence of Motion of the Medium on the Velocity of Light." *American Journal of Science* 31 (1886): 377–386.
Cited: **7** *Michelson and Morley 1887*: 7n, 279n, 468n, 571n.

———. "On the Relative Motion of the Earth and the Luminiferous Ether." *American Journal of Science* 34 (1887): 333–345.
Cited: **2** *Michelson and Morley 1887*: 256, 434, 485n, 582n. **3** *Michelson and Morley 1887*: 138, 175n. **4** *Michelson and Morley 1887*: 182, 187n, 550n.

Mie, Gustav. "Grundlagen einer Theorie der Materie. Erste Mitteilung." *Annalen der Physik* 37 (1912): 511–534.
Cited: **4** *Mie 1912a*: 510n. **5** *Mie 1912a*: 551n. **7** *Mie 1912a*: 139n. **8** *Mie 1912a*: 196n, 217n, 460n, 651n, 880n.

———. "Grundlagen einer Theorie der Materie (Zweite Mitteilung)." *Annalen der Physik* 39 (1912): 1–40.
Cited: **4** *Mie 1912b*: 510n. **5** *Mie 1912b*: 551n. **7** *Mie 1912b*: 139n. **8** *Mie 1912b*: 196n, 217n, 460n, 880n, 972n.

———. "Grundlagen einer Theorie der Materie (Dritte Mitteilung, Schluß)." *Annalen der Physik* 40 (1913): 1–66.
Cited: **4** *Mie 1913*: 510n, 621n, 622n. **5** *Mie 1913*: 551n. **7** *Mie 1913*: 139n. **8** *Mie 1913*: 196n, 217n, 460n, 880n, 949n.

———. "Bemerkungen zu der Einsteinschen Gravitationstheorie." *Physikalische Zeitschrift* 15 (1914): 115–122.
Cited: **4** *Mie 1914a*: 298, 510n, 572, 577n, 578n. **5** *Mie 1914a*: 551n, 594n. **8** *Mie 1914a*: 460n.

———. "Bemerkungen zu der Einsteinschen Gravitationstheorie. II." *Physikalische Zeitschrift* 15 (1914): 169–176.
Cited: **4** *Mie 1914b*: 298, 510n, 572, 577n. **5** *Mie 1914b*: 551n, 594n. **8** *Mie 1914b*: 460n, 461n.

———. "Das Prinzip von der Relativität des Gravitationspotentials." In *Arbeiten aus den Gebieten der Physik, Mathematik, Chemie. Festschrift, Julius Elster und Hans Geitel zum sechzigsten Geburtstag gewidmet von Freunden und Schülern*, pp. 251–268. Braunschweig: Vieweg, 1915.
Cited: **8** *Mie 1915*: 460n, 461n.

———. "Die Einsteinsche Gravitationstheorie und das Problem der Materie. I." *Physikalische Zeitschrift* 18 (1917): 551–556.
Cited: **7** *Mie 1917a*: 371n. **8** *Mie 1917a*: 460n, 569n, 572n, 578n, 588n, 652n, 694n, 754n.

———. "Die Einsteinsche Gravitationstheorie und das Problem der Materie. II." *Physikalische Zeitschrift* 18 (1917): 574–580.
Cited: **7** *Mie 1917b*: 371n. **8** *Mie 1917b*: 460n, 461n, 569n, 572n, 578n, 588n, 652n, 694n, 754n.

———. "Die Einsteinsche Gravitationstheorie und das Problem der Materie. III." *Physikalische Zeitschrift* 18 (1917): 596–602.
Cited: **7** *Mie 1917c*: 121n, 371n. **8** *Mie 1917c*: 460n, 461n, 569n, 572n, 578n, 588n, 634n, 641n, 652n, 694n, 754n.

———. "Das elektrische Feld eines um ein Gravitationszentrum rotierenden geladenen Partikelchens." *Physikalische Zeitschrift* 21 (1920): 651–659.
Cited: **8** *Mie 1920b*: 461n, 652n. **9** *Mie 1920*: 98n.

———. "Die Einführung eines vernunftgemässen Koordinatensystems in die Einsteinsche Gravitationstheorie und das Gravitationsfeld einer schweren Kugel." *Annalen der Physik* 62 (1920): 46–74.
Cited: **7** *Mie 1920*: 359n. **8** *Mie 1920a*: 578n, 754n.

———. *Die Einsteinsche Gravitationstheorie. Versuch einer allgemein verständlichen Darstellung der Theorie.* Leipzig: Hirzel, 1921.
Cited: **8** *Mie 1921*: 461n, 634n, 694n.

———. "Das elektrische Feld eines schweren, elektrisch geladenen Kügelchens, das um ein Gravitationszentrum kreist." *Annalen der Physik* 70 (1923): 489–557.
Cited: **9** *Mie 1923*: 98n.

Mill, John Stuart. *A System of Logic Ratiocinative and Inductive: Being a Connected View*

of the Principles of Evidence and the Methods of Scientific Investigation. 8th ed. 2 vols. London: Longmans, Green, Reader, and Dyer, 1872 (1st ed., 1843).
Cited: **2** *Mill 1872*: xxv, 261.

———. *System der deductiven und inductiven Logik. Eine Darlegung der Principien wissenschaftlicher Forschung, insbesondere der Naturforschung.* 4th ed. Schiel, J., trans. Braunschweig: Vieweg, 1877. (Trans. from 8th English ed., **2** *Mill 1872*.)
Cited: **2** *Mill 1877*: xxv.

———. *System der deductiven und inductiven Logik. Eine Darlegung der Grundsätze der Beweislehre und der Methoden wissenschaftlicher Forschungen.* 2d ed. 3 vols. Gomperz, Theodor, trans. Leipzig: Fues, 1884–1887.
Cited: **2** *Mill 1884–1887*: xxve. **5** *Mill 1884–1887*: 19n.

Miller, Arthur I. "A Study of Henri Poincaré's 'Sur la dynamique d'électron'." *Archive for History of Exact Sciences* 10 (1973): 207–328.
Cited: **7** *Miller 1973*: 139n. **9** *Miller 1973*: 89n.

———. "On Some Other Approaches to Electrodynamics in 1905." In *Some Strangeness in the Proportion: A Centennial Symposium to Celebrate the Achievements of Albert Einstein*, pp. 66–91. Woolf, Harry, ed. Reading, Ma.: Addison-Wesley, 1980.
Cited: **2** *Miller 1980*: 270.

———. *Albert Einstein's Special Theory of Relativity: Emergence (1905) and Early Interpretation (1905–1911).* Reading, Mass.: Addison-Wesley, 1981.
Cited: **2** *Miller 1981b*: xxxiii, 255, 260, 265, 270. **3** *Miller 1981*: 174n, 175n, 176n, 439n, 449n, 478. **4** *Miller 1981*: 102n, 550n, 551n, 621n. **5** *Miller 1981*: 59n, 135n, 138n, 149n, 233n, 251n. **6** *Miller 1981*: 536n. **7** *Miller 1981*: 321n, 572n. **8** *Miller 1981*: 845n, 901n, 914n. **9** *Miller 1981*: 89n.

———. "Unipolar Induction: A Case Study of the Interaction between Science and Technology." *Annals of Science* 38 (1981): 155–189.
Cited: **2** *Miller 1981a*: 309n.

———. *Frontiers of Physics: 1900–1911.* Boston: Birkhäuser, 1986.
Cited: **2** *Miller 1986*: xxxiii.

———. "Albert Einstein's 1907 Jahrbuch Paper: The First Step from SRT to GRT." In *Studies in the History of General Relativity*, pp. 319–335. Eisenstaedt, Jean, and Kox, A. J., eds. Boston: Birkhäuser, 1992.
Cited: **3** *Miller 1991*: 497n. **4** *Miller 1992*: 122.

Miller, Oskar von, and Voit, Ernst. "Elektrotechnik in München. Historisches." In *Die Entwicklung Münchens unter dem Einflusse der Naturwissenschaften während der letzten Dezennien. Festschrift der 71. Versammlung deutscher Naturforscher und Aerzte, gewidmet von der Stadt München*, [Munich, 1899], pp. 125–145.
Cited: **1** *Miller and Voit 1899*: liii.

Millikan, Robert A. "A Direct Photoelectric Determination of Planck's h." *Physical Review* 7 (1916): 355–388.
Cited: **2** *Millikan 1916b*: 142, 168n, 358n.

———. "Einstein's Photoelectric Equation and Contact Electromotive Force." *Physical Review* 7 (1916): 18–32.
Cited: **2** *Millikan 1916a*: 142, 168n, 358n.

———. *The Electron.* Chicago: University of Chicago Press, 1917.
Cited: **3** *Millikan 1917*: 509n.

Mills, J. E. "The Internal Heat of Vaporization." *Journal of the American Chemical Society* 31 (1909): 1099–1130.
Cited: **3** *Mills 1909*: 573.

Minkowski, Hermann. "Kapillarität." In *Encyklopädie der mathematischen Wissenschaften, mit Einschluss ihrer Anwendungen.* Vol. 5, *Physik*, part 1, pp. 558–613. Sommerfeld, Arnold, ed. Leipzig: Teubner, 1903–1921. Issued 25 April 1907.
Cited: **2** *Minkowski 1907a*: 3, 4.

———. "Das Relativitätsprinzip." *Annalen der Physik* 47 (1915): 927–938. Lecture, 5 November 1907, Mathematische Gesellschaft, Göttingen.
Cited: **2** *Minkowski 1907b*: 504.

———. "Die Grundgleichungen für die elektromagnetischen Vorgänge in bewegten Körpern." *Königliche Gesellschaft der Wissenschaften zu Göttingen. Mathematisch-physikalische Klasse. Nachrichten* (1908): 53–111.
Cited: **2** *Minkowski 1908*: xxii, 504, 506, 509, 517n, 519, 528n, 540n. **3** *Minkowski 1908*: 449n. **4** *Minkowski 1908*: 4, 103n, 105n, 106n, 107n, 187n, 232n, 328, 342n. **5** *Minkowski 1908*: 93n, 114n, 120n, 120n, 157n, 553n. **6** *Minkowski 1908*: 269n, 338n. **7** *Minkowski 1908*: 280n, 571n. **8** *Minkowski 1908*: 6n, 802n, 804n. **10** *Minkowski 1908*: 6n.

———. *Raum und Zeit. Vortrag gehalten auf der 80. Naturforscher-Versammlung zu Köln am 21. September 1908*. Leipzig: Teubner, 1909. Also printed in *Physikalische Zeitschrift* 10 (1909): 104–111.
Cited: **2** *Minkowski 1909*: 307n. **3** *Minkowski 1909*: 169, 175n, 438, 439n, 444, 449n. **4** *Minkowski 1909*: 106n, 107n, 501n, 551n, 577n, 621n. **7** *Minkowski 1909*: 280n. **8** *Minkowski 1909*: 527n. **10** *Minkowski 1909*: 6n.

———. "Eine Ableitung der Grundgleichungen für die elektromagnetischen Vorgänge in bewegten Körpern vom Standpunkte der Elektronentheorie" [prepared for publication by Max Born]. *Mathematische Annalen* 68 (1910): 526–551.
Cited: **2** *Minkowski 1910*: 504. **3** *Minkowski/Born 1910*: 449n. **4** *Minkowski/Born 1910*: 107n. **10** *Minkowski and Born 1910*: 472n.

———. *Gesammelte Abhandlungen*. 2 vols. Hilbert, David, ed. Leipzig: Teubner, 1911. Reprint, New York: Chelsea, 1967.
Cited: **2** *Minkowski 1911*. **3** *Minkowski 1911*. **4** *Minkowski 1911*. **5** *Minkowski 1911*. **6** *Minkowski 1911*.

Mirimanoff, Dmitry. "Bemerkung zur Notiz von A. Einstein: 'Bemerkung zu der Arbeit von D. Mirimanoff . . .'" *Annalen der Physik* 28 (1909): 1088.
Cited: **5** *Mirimanoff 1909b*: 157n. **8** *Mirimanoff 1909b*: 6n.

———. "Über die Grundgleichungen der Elektrodynamik bewegter Körper von Lorentz und das Prinzip der Relativität." *Annalen der Physik* 28 (1909): 192–198.
Cited: **2** *Mirimanoff 1909*: 507, 536–540, 540n. **5** *Mirimanoff 1909a*: 157n. **8** *Mirimanoff 1909a*: 5n, 7n.

Mises, Richard von. "Fundamentalsätze der Wahrscheinlichkeitsrechnung." *Mathematische Zeitschrift* 4 (1919): 1–97.
Cited: **9** *Mises 1919a*: 276n.

———. "Grundlagen der Wahrscheinlichkeitsrechnung." *Mathematische Zeitschrift* 5 (1919): 52–99.
Cited: **9** *Mises 1919b*: 276n.

———. "Ausschaltung der Ergodenhypothese in der physikalischen Statistik. I, II." *Physikalische Zeitschrift* 21 (1920): 225–232, 256–262.
Cited: **9** *Mises 1920*: 260n, 276n, 291n, 313n.

Misner, Charles W., Thorne, Kip S., and Wheeler, John Archibald. *Gravitation*. New York: Freeman, 1973.
Cited: **8** *Misner et al. 1973*: liv.

Missner, Marshall. "Why Einstein Became Famous in America." *Social Studies of Science* 15 (1985): 267–291.
Cited: **7** *Missner 1985*: 235.

Mittler, Otto, and Boner, Georg, ed. *Biographisches Lexikon des Aargaus 1803–1957*. Aarau: Sauerländer, 1958.
Cited: **1** *Aargau Lexikon 1958*: 383.

Mommsen, Wilhelm E. *Die Technische Nothilfe. Ihre Entstehungsgeschichte, Entwicklung und heutige Stellung als Machtmittel des Staates*. Schramberg: Gatzer & Hahn, 1934.
Cited: **10** *Mommsen 1934*: 451n.

Mommsen, Wolfgang J. "Die deutsche öffentliche Meinung und der Zusammenbruch des Regierungssystems Bethmann Hollweg im Juli 1917." *Geschichte in Wissenschaft und Unterricht* 19 (1968): 656–671.
Cited: **8** *Mommsen 1968*: 507n.

Monnier, Victor. *William E. Rappard. Defenseur des libertés, serviteur de son pays et de la communauté internationale*. Geneva: Slatkine, 1995.
Cited: **7** *Monnier 1995*: 334n. **9** *Monnier 1995*: 205n.

Moore, Ruth. *Niels Bohr: The Man, His Science, and the World They Changed*. Cambridge, Mass.: MIT Press, 1985.
Cited: **10** *Moore 1985*: 322n.

Moreno, Lina. *La Nouvelle revue française dans l'histoire des lettres*. Paris: Gallimard, 1939.
Cited: **9** *Moreno 1939*: 392n.

Morf, Hans. *75 Jahre Eidgenössisches Amt für geistiges Eigentum 1888–1963. Jubiläumsschrift*. Bern: [Eidgenössisches Amt für geistiges Eigentum], 1963.
Cited: **1** *Morf 1963*: 313n.

Morley, Edward W., and Miller, Dayton C. "Report of an Experiment to Detect the Fitz-Gerald-Lorentz Effect." *Philosophical Magazine* 9 (1905): 680–685.
Cited: **7** *Morley and Miller 1904*: 469n.

Mosengeil, Kurd von. "Theorie der stationären Strahlung in einem gleichförmig bewegten Hohlraum." *Annalen der Physik* 22 (1907): 867–904.
Cited: **2** *Mosengeil 1907*: 266, 269, 272, 436, 485n, 487n. **5** *Mosengeil 1907*: 75n. **6** *Mosengeil 1907*: 398n.

Moskovchenko, N. Ya., and Frenkel', Viktor Ya., ed. *Ehrenfest–Ioffe Nauchnaya perepiska 1907–1933 gg*. Leningrad: Nauka, 1990.

Cited: **5** *Moskovchenko and Frenkel 1990*: 428n.
Mosse, George L. *Germans and Jews: The Right, the Left, and the Search for a "Third Force" in Pre-Nazi Germany*. New York: Fertig, 1970.
Cited: **7** *Mosse 1970*: 232.
Moszkowski, Alexander. *Die unsterbliche Kiste. Die 333 besten Witze der Weltliteratur*. Berlin: Verlag der Lustigen Blätter (Eysler), 1907.
Cited: **10** *Moszkowski 1907*: 449n.
———. *Das Freibad der Musen. Sprudelnde Verse*. [Berlin]: Verlag der Lustigen Blätter (Eysler), 1908.
Cited: **10** *Moszkowski 1908*: 449n.
———. *Der Sprung über den Schatten. Betrachtungen auf Grenzgebieten*. Munich: Langen, 1917.
Cited: **8** *Moszkowski 1917*: 385n. **9** *Moszkowski 1917*: 107n, 477n. **10** *Moszkowski 1917a*: 109n.
———. *Sokrates der Idiot, eine respektlose Studie*. Berlin: Eysler, 1917.
Cited: **10** *Moszkowski 1917b*: 449n.
———. "Die Sonne bracht' es an den Tag!" *Berliner Tageblatt*, 8 October 1919, Evening Edition.
Cited: **9** *Moszkowski 1919*: 189n, 477n, 579c.
———. *Einstein. Einblicke in seine Gedankenwelt. Gemeinverständliche Betrachtungen über die Relativitätstheorie und ein neues Weltsystem. Entwickelt aus Gesprächen mit Einstein*. Hamburg: Hoffman & Campe, 1921.
Cited: **1** *Moszkowski 1921*: lviii, lix, lxi, lxiii, 4n. **7** *Moszkowski 1922*: 337n, 340n. **8** *Moszkowski 1921*: 385n. **9** *Moszkowski 1921*: 148n. **10** *Moszkowski 1921*: 337, 340n.
Moyer, Donald Franklin. "Revolution in Science: The 1919 Eclipse Test of General Relativity." In *On the Path of Albert Einstein*, pp. 55–101. Perlmutter, Arnold, and Scott, Linda F., eds. New York: Plenum Press, 1979.
Cited: **9** *Moyer 1979*: liii.
Møller, Christian. *The Theory of Relativity*. 2d ed. Oxford: Clarendon Press, 1972.
Cited: **4** *Møller 1972*: 351.
Muehlon, Wilhelm. *Die Verheerung Europas. Aufzeichnungen aus den ersten Kriegsmonaten*. Zurich: Füssli, 1918. Republished in *Muehlon and Benz 1989*, pp. 95–237.
Cited: **9** *Muehlon 1918*: 13n.

Muehlon, Wilhelm, and Benz, Wolfgang. *Ein Fremder im eigenen Land. Erinnerungen und Tagebuchaufzeichnungen eines Krupp-Direktors 1908–1914*. Bremen: Donat, 1989.
Cited: **9** *Muehlon and Benz 1989*: 13n.
Mühlberg, Friedrich. "Ueber die erratischen Bildungen im Aargau." In *Festschrift herausgeben von der aargauischen naturforschenden Gesellschaft zur Feier ihrer fünfhundertsten Sitzung am 13. Juni 1849*, pp. 69–280. Aarau: Sauerländer, [1869].
Cited: **1** *Mühlberg 1869*: 37n.
———. "Zweiter Bericht über die Untersuchung der erratischen Bildungen im Aargau." *Aargauische naturforschende Gesellschaft. Mittheilungen* (1878): 1–99.
Cited: **1** *Mühlberg 1878*: 37n.
Mühsam, Erich. *Von Eisner bis Leviné. Die Entstehung der bayerischen Räterepublik*. Berlin-Britz: Fanal, 1929.
Cited: **9** *Mühsam 1929*: 31n.
Mühsam, Paul. *Aus dem Schicksalsbuch der Menschheit*. Dresden: Rödel, 1919.
Cited: **10** *Mühsam 1919*: 512n.
Müller-Wolfer, Th. *Die Aargauische Kantonsschule in den vergangenen 150 Jahren*. Aarau: H. R. Sauerländer, 1952.
Cited: **1** *Aargau Kantonsschule 1952*: 11.
Müller, Adolf. *Über Stromschwankungen bei Stossionisation*. Zurich: Aktien-Buchdruckerei Zürich, 1910.
Cited: **5** *Müller 1910*: 214n.
Müller, Friedrich von. "Eröffnungsrede." In *Verhandlungen der Gesellschaft Deutscher Naturforscher und Ärzte. 86. Versammlung zu Bad Nauheim vom 19. bis 25. September 1920*, pp. 15–24. Witting, Alexander, ed. Leipzig: Vogel, 1921.
Cited: **10** *Müller 1921*: 409n, 435n.
Müller, Guido. *Weltpolitische Bildung und akademische Reform. Carl Heinrich Beckers Wissenschaft- und Hochschulpolitik 1908–1930*. Cologne: Böhlau, 1991.
Cited: **9** *Müller, G. 1991*: 194n.
Müller, Gustav, and Kempf, P. *Photometrische Durchmusterung des Nördlichen Himmels, enthaltend die Grössen und Farben aller Sterne der B.D. bis zur Grösse 7.5. Generalkatalog*. Potsdam and Leipzig: Engelmann, 1906.
Cited: **8** *Müller and Kempf 1906*: 324n.
Müller, Johann, and Pouillet, C. S. *Lehrbuch der Physik und Meteorologie*. 9th rev. ed. Pfaundler, Leopold, ed. Vol. 3. Braunschweig:

Vieweg, 1888–1890.
Cited: **1** *Müller-Pouillet 1888–1890*: 238n.
Müller, Max. "Zum Andenken an Dr. Carlo Fleischmann." In *Dr. Carlo Fleischmann 1892–1965*. [Zurich]: Privately printed, [1965].
Cited: **1** *Müller 1965*: 246n.
Müller, Roland. *Fritz Zwicky. Leben und Werk des grossen Schweizer Astrophysikers, Raketenforschers und Morphologen (1898–1974)*. Glarus: Baeschlin, 1986.
Cited: **9** *Müller, R. 1986*: 162n, 190n.
Münster, Arnold. "Critical Fluctuations." In *Fluctuation Phenomena in Solids*, pp. 180–266. Burgess, R. E., ed. New York: Academic Press, 1965.
Cited: **3** *Münster 1965*: 285.
Musäus, Johann Karl August. *Volksmärchen der Deutschen*. Jena: Diederichs, 1912.
Cited: **8** *Musäus 1912*: 757n.
Myers, David N. "The Fall and Rise of Jewish Historicism: The Evolution of the Akademie für die Wissenschaft des Judentums (1919–1934)." *Hebrew Union College Annual* 63 (1992): 107–144.
Cited: **7** *Myers 1992*: 447n. **9** *Myers 1992*: 168n, 169n.
Nägeli, Karl von. "Ueber die Bewegungen kleinster Körperchen." *Königlich Bayerische Akademie der Wissenschaften zu München. Mathematisch-physikalische Classe. Sitzungsberichte* 9 (1879): 389–453.
Cited: **2** *Nägeli 1879*: 208n.
Nathan, Otto, and Norden, Heinz, ed. *Einstein on Peace*. New York: Simon and Schuster, 1960.
Cited: **6** *Nathan and Norden 1960*: 71n.
7 *Nathan, O., and Norden 1960*: 124n.
8 *Nathan and Norden 1960*: 110n, 763n.
9 *Nathan and Norden 1960*: 171n.
———. *Über den Frieden: Weltordnung oder Weltuntergang?/Albert Einstein*. Bern: Lang, 1975.
Cited: **7** *Nathan, O., and Norden 1975*: 124n.
Nathan, Paul. *Palästina und palästinensischer Zionismus*. Berlin: Hermann, 1914.
Cited: **7** *Nathan, P. 1914*: 297n.
———. "Kampf gegen gestrige Gefahren. Zum Verfassungsentwurf." *Berliner Tageblatt*, 10 February 1919.
Cited: **9** *Nathan 1919*: 29n.
Natorp, Paul. *Die logischen Grundlagen der exakten Wissenschaften*. Leipzig: Teubner, 1910.
Cited: **8** *Natorp 1910*: 868n.

———. *Der Tag des Deutschen. Vier Kriegsaufsätze*. Hagen i. W.: Rippel, 1915.
Cited: **9** *Natorp 1915a*: 96n.
———. *Krieg und Friede. Drei Reden gehalten auf Veranstaltung der 'Ethischen Gesellschaft' in München im September 1915*. Munich: Callwey, 1915.
Cited: **9** *Natorp 1915c*: 96n.
———. *Die Weltalter des Geistes*. Jena: Diederichs, 1918.
Cited: **9** *Natorp 1918*: 96n.
———. "Ein Weg der Rettung." *Frankfurter Zeitung*, 30 March 1919, Morning Edition.
Cited: **9** *Natorp 1919a*: 96n.
———. "Ein Weg der Rettung." *Kunstwart und Kulturwart. Halbmonatschau für Ausdruckskultur auf allen Lebensgebieten* 32, no. 3 (April–June 1919): 100–107.
Cited: **9** *Natorp 1919b*: 96n.
———. "Von der Gerechtigkeit der deutschen Sache." *Dürer Bund. Flugschrift zur Ausdruckskultur* 141 (June 1915): 1–16.
Cited: **9** *Natorp 1915b*: 96n.
Natterer, Johann August. "Gasverdichtungs-Versuche." *Annalen der Physik und Chemie* 94 (1855): 436–446.
Cited: **1** *Natterer 1855*: 141n.
Naumann, Gerlinde. *Minna Cauer. Eine Kämpferin für Frieden, Demokratie und Emanzipation*. Berlin: Sekretariat des Zentralvorstandes der Liberal-Demokratischen Partei Deutschlands im Buchverlag Der Morgen, 1988.
Cited: **10** *Naumann 1988*: 433n.
Neck, Rudolf. *Arbeiterschaft und Staat im Ersten Weltkrieg 1914–1918 (A. Quellen). I. Der Staat*. Vienna: Europa, 1964.
Cited: **8** *Neck 1964*: 404n.
Needell, Allan A. "Irreversibility and the Failure of Classical Dynamics: Max Planck's Work on the Quantum Theory, 1900–1915." Ph.D. dissertation, Yale University, 1980.
Cited: **2** *Needell 1980*: 136, 145. **4** *Needell 1980*: 270, 272, 273, 285n, 564n.
Nelson, Leonard. *Ethische Methodenlehre*. Leipzig: Veit & Comp., 1915.
Cited: **8** *Nelson 1915*: 935n.
Nernst, Walther. "Zur Kinetik der in Lösung befindlichen Körper. I. Theorie der Diffusion." *Zeitschrift für physikalische Chemie* 2 (1888): 613–637.
Cited: **2** *Nernst 1888*: 171, 179, 205n, 501n.
———. "Die elektromotorische Wirksamkeit der Ionen." *Zeitschrift für physikalische*

Chemie 4 (1889): 129–181.
Cited: **2** *Nernst 1889*.
———. "Physikalische Chemie." *Jahrbuch der Chemie* 3 (1893): 1–42.
Cited: **3** *Nernst 1893*: 407n, 573.
———. *Theoretische Chemie vom Standpunkte der Avogadro'schen Regel und der Thermodynamik*. 2d ed. Stuttgart: Enke, 1898.
Cited: **1** *Nernst 1898*: 324n. **2** *Nernst 1898*: 7, 8, 21n, 40n, 130n, 205n, 235n, 501n, 502n. **5** *Nernst 1898*: 16n.
———. "Ueber die Berechnung chemischer Gleichgewichte aus thermischen Messungen." *Königliche Gesellschaft der Wissenschaften zu Göttingen. Mathematisch-physikalische Klasse. Nachrichten* (1906): 1–40.
Cited: **6** *Nernst 1906*: 39n.
———. *Theoretische Chemie*. 6th ed. Stuttgart: Enke, 1909.
Cited: **3** *Nernst 1909*: 407n.
———. "Sur les chaleurs spécifiques aux basses températures et le développement de la thermodynamique." *Société française de Physique. Bulletin des séances* (1910): 19–48.
Cited: **3** *Nernst 1910b*: xxii, 423n, 576.
———. "Untersuchungen über die spezifische Wärme bei tiefen Temperaturen. II." *Königlich Preußische Akademie der Wissenschaften* (Berlin). *Sitzungsberichte* (1910): 262–282.
Cited: **3** *Nernst 1910a*. **5** *Nernst 1910*: 233n, 246n, 260n.
———. "Der Energieinhalt fester Stoffe." *Annalen der Physik* 36 (1911): 395–439.
Cited: **3** *Nernst 1911d*: 475n.
———. "Über ein allgemeines Gesetz, das Verhalten fester Stoffe bei sehr tiefen Temperaturen betreffend." *Physikalische Zeitschrift* 12 (1911): 976–978.
Cited: **3** *Nernst 1911e*: 504n, 531, 545n.
———. "Über neuere Probleme der Wärmetheorie." *Königlich Preußische Akademie der Wissenschaften* (Berlin). *Sitzungsberichte* (1911): 65–90.
Cited: **2** *Nernst 1911a*: 143, 390n. **3** *Nernst 1911a*: xxii, 423n, 576. **5** *Nernst 1911a*: 260n. **6** *Nernst 1911*: 261n.
———. "Untersuchungen über die spezifische Wärme bei tiefen Temperaturen. III." *Königlich Preußische Akademie der Wissenschaften* (Berlin). *Sitzungsberichte* (1911): 306–315.
Cited: **2** *Nernst 1911c*: 143, 390n, 391n. **3** *Nernst 1911b*: 470, 473, 476n, 477n, 529, 545n. **5** *Nernst 1911b*: 233n, 260n.
———. "Zur Theorie der spezifischen Wärme und über die Anwendung der Lehre von den Energiequanten auf physikalisch-chemische Fragen überhaupt." *Zeitschrift für Elektrochemie* 17 (1911): 265–275.
Cited: **2** *Nernst 1911b*: 143, 390n. **3** *Nernst 1911c*: xxiv, 525, 530, 544n, 545n, 547n. **4** *Nernst 1911*: 271, 276, 285n. **5** *Nernst 1911c*: 260n.
———. "Application de la théorie des quanta à divers problèmes physico-chimiques." In *La théorie du rayonnement et les quanta. Rapports et discussions de la réunion tenue à Bruxelles, du 30 octobre au 3 novembre 1911, sous les auspices de M. E. Solvay*, pp. 254–290. Langevin, Paul, and de Broglie, Maurice, eds. Paris: Gauthier-Villars, 1912.
Cited: **3** *Nernst 1912*. **5** *Nernst 1912a*: 392n. **6** *Nernst 1912*: 370n.
———. "Thermodynamik und spezifische Wärme." *Königlich Preußische Akademie der Wissenschaften* (Berlin). *Sitzungsberichte* (1912): 134–140.
Cited: **4** *Nernst 1912*: 554n. **5** *Nernst 1912b*: 419n. **8** *Nernst 1912*: 8n, 66n, 139n, 144n.
———. "Anwendung der Quantentheorie auf eine Reihe physikalisch-chemischer Probleme." In *Die Theorie der Strahlung und der Quanten. Verhandlungen auf einer von E. Solvay einberufenen Zusammenkunft (30. Oktober bis 3. November 1911). Mit einem Anhange über die Entwicklung der Quantentheorie vom Herbst 1911 bis Sommer 1913*, pp. 208–233. Eucken, Arnold, ed. Halle a.S.: Knapp, 1914. (*Abhandlungen der Deutschen Bunsen Gesellschaft für angewandte physikalische Chemie* 3, no. 7.)
Cited: **3** *Nernst 1914*: 510n, 545n. **5** *Nernst 1914*. **6** *Nernst 1914*: 370n.
———. "Über die Anwendung des neuen Wärmesatzes auf Gase." *Zeitschrift für Elektrochemie* 20 (1914): 357–360.
Cited: **8** *Nernst 1914*: 39n.
———. *Die theoretischen und experimentellen Grundlagen des neuen Wärmesatzes*. Halle a.S.: Knapp, 1918.
Cited: **3** *Nernst 1918*: xxii. **6** *Nernst 1918*: 261n. **8** *Nernst 1918*: 39n. **10** *Nernst 1918*: 500n, 541n.
———. "Einige Folgerungen aus der sogenannten Entartungstheorie der Gase." *Preußische Akademie der Wissenschaften* (Berlin). *Sitzungsberichte* (1919): 118–127.

Cited: **10** *Nernst 1919*: 500n.

———. "Zur Kenntnis der photochemischen Reaktionen." *Physikalische Zeitschrift* 21 (1920): 602–604.
Cited: **9** *Nernst 1920*: 294n.

Nernst, Walther, and Lindemann, Frederick A. "Spezifische Wärme und Quantentheorie." *Zeitschrift für Elektrochemie* 17 (1911): 817–827.
Cited: **3** *Nernst and Lindemann 1911b*: xxv, 476n, 528, 544n, 545n. **4** *Nernst and Lindemann 1911*: 271, 276, 285n. **5** *Nernst and Lindemann 1911b*: 382n.

———. "Untersuchungen über die spezifische Wärme bei tiefen Temperaturen. V." *Königlich Preußische Akademie der Wissenschaften* (Berlin). *Sitzungsberichte* (1911): 494–501.
Cited: **3** *Nernst and Lindemann 1911a*: 466, 476n, 528, 544n, 545n. **5** *Nernst and Lindemann 1911a*: 303n.

Nernst, Walther, et al. "Discussion" following **3** *Nernst 1912*/ **5** *Nernst 1912a*/ **6** *Nernst 1912*. In *La théorie du rayonnement et les quanta. Rapports et discussions de la réunion tenue à Bruxelles, du 30 octobre au 3 novembre 1911, sous les auspices de M. E. Solvay*, pp. 291–303. Langevin, Paul, and de Broglie, Maurice, eds. Paris: Gauthier-Villars, 1912.
Cited: **3** *Nernst et al. 1912*: 510n, 511n, 512n, 513n, 514n, 562n. **5** *Nernst et al. 1912*: 419n. **6** *Nernst et al. 1912*: 39n.

———. "Diskussion" following **3** *Nernst 1914*/ **5** *Nernst 1914*/ **6** *Nernst 1914*. In *Die Theorie der Strahlung und der Quanten. Verhandlungen auf einer von E. Solvay einberufenen Zusammenkunft (30. Oktober bis 3. November 1911). Mit einem Anhange über die Entwicklung der Quantentheorie vom Herbst 1911 bis Sommer 1913*, pp. 234–244. Eucken, Arnold, ed. Halle a.S.: Knapp, 1914. (*Abhandlungen der Deutschen Bunsen Gesellschaft für angewandte physikalische Chemie* 3, no. 7.)
Cited: **3** *Nernst et al. 1914*: 510n, 511n, 512n, 513n, 514n, 562n. **5** *Nernst et al. 1914*: 419n. **6** *Nernst et al. 1914*: 39n.

———. "Diskussion" following **3** *Nernst 1911e*." *Physikalische Zeitschrift* 12 (1911): 978–979.
Cited: **3** *Nernst et al. 1911*: 498–503, 504n.

Neuburger, Albert. *Ergötzliches Experimentierbuch. Ein Buch für Jung und Alt zur Ausführung lehrreicher und unterhaltender Versuche sowie zur Selbstanfertigung sämtlicher dazu gehöriger Apparate und Einrichtungen*. Berlin: Ullstein, 1911.
Cited: **5** *Neuburger 1911*: 438n.

———. *Erfinder und Erfindungen*. Berlin: Ullstein, 1913.
Cited: **3** *Neuburger 1913*: 592.

Neumann, Carl. *Allgemeine Untersuchungen über das Newton'sche Princip der Fernwirkungen mit besonderer Rücksicht auf die elektrischen Wirkungen*. Leipzig: Teubner, 1896.
Cited: **6** *Neumann, C. 1896*: 552n.

Neumann, Franz Ernst. "Untersuchung über die spezifische Wärme der Mineralien." *Annalen der Physik und Chemie* 23 (1831): 1–39.
Cited: **2** *Neumann, F. E. 1831*: 390n.

Neumann, Günther. "Die träge Masse schnell bewegter Elektronen." *Annalen der Physik* 45 (1914): 529–579.
Cited: **6** *Neumann, G. 1914*: 170n, 189n. **7** *Neumann 1914*: 572n. **8** *Neumann 1914*: 914n.

Neurath, Otto. "Prinzipielles zur Geschichte der Optik." *Archiv für die Geschichte der Naturwissenschaft und der Technik* 5 (1915): 371–389.
Cited: **8** *Neurath 1915*: 434n.

Newcomb, Simon. *The Elements of the Four Inner Planets and the Fundamental Constants of Astronomy. Supplement to the American Ephemeris and Nautical Almanac for 1897*. Washington, D.C.: Government Printing Office, 1895.
Cited: **4** *Newcomb 1895*: 345, 355, 356, 423n, 445n, 459n. **6** *Newcomb 1895*: 243n. **8** *Newcomb 1895*: 212n, 218n.

———. "Fluctuations in the Moon's Mean Motion." *Monthly Notices of the Royal Astronomical Society* 69 (1909): 164–169.
Cited: **7** *Newcomb 1909*: 146n.

Nichols, Edward L. "Die neuere Forschung über die Physik der Fluoreszenz." *Jahrbuch der Radioaktivität und Elektronik* 2 (1905): 149–186.
Cited: **5** *Nichols 1905*: 98n.

Nichols, Edward L., and Merritt, Ernest. "The Phosphorescence of Organic Substances at Low Temperatures. Preliminary Note." *Physical Review* 18 (1904): 120–122.
Cited: **5** *Nichols and Merritt 1904a*: 104n.

———. "The Spectro-photometric Study of Fluorescence." *Physical Review* 18 (1904): 122–123.

Cited: **5** *Nichols and Merritt 1904b*: 104n.

———. "Studies in Luminescence. I. The Phosphorescence and Fluorescence of Organic Substances at Low Temperatures." *Physical Review* 18 (1904): 355–365.
Cited: **5** *Nichols and Merritt 1904c*: 104n.

———. "Studies in Luminescence. II. A Spectro-photometric Study of Fluorescent Solutions Belonging to Lommels's First Class." *Physical Review* 18 (1904): 403–418.
Cited: **5** *Nichols and Merritt 1904d*: 104n.

———. "The Effect of Light upon the Absorption and the Electrical Conductivity of Fluorescent Solutions." *Physical Review* 18 (1904): 447–449.
Cited: **5** *Nichols and Merritt 1904e*: 104n.

———. "Studies in Luminescence. III. On Fluorescence Spectra." *Physical Review* 19 (1904): 18–36.
Cited: **5** *Nichols and Merritt 1904f*: 104n.

———. "Studies of Luminescence. IV. The Influence of Light upon the Absorption and Electrical Conductivity of Fluorescent Solutions." *Physical Review* 19 (1904): 396–421.
Cited: **5** *Nichols and Merritt 1904g*: 104n.

———. "The Luminescence of Sidot Blende." *Physical Review* 20 (1905): 120–122.
Cited: **5** *Nichols and Merritt 1905*: 104n.

———. "Note on the Fluorescence of Frozen Solutions of the Uranyl Salts." *Physical Review* 3 (1914): 457–463.
Cited: **9** *Nichols and Merritt 1914*: 228n.

———. "A New Fluorescence Spectrum of Uranyl Ammonio-Chloride." *Physical Review* 6 (1915): 358–376.
Cited: **9** *Nichols and Merritt 1915*: 228n.

———. "The Influence of Water of Crystallization upon the Fluorescence and Absorption Spectra of Uranyl Nitrate." *Physical Review* 9 (1917): 113–126.
Cited: **9** *Nichols and Merritt 1917*: 228n.

Nichols, Ernest F., and Hull, Gordon F. "Über Strahlungsdruck." *Annalen der Physik* 12 (1903): 225–263.
Cited: **2** *Nichols and Hull 1903*: 309n, 582n.

Nicolai, Georg F. *Die Biologie des Krieges. Betrachtungen eines deutschen Naturforschers.* Zurich: Orell Füssli, 1917.
Cited: **6** *Nicolai 1917*: 70n, 71n. **7** *Nicolai 1917*: 282n. **8** *Nicolai 1917*: 78n, 504n, 505n, 764n. **9** *Nicolai 1917*: 384n. **10** *Nicolai 1917*: 29n.

———. *Professor Nicolai und die Berliner Professoren. Eine Selbstverteidigung.* Separatum, *Neue Schweizer Zeitung.* Zurich: Schweizerische Sonntagsblätter, 1920.
Cited: **7** *Nicolai 1920*: 283n.

———. *Romain Rollands Manifest und die deutschen Antworten.* Nicolai, Georg F., ed. Charlottenburg: Mundus, [1920].
Cited: **9** *Nicolai 1920*: 103n, 564c.

Nielsen, J. Rud, ed. *Niels Bohr Collected Works.* Vol. 3, *The Correspondence Principle (1918–1923).* Amsterdam: North-Holland, 1976.
Cited: **10** *Bohr 1976*: 244n, 322n.

Niewyk, Donald. *Socialist, Anti-Semite, and Jew: German Social Democracy Confronts the Problem of Anti-Semitism, 1918–1933.* Baton Rouge: Louisiana State University Press, 1971.
Cited: **7** *Niewyk 1971*: 429n.

———. *The Jews in Weimar Germany.* Baton Rouge: Louisiana State University Press, 1980.
Cited: **9** *Niewyk 1980*: 223n, 550c.

———. *The Jews in Weimar Germany.* 2d ed. New Brunswick, N.J.: Transaction Publishers, 2001.
Cited: **7** *Niewyk 2001*: 225, 292n, 429n. **9** *Niewyk 2001*: 269n.

Niggli, Julia. "Nochmals Albert Einstein. Begegnungen und Briefe." *Aargauer Tagblatt*, 20 June 1952, Beilage: "150 Jahre Kantonsschule."
Cited: **1** *Niggli 1952*: 22n, 219n, 222n, 231n.

Nipperdey, Thomas, and Schmugge, Ludwig. *50 Jahre Forschungsförderung in Deutschland. Ein Abriss der Geschichte der deutschen Forschungsgemeinschaft (1920–1970).* Bonn: Deutsche Forschungsgemeinschaft, 1970.
Cited: **7** *Nipperdey and Schmugge 1970*: 494n. **9** *Nipperdey and Schmudde 1970*: 123n.

Noether, Emmy. "Invarianten beliebiger Differentialausdrücke." *Königliche Gesellschaft der Wissenschaften zu Göttingen. Mathematisch-physikalische Klasse. Nachrichten* (1918): 37–44.
Cited: **8** *Noether 1918a*: 775n.

———. "Invariante Variationsprobleme." *Königliche Gesellschaft der Wissenschaften zu Göttingen. Mathematisch-physikalische Klasse. Nachrichten* (1918): 235–257.
Cited: **7** *Noether 1918*: xxvi. **8** *Noether 1918b*: 699n, 976n.

Noether, Fritz. "Zur Kinematik des starren Körpers in der Relativtheorie." *Annalen der*

Physik 31 (1910): 919–944.
Cited: **2** *Noether 1910*: 254, 427n. **3** *Noether 1910*: 478. **5** *Noether 1910*: 233n. **10** *Noether 1910*: 10n.

Nordmeyer, Paul. "Über den Einfluß der Erdbewegung auf die Verteilung der Intensität der Licht- und Wärmestrahlung." *Annalen der Physik* 11 (1903): 284–302.
Cited: **2** *Nordmeyer 1903*: 260.

Nordström, Gunnar. "Relativitätsprinzip und Gravitation." *Physikalische Zeitschrift* 13 (1912): 1126–1129.
Cited: **4** *Nordström 1912*: 126, 187n, 299, 342n, 501n, 510n. **5** *Nordström 1912*: 551n. **8** *Nordström 1912*: 165n.

———. "Träge und schwere Masse in der Relativitätsmechanik." *Annalen der Physik* 40 (1913): 856–878.
Cited: **4** *Nordström 1913a*: 342n, 502n. **5** *Nordström 1913a*: 551n. **8** *Nordström 1913a*: 165n.

———. "Zur Theorie der Gravitation vom Standpunkt des Relativitätsprinzips." *Annalen der Physik* 42 (1913): 533–554.
Cited: **4** *Nordström 1913b*: xvii, 299, 342n, 501n, 502n, 503n, 587n, 589, 597n, 622n. **5** *Nordström 1913b*: 551n. **8** *Nordström 1913b*: 165n.

———. "Über die Möglichkeit, das elektromagnetische Feld und das Gravitationsfeld zu vereinigen." *Physikalische Zeitschrift* 15 (1914): 504–506.
Cited: **9** *Nordström 1914*: 39n.

———. "R. C. Tolmans 'Prinzip der Ähnlichkeit' und die Gravitation." *Öfversigt af Finska Vetenskaps-Societetens Förhandlingar. A. Matematik och Naturvetenskaper* 57 (1914–15), no. 22.
Cited: **8** *Nordström 1915a*.

———. "De gravitatietheorie van Einstein en de mechanica der continua van Herglotz." *Koninklijke Akademie van Wetenschappen te Amsterdam. Wis- en Natuurkundige Afdeeling. Verslagen van de Gewone Vergaderingen* 25 (1916–17): 836–843. Reprinted in translation as "Einstein's Theory of Gravitation and Herglotz's Mechanics of Continua." *Koninklijke Akademie van Wetenschappen te Amsterdam. Section of Sciences. Proceedings* 19 (1916–17): 884–891.
Cited: **7** *Nordström 1917*: 64. **8** *Nordström 1917*: 370n. **9** *Nordström 1917*: 474n.

———. "Een en ander over de energie van het zwaartekrachtsveld volgens de theorie van Einstein." *Koninklijke Akademie van Wetenschappen te Amsterdam. Wis- en Natuurkundige Afdeeling. Verslagen van de Gewone Vergaderingen* 26 (1917–18): 1201–1208. Reprinted in translation as "On the Energy of the Gravitation Field in Einstein's Theory." *Koninklijke Akademie van Wetenschappen te Amsterdam. Section of Sciences. Proceedings* 20 (1917–18): 1238–1245.
Cited: **7** *Nordström 1918b*: 76n. **8** *Nordström 1918b*: 332n, 380n, 523n, 536n, 716n, 744n, 950n.

———. "Iets over de massa van een stoffelijk stelsel volgens de gravitatietheorie van Einstein." *Koninklijke Akademie van Wetenschappen te Amsterdam. Wis- en Natuurkundige Afdeeling. Verslagen van de Gewone Vergaderingen* 26 (1917–18): 1093–1108. Reprinted in translation as "On the Mass of a Material System According to the Gravitation Theory of Einstein." *Koninklijke Akademie van Wetenschappen te Amsterdam. Section of Sciences. Proceedings* 20 (1917–18): 1076–1091.
Cited: **7** *Nordström 1918a*: 76n. **8** *Nordström 1918a*: 522n, 523n, 744n, 950n.

———. "Berekening voor eenige bijzondere gevallen volgens de gravitatietheorie van Einstein." *Koninklijke Akademie van Wetenschappen te Amsterdam. Wis- en Natuurkundige Afdeeling. Verslagen van de Gewone Vergaderingen* 26 (1917–18): 1577–1589. Reprinted in translation as "Calculation of Some Special Cases in Einstein's Theory of Gravitation." *Koninklijke Akademie van Wetenschappen te Amsterdam. Section of Sciences. Proceedings* 21 (1918–19): 68–79.
Cited: **8** *Nordström 1918c*: 950n.

Norst, Else. "Kritik der optischen Größenbestimmung submikroskopischer Partikel." *Deutsche Physikalische Gesellschaft. Verhandlungen* 3 (1920): 68–72.
Cited: **10** *Norst 1920a*: 296n.

———. "Zur optischen Größenbestimmung Ehrenhaftscher Probekörperchen." *Akademie der Wissenschaften* (Vienna). *Mathematisch-naturwissenschaftliche Klasse. Abteilung IIa. Sitzungsberichte* 129 (1920): 673–682.
Cited: **10** *Norst 1920b*: 296n.

North, John D. *The Measure of the Universe: A History of Modern Cosmology*. Oxford: Clarendon Press, 1965. Reprinted New York: Dover, 1990.
Cited: **6** *North 1965*: xx, 539n, 552n. **8** *North*

1965: 357n, 407n, 475n.

Northedge, F. S. *The League of Nations: Its Life and Times, 1920–1946*. New York: Holmes and Meier, 1986.
Cited: **9** *Northedge 1986*: 145n.

Norton, John D. "How Einstein Found His Field Equations, 1912–1915." *Historical Studies in the Physical Sciences* 14 (1984): 253–316. Reprinted in *Einstein and the History of General Relativity,* pp. 101–159. Howard, Don, and Stachel, John, eds. Boston: Birkhäuser, 1989.
Cited: **4** *Norton 1984*: 122, 193, 197, 198, 199, 296, 297, 300, 301, 341n, 343n, 344, 485n, 503n, 577n, 582n. **6** *Norton 1984*: xvi, xvii, 18n, 129n, 130n, 224n, 243n. **7** *Norton 1984*: 42n, 281n, 574n. **8** *Norton 1984*: 17n, 74n, 101n, 184n, 192n, 202n, 208n, 209n, 229n, 278n. **9** *Norton 1984*: 268n. **10** *Norton 1984*: 38n.

———. "What Was Einstein's Principle of Equivalence?" *Studies in History and Philosophy of Science* 16 (1985): 203–246. Reprinted in *Einstein and the History of General Relativity,* pp. 5–47. Howard, Don, and Stachel, John, eds. Boston: Birkhäuser, 1989.
Cited: **3** *Norton 1989*: xxix. **4** *Norton 1985*: 122, 163n, 187n, 340n, 502n. **6** *Norton 1985*: 408n. **7** *Norton 1985*: 42n.

———. "Einstein, the Hole Argument and the Reality of Space." In *Measurement, Realism and Objectivity*, pp. 153–188. Forge, John, ed. Dordrecht: Reidel, 1987.
Cited: **4** *Norton 1987*: 297. **7** *Norton 1987*: 42n. **8** *Norton 1987*: 229n, 239n.

———. "The Physical Content of General Covariance." In *Studies in the History of General Relativity*, pp. 281–315. Eisenstaedt, Jean, and Kox, A. J., eds. Boston: Birkhäuser, 1992.
Cited: **4** *Norton 1992a*: 296, 340n, 597n. **7** *Norton 1992*: 43n. **8** *Norton 1992a*: 652n.

———. "Einstein, Nordström and the Early Demise of Scalar, Lorentz-Covariant Theories of Gravitation." *Archive for History of Exact Sciences* 45 (1992–1993): 17–94.
Cited: **4** *Norton 1992b*: 187n, 299, 342n, 471n, 501n, 597n. **8** *Norton 1992b*: 165n.

———. "General Covariance and the Foundations of General Relativity: Eight Decades of Dispute." *Reports on Progress in Physics* 56 (1993): 791–858.
Cited: **7** *Norton 1993*: 42n–43n. **8** *Norton 1993*: 652n.

———. "Mach's Principle before Einstein." In *Mach's Principle: From Newton's Bucket to Quantum Gravity,* pp. 9–57. Barbour, Julian B., and Pfister, Herbert, eds. Boston: Birkhäuser, 1995.
Cited: **9** *Norton 1995*: liii, 251n.

———. "The Cosmological Woes of Newtonian Gravitation Theory." In *The Expanding Worlds of General Relativity*, pp. 271–323. Goenner, Hubert, Renn, Jürgen, Ritter, Jim, and Sauer, Tilman, eds. Boston: Birkhäuser, 1999.
Cited: **7** *Norton 1999*: 146n, 182n.

Nottmeier, Christian. *Adolf von Harnack und die deutsche Politik 1890–1930. Eine biographische Studie zum Verhältnis von Protestantismus, Wissenschaft und Politik*. Tübingen: Siebeck, 2004.
Cited: **10** *Nottmeier 2004*: 574c.

Noyes, Arthur A., and MacInnes, Duncan A. "The Ionization and Activity of Largely Ionized Substances." *Journal of the American Chemical Society* 42 (1920): 239–245.
Cited: **10** *Noyes and MacInnes 1920*: 575c.

Nutting, Perley G. "National Prestige in Scientific Achievement." *Science* 48 (1918): 605–608.
Cited: **9** *Nutting 1918*: 33n.

Nye, Mary Jo. *Molecular Reality: A Perspective on the Scientific Work of Jean Perrin*. London: Macdonald; New York: American Elsevier, 1972.
Cited: **2** *Nye 1972*: xxxiii, 207, 208, 209, 220–221. **3** *Nye 1972*: 246n.

———. "N-Rays: An Episode in the History and Psychology of Science." *Historical Studies in the Physical Sciences* 11 (1980): 125–156.
Cited: **7** *Nye 1980*: 102.

———. "Michael Polanyi (1891–1976)." *Hyle* 8, no. 2 (2002): 123–127.
Cited: **9** *Nye 2002*: 439n.

O'Raifeartaigh, Lochlainn. *The Dawning of Gauge Theory*. Princeton: Princeton University Press, 1997.
Cited: **7** *O'Raifeartaigh 1997*: 56n.

O'Raifeartaigh, Lochlainn, and Straumann, Norbert. "Gauge Theory: Historical Origins and Some Modern Developments." *Reviews of Modern Physics* 72 (2000): 1–23.
Cited: **9** *O'Raifeartaigh and Straumann 2000*: 40n.

Oechsli, Wilhelm. *Quellenbuch zur Schweizergeschichte. Für Haus und Schule*. Zurich: Schulthess, 1886.

Cited: **10** *Oechsli 1886*.

———. *Festschrift zur Feier des fünfzigjährigen Bestehens des Eidg. Polytechnikums*. Part 1, *Geschichte der Gründung des eidg. Polytechnikums mit einer Übersicht seiner Entwickelung 1855–1905*. Frauenfeld: Huber, 1905.
Cited: **1** *Oechsli 1905*: 43, 60. **5** *Oechsli 1905*.

Ohm, Georg. "Versuch einer Theorie der durch galvanische Kräfte hervorgebrachten elektroskopischen Erscheinungen." *Annalen der Physik und Chemie* 6 (1826): 459–469.
Cited: **1** *Ohm 1826a*: 175n.

———. "Versuch einer Theorie der durch galvanische Kräfte hervorgebrachten elektroskopischen Erscheinungen (Beschluss)." *Annalen der Physik und Chemie* 7 (1826): 45–54.
Cited: **1** *Ohm 1826b*: 175n.

Ohmann, O. "Joseph Petzoldt zum Gedächtnis." *Archiv für Geschichte der Mathematik, der Naturwissenschaften und der Technik* 13 (1930–31): 199–214.
Cited: **8** *Ohmann 1930*: 17n.

Oosterhuis, Ekko. "Die Abweichungen vom Curieschen Gesetz im Zusammenhang mit der Nullpunktsenergie." *Physikalische Zeitschrift* 14 (1913): 862–867.
Cited: **10** *Oosterhuis 1913*: 356n, 369n.

Oppeln-Bronikowski, Friedrich. *Das junge Frankreich. Eine Anthologie deutscher Übertragungen*. Berlin: Oesterheld, 1908.
Cited: **9** *Oppeln-Bronikowski 1908*: 392n.

Oppenheim, Paul. *Die natürliche Ordnung der Wissenschaften; Grundgesetze der vergleichenden Wissenschaftslehre*. Jena: Fischer, 1926.
Cited: **9** *Oppenheim, P. 1926*: 174n, 256n.

Oppenheim, Samuel. "Zur Frage nach der Fortpflanzungsgeschwindigkeit der Gravitation." *Annalen der Physik* 53 (1917): 163–168.
Cited: **10** *Oppenheim 1917*: 64n.

———. "Kritik des Newtonschen Gravitationsgesetzes." In *Encyklopädie der mathematischen Wissenschaften, mit Einschluss ihrer Anwendungen*. Vol. 6, *Astronomie*, part 2, pp. 83–159. Schwarzschild, Karl, Oppenheim, Samuel, and Dyck, Walther A. v., eds. Leipzig: Teubner, 1922–1934. Issued 18 September 1922.
Cited: **9** *Oppenheim, S. 1922*: 374n.

Oppolzer, Egon R. von. "Erdbewegung und Aether." *Annalen der Physik* 8 (1982): 898–907.
Cited: **2** *Oppolzer 1902*: 260.

Ornstein, Leonard S. "Eenige opmerkingen over de mechanische grondslagen der warmteleer. I." *Koninklijke Akademie van Wetenschappen te Amsterdam. Wis- en Natuurkundige Afdeeling. Verslagen van de Gewone Vergaderingen* 19 (1910–11): 809–823. Reprinted in translation as "Some Remarks on the Mechanical Foundation of Thermodynamics. I." *Koninklijke Akademie van Wetenschappen te Amsterdam. Section of Sciences. Proceedings* 13 (1910–11): 804–817. Page numbers are cited from the English translation.
Cited: **2** *Ornstein 1910*: 41, 52, 74n, 95n.

———. "Eenige opmerkingen over de mechanische grondslagen der warmteleer. II." *Koninklijke Akademie van Wetenschappen te Amsterdam. Wis- en Natuurkundige Afdeeling. Verslagen van de Gewone Vergaderingen* 19 (1910–11): 947–954. Reprinted in translation as "Some Remarks on the Mechanical Foundation of Thermodynamics. II." *Koninklijke Akademie van Wetenschappen te Amsterdam. Section of Sciences. Proceedings* 13 (1910–11): 858–865.
Cited: **2** *Ornstein 1911*: 74n.

Ornstein, Leonard S., and Zernike, Frits. "De toevallige dichtheidsafwijkingen en de opalescentie bij het kritisch punt van een enkelvoudige stof." *Koninklijke Akademie van Wetenschappen te Amsterdam. Wis- en Natuurkundige Afdeeling. Verslagen van de Gewone Vergaderingen* 23 (1914–15): 582–595. Reprinted in translation as "Accidental Deviations of Density and Opalescence at the Critical Point of a Single Substance." *Koninklijke Akademie van Wetenschappen te Amsterdam. Section of Sciences. Proceedings* 17 (1914–15): 793–806.
Cited: **3** *Ornstein and Zernike 1915*: 285, 311n.

Orr, William McFadden. "On Clausius' Theorem for Irreversible Cycles, and on the Increase of Entropy." *Philosophical Magazine* 8 (1904): 509–527.
Cited: **2** *Orr 1904*: 118–119, 119n, 246n, 249n.

Oseen, Carl W. "Zur Kritik der Elektronentheorie der Metalle." *Annalen der Physik* 49 (1916): 71–84.
Cited: **8** *Oseen 1916*: 445n.

Ostwald, Grete. *Wilhelm Ostwald mein Vater*. Stuttgart: Berliner Union, 1953.
Cited: **9** *Ostwald 1953*: 348n.

Ostwald, Wilhelm. "Elektrochemische Studien.

Fünfte Abhandlung. Über das Gesetz von F. Kohlrausch." *Zeitschrift für physikalische Chemie* 1 (1887): 74–86.
Cited: **5** *Ostwald 1887*: 16n.

———. "Über die Dissociationstheorie der Elektrolyte." *Zeitschrift für physikalische Chemie* 2 (1888): 270–283.
Cited: **4** *Ostwald 1888*: 564n.

———. *Lehrbuch der allgemeinen Chemie*. Vol. 1, *Stöchiometrie*. 2d rev. ed. Leipzig: Engelmann, 1891.
Cited: **1** *Ostwald 1891*: 265, 267n, 278n, 279n, 280n, 286n, 292n, 324n, 325n. **2** *Ostwald 1891*: 5, 6, 14, 20n, 21n, 205n, 207. **5** *Ostwald 1891*: 281n.

———. *Lehrbuch der allgemeinen Chemie*. Vol. 2, part 1, *Chemische Energie*. 2d rev. ed. Leipzig: Engelmann, 1893.
Cited: **1** *Ostwald 1893*: 265, 267n, 278n, 286n, 295n. **2** *Ostwald 1893*: 6, 14, 46, 207, 260, 358n, 502n. **5** *Ostwald 1893*: 281n.

———. "Naturphilosophie." In *Die Kultur der Gegenwart. Ihre Entwicklung und ihre Ziele*. Part 1, sec. 6, *Systematische Philosophie*, pp. 138–171. Hinneberg, Paul, ed. Berlin/Leipzig: Teubner, 1907.
Cited: **3** *Ostwald 1907*: 577.

———. Review of: **2** Zsigmondy 1905. *Zeitschrift für physikalische Chemie* 57 (1907): 383.
Cited: **2** *Ostwald 1907*: 210, 218.

———. "Vorbericht." In *Grundriss der allgemeinen Chemie*. 4th rev. ed., pp. iii–iv. Dresden: Steinkopff, 1909.
Cited: **2** *Ostwald 1909*: 218.

———. *Grosse Männer*. 2d ed. Leipzig: Akademische Verlagsgesellschaft, 1910.
Cited: **8** *Ostwald 1910*: 551n.

———. "Zur Theorie der kritischen Trübungen." *Annalen der Physik* 36 (1911): 848 854.
Cited: **3** *Ostwald 1911*: 312n.

———. "Neue Forschungen zur Farbenlehre." *Physikalische Zeitschrift* 17 (1916): 322–332, 352–364.
Cited: **8** *Ostwald 1916*: 361n, 362n, 365n.

———. *Die Farbenlehre*. 4 vols. Leipzig: Unsema, 1918–1922.
Cited: **7** *Ostwald 1918–1922*.

———. *Die Farbenlehre*. Vol. 2, *Physikalische Farbenlehre*. Leipzig: Unsema, 1919.
Cited: **7** *Ostwald 1919*: 205n.

Ott, Emil. "Albert Einstein und seine Klassenkameraden." *Aargauer Tagblatt*, 14 June 1952, Beilage, pp. 1–2.
Cited: **1** *Ott 1952*: 276n.

Pais, Abraham. *'Subtle is the Lord …': The Science and the Life of Albert Einstein*. Oxford: Clarendon Press; New York: Oxford University Press, 1982.
Cited: **1** *Pais 1982*: xlii, lv. **2** *Pais 1982*: xxxii, 55, 135, 138, 142, 144, 170, 173, 176, 177, 265. **3** *Pais 1982*: xxviii, 283, 284, 497n. **4** *Pais 1982*: 122, 187n, 193, 296, 299, 501n, 551n. **5** *Pais 1982*: 324n. **6** *Pais 1982*: xvii, xxiii, 552n. **7** *Pais 1982*: 139n. **8** *Pais 1982*: 244n, 392n, 623n, 647n, 699n, 1017. **9** *Pais 1982*: 40n, 461n. **10** *Pais 1982*: 255n.

———. *Niels Bohr's Times in Physics, Philosophy, and Polity*. Oxford: Clarendon Press, 1991.
Cited: **9** *Pais 1991*: 166n, 598c.

Palatini, Attilio. "Deduzione invariantiva delle equazioni gravitazionali dal principio di Hamilton." *Circolo Matematico di Palermo. Rendiconti* 43 (1919): 203–212.
Cited: **9** *Palatini 1919*: 361n.

Panzer, Arno. "Hermann Sudermann—eine politische Biographie." In *Hermann Sudermann: Werk und Wirkung*, pp. 9–29. Rix, Walter T., ed. Würzburg: Königshausen und Neumann, 1980.
Cited: **9** *Panzer 1980*: 122n.

Papapetrou, Achilleus. *Lectures on General Relativity*. Dordrecht: Reidel, 1974.
Cited: **7** *Papapetrou 1974*: 76n.

Parankiewicz, Irene. "Der kritische Weg zur Feststellung der Existenz einer Atomistik der Elektrizität." *Annalen der Physik* 53 (1917): 551–568.
Cited: **8** *Parankiewicz 1917*: 905n.

———. "Die lichtpositive und die lichtnegative Photophorese (untersucht am Schwefel und Selen)." *Akademie der Wissenschaften* (Vienna). *Mathematisch-naturwissenschaftliche Klasse. Abteilung IIa. Sitzungsberichte* (1918): 1445–1516.
Cited: **10** *Parankiewicz 1918*: 296n.

Pascal, Ernesto. *Repertorio di matematiche superiori (definizioni—formole—teoremi—cenni bibliografici)*. 2 vols. Milan: Hoepli, 1898–1900.
Cited: **8** *Pascal 1898–1900*: 554n.

Pasch, Moritz. *Vorlesungen über neuere Geometrie*. Leipzig: Teubner, 1882.
Cited: **9** *Pasch 1882*: 72n.

———. "Die Begründung der Mathematik und die implizite Definition. Ein Zusammenhang

mit der Lehre von Als-Ob." *Annalen der Philosophie* 2 (1921): 145–162.
Cited: **8** *Pasch 1921*: 889n.

Paschen, Friedrich. "Ueber das Strahlungsgesetz des schwarzen Körpers." *Annalen der Physik* 4 (1901): 277–298.
Cited: **2** *Paschen 1901a*: 136, 168n.

———. "Ueber das Strahlungsgesetz des schwarzen Körpers. Entgegnung auf Ausführungen der Herren O. Lummer und E. Pringsheim." *Annalen der Physik* 6 (1901): 646–658.
Cited: **2** *Paschen 1901b*: 108n.

———. "Bohrs Heliumlinien." *Annalen der Physik* 50 (1916): 901–940.
Cited: **8** *Paschen 1916*: 76n.

Pauer, Franz. "Magnetische Drehung der Polarisationsebene eines aus Bohr'schen Molekülen bestehenden Gases." Doctoral dissertation, University of Munich, [1918?].
Cited: **9** *Pauer 1918*: 383n.

Pauli, Wolfgang. "Mercurperihelbewegung und Strahlenablenkung in Weyls Gravitationstheorie." *Deutsche Physikalische Gesellschaft. Verhandlungen* 21 (1919): 742–750.
Cited: **9** *Pauli 1919a*: 218n, 269n, 294n, 298n, 389n.

———. "Über die Energiekomponenten des Gravitationsfeldes." *Physikalische Zeitschrift* 20 (1919): 25–27.
Cited: **9** *Pauli 1919b*: 298n.

———. "Zur Theorie der Gravitation und der Elektrizität von Hermann Weyl." *Physikalische Zeitschrift* 20 (1919): 457–467.
Cited: **9** *Pauli 1919c*: 299n.

———. "Relativitätstheorie." In *Encyklopädie der mathematischen Wissenschaften, mit Einschluß ihrer Anwendungen*. Vol. 5, *Physik*, part 2, pp. 539–775. Sommerfeld, Arnold, ed. Leipzig: Teubner, 1904–1922. Issued 15 September 1921. Reprinted in translation, with supplementary notes, as *Theory of Relativity*. Field, G., trans. London: Pergamon, 1958.
Cited: **2** *Pauli 1921*: xxxiii, 272, 427n, 507. **3** *Pauli 1921*: 479. **4** *Pauli 1921*: 187n, 340n, 510n. **5** *Pauli 1921*: 162n, 233n. **6** *Pauli 1921*: 67n. **7** *Pauli 1921*: xxvi, 98n–99n, 139n–140n, 183n, 357n. **8** *Pauli 1921*: 217n, 426n, 437n, 664n, 712n, 828n, 880n. **9** *Pauli 1921*: 374n, 536n.

———. "Einstein's Contributions to Quantum Theory." In *Albert Einstein: Philosopher-Scientist*, pp. 147–160. Schilpp, Paul Arthur, ed. La Salle, Ill.: Open Court, 1949.
Cited: **3** *Pauli 1949*: 282n. **6** *Pauli 1949*: 398n.

———. *Theory of Relativity*. Field, G., trans. London: Pergamon, 1958. (Trans. of *Pauli 1921*.)
Cited: **2** *Pauli 1958*: xxxiii, 507.

———. *Collected Scientific Papers*. Kronig, R., and Weisskopf, Victor F., eds. 2 vols. New York: Interscience, 1964.
Cited: **9** *Pauli 1964*.

Pavlov, V. I. "On Discussions Concerning the Problem of Ponderomotive Forces." *Soviet Physics–Uspekhi* 21 (1978): 171–173.
Cited: **2** *Pavlov 1978*: 507.

Pearson, Karl. *The Grammar of Science*. 2d ed. London: Adam & Charles Black, 1900.
Cited: **2** *Pearson 1900*: xxiv.

Pease, Francis G., and Shapley, Harlow. "Distribution of Stars in Twelve Globular Clusters." *Astrophysical Journal* 45 (1917): 225–243.
Cited: **9** *Pease and Shapley 1917*: 279n.

Peixoto, F., and Rosa, M. A. F. "On Thirring's Approach to Mach's Principle: Criticisms and Speculations on Extensions of His Original Work." In *Gravitation: The spacetime structure*, pp. 172–178. Letelier, P. S., and Rodrigues, W. A. Jr., eds. Singapore: World Scientific, 1994.
Cited: **8** *Peixoto and Rosa 1994*: 483n.

Penzler, Johannes, and Krieger, Bogdan. *Die Reden Kaiser Wilhelms II*. 4 vols. Leipzig: Reclam, 1897–1913.
Cited: **10** *Penzler 1897/1913*: 395n.

Pérès, Joseph J. C. "Le parallélisme de M. Levi-Civita et la courbure riemannienne." *Reale Accademia dei Lincei. Classe di scienze fisiche, matematiche e naturali. Rendiconti delle sedute* 28 (1919): 425–428.
Cited: **10** *Pérès 1919*: 380n.

———. "A propos de la notion de parallélisme dans une variété quelconque." *Reale Accademia dei Lincei. Classe di scienze fisiche, matematiche e naturali. Rendiconti delle sedute* 29 (1920): 134–138.
Cited: **10** *Pérès 1920*: 380n.

Pérot, Alfred. "Vérification de la loi de déviation des surfaces équipotentielles et mesure de la constante diélectrique." *Académie des sciences* (Paris). *Comptes rendus* 113 (1891): 415–417.
Cited: **3** *Pérot 1891*: 398n.

———. "Comparaison des longeurs d'onde d'une raie de bande du cyanogène dans la lumière du soleil et dans celle d'une source ter-

restre." *Académie des sciences* (Paris). *Comptes rendus* 171 (1920): 229–232.
Cited: **7** *Perot 1920b*: 349n. **10** *Perot 1920*: 383n.

———. "Sur la variation avec la pression de la longueur d'onde des raies des bandes du cyanogène." *Académie des sciences* (Paris). *Comptes rendus* 170 (1920): 988–990.
Cited: **7** *Perot 1920a*: 349n.

Perrin, Jean. "Grandeur des molécules et charge de l'électron." *Académie des sciences* (Paris). *Comptes rendus* 147 (1908): 594–596.
Cited: **2** *Perrin 1908d*: 221.

———. "L'agitation moléculaire et le mouvement brownien." *Académie des sciences* (Paris). *Comptes rendus* 146 (1908): 967–970.
Cited: **2** *Perrin 1908a*: 221, 345n. **3** *Perrin 1908*: 552, 562n.

———. "La loi de Stokes et le mouvement brownien." *Académie des sciences* (Paris). *Comptes rendus* 147 (1908): 475–476.
Cited: **2** *Perrin 1908b*: 212, 221.

———. "L'origine du mouvement brownien." *Académie des sciences* (Paris). *Comptes rendus* 147 (1908): 530–532.
Cited: **2** *Perrin 1908c*: 221.

———. "Le mouvement brownien de rotation." *Académie des sciences* (Paris). *Comptes rendus* 149 (1909): 549–551.
Cited: **2** *Perrin 1909a*: 221, 344n, 345n. **3** *Perrin 1909*: 246n.

———. "Mouvement brownien et réalité moléculaire." *Annales de chimie et de physique* 18 (1909): 5–114.
Cited: **2** *Perrin 1909b*: 559n. **5** *Perrin 1909*: 217n, 218n, 267n. **9** *Perrin 1909*: 518n.

———. "Les preuves de la réalité moléculaire. (Étude spéciale des émulsions.)" In *La théorie du rayonnement et les quanta. Rapports et discussions de la réunion tenue à Bruxelles, du 30 octobre au 3 novembre 1911, sous les auspices de M. E. Solvay*, pp. 153–250. Langevin, Paul, and de Broglie, Maurice, eds. Paris: Gauthier-Villars, 1912.
Cited: **2** *Perrin 1911*: 210, 220, 221. **3** *Perrin 1912*: 246n, 508n, 509n, 562n. **4** *Perrin 1912*: 564n. **5** *Perrin 1912*: 346n.

———. *Les atomes*. Paris: Alcan, 1913.
Cited: **5** *Perrin 1913*: 521n.

———. "Die Beweise für die wahre Existenz der Moleküle." In *Die Theorie der Strahlung und der Quanten. Verhandlungen auf einer von E. Solvay einberufenen Zusammenkunft (30. Oktober bis 3. November 1911). Mit einem Anhange über die Entwicklung der Quantentheorie vom Herbst 1911 bis Sommer 1913*, pp. 125–205. Eucken, Arnold, ed. Halle a.S.: Knapp, 1914. (*Abhandlungen der Deutschen Bunsen Gesellschaft für angewandte physikalische Chemie* 3, no. 7.)
Cited: **3** *Perrin 1914a*: 243n, 562n. **5** *Perrin 1914*.

———. *Les atomes*. 4th rev. ed. Paris: Alcan, 1914.
Cited: **2** *Perrin 1914*: 221. **3** *Perrin 1914b*: 246n.

———. "La fluorescence." *Annales de physique* 10 (1918): 133–159.
Cited: **9** *Perrin 1918*: 142n.

———. "Matière et lumière." *Annales de physique* 11 (1919): 1–108.
Cited: **9** *Perrin 1919*: 142n, 172n, 224n, 225n.

———. "Matière et lumière. Essai de synthèse de la mécanique chimique." *Annales de physique* 4 (1919): 5–108.
Cited: **7** *Perrin 1919*: 331n.

Perrin, Jean, and Dabrowski. "Mouvement brownien et constantes moléculaires." *Académie des sciences* (Paris). *Comptes rendus* 149 (1909): 477–479.
Cited: **2** *Perrin and Dabrowski 1909*: 221, 559n.

Perrin, Jean, et al. "Discussion" following **3** *Perrin 1912*/ **4** *Perrin 1912*/ **5** *Perrin 1912*. In *La théorie du rayonnement et les quanta. Rapports et discussions de la réunion tenue à Bruxelles, du 30 octobre au 3 novembre 1911, sous les auspices de M. E. Solvay*, pp. 251–253. Langevin, Paul, and de Broglie, Maurice, eds. Paris: Gauthier-Villars, 1912.
Cited: **3** *Perrin et al. 1912*: 509n. **5** *Perrin et al. 1912*: 291n, 322n.

———. "Diskussion" following **3** *Perrin 1914a*/ **5** *Perrin 1914*. In *Die Theorie der Strahlung und der Quanten. Verhandlungen auf einer von E. Solvay einberufenen Zusammenkunft (30. Oktober bis 3. November 1911). Mit einem Anhange über die Entwicklung der Quantentheorie vom Herbst 1911 bis Sommer 1913*, pp. 206–207. Eucken, Arnold, ed. Halle a.S.: Knapp, 1914. (*Abhandlungen der Deutschen Bunsen Gesellschaft für angewandte physikalische Chemie* 3, no. 7.)
Cited: **3** *Perrin et al. 1914*: 509n. **5** *Perrin et al. 1914*: 291n, 322n.

Pešek, Jiří. "Die Prager Universitäten im ersten Drittel des 20. Jahrhunderts. Versuch eines

Vergleichs." In *Lemberg 2003*, pp. 145–166.
Cited: **9** *Pešek 2003*: 462n.

Peterson, H., and Fite, Gilbert C. *Opponents of War, 1917–1918*. Madison: University of Wisconsin Press, 1957.
Cited: **8** *Peterson and Fite 1957*: 511n.

Petzoldt, Joseph. *Das Weltproblem vom Standpunkte des relativistischen Positivismus aus, historisch-kritisch dargestellt*. 2d ed. Leipzig: Teubner, 1912.
Cited: **8** *Petzoldt 1912a*: 31n, 868n.

———. "Die Relativitätstheorie im erkenntnistheoretischen Zusammenhange des relativistischen Positivismus." *Deutsche Physikalische Gesellschaft. Verhandlungen* 14 (1912): 1055–1064.
Cited: **8** *Petzoldt 1912b*: 868n.

———. "Die Relativitätstheorie der Physik." *Zeitschrift für positivistische Philosophie* 2 (1914): 1–56.
Cited: **6** *Petzoldt 1914*: 5n. **7** *Petzoldt 1914*: 121n. **8** *Petzoldt 1914*: 17n, 31n, 696n, 868n, 883n, 901n. **9** *Petzoldt 1914*: 15n.

———. "Verbietet die Relativitätstheorie Raum und Zeit als etwas Wirkliches zu denken?" *Deutsche Physikalische Gesellschaft. Verhandlungen* 20 (1918): 189–201.
Cited: **8** *Petzoldt 1918*: 868n. **9** *Petzoldt 1918*: 15n. **10** *Petzoldt 1918*: 333n.

———. "Kausalität und Relativitätstheorie." *Zeitschrift für Physik* 1 (1920): 467–474.
Cited: **10** *Petzoldt 1920*: 333n, 342n.

———. "Anhang. Das Verhältnis der Machschen Gedankenwelt zur Relativitätstheorie." In Mach, Ernst, *Die Mechanik in ihrer Entwicklung historisch-kritisch dargestellt*. 8th ed., pp. 490–517. Leipzig: Brockhaus, 1921.
Cited: **10** *Petzoldt 1921b*: 333n.

———. "Mechanistische Naturauffassung und Relativitätstheorie." *Annalen der Philosophie* 2 (1921): 447–462.
Cited: **10** *Petzoldt 1921a*: 333n, 342n.

Pflüger, Alexander W. *Das Einsteinsche Relativitätsprinzip gemeinverständlich dargestellt*. 10th ed. Bonn: Cohen, 1920.
Cited: **7** *Pflüger 1921*: 340n. **9** *Pflüger 1920*: 535n. **10** *Pflüger 1920*: 341n.

Phillips, Vivian J. *Waveforms. A History of Early Oscillography*. Bristol: Hilger, 1987.
Cited: **5** *Phillips 1987*: 384n.

Piccard, Auguste, and Cherbuliez, Émile. "Une nouvelle méthode de mesure pour l'étude des corps paramagnétiques en solution très étendue." *Schweizerische Naturforschende Gesellschaft. Verhandlungen* 97 (1915) part 2: 131–133.
Cited: **8** *Piccard and Cherbuliez 1915*: 135n.

———. "Le nombre de magnétons des sels cupriques en solution aqueuse." *Archives des sciences physiques et naturelles* 121 (1916): 324–326.
Cited: **8** *Piccard and Cherbuliez 1916*: 135n.

Pictet, Raoul-Pierre. "Expériences de M. Raoul Pictet sur la liquéfaction de l'oxygène." *Académie des sciences* (Paris). *Comptes rendus* 85 (1877): 1214–1216.
Cited: **1** *Pictet 1877*: 147n.

———. "Liquéfaction de l'hydrogène." *Académie des sciences* (Paris). *Comptes rendus* 86 (1878): 106–107.
Cited: **1** *Pictet 1878*: 147n.

Planck, Max. *Über den zweiten Hauptsatz der mechanischen Wärmetheorie. Inauguraldissertation*. Munich: Ackermann, 1879.
Cited: **4** *Planck 1879*: 561, 564n.

———. *Das Princip der Erhaltung der Energie*. Leipzig: Teubner, 1887.
Cited: **2** *Planck 1887*: 44.

———. "Ueber das Princip der Vermehrung der Entropie. Dritte Abhandlung." *Annalen der Physik und Chemie* 32 (1887): 462–503.
Cited: **4** *Planck 1887*: 561, 564n.

———. "Das chemische Gleichgewicht in verdünnten Lösungen." *Annalen der Physik und Chemie* 34 (1888): 139–154.
Cited: **4** *Planck 1888*: 564n.

———. "Zur Theorie der Thermoelectrizität in metallischen Leitern." *Annalen der Physik und Chemie* 36 (1889): 624–643.
Cited: **1** *Planck 1889*: 238n.

———. "Allgemeines zur neueren Entwicklung der Wärmetheorie." *Zeitschrift für physikalische Chemie* 8 (1891): 647–656.
Cited: **2** *Planck 1891*: 8, 40n, 46.

———. "Absorption und Emission electrischer Wellen durch Resonanz." *Annalen der Physik und Chemie* 57 (1896): 1–14.
Cited: **4** *Planck 1896a*: 564n.

———. "Gegen die neuere Energetik." *Annalen der Physik und Chemie* 57 (1896): 72–78.
Cited: **2** *Planck 1896*: xxviii, 207. **4** *Planck 1896b*: 561, 564n.

———. *Vorlesungen über Thermodynamik*. Leipzig: Veit & Comp., 1897.
Cited: **1** *Planck 1897*: 317n. **2** *Planck 1897*: 44, 119n. **4** *Planck 1897*: 563, 565n.

———. "Über irreversible Strahlungsvorgänge. Vierte Mittheilung." *Königlich Preußische*

Akademie der Wissenschaften (Berlin). *Sitzungsberichte* (1898): 449–476.
Cited: **2** *Planck 1898*: 167n.

———. "Über irreversible Strahlungsvorgänge. Fünfte Mittheilung (Schluss)." *Königlich Preußische Akademie der Wissenschaften* (Berlin). *Sitzungsberichte* (1899): 440–480.
Cited: **2** *Planck 1899*: 167n. **4** *Planck 1899*: 564n.

———. "Ueber irreversible Strahlungsvorgänge." *Annalen der Physik* 1 (1900): 69–122.
Cited: **1** *Planck 1900a*: 279n, 284n, 286n. **2** *Planck 1900a*: 45, 136, 153, 167n, 338, 345n, 351, 357n, 377n, 381, 390n, 407, 551n, 583n. **3** *Planck 1900a*: 476n, 506n, 531, 545n. **4** *Planck 1900a*: 564n. **6** *Planck 1900a*: 370n.

———. "Entropie und Temperatur strahlender Wärme." *Annalen der Physik* 1 (1900): 719–737.
Cited: **1** *Planck 1900b*: 279n, 284n, 286n, 295n. **2** *Planck 1900b*: 45, 136. **3** *Planck 1900b*: 423n.

———. "Kritik zweier Sätze des Hrn. W. Wien." *Annalen der Physik* 3 (1900): 764–766.
Cited: **2** *Planck 1900d*: 134, 357n, 551n.

———. "Ueber eine Verbesserung der Wien'schen Spectralgleichung." *Deutsche Physikalische Gesellschaft. Verhandlungen* 2 (1900): 202–204.
Cited: **2** *Planck 1900c*: 134.

———. "Zur Theorie des Gesetzes der Energieverteilung im Normalspectrum." *Deutsche Physikalische Gesellschaft. Verhandlungen* 2 (1900): 237–245.
Cited: **1** *Planck 1900c*: 287n. **2** *Planck 1900e*: 134, 136, 137, 167n, 357n, 390n, 551n, 583n. **3** *Planck 1900c*: 545n. **4** *Planck 1900b*: 564n. **6** *Planck 1900b*: 370n, 398n.

———. "Ueber das Gesetz der Energieverteilung im Normalspectrum." *Annalen der Physik* 4 (1901): 553–563.
Cited: **1** *Planck 1901*: 286n, 287n. **2** *Planck 1901a*: 107n, 108n, 134, 135, 137, 154, 157n, 345n, 350, 357n, 377n. **3** *Planck 1901*: 545n. **4** *Planck 1901a*: 562, 564n. **6** *Planck 1901a*: 370n. **8** *Planck 1901a*: 913n.

———. "Ueber die Elementarquanta der Materie und der Elektricität." *Annalen der Physik* 4 (1901): 564–566.
Cited: **2** *Planck 1901b*: 107n, 108n, 167n, 168n, 171, 205n, 235n, 345n, 396n, 502n, 552n, 583n. **4** *Planck 1901b*: 564n. **6** *Planck 1901b*: 370n. **8** *Planck 1901b*: 913n.

———. "Zur elektromagnetischen Theorie der Dispersion in isotropen Nichtleitern." *Königlich Preußische Akademie der Wissenschaften* (Berlin). *Sitzungsberichte* (1902): 470–494.
Cited: **1** *Planck 1902*: 279n. **8** *Planck 1902*: 159n.

———. [Review of *Gibbs 1902*.] *Beiblätter zu den Annalen der Physik* 27 (1903): 748–753.
Cited: **2** *Planck 1903a*: 44.

———. *Treatise on Thermodynamics*. Ogg, Alexander, trans. London: Longmans, Green and Co., 1903.
Cited: **2** *Planck 1903b*: 119n.

———. "Über die mechanische Bedeutung der Temperatur und der Entropie." In *Festschrift Ludwig Boltzmann gewidmet zum sechzigsten Geburtstage 20. Februar 1904*, pp. 113–122. Meyer, Stefan, ed. Leipzig: Barth, 1904.
Cited: **2** *Planck 1904*: 44, 110.

———. "On Clausius' Theorem for Irreversible Cycles, and on the Increase of Entropy." *Philosophical Magazine* 9 (1905): 167–168.
Cited: **2** *Planck 1905*: 245–246, 246n, 249n.

———. "Das Prinzip der Relativität und die Grundgleichungen der Mechanik." *Deutsche Physikalische Gesellschaft. Verhandlungen* 8 (1906): 136–141.
Cited: **2** *Planck 1906a*: 254, 266, 272, 310n, 427n, 485n, 486n. **4** *Planck 1906a*: 164n, 305, 340n, 565n. **5** *Planck 1906a*: 40n, 75n.

———. "Die Kaufmannschen Messungen der Ablenkbarkeit der β-Strahlen in ihrer Bedeutung für die Dynamik der Elektronen." *Deutsche Physikalische Gesellschaft. Verhandlungen* 8 (1906): 418–432. Reprinted in *Physikalische Zeitschrift* 7 (1906): 753–759.
Cited: **2** *Planck 1906b*: 254, 271, 272, 372n, 427n, 461, 486n. **5** *Planck 1906b*: 75n, 78n.

———. *Vorlesungen über die Theorie der Wärmestrahlung*. Leipzig: Barth, 1906.
Cited: **2** *Planck 1906c*: 49, 110, 134, 140, 144, 373–376, 377n, 381, 390n, 543, 551n, 552n, 553n, 583n. **3** *Planck 1906*: 268n, 272, 273, 274, 280, 281n, 400n, 522, 544n, 547n. **4** *Planck 1906b*: 202n, 563, 565n, 602n. **5** *Planck 1906c*: 50n, 73n, 166n, 180n, 218n, 475n. **8** *Planck 1906*: 684n.

———. "Nachtrag zu der Besprechung der Kaufmannschen Ablenkungsmessungen." *Deutsche Physikalische Gesellschaft. Verhandlungen* 9 (1907): 301–305.
Cited: **2** *Planck 1907b*: 271, 272, 461, 486n.

5 *Planck 1907b*: 75n, 78n.

———. "Zur Dynamik bewegter Systeme." *Königlich Preußische Akademie der Wissenschaften* (Berlin). *Sitzungsberichte* (1907): 542–570. Reprinted in *Annalen der Physik* 26 (1908): 1–34.
Cited: **2** *Planck 1907a*: 254, 266, 269, 272, 436, 474, 475, 485n, 486n, 487n. **4** *Planck 1907*: 107n, 163n, 164n. **5** *Planck 1907a*: 33n, 40n, 50n, 75n, 76n, 84n, 104n.

———. "Zur Dynamik bewegter Systeme." *Annalen der Physik* 26 (1908): 1–34.
Cited: **4** *Planck 1908*: 565n.

———. "Bemerkungen zum Prinzip der Aktion und Reaktion in der allgemeinen Dynamik." *Deutsche Physikalische Gesellschaft. Verhandlungen* 10 (1908): 728–732. Reprinted in *Physikalische Zeitschrift* 9 (1908): 828–830.
Cited: **5** *Planck 1908a*: 149n. **7** *Planck 1908*: 572n. **8** *Planck 1908*: 802n.

———. "Die Einheit des physikalischen Weltbildes." *Physikalische Zeitschrift* 10 (1909): 62–75.
Cited: **5** *Planck 1908b*: 204n. **7** *Planck 1909*: 62n.

———. *Acht Vorlesungen über theoretische Physik gehalten an der Columbia University in the City of New York im Frühjahr 1909*. Leipzig: Hirzel, 1910.
Cited: **5** *Planck 1910a*: 390n.

———. "Gleichförmige Rotation und Lorentz-Kontraktion." *Physikalische Zeitschrift* 11 (1910): 294.
Cited: **3** *Planck 1910b*: 478.

———. "Zur Machschen Theorie der physikalischen Erkenntnis. Eine Erwiderung." *Physikalische Zeitschrift* 11 (1910): 1186–1190.
Cited: **5** *Planck 1910c*: 532n. **7** *Planck 1910*: 62n.

———. "Zur Theorie der Wärmestrahlung." *Annalen der Physik* 31 (1910): 758–768.
Cited: **2** *Planck 1910*: 552n, 583n, 587n. *Planck 1910a*: xix, 177–178, 178n, 268n, 281n, 423n. **5** *Planck 1910b*: 246n.

———. "Eine neue Strahlungshypothese." *Deutsche Physikalische Gesellschaft. Verhandlungen* 13 (1911): 138–148.
Cited: **4** *Planck 1911a*: 270, 285n, 564n. **5** *Planck 1911a*: 466n. **6** *Planck 1911a*: 39n.

———. "La loi du rayonnement noir et l'hypothèse des quantités élémentaires d'action." In *La théorie du rayonnement et les quanta. Rapports et discussions de la réunion tenue à Bruxelles, du 30 octobre au 3 novembre 1911, sous les auspices de M. E. Solvay*, pp. 93–114. Langevin, Paul, and de Broglie, Maurice, eds. Paris: Gauthier-Villars, 1912. Reprinted as "Die Gesetze der Wärmestrahlung und die Hypothese der elementaren Wirkungsquanten." In *Die Theorie der Strahlung und der Quanten. Verhandlungen auf einer von E. Solvay einberufenen Zusammenkunft (30. Oktober bis 3. November 1911). Mit einem Anhange über die Entwicklung der Quantentheorie vom Herbst 1911 bis Sommer 1913*, pp. 77–94. Eucken, Arnold, ed. Halle a.S.: Knapp, 1914. (*Abhandlungen der Deutschen Bunsen Gesellschaft für angewandte physikalische Chemie* 3, no. 7.)
[**3** *Planck 1914*/ **4** *Planck 1914a*/ **6** *Planck 1914a*].
Cited: **3** *Planck 1912*: 562n. **6** *Planck 1912b*: 370n. **8** *Planck 1912*: 22n.

———. *Vorlesungen über Thermodynamik*. 3d ed. Leipzig: Veit, 1911.
Cited: **10** *Planck 1911*: 485n.

———. "Zur Hypothese der Quantenemission." *Königlich Preußische Akademie der Wissenschaften* (Berlin). *Sitzungsberichte* (1911): 723–731.
Cited: **4** *Planck 1911b*: 270, 285n, 564n. **5** *Planck 1911b*: 466n. **6** *Planck 1911b*: 39n.

———. "Über die Begründung des Gesetzes der schwarzen Strahlung." *Annalen der Physik* 37 (1912): 642–656.
Cited: **4** *Planck 1912*: 270, 285n, 564n. **5** *Planck 1912*: 466n.

———. "Über neuere thermodynamische Theorien (Nernstsches Wärmetheorem und Quantenhypothese)." *Physikalische Zeitschrift* 13 (1912): 165–175.
Cited: **6** *Planck 1912a*: 39n.

———. *Vorlesungen über die Theorie der Wärmestrahlung*. 2d ed. Leipzig: Barth, 1913.
Cited: **4** *Planck 1913*: 282, 285n, 564n. **6** *Planck 1913*: 39n.

———. "Die Gesetze der Wärmestrahlung und die Hypothese der elementaren Wirkungsquanten." In *Die Theorie der Strahlung und der Quanten. Verhandlungen auf einer von E. Solvay einberufenen Zusammenkunft (30. Oktober bis 3. November 1911). Mit einem Anhange über die Entwicklung der Quantentheorie vom Herbst 1911 bis Sommer 1913*, pp. 77–94. Eucken, Arnold, ed. Halle a.S.: Knapp, 1914. (*Abhandlungen der Deutschen Bunsen Gesellschaft für angewandte physi-*

kalische Chemie 3, no. 7.)
Cited: **3** *Planck 1914*: 506n, 562n. **4** *Planck 1914a*: 270, 285n, 564n. **6** *Planck 1914a*: 370n.

———. "Eine veränderte Formulierung der Quantenhypothese." *Königlich Preußische Akademie der Wissenschaften* (Berlin). *Sitzungsberichte* (1914): 918–923.
Cited: **6** *Planck 1914c*: 370n.

———. "Erwiderung des Sekretars Hrn. Planck." *Königlich Preußische Akademie der Wissenschaften* (Berlin). *Sitzungsberichte* (1914): 742–744.
Cited: **6** *Planck 1914b*: 24n. **8** *Planck 1914*: 41n, 76n, 223n.

———. *Neue Bahnen der physikalischen Erkenntnis.* Leipzig: Barth, 1914.
Cited: **4** *Planck 1914b*: 564n.

———. "Die Quantenhypothese für Molekeln mit mehreren Freiheitsgraden." *Deutsche Physikalische Gesellschaft. Verhandlungen* 17 (1915): 407–418.
Cited: **8** *Planck 1915a*: 193n, 217n.

———. "Bemerkung über die Entropiekonstante zweiatomiger Gase." *Deutsche Physikalische Gesellschaft. Verhandlungen* 17 (1915): 418–419.
Cited: **6** *Planck 1915*: 262n. **8** *Planck 1915b*: 193n.

———. "Bemerkungen über die Emission von Spektrallinien." *Königlich Preußische Akademie der Wissenschaften* (Berlin). *Sitzungsberichte* (1915): 909–913.
Cited: **8** *Planck 1915d*: 217n.

———. "Die Quantenhypothese für Molekeln mit mehreren Freiheitsgraden. 2. Mitteilung." *Deutsche Physikalische Gesellschaft. Verhandlungen* 17 (1915): 438–451.
Cited: **8** *Planck 1915c*: 193n, 217n.

———. "Die physikalische Struktur des Phasenraumes." *Annalen der Physik* 50 (1916): 385–418.
Cited: **8** *Planck 1916*: 217n.

———. "Über die absolute Entropie einatomiger Körper." *Königlich Preußische Akademie der Wissenschaften* (Berlin). *Sitzungsberichte* (1916): 653–667.
Cited: **9** *Planck 1916*: 383n.

———. "Erwiderung." In Warburg, Emil, et al. *Zu Max Plancks sechzigstem Geburtstag. Ansprachen, gehalten am 26. April 1918 in der Deutschen Physikalischen Gesellschaft von E. Warburg, M. v. Laue, A. Sommerfeld und A. Einstein*, pp. 33–36. Karlsruhe: Müllersche Hofbuchhandlung, 1918.
Cited: **8** *Planck 1918a*: 629n, 776n, 784n.

———. "Zur Quantelung des asymmetrischen Kreisels." *Königlich Preußische Akademie der Wissenschaften* (Berlin). *Sitzungsberichte* (1918): 1166–1174.
Cited: **8** *Planck 1918b*: 643n.

———. "Neue Bahnen der physikalischen Erkenntnis. (Rede, gehalten beim Antritt des Rektorats der Friedrich-Wilhelm-Universität Berlin, am 15 Oktober 1913)." In *Physikalische Rundblicke. Gesammelte Reden und Aufsätze*, pp. 64–81. Leipzig: Hirzel, 1922.
Cited: **7** *Planck 1913*: 404n.

———. "Über die Natur der Wärmestrahlung." *Annalen der Physik* 73 (1924): 272–288.
Cited: **3** *Planck 1924*: 268n.

———. *Physikalische Abhandlungen und Vorträge.* 3 vols. Braunschweig: Vieweg, 1958.
Cited: **2** *Planck 1958.* **3** *Planck 1958.* **4** *Planck 1958.* **5** *Planck 1958.* **6** *Planck 1958.*

Planck, Max, et al. "Discussion" following *Planck 1912.* In *La théorie du rayonnement et les quanta. Rapports et discussions de la réunion tenue à Bruxelles, du 30 octobre au 3 novembre 1911, sous les auspices de M. E. Solvay*, pp. 115–132. Langevin, Paul, and de Broglie, Maurice, eds. Paris: Gauthier-Villars, 1912.
Cited: **3** *Planck et al. 1912*: 506n, 507n.

———. "Diskussion" following **3** *Planck 1914/* **4** *Planck 1914a/* **6** *Planck 1914a.* In *Die Theorie der Strahlung und der Quanten. Verhandlungen auf einer von E. Solvay einberufenen Zusammenkunft (30. Oktober bis 3. November 1911). Mit einem Anhange über die Entwicklung der Quantentheorie vom Herbst 1911 bis Sommer 1913*, pp. 95–108. Eucken, Arnold, ed. Halle a.S.: Knapp, 1914. (*Abhandlungen der Deutschen Bunsen Gesellschaft für angewandte physikalische Chemie* 3, no. 7.)
Cited: **3** *Planck et al. 1914a*: 506n, 507n. **4** *Planck et al. 1914*: 564n.

Planck, Max, Debye, Peter, Nernst, Walther, Smoluchowski, Marian von Sommerfeld, Arnold, and Lorentz, Hendrik A. *Vorträge über die kinetische Theorie der Materie und der Elektrizität. Gehalten in Göttingen auf Einladung der Kommission der Wolfskehlstiftung.* Leipzig: Teubner, 1914.
Cited: **3** *Planck et al. 1914b.* **5** *Planck et al. 1914*: 502n. **6** *Planck et al. 1914.*

Plato, Jan von. "Boltzmann's Ergodic Hypothesis." *Archive for History of Exact Sciences* 42 (1991): 71–89.
Cited: **3** *Plato 1991*: 244n.

Plummer, Henry C. "On the Problem of Distribution in Globular Star Clusters." *Royal Astronomical Society. Monthly Notices* 71 (1911): 460–470.
Cited: **7** *Plummer 1911*: 425n. **10** *Plummer 1911*: 527n.

———. "The Distribution of Stars in Globular Clusters." *Royal Astronomical Society. Monthly Notices* 76 (1915): 107–121.
Cited: **10** *Plummer 1915*: 527n.

Pockels, Friedrich. "Kapillarität." In *Handbuch der Physik*. 2d ed. Vol. 1, *Allgemeine Physik*, pp. 1119–1234. Winkelmann, Adolph, ed. Leipzig: Barth, 1908.
Cited: **2** *Pockels 1908*: 6.

Poggendorff, Johann Christian. "Ein Vorschlag zum Messen der magnetischen Abweichung." *Annalen der Physik und Chemie* 7 (1826): 121–130.
Cited: **1** *Poggendorff 1826*: 207n.

Poincaré, Henri. *Électricité et optique*. Vol. 1, *Les théories de Maxwell et la théorie électromagnétique de la lumière*. Paris: Gauthier-Villars, 1890.
Cited: **7** *Poincaré 1890*: 279n.

———. "La mesure du temps." *Revue de métaphysique et de morale* 6 (1898): 1–13.
Cited: **2** *Poincaré 1898*: 308n.

———. "La théorie de Lorentz et le principe de la réaction." In *Recueil de travaux offerts par les auteurs à H. A. Lorentz, professeur de physique à l'Université de Leiden, à l'occasion du 25me anniversaire de son doctorat le 11 décembre 1900*, pp. 252–278. Bosscha, Johannes, ed. The Hague: Nijhoff, 1900. *Archives néerlandaises des sciences exactes et naturelles* 5 (1900).
Cited: **2** *Poincaré 1900*: 260, 308n, 360, 366n. **5** *Poincaré 1900*: 149n.

———. *Électricité et optique*. Paris: Carré et Naud, 1901.
Cited: **4** *Poincaré 1901*: 551n.

———. *La science et l'hypothèse*. Paris: Flammarion, 1902.
Cited: **2** *Poincaré 1902*: xxv, 211, 255, 260, 306n, 307n, 308n. **4** *Poincaré 1902*: 551n. **6** *Poincaré 1902*: 538n. **7** *Poincaré 1902*: xxxvi, 403n, 405n, 456n, 570n. **8** *Poincaré 1902*: 74n, 634n, 708n, 892n. **9** *Poincaré 1902*: 52n.

———. "L'état actuel et l'avenir de la physique mathématique." *Bulletin des sciences mathématiques* 28 (1904): 302–324.
Cited: **2** *Poincaré 1904b*: xxv, 307n.

———. *Wissenschaft und Hypothese*. Lindemann, Ferdinand and Lisbeth, trans. Leipzig: Teubner, 1904. (Trans. of **2** *Poincaré 1902* **4** *Poincaré 1902*/ **6** *Poincaré 1902*/ **7** *Poincaré 1902*/ **8** *Poincaré 1902*.) Annotations by Ferdinand Lindemann.
Cited: **2** *Poincaré 1904a*: xxv, 307n, 308n.

———. *La valeur de la science*. Paris: Flammarion, 1905.
Cited: **2** *Poincaré 1905a*: xxiv.

———. "Sur la dynamique de l'électron." *Académie des sciences* (Paris). *Comptes rendus* 140 (1905): 1504–1508.
Cited: **2** *Poincaré 1905b*: 256, 257, 308n.

———. "Sur la dynamique de l'électron." *Circolo Matematico di Palermo. Rendiconti* 21 (1906): 129–175.
Cited: **2** *Poincaré 1906*: 257, 553n. **7** *Poincaré 1906*: xxviii, 139n, 457n, 576n.

———. *Wissenschaft und Hypothese*. 2d ed. Leipzig: Teubner, 1906.
Cited: **9** *Poincaré 1906*: 89n.

———. "La dynamique de l'électron." *Revue générale des sciences pures et appliquées* 19 (1908): 386–402.
Cited: **4** *Poincaré 1908*: 439n.

———, ed. *Leçons sur les hypothèses cosmogoniques professées a la Sorbonne*. Vergne, Henri, ed. Paris: Hermann, 1911.
Cited: **9** *Poincaré 1911*: 467n.

———. "Sur la théorie des quanta." *Journal de physique* 2 (1912): 5–34.
Cited: **3** *Poincaré 1912*: xxvii.

———. *Leçons sur les hypothèses cosmogoniques professées à la Sorbonne*. Vergne, Henri, ed. Paris: Hermann, 1913.
Cited: **7** *Poincaré 1913*: 425n.

Polak, Martin W. *Bezwaren tegen de opvattingen der relativisten*. Deventer: Kluwer, 1918.
Cited: **10** *Polak 1918*: 265n.

Polányi, Michael. "Neue thermodynamische Folgerungen aus der Quantenhypothese." *Zeitschrift für physikalische Chemie* 83 (1913): 339–369.
Cited: **5** *Polanyi 1913*: 514n.

———. "Zur Ableitung des Nernstschen Theorems." *Deutsche Physikalische Gesellschaft. Verhandlungen* 16 (1914): 333–335.
Cited: **8** *Polányi 1914*: 66n.

———. "Zur Ableitung des Nernstschen Theo-

rems." *Deutsche Physikalische Gesellschaft. Verhandlungen* 17 (1915): 350–353.
Cited: **6** *Polanyi 1915*: 39n. **8** *Polányi 1915*: 66n, 139n, 144n.

Ponsot, Auguste. "Chaleur dans le déplacement de l'équilibre d'un système capillaire." *Académie des sciences* (Paris). *Comptes rendus* 140 (1905): 1176–1179.
Cited: **2** *Ponsot 1905*: 318–319, 319n.

Popović, Milan, ed. *In Albert's Shadow: The Life and Letters of Mileva Marić, Einstein's First Wife*. Baltimore: Johns Hopkins University Press, 2003.
Cited: **9** *Popović 2003*: 91n, 215n, 271n, 496n.

Poppel, Stephen M. *Zionism in Germany, 1897–1933: The Shaping of a Jewish Identity*. Philadelphia: Jewish Publication Society, 1977.
Cited: **7** *Poppel 1977*: 225, 232–233, 235, 292n, 304n.

Popper-Lynkeus, Josef. *Nach dem Kriege. Ein Auszug aus dem Werke Die allgemeine Nährpflicht als Lösung der sozialen Frage*. 2d ed. Dresden: Reißner, [1915].
Cited: **7** *Popper-Lynkeus 1915*: 129n. **9** *Popper-Lynkeus 1915*: 421n.

Popper, Karl. *Logik der Forschung*. Vienna: Springer, 1935.
Cited: **7** *Popper 1935*: 220n.

Pound, Robert V., and Rebka, Glen A. "Apparent Weight of Photons." *Physical Review Letters* 4 (1960): 337–341.
Cited: **2** *Pound and Rebka 1960*: 488n.

Prandtl, Ludwig. "Tragflügeltheorie I." *Königliche Gesellschaft der Wissenschaften zu Göttingen. Mathematisch-physikalische Klasse. Nachrichten* (1918): 451–477.
Cited: **8** *Prandtl 1918*: 709n.

———. "Tragflügeltheorie II." *Königliche Gesellschaft der Wissenschaften zu Göttingen. Mathematisch-physikalische Klasse. Nachrichten* (1919): 107–137.
Cited: **8** *Prandtl 1919*: 709n.

Precht, Julius. "Strahlungsenergie von Radium." *Annalen der Physik* 21 (1906): 595–601.
Cited: **2** *Precht 1906*: 464, 486n.

Preuß, Walter. "Jüdische Arbeit in Deutschland." *Der jüdische Student* 18 (1921): 151–153.
Cited: **7** *Preuß 1921*: 232, 241n.

Pringsheim, Ernst. *Vorlesungen über die Physik der Sonne*. Leipzig: Teubner, 1910.
Cited: **9** *Pringsheim 1910*: 249n.

Przibram, Karl. "Ladungsbestimmungen an Nebelteilchen. Beiträge zur Frage des elektrischen Elementarquantums." *Kaiserliche Akademie der Wissenschaften* (Vienna). *Mathematisch-naturwissenschaftliche Klasse. Abteilung IIa. Sitzungsberichte* 119 (1910): 869–935.
Cited: **5** *Przibram 1910*: 322n.

Pyenson, Lewis. "Einstein's Early Scientific Collaboration." *Historical Studies in the Physical Sciences* 7 (1976): 84–123.
Cited: **2** *Pyenson 1976*: 505, 555n. **8** *Pyenson 1976*: 200n.

———. "Hermann Minkowski and Einstein's Special Theory of Relativity." *Archive for History of Exact Sciences* 17 (1977): 71–95.
Cited: **2** *Pyenson 1977*: 504.

———. "The Incomplete Transmission of a European Image: Physics at Greater Buenos Aires and Montreal, 1890–1920." *American Philosophical Society. Proceedings* 122 (1978): 92–114.
Cited: **5** *Pyenson 1978*: 309n.

———. "Audacious Enterprise: The Einsteins and Electrotechnology in Late Nineteenth-Century Munich." *Historical Studies in the Physical Sciences* 12 (1982): 373–392.
Cited: **1** *Pyenson 1982*: xlii, lii, liii, 5.

———. *Neohumanism and the Persistence of Pure Mathematics in Wilhelmian Germany*. Philadelphia: American Philosophical Society, 1983.
Cited: **7** *Pyenson 1983*: 337n.

———. *The Young Einstein: The Advent of Relativity*. Bristol: Hilger, 1985.
Cited: **2** *Pyenson 1985*: xxxiii, 267, 504. **3** *Pyenson 1985*: 449n. **4** *Pyenson 1985*: 4. **5** *Pyenson 1985*: 640. **7** *Pyenson 1985*: 62n, 337n.

Quédec, Pierre. "Weiss' Magneton: The Sin of Pride or a Venial Mistake?" *Historical Studies in the Physical and Biological Sciences* 18 (1988): 349–375.
Cited: **8** *Quédec 1988*: 135n.

Quincke, Georg. "Electrische Untersuchungen." *Annalen der Physik und Chemie* 24 (1885): 347–416.
Cited: **3** *Quincke 1885*: 398n, 399n.

Quinn, Malcolm. *The Swastika: Constructing the Symbol*. London: Routledge, 1994.
Cited: **10** *Quinn 1994*: 395n.

Radbruch, Gustav. *Briefe II (1919–1949)*. Spendel, Günter, ed. Heidelberg: Müller, 1995.
Cited: **9** *Radbruch 1995*: 34n.

Ramsay, William. "On Brownian or Pedetic Motion." *Bristol Naturalists' Society. Pro-

ceedings 3 (1882): 299–302.
Cited: **2** *Ramsay 1882*: 209.

Ransome, Arthur. *Russia in 1919*. New York: Huebsch, 1919.
Cited: **9** *Ransome 1919*: 79n.

Raoult, François Marie. "Über die Dampfdrucke ätherischer Lösungen." *Zeitschrift für physikalische Chemie* 2 (1888): 353–373.
Cited: **5** *Raoult 1888a*: 16n.

———. "Über die Gefrierpunkte verdünnter wässeriger Lösungen." *Zeitschrift für physikalische Chemie* 2 (1888): 488–490.
Cited: **5** *Raoult 1888b*: 16n.

Rappard, William. *Switzerland and the American Food Supply*. Philadelphia: American Academy of Political and Social Science, 1917.
Cited: **9** *Rappard 1917*: 205n.

———. *La mission suisse aux Etats-Unis août–novembre 1917*. Geneva: Sonor, 1918.
Cited: **9** *Rappard 1918*: 205n.

Rathenau, Walther. *Gedächtnisrede für Emil Rathenau, gehalten am Tage der Beisetzung 23. Juni 1915 in Oberschöneweide*. [n. p., 1915]. Reprinted in *Die Zukunft* 23 (1915): 23–30.
Cited: **8** *Rathenau 1915*: 451n.

———. *Eine Streitschrift vom Glauben*. Berlin: Fischer, 1917.
Cited: **8** *Rathenau 1917b*: 451n, 1009c. **10** *Rathenau 1917*: 96n.

———. *Von kommenden Dingen*. Berlin: Fischer, 1917.
Cited: **8** *Rathenau 1917a*: 400n, 1009.

———. *An Deutschlands Jugend*. Berlin: Fischer, 1918.
Cited: **8** *Rathenau 1918c*: 906n.

———. *Die neue Wirtschaft*. Berlin: Fischer, 1918.
Cited: **7** *Rathenau 1918*: 9n. **8** *Rathenau 1918a*: 1015c.

———. *Gesammelte Schriften in fünf Bänden*. Vol. 1. Berlin: Fischer, 1918.
Cited: **8** *Rathenau 1918b*: 1027c.

———. *Der Kaiser. Eine Betrachtung*. Berlin: Fischer, 1919.
Cited: **9** *Rathenau 1919*: 556c.

———. *Die Organisation der Rohstoffversorgung. Vortrag, gehalten in der Deutschen Gesellschaft 1914 am 20 Dezember 1915*. [n. p., 1916].
Cited: **8** *Rathenau 1916*: 171n.

Rathje, Johannes. *Die Welt des Freien Protestantismus. Ein Beitrag zur deutsch-evangelischen Geistesgeschichte. Dargestellt an Leben und Werk von Martin Rade*. Stuttgart: Klotz, 1952.
Cited: **9** *Rathje 1952*: 55n.

Ratnowsky, Simon. *Détermination expérimentale de la variation d'inertie des corpuscule cathodiques en fonction de la vitesse*. Doctoral dissertation, University of Geneva, 1911.
Cited: **8** *Ratnowsky 1911*: 909n.

———. "Die Zustandsgleichung einatomiger fester Körper und die Quantentheorie." *Annalen der Physik* 38 (1912): 637–648.
Cited: **5** *Ratnowsky 1912b*: 415n.

Rausch von Traubenberg, Heinrich. "Über die quantitative Bestimmung elektromagnetischer Strahlungsfelder in der drahtlosen Telegraphie." *Jahrbuch der drahtlosen Telegraphie und Telephonie* 14 (1919): 569–578.
Cited: **9** *Rausch von Traubenberg 1919a*: 292n.

———. "Über das Eindringen von Kanalstrahlen in feste Körper." *Jahrbuch der Radioaktivität und Elektronik* 15 (1919): 283–292.
Cited: **9** *Rausch von Traubenberg 1919b*: 292n.

———. "Über den Durchgang von Kanalstrahlen durch Materie." *Königliche Gesellschaft der Wissenschaften zu Göttingen. Mathematisch-physikalische Klasse. Nachrichten* (1914): 272–274.
Cited: **9** *Rausch von Traubenberg 1914*: 292n.

Rayleigh, Lord (John W. Strutt). "On the Transmission of Light through an Atmosphere Containing Small Particles in Suspension, and on the Origin of the Blue of the Sky." *Philosophical Magazine* 47 (1899): 375–384.
Cited: **3** *Rayleigh 1899*: 283, 307, 311n. **5** *Rayleigh 1899*: 363n.

———. *Scientific Papers*. 6 vols. Cambridge: Cambridge University Press, 1899–1920. Reprinted, New York: Dover, 1964 (cited separately as **2** *Rayleigh 1964*).
Cited: **3** *Rayleigh 1899–1920*: 307, 311n. **5** *Rayleigh 1899–1920*.

———. "Remarks upon the Law of Complete Radiation." *Philosophical Magazine* 49 (1900): 539–540.
Cited: **2** *Rayleigh 1900*: 134, 137, 144, 167n, 390n. **3** *Rayleigh 1900*: 281n. **6** *Rayleigh 1900*: 39n, 398n.

———. "The Constant of Radiation as Calculated from Molecular Data." *Nature* 72 (1905): 243–244.

Cited: **2** *Rayleigh 1905b*: 137, 138, 144, 167n, 390n. **3** *Rayleigh 1905b*: 281n. **5** *Rayleigh 1905b*: 42n.

———. "The Dynamical Theory of Gases and of Radiation." *Nature* 72 (1905): 54–55.
Cited: **2** *Rayleigh 1905a*: 137, 144, 167n, 390n. **3** *Rayleigh 1905a*: 281n. **5** *Rayleigh 1905a*: 42n.

Reed, Terence J. *Thomas Mann: The Uses of Tradition.* 2d ed. Oxford: Clarendon Press, 1996.
Cited: **9** *Reed 1996*: 396n.

Regener, Erich. "Über Zählung der α–Teilchen durch die Szintillation und über die Größe des elektrischen Elementarquantums." *Königlich Preußische Akademie der Wissenschaften* (Berlin). *Sitzungsberichte* (1909): 948–965.
Cited: **2** *Regener 1909*: 583n.

———. "Über die Ursache, welche bei den Ehrenhaftschen Messungen wahrscheinlich die Existenz von Subelektronen vortäuscht." *Preußische Akademie der Wissenschaften* (Berlin). *Sitzungsberichte* (1920): 632–641.
Cited: **10** *Regener 1920*: 298n.

Regnault, Henri Victor. "Sur les forces élastiques des vapeurs dans le vide et dans des gaz, aux différentes températures; et sur les tensions des vapeurs fournies par les liquides mélangés ou superposés." *Académie des Sciences* (Paris). *Comptes rendus* 39 (1854): 397–409.
Cited: **1** *Regnault 1854*: 121n.

———. "Mémoire sur la chaleur spécifique des fluides élastiques." *Académie des Sciences* (Paris). *Mémoires* 26 (1862): 1–915.
Cited: **1** *Regnault 1862*: 96n, 126n.

Reich, F. "Fallversuche über die Umdrehung der Erde." *Annalen der Physik und Chemie* 29 (1833): 494–501.
Cited: **3** *Reich 1833*: 62, 127n.

Reich, Karin. *Die Entwicklung des Tensorkalküls. Vom absoluten Differentialkalkül zur Relativitätstheorie.* Basel: Birkhäuser, 1994.
Cited: **4** *Reich 1994*: 296, 340n, 342n, 343n, 597n. **6** *Reich 1994*: 338n. **7** *Reich 1994*: 574n. **10** *Reich 1994*: 380n.

———. "Einsteins Vortrag über Relativitätstheorie an der Universität Hamburg am 17. 7. 1920. Vorgeschichte, Folgen." *Mitteilungen der Mathematischen Gesellschaft in Hamburg* 19 (2000): 51–68.
Cited: **9** *Reich 2000*: 218n, 334n. **10** *Reich 2000*: 338n, 547n, 587c.

Reiche, Fritz. "Über die anomale Fortpflanzung von Kugelwellen beim Durchgang durch Brennpunkte. Erste Mitteilung." *Annalen der Physik* 29 (1909): 65–93.
Cited: **5** *Reiche 1909a*: 182n.

———. "Über die anomale Fortpflanzung von Kugelwellen beim Durchgang durch Brennpunkte. Zweite Mitteilung." *Annalen der Physik* 29 (1909): 401–440.
Cited: **5** *Reiche 1909b*: 182n.

———. "Über die anomale Fortpflanzung von Kugelwellen beim Durchgang durch Brennpunkte. Berichtigung." *Annalen der Physik* 30 (1909): 182–184.
Cited: **5** *Reiche 1909c*: 182n.

———. "Zur Quantentheorie des Paramagnetismus." *Annalen der Physik* 54 (1917): 401–436.
Cited: **10** *Reiche 1917*: 369n.

Reichenbach, Hans. *Relativitätstheorie und Erkenntnis a priori.* Berlin: Springer, 1920.
Cited: **9** *Reichenbach 1920a*: 510n. **10** *Reichenbach 1920*: 270n, 314n, 324n, 383n, 456n.

———. Review of *Schlick 1918. Zeitschrift für angewandte Psychologie* 16 (1920): 341–343.
Cited: **9** *Reichenbach 1920b*: 510n.

Reichenbächer, Ernst. "Grundzüge zu einer Theorie der Elektrizität und der Gravitation." *Annalen der Physik* 53 (1917): 134–178.
Cited: **7** *Reichenbächer 1917*: 371n.

———. "Inwiefern läßt sich die moderne Gravitationstheorie ohne die Relativität begründen?" *Die Naturwissenschaften* 8 (1920): 1008–1010.
Cited: **7** *Reichenbächer 1920*: 121n, 357n, 371n.

Reichinstein, David. *Die Eigenschaften des Adsorptionsvolumes.* Zurich: Lehmann, 1916.
Cited: **8** *Reichinstein 1916*: 283n.

———. "Ein elektrolytischer Stromverstärkungseffekt — ein neuer elektrolytischer Verdrängungseffekt, und der Zusammenhang zwischen Elektrolyse und Elektronenemission im Vakuum." *Zeitschrift für physikalische Chemie* 95 (1920): 457–507.
Cited: **10** *Reichinstein 1920*: 312n.

———. *Albert Einstein. Sein Lebensbild und seine Weltanschauung.* 3d rev. ed. Prague: [published by author], 1935.
Cited: **5** *Reichinstein 1935*: 291n, 607n. **8** *Reichinstein 1935*: 283n.

Reichmann, Eva G. *Hostages of Civilization: The Social Sources of National Socialist Anti-Semitism*. Westport, Conn.: Greenwood, 1970.
Cited: **7** *Reichmann 1970*: 429n.

Reid, Donald M. *Cairo University and the Making of Modern Egypt*. Cambridge: Cambridge University Press, 1990.
Cited: **9** *Reid 1990*: 213n.

Reinganum, Maximilian. "Theoretische Bestimmung des Verhältnisses von Wärme- und Elektricitätsleitung der Metalle aus der Drude'schen Elektronentheorie." *Annalen der Physik* 2 (1900): 398–403.
Cited: **1** *Reinganum 1900*: 237, 305n. **2** *Reinganum 1900*: 45. **5** *Reinganum 1900*: 447n.

———. "Über die Theorie der Zustandsgleichung und der inneren Reibung der Gase." *Physikalische Zeitschrift* 2 (1901): 241–245.
Cited: **5** *Reinganum 1901*: 293n.

Reinhart, G. N. "Die geschichtliche Entwicklung der elektrischen Industrie in Bayern." In *Geschichte der bayrischen Industrie*, pp. 29–32. Kuhlo, Alfred, ed. Munich: Bayrische Druckerei & Verlagsanstalt, 1926.
Cited: **1** *Reinhart 1926*: lii, liii.

Reinharz, Jehuda, ed. *The Letters and Papers of Chaim Weizmann*. Series A, Vol. 9, *October 1918–July 1920*. New Brunswick, N.J.: Rutgers University Press, 1977.
Cited: **9** *Reinharz 1977*: 197n, 327n, 353n, 365n.

———. "The Zionist Response to Antisemitism in the Weimar Republic." In *The Jewish Response to German Culture: From the Enlightenment to the Second World War*, pp. 266–293. Reinharz, Jehuda, and Schatzberg, Walter, eds. Hanover, N.H.: University Press of New England, 1985.
Cited: **7** *Reinharz 1985*: 225, 293n.

———. *Chaim Weizmann: The Making of a Statesman*. New York: Oxford University Press, 1993.
Cited: **9** *Reinharz 1993*: 255n, 365n.

Reinharz, Jehuda, and Schatzberg, Walter, eds. *The Jewish Response to German Culture: From the Enlightenment to the Second World War*. Hanover, N.H.: University Press of New England, 1985.
Cited: **7** *Reinharz and Schatzberg 1985*.

Reinkober, Otto. "Über Absorption und Reflexion ultraroter Strahlen durch Quarz, Turmalin und Diamant." *Annalen der Physik* 34 (1911): 343–372.
Cited: **5** *Reinkober 1911*: 246n.

Reissner, Hans. "Die allgemeine Relativitätstheorie und die Weyl'sche Erweiterung." *Berliner Mathematische Gesellschaft. Sitzungsberichte* 19 (1920): 47–64.
Cited: **9** *Reissner 1920*: 456n.

———. "Über die Eigengravitation des elektrischen Feldes nach der Einsteinschen Theorie." *Annalen der Physik* 50 (1916): 106–120.
Cited: **8** *Reissner 1916*: 142n, 380n.

Rellstab, Ludwig. "Telephonie." In *Handbuch der Physik*. 2d ed. Vol. 1, *Allgemeine Physik*, pp. 789–811. Winkelmann, Adolph, ed. Leipzig: Barth, 1908.
Cited: **3** *Rellstab 1908*: 400n.

Rempel, Richard A., et al. *Bertrand Russell: His Works*. Vol. 15, *Uncertain Paths to Freedom: Russia and China, 1910–22*. London: Routledge, 2000.
Cited: **9** *Rempel et al. 2000*: 79n.

Renn, Jürgen, and Sauer, Tilman. "Einsteins Züricher Notizbuch. Die Entdeckung der Feldgleichungen der Gravitation im Jahre 1912." *Physikalische Blätter* 52 (1996): 865–872.
Cited: **8** *Renn and Sauer 1996*: liv, 209n.

———. "Heuristics and Mathematical Representation in Einstein's Search for a Gravitational Field Equation." In *The Expanding Worlds of General Relativity*, pp. 87–125. Goenner, Hubert, Renn, Jürgen, Ritter, Jim, and Sauer, Tilman, eds. Boston: Birkhäuser, 1999.
Cited: **7** *Renn and Sauer 1999*: 26n, 281n, 574n. **9** *Renn and Sauer 1999*: lii, 268n. **10** *Renn and Sauer 1999*: 38n.

Renn, Jürgen, Sauer, Tilman, and Stachel, John. "The Origin of Gravitational Lensing: A Postscript to Einstein's 1936 *Science* Paper." *Science* 275 (1997): 184–186.
Cited: **8** *Renn et al. 1997*: 186n.

Reswick, George. "Professor Einstein on His Discoveries. Eminent Philosopher Interviewed at His Home in Berlin. Atomic Theory Next." *Daily Chronicle*, 15 January 1920, Extra Late Edition.
Cited: **9** *Reswick 1920*: 187n.

Rév, Erika. *A népbiztosok pere*. Budapest: Kossuth, 1969.
Cited: **10** *Rév 1969*: 473n.

Reynolds, Osborne. "On Certain Dimensional Properties of Matter in the Gaseous State." *Royal Society of London. Philosophical Transactions* 170 (1879): 727–845.

Cited: **9** *Reynolds 1879*: 48n, 50n.

Ricci, Gregorio, and Levi-Civita, Tullio. "Méthodes de calcul différentiel absolu et leurs applications." *Mathematische Annalen* 54 (1901): 125–201.
Cited: **4** *Ricci and Levi-Civita 1901*: 192, 195, 197, 296, 324, 326, 329, 333, 342n, 343n, 495, 502n, 622n. **6** *Ricci and Levi-Civita 1901*: 129n, 338n. **7** *Ricci and Levi-Civita 1901*: 281n.

Richards, Theodore William. "The Significance of Changing Atomic Volume. III. The Relation of Changing Heat Capacity to Change of Free Energy, Heat of Reaction, Change of Volume, and Chemical Affinity." *American Academy of Arts and Sciences. Proceedings* 38 (1902): 293–317.
Cited: **2** *Richards 1902*: 130n.

Richardson, Owen W. "On the Negative Radiation from Hot Platinum." *Cambridge Philosophical Society. Proceedings* 11 (1900–02): 286–295.
Cited: **5** *Richardson 1901*: 378n.

———. "A Mechanical Effect Accompanying Magnetization." *Physical Review* 26 (1908): 248–253.
Cited: **6** *Richardson 1908*: 174, 189n.

———. *The Electron Theory of Matter*. Cambridge: Cambridge University Press, 1914.
Cited: **10** *Richardson 1914*: 503n.

———. *The Emission of Electricity from Hot Bodies*. London: Green and Co., 1916.
Cited: **5** *Richardson 1916*: 378n.

Richardson, Owen W., and Compton, Karl T. "The Photoelectric Effect." *Philosophical Magazine* 24 (1912): 575–594.
Cited: **2** *Richardson and Compton 1912*: 169n.

Richie, Alexandra. *Faust's Metropolis*. New York: Caroll and Graf, 1998.
Cited: **7** *Richie 1998*: 99n.

Richter, Steffen. *Forschungsförderung in Deutschland 1920–1936. Dargestellt am Beispiel der Notgemeinschaft der Deutschen Wissenschaft und ihrem Wirken für das Fach Physik*. Düsseldorf: CDI-Verlag, 1972.
Cited: **7** *Richter 1972*: 300n.

Richter, Viktor von. *Kurzes Lehrbuch der organischen Chemie oder der Chemie der Kohlenstoffverbindungen*. Bonn: Cohen, 1876.
Cited: **5** *Richter 1876*: 12n.

———. *Chemie der Kohlenstoffverbindungen oder Organische Chemie*. 9th rev. ed. Vol. 1, *Die Chemie der Fettkörper*. Vol. 2, *Carbocyclische und heterocyclische Verbindungen*. Anschütz, Richard, and Schroeter, G., eds. Bonn: Cohen, 1900–1901.
Cited: **5** *Richter 1900–1901*: 12n.

Riecke, Eduard. "Ueber die electrodynamische Kettenlinie." *Annalen der Physik und Chemie* 23 (1884): 252–258.
Cited: **3** *Riecke 1884*: 565.

———. "Molekulartheorie der Diffusion und Elektrolyse." *Zeitschrift für physikalische Chemie* 6 (1890): 564–572.
Cited: **2** *Riecke 1890*: 212.

———. "Zur Theorie des Galvanismus und der Wärme." *Annalen der Physik und Chemie* 66 (1898): 353–389, 545–581.
Cited: **1** *Riecke 1898*: 236, 238n. **4** *Riecke 1898*: 534n.

———. "Bohrs Theorie der Serienspektren von Wasserstoff und Helium." *Physikalische Zeitschrift* 16 (1915): 222–227.
Cited: **8** *Riecke 1915*: 158n.

Riem, Johannes. "Die Wissenschaft gegen Einstein." *Deutsche Zeitung*, 26 August 1920.
Cited: **10** *Riem 1920a*: 388n, 497n.

———. "Nochmals der Kampf gegen Einstein." *Neue Preußische Kreuz-Zeitung*, 27 August 1920.
Cited: **10** *Riem 1920b*: 497n.

Riemann, Bernhard. "Ueber die Hypothesen, welche der Geometrie zu Grunde liegen." *Königliche Gesellschaft der Wissenschaften und der Georg-August-Universität* (Göttingen). *Mathematische Classe. Abhandlungen* 13 (1867): 133–152.
Cited: **2** *Riemann 1854*: xxv. **9** *Riemann 1868*: 235n, 236n, 588c.

———. *Gesammelte mathematische Werke und wissenschaftlicher Nachlass*. 2d ed. Weber, Heinrich, ed. Leipzig: Teubner, 1892.
Cited: **4** *Riemann 1892*: 336, 343n.

———. *Über die Hypothesen, welche der Geometrie zu Grunde liegen*. Weyl, Hermann, ed. Berlin: Springer, 1919.
Cited: **9** *Riemann 1919*: 236n. **10** *Riemann 1919*: 541n.

Riemer, Karl-Heinz. *Die Postüberwachung im Deutschen Reich durch Postüberwachungsstellen 1914–1918*. Düsseldorf: Poststempelgilde "Rhein-Donau" e.V., 1987.
Cited: **10** *Riemer 1987*: 109n.

Ringer, Fritz. *The Decline of the German Mandarins: The German Academic Community, 1890–1933*. Cambridge, Mass.: Harvard University Press, 1969.

Cited: **8** *Ringer 1969*: 146n.

Ritz, Walter. "Recherches critiques sur l'électrodynamique générale." *Annales de chimie et de physique* 13 (1908): 145–275.
Cited: **2** *Ritz 1908a*: 263. **4** *Ritz 1908a*: 104n. **5** *Ritz 1908a*: 451n. **6** *Ritz 1908a*: 67n. **7** *Ritz 1908a*: 469n.

———. "Über die Grundlagen der Elektrodynamik und die Theorie der schwarzen Strahlung." *Physikalische Zeitschrift* 9 (1908): 903–907.
Cited: **2** *Ritz 1908b*: 133, 263, 542, 551n, 555, 555n. **4** *Ritz 1908b*: 104n. **5** *Ritz 1908b*: 451n. **6** *Ritz 1908b*: 67n. **7** *Ritz 1908b*: 469n.

———. "Die Gravitation." *Scientia* 5 (1909): 241–255.
Cited: **4** *Ritz 1909*: 501n.

———. "Zum gegenwärtigen Stand des Strahlungsproblems. (Erwiderung auf den Aufsatz des Herrn A. Einstein.)" *Physikalische Zeitschrift* 10 (1909): 224–225.
Cited: **2** *Ritz 1909*: 146, 551n, 555n.

Rocard, Yves. "Théorie des fluctuations et opalescence critique." *Journal de physique et le radium* 4 (1933): 165–185.
Cited: **3** *Rocard 1933*: 285.

Roerkohl, Anne. *Hungerblockade und Heimatfront. Die kommunale Lebensmittelversorgung in Westfalen während des Ersten Weltkrieges*. Stuttgart: Steiner, 1991.
Cited: **9** *Roerkohl 1991*: 253n. **10** *Roerkohl 1991*: 51n.

Rogger, Franziska. *Einsteins Schwester. Maja Einstein—ihr Leben und ihr Bruder Albert*. Zurich: Neue Zürcher Zeitung, 2005.
Cited: **10** *Rogger 2005*: 63n, 82n, 149n, 403n, 509n, 511n.

Rohatschek, Hans. "History of Photophoresis." In *History of Aerosol Science*, pp. 117–127. Preining, Othmar, and Davis, E. James, eds. Vienna: Österreichische Akademie der Wissenschaften, 2000.
Cited: **9** *Rohatschek 2000*: 253n.

Rohrer, Fritz. *Strömungswiderstand in der menschlichen Atemwegen und der Einfluß der unregelmäßigen Verzweigung des Bronchialsystems auf den Atmungsverlauf in verschiedenen Lungenbezirken. Aus dem gerichtlich-medizinischen Institut Prof. Zangger*. Bonn: Hager, 1915.
Cited: **10** *Rohrer 1915*: 37n.

Rohrlich, Fritz. "The Electron: Development of the First Elementary Particle Theory." In *The Physicist's Conception of Nature*, pp. 331–369. Mehra, Jagdish, ed. Dordrecht: Reidel, 1973.
Cited: **7** *Rohrlich 1973*: 139n.

Rolland, Romain. *Liluli*. Paris: Ollendorff, 1919.
Cited: **8** *Rolland 1919*: 505n.

———. *Pierre et Luce*. Geneva: Sablier, 1920.
Cited: **8** *Rolland 1920*: 505n.

———. *The Forerunners*. London: Allen and Unwin, 1920.
Cited: **9** *Rolland 1920*: 102n.

———. *Journal des années de guerre, 1914–1919. Notes et documents pour servir à l'histoire morale de l'Europe de ce temps*. Paris: Michel, 1952.
Cited: **7** *Rolland 1952*: 217n. **8** *Rolland 1952*: 171n, 371n, 505n, 511n.

———. *Das Gewissen Europas. Tagebuch der Kriegsjahre 1914–1919*. Vol. 3, *März 1917 bis Juni 1919*. Berlin: Rütten und Loening, 1974.
Cited: **9** *Rolland 1974*: 564c.

Roloff, Max. *Die Theorie der elektrolytischen Dissociation*. Berlin: Springer, 1902. Originally published in *Zeitschrift für angewandte Chemie* 15 (1902): 525–537, 561–567, 585–600.
Cited: **3** *Roloff 1902*: 421n. **5** *Roloff 1902*: 16n.

Röntgen, Wilhelm Conrad. "Ueber die durch Bewegung eines im homogenen electrischen Felde befindlichen Dielectricums hervorgerufene electrodynamische Kraft." *Annalen der Physik und Chemie* 35 (1888): 264–270.
Cited: **4** *Röntgen 1888*: 102n. **6** *Röntgen 1888*: 67n. **7** *Röntgen 1888*: 98n.

Roscoe, Henry E., Schorlemmer, Carl, and Classen, Alexander. *Roscoe-Schorlemmer's kurzes Lehrbuch der Chemie*. 11th ed. Braunschweig: Vieweg, 1898.
Cited: **2** *Roscoe et al. 1898*: 387, 391n.

Rosell, Antoni R., and Sánchez-Ron, José M. *Esteban Terradas (1883–1950). Ciencia y técnica en la España contemporánea*. Madrid, Barcelona: Instituto Nacional de Técnica Aeroespacial; Serbal, 1990.
Cited: **9** *Rosell and Sánchez Ron 1990*: 528n.

Rosenkranz, Ze'ev. "Albert Einstein Be'Eineh Tsioneh Germania, 1919–1921." In *Yehudeh Vaimar. Ḥevrah Be'Mashber ha-Moderniyut, 1919–1933*, pp. 108–121. Heilbronner, Oded, ed. Jerusalem: Magnes Press, 1994.
Cited: **9** *Rosenkranz 1994*: 223n.

———. "Albert Einstein and the German Zionist Movement." In *Albert Einstein: Chief En-*

gineer of the Universe. One Hundred Authors for Einstein, pp. 302–307. Renn, Jürgen, ed. Berlin: Wiley-VCH, 2005.
Cited: **10** *Rosenkranz 2005*: lii.

Rosenthal-Schneider, Ilse. *Reality and Scientific Truth: Discussions with Einstein, von Laue, and Planck*. Detroit: Wayne State University Press, 1980.
Cited: **9** *Rosenthal-Schneider 1980*: liii, 156n, 342n.

Roseveare, N. T. *Mercury's Perihelion from Le Verrier to Einstein*. Oxford: Clarendon Press, 1982.
Cited: **4** *Roseveare 1982*: 344, 423n, 439n, 445n, 459n, 473n. **6** *Roseveare 1982*: 243n, 538n. **7** *Roseveare 1982*: 575n.

Rotten, Elisabeth. *Goethes Urphänomen und die platonische Idee*. Giessen: Töpelmann, 1913.
Cited: **9** *Rotten 1913*: 185n.

———. "Auskunfts- und Hilfsstelle für Deutsche im Auslande und Ausländer in Deutschland (Mitteilungen vom)." *Die Eiche* 4 (1916): 115–118.
Cited: **9** *Rotten 1916*: 185n.

———. "Aufgaben künftiger Völkerbund-Erziehung." *Die Neue Erziehung* (1919): 796–802.
Cited: **9** *Rotten 1919a*: 185n.

———. "Völkerbund und Erziehung." *Wissen und Leben* 13, no. 2 (November 1919).
Cited: **9** *Rotten 1919b*: 185n.

Rousseau, Jean-Jacques. *Bekenntnisse*. Schücking, Pevin, ed. Hildburghausen: Verlag des Bibliographischen Instituts, 1870.
Cited: **10** *Rousseau 1870*: 162n.

———. *Rousseaus ausgewählte Werke in sechs Bänden*. Stuttgart: Cotta, 1897.
Cited: **10** *Rousseau 1897*: 162n.

Rowe, David E. "'Jewish Mathematics' at Göttingen in the Era of Felix Klein." *Isis* 77 (1986): 422–449.
Cited: **9** *Rowe 1986*: 460n.

———. "Klein, Lie, and the Geometric Background of the Erlangen Program." In *The History of Modern Mathematics. Proceedings of the Symposium on the History of Modern Mathematics, Vassar College, Poughkeepsie, New York, June 20–24, 1989* [i.e., 1988]. Vol. 1, *Ideas and Their Reception*, pp. 209–273. Boston: Academic Press, [1989–94].
Cited: **9** *Rowe 1989*: 41n.

———. "The Göttingen Response to General Relativity and Emmy Noether's Theorems." In *The Symbolic Universe*, pp. 189–234.

Gray, Jeremy J., ed. Oxford: Oxford University Press, 1999.
Cited: **7** *Rowe 1999*: 101.

———. "Einstein Meets Hilbert: At the Crossroads of Physics and Mathematics." *Physics in Perspective* 3 (2001): 379–424.
Cited: **7** *Rowe 2001*: 101.

Rowland, Henry A. "On the Magnetic Effect of Electric Convection." *American Journal of Science* 15 (1878): 30–38.
Cited: **4** *Rowland 1878*: 102n. **7** *Rowland 1878*: 98n.

———. "Preliminary Table of Solar Spectrum Wave-Lengths, I–XVIII." *Astrophysical Journal* 1 (1895): 29–46, 131–145, 222–231, 295–304, 377–392; 2 (1895): 45–54, 109–118, 188–197, 306–315, 360–369; 3 (1896): 141–146, 201–206, 356–373; 4 (1896): 106–115, 278–287; 5 (1897): 11–25, 109–118, 181–193.
Cited: **9** *Rowland 1895–1897*: 325n.

Rowland, Henry A., and Hutchinson, Cary T. "On the Electromagnetic Effect of Convection-Currents." *Philosophical Magazine* 27 (1889): 445–460.
Cited: **4** *Rowland and Hutchinson 1889*: 102n. **7** *Rowland and Hutchinson 1889*: 98n.

Rowlinson, John Shipley. "Legacy of van der Waals." *Nature* 244 (1973): 414–417.
Cited: **2** *Rowlinson 1973*: 4.

Rowlinson, John Shipley, and Widom, B. *Molecular Theory of Capillarity*. Oxford: Clarendon Press, 1982.
Cited: **2** *Rowlinson and Widom 1982*: 3, 21n.

Royds, Thomas. "A Preliminary Note on the Displacement to the Violet of Some Lines in the Solar Spectrum." *Kodaikanal Observatory. Bulletin* 38 (1914): 59–69.
Cited: **10** *Royds 1914*: 252n.

———. "Anomalous Dispersion in the Sun." *Kodaikanal Observatory. Bulletin* 48 (1915): 141–143.
Cited: **9** *Royds 1915*: 249n. **10** *Royds 1915*: 252n.

Rubens, Heinrich. "Über die Absorption des Wasserdampfes und über neue Reststrahlengruppen im Gebiete der großen Wellenlängen." *Königlich Preußische Akademie der Wissenschaften* (Berlin). *Sitzungsberichte* (1913): 513–549.
Cited: **5** *Rubens 1913*: 395n. **10** *Rubens 1913*: 18n.

Rubens, Heinrich, and Hollnagel, H. "Messungen im langwelligen Spektrum." *Königlich*

Preußische Akademie der Wissenschaften (Berlin). *Sitzungsberichte* (1910): 26–52.
Cited: **5** *Rubens and Hollnagel 1910*: 233n, 382n.

———. "Measurements in the Extreme Infra-Red Spectrum." *Philosophical Magazine* 19 (1910): 761–782.
Cited: **3** *Rubens and Hollnagel 1910*: 545n.

Rubens, Heinrich, and Kurlbaum, Ferdinand. "Anwendung der Methode der Reststrahlen zur Prüfung des Strahlungsgesetzes." *Annalen der Physik* 4 (1901): 649–666.
Cited: **2** *Rubens and Kurlbaum 1901*: 136, 167n, 168n.

Rubens, Heinrich, and Wartenberg, Hans von. "Absorption langwelliger Wärmestrahlen in einigen Gasen." *Physikalische Zeitschrift* 12 (1911): 1080–1084.
Cited: **3** *Rubens and Wartenberg 1911*: 504n.

Rubens, Heinrich, Wartenberg, Hans von, et al. "Diskussion" following **3** *Rubens and Wartenberg 1911*. *Physikalische Zeitschrift* 12 (1911): 1084.
Cited: **3** *Rubens and Wartenberg et al. 1911*: 498–503, 504n.

Rubinowicz, Adalbert. "Bohrsche Frequenzbedingung und Erhaltung des Impulsmomentes." *Physikalische Zeitschrift* 19 (1918): 441–445, 465–474.
Cited: **8** *Rubinowicz 1918*: 784n.

———. "Bohrsche Frequenzbedingungen und Erhaltung des Impulsmomentes. I, II." *Physikalische Zeitschrift* 19 (1918): 441–445, 455–474.
Cited: **9** *Rubinowicz 1918*: 458n.

———. "Radiometerkräfte und Ehrenhaftsche Photophorese. I, II." *Annalen der Physik* 62 (1920): 691–715, 716–737.
Cited: **9** *Rubinowicz 1920*: 253n.

Rubner, Max. [Opening address.] *Preußische Akademie der Wissenschaften* (Berlin). *Sitzungsberichte* (1920): 67–70.
Cited: **7** *Rubner 1920*: 301n.

Rüedi, Ernst. *Die Familie Habicht von Schaffhausen*. Thayngen: Augustin, 1961.
Cited: **5** *Rüedi 1961*: 35n, 476n, 522n, *639*.

Rüger, Alexander. "Die Molekularhypothese in der Theorie der Kapillarerscheinungen (1805–1873)." *Centaurus* 28 (1985): 244–276.
Cited: **2** *Rüger 1985*: 3.

Ruppin, Arthur, ed. *Memoirs, Diaries, Letters*. Bein, Alex, ed. New York: Herzl Press, 1971.
Cited: **9** *Ruppin 1971*: 198n.

———. *Briefe, Tagebücher, Erinnerungen*. Schlomo Krolik, ed. Königstein/Ts: Jüdischer Verlag Athenäum, 1985.
Cited: **7** *Ruppin 1985*: 435n.

Rusch. "Professor Rusch: Meine Freundschaft mit Albert Einstein." *Abensberger Tagblatt/ Neustädter Zeitung*, 17–18 September 1955, 19–20 September 1955.
Cited: **5** *Rusch 1955*: 242n, 270n.

Russell, Bertrand. *The Principles of Mathematics*. Cambridge: Cambridge University Press, 1903.
Cited: **8** *Russell 1903*: 495n.

Russell, Henry N. "On the Determination of the Orbital Elements of Eclipsing Variable Stars." *Astrophysical Journal* 36 (1912): 54–74.
Cited: **10** *Russell 1912*: 61n, 233n.

Rutgers, Arend J. "Zur Dispersionstheorie des Schalles." *Annalen der Physik* 16 (1933): 350–359.
Cited: **7** *Rutgers 1933*: 331n.

Rutherford, Ernest. "A Radio-active Substance Emitted from Thorium Compounds." *Philosophical Magazine* 49 (1900): 1–14.
Cited: **6** *Rutherford 1900*: 370n.

———. *Radioactive Transformations*. New York: Scribner's Sons, 1906.
Cited: **2** *Rutherford 1906*: 492n.

———. *Radioaktive Umwandlungen*. Levin, Max, trans. Braunschweig: Vieweg, 1907. (Trans. of **2** *Rutherford 1906*.).
Cited: **2** *Rutherford 1907*: 492n.

———. "Collision of α-Particles with Light Atoms. I–IV." *Philosophical Magazine* 37 (1919): 538–580.
Cited: **7** *Rutherford 1919a*: 340n.

———. "Collision of α-Particles with Light Atoms." *Nature* 103 (1919): 415–418.
Cited: **7** *Rutherford 1919b*: 340n.

———. "Bakerian Lecture: Nuclear Constitution of Atoms." *Royal Society of Edinburgh. Proceedings A* 97 (1920): 374–400.
Cited: **7** *Rutherford 1920*: 340n.

———. "Artificial Disintegration of the Elements. A Lecture Delivered before the Chemical Society of February 9th, 1922." *Journal of the Chemical Society* 121 (1922): 400–415.
Cited: **7** *Rutherford 1922*: 340n.

Rutherford, Ernest, and Geiger, Hans. "The Charge and Nature of the α-Particle." *Royal Society of London. Proceedings A* 81 (1908): 162–173.

Cited: **2** *Rutherford and Geiger 1908*: 583n.

———. "Die Ladung und Natur des α-Teilchens." *Physikalische Zeitschrift* 10 (1909): 42–46. (Trans. of **2** *Rutherford and Geiger 1908*.)

Cited: **2** *Rutherford and Geiger 1909*: 583n.

Ryckman, Thomas. *The Reign of Relativity: Philosophy in Physics 1915–1925*. Oxford: Oxford University Press, 2005.

Cited: **10** *Ryckman 2005*: 294n.

Rynasiewicz, Robert. "Lorentz's Local Time and the Theorem of Corresponding States." In *PSA 1988: Proceedings of the Biennial Meeting of the Philosophy of Science Association*. Vol. 1, pp. 67–74. Fine, Arthur, and Leplin, Jarrett, eds. East Lansing, Mich.: Philosophy of Science Association, 1988.

Cited: **8** *Rynasiewicz 1988*: 350n.

———. "Kretschmann's Analysis of Covariance and Relativity Principles." In *The Expanding Worlds of General Relativity*, pp. 431–462. Goenner, Hubert, Renn, Jürgen, Ritter, Jim, and Sauer, Tilman, eds. Boston: Birkhäuser, 1999.

Cited: **7** *Rynasiewicz 1999*: 43n.

Sabbata, Venzo de, and Schmutzer, Ernst, eds. *Unified Field Theories of More than 4 Dimensions Including Exact Solutions*. Singapore: World Scientific, 1983.

Cited: **9** *Sabbata and Schmutzer 1983*: 39n, 46n, 76n.

Sackur, Otto. "Physikalische Chemie." *Jahrbuch der Chemie* 20 (1910): 1–61.

Cited: **3** *Sackur 1910*: 407n.

———. "Die Anwendung der kinetischen Theorie der Gase auf chemische Probleme." *Annalen der Physik* 36 (1911): 958–980.

Cited: **6** *Sackur 1911*: 261n.

———. "Die Bedeutung des elementaren Wirkungsquantums für die Gastheorie und die Berechnung der chemischen Konstanten." In *Festschrift W. Nernst zu seinem fünfundzwanzigjährigen Doktorjubiläum gewidmet von seinen Schülern*, pp. 405–423. Halle a.S.: Knapp, 1912.

Cited: **4** *Sackur 1912*: 280, 285n. **5** *Sackur 1912*: 481n, 536n. **6** *Sackur 1912*: 261n. **8** *Sackur 1912*: 39n. **9** *Sakur 1912*: 472n.

———. "Die chemischen Konstanten der zwei- und dreiatomigen Gase." *Annalen der Physik* 40 (1913): 87–106.

Cited: **6** *Sackur 1913b*: 261n.

———. "Die universelle Bedeutung des sog. elementaren Wirkungsquantums." *Annalen der Physik* 40 (1913): 67–86.

Cited: **6** *Sackur 1913a*: 261n.

———. "Die spezifische Wärme der Gase und die Nullpunktsenergie." *Deutsche Physikalische Gesellschaft. Verhandlungen* 16 (1914): 728–734.

Cited: **8** *Sackur 1914*: 20n.

Saint-Venant, Adhémar de, and Wantzel, Pierre. "Mémoire et expériences sur l'écoulement de l'air." *Journal de l'École Polytechnique* 16 (1839): 85–122.

Cited: **2** *Saint-Venant and Wantzel 1839*: 114, 114n.

Saltzman, Judy D. *Paul Natorp's Philosophy of Religion within the Marburg Neo-Kantian Tradition*. Hildesheim: Olms, 1981.

Cited: **9** *Saltzman 1981*: 479n.

Sánchez-Ron, José M. "The Reception of General Relativity among British Physicists and Mathematicians (1915–1930)." In *Studies in the History of General Relativity*, pp. 57–88. Eisenstaedt, Jean, and Kox, A. J., eds. Boston: Birkhäuser, 1992.

Cited: **8** *Sánchez-Ron 1992*: 350n.

———. "Larmor versus General Relativity." In *The Expanding Worlds of General Relativity*, pp. 405–430. Goenner, Hubert, Renn, Jürgen, Ritter, Jim, and Sauer, Tilman, eds. Boston: Birkhäuser, 1999.

Cited: **7** *Sánchez-Ron 1999*: xxxiv.

Sanesi, Elena. "L'impresa industriale di Hermann e Jacob Einstein a Pavia (1894–1896)." *Societá Pavese di Storia Patria. Bolletino* 34 (1982): 198–210.

Cited: **1** *Sanesi 1982*: xlii.

———. "Lettere di Maja Einstein a un'amica italiana." *Prospettive Settanta* 3 (April–September 1977): 130–141.

Cited: **1** *Sanesi 1977*: 273n. **8** *Sanesi 1977*: 78n.

Sarasin, Paul, and Sarasin, Fritz. *Reisen in Celebes ausgeführt in den Jahren 1893–1896 und 1902–1903*. 2 vols. Wiesbaden: Kreidel, 1905.

Cited: **8** *Sarasin and Sarasin 1905*: 374n.

Sass, Hans-Martin. "Einstein über 'wahre Kultur' und die Stellung der Geometrie im Wissenschaftssystem." *Zeitschrift für allgemeine Wissenschaftstheorie* 10 (1979): 316–319.

Cited: **9** *Sass 1979*: 52n.

Sauer, Tilman. "The Relativity of Discovery: Hilbert's First Note on the Foundations of Physics." *Archive for History of Exact Sciences* 53 (1999): 529–575.

Cited: **7** *Sauer 1999*: 139n.
———. "Hilberts Ruf nach Bern." *Gesnerus* 57 (2000): 182–205.
Cited: **9** *Sauer 2000*: 88n, 317n, 464n. **10** *Sauer 2000*: 205n.
Sauter, Joseph. "Zur Interpretation der Maxwell'schen Gleichungen des elektromagnetischen Feldes in ruhenden isotropen Medien." *Annalen der Physik* 6 (1901): 331–338.
Cited: **2** *Sauter 1901*: 260.
Sauvage, Eduard. "Écoulement de l'eau des chaudières." *Annales des Mines. Mémoires* 2 (1892): 192–202.
Cited: **2** *Sauvage 1892*: 326n.
Savallo, G. *Guida di Milano e Provincia*. Milan: Savallo, 1895–1902 (annual).
Cited: **1** *Savallo 1895–1902*: liii, liv, 282n.
Sayen, Jamie. *Einstein in America: The Scientist's Conscience in the Age of Hitler and Hiroshima*. New York: Crown, 1985.
Cited: **10** *Sayen 1985*: 119n.
Schaefer, Clemens. "Die träge Masse schnell bewegter Elektronen (Nach Versuchen von Herrn G. Neumann)." *Physikalische Zeitschrift* 14 (1913): 1117–1118.
Cited: **8** *Schaefer 1913*: 909n.
———. "Die träge Masse schnell bewegter Elektronen. (Ergänzungen zu der gleichnamigen Arbeit des Herrn G. Neumann)." *Annalen der Physik* 49 (1916): 934–936.
Cited: **7** *Schaefer 1916*: 572n. **8** *Schaefer 1916*: 914n.
Schaffner, Kenneth F. *Nineteenth-Century Aether Theories*. Oxford: Pergamon Press, 1972.
Cited: **7** *Schaffner 1972*: 128n, 321n.
———. "The Historiography of Special Relativity: Comments on the Papers by John Earman, Clark Glymour, and Robert Rynasiewicz and by Arthur Miller." In *PSA 1982: Proceedings of the 1982 Biennial Meeting of the Philosophy of Science Association*. Vol. 2, pp. 417–428. Asquith, Peter D., and Nickles, Thomas, eds. East Lansing, Mich.: Philosophy of Science Association, 1983.
Cited: **2** *Schaffner 1982*: 265n.
Scherrer, Paul. "Die Rotationsdispersion des Wasserstoffs. (Ein Beitrag zur Kenntnis der Konstitution des Wasserstoffmoleküls.)" *Königliche Gesellschaft der Wissenschaften zu Göttingen. Mathematisch-physikalische Klasse. Nachrichten* (1915): 179–185.
Cited: **9** *Scherrer 1915*: 383n.

———. "Die Rotationsdispersion des Wasserstoffs. (Ein Beitrag zur Kenntnis der Konstitution des Wasserstoffmoleküls.)" *Physikalische Zeitschrift* 17 (1916): 18–21.
Cited: **9** *Scherrer 1916a*: 383n.
———. "Das ideale Gas als bedingt periodisches System in Sinne der Quantentheorie." *Königliche Gesellschaft der Wissenschaften zu Göttingen. Mathematisch-physikalische Klasse. Nachrichten* (1916): 154–159.
Cited: **9** *Scherrer 1916b*: 383n.
Scheye, A. "Über die Fortpflanzung des Lichtes in einem bewegten Dielektrikum." *Annalen der Physik* 30 (1909): 805–814.
Cited: **5** *Scheye 1909*: 227n.
Schidlof, Arthur. "Considérations thermodynamiques sur les équilibres photochimiques." *Archives des sciences physiques et naturelles* 37 (1914): 493–511.
Cited: **5** *Schidlof 1914a*: 530n.
———. "Considérations thermodynamiques sur les équilibres photochimiques." *Archives des sciences physiques et naturelles* 38 (1914): 31–35.
Cited: **5** *Schidlof 1914b*: 530n.
———. "La cinétique des réactions photochimiques et la loi du rayonnement." *Archives des sciences physiques et naturelles* 38 (1914): 97–112.
Cited: **5** *Schidlof 1914c*: 530n.
Schiller, Nikolay Nikolayevich. "Einige Bedenken betreffend die Theorie der Entropievermehrung durch Diffusion der Gase bei einander gleichen Anfangsspannungen der letzteren." In *Festschrift Ludwig Boltzmann gewidmet zum sechzigsten Geburtstage 20. Februar 1904*, pp. 350–366. Meyer, Stefan, ed. Leipzig: Barth, 1904.
Cited: **2** *Schiller 1904*: 122–124, 124n.
Schirmann, Marie A. "Dispersion und Polychroïsmus des polarisierten Lichtes, das von Einzelteilchen von der Größenordnung der Wellenlänge des Lichtes abgebeugt wird." *Annalen der Physik* 59 (1919): 493–537.
Cited: **10** *Schirmann 1919*.
Schläfli, L. "Nota alla memoria del sig. Beltrami, 'Sugli spazii di curvatura costante'." *Annali di matematica pura ed applicata* 5 (1871–73): 178–193.
Cited: **8** *Schläfli 1871*: 554n.
Schlick, Moritz. "Die philosophische Bedeutung des Relativitätsprinzips." *Zeitschrift für Philosophie und philosophische Kritik* 159 (1915): 129–175.

Cited: **7** *Schlick 1915*: 220n, 404n. **8** *Schlick 1915*: 221n, 390n, 457n, 966n.

———. "Raum und Zeit in der gegenwärtigen Physik. Zur Einführung in das Verständnis der allgemeinen Relativitätstheorie." *Die Naturwissenschaften* 5 (1917): 161–167, 177–186.
Cited: **8** *Schlick 1917a*: 389n, 390n, 418n, 426n, 427n, 432n, 438n, 450n, 457n, 628n, 641n, 651n, 662n, 966n. **10** *Schlick 1917*: 79n.

———. *Raum und Zeit in der gegenwärtigen Physik. Zur Einführung in das Verständnis der allgemeinen Relativitätstheorie.* Berlin: Springer, 1917.
Cited: **7** *Schlick 1917*: 371n. **8** *Schlick 1917b*: 418n, 427n, 457n, 628n, 641n, 651n, 662n, 898n, 966n. **9** *Schlick 1917*: 450n, 452n, 529n.

———. *Allgemeine Erkenntnislehre.* Berlin: Springer, 1918.
Cited: **7** *Schlick 1918*: 387, 403n. **8** *Schlick 1918*: 1007n. **9** *Schlick 1918*: 52n, 204n, 450n, 452n, 510n.

———. *Raum und Zeit in der gegenwärtigen Physik. Zur Einführung in das Verständnis der allgemeinen Relativitätstheorie.* 2d enl. ed. Berlin: Springer, 1919.
Cited: **8** *Schlick 1919*: 457n, 898n, 966n. **9** *Schlick 1919a*: 116n, 141n, 314n, 320n, 328n, 347n, 484n, 530n.

———. "Zeitgeist und Naturwissenschaft." *Frankfurter Zeitung*, 2 September 1919, First Morning Edition.
Cited: **9** *Schlick 1919b*: 282n.

———. "Einstein's Relativitätstheorie." *Mosse Almanach* (1920): 105–123.
Cited: **10** *Schlick 1920d*: 392n.

———. "Naturphilosophische Betrachtungen über das Kausalprinzip." *Die Naturwissenschaften* 8 (1920): 461–474.
Cited: **9** *Schlick 1920a*: 529n. **10** *Schlick 1920a*: 301n, 308n, 310n, 325n, 576c.

———. *Raum und Zeit in der gegenwärtigen Physik. Zur Einführung in das Verständnis der Relativitäts- und Gravitationstheorie.* 3d rev. enl. ed. Berlin: Springer, 1920.
Cited: **10** *Schlick 1920c*: 257n, 308n, 392n, 457n.

———. *Space and Time in Contemporary Physics: An Introduction to the Theory of Relativity and Gravitation.* Oxford: Clarendon Press, 1920.
Cited: **9** *Schlick 1920b*: 391n. **10** *Schlick 1920b*: 257n, 457n.

Schlüter, Steffen. "Albert Einstein als Direktor des Kaiser-Wilhelm-Instituts für Physik in Berlin-Schöneberg." *Jahrbuch für Brandenburgische Landesgeschichte* 46 (1995): 169–185.
Cited: **9** *Schlüter 1995*: liii.

Schmidt, Adolf. "Formeln zur Transformation der Kugelfunktionen bei linearer Änderung des Koordinatensystems." *Zeitschrift für Mathematik und Physik* 44 (1899): 327–338.
Cited: **8** *Schmidt 1899*: 62n.

———. "Ein Planimeter zur Bestimmung der mittleren Ordinaten beliebiger Abschnitte von registrierten Kurven." *Zeitschrift für Instrumentenkunde* 25 (1905): 261–273.
Cited: **4** *Schmidt 1905*: 607n. **8** *Schmidt 1905*: 60n.

Schmidt, Harry. *Grundgedanken der Relativitätstheorie.* Hamburg: Hartung, 1920.
Cited: **10** *Schmidt 1920*: 506n, 608c, 609c.

Schmidt, Heinrich Willy. "Elektrisiermaschinen und Apparate." In *Handbuch der Elektrizität und des Magnetismus.* Vol. 1, *Elektrizitätserregung und Elektrostatik*, pp. 21–93. Graetz, Leo, ed. Leipzig: Barth, 1918.
Cited: **2** *Schmidt 1918*: 397n, 492n. **5** *Schmidt 1918*: 55n.

Schmidt, Raymund. "Die 'Als Ob'-Konferenz in Halle 29. Mai 1920." *Annalen der Philosophie* 2 (1921): 503–514.
Cited: **10** *Schmidt, R. 1921*: 289n, 333n.

Schnauder, Alfred. *Gedichte. Eine Sammlung poetischer Stücke für Pianoforte und Violine.* Componirt von Alfred Schnauder. Zurich and Leipzig: Hug & Co., [1905].
Cited: **5** *Schnauder 1905*: 46n.

Schneider, Franz. "Albert Einstein in Schaffhausen." *Schaffhauser Mappe* 33 (1965): 25.
Cited: **1** *Schneider 1965*: 327n, 331n.

Schneider, Ilse. *Das Raum-Zeit-Problem bei Kant und Einstein.* Berlin: Springer, 1921.
Cited: **9** *Schneider 1921*: 256n, 342n. **10** *Schneider 1921*: 383n.

Schneider, Karl Camillo, ed. *Mitteleuropa als Kulturbegriff. Halbmonatsschrift für Zukunftkultur* 1 (1917–18) no. 9/10.
Cited: **8** *Schneider 1917–1918*: 663n, 676n.

Schoenflies, Arthur. *Krystallsysteme und Krystallstructur.* Leipzig: Teubner, 1891.
Cited: **9** *Schoenflies 1891*: 211n.

———. "Über Krystallstruktur." *Zeitschrift für Krystallographie und Mineralogie* 54 (1915): 545–569.

Cited: **8** *Schoenflies 1915*: 498n.

———. "Über Krystallstruktur (II)." *Zeitschrift für Krystallographie und Mineralogie* 55 (1915–20): 321–352.
Cited: **8** *Schoenflies 1915–1920*: 498n.

Schoenflies, Arthur, and Grübler, M. "Kinematik." In *Encyklopädie der mathematischen Wissenschaften, mit Einschluss ihrer Anwendungen*. Vol. 4, *Mechanik*, part 1, pp. 190–278. Klein, Felix, and Müller, Conrad, eds. Leipzig: Teubner, 1901–1908. Issued 8 July 1902.
Cited: **5** *Schoenflies and Grübler 1902*: 153n.

Scholz, Erhard. "Hermann Weyl's Contribution to Geometry, 1917–1923." In *The Intersection of History and Mathematics*, pp. 203–230. Sasaki, Chikara, Mitsuo, Sugiura, and Dauben, Joseph W., eds. Boston: Birkhäuser, 1994.
Cited: **7** *Scholz 1994*: 56n.

———. "Hermann Weyl's 'Purely Infinitesimal Geometry.'" In *Proceedings. International Congress of Mathematicians*. Boston: Birkhäuser, 1995.
Cited: **7** *Scholz 1995*: 80n.

———, ed. *Hermann Weyl's Raum–Zeit–Materie and a General Introduction to His Scientific Work*. Basel: Birkhäuser, 2001.
Cited: **7** *Scholz 2001*: 101. **9** *Scholz 2001*: 404n.

Schön, M. "Über Totalreflexion langwelliger Röntgenstrahlung." *Zeitschrift für Physik* 58 (1929): 165–182.
Cited: **7** *Schön 1929*: 53n.

Schönbeck, Charlotte. "Albert Einstein und Philipp Lenard." *Heidelberger Akademie der Wissenschaften. Mathematisch-naturwissenschaftliche Klasse. Schriften* 8 (2000): 1–42.
Cited: **7** *Schönbeck 2000*: 110–111, 113. **10** *Schönbeck 2000*: 370n, 428n, 436n.

Schopenhauer, Arthur. *Parerga und Paralipomena. Kleine philosophische Schriften*. 2 vols. Berlin: Hayn, 1851.
Cited: **1** *Schopenhauer 1851*: 316n, 326n.

———. "Die Welt als Wille und Vorstellung." In *Sämtliche Werke*. Vols. 2–3. Hübscher, Arthur, ed. Wiesbaden: Brockhaus, 1972.
Cited: **7** *Schopenhauer 1972a*: 62n.

———. "Aphorismen zur Lebensweisheit." In *Parerga und Paralipomena. Kleine philosophische Schriften*. Vol. 1. In *Sämtliche Werke*. Vol. 5, pp. 331–530. Hübscher, Arthur, ed. Wiesbaden: Brockhaus, 1972.
Cited: **7** *Schopenhauer 1972b*: 62n.

Schorr, R. "Die Hamburgische Sonnenfinsternis-Expedition nach Souk-Ahras (Algerien) im August 1905. Erster Teil. Die Ausrüstung und der Verlauf der Expedition." *Jahrbuch der Hamburgischen Wissenschaftlichen Anstalten* 22 (1904). *(Mitteilungen der Hamburger Sternwarte* 4, no. 10.)
Cited: **5** *Schorr 1905*: 318n.

———. "Die Hamburgische Sonnenfinsternis-Expedition nach Souk-Ahras (Algerien) im August 1905. Zweiter Teil. Die Ergebnisse der Beobachtungen." *Astronomische Abhandlungen der Hamburger Sternwarte in Bergedorf* 3 (1913) no. 1.
Cited: **5** *Schorr 1913*: 318n.

Schottky, Walter. "Über den Austritt von Elektronen aus Glühdrähten bei verzögernden Potentialen." *Annalen der Physik* 44 (1914): 1011–1032.
Cited: **8** *Schottky 1914*: 37n.

———. "Ionengleichgewichte und Kontaktpotentiale." *Deutsche Physikalische Gesellschaft. Verhandlungen* 21 (1919): 529–532.
Cited: **9** *Schottky 1919*: 467n.

———. "Gleichgewichtssätze für die elektromagnetisch aufgebaute Materie." *Physikalische Zeitschrift* 21 (1920): 23–241.
Cited: **9** *Schottky 1920b*: 467n.

———. "Thermodynamik der seltenen Zustände im Dampfraum (Thermische Ionisierung und thermisches Leuchten). I. Teil." *Annalen der Physik* 62 (1920): 113–155.
Cited: **9** *Schottky 1920a*: 467n.

———. *Thermodynamik*. Berlin: Springer, 1929.
Cited: **2** *Schottky 1929*: 6.

Schouten, Jan A. "Over het ontstaan eener praecessiebeweging tengevolge van het niet euklidisch zijn der ruimte in de nabijheid van de Zon." *Koninklijke Akademie van Wetenschappen te Amsterdam. Wis- en Natuurkundige Afdeeling. Verslagen van de Gewone Vergaderingen* 27 (1918–19): 215–220. Reprinted in translation as "On the Arising of a Precession-Motion Owing to the Non-Euclidian Linear Element of the Space in the Vicinity of the Sun." *Koninklijke Akademie van Wetenschappen te Amsterdam. Section of Sciences. Proceedings* 21 (1918–19): 533–539.
Cited: **9** *Schouten 1918*: 17n, 258n, 422n. **10** *Schouten 1918*: 477n.

Schouten, Jan A., and Van Kampen, E. R. "Zur Einbettungs- und Krümmungstheorie nicht holonomer Gebilde." *Mathematische Anna-*

len 103 (1930): 752–783.
Cited: **8** Schouten and Van Kampen 1930: 350n.

Schreiber, Georg. *Die Not der deutschen Wissenschaft und der geistigen Arbeiter.* Leipzig: Quelle & Meyer, 1923.
Cited: **7** *Schreiber 1923*: 301n, 495n.

Schreier, Wolfgang, and Franke, Martin. "Geschichte der Physikalischen Gesellschaft zu Berlin 1845–1900." In *Festschrift 150 Jahre Deutsche Physikalische Gesellschaft*, pp. 9–59. Mayer-Kuckuk, Theo, ed. Issued as Supplement 51 of *Physikalische Blätter* (1995).
Cited: **8** *Schreier and Franke 1995*: 33n.

Schröder-Gudehus, Brigitte. *Deutsche Wissenschaft und Internationale Zusammenarbeit 1914–1928. Ein Beitrag zum Studium kultureller Beziehungen in politischen Krisenzeiten.* Geneva: Dumaret & Golay, 1966. Doctoral dissertation, University of Geneva.
Cited: **7** *Schröder-Gudehus 1966*: 300n, 334n, 363n.

Schröder, Wilfried. "Emil Wiechert and the Foundation of Geophysics." *Archives internationales d'histoire des sciences* 38 (1988): 277–288.
Cited: **8** *Schröder 1988*: 597n.

Schrödinger, Erwin. "Die Energiekomponenten des Gravitationsfeldes." *Physikalische Zeitschrift* 19 (1918): 4–7.
Cited: **7** *Schrödinger 1918a*: xxv, 17, 26n, 30, 32n, 64, 76n. **8** *Schrödinger 1918a*: 304n, 536n, 708n, 716n. **10** *Schrödinger 1918*.

———. "Über ein Lösungssystem der allgemein kovarianten Gravitationsgleichungen." *Physikalische Zeitschrift* 19 (1918): 20–22.
Cited: **7** *Schrödinger 1918b*: xxviii, 34, 36n, 140n, 182n. **8** *Schrödinger 1918b*: 690n, 808n.

———. "Quantisierung als Eigenwertproblem. (Zweite Mitteilung)." *Annalen der Physik* 79 (1926): 489–527.
Cited: **6** *Schrödinger 1926*: xxv.

———. *Expanding Universes*. Cambridge: Cambridge University Press, 1956.
Cited: **8** *Schrödinger 1956*: 417n, 475n, 486n, 734n, 807n.

Schubert-Soldern, Richard von. *Grundlagen einer Erkenntnistheorie.* Leipzig: Fues, 1884.
Cited: **9** *Schubert-Soldern 1884*: 519n.

———. "Die Relativität der Zeit und die Relativitätstheorie." *Archiv für systematische Philosophie* 24 (1918): 212–226.

Cited: **9** *Schubert-Soldern 1918*: 519n.

Schücking, Walter, Stöcker, Helene, and Rotten, Elisabeth. "Durch zum Rechtsfrieden: Ein Appell an das Weltgewissen." *Flugschriften des Bundes Neues Vaterland* (Berlin) 1919: 16–20.
Cited: **9** *Schücking et al. 1919*: 185n.

Schüepp, Hermann. *Die Bewegungsänderungen starrer Körper bei plötzlichen Fixierungen.* Zurich: Zürcher & Furrer, 1910.
Cited: **5** *Schüepp 1910*: 222n.

Schuler, Heinrich. *Albert Einstein in Benzingen—ein außergewöhnlicher Besucher—Camillo Brandhuber Pfarrer in Benzingen.* Sigmaringen: St. Franziskus Werkstatt, 2005.
Cited: **10** *Schuler 2005*: 446n.

Schüller, Hermann. *Revolution—Aufbau.* (*Der Aufbau. Flugblätter an Jugend*, no. 1.) Berlin: Schüller, 1919.
Cited: **9** *Schüller 1919a*: 299n.

———. *Der Bund: Aufbau.* (*Der Aufbau. Flugblätter an Jugend*, no. 2.) Berlin: Schüller, 1919.
Cited: **9** *Schüller 1919b*: 299n.

———. *Die freie Hochschulgemeinde.* (*Der Aufbau. Flugblätter an Jugend*, no. 3.) Berlin: Schüller, 1919.
Cited: **9** *Schüller 1919c*: 299n.

———. "Zur Bewegung der Schüler und Studenten." *Räte-Zeitung*, 18 June 1919.
Cited: **9** *Schüller 1919d*: 299n.

Schulmann, Robert. "Einstein at the Patent Office: Exile, Salvation, or Tactical Retreat?" *Science in Context* 6 (1993): 18–25.
Cited: **5** *Schulmann 1993*: 96n.

———. "Albert Einstein." In *Les juifs et le XXe siècle. Dictionnaire critique*, pp. 570–578. Barnavi, R., and Friedländer, S., eds. Paris: Calmann-Lévy, 2000.
Cited: **7** *Schulmann 2000*: 225.

Schulz, Friedrich, and Schwarz, Erhard. "*Entzückt von der herben Schönheit des Fischlandes...*" *Albert Einsteins Aufenthalte in der Ostseeregion.* Kückenshagen: Scheunen, 1995.
Cited: **8** *Schulz and Schwarz 1995*: 813n, 840n.

Schulze, Hagen. *Freikorps und Republik, 1918–1920.* Boppard a. R.: Boldt, 1969.
Cited: **9** *Schulze 1969*: 488n.

Schumann, Richard. "Die Verschiedenheit der Ansichten über das *Kimura*-Glied." *Astronomische Nachrichten* 205 (1917): cols. 25–28.
Cited: **8** *Schumann 1917*: 597n.

Schur, Friedrich. "Ueber den Zusammenhang der Räume constanten Riemann'schen Krümmungsmaasses mit den projectiven Räumen." *Mathematische Annalen* 27 (1886): 537–567.
Cited: **7** *Schur 1886*: 183n.

Schuster, Arthur. "The Discharge of Electricity through Gases." *Royal Society of London. Proceedings* 47 (1889–90): 526–559.
Cited: **5** *Schuster 1890*: 138n.

———. "The Periodogram and Its Optical Analogy." *Royal Society of London. Proceedings A* 77 (1906): 136–140.
Cited: **8** *Schuster 1906*: 62n.

Schwabe, Klaus. *Wissenschaft und Kriegsmoral. Die deutschen Hochschullehrer und die politischen Grundfragen des Ersten Weltkrieges.* Göttingen: Musterschmidt, 1969.
Cited: **8** *Schwabe 1969*: 77n.

Schwarz, Gotthart. *Theodor Wolff und das "Berliner Tageblatt." Eine liberale Stimme in der deutschen Politik 1906–1933.* Tübingen: Mohr, 1968.
Cited: **9** *Schwarz 1968*: 28n, 29n.

Schwarzschild, Karl. "Die Poincarésche Theorie des Gleichgewichts einer homogenen rotierenden Flüssigkeitsmasse." *Neue Annalen der Königlichen Sternwarte zu Bogenhausen bei München* 3 (1897): 231–299.
Cited: **6** *Schwarzschild 1897*: 362n.

———. "Ueber eine Classe periodischer Lösungen des Dreikörperproblems." *Astronomische Nachrichten* 147 (1898): cols. 17–24.
Cited: **6** *Schwarzschild 1898a*: 362n.

———. "Ueber weitere Classen periodischer Lösungen des Dreikörperproblems." *Astronomische Nachrichten* 147 (1898): cols. 289–298.
Cited: **6** *Schwarzschild 1898b*: 362n.

———. "Ueber Abweichungen vom Reciprocitätsgesetz für Bromsilbergelatine." *Photographische Correspondenz* 36 (1899): 109–112. Reprinted in translation as "On the Deviations from the Law of Reciprocity for Bromide of Silver Gelatine." *Astrophysical Journal* 11 (1900): 89–91.
Cited: **5** *Schwarzschild 1899*: 214n.
6 *Schwarzschild 1899*: 362n.

———. "Die Bestimmung von Sternhelligkeiten aus extrafocalen photographischen Aufnahmen." *Publicationen der v. Kuffner'schen Sternwarte in Wien* 5 (1900): B3–B23.
Cited: **6** *Schwarzschild 1900*: 362n.

———. "Über die zulässige Krümmungsmaass des Raumes." *Vierteljahrsschrift der Astronomischen Gesellschaft* 35 (1900): 337–347.
Cited: **8** *Schwarzschild 1900*: 475n.

———. "Der Druck des Lichts auf kleine Kugeln und die Arrhenius'sche Theorie der Cometenschweife." *Königlich Bayerische Akademie der Wissenschaften zu München. Mathematisch-physikalische Classe. Sitzungsberichte* 31 (1901): 293–338.
Cited: **6** *Schwarzschild 1901*: 362n.
8 *Schwarzschild 1901*: 863n. **9** *Schwarzschild 1901*: 400n.

———. "Zur Elektrodynamik. I. Zwei Formen des Princips der kleinsten Action in der Elektronentheorie." *Königliche Gesellschaft der Wissenschaften zu Göttingen. Mathematisch-physikalische Klasse. Nachrichten* (1903): 126–131.
Cited: **6** *Schwarzschild 1903a*: 362n.

———. "Zur Elektrodynamik. II. Die elementare elektrodynamische Kraft." *Königliche Gesellschaft der Wissenschaften zu Göttingen. Mathematisch-physikalische Klasse. Nachrichten* (1903): 132–141.
Cited: **6** *Schwarzschild 1903b*: 362n.

———. "Zur Elektrodynamik. III. Ueber die Bewegung des Elektrons." *Königliche Gesellschaft der Wissenschaften zu Göttingen. Mathematisch-physikalische Klasse. Nachrichten* (1903): 245–278.
Cited: **6** *Schwarzschild 1903c*: 362n.

———. "Untersuchungen zur geometrischen Optik. I. Einleitung in die Fehlertheorie optischer Instrumente auf Grund des Eikonalbegriffs." *Königliche Gesellschaft der Wissenschaften zu Göttingen. Mathematisch-physikalische Klasse. Abhandlungen* 4 (1905) no. 1: 3–31.
Cited: **6** *Schwarzschild 1905a*: 362n.

———. "Untersuchungen zur geometrischen Optik. II. Theorie der Spiegeltelescope." *Königliche Gesellschaft der Wissenschaften zu Göttingen. Mathematisch-physikalische Klasse. Abhandlungen* 4 (1905) no. 2: 3–28.
Cited: **6** *Schwarzschild 1905b*: 362n.

———. "Untersuchungen zur geometrischen Optik. III. Ueber die astrophotographischen Objective." *Königliche Gesellschaft der Wissenschaften zu Göttingen. Mathematisch-physikalische Klasse. Abhandlungen* 4 (1905) no. 3: 3–54.
Cited: **6** *Schwarzschild 1905c*: 362n.

———. "Ueber das Gleichgewicht der Sonnenatmosphäre." *Königliche Gesellschaft der Wissenschaften zu Göttingen. Mathematisch-*

physikalische Klasse. Nachrichten (1906): 41–53.
Cited: **6** *Schwarzschild 1906*: 362n.
———. "Ueber die Eigenbewegungen der Fixsterne." *Königliche Gesellschaft der Wissenschaften zu Göttingen. Mathematisch-physikalische Klasse. Nachrichten* (1907): 614–632.
Cited: **6** *Schwarzschild 1907*: 362n.
———. "Ueber die Bestimmung von Vertex und Apex nach der Ellipsoidhypothese aus einer geringeren Anzahl beobachteter Eigenbewegungen." *Königliche Gesellschaft der Wissenschaften zu Göttingen. Mathematisch-physikalische Klasse. Nachrichten* (1908): 191–200.
Cited: **6** *Schwarzschild 1908*: 362n.
———. "Über Diffusion und Absorption in der Sonnenatmosphäre." *Königlich Preußische Akademie der Wissenschaften* (Berlin). *Sitzungsberichte* (1914): 1183–1200.
Cited: **6** *Schwarzschild 1914*: 362n.
8 *Schwarzschild 1914a*: 993c.
———. "Über die Verschiebungen der Bande bei 3883 Å im Sonnenspektrum." *Königlich Preußische Akademie der Wissenschaften* (Berlin). *Sitzungsberichte* (1914): 1201–1213.
Cited: **8** *Schwarzschild 1914b*: 993c.
9 *Schwarzschild 1914*: liii, 38n, 87n, 325n, 330n, 356n, 402n.
———. "Über das Gravitationsfeld eines Massenpunktes nach der Einsteinschen Theorie." *Königlich Preußische Akademie der Wissenschaften* (Berlin). *Sitzungsberichte* (1916): 189–196.
Cited: **6** *Schwarzschild 1916a*: 337, 339n, 362n, 552n. **7** *Schwarzschild 1916*: xxiv, 103, 575n. **8** *Schwarzschild 1916a*: 225n, 232n, 242n, 313n, 326n, 474n, 587n, 753n, 754n, 1000c. **9** *Schwarzschild 1916*: 112n.
———. "Über das Gravitationsfeld einer Kugel aus inkompressibler Flüssigkeit nach der Einsteinschen Theorie." *Königlich Preußische Akademie der Wissenschaften* (Berlin). *Sitzungsberichte* (1916): 424–434.
Cited: **6** *Schwarzschild 1916b*: 362n.
8 *Schwarzschild 1916b*: 241n, 260n, 689n, 753n, 754n, 781n, 808n, 835n, 1001c.
———. "Zur Quantenhypothese." *Königlich Preußische Akademie der Wissenschaften* (Berlin). *Sitzungsberichte* (1916): 548–568.
Cited: **6** *Schwarzschild 1916c*: 362n, 567n.
8 *Schwarzschild 1916c*: 387n.

———. *Gesammelte Werke/Collected Works.* 3 vols. Voigt, Hans-Heinrich, ed. Berlin: Springer, 1992.
Cited: **6** *Schwarzschild 1992*: 362n.
8 *Schwarzschild 1992*: 225n, 232n.
Schweidler, Egon von. "Die lichtelektrischen Erscheinungen. (Die Emission negativer Elektronen von belichteten Oberflächen.)" *Jahrbuch der Radioaktivität und Elektronik* 1 (1904): 358–400.
Cited: **2** *Schweidler 1904*: 168n.
Schweydar, Wilhelm. *Theorie der Deformation der Erde durch Flutkräfte.* Leipzig: Teubner, 1916.
Cited: **8** *Schweydar 1916*: 595n.
———. "Die Bewegung der Drehachse der elastischen Erde im Erdkörper und im Raume." *Astronomische Nachrichten* 203 (1917): cols. 101–116.
Cited: **8** *Schweydar 1917a*: 595n.
———. "Über die Elastizität der Erde." *Die Naturwissenschaften* 38 (1917): 593–600.
Cited: **8** *Schweydar 1917b*: 595n.
Sciama, Dennis W. "Black Holes and Fluctuations of Quantum Particles: An Einstein Synthesis." In *Relativity, Quanta and Cosmology in the Development of the Scientific Thought of Albert Einstein.* Vol. 2, pp. 681–724. Finis, F. de, ed. New York: Johnson Reprint, 1979.
Cited: **2** *Sciama 1979*: 214.
Searle, George. "A Method of Determining the Thermal Conductivity of Indiarubber." *Cambridge Philosophical Society. Proceedings* 14 (1906–08): 190–193.
Cited: **5** *Searle 1907a*: 191n.
———. "The Impulsive Motion of Electrified Systems." *Philosophical Magazine* 13 (1907): 118–148.
Cited: **5** *Searle 1907b*: 191n.
———. "Über die Kraft, welche erforderlich ist, um eine in Bewegung befindliche elektrisierte Kugel aufzuhalten." *Physikalische Zeitschrift* 8 (1907): 811–820.
Cited: **5** *Searle 1907c*: 191n.
———. "Über die durch eine sprungweise Änderung der Winkelgeschwindigkeit einer elektrisierten Kugel hervorgerufene Energiestrahlung." *Physikalische Zeitschrift* 9 (1908): 878–884.
Cited: **5** *Searle 1908*: 191n.
Seddig, Max. "Abhängigkeit der Brownschen Molekularbewegung von der Temperatur." *Gesellschaft zur Beförderung der gesammten Naturwissenschaften zu Marburg. Sitzungs-*

berichte (1907): 182–188.
Cited: **2** *Seddig 1907*: 220, 559n.

———. "Über die Messung der Temperaturabhängigkeit der Brownschen Molekularbewegung." *Physikalische Zeitschrift* 9 (1908): 465–468.
Cited: **2** *Seddig 1908*: 220, 559n. **5** *Seddig 1908a*: 132n.

———. "Über die sogenannte Brownsche Molekularbewegung und deren Abhängigkeit von der Temperatur." *Naturwissenschaftliche Rundschau* 23 (1908): 377–379.
Cited: **5** *Seddig 1908b*: 132n.

Seelig, Carl. *Albert Einstein. Eine dokumentarische Biographie*. Zurich: Europa Verlag, 1954. 2d rev. ed. of *Albert Einstein und die Schweiz*. Zurich: Europa, 1952.
Cited: **5** *Seelig 1954*: 353n, 629c. **8** *Seelig 1954*: 18n, 288n. **9** *Seelig 1954*: 216n, 404n.

———. *Albert Einstein: A Documentary Biography*. London: Staples, 1956.
Cited: **10** *Seelig 1956*: 541n.

———, ed. *Helle Zeit—Dunkle Zeit: In Memoriam Albert Einstein*. Zurich: Europa, 1956.
Cited: **1** *Seelig 1956*: 265. **2** *Seelig 1956*. **5** *Seelig 1956*. **7** *Seelig 1956*: 229. **9** *Seelig 1956*: 148n, 181n, 597c.

———. *Albert Einstein. Leben und Werk eines Genies unserer Zeit*. Zurich: Europa, 1960.
Cited: **1** *Seelig 1960*: xlii, 60. **2** *Seelig 1960*: 176. **3** *Seelig 1960*: 3, 10. **5** *Seelig 1960*: 125n, 158n, 169n, 291n, 408n, 534n, 538n, 637, 638. **8** *Seelig 1960*: liv, 577n, 968n. **10** *Seelig 1960*: 541n.

———. "Weitere Bemerkungen zur 'Fortpflanzungsgeschwindigkeit der Gravitation'." *Annalen der Physik* 54 (1917): 38–40.
Cited: **10** *Seeliger 1917b*: 64n.

Seeliger, Hugo von. "Ueber das Newton'sche Gravitationsgesetz." *Astronomische Nachrichten* 137 (1895): cols. 129–136.
Cited: **6** *Seeliger 1895*: 538n, 552n. **7** *Seeliger 1895*: 146n, 189n. **8** *Seeliger 1895*: 557n, 578n.

———. "Über das Newton'sche Gravitationsgesetz." *Königlich Bayerische Akademie der Wissenschaften zu München. Mathematisch-physikalische Classe. Sitzungsberichte* 126 (1896): 373–400.
Cited: **7** *Seeliger 1896*: 146n. **8** *Seeliger 1896*: 557n.

———. "Das Zodiakallicht und die empirischen Glieder in der Bewegung der innern Planeten." *Königlich Bayerische Akademie der Wissenschaften zu München. Mathematisch-physikalische Klasse. Sitzungsberichte* (1906): 595–622.
Cited: **7** *Seeliger 1906*: 348n–349n. **8** *Seeliger 1906b*: 218n.

———. "Über die sogenannte absolute Bewegung." *Königlich Bayerische Akademie der Wissenschaften zu München Mathematisch-physikalische Klasse. Sitzungsberichte* (1906): 85–137.
Cited: **8** *Seeliger 1906a*: 448n.

———. "Über die Anwendung der Naturgesetze auf das Universum." *Königlich Bayerische Akademie der Wissenschaften zu München. Mathematisch-physikalische Klasse. Sitzungsberichte* (1909): 3–25.
Cited: **7** *Seeliger 1909*: 142, 146n. **8** *Seeliger 1909*: 557n.

———. "Über die Anomalien in der Bewegung der innern Planeten." *Astronomische Nachrichten* 201 (1915): cols. 273–280.
Cited: **8** *Seeliger 1915*: 218n.

———. "Über die Gravitationswirkung auf die Spektrallinien." *Astronomische Nachrichten* 202 (1916): cols 83–86.
Cited: **8** *Seeliger 1916*: 257n, 262n.

———. "Bemerkungen zu P. Gerbers Aufsatz 'Die Fortpflanzungsgeschwindigkeit der Gravitation'." *Annalen der Physik* 53 (1917): 31–32.
Cited: **10** *Seeliger 1917a*: 64n.

———. "Bemerkung zu dem Aufsatz des Herrn Gehrcke 'Über den Äther.'" *Deutsche Physikalische Gesellschaft. Verhandlungen* 20 (1918): 262.
Cited: **7** *Seeliger 1918*: 104, 349n.

Seeliger, Rudolf. "Elektronentheorie der Metalle." In *Encyklopädie der mathematischen Wissenschaften, mit Einschluss ihrer Anwendungen*. Vol. 5, *Physik*, part 2, pp. 777–878. Sommerfeld, Arnold, ed. Leipzig: Teubner, 1904–1922. Issued 15 February 1922.
Cited: **1** *Seeliger 1921*: 237. **5** *Seeliger 1922*: 147n, 320n, 339n.

Seemann, Hugo E. "Das Röntgenspektrum des Platins." *Physikalische Zeitschrift* 15 (1914): 794–797.
Cited: **9** *Seemann 1914*: 24n.

———. "Zur Röntgenspektrographie." *Physikalische Zeitschrift* 16 (1915): 32–33.
Cited: **9** *Seemann 1915*: 24n.

———. "Röntgenspektroskopische Methoden ohne Spalt." *Annalen der Physik* 49 (1916):

470–480.
Cited: **9** *Seemann 1916a*: 24n.

———. "Zur Optik der Reflexion von Röntgenstrahlen an Kristallstrukturflächen. I." *Annalen der Physik* 51 (1916): 391–413.
Cited: **9** *Seemann 1916b*: 24n.

———. "Die Vermeidung der Verbreiterung von Röntgenspektrallinien infolge der Tiefe der wirksamen Schicht." *Physikalische Zeitschrift* 18 (1917): 242–249.
Cited: **9** *Seemann 1917b*: 24n.

———. "Zur Optik der Reflexion von Röntgenstrahlen an Kristallstrukturflächen. II." *Annalen der Physik* 53 (1917): 461–491.
Cited: **9** *Seemann 1917a*: 24n.

———. "Über die Ökonomie der röntgenspektroskopischen Methoden." *Physikalische Zeitschrift* 20 (1919): 51–55.
Cited: **9** *Seemann 1919a*: 24n.

———. "Vollständige Spektraldiagramme von Kristallen." *Physikalische Zeitschrift* 20 (1919): 169–175.
Cited: **9** *Seemann 1919b*: 24n.

Segrè, Emilio. "Otto Stern. February 17, 1888–August 17, 1969." *National Academy of Sciences. Biographical Memoirs* 43 (1973): 215–236.
Cited: **4** *Segrè 1973*: 272.

Seippel, Paul. *Romain Rolland, l'homme et l'oeuvre*. Paris: Olendorff, 1913.
Cited: **10** *Seippel 1913*: 126n.

Selety, Franz. "Die wirklichen Tatsachen der reinen Erfahrung, eine Kritik der Zeit." *Zeitschrift für Philosophie und philosophische Kritik* 152 (1913): 78–93.
Cited: **8** *Selety 1913*: 494n, 495n, 548n.

———. "Über die Wiederholung des Gleichen im kosmischen Geschehen, infolge des psychologischen Gesetzes der Schwelle." *Zeitschrift für Philosophie und philosophische Kritik* 155 (1914): 185–205.
Cited: **8** *Selety 1914*: 494n, 495n.

———. "Beiträge zum kosmologischen Problem." *Annalen der Physik* 68 (1922): 281–334.
Cited: **7** *Selety 1922*: 182n.

Seligsohn, Arnold. *Patentgesetz und Gesetz, betreffend den Schutz von Gebrauchsmustern*. 6th ed. Berlin: De Gruyter, 1920.
Cited: **7** *Seligsohn 1920*: 195n, 366n, 478n–479n.

Selle, Hermann. "Über Schallgeschwindigkeiten in Stickstoffdioxyd." *Zeitschrift für physikalische Chemie* 104 (1923): 1–9.
Cited: **7** *Selle 1923*: 331n.

Sellien, Ewald. *Die erkenntnistheoretische Bedeutung der Relativitätstheorie*. Berlin: Reuther und Reichard, 1919. (*Kant-Studien. Ergänzungshefte*, no. 48.)
Cited: **9** *Sellien 1919*: 156n, 204n, 576c.
10 *Sellien 1919*: 262n.

Semon, Richard. *Das Problem der Vererbung "erworbener Eigenschaften."* Leipzig: Engelmann, 1912.
Cited: **9** *Semon 1912*: 507n.

Serini, Rocco. "Euclideità dello spazio completamente vuoto nella relatività generale di Einstein." *Reale Accademia dei Lincei. Classe di scienze fisiche, matematiche e naturali. Rendiconti delle sedute* 27 (1918): 235–238.
Cited: **9** *Serini 1918*: 393n, 404n.

Sesmat, Augustine. *Systèmes de référence et mouvements (Physique classique)*. Vol. 6, *L'optique des corps en mouvement*. Paris: Hermann, 1937. (*Actualités scientifiques et industrielles*, no. 484.)
Cited: **2** *Sesmat 1937*: 255.

Seth, Suman. "Quantum Theory and the Electromagnetic World-View." *Historical Studies in the Physical and Biological Sciences* 35 (2004): 67–93.
Cited: **10** *Seth 2004*: 532n.

Shankland, R. S. "Conversations with Albert Einstein." *American Journal of Physics* 31 (1963): 47–57.
Cited: **1** *Shankland 1963*: xl. **4** *Shankland 1963*: 103n.

Shapley, Harlow. "The Orbits of Eighty-Seven Eclipsing Binaries: A Summary." *Astrophysical Journal* 38 (1913): 158–174.
Cited: **8** *Shapley 1913*: 95n.

Sickenberger, Adolf. *Leitfaden der elementaren Mathematik*. Part 2, *Planimetrie*. Munich: Ackermann, 1888.
Cited: **1** *Sickenberger 1888*: lxi.

Siedentopf, Henry. "On the Rendering Visible of Ultra-Microscopic Particles and of Ultra-Microscopic Bacteria." *Journal of the Royal Microscopical Society. Transactions* (1903): 573–578.
Cited: **2** *Siedentopf 1903*: 219.

———. "Über ultra-mikroskopische Abbildungen (Vorläufige Mitteilung)." *Physikalische Zeitschrift* 10 (1909): 778–779.
Cited: **2** *Siedentopf 1909*: 220, 556–558, 559n.

Siedentopf, Henry, and Zsigmondy, Richard A. "Über Sichtbarmachung und Größenbestim-

mung ultramikroskopischer Teilchen, mit besonderer Anwendung auf Goldrubingläser." *Annalen der Physik* 10 (1903): 1–39.
Cited: **2** *Siedentopf and Zsigmondy 1903*: 210, 219, 345n, 559n.

Siegel, Daniel M. "Classical-Electromagnetic and Relativistic Approaches to the Problem of Nonintegral Atomic Masses." *Historical Studies in the Physical Sciences* 9 (1978): 323–360.
Cited: **3** *Siegel 1978*: 176n. **7** *Siegel 1978*: 572n.

———. *Innovation in Maxwell's Electromagnetic Theory: Molecular Vortices, Displacement Current, and Light*. Cambridge: Cambridge University Press, 1991.
Cited: **4** *Siegel 1991*: 102n.

Siegmund-Schultze, Friedrich. "Die Wirkungen der englischen Hungerblockade auf die deutschen Kinder." *Die Eiche. Vierteljahrsschrift für Freundschaft der Kirchen. Ein Organ für soziale und internationale Ethik*. Sonderheft, May 1919, pp. 1–32.
Cited: **9** *Siegmund-Schultze 1919*: 253n.

Siemens, Werner von. "Ueber die elektrostatische Induction und die Verzögerung des Stroms in Flaschendrähten." *Annalen der Physik und Chemie* 12 (1857): 66–122.
Cited: **1** *Siemens 1857*: 193n.

———. "Vorschlag eines reproducirbaren Widerstandsmaasses." *Annalen der Physik und Chemie* 20 (1860): 1–20.
Cited: **1** *Siemens 1860*: 191n.

Silberstein, Ludwik. *The Theory of Relativity*. London: Macmillan, 1914.
Cited: **8** *Silberstein 1914*: 446n.

———. "The Motion of the Perihelion of Mercury Deduced from the Classical Theory of Relativity." *Royal Astronomical Society. Monthly Notices* 77 (1917): 503–510.
Cited: **9** *Silberstein 1917*: 474n.

———. "General Relativity without the Equivalence Hypothesis." *Philosophical Magazine* 36 (1918): 94–128.
Cited: **9** *Silberstein 1918b*: 474n.

———. "The Planetary Motion in Space-Time of Any Constant Curvature According to the Generalised Principle of Relativity." *Royal Astronomical Society. Monthly Notices* 78 (1918): 363–366.
Cited: **9** *Silberstein 1918a*: 474n.

———. "The Recent Eclipse and Stokes-Planck's Aether." *Philosophical Magazine* 39 (1920): 161–170.
Cited: **9** *Silberstein 1920*: 474n. **10** *Silberstein 1920*: 241n.

Simha, Robert. "Untersuchungen über die Viskosität von Suspensionen und Lösungen. 7. Über die Viskosität von Kugelsuspensionen. (Suspensionen in Poiseuille'scher Grundströmung.)" *Kolloid-Zeitschrift* 76 (1936): 16–19.
Cited: **2** *Simha 1936*: 177.

Simon, S. "Ueber das Verhältniss der elektrischen Ladung zur Masse der Kathodenstrahlen." *Annalen der Physik und Chemie* 69 (1899): 589–611.
Cited: **5** *Simon 1899*: 138n.

Skalweit, August. *Die Deutsche Kriegsernährungswirtschaft*. Stuttgart: Deutsche Verlags-Anstalt, 1927.
Cited: **8** *Skalweit 1927*: 292n, 409n, 411n, 515n, 730n, 733n. **10** *Skalweit 1927*: 51n, 53n, 124n, 139n.

Slack, G. A. "Heat Conduction in Solids, Theory." In *Encyclopaedic Dictionary of Physics*. Vol. 3, pp. 606–610. Thewlis, J., ed. New York: Pergamon, 1961.
Cited: **3** *Slack 1961*: 477n.

Slotte, Karl Fredrik. "Über die Molecularbewegung fester Körper." *Finska Vetenskaps-Societeten. Öfversigt af Förhandlingar* 43 (1900): 49–73.
Cited: **2** *Slotte 1900*: 239n.

———. "Über die thermische Ausdehnung und die specifische Wärme einfacher fester Körper." *Finska Vetenskaps-Societeten. Öfversigt af Förhandlingar* 44 (1902): 121–138.
Cited: **2** *Slotte 1902*: 239n.

———. "Über die Schmelzwärme." *Finska Vetenskaps-Societeten. Öfversigt af Förhandlingar* 47 (1904), no. 7: 1–8.
Cited: **2** *Slotte 1904a*: 237–239.

———. "Folgerungen aus einer thermodynamischen Gleichung." *Finska Vetenskaps-Societeten. Öfversigt af Förhandlingar* 47 (1904), no. 8: 1–3.
Cited: **2** *Slotte 1904b*: 240–241, 241n.

Smart, William M. *Celestial Mechanics*. London: Longmans, Green, 1953.
Cited: **4** *Smart 1953*: 348, 355.

Smekal, Adolf. "Zur sogenannten I. Planckschen Quantentheorie (Zur Quantentheorie des Paramagnetismus)." *Annalen der Physik* 57 (1918): 376–400.
Cited: **10** *Smekal 1918*: 370n.

Smoluchowski, Marian von. "Ueber Wärmeleitung in verdünnten Gasen." *Annalen der Phy-*

sik und Chemie 64 (1898): 101–130.
Cited: **3** *Smoluchowski 1898*: 285. **6** *Smoluchowski 1898*: 579n.

———. "Über Unregelmäßigkeiten in der Verteilung von Gasmolekülen und deren Einfluß auf Entropie und Zustandsgleichung." In *Festschrift Ludwig Boltzmann gewidmet zum sechzigsten Geburtstage 20. Februar 1904*, pp. 626–641. Meyer, Stefan, ed. Leipzig: Barth, 1904.
Cited: **2** *Smoluchowski 1904*: 215, 216.

———. "Zur kinetischen Theorie der Brownschen Molekularbewegung und der Suspensionen." *Annalen der Physik* 21 (1906): 756–780.
Cited: **2** *Smoluchowski 1906*: 208, 210, 212, 215, 216, 396n, 408n. **6** *Smoluchowski 1906*: 579n. **8** *Smoluchowski 1906*: 802n.

———. "Kinetyczna teorya opalescencyi gazów w stanie krytycznym oraz innych zjawisk pokrewnych. (Théorie cinétique de l'opalescence des gaz à l'état critique et de certains phénomènes corrélatifs.)" *Académie des sciences de Cracovie. Classe des sciences mathématiques et naturelles. Série A, Sciences mathématiques. Bulletin international* (1907): 1057–1075.
Cited: **3** *Smoluchowski 1907*: 283, 310n. **5** *Smoluchowski 1907*: 124n, 255n, 270n, 363n.

———. "Molekular-kinetische Theorie der Opaleszenz von Gasen im kritischen Zustande, sowie einiger verwandter Erscheinungen." *Annalen der Physik* 25 (1908): 205–226.
Cited: **3** *Smoluchowski 1908*: 283, 287, 297, 310n, 311n. **5** *Smoluchowski 1908*: 124n, 255n, 270n, 362n, 363n, 375n. **6** *Smoluchowski 1908*: 579n.

———. "Zur kinetischen Theorie der Transpiration und Diffusion verdünnter Gase." *Annalen der Physik* 33 (1910): 1559–1570.
Cited: **9** *Smoluchowski 1910*: 176n.

———. "Zur Theorie der Wärmeleitung in verdünnten Gasen und der dabei auftretenden Druckkräfte." *Annalen der Physik* 35 (1911): 983–1004.
Cited: **9** *Smoluchowski 1911*: 176n.

———. "Przyczynek do teoryi opalescencyi w gazach w stanie krytycznym. – Beitrag zur Theorie der Opaleszenz von Gasen im kritischen Zustande." *Akademie der Wissenschaften in Krakau. Mathematisch-naturwissenschaftliche Klasse. Reihe A, Mathematische Wissenschaften. Anzeiger* (1911): 493–502.
Cited: **3** *Smoluchowski 1911*: 285. **5** *Smoluchowski 1911*: 363n.

———. "Einige Beispiele Brown'scher Molekularbewegung unter Einfluß äußerer Kräfte." *Akademie der Wissenschaften in Krakau. Mathematisch-naturwissenschaftliche Klasse. Reihe A, Mathematische Wissenschaften. Anzeiger* (1913): 418–434.
Cited: **2** *Smoluchowski 1913*: 345n.

———. "Gültigkeitsgrenzen des zweiten Hauptsatzes der Wärmetheorie." In **3** *Planck et al. 1914b*/ **5** *Planck et al. 1914*/ **6** *Planck et al. 1914*, pp. 87–121.
Cited: **6** *Smoluchowski 1914*: 579n.

———. "Drei Vorträge über Diffusion, Brownsche Molekularbewegung und Koagulation von Kolloidteilchen." *Physikalische Zeitschrift* 17 (1916): 557–571, 585–599.
Cited: **6** *Smoluchowski 1916*: 579n. **8** *Smoluchowski 1916*: 292n, 802n.

———. *Oeuvres de Marie Smoluchowski, publiées sous les auspices de l'Académie polonaise des sciences et des lettres*. 3 vols. Natanson, Ladislas, and Stock, Jean, eds. Cracow: Jagiellonian University, 1924–28.
Cited: **8** *Smoluchowski 1924–1928*: 551n.

Snelders, H.A.M. "Jacobus Henricus van 't Hoff." In *Dictionary of Scientific Biography*. Vol. 13 (1976), pp. 358–360. Gillispie, Charles C., ed. New York: Scribner's Sons, 1970–1980.
Cited: **2** *Snelders 1976*: 207.

———. "De bemoeienissen van Lorentz en Einstein met de Utrechtse leerstoel voor theoretische fysica (1911–1914)." *Tijdschrift voor de Geschiedenis der Geneeskunde, Natuurwetenschappen, Wiskunde en Techniek* 10 (1987): 57–71.
Cited: **5** *Snelders 1987*: 356n, 361n.

Snow, Benjamin W. "Ueber das ultrarothe Emissionsspectrum der Alkalien." *Annalen der Physik und Chemie* 47 (1892): 208–251.
Cited: **10** *Snow 1892*: 296n.

Sohncke, Leonhard. *Entwickelung einer Theorie der Krystallstruktur*. Leipzig: Teubner, 1879.
Cited: **9** *Sohncke 1879*: 211n.

———. "Die Umwälzung unserer Anschauungen vom Wesen der elektrischen Wirkungen." *Himmel und Erde. Illustrirte naturwissenschaftliche Monatsschrift* 3 (1891): 157–172.
Cited: **1** *Sohncke 1891*: 6.

Soldner, Johann G. von. "Ueber die Ablenkung

eines Lichtstrahls von seiner geradlinigen Bewegung, durch die Attraktion eines Weltkörpers, an welchem er nahe vorbei geht." *Astronomisches Jahrbuch für das Jahr 1804* (1801): 161–172.
Cited: **3** *Soldner 1801*: 497n. **5** *Soldner 1801*: 551n. **6** *Soldner 1801*: 536n. **7** *Soldner 1801*: 111–112.

Solovine, Maurice, trans. and ed. *Albert Einstein. Lettres à Maurice Solovine*. Paris: Gauthier-Villars, 1956.
Cited: **2** *Solovine 1956*: xxiv, 255, 261. **5** *Solovine 1956*: 5n, 6n, 7n, 19n, 28n, 133n, 161n, 642. **7** *Solovine 1956*: 403n, 576n. **8** *Solovine 1956*: 347n.

Sommerfeld, Arnold. "Zur mathematischen Theorie der Beugungserscheinungen." *Königliche Gesellschaft der Wissenschaften zu Göttingen. Mathematisch-physikalische Klasse. Nachrichten* (1894): 338–342.
Cited: **9** *Sommerfeld 1894*: 411n.

———. "Theoretisches über die Beugung der Röntgenstrahlen." *Zeitschrift für Mathematik und Physik* 46 (1901): 11–97.
Cited: **9** *Sommerfeld 1901*: 411n.

———. "Zur Elektronentheorie. I. Allgemeine Untersuchung des Feldes eines beliebig bewegten Elektrons." *Königliche Gesellschaft der Wissenschaften zu Göttingen. Mathematisch-physikalische Klasse. Nachrichten* (1904): 99–130.
Cited: **5** *Sommerfeld 1904a*: 59n.

———. "Zur Elektronentheorie. II. Grundlagen für eine allgemeine Dynamik des Elektrons." *Königliche Gesellschaft der Wissenschaften zu Göttingen. Mathematisch-physikalische Klasse. Nachrichten* (1904): 363–439.
Cited: **5** *Sommerfeld 1904b*: 59n.

———. "Simplified Deduction of the Field and the Forces of an Electron, Moving in any Given Way." *Koninklijke Akademie van Wetenschappen te Amsterdam. Section of Sciences. Proceedings* 7 (1904–05): 346–367.
Cited: **5** *Sommerfeld 1904c*: 59n.

———. "Zur Elektronentheorie. III. Ueber Lichtgeschwindigkeits- und Ueberlichtgeschwindigkeits-Elektronen." *Königliche Gesellschaft der Wissenschaften zu Göttingen. Mathematisch-physikalische Klasse. Nachrichten* (1905): 201–235.
Cited: **5** *Sommerfeld 1905*: 59n.

———. "Ein Einwand gegen die Relativtheorie der Elektrodynamik und seine Beseitigung." *Physikalische Zeitschrift* 8 (1907): 841–842.
Cited: **5** *Sommerfeld 1907*: 60n, 75n, 86n.

———. "Über die Ausbreitung der Wellen in der drahtlosen Telegraphie." *Annalen der Physik* 28 (1909): 665–736.
Cited: **9** *Sommerfeld 1909*: 411n.

———. "Über die Zusammensetzung der Geschwindigkeiten in der Relativtheorie." *Physikalische Zeitschrift* 10 (1909): 826–829.
Cited: **6** *Sommerfeld 1909*: 68n.

———. "Über die Verteilung der Intensität bei der Emission von Röntgenstrahlen." *Physikalische Zeitschrift* 10 (1909): 969–976.
Cited: **5** *Sommerfeld 1909*: 230n, 233n.

———. "Über die Verteilung der Intensität bei der Emission von Röntgenstrahlen." *Physikalische Zeitschrift* 11 (1910): 99–101.
Cited: **5** *Sommerfeld 1910a*: 233n.

———. "Zur Relativitätstheorie. I. Vierdimensionale Vektoralgebra." *Annalen der Physik* 32 (1910): 749–776.
Cited: **4** *Sommerfeld 1910a*: 106n, 107n, 232n, 267n, 296, 328, 342n. **5** *Sommerfeld 1910b*: 246n.

———. "Zur Relativitätstheorie. II. Vierdimensionale Vektoranalysis." *Annalen der Physik* 33 (1910): 649–689.
Cited: **4** *Sommerfeld 1910b*: 107n, 232n, 328, 342n. **5** *Sommerfeld 1910c*: 246n.

———. "Das Plancksche Wirkungsquantum und seine allgemeine Bedeutung für die Molekularphysik." *Physikalische Zeitschrift* 12 (1911): 1057–1068.
Cited: **3** *Sommerfeld 1911b*: 504n, 517n, 546n. **4** *Sommerfeld 1911*. **5** *Sommerfeld 1911b*: 392n, 466n.

———. "Über die Struktur der γ-Strahlen." *Königlich Bayerische Akademie der Wissenschaften zu München. Mathematisch-physikalische Klasse. Sitzungsberichte* (1911): 1–60.
Cited: **3** *Sommerfeld 1911a*: 541, 547n. **5** *Sommerfeld 1911a*: 322n.

———. "Application de la théorie de l'élément d'action aux phénomènes moléculaires non périodiques." In *La théorie du rayonnement et les quanta. Rapports et discussions de la réunion tenue à Bruxelles, du 30 octobre au 3 novembre 1911, sous les auspices de M. E. Solvay*, pp. 313–372. Langevin, Paul, and de Broglie, Maurice, eds. Paris: Gauthier-Villars, 1912.
Cited: **3** *Sommerfeld 1912*: 517n. **6** *Sommerfeld 1912*.

———. "Über die Fortpflanzung des Lichtes in dispergierenden Medien." In *Festschrift Heinrich Weber zu seinem 70. Geburtstag am 5. März gewidmet von Freunden und Schülern*, pp. 338–374. Leipzig: Teubner, 1912.
Cited: **5** *Sommerfeld 1912*: 60n, 89n.

———. "Die Bedeutung des Wirkungsquantums für unperiodische Molekularprozesse in der Physik." In *Die Theorie der Strahlung und der Quanten. Verhandlungen auf einer von E. Solvay einberufenen Zusammenkunft (30. Oktober bis 3. November 1911). Mit einem Anhange über die Entwicklung der Quantentheorie vom Herbst 1911 bis Sommer 1913*, pp. 252–297. Eucken, Arnold, ed. Halle a.S.: Knapp, 1914. (*Abhandlungen der Deutschen Bunsen Gesellschaft für angewandte physikalische Chemie* 3, no. 7.)
Cited: **3** *Sommerfeld 1914*: 514n, 517n, 547n. **6** *Sommerfeld 1914*: 567n.

———. "Probleme der freien Weglänge." In *Vorträge über die kinetische Theorie der Materie und der Elektrizität*. Leipzig: Teubner, 1914.
Cited: **9** *Sommerfeld 1914*: 19n.

———. "Über die Fortpflanzung des Lichtes in dispergierenden Medien." *Annalen der Physik* 44 (1914): 177–202.
Cited: **5** *Sommerfeld 1914*: 60n, 71n, 89n.

———. "Die allgemeine Dispersionsformel nach dem Bohrschen Modell." In *Arbeiten aus dem Gebiete der Physik, Mathematik und Chemie (Elster-Geitel-Festschrift)*, pp. 549–584. Braunschweig: Vieweg, 1915.
Cited: **9** *Sommerfeld 1915a*: 383n.

———. "Die Feinstruktur der Wasserstoff- und der Wasserstoff-ähnlichen Linien." *Königlich Bayerische Akademie der Wissenschaften zu München. Mathematisch-physikalische Klasse. Sitzungsberichte* (1915): 459–500.
Cited: **8** *Sommerfeld 1915b*: 209n, 217n, 261n, 839n, 914n.

———. "Über das Spektrum der Röntgenstrahlung." *Annalen der Physik* 46 (1915): 721–748.
Cited: **9** *Sommerfeld 1915b*: 24n.

———. "Zur Theorie der Balmerschen Serie." *Königlich Bayerische Akademie der Wissenschaften zu München. Mathematisch-physikalische Klasse. Sitzungsberichte* (1915): 425–458.
Cited: **6** *Sommerfeld 1915*: 398n, 567n. **8** *Sommerfeld 1915a*: 209n, 217n.

———. "Zur Quantentheorie der Spektrallinien." *Annalen der Physik* 51 (1916): 1–94.
Cited: **6** *Sommerfeld 1916*: 567n. **8** *Sommerfeld 1916a*: 326n, 784n, 839n, 958n, 1004c. **9** *Sommerfeld 1916*: 411n. **10** *Sommerfeld 1916a*: 68n.

———. "Zur Quantentheorie der Spektrallinien (Fortsetzung)." *Annalen der Physik* 51 (1916): 125–167.
Cited: **6** *Sommerfeld 1916*: 567n. **8** *Sommerfeld 1916b*: 326n, 784n, 839n. **10** *Sommerfeld 1916b*: 68n.

———. "Die Drudesche Dispersionstheorie vom Standpunkte des Bohrschen Modelles und die Konstitution von H_2, O_2 und N_2." *Annalen der Physik* 53 (1917): 497–550.
Cited: **8** *Sommerfeld 1917*: 627n. **9** *Sommerfeld 1917*: 198n, 383n.

———. "Atombau und Röntgenspektren. I. Teil." *Physikalische Zeitschrift* 19 (1918): 297–307.
Cited: **8** *Sommerfeld 1918c*: 784n.

———. "Ein Besuch an der Genter Universität." *Monatshefte für den naturwissenschaftlichen Unterricht aller Schulgattungen* 11 (1918): 57–61.
Cited: **8** *Sommerfeld 1918e*: 701n.

———. "Der Aufbau der Atome auf Grund ihrer Spektren." *Monatshefte für den naturwissenschaftlichen Unterricht aller Schulgattungen* 11 (1918): 61–67.
Cited: **8** *Sommerfeld 1918f*: 701n.

———. [Review of *Usener 1917*.] *Physikalische Zeitschrift* 19 (1918): 343–344.
Cited: **8** *Sommerfeld 1918d*: 838n, 839n.

———. "Max Planck zum sechzigsten Geburtstage." *Die Naturwissenschaften* 6 (1918): 195–199.
Cited: **8** *Sommerfeld 1918b*: 648n.

———. "Über die Entdeckung der Quanten." In Warburg, Emil, et al. *Zu Max Plancks sechzigstem Geburtstag. Ansprachen, gehalten am 26. April 1918 in der Deutschen Physikalischen Gesellschaft von E. Warburg, M. v. Laue, A. Sommerfeld und A. Einstein*, pp. 16–28. Karlsruhe: Müllersche Hofbuchhandlung, 1918.
Cited: **8** *Sommerfeld 1918a*: 628n, 629n, 671n, 784n.

———. "Über die Feinstruktur der K_β-Linie." *Königlich Bayerische Akademie der Wissenschaften zu München. Mathematisch-physikalische Klasse. Sitzungsberichte* (1918): 367–372.

Cited: **8** *Sommerfeld 1918g*: 784n.

———. *Atombau und Spektrallinien*. Braunschweig: Vieweg, 1919.
Cited: **8** *Sommerfeld 1919*: 784n, 958n. **9** *Sommerfeld 1919*: liii, 390n, 505n. **10** *Sommerfeld 1919*: 514n, 541n.

———. "Bemerkungen zur Feinstruktur der Röntgenspektren." *Zeitschrift für Physik* 1 (1920): 135–146.
Cited: **9** *Sommerfeld 1920*: 218n.

———. "Die Relativitätstheorie." *Süddeutsche Monatsheften* 17 (1920): 80–87.
Cited: **10** *Sommerfeld 1920*: 532n, 533n, 550n.

———. *Atombau und Spektrallinien*. 2d ed. Braunschweig: Vieweg, 1921.
Cited: **10** *Sommerfeld 1921*: 518n, 533n.

———. *Atombau und Spektrallinien*. 3d rev. ed. Braunschweig: Vieweg, 1922.
Cited: **8** *Sommerfeld 1922*: 13n.

———. "Zwanzig Jahre spectroscopischer Theorie in München." *Scientia* 72 (1942): 123–130.
Cited: **8** *Sommerfeld 1942*: 549n.

———. *Gesammelte Schriften*. 3 vols. Sauter, F., ed. Braunschweig: Vieweg, 1968.
Cited: **9** *Sommerfeld 1968*.

———. *Wissenschaftlicher Briefwechsel*. Vol. 2, *1919–1951*. Eckert, Michael, and Märker, Karl, eds. Berlin: Diepholz; Munich: Deutsches Museum/Verlag für Geschichte der Naturwissenschaften und der Technik, 2004.
Cited: **10** *Sommerfeld 2004*: 409n, 413n, 533n.

Cited: **3** *Sommerfeld et al. 1914*: 515n, 516n, 517n, 518n.

Sommerfeld, Arnold, and Seewald, Fritz. "Ludwig Hopf zum Gedächtnis." *Jahrbuch der Rheinisch-Westfälischen Technischen Hochschule Aachen* 5 (1952–53): 24–26.
Cited: **5** *Sommerfeld and Seewald 1953*: 639.

Sommerfeld, Arnold, and Usener, Hans. "Zu der Besprechung: H. Usener, der Kreisel als Richtungsweiser usw. in Nr. 15 dieser Zeitschr. S. 343." *Physikalische Zeitschrift* 19 (1918): 487.
Cited: **8** *Sommerfeld and Usener 1918*: 838n, 839n.

Sommerfeld, Arnold, et al. "Discussion" following **3** *Sommerfeld 1912*. In *La théorie du rayonnement et les quanta. Rapports et discussions de la réunion tenue à Bruxelles, du 30 octobre au 3 novembre 1911, sous les auspices de M. E. Solvay*, pp. 373–392. Langevin, Paul, and de Broglie, Maurice, eds. Paris: Gauthier-Villars, 1912.
Cited: **3** *Sommerfeld et al. 1912*: 515n, 516n, 517n, 518n.

———. "Diskussion" following **3** *Sommerfeld 1911b*/**4** *Sommerfeld 1911*/**5** *Sommerfeld 1911b*. *Physikalische Zeitschrift* 12 (1911): 1068–1069.
Cited: **3** *Sommerfeld et al. 1911*: 498–503, 504n, 517n. **4** *Sommerfeld et al. 1911*: 112.

———. "Diskussion" following **3** *Sommerfeld 1914*/**6** *Sommerfeld 1914*. In *Die Theorie der Strahlung und der Quanten. Verhandlungen auf einer von E. Solvay einberufenen Zusammenkunft (30. Oktober bis 3. November 1911). Mit einem Anhange über die Entwicklung der Quantentheorie vom Herbst 1911 bis Sommer 1913*, pp. 301–317. Eucken, Arnold, ed. Halle a.S.: Knapp, 1914. (*Abhandlungen der Deutschen Bunsen Gesellschaft für angewandte physikalische Chemie* 3, no. 7.)

Sorel, Georges. *Réflexions sur la violence*. Paris: Librarie de "Pages libres," 1908.
Cited: **9** *Sorel 1908*: 96n.

———. *Reflections on Violence*. New York: Huebsch, 1912.
Cited: **9** *Sorel 1912*: 96n.

Sösemann, Bernd, ed. *Theodor Wolff. Tagebücher 1914–1919*. Boppard a. R.: Boldt, 1984.
Cited: **9** *Sösemann 1984*: 29n.

———. *Theodor Wolff. Ein Leben mit der Zeitung*. Munich: Econ Ullstein List, 2000.
Cited: **9** *Sösemann 2000*: 29n.

Southerns, Leonard. "A Determination of the Ratio of Mass to Weight for a Radioactive Substance." *Royal Society of London. Proceedings A* 84 (1910): 325–344.
Cited: **4** *Southerns 1910*: 187n. **5** *Southerns 1910*: 498n. **8** *Southerns 1910*: 198n.

Specker, Hans Eugen. *Ulm. Stadtgeschichte*. Ulm. Ulm: Süddeutsche Verlagsgesellschaft, 1977.
Cited: **9** *Specker 1977*: 491n.

———, ed. *Einstein und Ulm. Festakt und Ausstellung zum 100. Geburtstag von Albert Einstein*. Ulm: Stadtarchiv Ulm; Stuttgart: Kohlhammer, 1979.
Cited: **1** *Specker 1979*: 1n. **5** *Specker 1979*: 559n. **9** *Specker 1979*: 490n, 491n.

Spengler, Oswald. *Der Untergang des Abendlandes. Umrisse einer Morphologie der Weltgeschichte*. Vienna: Braumüller, 1918.
Cited: **9** *Spengler 1918*: 390n, 522n, 590c.

Spieker, Theodor. *Lehrbuch der ebenen Geometrie. Mit Übungs-Aufgaben für höhere Lehranstalten*. 19th impr. ed. Potsdam: Aug. Stein, 1890.
Cited: **1** *Spieker 1890*: lxi. **10** *Spieker 1890*: 88n.

Spinoza, Baruch. "Ethica ordine geometrico demonstrata." In *Opera postuma*, pp. 1–264. Amsterdam: Rieuwertsz, 1677.
Cited: **2** *Spinoza 1677*: xxv.

———. *Die Ethik*. Stern, J., trans. Leipzig: Reclam, [1887].
Cited: **2** *Spinoza 1887*: xxv.

———. *Benedict von Spinoza's Ethik*. 5th ed. Kirchmann, J. H. von, trans. Berlin: Philosophisch-Historischer Verlag, [1893].
Cited: **2** *Spinoza 1893*: xxv.

Sponsel, Alistair. "Constructing a 'Revolution in Science': The Campaign to Promote a Favourable Reception for the 1919 Solar Eclipse Experiments." *British Journal for the History of Science* 35 (2002): 439–467.
Cited: **9** *Sponsel 2002*: lii, liii, 263n.

Spuler, Bertold. *Regenten und Regierungen der Welt*. Part 2, *1492–1953*. Bielefeld: Ploetz, 1953.
Cited: **10** *Spuler 1953*: 57n.

St. John, Charles E. "The General Circulation of the Mean and High-Level Calcium Vapor in the Solar Atmosphere." *Astrophysical Journal* 32 (1910): 36–82.
Cited: **5** *St. John 1910*: 356n.

———. "Anomalous Dispersion in the Sun in the Light of Observations." *Astrophysical Journal* 41 (1915): 28–71.
Cited: **9** *St. John 1915*: 249n. **10** *St. John 1915*: 252n.

———. "Observational Evidence That the Relative Positions of Fraunhofer Lines Are Not Systematically Affected by Anomalous Dispersion." *Astrophysical Journal* 44 (1916): 311–341.
Cited: **10** *St. John 1916*: 252n.

———. "The Principle of Generalized Relativity and the Displacement of Fraunhofer Lines Toward the Red." *Astrophysical Journal* 46 (1917): 249–265.
Cited: **8** *St. John 1917*: 880n. **9** *St. John 1917*: liii, 87n, 113n, 325n, 330n, 356n, 381n, 402n.

———. "Displacement of Solar Lines and the Einstein Effect." *The Observatory* 43 (1920): 158–162.
Cited: **9** *St. John 1920a*: liii, 479n.

———. "The Displacement of Solar Spectral Lines." *The Observatory* 43 (1920): 260–262.
Cited: **9** *St. John 1920b*: liii.

Stachel, John. "Einstein and the Rigidly Rotating Disk." In *General Relativity and Gravitation: One Hundred Years after the Birth of Albert Einstein*. Vol. 1, pp. 1–15. Held, Alan, ed. New York: Plenum, 1980. Reprinted in *Einstein and the History of General Relativity*, pp. 48–62. Howard, Don, and Stachel, John, eds. Boston: Birkhäuser, 1989. Reprinted in Stachel, John. *Einstein from 'B' to 'Z,'* pp. 245–260. Boston: Birkhäuser, 2002.
Cited: **3** *Stachel 1980*: 480. **4** *Stachel 1980*: 144n, 163n, 187n. **5** *Stachel 1980*: 211n. **6** *Stachel 1980*: 338n. **7** *Stachel 1980*: 178n, 281n, 403n, 574n. **10** *Stachel 1980*: 7n.

———. "'A Man of My Type': Editing the Einstein Papers." *British Journal for the History of Science* 20 (1987): 57–66.
Cited: **7** *Stachel 1987*: 210n.

———. "Einstein's Search for General Covariance, 1912–1915." In *Einstein and the History of General Relativity*, pp. 63–100. Howard, Don, and Stachel, John, eds. Boston: Birkhäuser, 1989.
Cited: **4** *Stachel 1989*: 193, 297, 299, 300, 301, 485n, 577n, 582n. **5** *Stachel 1989*: 564n. **6** *Stachel 1989*: xvii, 130n, 224n. **7** *Stachel 1989*: 42n, 281n, 378n, 574n. **8** *Stachel 1989*: 17n, 74n, 101n, 192n, 202n, 229n. **9** *Stachel 1989*: 268n.

———. "The Cauchy Problem in General Relativity—The Early Years." In *Studies in the History of General Relativity*, pp. 407–418. Eisenstaedt, Jean, and Kox, A. J., eds. Boston: Birkhäuser, 1992.
Cited: **8** *Stachel 1992*: 196n, 657n.

———. "The Meaning of General Covariance: The Hole Story." In *Philosophical Problems of the Internal and External World: Essays on the Philosophy of Adolf Grünbaum*, pp. 129–160. Earman, John, Janis, Allen I., Massey, Gerald J., and Rescher, Nicholas, eds. Konstanz/Pittsburgh: Universitätsverlag/ University of Pittsburgh Press, 1993.
Cited: **7** *Stachel 1993a*: 42n.

———. "The Other Einstein: Einstein contra Field Theory." *Science in Context* 6 (1993): 275–290.
Cited: **7** *Stachel 1993b*: 404n.

———. "Lanczos's Early Contributions to Relativity and His Relationship with Einstein." In *Proceedings of the Cornelius Lanczos In-*

ternational Centenary Conference, pp. 201–221. Brown, J. David, Chu, Moody T., Elison, Donald C., and Plemmons, Robert J., eds. Philadelphia: Society for Industrial and Applied Mathematics, 1994.
Cited: **8** *Stachel 1994*: 769n.

———. "Einstein and Infeld, Seen through Their Correspondence." *Acta Physica Polonica B* 30 (1999): 2879–2908.
Cited: **7** *Stachel 1999*: 288n.

———. *Einstein from 'B' to 'Z.'* Boston: Birkhäuser, 2002.
Cited: **9** *Stachel 2002*: 116n, 137n, 266n, 305n, 389n.

Stachel, John, and Torretti, Roberto. "Einstein's First Derivation of Mass-Energy Equivalence." *American Journal of Physics* 50 (1982): 760–763.
Cited: **2** *Stachel and Torretti 1982*: 269.

Stanley, H. Eugene. *Introduction to Phase Transitions and Critical Phenomena*. Oxford: Clarendon Press; New York: Oxford University Press, 1971.
Cited: **3** *Stanley 1971*: 285.

Stanley, Matthew. "An Expedition to Heal the Wounds of War: The 1919 Eclipse and Eddington as Quaker Adventurer." *Isis* 94 (2003): 57–89.
Cited: **9** *Stanley 2003*: lii, 263n, 370n, 371n.

Stappenbacher, Susi. "Die deutschen literarischen Zeitschriften in den Jahren 1918–1925 als Ausdruck geistiger Strömungen der Zeit." Doctoral dissertation, Friedrich-Alexander-Universität zu Erlangen-Nürnberg, 1961.
Cited: **9** *Stappenbacher 1961*: 70n.

Stark, Johannes. *Die Elektrizität in Gasen*. Leipzig: Barth, 1902.
Cited: **2** *Stark 1902*: 166, 168n, 169n.

———. "Der Doppler-Effekt bei den Kanalstrahlen und die Spektra der positiven Atomionen." *Physikalische Zeitschrift* 6 (1905): 892–897.
Cited: **7** *Stark 1905*: 486n.

———. "Über die Lichtemission der Kanalstrahlen in Wasserstoff." *Annalen der Physik* 21 (1906): 401–456.
Cited: **2** *Stark 1906*: 402, 403n, 444, 485n. **3** *Stark 1906*: 162, 175n. **5** *Stark 1906*: 47n, 452n.

———. "Beziehung des Doppler-Effektes bei Kanalstrahlen zur Planckschen Strahlungstheorie." *Physikalische Zeitschrift* 8 (1907): 913–919.
Cited: **5** *Stark 1907b*: 47n, 76n, 84n, 144n.

———. "Elementarquantum der Energie, Modell der negativen und der positiven Elektrizität." *Physikalische Zeitschrift* 8 (1907): 881–884.
Cited: **2** *Stark 1907*: 269. **5** *Stark 1907a*: 84n, 104n.

———. "Bemerkung zu Herrn Kaufmanns Antwort auf einen Einwand von Herrn Planck." *Deutsche Physikalische Gesellschaft. Verhandlungen* 10 (1908): 14–16.
Cited: **5** *Stark 1908a*: 79n, 98n.

———. "Zur Energetik und Chemie der Bandenspektra." *Physikalische Zeitschrift* 9 (1908): 85–94.
Cited: **5** *Stark 1908b*.

———. "Neue Beobachtungen an Kanalstrahlen in Beziehung zur Lichtquantenhypothese." *Physikalische Zeitschrift* 9 (1908): 767–773.
Cited: **2** *Stark 1908*: 548, 552n. **5** *Stark 1908c*: 47n, 144n, 150n.

———. "Weitere Bemerkungen über die thermische und chemische Absorption im Bandenspektrum." *Physikalische Zeitschrift* 9 (1908): 889–894.
Cited: **4** *Stark 1908a*: 110, 173n, 293n.

———. "Über die zerstäubende Wirkung des Lichtes und die optische Sensibilisation." *Physikalische Zeitschrift* 9 (1908): 894–900.
Cited: **4** *Stark 1908b*: 110.

———. "Über Röntgenstrahlen und die atomistische Konstitution der Strahlung." *Physikalische Zeitschrift* 10 (1909): 579–586.
Cited: **2** *Stark 1909a*: 145, 583n, 587n. **5** *Stark 1909a*: 203n.

———. "Über die Ionisierung von Gasen durch Licht." *Physikalische Zeitschrift* 10 (1909): 614–623.
Cited: **2** *Stark 1909b*: 169n, 552n.

———. "Zur experimentellen Entscheidung zwischen Ätherwellen- und Lichtquantenhypothese. I. Röntgenstrahlung." *Physikalische Zeitschrift* 10 (1909): 902–913.
Cited: **2** *Stark 1909c*: 583n. **5** *Stark 1909b*: 233n.

———. "Zur experimentellen Entscheidung zwischen der Lichtquantenhypothese und der Ätherimpulstheorie der Röntgenstrahlen." *Physikalische Zeitschrift* 11 (1910): 24–31.
Cited: **5** *Stark 1910*: 233n.

———. "Bemerkung über Zerstreuung und Absorption von β-Strahlen und Röntgenstrahlen in Kristallen." *Physikalische Zeitschrift* 13 (1912): 973–977.
Cited: **5** *Stark 1912c*: 519n.

———. "Über die Anwendung des Planckschen Elementargesetzes auf photochemische Prozesse. Bemerkung zu einer Mitteilung des Hrn. Einstein." *Annalen der Physik* 38 (1912): 467–469.
Cited: **4** *Stark 1912*: 109, 172, 173n, 293n. **5** *Stark 1912b*: 474n.

———. "Zur Diskussion über die Struktur der γ-Strahlen." *Physikalische Zeitschrift* 13 (1912): 161–162.
Cited: **5** *Stark 1912a*: 418n.

———. "Beobachtungen über den Effekt des elektrischen Feldes auf Spektrallinien." *Königlich Preußische Akademie der Wissenschaften* (Berlin). *Sitzungsberichte* (1913): 932–946.
Cited: **5** *Stark 1913*: 589n.

———. "Die gegenwärtige Krisis in der deutschen Physik." (1922).
Cited: **7** *Stark 1922*: 101, 113n.

Stark, Johannes, and Steubing, Walter. "Fluoreszenz und lichtelektrische Empfindlichkeit organischer Substanzen." *Physikalische Zeitschrift* 9 (1908): 481–495.
Cited: **2** *Stark and Steubing 1908*: 168n.

———. "Spektralanalytische Beobachtungen an Kanalstrahlen mit Hilfe großer Dispersion." *Annalen der Physik* 28 (1909): 974–998.
Cited: **5** *Stark and Steubing 1909*: 47n.

Starke, Hermann. "Über die elektrische und magnetische Ablenkung schneller Kathodenstrahlen." *Deutsche Physikalische Gesellschaft. Verhandlungen* 5 (1903): 241–250.
Cited: **2** *Starke 1903*: 486n.

———. "Das elektrische Leitungsvermögen." In *Die Kultur der Gegenwart. Ihre Entwicklung und ihre Ziele*. Hinneberg, Paul, ed. Part 3, sec. 3, vol. 1, *Physik*, pp. 408–449. Warburg, Emil, ed. Leipzig: Teubner, 1915.
Cited: **4** *Starke 1915*: 529, 534n.

Starr, William T. *Romain Rolland, One Against All: A Biography*. The Hague: Mouton, 1971.
Cited: **10** *Starr 1971*: 58n.

Starr, William Thomas. *Romain Rolland and a World at War*. Evanston, Ill.: Northwestern University, 1956.
Cited: **8** *Starr 1956*: 103n, 104n, 505n.

Stefan, Josef. "Über die dynamische Theorie der Diffusion der Gase." *Kaiserliche Akademie der Wissenschaften* (Vienna). *Mathematisch-naturwissenschaftliche Classe. Zweite Abtheilung. Sitzungsberichte* 65 (1872): 323–363.
Cited: **2** *Stefan 1872*: 252n. **3** *Stefan 1872b*: 243n.

———. "Untersuchungen über die Wärmeleitung in Gasen. Erste Abhandlung." *Kaiserliche Akademie der Wissenschaften* (Vienna). *Mathematisch-naturwissenschaftliche Classe. Zweite Abtheilung. Sitzungsberichte* 65 (1872): 45–69.
Cited: **3** *Stefan 1872a*: 243n.

———. "Untersuchungen über die Wärmeleitung in Gasen. Zweite Abhandlung." *Kaiserliche Akademie der Wissenschaften* (Vienna). *Mathematisch-naturwissenschaftliche Classe. Zweite Abtheilung. Sitzungsberichte* 72 (1876): 69–101.
Cited: **3** *Stefan 1876*: 243n.

———. "Über die Beziehung zwischen der Wärmestrahlung und der Temperatur." *Kaiserliche Akademie der Wissenschaften* (Vienna). *Mathematisch-naturwissenschaftliche Classe. Zweite Abtheilung. Sitzungsberichte* 79 (1879): 391–428.
Cited: **2** *Stefan 1879*: 108n.

Steffens, Henry John. *James Prescott Joule and the Concept of Energy*. New York: Science History, 1979.
Cited: **1** *Steffens 1979*: 84n.

Steglich, Wolfgang. *Die Friedenspolitik der Mittelmächte 1917/18*. Vol. 1. Wiesbaden: Steiner, 1964.
Cited: **8** *Steglich 1964*: 506n, 524n, 629n. **10** *Steglich 1964*: 108n.

Stenström, Karl W. *Experimentelle Untersuchungen der Röntgenspektra*. Doctoral dissertation. Lund: Bloms, 1919.
Cited: **9** *Stenström 1919*: 218n.

Stern, Alfred. *Zur Familiengeschichte. Klärchen zum 22. März 1906 gewidmet*. Zurich: Buchdruckerei Berichthaus, 1906.
Cited: **5** *Stern, A. 1906*: 636c.

———. *Wissenschaftliche Selbstbiographie*. Zurich: Gebr. Leemann, 1932.
Cited: **1** *Stern 1932*: 387.

Stern, Fritz. *The Politics of Cultural Despair. A Study in the Rise of the Germanic Ideology*. Berkeley: University of California Press, 1961.
Cited: **8** *Stern, F. 1961*: 737n.

———. *The Politics of Cultural Despair*. Berkeley: University of California Press, 1974.
Cited: **9** *Stern, F. 1974*: 396n.

———. *Dreams and Delusions. The Drama of German History*. New York: Knopf, 1987.
Cited: **8** *Stern, F. 1987*: 620n. **9** *Stern, F. 1987*: 109n.

———. "Freunde im Widerspruch. Haber und Einstein." In *Forschung im Spannungsfeld von Politik und Gesellschaft. Geschichte und Struktur der Kaiser-Wilhelm-/Max-Planck-Gesellschaft*, pp. 516–551. Vierhaus, Rudolf, and Brocke, Bernhard vom, ed. Stuttgart: Deutsche Verlags-Anstalt, 1990.
Cited: **7** *Stern 1990*: 232.

Stern, Otto. "Zur kinetischen Theorie des Dampfdrucks einatomiger fester Stoffe und über die Entropiekonstante einatomiger Gase." *Physikalische Zeitschrift* 14 (1913): 629–632.
Cited: **5** *Stern, O. 1913*: 536n, 539n. **6** *Stern 1913*: 261n. **8** *Stern, O. 1913*: 39n. **10** *Stern 1913*: 353n, 500n.

———. "Zur Theorie der Gasdissoziation." *Annalen der Physik* 44 (1914): 497–524.
Cited: **8** *Stern, O. 1914*: 20n, 30n.

———. "Die Entropie fester Lösungen." *Annalen der Physik* 49 (1916): 823–841.
Cited: **8** *Stern, O. 1916*: 263n, 264n, 273n.

———. "Zusammenfassender Bericht über die Molekulartheorie des Dampfdruckes fester Stoffe und ihre Bedeutung für die Berechnung chemischer Konstanten." *Zeitschrift für Elektrochemie* 25 (1919): 66–80.
Cited: **9** *Stern, O. 1919*: 472n. **10** *Stern 1919*: 353n.

———. "Zur Molekulartheorie des Paramagnetismus fester Salze." *Zeitschrift für Physik* 1 (1920): 147–153.
Cited: **10** *Stern 1920a*: 356n, 369n.

———. "Eine direkte Messung der thermischen Molekulargeschwindigkeit. Vorläufige Mitteilung." *Zeitschrift für Physik* 2 (1920): 49–56.
Cited: **10** *Stern 1920b*: 355n.

———. "Nachtrag zu meiner Arbeit: „Eine direkte Messung der thermischen Molekulargeschwindigkeit"." *Zeitschrift für Physik* 3 (1920): 417–421.
Cited: **10** *Stern 1920c*: 355n.

Sterne, Laurence. *Tristram Schandis Leben und Meynungen*. Munich, Leipzig: Müller, 1910.
Cited: **8** *Sterne 1910*: 325n.

Steubing, Walter. "Fluoreszenz und Ionisierung des Quecksilberdampfes." *Deutsche Physikalische Gesellschaft. Verhandlungen* 11 (1909): 561–574; also published with discussion remarks in *Physikalische Zeitschrift* 10 (1909): 787–793.
Cited: **9** *Steubing 1909*: 338n.

Stewart, John Q. "The Moment of Momentum Accompanying Magnetic Moment in Iron and Nickel." *Physical Review* 11 (1918): 100–120.
Cited: **6** *Stewart 1918*: 149. **10** *Stewart 1918*: 304n, 504n.

Stigler, Stephen M. *The History of Statistics: The Measurement of Uncertainty before 1900*. Cambridge, Mass.: Belknap Press of Harvard University Press, 1986.
Cited: **3** *Stigler 1986*: 268n.

Stodola, Aurel. "Künstliche Gliedmassen: Eine dankbare chirurgisch-mechanische Aufgabe." *Zeitschrift des Vereins Deutscher Ingenieure* (1915): 842–843.
Cited: **10** *Stodola 1915*: 34n.

Stokes, George G. "On the Aberration of Light." *Philosophical Magazine* 27 (1845): 9.
Cited: **7** *Stokes 1845*: 104, 128n, 279n, 469n.

———. "On the Theories of the Internal Friction of Fluids in Motion, and of the Equilibrium and Motion of Elastic Solids." *Cambridge Philosophical Society. Transactions* 8 (1849): 287–319.
Cited: **2** *Stokes 1845*: 171, 205n, 235n.

Stokesbury, James L. *A Short History of World War I*. New York: HarperCollins, 1981.
Cited: **10** *Stokesbury 1981*: 63n.

Stoltzenberg, Dietrich. *Fritz Haber. Chemiker, Nobelpreisträger, Deutscher, Jude*. Weinheim: VCH Verlagsgesellschaft, 1994.
Cited: **8** *Stoltzenberg 1994*: 129n. **9** *Stoltzenberg 1994*: 123n, 281n, 488n. **10** *Stoltzenberg 1994*: 451n.

Stone, Ralph A. *The Irreconcilables: The Fight against the League of Nations*. Lexington: University Press of Kentucky, 1970.
Cited: **9** *Stone 1970*: 145n.

Störmer, Carl. "Sur un problème important dans la physique cosmique." *Académie des sciences* (Paris). *Comptes rendus* 156 (1913): 450–453.
Cited: **8** *Störmer 1913a*: 158n.

———. "Sur un problème mécanique et ses appliquations à la physique cosmique." *Académie des sciences* (Paris). *Comptes rendus* 156 (1913): 536–539.
Cited: **8** *Störmer 1913b*: 158n.

Straumann, Norbert. "Zum Ursprung der Eichtheorien bei Hermann Weyl." *Physikalische Blätter* 43 (1987): 414–421.
Cited: **7** *Straumann 1987*: 56n.

Straus, Ernst. "Reminiscences." In *Albert Einstein: Historical and Cultural Perspectives. The Centennial Symposium in Jerusalem*, pp.

417–423. Holton, Gerald, and Elkana, Yehuda, eds. Princeton, N.J.: Princeton University Press, 1982.
Cited: **1** *Straus 1982*: lvii.

Strindberg, August. *Werke. Wissenschaft*. Vol. 6, *Ein Blaubuch*. Munich: Müller, 1908.
Cited: **9** *Strindberg 1908*: 207n.

———. *Werke. Dramen*. Vol. 8, *Märchenspiele, Ein Traumspiel*. Munich: Müller, 1917.
Cited: **9** *Strindberg 1917*: 144n.

———. *Werke. Dramen*. Vol. 6, *Rausch; Totentanz*. Munich: Müller, 1919.
Cited: **9** *Strindberg 1919*: 144n.

Strobel, Fr. "Vorwort." In *Beiblätter zu den Annalen der Physik und Chemie. Namenregister zum 1–15. Bande (1877–1891)* (1893): vi.
Cited: **2** *Strobel 1893*: 109.

———. "Vorwort." In *Beiblätter zu den Annalen der Physik. Register zu Band 16 bis 30 (1892–1906)* (1909): iv.
Cited: **2** *Strobel 1909*: 109.

Study, Eduard. *Die realistische Weltansicht und die Lehre vom Raume. Geometrie, Anschauung und Erfahrung*. Braunschweig: Vieweg, 1913.
Cited: **8** *Study 1914b*: 877n, 886n, 892n, 898n.

———. "Grundlagen und Ziele der analytischen Kinematik." *Berliner Mathematische Gesellschaft. Sitzungsberichte* 12 (1913): 36–60.
Cited: **8** *Study 1913*: 886n, 892n, 898n.

———. "Das Raumproblem." *Deutsche Mathematiker-Vereinigung. Jahresbericht* 23 (1914): 322–334.
Cited: **8** *Study 1914a*: 898n.

———. *Die realistische Weltansicht und die Lehre vom Raume. Geometrie, Anschauung und Erfahrung*. Braunschweig: Vieweg, 1914.
Cited: **9** *Study 1914*: 45n, 52n, 72n.

———. "Die Mimikry als Prüfstein phylogenetischer Theorien." *Die Naturwissenschaften* 7 (1919): 371–378, 392, 406–412.
Cited: **8** *Study 1919*: 886n.

Stuewer, Roger H. "Non-Einsteinian Interpretations of the Photoelectric Effect." In *Historical and Philosophical Perspectives of Science*, pp. 246–263. Stuewer, Roger H., ed. Minneapolis: University of Minnesota Press, 1970. (*Minnesota Studies in the Philosophy of Science*, vol. 5. Feigl, Herbert, and Maxwell, Grover, eds.)
Cited: **2** *Stuewer 1970*: 142. **3** *Stuewer 1970*: xxi, 518n, 547n.

———. *The Compton Effect: Turning Point in Physics*. New York: Science History, 1975.
Cited: **4** *Stuewer 1975*: 112.

———. "Artificial Disintegration and the Cambridge-Vienna Controversy." In *Observation, Experiment, and Hypothesis in Modern Physical Science*, pp. 239–307. Achinstein, Peter, and Hannaway, Owen, eds. Cambridge, Mass.: MIT Press, 1985.
Cited: **7** *Stuewer 1985*: 340n.

———. "Mass-Energy and the Neutron in the Early Thirties." *Science in Context* 6 (1993): 89–133.
Cited: **3** *Stuewer 1993*: 176n.

Stumpf, Carl F. *Spinozastudien. Abhandlungen der Preußischen Akademie der Wissenschaften. Philosophisch-historische Klasse*, no. 4, 1919.
Cited: **9** *Stumpf 1919*: 261n.

Suchtelen, Nico van. *Europa eendrachtig. Een lezing over den Europeeschen statenbond*. Amsterdam: Maatschappij voor Goede en Goedkoope Lectuur, 1915.
Cited: **8** *Suchtelen 1915*: 177n.

Suter, J., ed. *Jahresbericht über das Töchterinstitut und Lehrerinnenseminar Aarau*. Aarau: Sauerländer, 1899–1901.
Cited: **1** *Jahresbericht Aarau 1899–1901*: 234n, 280n, 286n.

Sutherland, William. "The Causes of Osmotic Pressure and of the Simplicity of the Laws of Dilute Solutions." *Philosophical Magazine* 44 (1897): 493–498.
Cited: **2** *Sutherland 1897*: 108n. **5** *Sutherland 1897*: 16n.

———. "Ionization, Ionic Velocities, and Atomic Sizes." *Philosophical Magazine* 3 (1902): 161–177.
Cited: **2** *Sutherland 1902*: 178.

———. "A Dynamical Theory of Diffusion for Non-Electrolytes and the Molecular Mass of Albumin." *Philosophical Magazine* 9 (1905): 781–785.
Cited: **2** *Sutherland 1905*: 171, 177, 179, 205n, 502n.

———. "The Electric Origin of Molecular Attraction." *Philosophical Magazine* 17 (1909): 657–670.
Cited: **3** *Sutherland 1909*: 579.

———. "The Mechanical Vibration of Atoms." *Philosophical Magazine* 20 (1910): 657–660.
Cited: **3** *Sutherland 1910*: 409, 413n, 414n, 526, 544n.

Svatoš, Michal. "Die Prager Universitäten im öffentlichen Leben der ersten Tschechoslowakischen Republik." In *Lemberg 2003*, pp. 135–143.
Cited: **9** *Svatoš 2003*: 462n.

Svedberg, The. "Ueber die elektrische Darstellung einiger neuen colloidalen Metalle." *Deutsche Chemische Gesellschaft. Berichte* 38 (1905): 3616–3620.
Cited: **2** *Svedberg 1905*: 400n.

———. "Über die Eigenbewegung der Teilchen in kolloidalen Lösungen." *Zeitschrift für Elektrochemie* 12 (1906): 853–860.
Cited: **2** *Svedberg 1906a*: 219, 220, 400n, 497, 501n, 559n. **5** *Svedberg 1906a*: 218n. **9** *Svedberg 1906a*: 286n, 300n.

———. "Über die Eigenbewegung der Teilchen in kolloidalen Lösungen. Zweite Mitteilung." *Zeitschrift für Elektrochemie* 12 (1906): 909–910.
Cited: **2** *Svedberg 1906b*: 219, 220, 400n, 497, 501n. **5** *Svedberg 1906b*: 218n. **9** *Svedberg 1906b*: 286n, 300n.

———. "Einige Bemerkungen über die Brownsche Bewegung." *Zeitschrift für physikalische Chemie* 71 (1910): 571–576.
Cited: **2** *Svedberg 1910*: 219, 220.

Swenson, Loyd S. *The Ethereal Aether: A History of the Michelson-Morley-Miller Aether-Drift Experiments, 1880–1930*. Austin: University of Texas Press, 1972.
Cited: **2** *Swenson 1972*: 255, 582n. **4** *Swenson 1972*: 187n.

Swinne, Edgar. *Friedrich Paschen als Hochschullehrer*. Berlin: D.A.V.I.D., 1989.
Cited: **9** *Swinne 1989*: 72n, 149n, 150n, 358n.

Swinne, Richard. "Bericht über die Planck-Festsitzung der Physikalischen Gesellschaft." *Zeitschrift für Elektrochemie* 24 (1918): 177–179.
Cited: **8** *Swinne 1918*: 743n.

Szarvassi, Arthur. "Die Theorie der elektromagnetischen Erscheinungen in bewegten Körpern und das Energieprinzip." *Physikalische Zeitschrift* 10 (1909): 811–813.
Cited: **2** *Szarvassi 1909*: 560–562, 562n.

Szöllösi-Janze, Margit. *Fritz Haber 1868–1934. Eine Biographie*. Munich: Beck, 1998.
Cited: **9** *Szöllösi-Janze 1998*: 123n.

Tagore, Rabindranath. *Nationalismus*. Leipzig: Wolff, 1918.
Cited: **9** *Tagore 1918*: 238n.

———. *Das Heim und die Welt*. Munich: Wolff, 1920.
Cited: **10** *Tagore 1920*: 417n.

Talmey, Max. *The Relativity Theory Simplified and the Formative Period of Its Inventor*. New York: Falcon Press, 1932.
Cited: **1** *Talmey 1932*: lxi, lxii, 3n, 4n, 5, 6, 293n.

Tammann, Gustav. "Die Dampftensionen der Lösungen." *Académie impériale des sciences de Saint-Pétersbourg. Mémoires* 35 (1887) no. 9.
Cited: **5** *Tammann 1887*: 16n.

———. "Zur Thermodynamik der Gleichgewichte in Einstoffsysteme." *Königliche Gesellschaft der Wissenschaften zu Göttingen. Mathematisch-physikalische Klasse. Nachrichten* (1911): 325–360.
Cited: **5** *Tammann 1911*: 402n.

———. "Über den atomistischen Aufbau nichtmetallischer Mischkristalle." *Königliche Gesellschaft der Wissenschaften zu Göttingen. Mathematisch-physikalische Klasse. Nachrichten* (1918): 296–318.
Cited: **10** *Tamman 1918a*: 500n.

———. "Über isomere Legierungen." *Königliche Gesellschaft der Wissenschaften zu Göttingen. Mathematisch-physikalische Klasse. Nachrichten* (1918): 332–350.
Cited: **10** *Tamman 1918b*: 500n.

Tank, Franz. "Bandenspektren und Quantentheorie." *Mitteilungen der Physikalischen Gesellschaft Zürich* 19 (1919): 87–93.
Cited: **10** *Tank 1919*: 298n.

Tanner, Hans. *Über die Zustandsgleichung schwachkomprimierter Gase*. Basel: Basler Druck- und Verlagsanstalt, 1912.
Cited: **5** *Tanner 1912*: 291n, 334n.

Tänzer, Aron. *Die Geschichte der Juden in Jebenhausen und Göppingen*. Berlin: Kohlhammer, 1927.
Cited: **1** *Tänzer 1927*: xlviii.

———. "Der Stammbaum Prof. Albert Einsteins." *Jüdische Familien-Forschung* 28 (1931): 419–421.
Cited: **1** *Tänzer 1931*: xlviii, 1.

Tartakower, Arjeh. "Das jüdische Mittelschulwesen in Polen." *Der Jude* 9 (1926) no. 2: 79–89.
Cited: **8** *Tartakower 1926*: 774n.

Tayler, Roger J., ed. *History of the Royal Astronomical Society*. Vol. 2, *1920–1980*. Oxford: Blackwell, 1987.
Cited: **9** *Tayler 1987*: 370n. **10** *Tayler 1987*: 381n.

Taylor, Geoffrey Ingram. "Interference Fringes

with Feeble Light." *Cambridge Philosophical Society. Proceedings* 15 (1909): 114–115.
Cited: **2** *Taylor 1909*: 145, 587n.

Terrell, Thomas. *The Law and Practice Relating to Letters Patent for Inventions*. 4th ed. Terrell, Courtney, ed. London: Sweet and Maxwell, 1906.
Cited: **5** *Terrell 1906*: 118n.

Teske, Armin. "Einstein und Smoluchowski. Zur Geschichte der Brownschen Bewegung und der Opaleszenz." *Sudhoffs Archiv. Zeitschrift für Wissenschaftsgeschichte* 53 (1969): 292–305.
Cited: **2** *Teske 1969*: 217. **3** *Teske 1969*: 283, 284.

———. *Marian Smoluchowski. Leben und Werk*. Wroclaw: Zaklad Narodowy imienia Ossolinskich Wydawnictwo Polskiej Akademii Nauk, 1977.
Cited: **3** *Teske 1977*: 283.

Tetrode, Hugo M. "Die chemische Konstante der Gase und das elementare Wirkungsquantum." *Annalen der Physik* 38 (1912): 434–442; 39 (1912): 255–256 ("Berichtigung").
Cited: **6** *Tetrode 1912*: 261n. **8** *Tetrode 1912*: 244n, 247n.

———. "Theoretische bepaling der entropieconstante van gassen en vloeistoffen." *Koninklijke Akademie van Wetenschappen te Amsterdam. Wis- en Natuurkundige Afdeeling. Verslagen van de Gewone Vergaderingen* 23 (1914–15): 1110–1127. Reprinted in translation as "Theoretical Determination of the Entropy Constant of Gases and Liquids." *Koninklijke Akademie van Wetenschappen te Amsterdam. Section of Sciences. Proceedings* 17 (1914–1915): 1167–1184.
Cited: **6** *Tetrode 1915*: 261n, 262n. **8** *Tetrode 1915*: 193n, 244n, 247n.

———. "Theoretical Determination of the Entropy Constant of Gases and Liquids." *Koninklijke Akademie van Wetenschappen te Amsterdam. Proceedings* 17 (1914–15): 1167–1184.
Cited: **9** *Tetrode 1915*: 439n.

Teweles, Heinrich. "Einstein." *Prager Tagblatt*, 18 December 1919.
Cited: **9** *Teweles 1919*: 324n.

Thiele, Joachim. "Briefe Albert Einsteins an Joseph Petzoldt." *NTM–Schriftenreihe für Geschichte der Naturwissenschaften, Technik und Medizin* 8 (1971): 70–74.
Cited: **9** *Thiele 1971*: 137n, 140n. **10** *Thiele 1971*: 342n.

Thimme, Annelise. *Hans Delbrück als Kritiker der wilhelminischen Epoche*. Düsseldorf: Droste, 1955.
Cited: **8** *Thimme 1955*: 146n, 171n.

Thirring, Hans. "Uber die Wirkung rotierender ferner Massen in der Einsteinschen Gravitationstheorie." *Physikalische Zeitschrift* 19 (1918): 33–39.
Cited: **4** *Thirring 1918*: 347. **7** *Thirring 1918*: xxiv, 121n, 576n. **8** *Thirring 1918*: 325n, 483n, 484n, 559n, 567n. **9** *Thirring 1918*: 211n, 251n.

———. "Atombau und Kristallsymmetrie." *Physikalische Zeitschrift* 21 (1920): 281–288.
Cited: **9** *Thirring 1920*: 211n.

Thomson, Joseph John. "Indications relatives à la constitution de la matière fournies par les recherches récentes sur le passage de l'électricité à travers les gaz." In *Rapports présentés au congrès international de physique. Paris, 1900*. Vol. 3, *Electrooptique et ionisation. Applications. Physique cosmique. Physique biologique*, pp. 138–151. Guillaume, Charles-Édouard, and Poincaré, Lucien, eds. Paris: Gauthier-Villars, 1900.
Cited: **1** *Thomson, J. 1900*: 237.

———. "On the Emission of Negative Corpuscles by the Alkali Metals." *Philosophical Magazine* 10 (1905): 584–590.
Cited: **2** *Thomson, J. J. 1905*.

———. "On the Electrical Origin of the Radiation from Hot Bodies." *Philosophical Magazine* 14 (1907): 217–231.
Cited: **5** *Thomson, J. J. 1907*: 74n.

———. "On the Theory of Radiation." *Philosophical Magazine* 20 (1910): 238–247.
Cited: **5** *Thomson, J. J. 1910*: 258n.

———. "La structure de l'atome." In *La structure de la matière. Rapports et discussions du Conseil de Physique tenu à Bruxelles du 27 au 31 octobre 1913, sous les auspices de l'Institut International de Physique Solvay*, pp. 1–44. Goldschmidt, Robert, de Broglie, Maurice, and Lindemann, Frederick A., eds. Paris: Gauthier-Villars, 1921.
Cited: **4** *Thomson 1921*: 552n.

Thomson, Joseph John, and et al. "Discussion" following **4** *Thomson 1921*. In *La structure de la matière. Rapports et discussions du Conseil de Physique tenu à Bruxelles du 27 au 31 octobre 1913, sous les auspices de l'Institut International de Physique Solvay*, pp. 45–74. Goldschmidt, Robert; de Broglie,

Maurice, and Lindemann, Frederick A., eds. Paris: Gauthier-Villars, 1921.
Cited: **4** *Thomson et al. 1921*: 552n.

Thomson, William. "On a Mechanical Theory of Thermo-Electric Currents." (15 December 1851) *Proceedings of the Royal Society of Edinburgh* 3 (1850–57): 91–98.
Cited: **1** *Thomson 1851*: 258n.

———. "On the Thermal Effect of Drawing Out a Film of Liquid." *Royal Society of London. Proceedings* 9 (1858): 255–256.
Cited: **2** *Thomson, W. 1858*: 20n.

———. "Report on Electrometers and Electrostatic Measurements." *British Association for the Advancement of Science. Report* 37 (1867): 489–512.
Cited: **1** *Thomson 1867*: 156n. **2** *Thomson, W. 1867*: 492n. **3** *Thomson 1867b*: 397n.

———. "On a Self-Acting Apparatus for Multiplying and Maintaining Electric Charges, with Applications to Illustrate the Voltaic Theory." *Royal Society of London. Proceedings* 16 (1867–68): 67–72.
Cited: **3** *Thomson 1867a*: 398n.

———. "The Size of Atoms." *Nature* 1 (1870): 551–553.
Cited: **2** *Thomson, W. 1870*: 171.

———. *Reprint of Papers on Electrostatics and Magnetism*. 2 vols. London: Macmillan, 1872.
Cited: **5** *Thomson, W. 1872*: 55n.

Tisza, László, and Quay, Paul M. "The Statistical Thermodynamics of Equilibrium." *Annals of Physics* 25 (1963): 48–90.
Cited: **2** *Tisza and Quay 1963*: 54. **3** *Tisza and Quay 1963*: 285.

Toeplitz, Uri. "Erinnerungen an meinen Vater." *Bonner Mathematische Schriften* (Sonderband Otto Toeplitz 1881–1940. Gedächtnisfeier zur Wiederkehr seines 100. Geburtstages am 3. Juli 1981) 143 (1982): 24–30.
Cited: **9** *Toeplitz 1982*: 230n.

Tollmien, Cordula. "Die Habilitation von Emmy Noether an der Universität Göttingen." *NTM–Schriftenreihe für die Geschichte der Naturwissenschaften, Technik und Medizin* 28 (1991): 13–32.
Cited: **8** *Tollmien 1991*: 976n.

Tolman, Richard C. "The Principle of Similitude." *Physical Review* 3 (1914): 244–255.
Cited: **8** *Tolman 1914*: 165n.

Tolman, Richard C., and Dale, Stewart T. "The Electromotive Force Produced by the Acceleration of Metals." *Physical Review* 8 (1916): 97–116.
Cited: **10** *Tolman and Stewart 1916*: 504n.

———. "The Mass of the Electric Carrier in Copper, Silver and Aluminium." *Physical Review* 9 (1917): 164–167.
Cited: **10** *Tolman and Stewart 1917*.

Tolstoy, Leo. *Meine Berichte*. Berlin: Globus, [1886].
Cited: **10** *Tolstoy 1886*: 56n.

———. *Christentum und Vaterlandsliebe*. Hauff, L. A., trans. Berlin: Janke [1894].
Cited: **8** *Tolstoy 1894*: 154n, 194n.

Torretti, Roberto. *Philosophy of Geometry from Riemann to Poincaré*. Dordrecht: Reidel, 1978.
Cited: **8** *Torretti 1978*: 440n, 781n.

———. *Relativity and Geometry*. Oxford: Pergamon, 1983.
Cited: **2** *Torretti 1983*: xxxiii, 255.

———. *Philosophy of Geometry from Riemann to Poincaré*. Dordrecht: Reidel, 1978.
Cited: **7** *Torretti 1978*: 403n.

Toulmin, Stephen, ed. *Physical Reality: Philosophical Essays on Twentieth-Century Physics*. New York: Harper and Row, [1970].
Cited: **7** *Toulmin 1970*: 62n.

Townsend, John Sealy. "Die Ionisation der Gase." In *Handbuch der Radiologie*. Vol. 1, pp. 1–398. Marx, Erich, ed. Leipzig: Akademische Verlagsgesellschaft, 1920.
Cited: **2** *Townsend 1920*: 178.

Trachtenberg, Marc. *Reparation in World Politics. France and European Economic Diplomacy, 1916–1923*. New York: Columbia University Press, 1980.
Cited: **7** *Trachtenberg 1980*: 340n. **9** *Trachtenberg 1980*: 130n.

Trageser, Wolfgang. "Warum Einstein doch nicht nach Frankfurt kam. Ein Brieffund im Universitätsarchiv und die Geschichte der Relativitätstheorie an der Frankfurter Universität." *Forschung Frankfurt* 20 (2002): 38–46.
Cited: **9** *Trageser 2002*: 319n. **10** *Trageser 2002*: 599c.

Trbuhović-Gjurić, Desanka. *Im Schatten Albert Einsteins. Das tragische Leben der Mileva Einstein-Marić*. Bern: Haupt, 1983. Translation of *U senci Alberta Ajnštajna*. Kruševac: Bagdala, 1969.
Cited: **1** *Trbuhović-Gjurić 1983*: xlii, 245n, 381, 386. **5** *Trbuhović-Gjurić 1983*: 45n, 115n, 225n, 308n, 516n, 607n. **7** *Trbuhović-Gjurić 1983*: 222. **8** *Trbuhović-Gjurić 1983*: 270n, 312n, 316n, 320n, 338n, 341n, 367n,

505n, 515n, 659n, 817n.

———. *Im Schatten Albert Einsteins: Das tragische Leben der Mileva Einstein-Marić*. 5th ed. Bern: Haupt, 1993.
Cited: **9** *Trbuhović-Gjurić 1993*: 271n. **10** *Trbuhović-Gjurić 1993*: 59n, 229n.

Treitschke, Heinrich von. "Unsere Aussichten." *Preussische Jahrbücher* 44 (1879): 559–576.
Cited: **10** *Treitschke 1879*: 56n.

———. *Deutsche Geschichte im XIX. Jahrhundert*. 5 vols. Leipzig: Hirzel, 1879–1895.
Cited: **10** *Treitschke 1879/1895*: 56n.

Tribolet, Hans, ed. *Historisch-Biographisches Lexikon der Schweiz*. 7 vols. Neuchâtel: Administration des historisch-biographischen Lexikons der Schweiz, 1934.
Cited: **8** *Tribolet 1934*: 411n. **10** *Tribolet 1934*: 69n, 149n, 168n, 171n.

Tricker, R.A.R. *Early Electrodynamics: The First Law of Circulation*. Oxford: Pergamon, 1965.
Cited: **1** *Tricker 1965*: 201n.

Troeltsch, Ernst. "Privatmoral und Staatsmoral." *Neue Rundschau* 28 (1916): 141–169.
Cited: **8** *Troeltsch 1916*: 837n.

———. "Freiheit und Vaterland." *Deutsche Politik* 3 (1918): 72–78.
Cited: **7** *Troeltsch 1918*: 10n. **8** *Troeltsch 1918*: 629n.

Trommsdorff, Paul. *Der Lehrkörper der Technischen Hochschule Hannover 1831–1931*. Hanover: Osterwald, 1931.
Cited: **5** *Trommsdorff 1931*: 76n.

Tuchschmid, August, ed. *Programm der Aargauischen Kantonsschule für das Schuljahr 1895/96*. Aarau: Sauerländer, 1896.
Cited: **1** *Aargau Programm 1895/96*: 11, 12, 21n, 335n, 359.

———, ed. *Programm der Aargauischen Kantonsschule für das Schuljahr 1896/97*. Aarau: Sauerländer, 1897.
Cited: **1** *Aargau Programm 1896/97*: 11, 23, 25, 219n, 359.

———. "Die Entwicklung der Aargauischen Kantonsschule von 1802–1902." In *Jubiläum der Aargauischen Kantonsschule am 6. Januar 1902. Vorträge und Reden*, pp. 13–78. Aarau: Sauerländer, 1902.
Cited: **1** *Tuchschmid 1902*: 11.

———, ed. *Jahresbericht der Aargauischen Kantonsschule. Schuljahr 1915/16*. Aarau: Sauerländer, 1916.
Cited: **1** *Tuchschmid 1916*: 12.

———. "Professor Dr. Jost Winteler. 1846–1929." In *Jost Winteler 1846–1929*, pp. 1–14. Aarau: Sauerländer, 1930.
Cited: **1** *Tuchschmid 1930*: 388.

Tumlirz, Ottokar. "Die Zustandsgleichung des Wasserdampfes." *Kaiserliche Akademie der Wissenschaften* (Vienna). *Mathematisch-naturwissenschaftliche Classe. Abteilung IIa. Sitzungsberichte* 108 (1899): 1058–1069.
Cited: **2** *Tumlirz 1899*: 114, 114n, 126n.

Twain, Mark. *Literary Essays*. New York: Harper, 1899.
Cited: **8** *Twain 1899*: 892n.

———. *Christian Science. With Notes Containing Corrections to Date*. New York: Harper, 1907.
Cited: **8** *Twain 1907*: 892n.

Tyndall, John. "On the Blue Colour of the Sky, the Polarization of Skylight, and on the Polarization of Light by Cloudy Matter Generally." *Philosophical Magazine* 37 (1869): 384–394.
Cited: **3** *Tyndall 1869*: 310n.

Ulinski, Franz. "Das Problem der Weltraumfahrt." *Der Flug*, December 1920, pp. 113–124. Sonderausgabe.
Cited: **9** *Ulinski 1920*: 516n.

Ulitzur, A. *Two Decades of Keren Hayesod: A Survey in Facts and Figures, 1921–1940*. Jerusalem: Keren Hayesod, 1940.
Cited: **7** *Ulitzur 1940*: 233, 436n–437n.

Ungern-Sternberg, Jürgen von, and Ungern-Sternberg, Wolfgang von. *Der Aufruf 'An die Kulturwelt!' Das Manifest der 93 und die Anfänge der Kriegspropaganda im Ersten Weltkrieg*. Stuttgart: Steiner, 1996.
Cited: **9** *Ungern-Sternberg 1996*: 122n.

Unna, Issachar. "The Genesis of Physics at the Hebrew University of Jerusalem." *Physics in Perspective* 2 (2000): 336–380.
Cited: **9** *Unna 2000*: 249n.

Unthan, Carl H. *Ohne Arme durchs Leben*. Karlsruhe i.B.: Braun, 1916.
Cited: **9** *Unthan 1916*: 497n.

———. *The Armless Fiddler: A Pediscript, Being the Life Story of a Vaudeville Man*. London: Allen and Unwin, 1935.
Cited: **9** *Unthan 1935*: 497n.

Uppenborn, Friedrich. *Die Versorgung von Städten mit elektrischem Strom*. Berlin: Julius Springer; Munich: R. Oldenburg, 1891.
Cited: **1** *Uppenborn 1891*: lii.

Urofsky, Melvin I. *American Zionism from Herzl to Holocaust*. Garden City N.Y.: Doubleday, 1975.

Cited: **7** *Urofsky 1975*: 234.

Urofsky, Melvin I., and Levy, David W. *Half Brother, Half Son: The Letters of Louis D. Brandeis to Felix Frankfurter.* Norman: University of Oklahoma Press, 1991.
Cited: **7** *Urofsky and Levy 1991*: 234.

Usener, Hans. *Der Kreisel als Richtungsweiser. Seine Entwickelung, Theorie und Eigenschaften.* Munich: Militärische Verlagsanstalt, 1917.
Cited: **8** *Usener 1917*: 838n, 858n, 864n.

Vaihinger, Hans. *Kommentar zu Kants Kritik der reinen Vernunft.* Stuttgart: Spemann, 1912.
Cited: **9** *Vaihinger 1912*: 52n.

———. *Die Philosophie des Als Ob. System der theoretischen, praktischen und religiösen Fiktionen der Menschheit auf Grund eines idealistischen Positivismus.* 3d ed. Leipzig: Meiner, 1918.
Cited: **8** *Vaihinger 1918*: 889n. **9** *Vaihinger 1918*: 45n, 52n, 494n. **10** *Vaihinger 1918*: lii.

Valentiner, Siegfried. Review of: **2** *Planck 1904. Beiblätter zu den Annalen der Physik* 29 (1905): 636–637.
Cited: **2** *Valentiner 1905*: 44.

Van 't Hoff, Jacobus Henricus. "Einfluss der Änderung der spezifischen Wärme auf die Umwandlungsarbeit." In *Festschrift Ludwig Boltzmann gewidmet zum sechzigsten Geburtstage 20. Februar 1904*, pp. 233–241. Meyer, Stefan, ed. Leipzig: Barth, 1904.
Cited: **2** *Van 't Hoff 1904*: 127–130.

———. "Lois de l'équilibre chimique dans l'état dilué, gazeux ou dissous." *Konliga Svenska Vetenskaps-Akademiens Handlingar* 21 (1884-85) no. 17.
Cited: **4** *Van 't Hoff 1886*: 564n. **5** *Van 't Hoff 1885*: 16n.

———. "Die Rolle des osmotischen Druckes in der Analogie zwischen Lösungen und Gasen." *Zeitschrift für physikalische Chemie* 1 (1887): 481–508.
Cited: **2** *Van 't Hoff 1887*: 168n, 171, 205n, 235n.

———. "Über feste Lösungen und Molekulargewichtsbestimmung an festen Körpern." *Zeitschrift für physikalische Chemie* 5 (1890): 322–339.
Cited: **5** *Van 't Hoff 1890*: 16n.

Van der Mandere, H. Ch. G. J. "Nederlandsche Anti-Oorlog-Raad (Conseil néerlandais contre la guerre)." *Grotius* (1919): 71–101.
Cited: **8** *Van der Mandere 1919*: 340n.

Van der Waals, Johannes D. *Over de continuiteit van den gas- en vloeistoftoestand.* Leiden: Sijthoff, 1873. Doctoral dissertation, University of Leyden.
Cited: **2** *Van der Waals 1873*: 4. **4** *Van der Waals 1873*: 534n.

———. "Thermodynamische Theorie der Kapillarität unter Voraussetzung stetiger Dichteänderung." *Zeitschrift für physikalische Chemie* 13 (1894): 657–725.
Cited: **3** *Van der Waals 1894*: 403, 407n, 573.

Van Herwaarden, G. "Albert Einstein en de Utrechtse Universiteit." *Jaarboek Oud Utrecht* (1971): 33–45.
Cited: **5** *Van Herwaarden 1971*: 348n.

Van Laar, Johannes Jacobus. "Über die genauen Formeln für den osmotischen Druck, für die Änderungen der Löslichkeit, für Gefrierpunkts- und Siedepunktsänderungen, und für die Lösungs- und Verdünnungswärmen bei in Lösung dissociierten Körpern." *Zeitschrift für physikalische Chemie* 15 (1894): 457–497.
Cited: **5** *Van Laar 1894*: 375n.

Van Leeuwen, Hendrika Johanna. *Vraagstukken uit de electronentheorie van het magnetisme.* Leyden: IJdo, 1919. Doctoral dissertation, University of Leyden.
Cited: **8** *Van Leeuwen 1919*: 468n.

Vanderlinden, Henri L. "Les équations du champ de gravitation d'Einstein." *Académie Royale de Belgique. Classe des Sciences. Bulletin* 6 (1920): 45–52.
Cited: **10** *Vanderlinden 1920*: 371n.

Varcollier, Henri. "Les déplacements dans les champs de vecteurs et la Théorie de la Relativité." *Revue générale de sciences pures et appliquées* 29 (1918): 101–114, 135–146.
Cited: **9** *Varcollier 1918*: 537n. **10** *Varcollier 1918*: 264n.

Varićak, Vladimir. "Bemerkung zu einem Punkte in der Festrede L. Schlesingers über Johann Bolyai." *Deutsche Mathematiker-Vereinigung. Jahresbericht* 16 (1907): 320–321.
Cited: **10** *Varićak 1907*: 6n.

———. "Beiträge zur nichteuklidischen Geometrie." *Deutsche Mathematiker-Vereinigung. Jahresbericht* 17 (1908): 70–83.
Cited: **10** *Varićak 1908*: 5n.

———. "Zur nichteuklidischen analytischen Geometrie." *Atti del Congresso internazionale dei Matematici* 2 (1909): 213–226.
Cited: **10** *Varićak 1909*: 5n.

———. "Anwendung der Lobatschefskijschen Geometrie in der Relativtheorie." *Physikalische Zeitschrift* 11 (1910): 93–96.

Cited: **10** *Varićak 1910a*: 6n.

———. "Die Relativtheorie und die Lobatschefskijsche Geometrie." *Physikalische Zeitschrift* 11 (1910): 287–293.
Cited: **10** *Varićak 1910b*: 9n.

———. "Die Reflexion des Lichtes an bewegten Spiegeln." *Physikalische Zeitschrift* 11 (1910): 586–587.
Cited: **10** *Varićak 1910c*: 7n, 10n.

———. "Interpretacija teorije relativnosti u geometriji Lobačevskoga." *Glas srpske kraljevske Akademije Nauka u Beogradu* 83 (1911): 211–255.
Cited: **10** *Varićak 1911a*: 10n, 15n.

———. "Zum Ehrenfestschen Paradoxon." *Physikalische Zeitschrift* 12 (1911): 169–170.
Cited: **3** *Varićak 1911*: 478, 482n, 484n. **5** *Varićak 1911*: 251n, 292n. **10** *Varićak 1911b*: 13n, 15n.

Vellacott, Jo. *Bertrand Russell and the Pacifists in the First World War*. Bath: Harvester Press, 1980.
Cited: **8** *Vellacott 1980*: 511n.

Verschaffelt, Jules E., de Broglie, Maurice, Bragg, William L., and Brillouin, Léon, eds. *Atomes et électrons. Rapports et discussions du Conseil de Physique tenu à Bruxelles du 1er au 6 avril 1921 sous les auspices de l'Institut International de Physique Solvay*. Paris: Gauthier-Villars, 1923.
Cited: **6** *Rapports 1923*. **7** *Rapports 1923*: 585n.

Vierhaus, Rudolf, and vom Brocke, Bernhard. *Forschung im Spannungsfeld von Politik und Gesellschaft. Geschichte und Struktur der Kaiser-Wilhelm-/Max-Planck Gesellschaft*. Stuttgart: Deutsche Verlags-Anstalt, 1990.
Cited: **5** *Vierhaus and vom Brocke 1990*: 260n, 427n, 513n, 514n, 534n, 549n, 598n, 603n.

Villarceau, Yvon. "Sur un nouveau théorème de mécanique générale." *Académie des sciences* (Paris). *Comptes rendus* 75 (1872): 232–240.
Cited: **1** *Villarceau 1872*: 122n.

Villat, Henri, ed. *Comptes rendus du Congrès International des Mathématiciens (Strasbourg, 22–30 Septembre 1920)*. Toulouse, 1921.
Cited: **10** *Villat 1921*: 538n.

Vincent, C. Paul. *The Politics of Hunger: The Allied Blockade of Germany, 1915–1919*. Athens: Ohio University Press, 1985.
Cited: **9** *Vincent 1985*: 253n. **10** *Vincent 1985*: 51n.

———. *A Historical Dictionary of Germany's Weimar Republic, 1918–1933*. Westport, Conn.: Greenwood, 1997.
Cited: **9** *Vincent 1997*: 389n, 479n, 513n.

Violle, Jules. *Lehrbuch der Physik*. German edition, Gumlich, E., et al., eds. Part 1, *Mechanik*. Vol. 1, *Allgemeine Mechanik und Mechanik der festen Körper*. Berlin: Springer, 1892.
Cited: **2** *Violle 1892*: xxv, 3, 42, 255, 258, 259, 307n. **3** *Violle 1892*: 4, 5, 126n, 127n.

———. *Lehrbuch der Physik*. German edition, Gumlich, E., et al., eds. Part 1, *Mechanik*. Vol. 1, *Allgemeine Mechanik und Mechanik der festen Körper*, 1892. Vol. 2, *Mechanik der flüssigen und gasförmigen Körper*. Part 2, *Akustik und Optik*. Vol. 1, *Akustik*, 1893. Berlin: Springer, 1892–1893.
Cited: **1** *Violle 1892–1893*: lxiv, 6, 7n. **8** *Violle 1892–1893*: 171n.

———. *Lehrbuch der Physik*. German edition, Gumlich, E., et al., eds. Part 1, *Mechanik*. Vol. 2, *Mechanik der flüssigen und gasförmigen Körper*. Berlin: Springer, 1893.
Cited: **2** *Violle 1893*: 3, 42, 178, 258.

Vischer, Friedrich Th. *Auch Einer. Eine Reisebekanntschaft*. Berlin: Deutsche Bibliothek, [1900].
Cited: **10** *Vischer 1900*: 123n.

Vital, David. *Zionism: The Crucial Phase*. Oxford: Clarendon Press, 1987.
Cited: **7** *Vital 1987*: 435n.

Vizgin, Vladimir P. "Einstein, Hilbert, and Weyl: The Genesis of the Geometrical Unified Field Theory Program." In *Einstein and the History of General Relativity*, pp. 300–314. Howard, Don, and Stachel, John, eds. Boston: Birkhäuser, 1989.
Cited: **7** *Vizgin 1989*: 56n. **8** *Vizgin 1989*: 664n.

———. *Unified Field Theories in the First Third of the 20th Century*. Boston: Birkhäuser, 1994.
Cited: **7** *Vizgin 1994*: 56n. **8** *Vizgin 1994*: 664n.

Vizgin, Vladimir P., and Gorelik, Gennady E. "The Reception of the Theory of Relativity in Russia and the USSR." In *The Comparative Reception of Relativity*, pp. 265–326. Glick, Thomas F., ed. Dordrecht: Reidel, 1987.
Cited: **10** *Vizgin and Gorelik 1987*: 376n.

Vogel, Hans. "Der kreißende Berg. Der große Generalstreikprozeß." *Rote Revue* 28, no. 5 (May 1949): 193–201.
Cited: **9** *Vogel 1949*: 162n.

Voigt, Woldemar. "Ueber das Doppler'sche

Princip." *Nachrichten von der Königlichen Gesellschaft der Wissenschaften und der Georg-Augusts-Universität zu Göttingen* (1887): 41–51.
Cited: **2** *Voigt 1887*: 308n.

———. *Kompendium der theoretischen Physik.* Vol. 1, *Mechanik starrer und nichtstarrer Körper. Wärmelehre.* Leipzig: Veit, 1895.
Cited: **1** *Voigt 1895*: 321n.

———. *Kompendium der theoretischen Physik.* Vol. 2, *Elektricität und Magnetismus. Optik.* Leipzig: Veit, 1896.
Cited: **1** *Voigt 1896*: 321n. **2** *Voigt 1896*: 260.

———. *Die fundamentalen physikalischen Eigenschaften der Krystalle in elementarer Darstellung.* Leipzig: Veit, 1898.
Cited: **5** *Voigt 1898*: 149n.

———. *Elementare Mechanik als Einleitung in das Studium der theoretischen Physik.* Leipzig: Veit, 1901.
Cited: **3** *Voigt 1901*: 5, 126n.

———. "Elektronenhypothese und Theorie des Magnetismus." *Annalen der Physik* 9 (1902): 115–146.
Cited: **1** *Voigt 1902*: 287n.

Volkmann, Paul. *Erkenntnistheoretische Grundzüge der Wissenschaften und ihre Beziehungen zum Geistesleben der Gegenwart.* Leipzig: Teubner, 1896.
Cited: **8** *Volkmann 1896*: 889n.

Volkmann, Wilhelm. *Praxis der Linsenoptik in einfachen Versuchen.* Berlin: Bornträger, 1910.
Cited: **3** *Volkmann 1910*: 592.

Volkov, Shulamit. "The Dynamics of Dissimilation: Ostjuden and German Jews." In *The Jewish Response to German Culture: From the Enlightenment to the Second World War,* pp. 195–211. Reinharz, Jehuda, and Schatzberg, Walter, eds. Hanover, N.H.: University Press of New England, 1985.
Cited: **7** *Volkov 1985*: 224, 292n.

Volta, Alexander. "On the Electricity Excited by the Mere Contact of Conducting Substances of Different Kinds." *Royal Society of London. Philosophical Transactions* 90 (1800): 403–431.
Cited: **1** *Volta 1800*: 158n.

Von Kries, J. "Über die zur Erregung des Sehorgans erforderlichen Energiemengen." *Zeitschrift für Sinnesphysiologie* 41 (1907): 373–394.
Cited: **5** *Von Kries 1907*: 180n.

Voss, Aurel E. "Die Prinzipien der rationellen Mechanik." In *Encyklopädie der mathematischen Wissenschaften, mit Einschluss ihrer Anwendungen.* Vol. 4, *Mechanik,* part 1, pp. 3–121. Klein, Felix, and Müller, Conrad, eds. Leipzig: Teubner, 1901–1908. Issued 13 November 1901.
Cited: **3** *Voss 1901*: 128n.

Waetzmann, Erich. *Die Resonanztheorie des Hörens als Beitrag zur Lehre von den Tonempfindungen.* Braunschweig: Vieweg, 1912.
Cited: **9** *Waetzmann 1912*: 128n.

Wagner, Mario Basto. "Thermodynamik der Mischungen. I–III." *Zeitschrift für Physikalische Chemie* 94 (1920): 592–627; 95 (1920): 15–36, 37–61.
Cited: **10** *Wagner 1920*: 485n, 549n.

Waitz, Karl. "Induktion." In *Handbuch der Physik.* 2d ed. Vol. 1, *Allgemeine Physik,* pp. 536–705. Winkelmann, Adolph, ed. Leipzig: Barth, 1908.
Cited: **3** *Waitz 1908*: 399n.

Walden, Paul. "Ausdehnungsmodulus, spezifische Kohäsion, Oberflächenspannung und Molekulargrösse der Lösungsmittel." *Zeitschrift für physikalische Chemie* 65 (1909): 129–225.
Cited: **3** *Walden 1909*: 407n. **5** *Walden 1909a*: 402n.

———. "On the Relation between the Surface-Tension and the Heat of Evaporation, Internal Pressure, Boiling-Point and the Diameter of the Molecules of Solvents." *Ion* 1 (1909): 402–412.
Cited: **5** *Walden 1909c*: 402n.

———. "Über den Zusammenhang der Kapillaritätskonstanten mit der latenten Verdampfungswärme der Lösungsmittel." *Zeitschrift für physikalische Chemie* 65 (1909): 257–288.
Cited: **5** *Walden 1909b*: 402n.

———. "Über einige abnorme Temperaturkoeffizienten der molekularen Oberflächenenergie $d(\gamma V^{2/3})/dt$ von organischen Stoffen." *Zeitschrift für physikalische Chemie* 75 (1911): 555–577.
Cited: **3** *Walden 1911*: 407n. **5** *Walden 1911*: 402n.

Walden, Paul, and Swinne, Richard. "Beiträge zur Kenntnis der Kapillaritätskonstanten von flüssigen Estern." *Zeitschrift für physikalische Chemie* 79 (1912): 700–758.
Cited: **5** *Walden and Swinne 1912*: 402n.

Walter, Bernhard. "Über die Haga- und Windschen Beugungsversuche mit Röntgenstrah-

len." *Physikalische Zeitschrift* 3 (1902): 137–143.
Cited: **7** *Walter, B. 1902*: 53n.

———. "Über scheinbare Helligkeitsmaxima und -minima in einfachen Röntgenbildern." *Fortschritte auf dem Gebiete der Röntgenstrahlen* 25 (1917): 88–106.
Cited: **7** *Walter, B. 1917*: 53n.

Walter, Scott. "Minkowski, Mathematicians, and the Mathematical Theory of Relativity." In *The Expanding Worlds of General Relativity*, p. 45–86. Goenner, Hubert, Renn, Jürgen, Ritter, Jim, and Sauer, Tilman, eds. Boston: Birkhäuser, 1999.
Cited: **7** *Walter, S. 1999*: 280n.

Walters, Francis P. *A History of the League of Nations*. London: Oxford University Press, 1960.
Cited: **9** *Walters 1960*: 145n.

Warburg, Emil. "Einige Bemerkungen über photochemische Wirkung." *Deutsche Physikalische Gesellschaft. Verhandlungen* 9 (1907): 753–757.
Cited: **4** *Warburg 1907*: 111, 117, 121n.
5 *Warburg 1907*: 353n.

———. "Bemerkungen über photochemische Wirkung. II." *Deutsche Physikalische Gesellschaft. Verhandlungen* 11 (1909): 654–660.
Cited: **4** *Warburg 1909*: 111, 117, 121n.
5 *Warburg 1909*: 353n.

———. "Über den Energieumsatz bei photochemischen Vorgängen in Gasen." *Königlich Preußische Akademie der Wissenschaften* (Berlin). *Sitzungsberichte* (1911): 746–754.
Cited: **4** *Warburg 1911*: 111.

———. "Über den Energieumsatz bei photochemischen Vorgängen in Gasen. II." *Königlich Preußische Akademie der Wissenschaften* (Berlin). *Sitzungsberichte* (1912): 216–225.
Cited: **4** *Warburg 1912*: 111. **5** *Warburg 1912*: 407n, 416n, 422n.

———. "Über den Energieumsatz bei photochemischen Vorgängen in Gasen. III. Photochemische Desozonisierung." *Königlich Preußische Akademie der Wissenschaften* (Berlin). *Sitzungsberichte* (1913): 644–659.
Cited: **4** *Warburg 1913*: 170n. **5** *Warburg 1913*: 416n, 453n, 454n.

———. "Über den Energieumsatz bei photochemischen Vorgängen in Gasen. IV. Einfluß der Wellenlänge und des Drucks auf die photochemische Ozonisierung." *Königlich Preußische Akademie der Wissenschaften* (Berlin). *Sitzungsberichte* (1914): 872–885.
Cited: **4** *Warburg 1914*: 113.

———, ed. *Die Kultur der Gegenwart. Ihre Entwicklung und ihre Ziele*. Hinneberg, Paul, ed. Part 3, sec. 3, vol. 1, *Physik*. Warburg, Emil, ed. Leipzig: Teubner, 1915.
Cited: **4** *Warburg 1915*.

———. "Über die Anwendung der Quantenhypothese auf die Photochemie." *Die Naturwissenschaften* 5 (1917): 489–494.
Cited: **4** *Warburg 1917*: 109.

———. "Planck und die Deutsche Physikalische Gesellschaft." In Warburg, Emil, et al. *Zu Max Plancks sechzigstem Geburtstag. Ansprachen, gehalten am 26. April 1918 in der Deutschen Physikalischen Gesellschaft von E. Warburg, M. v. Laue, A. Sommerfeld und A. Einstein*, pp. 3–5. Karlsruhe: Müllersche Hofbuchhandlung, 1918.
Cited: **8** *Warburg 1918*: 629n.

Warburg, Emil, and Babo, Clemens H. L. von. "Ueber den Zusammenhang zwischen Viscosität und Dichtigkeit bei flüssigen, insbesondere gasförmig flüssigen Körpern." *Annalen der Physik und Chemie* 17 (1882): 390–427.
Cited: **3** *Warburg and Babo 1882*: 243n.

Warburg, Emil, et al. *Zu Max Plancks sechzigstem Geburtstag. Ansprachen, gehalten am 26. April 1918 in der Deutschen Physikalischen Gesellschaft von E. Warburg, M. v. Laue, A. Sommerfeld und A. Einstein*. Karlsruhe: Müllersche Hofbuchhandlung, 1918.
Cited: **8** *Warburg et al. 1918*: 776n, 784n.

Warwick, Andrew. "Cambridge Mathematics and Cavendish Physics: Cunningham, Campbell and Einstein's Relativity 1905–1911. Part 1: The Uses of Theory." *Studies in History and Philosophy of Science* 23 (1992): 625–656.
Cited: **9** *Warwick 1992*: 262n.

———. *Masters of Theory: Cambridge and the Rise of Mathematical Physics*. Chicago: University of Chicago Press, 2003.
Cited: **9** *Warwick 2003*: 245n.

Washburn, Edward W. "Die neueren Forschungen über die Hydrate in Lösung. I. Teil." *Jahrbuch der Radioaktivität und Elektronik* 5 (1908): 493–552.
Cited: **2** *Washburn 1908*: 172.

———. "Die neueren Forschungen über die Hydrate in Lösung. II. und III. Teil." *Jahrbuch der Radioaktivität und Elektronik* 6 (1909): 69–126.
Cited: **2** *Washburn 1909*: 172.

Wassmuth, Anton. *Grundlagen und Anwen-

dungen der statistischen Mechanik. Braunschweig: Vieweg, 1915.
Cited: **2** *Wassmuth 1915*: 47. **3** *Wassmuth 1915*: 8, 244n.

Weber, Eduard von. "Partielle Differentialgleichungen." In *Encyklopädie der mathematischen Wissenschaften, mit Einschluss ihrer Anwendungen.* Vol. 2, *Analysis,* part 1, pp. 294–399. Burkhardt, H., et al., eds. Leipzig: Teubner, 1899–1916. Issued 10 April 1900.
Cited: **8** *Weber 1900*: 647n.

Weber, Heiko. *Monistische und antimonistische Weltanschauung. Eine Auswahlbibliographie.* Berlin: Wissenschaft und Bildung, 2000.
Cited: **9** *Weber, H. 2000*: 348n.

Weber, Heinrich. "Ueber die Bessel'schen Functionen und ihre Anwendung auf die Theorie der elektrischen Ströme." *Journal für die reine und angewandte Mathematik* 75 (1873): 75–105.
Cited: **1** *Weber, H. 1873*: 163n.

Weber, Heinrich Friedrich. "Die spezifische Wärme des Kohlenstoffs." *Annalen der Physik und Chemie* 27 (1872): 311–319.
Cited: **1** *Weber 1872*: 96n.

———. "Die spezifischen Wärmen der Elemente Kohlenstoff, Bor und Silicium." *Annalen der Physik und Chemie* 4 (1875): 367–423, 553–582.
Cited: **1** *Weber 1875*: 96n. **2** *Weber, H. F. 1875*: 142, 390n, 391n. **3** *Weber 1875*: 522, 544n.

———. "Absolute electromagnetische und calorimetrische Messungen." *Naturforschende Gesellschaft in Zürich. Vierteljahrsschrift* 22 (1877): 273–322.
Cited: **1** *Weber 1877a*: 91n, 191n.

———. "Kritische Bemerkungen zu der Entdeckung des Hrn. Börnstein über den Einfluss des Lichtes auf den electrischen Leitungswiderstand von Metallen." *Naturforschende Gesellschaft in Zürich. Vierteljahrsschrift* 22 (1877): 335–345.
Cited: **1** *Weber 1877b*: 197n.

———. "Untersuchungen über die Wärmeleitungsvermögen in Flüssigkeiten." *Naturforschende Gesellschaft in Zürich. Vierteljahrsschrift* 24 (1879): 252–298.
Cited: **1** *Weber 1879*: 74n.

———. "Die Beziehung zwischen dem Wärmeleitungsvermögen und dem elektrischen Leitungsvermögen der Metalle." *Königlich Preußische Akademie der Wissenschaften zu Berlin. Monatsberichte* (for 1880) (1881): 457–478.
Cited: **1** *Weber 1881*: 80n, 194n, 305m.

———. *Der absolute Wert der Siemenschen Quecksilbereinheit.* Zurich: Zürcher und Furrer, 1884.
Cited: **1** *Weber 1884*: 191n.

———. "Das Wärmeleitungsvermögen der tropfbaren Flüssigkeiten." *Königlich Preußische Akademie der Wissenschaften zu Berlin. Sitzungsberichte* (1885): 809–815.
Cited: **1** *Weber 1885*: 74n.

———. "Die Entwicklung der Lichtemission glühender fester Körper." *Königlich Preußische Akademie der Wissenschaften zu Berlin. Sitzungsberichte* (1887): 491–504.
Cited: **1** *Weber 1887*: 197n. **2** *Weber, H. F. 1887*: 135, 142.

———. "Untersuchungen über die Strahlung fester Körper." *Königlich Preußische Akademie der Wissenschaften* (Berlin). *Sitzungsberichte* (1888): 933–957.
Cited: **1** *Weber 1888*. **2** *Weber, H. F. 1888*: 108n, 135.

Weber, Karl. *Neue Gesetz- und Verordnungen-Sammlung für das Königreich Bayern mit Einschluß der Reichsgesetzgebung.* Vol. 8. Nördlingen: C. H. Beck, 1888.
Cited: **1** *Weber, K. 1888*: lxiii, 20n.

Weber, Rudolf H. "Kapillarität." In *Kapillarität, Wärme, Wärmeleitung, kinetische Gastheorie und statistische Mechanik.* In *Repertorium der Physik.* Weber, Rudolf H., and Hertz, Paul, eds. Vol. 1, Part 2, *Mechanik und Wärme,* pp. 1–122. Weber, Rudolf H., and Gans, Richard, eds. Leipzig/Berlin: Teubner, 1916.
Cited: **2** *Weber, R.H. 1916*: 3, 6.

Weber, Rudolf H., and Gans, Richard. *Repertorium der Physik.* Leipzig: Teubner, 1916.
Cited: **9** *Weber, R. and Gans 1916*: 75n.

Weber, Rudolf H., and Hertz, Paul, ed. *Kapillarität, Wärme, Wärmeleitung, kinetische Gastheorie und statistische Mechanik.* In *Repertorium der Physik.* Vol. 1, Part 2, *Mechanik und Wärme.* Weber, Rudolf H., and Gans, Richard, eds. Leipzig/Berlin: Teubner, 1916.
Cited: **2** *Weber and Hertz 1916*. **3** *Weber and Hertz 1916*.

Weber, Wilhelm. "Elektrodynamische Maassbestimmungen insbesondere über elektrische Schwingungen." *Königlich Sächsische Gesellschaft der Wissenschaften. Mathema-*

tisch-physische Classe. *Abhandlungen* 9 (1864): 571–716.
Cited: **1** *Weber, W. 1864*: 207n.

Webster, David L. "Experiments on the Emission Quanta of Characteristic X-Rays." *Physical Review* 7 (1916): 599–613.
Cited: **9** *Webster 1916*: 24n.

Wehberg, Hans. *Wider den Aufruf der 93! Das Ergebnis einer Rundfrage an die 93 Intellektuellen über die Kriegsschuld.* Charlottenburg: Deutsche Verlagsgesellschaft für Politik u. Geschichte, 1920.
Cited: **8** *Wehberg 1920*: 78n, 171n, 286n.

Wehefritz, Valentin. *Verwehte Spuren: Prof. Dr. phil. Fritz Reiche (1883– 1969). Ein deutsches Gelehrtenschicksal im 20. Jahrhundert.* Dortmund: Universitätsbibliothek, 2002.
Cited: **9** *Wehefritz 2002*: 75n.

Weinberg, Steven. *Gravitation and Cosmology: Principles and Applications of the General Theory of Relativity.* New York: Wiley, 1972.
Cited: **4** *Weinberg 1972*: 354.

Weindling, Paul. "Purity and Epidemic Danger in German Occupied Poland during the First World War." *Paedagogica Historica* 33 (1997): 825–832.
Cited: **9** *Weindling 1997*: 203n.

Weinstein, Max. "Eine deutsche wissenschaftliche Großtat während des Krieges." *Berliner Tageblatt*, 28 February 1916, Morning Edition.
Cited: **8** *Weinstein 1916*: 276n.

Weinzierl, Ulrich. *Carl Seelig, Schriftsteller.* Vienna: Löcker, 1982.
Cited: **9** *Weinzierl 1982*: 323n.

Weisbach, Werner. *Geist und Gewalt.* Vienna: Schroll, 1956.
Cited: **8** *Weisbach 1956*: 342n.

Weishut, Fritz. "Über die Kondensation von Anisaldehyd mit 2,3-Oxynaphtoesäuremethylester." *Monatshefte für Chemie und verwandte Teile anderer Wissenschaften* 34 (1913): 1547–1566.
Cited: **8** *Weishut 1913*: 121n.

Weiß, Edmund. "Ladungsbestimmungen an Silberteilchen. (Vorläufige Mitteilung.)" *Physikalische Zeitschrift* 12 (1911): 630–633.
Cited: **3** *Weiß 1911*: 509n. **5** *Weiß, E. 1911*: 291n.

Weiß, Josef. "Über das Plancksche Strahlungsgesetz. (Vorläufige Mitteilung.)" *Physikalische Zeitschrift* 10 (1909): 193–195.
Cited: **5** *Weiß, J. 1909a*: 165n.

———. "Über das Plancksche Strahlungsgesetz." *Physikalische Zeitschrift* 10 (1909): 387–390.
Cited: **5** *Weiß, J. 1909b*: 165n.

Weiss, Pierre. "L'hypothèse du champ moléculaire et la propriété ferromagnétique." *Journal de physique* 6 (1907): 661–690.
Cited: **3** *Weiss 1907*: 246n. **6** *Weiss 1907*: 170n, 189n.

———. "Molekulares Feld und Ferromagnetismus." *Physikalische Zeitschrift* 9 (1908): 358–367.
Cited: **3** *Weiss 1908*: 246n. **6** *Weiss 1908*: 170n, 189n.

———. "Über die rationalen Verhältnisse der magnetischen Momente der Moleküle und das Magneton." *Physikalische Zeitschrift* 12 (1911): 935–952.
Cited: **3** *Weiss 1911*: 509n. **10** *Weiss 1911*: 369n, 405n.

———. "Prof. Dr. Heinrich Friedr. Weber. 1843–1912." *Schweizerische Naturforschende Gesellschaft. Verhandlungen* 95 (1912): 44–53.
Cited: **1** *Weiss 1912*: 60, 62, 235, 388. **2** *Weiss 1912*: 173.

———. "Sur la théorie cinétique du paramagnétisme des cristaux." *Académie des sciences* (Paris). *Comptes rendus* 156 (1913): 1674–1676.
Cited: **10** *Weiss 1913*: 369n.

———. "Sur la nature du champ moléculaire." *Annales du physique* 1 (1914): 134–162.
Cited: **10** *Weiss 1914a*: 370n.

———. "Sur la nature du champ moléculaire." *Archives des sciences physiques et naturelles* 37 (1914): 105–116, 201–213.
Cited: **10** *Weiss 1914b*: 370n.

Weitzenböck, Roland. *Invariantentheorie.* Groningen: Noordhoff, 1923.
Cited: **8** *Weitzenböck 1923*: 292n.

Weizmann, Chaim. *Trial and Error: The Autobiography of Chaim Weizmann.* New York: Harper, 1949.
Cited: **7** *Weizmann, Ch. 1949*: 235.

———. *The Letters and Papers of Chaim Weizmann.* Series A, Vol. 10, *July 1920–December 1921.* Wasserstein, Bernard, and Fishman, Joel, eds. Jerusalem: Transaction Books, 1977.
Cited: **7** *Weizmann, Ch. 1977*: 233–234, 435n–436n.

Weizmann, Vera. *The Impossible Takes Longer: The Memoirs of Vera Weizmann, Wife of Israel's First President, as Told to David*

Tutaev. London: Hamilton, 1967.
Cited: **7** *Weizmann, V. 1967*: 234.

Wendel, Günter. "Zur gesellschaftlichen Stellung und Funktion der Kaiser-Wilhelm-Gesellschaft zur Förderung der Wissenschaften e. V., dargestellt anhand ihrer Gründungsgeschichte und Entwicklung bis zum 1. Weltkrieg (1911–1914)." Doctoral dissertation, Karl Marx University, Leipzig, 1964.
Cited: **5** *Wendel 1964*: 529n.

———. *Die Kaiser-Wilhelm-Gesellschaft 1911–1914. Zur Anatomie einer imperialistischen Forschungsgesellschaft.* Berlin: Akademie-Verlag, 1975. (*Studien zur Geschichte der Akademie der Wissenschaften der DDR*, Vol 4.)
Cited: **5** *Wendel 1975*: 598n, 602n.

Werner, Alfred. "Beitrag zur Konstitution anorganischer Verbindungen." *Zeitschrift für Anorganische Chemie* 3 (1893): 267–330.
Cited: **8** *Werner 1893*: 930n.

Westphal, Wilhelm. "Über das Radiometer." *Deutsche Physikalische Gesellschaft. Verhandlungen* 21 (1919): 129–143.
Cited: **9** *Westphal 1919a*: 48n, 176n.

———. "Zur Theorie des Radiometers." *Deutsche Physikalische Gesellschaft. Verhandlungen* 21 (1919): 669.
Cited: **9** *Westphal 1919b*: 176n.

Weyl, Hermann. "Zur Gravitationstheorie." *Annalen der Physik* 54 (1917): 117–145.
Cited: **7** *Weyl 1917*: 80n, 139n, 180n. **8** *Weyl 1917*: 366n, 375n, 380n, 699n, 725n, 880n, 968n. **10** *Weyl 1917*: 63n.

———. *Das Kontinuum: Kritische Untersuchungen über die Grundlagen der Analysis.* Leipzig: Veit, 1918.
Cited: **8** *Weyl 1918a*: 940n, 968n.

———. "Gravitation und Elektrizität." *Königlich Preußische Akademie der Wissenschaften* (Berlin). *Sitzungsberichte* (1918): 465–478, 478–480 ("Erwiderung des Verfassers" to *Einstein 1918g*).
Cited: **7** *Weyl 1918a*: xxvii, 56n, 80n, 139n, 357n, 404n, 416n, 574n–575n. **8** *Weyl 1918b*: 664n, 670n, 710n, 711n, 712n, 716n, 721n, 723n, 727n, 742n, 743n, 745n, 757n, 769n, 778n, 802n, 804n, 824n, 825n, 839n, 860n, 879n, 880n, 895n, 949n, 950n, 952n, 956n, 968n, 969n, 1020c, 1021c. **9** *Weyl 1918a*: 40n, 46n, 113n, 119n, 263n, 404n, 452n. **10** *Weyl 1918a*: 163n, 306n, 349n.

———. *Raum–Zeit–Materie. Vorlesungen über allgemeine Relativitätstheorie.* Berlin: Springer, 1918.
Cited: **6** *Weyl 1918a*: 535n. **7** *Weyl 1918b*: xxxii, 49n, 72, 77n, 79–80n, 137, 139n–140n, 177n, 179n–184n, 188n, 280n, 574n–575n. **8** *Weyl 1918c*: 355, 357n, 664n, 670n, 699n, 712n, 720n, 725n, 728n, 740n, 741n, 743n, 757n, 758n, 768n, 778n, 781n, 788n, 808n, 810n, 824n, 828n, 835n, 839n, 849n, 871n, 950n, 968n. **9** *Weyl 1918b*: 98n, 113n, 116n, 119n, 404n, 433n, 456n, 521n, 537n. **10** *Weyl 1918b*: 178n.

———. "Reine Infinitesimalgeometrie." *Mathematische Zeitschrift* 2 (1918): 384–411.
Cited: **6** *Weyl 1918b*: 129n. **7** *Weyl 1918c*: 416n, 574n. **8** *Weyl 1918d*: 664n, 802n, 879n, 895n, 949n, 956n, 968n. **9** *Weyl 1918c*: 119n, 452n.

———. "Eine neue Erweiterung der Relativitätstheorie." *Annalen der Physik* 59 (1919): 101–133.
Cited: **7** *Weyl 1919c*: xxv, 80n, 139n. **8** *Weyl 1919c*: 664n, 879n, 880n, 949n, 956n, 968n, 969n, 972n. **9** *Weyl 1919b*: 119n, 404n, 452n.

———. *Raum–Zeit–Materie. Vorlesungen über allgemeine Relativitätstheorie.* 2d ed. Berlin: Springer, 1919.
Cited: **7** *Weyl 1919b*: 80n. **8** *Weyl 1919a*: 950n.

———. *Raum–Zeit–Materie. Vorlesungen über allgemeine Relativitätstheorie.* 3d rev. ed. Berlin: Springer, 1919.
Cited: **7** *Weyl 1919d*: 27n, 80n. **8** *Weyl 1919d*: 788n, 828n, 879n, 880n, 949n, 950n, 968n, 972n. **9** *Weyl 1919a*: 389n, 404n, 452n, 530n, 532n. **10** *Weyl 1919*: 354n.

———. "Über die statischen kugelsymmetrischen Lösungen von Einsteins 'kosmologischen' Gravitationsgleichungen." *Physikalische Zeitschrift* 20 (1919): 31–34.
Cited: **7** *Weyl 1919a*: 49n. **8** *Weyl 1919b*: 355, 357n, 768n, 769n, 788n, 950n.

———. "Elektrizität und Gravitation." *Physikalische Zeitschrift* 21 (1920): 649–650.
Cited: **10** *Weyl 1920*: 306n.

———. *Raum–Zeit–Materie. Vorlesungen über allgemeine Relativitätstheorie.* 4th enl. ed. Berlin: Springer, 1921. Translated as **7** *Weyl 1922a*/**8** *Weyl 1922.*
Cited: **7** *Weyl 1921*: 80n, 188n. **8** *Weyl 1921a*: 357n, 807n, 810n, 879n, 880n, 968n.

———. "Über die physikalischen Grundlagen der erweiterten Relativitätstheorie." *Physikalische Zeitschrift* 22 (1921): 473–480.
Cited: **8** *Weyl 1921b*: 810n, 879n.

———. "Die Relativitätstheorie auf der Naturforscherversammlung in Bad Nauheim." *Deutsche Mathematiker-Vereinigung. Jahresbericht* 31 (1922): 51–63.
Cited: **7** *Weyl 1922b*: 107, 109, 357n. **9** *Weyl 1922*: 98n. **10** *Weyl 1922*: 306n.

———. *Space–Time–Matter*. Brose, Henry L., trans. London: Methuen, [1922]. Translation of **7** *Weyl 1921*/**8** *Weyl 1921a*.
Cited: **7** *Weyl 1922a*: 575n. **8** *Weyl 1922*: 807n, 810n, 968n.

———. "Entgegnung auf die Bemerkungen von Herrn Lanczos über die de Sittersche Welt." *Physikalische Zeitschrift* 24 (1923): 130–131.
Cited: **8** *Weyl 1923b*: 769n.

———. *Raum–Zeit–Materie. Vorlesungen über allgemeine Relativitätstheorie*. 5th rev. ed. Berlin: Springer, 1923.
Cited: **7** *Weyl 1923*: 80n. **8** *Weyl 1923a*: 351, 357n, 807n, 810n, 879n, 880n.

Weyland, Paul. *Betrachtungen über Einsteins Relativitätstheorie und die Art ihrer Einführung. Vortrag gehalten am 24. August 1920 im großen Saal der Philharmonie zu Berlin*. Berlin: Arbeitsgemeinschaft deutscher Naturforscher zur Erhaltung reiner Wissenschaft e. V./Köhler, 1920. (*Schriften aus dem Verlage der Arbeitsgemeinschaft deutscher Naturforscher zur Erhaltung reiner Wissenschaft* e. V. Heft 2.)
Cited: **7** *Weyland 1920b*: 106, 348n. **10** *Weyland 1920c*: 394n, 395n, 407n, 461n.

———. "Die Naturforschertagung in Nauheim. Erdrosselung der Einsteingegner!" *Deutsche Zeitung*, 26 September 1920, Morning Edition.
Cited: **7** *Weyland 1920d*: 110. **10** *Weyland 1920d*: 436n, 497n.

———. "Einsteins Relativitätstheorie—eine wissenschaftliche Massensuggestion." *Tägliche Rundschau*, 6 August 1920, Evening Edition. Reprinted in **7** *Weyland 1920b*/**10** *Weyland 1920c*, pp. 21–24.
Cited: **7** *Weyland 1920a*: 105–106, 348n. **10** *Weyland 1920a*: 383n.

———. "Neue Beweise für die Unrichtigkeit der Einsteinschen Relativitätstheorie." *Deutsche Zeitung*, 23 August 1920.
Cited: **7** *Weyland 1920c*: 105. **10** *Weyland 1920b*: 383n, 386n.

Weyrauch, Jakob Johann. *Das Prinzip von der Erhaltung der Energie seit Robert Mayer*. Leipzig: Teubner, 1885.
Cited: **2** *Weyrauch 1885*: 330n.

———. *Robert Mayer. Der Entdecker des Princips von der Erhaltung der Energie*. Stuttgart: Wittwer, 1890.
Cited: **2** *Weyrauch 1890*: 330n.

———. "Ueber die spezifischen Wärmen des überhitzten Wasserdampfes." *Zeitschrift des Vereines deutscher Ingenieure* 48 (1904): 24–28, 50–54.
Cited: **2** *Weyrauch 1904*: 114n, 125–126, 126n.

———. *Grundriss der Wärmetheorie. Mit zahlreichen Beispielen und Anwendungen*. Part 1. Stuttgart: Konrad Wittwer, 1905.
Cited: **2** *Weyrauch 1905*: 327–330, 330n.

———. *Grundriss der Wärmetheorie. Mit zahlreichen Beispielen und Anwendungen*. Part 2. Stuttgart: Konrad Wittwer, 1907.
Cited: **2** *Weyrauch 1907*: 114n, 126n, 330n, 429–431.

Wheaton, Bruce R. *Catalogue of the Paul Ehrenfest Archive at the Museum Boerhaave Leiden*. Leyden: Museum Boerhaave, 1977.
Cited: **10** *Wheaton 1977*: 518n.

———. "On the Nature of X and Gamma Rays: Attitudes toward Localization of Energy in the "New Radiations," 1896–1922." Ph.D. dissertation, Princeton University, 1978.
Cited: **2** *Wheaton 1978a*: 142, 145, 583n.

———. "Philipp Lenard and the Photoelectric Effect, 1889–1911." *Historical Studies in the Physical Sciences* 9 (1978): 299–322.
Cited: **2** *Wheaton 1978b*: xxxiii, 142, 169n. **3** *Wheaton 1978*: xxi, 518n, 547n. **5** *Wheaton 1978*: 198n.

———. *The Tiger and the Shark: Empirical Roots of Wave-Particle Dualism*. Cambridge: Cambridge University Press, 1983.
Cited: **2** *Wheaton 1983*: xxxiii. **3** *Wheaton 1983*: 504n, 547n. **5** *Wheaton 1983*: 180n, 203n, 221n, 230n, 233n, 255n, 269n, 285n, 466n, 481n, 519n. **8** *Wheaton 1983*: 875n. **9** *Wheaton 1983*: 377n.

Whittaker, Edmund T. *A Treatise on the Analytical Dynamics of Particles and Rigid Bodies, with an Introduction to the Problem of Three Bodies*. Cambridge: Cambridge University Press, 1904.
Cited: **8** *Whittaker 1904*: 379n.

———. *A History of the Theories of Aether and Electricity*. Vol. 1, *The Classical Theories*. London: Nelson, 1951. Reprinted: New York, Dover, 1989.
Cited: **1** *Whittaker 1951*: 7n. **3** *Whittaker*

1951: 174n, 439n. **4** *Whittaker 1951*: 550n.
5 *Whittaker 1951*: 149n. **9** *Whittaker 1951*: 474n.

———. *A History of the Theories of Aether and Electricity*. Vol. 2, *The Modern Theories 1900–1926*. London: Nelson, 1951–1953. Reprinted: New York, Dover, 1989.
Cited: **7** *Whittaker 1951–53*.

Wickert, Christl. *Helene Stöcker, 1869–1943. Frauenrechtlerin, Sexualreformerin und Pazifistin. Eine Biographie*. Bonn: Dietz, 1991.
Cited: **9** *Wickert 1991*: 34n.

Widmann, Joseph V. *Maikäfer-Komödie*. 2d ed. Frauenfeld: Huber, 1899.
Cited: **10** *Widmann 1899*: 361n.

Wiechert, Emil. "Die Mechanik im Rahmen der allgemeinen Physik." In *Die Kultur der Gegenwart. Ihre Entwicklung und ihre Ziele*. Hinneberg, Paul, ed. Part 3, sec. 3, vol. 1, *Physik*, pp. 3–78. Warburg, Emil, ed. Leipzig: Teubner, 1915.
Cited: **4** *Wiechert 1915*: 536, 550n.

———. "Ueber die Grundlagen der Electrodynamik." *Annalen der Physik und Chemie* 59 (1896): 283–323.
Cited: **2** *Wiechert 1896*: 256.

———. "Einführung in die Geodäsie." In *Über angewandte Mathematik und Physik in ihrer Bedeutung für den Unterricht an den höheren Schulen. Nebst Erläuterung der bezüglichen Göttinger Universitätseinrichtungen. Vorträge, gehalten in Göttingen, Ostern 1900, bei Gelegenheit des Feriencurses für Oberlehrer der Mathematik und Physik*, pp. 57–113. Leipzig: Teubner, 1900.
Cited: **8** *Wiechert 1900a*: 597n.

———. "Elektrodynamische Elementargesetze." In *Recueil de travaux offerts par les auteurs à H. A. Lorentz, professeur de physique à l'Université de Leiden, à l'occasion du 25me anniversaire de son doctorat le 11 décembre 1900*, pp. 549–573. Bosscha, Johannes, ed. The Hague: Nijhoff, 1900. *Archives néerlandaises des siences exactes et naturelles* 5 (1900).
Cited: **5** *Wiechert 1900*: 60n, 62n, 86n. **8** *Wiechert 1900b*: 956n.

———. "Elektrodynamische Elementargesetze." *Annalen der Physik* 4 (1901): 667–689.
Cited: **5** *Wiechert 1901*: 60n, 62n.

———. "Bemerkungen zur Bewegung der Elektronen bei Ueberlichtgeschwindigkeit." *Königliche Gesellschaft der Wissenschaften zu Göttingen. Mathematisch-physikalische Klasse. Nachrichten* (1905): 75–82.
Cited: **5** *Wiechert 1905*: 59n.

———. "Perihelbewegung des Merkur und die allgemeine Mechanik." *Physikalische Zeitschrift* 17 (1916): 442–448.
Cited: **8** *Wiechert 1916*: 375n.

———. "Perihelbewegung des Merkur und die allgemeine Mechanik." *Königliche Gesellschaft der Wissenschaften zu Göttingen. Mathematisch-physikalische Klasse. Nachrichten* (1916): 124–141.
Cited: **10** *Wiechert 1916*: 64n.

Wiedeburg, Otto. [Review of *Einstein 1901*.] *Zeitschrift für physikalische Chemie* 39 (1901): 378.
Cited: **2** *Wiedeburg 1901*: 6, 21n.

Wiedemann, Gustav. *Die Lehre von der Elektricität*. 3d ed. Vol. 3. Braunschweig: Vieweg, 1883.
Cited: **3** *Wiedemann 1883*: 565.

Wiedemann, Hans-Rudolf, ed. *Briefe großer Naturforscher und Ärzte in Handschriften*. Lübeck: Graphische Werkstätten, 1989.
Cited: **5** *Wiedemann 1989*: 144n.

Wieleitner, Heinrich. "Albert Einstein am Münchner Luitpold-Gymnasium." *Münchner Neueste Nachrichten*, 14 March 1929.
Cited: **1** *Wieleitner 1929*: lx, lxi.

Wien, Max. "Ueber die Erzeugung und Messung von Sinusströmen." *Annalen der Physik* 4 (1901): 425–449.
Cited: **1** *Wien, M. 1901*: 259n.

Wien, Wilhelm. "Eine neue Beziehung der Strahlung schwarzer Körper zum zweiten Hauptsatz der Wärmetheorie." *Königlich Preußische Akademie der Wissenschaften zu Berlin. Sitzungsberichte* (1893): 55–62.
Cited: **2** *Wien 1893*: 108n, 135, 552n. **4** *Wien 1893*: 562, 564n.

———. "Temperatur und Entropie der Strahlung." *Annalen der Physik und Chemie* 52 (1894): 132–165.
Cited: **2** *Wien 1894*: 168n, 377n. **6** *Wien 1894*: 398n.

———. "Ueber die Energievertheilung im Emissionsspectrum eines schwarzen Körpers." *Annalen der Physik und Chemie* 58 (1896): 662–669.
Cited: **2** *Wien 1896*: 136, 140, 168n, 377n. **6** *Wien 1896*: 398n.

———. "Ueber die Fragen, welche die translatorische Bewegung des Lichtäthers betreffen."

Annalen der Physik und Chemie 65 (1898) no. 3 (Beilage): i–xviii.
Cited: **1** *Wien 1898*: 224, 234n. **2** *Wien 1898*: 259, 260, 306n. **3** *Wien 1898*. 175n.

———. "Über die Möglichkeit einer elektromagnetischen Begründung der Mechanik." In *Recueil de travaux offerts par les auteurs à H. A. Lorentz, professeur de physique à l'Université de Leiden, à l'occasion du 25me anniversaire de son doctorat le 11 décembre 1900*, pp. 96–107. Bosscha, Johannes, ed. The Hague: Nijhoff, 1900. *Archives néerlandaises des siences exactes et naturelles* 5 (1900). Reprinted in *Annalen der Physik* 5 (1901): 501–513.
Cited: **2** *Wien 1900*: 269.

———. "Erwiderung auf die Kritik des Hrn. M. Abraham." *Annalen der Physik* 14 (1904): 635–637.
Cited: **5** *Wien 1904a*: 59n, 448n.

———. "Poyntingscher Satz und Strahlung." *Annalen der Physik* 15 (1904): 412–414.
Cited: **5** *Wien 1904b*: 448n.

———. "Über die Differentialgleichungen der Elektrodynamik für bewegte Körper." *Annalen der Physik* 13 (1904): 641–662.
Cited: **2** *Wien 1904*: 260, 307n, 308n.

———. "Über die Energie der Kathodenstrahlen im Verhältnis zur Energie der Röntgen- und Sekundärstrahlen." *Annalen der Physik* 18 (1905): 991–1007.
Cited: **2** *Wien 1905*: 582n.

———. "Über Elektronen." In *Verhandlungen der Gesellschaft Deutscher Naturforscher und Ärzte. 77. Versammlung zu Meran 24.–25. September 1905*. Part 1, pp. 23–38. Wangerin, Albert, ed. Leipzig: Vogel, 1906.
Cited: **5** *Wien 1906*: 59n.

———. *Über Elektronen*. Leipzig: Teubner, 1909.
Cited: **9** *Wien 1909*: 105n.

———. "Elektromagnetische Lichttheorie." In *Encyklopädie der mathematischen Wissenschaften, mit Einschluss ihrer Anwendungen*. Vol. 5, *Physik*, part 3, pp. 95–198. Sommerfeld, Arnold, ed. Leipzig: Teubner, 1909–1926. Issued 26 January 1909.
Cited: **1** *Wien 1908*: 283n. **2** *Wien 1909*: 167n. **5** *Wien 1909*: 60n, 254n.

———. *Vorlesungen über neue Probleme der theoretischen Physik, gehalten an der Columbia University in New York im April 1913*. Leipzig: Teubner, 1913.
Cited: **5** *Wien 1913*: 397n.

———. "Theorie der Wärmestrahlung." In *Die Kultur der Gegenwart. Ihre Entwicklung und ihre Ziele*. Hinneberg, Paul, ed. Part 3, sec. 3, vol. 1, *Physik*, pp. 209–222. Warburg, Emil, ed. Leipzig: Teubner, 1915.
Cited: **4** *Wien 1915*: 533, 534n.

———. *Die neuere Entwickelung unserer Universitäten und ihre Stellung im deutschen Geistesleben. Rede für den Festakt in der neuen Universität am 29. Juni 1914 zur Feier der hundertjährigen Zugehörigkeit Würzburgs zu Bayern*. Würzburg: Stürtz, 1915. Reprinted in Wien, Wilhem. *Aus der Welt der Wissenschaft*, pp. 1–15. Leipzig: Barth, 1921.
Cited: **8** *Wien 1915*: 35n.

Wiener, Norbert. "Generalized Harmonic Analysis." *Acta Mathematica* 55 (1930): 117–258.
Cited: **4** *Wiener, N. 1930*: 602n.

Wiener, Otto. "Stehende Lichtwellen und die Schwingungsrichtung polarisirten Lichtes." *Annalen der Physik und Chemie* 40 (1890): 203–243.
Cited: **2** *Wiener 1890*: 582n.

———. "Entwicklung der Wellenlehre des Lichtes." In *Die Kultur der Gegenwart. Ihre Entwicklung und ihre Ziele*. Hinneberg, Paul, ed. Part 3, sec. 3, vol. 1, *Physik*, pp. 517–574. Warburg, Emil, ed. Leipzig: Teubner, 1915.
Cited: **4** *Wiener, O. 1915*: 550n.

Wilamowitz-Moellendorff, Hermann von. "Zum Fall Nicolai." *Deutsche Tageszeitung*, 24 January 1920, Morning Edition.
Cited: **9** *Wilamowitz-Moellendorff, H. 1920*: 385n.

Wilamowitz-Moellendorff, Ulrich von. "Der Boykott der deutschen Wissenschaft." *Der Tag*, 30 March 1919.
Cited: **9** *Wilamowitz-Moellendorff, U. 1919*: 512n.

Will, Clifford M. *Theory and Experiment in Gravitational Physics*. Rev. ed. Cambridge: Cambridge University Press, 1993.
Cited: **4** *Will 1993*: 347, 350.

Williams, Robert C. "Russians in Germany: 1900–1914." *Journal of Contemporary History* 1 (1966): 121–149.
Cited: **7** *Williams 1966*: 240n.

Willigens, Charles. "Interprétation géométrique du temps universel dans la théorie de la relativité restrainte." *Archives des sciences physiques et naturelles* 2 (1920): 250–253.
Cited: **10** *Willigens 1920a*: 421n.

———. "Interprétation géométrique du temps universel dans la théorie de la relativité

restrainte." *Archives des sciences physiques et naturelles* 2 (1920): 289–300.
Cited: **10** *Willigens 1920b*: 421n.

Wilsar, Heinrich. "Beobachtungen am Dopplereffekt der Kanalstrahlen." *Annalen der Physik* 39 (1912): 1251–1312.
Cited: **9** *Wilsar 1912*: 292n.

Wilson, Harold A. "On the Electric Effect of Rotating a Dielectric in a Magnetic Field." *Royal Society of London. Philosophical Transactions A* 204 (1904): 121–137.
Cited: **2** *Wilson 1904*: 505, 513, 517n. **4** *Wilson 1904*: 102n. **6** *Wilson 1904*: 67n. **7** *Wilson 1904*: 98n.

Wilson, Majorie, and Wilson, Harold A. "On the Electric Effect of Rotating a Magnetic Insulator in a Magnetic Field." *Royal Society of London. Proceedings A* 89 (1913): 99–106.
Cited: **2** *Wilson and Wilson 1913*: 505, 517n.

Winchester, George. "On the Continued Appearance of Gases in Vacuum Tubes." *Physical Review* 3 (1914): 287–294.
Cited: **10** *Winchester 1914*: 595c.

Wind, Cornelis Harm. "Zur Demonstration einer von E. Mach entdeckten optischen Täuschung." *Physikalische Zeitschrift* 1 (1899–1900): 112–113.
Cited: **7** *Wind 1899–1900*: 53n.

Winkelmann, Adolph. "Ueber die specifischen Wärmen verschieden zusammengesetzter Gläser." *Annalen der Physik und Chemie* 49 (1893): 401–420.
Cited: **1** *Winkelmann 1893a*: 280n.

———, ed. *Handbuch der Physik.* Vol. 3, part 1, *Elektricität und Magnetismus I.* Breslau: Trewendt, 1893.
Cited: **1** *Winkelmann 1893b*: 62. **2** *Winkelmann 1893*.

———, ed. *Handbuch der Physik.* Vol. 2, part 2, *Wärme.* Breslau: Trewendt, 1896.
Cited: **1** *Winkelmann 1896*: 62, 280n.

———, ed. *Handbuch der Physik.* 2d ed. Vol. 4, *Elektrizität und Magnetismus I.* Leipzig: Barth, 1905.
Cited: **3** *Winkelmann 1905*: 9. **5** *Winkelmann 1905*.

———, ed. *Handbuch der Physik.* 2d ed. Vol. 3, *Wärme.* Leipzig: Barth, 1906.
Cited: **2** *Winkelmann 1906c*.

———, ed. *Handbuch der Physik.* 2d ed. Vol. 6, *Optik.* Leipzig: Barth, 1906.
Cited: **2** *Winkelmann 1906d*.

———. "Lumineszenz." In **2** *Winkelmann 1906d*, pp. 784–813.

Cited: **2** *Winkelmann 1906b*: 168n.

———. "Spezifische Wärme." In *Handbuch der Physik.* 2d ed. Vol. 3, *Wärme*, pp. 154–240. Leipzig: Barth, 1906.
Cited: **2** *Winkelmann 1906a*: 390n.

———, ed. *Handbuch der Physik.* 2d ed. Vol. 5, *Elektrizität und Magnetismus II.* Leipzig: Barth, 1908.
Cited: **3** *Winkelmann 1908*: 9.

———, ed. *Handbuch der Physik.* 2d ed. Vol. 1, *Allgemeine Physik.* Leipzig: Barth, 1908.
Cited: **1** *Winkelmann 1908*. **2** *Winkelmann 1908*.

Winteler-Einstein, Maja. "Albert Einstein. Beitrag für sein Lebensbild." Typescript. 15 February 1924.
Cited: **1** *Winteler-Einstein 1924*. **2** *Winteler-Einstein 1924*: 43, 175, 266. **5** *Winteler-Einstein 1924*: 10n. **8** *Winteler-Einstein 1924*: 53n, 615n. **9** *Winteler-Einstein 1924*: 4n.

Winteler, Jost. "Erinnerungen aus meinem Leben." *Wissen und Leben* 10 (1917): 525–647.
Cited: **1** *Winteler 1917*: 388.

Wirtinger, Wilhelm. "On a General Infinitesimal Geometry, in Reference to the Theory of Relativity." *Cambridge Philosophical Society. Transactions* 22 (1922): 439–448.
Cited: **7** *Wirtinger 1923*: 416n.

Witte, Hans. *Über den gegenwärtigen Stand der Frage nach einer mechanischen Erklärung der elektrischen Erscheinungen.* Berlin: Ebering, 1906.
Cited: **5** *Witte 1906*: 226n.

Witting, Alexander, ed. *Verhandlungen der Gesellschaft Deutscher Naturforscher und Ärzte. 86. Versammlung zu Bad Nauheim vom 19. bis 25. September 1920.* Leipzig: Vogel, 1921.
Cited: **10** *Verhandlungen 1921*: 435n, 438n, 440n.

Wöhlisch, Edgar. "Das wahre Molekularvolumen flüssiger organischer Verbindungen in seiner Abhängigkeit von der Struktur des Moleküls. (Vorläufige Mitteilung.)" *Zeitschrift für Elektrochemie* 27 (1921): 295–301.
Cited: **10** *Wöhlisch 1921*: 467n.

Wolf, Max. "Zur Erklärung des Einstein-Effektes auf den Finsternisbildern." *Astronomische Nachrichten* 212 (1921): cols. 181–182.
Cited: **10** *Wolf 1921*: 401n.

Wolff, Raymond. "Zwischen formaler Gleichberechtigung, Zionismus und Antisemitismus."

In *Juden in Berlin — Ein Lesebuch*, pp. 127–130. Hilker-Siebenhaar, C., ed. Berlin: Nicolai, 1988.
Cited: **10** *Wolff 1988*. 394n, 410n.

Wolff, Stefan L. "Leo Arons: Physiker und Sozialist." *Centaurus* 41 (1999): 183–212.
Cited: **7** *Wolff, S. 1999*: 205n.

———. "Physicists in the 'Krieg der Geister': Wilhelm Wien's 'Proclamation'." *Historical Studies in the Physical and Biological Sciences* 33 (2003): 337–368.
Cited: **10** *Wolff, S. 2003*: 427n, 428n, 472n.

Wolff, Theodor. "Matthias Erzberger." *Berliner Tageblatt*, 17 February 1919.
Cited: **9** *Wolff, Th. 1919a*: 29n.

———. "Hunger, Angst und Verrohung." *Berliner Tageblatt*, 10 March 1919.
Cited: **9** *Wolff, Th. 1919b*: 29n, 253n.

———. "Auf der Suche nach dem Frieden." *Berliner Tageblatt*, 24 March 1919.
Cited: **9** *Wolff, Th. 1919c*: 29n.

———. *Theodor Wolff Tagebücher 1914–1919. Der Erste Weltkrieg und die Entstehung der Weimarer Republik in Tagebüchern, Leitartikeln und Briefen des Chefredakteurs am "Berliner Tageblatt" und Mitbegründer der "Deutschen Demokratischen Partei."* 2 vols. Bernd Soesemann, ed. Boppard a. R.: Boldt, 1984.
Cited: **7** *Wolff, T. 1984*: 297n.

Wolters, Gereon. *Mach I, Mach II, Einstein und die Relativitätstheorie. Eine Fälschung und ihre Folgen*. Berlin: De Gruyter, 1987.
Cited: **5** *Wolters 1987*: 258n. **6** *Wolters 1987*: 282n. **8** *Wolters 1987*: 480n.

———. "Atome und Relativität—Was meinte Mach?" In *Ernst Mach. Leben–Werk–Wirkung*. Haller, Rudolf, and Stadler, Friedrich, eds. Vienna: Hölder-Pichler-Tempsky, 1988.
Cited: **2** *Wolters 1988*: 218.

Wood, Robert Williams. "Eine Bemerkung über die photographische Aufnahme sehr schwacher Spektren und Nebel." *Physikalische Zeitschrift* 9 (1908): 355–356.
Cited: **5** *Wood 1908*: 214n.

Woodruff, Arthur E. "William Crookes and the Radiometer." *Isis* 57 (1966).
Cited: **9** *Woodruff 1966*: 48n.

———. "The Radiometer and How It Does Not Work." *Physics Teacher* 6 (1968): 358–363.
Cited: **9** *Woodruff 1968*: 48n. **10** *Woodruff 1968*: 284n.

Woolf, Harry, ed. *Some Strangeness in the Proportion: A Centennial Symposium to Celebrate the Achievements of Albert Einstein*. Reading, Mass.: Addison-Wesley, 1980.
Cited: **2** *Woolf 1980*. **5** *Woolf 1980*.

Wright, Helen, Warnow, Joan, and Charles, Weiner, eds. *The Legacy of George Ellery Hale*. Cambridge, Mass.: MIT Press, 1972.
Cited: **5** *Wright, Warnow, and Weiner 1972*: 560n, 567n.

Wright, Joseph Edmund. *Invariants of Quadratic Differential Forms*. Cambridge: Cambridge University Press, 1908.
Cited: **4** *Wright 1908*: 196, 205n. **8** *Wright 1908*: 436n.

Wüllner, Adolph. *Lehrbuch der Experimentalphysik*. 5th rev. ed. Vol. 2, *Die Lehre von der Wärme*. Leipzig: Teubner, 1896.
Cited: **1** *Wüllner 1896*: 62, 279n, 280n.

———. *Lehrbuch der Experimentalphysik*. 5th rev. ed. Vol. 3, *Die Lehre vom Magnetismus und von der Elektrizität. Mit einer Einleitung: Grundzüge der Lehre vom Potential*. Leipzig: Teubner, 1897.
Cited: **1** *Wüllner 1897*: 62, 157n.

Wünsch, Daniela. "Theodor Kaluza. Leben und Werk (1885–1954)." Doctoral dissertation, Universität Stuttgart, 2000.
Cited: **9** *Wünsch 2000*: 40n.

———. "The Fifth Dimension: Theodor Kaluza's Ground-Breaking Idea." *Annalen der Physik* 12 (2003): 519–542.
Cited: **9** *Wünsch 2003*: 40n.

Wurgaft, Lewis D. "The Activists. Kurt Hiller and the Politics of Action on the German Left 1914–1933. In American Philosophical Society." *Cambridge Philosophical Society. Transactions* 67 (1977).
Cited: **8** *Wurgaft 1977*: 869n.

Wyss, Wilhelm von. "Bericht über den ersten Ferienkurs für schweizerische Mittelschullehrer 9–14. Oktober 1911 in Zürich." In *Einundvierzigstes Jahrbuch des Vereins schweizerischen Gymnasiallehrer*, pp. 17–43. Aarau: Sauerländer, 1912.
Cited: **5** *Wyss 1912*: 333n, 339n.

Yaglom, A. M. "O rabote Einshteina 1914 g. po teorii besporyadochno fluktuiruyushchikh ryadov nablyudenii." *Problemy peredachi informatsii* 21 (1985): 101–107.
Cited: **4** *Yaglom 1985*: 602n.

Yogev, Gedalia, Kolatt, Shifra, Friesel, Evyatar, and Litvinoff, Barnet. *The Letters and Papers of Chaim Weizmann*. Series A, Vol. 6, *March 1913–July 1914*. Jerusalem: Israel Universities Press, 1974.

Cited: **9** *Yogev et al. 1974*: 249n.

Young, Thomas. "Cohesion." In *Supplement to the Fourth, Fifth and Sixth Editions of the Encyclopaedia Britannica*. Vol. 3, pp. 211–222. Edinburgh: Constable, 1824. Reprinted in Young, Thomas. *Miscellaneous Works*. Vol. 1, pp. 454–484. Peacock, George, ed. London: Murray, 1855.
Cited: **2** *Young 1816*: 171.

Zahn, C., and Spees, A. A. "A Critical Analysis of the Classical Experiments on the Variation of Electron Mass." *Physical Review* 53 (1938): 511–521.
Cited: **8** *Zahn and Spees 1938*: 914n.

Zangger, Heinrich. "Ueber Membranen." *Naturforschende Gesellschaft in Zürich. Vierteljahrsschrift* 51 (1906): 432–440.
Cited: **2** *Zangger 1906*: 217.

———. "Bedeutung der Membranen und Membranfunktionen in Physiologie und Pathologie." *Naturforschende Gesellschaft in Zürich. Vierteljahrsschrift* 52 (1907): 500–536.
Cited: **10** *Zangger 1907*: 514n.

———. "Über Membranen. II." *Naturforschende Gesellschaft in Zürich. Vierteljahrsschrift* 52 (1907): 500–536.
Cited: **2** *Zangger 1907*: 217.

———. "Die Bestimmungen der Avogadroschen Zahl *N*; die untere Teilungsgrenze der Materie (deren Bedeutung für die Biologie und Medizin)." *Naturforschende Gesellschaft in Zürich. Vierteljahrsschrift* 56 (1911): 168–182.
Cited: **2** *Zangger 1911*: 217. **5** *Zangger 1911*: 314n.

———. "Die Bedeutung der physikalischen Chemie für die gerichtliche Medizin." In *Verhandlungen der Gesellschaft Deutscher Naturforscher und Ärzte. 83. Versammlung zu Karlsruhe. 24.–29. September 1911*. Part 2, sec. 2. Von Criegern, L., ed. Leipzig: Vogel, 1912, p. 512.
Cited: **5** *Zangger 1912*: 326n.

———. "Das gerichtsärztliche Institut." In *Universität Zürich Festschrift des Regierungsrates zur Einweihung der Neubauten 18 April 1914*, pp. 189–192. Zurich: Orell Füssli, 1914.
Cited: **5** *Zangger 1914*: 333n.

———. "Die moralische Stellung der Neutralen. Die moralischen Pflichten und Rechte der Neutralen." *Schweizerische Juristenzeitung* 11 (1914) no. 8/9.
Cited: **10** *Zangger 1914c*: 29n.

———. "Über allgemein notwendige Kenntnisse und zu wenig bekannte Ursachen der Kohlenoxydvergiftung." In *Festschrift der Dozenten der Universität Zürich*, pp. 157–160. Zurich: Medizinische Fakultät, 1914.
Cited: **10** *Zangger 1914b*: 29n, 319n.

———. "Über gewerbliche Vergiftungen durch verschiedene gleichzeitig oder nacheinander wirkende Gifte." *Zentralblatt für Gewerbehygiene und Unfallverhütung* 2 (1914): 313.
Cited: **10** *Zangger 1914a*: 29n, 319n.

———. "Aufgaben der Neutralen." In *Wir Schweizer, unsere Neutralität und der Krieg. Eine nationale Kundgebung*, pp. 225–238. Zurich: Rascher, 1915.
Cited: **8** *Zangger 1915d*: 104n, 738n.

———. "Über die ärztliche Schweigepflicht." *Schweizerische Juristen-Zeitung* 11 (1915): 305–316.
Cited: **8** *Zangger 1915a*: 135n.

———. "Über die gesetzliche Bekämpfung der Gefährdung, zugleich eine Orientierung über die Leistungsfähigkeit der medizinischen Begutachtung in Gefährdungsfragen." *Schweizerische Zeitschrift für Strafrecht* 28 (1915): 260–282.
Cited: **8** *Zangger 1915b*: 130n, 135n, 146n, 186n.

———. "Zur Frage der Bekämpfungswege der Gefährdung von Gesundheit und Leben durch psychologische Mittel." *Schweizerische Zeitschrift für Strafrecht* 28 (1915): 381–413.
Cited: **8** *Zangger 1915c*: 130n, 135n, 146n, 186n.

———. "Über eine Zelluloidexplosion und deren Ursachen und Folgen und die Aufgaben der Ärzte bei Katastrophen im allgemeinen." *Zentralblatt für Gewerbehygiene und Unfallverhütung* (1916): 98–103, 109–113.
Cited: **10** *Zangger 1916*: 319n.

———. "Die Bedeutung der Wahrscheinlichkeit für die Medizin und die Biologie." *Schweizerische Medizinische Wochenschrift* 1 (1920): 737.
Cited: **10** *Zangger 1920b*: 162n.

———. *Medizin und Recht. Die Beziehungen der Medizin zum Recht, die Kausalität in Medizin und Recht und die Aufgaben des gerichtlich-medizinischen Unterrichtes. Eine Orientierung für Studierende, Juristen, Aerzte, Techniker, Experten und speziell Behörden*. Zurich: Orell Füssli, 1920.

Cited: **8** *Zangger 1920*: 445n, 496n. **10** *Zangger 1920a*: 34n, 86n.
———. "Professor Dr. Gustav Huguenin." *Schweizerische Medizinische Wochenschrift* 1 (1920): 375–376.
Cited: **10** *Zangger 1920d*: 513n.
———. "Ueber die Wahrscheinlichkeitsbetrachtung und die Beziehungen der Medizin zum Recht." *Schweizerische Medizinische Wochenschrift* 1 (1920): 751–753.
Cited: **10** *Zangger 1920c*: 162n.
———. "L'évolution des méthodes de spectroscopie, de spectrophotographie et leurs applications en médecine légale." *Annales de médecine légale, de criminologie et de police scientifique* 2 (1922): 145–152.
Cited: **10** *Zangger 1922*: 319n.
———. "Wahrscheinlichkeit, Wahrheit, Bewahrheitung im Versicherungsgutachten." *Schweizerische Zeitung für Unfallmedizin und Berufskrankheiten* 7 (1930): 151–162.
Cited: **10** *Zangger 1930*: 162n.
Zangwill, Israel. *Dreamers of the Ghetto*. Leipzig: Tauchnitz, 1898.
Cited: **9** *Zangwill 1898*: 417n.
———. *Ghetto Tragedies*. Leipzig: Tauchnitz, 1908.
Cited: **9** *Zangwill 1908*: 417n.
Zeeman, Pieter. "De meesleepingscoëfficient van Fresnel voor verschillende kleuren (1ste gedeelte)." *Koninklijke Akademie van Wetenschappen te Amsterdam. Wis- en Natuurkundige Afdeeling. Verslagen van de Gewone Vergaderingen* 23 (1914–15): 245–252. Reprinted in translation as "Fresnel's Coefficient for Light of Different Colours (First Part)." *Koninklijke Akademie van Wetenschappen te Amsterdam Section of Sciences. Proceedings* 17 (1914–15): 445–451.
Cited: **6** *Zeeman 1914*: 536n. **8** *Zeeman 1914*: 161n, 608n.
———. "De meesleepingscoëfficient van Fresnel voor verschillende kleuren (Tweede gedeelte)." *Koninklijke Akademie van Wetenschappen te Amsterdam. Wis- en Natuurkundige Afdeeling. Verslagen van de Gewone Vergaderingen* 24 (1915–16): 18–28. Reprinted in translation as "Fresnel's Coefficient for Light of Different Colours (Second Part)." *Koninklijke Akademie van Wetenschappen te Amsterdam. Section of Sciences. Proceedings* 18 (1915–16): 398–408.
Cited: **6** *Zeeman 1915*: 536n. **8** *Zeeman 1915*: 161n, 608n.

———. "Enkele proeven over de zwaartekracht. De trage en zware massa van kristallen en radioactieve stoffen. *Koninklijke Akademie van Wetenschappen te Amsterdam. Wis- en Natuurkundige Afdeeling. Verslagen van de Gewone Vergaderingen* 26 (1917–18): 245–252. Reprinted in translation as "Some Experiments on Gravitation. The Ratio of Mass to Weight for Crystals and Radioactive Substances." *Koninklijke Akademie van Wetenschappen te Amsterdam. Section of Sciences. Proceedings* 20 (1917–18): 542–553.
Cited: **8** *Zeeman 1917*: 602n, 608n.
———. "De voorplanting van het licht in bewegende, doorschijnende, vaste stoffen, I. Toestel voor de waarneming van het Fizeau-effect in vaste stoffen." *Koninklijke Akademie van Wetenschappen te Amsterdam. Wis- en Natuurkundige Afdeeling. Verslagen van de Gewone Vergaderingen* 27 (1918–19): 1453–1461. Reprinted in translation as "The Propagation of Light in Moving, Transparent, Solid Substances, I. Apparatus for the Observation of the Fizeau-Effect in Solid Substances." *Koninklijke Akademie van Wetenschappen te Amsterdam. Section of Sciences. Proceedings* 22 (1920): 462–470.
Cited: **9** *Zeeman 1919*: 209n, 296n.
Zeeman, Pieter, and Snethlage, A. "De voorplanting van het licht in bewegende, doorschijnende, vastestoffen, II. Metingen over het Fizeau-effect in kwarts." *Koninklijke Akademie van Wetenschappen te Amsterdam. Wis- en Natuurkundige Afdeeling. Verslagen van de Gewone Vergaderingen* 27 (1918–19): 1462–1469; 28 (1919–20): 64–66. Reprinted in translation as "The Propagation of Light in Moving, Transparent, Solid Substances, II. Measurements of the Fizeau-Effect in Quartz." *Koninklijke Akademie van Wetenschappen te Amsterdam. Section of Sciences. Proceedings* 22 (1920): 512–522.
Cited: **9** *Zeeman and Snethlage 1919*: 209n, 296n.
Zeipel, Hugo von. "Catalogue de 1571 étoiles contenues dans l'amas globulaire Messier 3 (N. G. C. 5272)." *Annales d'Observatoire Paris mém 1908* vol. 25 F (1908).
Cited: **7** *Zeipel 1908*: 424n.
Zenneck, Jonathan. *Gravitation*. In *Encyklopädie der mathematischen Wissenschaften, mit Einschluss ihrer Anwendungen*. Vol 5, *Physik*, part 1, pp. 25–67. Sommerfeld, Arnold, ed. Leipzig: Teubner, 1903–1921. Issued 23

April 1903.
Cited: **2** *Zenneck 1903*: 322n. **4** *Zenneck 1903*: 164n, 501n. **8** *Zenneck 1903*: 375n. **9** *Zenneck 1903*: 374n.

Zenneck, Jonathan, and Rukop, Hans. *Lehrbuch der drahtlosen Telegraphie*. 5th ed. Stuttgart: Enke, 1925.
Cited: **7** *Zenneck and Rukop 1925*: 366n.

Zermelo, Ernst. Review of: **2** *Gibbs 1902/3 Gibbs 1902/6 Gibbs 1902/8 Gibbs 1902* and **2** *Gibbs 1905/3 Gibbs 1905/6 Gibbs 1905*. Deutsche Mathematiker-Vereinigung. *Jahresbericht* 15 (1906): 232–242.
Cited: **2** *Zermelo 1906*: 96n.

Zeuner, Gustav Anton. "Theorie der überhitzten Wasserdämpfe." *Zeitschrift des Vereins deutscher Ingenieure* 11 (1867): 41–66.
Cited: **2** *Zeuner 1867a*: 126n.

———. "Ueber das Verhalten der überhitzten und der gemischten Wasserdämpfe." *Civilingenieur* 13 (1867): 343–372.
Cited: **2** *Zeuner 1867b*: 126n.

———. *Technische Thermodynamik*. 3d ed. Vol. 1, *Fundamentalsätze der Thermodynamik. Lehre von den Gasen*. Leipzig: Arthur Felix, 1905.
Cited: **2** *Zeuner 1905*: 114n.

———. *Technische Thermodynamik*. 3d ed. Vol. 2, *Die Lehre von den Dämpfen*. Leipzig: Arthur Felix, 1906.
Cited: **2** *Zeuner 1906*: 114n, 326n.

Ziche, Paul, ed. *Monismus um 1900: Wissenschaftskultur und Weltanschauung*. Berlin: Verlag für Wissenschaft und Bildung, 2000.
Cited: **9** *Ziche 2000*: 348n.

Zierold, Kurt. *Forschungsförderung in drei Epochen. Deutsche Forschungsgemeinschaft— Geschichte, Arbeitsweise, Kommentar*. Wiesbaden: Steiner, 1968.
Cited: **7** *Zierold 1968*: 300n–301n, 363n–364n, 494n.

Zimmel, Brigitte, and Kerber, Gabriele. *Hans Thirring. Ein Leben für Physik und Frieden*. Vienna: Böhlau, 1992.
Cited: **8** *Zimmel and Kerber 1992*: 483n, 501n.

Zipperstein, Steven J. *Elusive Prophet: Ahad Ha'am and the Origins of Zionism*. Berkeley: University of California Press, 1993.
Cited: **7** *Zipperstein 1993*: 234.

Zschokke, Ernst, ed. *Jahresbericht der Aargauischen Kantonsschule. Schuljahr 1922/23*. Aarau: Sauerländer, 1923.
Cited: **1** *Zscholcke 1923*: 11.

Zsigmondy, Richard A. *Zur Erkenntnis der Kolloide. Über irreversible Hydrosole und Ultramikroskopie*. Jena: Fischer, 1905.
Cited: **2** *Zsigmondy 1905*: 209, 218, 219.

Zuelzer, Wolf. *Der Fall Nicolai*. Frankfurt a. M.: Societäts-Verlag, 1981. Translated as *Zuelzer 1982*.
Cited: **7** *Zuelzer 1981*: 226, 283n. **8** *Zuelzer 1981*: 275n, 282n, 383n, 398n, 399n, 504n, 573n, 758n, 1002c.

———. *The Nicolai Case: A Biography*. Detroit: Wayne State University, 1982. Translation of *Zuelzer 1981*.
Cited: **8** *Zuelzer 1982*: 996c. **9** *Zuelzer 1982*: 28n, 385n, 475n. **10** *Zuelzer 1982*: li, 126n, 451n.

Zweig, Arnold, Zweig, Beatrice, and Weyl, Helene. *"Komm du, wir lieben dich." Briefe einer ungewöhnlichen Freundschaft zu dritt*. Lange, Ilse, ed. Berlin: Aufbau, 1996.
Cited: **9** *Zweig et al. 1996*: 581c.

Zweig, Stefan. *Romain Rolland. Der Mann und das Werk*. Frankfurt a.M.: Rütten & Loening, 1921.
Cited: **10** *Zweig 1921*: 434n.

———. "Die Schweiz als Hilfsland Europas." (1918) In *Stefan Zweig. Auf Reisen, Feuilletons und Berichte*, pp. 221–225. Beck, Knut, ed. Frankfurt a.M.: Fischer, 1987.
Cited: **10** *Zweig 1918*: 57n.

总勘误表（第一卷—第十卷）

以下列出我们注意到的第一卷—第十卷中所有重要差错的勘误表。一般的印刷或拼写错误、个人出生和死亡年份的更正，以及引用的索引和文献中的错误均不包括在内；后者已分别不加注明地并入总索引和总引用文献中。我们还注意到两个全局性的修正：在第七卷中，在"Königlich Preußissche Akademie der Wissenschaften"（"皇家普鲁士科学院"）中的"Königlich"（"皇家"）一词在第130页以后所有出现该词的地方都应省略；在第八、九和十卷中，汉斯·阿耳伯特·爱因斯坦的昵称应该是"Adn"，而不是"Adu"。

	误	正
Volume 1		
P. 242, line 14	and	und
P. 371, line 32	p. 12	p. 14
Volume 2		
P. x, line 33	1906	1905
P. 167, footnote 10	"Wirkliche Moleküle" ("real molecules") are presumably those that are not dissociated.	"Wirkliche Moleküle" ("real molecules") are actual molecules. Einstein uses this terminology because the word "Molekül" was also used for a mole (see, e.g., *Einstein 1904* [Doc. 5], pp. 358–359, for this usage).
P. 172, line 13	the size of molecules	Avogadro's number
P. 183, line 5	1906	1905
Volume 3		
Pp. 402–407 (running header)	COMMENTS	COMMENT
Volume 4		
P. 145, note 23	Doc. 16	Doc. 17
P. 196, line 15	$\Delta(\phi, \psi) = \gamma_{\mu\nu}\phi_{,\mu}\psi_{,\omega}$	$\Delta(\phi, \psi) = \gamma_{\mu\nu}\phi_{,\mu}\psi_{,\nu}$

	误	正
Volume 5		
P. xxxiii, line 31	March 1906	before 27 January 1906
P. 34, line 38	[20 July 1905–summer 1915]	[Munich, between 2 and 5 April 1911]
P. 80		[At the bottom of the page, add:] Allgemeine Elektrizitäts-Gesellschaft, Berlin Angeli & Co, Bern. Wechselstromkollektormaschine … Beschreibung und Ansprüche bedürfen einiger Korrekturen. 1. Beschr. 1 Orig. Bl. II. Beanst. 1 Monat.
P. 81, line 1	[35 329]	[35 329], [72 269], and [72 270]
P. 81, note 4	patent application	supplementary patent application
P. 81, note 4	it is dated 1 December 1906 (see printed Patentschrift Nr. 38853, SzBeBgE)	it is dated 14 November 1907 (see printed Patentschrift Nr. 39988) [From the passage "Ist … zu zeigen, dass es dem Hauptanspruch des Hauptpatentes und dem Patentanspruch des vorliegenden Patentes entspricht" follows that the present opinion is not on the Hauptpatent, 38853, but on the supplementary application, 39988.]
P. 81, note 6		[Delete note. It is incorrect because the second complaint refers to the same supplementary patent application 39988 as the first one. It is evident from the notes on the left margin: "1 Beanst. 2 Monate" with the date 11 December 1907, and the date of the second is 11 February 1908, i.e. exactly two months later. After the first *Beanstandung*, the patent lawyer had sent back the corrected application in time, but Einstein was still not completely satisfied with it.]

	误	正
P. 419, line 30	sec. 5	sec. 7
P. 437, line 16	Null	NaCl
P. 509, line 39		[The line "Mit den besten ..." should be in regular font.]
P. 529, last line	note 5	note 4
P. 581, lines 23–24	Feodisiya	Feodosiya
P. 614, col. 1, line 4 from below	3 August 1912	3 August 1912 414
P. 615, col. 1, line 30	19 January 1910	19 January 1910 197E
P. 621, line 16		[Delete text starting with "a discovery" and ending with "life.""]

Volume 6

P. 146, Heading	DOC. 12 EXPERT OPINION	DOC 12. AMPÈRE'S MOLECULAR CURRENTS
P. 147, line 17	M	$\mathfrak{M}$
P. 233, line 5	PRESENTED	SUBMITTED

Volume 7

P. xlviii, line 8	Historical	Heritage
P. xlviii, line 9	Cheyenne	Laramie
P. 199, line 4	published 10 October	published 17 October
P. 201, line 1	published 10 October	published 17 October
P. 211, lines 1–3	Frederick A. Lindemann (1866–1957), Professor of Experimental Philosophy at the University of Oxford and Head of its Clarendon Laboratory	Adolf F. Lindemann (1846–1931), Fellow of the Royal Astronomical Society, private astronomer at Sidholme
P. 243, line 20	handwritten	typed
P. 301, line 8	1920, GyBP, I. Abt. Rep. 1A, Nr. 937, p. 51	1920
P. 321, line 6	Extraordinary	Special
P. 321, lines 28–29	shortly thereafter (see Einstein to Paul Ehrenfest, 10 July 1920)	on 12 July 1920 (see Cornelis van Vollenhoven to Einstein, 12 July 1920)
P. 381, lines 1–2	[43 862]	[28 007]
P. 448, line 34	Director of the Kaiser Wilhelm Institute for Biochemistry	Head of the Biochemistry Department of the Kaiser Wilhelm Institute for Experimental Therapy

	误	正
P. 478, line 19	301660	301669
P. 478, line 24	to come from the center if it comes from a direction perpendicular to the line connecting the two microphones	to come from a direction perpendicular to the center of the line connecting the two microphones
P. 570, line 10	1955	1956

Volume 8

	误	正
P. 85, last line	Wittelsbacherstraße 33	Wittelsbacherstraße 13
P. 166, line 14	[30 August 1915]	[2 July 1917]
P. 167, line 12	[3 September 1915]	[6 July 1917]
P. 175, line 7		[The location "[Berlin]" should be deleted, because Vol. 8, Doc. 122a, was sent from Eisenach the next day, and in it Einstein noted that he and Elsa Einstein were on their way to Berlin.]
P. 220, line 4	TrDft. [83 453]. Original in SzZZa. According to notes attached to the transcription, the original is struck through and enclosed in a letter to Heinrich Zangger of the same date.	ADft (SzZ, Nachl. H. Zangger, box 216]). [89 117].
P. 485, line 17	[22 July 1917]	[21 July 1917]
P. 774, line 1	fpTLS	TLS
P. 933, line 28	Doc. 635	Doc. 633
P. 980, col. 2, line 19	Ehrat, Jacob	Ehrat, Jakob
P. 993, lines 20–21	Ehrenbergstraße, Berlin-Dahlem	Wilmersdorferstraße 93
P. 1006, lines 5–6	perhaps in response to aforementioned advertisement	for English translation of *Einstein 1917a*
P. 1030, line 36	Doc. 14	Doc. 13

Volume 9

	误	正
P. 7, line 27	1918	1915
P. 34, last 2 lines	Berlin and member of the central committee of the Society of Friends of the New Russia.	Berlin.
P. 35, line 27	*Klein, F. 1918b*	*Klein, F. 1918b*. Klein (1849–1925) was Professor Emeritus of Mathematics at the University of Göttingen

	误	正
P. 40, line 4	In Weyl's approach	Hermann Weyl (1885–1955) was Professor of Mathematics at the Swiss Federal Institute of Technology. In his approach
P. 84, line 17	Einstein's	Elsa's
P. 88, line 10	scalar-free	traceless
P. 148, line 41	Einstein's	Elsa Einstein's
P. 192, line 28	Huhn	Kohn
P. 264, last line	[9 260]	[76 531]
P. 426, line 9	[45 148]	[45 147]
P. 465, line 32	[43 383]	[43 388]
P. 496, line 25	1919	1920
P. 496, line 29	Christiania	Kristiania
P. 499, line 9	Christiania	Kristiania
P. 505, line 17	Johannes A. van den Broek	Antonius Johannes van den Broek
P. 508, line 14	Christiania	Kristiania
P. 572, line 30	ETH	SzZE
P. 578, lines 1–13		[The first 13 lines of p. 578 duplicate text from the previous page and should be deleted.]
p. 578, bottom– P. 579, top	[Add the following text between the p. 578, last line, and p. 579, first line:] October 8 Alexander Moszkowski's article "Die Sonne bracht' es an den Tag" is published in *Berliner Tageblatt*, in which a full confirmation of Einstein's prediction on bending of light is claimed. October 9 Signs "A Test of the General Theory of Relativity" (Vol. 7, Doc. 23). October 10 Has breakfast in Harry Count Kessler's club with Georg Nicolai and others to discuss a plan for distributing several million volumes in Russia ("Volksbüchereiprojekt"). Provenance: *Kessler 1961*, p. 202. 1-page TDS from Adolf von Harnack in Berlin. Invites Einstein to a meeting and a "beer party" of KWG on 28 October. Asks for names of KWIP staff in order to invite them	
P. 580, line 6	Bd. 1	Bd. 121, Bl. 206
P. 591, line 17	December 20	December 18
P. 592, line 24	to the artist Hans Mühsam	to Hans Mühsam

	误	正
Volume 10		
Illustration 12, caption	Victor Moritz Goldschmidt, Einstein, and Ilse Einstein	Heinrich Goldschmidt, Einstein, Ole Volbjørnsen, Jørgen Vogt, and Ilse Einstein
P. xv, line 2	Franz Josef	Karl I
P. l, line 9	a botanist at Trinity College	an agricultural specialist
P. 28, line 15	kreisener	kreisende
P. 28, line 25	ihm	ihn
P. 28, line 36	ist 50	ca. 50
P. 31, line 33	rachsichtiger	rachsüchtiger
P. 39, line 32	derer	deren
P. 45, lines 33–34	Einstein attended Kleiner's courses at the Swiss Federal Institute of Technology and submitted his dissertation to him. Kleiner encouraged him to publish his first paper on special relativity	Einstein had submitted his doctoral dissertation to Kleiner (see Vol. 5, Doc. 31). In 1901, Kleiner had encouraged Einstein to publish his ideas on the electrodynamics of moving bodies
P. 73, line 22	Franz Josef	Karl I
P. 74, line 9	Franz Josef I (1830–1918) was emperor of the Austro-Hungarian Monarchy.	Karl I (1887–1922) was crowned ruler of the Austro-Hungarian Monarchy in 1916.
P. 82, line 47	Franz Josef	Karl I
P. 94, line 28	[144 038]	[143 038]
P. 136, line 21	herzig	harzig
P. 214, line 16	Fidelia Brandhuber, sister of Camillus	Fidelia (Brandhuber ?)
P. 219, line 18	east	west
P. 224, line 23	Zurich	Lucerne
P. 286, last 2 lines	was Professor of Physics at the University of Berlin and Head of	was Head of
P. 403, line 22	Germany	Switzerland
P. 472, line 33	Otto Runge	Carl Runge
P. 542, line 22	a botanist at Trinity College, Cambridge University	an agricultural specialist
P. 546	[Text of note 2]	Ernst Lecher (1856–1926) was Professor of Physics at the University of Vienna.
P. 593, line 12	Erhaltung der reinen	Erhaltung reiner

	误	正
P. 604, line 19	November 3	November 6
P. 604, line 38	Horst	Holst

P. 604, bottom to P. 605, top	[Add the following text between p. 604, last line, and p. 605, first line:]
	  proof of *Moszkowski 1921*. It was sent to a Danish publisher to solicit a Danish translation. [44 490].
	  1-page TLS from Martin Knudsen. Endorses Helge Holst's finding, and proposes to advise the author or the publisher against publishing the incorrect passages. [44 491].
	  1-page TLS from Slowo publishing house. Requests a short introduction to the Russian edition of the 8th (?) edition of *Einstein 1917a* translated by G. B. Itelson and published by Slowo. [41 1025].
	November 7 Returns to Berlin.
	  The chancellor of the Order Pour le mérite for Science and the Arts (Peace Class), Adolf von Harnack, informs the Ministry of Education of the election of new members, among them Einstein. GyBSA, I. HA, Rep. 76 Vc, Sekt. 1, Tit. 2, Teil 2, Nr. 7, Bd. 7, Bl. 310. [85 448].
	  4-page ALS from Hugh Chisholm. Solicits article of about 8,000 words on relativity for the new volumes of the Encyclopaedia Britannica. Offers £4 for 1,000 words and wants the manuscript no later than next May. [43 636].
	  2-page ALS from Gerrit Mannoury. Acknowledges receipt of *Einstein 1920j* and conjectures on the possibility of defin-	

P. 606, lines 1–19		[The first 19 lines of p. 606 duplicate text from the previous page and should be deleted.]
P. 610, lines 19–20	to Lederer, the new president of the Chemisch-Physikalische Gesellschaft.	to Lederer. Forwards Carl Beck's invitation to the United States on behalf of Anglo-American University Library for Central Europe.

图书在版编目（CIP）数据

爱因斯坦全集. 第十一卷 /（美）阿耳伯特·爱因斯坦著；王文浩等译. — 长沙：湖南科学技术出版社，2020.11
书名原文：The Collected Papers of Albert Einstein Vol.11
ISBN 978-7-5710-0004-2

Ⅰ. ①爱⋯ Ⅱ. ①阿⋯ ②王⋯ Ⅲ. ①爱因斯坦（Einstein, Albert 1879-1955）—全集 Ⅳ. ①Z471.2

中国版本图书馆 CIP 数据核字（2018）第 270182 号

The Collected Papers of Albert Einstein Vol.11
Copyright @ 2009 by The Hebrew University of Jerusalem
No part of this book may be reproduced or transmitted in any form or by any means, electronic or mechanical, including photocopying, recording or by any information storage and retrieval system, without prior written permission of the Publisher.
All Rights Reserved
湖南科学技术出版社独家获得本书简体中文版中国大陆出版发行权。
著作权合同登记号：18-2013-421

AIYINSITAN QUANJI DI SHIYI JUAN

爱因斯坦全集 第十一卷

著　　者：（美）阿耳伯特·爱因斯坦
译　　者：王文浩等
责任编辑：孙桂均　吴炜　李媛
文字编辑：唐北灿
出版发行：湖南科学技术出版社
社　　址：长沙市湘雅路 276 号
　　　　　http://www.hnstp.com
湖南科学技术出版社天猫旗舰店网址：
　　　　　http://hnkjcbs.tmall.com
印　　刷：长沙超峰印刷有限公司
厂　　址：宁乡市金洲新区泉洲北路 100 号
邮　　编：410600
版　　次：2020 年 11 月第 1 版
印　　次：2020 年 11 月第 1 次印刷
开　　本：787mm×1092mm　1/16
印　　张：39.25
字　　数：747 千字
书　　号：ISBN 978-7-5710-0004-2
定　　价：258.00 元

（版权所有·翻印必究）